Seit über 50 Jahren ist die deutsche Geschichte aufs engste mit den großen politischen Auseinandersetzungen des 20. Jahrhunderts verbunden. Als Folge des von der nationalsozialistischen Diktatur entfesselten Zweiten Weltkriegs durch zwei konkurrierende Gesellschaftssysteme in West und Ost geteilt, stand Deutschland wie kein anderer Staat für den Beginn wie für das Ende der Spaltung Europas und der Welt. Die von der Redaktion des **Fischer Weltalmanach** zusammengestellte umfassende und detaillierte Dokumentation zur deutschen Geschichte nach 1945 zeichnet diesen Weg nach: von der Besatzungszeit über die doppelte Staatsgründung 1949, die Hochphase des Kalten Kriegs, den »Wandel durch Annäherung« und den schließlichen Zerfall der Nachkriegsordnung Ende der achtziger Jahre, der mit der deutschen Vereinigung 1990 seinen sinnfälligen Ausdruck gefunden hat, bis hin zur schließlich auch militärisch vollständigen Integration Deutschlands in die westliche Staatengemeinschaft mit seiner Beteiligung an den NATO-Einsätzen in Jugoslawien 1999 und Mazedonien 2001.

In bewährter Qualität, Zuverlässigkeit und Genauigkeit sind hier Zahlen, Daten, Fakten und Ereignisse aus über 50 Jahren Bundesrepublik und 40 Jahren DDR zusammengestellt, ergänzt um Hintergrundinformationen zu zentralen Ereignissen aus diesen Jahrzehnten. Zusammen mit den über 200 Biographien wichtiger politischer Persönlichkeiten aus beiden deutschen Staaten, von Adenauer und Ulbricht über Brandt und Honecker bis Kohl und Krenz, sowie einer faktenreichen Darstellung der Wirtschaftsgeschichte Deutschlands mit allen wichtigen Daten zur Bevölkerungs-, Wirtschafts- und Sozialstruktur seit 1949 wird **Die Fischer Chronik Deutschland** zu einem informativen und unentbehrlichen Lesebuch und Nachschlagewerk.

Autoren

Baumann, Dr. Wolf-Rüdiger, geb. 1948; Studium der Wirtschaftswissenschaften (Diplom-Ökonom). 1983–93 wissenschaftlicher Referent, seit 1993 Hauptgeschäftsführer eines Wirtschaftsverbands. Verantwortlich für das Kapitel Biographien wichtiger Persönlichkeiten.

Eschenhagen, Wieland, geb. 1944; Studium der Politologie und Geschichte; 1973–92 Verlagslektor, seitdem freier Lektor und Publizist. Verantwortlich für die Chronik der Besatzungszonen 1945 bis 1948 und die Chroniken der Bundesrepublik für die Jahre 1949 bis 1984 unter Mitarbeit von Gabriele Intemann, Michael Vennhoff und Edgar Peinelt.

Judt, Dr. Matthias, geb. 1962; wissenschaftliche Tätigkeit an Universitäten (Ost-Berlin, Hannover, Halle-Wittenberg, Hamburg, Cambridge, Mass.) und Instituten (Institut für Wirtschaftsgeschichte Berlin, Deutsches Historisches Institut in Washington, D.C.), Historiker und Publizist. Forschungen und Veröffentlichungen zur deutschen und amerikanischen Technologie-, Reparations- und Konsumgeschichte. Verantwortlich für die Chroniken der DDR 1949 bis 1990.

Paesler, Dr. Reinhard, geb. 1942; Studium der Geographie, Geschichte, Anglistik und Amerikanistik; Akademischer Direktor am Institut für Wirtschaftsgeographie der Universität München. Verantwortlich für das Kapitel Bevölkerung und Wirtschaft.

Die Fischer Chronik Deutschland

Ereignisse Personen Daten

Herausgegeben von der Weltalmanach-Redaktion

Autoren:
Dr. Wolf-Rüdiger Baumann
Wieland Eschenhagen
Dr. Matthias Judt
Dr. Reinhard Paesler

Karten: bitmap, Mannheim
Grafiken: Christiane von Solodkoff,
Neckargemünd

Fischer Taschenbuch Verlag

Anschrift der Redaktion:
Fischer Taschenbuch Verlag
Postfach 70 03 55
60553 Frankfurt am Main

E-Mail: redaktion@weltalmanach.de

Redaktionsschluß: 1. 10. 2001
Aktualisierungen im Internet:
www.weltalmanach.de

Aktualisierte und überarbeitete Ausgabe
Veröffentlicht im Fischer Taschenbuch Verlag GmbH,
Frankfurt am Main, Dezember 2001

Gesamtherstellung: Clausen & Bosse, Leck
Printed in Germany
ISBN 3-596-15084-1

Inhalt

Verzeichnis der Farbkarten

1945–1948

Der Weg in die Teilung

In den ersten Nachkriegsjahren werden die Grundlagen gelegt für mehr als vierzig Jahre deutsche Teilung. Wesentliche Elemente dieser Entwicklung im Zeichen des aufkommenden Kalten Krieges sind die unterschiedlichen Ansätze der Alliierten hinsichtlich des Wiederaufbaus von Wirtschaft und politischem System in ihren Zonen. Die konsequente Bodenreform, die Zwangsvereinigung von KPD und SPD zur SED und die Berlin-Blockade fördern und festigen die Sonderentwicklung der sowjetischen Besatzungszone (SBZ). Obwohl es auch zwischen den westlichen Siegermächten Differenzen über die Ziele der Besatzungspolitik gibt, legen die Vereinigung der amerikanischen und der britischen Zone zur Bizone, die Währungsreform und die Einrichtung des Parlamentarischen Rats zur Ausarbeitung eines Grundgesetzes die Grundlage für eine gemeinsame Zukunft der Westzonen.
Der Alltag wird in den ersten Nachkriegsjahren von Hunger, Not und sozialen Härten bestimmt. Millionen Flüchtlinge, Zerstörung von Wohnraum, Infrastruktur und Industrie, Lebensmittelknappheit und der mühsame Wiederaufbau von wirtschaftlichen, politischen, verwaltungstechnischen und sozialen Strukturen gehören zu den Kennzeichen dieser Jahre.

Kriegsende und Kapitulation

Das Deutsche Reich befindet sich zu Jahresbeginn in großer militärischer Bedrängnis. **Die alliierte Schlußoffensive** führt den Krieg nun auch am Boden auf deutsches Territorium: Am 12. 1. 1945 beginnt die Rote Armee ihre Winter-

offensive an der Ostfront; US-Truppen überschreiten am 22. 3. 1945 den Rhein. Am 16. 4. eröffnet die Rote Armee die **Schlacht um Berlin**. Tags darauf bricht mit der Kapitulation der 325 000 im Ruhrkessel eingeschlossenen deutschen Soldaten die Westfront zusammen. Amerikanische und sowjetische Truppen treffen am 25. 4. in Torgau an der Elbe erstmals aufeinander. Fünf Tage später, am 30. 4., dringen sowjetische Truppen bis zum Reichstag vor. Am gleichen Tag begeht *Hitler* Selbstmord im Führerbunker. – Nachfolger Hitlers als Reichskanzler und Oberbefehlshaber der Wehrmacht wird Großadmiral *Karl Dönitz.* Er beruft am 5. 5. eine Geschäftsführende Reichsregierung. – Am 7. 5. unterzeichnet das Oberkommando der Wehrmacht die **bedingungslose Kapitulation**. Sie tritt am 8. 5. um 23. 01 Uhr Mitteleuropäischer Zeit in Kraft. Am 23. 5. 1945 wird die Reichsregierung *Dönitz* verhaftet. Die formelle Übernahme der Macht durch den Alliierten Kontrollrat, dem die vier Oberbefehlshaber *Dwight D. Eisenhower* (USA), *Bernard L. Montgomery* (Großbritannien), *Georgi K. Schukow* (Sowjetunion) und *Jean de Lattre de Tassigny* (Frankreich) angehören, erfolgt am 5. 6. (→ Kasten).
Die Bilanz des Zweiten Weltkrieges ist verheerend: Historiker schätzen, daß durch Kriegshandlungen weltweit 60 Mio. Menschen getötet wurden. Allein die Sowjetunion verlor mehr als 25 Mio. Bürger. In Polen starben fast 6 Mio. Menschen. In den Konzentrationslagern wurden 6 Mio. Menschen ermordet. Deutschland bezahlt die Entfesselung des Kriegs mit über 4 Mio. Toten. Bei Kriegsende geht die Zahl der Vertriebenen, Umgesiedelten und Displaced Persons (DPs) in die Millionen: Hierzu zählen Kriegsgefangene, Fremdarbeiter, befreite Insassen der Konzentrationslager, wegen des Bombenkriegs Evakuierte sowie Flüchtlinge und Vertriebene aus den Staaten Ost- und Südosteuropas sowie den ehemaligen deutschen Ostgebieten (→ unten).

Die Deutschlandpolitik der Alliierten

Grundlage der alliierten Politik gegenüber Deutschland sind die auf den **Kriegskonferenzen von Teheran** (28. 11.–1. 12. 1943) **und Jalta** (4.–11. 2. 1945) getroffenen Vereinbarungen zwischen dem britischen Premierminister *Winston S. Churchill*, dem US-Präsidenten *Franklin D. Roosevelt* und dem sowjetischen Staatschef

Alliierter Kontrollrat

Grundlage für die Einrichtung des Kontrollrats als oberste Regierungsinstanz in Deutschland ist die Berliner Erklärung der Alliierten vom 5. 6. 1945. Aufgabe des Kontrollrates ist die Regelung der »Deutschland als Ganzes betreffenden Fragen«. Für die Verwaltung Berlins wird eine dem Kontrollrat unterstehende Interalliierte Behörde (russ.: Kommandantura) geschaffen, der die vier Stadtkommandanten angehören. Die laufenden Geschäfte übernimmt ein ständiger Koordinierungsausschuß, der sich aus den stellvertretenden Militärgouverneuren *Lucius D. Clay* (USA), *Brian Robertson* (Großbritannien), *Wassili Sokolowski* (Sowjetunion) und Louis Koeltz (Frankreich) zusammensetzt.
Der Kontrollrat tritt am 30. 7. 1945 in Berlin zu seiner konstituierenden Sitzung zusammen. Zu den von ihm erlassenen Gesetzen gehören die Aufhebung aller NS-Gesetze (Gesetz Nr. 1, 20. 9. 1945), die Auflösung und Liquidierung der NS-Organisationen (Gesetz Nr. 2, 10. 10. 1945); die Enteignung des I.G.-Farben-Konzerns (Gesetz Nr. 9, 14. 10. 1945); die Grundlage für die Bestrafung von Kriegsverbrechern (Gesetz Nr. 10, 20. 12. 1945), die formale Auflösung der Wehrmacht (Gesetz Nr. 34, 20. 8. 1946) und des Staates Preußen (Gesetz Nr. 46, 25. 2. 1947).
Der Kontrollrat stellt seine Arbeit mit dem Rückzug des sowjetischen Militärgouverneurs *Sokolowski* aus diesem Gremium am 20. 3. 1948 und dem damit vollzogenen faktischen Ende der Viermächteverwaltung für Deutschland ein.

Josef W. Stalin. Sie vereinbaren die Westverschiebung Polens, die Einrichtung von – zunächst drei, nach der Einbeziehung Frankreichs dann vier – Besatzungszonen, die Gründung eines Alliierten Kontrollrats sowie die Entmilitarisierung und Entnazifizierung Deutschlands. Die Kontrolle bzw. Demontage der Schlüsselindustrien soll eine Wiederbewaffnung Deutschlands verhindern. Materielle Reparationen sind ebenfalls vorgesehen. Eine Zerstückelung (»dismemberment«) Deutschlands in mehrere Teilstaaten, wie sie die »Großen Drei« wiederholt diskutieren, wird im März 1945 vom sowjetischen Unterhändler *Fjodor Gusew* abgelehnt. Auch amerikanische Pläne zur Deindustrialisierung Deutschlands (Morgenthau-Plan) werden verworfen.

Auf der dritten alliierten Kriegskonferenz, der **Konferenz von Potsdam** (17. 7.–2. 8. 1945), setzt *Stalin* gegen US-Präsident *Harry S. Truman* und den britischen Premierminister *Winston Churchill* (bzw. dessen Nachfolger *Clement Richard Attlee* ab 28. 7.) die Oder-Neiße-Linie als Westgrenze Polens durch. Rußland sichert sich Königsberg und einen Teil Ostpreußens. Deutschland verliert durch die Vereinbarung 24 % seiner Fläche von 1937. Im Schlußdokument, dem **Potsdamer Abkommen** (→ Kasten), wird festgelegt, daß Deutsche aus Polen, Ungarn und der Tschechoslowakei ausgesiedelt werden sollen. – Frankreich stimmt dem Abkommen am 7. 8. 1945 unter Vorbehalten gegen die Wirtschaftseinheit Deutschlands und die Einrichtung von Zentralverwaltungen zu. – Nach den Bestimmungen des Abkommens zerfällt Deutschland in den Grenzen von 1937 territorial in sieben Teile: das der UdSSR unterstellte Gebiet um Königsberg, die an Polen gefallenen ehemaligen deutschen Ostgebiete, die vier Besatzungszonen der Siegermächte und Berlin (→ Farbkarte I).
Außenministerkonferenzen: Wie im Potsdamer Abkommen festgelegt, kommen die Alliierten mehrmals zu Außenministerkonferenzen zusammen, um die Rahmenbedingungen der Nachkriegsordnung festzulegen. – Bereits auf der ersten Konferenz des Rates der Außenminister in **London** (10. 9.–2. 10. 1945) treten die Gegensätze der vier Besatzungsmächte in der Deutschlandfrage offen zutage: Während Frankreich eine Abtrennung des Rhein-Ruhr-Gebiets fordert, setzt sich der sowjetische Außenminister *Wjatscheslaw Molotow* für eine Viermächtekontrolle über das Ruhrgebiet ein. – In **Paris** (25. 4.–16. 5. und 15. 6.–12. 7. 1946) scheitert Molotow mit seinen Forderungen nach 10 Mrd. US-Dollar Reparationen und der Errichtung einer Viermächtekontrolle über das Ruhrgebiet. Auch US-Außenminister James Byrnes kann sich nicht durchsetzen mit seiner Forderung, Deutschland nach Ende der Besatzungszeit für 25 Jahre entwaffnet und entmilitarisiert zu halten. – Die Tagung in **Moskau** (10. 3.–24. 4. 1947) wird nach der Ablösung von *Byrnes* durch *George C. Marshall* vom **offenen Ausbruch des Ost-West-Konflikts** überschattet. Während die Außenminister in Moskau tagen, verkündet US-Präsident Harry S. Truman am 12. 3. 1947 vor dem Kongreß in Washington eine neue außenpolitische Leitlinie (**Truman-Doktrin**): Die USA

Potsdamer Abkommen

Das Abschlußkommuniqué der Potsdamer Konferenz der drei Regierungschefs Stalin, Truman und Attlee vom 2. 8. 1945 ist kein völkerrechtlicher Vertrag im eigentlichen Sinne. Da jedoch in den folgenden Jahren kein Friedensvertrag mit Deutschland zustande kommt, wird das Potsdamer Abkommen Grundlage für die Deutschlandpolitik der Siegermächte.
In den 14 Abschnitten des Dokuments einigen sich die Alliierten u. a. über: die Einrichtung eines Rates der Außenminister (II. Abschnitt); die Demilitarisierung, Entnazifizierung, Demokratisierung und wirtschaftliche Dezentralisierung Deutschlands (III.); Reparationen aus Deutschland (IV.); die Abtretung Königsbergs an die Sowjetunion (VI.); ein Verfahren gegen die Hauptkriegsverbrecher (VII.); die Westverschiebung Polens (IX.); die Ausweisung (»Überführung«) deutscher Bevölkerungsteile aus Polen, der Tschechoslowakei und Ungarn (XIII.).
Die territiorialen Veränderungen stehen ausdrücklich unter dem Vorbehalt der Zustimmung durch eine künftige Friedenskonferenz. Für die Reparationen einigen sich die »Großen Drei« darauf, daß die UdSSR ihre Ansprüche im wesentlichen aus ihrer Zone deckt, während die Westmächte ihre Forderungen auf die westlichen Besatzungszonen beschränken. Die Sowjetunion erhält darüber hinaus in den Westzonen das Recht auf 25 % »derjenigen industriellen Ausrüstung, die für die deutsche Friedenswirtschaft unnötig ist«. 10 % solle sie ohne Gegenleistung erhalten, 15 % mit Nahrungsmitteln, Rohstoffen oder anderen Waren bezahlen.

sind bereit, allen freien Staaten militärische und wirtschaftliche Unterstützung gegen die Gefahren eines totalitären Unsturzes von innen oder von außen zu gewähren. Ziel dieser Politik ist die Eindämmung (am. containment) des wachsenden Einflusses der Sowjetunion vor allem in Südosteuropa, Vorderasien und im Fernen Osten. Als erste Maßnahme bewilligt der Kongreß 400 Mio. Dollar für Griechenland und die Türkei, die als besonders gefährdet erscheinen. – Mit der Containment-Politik gegenüber der Sowjetunion gerät die deutsche Frage endgültig in das Fahrwasser des Kalten Krieges. In Moskau scheitern die Verhandlungen über die Wiederherstellung der politischen Einheit Deutsch-

lands an Differenzen über die Zusammensetzung und die Kompetenzen der neu aufzubauenden deutschen Verwaltungen. Auch in der Frage der Reparationen prallen die Gegensätze abermals aufeinander. Die Außenminister einigen sich jedoch auf die Auflösung Preußens und die Entlassung aller Kriegsgefangenen bis Ende 1948. – Nach der Verabschiedung des **Marshallplans** (→ Kasten) durch die Westmächte bringt die fünfte und letzte Konferenz in **London** (25. 11.–15. 12. 1947) keine Ergebnisse. Die Außenminister vertagen sich auf unbestimmte Zeit.
Industrieplan: Im »Plan für Reparationen und den Nachkriegsstand der deutschen Wirtschaft« vom 28. 3. 1946 setzten die Alliierten im Kontrollrat die Höhe der Industrieproduktion auf 50–55 % der Produktionshöhe des letzten Vorkriegsjahres (1938) fest. Darüber hinausgehende Kapazitäten sollen entweder als Reparationen an kriegsgeschädigte Staaten gehen oder zerstört werden. Die Rohstahlproduktion wird auf 5,8 Mio. Tonnen beschränkt.
Marshallplan: Die Ankündigung eines »European Recovery Program« als finanzielle Wiederaufbauhilfe für Europa durch US-Außenminister *George Marshall* am 5. 6. 1947 verschärft den Kalten Krieg. Die Sowjetunion lehnt – erwartungsgemäß – am 2. 7. 1947 das formelle Angebot, sich an dem Programm zu beteiligen, als Einmischung in die Souveränität der europäischen Staaten ab; die unter ihrem Einfluß stehenden osteuropäischen Staaten ziehen nach. – Auf der **Londoner Sechsmächtekonferenz** über Deutschland (23. 2.–6. 3. und 20. 4.–2. 6. 1948) verständigen sich die Außenminister der USA, Großbritanniens, Frankreichs und der Beneluxstaaten über die Einbeziehung Westdeutschlands in den Marshallplan und die Bildung eines westdeutschen Staates. Am 16. 4. 1948 schließen sich neben 16 europäischen Ländern auch die drei Westzonen der Organization for European Economic Cooperation (OEEC) zur Durchführung des Marshallplans an (→ Kasten). – Die Sowjetunion zieht sich am 20. 3. 1948 aus dem Alliierten Kontrollrat und am 16. 6. 1948 aus der Kommandantura für Berlin zurück. Damit endet faktisch die gemeinsame Viermächteverwaltung.
Währungsreform: Auf die Gründung der **Bank Deutscher Länder** durch die drei westlichen Militärgouverneure am 1. 3. 1948 reagiert die Sowjetunion am 21. 5. 1948 mit der Einrich-

Marshallplan/European Recovery Program (ERP)

Dem nach US-Außenminister *George C. Marshall* benannten Programm liegt das Konzept zugrunde, die Förderung des wirtschaftlichen Wiederaufbaus der europäischen Länder mit der Lösung binnen- und außenwirtschaftlicher Interessen der USA zu verknüpfen. US-Präsident *Harry S. Truman* unterzeichnet das Gesetz (Economic Cooperation Act), das für die Weiterführung des Programms einer jährlichen Bestätigung (Foreign Assistance Act) bedarf, am 3. 4. 1948 und gibt damit für das Wirtschaftsjahr 1948/49 5,3 Mrd. Dollar frei. Für die Dauer von vier Jahren wollen die USA den beteiligten Staaten Rohstoffe, Investitionsgüter und Lebensmittel liefern, im geringeren Umfang auch Kredite bereitstellen. Die Koordination der Bedarfsermittlung und Verteilung der Lieferungen erfolgt durch die am 16. 4. 1948 in Paris gegründete **Organisation für europäische wirtschaftliche Zusammenarbeit** (Organisation for European Economic Cooperation, OEEC). Bis Ende 1951 stellen die USA Mittel im Wert von **insgesamt 13,4 Mrd. Dollar** bereit; rd. 20 % gehen nach Großbritannien, 16 % nach Frankreich, 11 % nach Italien, 10 % in die Bundesrepublik, 7 % in die Niederlande. Die Empfängerländer zahlen für die Warenlieferungen zum größten Teil nicht an die USA, sondern in Landeswährung an sog. Gegenwertfonds (**ERP-Fonds**), aus denen zinsgünstig zweckbestimmte Kredite vergeben werden können.

tung der **Emissions- und Girobank**, seit 20. 7. 1948 **Deutsche Notenbank**. – Ein weiterer Schritt in Richtung Teilung ist die Währungsreform, die am 20. 6. 1948 in den drei Westzonen durchgeführt wird (→ unten). Sie gilt als Vorbedingung für die Einbeziehung Deutschlands in den Marshallplan und soll den gewaltigen Bargeldüberhang aus der Zeit der Kriegswirtschaft beseitigen. – Mit der Ausgabe der neuen Währung wird auf Initiative von *Ludwig Erhard*, dem Wirtschaftsdirektor der Bizone (→ unten), auch die Zwangsbewirtschaftung und Preisbindung für die meisten Güter aufgehoben. Der Schwarzmarkt trocknet aus. – Die Sowjetunion reagiert am 23. 6. 1948 mit einer eigenen Währungsreform in ihrer Zone, die jedoch keinen vergleichbar positiven

Effekt auf die Wirtschaft hat wie in den Westzonen.

Berlin-Blockade: Als die Westalliierten die Währungsreform auch in den Westsektoren Berlins durchführen, verhängt die sowjetische Militärverwaltung am 24. 6. 1948 eine totale Blockade Westberlins: Der Straßen- und Schienenverkehr wird unterbunden, einige Tage später werden auch die Wasserwege abgeriegelt. Die Energieversorgung für die Westsektoren wird unterbrochen. – Auf Initiative des amerikanischen Militärgouverneurs *Lucius D. Clay* beginnen die Westalliierten am 26. 6. 1948 mit der Versorgung der Westsektoren aus der Luft. Über die **Luftbrücke** erhalten die 2,5 Mio. Eingeschlossenen bis zum 12. 5. 1949 Lebensmittel, Medikamente, Kohle und Baumaterial. – Zur Finanzierung der Luftbrücke wird in der britischen und amerikanischen Zone am 19. 10. 1948 das Notopfer Berlin eingeführt. Es wird über eine Erhöhung der Einkommen- und Körperschaftsteuer sowie eine Abgabe auf Postsendungen erhoben.

Ausarbeitung des Grundgesetzes: Am 1. 7. 1948 übergeben die drei westalliierten Militärgouverneure den westdeutschen Ministerpräsidenten in Frankfurt/Main die auf der Grundlage der sog. Londoner Empfehlungen ausgearbeiteten drei **Frankfurter Dokumente** zur Gründung eines westdeutschen Teilstaates. Sie enthalten im ersten Dokument die Aufforderung, eine Verfassunggebende Versammlung zu bilden, die eine demokratische Verfassung für ein föderales Regierungssystem ausarbeiten soll. Im zweiten Dokument wird eine Neuordnung der Länder angeregt, im dritten werden die Grundzüge eines Besatzungsstatuts erläutert. – Die Ministerpräsidenten der Westzonen dringen in den **Koblenzer Beschlüssen** (8.–10. 7. 1948) darauf, daß der aus den drei Westzonen zu schaffende Staat nur ein »Provisorium« sein kann. Die Begriffe »Verfassung« und »Verfassunggebende Versammlung« werden von ihnen durch »Grundgesetz« und »Parlamentarischer Rat« ersetzt. – Verfassungsexperten der Länder erarbeiten in Herrenchiemsee einen Entwurf des Grundgesetzes (10. 8.–23. 8. 1948) als Grundlage für die Verhandlungen des **Parlamentarischen Rats** (→ Grafik), der am 1. 9. 1948 in Bonn seine Arbeit am Grundgesetz aufnimmt.

Der Rat wählt *Konrad Adenauer* (CDU) zu seinem Vorsitzenden, *Carlo Schmid* (SPD) über-

Parlamentarischer Rat 1948

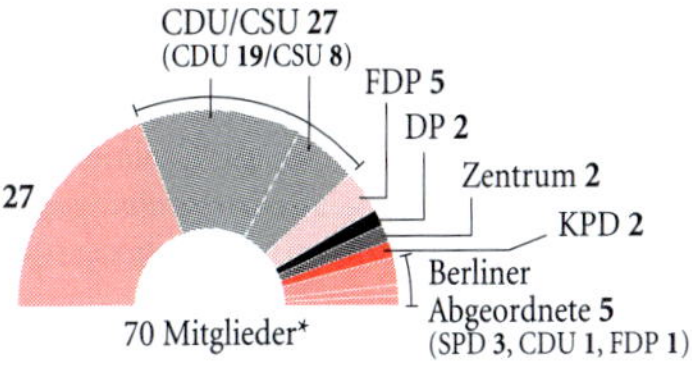

* davon 5 nicht stimmberechtigt (Berliner Abgeordnete)

nimmt den Vorsitz im Hauptausschuß, dem wichtigsten Arbeitsgremium des Parlamentarischen Rates. – Die Delegierten verabschieden gegen die Stimmen von CSU, KPD, Deutscher Partei und Zentrum am 8. 5. 1949 das **Grundgesetz** (→ 1949). – Auch in Ostberlin finden Vorbereitungen auf eine Staatsgründung statt. Am 22. 10. 1948 billigt der Deutsche Volksrat den Verfassungsentwurf für die »Deutsche Demokratische Republik«.

Besatzungszonen

Sowjetische Zone: Rascher als in den übrigen Zonen vollzieht sich in der sowjetischen Zone der **Wiederaufbau des staatlich-politischen Lebens**, der auf deutscher Seite maßgeblich von der in der UdSSR geschulten »Gruppe Ulbricht« um *Walter Ulbricht* und *Wilhelm Pieck* mitbestimmt wird. Am 9. 6. 1945 wird in Berlin-Karlshorst die Sowjetische Militäradministration in Deutschland **(SMAD)** eingerichtet, die von *Georgi Schukow* (April 1946) und *Wassili Sokolowski* geleitet wird. Ab dem 1. 7. 1945 übernimmt die Rote Armee die von britischen und amerikanischen Truppen besetzten Gebiete ihrer Zone. Am 9. 7. 1945 werden die Länder Mecklenburg, Sachsen und Thüringen und die Provinzen Brandenburg und Sachsen-Anhalt gegründet. Nach der Auflösung Preußens werden am 21. 7. 1947 auch die Provinzen in Länder umgewandelt. – Mit massiver Förderung für die KPD versucht die sowjetische Besatzungsmacht, ihren Einfluß durchzusetzen. Die Bildung der »Einheitsfront der antifaschistisch-demokratischen Parteien« (14. 7. 1945) und die Vereinigung von SPD und KPD zur SED (21. 4. 1946) dient der Ausweitung der kommunistischen Hegemonie auch auf die übrigen Parteien. Bei den Wahlen zu den fünf Landtagen vom 20. 10.

1946 (→ Karte) kommt die SED auf 44–49 % der Stimmen, die CDU auf 18,9–23,3 %, die Liberal-Demokratische Partei (LDPD) auf 12,5–29,9 %. – Der **Wiederaufbau der Verwaltung** erstreckt sich mit der Einrichtung von zunächst elf »Deutschen Zentralverwaltungen« (für Verkehrswesen; Nachrichtenwesen; Brennstoffindustrie; Handel und Versorgung; Industrie; Landwirtschaft; Finanzen; Arbeit und Soziales; Gesundheitswesen; Volksbildung; Justiz) am 27. 7. 1945 über die gesamte sowjetische Zone. Auch hier besetzt die SMAD die Schaltstellen der Gremien mit KPD-Leuten. – Massiver als in den anderen Zonen sind die **Eingriffe in die Wirtschaft**: Am 23. 7. 1945 werden Banken, Sparkassen und Versicherungen verstaatlicht. Am 3. 9. 1945 beginnt in Sachsen die **Bodenreform**, durch die bis zum 11. 9. 1945 in allen Ländern und Provinzen landwirtschaftliche Betriebe mit mehr als 100 ha Nutzfläche entschädigungslos enteignet werden. Betroffen ist fast ein Drittel der Gesamtfläche der sowjetischen Zone (ca. 3,3 Mio. ha). Zwei Drittel des Bodens werden an landlose Bauern, Landarbeiter, Kleinbauern und Vertriebene verteilt, ein Drittel bleibt im Besitz des Staates. Durch Verordnungen vom 30. und 31. 10. 1945 **konfisziert die SMAD rd. 7000 Betriebe.** Übernommen wird Eigentum des deutschen Staates, der NSDAP, der Wehrmacht sowie anderer dem Nationalsozialismus nahestehenden Institutionen. Erste »Volkseigene Betriebe« (VEB) und »Handelsorganisationen » (HO) entstehen. Ab 30. 6. 1946 werden Betriebe von »Kriegs- und Naziverbrechern« entschädigungslos enteignet und in »Volkseigentum« überführt (u. a. AEG, Flick, I. G.-Farben, Krupp, Mannesmann, Siemens). Zur Abgeltung von Reparationsansprüchen erfolgen umfangreiche **Demontagen** (u. a. wird auf sämtlichen Eisenbahnstrecken das zweite Gleis entfernt). Dabei beschränkt sich die SMAD nicht auf die Kriegswirtschaft, sondern bezieht auch für die Friedenswirtschaft wichtige Betriebe ein und entnimmt – entgegen dem Potsdamer Abkommen – **Reparationen aus der laufenden Produktion.** Am 5. 6. 1946 werden 213 ostdeutsche Großbetriebe (25–30 % des Industriepotentials der SBZ) enteignet und in 25 »Sowjetische Aktiengesellschaften« (SAG) umgewandelt. Am 15. 1. 1947 gibt die SMAD das Ende der Demontagen bekannt. – Am 23. 6. 1948 führt die Militärverwaltung eine eigene **Währungsreform** durch, bei der 70 RM zu einem Kurs von 1:1 in die neue

Währung Mark umgetauscht werden. Spargut- haben werden bis 100 RM im Verhältnis 2:1 umgetauscht, bis 1000 RM im Verhältnis 5:1, darüber im Verhältnis 10:1. Die Konten von Volkseigenen Betrieben, Sowjetischen Aktiengesellschaften, Parteien und Gewerkschaften werden generell zu einem Kurs von 1:1 umgestellt. – Weitere Entscheidungen, die eine **eigenständige Entwicklung der Ostzone** begünstigen, sind der Aufbau einer kasernierten »Deutschen Grenzpolizei« (28. 10. 1946) und einer »Volkspolizei« (3. 7. 1948), die Einrichtung der »Deutschen Wirtschaftskommission« (DWK) zur zentralen Lenkung und Leitung der Wirtschaft (14. 6. 1947), die Sprengung des Alliierten Kontrollrats durch den Auszug der Sowjets (20. 3. 1948) sowie die Berlin-Blockade (ab 24. 6. 1948). Dem gegenüber steht das stetige Bemühen, ein geeintes Deutschland unter sowjetischer Führung zu erreichen: Hierzu zählen die Konstituierung des Deutschen Volksrats mit Delegierten aus allen Besatzungszonen als Vorform einer gesamtdeutschen Vertretung (19. 3. 1948) und das vom Volksrat und der SED initiierte »Volksbegehren für die Einheit Deutschlands« (23. 5. 1948).

Amerikanische Zone: Die Verwaltung der amerikanischen Zone übernimmt das Office of Military Government of USA **(OMGUS)** mit Sitz in Frankfurt/Main unter den Militärgouverneuren *Joseph McNarney* (20. 11. 1945–15. 3. 1947) und *Lucius D. Clay* (seit 15. 3. 1947). – Grundlage der Besatzungspolitik ist zunächst die **Direktive JCS 1067** vom 26. 4. 1945, in der es heißt: »Deutschland wird nicht besetzt zum Zwecke seiner Befreiung, sondern als ein besiegter Feindstaat.... Das Hauptziel der Alliierten ist es, Deutschland daran zu hindern, je wieder eine Bedrohung des Weltfriedens zu werden.« Der wirtschaftliche Wiederaufbau soll nur insoweit erfolgen, wie er zur Befriedigung von Ansprüchen der durch Deutschland geschädigten Staaten notwendig ist. – Dennoch vollzieht sich der Wiederaufbau der Verwaltung rasch: Am 15. 11. 1945 erhalten Gemeinden und Kreise Selbstverwaltungsrechte. Die Kommunalwahlen vom 20. und 27. 1. 1946 sind die **ersten freien Wahlen** in Deutschland seit 1933. – Nach Bildung der Länder Bayern, (Groß-)Hessen und Württemberg-Baden (19. 9. 1945) entsteht mit dem **Länderrat** am 17. 10. 1945 eine erste gesamtzonale Vertretung. Der Länderrat hat neben Kompetenzen in länderübergreifenden Fragen das Ziel, eine Rechts- und Verwaltungs-

gleichheit in der amerikanischen Zone sicherzustellen. Seit der Umwandlung der Enklave Bremen in ein Land am 21. 1. 1947 gehört ihm neben den drei süddeutschen Ministerpräsidenten auch der Bremer Bürgermeister *Wilhelm Kaisen* an. – Mit der Übertragung der vollen gesetzgebenden, vollziehenden und richterlichen Gewalt erhalten die Länder am 1. 3. 1947 weitere Kompetenzen. – Um die Besatzungskosten möglichst gering zu halten, werden die restriktiven Bestimmungen der Direktive JCS 1067 zur Wirtschaftsentwicklung großzügig ausgelegt. Die amerikanische Militärverwaltung bemüht sich, die **ökonomische Regeneration** ihrer Zone und die vier »D-Forderungen« des Potsdamer Abkommens (Denazifizierung, Demilitarisierung, Dekartellisierung, Demokratisierung) miteinander zu vereinbaren. Am 11. 7. 1947 stellt die amerikanische Militärverwaltung mit der Direktive JCS 1779 die wirtschaftliche Regeneration Deutschlands in den Mittelpunkt ihrer Besatzungspolitik. – Die ersten **Landtagswahlen** in der amerikanischen Zone finden statt am 24. 11. 1946 in Württemberg-Baden, am 1. 12. 1946 in Hessen und Bayern, am 18. 5. 1947 in Baden und am 12. 10. 1947 in Bremen (→ Karte).

Britische Zone: Großbritannien übernimmt am 14. 7. 1945 die vollen Hoheitsrechte in seiner Besatzungszone, die zuvor weitgehend von den USA besetzt war. Ihre Verwaltung obliegt der Control Commission of Germany, British Element **(CCC/BE)** unter Feldmarschall *Bernard L. Montgomery* (bis 29. 4. 1946), Luftmarschall *Sholto Douglas* (29. 4. 1946–22. 11. 1947) und General *Brian Hubert Robertson* (seit 22. 11. 1947). – Im Sommer 1945 werden die Länder- bzw. Provinzregierungen in Braunschweig, Hannover, Oldenburg, Lippe, Hamburg, Schleswig-Holstein, Rheinland und Westfalen eingerichtet. – Mit der Gründung des Landes **Nordrhein-Westfalen** aus den Provinzen Rheinland und Westfalen am 23. 8. 1946 (kurze Zeit später kam das Land Lippe-Detmold hinzu) wehrt Großbritannien französische und sowjetische Ansprüche auf eine Internationalisierung des Ruhrgebiets ab. Am gleichen Tag wird das Land Schleswig-Holstein gegründet. Am 1. 11. 1946 werden die Länder Oldenburg, Braunschweig, Schaumburg-Lippe sowie die Provinz Hannover zum Land **Niedersachsen** zusammengeführt. – Am 15. 2. 1946 richten die Briten den sog. **Zonenbeirat** der Militärregierung ein. Er setzt sich aus 27 Vertretern von Parteien, Gewerkschaften, der

Verbrauchergenossenschaften, der Verwaltung sowie der Länder- und Regierungschefs zusammen und konstituiert sich am 5. 3. 1946 in Hamburg. Neben dem Zonenbeirat beanspruchen die Konferenz der Länderchefs und die elf Zentralämter Kompetenzen. – **Ökonomisch** ist die britische Zone – mit 22,3 Mio. Einwohnern die bevölkerungsreichste – am stärksten auf Lebensmittellieferungen angewiesen, verfügt jedoch mit dem Rhein-Ruhr-Gebiet über die ehemalige »Waffenschmiede« Deutschlands: Das Gros der deutschen Kohleförderung sowie der Eisen- und Stahlproduktion ist hier angesiedelt. Am 22. 12. 1945 läßt die britische Militärregierung die Stein- und Braunkohlenbergwerke beschlagnahmen, am 20. 8. 1946 die Eisen- und Stahlindustrie. – Allein bis Juni 1946 müssen die Briten 1 Mio. Tonnen Lebensmittel importieren – eine kaum zu tragende ökonomische Belastung für das vom Krieg gebeutelte Land, zumal den Exporten aus der eigenen Besatzungszone durch den Industrieplan (→ oben) vom 28. 3. 1946 enge Obergrenzen gesetzt sind. Der Zusammenschluß mit der amerikanischen Zone zur Bizone (→ unten) am 1. 1. 1947 soll die Bilanz verbessern. – **Erste Wahlen** finden in Hamburg am 13. 10. 1946, in Nordrhein-Westfalen, Niedersachsen und Schleswig-Holstein am 20. 4. 1947 statt.

Bizone: Mit seinem Vorschlag im Alliierten Kontrollrat, eine wirtschaftliche Einheit aller vier Zonen zu schaffen, knüpft der amerikanische Militärgouverneur *McNarney* am 20. 7. 1946 an die Formel des Potsdamer Abkommens (→ oben) an, Deutschland als wirtschaftliche Einheit zu behandeln. Nur Großbritannien stimmt dem amerikanischen Vorschlag am 29. 7. 1946 zu. Am 5. 9. 1946 einigen sich die Militärgouverneure beider Zonen auf die Einrichtung von 5 zentralen Verwaltungsstellen für Wirtschaft, Ernährung und Landwirtschaft, Verkehr, Post sowie Finanzen. Am 2. 12. 1946 unterzeichnen die Außenminister *Bevin* (Großbritannien) und *Byrnes* (USA) in New York das Zweizonenwirtschaftsabkommen, das mit der Bildung des **Vereinigten Wirtschaftsgebiets** (VWG oder Bizone) am 1. 1. 1947 in Kraft tritt. – Am 25. 6. 1947 konstituiert sich in Frankfurt/Main der **Wirtschaftsrat**, der sich aus zunächst 52 Vertretern der Länderparlamente der Bizone zusammensetzt. Ihm obliegen die Reorganisation und Koordinierung der bestehenden Zweizoneneinrichtungen, die Leitung und Lenkung des Wiederaufbaus der beiden Zonen und die Gesetzgebung in den Bereichen Wirtschaft, Verkehr, Landwirtschaft und Ernährung, Post und Fernmeldewesen sowie Finanzen. Seine Entscheidungen müssen vom sog. Bipartite Board der Militärregierungen gebilligt werden. – Am 28. 8. 1947 vereinbaren Amerikaner und Briten eine Revision des Industrieplans von 1946: Das Wirtschaftspotential kann nun bis auf 90 % des Stands von 1936 (vorher 65–67 %) erhöht werden, gleichzeitig wird die Obergrenze für die Rohstahlproduktion von 5,8 auf 10,7 Mio. Tonnen heraufgesetzt. – Mit der Reform der Bizonenverwaltung durch die **Frankfurter Charta** vom 9. 2. 1948 entsteht der Kern der politischen Struktur der späteren Bundesrepublik mit einem auf 104 Mitglieder erweiterten Wirtschaftsrat (später: Bundestag), Länderrat (Bundesrat) und Verwaltungsrat (Bundesregierung). Gleichzeitig entsteht mit dem »Deutschen Obergericht für das Vereinigte Wirtschaftsgebiet« in Köln eine Vorform des Bundesverfassungsgerichts. – Am 1. 3. 1948 schaffen die USA und Großbritannien mit der Gründung der **Bank Deutscher Länder** in Frankfurt/Main die Grundlage für die Bundesbank. Am 2. 3. 1948 wird *Ludwig Erhard* Direktor der Wirtschaftsverwaltung. Auf seine Initiative wird am 20. 6. 1948 in den Westzonen eine **Währungsreform** durchgeführt (→ Kasten).

Französische Zone: Die französische Zone wird endgültig am 26. 7. 1945 eingerichtet. Sie steht unter Verwaltung des Conseil de Contrôle pour l'Allemagne, der von General *Marie Pierre Koenig* geführt wird. Ziel der französischen Besatzungspolitik ist eine möglichst weitgehende Schwächung des deutschen Wirtschaftspotentials, um eine neue von Deutschland ausge-

Währungsreform

Gegen Vorlage ihrer Kenn- und Lebensmittelkarte können die Bürger der drei Westzonen am 20. 6. 1948, einem Sonntag, für 60 Reichsmark (RM) ein sog. Kopfgeld von 40 Deutschen Mark (DM) eintauschen. Betriebe erhalten für jeden Beschäftigten 60 DM. Sparguthaben werden im Verhältnis 100 RM zu 6,5 DM umgestellt. Renten, Gehälter und Mieten laufen im Verhältnis 1:1 weiter. Es profitieren vor allem die Inhaber von Immobilien, Produktionsmitteln oder anderen festen Werten, während Sparer Einbußen hinnehmen müssen.

hende militärische Bedrohung für immer auszuschließen. Mit seinen Forderungen, die Industrieregionen des Rheinlands und Westfalens einschließlich des Ruhrgebiets von Deutschland abzutrennen, kann sich Frankreich bei den übrigen Alliierten allerdings nicht durchsetzen. In seiner Zone setzt es auf eine extreme Föderalisierung, um eine starke Zentralregierung zu verhindern. Zonenweite deutsche Repräsentativorgane gibt es zunächst nicht; überregionale deutsche Verwaltungsorganisationen, die 26 sog. Hilfsbüros, haben wenig Kompetenzen. Erstes zonenweites Repräsentativorgan ist ab 1948 das **Sekretariat der deutschen Ministerkonferenzen**, in dem die Ministerpräsidenten von Rheinland-Pfalz, Baden und Württemberg-Hohenzollern sowie drei Fachminister sitzen. – Am 30. 8. 1946 entsteht das Land **Rheinland-Pfalz**, es folgen die Gründungen von **Baden** und **Württemberg-Hohenzollern**. Erste Gemeindewahlen finden am 15. 9. 1946 statt. Die Landesverfassungen werden am 18. 5. durch Volksabstimmungen angenommen; am gleichen Tag werden **die ersten Landtage** gewählt, in denen die CDU stärkste Kraft wird. – Als letzte Besatzungsmacht läßt Frankreich am 12. 12. 1945 die Gründung von Parteien zu. Diese werden strenger kontrolliert als in den übrigen Zonen. Jede öffentliche Diskussion über eine Wiederherstellung der deutschen Einheit ist verboten. – Eine Sonderrolle spielt das **Saarland**, dessen – zumindest ökonomische – Einverleibung Frankreich mit der Übernahme der Verwaltung der Saargruben (2. 1. 1946), der Einführung einer Zollgrenze zwischen dem Saargebiet und der übrigen französischen Zone (22. 12. 1946) und einer eigenen Währung, der »Saarmark« (15. 6. 1947), vorbereitet. Am 15. 12. 1947 verabschiedet die Verfassunggebende Versammlung des Saarlands eine Verfassung, die die politische Unabhängigkeit von Deutschland und den wirtschaftlichen Anschluß an Frankreich festschreibt. Dieser wird mit der Einführung der Franc-Währung (3. 1. 1948) und der Einrichtung einer Zollunion mit Frankreich (1. 4. 1948) vollzogen.

Berlin: Gemäß den Vereinbarungen der »Großen Drei« wird die Hauptstadt in vier Sektoren aufgeteilt. Die Verwaltung obliegt der sog. **Kommandantura**. Ab dem 1. 7. 1945 übernehmen die USA, Großbritannien und die Sowjetunion ihre Sektoren, am 12. 8. 1945 folgen die Franzosen. Die Westsektoren Berlins machen zusammen 54,4 % Großberlins aus. – Die UdSSR

nutzt die Zeit vor dem Einzug der Westmächte, um eine ihnen genehme **deutsche Verwaltung** aufzubauen. Bereits am 18. 5. 1945 konstituiert sich der erste Nachkriegsmagistrat unter dem parteilosen Oberbürgermeister *Arthur Werner*. Von seinen vier Stellvertretern sind drei ehemalige KPD-Mitglieder. Insgesamt gehören dem 18köpfigen Magistrat 9 ehemalige KPD-Mitglieder an. – Am 13. 8. 1946 billigt die Alliierte Kommandatura die vom Magistrat erarbeitete **Vorläufige Verfassung** von Groß-Berlin. – Da keine Vereinbarungen über den Verkehr der Westalliierten durch die sowjetische Besatzungszone getroffen wurden, entwickelt sich der **Zugang nach Berlin** zu einem Problem. Am 30. 11. 1945 einigen sich die Alliierten im Kontrollrat auf die Einrichtung von drei Luftkorridoren zwischen Berlin und den Westzonen. Als sich die Spannungen zwischen den Besatzungsmächten verschärfen, erläßt die Sowjetische Militäradministration (SMAD) am 1. 4. 1948 zusätzliche Bestimmungen für den Verkehr durch die sowjetische Zone, die die Versorgung West-Berlins behindert. Am 3. 4. 1948 muß der alliierte Eisenbahnverkehr zwischen Berlin und den Westzonen eingestellt werden. Im Konflikt um die Währungsreform (→ oben) eskaliert die Behinderung am 24. 6. 1948 zur **totalen Blockade** der Land- und Wasserwege zwischen den Westzonen und Berlin (→ Berlin-Blockade). – Am 30. 11. 1948 beruft die SED eine »außerordentliche Stadtverordnetenversammlung« ein und läßt *Fritz Ebert*, den Sohn des ersten Reichspräsidenten der Weimarer Republik, zum Oberbürgermeister wählen. Der von ihm geführte neue Magistrat wird am 2. 12. 1948 von der SMAD als einzig legitime Regierung Berlins anerkannt. Damit gibt es in Berlin **keine gemeinsame Stadtverwaltung** mehr. Die Wahlen vom 5. 12. 1948 finden nur in den Westsektoren – und ohne Beteiligung der SED – statt. Am 7. 12. 1948 wird *Ernst Reuter* (SPD) zum Oberbürgermeister West-Berlins gewählt.

Politischer Wiederaufbau

Parteiwesen: Bereits am 10. 6. 1945 gestattet die SMAD mit Befehl Nr. 2 die Gründung antifaschistisch-demokratischer Parteien und Gewerkschaften auf Zonenebene. – Am 11. 6. 1945 konstituiert sich in Berlin als erste Partei die **Kommunistische Partei Deutschlands** (KPD) auf Initiative der »Gruppe Ulbricht«. Getreu der inoffiziellen Devise *Walter Ulbrichts*, »es muß demokratisch aussehen, aber wir müssen alles in der Hand haben«, zielt der Gründungsaufruf vor allem auf die Beseitigung des »Hitlerismus« und die Errichtung einer parlamentarisch-demokratischen Republik, nicht aber auf den Aufbau eines sozialistischen Staatssystems nach sowjetischem Vorbild. – Ebenfalls in Berlin gründet sich am 15. 6. 1945 die **Sozialdemokratische Partei Deutschlands** (SPD), deren Vorsitz im Zentralausschuß *Otto Grotewohl* übernimmt. Ihr Programm ist radikaler als das der KPD und betont die Einheit der Arbeiterbewegung. – Auch die bürgerlichen Parteien **Christlich Demokratische Union** (CDU, gegründet am 26. 6. 1945) und die **Liberal-Demokratische Partei Deutschlands** (LDPD, 5. 7. 1945) werden zunächst in Berlin ins Leben gerufen. – Der Versuch der KPD, alle Parteien organisatorisch möglichst eng an sich zu binden, mündet am 14. 7. 1945 in die Gründung der »Einheitsfront der antifaschistisch-demokratischen Parteien« von KPD, SPD, CDU und LDPD. Mit der sog. **Blockbildung** entstehen auf allen Verwaltungsebenen der sowjetischen Zone sog. Blockausschüsse, die von den Parteien paritätisch besetzt werden. – Als Ende 1945 deutlich wird, daß die Unterstützung für die KPD in der Bevölkerung weit hinter der für die SPD zurückbleibt, strebt die KPD eine rasche Vereinigung beider Parteien an. Dem **Zusammenschluß von SPD und KPD** zur Sozialistischen Einheitspartei Deutschlands (SED) am 21./22. 4. 1946 geht eine Einschüchterungskampagne gegen Einheitsgegner voraus (u. a. Verhaftung des Thüringer SPD-Vorsitzenden *Hermann Brill*). Bei einer Urabstimmung am 31. 3. 1946 sprechen sich 82 % der Westberliner SPD-Mitglieder gegen eine sofortige Vereinigung mit der KPD aus, 62 % befürworten eine Zusammenarbeit.

Langsamer geht der Aufbau der **Parteien in den Westzonen** vor sich: Zwar gibt es auch hier spontane Zusammenschlüsse in Ortsvereinen, doch eine überregionale Organisation läßt auf sich warten, da die Westalliierten auf einen Parteiaufbau von unten nach oben setzen. Einen Zusammenschluß auf zonaler Ebene gestattet als erste Westmacht Großbritannien am 1. 2. 1946. Auch in den Westzonen entstehen vier große Parteien: CDU, SPD, KPD und FDP. – Führende Persönlichkeit der **CDU**, die am 14. 12. 1945 in Bad Godesberg gegründet wird, ist der Kölner Oberbürgermeister *Konrad Adenauer*.

Am 1. 3. 1946 wird er Vorsitzender der CDU in der britischen Zone. Diese fordert im Ahlener Programm (1.–3. 2. 1947) eine Abkehr von der »unumschränkten Herrschaft des privaten Kapitalismus« und eine teilweise Vergesellschaftung der Großindustrie. In Bayern entsteht mit der **Christlich-Sozialen Union** (CSU) eine Schwesterpartei, die sich von der **CDU** vor allem durch eine stärkere Betonung des föderalen Prinzips unterscheidet. – Die Weichenstellung für die **SPD** erfolgt auf der Konferenz in Wennigsen bei Hannover (5.–7. 10. 1945): Hier wird *Kurt Schumacher* zum Sprecher in den Westzonen gewählt. Programmatisch bekennt sich die SPD bis zu ihrer Umwandlung zur »Volkspartei« auf dem Godesberger Parteitag (→ 1959) zum demokratischen Sozialismus. – Die **Freie Demokratische Partei Deutschlands** (FDP) geht am 11. 12. 1948 aus dem Zusammenschluß verschiedener liberaler Parteien hervor. Erster Vorsitzender wird *Theodor Heuss*. Keine Massenbasis im Westen findet die **KPD**.

Gewerkschaften: Nach den schlechten Erfahrungen mit der zersplitterten Gewerkschaftsbewegung der Weimarer Republik stimmen Gewerkschafter nach dem Krieg weitgehend darin überein, daß eine Einheitsgewerkschaft die angemessene Organisationsform sei. – Am 13. 6. 1945 konstituiert sich in Berlin der **Freie Deutsche Gewerkschaftsbund** (FDGB), der mit dem 1. Zentralen Delegierten-Kongreß vom 9. 2. 1946 eine gesamtzonale Organisation erhält. Zu diesem Zeitpunkt zählt der FDGB bereits 2 Mio. Mitglieder. Charakteristisch ist die Absage an die parteipolitische Neutralität, die 1950 in die Anerkennung der Führungsrolle der SED durch den FDGB mündet. – In den Westzonen gestaltet sich der Aufbau von Gewerkschaften wesentlich schwieriger. Das Mißtrauen der Westalliierten gegen Überreste nationalsozialistischer Ideologie und wachsenden Einfluß der Kommunisten veranlaßt Amerikaner und Briten, am 1. 7. 1945 ein dreimonatiges Betätigungsverbot für alle Gewerkschaften zu verhängen. Auch danach entstehen die Arbeiterorganisationen nur allmählich von unten nach oben. Im April 1947 findet in Bielefeld der Gründungskongreß des **Deutschen Gewerkschaftsbundes** (DGB) in der britischen Zone (22.–25. 4. 1947) statt. Vorsitzender wird der Sozialdemokrat *Hans Böckler*.

Die Regierungen im besetzten Deutschland 1947

US-amerikanische Besatzungszone
Bremen: Bürgermeister und Senatspräsident *Wilhelm Kaisen* (SPD) führt eine Koalition aus SPD, Bremer Demokratische Volkspartei und KPD.
Hessen: Ministerpräsident *Christian Stock* (SPD) regiert auf der Basis einer Koalition von SPD und CDU.
Bayern: CSU, SPD und Wirtschaftliche Aufbau-Vereinigung tragen eine von Ministerpräsident *Hans Ehard* (CSU) geführte Regierung.
Württemberg-Baden: Ministerpräsident *Reinhold Maier* (DVP) steht an der Spitze einer Allparteien-Koalition aus CDU, SPD, (DVP)/FDP und KPD.

Britische Besatzungszone
Freie und Hansestadt Hamburg: Der Erste Bürgermeister *Max Brauer* (SPD) bildet eine Koalition aus SPD und FDP.
Niedersachsen: Ministerpräsident *Hinrich Wilhelm* Kopf (SPD) leitet eine von SPD, CDU, FDP, KPD und der Niedersächsischen Landespartei (NLP) gebildete Koalitionsregierung.
Nordrhein-Westfalen: Die CDU mit Ministerpräsident *Karl Arnold* geht eine Koalition mit SPD, KPD und Zentrum ein.
Schleswig-Holstein: Ministerpräsident *Hermann Lüdemann* führt eine SPD-Regierung.

Französische Besatzungszone
Rheinland-Pfalz: Eine Allparteien-Koalition (CDU, SP [Sozialdemokraten], KPD, FDP) trägt die Regierung von Ministerpräsident *Peter Altmeier.*
Südbaden: Die von Ministerpräsident *Leo Wohleb* geführte Badische Christlich-Soziale Volkspartei (BCSV) bildet eine Koalition mit den Sozialdemokraten.
Württemberg-Hohenzollern: CDU, Sozialdemokraten und DVP bilden eine Koalition mit *Lorenz Bock* (CDU) als Ministerpräsident.
Saarland: Die Landesregierung unter Führung von *Johannes Hoffmann* (Christliche Volkspartei) wird vom französischen Gouverneur *Gilbert Grandval* kontrolliert.

Sowjetische Besatzungszone
Mark Brandenburg: Ministerpräsident *Karl Steinhoff* (SED) führt eine von SED, CDU und LDP gestellte Regierung.
Mecklenburg-Vorpommern: Der Präsident der Landesverwaltung *Wilhelm Höcker* (SED) wird Ministerpräsident.
Sachsen: *Rudolf Friedrichs* (SED) tritt am 30. 7. die Nachfolge des verstorbenen Ministerpräsidenten *Max Seydewitz* (SED) an.
Sachsen-Anhalt: Im Kabinett von Ministerpräsident *Erhard Hübener* (DPD) sind LPD, SED und CDU vertreten.
Thüringen: Ministerpräsident *Rudolf Paul* leitet die Landesregierung.

Groß-Berlin unter Viermächtekontrolle
Oberbürgermeister *Otto Ostrowski* (SPD), der einen Senat aus SPD, CDU, SED und LPD führt, wird am 17. 4. 1947 von *Ernst Reuter* abgelöst. Wegen sowjetischen Einspruchs in der Alliierten Kommandantur kann dieser sein Amt nicht antreten.

Landtagswahlen

Baden	18.5.1947
Bayern	1.12.1946
Brandenburg	20.10.1946
Bremen	12.10.1947
Groß-Berlin	20.10.1946
Hessen	1.12.1946
Mecklenburg	20.10.1946
Niedersachsen	20.4.1947
Nordrhein-Westfalen	20.4.1947
Rheinland-Pfalz	18.5.1947
Saarland	5.10.1947
Sachsen	20.10.1946
Sachsen-Anhalt	20.10.1946
Schleswig-Holstein	20.4.1947
Thüringen	20.10.1946
Württemberg-Baden	24.11.1946
Württemberg-Hohenzollern	18.5.1947

Landtagswahlen in den Besatzungszonen 1946/47

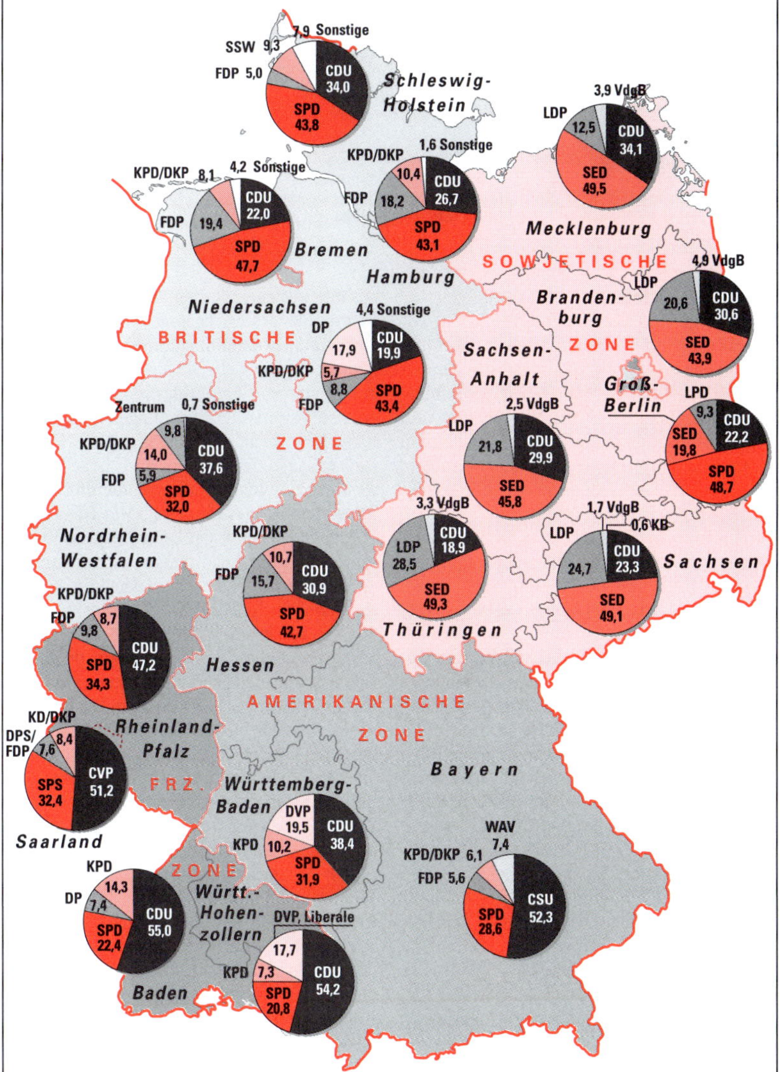

Zonengrenze

Ländergrenze

Alle Angaben in Prozent

35 Besatzungszonen 1945–1948

Bevölkerungsverteilung in den Besatzungszonen (Stand: 29.10.1946)

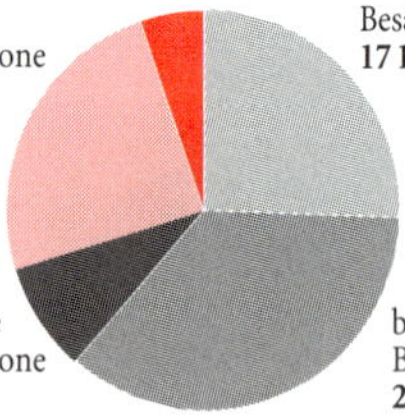

36

Flüchtlinge und Vertriebene in Deutschland (Stand: 29.10.1946)

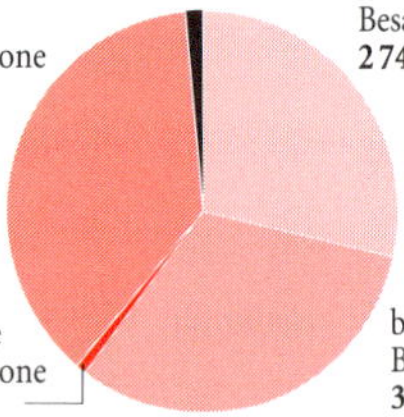

Soziale Kriegsfolgen

Flüchtlinge und Vertriebene: Die Flucht vor der Roten Armee und Racheakten der Bevölkerung in den von der nationalsozialistischen Besatzung befreiten Staaten sowie die Vertreibung und Aussiedlung der Deutschen aus Ost- und Südosteuropa lösen eine Migrationswelle aus, in deren Verlauf bis zum 1. 4. 1947 mehr als 10 Mio. Deutsche aus dem Osten in die vier alliierten Besatzungszonen kommen (→ Grafik).
Der Flucht mit den abrückenden Verbänden der Wehrmacht in den letzten Kriegsmonaten folgt zunächst eine Phase ungeregelter Vertreibung. Erst das Potsdamer Abkommen vom 2. 8. 1945 regelt die Aussiedlung der deutschen Bevölkerung aus Polen, der Tschechoslowakei und Ungarn. Obwohl es eine Überführung »in ordnungsgemäßer und humaner Weise« vorsieht, kommt es auch in dieser Phase zu Übergriffen und Härten. Schätzungen gehen von 2 Mio. Toten infolge der Vertreibung aus. – In den aufnehmenden Gebieten verschärft der große Bevölkerungszustrom die ökonomischen und sozialen Probleme.
Displaced Persons: Die Zahl der ausländischen Zivilpersonen, die sich bei Kriegsende in Deutschland befinden, wird auf 8–10 Mio. geschätzt. Allein in den Westzonen lebten im Mai 1945 1,5 Mio. Russen, 1,2 Mio. Franzosen, 600 000 Polen, 350 000 Italiener, 200 000 Niederländer, 200 000 Belgier, 100 000 Jugoslawen, 60 000 Tschechen und je 10 000 Dänen, Norweger, Griechen und Luxemburger. Zu den »Verschleppten« (Displaced Persons, DPs) gehören vor allem ehemalige Zwangsarbeiter und aus den Konzentrationslagern Befreite. Seit 1947 zählen auch Osteuropäer, die vor der Roten Armee flüchten, zu den DPs. – Während die DPs aus den westeuropäischen Staaten relativ rasch in ihre Heimat zurückgebracht werden können, gestaltet sich die Rückführung der Ost- und Südosteuropäer vielfach schwierig. Viele wollen aus Angst vor kommunistischer Verfolgung oder antisemitischen Strömungen in ihren Heimatländern nicht zurückkehren. Sie bleiben in Deutschland oder wandern nach Israel bzw. in westliche Länder (vor allem in die USA) aus. – Bis September 1945 können 4,6 Mio. DPs aus den Westzonen mit Hilfe der United Nations Reconstruction and Repatriation Administration (UNRRA) in ihre Heimat zurückkehren. Am 1. 4. 1947 leben noch 1,1 Mio., im März 1949 noch gut 400 000 DPs in den Westzonen.
Kriegsgefangene: Von den 11,2 Mio. deutschen Kriegsgefangenen befinden sich etwa zwei Drittel in westalliierter (7,8 Mio.), ein Drittel in sowjetischer (3,4 Mio.) Gefangenschaft. – Insbesondere in den ersten Monaten nach Kriegsende sind die Zustände in den Lagern chaotisch und entbehrungsreich: So sterben in den Rheinwiesenlagern zwischen Ludwigshafen und Andernach, einer US-Einrichtung unter freiem Himmel, zwischen 5000 und 10 000 Menschen. Teilweise setzen die Alliierten Kriegsgefangene zur Beseitigung der Kriegsschäden in den befreiten Ländern ein; vielfach müssen sie im Bergbau arbeiten. Die SMAD deportiert ihre Kriegsgefangenen in Arbeits- und Internierungslager in der UdSSR. Etwa ein Drittel der sowjetischen Kriegsgefangenen stirbt in der Gefangenschaft. – Die USA entlassen die letzten ihrer 3,4 Mio. Kriegsgefangenen am 22. 7. 1946. Während der Moskauer Außenministerkonferenz (10. 3.–24. 4. 1947) einigen sich die Alliierten auf die Entlassung aller Kriegsgefangenen bis Ende 1948. Die letzten Kriegsge-

fangenen der UdSSR werden jedoch erst → 1955 entlassen.

Kriegszerstörungen: Etwa ein Viertel des Wohnungsbestandes von 1939 ist zerstört oder schwer beschädigt. In Großstädten kann häufig die Hälfte der Vorkriegswohnungen nicht mehr benutzt werden. Mit **Wohnraumbewirtschaftung** und Zwangseinquartierungen versuchen alliierte und deutsche Stellen, den Mangel zu verwalten. Außerdem sind die Hälfte der Schulen, zwei Fünftel der Verkehrsanlagen und ein Fünftel der gewerblichen Bauten zerstört. Allein in Hamburg liegen 43 Mio. m^3 Schutt, in Köln 30 Mio. m^3, in Essen 20 Mio. m^3. Bis 1951 ist in diesen Städten im Durchschnitt weniger als ein Drittel der Trümmer beseitigt. – Die sog. Trümmerfrauen, die die Hauptlast der Aufräumarbeiten tragen, werden zum Symbol des Wiederaufbauwillens der deutschen Bevölkerung.

Versorgungslage: Durch den weitgehenden Zusammenbruch der Wirtschaft, die Zerstörung der Infrastruktur und den Verlust der »Kornkammer« des Deutschen Reiches im Osten ist die Versorgungslage mit Konsumgütern sehr schlecht. Erträge der Landwirtschaft reichen nicht, den Nahrungsmittelbedarf der Bevölkerung sicherzustellen. Deshalb behalten die Besatzungsmächte die in den Kriegsjahren eingeführte Zwangsbewirtschaftung von Konsumgütern bei: Lebensmittel, Brennstoff und Kleidung gibt es offiziell nur auf Zuteilung. Lebensmittel müssen nach Deutschland eingeführt werden. – Die Zuteilung durch **Lebensmittelmarken** liegt Mitte 1946 in der amerikanischen Zone bei 1330 Kalorien, in der sowjetischen bei 1083, in der britischen Zone bei 1050 und in der französischen bei 900 Kalorien. (Der Bedarf eines arbeitenden Erwachsenen liegt bei 2000 Kalorien.) Besonders dramatisch wird die Lage im »Kältewinter« 1946/47. Erst nach der Währungsreform (→ oben) steigt das Angebot an Nahrungsmitteln in den Westzonen spürbar. In der Bizone können seitdem Lebensmittelmarken für 1900 Kalorien ausgegeben werden. – Zuvor sind die Menschen auf den **Schwarzmarkt**, auf Diebstahl, sog. Hamsterfahrten aufs Land und die Selbstversorgung aus dem eigenen Garten angewiesen, um ihr Überleben zu sichern. Während die Reichsmark fast wertlos wird, steigen Zigaretten zur Ersatzwährung auf. – Ab Juni 1946 erreichen die Westzonen erste Hilfsgüter der Cooperative for American Remittances to Europe (**CARE**). Bis

zur Beendigung der Aktion 1960 erhält die Bevölkerung der Westzonen CARE-Pakete im Wert von 346 Mio. DM. Zur Linderung der Not tragen darüber hinaus Hilfslieferungen anderer Länder und Organisationen bei sowie z. B. Schulspeisungen der Quäker.

Entnazifizierung und Reeducation

Am 8. 8. 1945 einigen sich die Alliierten im Viermächteabkommen auf die **Bestrafung der Hauptkriegsverbrecher**. Sie setzen einen Internationalen Militärgerichtshof ein, der am 18. 10. 1945 seine Arbeit zunächst in Berlin aufnimmt, bevor er am 20. 11. 1945 nach Nürnberg wechselt (→ Kasten). Die Urteile gegen die 22 Angeklagten werden am 1. 10. 1946 verkündet.

Entnazifizierung: In allen vier Zonen finden Entnazifizierungsmaßnahmen statt. Grundlage ist das **Potsdamer Abkommen** (→ oben), das die Beseitigung aller nazistischen Parteien, Einrichtungen und Gesetze, die Bestrafung der NS-Verbrecher und die Entfernung aller aktiven NSDAP-Mitglieder aus öffentlichen und halböffentlichen Ämtern sowie Führungspositionen in der Wirtschaft vorsieht. Diese Maßnahmen werden in den einzelnen Zonen sehr unterschiedlich umgesetzt: In der **sowjetischen Besatzungszone** ist die Entnazifizierung verbunden mit Gesellschaftsreformen; über eine Bodenreform, Enteignungen und die Verstaatlichung der großen Industriebetriebe wird die Macht der alten Eliten gebrochen. Außerdem werden bis 1948 rd. 520 000 ehemalige Nationalsozialisten aus der öffentlichen Verwaltung und aus der Industrie entfernt (darunter die Hälfte der Lehrer und vier Fünftel aller Richter und Staatsanwälte). Milde läßt die SMAD gegenüber dringend benötigten Spezialisten und einfachen NSDAP-Mitgliedern walten. – **In den Westzonen** treten die Forderungen nach Entflechtung von Großindustrie und Großgrundbesitz angesichts des aufkommenden Kalten Krieges und der wirtschaftlichen Erfordernisse des Wiederaufbaus in den Hintergrund. Der personellen »Säuberung« widmen sich die Amerikaner besonders intensiv, wobei sie sich zunächst auf die Entnazifizierung der Verwaltung konzentrieren. Mit dem Gesetz zur Befreiung von Nationalsozialismus und Militarismus (Befreiungsgesetz) vom 5. 2. 1946 übergeben sie die Entnazifizierung an deutsche Stellen. Fortan muß jeder Deutsche über 18 Jahre einen Meldebogen zur politischen Überprüfung

Nürnberger Prozeß

Im Prozeß gegen die Hauptkriegsverbrecher werden 24 Angehörige des Führerkorps, der **NSDAP**, der **SS** und des **SD** angeklagt, Verbrechen gegen den Frieden, Kriegsverbrechen und Verbrechen gegen die Menschlichkeit begangen zu haben. Gegen *Martin Bormann*, der untergetaucht ist, wird in Abwesenheit Anklage erhoben; *Robert Ley* nimmt sich vor Prozeßbeginn das Leben; das Verfahren gegen *Gustav Krupp von Bohlen und Halbach* muß wegen einer schweren Erkrankung abgetrennt werden. Es sitzen daher nur 21 Beschuldigte auf der Anklagebank. Am 1. 10. 1946 ergehen Todesurteile gegen zwölf Angeklagte (*Bormann, Frank, Frick, Göring, Jodl, Kaltenbrunner, Keitel, Ribbentrop, Rosenberg, Sauckel, Seyß-Inquart, Streicher*), drei lebenslängliche Haftstrafen (*Funk, Heß, Raeder*), vier befristete Haftstrafen (*Dönitz, Neurath, Schirach, Speer*) und drei Freisprüche (*Papen, Fritsche, Schacht*). Außerdem erklärt das Tribunal die SS, die Gestapo und den SD zu verbrecherischen Organisationen, um deren Angehörige in späteren Verfahren belangen zu können. – *Göring* entzieht sich der Hinrichtung am 15. 10. 1946 durch Selbstmord; *Bormann* bleibt verschollen. Die übrigen Todesurteile werden am 16. 10. 1946 vollstreckt.
Dem Hauptkriegsverbrecherprozeß folgen bis zum 11. 4. 1949 zwölf weitere Verfahren in Nürnberg gegen insgesamt 177 Angehörige verschiedener Berufsgruppen (Ärzte, Juristen, Wirtschaftsführer, Offiziere, Ministerialbeamte, SS- und SD-Angehörige), die vor amerikanischen Militärgerichten verhandelt werden. In diesen Verfahren werden 24 Todesurteile gefällt, 20 lebenslängliche und 98 befristete Haftstrafen verhängt; 35 Angeklagte werden freigesprochen.

ausfüllen. Spruchkammern klassifizieren die Fälle in Hauptschuldige, Belastete, Minderbelastete, Mitläufer oder Entlastete. Das vorgegebene Verfahren entwickelt sich jedoch vielfach zur Farce, da sich zahlreiche Täter durch Entlastungsschreiben (»Persilscheine«) reinwaschen. Die Sowjets erklären die **Entnazifizierung** am 26. 2. 1948 für beendet, die Amerikaner Ende August 1949, Briten und Franzosen Ende Februar 1950. Bis dahin bearbeiten die Spruchkammern mehr als 6 Mio. Fälle, von denen 1,2 Mio. als Entlastete, 1 Mio. als Mitläufer, 150 000 als Minder-

belastete, 23 000 als Belastete und knapp 1700 Personen als Hauptschuldige eingestuft werden. In fast 4 Mio. Fällen ergeht eine Amnestie (→ auch 1952 DDR).
Reeducation: Die Entnazifizierung geht mit der Umsetzung eines Programms der Reeducation (Umerziehung) einher. Diese erstreckt sich einerseits auf die Aufklärung über die Verbrechen des Nationalsozialismus und eine Neuorganisation von Presse und Rundfunk, andererseits aber – insbesondere bei der amerikanischen Verwaltung – auf eine Neuorientierung der Erziehung und Ausbildung in Hinblick auf Demokratie und Friedensliebe, aber auch auf Vermittlungsformen und Organisationsstrukturen von Schulen und Hochschulen (Mitverwaltung von Schülern, Eltern und Lehrern; Abschaffung des Schulgeldes, kostenlose Lehrmittel, Koedukation). In allen Zonen werden die Schulen besonders gründlich entnazifiziert, während im Universitätswesen restaurative Tendenzen überwiegen.
Neugründung von Presse und Rundfunk: Mit dem Kriegsende geht die Verfügung über Presse

Sendeanstalten und ihre Verbreitungsgebiete in den Westzonen 1948

und Rundfunk in die Hände der Alliierten über. Die Westalliierten machen die Verbreitung von Nachrichten durch das Gesetz Nr. 191 vom 12. 5. 1945, die sog. **Nachrichtenkontrollvorschrift**, genehmigungspflichtig. Alle bestehenden Verlage, Zeitschriften und Zeitungen müssen ihre Tätigkeit einstellen. Neu erscheinende Medien bedürfen einer Lizenz der Alliierten; ihre Vergabe nutzen Presse und Rundfunk als Instrument im Rahmen der Reeducation. – Als **erste Zeitung** im besetzten Deutschland erscheinen am 24. 1. 1945 die »Aachener Nachrichten«. Erste überregionale Zeitung ist am 15. 5. 1945 in Berlin die »Tägliche Rundschau« der sowjetischen Militärregierung. In der US-Zone erscheint seit dem 18. 10. 1945 »Die Neue Zeitung«, in der britischen Zone die erste Ausgabe der »Welt« am 2. 4. 1946. – Der **Wiederaufbau des Rundfunks** erfolgt ebenfalls unter Aufsicht der Alliierten. Während Briten, Franzosen und Sowjets jeweils nur einen Sender für ihre Zone ein-

richten, setzt die US-Militärregierung auf einen dezentralen Aufbau (→ Karte). – Am 4. 5. 1945 nimmt Radio Hamburg (seit 22. 9. Nordwestdeutscher Rundfunk, NWDR) in der britischen Zone als erste Rundfunkstation in Deutschland den Sendebetrieb auf. Am 12. 5. 1945 geht mit Radio München die erste Station in der US-Zone auf Sendung. Tags darauf folgt in der SBZ Radio Berlin, der spätere Berliner Rundfunk. Am 2. 6. richten die US-Militärbehörden Anstalten in Stuttgart (Südfunk) und Frankfurt (Radio Frankfurt) ein. Ab 24. 1. 1946 sendet der Südwestfunk als Rundfunk der französischen Besatzungsmacht aus Baden-Baden. – Mit der Umwandlung des NWDR in eine unabhängige **Anstalt des öffentlichen Rechts** nach Vorbild der BBC am 1. 1. 1948 begründet die britische Militärregierung die Tradition der von Staatseingriffen unbehelligten **Rundfunkfreiheit** in der späteren Bundesrepublik.

1949

Gründung der Bundesrepublik Deutschland

Die beiden Staatsgründungen stabilisieren die Teilung Deutschlands. Schon zu diesem Zeitpunkt ist abzusehen, daß das im Grundgesetz proklamierte Ziel der staatlichen Einheit so lange Postulatscharakter behalten würde, wie der Ost-West-Konflikt die weltpolitischen Koordinaten bestimmt. Als Folge der sich seit 1945 unterschiedlich entwickelnden Lebensbedingungen, der vergleichsweisen Attraktivität des »westlichen« Demokratie- und Wirtschaftsmodells und des durch die Abwehr des sowjetischen Zugriffs auf West-Berlin (Blockade 1948/49) gestärkten Zutrauens in die Westmächte, akzeptiert die Mehrheit der westdeutschen Bevölkerung die politischen Grundsatzentscheidungen zur Westintegration. Dies zeigt sich im Ergebnis der ersten Wahl zum Deutschen Bundestag.

Rahmenbedingungen für die Staatsgründung

Um den wirtschafts- und sicherheitspolitischen Bedenken Frankreichs gegen eine westdeutsche Staatsgründung Rechnung zu tragen, errichten die Westalliierten am 17.1. das **Militärische Sicherheitsamt** mit Sitz in Bad Ems. Es soll durch Kontrollen sicherstellen, daß in allen westdeutschen Betrieben die Auflagen gegen die Produktion von Rüstungsgütern erfüllt werden. – Am 16.2. vereinheitlichen die Militärgouverneure die Zollsysteme und Kontrollen des Handelsverkehrs an den Grenzen des westdeutschen Besatzungsgebiets. – Auf ihrer **Deutschlandkonferenz** vom 5. bis 8.4. in Washington stellen die Außenminister der westlichen Besatzungsmächte, *Dean Acheson* (USA), *Ernest Bevin* (Großbritannien) und *Robert Schuman* (Frankreich) ihre Politik in den westdeutschen Besatzungszonen auf eine neue formelle Basis: Sie beschließen die Vereinigung der Bizone mit der französischen Zone zur »Trizone«; beenden die direkte Militärregierung, übertragen die politischen Kontrollbefugnisse auf **Alliierte Hohe Kommissare** (»Hohe Kommission«) und verabschieden am 8.4. ein **Besatzungsstatut** für den entstehenden westdeutschen Staat (→ Kasten); zugleich schränken sie das Demontageprogramm ein und gestatten eine Steigerung der Industrieproduktion (Abkommen am 13.4.). – General *Lucius D. Clay* tritt am 15.5. von seinem Amt als Militärgouverneur der US-Besatzungszone zurück, das er seit 15.3. 1947 wahrnahm. – Am 20.6. konstituieren die Hohen Kommissare *John J. McCloy* (USA, seit 18.5.), *André François-Poncet* (Frankreich, seit 22.5.) und *Sir Brian Robertson* (Großbritannien, seit 1.5.) die **Alliierte Hohe Kommission,** der die Kontrolle der künftigen westdeutschen Regierung obliegt und der auch das Militärische Sicherheitsamt unterstellt wird.

Schritte zum Staat

Grundgesetz: Am 2.3. weisen die drei alliierten Militärgouverneure den vom Hauptausschuß des Parlamentarischen Rats am 10.2. in dritter Lesung verabschiedeten **Entwurf** des Grundgesetzes zurück, weil er in acht Punkten von dem von ihnen am 22.11. 1948 vorgelegten Forderungskatalog abweicht. Die Einsprüche betreffen vor allem Regelungen zur Finanzverfassung und Gestaltung des Föderalismus. Direkte Verhandlungen zwischen einer Delegation des Parlamentarischen Rats und den Militärgouverneuren in Frankfurt führen am 25.4. zu einer Einigung. Zuvor stimmten die westdeutschen Ministerpräsidenten am 12.4. in Bonn dem von den Westalliierten am 8.4. vorgelegten Besatzungsstatut als Voraussetzung für die Gewährung der künftigen westdeutschen Teilsouveränität zu. Am 8.5., dem vierten Jahrestag der deutschen Kapitulation, beschließt der Parlamentarische Rat das Grundgesetz (→ Kasten). In der **Schlußabstimmung** wird es von 53 der 65 Delegierten befürwortet, von 12 abgelehnt (6 von 8 CSU-Stimmen, 2 Zentrum, 2 Deutsche Partei, 2 KPD). Die Militärgouverneure genehmigen es am 18.5. unter den Vorbehalten des zugleich verkündeten Besatzungsstatuts. Am 18., 20. und 21.5. ratifizieren die Landtage von zehn Ländern das Grundgesetz, Bayern lehnt es als zu

Ruhrstatut

Das am 28.12. 1948 zwischen den drei westlichen Besatzungsmächten und den Benelux-Staaten vereinbarte und am 22.4. 1949 in Kraft tretende Abkommen über die internationale Ruhrkontrolle stellt eine Kompromißlösung gegenüber der französischen Forderung dar, das Ruhrgebiet von Deutschland ganz abzulösen. Eine Internationale Ruhrbehörde, beschickt von den Signatarstaaten, überwacht die Kohle-, Koks- und Stahlproduktion im Ruhrgebiet und legt die Quoten für den innerdeutschen Verbrauch und den Export fest. Der Kontrolle unterliegen u. a. 90 % der westdeutschen Kohleförderung, 87 % der Rohstahl- und 80 % der Eisenproduktion. Das Ruhrstatut, dem die Bundesrepublik am 30.11. 1949 beitritt, erlischt mit Gründung der Montanunion 1952.

zentralistisch ab. In der Schlußsitzung des Parlamentarischen Rats am 23.5. wird das Grundgesetz ausgefertigt und verkündet.

Bundeshauptstadt: In geheimer Abstimmung des Parlamentarischen Rats am 10.5. entscheiden sich 33 Delegierte für Bonn, 29 für Frankfurt/Main. Am 29.11. bestätigt der Bundestag **Bonn als provisorische Hauptstadt**.

Wahl zum 1. Deutschen Bundestag am 14.8. → nächste Doppelseite

Erste außenpolitische Schritte: Im **Petersberger Abkommen** vom 22.11. räumen die Hochkommissare der Bundesrepublik das Recht ein, konsularische und Handelsbeziehungen zu anderen Staaten aufzunehmen und lockern wirtschaftliche Restriktionen. – Am 15.12. unterzeichnen *Adenauer* und der Hohe Kommissar der USA *McCloy* ein Abkommen über wirtschaftliche Zusammenarbeit und die Beteiligung der Bundesrepublik am Wiederaufbauprogramm des Marshall-Plans (ERP, → Sp. 4); sie wird damit zugleich vollberechtigtes Mitglied der Organisation für europäische wirtschaftliche Zusammenarbeit (OEEC). Dies ist der erste internationale Vertrag der Bundesrepublik.

West-Berlin und Kalter Krieg

Die am 5.12. 1948 gewählte Stadtverordnetenversammlung der drei Berliner Westsektoren

Besatzungsstatut

Der Abschluß des Drei-Mächte-Abkommens am 8.4. 1949 ebnet den Weg für die Bildung des westdeutschen Staates. Für den Zeitraum, »in dem die Besatzung notwendig ist«, wird den Deutschen das »größtmögliche Maß an Selbstregierung« zugestanden. Ausgenommen hiervon sind die Bereiche Abrüstung und Entmilitarisierung, Ruhrkontrolle (→ Ruhrstatut), Demontage und Entflechtung der Großindustrie, auswärtige Angelegenheiten und Außenwirtschaft. Darüber hinaus behalten sich die Besatzungsmächte vor, gegebenenfalls auf anderen Gebieten einzugreifen oder die Ausübung der vollen Gewalt wieder ganz an sich zu ziehen. Jedes vom Bundestag verabschiedete Gesetz muß den Hochkommissaren zur Genehmigung vorgelegt werden.

Das Besatzungsstatut, das am 21.9. 1949 in Kraft tritt, geht 1952 in den Deutschlandvertrag ein und wird durch die Pariser Verträge mit Wirkung vom 5.5. 1955 aufgehoben.

bestätigt *Ernst Reuter* (SPD) am 14.1. **1949** als Oberbürgermeister. – Die westlichen Stadtkommandanten von Berlin verfügen am 18.1. eine **Gegenblockade** zur Berlinblockade der Sowjetunion (→ 1948): Sie untersagen den Export von Gütern in den sowjetischen Besatzungsbereich, für deren Herstellung Vorprodukte über die Luftbrücke nach West-Berlin geschafft wurden. Am 4.2. sperren die britische und die amerikanische Militärregierung den Transitverkehr für Güter aus Westdeutschland in die Sowjetzone. – Die **DM (»Westmark«)** wird am 20.3. einziges Zahlungsmittel in den Westsektoren. Gegen die Auszahlung ihrer Löhne und Gehälter in Ostwährung streiken vom 20.5. bis 28.6. insgesamt 14 000 Beschäftigte der West-Berliner S-Bahn, die zur Deutschen Reichsbahn der sowjetischen Zone gehört. – Im April beschließt der Wirtschaftsrat der Bizone ein **Notopfer Berlin**: Auf jede Postsendung muß eine zusätzliche 2-Pfennig-Briefmarke geklebt werden. – Nach Abschluß eines Abkommens der vier Besatzungsmächte am 4.5. in New York **enden die Berlin-Blockade** und die westliche Gegenblockade am 12.5. Die Luftbrücke wird noch bis zum 30.9. fortgeführt

Fortsetzung Sp. 53

Verfassungsinstitutionen nach dem Grundgesetz 1949

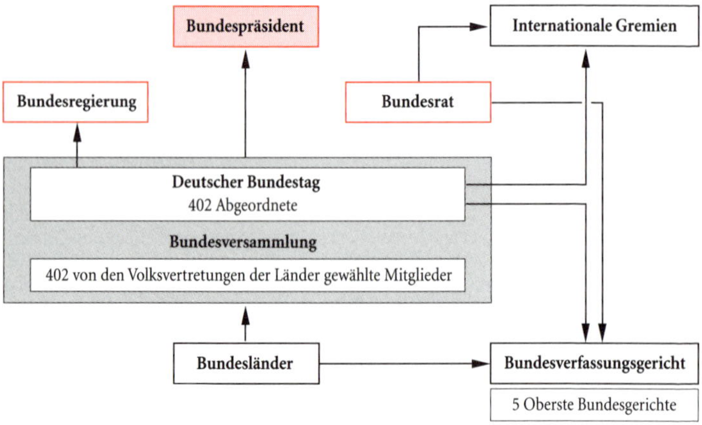

Das Grundgesetz für die Bundesrepublik Deutschland vom 23.5.1949

Das Grunddokument des westdeutschen Teilstaates wird als **Grundgesetz** bezeichnet, weil es für eine Übergangszeit gelten soll, bis »eine Verfassung in Kraft tritt, die von dem deutschen Volk in freier Entscheidung beschlossen worden ist« (Artikel 146). Die **Präambel** enthält das Bekenntnis zur nationalen und staatlichen Einheit Deutschlands in einem vereinten Europa.

Verfassungskern, der nach Art. 79,3 nicht geändert werden darf, sind die in Art. 1 (Menschenwürde) und Art. 20 (Verfassungsprinzipien) enthaltenen Grundsätze. Sie verpflichten den Staat auf die Garantie der einklagbaren Menschen- und bürgerlichen Freiheitsrechte (Art. 1–19) und gründen ihn auf die Prinzipien der Gewaltenteilung, Rechts- und Sozialstaatlichkeit (freiheitlich-demokratische Grundordnung) und des Föderalismus. Für die wirtschaftliche und soziale Ordnung werden Rahmenbedingungen vorgegeben (Sozialpflichtigkeit des Eigentums, Art. 14,2; Möglichkeit der Vergesellschaftung, Art. 15).

Wichtigste Verfassungsinstitutionen sind (→ Graphik)

– als Gesetzgebungsorgane der **Deutsche Bundestag** als Haus der »in allgemeiner, freier, gleicher und geheimer Wahl« für vier Jahre gewählten Abgeordneten, die »nur ihrem Gewissen unterworfen« sind (Art. 38); und der **Bundesrat** (Art. 50 ff.) als Vertretung der Bundesländer (mit differenzierten Kompetenzen je nach Betroffenheit der föderativen Interessen); die Länder besitzen alleinige gesetzgeberische Kompetenz im kulturellen und kommunalen Bereich, der Bund vor allem in Fragen der Außenpolitik, des Geld- und Währungswesens;

– der **Bundespräsident** als Staatsoberhaupt, das für fünf Jahre durch die **Bundesversammlung** gewählt wird; diese setzt sich aus den Abgeordneten des Bundestags und einer gleich großen Anzahl von Delegierten der Länderparlamente zusammen (Art. 54); in seinen Rechten ist der Bundespräsident auf überwiegend repräsentative Funktionen beschränkt;

– die **Bundesregierung**, der der Bundeskanzler und die Minister angehören (Art. 62); der Kanzler wird vom Parlament gewählt und kann durch ein konstruktives Mißtrauensvotum abgewählt werden (Art. 67); die von ihm vorgeschlagenen Minister ernennt der Bundespräsident;

– das **Bundesverfassungsgericht** als oberstes Organ der Rechtsprechung; es befindet u. a. über die Rechtmäßigkeit von Gesetzen, die Vereinbarkeit von Landes- und Bundesrecht, Verfassungsbeschwerden; Parteienverbot und die Verwirkung von Grundrechten (Art. 92 ff.).

Bis 1998 wird das Grundgesetz durch 45 Änderungsgesetze in insgesamt 69 Artikeln modifiziert oder ergänzt.

Wahl zum 1. Deutschen Bundestag am 14.8.1949

16 Parteien, von denen nur CDU/CSU, SPD, KPD und FDP (mit Demokratischer Volkspartei/DVP) in allen Bundesländern Listen präsentieren, stellen Kandidaten für den ersten Deutschen Bundestag auf; hinzu kommen 70 parteilose Bewerber. Der populäre, (noch) parteilose Direktor der Verwaltung für Wirtschaft der Bizone, *Ludwig Erhard*, kandidiert für die CDU. Hauptthemen des Wahlkampfs sind die künftige Wirtschaftsordnung, die Demontagepolitik der Besatzungsmächte und die nationale Zuverlässigkeit der politischen Gegner.

Entgegen den meisten Prognosen setzt sich mit 31% der Stimmen die **CDU/CSU als stärkste Partei** durch, gefolgt von der SPD mit 29,2%. Die FDP/DVP gewinnt 11,9%, die Bayernpartei 4,2%, die Deutsche Partei 4%, die KPD 5,7%, die Wirtschaftliche Wiederaufbauvereinigung (WAV) 2,9%, das Zentrum 3,1% der Stimmen (→ Graphik). Die Wahlbeteiligung liegt bei 78,5%. Der Bundestag besteht damit aus acht Fraktionen, drei Mandatsträger sind fraktionslos.

Konstituierung der Bundesorgane: Am 7.9. tritt in Bonn zunächst der Bundesrat zusammen; erster **Bundesratspräsident** (Amtsdauer ein Jahr) wird der Ministerpräsident von Nordrhein-Westfalen, *Karl Arnold* (CDU). – Der Bundestag, in den die Stadtverordnetenversammlung von Berlin (West) acht nicht stimmberechtigte Abgeordnete entsendet (5 SPD, 2 CDU, 1 FDP), wählt den bisherigen Präsidenten des Wirtschaftsrates der Bizone, *Erich Köhler* (CDU), zum **Bundestagspräsidenten**. – Die Bundesversammlung wählt am 12.9. den FDP-Vorsitzenden *Theodor Heuss* (FDP) zum **Bundespräsidenten**. Im zweiten Wahlgang erhält er 416 der 804 Stimmen. – Am 15.9. wählt der Bundestag mit 202 Stimmen, der erforderlichen Mindestzahl, *Konrad Adenauer* (CDU) zum **Bundeskanzler** (142 Gegenstimmen, 44 Enthaltungen, 1 ungültig). Er bildet ein Kabinett auf der Basis einer Koalition mit der FDP und der Deutschen Partei (5 CDU-Minister, 3 CSU, 3 FDP, 2 DP); es wird am 20.9. vereidigt. In seiner **Regierungserklärung** erhebt *Adenauer* den Alleinvertretungsanspruch der Bundesrepublik als »alleinige legitime staatliche Organisation des deutschen Volkes«, erklärt die rechtliche Nichtanerkennung der Oder-Neiße-Grenze und gibt dem Ziel der Westintegration der Bundesrepublik implizit Vorrang vor der Wiedervereinigung.

Mit seinem **Antrittsbesuch bei der Hohen Kommission** auf dem Petersberg in Bonn am folgenden Tag tritt das Besatzungsstatut in Kraft.

Wahl zum 1. Deutschen Bundestag am 14.8.1949

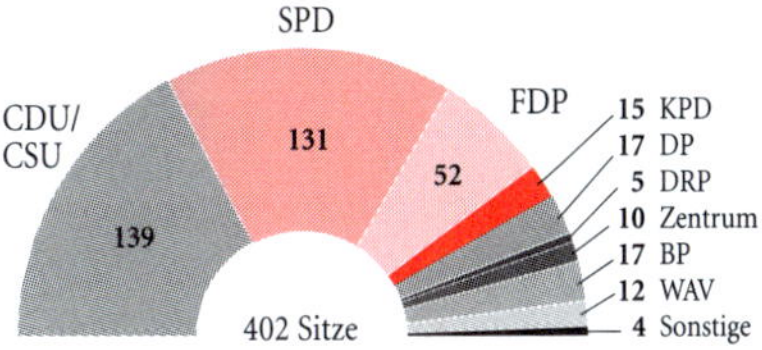

Erstes Kabinett Adenauer (20. 9. 1949–20. 10. 1953)

Bundeskanzler	Konrad Adenauer (CDU), seit 15.3. 1951 auch Außenminister
Stellvertreter und Marshallplan	Franz Blücher (FDP)
Inneres	Gustav Heinemann (CDU) bis 11. 10. 1950 seit 13.10. 1950 Robert Lehr
Justiz	Thomas Dehler (FDP)
Finanzen	Fritz Schäffer (CSU)
Wirtschaft	Ludwig Erhard (CDU)
Ernährung, Landwirtschaft und Forsten	Wilhelm Niklas (CSU)
Arbeit und Sozialordnung	Anton Storch (CDU)
Verkehr	Hans-Christoph Seebohm (DP)
Post- und Fernmeldewesen	Hans Schuberth (CSU)
Wohnungsbau	Eberhard Wildermuth (FDP) bis 9. 3. 1952 ab 19. 7. 1952 Fritz Neumayer (CDU)
Vertriebene, Flüchtlinge und Kriegsgeschädigte	Hans Lukaschek (CDU)
Gesamtdeutsche Fragen	Jakob Kaiser (CDU)
Angelegenheiten des Bundesrates	Heinrich Hellwege (DP)

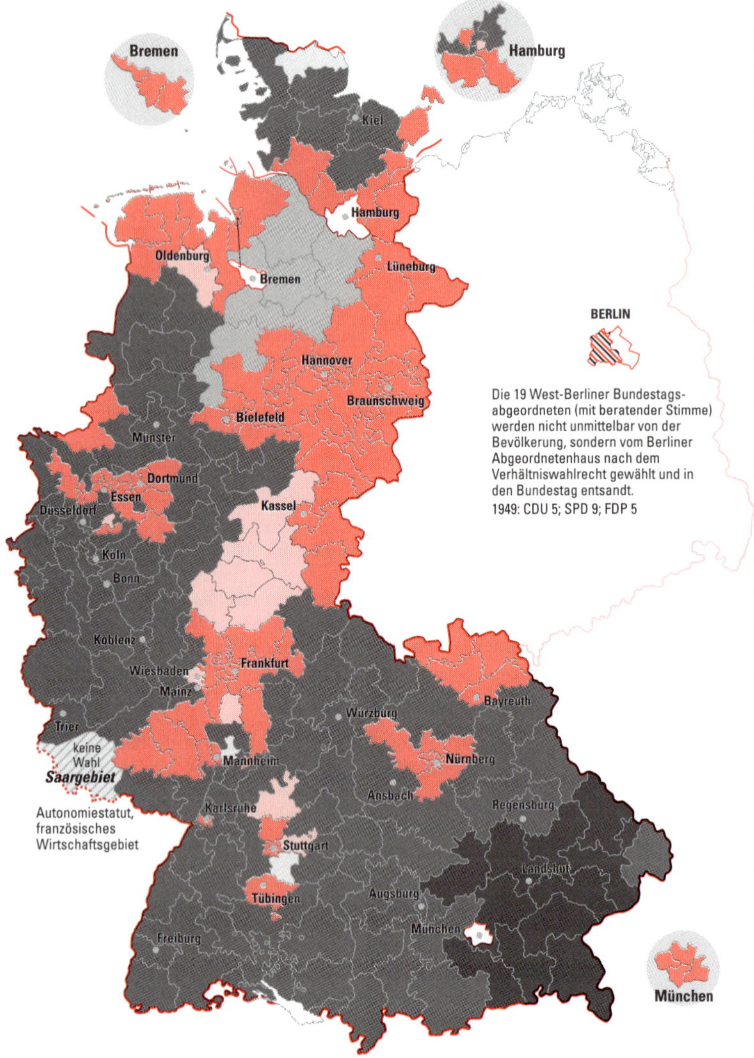

Direktmandate der im 1. Deutschen Bundestag vertretenen Parteien

Mit der Mehrheit der Erststimmen
1949 gewonnene Wahlkreise

- Kandidaten der CDU/CSU (91+24=115)
- Kandidaten der SPD (96)
- Kandidaten der FDP (12)
- Kandidaten der Bayernpartei (11)
- Kandidaten Deutschen Partei (5)
- Kandidaten der Parteilosen (3)

***Quelle:** Statistisches Bundesamt*

– mit 462 Tagen und 277 264 Flügen ist sie die größte Aktion der Luftfahrt in Friedenszeiten; 1,83 Mio Tonnen Güter wurden transportiert, davon 944 100 t Kohle, 224 600 t Lebensmittel. – Mit Verkündung des sog. **Kleinen Besatzungsstatuts** am 14.5. übertragen die westlichen Stadtkommandanten dem Senat weitgehende Vollmachten, sichern sich jedoch mehr Vorbehaltsrechte als im → Besatzungsstatut für Westdeutschland. – Die (letzte) Konferenz des **Rats der Außenminister** in Paris, die am 23.5., dem Tag der Verkündung des westdeutschen Grundgesetzes beginnt (bis 20.6.), scheitert an unüberbrückbaren Gegensätzen in der Deutschlandpolitik. – Am 24.6. integriert der Wirtschaftsrat für die Bizone die Berliner Westsektoren in das vereinigte Wirtschaftsgebiet. – Entgegen den Forderungen der West-Berliner (am 1.2. und erneut am 21.6. verlangte die Stadtverordnetenversammlung die völlige Einbeziehung in eine künftige westdeutsche Bundesrepublik) erlassen die Westkommandanten Berlins am 1.7. ein **Verbot allgemeiner Wahlen zum Bundestag** für Berlin. – Am 15.9. beschließen die drei Westalliierten, keine Reparationsleistungen mehr aus Westdeutschland an die Sowjetunion zu liefern.

Ihren ersten zwischenstaatlichen Vertrag schließen die DDR und die Bundesrepublik Deutschland am 8.10.: Das **Interzonenhandelsabkommen** regelt einen Güteraustausch im Wert von 288 Mio. Verrechnungseinheiten, die der DM entsprechen.

Politische und soziale Organisationen

Parteien: Die Delegierten des ersten ordentlichen Parteitags der am 11.12. 1948 gegründeten **Freien Demokratischen Partei** (FDP) vom 10. bis 12.6. in Bremen wählen *Theodor Heuss* zum Parteivorsitzenden. Nach seiner Wahl zum Bundespräsidenten am 12.9. tritt *Heuss* von diesem Amt zurück, das der bisherige stellvertretende Vorsitzende *Franz Blücher* kommissarisch übernimmt. – Die **CDU** der Bizone beschließt am 15.7. in Düsseldorf mit einem **Bekenntnis zur »Sozialen Marktwirtschaft«** in neuen Leitsätzen zur Wirtschafts- und Sozialpolitik die Abkehr vom Ahlener Programm (→ 1947). – Nach verlorener Bundestagswahl beschließt der **SPD-Parteivorstand** am 30.8. in Dürkheim das erste sozialdemokratische Programmdokument nach dem Krieg. Als »Fundament sozialer Ge-

rechtigkeit« verlangt die SPD u. a. die staatliche Planung und Lenkung von Krediten und Rohstoffen, die Mitbestimmung der Arbeitenden und eine Vergesellschaftung der Schlüsselindustrien. – Am 3.10. gründet sich in Hameln die Deutsche Sozialistische Reichspartei (SRP) als Abspaltung von der Deutschen Rechtspartei; sie ist Sammelbecken ehemaliger Nationalsozialisten. – Die Hohen Kommissare der Alliierten heben am 28.11. den Lizenzzwang für politische Parteien auf.

Unternehmer und Gewerkschaften: Am 28.1. konstituiert sich in Köln die **Bundesvereinigung der Deutschen Arbeitgeberverbände** (BDA) als Dachverband der Unternehmer, am 19.10. der Ausschuß für Wirtschaftsfragen industrieller Verbände (ab Januar 1950 Bundesverband der Deutschen Industrie, BDI), gefolgt am 27.10. vom Deutschen Industrie- und Handelstag (DIHT), dem Zusammenschluß der 29 regionalen Industrie- und Handelskammern. – Die **Deutsche Angestellten-Gewerkschaft** (DAG) konstituiert sich am 13.4. in Hamburg als Dachorganisation für Angestellte vor allem in Dienstleistungsbranchen und im öffentlichen Dienst. Auf seinem Kongreß in München vom 12. bis 14.10. konstituiert sich der **Deutsche Gewerkschaftsbund** (DGB) als Dachverband von 16 Einzelgewerkschaften, die insgesamt 5 Mio. Mitglieder repräsentieren. Vorsitzender wird der Sozialdemokrat *Hans Böckler*. In seinen »Münchner Grundsätzen« fordert der DGB umfassende Mitbestimmung der Arbeitnehmer, Überführung der Schlüsselindustrien in Gemeineigentum, staatliche Wirtschaftsplanung und soziale Gerechtigkeit.

Soziale Probleme und Kriegsfolgen

Vertriebene und Flüchtlinge: In Westdeutschland leben etwa 7,7 Mio Vertriebene und Ausgesiedelte, von denen bis Mitte 1949 rd. 2,5 Mio. wieder beruflich eingegliedert wurden. Rd. 1,4 Mio. Personen sind aus der sowjetischen Besatzungszone zugewandert. Der Bundesrat billigt am 11.11. die Verordnung der Bundesregierung, 300 000 Flüchtlinge aus den am stärksten beanspruchten Bundesländern Bayern, Niedersachsen und Schleswig-Holstein in weniger belastete Länder (insbesondere die französische Zone) umzusiedeln. Angesichts des Zustroms von **täglich über 1000 Flüchtlingen aus der DDR** erklärt Bundesvertriebenenminister *Hans Luka-*

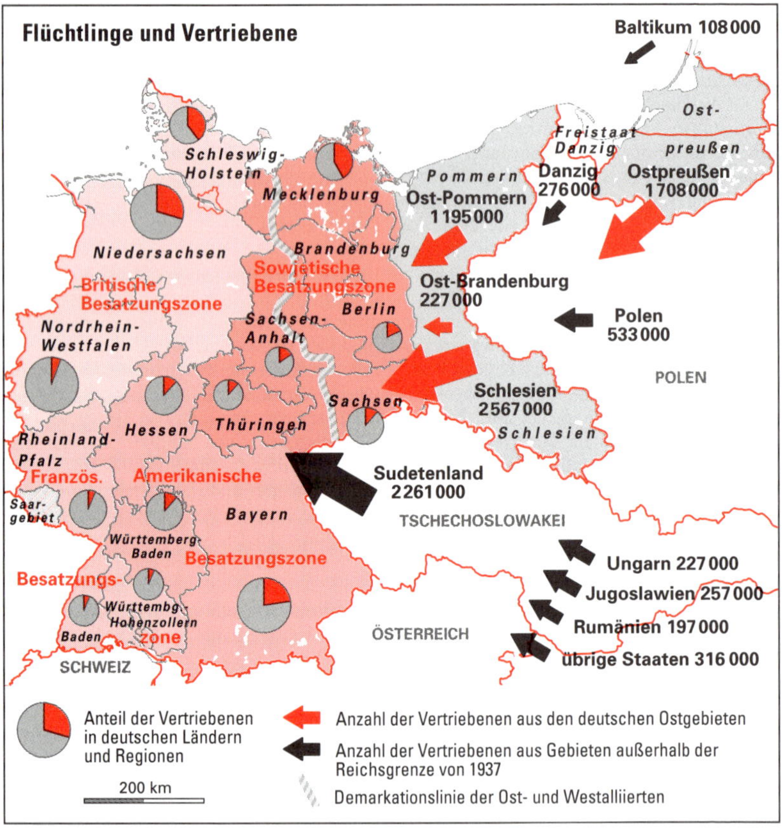

schek (CDU) am 21.11., die Bundesrepublik könne nur noch Flüchtlinge aus der Sowjetzone aufnehmen, die in ihrer Freiheit konkret bedroht seien. Am 28.12. genehmigen die Westalliierten die Umsiedlung von weiteren 45 000 Deutschen aus Polen und der Tschechoslowakei nach Westdeutschland (→ Karte).

Kriegsgefangene und Vermißte: Ende 1949 befinden sich nach Angaben der Bundesregierung noch rd. 500 000 Kriegsgefangene in Osteuropa, davon 400 000 in der Sowjetunion, von denen 200 000 mit der Heimat in Verbindung stehen. 1,5 bis 1,7 Mio. in Osteuropa eingesetzte deutsche Soldaten gelten als vermißt, darüber hinaus rd. 3 Mio. Zivilisten. 15 000 Soldaten befinden sich noch in westlichen Ländern in Haft (→ Tabelle 1955).

Entnazifizierung: Im zwölften Nürnberger Prozeß, in dem sich hohe Regierungsbeamte des Dritten Reichs veranworten müssen (**»Wilhelmstraßenprozeß«**), verurteilt ein US-amerikanisches Militärgericht am 14.4. 19 der 21 Angeklagten zu Haftstrafen zwischen drei und 25 Jahren; zu den Verurteilten gehört der ehem. Staatssekretär im Auswärtigen Amt und deutsche Botschafter beim Vatikan, Ernst Freiherr von Weizsäcker (sieben Jahre). Nach Kritik in den USA an der Prozeßführung der Militärgerichte in Deutschland setzen die US-Besatzungsbehörden am 24.5. Hinrichtungen von zum Tode verurteilten Kriegsverbrechern aus. Am 20.6. **schließen die US-Militärgerichte in Nürnberg ihre Arbeit ab**. In zwölf Prozessen gegen 199 Führungspersonen des Dritten Reichs sprachen sie 36 Todesurteile und 115 Haftstrafen aus. Weitere Militärgerichte in den drei westlichen Zonen fällten insgesamt 656 Todesurteile (→ Tabelle 1950).

Wirtschaftspolitik

Tendenz: Anfang 1949 hat sich die allgemeine wirtschaftliche Situation gegenüber den Vorjahren **deutlich erholt**, u. a. als Folge der Währungsreform und den Hilfslieferungen aus den USA im Rahmen des Europäischen Wiederaufbauprogramms (ERP, Marshallplan). Jedoch ist die Reorganisation der Wirtschaft nicht abgeschlossen; Mangel an Kapital und Baumaterialien verzögert den Wiederaufbau; hohe Arbeitslosigkeit, Wohnungsnot (→ unten) erweisen sich als die schwersten Hemmnisse. Im Frühjahr zeichnet sich eine Stagnation der wirtschaftlichen Entwicklung ab.

Wirtschafts- und währungspolitische Maßnahmen: Als Investitions- und Leistungsanreiz senkt der Wirtschaftsrat der Bizone am 20.4. rückwirkend zum 1.1. diverse Steuersätze; Zuschläge für Feiertags- und Mehrarbeit werden ganz bzw. teilweise steuerfrei gestellt. – Am 1.7. gibt der Wirtschaftsrat zusätzliche 3 Mrd. DM für öffentliche Investitionen frei. – Am 4.5. hebt der Bizonen-Wirtschaftsrat die Bewirtschaftung von Textilien und Schuhen auf. – Die Westzonen erhalten am 31.8. insgesamt 348,2 Mio. $ (Vorjahr 509,8 Mio. $) aus dem **Marshall-Plan** für das Wirtschaftsjahr 1949/50 zugeteilt. – Der Abwertung des britischen Pfund Sterlings am 18.9. um 30 % folgt am 29.9. die **Abwertung der DM** gegenüber dem US-Dollar um 20,7 % (1 $ = 4,202 DM).

Demontagepolitik: Vor dem Hintergrund zunehmender wirtschaftlicher Krisenanzeichen, Versorgungsschwierigkeiten und des sich steigernden **Widerstandes von Belegschaften** ge-

gen die Demontage von Fabriken streichen die westlichen Besatzungsmächte am 13.4. 159 Stahl- und Chemiewerke von ihren Demontagelisten und heben Produktionsbeschränkungen auf. – Der Wirtschaftsrat der Bizone in Frankfurt appelliert am 23.6. an die Westmächte, im Interesse des europäischen Wiederaufbaus die Demontagepolitik zu revidieren. Im **Petersberger Abkommen** vom 22.11. (→ oben) erklären sich die westlichen Hochkommissare bereit, alle Demontagen in Berlin (West) und 19 weiteren Chemie- und Stahlwerken in Westdeutschland einzustellen.

Arbeitslose: Im Lauf des Jahres verdoppelt sich die Arbeitslosenzahl in der Bizone auf rd. 1,5 Mio. Am 7.6. wird erstmals eine Arbeitslosenstatistik veröffentlicht (1,2 Mio.). Infolge der Berlin-Blockade steigt die Zahl der Arbeitslosen in West-Berlin im dritten Quartal auf 240 000 (über 20 %).

Wohnungslose: Zu Beginn des Jahres teilen sich in den Westzonen rd. 15 Mio. Haushalte in rd. 9 Mio. Wohnungen. Durch den anhaltenden Zuzug von Flüchtlingen aus der sowjetischen Zone und Ausgewiesene bzw. Umsiedler aus Osteuropa mildert sich die Wohnungsnot kaum. 1949 werden 215 000 Wohnungen fertiggestellt.

Lebensmittelrationen: Zum 7.8. werden in den drei Westzonen die Rationen heraufgesetzt. Ein Normalverbraucher kann für vier Wochen erwerben: 10 kg Brot, 1,625 kg Nährmittel, 3 l Magermilch 1,5 kg Zucker, 1,125 kg Fett, 750 g Fleisch. Am 30.3. wird die Tabakrationierung aufgehoben.

Weitere wichtige wirtschaftliche Ereignisse: Die USA geben am 30.6. alle in Deutschland beschlagnahmten Vermögen frei. – Ab 1.7. haben deutsche Schiffe wieder freie Fahrt auf allen Weltmeeren. – Am 22.10. wird mit 1,2 Mio. t Getreide eine Rekordernte gemeldet.

1949

Gründung der Deutschen Demokratischen Republik

Mehr als vier Jahre nach dem Ende des Zweiten Weltkrieges wird die deutsche Staatlichkeit wiederhergestellt – jedoch in Form von zwei deutschen Nachkriegsstaaten. Vorangegangen war die wirtschaftliche Spaltung, die sich in den unterschiedlichen Wegen aus der Bewirtschaftung gezeigt hatte – langsame Rückkehr zur Marktwirtschaft in den Westzonen; Institutionalisierung der Bewirtschaftung in Form der Planwirtschaft in der SBZ –, und die Einführung zweier unterschiedlicher Währungen im Juni 1948. Im Oktober 1949 entsteht aus der Sowjetischen Besatzungszone die Deutsche Demokratische Republik.

Die offizielle Gründung des zweiten deutschen Staates am 7.10. 1949 im sowjetischen Sektor von Berlin ist Endpunkt einer Entwicklung, deren Ziel von Beginn an die Gründung einer »deutschen demokratischen Republik« war. Die Sowjetunion und die ostdeutschen Gründer der DDR verfolgten dabei eine Doppelstrategie, die diese Republik einerseits als die oder mindestens jedoch als das Beispiel für eine gesamtdeutsche Lösung definierte. Andererseits konnten somit auch alle Vorarbeiten für die Gründung eines ostdeutschen Separatstaates geleistet werden.

Etappen und Institutionen der Verfassungsentstehung

Der **1. Deutsche Volkskongreß für Einheit und gerechten Frieden** tritt am 6./7.12. 1947 in Berlin zusammen. Nach einem am 26.11. ergangenen SED-Aufruf versammeln sich insgesamt 2225 Delegierte von Parteien und Massenorganisationen, 1761 aus der SBZ und Groß-Berlin (davon

»Falten gehen«: Das Einheitslisten-Prinzip

Die Einheitsliste ist ein gemeinsamer, ohne konkurrierende Listen bleibender »Wahlvorschlag« aller Parteien und der wichtigsten Massenorganisationen, über den von Wählern mit »Ja« oder »Nein« abgestimmt wird. Das Prinzip der Einheitsliste wird bis 1989 für alle Wahlen zu Kommunal- und Bezirksvertretungen sowie zur Volkskammer der DDR, aber auch innerhalb der Parteien und Organisationen beibehalten. Anfänglich wird noch das Ankreuzen vorausgesetzt, später genügt als Ausdruck der Zustimmung das einfache Falten des Wahlzettels. Die korrekte Form der Ablehnung der Liste bleibt für den Wähler indes weitgehend unklar, was Manipulationen ermöglicht.

Bei den ersten Wahlen nach diesem Prinzip am 15./16.5. 1949 wird die Entscheidung mit einer Zustimmung zu der suggestiven Aussage »Ich bin für die Einheit Deutschlands und einen gerechten Friedensvertrag« verbunden. Trotz gezielter Einschüchterung und offener Manipulation (so werden z. B. Stimmenthaltungen als Ja-Stimmen gezählt) bringt die Wahl mit 34,2% Neinstimmen und 6,7% ungültigen Stimmen ein für die SED enttäuschendes Ergebnis. Bei den folgenden Wahlen ab Oktober 1950 bewegt sich die offiziell vermeldete Wahlbeteiligung im Maßstab des ganzen Landes oberhalb 98% (Ausnahme: die Kommunalwahlen am 22.3. 1970 mit 97,83% Beteiligung), die der »Ja-Stimmen« oberhalb der 99,5%-Marke (Ausnahme: die Kommunalwahlen am 7.5. 1989 mit 98,84% Ja-Stimmen). Die regionalen Abweichungen von diesen Werten sind dabei nur geringfügig, waren doch die Bürger aufgefordert, offen, ohne Gebrauch der Wahlkabine und sogar in Gruppen zu wählen. Doch belegt der Nachweis von Fälschungen bei den ersten Volkskammerwahlen 1950 (die Wahlbeteiligung lag in der Regel bei 90 bis 95 %) sowie bei den letzten Kommunalwahlen 1989 (deutliche Abweichungen zwischen von Bürgern in Wahllokalen protokollierten Ergebnissen und dem offiziell verkündeten Ergebnis) den Schluß zu, daß die Wahlergebnisse im Regelfall auf die augenscheinlich ähnlichen Resultate hin gefälscht wurden.

605 SED, 249 Liberal-Demokratische Partei Deutschlands – LDP, 215 CDU, 27 SPD, 225

Parteilose und 440 aus Massenorganisationen) sowie 464 aus den Westzonen (244 KPD, 64 SPD, je 4 CDU und LDP, 148 Parteilose). Der Volkskongreß versteht sich als ein deutsches Repräsentativorgan, das der zur gleichen Zeit in London tagenden Außenministerkonferenz der Siegermächte den »deutschen Willen zur nationalen Einheit« zeigt. Genauso wie der erste hat auch der **2. Deutsche Volkskongreß für Einheit und gerechten Frieden** keine durch Wahlen entstandene demokratische Legitimation, sondern versammelt 1989 Delegierte der Parteien und Massenorganisationen, darunter 512 aus den Westzonen. Auf seiner Tagung am 17. und 18.3. 1948 wird aus seinen Reihen der **Deutsche Volksrat** mit 400 Mitgliedern, davon 100 aus den Westzonen, gewählt, dem *Wilhelm Pieck* (SED), *Wilhelm Külz* (LDP) und *Otto Nuschke* (CDU) vorstehen. Der Volksrat begreift sich im demonstrativen Kontrast zum Bonner Parlamentarischen Rat als eine Art gesamtdeutsches Vorparlament und leitet daraus die Legitimation ab, die Arbeit an der Verfassung voranzutreiben. Ein von ihm sofort berufener Verfassungsausschuß macht den **Entwurf** einer **Verfassung für eine deutsche demokratische Republik**, der schon am 14.11. 1946 von der SED vorgestellt worden war, zur Grundlage eines eigenen Textes. Der 2. Deutsche

Deutscher Volksrat 1949

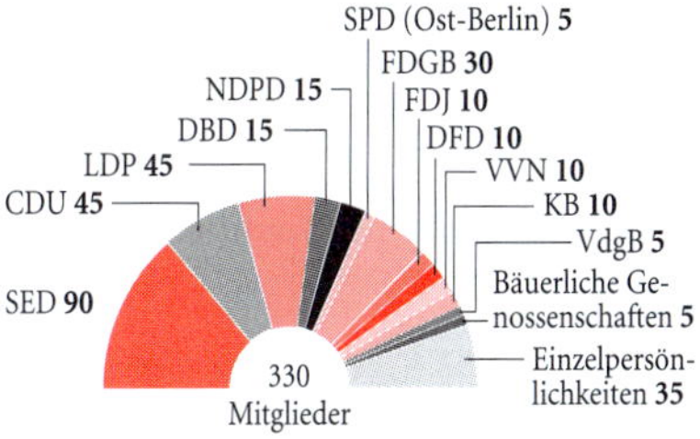

LDP	Liberal-Demokratische Partei Deutschlands
NDPD	Nationaldemokratische Partei Deutschlands
DBD	Demokratische Bauernpartei Deutschlands
FDGB	Freier Deutscher Gewerkschaftsbund
FDJ	Freie Deutsche Jugend
DFD	Demokratischer Frauenbund Deutschlands
KB	Kulturbund zur Demokratischen Erneuerung Deutschlands
VVN	Vereinigung der Verfolgten des Naziregimes
VdgB	Vereinigung der gegenseitigen Bauernhilfe

Volkskongreß billigt diesen Verfassungstext während seiner Tagung am 19.3. **1949**, überläßt die endgültige Entscheidung darüber jedoch dem **3. Deutschen Volkskongreß für Einheit und gerechten Frieden**, der durch einen Wahlgang der Bevölkerung bestimmt wird. Dabei werden am 15./16.5. erstmals 1969 Delegierte über eine **Einheitsliste** bestimmt (→ Kasten)

Die erste Verfassung der DDR

Der Text kombiniert Elemente bürgerlicher Verfassungen (so in Form der garantierten politischen Grundrechte) mit Forderungen der Arbeiterbewegung (besonders in bezug auf soziale Grundrechte). Im ersten Abschnitt werden die **Grundlagen der Staatsgewalt** definiert. Der zweite Abschnitt über **Inhalt und Grenzen der Staatsgewalt** nennt zunächst die politischen und sozialen Grundrechte des Bürgers. Für die Wirtschaftsordnung wird in Art. 19 festgestellt, daß sie »den Grundsätzen sozialer Gerechtigkeit entsprechen« muß. Private Initiative ist dabei zwar erwünscht (Art. 21 bis 23), privates Eigentum kann jedoch leicht (Art. 24 und 27), auch entschädigungslos (Art. 24) nationalisiert werden. Bodenschätze sind »Volkseigentum« (Art. 25). Der dritte Abschnitt behandelt schließlich den **Aufbau der Staatsgewalt** und regelt die parlamentarischen Vertretungen.
Die politischen Rechte und die Machtverteilung im Staat sind jedoch anders geregelt. Einige vage Bestimmungen zum Verbot der »**Boykotthetze**» (in Art. 6) oder zum »**parteipolitischen Mißbrauch**» von Einrichtungen (z. B. in Art. 41) eröffnen die Möglichkeit zur strafrechtlich untersetzten Repression. Noch vor der Gründung der DDR faßt das SED-Politbüro am 8.3. einen Beschluß zum Nomenklatursystem, demzufolge alle wichtigen Positionen auf einen Beschluß der Parteispitze hin zu besetzen sind. Am 17.10. legt das **Kleine Sekretariat** des SED-Politbüros, dem zu diesem Zeitpunkt sieben Personen (fünf aus der ehemaligen KPD: *Hermann Axen, Franz Dahlem, Fred Oelßner, Horst Sindermann* und *Walter Ulbricht*, zwei von der SPD: *Edith Baumann* und *Paul Wessel*) angehören, Richtlinien fest, die das Fassen von Vorbeschlüssen zu amtlichen Vorlagen durch Parteiorgane sowie deren Umsetzung durch die SED-Mitglieder in Parlament und Regierung vorschreiben. Der Führungsanspruch der SED ist damit auch ohne ausdrückliche Verfassungsbestimmung umgesetzt.

Der **3. Volkskongreß** verabschiedet bei seiner Tagung vom 29.5. bis 3.6. endgültig die Verfassung und wählt den Deutschen Volksrat neu (→ Grafik).
Dieser konstituiert sich am 7.10. zur **Provisorischen Volkskammer**, die in ihrer ersten Sitzung die Verfassung per **Gesetz in Kraft setzt** (→ Kasten).

Konstituierung der Staatsorgane

Nach der Provisorischen Volkskammer wird als Ländervertretung die **Länderkammer** gebildet. In der Sitzung der Provisorischen Volkskammer am 11.10. wird *Wilhelm Pieck* (SED) zum **Präsidenten der Republik** gewählt. Die SED als stärkste Fraktion benennt *Otto Grotewohl* als Kandidaten für das Amt des **Ministerpräsidenten**. *Grotewohl* stellt am 12.10. seine **Regierung** vor, der außer ihm drei Stellvertreter sowie 14 Minister angehören. (→ Kasten). Am 5.11. faßt die Regierung einen Beschluß, der das von *Johannes R. Becher* verfaßte und von *Hanns Eisler* vertonte Lied »Auferstanden aus Ruinen« zur **Staatshymne** der DDR macht. Am 7.12. wird das **Oberste Gericht der DDR** gebildet.

Innenpolitik vor und nach der Gründung der DDR

Die SED vollzieht mit den organisationspolitischen Beschlüssen ihrer 1. Parteikonferenz in Ost-Berlin (25.–18.1.) den Übergang zur »**Partei neuen Typs**«. Mit der Wahl eines Zentralkomitees, eines Sekretariats des ZK und eines Politbüros kehrt die SED zu den Organisationsformen einer stalinistischen Partei zurück, wie sie schon in der KPD bestanden hatten. Die SED-Mitglieder werden mit einer Entschließung den Prinzipien des **Demokratischen Zentralismus** unterworfen, die eine – formale – Rechenschaftspflicht von gewählten Funktionären gegenüber den Mitgliedern mit der Unterwerfung aller Parteimitglieder unter die »Parteidisziplin« verbindet. Sie ist die wesentliche Grundlage der Suprematie der SED in der ostdeutschen Gesellschaft, die sie als Herrschaft durch Kader ausübt. Diesem Zweck dient auch der Beschluß der SED-Organisationskonferenz vom 7./8.6., der den arbeitenden SED-Mitgliedern aufgibt, sich vor allem in Betriebs- statt wie bisher in Wohngebietsgruppen zu organisieren.
Der neue Staat bietet andererseits Chancen für den beruflichen und sozialen Aufstieg früher benachteiligter Angehöriger der Arbeiter- und Bauernschaft (so werden am 31.3. die Vorstudienanstalten in **Arbeiter- und Bauern-Fakultäten** umgewandelt), erwartet jedoch im Gegenzug nicht nur Loyalität, sondern politische und ideologische Unterstützung von den Begünstigten.
Schon vor der Gründung der DDR wird die Zentralisierung der staatlichen Macht oberhalb der Länderebene festgeschrieben. Nach der Gründung der **Deutschen Wirtschaftskommission** (DWK) im Juni 1947 und dem Übergang zur zentralen Planung ab Mitte 1948 ist dies auf wirtschaftlichem Gebiet im wesentlichen vollzogen. Am 3.1. 1949 wird die bei der DWK angesiedelte

Die Mitglieder der ersten Regierung der DDR

Präsident: *Wilhelm Pieck*, SED, bis 1960 (verstorben)
Ministerpräsident: *Otto Grotewohl*, SED, bis 1964 (verstorben)
stellvertretende Ministerpräsidenten: *Walter Ulbricht*, SED, bis 1960 (danach Vorsitzender des Staatsrates); *Otto Nuschke*, CDU, bis 1957 (verstorben); *Hermann Kastner*, LDPD, bis 1950 (amtsenthoben)
Minister: Aufbau: *Lothar Bolz*, NDPD, bis 1953 (danach Außenminister); Post- und Fernmeldewesen: *Friedrich (Fritz) Burmeister*, CDU, bis 1963 (pensioniert); Äußeres: *Georg Dertinger*, CDU, bis 1953 (verhaftet); Justiz: *Max Fechner*, SED, bis 1953 (verhaftet); Handel und Versorgung: *Karl Hamann*, LDPD, bis 1952 (verhaftet); Außenhandel und Materialwirtschaft: *Georg Handke*, SED, bis 1950 (danach Minister für innerdeutschen und Außenhandel); Finanzen: *Hans Loch*, LDPD, bis 1960 (verstorben); Planung: *Heinrich Rau*, SED, bis 1950 (danach als Vorsitzender der Staatlichen Plankommission weiter Mitglied der Regierung); Verkehr: *Hans Reingruber*, parteilos, für SED, bis 1953 (aus gesundheitlichen Gründen abberufen); Industrie: *Fritz Selbmann*, SED, bis 1950 (danach Minister für Schwerindustrie); Arbeit und Gesundheitswesen: *Luitpold Steidle*, CDU, bis 1950 (danach nur noch Gesundheitsminister); Inneres: *Karl Steinhoff*, SED, bis 1952 (entlassen); Volksbildung: *Paul Wandel*, SED, bis 1952 (danach untergeordnete Posten)

Zentrale Kontrollkommission (am 26.10. als **Zentrale Kommission für staatliche Kontrolle** reorganisiert) ermächtigt, den Polizei- und Justizverwaltungen der Länder Weisungen zu erteilen. Die Spaltung Deutschlands wird bis in die Details auch in der Innenpolitik vollzogen. Am 30.5. erläßt die SMAD ihren Befehl 240/2, der eine **Säuberung der Volkspolizei** von solchen Polizisten vorsieht, die entweder aus den ehemaligen Ostgebieten stammen, Verwandte 1. Grades in den Westzonen haben, längere Zeit in westalliierter Kriegsgefangenschaft waren und/oder aus anderen Gründen als politisch unzuverlässig einzustufen sind. Auf der anderen Seite symbolisiert die Tatsache, daß nach dem offiziellen Ende der von der SMAD verordneten Entnazifizierung im April 1948 ehemalige Mitglieder der NSDAP und Wehrmachtsoffiziere einen Teil ihrer staatsbürgerlichen Rechte zurückerhalten, das Bemühen, diese Bevölkerungsgruppe zu gewinnen und zu integrieren.

Deutschland- und Außenpolitik

Vor der Gründung der DDR ist allein die Sowjetunion in der Lage, deutschland- und außenpolitische Belange der SBZ wahrzunehmen. Danach wird sie zur ideologischen und politischen Führungsmacht der DDR, die überdies, eigenen Zielstellungen folgend, eine Bestandsgarantie für die DDR gibt. So kann die SBZ noch nicht an der **Gründung des** Rates für gegenseitige Wirtschaftshilfe (**RGW**) in Moskau (5.–8.1.) teilnehmen, wird jedoch im kommenden Jahr Mitglied (→ 1950). Das **Ende der Berlinblockade** am 12.5. (→ 1949 BRD) ist im Wesen eine Angelegenheit unter Alliierten; indes markiert die Blokkade den Beginn des Ost-West-Schwarzhandels mit Gütern und Währungen (während der Blockade zeitweilig zugunsten der Ost-Mark, danach durchweg zu ihren Ungunsten). Das Währungsproblem in Deutschland in seinen für den Interzonenhandel negativen Auswirkungen zu lösen, ist auch Ziel des **Frankfurter Abkommens** vom 8.10., mit dem die Zentralbanken der BRD und der DDR die Verrechnung des innerdeutschen Handels einführen. Es hat zunächst eine Laufzeit von neun Monaten.

Nach der DDR-Gründung zielt ihre demonstrative Anerkennung durch die UdSSR (am 15.10.), Bulgarien (17.10.), Polen und die Tschechoslowakei (18.10.), Ungarn (19.10.), Rumänien (22.10.), China (25.10.), Nordkorea (6.11.) und

Albanien (2.12.) auf ihre **außenpolitische Aufwertung** innerhalb der östlichen Welt, die der Bundesrepublik wegen der Bestimmungen des Besatzungsstatuts zunächst noch verwehrt bleibt.

Wirtschaftliche Entwicklung

In den von der DDR-Statistik verwendeten Kategorien ergibt sich folgendes Bild der wirtschaftlichen Lage: Das **Gesellschaftliche Gesamtprodukt** (in DDR-Preisen von 1985) beträgt 82,3 Milliarden Mark, das produzierte **Nationaleinkommen** 24,9 Milliarden Mark; das im Inland verwendete Nationaleinkommen beträgt 26,8 Milliarden Mark, die **Investitionen** 3,8 Milliarden Mark.

Die **industrielle Produktion** wächst insgesamt gegenüber dem Vorjahr um mehr als 22 %, vor allem in der Industrie. Damit werden mehr als 87 % des Niveaus von 1936 erreicht, jedoch mit unterschiedlichen Ergebnissen der einzelnen Branchen. Der Anstieg der industriellen Produktion wird im wesentlichen durch die **volkseigene Wirtschaft** erreicht (46 %), während Privatbetriebe sogar einen, wenn auch geringen Rückgang (–1,4 %) hinnehmen müssen. Sie stehen nur noch für weniger als ein Drittel der industriellen Bruttoproduktion (31,5 %), während Volkseigene Betriebe (VEB) 46,6 % und Sowjetische Aktiengesellschaften (SAG) 22,9 % der Güter fertigen.

Nach dem Ende der Demontagen machen **Lieferungen aus der laufenden Produktion** den größten Anteil der Reparationsleistungen aus. In Preisen von 1944 werden an die Sowjetunion und Polen Güter im Werte von fast 1,07 Milliarden Mark (das entspricht etwa 215 Millionen US-$ von 1938, der festgelegten Währung für die Reparationsabrechnung) geliefert. In laufenden Preisen sind erhebliche Preisaufschläge durch »genehmigte Preiserhöhungen«, Transportkosten, Versicherungsprämien u.ä. hinzuzuzählen, die die tatsächliche Belastung mehr als verdoppeln. Daneben erbringt die SBZ/DDR Leistungen an die in Ostdeutschland stationierten sowjetischen Truppen (in DDR-Preisen von 1949: 508 Millionen Mark). Die Reparationsaufträge haben großen Einfluß auf die Ausrichtung der industriellen Fertigung, die vorrangig auf schwerindustrielle und Maschinenbauerzeugnisse sowie Produkte der Chemieindustrie gelenkt wird.

Die **landwirtschaftliche Produktion** ist gegenüber dem Tiefpunkt im Jahre 1947 von einer weiteren Erholung gekennzeichnet, die sich in der Annäherung an Vorkriegswerte in der Gesamtproduktion sowie in den Hektarerträgen widerspiegelt. Indes führt eine **ausgedehnte Dürreperiode** in der zweiten Sommerhälfte zu **dramatischen Ernteeinbußen** bei Kartoffeln, Zucker- und Futterrüben, deren Erträge im Vergleich zum Vorjahr um bis zu 30 % zurückgehen und damit die künftige Entwicklung der Viehbestände und der Fleischversorgung beeinträchtigen. Der **kriegsbedingte Rückgang der Düngemittelbereitstellung** zeigt ebenfalls eine nachhaltige Wirkung.

Arbeitslose und Jugendliche ohne Lehrstelle: Die Arbeitslosenzahl steigt zwischen dem 31.12. **1948** und dem 31.12. **1949** bei einer um 97 000 gesunkenen Anzahl von Erwerbstätigen in der DDR (einschl. Ost-Berlin) von 249 000 auf 362 000 stark an. Der Anstieg ist vornehmlich auf Entlassungen infolge der Währungsreform im Juni 1948, aber auch auf die Rückkehr von Kriegsgefangenen zurückzuführen. Er betrifft zum einem Personen in wenig qualifizierten Berufen, zum anderen solche Personen, deren bisherige Berufe in den veränderten gesellschaftlichen Verhältnissen weniger nachgefragt werden (kaufmännische Berufe, Hausgehilfinnen). 385 000 Jugendliche befinden sich 1949 in einer Lehrausbildung, etwa 49 000 mehr als ein Jahr zuvor. Dennoch hat sich die Zahl der Jugendlichen ohne Lehrstelle zum 31.3. gegenüber dem Vorjahr mit etwa 40 000 mehr als verdoppelt.

Soziale Daten

Flüchtlinge und Vertriebene: Im März werden im Gebiet der DDR mehr als 4,44 Millionen Umsiedler, wie Flüchtlinge und Vertriebene offiziell bezeichnet werden, registriert, davon sind etwa 2,57 Millionen Frauen. Unter den Neubürgern befinden sich 2,12 Millionen arbeitspflichtige Personen, jedoch nur 1,4 Millionen sind davon tatsächlich erwerbstätig (arbeitslos sind 133 000, 483 000 sind von der Arbeitspflicht freigestellt, 105 000 suchen keine Arbeit).

Wohnungssituation und Wiederaufbau: Eine vorrangige Aufgabe des Wiederaufbaus bleibt der Ersatz von im Krieg zerstörtem Wohnraum. Im Gebiet der DDR waren bis 1945 mehr als

Zerstörter Wohnraum 1945

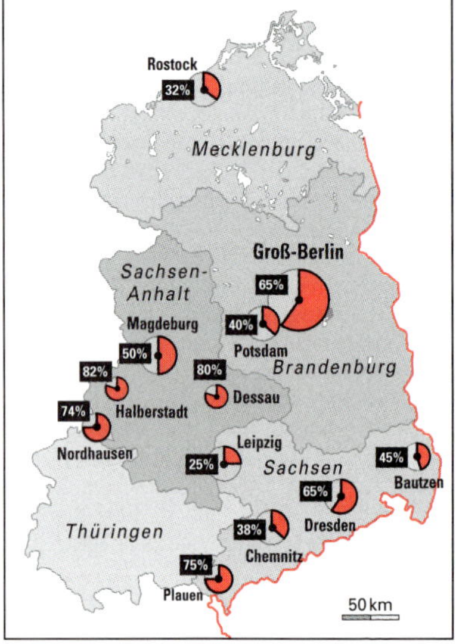

800 000 Wohnungen zerstört worden, wobei wichtige Industrie- und Großstädte besonders hohe Verluste aufzuweisen haben (→ Karte). 1949 werden 29 825 Wohnungen neu gebaut bzw. wiederhergestellt.

Preise und Lebenshaltung: Die Fortsetzung der zweigeteilten Verteilung von Waren und Leistungen (rationierte bzw. frei verkäufliche Waren) zeigt sich auch in großen Unterschieden im Preisniveau. Die Lebenshaltungskosten sind im Vergleich zu 1936 immer noch sehr hoch, doch drei signifikante Preissenkungen für nicht bewirtschaftete Waren am 24.5., 11.7. und am 30.10., die in den seit dem 3. 11. 1948 eröffneten Geschäften der »Handelsorganisation« (HO, anfangs »Freie Läden« genannt) verkauft werden, sorgen für Entlastung. Das durchschnittliche monatliche Arbeitseinkommen von Arbeitern und Angestellten in der staatseigenen Wirtschaft beträgt 290 Mark.

Im **Einzelhandel** werden Waren im Werte von 13,8 Milliarden Mark, davon für 5,3 Milliarden Mark (38,5 %) im genossenschaftlichen und staatlichen Handel umgesetzt. Das **Fernsprechnetz** der Deutschen Post umfaßt etwa 335 600 Anschlüsse.

1950

Weichenstellungen im Zeichen der Korea-Krise

Der Einmarsch von Truppen des kommunistisch regierten Nord-Korea in das zur US-amerikanischen Einflußsphäre gehörende Süd-Korea am 25.6. 1950 verschärft den Ost-West-Konflikt bis hin zur realen Gefahr eines Dritten Weltkriegs. Die USA und Großbritannien intensivieren daraufhin die Einbindung der Bundesrepublik in das westliche Lager; Bundeskanzler *Konrad Adenauer* verknüpft die Frage der Wiederbewaffnung mit der Forderung nach Erweiterung der Souveränität des westdeutschen Staates. Mit den Protesten der Antimilitarismus-Bewegung verschärft sich die innenpolitische Auseinandersetzung.

Schritte zur Wiederaufrüstung

Alliiertes Interesse: Der Hohe Kommissar der USA, *John McCloy*, betont am 6.2. in einer Rede in Stuttgart das Interesse der USA an einer starken Bundesrepublik. Infolge ihrer zunehmenden wirtschaftlichen Gleichberechtigung müsse sie sich in Westeuropa auch politisch einbinden; dabei sei es denkbar, daß sie zu einem **europäischen Verteidigungssystem** beitragen könne, ohne über eigene Streitkräfte zu verfügen. – Einem Vorschlag des britischen Oppositionsführers *Winston S. Churchill* folgend fordert der Europarat am 11.8. in einer Resolution die Bildung einer europäischen Armee unter deutscher Beteiligung.

Adenauers Vorstoß: Der Bundeskanzler dringt am 16.8. gegenüber den Alliierten Hohen Kommissaren darauf, eine der Forderung des Europarats entsprechende Initiative zu ergreifen und plädiert angesichts der »zunehmenden militärischen Bedrohung Westdeutschlands« für die sofortige Verstärkung der US-Truppen in der Bundesrepublik und die Schaffung einer »starken deutschen Verteidigungskraft«.

Sicherheitsgarantie: Die Außenminister der USA, Großbritanniens und Frankreichs geben auf ihrer Konferenz vom 12.–18.9. in New York in ihrer **Deutschlanderklärung** für die Bundesrepublik und Berlin (West) eine formelle Sicherheitsgarantie, die auch einen Angriff der DDR-Volkspolizei einschließt. Zugleich kündigen sie die Verstärkung ihrer Truppen um vier Divisionen an und genehmigen die Aufstellung einer 30 000 Mann starken deutschen Bereitschaftspolizei auf Länderebene, die teilweise der Bundesregierung untersteht.

Konzept des deutschen Wehrbeitrags: Vom 5.–11.10. erarbeitet eine im Kloster Himmerod in der Eifel tagende **Geheimkonferenz ehemaliger hoher Wehrmachtsoffiziere**, unter ihnen die Generäle *Adolf Heusinger, Hans Speidel* und *Friedrich Foertsch*, im Auftrag *Adenauers* ein Konzept über die Aufgaben, Struktur und Aufbauprozeß künftiger westdeutscher Streitkräfte »im Rahmen einer übernationalen Streitmacht zur Verteidigung Westeuropas«. Sie sollen 12 Divisionen mit insgesamt 250 000 Mann umfassen. Als Voraussetzung für den deutschen Wehrbeitrag verlangt die **Himmeroder Denkschrift** die »Gleichstellung« der Bundesrepublik mit den anderen westeuropäischen Mächten und die »moralische Rehabilitierung« der deutschen Wehrmacht. – Mit der Vorbereitung der geplanten Verstärkung der amerikanischen Besatzungstruppen wird der Bundestagsabgeordnete *Theodor Blank* (CDU) beauftragt. Die unter seiner Leitung entstehende **Dienststelle Blank** gilt als Vorläufer des künftigen Verteidigungsministeriums. – In der **ersten Wehrdebatte** des Deutschen Bundestags am 8.11. begrüßt *Adenauer* den zwei Tage zuvor veröffentlichten Vorschlag des französischen Ministerpräsidenten *René Pleven*, die sechs Montanunion-Staaten sollten eine gemeinsame Armee aufbauen, die einheitlich ausgerüstet, übernational organisiert, einem gemeinsamen Verteidigungsminister unterstellt und durch die nationalen Streitkräfte ergänzt werden soll. Die Einschränkung des **Pleven-Plans**, die Bundesrepublik müsse dafür auf eigene Truppen verzichten, weist *Adenauer* mit Hinweis auf die Gleichberechtigung aller an einem solchen Bündnis beteiligten Staaten zurück.

Kontroverse um die Wiederbewaffnung: Die drohende Kriegsgefahr und die mögliche Wiederaufrüstung mobilisieren die Anhänger der Friedensbewegung, die sich – teilweise unter starkem Einfluß von Kommunisten – gegen jedes militärische Engagement wehrt und die Abrüstung des Westens fordert. Zahlreiche Veranstaltungen, u. a. der kommunistischen Freien Deutschen Jugend (FDJ), werden verboten. In West-Berlin werden am 18.7. etwa 1500 Mitglieder des Westdeutschen Komitees der Friedenskämpfer und der FDJ bei einer Unterschriftenaktion für den **Stockholmer Appell** zur Ächtung der Atombombe festgenommen. Angesichts der wachsenden **»Ohne mich«**- und **»Nie wieder Krieg!«-Bewegung** verurteilt der Kölner Erzbischof Kardinal *Joseph Frings* in einer Predigt am 23.7. in Bonn das Eintreten für uneingeschränkte Kriegsdienstverweigerung, es widerspreche der katholischen Lehre. Der Rat der Evangelischen Kirche spricht sich am 27.8. gegen eine Remilitarisierung aus. Am 1.9. (Antikriegstag) und am 10.9. kommt es zu zahlreichen antimilitaristischen Kundgebungen. – Aus Protest gegen die eigenmächtige Remilitarisierungspolitik des Bundeskanzlers, die er als Abkehr vom Ziel der Wiedervereinigung interpretiert, tritt am 9.10. Bundesinnenminister *Gustav Heinemann* (CDU) zurück. Sein Nachfolger wird am 11.10. *Robert Lehr* (CDU).

Außenpolitische Entwicklung

Am 26.1. fordert die Alliierte Hohe Kommission die Bundesregierung auf, **Generalkonsulate** in den Ländern der Besatzungsmächte einzurichten. Als erste Auslandsvertretung der Bundesrepublik nimmt die Mission in London am 16.6. ihre Arbeit auf, am 28.6. folgt das Generalkonsulat in New York. – Am 31.1. schließt die Bundesrepublik ein **Abkommen mit der Tschechoslowakei** über die Ausreisegenehmigung von 20 000 der 279 000 noch in der Tschechoslowakei verbliebenen Deutschen, die nahe Verwandte in Westdeutschland haben. Von weiteren 50 000 liegen Ausreiseanträge vor. Im April genehmigen die Westalliierten der Bundesregierung eine Umsiedlungsaktion von 150 000 Deutschen aus den früheren deutschen Ostgebieten.
Saarfrage: Am 10.3. legt Bundeskanzler *Adenauer* Rechtsverwahrung vor dem Deutschen Bundestag gegen zwölf **französisch-saarländische Konventionen** ein, die am 3.3. geschlossen wurden. Sie verschmelzen das autonome Saarland und Frankreich faktisch zu einer Wirtschafts- und Währungsunion und überlassen Frankreich für 50 Jahre gegen Pacht die Ausbeutung der Saargruben. Die Bundesregierung, nach deren Auffassung die Verträge auf eine verschleierte Annexion hinauslaufen, richtet am 6.5. eine Protestnote an die Alliierte Hohe Kommission. Am 13.5. tritt das Saarland dem Europarat als assoziiertes Mitglied bei.
Europarat: Am 31.3. vom Ministerkomitee des Europarats eingeladen und am 15.5. vom Bundestag (gegen die Stimmen u. a. von SPD und KPD) beschlossen, tritt die Bundesrepublik am 8.7. als **assoziiertes Mitglied** (d.h. ohne Stimmrecht im Ministerrat) dem **Europarat** bei. Der Schritt wird als Durchbruch auf dem Weg der Bundesrepublik in die Gemeinschaft der nichtkommunistischen westlichen Staaten gewertet.

Deutsch-deutsche Beziehungen, Berlin-Politik

Am 22.3. greift die Bundesregierung die Initiative des amerikanischen Hohen Kommissars *John McCloy* auf, der am 28.2. gesamtdeutsche Wahlen für den 15.10. vorschlug. In einer **Erklärung zur deutschen Einheit** fordert sie freie, international überwachte Wahlen zu einer Nationalversammlung, die eine gesamtdeutsche Verfassung ausarbeitet. Voraussetzung für die Verwirklichung des Plans sei die Gewährleistung der persönlichen Freiheitsrechte in ganz Deutschland. – Am 9.6. protestiert die Bundesregierung gegen die **Anerkennung der Oder-Neiße-Linie** als endgültige deutsch-polnische Grenze durch die DDR im **Görlitzer Abkommen** zwischen den Regierungen der DDR und Polens. Als »Sprecherin des gesamten deutschen Volkes« erklärt die Bundesregierung alle Vereinbarungen der »Sowjetzone« für »null und nichtig«. Die Entscheidung über die zur Zeit unter polnischer Verwaltung stehenden deutschen Ostgebiete könne und werde erst in einem mit Gesamtdeutschland abzuschließenden Friedensvertrag erfolgen. – 1950 flüchten 197 788 Menschen aus der DDR in die Bundesrepublik und nach West-Berlin.
West-Berlin: Angesichts verschärfter Kontrollen und **Behinderungen auf den Autobahnen** zwischen Westdeutschland und Berlin durch die sowjetische Grenzbehörde erklären die Westalliierten am 20.1. ihre Bereitschaft, im Falle einer Blockade die Luftbrücke wieder aufzunehmen. – Die **Arbeitslosigkeit** in West-Berlin steigt im Februar mit über 300 000 Erwerbslosen auf eine

Quote von fast 30 %. Am 10.2. verabschiedet der Bundestag ein Wirtschaftsförderungsprogramm in Höhe von 105 Mio. DM. Am 14.3. erklärt die Bundesregierung Berlin (West) zum **wirtschaftlichen Notstandsgebiet**, gibt zusätzliche Finanzmittel aus einem Marshallplan-Fonds in Höhe von 250 Mio. DM frei und beschließt am 24.3. die Verlegung von 22 Dienststellen (u. a. Bundesverwaltungsgericht, Bundesdruckerei) nach West-Berlin. Vom Beginn der Blockade am 24.6. 1948 bis zum 31.3. 1950 erhält West-Berlin Hilfen in Höhe von rd. einer Mrd. DM (einschließlich des Notopfers Berlin, dessen Anteil auf 430 Mio. DM geschätzt wird). Eine weitere Finanzhilfe durch den Bund über 527 Mio. DM für das Haushaltsjahr 1950/51 wird am 12.10. zugesagt. – Unter der Losung »Gegen Einheit in Ketten, für Frieden und Freiheit« versammeln sich am 1. Mai rd. 600 000 Menschen auf dem Platz der Republik zur **größten politischen Kundgebung** in West-Berlin seit Kriegsende. – Am 4.8. billigt das Berliner Abgeordnetenhaus einstimmig eine **neue Verfassung**. Der Passus, der West-Berlin zu einem Bundesland der Bundesrepublik Deutschland erklärt, wird von den Alliierten am 29.8. annulliert. Gesetze der Bundesrepublik gelten jedoch auch in West-Berlin, wenn das Abgeordnetenhaus sie verabschiedet. Das Abgeordnetenhaus tritt an die Stelle der Stadtverordnetenversammlung; der Regierende Bürgermeister steht an der Spitze des Senats. Die Verfassung wird am 1.10. verkündet.

Soziale Probleme und Kriegsfolgen

Kriegsopfer, Heimkehrer, Flüchtlinge: Am 27.4. verabschiedet der Bundestag das **Heimkehrergesetz**, das ehemaligen Kriegsgefangenen besondere Rechte und Vergünstigungen ge-

währt (Entlassungsgeld, Überbrückungshilfe, Unterstützung bei der Wohnraum- und Arbeitssuche, Arbeitlosenunterstützung). – Um den wachsenden **Flüchtlingsstrom aus der DDR** einzudämmen, verabschiedet der Bundestag gegen die Stimmen von SPD und KPD am 27.3. ein **Notaufnahmegesetz**; Aufenthaltsgenehmigungen erhalten danach nur Flüchtlinge, die wegen unmittelbarer Gefahr für Leib, Leben, Freiheit oder ähnlich zwingenden Gründen ihren Wohnort verlassen mußten. Der Bundesrat, dessen Mehrheit das Gesetz für unpraktikabel hält und humanitäre Gründe geltend macht, legt sein Veto ein und billigt am 30.6. eine entschärfte Fassung, nach der »zwingende Gründe« für die Flucht ausreichen, um Aufnahme zu finden. – Am 4.5. beschließt der Bundestag die **Umsiedlung von 600 000 Flüchtlingen**, die in Schleswig-Holstein, Niedersachsen und Bayern untergekommen sind, in andere Bundesländer. – Das **Bundesversorgungsgesetz**, am 19.10. einstimmig vom Bundestag verabschiedet, regelt die Hilfeleistungen für Opfer des Krieges (Versehrte und Hinterbliebene). Die Kosten belaufen sich auf rd. 3,2 Mrd. DM jährlich.

Kriegsgefangene: Am 4.5. teilt die sowjetische Nachrichtenagentur TASS mit, bis auf 14 000 in Haft befindliche Kriegsverbrecher seien alle deutschen Kriegsgefangen entlassen worden. Angesichts des ungeklärten Schicksals von 1,5 Mio. Kriegsgefangenen fordern die drei Westmächte am 14.7. von der Sowjetunion Auskunft (→ Tabelle 1955).

Entnazifizierung: (→ Tabelle) – Wegen guter Führung begnadigt der US-Hochkommissar am 16.8. acht Kriegsverbrecher, unter ihnen *Friedrich Flick*; weitere vorzeitige Entlassungen folgen am 15.10. (darunter *Ernst Freiherr von Weizsäcker*) und am 30.12.

Entnazifizierung nach Besatzungszonen 1945/50

	Amerikanische Zone	*Britische Zone*	*Französische Zone*	*Westzonen insgesamt*
Zahl der bearbeiteten Fälle	950 126	2 041 454	669 068	3 660 648
Hauptschuldige	1 654	–	13	1 667
Schuldige, Belastete	22 122	–	938	23 060
Minderbelastete	106 422	27 177	16 826	150 425
Mitläufer	485 057	222 028	298 789	1 005 874
Entlastete	18 454	1 191 930	3 489	1 213 873
Verfahren eingestellt:				
– Jugendamnestie	89 772	–	71 899	161 671
– Heimkehrer-, Weihnachtsamnestie	194 738	–	1 908	196 646
– Unbelastet	–	512 651	270 152	782 803
– Andere Gründe	31 907	87 668	5 054	124 629

Volkszählung 1950

Land / *Regierungsbezirk*	*Fläche*[1] km^2	*Wohnbevölkerung 17. 5. 1939* *in 1000*	*13. 9. 1950*
Schleswig-Holstein . .	15 695,62	1 589,0	2 594,6
Hamburg	747,53	1 711,9	1 605,7
Niedersachsen	47 415,35	4 539,2	6 796,5
RB Braunschweig	8 087,80	1 007,7	1 625,1
RB Hannover	9 040,62	1 327,5	1 893,7
RB Lüneburg	15 338,74	812,5	1 396,2
RB Weser-Ems . .	14 948,19	1 391,5	1 881,5
Bremen	403,77	562,9	558,6
Nordrhein-Westfalen	34 069,29	11 945,1	13 207,8
RB Düsseldorf. . . .	5 287,74		4 137,1
RB Köln.	7 373,13		2 626,2
RB Münster	6 896,08		1 883,7
RB Detmold	6 514,46		1 502,3
RB Arnsberg	7 997,88		3 058,6
Hessen.	21 113,24	3 479,1	4 323,8
RB Darmstadt . .	11 562,39	2 471,7	3 011,3
RB Kassel	9 550,85	1 007,4	1 312,5
Rheinland-Pfalz. . . .	19 838,85	2 960,0	3 004,8
RB Koblenz.	8 093,28	1 058,7	1 127,1
RB Trier.	4 923,89	457,0	436,0
RB Rheinhessen-Pfalz.	6 821,68	1 444,3	1 441,7
Baden-Württemberg	35 751,33	5 476,4	6 430,2
RB Stuttgart	10 557,81	1 870,4	2 371,5
RB Karlsruhe	6 919,81	1 547,1	1 742,3
RB Freiburg	9 356,87	1 170,2	1 280,0
RB Tübingen	8 916,84	888,7	1 036,4
Bayern.	70 546,92	7 084,1	9 184,5
RB Oberbayern . .	17 531,48	1 999,4	2 542,4
RB Niederbayern. .	10 374,20	757,2	1 042,7
RB Oberpfalz	9 622,30	692,7	904,1
RB Oberfranken . .	7 184,47	788,2	1 086,3
RB Mittelfranken. .	7 283,99	1 066,7	1 275,0
RB Unterfranken. .	8 535,55	845,0	1 039,3
RB Schwaben	10 014,93	934,9	1 294,6
Saarland	2 568,23	889,5	955,4[2]
Berlin (West).	480,19	2 750,5	2 147,0
Bundesgebiet	*248 630,32*	*42 987,7*	*50 808,9*

[1] Gebietsstand: 1. 2. 1978 (unter Berücksichtigung der kommunalen Neugliederung in Niedersachsen)
[2] Saarland: 14. 11. 1951

Parteien und Organisationen

Parteien: Im Laufe des Jahres gründen sich mehrere Dutzend Parteien, unter ihnen auch rechtsextremistische. – In Kiel konstituiert sich am 8.1. der rechtsorientierte **Block der Heimatvertriebenen und Entrechteten (BHE)** als Partei, die sich den Belangen der Flüchtlinge aus den früheren deutschen Ostgebieten widmet. Vorsitzender wird der frühere SS-Hauptsturmführer *Waldemar Kraft*. Nach dem Wahlerfolg in

Schleswig-Holstein am 9.7., wo sie auf Anhieb 23,4% der Wählerstimmen erreicht und in die Regierungsverantwortung geht, tritt die Partei in den anderen Bundesländern als Gesamtdeutscher Block/Bund der Heimatvertriebenen und Entrechteten (GB-BHE) an. – Am 11.5. schließen sich die Landesverbände der **CDU** zu einer bundesweiten Partei zusammen. Der erste Bundesparteitag vom 20.–22.10. in Goslar wählt den am 11.5. zum vorläufigen Vorsitzenden bestimmten Bundeskanzler *Adenauer* in das Spitzenamt der Partei.

Organisationen: Der **Jüdische Weltkongreß** hält am 8./9.7. in Düsseldorf erstmals eine Tagung in Deutschland ab. In Reaktion auf das Angebot Bundeskanzler *Adenauers*, Wiedergutmachungszahlungen an Israel leisten zu wollen, richtet der Weltkongreß vier materielle und vier moralische »Forderungen des jüdischen Volkes an Deutschland«, darunter Gesetze zur finanziellen Entschädigung der Opfer des Nationalsozialismus und zur Verfolgung von Rassenhetze. – Am 17.7. konstituiert sich in Frankfurt der **Zentralrat der Juden in Deutschland**. Der Dachverband ist das erste zentrale Organ zur Vertretung jüdischer Interessen in der Geschichte der Juden in Deutschland. – Auf ihrer von 70 000 Teilnehmern besuchten Veranstaltung zum Tag der Heimat am 6.8. in Stuttgart verkünden die **Vertriebenenverbände** und ostdeutschen **Landsmannschaften** eine »Charta der Vertriebenen«. Darin fordern sie die Anerkennung des Rechts auf Heimat als eines von Gott gegebenen Grundrechts, verzichten auf Rache und Vergeltung und versichern, sich am Wiederaufbau Deutschlands und der Schaffung eines geeinten Europas beteiligen zu wollen.

Weitere wichtige innenpolitische Ereignisse

Beamte: Am 30.6. verabschiedet der Bundestag das **Beamtengesetz**, nachdem Einwände der Besatzungsmächte berücksichtigt worden sind; sie bezogen sich u. a. auf die ursprünglich geplante Erlaubnis politischer Betätigung für Beamte und die fehlende Garantie der Gleichbehandlung weiblicher Beamter.

Berufungen: Am 8.7. beruft Bundeskanzler *Adenauer* den Verwaltungsjuristen *Hans Globke* zum Personalchef im Bundeskanzleramt. *Globke* hatte 1935 den amtlichen Kommentar zu den sog. Nürnberger Rassegesetzen verfaßt; er

Unvereinbarkeitsbeschluß

der Bundesregierung vom 19.9.1950

...

Wer als Beamter, Angestellter oder Arbeiter im Bundesdienst an Organisationen oder Bestrebungen gegen die freiheitliche demokratische Staatsordung teilnimmt, sich für sie betätigt oder sie sonst unterstützt,... macht sich einer schweren Pflichtverletzung schuldig.

Zu den Organisationen, deren Unterstützung mit den Dienstpflichten unvereinbar sind, gehören insbesondere:

1. die Kommunistische Partei mit allen ihren Unterorganisationen,
2. die sozialdemokratische Aktion,
3. die Freie Deutsche Jugend (FDJ),
4. die Vereinigung der Sowjetfreunde,
5. die Gesellschaft zum Studium der Kultur der Sowjetunion,
6. der Kulturbund zur demokratischen Erneuerung Deutschlands,
7. der gesamtdeutsche Arbeitskreis für Land- und Forstwirtschaft,
8. das Komitee der Kämpfer für den Frieden,
9. das Komitee der Jungen Friedenskämpfer,
10. die Vereinigung der Verfolgten des Naziregimes (VVN),
11. die Sozialistische Reichspartei,
12. die sogenannte »Schwarze Front« (Otto-Strasser-Bewegung),
13. die »Nationale Front« (Dachorganisation)

gilt als einflußreicher Berater des Bundeskanzlers.

Bestechungen: Der Bundestag setzt am 5.10. einen Untersuchungsausschuß (**»Spiegel-Ausschuß«**) ein, der der Behauptung des Nachrichtenmagazins nachgehen soll, das Votum des

Bundestags am 3.11. 1948 für Bonn als Bundeshauptstadt sei durch Bestechung von 100 Abgeordneten zustande gekommen. (Am 22.5. 1951 kommt der Ausschuß zu dem Ergebnis, die Vorwürfe seien nicht belegt worden.)

Innere Sicherheit: Unter Hinweis auf die verstärkten Bemühungen von Gegnern der Bundesrepublik, deren »freiheitlich demokratische Grundordung zu untergraben« und mit Bezug auf Aktivitäten der SED erläßt die Bundesregierung am 19.9. einen **Unvereinbarkeitsbeschluß** zur Mitgliedschaft von Angehörigen des öffentlichen Dienstes in 13 politischen Organisationen. Hierzu zählen 11 kommunistische oder als kommunistisch gesteuert eingestufte sowie zwei rechtsextremistische Gruppen (→ Kasten). Angehörige dieser Organisationen sind sofort aus dem öffentlichen Dienst zu entlassen.

– Der Bundestag beschließt am 28.7. die Einrichtung eines **Bundesamtes für Verfassungsschutz**. Zum kommissarischen Leiter wird am 5.12. der frühere Widerstandskämpfer *Otto John* bestellt.

Wirtschaftspolitik

Arbeits- und Wohnungsbeschaffung: Bundeskanzler *Adenauer* legt dem Bundestag am 9.2. ein Programm zur Bekämpfung der **Arbeitslosigkeit** vor, die Ende Januar mit 2,02 Mio. Arbeitslosen bzw. 13,3% der unselbständig Erwerbstätigen die **höchste Quote seit Kriegsende** erreicht hat. Von den vorgesehenen 3,5 Mrd. DM werden 2,5 Mrd. DM für das Wohnungsbauprogramm eingesetzt; mit 900 Mio. DM werden private Betriebe in finanz- und strukturschwachen Regionen mit einem hohen Anteil an Flüchtlingen gefördert. Als Sofortprogramm verabschiedet der Bundestag Maßnahmen im Volumen von 300 Mio. DM. – Am 28.3.

Beschäftigte nach Wirtschaftsbereichen 1950 und 1960

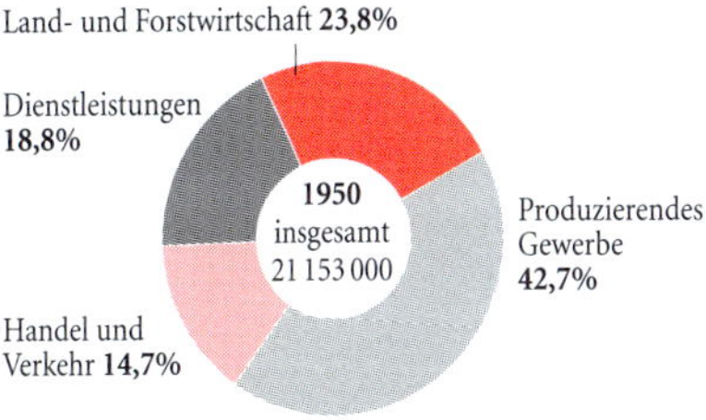

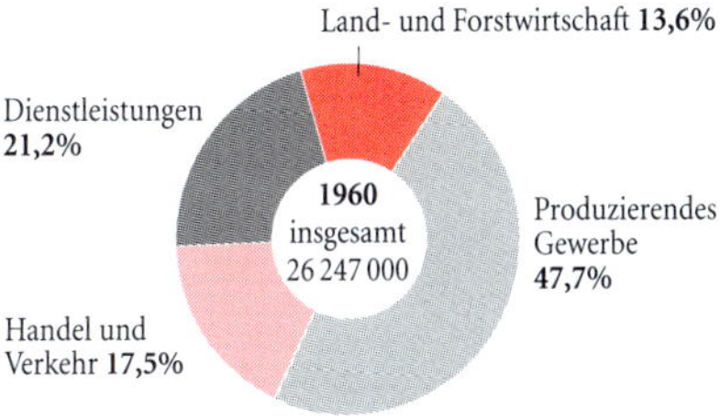

beschließt der Bundestag das erste **Wohnungsbaugesetz**. Mit öffentlicher Förderung sollen innerhalb der nächsten sechs Jahre rd. 1,8 Mio. Wohnungen für rd. 6 Mio. sozial bedürftige Menschen gebaut werden

Besatzungskosten: Der Bundestagsausschuß für Besatzungskosten weist am 2.4. auf die wirtschaftlichen **Belastungen durch die Besatzungskosten** hin, die erstmals veröffentlicht werden. 1949 haben die Westalliierten danach von der Bundesrepublik 4,5 Mrd. DM erhalten; für das laufende Haushaltsjahr 1950/51 werden sie auf 4,6 Mrd. DM veranschlagt – 23,2 % des Steueraufkommens.

Rationierung: Bis zum 1.5. werden alle **Lebensmittelkarten** abgeschafft. Die Bevölkerung kann sich erstmals seit 11 Jahren wieder – von Zucker abgesehen – ohne Bewirtschaftungsmaßnahmen versorgen.

Entflechtung: Unter Rückgriff auf das Besatzungsstatut (→ 1949) erlassen die alliierten Hochkommissare am 17.5. ein **Dekartellisierungsgesetz**, das die wirtschaftliche Konzentration in der deutschen Kohle-, Eisen- und Stahlindustrie verhindern soll. Am 17.8. unterzeichnen sie das Gesetz zur Aufspaltung des Chemiekonzerns **IG Farben** in 169 Firmen.

Koreaboom: Die weltpolitische Krise, die am 25.6. im Beginn des Koreakriegs kulminiert, löst in der Bundesrepublik u. a. einen sprunghaften **Anstieg der Industrieproduktion** um rd. 20 % innerhalb eines Quartals aus. Steigende Preise und Kriegsfurcht provozieren Hamsterkäufe. Angesichts des erhöhten Rüstungsbedarfs gestattet die Deutschlandkonferenz der drei Westalliierten in New York vom 12.–18.9. der Bundesrepublik die **Produktion von Stahl** in beliebiger Menge **für den Export** in westliche Länder. Um einen durch den Produktionsanstieg verursachten Energienotstand zu vermeiden, vereinbaren die Bundesregierung und die Branchenverbände am 10.11. für die Kohleförderung im Ruhrgebiet Rahmenbedingungen für Sonderschichten, zwei zusätzliche Arbeitstage pro Monat und Lohnzulagen.

Bundesländer

Bayern: Bei der Wahl zum Landtag am 26.11. halbiert sich fast der Stimmenanteil der CSU.

Wahl zum 2. Landtag von Schleswig-Holstein am 9.7.1950

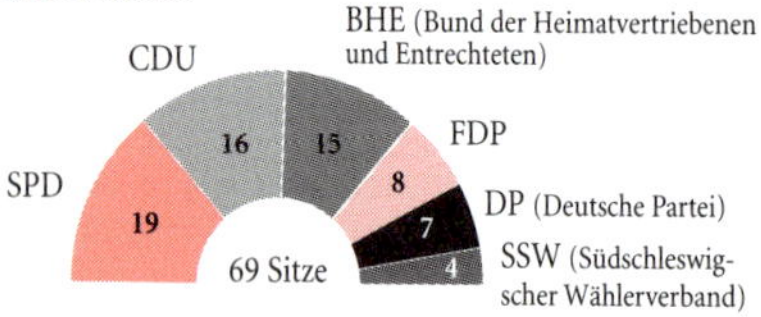

Sie erhält 27,4 % der Stimmen (gegenüber 52,3 % 1946), mit 64 Abgeordneten (–40) stellt sie jedoch weiterhin die stärkste Fraktion; auf die SPD entfallen 28 % der Stimmen und 63 Mandate (+9), auf die erstmals angetretene Bayernpartei 17,9 % (39), auf den GB-BHE 12,3 % (26). Die FDP erzielt 7,1 % (12). Die Wahlbeteiligung beträgt 79,8 %. *Hans Ehard* (CSU) wird am 18.12. als Ministerpräsident bestätigt; er führt eine Koalition aus CSU, SPD und GB-BHE.

Nordrhein-Westfalen: Bei der Wahl zum 2. Landtag am 18.6. kann sich die CDU als stärkste Partei behaupten; sie erhält 36,9 %; die SPD kommt auf 32,3 %, die FDP erhält 12,1 %, das Zentrum 7,5 % und die KPD 5,5 %. Die Wahlbeteiligung beträgt 72,3 %. Der dem linken Flügel der CDU zugerechnete bisherige Ministerpräsident *Karl Arnold* bildet am 1.8. eine Alleinregierung der CDU, in die er am 15.9. zwei Minister beruft, die dem Zentrum angehören.

Rheinland-Pfalz: Der Landtag beschließt am 16.5. die Verlegung der Landeshauptstadt von Koblenz nach Mainz.

Schleswig-Holstein: Bei der Wahl zum 2. Landtag am 9.7. in dem Bundesland, das zu einem Drittel von Flüchtlingen und Heimatvertriebenen bevölkert ist, erringt der neugegründete Block der Heimatvertriebenen und Entrechteten (BHE → oben) auf Anhieb den zweiten Platz. Auf ihn entfallen 23,4 % der abgegebenen Stimmen. Die SPD fällt gegenüber der Wahl von 1947 von 43,8 % auf 27,5 % ab, die CDU von 34,1 % auf 19,8 %. Die Deutsche Partei (DP, 9,6 %) und die FDP (7,1 %) entsenden erstmals Vertreter in das Landesparlament. Die Wahlbeteiligung beträgt 78,2 %. Am 5.9. wird *Walter Bartram* (CDU) zum Ministerpräsidenten einer Koalition aus CDU, GB-BHE, FDP und DP gewählt.

1950

Herrschaftssicherung der Staatspartei

Der zweite deutsche Staat festigt sich institutionell: Einerseits gleicht die SED ihre Erscheinungsform der anderer regierender kommunistischer Parteien in Osteuropa an. Andererseits werden staatliche Institutionen aus dem Status des Provisoriums in feste Formen überführt (wie zum Beispiel die Volkskammer) oder aus relativ kleinen Vorläufereinrichtungen in expandierende Apparate umgewandelt (wie zum Beispiel das Ministerium für Staatssicherheit). Schließlich gelingt es der DDR im Gegensatz zur Bundesrepublik, zumindest formal außenpolitische Erfolge zu erreichen.

Festigung der SED-Herrschaft

Die Herrschaft der SED-Spitze wird 1950 durch verschiedene Maßnahmen gefestigt. Zunächst betrifft das die Staatspartei selbst, deren Stalinisierung im Zuge der Umwandlung in eine **»Partei neuen Typs«** weiter vorangetrieben wird. Bei einer SED-Vorstandstagung am 30./31. Januar werden verschärfte Aufnahmebedingungen beschlossen. Neben der schon eingeführten Kandidatenzeit wird nunmehr auch die Bürgschaft zweier »erfahrener Parteimitglieder« für den Kandidaten eingefordert. Eine weitere Tagung des SED-Parteivorstandes am 2./3.6. beschließt, ein **einheitliches Parteilehrjahr** für alle Mitglieder und Kandidaten einzuführen. Am Ende des III. Parteitages (20.–24.7.) weist die SED mit dem beschlossenen neuen Statut alle wesentlichen Merkmale einer kommunistischen Partei auf. (→ Kasten). Das von *Louis Fürnberg* verfaßte Gedicht »Die Partei«, das eigens zum Parteitag fertiggestellt wird, manifestiert mit der Aussage »Die Partei, die hat immer recht! und Genossen, es bleibe dabei« den Unfehlbarkeitsanspruch einer mit absoluter Macht ausgestatteten Partei. Am 27.10. beschließt die SED-Spitze den Umtausch aller Parteimitgliedsbücher mit dem Ziel, alle Mitglieder einer politischen Prüfung zu unterziehen. Die Aktion zielt zum einen auf sog. Anhänger der **»Tito-Clique«** (also solche Mitglieder, die nach dem Vorbild des jugoslawischen Parteichefs einen eigenständigen Weg der DDR zum Sozialismus befürworten). Vor allem aber geht es um die Eindämmung des **»Sozialdemokratismus«**, d. h. das Zurückdrängen der in die SED eingetretenen ehemaligen Sozialdemokraten, die zum Zeitpunkt des Vereinigungsparteitages im April 1946 noch die Mehrheit der SED-Mitglieder gestellt hatten. Bis 1951 werden hunderttausende Mitglieder ausgeschlossen, aus den Karteien gestrichen oder treten aus (→ 1951). Die Säube-

Die Führungsspitze der SED

Mitglieder des **Kleinen Sekretariats** (später **Zentralsekretariat**) seit 1949:
Die ehem. KPD-Mitglieder *Hermann Axen, Franz Dahlem, Fred Oelßner* (1950 Wechsel ins Politbüro), *Horst Sindermann* (1950 nach Halle versetzt) und *Walter Ulbricht* sowie die ehemaligen SPD-Mitglieder *Edith Baumann* und *Paul Wessel* (1950 abgelöst, weil den »Anforderungen einer Partei neuen Typs nicht gewachsen«).
1950 hinzugekommen:
Alexander Abusch (wenig später im Zuge der vor allem in Ungarn wirkenden Affäre um den angeblichen amerikanischen Agenten *Noel Field* wieder entfernt), *Hans Lauter, Otto Schön, Willi Stoph, Paul Verner, Kurt Vieweg* und *Herbert Warnke* (alle aus der KPD).

Mitglieder des **Politbüros** seit 1949:
Anton Ackermann, Franz Dahlem, Paul Merker (Parteiausschluß am 24. 8. 1950), *Wilhelm Pieck, Karl Steinhoff* (1950 Ablösung) und *Walter Ulbricht* (alle KPD) sowie die SPD-Mitglieder *Friedrich Ebert, Otto Grotewohl* und *Helmut Lehmann* (1950 Ablösung).
1950 hinzugekommen:
Rudolf Herrnstadt, Erich Honecker, Hans Jendretzky, Hermann Matern, Fred Oelßner, Heinrich Rau, Elli Schmidt und *Wilhelm Zaisser* (alle KPD) sowie das ehemalige SPD-Mitglied *Erich Mückenberger.*
Die Mitglieder beider Gremien gehören gleichzeitig dem **Zentralkomitee** an.

rung betrifft auch die Parteispitze selbst, wo im August *Paul Merker, Leo Bauer, Willi Kreikemeyer, Lex Ende* und andere Altkommunisten ausgestoßen werden. *Kreikemeyer* und *Bauer* werden unmittelbar nach Parteiausschluß verhaftet, *Kreikemeyer* stirbt in der Haft.

Partei und Gesellschaft

Am 30.1. bestätigt der SED-Parteivorstand eine erste **Nomenklatur** der Funktionäre in Partei, Staat, Massenorganisationen, Presse und Film; damit ist eine Rangfolge der Positionen in Staat und Partei und die Art und Weise ihrer Besetzung festgelegt. Am 8.2. werden *Helene Drechsler, Elfriede Göldner, Heinrich Löwenthal, Wolfgang Melz, Kurt Paschke, Hans Rothschild, Alfred Trapp und Walter Ziegler* durch die Volkskammer zu **Richtern des Obersten Gerichtes** der DDR gewählt. Bei einer Pressetagung der SED am 9./10.2. sowie anläßlich einer Vorstandstagung der SED am 15./16.3. wird die Herausbildung einer **»Presse neuen Typs«** beraten: Die SED kritisiert das »Nur-Journalistentum« und beklagt die »mangelnde Wachsamkeit« in den Redaktionen gegenüber »klassen- und parteifeindlichen Elementen«.

Höhepunkt der Herrschaftssicherung im Staat ist die **Durchsetzung des Einheitslistenprinzips** (→ 1949) **für die ersten Volkskammerwahlen** gegen den Widerstand führender Mitglieder von Ost-CDU und LDPD, die *Walter Ulbricht* in einem Interview mit dem *Neuen Deutschland* am 1.2. als »Feinde der Demokratie und des Neuaufbaus« bezeichnet. *Ulbricht* benennt unter anderem den von der CDU gestellten Volkskammer-Vizepräsidenten *Hugo Hickmann*, der Ende Januar von allen Ämtern zurücktritt und wenig später aus der CDU ausgeschlossen wird. Andere Opponenten der Einheitslistenwahl, wie zum Beispiel der thüringische Finanzminister *Leonhard Moog* (LDPD), verlieren ebenfalls ihre Ämter und entziehen sich ihrer Verhaftung durch Flucht. Schließlich veröffentlicht der »Demokratische Block« am 28.3. eine Erklärung, mit der die Volkskammerwahlen auf der Grundlage eines **einheitlichen Wahlprogramms** der in der Nationalen Front gemeinsam tätigen Parteien und Massenorganisationen vorbereitet werden sollen. Am 7.7. beschließt er, die kommenden Wahlen mit einer gemeinsamen Einheitsliste durchzuführen, deren Zusammensetzung in der Volkskammer die

Wahl zur Volkskammer am 15.10.1950

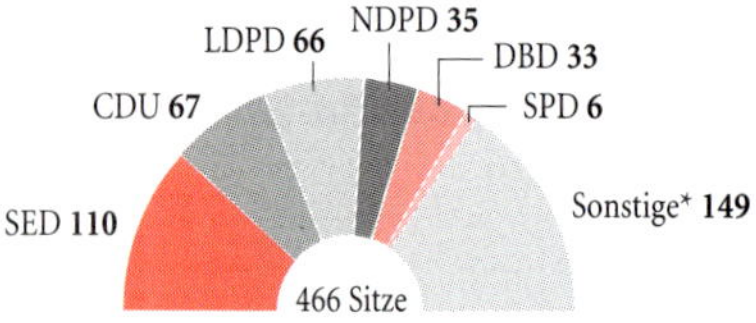

(davon 66 Berliner Abgeordnete)

* FDGB 49, FDJ 25, DFD und Kulturbund 44, Konsumgenossenschaften, VdgB und VVN 31; davon fast alle Mitglieder der SED

Mitglieder der ersten gewählten Volkskammer:

Von den 400 Abgeordneten und 66 Berliner Vertretern der ersten gewählten Volkskammer gehören nach einem festgelegten Schlüssel 110 der SED, 67 der CDU, 66 der LDPD, 35 der NDPD, 33 der DBD an sowie 6 SPD-Abgeordnete »in Opposition zum Frontstadtkurs der rechten West-Berliner SPD-Führer«. Unter den restlichen 149 Abgeordneten (49 FDGB, 25 FDJ, 44 DFD und Kulturbund, 31 Konsumgenossenschaften, VdgB und VVN) sind die meisten zusätzlich Mitglied der SED, so daß deren Parlamentsmehrheit jederzeit garantiert ist.

Stimmenmehrheit durch Mitglieder der SED sichert (→ Kasten). Das entsprechende Wahlgesetz wird am 9.8 von der Provisorischen Volkskammer beschlossen. In ähnlicher Weise sichert das von der gewählten Volkskammer am 8.11. beschlossene Gesetz über die Zusammensetzung der **Länderkammer** eine SED-Dominanz. Das offizielle Endergebnis der Volkskammerwahlen vom 15.10. meldet eine Wahlbeteiligung von 98,44 % bei 99,7 % Ja-Stimmen für die Einheitsliste.

Auch die am 15.11. gebildete Regierung unter *Otto Grotewohl* sichert die Dominanz der SED. Sie stellt den Ministerpräsidenten, zwei der fünf Stellvertreter sowie acht (mit dem von ihr nominierten parteilosen Verkehrsminister sogar neun) der 15 weiteren Minister (→ Tabelle). Die Staatspartei stellt überdies alle Ministerpräsidenten der Länder.

Dennoch ist die SED-Spitze bemüht, einerseits bürgerliche Schichten in die entstehende staatssozialistische Gesellschaft zu integrieren, andererseits auch in den Dialog mit den Vertretern

Die Mitglieder der zweiten Regierung der DDR

Präsident	*Wilhelm Pieck*, SED
Ministerpräsident stellvertr	*Otto Grotewohl*, SED
Ministerpräsidenten	*Walter Ulbricht*, SED
	Otto Nuschke, CDU
	Lothar Bolz (gleichzeitig Aufbauminister), NDPD
	Hans Loch (gleichzeitig Finanzminister), LDPD
	Heinrich Rau (gleichzeitig Vorsitzender der Plankommission), SED
Minister:	
Post- und Fernmeldewesen	*Friedrich (Fritz) Burmeister*, CDU
Arbeit	*Roman Chwalek*, FDGB, eigentl. SED
Äußeres	*Georg Dertinger*, CDU, 1953 verhaftet
Justiz .	*Max Fechner*, SED, 1953 verhaftet
Leichtindustrie	*Wilhelm Feldmann*, NDPD
Handel und Versorgung	*Karl Hamann*, LDPD, 1952 verhaftet
innerdeutscher u. Außenhandel	*Georg Handke*, SED
Verkehr	*Hans Reingruber*, parteilos, für SED
Land- und Forstwirtschaft	*Paul Scholz*, DBD, ehem. KPD
Schwerindustrie	*Fritz Selbmann*, SED
Gesundheitswesen	*Luitpold Steidle*, CDU
Inneres	*Karl Steinhoff*, SED, 1952 entlassen
Volksbildung	*Paul Wandel*, SED
Staatssicherheit	*Wilhelm Zaisser*, SED, 1953 abgesetzt
Maschinenbau	*Gerhart Ziller*, SED.
Präsidentin der Deutschen Notenbank	*Greta Kuckhoff*, SED

der letzten verbliebenen autonomen Großorganisation, den Kirchen, zu treten. Die Gründung der Deutschen **Akademie der Künste** am 23.3., deren erster Präsident *Arnold Zweig* wird, des **Verbandes Bildender Künstler** am 17.6. sowie die Konstituierung des Deutschen **Schriftstellerverbandes** am 1.7. mit *Anna Seghers* an der Spitze dienen dem ersten Ziel. Dem zweiten Ziel dienen erste **Treffen mit Spitzenvertretern der evangelischen und katholischen Kirche** am 28.4. (letztere hatte noch am 17.2. ihren Klerus in einem Hirtenbrief aufgefordert, sich der Mitarbeit in der Nationalen Front zu entziehen). Der Staat eröffnet jedoch auch neue Konfliktfelder mit den Kirchen: Das Gesetz über die Schulpflicht vom 15.12. schreibt vor, daß diese ausschließlich in staatlichen Schulen zu erbringen sei, was eindeutig gegen Lehreinrichtungen der Kirchen gerichtet ist. – Am 4.9. werden durch eine Anordnung des Innenministeriums die »Zeugen Jehovas« in der DDR verboten.

Sozialpolitik: Bei der Umsetzung ihres Gesellschaftskonzeptes kommt es der SED auf die veränderte rechtliche Position der Arbeitnehmer, die Gleichberechtigung der Geschlechter und die Mobilisierung der Jugend an. Das **Gesetz der Arbeit** vom 19.4. stärkt einerseits die Position der Arbeiter und Angestellten im Betrieb, setzt aber gleichzeitig das Interesse des den Volkseigenen Betrieb mitbesitzenden Beschäftigten voraus, alles in seiner Kraft Stehende für hohe Leistungen des Unternehmens zu erbringen. Besonders wichtig ist der DDR-Führung der »Kampf um die Jugend«. Die Volkskammer verabschiedet am 8.2. das erste **Jugendgesetz**, das die besondere Förderung von Kindern und Jugendlichen in Schule und Ausbildung vorsieht. Am 17.5. wird das Volljährigkeitsalter von 21 auf 18 Jahre herabgesetzt. Daneben fungiert die **Freie Deutsche Jugend** als Hauptinstrument für die Gewinnung der Jugend: Massiver Druck hilft ihr am 8. und 9.2., die Studentenratswahlen an den Universitäten zu gewinnen. Vom 27.–30.5. organisiert die FDJ ihr erstes von insgesamt drei Deutschlandtreffen der Jugend, an dem Delegierte aus beiden deutschen Staaten teilnehmen.

Rechtspolitik: Am 8.2. beschließt die Provisorische Volkskammer die Gründung des **Ministeriums für Staatssicherheit**, in dem die bisherige politische Polizei und andere Behörden zusammengefaßt werden. Es verfügt anfangs über ca. 1000 hauptamtliche Mitarbeiter und einige Tausend Informanten. Zu den Veränderungen in der DDR-Justiz zählt die **Übergabe des Strafvollzuges** von der Justizverwaltung in den Verantwortungsbereich des Innenministeriums am 16.11. Am 15.12. beschließt schließlich die erste gewählte Volkskammer das »**Gesetz zum Schutz des Friedens**«, mit dem »Feinde des Friedens« mit harten Strafen (auch der Todesstrafe) bedroht werden.

Die **Waldheimer Prozesse** werden zum Symbol für staatliches Unrecht. Aus den von der Sowjetischen Kontrollkommission eingerichteten und betriebenen Gefängnissen und Lagern werden 15 038 Internierte (darunter 5504 von sowjetischen Militärtribunalen Verurteilte) entlassen. Zur weiteren Strafverbüßung werden 10 513 Gefangene an DDR-Gefängnisse überstellt, während 649 in sowjetischer Haft verbleiben. Gegen die meisten der weiteren 3432 zur Aburteilung an DDR-Gerichte überstellten Angeklagten werden besondere Gerichtsverfahren eingeleitet, die beim eigens dafür eingerichteten Landgericht in Waldheim (Sachsen) in der Zeit vom 26.4.–14.7. abgehalten werden. Die Verfahren laufen formal öffentlich ab, gleichwohl stellen nicht selten allein Wachmänner der Gefangenen diese »Öffentlichkeit« und Gerichtsdiener die Verteidiger der Angeklagten. Die Spruchkammern des Gerichtes sind mit Berufsrichtern, eilig ausgebildeten Volksrichtern und Schöffen besetzt, die nach politischer Zuverlässigkeit ausgewählt wurden. Ende Juni finden einige Verfahren tatsächlich öffentlich – als Schauprozesse – statt. Am Ende der Prozeßserie stehen 3324 Urteile. 33 Angeklagte werden zum Tode verurteilt. 24 Todesstrafen werden in der Nacht vom 3. zum 4.11. vollstreckt. 146 Angeklagte erhalten lebenslangen Freiheitsentzug. Gegen 3143 Angeklagte ergehen befristete Haftstrafen, davon fünf bis zu vier Jahren Länge, 290 von fünf bis neun Jahren, 947 von zehn bis 14 Jahren und 1901 von 15 bis 25 Jahren.

Deutschland- und Außenpolitik

Die außenpolitische Aufwertung der DDR durch ihre »befreundeten Länder« wird 1950 mit zwei weiteren Anerkennungen (am 2.2. durch Nordvietnam, am 19.4. durch die Mongolei) vorläufig abgeschlossen. Überdies wird die DDR am 29.9. in den **Rat für gegenseitige Wirtschaftshilfe** (RGW, auch Comecon) aufgenommen. Die DDR bleibt jedoch lange Zeit in der **diplomatischen Isolation**, erkennen doch die Westalliierten zum Beispiel durch ihre Beschlüsse bei der New Yorker Außenministerkonferenz (12.–19.9.) allein die westdeutsche Bundesregierung als legitime Regierung Deutschlands an.

Dennoch bemüht sich die DDR-Führung, selbst als »wahre Regierung« Deutschlands aufzutreten. So protestiert sie am 13.3. offiziell gegen die Abtrennung des Saargebietes. Andererseits versucht sie, dem anderen deutschen Staat gleichberechtigt gegenüberzutreten: Der aus dem bisherigen Sekretariat des Deutschen Volksrates am 3.2. gebildete **Nationalrat der Nationalen Front** mit seinem Präsidenten *Erich Correns* soll dabei als Klammer zwischen den Deutschen agieren. Die DDR-Regierung wendet sich auch direkt an die Bundesregierung, so etwa mit einem Brief *Otto Grotewohls* an *Konrad Adenauer* vom 30.11., mit dem Vorschlag, einen Gesamtdeutschen Konstituierenden Rat zu bilden, der die Einsetzung einer provisorischen gesamtdeutschen Regierung vorbereiten, die Vier Mächte bei der Ausarbeitung eines Friedensvertrages mit Deutschland konsultieren und gesamtdeutsche Wahlen organisieren soll. Von nachhaltiger Wirkung für ganz Deutschland ist der Abschluß des **Abkommens über die Oder-Neiße-Grenze** zwischen Polen und der DDR am 6.7., mit dem die östlich von Oder und Neiße gelegenen Gebiete und einige westlich von Stettin gelegene Territorien an Polen abgetreten werden. Frühere Forderungen der KPD-Führung von 1945, Stettin als deutschen Ostseehafen zu behalten, können nicht aufrechterhalten werden.

Wirtschaftliche Entwicklung

Das **planwirtschaftliche System** wird weiter im Sinne einer zentralen Planung und Leitung der DDR-Volkswirtschaft gefestigt. Der III. Parteitag der SED vom Juli bereitet hierzu den **Übergang zur Fünfjahresplanung** vor. Diesem Zweck dient sowohl die Einführung von Betriebsplänen in volkseigenen Betrieben, die der Ministerrat am 16.3. anordnet, als auch die von ihm am 22.12. angeordnete Reorganisation der volkseigenen Wirtschaft. Am 15.12. verabschiedet die Volkskammer ein **Gesetz über den örtlichen Staatshaushalt**, mit dem das Haushaltswesen nach den Prinzipien des »demokratischen Zentralismus« gestaltet wird. Damit verlieren die kommunalen Haushalte endgültig die Selbständigkeit in der Haushaltsführung.

Reparationen: Die DDR liefert an die Sowjetunion und Polen Reparationsgüter im Werte von 1,007 Mrd. DDR-Mark (202,6 Mio. US-$ von 1938), muß zur Bezahlung der Reparationslieferungen im Verlaufe des Jahres jedoch 2,006 Mrd. DDR-Mark aufwenden, um neben den Festpreisen von 1944 auch die erheblichen Preissteigerungen seitdem, die Transportkosten und Versicherungsprämien abzudecken. Damit wird der Höhepunkt in den jährlichen Lieferungen überschritten, zumal die DDR mit der Sowjetunion am 15.5. ein Abkommen über die Halbierung der verbleibenden Reparationsverpflichtungen abschließt und vier Tage später 23 Sowjetische Aktiengesellschaften (SAG) zurückerhält.

Unabhängig davon nimmt die **Dominanz der staatlichen, genossenschaftlichen und sowjetischen Unternehmen** gegenüber Privatbetrieben und Selbständigen weiter zu. (→ Tabelle)

Landwirtschaft: Die Bewirtschaftung der Flächen erfolgt im wesentlichen in Einzelbauernwirtschaften. Die Bedeutung staatlicher Einrichtungen zur landwirtschaftlichen Forschung sowie der **Volkseigenen Güter** (VEG) ist gering, letztere bewirtschaften 1950 nur knapp 2 % der landwirtschaftlichen Nutzfläche. Indes setzt der **Prozeß der Umwandlung von Betrieben der Landwirtschaft** ein: Am 20.11. werden die traditionellen Raiffeisen-Genossenschaften und die Vereinigung der gegenseitigen Bauernhilfe (VdgB) zur VdgB-BHG (Bäuerliche Handelsgenossenschaft) zusammengeschlossen. Die von der neuen Organisation betriebenen Maschinen-Ausleih-Stationen (MAS) werden per Verordnung des Ministerrates vom 14.12. verstaatlicht.

Der **Außenhandel** (ohne Reparationen) wird überwiegend mit osteuropäischen Ländern abgewickelt. 61,2 % des gesamten Außenhandelsumsatzes werden mit diesen Ländern realisiert, nur 9,9 % mit westlichen Industrie- und den Entwicklungsländern. Der übrige DDR-Außenhandel (28,1 %) wird als innerdeutscher Handel auf der Basis des seit dem 8.10. 1949 abgeschlossenen Verrechnungsabkommens abgewickelt.

Anteile der Eigentumsformen an der Bruttoproduktion 1950

	S	*V*	*GN*	*GU*	*P*	*E*
Industrie	19,1	43,8	–	–	24,8	12,3
Land- u. Forstwirtschaft	–	9,9	0,1	2,0	43,0	45,0
Bauwirtschaft	1,0	36,2	–	–	30,8	32,0
Handel	–	34,6	18,9	0,1	8,3	38,1
Verkehr	0,3	85,4	–	–	3,0	11,3
Insgesamt	12,1	40,4	1,7	0,3	24,8	20,7

S = Sowjetische Aktiengesellschaften
V = Volkseigene Betriebe
GN = Genossenschaften
GU = gemeinwirtschaftliche Unternehmen
P = private Betriebe
E = einfache Warenproduzenten (Einzelbauern, allein tätige Einzelhändler, Handwerker oder andere Selbständige

Soziale Daten

Wohnungssituation und Wiederaufbau: Am 6.9. beschließt die Volkskammer ein Gesetz zum Wiederaufbau von Berlin und anderer wichtiger Industriestädte (Chemnitz, Dessau, Dresden, Leipzig, Magdeburg, Nordhausen, Rostock und Wismar). Den Planern geht es nicht allein um Ersatzwohnraum; mit Hilfe von **Generalbebauungsplänen** sollen neue, **sozialistische Wohnverhältnisse**, also »sozialistische Straßen« wie zum Beispiel die Berliner Stalinallee oder gar »**sozialistische Städte**» wie zum Beispiel Stalinstadt (das heutige Eisenhüttenstadt, Grundsteinlegung am 21.8.) entstehen. 1950 werden fast 30 992 Wohnungen fertiggestellt (1167 mehr als im Vorjahr).

1951

Remilitarisierung und Polarisierung

Die Einbindung der Bundesrepublik in das westliche Lager erweitert ihren außenpolitischen Handlungsspielraum und stärkt ihre internationale Präsenz. Zugleich prägen verschärfte Auseinandersetzungen über die geplante Remilitarisierung und die Politik der Wiedervereinigung die innenpolitische Situation. Im Klima des Aufbruchs entsteht eine Vielzahl von politischen Organisationen und Verbänden, darunter zahlreiche mit rechtsextremen Zielen. Auf politische Gegner, die sie den Kommunisten zurechnet, reagiert die Bundesregierung mit zunehmender Repression. Durch Einrichtung zentraler Behörden erweitert der junge Staat seine Funktionsfähigkeit. Mit dem wirtschaftlichen Aufstieg melden die Gewerkschaften den Anspruch der Arbeitnehmer auf Mitbestimmung und materielle Besserstellung an.

Über den europäischen Wehrbeitrag zur Souveränität

Schritte zur sicherheitspolitischen Integration: Auf einer zunächst geheimgehaltenen Konferenz am 9.1. auf dem Petersberg bei Bonn konkretisieren alliierte und deutsche Politiker sowie Militärexperten Art und Umfang einer **deutschen Beteiligung an einem europäischen Verteidigungssystem**. – Der zum Oberkommandierenden der Streitkräfte der NATO ernannte US-General *Dwight D. Eisenhower* (Amtsantritt am 2.4.), gibt am 23.1. in Bad Homburg eine **Ehrenerklärung** für die »große Mehrheit deutscher Soldaten und Offiziere« ab. Die »Rehabilitierung« der deutschen Wehrmacht gilt als eine der deutschen Vorbedingungen für einen Wehrbeitrag. – In Paris beginnen am 15.2. die Verhandlungen über die Gründung einer Europäischen Verteidigungsgemeinschaft (EVG) auf der Basis des Pleven-Plans (→ 1950).

Erweiterung der staatlichen Selbständigkeit: In einem von Bundestag und Regierung gebilligten Schreiben an die Hohen Kommissare der Alliierten erklärt *Adenauer* am 1.3. die formelle Anerkenntnis der deutschen Auslandsschulden (→ unten). Damit ist der Weg frei für die Gewährung weiterer Souveränitätsrechte, die mit der **Revision des Besatzungsstatuts** (→ 1949) erfolgt. Neben größeren Vollmachten in der Außenhandels- und Devisenwirtschaftspolitik erhält die Bundesrepublik eine begrenzte außenpolitische Handlungsfreiheit, die durch ein wiedererrichtetes Auswärtiges Amt wahrgenommen werden kann. Am 15.3. übernimmt Bundeskanzler *Adenauer* in Personalunion das **Amt des Außenministers**. Die Konzentration beider Ämter in seiner Hand begründet er mit der zentralen Bedeutung der Alliierten Hohen Kommission für die deutsche Außenpolitik; bis zur vollen Souveränität müßten daher die Beziehungen zu ihnen vom Hauptverantwortlichen für die gesamte deutsche Politik gestaltet werden. Am 2.4. ernennt *Adenauer* den bisherigen Staatssekretär im Bundeskanzleramt, *Walter Hallstein*, zum Staatssekretär im Auswärtigen Amt. – Die Aufsicht über die Entflechtung und Dekartellisierung in verschiedenen Wirtschaftsbereichen behalten sich die Westalliierten vor, ebenso die Genehmigung von Änderungen des Grundgesetzes, solange kein Bundesverfassungsgericht eingerichtet ist. – Die drei Westmächte beschließen am 9.7. die Beendigung des **Kriegszustandes** mit Deutschland; für Großbritannien gilt sie ab sofort, für Frankreich und die USA ab 13.6. bzw. 19.10. Bis Ende August schließen sich insgesamt 46 Staaten diesem Schritt an. – Am 14.9. stellen die Außenminister in Washington ihre Absicht vor, das Besatzungsstatut durch einen **Generalvertrag** abzulösen, der die Bundesrepublik zum gleichberechtigten Partner der Westmächte macht und zugleich mit einem Abkommen über die geplante Europäische Verteidigungsgemeinschaft (EVG → 1952) in Kraft treten soll.

Gründung der Montanunion: Am 18.4. unterzeichnen die Außenminister der Bundesrepublik, Frankreichs, Italiens, der Niederlande, Belgiens und Luxemburgs den Vertrag zur Gründung der **Europäischen Gemeinschaft für Kohle und Stahl** (EGKS, Montanunion → Kasten).

Montanunion

Am 9.5. 1950 schlägt Frankreichs Außenminister *Robert Schuman* 1950 eine Union der französischen und deutschen Montanindustrie unter Beteiligung anderer europäischer Staaten vor. Das Konzept geht auf den französischen Planungskommissar *Jean Monnet* zurück.
Der am 18.4. 1951 geschlossene Vertrag der sechs Gründungsstaaten tritt am 25.7. 1952 in Kraft. Am 1.1. 1968 geht die Montanunion in der Europäischen Gemeinschaft auf.
Die Montanunion umfaßt einen Wirtschaftsraum von 155 Mio. Menschen. Die Bundesrepublik verfügt über rd. 80 % aller Kohlevorräte der Montanunion und rangiert auch in der Erzeugung von Rohstahl an erster Stelle.
Ziel der Union ist die Herstellung eines gemeinsamen Marktes im Bereich Kohlebergbau, Eisen- und Stahlerzeugung durch Aufhebung der Binnenzölle, Harmonisierung der Außenzölle sowie eine einheitliche Preis-, Kartell- und Handelspolitik.
Organe: Die Hohe Behörde mit Sitz in Luxemburg sorgt als Exekutive für die Durchführung des Vertrags und verfügt, erstmals in Europa, über supranationale Hoheitsrechte. Ihre neun Mitglieder (unter ihnen zwei Deutsche) werden von den Mitgliedstaaten für sechs Jahre ernannt und sind nicht an Weisungen gebunden. Der Ministerrat, in dem die Regierungen vertreten sind, entwickelt die politischen Vorgaben und stimmt die Arbeit der Hohen Behörde mit den nationalen Entscheidungsgremien ab. Eine Gemeinsame Versammlung mit 78 Delegierten aus den nationalen Parlamenten ist das erste europäische Parlament (mit Sitz in Straßburg); es berät die Hohe Behörde, verfügt jedoch nur über eingeschränkte Rechte. Der Gerichtshof (in Luxemburg) entscheidet über Streitigkeiten und über Klagen gegen Entscheidungen der Hohen Behörde.

Deutsch-deutsche Beziehungen und West-Berlin

Gesamtdeutsche Wahlen: Die Entwicklung des deutsch-deutschen Verhältnisses ist geprägt vom Versuch der Sowjetunion und der DDR, Westdeutschlands Integration in das westliche Militärsystem aufzuhalten. – Mit Bezug auf ein Schreiben des DDR-Ministerpräsidenten *Otto Grotewohl* vom 1.12. 1950 verlangt Bundeskanzler *Adenauer* am 15.1. als **Bedingungen für gesamtdeutsche Gespräche** neben der Aufhebung des »Gesetzes zum Schutze des Friedens« die Auflösung der Volkspolizei und das Eingeständnis der DDR, daß die deutsche Teilung von ihr ausgegangen sei. – Am 27.9. leitet die Bundesregierung dem Bundestag den Entwurf einer **Wahlordnung für gesamtdeutsche freie Wahlen zu einer verfassunggebenden Nationalversammlung** unter Kontrolle der Vereinten Nationen zu. Zwei Tage später beschließt der Bundestag 14 Grundsätze für den Weg zur Wiedervereinigung; am 4.10. legt die Bundesregierung den Alliierten zum wiederholten Mal ihre gesamtdeutschen Vorstellungen dar. Am 15.10. stimmen die drei Westmächte den Vorschlägen zu und setzen die deutsche Frage auf die Tagesordnung der ab 6.11. in Paris tagenden Vollversammlung der Vereinten Nationen. Diese nimmt am 19.11. eine Resolution der Westmächte zur Wiedervereinigung Deutschlands an.
Wirtschaftsbeziehungen: Am 20.9. schließen Vertreter der Bundesrepublik und der DDR ein neues **Interzonenhandelsabkommen**, das rückwirkend zum 1.7. in Kraft tritt. Das »Berliner Abkommen« regelt einen Güteraustausch im Wert von 482 Verrechnungseinheiten.
West-Berlin: Am 18.1. wählt das Abgeordnetenhaus am 18.1. den bisherigen Oberbürgermeister von Berlin (West), *Ernst Reuter*, zum **Regierenden Bürgermeister**. – Zur Kundgebung am 1. Mai versammeln sich rd. 600 000 Menschen auf dem Platz der Republik und fordern Frieden, Freiheit und Wiedervereinigung. – Die Verhandlungen über ein neues Interzonenhandelsabkommen (→ oben) werden Anfang Juni von schweren **Störungen des Güterverkehrs** zwischen West-Berlin und Westdeutschland belastet, die nach Protest der Westalliierten gegenüber der Sowjetunion am 18.6. vorläufig beendet werden. Das Auslaufen des alten Vertrags am 3.8. nehmen die Ostbehörden zum Anlaß, den gesamten Warenverkehr nach West-Berlin zu blockieren. Die Westalliierten richten eine »kleine Luftbrücke« ein, vor allem um Exportgüter aus West-Berlin in die Westzonen zu transportieren.

Innenpolitische Polarisierung

Kontroverse über die Remilitarisierung: Eine im März durchgeführte Umfrage des Emnid-Instituts ergibt, daß 28 % der Bevölkerung einer deutschen Wiederbewaffnung zustimmen; im November 1950 waren es 14%. – Am 17./18.3. gründen in Frankfurt/Main 150 Delegierte aus 35 Organisationen den **Kongreß für aktive Neutralität**, der eine »Volksbewegung gegen die Remilitarisierung« organisieren will. In einer »Erklärung an die Viermächtekonferenz« fordern sie Schritte zur Wiedervereinigung Deutschlands auf der Basis freier Wahlen, der Paktfreiheit und des Verzichts auf eigene Streitkräfte. – Am 14.4. konstituiert sich in Essen ein »Hauptausschuß für die Durchführung einer Volksbefragung gegen die Remilitarisierung und für den Abschluß eines Friedensvertrages mit Gesamtdeutschland im Jahre 1951«. Die Bundesregierung erklärt die Initiative am 24.4. für verfassungsfeindlich und verbietet die Befragungsaktion samt allen Organisationen, die an ihr beteiligt sind. – Am 21.11. gründen der ehem. Bundesinnenminister *Gustav Heinemann* (CDU) und die Vorsitzende der Zentrumspartei, *Helene Wessel*, in Düsseldorf die **Notgemeinschaft für den Frieden Europas**; Hauptziel ist die Verhinderung der Wiederaufrüstung.

Sicherheitspolitische Maßnahmen: Der Bundestag verabschiedet am 15.2. das Gesetz über die **Errichtung des Bundesgrenzschutzes** als Antwort auf den Aufbau der Volkspolizei in der DDR. – Am 26.6. bekräftigt die Bundesregierung das schon am 24.4. vorläufig verhängte **Verbot von FDJ und Rat der VVN**; die Landesorganisationen des Verbandes der Verfolgten des Naziregimes (VVN) bleiben weiter bestehen. – Am 30.8. nimmt der Bundestag mit den Stimmen der SPD in aller Eile entworfene (und daher als »Blitzgesetz« kritisierte) **Staatsschutzbestimmungen** zur Verfolgung von Hoch- und Landesverrat in das Strafgesetzbuch auf; umstritten ist der unbestimmte Tatbestand der »Staatsgefährdung«, Kritikern zufolge eine mögliche Grundlage für politische Verfolgung.

Bewältigung von Kriegsfolgen

Entnazifizierung: Nach der Freilassung mehrerer als **Kriegsverbrecher** verurteilter Häftlinge (→ 1950) nimmt der öffentliche Druck zu, auf die Vollstreckung von Todesstrafen zu verzichten und die noch einsitzenden Häftlinge zu amnestieren. Nach einer Demonstration von etwa 3000 Menschen am 7.1. in Landsberg am Lech (wo sich das Militärgefängnis für Kriegsverbrecher befindet) bitten hochrangige Vertreter des

Bundestages und Bundesrates, unter ihnen Bundestagspräsident *Hermann Ehlers* (CDU) und Bundesratspräsident *Peter Altmeier* (CDU), den Hohen Kommissar der USA um die Amnestierung von fünf zum Tode verurteilten SS-Offizieren. Am 31.1. wandelt *McCloy* 21 der 28 Todesstrafen in Haftstafen um, begnadigt alle zu Strafen von unter 15 Jahre Haft Verurteilten und setzt die Strafen für die übrigen Häftlinge herab. Die bestätigten **sieben Todesurteile** gegen SS-Massenmörder werden am 7.6. im Gefängnis Landsberg durch Erhängen vollstreckt.

Heimatlose Ausländer: Am 28.2. verabschiedet der Bundestag ein Gesetz, das den **Displaced Persons** (DPs) – in Deutschland noch verbliebenen ausländischen ehem. Zwangsarbeitern und KZ-Häftlingen – einen Sonderstatus einräumt. 1949 wurden 411 654 DPs gezählt.

Wiedergutmachung: In einer Note an die vier Siegermächte fordert Israel am 12.3. Reparationen von der Bundesrepublik in Höhe von 1,5 Mrd. US-$. – Am 27.9. bekennt sich Bundeskanzler *Adenauer* in einer Regierungserklärung zur Verpflichtung der Bundesrepublik zur moralischen und materiellen Wiedergutmachung der »unsagbaren Verbrechen« gegenüber den jüdischen Opfern des Nationalsozialismus. Zahlungen dürften die deutsche Leistungsfähigkeit jedoch nicht übersteigen.

Restauration des Berufsbeamtentums: Am 10.4. verabschiedet der Bundestag nahezu einstimmig das **Versorgungsgesetz für Angehörige des Öffentlichen Dienstes** (nach Artikel 131 des Grundgesetzes – »131er-Gesetz«), die ihm bei Kriegsende noch angehörten und danach – durch Flucht, Vertreibung oder Entnazifizierung – ihr Amt verloren. Das Gesetz spricht rund 150 000 Personen Pensionsansprüche und Wiederverwendungsmöglichkeiten zu; ausgenommen sind bei der Entnazifizierung als Hauptschuldige und Belastete Eingestufte und Angehörige der Geheimen Staatspolizei (Gestapo). Das Gesetz ist Grundlage für die Kontinuität des Berufsbeamtentums, namentlich in den höheren Rängen der Justiz.

Parteien und Verbände

Parteien: Am 27./28.1. konstituiert sich in Bonn der **Block der Heimatvertriebenen und Entrechteteten** (BHE) als Bundespartei; Vorsitzender wird *Waldemar Kraft*, der die Landesorganisation in Schleswig Holstein im Vorjahr zum Er-

Mitbestimmung in der Montanindustrie

In Unternehmen des Kohlebergbaus sowie der Eisen- und Stahlerzeugung mit mehr als 1000 Arbeitnehmern wird der in der Regel elfköpfige Aufsichtsrat paritätisch von Vertretern des Anteilseigners und der Arbeitnehmer (bis zu drei außerbetriebliche Gewerkschaftsfunktionäre) besetzt. Der Vorsitzende des Aufsichtsrats, der zur Neutralität verpflichtet ist und als elftes Mitglied bei Stimmengleichheit entscheidet, wird von beiden Seiten gemeinsam gewählt. Kommt keine Einigung zustande, setzt ein Vermittlungsmechanismus unter Einschaltung des zuständigen Oberlandesgerichts ein.
Der Arbeitsdirektor im Vorstand kann nur mit Billigung der Mehrheit der Arbeitnehmerstimmen bestellt werden. Er ist zuständig für die Personal-, Tarif- und Sozialfragen des Unternehmens.
Ein Mitbestimmungs-Ergänzungsgesetz vom 7.8. 1956 sichert die Montan-Mitbestimmung auch für Konzern-Obergesellschaften (Holdings).

folg geführt hat und dort stellvertretender Ministerpräsident ist.
Gewerkschaften: Unter dem Druck der durch Urabstimmungen in der Eisen- und Stahlindustrie (1.12. 1950, 96% Zustimmung) und im Bergbau (19.1. 1951, 93%) signalisierten Bereitschaft der Beschäftigen zum Generalstreik verständigen sich Bundesregierung, Arbeitgeber- und Arbeitnehmerseite am 26.1. auf ein Kompromißmodell der **paritätischen Mitbestimmung** im Montanbereich. Das »Gesetz über die Mitbestimmung der Arbeitnehmer in den Aufsichtsräten und Vorständen der Unternehmen des Bergbaus und in der Eisen und Stahl erzeugenden Industrie« verabschiedet der Bundestag am 10.4. in dritter Lesung (in Kraft 21.5.) mit den Stimmen von CDU, SPD und Zentrum (→ Kasten). – Die Delegierten des a. o. Bundeskongresses des **DGB** in Düsseldorf wählen am 22.6. den bisherigen Vorsitzenden der IG Druck und Papier, *Christian Fette*, zum Nachfolger des am 16.2. verstorbenen DGB-Vorsitzenden *Hans Böckler*. – Vom 27.8. bis 23.9. findet in Hessen der erste große **Lohnstreik in der Metallindustrie** der Bundesrepublik statt, 75 000 Metallarbeiter nehmen an ihm teil.

Verbände: Mit dem **Bund der vertriebenen Deutschen (BvD)** schaffen sich die Vertriebenen- und Flüchtlingsverbände am 17.11. in Hannover eine Dachorganisation, die etwa 10 Mio. Menschen, rd. 80% aller Heimatvertriebenen repräsentiert. Erster Vorsitzender wird der CDU-Bundestagsabgeordnete *Linus Kather*.

Weitere wichtige innenpolitische Ereignisse

Gesetzgebung: Der Bundestag verabschiedet am 10.7. das **Kündigungsschutzgesetz.** In Betrieben mit mehr als fünf Beschäftigten ist die Kündigung von Arbeitnehmern ab dem 20. Lebensjahr und mit einer Betriebszugehörigkeit von mehr als sechs Monaten nur unter eingeschränkten Bedingungen möglich. – Am 11.7. wird ein **Jugendschutzgesetz** beschlossen, das Jugendliche unter 16 Jahren besonderen Schutzvorschriften unterwirft. – Durch ein am 17.7. verabschiedetes **Strafrechtsänderungsgesetz** definiert der Bundestag die Straftatbestände des Landesverrats, Hochverrats und der Staatsgefährdung neu. Die Alliierte Hochkommission schließt am 30.8. die Geltung des Gesetzes für Personen aus, die im Auftrag der Alliierten Informationen beschaffen.
Helgoland: Mit mehreren spektakulären Besetzungen, erstmals vom 20.12. 1950 bis 3.1. 1951 durch die »Aktion Helgoland«, protestieren verschiedene Gruppen, unter ihnen auch ausgesiedelte Inselbewohner, gegen die Nutzung Helgolands als Übungsplatz für britische und US-amerikanische Bomber.

Wirtschaftspolitik

Alliierte Industriekontrolle: Mit dem Abtransport einer 10 000-t-Schmiedepresse von Dortmund nach Liverpool endet die **Demontage** von Industrieanlagen im Ruhrgebiet. – Am 3.4. und am 26.7. hebt die Alliierte Hohe Kommission mehrere Produktionsverbote auf bzw. erhöht die Erzeugungsquote in Industriesektoren, die der **Rüstungsproduktion** der Alliierten zuarbeiten.
Arbeitsbeschaffung: Angesichts der immer noch hohen Arbeitslosigkeit verabschiedet der Bundestag am 14.11. ein **Sofortprogramm zur Arbeitsbeschaffung**. Zur Finanzierung sollen 200 Mio. DM aus Mitteln der künftigen Bundesanstalt für Arbeitsvermittlung und Arbeitslo-

Bundeshaushalt 1951/52

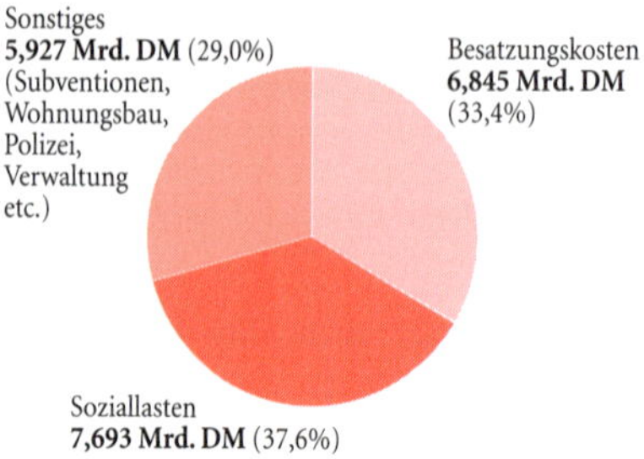

senversicherung aufgebracht werden, die am 10.3. 1952 gegründet wird. Mit dem am 9.2. 1950 beschlossenen 300-Mio.-DM-Programm wurden nach Angaben der Bundesregierung rd. 60 000 Arbeitsplätze geschaffen (→ 1950).

Bundesländer

Rheinland-Pfalz: Bei der Wahl zum 2. Landtag am 29.4. erleidet die CDU starke Verluste. Ministerpräsident bleibt *Peter Altmeier* (CDU) als Chef einer Koalitionsregierung von CDU und FDP.

Niedersachsen: Bei der Wahl zum 2. Landtag am 6.5. erzielen rechte und rechtsextreme Parteien aufsehenerregende Stimmengewinne. Ministerpräsident bleibt *Hinrich Wilhelm Kopf* (SPD).

»Südweststaat«: Am 4.5. unterzeichnet Bundespräsident Heuss das Bundesneugliederungsgesetz, mit dem die Länder Baden, Württemberg-Baden und Württemberg-Hohenzollern vereinigt werden. In einer Volksabstimmung am 9.12. billigen 69,7 % der betroffenen Wahlberechtigten die Fusion zu einem »Südweststaat« (seit 1952 Baden-Württemberg).

Wahl zum 2. Landtag von Niedersachsen am 6.5.1951

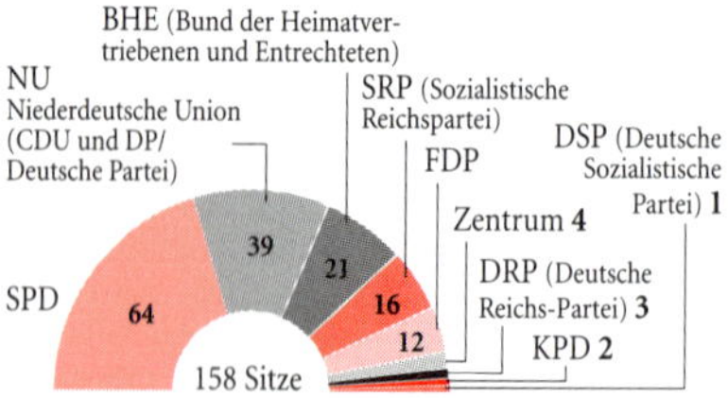

Bremen: Aus den Wahlen zur 3. Bürgerschaft geht die nationalkonservative und monarchistische Deutsche Partei als zweitstärkste Partei hervor, auch rechtsextreme Parteien wie die SRP erhalten Zulauf. Die Umschichtung der politischen Kräfteverhältnisse ist zum Teil Folge des Zuwachses von 60 000 Wahlberechtigten, die als ehemalige NSDAP-Mitglieder 1947 noch nicht wählen durften.

1951

Ziel: Staatssozialismus

Obwohl die SED-Führung noch darauf verzichtet, den Aufbau einer staatssozialistischen Ordnung in der DDR offiziell als Ziel ihrer Politik zu propagieren, deuten viele Entwicklungen in Partei und Gesellschaft darauf hin, daß hierfür alle Voraussetzungen geschaffen werden sollen. In der Wahrnehmung von außen ist der diktatorische Charakter der SED-Herrschaft in der DDR besonders augenscheinlich (und spielt für die propagandistische Auseinandersetzung zwischen Ost und West eine entsprechende Rolle). Doch die Zweiteilung der Entwicklung in Deutschland präsentiert sich nicht nur im Kontrast zwischen SED-Diktatur und westdeutscher Demokratie (in der sich Schritt für Schritt der antikommunistische Grundkonsens entfaltet). Die Ausprägung der Diktatur im Osten ist verbunden mit dem ernstgemeinten Anspruch der Staatsgründer, im »Arbeiter-und-Bauernstaat« gerade bisher benachteiligte Bevölkerungsgruppen zu fördern.

Ideologische Verhärtung

Parteisäuberungen: Das Jahr 1951 markiert den Höhepunkt der **Parteiüberprüfungen** innerhalb der SED. Während im Jahr zuvor die Säuberungen auch die Parteispitze erfaßt hatten, zielen sie jetzt vor allem auf alle Mitglieder. Betroffen sind nicht nur ehemalige Sozialdemokraten, die als »Schumacher-Agenten« diffamiert werden, sondern auch ehemalige Mitglieder kleinerer Arbeiterparteien der Weimarer Republik (Kommunistische Arbeiterpartei, Kommunistische Partei [Opposition], Sozialistische Arbeiterpartei) und gegen KPD-Mitglieder, die während der NS-Zeit in das westliche Exil gegangen waren (sog. Westemigranten, die

in diesem Zusammenhang unter Spionageverdacht gestellt werden). Zwischen 15.1. und 30.9. 1951 verliert die SED im Gefolge der Säuberungswelle über 249 000 Mitglieder und etwa 72 000 Kandidaten. Dabei handelt es sich nur zu einem geringen Teil (64 400) um sogenannte Karteileichen (früher ausgeschiedene oder doppelt erfaßte Mitglieder). Mehr als 42 800 Mitglieder und Kandidaten verweigern die Überprüfung, über 32 800 treten aus. Ausgeschlossen werden mehr als 43 100 Mitglieder und Kandidaten, aus den Mitgliederlisten »gestrichen« (eine mildere Form des Ausschlusses) werden fast 47 200. (→ Grafik Sp. 103)

Formalismus-Debatte: Die ideologische Verhärtung zeigt sich auch in der Kulturpolitik. Am 20.1. erscheint in der von der sowjetischen Besatzungsmacht gegründeten ›Täglichen Rundschau‹ unter dem Pseudonym *N. Orlow* ein Artikel, der »**Wege und Irrwege moderner Kunst**« kommentiert. Bedenklichen »Tendenzen des Verfalls und der Zersetzung« stellt der Autor »die inneren Kräfte, den Adel und die Schönheit einer neu entstehenden Gesellschaftsordnung« in wahrheitsgetreuer Darstellung gegenüber. Der Artikel bildet den Auftakt für eine ideologisch bestimmte Kampagne gegen alle modernen Kunstrichtungen, die, sind sie einmal als »formalistisch« bezeichnet, offiziell geächtet werden. Die Auswirkungen dieser Kampagne, die am 17.3. durch einen **ZK-Beschluß gegen »Formalismus und Kosmopolitismus«** untermauert wird, sind nicht allein in der bildenden Kunst spürbar, sondern reichen bis hin zu Musik, Architektur und Gestaltung von Möbeln. – Am 12.7. erläßt der Ministerrat zwei Verordnungen, mit denen die Bildung bzw. die Aufgaben einer »**Staatlichen Kommission für Kunstangelegenheiten**« geregelt werden. Nach ihnen erfordert die Entwicklung einer »fortschrittlichen« Kunst mit gesamtdeutschem Anspruch »die Errichtung einer realistischen Kunst«.

Bildungs- und Wissenschaftspolitik: Mit der Verordnung des Ministerrates vom 22.2. zur Neuordnung des Hochschulwesens beginnt in der DDR die **1. Hochschulreform**. Sie markiert einen weiteren Schritt bei der »sozialistischen Umgestaltung« der Universitäten und Hochschulen, die mit der gezielten Förderung bisher benachteiligter Bevölkerungsschichten (Arbeiterschaft, Kinder aus Bauernfamilien) über die Vorstudienanstalten bzw. die seit 31. 3. 1949 be-

Aufbau der Sozialistischen Einheitspartei Deutschlands

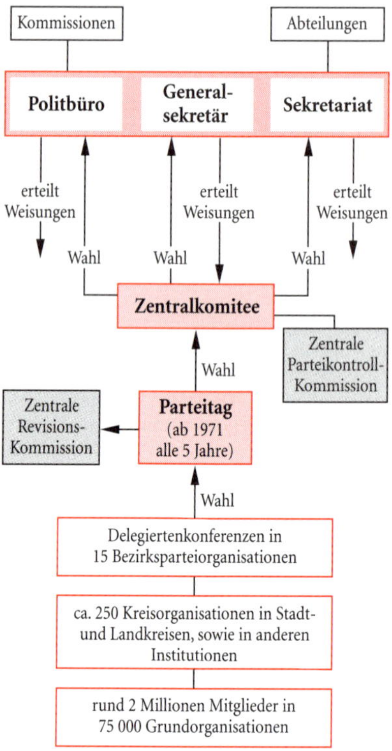

Einzelverträge schließt die Regierung der DDR mit besonders wichtigen Fachleuten (Ärzten, Wissenschaftlern, Technikern), die sie zu privilegierten Konditionen anstellt. Bezahlung und Altersversorgung liegen in der Regel weit über dem Durchschnitt der Berufsgruppe, die Ausstattung mit Forschungsmitteln ist gesondert geregelt, der Zugang zu westlichen Publikationen und die Teilnahme an internationalen Kongressen garantiert und selbst die Versorgung mit Wohnraum und das Fortkommen der Kinder vertraglich festgehalten.
Die Praxis der Einzelverträge wird bis zum Ende der DDR beibehalten, bei nach dem Bau der Mauer abgeschlossenen Verträgen jedoch auf wesentliche Bestandteile der privilegierten Behandlung verzichtet und oft allein eine außertarifliche Bezahlung geregelt.

stehenden Arbeiter- und Bauernfakultäten (ABF) schon unmittelbar nach Kriegsende begonnen hatte. Die Verordnung macht das »**marxistisch-leninistische Grundlagenstudium**« zum Pflichtbestandteil aller Studienrichtungen und regelt den Übergang von der bisherigen Semestereinteilung des Studiums zum Studienbetrieb in Form von zehnmonatigen akademischen Jahren ab 1.9. – Das am 21.12. eröffnete »Institut für Gesellschaftswissenschaften« beim ZK der SED sichert als führende Forschungseinrichtung der Geisteswissenschaften die Dominanz des Marxismus-Leninismus auch in diesen Disziplinen.
Der Ausbau bestehender und die **Gründung weiterer Akademien** (11.1. Deutsche Akademie der Landwirtschaftswissenschaften; 8.12. Deutsche Bauakademie) bietet der entstehenden »sozialistischen«, aber auch der »alten Intelligenz« den Genuß einer privilegierten Stellung, womit die weitere Abwanderung hochqualifizierter Akademiker in die Bundesrepublik verhindert werden soll. Am 12.7. erläßt der Ministerrat eine Verordnung, die die Entlohnung und die Altersversorgung der Intelligenz verbessert und – besonders für Vertreter der bürgerlichen Intelligenz – den Abschluß sog. **Einzelverträge** vorsieht. (→ Kasten)
Neuordnung der Sozialversicherung und des Entlohnungssystems: Nachdem die Landesversicherungsanstalten schon am 8./9.6. 1950 ihre Aufgaben an den FDGB übertragen hatten, regelt eine Ministerratsverordnung vom 26.4. 1951 endgültig die Übertragung der Selbstkontrolle der Sozialversicherungen auf den Gewerkschaftsbund. – Die Beziehungen zwischen Arbeitnehmern und den Betriebsleitungen werden durch die Einführung von berufsspezifischen »Ehrentagen« (so wird am 12.6. erstmals der »Tag des Lehrers« begangen) und den Abschluß sogenannter **Kollektivverträge** neu gestaltet. Sie ersetzen die traditionellen Tarifverträge und können auf der Ebene der Unternehmen (»Betriebskollektivverträge«) oder ganzer Industriezweige (»Rahmenkollektivverträge«) abgeschlossen werden.

Deutschland- und Außenpolitik

Da die internationale Isolierung der DDR-Regierung anhält, wird der Gründung des Nationalen

Olympischen Komitees der DDR am 22.4. besondere Bedeutung zugemessen. Das gilt auch für die **III. Weltfestspiele der Jugend und Studenten**, die vom 5. bis 19.8. in Ost-Berlin stattfinden. Etwa 25000 ausländische Gäste nehmen teil. – Die DDR hält an der Idee fest, einen **Gesamtdeutschen Konstituierenden Rat** zu bilden. Kurz nach Ablehnung durch die Bundesregierung (Erklärung *Adenauers* vom 15.1.) schlägt die Volkskammer am 30.1. erneut die Einrichtung dieses Rates vor. – Vom 3.–5.6. findet in der DDR eine Volksbefragung »gegen Remilitarisierung und den Abschluß eines Friedensvertrages« statt. – Im September wird der Außenpolitische Nachrichtendienst (APN), der zunächst beim Außenministerium angesiedelt ist, als Einrichtung der DDR-Auslandsspionage gegründet. – Vor dem Politischen Ausschuß der UN-Vollversammlung in Paris lehnt die DDR-Delegation am 2.12. die Bildung einer UN-Kommission zur Überwachung von Wahlen in beiden deutschen Staaten ab. Sie betrachte eine solche Kommission als Einmischung in deutsche Angelegenheiten. – Die spannungsgeladenen Beziehungen der DDR zu West-Berlin sowie zu den Westalliierten werden Ende Oktober (18.–23.10.) auf eine weitere Probe gestellt, als Einheiten der DDR-Volkspolizei die West-Berliner Exklave Steinstücken kurzzeitig besetzen. – Am 19.1. schließen Polen und die DDR die Markierungsarbeiten an der Oder-Neiße-Grenze ab.

Wirtschaftspolitik

Am 1.1. beginnt der erste Fünfjahrplan der DDR, dessen gesetzliche Grundlage von der Volkskammer (Gesetz über den Fünfjahrplan 1951 bis 1955) erst am 1.11. verabschiedet wird. Den symbolischen Auftakt liefert die Grundsteinlegung für das Eisenhüttenkombinat Ost (EKO) in Fürstenberg an der Oder (später Teil von Eisenhüttenstadt). Das Investitionsvorhaben ist eines der größten unter 58 sog. Schwerpunktvorhaben und zielt auf die verbesserte Eigenversorgung der DDR mit Erzeugnissen der Grundstoff- und Schwerindustrie (→ Karte).

Außen- und innerdeutscher Handel: Im innerdeutschen Handel kommt es erstmals zu einem Rückgang im Gesamtumsatz, der mit mehr als 57% dramatisch ausfällt. Mit der Unterzeichnung des **Berliner Abkommens** am 20.9. wird eine langfristige Vereinbarung für

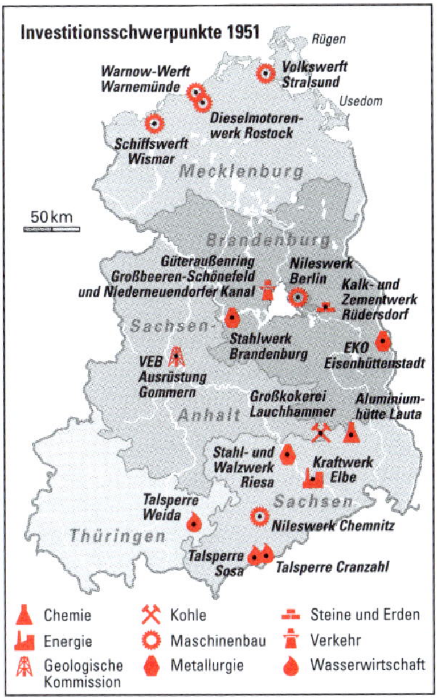

den Handel zwischen beiden deutschen Staaten getroffen. Sie sieht die Einrichtung von Verrechnungskonten für den Handel in bestimmten Warengruppen vor, in denen Lieferungen und Bezüge gegeneinander aufgerechnet werden. Salden an sogenannten »Verrechnungseinheiten« (VE) müssen am Ende des Kalenderjahres durch D-Mark (West) ausgeglichen werden.

Der **Außenhandel** (ohne Reparationen) verdoppelt sich wertmäßig im Vergleich zum Vorjahr. Dabei fällt das Wachstum des Außenhandels mit westlichen und Entwicklungsländern (außer BRD) mit 526,7% deutlich höher aus als das des Handels mit den staatssozialistischen Ländern (+95,6%). Insgesamt nimmt die Dominanz des Handels mit den eigenen Verbündeten gegenüber dem mit westlichen Ländern (einschließlich der Bundesrepublik) weiter zu, sein Anteil beträgt 1951 74,8% des gesamten auswärtigen Handels der DDR (westliche Länder: 25,1%, darunter BRD: 7,8%).

Wirtschaftliche Entwicklung

Das **Bruttoinlandsprodukt** (BIP) wächst gegenüber dem Vorjahr um 7% auf 84,3 Mrd. D-

Mark (in BRD-Preisen von 1989), was 18,8 % des westdeutschen BIP ausmacht. Damit ist – trotz der hohen eigenen Wachstumsrate – die Wirtschaftskraft der DDR im Vergleich zur BRD um einen Prozentpunkt gesunken. Zum einen ist das westdeutsche Wirtschaftswachstum deutlich höher, zum anderen tragen die – wenn auch auf geringerem Niveau – fortgesetzten Reparationslieferungen zur verminderten ostdeutschen Investitionskraft bei. Die DDR liefert Waren im Wert von 611,2 Mio. Ost-Mark (in Preisen von 1944), wofür ihr etwas mehr als 123 Millionen US-$ (in Preisen von 1938) auf dem Reparationskonto angerechnet werden.

Soziale Daten

Bevölkerung: Im Gebiet der DDR leben am 31.12. 18,35 Millionen Einwohner, ca. 1,6 Millionen mehr als 1939. Nach westlichen Angaben siedeln 165 648, nach DDR-Angaben 140 676 Personen nach Westdeutschland über, 27 372 Personen kehren von dort zurück.

Wohnungssituation und Wiederaufbau: Der Bau von 61 040 Wohnungen stellt eine Verdopplung in der Anzahl der fertiggestellten Wohnungen gegenüber dem Vorjahr und einen Rekordwert dar, der erst 1957 übertroffen wird. Wie schon im Vorjahr bilden einige Städte den Schwerpunkt der Wohnungsbauaktivitäten. Am 25.11. ruft das SED-Zentralkomitee zu einem **Nationalen Aufbauwerk** (NAW) für die Hauptstadt Berlin auf (offizieller Start: 2. 1. 1952). Eine NAW-Lotterie soll mithelfen, bestimmte Projekte zu finanzieren; zukünftige Nutznießer von Wohnraum sind überdies zu finanziellen Beiträgen und zu freiwilligen Aufbaustunden aufgerufen.

Preisveränderungen nach Aufhebung der Rationierung

Preise in Mark	1950 *auf Karte*	1950 *freier Verkauf*	1951 *freier/ Regelpreis*
Vollmilch, 1 Liter	0,28	2,50	2,00
Roggenbrot, 1 kg	0,52	1,55	0,52
Weizenbrot, 1 kg	-	1,50	1,26
Zucker, 1 kg	1,20	12,00	7,60
Butter, 1 kg	4,20	36,00	22,00
Eier, Stück (mittlere Größe)	0,14	0,80	0,80
Schweinekotelett, 1 kg	2,50	31,50	17,00
Braunkohlebriketts, 1 Zentner	1,70	9,20	9,20
Röstkaffee, 1kg (billigste Sorte)	-	80,00	80,00
Herrenhalbschuhe, 1 Paar (Boxcalf)	-	121,00	95,00
Damenhalbschuhe, 1 Paar (Boxcalf)	-	120,00	94,00

Preise und Lebenshaltung: Am 26.2. wird der rationierte Verkauf von Textilien, am 8.10. die Lebensmittelrationierung (außer für Fleischerzeugnisse, Eier, Fett und Zucker) aufgehoben. Das bisher zweigeteilte Preissystem wird damit beseitigt, indem eine Art Durchschnittspreis aus Karten- und freiem Preis gebildet wird, der danach zum Teil bis 1990 gilt. Bei den weiterhin rationierten Lebensmitteln treten zum Teil erhebliche Preissenkungen im freien Verkauf ein, die die Lebenshaltungskosten reduzieren (→ Tabelle).

1952

Entscheidung für den Westen

Die Ablehnung der von der Sowjetunion ausgehenden Deutschlandinitiative besiegelt den Verzicht auf die Option der Wiedervereinigung im Rahmen der bestehenden weltpolitischen Konstellation; der Deutschland- und der EVG-Vertrag sollen die Bundesrepublik zum Partner im westlichen Bündnissystem machen. Mit der Wiedergutmachung erkennt die Bundesrepublik ihre Verpflichtungen aus dem verbrecherischen Erbe des Nationalsozialismus gegenüber den Juden an.

Deutschland- und Sicherheitspolitik

Deutschlandinitiative der Sowjetunion: Am 10.3. übermittelt *Josef Stalin* den drei Westmächten eine **Note**, in der er vorschlägt, mit einer gesamtdeutschen Regierung einen **Friedensvertrag** abzuschließen, Deutschland als neutralem Land den Unterhalt eigener Streitkräfte zu erlauben und die Besatzungstruppen abzuziehen. Damit spielt der sowjetische Staatschef offen mit der Option, auf die Ostintegration der DDR zugunsten eines unbestimmten sowjetischen Einflusses auf ein neutrales Gesamtdeutschland zu verzichten. Diese Politik steht im krassen Gegensatz zu den Zielen Westdeutschlands und der Westalliierten, die auf die Einbindung der Bundesrepublik in das nordatlantische System orientiert sind. Die Westmächte lehnen daher Stalins Vorschläge ab, zunächst unter besonderem Verweis auf die Frage der Wahlen: Sie erachten in ihrer ersten Antwort (25.3.) freie Wahlen in Deutschland als unabdingbare Voraussetzung für die Bildung einer gesamtdeutschen Regierung, die dann über den Abschluß eines Friedensvertrages verhandeln könne.

In einer zweiten Note setzt *Stalin* die mehrdimensionale Deutschlandpolitik der Sowjetunion fort, indem er am 9.4. die westalliierte

Forderung freier Wahlen akzeptiert (in der Volkskammer und im Bundestag waren am 9.1. bzw. 6.2. schon unterschiedliche Gesetze zum Wahlverfahren erörtert worden). In ihrer Antwort (13.5.) beharren die Westmächte aber auf der Forderung, Deutschland koalitions- und bündnispolitische Handlungsfreiheit einzuräumen (womit die sowjetische Neutralitätsforderung nochmals abgelehnt wird). Zudem meinen die Westmächte, Deutschland müsse in der Lage sein, auch über seine Grenzen verhandeln zu können. Damit werden zwei für die sowjetische Seite inakzeptable Bedingungen gesetzt, die diese unter Berücksichtigung ihrer Sicherheitsinteressen und wegen der damit entstehenden Möglichkeit, ihre Kriegsbeute ohne Kompensation wieder zu verlieren, nur ablehnen kann. Der weitere Austausch von Noten zwischen der Sowjetunion (24.5. und 23.8.) und den Westalliierten (Antworten am 10.7. bzw. 23.9.) bringt nur eine weitere Verhärtung der gegensätzlichen Positionen, doch akzeptieren die Westmächte den Vorschlag einer Viermächtekonferenz über die Zukunft Deutschlands (→ 1953).

Deutschlandvertrag: Die Außenminister der USA, Großbritanniens, Frankreichs und der Bundesrepublik unterzeichnen am 26.5. in Bonn die »Konvention über die Beziehungen der drei Westmächte zur Bundesrepublik« (Deutschlandvertrag → Kasten). Da die französische Nationalversammlung am 30.8. 1954 die Ratifizierung des EVG-Vertrags (→ unten) ablehnt, tritt er nicht in Kraft.

Europäische Verteidigungsgemeinschaft (EVG): Die Außenminister Frankreichs, Italiens, der Niederlande, Belgiens, Luxemburgs und der Bundesrepublik unterzeichnen am 27.5. in Paris den EVG-Vertrag. Um die »Verteidigung Westeuropas gegen jede Aggression sicherzustellen«, beabsichtigen die Vertragspartner ihre nationalen Streitkräfte in einer »supranationalen europäischen Organisation« zu vereinigen. Ein zentraler Generalstab ist für die Ausbildung und Aufstellung der Streitkräfte zuständig. Insgesamt sollen 45 Divisionen (mit jeweils 12 000 Mann) aufgestellt werden, darunter 12 von der Bundesrepublik. Zur Führung und Kontrolle verfügt die Gemeinschaft über ein Kommissariat, einen Ministerrat, eine Parlamentarische Versammlung und einen Gerichtshof. Das in den Mitgliedstaaten, vor allem in Frankreich, umstrittene Vertragswerk bedarf zum Inkrafttreten der Ratifizierung

Deutschlandvertrag

Der am 26.5. 1952 in Bonn unterzeichnete Vertrag entläßt die Bundesrepublik aus dem Besatzungsregime in die **Souveränität**, eingeschränkt durch aus der Kapitulation von 1945 abgeleitete Vorbehalte der Westalliierten. Diese betreffen deren Truppenstationierung, die Kontroll- und Schutzfunktionen in Berlin und Deutschland als Ganzes einschließlich der Wiedervereinigung und eines Friedensvertrags. **Vier Zusatzverträge** ergänzen die Vereinbarung, u. a. ein Truppenstatut über die Rechte und Pflichten der stationierten alliierten Streitkräfte, ein Vertrag über die Finanzierung der Stationierungskosten und ein Überleitungsvertrag »zur Regelung aus Krieg und Besatzung entstandener Fragen«; die Besatzungsmächte behalten sich auch die Ausübung von Notstandsbefugnissen (Art. 5) vor für den Fall, daß die Bundesrepublik Deutschland einem äußeren Angriff oder inneren Umsturzversuch ausgesetzt ist, dem sie nicht aus eigener Kraft begegnen kann. Die Vertragspartner verpflichten sich auf das Ziel eines wiedervereinigten Deutschlands nach dem Verfassungs-, Gesellschafts- und Bündnismodell der Bundesrepublik und behalten die endgültige Festlegung der Grenzen einem frei vereinbarten Friedensvertrag für Gesamtdeutschland vor.

durch die nationalen Parlamente; es scheitert → 1954.

Parlamentarische Beratungen: In der Wehrdebatte am 8.2. legt der stellvertretende Vorsitzende der SPD-Fraktion, *Erich Ollenhauer*, die Position seiner Partei dar: die soziale Sicherheit der Demokratie müßte Vorrang vor der militärischen haben; die Remilitarisierung gefährde die Wiedervereinigung. – Eingangs der zweiten Lesung der Verträge im Bundestag (3.–6.12.) gibt *Adenauer* vor dem Bundestag eine pauschale **Ehrenerklärung für die Angehörigen der deutschen Wehrmacht** im Zweiten Weltkrieg ab. Am 19.3. 1953 wird der Deutschlandvertrag mit 218 gegen 164 Stimmen (von SPD, KPD, fraktionslosen und einigen FDP-Abgeordneten) bei vier Enthaltungen angenommen, der EVG-Vertrag mit 216:165:4 gebilligt.

Proteste: Der Widerstand gegen die Wiederaufrüstung und den Deutschlandvertrag mündet in eine breite Oppositionsbewegung, die

nach der Deutschlandinitiative der Sowjetunion an Resonanz gewinnt und sich auch auf große Teile der Gewerkschaftsbewegung stützen kann. Vielfach eskalieren die Auseinandersetzungen. Der trotz Verbot am 24.4. 1951 weiterarbeitende Hauptausschuß für **Volksbefragung gegen die Remilitarisierung** und für den Abschluß eines Friedensvertrages gibt zum Abschluß seiner Kampagne am 16.3. in Hohensyburg bekannt, von 6 267 312 Befragten in Westdeutschland und West-Berlin hätten sich 94,4 % »in persönlicher Abstimmung« für einen sofortigen Friedensvertrag und gegen die Militarisierung ausgesprochen. Am 20.4. ruft die SED der DDR die westdeutschen Arbeiter zu Demonstrationen und Streiks gegen den EVG-Vertrag auf.

Weitere wichtige außenpolitische Ereignisse

Europa/Montanunion: Mit 232 gegen 143 Stimmen ratifiziert der Bundestag am 11.1. den am 18.4. 1951 unterzeichneten Vertrag über die Gründung der Europäischen Gemeinschaft für Kohle und Stahl (EGKS, → 1951). Die SPD lehnt das Vertragswerk als »zu kapitalistsich, zu kartellistisch« (*Schumacher*) ab.

Frankreich/Saarfrage: Differenzen über den **Status des Saargebiets** beeinträchtigen die Beziehungen zu Frankreich. Am 25.1. entsendet die französische Regierung überraschend einen Botschafter in das Saarland, was einer formellen Anerkennung als Land mit eigener Souveränität gleichkommt. Am 27.2. schlägt die französische Regierung Verhandlungen über eine Europäisierung des Saargebiets vor. Der Deutsche Bundestag hält in einer Entschließung am 29.4. an der staatsrechtlichen Zugehörigkeit des Saarlandes zu Deutschland fest und fordert das **Recht auf Selbstbestimmung**. Ungeachtet der am 1.8. in Paris aufgenommenen Verhandlungen zwischen beiden Staaten über die Zukunft des Saarlandes erklären Bundesregierung und Bundestag am 18.11. die am 30.11. stattfindenden **Parlamentswahlen im Saarland**, zu denen nur profranzösische Parteien zugelassen werden, für illegal und rufen zur Abgabe ungültiger Wahlzettel auf. Bei einem Anteil von 24,4 % ungültiger Stimmen, jedoch einer Wahlbeteiligung von 93 % bleiben die bisherigen Kräfteverhältnisse der im Landtag vertretenen politischen Parteien unverändert (→ Grafik). Am

Wahl zum 2. Landtag des Saarlandes am 30.11.1952

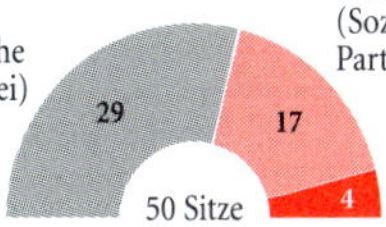

23.12. erneuert Ministerpräsident *Johannes Hoffmann* die Koalition mit der Sozialistischen Partei Saar (SPS).

Großbritannien/Helgoland: Die britische Besatzungsmacht übergibt am 29.2. das als Übungsziel für die britische Luftwaffe genutzte Helgoland wieder deutscher Verwaltung (→ Karte).

Israel/Wiedergutmachung: Nach Verhandlungen über eine Entschädigung für den Aufwand Israels bei der Eingliederung und Unterstützung von Flüchtlingen, die der nationalsozialistischen Verfolgung entkommen konnten, unterzeichnen Bundeskanzler *Adenauer* und Israels Außenminister *Moshe Sharett* am 10.9. das in Israel heftig umstrittene **Abkommen über die Erstattung von Eingliederungskosten**. Darin verpflichtet sich die Bundesrepublik zur Zahlung von 3 Mrd. DM an Israel in Form von Sachwerten, die Israel in bestimmten Jahresraten bis 1964 aus der Bundesrepublik beziehen wird. Eine Abgeltung individueller Ansprüche von Opfern des Nationalsozialismus ist in dem Abkommen nicht berücksichtigt. Der Conference on Jewish Material Claims Against Germany, vertreten durch *Nahum Goldmann*, sichert die Bundesregierung in zwei Protokollen weitere Verbesserungen durch eine »Wiedergutmachungsgesetzgebung« und die Zahlung von 450 Mio. DM an die vertretenen jüdischen Organisationen zu. Das **Wiedergutmachungsabkommen** mit Israel wird vom Bundestag am 18.3. 1953 in dritter Lesung gebilligt; da zahlreiche Abgeordnete aus dem Regierungslager ihre Zustimmung verweigern, sich enthalten oder der Abstimmung fernbleiben, sichern die Stimmen der SPD die Annahme der Vorlage (239 Ja-, 35 Neinstimmen, 86 Enthaltungen). – Eine »Organisation jüdischer Partisanen« bekennt sich zu dem fehlgeschlagenen **Attentat auf Bundeskanzler** *Adenauer* am 27.3., mit dem sie die Wiedergutmachungsverhandlungen zwischen der Bundesrepublik und Israel torpedieren wollte.

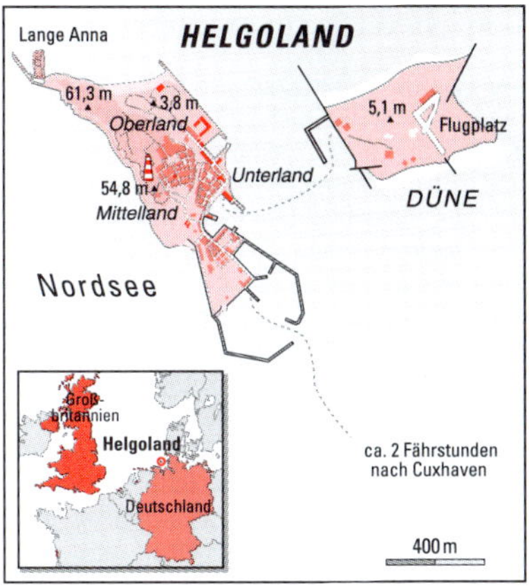

Deutsch-deutsche Beziehungen, West-Berlin

Neue Berlinkrise: Unmittelbar nach Unterzeichnung des Deutschlandvertrags am 25.6., der ein **neues Berlinstatut** vorsieht, sperren die DDR-Behörden den **Besucherverkehr nach Ost-Berlin** und binden die Besuchserlaubnis für Westberliner ab 1.6. an die Ausstellung von Sonderausweisen; der Telefonverkehr wird unterbrochen, der alliierte Kontrollverkehr über die Interzonenautobahn Helmstedt–Berlin (West) behindert. Am 3.6. besetzen sowjetische und DDR-Einheiten mehrere West-Berliner Enklaven. Das **Interzonenhandelsabkommen** vom 21.9. 1951 ist faktisch schon seit 4.3. außer Kraft gesetzt.

Entführungen: Anläßlich der spektakulären Entführung des West-Berliner Juristen *Walter Linse* am 8.7. nach Ost-Berlin teilt der Bundesminister für gesamtdeutsche Fragen, *Jakob Kaiser*, im Bundestag mit, seit 1948 seien aus West-Berlin oder der Bundesrepublik mehr als 100 Menschen in die DDR verschleppt worden. (*Linse* wird am 23.9. 1953 von einem sowjetischen Militärgericht als Agent zum Tode verurteilt und hingerichtet; erst im Zuge seiner Rehabilitation durch die russische Justiz 1996 wird sein Schicksal bekannt.) Zur Gedenkveranstaltung für einen am 25.12. von sowjetischen Soldaten an der Sektorengrenze erschossenen Polizisten versammeln sich am 30.12. etwa 250 000 Menschen vor dem Schöneberger Rathaus.

Betriebsverfassungsgesetz

Das am 11.10. 1952 in Kraft getretene Gesetz, dem in der Weimarer Republik das Betriebsrätegesetz vorausging, regelt die Mitbestimmungs- und Mitwirkungsrechte von Arbeitnehmern in privaten Betrieben (ab fünf Arbeitnehmern) und Unternehmen durch den Betriebsrat sowie Entscheidungsverfahren zwischen Betriebsrat und Arbeitgeber. Der Betriebrat vertritt die Interessen der Beschäftigten, dabei muß er das **Wohl des Betriebs** berücksichtigen, ist zu **politischer Neutralität** verpflichtet und einem **Arbeitskampfverbot** unterworfen. Seine einklagbaren **Mitbestimmungsrechte** sind im wesentlichen auf die sozialen Angelegenheiten im Betrieb beschränkt; bei Personal- und wirtschaftlichen Grundentscheidungen erhält der Betriebsrat Informations-, Beratungs- und Mitwirkungsrechte. **Einschränkungen** gelten für Kleinbetriebe und Tendenzbetriebe (u. a. Medienunternehmen, Religionsgemeinschaften). In **Aktiengesellschaften** (AG) und Gesellschaften mit beschränkter Haftung (GmbH) zwischen 500 und 2000 Beschäftigten wird ein Drittel der Aufsichtsratsmitglieder von den Arbeitnehmern in direkter Wahl bestimmt. Für den Bereich der Kohleförderung sowie der Eisen- und Stahlerzeugenden Industrie gilt die mit erweiterten Arbeitnehmerrechten (u. a. Parität im Aufsichtsrat, Arbeitsdirektor) versehene **Montan-Mitbestimmung** vom 21.5. 1951 (→ Kasten).

Innenpolitik

Kontroverse über das Betriebsverfassungsgesetz: Neben den z. T. schweren Auseinandersetzungen über die Deutschlandpolitik und die Wiederaufrüstung (→ oben) erreichen im Frühjahr und Sommer die **gewerkschaftlichen Aktionen** gegen das seit Anfang April im Entwurf vorliegende Betriebsverfassungsgesetz ihren Höhepunkt. Gewerkschafter und Sozialdemokraten, die das Mitbestimmungsmodell der Montanunion (→ 1951) auf die Gesamtwirtschaft übertragen sehen wollen, stufen den Entwurf der Bundesregierung als Rückschritt und unternehmerfreundlich ein. Nach den Kundgebungen zum 1. Mai, bei denen Hunderttausende der Forderung nach einer besseren betrieblichen Interessenvertretung Nachdruck verleihen, kommt es Mitte Mai zu Arbeitsniederlegungen in zahlreichen Betrieben. Um eine weitere Eskalation zu vermeiden, erklärt sich der DGB-Vorstand bei einem Treffen mit Bundeskanzler *Adenauer* am 13.6. bereit, die gewerkschaftlichen Kampfmaßnahmen einzustellen. Am 19.7. verabschiedet der Bundestag mit 195 gegen 140 Stimmen bei 7 Enthaltungen das Betriebsverfassungsgesetz (→ Kasten).

Sozialpolitik: Am 3.1. tritt das **Jugendschutzgesetz** in Kraft (u. a. Verbot des Branntweingenusses und des Rauchens für Heranwachsende unter 18 bzw. 16 Jahren), am 24.1. das **Mutterschutzgesetz**, das erweiterte Schutzbestimmungen für erwerbstätige werdende und stillende Mütter einführt. – Am 10.7. verabschiedet der Bundestag das **Lastenausgleichsgesetz** (LAG, in Kraft 14.8.), das Kriegsbeschädigten, Heimatvertriebenen, Flüchtlingen sowie den durch die Teilung Deutschlands und die Währungsreform am härtesten betroffenen Bevölkerungsgruppen die Wiedereingliederung und die Sicherung ihrer Existenz erleichtern soll. Bis Ende 1978 wurden insgesamt 110,4 Mrd. DM aufgebracht, davon je etwa die Hälfte von Bund und Ländern.

Weitere Gesetze und Erlasse: Auf Drängen *Adenauers* erklärt Bundespräsident *Theodor Heuss* am 5.5. das Deutschlandlied (Text von Hoffmann von Fallersleben, Melodie von Joseph Haydn) wieder zur **Nationalhymne**. Bei staatlichen Veranstaltungen soll nur die dritte Strophe gesungen werden. – Am 2.10. lehnt der Bundestag mit 151 zu 146 Stimmen bei zwei Enthaltungen die Wiedereinführung der **Todesstrafe** ab; die Mehrheit der CDU/CSU-Fraktion votiert dafür, von den SPD-Abgeordneten wird sie geschlossen abgelehnt.

Innere Sicherheit: Bundesinnenminister *Robert Lehr* kündigt am 8.5. die **Verdoppelung des Bundesgrenzschutzes** auf 20 000 Mann an.

Parteien und Gewerkschaften

SPD: In Bonn stirbt am 20.8. der SPD-Vorsitzende *Kurt Schumacher* im Alter von 56 Jahren. Auf dem **Parteitag** in Dortmund (24.–29.9.) wählen die Delegierten den bisherigen stellvertretenden Vorsitzenden *Erich Ollenhauer* zum neuen Parteichef. In seiner programmatischen Rede bekräftigt er die Ablehnung der EVG, schließt aber die Zustimmung der SPD zu einem umfassender organisierten kollektiven Sicherheitssystem mit einem deutschen Verteidigungsbeitrag nicht grundsätzlich aus.

SRP: In Erwartung ihres **Verbots** löst sich am 12.9. die Sozialistische Reichspartei (SRP) auf. Das Bundesverfassungsgericht verbietet die Partei am 23.10. auf Antrag der Bundesregierung als Nachfolgeorganisation der NSDAP und untersagt die Gründung von Ersatzorganisationen.

DGB: Auf dem Bundeskongreß in West-Berlin wird der DGB-Vorsitzende *Christian Fette* am 17.10. wegen zu großer Kompromißbereitschaft gegenüber der Bundesregierung im Kampf gegen das Betriebsverfassungsgesetz und seiner Zustimmung zum EVG-Vertrag abgewählt. Zu seinem Nachfolger wählen die Delegierten den bisherigen Vorsitzenden der IG Metall *Walter Freitag.*

Gesamtdeutsche Volkspartei (GVP): Die Bundestagsabgeordneten *Helene Wessel,* frühere Vorsitzende des Zentrums, der ehem. Bundesinnenminister *Gustav Heinemann* (CDU) und *Hans Bodensteiner* (CSU) gründen am 30.11. in Frankfurt die Gesamtdeutsche Volkspartei. Die neue Partei präsentiert sich den Gegnern der Wiederaufrüstung und Befürwortern eines neutralen wiedervereinigten Deutschland als bürgerliche Alternative zu KPD und SPD.

Kriegsfolgen

Kriegsgefangene: Bundeskanzler *Adenauer* beziffert am 16.1. die Zahl der namentlich bekannten deutschen Soldaten in sowjetischer Kriegsgefangenschaft auf 106 000. Einem Bericht des Nordatlantikrates zufolge werden zwischen 1,3 und 1,6 Mio. deutsche Soldaten in der Sowjetunion vermißt. Die Sowjetunion lehnt am 25.1. ihre Mitarbeit in der Kommission der Vereinten Nationen zur Rückführung von Kriegsgefangenen ab.

Entnazifizierung: Der Bundestags-Untersuchungsausschuß zur Prüfung der **Personalpolitik des Auswärtigen Amtes** stellt in seinem am 14.7. vorgelegten Bericht fest, die Wiederbeschäftigung von vier Diplomaten gefährde das internationale Vertrauen in die demokratische Entwicklung der Bundesrepublik. Im März war aufgedeckt worden, daß sich das leitende Personal des Auswärtigen Amtes fast ausschließlich aus führenden Mitarbeitern des Nationalsozialistischen Außenamtes rekrutiert, darunter sämtliche zehn Referatsleiter der poli-

tischen Abteilung, die zugleich Mitglieder der NSDAP waren.

Dekartellisierung/Konzernentflechtung: Mit seiner Zustimmung zur Neuordnung des Konzerns erhält *Friedrich Flick* am 10.12. die Verfügungsgewalt über sein Firmenimperium zurück, das zugleich aus alliierter Kontrolle entlassen wird; er verzichtet dafür auf jegliche industrielle Aktivitäten im Kohle- und Stahlbereich. *Flick* war 1947 wegen Verbrechen gegen die Menschlichkeit zu sieben Jahren Haft verurteilt, aber bereits 1950 entlassen worden.

Wirtschaftspolitik

Förderungsprogramme: Mit Inkrafttreten des **Investitionshilfegesetzes** am 7.1. bringt die gewerbliche Wirtschaft einen einmaligen Betrag von 1 Mrd. DM auf, mit dem Engpässe in den Grundstoffindustrien (Montanindustrien, Energiewirtschaft und Bahn) beseitigt werden sollen. Die Arbeitslosigkeit im Ruhrgebiet sinkt im dritten Quartal auf 2,5 %. – Am 24.1. beschließt der Bundestag einstimmig das **Wohnungsbau-Prämiengesetz**. Um die Wohnungsnot zu lindern und die Baukonjunktur zu stimulieren, erhalten Geringverdienende und kinderreiche Familien auf Bauspareinlagen Prämien bis zu einer Höhe von 35 %.

Marshall-Plan: Zum Ablauf des US-amerikanischen Haushaltsjahres 1951/52 legt die US-Regierung eine Aufstellung der seit 1948 an Europa geleisteten Auslandshilfe für das European Recovery Program (ERP, seit 1.1. 1952 Mutual Security Act) vor. Von insgesamt 13,37 Mrd. US-$ gingen 6,6 Mrd. DM in die Bundesrepublik Deutschland, davon 509 Mio. DM im Haushaltsjahr 1951/52; für 1952/53 sind 543,5 Mio. DM vorgesehen. Die Höhe der Militärhilfe bleibt geheim.

Bundesländer

Baden-Württemberg: Bei der ersten Landtagswahl in dem neugegründeten Bundesland am 9.3. bleibt die CDU trotz Verlusten mit 35,9 % stärkste Partei und stellt 50 von 121 Abgeordnete. SPD (38 Sitze), FDP (23) und BHE (6) bilden eine Koalition, die am 25.4. den bisherigen Regierungschef von Württemberg-Baden, *Reinhold Maier* (FDP/DVP), als ersten Ministerpräsidenten Baden-Württembergs durchsetzt.

1952

Integration in den Ostblock

1952 wird zum Entscheidungsjahr für eine bis auf weiteres strikt getrennte Entwicklung zweier deutscher Staaten. Unter dem Vorzeichen des Scheiterns der Stalin-Noten vom März und April, in der die Wiedervereinigung von DDR und BRD in einem neutralen Staat vorgeschlagen worden war, erlangt die andere Option der sowjetischen Deutschlandpolitik, die Integration einer staatssozialistischen DDR in das östliche Bündnis zu betreiben, die letztlich entscheidende Bedeutung. In der DDR selbst kann die herrschende Partei nunmehr offen dieselben gesellschaftspolitischen Ziele propagieren, wie sie in den anderen »volksdemokratischen Ländern« des Ostblocks schon seit dem Ende der vierziger Jahre umgesetzt werden.

Der »planmäßige Aufbau des Sozialismus«

Nach der Ablehnung von *Stalins* Vorschlägen für ein neutrales Gesamtdeutschland durch die westlichen Alliierten wird eine langfristige getrennte Entwicklung der beiden deutschen Staaten immer wahrscheinlicher. Das Ausmaß der kommenden getrennten Entwicklung wird mit den Beschlüssen der 2. Parteikonferenz der SED (9.–12.7.) angedeutet, auf der SED-Generalsekretär *Walter Ulbricht* für die DDR den Beginn des **sozialistischen Aufbaus** ankündigt. In den Wochen nach der Parteikonferenz geben die Führungsgremien der Blockparteien und der Massenorganisationen zustimmende Erklärungen ab, in denen sie zudem für sich »eigene Aufgaben« beim Aufbau des Sozialismus definieren.

Der »planmäßige Aufbau des Sozialismus« ist vor allem durch die fortgesetzte Reorganisation der wirtschaftlichen Verhältnisse und beson-

ders die Stärkung des öffentlichen Sektors geprägt. Neben der Festigung veränderter Eigentumsverhältnisse in der Industrie ist hierbei vor allem der Beginn der **Kollektivierung in der Landwirtschaft** zu nennen. Den Auftakt hierfür geben 24 Neubauern aus der thüringischen Gemeinde Merxleben, die sich am 8.6. zur ersten **Landwirtschaftlichen Produktionsgenossenschaft** (LPG) der DDR zusammenschließen. Durch Erlasse des Ministerrates vom 5. bzw. 7.8. wird der Eintritt in die LPG durch den staatlichen Verzicht auf die weitere Bezahlung der »Übernahmebeiträge« für das in der Bodenreform erhaltene Land und die Gewährung verbilligter Kredite an die LPG gefördert. Die Kollektivierung verläuft anfangs auf freiwilliger Basis und schließt »Großbauern« zunächst aus, um zu verhindern, daß diese – wegen ihrer Erfahrung in der Leitung größerer Betriebe – in den neuen LPG in herausgehobene Positionen gelangen. Am 5. und 6.12. findet erstmals eine Konferenz von LPG-Vorsitzenden statt, die – je nach Grad der Umwandlung des landwirtschaftlichen Eigentums – eine »Typologie« der Genossenschaften vorschlägt (am 19.12. per Ministerratsverordnung bestätigt, → Tabelle).

Die unterschiedlichen Typen der Landwirtschaftlichen Produktionsgenossenschaften

	genossenschaftliches Eigentum	nicht eingebrachtes Eigentum
Typ I ..	gemeinsame Bewirtschaftung des eingebrachten Ackerlandes	Maschinen, Ausrüstungen, Zug- und Nutzvieh, Wohnhaus, Scheunen, Gärten (bis zu 0,5 ha)
Typ II ..	wie Typ I, zudem: Einbringen der Maschinen und Ausrüstungen sowie des Zugviehs	Nutzvieh, Wohnhäuser, Gärten
Typ III ..	wie Typ II, zudem: Einbringen des Nutzviehs	Wohnhäuser, Gärten

Am 2.10. verabschiedet die Volkskammer das **Gesetz zum Schutze des Volks- und gesellschaftlichen Eigentums**. Es symbolisiert die strafrechtlich »privilegierte« Position des später sogenannten sozialistischen Eigentums gegenüber dem privaten und persönlichen Besitz.

Staatliche Neugliederung der DDR: Am 23.7. beschließt die Volkskammer im Rahmen einer Verwaltungsreform die staatliche Neugliede-

Die Verwaltungseinteilung der DDR ab 1946

rung der DDR, ausgenommen Ost-Berlin. Die fünf Länder Mecklenburg, Brandenburg, Sachsen-Anhalt, Thüringen und Sachsen werden in 14 Bezirke aufgelöst (→ Karte). Durch Teilung der bisherigen Landkreise wird zudem die Anzahl der Kreise auf 217 erhöht. Mit Ausnahme der Länderkammer verschwinden alle früheren föderalen Institutionen. Am 29.7. beschließt das Politbüro analog die Auflösung der SED-Landesverbände zum 1.8. und ihre Reorganisation als Bezirksparteiorganisationen. Auch die anderen Parteien und Massenorganisationen vollziehen diesen Schritt nach.

Remilitarisierung

Der Aufbau von regulären militärischen Verbänden wird unter Verweis auf ähnliche Bestrebungen in Westdeutschland verstärkt. Ab 2.1. wird die »Bereitschaftspolizei« mit sowjetischen Waffen ausgerüstet. Am 1.5. kündigt DDR-Präsident *Wilhelm Pieck* den Aufbau »nationaler Streitkräfte« für den Fall der Annahme des Bonner Deutschlandvertrages an. Tatsächlich hat

der Aufbau einer Armee schon längst begonnen: Das IV. Parlament der FDJ in Leipzig (27.–30.5.) erlebt den feierlichen Aufmarsch solcher Verbände, am 1.7. wird die bisherige »Hauptverwaltung Ausbildung« des Innenministeriums in **Kasernierte Volkspolizei** (KVP) umbenannt. In der KVP werden mit Wirkung vom 7.10. militärische Dienstgrade eingeführt. Am 24.7. wird außerdem per Verordnung ein **Dienst für Deutschland**, eine Art Arbeitsdienst, eingeführt. Am 7.8. wird – ebenfalls auf dem Verordnungswege – die **Gesellschaft für Sport und Technik** (GST) gegründet. In ihrer ersten Satzung definiert sie sich noch nicht direkt als Organisation der vormilitärischen Ausbildung der Jugend. Gleichwohl benennt sie schon als Ziel, »die Entwicklung des... Fallschirmsportes, des... Schieß- und Geländesportes... zum wahrhaften Massensport« betreiben zu wollen. Einige attraktive Lehrgänge, wie zum Beispiel das Amateurfunken, werden ausschließlich in der GST angeboten und führen auf diese Weise junge Menschen an militärisch nutzbare Fähigkeiten heran.

Aufbau des Rundfunks: Dem am 14.8. per Verordnung des Ministerrates gebildeten Staatlichen Rundfunkkomitee kommt die Aufgabe zu, »das sozialistische Bewußtsein der Werktätigen zu entwickeln, die Bevölkerung tief mit der Idee der Verteidigung des Friedens, der Verteidigung unserer Heimat und des Hasses gegen die imperialistischen Kriegsbrandstifter, Militaristen und Vaterlandsverräter zu erfüllen«. Am 21.12., wenige Tage vor den westdeutschen Rundfunkanstalten, beginnt der Deutsche Fernsehfunk (DFF) vom Ost-Berliner Stadtteil Adlershof aus mit der Ausstrahlung eines Fernsehprogrammes, das wegen der geringen Anzahl von Fernsehempfängern (zunächst nur in öffentlichen »Fernsehstuben« aufgestellt) nur von wenigen gesehen werden kann.

Deutsch-deutsche Beziehungen

Die innere Aufrüstung der DDR geht einher mit dem verstärkten Ausbau von Sicherungsanlagen und der Einrichtung von Sperrgebieten entlang der innerdeutschen Grenze. Nachdem schon am 30.6. 1946 die Demarkationslinie zwischen der SBZ und den Westzonen auf Ersuchen der Sowjetunion abgeriegelt worden war, veranlaßt der DDR-Ministerrat am 26.5. 1952 mit der Übernahme der Grenzsicherung von den sowjetischen Truppen ein »strenges Grenz- und Zollregime« an der deutsch-deutschen Grenze. Es sieht unter anderem die Errichtung eines 5 km breiten **Sperrgebietes an der Grenze** zur Bundesrepublik und von kleineren **Grenzzonen** an der innerstädtischen Grenze in Berlin vor. Der Ministerrat nimmt dafür die Unterzeichnung des Deutschland- und der EVG-Verträge, die am gleichen Tage erfolgt, zum Anlaß. Trotz des Empfangs einer Volkskammerdelegation durch Bundestagspräsident Ehlers am 19.9. sind die Beziehungen zwischen Bundesrepublik und DDR eher durch Spannungen gekennzeichnet. Am 27.5. wird der **Telefonverkehr zwischen Ost- und West-Berlin** von westlicher Seite unterbrochen. Zuvor hatte die Deutsche Post der DDR unter Verweis auf die angebliche Übertragung von »RIAS-Hetze« über das Gesamt-Berliner Telefonnetz und wegen Drohanrufen aus dem Westen bei hohen Partei- und Staatsfunktionären für Fernsprechverbindungen zwischen dem Ost- und Westteil der Stadt Vermittlungsstellen als »Puffer« zwischengeschaltet. Damit beginnt in der Stadt eine fast 19 Jahre währende Unterbrechung der Fernsprechverbindungen. – Die DDR setzt ihre Bemühungen, verkehrstechnische Lösungen einzurichten, die eine **Umleitung des Güter- und Personenverkehrs um West-Berlin** erlauben, fort.

Wirtschaftspolitik und wirtschaftliche Entwicklung

Nach wie vor tragen die **Reparationslieferungen** zur verminderten ostdeutschen Investitionskraft bei. Durch die am 29.4. angekündigte Rückgabe weiterer 66 SAG-Betriebe verlieren Unternehmen in sowjetischem Besitz ihre vorherige, auch durch Konzentration der Aufträge auf sie entstandene zentrale Bedeutung für die Reparationslieferungen aus der laufenden Produktion (Anteil der SAG-Betriebe, einschließlich der zurückgegebenen, an den Jahreslieferungen: 78 %, ohne sie: 42 %).

Das **Bruttoinlandsprodukt** wächst gegenüber dem Vorjahr um 6,2 % auf 89,5 Mrd. DM (in BRD-Preisen von 1989). Die Wirtschaftskraft der DDR entspricht damit 18,3 % der Wirtschaftskraft der BRD und ist damit weiter gesunken.

In der **Landwirtschaft** entstehen bis zum Jahresende 1906 LPG, in denen 37 000 Bauern vereinigt sind (19,4 pro Genossenschaft). Sie bewirtschaften 6,7 % der mehr als 6,52 Mio. Hektar landwirtschaftlicher Nutzfläche.

Im **Handwerk** dominieren weiterhin private Einzelbetriebe. Die ersten **Produktionsgenossenschaften des Handwerks** (PGH) sowie einige **Produktionsgenossenschaften werktätiger Fischer** (PwF) und andere Genossenschaften beschäftigen insgesamt etwa 40 000 Personen.

Soziale Daten

Entnazifizierung: Am 2.10. verabschiedet die Volkskammer ein Gesetz, mit dem die Entnazifizierung in der SBZ/DDR ihren Abschluß findet (→ Kasten). Alle bisher noch vorhandenen Be-

Entnazifizierung in der SBZ/DDR

Wenige Monate nach Kriegsende erläßt die SMAD Befehle zur Entnazifizierung bestimmter Berufsgruppen. Im Rahmen der Bodenreform im September 1945 werden ranghohe NSDAP-Mitglieder (Reichstagsabgeordnete, Minister, Staatssekretäre und andere Funktionäre) entschädigungslos enteignet. Dem offiziellen Verbot aller NS-Organisationen durch den Alliierten Kontrollrat am 10.10. 1945 folgen am 30. und 31.10. 1945 die SMAD-Befehle Nr. 124 und Nr. 126, die das Verfahren zur Beschlagnahme des Eigentums von Nazis und von Naziorganisationen regeln. Schließlich liefern der Volksentscheid in Sachsen zur »entschädigungslosen Enteignung der Nazis und Kriegsverbrecher« vom 30.6. 1946 und ähnliche Verordnungen in den anderen Ländern der SBZ sowie in Berlin die Rechtsgrundlage für die Enteignung von Besitz in Industrie- und Dienstleistungsunternehmen. Am 26.2. 1948 befiehlt die SMAD den Entnazifizierungskommissionen, ihre Tätigkeit mit Wirkung vom 10.3. 1948 einzustellen. Danach werden noch anhängige Verfahren bis 10.4. 1948 abgeschlossen. Sieben Tage später wird per SMAD-Befehl auch das Sequesterverfahren gegen das Eigentum von NSDAP-Mitgliedern eingestellt. Einen Monat nach Gründung der DDR verabschiedet die Provisorische Volkskammer am 9.11. 1949 ein Gesetz, mit dem ehemalige NSDAP-Mitglieder und Offiziere der Wehrmacht eingeschränkte staatsbürgerliche Rechte erhalten. Am 2.10. 1952 regelt ein weiteres Gesetz die volle Gewährung aller staatsbürgerlichen Rechte.

schränkungen ihrer staatsbürgerlichen Rechte für ehemalige Mitglieder der NSDAP und frühere Wehrmachtsoffiziere werden aufgehoben.

Bevölkerung: Im Gebiet der DDR leben am 31.12. rd. 18,3 Millionen Einwohner. Gegenüber dem Vorjahr hat die Bevölkerung um 50 000 abgenommen. Nach westlichen Angaben siedeln 182 293, nach DDR-Angaben 162 644 Personen nach Westdeutschland über, 24 012 Personen kehren von dort zurück.

Preise und Lebenshaltung: Die Preise für einige frei verkäufliche Waren (wie Zucker, Butter, Eier, Fleisch sowie Schuhe) werden 1952

weiter gesenkt und die Lebenshaltungskosten damit insgesamt verringert. – Gleichwohl führen verringerte Ernteerträge, die Republikflucht von Bauern und die Konzentration der durch Reparationsverpflichtungen eingeschränkten Investitionsmittel auf Bereiche außerhalb der Konsumgütererzeugung zu Versorgungsengpässen. Für diese wird im Dezember der aus der LDPD stammende Minister für Handel und Versorgung, *Karl Hamann*, verantwortlich gemacht, der daraufhin seine Ämter verliert, aus der LDPD ausgeschlossen, verhaftet und am 14.7. 1954 zu zehn Jahren Haft verurteilt wird.

1953

Konsolidierung

Im Jahr des Machtwechsels in den USA (von *Truman* zu *Eisenhower*) und in der Sowjetunion (von *Stalin* zu *Chruschtschow*) festigt die Bundesrepublik ihre Position in der internationalen Politik. Im Zeichen sich deutlich verbessernder Lebensbedingungen entschärfen sich die sozialen Probleme; die Bewältigung der Kriegsfolgen macht Fortschritte, ohne von einer breiten Auseinandersetzung über die Kriegsursachen begleitet zu sein. Während die Oppositionsbewegung gegen Wiederaufrüstung und einseitige Westbindung an Boden verliert, gewinnen ehemalige aktive Nationalsozialisten an Einfluß. Das Ergebnis der Bundestagwahl kann Bundeskanzler *Adenauer* als triumphale Bestätigung seiner Außen- und Innenpolitik werten.

Sicherheits- und Deutschlandpolitik

Europäische Verteidigungsgemeinschaft (EVG): Der französische Außenminister *Georges Bidault*, dessen Regierung auf die Unterstützung der von General *Charles de Gaulle* angeführten EVG-Gegner in der Nationalversammlung angewiesen ist, macht am 7.1. die Ratifizierung des EVG-Vertrags von **Veränderungen im Zusatzprotokoll und einer Lösung der Saarfrage** (→ unten) abhängig und löst damit Verstimmungen im Verhältnis zur Bundesrepublik aus. Am 16.2. erklärt Frankreich, auf eine Nationalarmee nicht verzichten zu wollen. – Nach erfolglosen Versuchen, das Bundesverfassungsgericht in die Entscheidung über den Deutschlandvertrag (→ 1952) und den EVG-Vertrag einzubeziehen, billigt der Bundestag in dritter Lesung am 19.3. beide Verträge gegen die Stimmen von SPD und KPD. Bundesfinanzminister *Fritz Schäffer* (CSU) erklärt sich am 25.4. bereit, nach Inkrafttreten der Verträge bis Juni 1954 monatlich 950 Mio. DM für den Aufbau der EVG bereitzustellen. – Der Sicherheitsbeauftragte der Bundesregierung, *Theodor Blank*, teilt am 29.12. mit, mehr als **100 000 Freiwillige** hätten sich für den Dienst in der geplanten Europa-Armee beworben, unter ihnen viele ehemalige Angehörige der Wehrmacht.

Deutschlandfrage: In einer einstimmig verabschiedeten Entschließung befürwortet der Bundestag am 10.6. den **Vorschlag einer Viermächtekonferenz** und wiederholt die von der Bundesrepublik schon im Vorjahr geforderten **Schritte zur Wiedervereinigung**; »1. die Abhaltung freier Wahlen in ganz Deutschland, 2. die Bildung einer freien Regierung für das ganze Deutschland, 3. der Abschluß eines mit dieser Regierung frei vereinbarten Friedensvertrages, 4. die Regelung aller noch offenen territorialen Fragen und 5. die Sicherung der Handlungsfreiheit für ein gesamtdeutsches Parlament und eine gesamtdeutsche Regierung im Rahmen der Grundsätze und Ziele der UNO.« Auf dieser Grundlage und unter dem Eindruck der Ereignisse des 17. Juni (→ DDR) fordert der Bundestag am 1.7. in einem von der Bundesregierung vorgelegten »Sofortprogramm zur Wiedervereinigung« u.a. die Beseitigung aller Absperrmaßnahmen, die Presse- und Versammlungsfreiheit, die Zulassung politischer Parteien und die Schaffung demokratischer Rechtsformen in der DDR. Am 15.7. greifen die drei Westmächte in einer Note an die sowjetische Regierung den Vorschlag einer Viermächtekonferenz über Deutschland auf. In den sich anschließenden Notenwechseln wiederholen beide Seiten im wesentlichen ihre 1952 ausgetauschten Grundsatzpositionen in der Deutschlandfrage, verständigen sich jedoch auf eine Außenministerkonferenz im Januar 1954 in Berlin.

Außenpolitische Entwickung

Initiativen zu einer gemeinsamen Westeuropapolitik: Nach Wegfall der Zollschranken im Montanbereich und Arbeitsbeginn der Europäischen Gemeinschaft für Kohle und Stahl (EGKS) am 10.2. (Stahlbereich am 1.5.) beraten die sechs Mitgliedstaaten am 24.2. in Rom über die Möglichkeit einer **Europäischen Politischen Gemeinschaft**. Am 10.3. präsentiert eine sog. Adhoc-Versammlung von 87 Parlamentariern der Beratenden Versammlung der EGKS und der

Londoner Schuldenabkommen - Die deutschen Nachkriegsschulden und ihre Tilgung

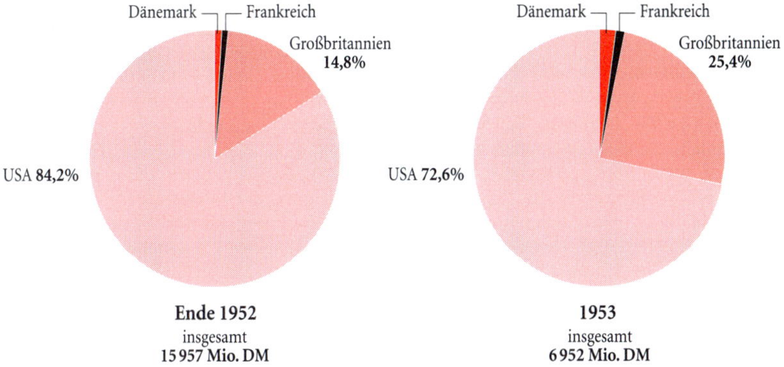

sechs Mitgliedstaaten unter Vorsitz des Belgiers *Paul Henri Spaak* den Entwurf für die Verfassung einer solchen Union.

Abwicklung des NS-Erbes: Am 27.2. unterzeichnen die Vertreter der Bundesrepublik, der drei Westmächte und von 17 weiteren Gläubigerstaaten das **Londoner Schuldenabkommen**. In ihm erkennt die Bundesrepublik als Rechtsnachfolgerin des Deutschen Reichs die deutschen Vorkriegsschulden in Höhe von insgesamt 13,5 Mrd. DM (3,27 Mrd. US-Dollar) an; 6,2 Mrd. DM werden ihr davon erlassen. Die Nachkriegsverbindlichkeiten (u. a. aus dem Marshallplan) werden auf 16 Mrd. DM festgelegt und auf 7 Mrd. DM reduziert (→ Graphik).

Beziehungen zu den Westmächten: Der **Besuch des Bundeskanzlers in den USA** vom 6.–17.4., der erste eines deutschen Regierungschefs, wird als Zeichen der Wiederaufnahme Deutschlands in die »Völkergemeinschaft der freien Welt« gewertet. Angesichts der Entspannungsofferten der Sowjetunion versichert *Adenauer*, die Bundesrepublik werde die Einbindung in das westliche Bündnissystem in keinem Fall in Frage stellen; US-Präsident *Eisenhower* verspricht, mit der Sowjetunion keine Vereinbarungen über deutsche Angelegenheiten zu treffen, ohne die Bundesrepublik zu konsultieren. Ähnliche Verabredungen trifft der Bundeskanzler während seines **Besuchs in London** vom 14.–16.5. mit dem britischen Premierminister *Winston S. Churchill.*

Saarfrage: Am 20.5. unterzeichnen der französische Außenminister *Georges Bidault* und der saarländische Ministerpräsident *Johannes Hoffmann* ein Abkommen über den **Status des Saarlandes**, das an die Stelle der am 3.3. 1950 abgeschlossenen Konventionen tritt (→ 1950).

Deutsch-deutsche Beziehungen, Berlin-Politik

Flüchtlinge: Die sprunghaft ansteigende Zahl von Flüchtlingen, die die DDR verlassen, stellt die Behörden in West-Berlin und in der Bundesrepublik vor immer größere Probleme der Unterbringung und Versorgung. Der West-Berliner Senat schätzt am 6.1. die Zahl der Flüchtlinge, die ohne Genehmigung im Westteil der Stadt leben, keine Arbeitserlaubnis besitzen und vom Sozialamt nicht unterstützt werden, auf 225 000 und weist auf die Überfüllung der 74 Notaufnahmelager hin. Nach einem dringenden Appell des Abgeordnetenhauses vom 22.1., die **Verteilung der Flüchtlinge im Bundesgebiet** zu beschleunigen, erklären sich die Bundesländer am 6.2. bereit, monatlich 30 000 DDR-Flüchtlinge aus West-Berlin aufzunehmen. Die Bundesregierung erhöht die Mittel für den Bau von Flüchtlingswohnungen von 90 auf 180 Mio. DM. Mit rd. **6000 Menschen an einem Tag** erreicht die Fluchtwelle aus der DDR am 2.3. ihren vorläufigen Höhepunkt. Bis Ende des Jahres stellen rd. 331 391 Menschen in West-Berlin und in der Bundesrepublik einen Aufnahmeantrag.

17. Juni: Unter der Teilnahme von etwa 125 000 Menschen findet am 23.6. eine Trauerkundgebung für die Opfer des Aufstandes vom 17. Juni, unter ihnen sieben West-Berliner Bürger, statt. Im ganzen Bundesgebiet ruhen für fünf Gedenk-

minuten Arbeit und Verkehr. Am 3.8. erklärt der Bundestag durch Bundesgesetz den 17. Juni als »Tag der deutschen Einheit« zum gesetzlichen Feiertag.
Lebensmittelhilfen: Zwischen dem 25.6. und 10.10. werden im Rahmen einer Lebensmittel-Hilfsaktion **5,5 Mio. Pakete** im Wert von jeweils 5 DM verteilt, die sich Ost-Berliner und DDR-Bürger an speziellen Ausgabestellen in West-Berlin abholen können. Nachdem zuvor an ältere Bedürftige in West-Berlin 430 000 Pfund Butter verteilt wurden, erhalten Ost-Berliner ab 23.11. 240 000 Pfund Butter, die von den USA gespendet wurden. Für Lebensmittel-Hilfen stellen die USA seit Ende Juni 15 Mio. US-$ (63 Mio. DM) zur Verfügung.
Neuer Regierender Bürgermeister: Am 29.9. stirbt *Ernst Reuter* (SPD). In einer Kampfabstimmung wählt das Abgeordnetenhaus am 22.10. den auch von der FDP unterstützten CDU-Abgeordneten *Walter Schreiber* mit 62 Stimmen zum neuen Regierenden Bürgermeister; der von der SPD als der stärksten Fraktion (61 Sitze) aufgestellte SPD-Politiker *Otto Suhr* erhält 57 Stimmen. Am 12.1. bildet *Schreiber* einen CDU-FDP-Koalitionssenat.

Bundestag, Regierung, Parteien

Bundeswahlgesetz: Der Bundestag beschließt am 25.6. mehrere weitreichende Änderungen des Wahlgesetzes, die schon für die Bundestagswahl am 6.9. wirksam werden. So wird die Zahl der Wahlkreise von 200 auf 242 erhöht (die der Abgeordneten entsprechend von 400 auf 484); hinzu können Überhangmandate kommen; die Wähler verfügen über eine Erststimme (zur Wahl eines Direktkandidaten) und eine Zweitstimme (für die Landesliste der Partei); die 5%-Sperrklausel, die den Einzug von Splitterparteien in das Parlament verhindern soll, wenn sie nicht mindestens ein Direktmandat gewinnen, bezieht sich auf das gesamte Bundesgebiet.
Bundestagswahl → Sonderseiten Sp. 135 ff.

Wichtige Gesetze: Das neue Tarifvertragsgesetz vom 23.3. sichert den Verbänden der Arbeitnehmer und Arbeitgeber Tarifautonomie in der Gestaltung der konkreten Arbeits- und Entlohnungsbedingungen zu.
SPD: Mit einem Grundsatzartikel in der Neuen Ruhr-Zeitung eröffnet das Parteivorstandsmitglied *Carlo Schmid* am 17.11. eine breite Auseinandersetzung in der SPD über **programmatische Konsequenzen** aus der Niederlage bei der Bundestagswahl. Er fordert, die Partei von einer Weltanschauungspartei mit dem ideologischen Ballast des 19. Jahrhunderts zu einer »echten Volkspartei« zu wandeln.

Bewältigung der Kriegsfolgen

Entnazifizierung/Rehabilitierung/Begnadigungen: Auf einer Versammlung des **Verbandes der Entnazifizierungsgeschädigten** am 10.1. in Trier verlangen rd. 300 ehemalige NSDAP-Funktionäre die Aufhebung der Entnazifizierungsgesetze. – Auf seiner Jahrestagung vom 20.–22.3. verlangt der **Verband deutscher Soldaten** (VdS) von der Bundesregierung, die Freilassung der noch als Kriegsverbrecher einsitzenden Soldaten zu betreiben. Am 7.5. wird der 1949 zu 12 Jahren Haft verurteilte Generalfeldmarschall *Erich v. Manstein* aus britischer Haft entlassen, am 13.7. der 1946 zu 20 Jahren verurteilte Generaloberst *Nikolaus v. Falkenhorst.* – Am 18./19.7. fordert der VdS auf einer Großveranstaltung mit 15 000 ehemaligen Soldaten neben der juristischen auch die politische und moralische **Rehabilitierung der deutschen Wehrmacht und der Waffen-SS.** – Die drei Westmächte erlassen am 1.9. eine Verordnung, mit der sie die Bundesregierung an der Entscheidung über die Freilassung verurteilter Kriegsverbrecher beteiligen. Die deutsch-alliierten **Begnadigungsausschüsse** veranlassen bis Ende des Jahres die Haftentlassung von 184 Kriegsverbrechern; rd. 360 befinden sich danach weiterhin in Haft.
Vertriebene und Flüchtlinge: Das am 25.3. vom Bundestag verabschiedete **Bundesvertriebenengesetz** regelt die bundeseinheitliche Rechtsstellung und die wirtschaftliche und soziale Eingliederung der aus den früheren deutschen Ostgebieten stammenden Vertriebenen, die mit den Flüchtlingen aus der DDR gleichgestellt werden. 1953 sind dies 17,1 % der Gesamtbevölkerung. Die Integrationsmaßnahmen beziehen sich vor allem auf die Förderung der Rückkehr in den Beruf und die Wohnungsbeschaffung. Im Rahmen eines Umsiedlungsprogramms, durch das seit 1949 schon rd. 600 000 Vertriebene einen neuen Wohnort fanden, sollen weitere 900 000 Vertriebene aus den Bundesländern Schleswig-Holstein (28,8 % Vertrie-

bene), Niedersachsen (26 %) und Bayern (20,4 %) umgesiedelt werden.

Wiedergutmachung: Mit einem am 2.7. verabschiedeten Ergänzungsgesetz räumt der Bundestag Opfern nationalsozialistischer Verfolgung Anspruch auf Entschädigung ein. Ausgeschlossen bleiben Verfolgte, die als Feinde der freiheitlich-demokratischen Grundordnung gelten.

Dekartellisierung/Konzernentflechtung: Am 4.3. schließen *Alfried Krupp von Bohlen und Halbach* und Vertreter der Alliierten Hohen Kommission in Bonn ein Abkommen über die Rückgabe und Entflechtung der **Firma Friedrich Krupp**. Krupp muß den Montanbereich des Konzerns verkaufen und darf in ihm auch später nicht aktiv werden. – Als einziger Montankonzern werden die früheren Vereinigten Stahlwerke, die vor dem Krieg 20 % der deutschen Kohlenförderung und 40 % der Rohstahlerzeugung beherrschten, vollständig zerschlagen (→ Tabelle); u. a. wird die August-Thyssen-Hütte ausgegliedert und am 2.5. als eigenständige Aktiengesellschaft gegründet.

Die Entflechtung und Neuordnung der Eisen- und Stahlindustrie des Ruhrgebiets, die in weit milderer Form als zunächst beabsichtigt durchgeführt wurde, ist damit abgeschlossen. – Nach der Verfügung der Alliierten Hohen Kommission vom 20.3., die **IG Farben** in drei Nachfolgegesellschaften aufzuteilen, konstituieren sich am 26.3. die Farbenwerke Bayer Leverkusen (33 500 Beschäftigte), die Farbwerke Hoechst AG (27 000) und die Badische Anilin- und Sodafabrik AG (BASF, 35 000). Durch den Umtausch von Aktien werden die bisherigen Inhaber der IG Farben Anteilseigner der neuen Gesellschaften. Am 20.12. werden die Chemischen Werke Hüls als vierte große Folgegesellschaft der IG Farben aus alliierter Kontrolle entlassen. – Am 27.3. verabschiedet der Bundestag ein Gesetz zur Entflechtung des ehemals reichseigenen **Ufa-Filmvermögens**. Es soll innerhalb von zwei Jahren in private Hände übergehen.

Weitere innenpolitische Ereignisse

Rechts- und Linksextremismus: Die Innenminister mehrerer Bundesländer verbieten am 8.1. und an den darauffolgenden Tagen Landesverbände des **Bundes Deutscher Jugend** (BDJ). Am 8.3. löst sich der BDJ, die bis dahin bedeutendste rechtsextremistische Jugendorganisation, ganz auf. – Am 8.1. nimmt die Polizei in Recklinghausen 22 Funktionäre der verbotenen **Freien Deutschen Jugend** (FDJ) fest. Weitere

Fortsetzung Sp. 139

Die Entflechtung der Vereinigten Stahlwerke AG 1953
(früheres Aktienkapital 460 Mio. RM)

	Aktienkapital in Mio. DM	*Entschädigung für 1 000 RM-Aktien in DM-Aktien*
Nachfolgegesellschaften:		
Gelsenkirchener Bergwerks-AG, Essen	368,0	800,00
Hamborner Bergbau AG, Duisburg	69,0	150,00
Zeche Erin	23,0	50,00
Dortmund-Hoerder Hüttenunion AC, Dortmund	184,0	400,00
Hüttenwerke Phoenix AG, Duisburg	115,0	250,00
August-Thyssen-Hütte AG, Duisburg	115,0	250,00
Rheinische Röhrenwerke AG, Mülh./R	92,0	200,00
Rhein.-Westf. Eisen- und Stahlwerke AG, Mulheim/R	69,0	150,00
Gußstahlwerk Bochumer Verein AG, Bochum	69,0	150,00
Hüttenwerke Siegerland AG, Siegen	46,0	100,00
Deutsche Edelstahlwerke AG, Krefeld	41,0	90,00
Niederrheinische Hütte AG, Duisburg	41,0	90,00
Ruhrstahl AG, Hattingen	34,0	75,00
Stahlwerke Südwestfalen AG, Geisweid	40,0	50,00
Gußstahlwerk Witten AG, Witten	13,0	30,00
Gußstahlwerk Oberkassel AG, Düsseldorf	5,0	12,50
Rheinstahlunion, Maschinen- und Stahlbau AG, Düsseldorf	55,0	120,00
Handelsholding	46,0	100,00

Quelle: Neue Züricher Zeitung

Die Wahl zum 2. Deutschen Bundestag

Zur **Wahl zum zweiten Deutschen Bundestag** kandidieren acht Parteien in allen Bundesländern, zehn weitere in einzelnen. Die Wahlbeteiligung beträgt 85,8 % (1949: 78,5 %). Unerwartet hoch gewinnen CDU und CSU: Sie steigern ihren Stimmenanteil von 31 % auf 45,2 % und erzielen die absolute Mehrheit der Mandate. Der Erfolg wird allgemein als Vertrauensbeweis für die Wirtschafts- und Außenpolitik von Bundeskanzler *Adenauer* gewertet.
Die SPD stagniert bei einem Stimmenanteil von 28,8 % (–0,4 %). Die FDP verliert mit 9,5 % (–2,4 %) leicht, auf den GB/BHE (Gesamtdeutscher Block/Bund der Heimatvertriebenen und Entrechteten), der erstmals in dieser Formation auf Bundesebene antritt, entfallen 5,9 % der Stimmen. Obwohl die Deutsche Partei (3,2/–0,8 %) und das Zentrum (0,8/–1,3 %) jeweils weniger als 5 % der Stimmen erzielen, sind sie im Bundestag vertreten, weil sie durch Wahlabsprachen mit der CDU eine ausreichende Anzahl von Direktmandaten gewinnen. Die anderen Parteien, unter ihnen die KPD, die Bayernpartei wie auch die erstmals angetretene Gesamtdeutsche Volkspartei (GVP) scheitern an der 5 %-Klausel.

Wahl zum 2. Deutschen Bundestag am 6.9.1953 (1949)

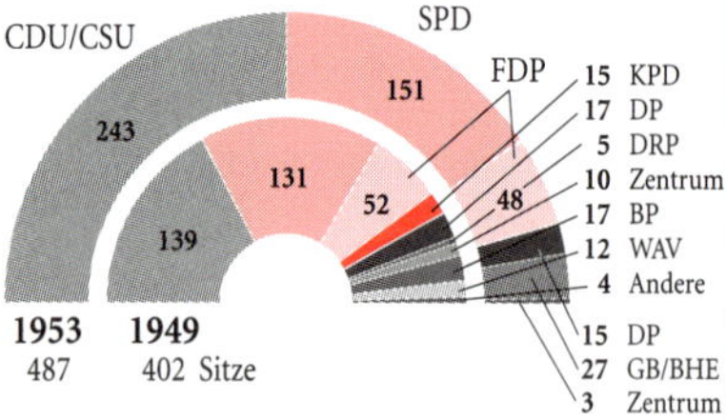

Neue Regierung: Am 6.10. konstituiert sich der Bundestag und wählt erneut *Hermann Ehlers* (CDU) zu seinem Präsidenten. Mit 304 von 466 abgegebenen Stimmen wählt er am 9.10. *Konrad Adenauer* erneut zum Bundeskanzler. Sein zweites, um sechs auf 19 Minister erweitertes Kabinett kann sich auf der Basis der bisherigen Koalition, erweitert um den GB/BHE, auf eine **Zweidrittelmehrheit im Bundestag** stützen.

Zweites Kabinett Adenauer (20. 10. 1953–29. 10. 1957)

Bundeskanzler	Konrad Adenauer (CDU)
Stellvertreter und Wirtschaftliche Zusammenarbeit	Franz Blücher (FDP/FVP)
Auswärtiges	Konrad Adenauer (CDU) bis 6. 6. 1955 ab 8. 6. 1955 Heinrich von Brentano (CDU)
Inneres	Gerhard Schröder (CDU)
Justiz	Fritz Neumayer (FDP/FVP), ab 16. 10 1956 Hans-Joachim von Merkatz (DP)
Finanzen	Fritz Schäffer (CSU)
Wirtschaft	Ludwig Erhard (CDU)
Ernährung, Landwirtschaft und Forsten	Heinrich Lübke (CdU)
Arbeit und Sozialordnung	Anton Storch (CDU)
Verteidigung	Theodor Blank (CDU) ab 7. 6. 1955 – 16. 10. 1956 danach Franz Josef Strauß (CSU)
Verkehr	Hans-Christoph Seebohm (DP)
Post- und und Fernmeldewesen	Hans Schuberth (CSU) bis 9. 12. 1953, ab 15. 11. 1956 Siegfried Balke (parteilos/CSU) ab 15. 11. 1956 Ernst Lemmer (CDU)
Wohnungsbau	Viktor-Emanuel Preusker (FDP/FVP)
Vertriebene, Flüchtlinge und Kriegsgeschädigte	Theodor Oberländer (GB/BHE/CDU)
Gesamtdeutsche Fragen	Jakob Kaiser (CDU)
Angelegenheiten des Bundesrates	Heinrich Hellwege (DP) bis 7. 6. 1955 ab 8. 6. 1955 Hans-Joachim von Merkatz (DP)
Atomfragen	Franz Josef Strauß (CSU) ab 21. 10. 1955 – 16. 10.1956, danach Siegfried Balke (CDU)
Familienfragen	Franz-Josef Wuermeling (CDU)
Besondere Aufgaben	Robert Tillmanns (CDU) bis 12. 11. 1955, Hermann Schäfer (FDP/FVP) bis 16. 10.1956, Waldemar Kraft (GB/BHE/CDU) bis 16. 10. 1956, Franz Josef Strauß (CSU) bis 19. 10. 1955

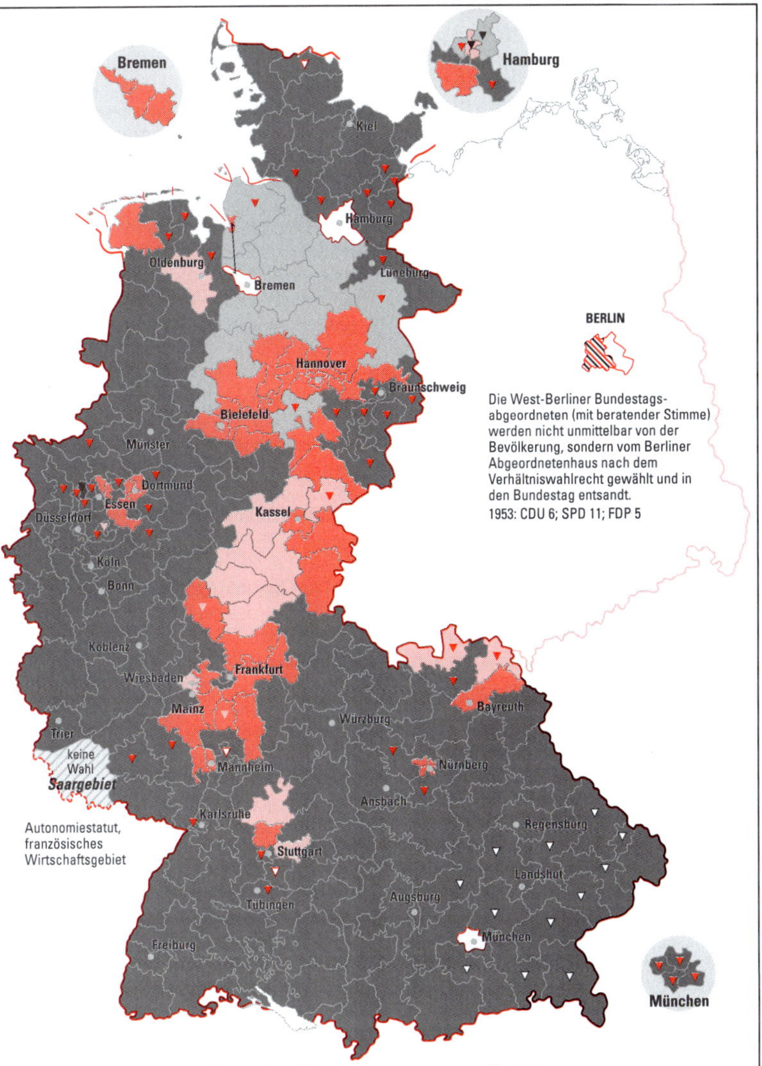

Direktmandate der im 2. Deutschen Bundestag vertretenen Parteien

Mit der Mehrheit der Erststimmen 1953 gewonnene Wahlkreise

- Kandidaten der CDU/CSU (136+42=178)
- Kandidaten der SPD (44)
- Kandidaten der FDP (14)
- Kandidaten der Deutschen Partei (10)
- Kandidaten der DZP (1)

Wechsel der Erststimmenmehrheit 1949/1953

Wahlkreise, die von der

▼ CDU/CSU, ▼ SPD, ▽ Bayernpartei, ▼ FDP oder den ▽ Parteilosen an andere Parteien fielen

Quelle: Statistisches Bundesamt

Verhaftungs- und Durchsuchungsaktionen mit dem Ziel, »kommunistische Tarnorganisationen« zu zerschlagen, folgen im Laufe des Frühjahrs. – Unter dem Verdacht, eine **nationalsozialistische Untergrundorganisation** mit »Plänen zur Wiederergreifung der Macht« aufzubauen, verhaftet die britische Militärpolizei am 14.1. sieben ehemals führende NS-Funktionäre, u. a. den früheren Staatssekretär im Propagandaministerium, *Werner Naumann*, und den Reichsstudentenführer *Gustav Scheel*. Deutsche Stellen, zuvor nicht informiert, melden Widerspruch gegen die Aktion an, die sie als überzogen werten. Der konspirative Zirkel unterhält enge Verbindungen zur Führung der nordrhein-westfälischen FDP.

Wegen fehlenden dringenden Tatverdachts werden die Verhafteten Ende Juli von den deutschen Justizbehörden, denen sie am 26.3. überstellt wurden, freigelassen. Am 26.4. tritt der Verteidiger *Naumanns*, der FDP-Bundestagsabgeordnete *Ernst Achenbach*, vom Vorsitz des Außenpolitischen Ausschusses zurück; am 3.5. legt er auch die Verteidigung von *Naumann* nieder. *Naumann*, am 24.8. im Spruchkammerverfahren als schwer belastet eingestuft, muß seine Kandidatur als Spitzenkandidat der Deutschen Reichspartei (DRP) für die Bundestagswahl aufgeben. Der wegen seiner Kontakte zu *Naumann* umstrittene nordrhein-westfälische FDP-Landesvorsitzende, *Friedrich Middelhauve*, wird von den Delegierten des Landesparteitags am 20.11. in seinem Amt bestätigt. – Der Hohe Kommissar der USA veröffentlicht am 19.1. das Ergebnis der Meinungsumfrage eines bundesdeutschen Meinungsforschungsinstituts über die Sympathien der westdeutschen Bevölkerung für den Nationalsozialismus: 44 % der Befragten seien der Meinung, der Nationalsozialismus habe mehr Gutes als Schlechtes gebracht (Mitte 1949: 34 %). Unter den Befragten zwischen 18 und 24 Jahren sprachen sich 56 % für eine starke nationale Partei aus. Die US-Hochkommission resümiert, der »Nazismus« stelle in der Bundesrepublik ein größeres Problem dar als der Kommunismus.

Wirtschaftspolitik

Steuern und Sparguthaben: Im Rahmen einer sog. **kleinen Steuerreform** beschließt der Bundestag am 6.5. die Senkung von Lohn- und Einkommensteuern um durchschnittlich 15 %. Der höchste Steuersatz wird auf 70 % festgesetzt. Den Ausfall an Einkommensteuer für 1953/54 schätzt der Bundesfinanzminister auf 950 Mio. DM. Der Körperschaftsteuersatz wird von 60 auf 40 % gesenkt. Durch die Senkung der Steuersätze soll die Wirtschaftskraft gestärkt werden. Das Notopfer Berlin (für 1953/54 mit 750 Mio. DM veranschlagt) soll zunächst erhalten bleiben. Am gleichen Tag beschließt der Bundestag ein Gesetz über die **Entschädigung von Altsparern**. Inhaber von Sparguthaben in Reichsmark, die durch die Währungsreform die schwersten Verluste hinnehmen mußten (Spareinlagen verloren rd. 95 % ihres Wertes), erhalten nun 20 % des Reichsmarkbetrages in DM erstattet.

Finanzausgleich: Am 3.6. einigen sich Bundestag und Bundesrat über den Finanzausgleich zwischen den Bundesländern. Zu den Geberländern gehören Nordrhein-Westfalen (130 Mio. DM), Baden-Württemberg (64 Mio. DM) und Hessen (10 Mio. DM), zu den Empfängerländern Schleswig-Holstein (121,5 Mio. DM). Niedersachsen (49 Mio. DM), Rheinland-Pfalz (27 Mio. DM) und Bayern (6,5 Mio. DM). Außerdem wird beschlossen, daß der Bund künftig einen Steueranteil von 38 % (bisher 37 %) erhält.

Bundeshaushalt: Der Bundestag verabschiedet am 1.7. das Haushaltsgesetz. Es sieht Gesamteinnahmen und -ausgaben in Höhe von 25,8 Mrd. DM vor, das Haushaltsvolumen vergrößert sich damit um 4,5 Mrd. (19 %). Die Verteidigungslasten machen 9,6 Mrd. DM aus und beanspruchen 37,3 % des Gesamthaushalts; die sozialen Kriegsfolgelasten betragen 5,3 Mrd DM (20,7 %), die sonstigen Sozialleistungen 2,8 Mrd. DM (11,2 %); der Lastenausgleich nimmt 1,6 Mrd. DM (6,3 %) in Anspruch; für Wohnungsbau und Vorratshaltung sind 1,2 Mrd. DM (4,1 %) eingesetzt, für die Finanzhilfe Berlin 0,7 Mrd. DM (1,3 %).

Bundesländer

Hamburg: Nach der Wahl zur 3. Hamburger Bürgerschaft am 1.11. stellt die bisher führende SPD mit 45,2 % (+2,4 % gegenüber 1949) zwar weiterhin die stärkste Fraktion, muß die Bildung des Senats jedoch dem »Hamburger Block« überlassen, in dem sich die konservativen Parteien zusammengeschlossen haben, und der 50,0 % der Stimmen erhält. *Kurt Sieveking* (CDU) wird Erster Bürgermeister.

1953

Existenzkrise

Elf Monate nach der Verkündung des neuen Staatsziels, den Aufbau des Staatssozialismus anzugehen, gerät der »Arbeiter-und-Bauernstaat« im späten Frühjahr 1953 in eine existentielle Krise, die nur durch den offenen Eingriff der sowjetischen Besatzungstruppen geklärt werden kann. Der Aufstand vom 17. Juni verdeutlicht für jedermann, daß die Sowjetunion ihre frühere, mehrdimensionale Deutschlandpolitik auf lange Sicht zugunsten einer von ihr geförderten staatssozialistischen Entwicklung in der DDR zurückgestellt hat.

Repression und Verhaftungen

Am 1.1. veröffentlicht das Zentralkomitee (ZK) der SED eine Erklärung zum Karl-Marx-Jahr 1953, in der »allen Spielarten des Sozialdemokratismus« in Partei und Gesellschaft der Kampf angesagt wird. Schon wenige Tage zuvor, am 20.12.1952, hatte das ZK in einem Beschluß »zu den Lehren aus dem Prozeß gegen das Verschwörerzentrum *Slansky*« angekündigt, gegen mögliche »Feinde« innerhalb und außerhalb der Partei vorzugehen. (Der ehemalige Generalsekretär der tschechoslowakischen KP, *Rudolf Slansky*, war der Spionage und Sabotage bezichtigt und zusammen mit anderen Führungskräften in Prag zum Tode verurteilt worden.) Erstes Opfer dieser neuen Kampagne (nach der Verhaftung des Ministers für Handel und Versorgung, *Karl Hamann*, im Dezember → 1952) wird Außenminister *Georg Dertinger* (CDU). Wegen Spionageverdachts wird er am 15.1. verhaftet und am 9.6.1954 zu 15 Jahren Haft verurteilt. Im Mai verlieren *Franz Dahlem* (bis dahin im Politbüro) und *Hans Lauter* (SED-Zentralsekretariat) unter Verweis auf den Slansky-Prozeß ihre Ämter.

Zwangsmaßnahmen gegen die Wirtschaftskrise

Die SED-Führung versucht im 1. Halbjahr mit einem verschärften Vorgehen gegen tatsächliche und vermeintliche Gegner oder gegen ganze Schichten der Bevölkerung die Auswirkungen der auf eine verstärkte schwerindustrielle Entwicklung der DDR orientierten Wirtschaftspolitik (Verdoppelung des Ausstoßes der Schwerindustrie und des Maschinenbaus seit 1936 bei nur etwa 50prozentiger Steigerung in der Lebensmittel- und in der Leichtindustrie) mittels repressiver Maßnahmen abzufangen. **Verfahren gegen sogenannte Wirtschaftsverbrecher** enden mit drakonischen Strafen. Sie dienen allein dem Ziel, in den Besitz der bis dahin in Privateigentum befindlichen Unternehmen der Verurteilten zu kommen. Im Frühjahr werden zum Beispiel im Zusammenhang mit der Aktion »Rose« private Ferienpensionen an der Ostseeküste beschlagnahmt und in »Volkseigentum« überführt.

Am 2.3. verlangt Justizminister *Max Fechner* **»mehr Strenge« in gerichtlichen Verfahren gegen Großbauern**, die ihre Ablieferungssolls nicht erfüllt haben oder Steuerschuldner sind. Am 9.4. regeln zwei Verordnungen des Ministerrates den **Entzug der Lebensmittelkarten** für Selbständige und sogenannte Grenzgänger (Personen mit Wohnsitz in Ost-Berlin sowie in den Bezirken Frankfurt/Oder und Potsdam, die in West-Berlin arbeiten). Damit sind etwa 2 Mio. Personen allein auf den Einkauf von frei verkäuflichen Waren angewiesen, deren Preise zudem noch am 20.4. zum Teil angehoben werden. Zusätzlich verteuern sich Verkehrstarife (u.a. im Berufsverkehr). Auf administrativem Wege werden Anfang Mai die Umbenennung von Fürstenberg an der Oder in Stalinstadt (öffentliche Kundgebung mit *Ulbricht* am 7.5.) und von Chemnitz in Karl-Marx-Stadt (Kundgebung mit *Grotewohl* am 10.5.) sowie die Zusammenfassung der Rechtsanwälte in sogenannten »Kollegien« (15.5.) veranlaßt.

Kirchenproteste gegen Repression

Im Frühjahr geht die Staatsmacht durch Verhaftungen, massive Behinderungen, den Entzug von Kirchenbesitz und weitere Schikanen gegen Einrichtungen der Evangelischen Kirche vor, speziell gegen die **»Jungen Gemeinden«**, die alle kirchlichen Jugendaktivitäten von Jugend-

Aus einer Sondernummer der FDJ-Zeitung *Junge Welt* vom April über die Jungen Gemeinden

»Es erweist sich, daß die heuchlerische, mit christlichem Schein verbrämte ›Junge Gemeinde‹ direkt durch die in Westdeutschland und vorwiegend in Westberlin stationierten amerikanischen Agenten- und Spionagezentralen angeleitet wird. Der christliche Glaube vieler junger Menschen wird durch eine geschickt aufgebaute religiöse Staffage mißbraucht, um sie unter Vorspiegelung angeblich kirchlicher Betätigung nicht nur gegen die Deutsche Demokratische Republik aufzuhetzen, sondern auch zu feindlichen Handlungen, die schweren Strafen unterliegen, aufzuwiegeln.«

freizeiten bis hin zu Studentengemeinden organisieren (→ Kasten).

Als am 21.4. die Bischöfe der Evangelischen Kirchen in einem Kirchenwort gegen die Behinderungen protestieren, bezeichnet das Innenministerium die Jungen Gemeinden am 28.4. als illegal. Das gespannte Verhältnis zwischen Staat und Evangelischen Kirchen kann erst am 10.6. in einem Gespräch zwischen den Bischöfen *Dibelius, Hahn, Beste, Mitzenheim, Müller* sowie *von Scheven* und Ministerpräsident *Grotewohl*, zeitweilig verbessert werden.

Der 17. Juni

Die Empfehlung des KPdSU-Politbüros vom 15.4. an die deutschen Kommunisten, den harten wirtschaftlichen Kurs abzumildern, bleibt offenkundig von *Walter Ulbricht* unbeachtet. Einer »Empfehlung« des Zentralkomitees vom 13.5. folgend, verordnet der Ministerrat am 28.5. eine generelle, **mindestens zehnprozentige Erhöhung der Arbeitsnormen** in der DDR mit Wirkung vom 30.6. Sie bleibt auch nach Beschlüssen von ZK und Ministerrat vom 9. bzw. 11.6. über den »Neuen Kurs« (Rücknahme von Preiserhöhungen, Preissenkungen, erneute Ausgabe von Lebensmittelkarten, Rückgabe beschlagnahmten Landes republikflüchtiger Bauern u. a.) in Kraft. Die Normerhöhung wird am Morgen des 16.6. in einem Beschluß des Politbüros erneut ausdrücklich gutgeheißen und in einem Artikel der Gewerkschaftszeitung *Tribüne* verteidigt.

Nachdem es schon in den Tagen zuvor in verschiedenen Betrieben überall in der DDR zu **Arbeitsniederlegungen** im Zusammenhang mit der anstehenden Normerhöhung gekommen war, versammeln sich am 16.6. die Erbauer der »ersten sozialistischen Straße Deutschlands«, der Berliner Stalinallee, zum Streik, dem sich binnen weniger Stunden Angehörige der verschiedensten Berufe anschließen. Die Rücknahme des Normenbeschlusses durch das Politbüro am Abend des gleichen Tages ändert nichts mehr daran, daß der Streik am nächsten Tag in den **offenen Aufstand** gegen das SED-Regime übergeht, an dem Hunderttausende – Arbeiter, aber auch Angehörige anderer Schichten – in weit mehr als 500 Orten der DDR teilnehmen. Nun dominieren Forderungen nach freien Gewerkschaften, einer neuen Regierung, der Durchführung freier Wahlen und nach Wiedervereinigung das Geschehen, bei dem es auch zu Übergriffen gegen lokale Parteifunktionäre und Volkspolizisten kommt. Am Mittag des 17.6. verhängen sowjetische Stadtkommandanten den **Ausnahmezustand** und Ausgangssperren über ihre Gebiete, gehen mit Panzern gegen die Aufständischen vor und setzen das Standrecht gegen »Rädelsführer« ein. Damit wird der Aufstand niedergeschlagen, doch kommt es in vielen Orten bis zum 21.6. immer wieder zu Arbeitsniederlegungen.

Die **Auswirkungen des Aufstandes** sind vielfältig und treten teils unmittelbar, teils erst mittel- und langfristig zutage. Am 21.6. stellt das Zentralkomitee der SED in einer Erklärung neben der schon erfolgten Rücknahme einiger Beschlüsse zu Preis- und Tariferhöhungen und zu den Normen zahlreiche Verbesserungen in Aussicht; darunter Rentenerhöhungen, die Wiederherstellung von Rechten in der Sozialversicherung, die Herabsetzung von Investitionen in der Schwerindustrie zugunsten des Wohnungs- und Straßenbaus sowie die ununterbrochene Stromversorgung der Haushalte. – Widersacher *Walter Ulbrichts* verlangen in Reaktion auf den 17.6. die Entmachtung des Generalsekretärs. Am 30.6. räumt Justizminister *Max Fechner* in einem Interview mit dem *Neuen Deutschland* den Arbeitern ausdrücklich ein Streikrecht im Arbeiterstaat ein. Eine zwei Tage später abgedruckte »Berichtigung« deutet jedoch an, daß sich die Macht *Walter Ulbrichts* wieder festigt. *Fechner* wird am 15.7. verhaftet. Am 24.7. wird das Ministerium für Staats-

Nachwirkungen des 17. Juni

Das SED-Zentralorgan *Neues Deutschland* spricht am 17.6. bezogen auf die Streikaktionen am Vorabend von »Fehler(n)« und »unzulässigen administrativen Maßnahmen (...) zur Erhöhung der Normen«, die West-Berliner »Provokateuren einen günstigen Boden für ihre Umtriebe geschaffen« hätten. – In der Erfahrung des Aufstandes entsteht der Eindruck, das öffentliche Eingeständnis von Fehlern, nicht diese selbst, sei Auslöser des Aufstands gewesen, der seit dem Frühsommer 1953 offiziell als allein »von außen« gesteuerter »konterrevolutionärer« oder gar »faschistischer Putschversuch« definiert wird. Besonders dem West-Berliner Sender RIAS wird wegen seiner Streikberichterstattung eine lenkende Funktion zugewiesen. – Die Losung »Keine Fehlerdiskussion, Probleme werden im Vorwärtsschreiten gelöst« wird seit Mitte der fünfziger Jahre zur Leitlinie im Umgang mit Entwicklungsproblemen der DDR. Sie werden nicht oder nur verklausuliert öffentlich thematisiert; wer von dieser Regel abweicht, wird als jemand denunziert, der allein »dem Feind« Vorschub leisten will. – Auf der Seite der Aufständischen steht die Erfahrung, daß die SED-Herrschaft zwar leicht zu erschüttern, aber genauso leicht durch Mithilfe der sowjetischen Truppen wieder zu festigen ist. Im Arbeitsleben entsteht daraus einerseits eine Scheu der Arbeitnehmer, im Konfliktfall als »Rädelsführer« aufzutreten, andererseits zeigen sich Betriebsleitungen im nachhinein bei Konflikten meist als nachgebende Seite.

sicherheit zu einem Staatssekretariat im Innenministerium zurückgestuft. Die 15. Tagung des SED-Zentralkomitees (24.–26.7.) schließlich markiert die konsolidierte Macht *Ulbrichts*, die sich in wichtigen Personalentscheidungen und in der Unterstützung *Ulbrichts* durch die Sowjetunion zeigt. Aus dem Politbüro werden *Anton Ackermann, Rudolf Herrnstadt* (SED-Ausschluß am 23.1.1954), *Hans Jendretzky* (gleichzeitig als 1. Sekretär der SED-Bezirksleitung Berlin abgelöst), *Elli Schmidt* und *Wilhelm Zaisser* (SED-Ausschluß am 23.1.1954) ausgeschlossen, *Adalbert Hengst* muß das Zentralsekretariat verlassen. – Im September werden die ersten **Kampfgruppen** gebildet. – In Verhandlungen zwischen der UdSSR und der DDR

(20.–22.8.) werden das **Ende der Reparationslieferungen** und die Rückgabe der restlichen SAG (ausgenommen die mit Uranförderung befaßte Wismutgesellschaft) vereinbart. – Die von der Volkskammer am 8.10. beschlossenen Änderungen zum Volkswirtschafts- und Staatshaushaltsplan 1953, die eine verbesserte Versorgung mit Konsumgütern vorsehen, markieren das vorläufige Ende der Junikrise. – Neben den unmittelbaren Folgen hat der Aufstand auch nachhaltige Wirkungen (→ Kasten).
Die Konfliktscheu der DDR-Gesellschaft bis zum Ende des Staates zeigt sich auch in der großen Bedeutung besonderer Rechtsinstrumente, die schon vor dem 17.6. entstehen. So erläßt der Ministerrat am 6.2. die erste **Eingabenverordnung** in der Geschichte der DDR, am 30.5. eine Verordnung zur Bildung von **Konfliktkommissionen** in der volkseigenen Wirtschaft und in der staatlichen Verwaltung.

Deutschland- und Außenpolitik

Am 27.5. wandelt die sowjetische Regierung die Sowjetische Kontrollkommission in eine Hohe Kommission, am 1.10. die bisherige Diplomatische Mission der UdSSR in eine Botschaft um. Auf der 16. Tagung des SED-Zentralkomitees (17.–19.9.) erneuert *Ulbricht* das Angebot an die westdeutsche Seite, Beratungen über die politische und wirtschaftliche Ordnung eines wiedervereinigten Deutschlands aufzunehmen. Am 21.11., sieben Tage nach der BRD, schafft die DDR die Interzonenpässe ab. Bereits am 29.10. hatte sie die Ausgabe von Personalausweisen an in der DDR »ansässige deutsche Staatsangehörige« sowie an hier lebende Staatenlose verordnet. Der Umtausch der alten »Deutschen Personalausweise« ist bis 31.3.1954 abgeschlossen.

Wirtschaftliche Entwicklung

Das **Bruttoinlandsprodukt** wächst gegenüber dem Vorjahr als Folge der nach dem 17.6. veränderten Wirtschaftspolitik um lediglich 2,5% auf 91,7 Mrd. DM (in BRD-Preisen von 1989), was 17,3% des westdeutschen BIP ausmacht. Abgesehen von wenigen Nachlieferungen 1954 kommen die **Reparationen** mit Ablauf des Jahres zum Ende. Das Gesamtvolumen der Lieferungen beträgt mehr als 9,4 Mrd. US-$ in Preisen von 1938, die Besatzungskosten werden mit bisher mehr als 5,9 Mrd. US-$ angegeben. Nur

Demontageverluste nach Industriezweigen

Branche	*Kapazitätsverlust in %*
Treibstoffwerke	90
Brikettwerke	37
Optische Industrie	75
Leichtmetallhalbzeuge	95
Braunkohleindustrie	35
Metallurgie	87
Nichteisenmetallindustrie	87
Flugzeugindustrie	100
Flugzeugmotoren	100
Papierindustrie	30
Werkzeugmaschinenindustrie	75
Elektroindustrie	80
Spinnereien/Webereien	25
Druckgewerbe	22
Kraftfahrzeugindustrie	80

Quelle: Rainer Karlsch: Umfang und Strukturen der Reparationsentnahmen aus der SBZ/DDR 1945 bis 1953

knapp 4,3 Mrd. US-$ werden davon als geleistete Reparationen anerkannt (→ Graphik).

In der **Landwirtschaft** erhöht sich bis zum Jahresende die Anzahl der Landwirtschaftlichen Produktionsgenossenschaften (LPG) auf 4691, in denen 128 500 Bauern vereinigt sind. Den LPG

Reparationen und Besatzungskosten an die Sowjetunion 1945–1953 in Mrd. US-$ (1938)

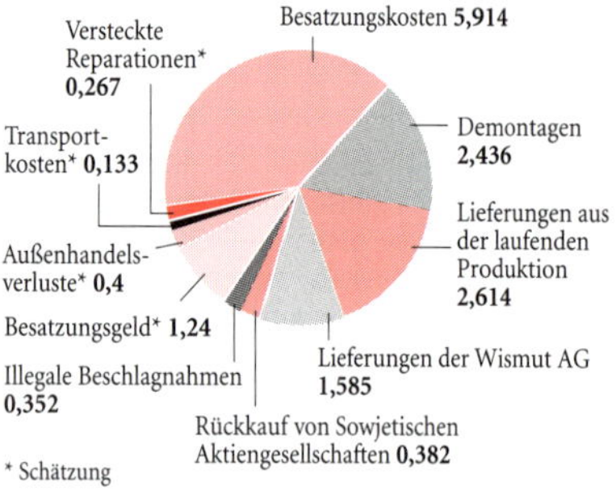

werden auch die Örtlichen Landwirtschaftlichen Betriebe (ÖLB) angeschlossen, im wesentlichen durch Republikflucht der Bauern entstandene unbewirtschaftete Höfe. Sie bewirtschaften 26 % der etwa 6,51 Mio. Hektar landwirtschaftlicher Nutzfläche. Am 14.1. wird der bisher von der Vereinigung der gegenseitigen Bauernhilfe verwaltete Maschinenpark der Maschinen-Ausleih-Stationen an die LPG übertragen.

1954

Vom Besiegten zum Verbündeten

Nach dem Scheitern der Berliner Außenministerkonferenz nehmen die Siegermächte des Zweiten Weltkriegs die einvernehmliche Lösung der Deutschlandfrage von der weltpolitischen Tagesordnung. Obwohl die Verträge zur Gründung der Europäischen Verteidigungsgemeinschaft (EVG) nicht in Kraft treten können, finden die westlichen Staaten unter dem Druck des Kalten Kriegs schnell zu einer Neuordnung ihrer Bündnissysteme, mit der sich auch die Hauptziele der Bundesregierung verwirklichen lassen: Westintegration, Wiederbewaffnung und Souveränität. Der innere Konsolidierungsprozeß schreitet fort. Zugleich verweist der innenpolitische Skandal um den Seitenwechsel des Verfassungsschutzpräsidenten *Otto John* auf die weiterhin aktuelle gesamtdeutsche Problematik.

Deutschland- und Sicherheitspolitik

Deutschlandpläne der Siegermächte: Auf der Viermächte-Konferenz vom 25.1.–18.2. in Berlin einigen sich die Außenminister *Molotow* (Sowjetunion), *Dulles* (USA), *Eden* (Großbritannien) und *Bidault* (Frankreich) auf Beschlüsse zu Korea und Indochina. In der Deutschlandfrage konfrontieren sich beide Seiten mit unvereinbaren Vorschlägen. Premierminister *Eden* stellt als Vorschlag der Westmächte einen 5-Punkte-Stufenplan zur Wiedervereinigung Deutschlands vor (**Eden-Plan**): 1. Gesamtdeutsche freie Wahlen unter alliierter Kontrolle; 2. Einberufung einer Nationalversammlung; 3. Vorbereitung eines Friedensvertrags und einer Verfassung; 4. Annahme der Verfassung und Bildung einer gesamtdeutschen Regierung; 5. Friedensvertrag ohne vorherige Bindung an ein Bündnis. Dagegen steht **Molotows Vor-**

schlag: 1. Ausarbeitung eines Friedensvertrags mit Vertretern beider deutscher Staaten; Deutschland müsse sich darin zur Neutralität verpflichten und in ein kollektives europäisches Sicherheitssystem einbinden lassen; 2. Einsetzung einer provisorischen gesamtdeutschen Regierung durch Bundestag und Volkskammer; 3. weitgehender Abzug der Besatzungstruppen und gesamtdeutsche Wahlen; 4. Bildung einer gesamtdeutschen Regierung. – Am 31.3. erklärt sich die **Sowjetunion zum NATO-Beitritt bereit**, wenn die Westmächte sich ihrerseits einem gesamteuropäischen Sicherheitssystem anschließen und auf die Verwirklichung der EVG verzichten. Die drei Westmächte weisen diese Initative am 7.5. zurück. Einen weniger umfassenden sowjetischen Vorschlag vom 24.7. beantworten sie am 10.9. mit der Bereitschaft zu einer Konferenz über die europäische Sicherheit, wenn die Sowjetunion zuvor den österreichischen Staatsvertrag unterzeichnet und der Abhaltung freier gesamtdeutscher Wahlen zustimmt. – Am 23.10., dem letzten Tag der Pariser Konferenzen (→ unten), erklärt sich die Sowjetunion bereit, den **Eden-Plan als Diskussionsgrundlage** anzunehmen; warnt aber zugleich, die militärische Integration der Bundesrepublik in den Westen entzöge der Wiedervereinigung Deutschlands für lange Zeit die Grundlage.

EVG-Krise: Am 31.8. lehnt die französische Nationalversammlung mit großer Mehrheit den EVG-Vertrag ab. Das vorläufige Scheitern einer militärischen Integration Westeuropas impliziert, daß auch der Deutschlandvertrag vom 26.5.1952 nicht in Kraft treten kann.

Pariser Verträge: Um die offenen Bündnisfragen und das Souveränitätsproblem der Bundesrepublik zu lösen, schlägt die **Londoner Neun-Mächte-Konferenz** (28.9.–3.10.) – an ihr nehmen die drei Westmächte, die Benelux-Staaten, Kanada, Italien und die Bundesrepublik teil – ein System von Vereinbarungen vor, das auf den **vier Pariser Konferenzen** vom 19.–23.10. zu mehreren, teilweise aneinander gebundenen Vertragswerken führt (→ Kasten).

Wiederaufrüstung: Mit der Zweidrittel-Mehrheit der Regierungsparteien beschließt der Bundestag am 26.2. eine **Ergänzung des Grundgesetzes** (Art. 73), die dem Bund die ausschließliche Gesetzgebungskompetenz in Angelegenheiten der Verteidigung, der Wehrpflicht und des Zivilschutzes einräumt **(Wehrhoheit)**. Das Wehrergänzungsgesetz ist Voraussetzung für

Pariser Verträge

Das am 23.10. 1954 in Paris unterzeichnete Vertragswerk bildet die Grundlage für die Aufhebung des Besatzungsregimes über die Bundesrepublik, die Erlangung ihrer Souveränität und ihre Einbindung in das atlantische Bündnissystem mit einem eigenen Verteidigungsbeitrag. Es tritt an die Stelle des am 26./27.5. unterzeichneten Deutschlandvertrags und des Vertrags über die Gründung einer Europäischen Verteidigungsgemeinschaft (EVG).

1. **Deutschlandvertrag**, vereinbart durch die drei Westmächte und die Bundesrepublik (»Protokoll über die Beendigung des Besatzungsregimes in der Bundesrepublik Deutschland«): Er revidiert den nicht in Kraft getretenen Deutschlandvertrag von 1952, gewährt die Souveränität der Bundesrepublik unter Vorbehalten, setzt das Besatzungsstatut außer Kraft und erneuert die Sicherheitsgarantien für die Bundesrepublik und West-Berlin. Ein ergänzender Vertrag regelt die weitere Stationierung von Streitkräften der Westmächte.
2. **Gründung der Westeuropäischen Union (WEU)** mit Sitz in London (»Protokoll zur Änderung und Ergänzung des Brüsseler Vertrags«): Italien und die Bundesrepublik treten dem Brüsseler Pakt vom 17.3. 1948 bei, dem bisher England, Frankreich und die Benelux-Staaten angehören und in dem sich die Mitglieder zu enger politischer und wirtschaftlicher Zusammenarbeit sowie jedem in ihrer Macht liegenden Beistand im Verteidigungsfall verpflichten. Oberstes Entscheidungsorgan ist der Rat der sieben Außenminister. Die militärischen Aufgaben des Verteidigungspaktes überträgt die WEU, wie schon zuvor der Brüsseler Pakt, dem NATO-Oberbefehlshaber für Europa. Die Bundesrepublik bringt ihre gesamten Streitkräfte in die WEU ein, ohne einen eigenen Generalstab zu bilden. Sie verzichtet auf die Produktion von atomaren, chemischen und biologischen Waffen und akzeptiert gewisse Rüstungsbeschränkungen und die Aufsicht eines speziellen Rüstungskontrollamtes der WEU.
3. **Beitritt der Bundesrepublik zur NATO**: Die 14 Partnerstaaten des Nordatlantikpakts (Gründung am 4.4. 1949, Erweiterung am 15.2. 1952) laden die in die WEU eingebundene Bundesrepublik zum Beitritt ein; zugleich anerkennen sie die Bundesregierung als einzige legitime deutsche Regierung und verpflichten sich dem Ziel der Wiedervereinigung Deutschlands. Die Bundesrepublik verzichtet auf die Anwendung von Gewalt bei der Verfolgung des Ziels der Wiedervereinigung sowie in Fragen der Grenzkorrektur und bekennt sich zur Charta der Vereinten Nationen.
4. **Saarstatut:** Frankreich und die Bundesrepublik verständigen sich auf eine Europäisierung des Saarlandes innerhalb der WEU, deren Außenminister-Rat einen Kommissar für die Landesverteidigung und Außenpolitik einsetzt. Die Währungs- und Zollunion mit Frankreich bleibt bestehen; alle demokratischen Freiheiten sollen wiederhergestellt werden. Die Bevölkerung des Saarlandes soll über das Statut drei Monate nach dessen Inkrafttreten abstimmen.

Die französische Nationalversammlung billigt die Verträge am 29.12. 1954, der Deutsche Bundestag am 27.2. 1955. Sie treten am 5.5. 1955 in Kraft.

die Verfassungsmäßigkeit des EVG-Vertrags und die Aufstellung bundesdeutscher Militärverbände. – Am 28.4. beginnt die »Dienststelle Blank« mit der Aussendung von 140 000 Bewerbungsbögen an Freiwillige. – Im Anschluß an die Pariser Verträge sichern die USA am 1.11. der Bundesrepublik für die ersten drei Jahre der Aufrüstung **Finanzhilfen** von 12,6 Mrd. DM zu. Am 14.12. wird bekannt, daß alliierte Militärexperten mit einem deutschen Rüstungsbedarf von 45 Mrd. in den ersten drei Jahren rechnen.

Weitere außenpolitische Ereignisse

Am 20.5. verständigt sich Bundeskanzler *Adenauer* in Straßburg mit der französischen Regierung über Grundsätze zur **Lösung der Saarfrage**. Sie gehen in das **Saarstatut** ein, das *Adenauer* und der französische Ministerpräsident *Pierre Mendès-France* am 23.10. als Teil der Pariser Verträge unterzeichnen (→ oben). Die Fraktionen der FDP und des GB/BHE, Koalitionspartner in der Regierung, lehnen am 28.10. bzw. 2.11. das Saarstatut ab. – Einstimmig billigt der Bundestag am 8.7. den Beitritt der Bundesrepublik zur **UN-Konvention** über die Verhütung und Bestrafung des Völkermordes. – Bei seinem **Besuch in den USA** vom 27. bis 31.10. handelt *Adenauer* ein Freundschafts-, Handels- und Schiffahrtsabkommen aus; während einer Pressekonferenz überrascht er mit dem **Vorschlag eines Nichtangriffspakts** zwischen den NATO- und den Ostblockstaaten. – Vom 8. bis 13.11. besucht Äthiopiens Kaiser *Haile Selassie* als erster offizieller Staatsgast die Bundesrepublik.

Deutsch-deutsche Beziehungen

Am 11.3. begründet der Bundesminister für gesamtdeutsche Fragen, *Jakob Kaiser* (CDU), die für den Amtsgebrauch erlassene **Sprachregelung**, die DDR nur als »sowjetische Besatzungszone« (SBZ) oder »Mitteldeutschland« zu bezeichnen. Der Begriff »Ostzone« dürfe sich nur auf die ehemals deutschen Ostgebiete jenseit der Oder-Neiße-Linie beziehen. – Nach Anerkennung der staatlichen **Souveränität für die DDR** durch die Sowjetunion bekräftigt der Bundestag am 8.4. in einer von allen Fraktionen getragenen Entschließung den **Alleinvertretungsanspruch** der Bundesrepublik für ganz Deutschland; am folgenden Tag bestätigen ihn auch die Alliierten Hohen Kommissare. – Am 14.6. gründen in Bad Neuenahr 28 prominente Vertreter des öffentlichen Lebens das **Kuratorium Unteilbares Deutschland**, das sich als Kern einer Volksbewegung zur Wiedervereinigung Deutschlands versteht. Präsident des Kuratoriums wird *Paul Löbe* (SPD). – Mit zahlreichen Veranstaltungen zum ersten Jahrestag des niedergeschlagenen Aufstands in der DDR am 17.6.1953 wird in der Bundesrepublik die Gedenktradition des **Tages der Deutschen Einheit** begründet.

Entnazifizierung

Urteile: Das Landgericht Dortmund billigt in seinem Freispruch vom 31.3. 20 ehemaligen Angehörigen des Polizeibataillions 61 **Befehlsnotstand** zu, als sie im Sommer 1942 insgesamt 110 Juden im Warschauer Ghetto erschossen, und spricht sie von der Anklage des Mordes bzw. des Totschlags frei. – Das Landgericht München I spricht in einem Revisonsverfahren zwei ehemalige hohe Beamte der Geheimen Staatspolizei (Gestapo) von der Anklage frei, Beihilfe zum

Totschlag von 20 inhaftierten Zwangsarbeitern geleistet zu haben; es sei nicht zu widerlegen, daß sie **keine Einsicht in die Rechtswidrigkeit** der ihnen erteilten Befehle gehabt hätten.
Amnestie: Der Bundestag gewährt am 16.7. mit dem Amnestiegesetz allen Tätern Straffreiheit, die »unter dem Einfluß der außergewöhnlichen Verhältnisse« zwischen Oktober 1944 und Juli 1945 »in der Annahme einer Amts-, Dienst- oder Rechtspflicht« durch Taten straffällig geworden sind, die nach Gesetz mit bis zu drei Jahren Haft geahndet würden. Die Amnestie schließt Mord aus, nicht jedoch Totschlag. Wer aus Furcht vor Strafverfolgung eine falsche Identität angenommen hat und sich bis zum 31.12. freiwillig bei der Politzei meldet, soll straffrei ausgehen.

Weitere innenpolitische Ereignisse

Kommunisten-Verfolgung: In mehreren Verhaftungswellen nimmt die Polizei im Laufe des Jahres zahlreiche Funktionäre und Mitglieder der KPD und der verbotenen FDJ fest, u. a. am 24.5. die ehemaligen KPD-Bundestagsabgeordneten *Fritz Rische* und *Walter Fisch*. Sie werden beschuldigt, an der Abfassung oder Verbreitung des im Vorjahr von der Partei beschlossenen und von den Justizbehörden als »hochverräterisches Unternehmen« gewerteten »Programms zur nationalen Wiedervereinigung Deutschlands« beteiligt gewesen zu sein. Der Bundesgerichtshof verurteilt am 6.5. zwei und am 2.8. drei KPD-Funktionäre zu mehrjährigen Gefängnisstrafen. Der KPD-Vorsitzende *Max Reimann* setzt sich, wie andere führende Parteifunktionäre, in die DDR ab. Am 23.11. beginnt vor dem Bundesverfassungsgericht die Verhandlung über das von der Bundesregierung beantragte Verbot der KPD.
Schriften- und Presseverbote: Die Bundesprüfstelle für jugendgefährdende Schriften nimmt am 18.5. in Bonn ihre Arbeit auf. Nach Maßgabe des Gesetzes über die **Verbreitung jugendgefährdender Schriften** (»Schund- und Schmutzgesetz«) vom 9.6. indiziert sie Werke, die nicht mehr angeboten und verkauft werden dürfen.
Bundespräsidentenwahl, Bundestagspräsident: Die am 17.7. in West-Berlin tagende Bundesversammlung bestätigt Bundespräsident *Theodor Heuss* mit 871 von 987 Stimmen im Amt. Zuvor hatte die SPD am 11.6. auf die Aufstellung eines eigenen Kandidaten verzichtet

und ihren Delegierten empfohlen, *Heuss* zu wählen. – Nach dem Tod des Bundestagspräsidenten *Hermann Ehlers* (CDU) am 29.10. wählt der Bundestag den CDU-Abgeordneten *Eugen Gerstenmaier* am 16.11. zu seinem Nachfolger.

Affäre John: Am 20.7. aus West-Berlin verschwunden, meldet sich der Präsident des Bundesverfassungsschutzes, *Otto John*, mit einer Rundfunkansprache aus Ost-Berlin. Er gibt an, **freiwillig übergewechselt** zu sein, um mit seinem spektakulären Schritt eine neue Phase in den Bemühungen um die deutsche Wiedervereinigung einzuleiten; von Westdeutschland aus sei dies nicht mehr möglich. Bundesinnenminister *Gerhard Schröder* mutmaßt am 26.7., *John* sei nicht aus freien Stücken übergewechselt und setzt am 8.8. eine Belohnung von 500 000 DM für die Aufklärung des Falles aus. Die Bundesregierung bittet zugleich die Westalliierten, bei der Sowjetunion darauf zu dringen, daß die DDR John wieder freigibt.

Sonstiges: Der Gewinn der **Fußballweltmeisterschaft** durch die bundesdeutsche Elf am 4.7. in Bern (Schweiz) entfacht in der Bundesrepublik eine weitverbreitete Stimmung des nationalen Wiederaufstiegs.

Wirtschaftspolitik, Tarifpolitik

Tarifkonflikte: Im Konflikt über **verlängerte Ladenschlußzeiten** (verkaufsoffener Samstag) kommt es am 20.2. in München zu Straßenschlachten zwischen Einzelhandelsangestellten und der Polizei. – **Arbeitskämpfe** beginnen am 3.8. in Hamburg und am 9.8. in der bayerischen Metallindustrie. Im öffentlichen Dienst **Hamburgs** setzen die Beschäftigten der Verkehrsbetriebe und der Gas- und Wasserwerke nach neun Tagen Streik eine Entgelterhöhung von rd. 4,5 % durch. Der Tarifkonflikt in **Bayern** weitet sich zum bisher größten und längsten Streik in der Geschichte der Bundesrepublik aus; beteiligt sind 200 000 Arbeitnehmer. Der Ausstand endet mit der Annahme eines Schiedsspruchs am 31.8.

Kohleförderung: Als Folge der ersten Absatzkrise müssen rd. 10 000 Bergleute mehrerer Zechen des Ruhrgebiets am 22.3. Feierschichten einlegen. Die Kohle- und Koks-Halden sind trotz Exportsteigerungen (1954: 14,8 %) auf rd. 4,4 Mio t angewachsen, seit im Zuge der Montanunion-Liberalisierung in der Bundesrepublik vermehrt billigere Kohle aus dem Ausland importiert wird. Am 1.4. hebt die Hohe Behörde der Montanunion die Subventionierung der deutschen Kohlepreise für Hausbrand und Transportenergie (Schiffahrt und Bundesbahn) auf. Insgesamt fallen 1954 auf den Ruhrzechen, in denen rd. 385 000 Kumpel beschäftigt sind, 500 000 Feierschichten an.

Bundesländer

Niedersachsen: In Hannover demonstrieren am 7.3. rd. 50 000 Katholiken gegen die von der niedersächsischen Landesregierung geplante Einführung von **»christlichen Gemeinschaftsschulen«** als Regelschulen, was die Umwandlung von insgesamt 150 katholischen Volksschulen zur Folge hat. Das Gesetz tritt am 1.10. in Kraft, wird jedoch weiterhin heftig bekämpft. Mit dem Blick auf die in Niedersachsen geführte Auseinandersetzung bestätigt Bundeskanzler *Adenauer* am 12.11. die Gültigkeit des 1933 zwischen dem Deutschen Reich und dem Vatikan geschlossenen Konkordats, das eine **Bestandsgarantie für katholische Bekenntnisschulen** enthält. Am 1.12. beruft sich auch Papst *Pius XII.* in einem Schreiben an die bundesdeutschen Bischöfe auf das Reichskonkordat und besteht auf der Beibehaltung von Konfessionsschulen (→ 1957).

Bayern: Obwohl die CSU bei der Wahl zum 3. Landtag am 28.11. mit 38 % (+10,6 %) der Stimmen stärkste Partei wird, können SPD, BHE, FDP und die Bayernpartei eine Regierungskoalition bilden. Am 13.12. löst der bisherige Innenminister *Wilhelm Hoegner* (SPD) den CSU-Vorsitzenden *Hans Ehard* im Amt des Ministerpräsidenten ab. Die ausgebootete CSU kündigt an, eine Volksbewegung gegen die »sozialistische Herrschaft« zu mobilisieren (→ Graphik).

Wahl zum 3. Landtag von Bayern am 28.11.1954 (1950)

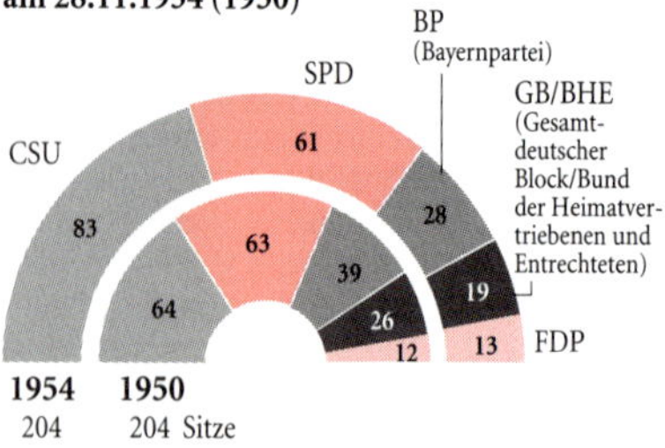

1954 DDR

Rückkehr zum harten Kurs

Unter den Vorzeichen einer wieder gefestigten Herrschaft der SED knüpft die Partei- und Staatsführung an frühere Konzepte der forcierten staatssozialistischen Entwicklung an. Nach der Unterordnung aller Blockparteien unter die noch nicht in der Verfassung festgeschriebene Führungsrolle der SED bleiben die Kirchen die alleinigen autonomen Großorganisation in der DDR-Gesellschaft.

Gefestigte SED-Führung

Bis zum IV. Parteitag der SED, der vom 30.3.–6.4. in Berlin stattfindet, wird die noch vor dem 17. Juni 1953 begonnene **Politik des »Neuen Kurses« beendet**. Statt dessen kehrt die SED-Führung unter *Walter Ulbricht* zur **Politik eines harten Strukturwandels** in Staat, Wirtschaft und Gesellschaft zurück. Damit ist innerhalb der Staatspartei ein Austausch von Funktionären, vor allem auf der mittleren Ebene der Bezirks- und Kreisleitungen verbunden. Von den 1952 gewählten Mitgliedern der Bezirksleitungen scheiden bis 1954 über 60 % wieder aus, von den 1. und 2. Kreissekretären sogar über 70 %. Am 23.1. werden die schon aus dem Politbüro ausgeschlossenen *Rudolf Herrnstadt*, *Wilhelm Zaisser* (beide werden zudem aus der Partei verstoßen), *Anton Ackermann*, *Hans Jendretzky* und *Elli Schmidt* aus dem Zentralkomitee ausgeschlossen. Mit dem vom Parteitag verabschiedeten **neuen SED-Statut** wird die Funktion des SED-Vorsitzenden – bisher von *Wilhelm Pieck* (zuvor KPD) und *Otto Grotewohl* (früher SPD) gemeinsam bekleidet – abgeschafft; *Walter Ulbricht* wird 1. Sekretär und damit auch offiziell stärkster Mann der SED-Spitze.

Die **Disziplinierung der Blockparteien** kommt zum Abschluß. Am 9.6. wird der erste DDR-Außenminister, *Georg Dertinger* (CDU),

wegen Spionage zu 15 Jahren Haft verurteilt, am 14.6. folgen Urteile gegen »Rädelsführer« des Juniaufstandes; am 14.7. wird gegen den ehemaligen Minister für Handel und Versorgung, *Karl Hamann* (LDPD), eine zehnjährige Haftstrafe verhängt. Das endgültige Einschwenken der CDU auf den Weg des staatssozialistischen Aufbaus (Erklärung vom 22.7.1952) kurz nach der 2. Parteikonferenz der SED wird beim 7. Parteitag der CDU in Weimar (21.–25.7.) in Satzung und Programm der Partei festgeschrieben. Nach einem erneuten Beschluß des Demokratischen Blocks vom 26.7. über eine gemeinsame Kandidatenliste aller im Block vereinigten Parteien und Massenorganisationen zu den zweiten Volkskammerwahlen werden am 18. und 19.9. erstmals **»Wahlvertreterversammlungen«** durchgeführt, auf denen Wähler formal die sich hier vorstellenden Kandidaten für die Liste »bestätigen« können.

Volkskammerwahlen und Regierungsbildung

Die am 17.10. neugewählte Volkskammer (98,4 % Beteiligung, 99,5 % Ja-Stimmen) symbolisiert in ihrer Zusammensetzung und in den von ihr bestimmten Exekutivorganen die Dominanz der SED als Staatspartei. Die neue Regierung, die am 19.11. auf der Grundlage des am 16.11. beschlossenen neuen »Gesetzes über den Ministerrat« gebildet wird, besteht mehrheitlich aus SED-Mitgliedern, die alle wichtigen Ministerien leiten oder als machtvolle Staatssekretäre andere Ministerialbereiche unter Kontrolle halten (→ Kasten). Im Präsidium der Volkskammer sitzen 13 Mitglieder, darunter neun SED-Mitglieder. Von den Abgeordneten der ersten Volkskammer kommen nur 180 wieder ins Parlament, acht waren in der vergangenen Legislaturperiode verhaftet worden (1 CDU, 6 LDPD, 1 SED), 17 in den Westen geflohen und 44 zur Aufgabe ihres Mandates bewegt worden.

Innenpolitik

In der **Kirchenpolitik** der SED wird die frühere offene Konfrontation vor allem mit evangelischen Würdenträgern durch subtilere Methoden der ideologischen Auseinandersetzung ergänzt bzw. ersetzt. Am 14.3. verabschiedet das Politbüro einen **Beschluß zur »Politik der Partei in Kirchenfragen«**. Ziel ist es, einerseits

Der Ministerrat der DDR am 19.11. 1954

Vorsitzender: *Otto Grotewohl* (SED)
Stellvertretende Vorsitzende: *Walter Ulbricht* (SED); *Otto Nuschke* (CDU); *Lothar Bolz* (gleichzeitig Außenminister, NDPD); *Hans Loch* (gleichzeitig Finanzminister, LDPD); *Heinrich Rau* (gleichzeitig Minister für Maschinenbau, danach für Außen- und innerdeutschen Handel, SED); *Paul Scholz* (gleichzeitig Minister für Land- und Forstwirtschaft, DBD); *Willi Stoph* (gleichzeitig Innenminister, SED)
Vorsitzender der Staatlichen Plankommission: *Bruno Leuschner* (SED)
Minister: Kultur: *Johannes R. Becher* (SED); Justiz: *Hilde Benjamin* (SED); Post- und Fernmeldewesen: *Friedrich Burmeister* (CDU); Leichtindustrie: *Wilhelm Feldmann* (NDPD); Volksbildung: *Fritz Lange* (SED); Schwerindustrie: *Fritz Selbmann* (SED); Gesundheitswesen: *Luitpold Steidle* (CDU); Handel und Versorgung: *Curt Wach* (SED); Lebensmittelindustrie: *Kurt Westphal* (SED); Aufbau: *Heinz Winkler* (CDU)
Staatssekretäre: Körperkultur und Sport: *Manfred Ewald* (SED); Hoch- und Fachschulwesen: *Gerhard Harig* (SED); Örtliche Wirtschaft: *Karl Kasten* (SED); Koordinierung der gesamten Finanzwirtschaft: *Willi Rumpf* (SED); Erfassung und Aufkauf landwirtschaftlicher Erzeugnisse: *Hermann Streit* (SED)
Präsidentin der Deutschen Notenbank: *Greta Kuckhoff* (SED)

die einfachen Mitglieder von Kirchen und Religionsgemeinschaften in die staatssozialistische Gesellschaft zu integrieren, andererseits sollen die »reaktionären Kräft» in den Kirchenleitungen isoliert und deren »chauvinistische und militaristische Hetze« entlarvt werden. Der Beschluß sieht schließlich Schritte zur Einführung der **Jugendweihe** in der DDR vor. Mit einem am 13.11. vom »Zentralen Ausschuß für Jugendweihe« herausgegebenen Aufruf werden Eltern aufgefordert, ihre Kinder im Konfirmations- bzw. Firmungsalter für die atheistische Jugendweihe 1955 anzumelden. Die evangelische (am 30.11. und erneut am 7. 1. 1955) sowie die katholischen Kirchen (am 26.12. und erneut am 1. 2. 1955) wenden sich gegen die Jugendweihe und erklären diese mit der nach wie vor staatlicherseits nicht verbotenen Firmung oder Konfirmation für unvereinbar. Die harte Haltung der Kirchenführungen überläßt es damit aber den Kirchenmitgliedern selbst, dem stärkeren Druck der staatlichen Seite in dieser Frage zu widerstehen (→ 1955 und folgende Jahre).

Als Zeichen der nach wie vor starken Präsenz der evangelischen Kirchen, die in Ostdeutschland die übergroße Mehrheit der Christen vereinen, versteht die EKD die Feier von **Kirchentagen** in der DDR. Der VI. Deutsche Evangelische Kirchentag findet vom 7.–11.7. in Leipzig statt und vereint 500 000 Teilnehmer aus allen Teilen Deutschlands, darunter führende Politiker beider Staaten. – Offenkundig ist jedoch der Staat auch auf dem Gebiet von Großereignissen, die besonders attraktiv für junge Menschen sind, bemüht, Alternativen zu etablieren. So findet vom 19.–22.8. in Leipzig das »**1. Deutsche Turn- und Sportfest**» statt.

Deutschland- und Außenpolitik

Vor dem Hintergrund des Ost-West-Konfliktes, der auch Inhalt und Verlauf internationaler Verhandlungen (Außenministerkonferenzen der vier Siegermächte vom 25.1.–18.2. sowie der fünf Großmächte USA, Frankreich, Großbritannien, UdSSR und VR China in Genf vom 26.4.–21.7.) bestimmt, vertieft sich die deutsche Spaltung. Die DDR behält ihre **Wiedervereinigungsrhetorik** bei und entfaltet hierzu zahlreiche Aktivitäten. Hierzu gehören die Bildung eines Ausschusses für Deutsche Einheit am 7.1., eine Entschließung der Volkskammer zur Deutschlandfrage vom 3.2. und die briefliche Aufforderung des SED-Zentralkomitees an den Parteivorstand der SPD vom 15.2., gemeinsam mit dem FDGB und dem DGB für die sowjetische Deutschlandpolitik Partei zu ergreifen (von *Erich Ollenhauer* bereits am 17.2. abgelehnt). Bei der Volksbefragung über die Alternative: EVG-Vertrag oder Friedensvertrag vom 27.–29.6. votieren 93% der DDR-Bürger für einen Friedensvertrag. Gleichzeitig zielen die genannten Erklärungen, Beschlüsse und Befragungen darauf ab, die Wiedervereinigung allein zu östlichen Bedingungen zulassen zu wollen. Hierin stimmt die Politik der DDR mit der der Bundesrepublik unter umgekehrten Vorzeichen überein.

Am 25.3. gewährt die Sowjetunion der DDR **erweiterte Souveränitätsrechte** und setzt am

7.8. eine Reihe von älteren, aber immer noch gültigen Befehlen der Sowjetischen Militäradministration und der Sowjetischen Kontrollkommission außer Kraft. In einer Erklärung der Westalliierten Hohen Kommission vom 8.4. zur Souveränitätsübertragung wird nochmals auf die Anerkennung der Bundesregierung als alleiniger deutscher Regierung durch den Westen verwiesen. Bei der »1. Konferenz europäischer Staaten zur Gewährleistung des Friedens und der Sicherheit in Europa« in Moskau vom 29.11.–2.12., an der die Volksrepublik China als Beobachter teilnimmt, reagieren die Ostblockstaaten mit einer gemeinsamen Erklärung. Darin wird die deutsche Wiedervereinigung vom Verzicht auf die westdeutsche Wiederbewaffnung abhängig gemacht. – Ab 22.12. regelt das schon am 15.9. verabschiedete **Paßgesetz**, daß DDR-Bürger das Land nur mit einem Ausreise- und Wiedereinreisevisum verlassen können, das in einem Reisepaß eingetragen sein muß.

Wirtschaftliche Entwicklung

Das **Bruttoinlandsprodukt** wächst gegenüber dem Vorjahr um 3,2% auf 94,6 Mrd. DM (in BRD-Preisen von 1989), was 16,6% des westdeutschen BIP entspricht. Nach dem Ende der Reparationslieferungen und der Übergabe der letzten 33 in sowjetischem Besitz befindlichen Betriebe zum 1.1. wandeln sich die vorherigen Reparationsbeziehungen in ausnahmslos reguläre Außenhandelsbeziehungen. Lediglich die erst nach 1945 gefundenen Uranvorkommen im Süden der DDR werden auch fortan von einem, in die einzige »Sowjetisch-Deutsche

Aktiengesellschaft« umgewandelten Unternehmen, der SDAG Wismut ausgebeutet.

In der **Landwirtschaft** erhöht sich die Anzahl der Landwirtschaftlichen Produktionsgenossenschaften (LPG) leicht auf 5120, in denen 158 356 Bauern vereinigt sind. Durch die Rückgabe von Land an aus Westdeutschland zurückkehrende Bauern oder die Annullierung von Beschlagnahmebeschlüssen verringert sich – einmalig in der Geschichte der DDR – der Anteil der von LPG und Volkseigenen Gütern (VEG) bewirtschafteten Flächen auf 24,5% der Gesamtfläche. Die Kollektivierungsstrategie ist damit nicht aufgegeben: am 17.2. beschließt die Volkskammer ein Gesetz, das die Entschuldung der Klein- und Mittelbauern vorsieht, die in die Genossenschaften eintreten wollen.

Soziale Daten

Bevölkerung: Nach westlichen Angaben siedeln 184 198, nach DDR-Angaben 173 279 Personen nach Westdeutschland über, 77 239 Personen kehren von dort zurück oder siedeln über. – Am 14.5. erläßt die Regierung eine Verordnung über die Bildung von Arbeiterwohnungsbaugenossenschaften (AWG). Künftig können Mieter durch Einzahlung von Genossenschaftsanteilen sowie durch Arbeitsleistungen Anspruch auf eine verbilligte Wohnung erwerben.

Preise und Lebenshaltung: Am 6.6. werden die HO-Preise für Schuhe, Backwaren, Schlachtfette u. a., am 13.9. für weitere Lebens- und Genußmittel gesenkt sowie einige Postgebühren verringert. – Das **Fernsprechnetz** der Deutschen Post wächst um 32 200 auf etwa 457 000 Anschlüsse an.

1955

Souveränität und Westbindung

Mit dem Ende der alliierten Besatzung und der Rückkehr der letzten Kriegsgefangenen aus der Sowjetunion beschließt das Jahr 1955 – zehn Jahre nach dem Ende des Zweiten Weltkriegs – die zweite Phase der Nachkriegszeit. Die mit einer Verfestigung der beiden globalen Machtblöcke einhergehende Erlangung der staatlichen Souveränität für beide Teile Deutschlands begräbt zugleich die Hoffnung auf eine Überwindung der Spaltung Deutschlands unter realpolitisch kalkulierbaren Bedingungen. Der Erfolg seines Moskaubesuchs scheint den Kurs Bundeskanzler *Adenauers*, die »Einheit in Freiheit« durch eine Politik der westlichen Stärke zu erlangen, zu bestätigen. Die politisch heterogene Friedensbewegung, zum großen Teil zugleich gesamtdeutsch orientiert, erlebt in der Auseinandersetzung um Wiederbewaffnung und Westintegration einen Höhepunkt, jedoch auch ihre entscheidende Niederlage.

Deutschlandpolitik

Deutschlandfrage: In einer **»Erklärung zur deutschen Frage«** vom 15.1. warnt die sowjetische Regierung den Deutschen Bundestag, der geplante Beitritt zur NATO werde die Spaltung Deutschlands unumkehrbar machen; zugleich erneuert sie das Angebot, auf einer Konferenz der vier Siegermächte »über die Frage der Wiederherstellung der deutschen Einheit auf der Grundlage der Durchführung gesamtdeutscher freier Wahlen« noch im Jahr 1955 verhandeln zu wollen, wenn der Bundestag auf die Ratifizierung der Pariser Abkommen verzichtet. Die DDR schließt sich dem Angebot am 20.1. an. Bundeskanzler *Adenauer* lehnt die Vorschläge kategorisch ab. – Am 25.1. erklärt das Präsidium

des Obersten Sowjets der SU den **Kriegszustand mit Deutschland für beendet** und erklärt sich bereit, die Beziehungen zur Bundesrepublik zu normalisieren; die Lösung der deutschen Frage sei eine rein deutsche Angelegenheit. Bis Ende März vollziehen auch die anderen Ostblockstaaten diesen Schritt. – Am 27.2. ratifiziert der Bundestag gegen die Stimmen der Opposition die Pariser Verträge. Mit Hinterlegung der Ratifikationsurkunden in Bonn durch die USA und die Bundesrepublik (am 20.4.) sowie Großbritannien und Frankreich am 5.5. treten sie in Kraft (→ 1954). Bundeskanzler *Adenauer* proklamiert die **Souveränität** der Bundesrepublik Deutschland. Die bisherigen Hohen Kommissare – *James B. Conant* für die USA, *André François-Poncet* für Frankreich und *Frederick Robert Hoyer-Millar* für Großbritannien – legen ihre Ämter nieder und überreichen als Botschafter in Bonn ihre Beglaubigungsschreiben. – Am 7.5. wird die Bundesrepublik Mitglied der Westeuropäischen Union, am 9.5. der NATO. – Auf der **Gipfelkonferenz in Genf** vom 17.–23.7. beraten erstmals seit der Potsdamer Konferenz 1945 die Regierungschefs und Außenminister der vier Siegermächte (USA: *Dwight D. Eisenhower, John Foster Dulles*; UdSSR: *Nikita Chruschtschow, Nikolai Bulganin, Wjatscheslaw Molotow*; Großbritannien: *Anthony Eden, Harold Macmillan*; Frankreich: *Edgar Faure, Antoine Pinay*). Als Beobachter sind Delegationen der Bundesrepublik und der DDR zugelassen. Die Delegationen erzielen **in der Deutschlandfrage keinen Kompromiß** zwischen der von westlicher Seite vorgelegten Variante des Eden-Plans (→ 1954), ergänzt um Abrüstungsvorschläge (2. Eden-Plan) und dem von sowjetischer Seite vorgeschlagenen gesamteuropäischen, kollektiven Sicherheitspakt, der beiden deutschen Staaten bis zur »Schaffung eines einheitlichen, demokratischen deutschen Staates« Gleichberechtigung im europäischen Staatensystem einräumt, ergänzt um einen Nichtangriffspakt zwischen beiden Militärblöcken. Trotz der weiter bestehenden Kontroversen vermittelt das in der Presse als »Konferenz des Lächelns« apostrophierte Treffen den Eindruck der **Entspannungsbereitschaft**, da keine Großmacht mit Kriegsdrohungen zur Durchsetzung ihrer Ziele operiert. – Auch die **Außenministerkonferenz** der vier Großmächte vom 27.10.–16.11. in Genf erzielt keine Fortschritte in der deutschen Frage. Nach Abschluß der Konfe-

Wahl zum 3. Landtag des Saarlandes am 18.12.1955 (1952)

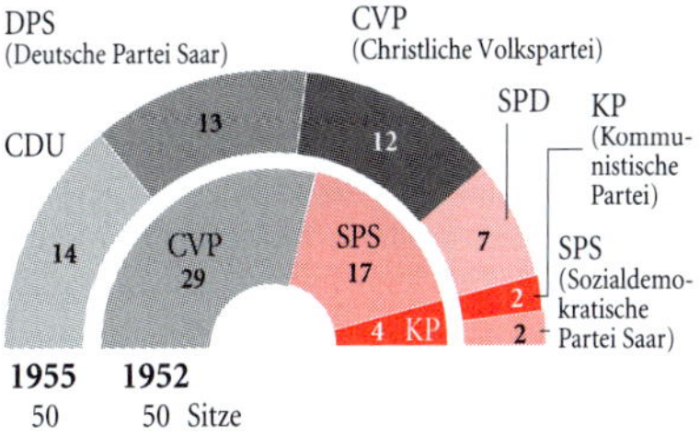

renz erklärt *Molotow* in Ost-Berlin am 17. 11., die Wiedervereinigung sei Sache der Deutschen selbst.

Weitere außenpolitische Ereignisse

Saarfrage: Am 14. 1. und am 1. 5. verhandeln Bundeskanzler *Adenauer* und der französische Ministerpräsident *Mendès-France* über die Umsetzung des im Rahmen der Pariser Verträge (→ 1954) abgeschlossenen **Saarstatuts** und die Zusammenarbeit in Rüstungs- und Wirtschaftsfragen. – Bei der **Volksabstimmung im Saarland** am 23. 10., an der sich 96,72 % der Stimmberechtigten beteiligen, lehnen 67,71 % das Saarstatut ab, 32,29 % stimmen ihm zu. Sofort nach Bekanntwerden des Ergebnisses tritt der Ministerpräsident des Saargebietes, *Johannes Hoffmann* (Christliche Volkspartei CVP), zurück, löst den Landtag auf und schreibt Neuwahlen aus; er hatte nachdrücklich für die Annahme des Saarstatuts geworben. Die im Deutschen Heimatbund zusammengeschlossenen und für die Rückgliederung an Deutschland eintretenden Parteien (Demokratische Partei Saar DPS, Saar-SPD und Saar-CDU) propagierten die Ablehnung. – Bei der **Wahl zum 3. Landtag des Saarlandes am 18.12.** erzielen die Parteien des Deutschen Heimatbundes zusammen 64,1 % der Stimmen (CDU 25,4 %, DPS 24,2 %, SPD 14,3 %), während auf die bisher regierende CVP nur 21,8 % entfallen.

Staatsbesuch: Vom 23. 2.–1. 2. statten der Schah des Iran, *Mohammed Rezah Pahlewi*, und seine Gattin, Kaiserin *Soraya*, der Bundesrepublik einen Staatsbesuch ab. Als eines der ersten glanzvollen Repräsenationsereignisse der Republik findet es in der deutschen Öffentlichkeit starke Beachtung.

Hallstein-Doktrin

Um die Aufnahme diplomatischer Beziehungen mit der Sowjetunion nicht als Abweichung vom bisherigen deutschlandpolitischen Kurs und als indirekte Anerkennung der sowjetischen Zweistaatentheorie erscheinen zu lassen, erhebt Bundeskanzler *Adenauer* am 22. 9. 1955 vor dem Deutschen Bundestag erneut den Alleinvertretungsanspruch der Bundesrepublik in internationalen Angelegenheiten. Die Bundesregierung werde daher »die Aufnahme diplomatischer Beziehungen mit der DDR durch dritte Staaten, mit denen sie offizielle Beziehungen unterhält, als einen unfreundlichen Akt ansehen, da er geeignet wäre, die Spaltung Deutschlands zu vertiefen.« Auf einer Botschafterkonferenz am 8./9. 12. gibt Außenminister *Heinrich von Brentano* den ausländischen Missionschefs bekannt, die Aufnahme diplomatischer Beziehungen mit der DDR richte sich »gegen die Lebensinteressen des deutschen Volkes« und werde mit entsprechenden Maßnahmen beantwortet werden, die den Abbruch der diplomatischen Beziehungen einschließen könnten. Die Bundesrepublik werde, außer mit der Sowjetunion, keine Beziehungen zu Ostblockstaaten aufnehmen, die die DDR anerkannt hätten.

Die **Hallstein-Doktrin** – benannt nach dem Entwurf des Staatssekretärs im Auswärtigen Amt, *Walter Hallstein* – sollte nicht allein die diplomatische Anerkennung der DDR durch Drittstaaten verhindern, sondern sie einer weltweiten Ächtung unterwerfen. Sie wurde 1957 gegenüber Jugoslawien, 1963 gegenüber Kuba angewandt und blieb bis zum Beginn der neuen Ostpolitik Ende der 60er Jahre wirksam. Im Effekt wurde damit sowohl eine aktive Ostpolitik seitens der Bundesrepublik als auch eine eigenständige Außenpolitik der DDR blockiert, die vollständig von der Außenvertretung durch die Sowjetunion abhängig blieb.

Europa: In Messina verständigen sich die Außenminister der Montanunion am 3. 6. grundsätzlich auf die Erweiterung der Gemeinschaft zu einem alle Wirtschaftsbereiche umfassenden **Gemeinsamen Markt**. Am 1. 10. beginnt eine Sachverständigenkommission in Brüssel mit der Planung des Integrationsprozesses.

USA: Die Regierung der USA sichert am 4. 3. die **Rückgabe der** während des Zweiten Weltkrie-

ges beschlagnahmten **deutschen Privatvermögen in den USA** zu (insgesamt rund 450 Mio. US-$).
Sowjetunion: Vom 9.–13. 9. verhandelt eine von Bundeskanzler *Adenauer* geleitete deutsche Delegation in Moskau über die **Aufnahme diplomatischer Beziehungen** und die **Freilassung der deutschen Kriegsgefangenen**. Am 12. 9. unterzeichnen *Adenauer* und *Bulganin* eine Vereinbarung über die Aufnahme diplomatischer Beziehungen, verknüpft mit einem Ehrenwort des sowjetischen Ministerpräsidenten, unverzüglich nach Austausch der Botschafter mit der Freilassung aller verbliebenen Kriegsgefangenen und Zivilinternierten zu beginnen. – Auf einer Pressekonferenz am 16.9. in Bonn betont *Adenauer*, daß sich mit der Aufnahme diplomatischer Beziehungen zur Sowjetunion an der westorientieren Politik der Bundesregierung nichts ändern werde. Die Aufnahme diplomatischer Beziehungen zur Sowjetunion sei ein Sonderfall und erfolge aus dem besonderen Verhältnis zur Besatzungsmacht sowie aus humanitären Gründen.

Deutsch-deutsche Beziehungen

Ablehnung von DDR-Vorschlägen: Die zahlreichen Initiativen der DDR-Regierung dieses Jahres bleiben unbeantwortet. Sowohl der Vorschlag der Volkskammer vom 18. 2., mit der **Vorbereitung gesamtdeutscher Wahlen** zu beginnen (Die Fraktionen des Bundestags beschließen am 20. 2., diese Initiative unbeantwortet zu lassen), als auch die zahlreichen Initiativen nach Abschluß der Pariser Verträge (→ 1955 DDR) als auch das Angebot des DDR-Ministerpräsidenten *Otto Grotewohl* vom 12. 8., auf der Basis gegenseitiger Anerkennung Verhandlungen über den **Abbau von Spannungen** zu führen, bleiben ohne offizielle Resonanz.

West-Berlin

Neue politische Führung: In seiner konstituierenden Sitzung nach den Wahlen am 5. 12. wählt das Abgeordnetenhaus am 11. 1. einstimmig *Willy Brandt* (SPD) zum neuen Präsidenten. Der bisherige Präsident des Abgeordnetenhauses und Direktor der Hochschule für Politik, *Otto Suhr* (SPD), wird mit 126 gegen 18 Stimmen bei drei Enthaltungen in der Nachfolge des verstorbenen *Ernst Reuter* neuer Regierenden Bürgermeister. Am 22. 1. wird der Senat bestätigt; obwohl die SPD mit 64 von 127 Mandaten über die absolute Mehrheit verfügt, bildet sie mit der CDU eine große Koalition.

Transitverkehr: Im April kommt es auf den Transitstraßen von und nach West-Berlin zu einer schweren Behinderung des Transitverkehrs, nachdem das DDR-Verkehrsministerium am 30. 3. die Straßenbenutzungsgebühren für nicht in der DDR gemeldete Fahrzeuge drastisch erhöht – um das Dreifache für PKWs, das Elffache für LKWs. Nach Protesten der Westalliierten werden die Erhöhungen am 3. 6. teilweise zurückgenommen.
Bundestag: Als demonstratives Bekenntnis zur Verbundenheit der Bundesrepublik mit West-Berlin und zur deutschen Einheit hält der Bundestag am 19.10. im Großen Hörsaal der Technischen Universität in West-Berlin seine **erste Plenarsitzung in der alten Reichshauptstadt** ab.

Wiederaufrüstung

Gesetzgebung: Nach heftiger wehrpolitischer Debatte und begleitet von einer Welle öffentlicher Proteste (→ unten) verabschiedet der Bundestag am 16.7. gegen die Stimmen der SPD das »Gesetz über die vorläufige Rechtsstellung der Freiwilligen in den Streitkräften«. Das am 23. 7. in Kraft tretende **Freiwilligengesetz** bietet die rechtliche Grundlage für die Verpflichtung der ersten Soldaten der im Aufbau befindlichen Streitkräfte und bedeutet den ersten Schritt zur aktiven Teilnahme der Bundesrepublik am westlichen Verteidigungsbündnis. Mit dem **Soldatengesetz** regelt der Bundestag die Rechte und Pflichten der Soldaten in der Gesellschaft (beschlossen am 12. 10. gegen die Stimmen der SPD). – Am 12.11. händigt Bundesverteidigungsminister *Blank* den ersten 101 freiwilligen Soldaten und Offizieren in Bonn ihre Ernennungsurkunden aus.
Nachrichtendienst: Am 8. 8. übernimmt die Bundesregierung den bis dahin vom US-Geheimdienst CIA und dem US-amerikanischen Verteidigungsministerium kontrollierten Auslandsnachrichtendienst, die **»Organisation Gehlen«,** benannt nach ihrem Leiter, dem ehemaligen Wehrmachtsgeneral *Reinhard Gehlen.*

Protestbewegung gegen Teilung und Wiederbewaffnung

Adenauers strikte Ablehnung des Vorschlags der Sowjetunion in ihrer »Erklärung zur deutschen Frage« (→ oben) stößt in der Öffentlichkeit auf heftige Kritik. – Zum Auftakt einer breiten Kampagne verabschiedet eine von der SPD und dem DGB organisierte Versammlung von prominenten Vertretern aller Bereiche der Gesellschaft am 29. 1. in der Frankfurter Paulskirche ein **»Deutsches Manifest«**, das unter dem Motto »Rettet Einheit, Freiheit, Frieden. Gegen Kommunismus und Nationalismus« die Argumente der gemäßigten Friedens- und Einheitsbewegung zusammenfaßt. Die Paulskirchenbewegung fordert in einer Unterschriftensammlung eine Volksabstimmung über die Pariser Verträge. – Das **Modell des österreichischen Staatsvertrags** vom 15.5., der einem neutralen Österreich die Souveränität gewährt, nimmt die westdeutsche Opposition als Beleg für die Chancen, die ihrer Ansicht nach das sowjetische Angebot für die Wiedervereinigung eröffnet. – Einer von *Bertrand Russell* am 9. 7. in London ins Leben gerufenen Initiative folgen am 15. 7. insgesamt 18 Nobelpreisträger auf die Bodensee-Insel Mainau. Ihr **»Mainauer Appell«**, unterzeichnet u. a. von *Adolf Butenandt, Max Born, Otto Hahn und Werner Heisenberg*, warnt vor den Gefahren eines Atomkrieges und fordert zum Gewaltverzicht in der Auseinandersetzung zwischen den Nationen auf.

Weitere innenpolitische Ereignisse

Kabinett: Einen Monat nach Inkrafttreten der Pariser Verträge gibt Bundeskanzler *Konrad Adenauer* am 7. 6. das Amt des Außenministers an den bisherigen Vorsitzenden der CDU/CSU-Bundestagsfraktion, *Heinrich von Brentano* (CDU), ab. Der bisherige Sicherheitsbeauftragte der Bundesregierung, *Theodor Blank* (CDU), wird erster Bundesverteidigungsminister. Aus der bisher von ihm geführten »Dienststelle Blank« konstituiert er das **Bundesministerium für Verteidigung**. Neuer Bundesminister für Bundesratsangelegenheiten wird *Joachim von Merkatz* (Deutsche Partei), der an die Stelle von *Heinrich Hellwege* tritt, der seit 26. 5. Ministerpräsident von Niedersachsen ist. – In der Kontroverse über das Saar-Abkommen **spaltet sich die Bundestagsfraktion des GB/BHE** (Gesamtdeutschen Blocks/Bund der Heimatvertriebenen und Entrechteten). Am 11.7. treten deren bisher führende Politiker Bundesminister *Theodor Oberländer* (Vertriebene und Flüchtlinge) und *Waldemar Kraft* (Besondere Aufgaben) zusammen mit sechs weiteren Bundestagsabgeordneten aus ihrer Partei aus und schließen sich als Hospitanten (ohne Fraktions- und Parteimitgliedschaft) der CDU/CSU-Fraktion an. Am 16. 10. beschließt der Bundesparteitag des GB/BHE, die Zusammenarbeit in der Regierungskoalition aufzukündigen. Trotz Protesten der Restfraktion des GB/BHE (1. 12.) und trotz Rücktrittsangebot (am 12. 1. 1956 von *Adenauer* abgelehnt) verbleiben die beiden abtrünnigen Minister in der Bundesregierung.

Gesetzgebung: Am 18. 3. verabschiedet der Bundestag ein **Personalvertretungsgesetz** für den Gesamtbereich des öffentlichen Dienstes. – Unter dem Eindruck der zunehmend auch unmittelbar vor dem Bundeshaus vorgetragenen Proteste gegen innen- und außenpolitische Entscheidungen des Parlaments beschließt der Bundestag am 7. 7. das **Bannmeilengesetz**. Es untersagt politische Kundgebungen in einem definierten Umkreis um die gesetzgebenden Organe des Bundes in Bonn und um das Bundesverfassungsgericht in Karlsruhe.

John-Affäre: Der ehemalige Leiter des Bundesverfassungsschutzes *Otto John*, der am 20. 7. → 1954 unter ungeklärten Umständen nach Ost-Berlin verschwunden war, kehrt am 12.12. nach West-Berlin zurück, gibt an, er sei im Vorjahr in die DDR verschleppt worden, und bittet um politisches Asyl. Er wird festgenommen und von der Bundesanwaltschaft am 23. 12. unter Anklage des Verdachts landesverräterischer Beziehungen zu einer auswärtigen Macht gestellt.

Finanzausgleich: Mit dem **Finanzverfassungsgesetz**, das am 23. 12. in Kraft tritt, erhält die seit 1949 zwischen Bund und Ländern umstrittene Verteilung des Steueraufkommens eine gesetzliche Grundlage. Der Bundesanteil an der Einkommens- und Körperschaftssteuer beträgt danach 33,3 % (ab 1959: 35 %). Darüber hinaus kann die Bundesregierung ohne Zustimmung des Bundesrates eine Ergänzungsabgabe zur Einkommenssteuer erheben, wenn dies zur Sicherung des Bundeshaushalts erforderlich ist.

Kriegsfolgen

Gesetze: Am 24. 2. stockt der Bundestag mit einem Erweiterungsgesetz zum **Lastenausgleich** die Hilfeleistungen für die im Zweiten Weltkrieg und in der ersten Nachkriegszeit Geschädigten um 300 Mio. DM pro Jahr auf (→ 1952).
Recht: Am 9. 5., zehn Jahre nach Kriegsende, tritt die **Verjährung von Straftaten** ein, die während des Dritten Reichs begangen wurden und mit einer Höchststrafe von bis zu zehn Jahren geahndet werden. Vorsätzliche Tötungsdelikte sind weiterhin von Strafverfolgung bedroht.
Spätheimkehrer: Nachdem das Präsidium des Obersten Sowjets der UdSSR am 28. 9. die Entlassung von **9626 deutschen Kriegsgefangenen** beschlossen hat, trifft am 7. 10. der erste große Transport mit 602 Spätheimkehrern im Aufnahmelager Friedland ein. In den nächsten Wochen folgen die weiteren Entlassenen, außerdem rund 20 000 Zivilinternierte, zumeist Wissenschaftler, Techniker und Ingenieure, die nach Kriegsende in die Sowjetunion verbracht wurden. In der Sowjetunion werden rund 89 000 Kriegsgefangene vermißt, die den bundesdeutschen Behörden namentlich bekannt sind.

Parteien

FDP: Am 26. 3. bestätigt der Parteitag in Oldenburg *Thomas Dehler* im Amt des Parteivorsitzenden. *Dehler*, der die Deutschlandpolitik und Westorientierung *Adenauers* zunehmend kritisiert, provoziert am 19. 11. in Mülheim/Ruhr eine **Partei- und Koalitionskrise**, als er die Aufnahme von Verhandlungen mit der Sowjetunion über die deutsche Einheit fordert und auch Gespräche mit der DDR nicht grundsätzlich ausschließt. Rückhalt in der Partei findet *Dehler* u. a. im FDP-Landesverband Nordrhein-Westfalen, dessen neue Führungsgruppe, die sog. Düsseldorfer Jungtürken, perspektivisch auf eine Zusammenarbeit mit der SPD setzt.

Wirtschaftspolitik

Gesetze und Urteile: Das Bundesarbeitsgericht verbietet am 15. 1. Frauenleichtlohngruppen. – Am 5. 8. verabschiedet der Bundestag das **Landwirtschaftsgesetz**, das die soziale Lage der in der Landwirtschaft Beschäftigten jener vergleichbarer Berufsgruppen angleichen soll. Auf der Grundlage eines jährlich zu erstellenden **»Grünen Plans«** sind u. a. Förderungsmaßnahmen für die Verbesserung der Agrarstruktur und der Einkommenslage der Landbevölkerung vorgesehen.
Beschäftigung: Im April sinkt die Zahl der Arbeitslosen mit 893 000 erstmals unter 1 Mio. Im Lauf des Sommers wird mit rund 500 000 Arbeitslosen, denen fast 240 000 Arbeitsuchende gegenüberstehen, nahezu Vollbeschäftigung erreicht. Auf das ganze Jahr bezogen werden 1,07 Mio. Arbeitslose (5,6 %) gemeldet. 80 000 ausländische Arbeitnehmer sind beschäftigt. Um den steigenden Bedarf an ungelernten Arbeitskräften im produzierenden Gewerbe zu decken, schließt Bundesarbeitsminister *Anton Storch* am 20. 12. mit der italienischen Regierung in Rom ein zunächst auf ein Jahr befristetes Abkommen über die **Anwerbung** von bis zu 100 000 **italienischen Arbeitskräften**. – Auf ihren Kundgebungen am 1. Mai kündigen die Gewerkschaften Kampfmaßnahmen zur Durchsetzung der **40-Stunden-/5-Tage-Woche** an.
Produktion: In Wolfsburg präsentiert das VW-Werk am 5.8. den **einmillionsten Volkswagen**. 1955 werden in der Bundesrepublik insgesamt 908 841 Kraftfahrzeuge gebaut, 33,5 % mehr als im Vorjahr. – Die Industrieproduktion steigt im Vergleich zum Vorjahr um 16 %.

Bundesländer

Bildungspolitik: Am 17. 2. schließen die Kultusminister der Bundesländer in Düsseldorf ein Abkommen zur **Vereinheitlichung des Schulwesens**. Es regelt u. a. die Vergleichbarkeit von Lehrplänen und Ausbildungsgängen, die gegenseitige Anerkennung von Zeugnissen und Schulabschlüssen und führt Englisch als erste Fremdsprache ein.
Niedersachsen: Obwohl die SPD aus der Landtagswahl vom 24. 4. bei leichten Stimmenverlusten als stärkste Partei hervorgeht, muß sie die Regierungsämter einer Koalition aus DP, CDU, FDP und GB/BHE unter dem bisherigen Bundesminister für Bundesratsangelegenheiten, *Heinrich Hellwege*, als neuem Ministerpräsidenten überlassen (Wahl durch den Landtag am 26. 5.).

1955

Souveränität in Abhängigkeit

1955 erhält die DDR in ihrer festen Einbindung in das von der Sowjetunion geführte System der Ostblockstaaten formale ihre volle Souveränität zurück. De facto ist und bleibt die Sowjetunion politische, ideologische, wirtschaftliche und militärische Führungsmacht des Ostblocks und bezogen auf die DDR noch zusätzlich Garant für die staatliche Existenz.

Im gleichen Jahr wird die DDR Unterzeichnerstaat des Warschauer Vertrages, des militärischen Bündnisses der staatssozialistischen Länder. Die Bereitstellung militärischer Verbände für das Bündnis ist begleitet von einer zunehmenden Militarisierung der ostdeutschen Gesellschaft. Die Beziehungen zur Bundesrepublik sind geprägt von der sich vertiefenden Spaltung. Die DDR betont durch demonstrative Abgrenzungen die Unterschiedlichkeit beider deutscher Staaten: sie reichen von der Einführung eines eigenen Staatswappens bis hin zur beginnenden Durchsetzung der »Jugendweihe« – gegen traditionelle Rituale der Kirchen – als wichtigster Form des Übertritts in das Erwachsenenleben.

Warschauer Vertrag und Militarisierung

Am 25. 1. erklärt die Sowjetunion in einem Erlaß des Obersten Sowjets den **Kriegszustand mit Deutschland** für **beendet**. Diesem Schritt folgen die Tschechoslowakei am 3. 2., Polen am 18. 2., Bulgarien am 1.3., Rumänien am 8. 3., Ungarn am 15. 3., Albanien am 17. 3. sowie die VR China am 7. 4. Damit werden alle formalen Hindernisse für die langfristige Integration der DDR in das östliche militärische Bündnissystem be-

seitigt. – Am 14. 5. gehört die DDR zu den Unterzeichnern des **Warschauer Vertrages** über Freundschaft, Zusammenarbeit und gegenseitigen Beistand, dem auch Albanien, Bulgarien, Ungarn, Polen, Rumänien, die UdSSR und die Tschechoslowakei beitreten. Dem Vertrag, der rückwirkend zum 6. 5., dem Tag nach Inkrafttreten der Pariser Verträge, wirksam ist, stimmt die Volkskammer am 20. 5. zu. Den wesentlichen Bestandteil des Vertrages, Beistandsleistungen für die Verbündeten leisten zu können (Artikel 4), garantiert die Volkskammer zusätzlich am 25. 9. durch eine **Verfassungsänderung**. Sie soll die DDR-Bevölkerung genauso auf die Aufstellung einer Armee vorbereiten wie der Aufruf von 87 ehemaligen Wehrmachtsoldaten bei einer Tagung in Ost-Berlin (29./30. 1.), eine »nationale Armee« aufzustellen. – Die **Militarisierung der DDR-Gesellschaft** zeigt sich zudem am 1.5. mit dem erstmaligen Aufmarsch von Angehörigen der »Kampfgruppen« im Rahmen der offiziellen Maidemonstration sowie in den Aufrufen des V. Parlaments der FDJ (25.–27. 5.) und des 4. FDGB-Bundeskongresses (15.–20. 6.) zum »bewaffneten Schutz der Jugend«.

Am 24. 11. wird die seit dem 24. 7. 1953 dem Innenministerium zugeordnete **Staatssicherheit** wieder eigenständiges Ministerium.

Mit dem am 20. 9. unterzeichneten **Freundschaftsvertrag** mit der Sowjetunion erhält die DDR ihre vorgeblich volle Souveränität zurück, die Sowjetische Hohe Kommission wird ersatzlos aufgelöst und die Interessenvertretung formal allein von der Botschaft der UdSSR in Ost-Berlin wahrgenommen. Der Verbleib sowjetischer Truppen in der DDR wird mit einem gesonderten Abkommen (vom 12. 9. 1957) langfristig geregelt. Die Übernahme der alleinigen **Grenzsicherung** durch DDR-Grenzpolizeieinheiten mit Wirkung vom 1. 12. rundet die außenpolitische Aufwertung der DDR ab.

Am 25. 8. gibt die Sowjetunion 750 von der Roten Armee 1945 in die UdSSR verbrachte Bilder aus der Dresdner Gemäldegalerie zurück.

Deutsch-deutsche Beziehungen

Bei seinem Besuch in der DDR (24.–27. 7.) erklärt der sowjetische Staatschef, *Nikita Chruschtschow*, die Wiedervereinigung sei allein Sache der Deutschen selbst, doch dürften dabei die politischen und sozialen Errungenschaften der DDR nicht aufgegeben werden. Unter diesen

Voraussetzungen scheitert die vom 27.10.–16.11. tagende Genfer Außenministerkonferenz, an der erstmals Beobachterdelegationen aus beiden deutschen Staaten teilnehmen.

Vorschläge zur Deutschen Einheit: Die Spaltung Deutschlands wird von beiden Seiten hierbei nach wie vor durch **Vorschläge und Aufrufe zur Wiederherstellung der staatlichen Einheit** überspielt. So schlägt am 18.2. die Volkskammer dem Bundestag vor, gesamtdeutsche Wahlen unter internationaler Kontrolle vorzubereiten. Zwei Wochen später (am 2.3.) wendet sie sich mit einer »Proklamation an das deutsche Volk« gegen die Pariser Verträge, am 12.8. unterbreitet *Otto Grotewohl* in der Volkskammer erneut Vorschläge zur Annäherung der beiden deutschen Staaten. Vom 8.–14.10. nehmen erstmals Verlage aus der DDR an der Internationalen Buchmesse in Frankfurt am Main teil.

Spaltungstendenzen: Auf der anderen Seite stehen Ereignisse, die die **Spaltung Deutschlands** verdeutlichen. Sie präsentieren sich in Entscheidungen wie dem Beschluß des Ost-Berliner Magistrats vom 10.1., für den Verkauf von Speisen und Getränken in Gaststätten an West-Berliner D-Mark (im Kurs 1:1 zum Ost-Mark-Preis) zu verlangen oder der Aufnahme des Nationalen Olympischen Komitees (NOK) der DDR in das Internationale Olympische Komitee (IOC) am 18.6. lediglich als »provisorisches Mitglied«, während die Bundesrepublik dem IOC bereits als reguläres Mitglied angehört. (Beide NOK einigen sich am 27.8. auf eine gemeinsame Mannschaft für die Olympischen Spiele 1956 in Cortina d'Ampezzo und Melbourne.) – Am 25.9. führt die Volkskammer per Gesetz mit Wirkung vom 27.10. ein **Staatswappen** der DDR ein (Hammer und Zirkel im Ährenkranz als Symbole für Arbeiter, Intelligenz und Bauernschaft), das zunächst noch getrennt von der schwarz-rot-goldenen Staatsflagge zu führen ist. – Auf seiner Tagung am 12./13.11. verabschiedet der Nationalrat der Nationalen Front eine Programmerklärung »Alle Kraft für die Stärkung der DDR, das Vaterland des Volkes«, mit dem sich die Organisation zu einer »sozialistischen Volksbewegung« erklärt und das formal angestrebte Ziel der Wiedervereinigung in den Hintergrund tritt.

Das Jugendweihegelöbnis 1955

Liebe Junge Freunde!
Seid Ihr bereit, für ein glückliches Leben der werktätigen Menschen und ihren Fortschritt in Wirtschaft, Wissenschaft und Kunst zu wirken?
[Antwort:] Ja, das geloben wir!
Seid Ihr bereit, für ein einheitliches, friedliebendes, demokratisches und unabhängiges Deutschland mit Eurem ganzen Wissen und Können einzutreten?
[Antwort:] Ja, das geloben wir!
Seid Ihr bereit, im Geiste der Völkerfreundschaft zu leben und rastlos Eure Kräfte einzusetzen, um gemeinsam mit allen friedliebenden Menschen den Frieden zu verteidigen und zu sichern?
[Antwort:] Ja, das geloben wir!

Kirchenpolitik

In der Auseinandersetzung mit den Kirchen stellt die SED die atheistische **Jugendweihe**, die an Traditionen der Arbeiterbewegung anknüpft, gegen die religiösen Rituale der Firmung bzw. Konfirmation. Am 27.3. findet im Ost-Berliner Stadtbezirk Köpenick die erste Jugendweihe statt, bei der von den teilnehmenden Jugendlichen ein Gelöbnis zu sprechen ist (→ Kasten).

Die Kirchen erwarten in dieser Frage von ihren Mitgliedern Standhaftigkeit, zunächst mit Erfolg: bis 1957 steigt die Anzahl der Jugendweiheteilnehmer auf lediglich 20 % der Jugendlichen. Danach intensivieren Partei- und Staatsführung die »Werbeanstrengungen« und erreichen innerhalb von drei Jahren eine 80prozentige Teilnahme der Jugendlichen. – Mit Beginn des neuen Schuljahres am 1.9. nehmen die ersten zehnklassigen Schulen (später »Polytechnische Oberschulen«, POS) den Unterricht auf. Damit wird der Übergang zum durchgängigen zehnklassigen Schulbesuch eingeleitet.

Wirtschaft und Soziales

Das **Bruttoinlandsprodukt** wächst gegenüber dem Vorjahr um 5,1 % auf 99,4 Mrd. DM (in BRD-Preisen von 1989), was 15,5 % des westdeutschen BIP ausmacht. Die **industrielle Bruttoproduktion** (in Preisen von 1936) beträgt fast 33,3 Mrd. DDR-Mark, 5,9 % mehr als im Vorjahr (oder 190,9 % des Wertes von 1936). In

Industrielle Bruttoproduktion der DDR 1955 nach Branchen Anteile in %

	Anteil
Maschinen- und Fahrzeugbau	22,5
Lebensmittelindustrie	16,8
Chemische Industrie	16,4
Leichtindustrie (ohne Textilindustrie)	13,9
Textilindustrie	10,8
Elektrotechnik/Elektronik/G erätebau	7,3
Metallurgie	5,6
Energie- und Brennstoffindustrie	4,9
Baumaterialienindustrie	1,8

DDR-Außenhandel 1951–1955

Anteile am Umsatz in %

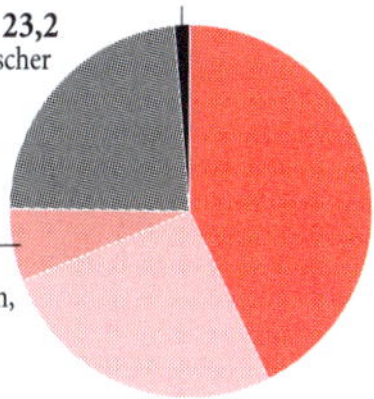

Quelle: Stat. Jahrbücher der DDR

Preisen von 1955 (die für die nächsten Jahre im wesentlichen die Grundlage für die sog. Unveränderlichen Planpreise in der statistischen Erfassung volkswirtschaftlicher Daten bilden) beträgt die industrielle Bruttoproduktion 43,2 Mrd. Mark. (→ Tabelle).

Am 18.8. erläßt der Ministerrat eine Verordnung über **Produktionsgenossenschaften des Handwerks** (PGH), auf deren Grundlage der Zusammenschluß von bis dahin privaten Einzelbetrieben vor allem in handwerklichen Berufen, zum Teil jedoch auch in der industriellen Produktion deutlich gefördert wird. 1955 werden etwa 192 600 Mitglieder solcher PGH (88,6 % der dort Beschäftigten) gezählt.

Im **Einzelhandel** werden mehr als zwei Drittel des Warenumsatzes (68 %) in »sozialistischen Betrieben« (Läden der Handelsorganisation [HO] und der Konsumgenossenschaften sowie

Daten zur landwirtschaftlichen Produktion 1955

	Einheit	*1955*	*Veränderung zum Vorjahr (in %)*
Getreide	dt/ha	24,8	+ 14,8
Kartoffeln	dt/ha	132,8	- 28,6
Zuckerrüben	dt/ha	265,9	- 17,4
Bestand an Rindern	1000	3759,5	-0,1
darunter Milchkühe		2100,1	+2,1
Milchproduktion je Kuh	kg	2394	+5,9
Bestand an Schweinen	1000	9029,3	+7,9
Bestand an Legehennen	1000	22 032,8	+3,9
Produktion von Hühnereiern	Mio. Stck.	2043	+3,3

deren Partnern im Kommissionshandel) realisiert, 32 % von privaten Einzelhändlern.

In der **Landwirtschaft** erhöht sich bis zum Jahresende die Anzahl der LPG auf 6047, in denen 196 946 Bauern vereinigt sind (im Durchschnitt 32,6 pro Genossenschaft). Der Anteil der von LPG und VEG bewirtschafteten Flächen erhöht sich auf 27,3 % der Gesamtfläche. Die landwirtschaftliche Produktion zeigt erneut ein differenziertes Bild. Die Hektarerträge in der Getreideproduktion steigen stark an, bei Kartoffeln und Zuckerrüben kommt es zu erheblichen Rückgängen. Die Viehbestände hingegen wachsen und erlauben eine höhere Produktion an Milch, Eiern und Fleisch (→ Tabelle).

Bevölkerung: Im Gebiet der DDR leben am 31. 12. 17,8 Millionen Einwohner. Gegenüber dem Vorjahr hat die Bevölkerung um 170 000 abgenommen. Nach westlichen Angaben siedeln 252 870, nach DDR-Angaben 270 115 Personen nach Westdeutschland über, 72 928 Personen kehren von dort zurück oder siedeln über.

Preise und Lebenshaltung: Im Laufe des Jahres werden die Preise für frei verkäufliche Waren weiter gesenkt. – Das durchschnittliche monatliche Arbeitseinkommen von Arbeitern und Angestellten in der staatseigenen Wirtschaft beträgt 432 Mark. Die Pro-Kopf-Sparguthaben wachsen auf etwa 277 Mark an. – Das **Ausstattungsniveau** der privaten Haushalte mit langlebigen Konsumgütern ist noch äußerst gering. Auf 1000 Haushalte kommen 2 PKW, 4 Kühlschränke, 5 Waschmaschinen und 12 Fernsehgeräte.

1956

Beitritt zur NATO

In den weltpolitischen Erschütterungen des Jahres steht die Bundesrepublik als Hort politischer Stabilität und emsigen Wirtschaftens. Alle Hoffnungen auf eine Auflockerung der weltpolitischen Fronten, die sich mit der Entstalinisierung und dem sowjetischen Kurs der »Friedlichen Koexistenz« verbunden hatten, zerschlagen sich nach dem gewaltsamen Ende der ungarischen Befreiungsbewegung. In der »Suez-Krise« eskaliert die Konfrontation zwischen Ägypten, das die Kontrolle über den Kanal beansprucht, und den Interventionsmächten Frankreich und Großbritannien bis an den Rand eines Atomkriegs.
In der angespannten internationalen Situation rückt die deutsche Frage aus dem Zentrum der aktuellen Politik. Die deutschland- und innenpolitische Auseinandersetzung des Jahres wird dominiert vom Streit um den Aufbau der Bundeswehr, der dem westlichen Bündnissystem ein gewichtiges militärisches Potential hinzufügen soll. Im Windschatten der großen Weltkonflikte wird die Bundesrepublik zügig aufgerüstet, ohne daß die Friedensbewegung ein Protestpotential wie in den Jahren zuvor entfalten kann.

Aufbau der Bundeswehr

Politische Entscheidungen: Mit der erforderlichen Zweidrittelmehrheit verabschiedet der Bundestag am 6. 3. die **Zweite Wehrergänzung des Grundgesetzes**, mit der die **parlamentarische Kontrolle** der neuen Streitkräfte geregelt und die Voraussetzung für die Einführung der allgemeinen Wehrpflicht geschaffen wird. Die **SPD**, deren Zustimmung zur Grundgesetzänderung im Bundestag erforderlich ist, setzt durch, daß das Parlament durch besondere Kompetenzen des Verteidigungsausschusses weitgehende Kontrollbefugnisse erhält und ein Wehrbeauftragter eingesetzt werden kann, der auf die Einhaltung der Grundrechte im Militärwesen achtet. – Das am gleichen Tag gegen die Stimmen der SPD-Fraktion verabschiedete **Soldatengesetz** führt für die neuen Streitkräfte den Namen »**Bundeswehr**« ein. Der in Berlin tagende Bundesrat billigt am 16. 3. einstimmig die Zweite Wehrergänzung und das Soldatengesetz, beide treten am 1. 4. in Kraft. – Nach heftiger Wehrdebatte beschließt der Bundestag am 7. 7. gegen die Stimmen der Abgeordneten der SPD und der FDP (→ unten) die **Einführung der allgemeinen Wehrpflicht** mit einem 12monatigen **Wehrdienst** (Bundestagsbeschluß vom 5. 12.) sowie eines **zivilen Ersatzdienstes** für Kriegsdienstverweigerer. Der Bundesrat billigt das Wehrpflichtgesetz am 21. 7. gegen die Stimmen der Bundesländer Bayern, Bremen, Hessen und Nordrhein-Westfalen. Die **FDP** und – seit März – die **SPD** plädierten in der über Monate geführten Auseinandersetzung für eine Berufsarmee. – Am 1. 9. wird bekannt, daß unter bestimmten Bedingungen auch ehemalige **Angehörige der Waffen-SS** in die Bundeswehr aufgenommen werden können. Erst Proteste der Alliierten führen dazu, daß am 25. 10. die Wiederverwendung von ehemaligen Offizieren der Waffen-SS im Obersten- und Generalsrang ausgeschlossen wird.

Aufbau der Truppe: Am 2. 1. treten die ersten Freiwilligen der neuen Streitkräfte ihren Militärdienst in Andernach (Heer), Nörvenich (Luftwaffe) und in Wilhelmshaven (Marine) an. Bundeskanzler *Adenauer* stattet am 20. 1. der in Andernach stationierten Truppe einen ersten Besuch ab, bei dem er den defensiven Auftrag der Streitmacht und ihre Unterordnung unter die politische Führung betont.

Ausrüstung und Verteidigungskosten: Der **Verteidigungshaushalt** für 1956 umfaßt mit 8,768 Mrd. DM rund 28 % des Bundeshaushalts. Um das ehrgeizige Aus- und Aufrüstungsprogramm erfüllen zu können, bittet die Bundesregierung die USA am 5. 4. um weitere Mittel in Höhe von 8,4 Mrd. DM. Zugleich macht sie gegenüber den drei Westmächten geltend, die Belastungen durch den Aufbau der eigenen Streitkräfte erlaubten es ihr nicht, die **Stationierungskosten der alliierten Truppen** in der Bundesrepublik länger zu übernehmen. Dagegen beharren die Botschafter der drei Westmächte in einer gemeinsamen Erklärung am 8.5. auf der Einhaltung dieser Verpflichtung. Am 29.6. einigen sich Bundesregierung und Vertreter der Alliierten: die USA sollen 650 Mio. DM, Großbritannien soll 400 Mio. DM und Frankreich 278 Mio. DM als Ausgleichszahlung erhalten.

Regierung und Behörden

Kabinett: Bundeskanzler *Adenauer* lehnt am 12.1. die Rücktrittsangebote der Bundesminister *Waldemar Kraft* (Besondere Aufgaben) und *Theodor Oberländer* (Vertriebene und Flüchtlinge) ab (→ 1955). – Am 16.10. erfolgt eine umfassende **Kabinettsumbildung**, verbunden mit einer Verkleinerung um drei Positionen. *Theodor Blank* (CDU), *Waldemar Kraft* (CDU), *Fritz Neumayer* (FVP) und *Hermann Schäfer* (FVP) scheiden aus; Bundesratsminister *Hans Joachim von Merkatz* (DP) übernimmt zugleich das Justizressort; *Siegfried Balke* (CSU), zuständig für das Post- und Fernmeldewesen, übernimmt außerdem das Ministerium für Atomfragen, während dessen bisheriger Leiter, *Franz Josef Strauß*, zum Minister für Verteidigung ernannt wird. Am 14.11. übernimmt der Landesvorsitzende der CDU in West-Berlin, *Ernst Lemmer* (CDU), von *Balke* das Postministerium.

Atomkommission: Unter Vorsitz des Bundesministers für Atomfragen, *Franz Josef Strauß* (CSU), konstituiert sich am 26.1. in Bonn die von der Bundesregierung am 21.12.1955 eingesetzte **Deutsche Atomkommission**. Das Expertengremium, dessen Mitglieder für drei Jahre berufen werden, befaßt sich mit allen Fragen der Erforschung und friedlichen Nutzung der Atomenergie und des Strahlenschutzes. – Am 25.7. billigt die Bundesregierung das von *Strauß* vorgelegte erste **Atomprogramm**, für das 44 Mio. DM im laufenden Haushaltsjahr bereitgestellt werden. Es sieht die Finanzierung von Forschungsprojekten und Ausbildungsstätten, den Bau von Versuchsreaktoren an fünf Hochschulorten sowie die Errichtung einer zentralen Kernforschungsanlage in Karlsruhe vor.

Bundesnachrichtendienst (BND): Am 1.4. geht die »Organisation Gehlen« (→ 1955), bislang informell dem Bundeskanzleramt unterstellt, in den Bundesnachrichtendienst mit Sitz in Pullach über. *Reinhard Gehlen* wird am 28.1.1956 zum Präsidenten der mit der Informationsbeschaffung im Ausland befaßten Behörde ernannt.

Parteien

KPD: → Kasten Sp. 183

FDP: Die innerparteiliche Auseinandersetzung über den Deutschland- und außenpolitischen Kurs der Bundesregierung und die geplante Wahlrechtsreform führt zur **Spaltung der Partei**. Unter dem Eindruck des Sturzes der CDU/FDP-Koalitionsregierung in → Nordrhein-Westfalen durch nationalliberale »**Jungtürken**« am 20.2. trennen sich 16 FDP-Bundestagsabgeordnete, unter ihnen die vier Bundesminister der Partei, am 23.2. von ihrer Fraktion und bilden die »Demokratische Arbeitsgemeinschaft«; sie wird neue Koalitionspartnerin der CDU/CSU und DP und erhält als »Arbeitsgemeinschaft Freier Demokraten« am 15.3. Fraktionsstatus. Die verbleibende FDP-Fraktion unter dem nationalliberalen Partei- und Fraktionsvorsitzenden *Thomas Dehler* geht am 25.3. in die Opposition. Am 23.4. gründen die FDP-Dissidenten die **Freie Volkspartei (FVP)**. Der Bundesparteitag der FDP am 21./22.4. in Würzburg billigt den Rückzug aus der Regierungskoalition und bestätigt *Dehler* als Parteivorsitzenden.

Deutschland- und Berlin-Politik

Oder-Neiße-Frage: Bundestagsvizepräsident *Carlo Schmid* schlägt am 5.10. in Bad Neuenahr vor, mit Polen über die Oder-Neiße-Grenze zu verhandeln, wobei beide Seiten zu Verzicht bereit sein müßten. Auch Bundestagspräsident *Eugen Gerstenmaier* spricht sich, ohne *Schmids* Forderungen zu übernehmen, für eine »Politik der offenen Tür« gegenüber dem Osten aus. Der Bund der vertriebenen Deutschen protestiert am 7.10. auf seiner von rund 40 000 Teilnehmern besuchten Kundgebung in Bonn dagegen, eine Wiedervereinigung mit dem Verzicht auf ihre Heimat zu »erkaufen«. Bundesaußenminister *Heinrich von Brentano* bietet Polen am 30.11. eine formelle **Gewaltverzichterklärung** an, schließt aber die Aufnahme diplomatischer Beziehungen aus, weil Polen »die Sowjetzonenrepublik als selbständigen deutschen Staat anerkannt« habe. Die polnische Regierung lehnt am 8.12. Verhandlungen ab, solange die Politik der Bundesrepublik darauf gerichtet sei, Polens Bündnis mit der Sowjetunion und der DDR zu untergraben.

Deutsch-deutsche Beziehungen: An den Olympischen Spielen in Cortina d'Ampezzo (Italien) und Melbourne (Australien) nehmen

Das Verbot der KPD

Am 17. 8. 1956 gibt das Bundesverfassungsgericht in Karlsruhe dem Antrag der Bundesregierung auf Verbot der KPD vom 23. 11. → 1951 statt, erklärt die Partei für verfassungswidrig und ordnet ihre Auflösung an. Den zuletzt 78 000 Parteimitgliedern wird die Bildung von Ersatzorganisationen verboten, das Parteivermögen eingezogen. Das Gericht begründet sein Verbot mit der von der KPD angestrebten »Errichtung einer Diktatur des Proletariats« zur Verwirklichung einer »sozialistisch-kommunistischen Gesellschaftordung«, die gegen die »freiheitlich demokratische Grundordnung« des Grundgesetzes verstoße.

Noch am Tag der Urteilsverkündung nimmt die Polizei 199 KPD-Funktionäre fest, durchsucht Wohnungen und schließt 199 Parteibüros, 35 Druckereien, Redaktionen und Verlage. *Max Reimann* und andere führende Funktionäre der KPD hatten sich zuvor in die DDR begeben. Mehrere hundert KPD-Abgeordnete in Gemeinde- und Kreisparlamenten verlieren ihre Mandate.

Bei den Wahlen zu den ersten Landtagen 1946–1948 erzielte die KPD Stimmenanteile zwischen 4,7 % (Schleswig-Holstein) und 14 % (Nordrhein-Westfalen), zog in neun Landtage ein und war zumindest kurzfristig an den meisten Landesregierungen beteiligt. Im Herbst 1947 verzeichnete die Partei, der in den westlichen Besatzungszonen rund 75 000 Mitglieder aus der Zeit der Weimarer Republik verblieben waren, einen Höchststand von 324 000 Mitgliedern.

Im Zeichen des Kalten Krieges sank der politische Einfluß der KPD. Bei der Bundestagswahl 1949 gewann sie mit 5,7 % der Stimmen noch 15 Bundestagsmandate, 1953 blieb sie mit 2,2 % unter der 5 %-Hürde. Den weiteren politischen Niedergang beschleunigten zahlreiche Polizeimaßnahmen und Strafprozesse gegen führende Mitglieder.

zum ersten Mal **gesamtdeutsche Mannschaften** teil. – In einer scharfen Erklärung bestreitet die Bundesregierung am 6. 9. den Anspruch der DDR, legitime und gleichberechtigte **Rechtsnachfolgerin** des Deutschen Reiches zu sein, wie dies Außenminister *Lothar Bolz* am 29. 8. vor der Volkskammer in Ost-Berlin für die DDR in Anspruch genommen hatte. – Vertreter der

deutschen »Währungsgebiete« unterzeichnen am 18. 11. in Ost-Berlin ein neues **Interzonenhandelsabkommen**, das wie im Vorjahr einen Warenaustausch im Wert von rd. 1 Mrd. Verrechnungseinheiten (= DM) umfaßt. Ein zinsloser Überziehungskredit (Swing) ermöglicht der DDR höhere Importe. Der Gesamtumsatz des Interzonenhandels beträgt 1956 rund 1,3 Mrd. gegenüber 1,2 Mrd. im Jahre 1955. – In West-Berlin empfängt der Präsident des Abgeordnetenhauses, *Willy Brandt*, am 20. 9. den einmillionsten Flüchtling aus der DDR. Die bundesrepublikanischen und West-Berliner Behörden registrieren in diesem Jahr 252 870 Flüchtlinge.

Berlin: In einem Notenwechsel (10. 2./27. 2.) protestieren die Westmächte gegen die Gründung und Anwesenheit **paramilitärischer Verbände in Ost-Berlin** – ein Verstoß gegen das Potsdamer Abkommen –, während die Sowjetunion jeden Anlaß für einen Einspruch der Westmächte bestreitet. – Der Bundesrat tagt – unter Protest der Sowjetunion – am 16. 3. erstmals in West-Berlin. – Am 22. 4. entdecken Spezialisten der sowjetischen Armee in Ost-Berlin einen 350 Meter langen, mit Abhöranlagen ausgestatteten **Spionagestollen des US-Geheimdienstes**, aus dem heraus der Telefonverkehr der sowjetischen Armee überwacht wurde. – Die Bundesregierung stellt am 28. 11. in einer Entschließung fest, im Falle der Wiedervereinigung erhalte Berlin den Status der **Hauptstadt Deutschlands**.

Kriegsfolgen und Vergangenheitsbewältigung

Kriegsgefangene: Am 14. 1. trifft der **letzte Kriegsgefangenen-Transport** aus der Sowjetunion in Herleshausen ein. Am 9. 4. bittet die Bundesregierung die sowjetische Regierung um die Freilassung der noch immer festgehaltenen deutschen Zivilgefangenen.

Wiedergutmachung: In einer einstimmig verabschiedeten Novelle zum Bundesentschädigungsgesetz für Opfer der nationalsozialistischen Verfolgung verbessert der Bundestag am 6. 6. die Leistungen; die Gesamtsumme (ohne die Wiedergutmachung an Israel) erhöht sich dadurch von 4 auf 7,5 Mrd. DM.

Entnazifizierung: Der ehemalige Großadmiral *Karl Dönitz* wird am 1. 10. nach Verbüßung seiner zehnjährigen Haft aus dem Kriegsverbrechergefängnis Spandau entlassen. – Das Amtsgericht Berchtesgaden erklärt *Adolf Hitler* am 25. 10. für amtlich tot.

Kriegsopfer: Das Statistische Bundesamt veröffentlicht am 10. 11. das Ergebnis einer Untersuchung über die deutschen **Verluste im Zweiten Weltkriegs**. Danach wird die Gesamtzahl der Todesopfer auf 6,56 Mio geschätzt. Die Zahl der gefallenen Soldaten beträgt danach 3,76 Mio., die der Todesopfer unter der Zivilbevölkerung rund 500 000. Im Zusammenhang mit Flucht und Vertreibung starben 1,3 Mio. Menschen. Von den außerhalb der Staatsgrenzen lebenden Deutschen starben etwa 1 Mio.

Gewerkschaften, Tarifpolitik

45-Stunden-Woche: Die Tarifpartner in der Metallindustrie schließen am 29. 6. in Bremen den **ersten Tarifvertag** zur Einführung einer Arbeitszeit von 45 Stunden in einer 5-Tage-Woche, ergänzt um ein Abkommen zur Erhöhung der Löhne um 8 %. Am 18. 11. wird auch für die Textilindustrie die 45-Stunden-Woche vereinbart.

Streik um Lohnfortzahlung: Nach einer Urabstimmung in der **Metallindustrie Schleswig-Holsteins** treten am 24. 10. rund 20 000 Werftarbeiter in den Ausstand. Die Streikenden fordern die Lohnfortzahlung im Krankheitsfall, Verlängerung des Urlaubs und Erhöhung des Urlaubsgeldes. Der Streik wird erst am 15. 2. → 1957 beendet.

Kongresse: – Am 17. 6. findet der erste Bundeskongreß des Christlichen Gewerkschaftsbundes (CGB) statt, der sich im Vorjahr vom DGB abgespalten hatte. – Auf dem 4. Bundeskongreß des **DGB** vom 1.–6. 10. wird als Nachfolger von *Walter Freitag* der bisherige Leiter der Abteilung Sozialpolitik beim Bundesvorstand *Willi Richter* zum **neuen Vorsitzenden** der Dachorganisation gewählt.

Weitere innenpolitische Ereignisse

John-Affäre: Der Bundesgerichtshof verurteilt am 22. 12. den ehemaligen Präsidenten des Bundesamtes für Verfassungsschutz, *Otto John*, der sich 1954/1955 in der DDR aufhielt, wegen »landesverräterischer Fälschung in Tateinheit mit landesverräterischer Konspiration im besonders schweren Fall« zu vier Jahren Zuchthaus. Das Gericht schenkt *Johns* Einrede keinen Glauben, er sei seinerzeit nach Ost-Berlin entführt worden; der Verrat von Geheimnissen ist ihm jedoch nicht nachzuweisen.

Proteste: Im Laufe des Jahres kommt es in zahlreichen Städten, vorzugsweise nach Musikveranstaltungen und der Vorführung des Rock'n'-Roll-Films »Außer Rand und Band« (»Rock around the Clock« mit *Bill Haley*) zu Ausschreitungen Jugendlicher (**»Halbstarken-Krawalle«**); nicht selten münden sie in Straßenschlachten und tagelange Auseinandersetzungen mit der Polizei, so zwischen Anfang und Mitte November in Bremen, Hamburg und Gelsenkirchen sowie am 30. 12. in Dortmund, wo 4000 teilweise motorisierte »Halbstarke« randalieren. – Mit einer Welle von Protesten reagieren im November Teile der deutschen Öffentlichkeit, vor allem Studenten, auf die **Niederschlagung des Ungarn-Aufstands** durch die sowjetische Armee. An einer Kundgebung in West-Berlin am 5. 11. beteiligen sich 100 000 Menschen.

Außenpolitik

Westintegration: Im Hinblick auf die bevorstehenden **Abrüstungsgespräche** (→ oben) ersucht Bundeskanzler *Adenauer* am 19. 3. die Westmächte, die Bundesrepublik indirekt an den Beratungen zu beteiligen; ohne deutsche Zustimmung könnten keine Verabredungen getroffen werden, die Deutschland politisch, militärisch oder territorial beträfen. – Der Deutsche Bundestag ratifiziert am 12. 4. den Freundschafts- und Handelsvertrag mit den USA (→ 1954). – Auf ihrer Tagung in Venedig am 31. 5. beauftragen die Außenminister der Europäischen Gemeinschaft für Kohle und Stahl (EGKS) die in Messina 1955 eingesetzte Kommission unter Vorsitz des belgischen Außenministers *Paul Henri Spaak*, Vertragsentwürfe für einen Ausbau der Montanunion zu einem alle Wirtschaftsbereiche umfassenden **Gemeinsamen Markt** auszuarbeiten. Die »Spaak-Kommission« konstituiert sich am 26. 6. – Mit einem **deutsch-belgischen Abkommen**, das Bundeskanzler *Adenauer* am 24. 9. in Brüssel unterzeichnet, werden bisher strittige Territorial- und Grenzfragen geklärt.

Saarfrage: Nach den Wahlen vom 18. 12. → 1954 wird *Hubert Ney* (CDU-Saar) am 10. 1. neuer Ministerpräsident. – Am 31. 1. befürwortet der Landtag die Angliederung des Saarlandes an die Bundesrepublik Deutschland. – Am 4. 6. einigen sich Bundeskanzler *Adenauer* und der französische Ministerpräsident *Guy de Mollet* in Luxemburg im Grundsatz auf die **Wiedereingliederung des Saarlandes** in die Bundesrepublik. Danach soll das Saarland am 1. 1. 1957 politisch, am 1. 1. 1960 auch wirtschaftlich Teil der Bundesrepublik werden. Die Außenminister Frankreichs, des Saarlandes und der Bundesrepublik unterzeichnen den **Saar-Vertrag** am 27. 10. in Luxemburg (Luxemburger Abkommen); die französische Nationalversammlung ratifiziert ihn am 12. 12., der saarländische Landtag billigt am 13. 12. eine Beitrittserklärung zur Bundesrepublik Deutschland, der Bundestag nimmt das Luxemburger Abkommen am 14. 12. an.

Beziehungen zu Ostblockstaaten: Die Bundesrepublik und die Sowjetunion nehmen **diplomatische Beziehungen** auf: Der sowjetische Botschafter überreicht sein Beglaubigungsschreiben am 7. 1. in Bonn, der bundesdeutsche seines am 12. 3. in Moskau. – Nach der **Niederschlagung des ungarischen Aufstands** durch sowjetische Truppen erklärt sich die Bundesrepublik am 17. 11. bereit, 3000 Flüchtlingen aus Ungarn Asyl zu gewähren. – Am 6. 2. schließt die Bundesrepublik ein **Handelsabkommen mit der Tschechoslowakei** in einem Volumen von 160 Mio. DM, rund 50 % mehr als im Vorjahr. – Als Ausgleich für Schäden, die während des Zweiten Weltkriegs von Deutschen angerichtet wurden, sichert die Bundesrepublik in einem am 10. 3. geschlossenen Abkommen Jugoslawien Entschädigungszahlungen in einer Höhe von 300 Mio. DM zu.

Wirtschaftspolitik

Konjunkturpolitische Kontroverse: Der Zentralbankrat der Bank Deutscher Länder in Frankfurt am Main erhöht im Frühjahr mehrfach den Diskontsatz von 3,5 % auf schließlich 5,5 % am 18. 5., um inflationären Tendenzen entgegenzuwirken. Bundeswirtschaftsminister *Erhard* leitet **konjunkturdämpfende Maßnahmen** ein (u. a. Zollsenkungen um bis zu 30 %), die von Bundeskanzler *Adenauer* heftig kritisiert werden. Vor dem Bundesverband der Deutschen Industrie (BDI) am 23. 5. in Köln wirft er *Erhard* konjunkturpolitische Überreaktion vor. Den daraufhin von *Erhard* am 25. 5. an-

gebotenen Rücktritt nimmt *Adenauer* jedoch nicht an. – Der **Entwurf des Haushaltsplans**, den die Bundesregierung am 18.11. für das Haushaltsjahr 1957 (1. 4. 1957–31. 3. 1958) vorlegt, weist bei einem Umfang des ordentlichen Haushalts von 34,35 Mrd. DM eine Zuwachsrate von 5,1 % auf.

Ladenschlußgesetz: Das lange umstrittene Gesetz, das der Bundestag am 9. 11. verabschiedet und das zum 1. 1. 1957 für zunächst ein Jahr in Kraft tritt, vereinheitlicht die bisher länder- und branchenspezifisch geregelten Ladenöffnungszeiten.

Bundesländer

Nordrhein-Westfalen: Nach Aufkündigung der CDU/FDP-Regierungskoalition durch die FDP-Landtagsfraktion stürzt die neue Mehrheit der SPD-, FDP- und Zentrum-Abgeordneten am 20. 2. mit einem **konstruktiven Mißtrauensvotum** den bisherigen Ministerpräsidenten *Karl Arnold* (CDU) und wählt *Fritz Steinhoff* (SPD) zum neuen Regierungschef.

1956

Der kurze Sommer der Entstalinisierung

Die offizielle Gründung der Nationalen Volksarmee (NVA) markiert den vorläufigen Abschluß der auch in der DDR seit Jahren laufenden Wiederaufrüstung. Parallel zur militärischen Absicherung gleitet das Herrschaftssystem der SED – scheinbar unerwartet – in eine ideologische Spannungslage. Reformorientierte Kräfte innerhalb und außerhalb der SED begreifen den XX. Parteitag der KPdSU als Chance, Mißerfolge der staatssozialistischen Ordnung zu benennen und Vorschläge zu ihrer Beseitigung vorzutragen. Die Phase der Entstalinisierung findet im Gefolge der Aufstände in Polen und Ungarn im Herbst des Jahres ihr Ende. Die Ereignisse bieten der SED-Führung unter *Walter Ulbricht* die Gelegenheit, unter Berufung auf die »Konterrevolution« Widersacher in den eigenen Reihen auszuschalten und die Partei damit insgesamt zu disziplinieren.

Bildung der Nationalen Volksarmee

Am 18.1. verabschiedet die Volkskammer das **Gesetz über die Nationale Volksarmee** (NVA), deren erste Einheiten zum 1.3. gebildet werden und unmittelbar dem Oberkommando der Vereinten Streitkräfte des Warschauer Paktes unterstellt sind (→ Kasten). Bei der jährlichen Mai-Demonstration am 1.5. marschieren erstmals NVA-Soldaten. Die NVA bleibt bis 1962 eine Armee von Freiwilligen, die jedoch unter hohem gesellschaftlichen Druck angeworben werden. Die »Herrschaft durch Kader« ist für die SED im Offizierskorps gesichert. Mitte 1956 sind bereits 86% der Offiziere Mitglied oder Kandidat der SED.

Von der Volkspolizei zur Nationalen Volksarmee – Die Wiederbewaffnung der DDR

3.7. 1948 Die SMAD befiehlt die Aufstellung »Kasernierter Bereitschaften« innerhalb der Deutschen Volkspolizei. Personalbestand Ende 1948: 10 000, Herbst 1949: 31 000, Oktober 1952: 52 000, 1955: 100 000 Mann

1951 Umbenennung der »Bereitschaften« in »Volkspolizei-Dienststellen« als Einheiten der sogenannten Hauptverwaltung Ausbildung des Innenministeriums

1.7. 1952 Umbenennung der Hauptverwaltung Ausbildung in »Kasernierte Volkspolizei« (KVP)

14.5. 1955 Unterzeichnung des Warschauer Vertrages durch die DDR

18.1. 1956 Gesetz über die Nationale Volksarmee

28.1. 1956 Der Politische Beratende Ausschuß der Warschauer-Pakt-Staaten beschließt in Prag, nach Schaffung der NVA deren militärische Verbände dem gemeinsamen Oberkommando zu unterstellen.

1.3. 1956 Aufstellung der ersten Einheiten der NVA aus den Reihen der KVP, die selbst noch weiterhin bestehenbleibt; Bildung des Ministeriums für Nationale Verteidigung und der Militärbezirke

Die Phase der Entstalinisierung

Vom 24.–30.3. findet in Berlin die **3. Parteikonferenz der SED** statt. *Otto Grotewohl* erklärt, daß die deutsche Wiedervereinigung »längere Zeit« benötigen werde. Die Konferenz dient vor allem der Beschlußfassung zum **2. Fünfjahrplan 1956–1960**, mit dem der Aufbau der staatssozialistischen Ordnung vorangetrieben werden soll (→ Wirtschaftliche Entwicklung). In geheimer Sitzung wird den Delegierten Chruschtschows **Bericht** an den XX. Parteitag der KPdSU (14.–25.2.) **über die Verbrechen der Stalinzeit** verlesen. Die dadurch ausgelöste heftige Diskussion innerhalb der SED veranlaßt das Politbüro, in einem Artikel des *Neuen Deutschland* am 29.4. einige fehlerhafte Seiten der SED-Politik zu benennen, gleichzeitig aber gegen eine »Fehlerdiskussion« und für die »marxistisch-leninistische Geschlossenheit« der Partei einzutreten. Der Kernsatz des Artikels »Die Generallinie unserer Partei war und ist richtig« symbolisiert die Intention der

Aufbau der Nationalen Volksarmee (NVA)

Parteiführung, Opponenten gegen die von ihr definierte »Generallinie« niederzuhalten. Dennoch kann von einer Periode der inneren Liberalisierung gesprochen werden. Frühere Parteistrafen gegen ehedem hohe Parteifunktionäre (*Franz Dahlem, Anton Ackermann, Hans Jendretzky, Elli Schmidt*) werden in einer ZK-Tagung (27.–29.7.) aufgehoben, ohne daß die Betroffenen danach ihre früheren Positionen wiedererlangen. – Im Zuge einer allgemeinen **Amnestie**, von der auch **politische Häftlinge** profitieren, werden bis 21.6. fast 11900 Strafgefangene entlassen, bis Oktober wächst diese Zahl auf rund 21000.

Wissenschaftler nutzen diese Phase, um alternative, aber gegenüber der staatssozialistischen Ordnung wohlwollend kritische Konzepte in der Wirtschaftspolitik zu entwickeln, darunter die von *Fritz Behrens* und *Arne Benary* vorgeschlagene erweiterte alleinige Entscheidungsgewalt der Volkseigenen Betriebe in der Industrie auf Kosten der zentralen Planung und Leitung.

Während Kabaretts und satirische Zeitschriften wie *Der Eulenspiegel* die zeitweilige Liberalität nutzen, äußert sich der Kulturminister *Johannes R. Becher* ernüchtert: Im Juni liefert er bei seinem Verlag ein Manuskript ab, in dem er es als »Grundirrtum« seines Lebens bezeichnet, geglaubt zu haben, »der Sozialismus« beende »die menschlichen Tragödien«: »Wer vom Sozialismus träumt und schwärmt als von einem Erdenparadies und einem Glück für alle, der wird furchtbar belehrt werden in dem Sinne, daß die sozialistische Ordnung ganze Menschen hervorbringt, die aufs Ganze gehen, wenn auch nicht unter Anwendung der barbarischen Mittel der Vorzeit, aber auch diese bleiben noch eine Zeitlang in Gebrauch, wie es gerade in letzter Zeit

bewiesen wurde, und dadurch, daß sich ihrer Sozialisten bedienten, übertreffen sie in ihrer Barbarei noch die vordem gebräuchlichen.«

Ende der Liberalisierung: Die liberale Phase endet, als sich die Entstalinisierung zur Krise auswächst. Mit dem **Aufstand in Poznan** (Polen) am 26.6. und dem **Volksaufstand in Ungarn** ab 25.10. wird die Macht der stalinistischen Parteiführungen in Frage gestellt. In der DDR sind Auswirkungen der beiden Aufstände und deren Niederschlagung zu spüren. An der Ostberliner Humboldt-Universität kommt es zwischen 31.10. und dem 2.11. zu **Studentenunruhen**, die durch den Einsatz von Kampfgruppen und von Propagandisten des Politbüros niedergehalten werden. Nach westlichen Angaben werden 65 Studenten verhaftet.

Unmittelbar nach dem Aufstand in Ungarn beschließt das SED-Politbüro am 8.11. einen **Maßnahmenplan für den Fall »konterrevolutionärer Aktionen«**, der den stufenweisen Einsatz von zunächst Volkspolizei, Kampfgruppen und bewaffneten Kräften der Staatssicherheit vorsieht, denen in einer »2. Etappe« NVA-Einheiten zu Hilfe kommen, ehe in einer »3. Etappe« die in der DDR stationierten sowjetischen Truppen angefordert werden. Neben einer ständigen Kommission auf zentraler Ebene mit SED-Chef *Walter Ulbricht* als Vorsitzendem werden auf der Ebene der Bezirke und der großen Städte »Einsatzleitungen« gebildet, die unter Leitung des jeweiligen 1. Sekretärs der SED-Gebietsorganisation stehen. – Am 29.11. werden mehrere reformorientierte SED-Mitglieder, darunter *Wolfgang Harich, Bernhard Steinberger* und *Manfred Hertwig* verhaftet. Sie hatten in einer sogenannten Plattform das **Konzept eines Dritten Weges** vertreten, für ein Bündnis von SPD mit den »echten sozialistischen Kräften in der SED« in einem wiedervereinigten Deutschland geworben und den »Führungsanspruch einer kommunistischen Partei beim Aufbau des Sozialismus« abgelehnt.

Deutschland- und Außenpolitik

Im Zuge der neuen Wiedervereinigungsstrategie der SED-Parteikonferenz fordert Außenminister *Lothar Bolz* (NDPD) am 29.8. von der Bundesrepublik die **diplomatische Anerkennung der DDR**. Am 31.12. schlägt *Walter Ulbricht* (SED) die Bildung einer **deutsch-deutschen Konföderation** unter Beibehaltung der jeweils geltenden wirtschaftlichen und sozialen Ordnung vor. Unter diesen Vorzeichen verlaufen auch ein Gesamtdeutscher Gewerkschaftskongreß in Leipzig (3. 3.) sowie ein Treffen von Vertretern der FDP und der LDPD vom 4.–6. 10. in Weimar. – Gleichzeitig ist die Außenpolitik der DDR auf die vertiefte Zusammenarbeit mit den östlichen Verbündeten ausgerichtet. Die vom 18.–25. 5. in Ost-Berlin stattfindende VII. Tagung des Rates für gegenseitige Wirtschaftshilfe beschließt die Bildung von **12 ständigen Kommissionen**. Am 17. 7. vereinbart die DDR mit der Sowjetunion eine 50prozentige Verringerung der Stationierungskosten für die sowjetischen Truppen, einen sowjetischen Kredit in Höhe von 7,5 Mrd. Rubel sowie die Erhöhung der gegenseitigen Warenlieferungen.

Wirtschaftliche Entwicklung

Die von der 3. Parteikonferenz (24.–30. 3.) beschlossene **»Direktive« zum Fünfjahrplan** sieht den **Ausbau der Grundstoffindustrien** vor, in denen infolge der deutschen Spaltung Unterkapazitäten bestehen. Der Fünfjahrplan beginnt offiziell mit der Grundsteinlegung für das Braunkohlenkombinat »Schwarze Pumpe« im Bezirk Cottbus am 27. 6. – Weitere Beschlüsse faßt die Konferenz zur Förderung der Gründung von **Produktionsgenossenschaften des Handwerks** (PGH) und zum **Abschluß von Kommissionsverträgen** mit privaten Händlern und Gaststättenbetreibern, mit denen die Mittelschichten in den sozialistischen Aufbau einbezogen werden sollen. Dazu gehört auch die Aufnahme staatlichen Kapitals in industriellen Unternehmen. Einer Ankündigung des Finanzministers vom 8. 2. folgend, nehmen am 20. 2. acht der CDU nahestehende Unternehmer als erste staatliches Kapital der Deutschen Investitionsbank auf. Die Partei führt fortan fast in jedem Jahr Festveranstaltungen aus diesem Anlaß durch. Eine reguläre Verordnung über die **Betriebe mit staatlicher Beteiligung** (BSB) wird vom Ministerrat am 1. 8. erlassen. Die betriebliche Zusammenfassung von Handwer-

kern oder die Aufnahme einer staatlichen Beteiligung wird jedoch als Beginn einer »kalten« Nationalisierung angesehen, weshalb bis Ende 1956 nur 239 PGH gegründet, 144 BSB (mit 14 331 Beschäftigten) gebildet und 45 Kommissionsverträge abgeschlossen werden. – Am 5. 11. beschließt die Staatliche Plankommission die **Entbürokratisierung** wirtschaftlicher Entscheidungsprozesse. Leitern der einzelnen Wirtschaftseinheiten (Betriebe und Institutionen) wird auf Kosten der zentralen Planungs- und Lenkungsbehörden größerer Freiraum in Entscheidungen eingeräumt. – Mit der Einführung eines obligatorischen Werkunterrichtes für alle Schüler ab 1. 9. wird die **polytechnische Ausrichtung der Schulen** im Sinne einer Vorbereitung auf das spätere Berufsleben angestrebt. – In Beschlüssen des FDGB-Bundesvorstandes (4. 12.) und des Ministerrates (6. 12.) wird die schrittweise Einführung der 45-Stunden-Arbeitswoche vorbereitet.

Soziale Daten

Bevölkerung: Im Gebiet der DDR leben am 31. 12. rund 17,6 Millionen Einwohner.

Sozialpolitik: Am 6. 3. verbietet der Staat die Tätigkeit von kirchlich getragenen Bahnhofsmissionen; einige ihrer Mitarbeiter werden verhaftet.

Preise und Lebenshaltung: Am 4. 6. werden die Preise für frei verkäufliche Textilien, Fahrräder, Kameras, Uhren und Radiogeräte gesenkt. Am 1. 10. wird im staatlichen Handel der Einkauf auf Raten ermöglicht. Am 16. 11. tritt eine allgemeine Rentenerhöhung um 30 Mark in Kraft, die Mindestrente wird auf 105 Mark pro Monat festgelegt. Das durchschnittliche monatliche Arbeitseinkommen von Arbeitern und Angestellten in der staatseigenen Wirtschaft beträgt 444 Mark.

Das Ausstattungsniveau der privaten Haushalte mit langlebigen Konsumgütern wächst langsam: Auf 1000 Haushalte kommen 5 PKW, 7 Kühlschränke, 8 Waschmaschinen und 14 Fernsehgeräte.

1957

» Keine Experimente!« und »Wohlstand für alle!«

Die Wehrpolitik beherrscht die innenpolitische Debatte. Je deutlicher wird, daß die Bundesregierung die atomare Bewaffnung der Bundeswehr anstrebt, desto nachdrücklicher erhebt sich öffentlicher Protest, der sich zur außerparlamentarischen Anti-Atomtod-Bewegung zu formieren beginnt.

Im Zeichen des Bundestags-Wahlkampfs vervollständigt die Bundesregierung das sozialpolitische Aufbauwerk der Nachkriegszeit durch eine umfassende Rentenreform mit dem Kernstück eines »Generationenvertrags«, der auch die aus dem Arbeitsprozeß ausgeschiedenen Menschen am Zuwachs des gesellschaftlichen Reichtums beteiligen soll. Der Abschluß der Verträge zur Gründung der Europäischen Wirtschaftsgemeinschaft (EWG), an der die Bundesrepublik als neben Frankreich wichtigstes Mitglied beteiligt ist, eröffnet die Aussicht auf eine dauerhafte Prosperität in einem starken Wirtschaftsraum. Zugleich rückt damit die politische Einigung Europas näher.

Die Erfolgsbilanz des 81jährigen Bundeskanzlers und seines Wirtschaftsministers honorieren die Wähler bei der Bundestagswahl mit der absoluten Mehrheit der Stimmen für die Unionsparteien. Bundeskanzler *Adenauer* steht auf dem Höhepunkt seiner Macht.

Bundestag, Regierung, Parteien

Wahlgesetz: Durch Verabschiedung eines neuen (dritten) Wahlgesetzes am 15. 3. verschärft der Bundestag die Bedingungen für den Einzug ins Parlament. Parteien, die weniger als 5 % der Zweitstimmen erhalten, müssen in mindestens drei (zuvor: einem) Wahlkreisen Direktmandate gewinnen. Das Gesetz tritt am 7. 5. in Kraft und gilt schon für die Wahl zum 3. Deutschen Bundestag.

Bundestagswahl: → Sonderseiten

Parteien: Auf ihrem 7. Bundesparteitag in Hamburg vom 12.–15. 5. verabschiedet sich die CDU auch formell von den antikapitalistischen Elementen des Ahlener Programms von 1947. – Auf einem a. o. Parteikongreß am 19. 5. in Essen beschließt die Gesamtdeutsche Volkspartei (GVP) ihre Auflösung und empfiehlt den Mitgliedern, sich der SPD anzuschließen. *Helene Wessel* und *Gustav Heinemann*, die → 1952 die GVP gründeten, treten der SPD bei.

Sozialreform

Renten: Mit zwei Gesetzeswerken stellt der Bundestag am 21. 1. mit den Stimmen der SPD das System der Arbeiter- und der Angestelltenrenten auf eine neue Grundlage; der Bundesrat billigt sie einstimmig am 8.2 (→ Kasten Sp. 197). Der Beitragssatz erhöht sich ab 1.3 von bisher 11 % auf 14 % des Bruttoentgelts. Von den Rentenleistungen, die sich von 7,4 Mrd. DM auf rund 13 Mrd. DM erhöhen, tragen 9,4 Mrd. DM die Versicherungsträger, 3,6 Mrd. DM der Staat.

Lohnfortzahlungsgesetz: Nach der tarifvertraglichen Gleichstellung von Arbeitern und Angestellten bei der Lohnfortzahlung im Krankheitsfall für die Metallindustrie in Schleswig-Holstein (→ unten) überträgt der Bundestag am 31. 5. das Prinzip auf die Gesamtwirtschaft. Das Lohnfortzahlungsgesetz tritt am 1. 1. in Kraft.

Weitere Sozialreformen: Mit dem am 18. 6. verabschiedeten Gesetz über die **Gleichberechtigung von Mann und Frau** kommt der Bundestag einer schon zum 1. 4. → 1953 fälligen Verpflichtung nach und verankert die Gleichstellung der Geschlechter im bürgerlichen Recht. In Erziehungsfragen erhält der Vater das Recht der Letztentscheidung. Das Gesetz tritt am 1. 7. 1958 in Kraft.

Deutschlandpolitik

Deutsche Frage in der Abrüstungspolitik: In einem am 24. 5. übergebenen **Memorandum zur Wiedervereinigung** erteilt die Bundesregierung erneut dem sowjetischen Vorschlag zu deutschlandpolitischen Verhandlungen eine Absage, weil diese auf eine Anerkennung der

Rentenreform

Das Arbeiterrentenversicherungs- und das Angestelltenversicherungs-Neuregelungs-Gesetz treten am 23. 2. 1957 in Kraft. Nach dem Prinzip der **Generationensolidarität** (die arbeitende Generation erbringt aus ihren aktuelle Beiträgen zur Rentenversicherung die Leistungen für die nicht mehr arbeitende) passen sie die bisher statisch auf den Versicherungsbeitrag bezogenen Rentenleistungen für Arbeiter und Angestellte automatisch jährlich an die Entwicklung der Bruttolöhne und -gehälter an (»Renten folgen Löhnen«).
Nach diesem Modell der **Dynamisierung** der Renten werden in Folge weitere soziale Sicherungssysteme umgestellt, als erstes am 11. 4. die knappschaftliche Rentenversicherung für im Bergbau Beschäftigten. Mit steigenden Arbeitslosenzahlen und der Veränderung des demographischen Faktors (Abnahme der Zahl der Erwerbstätigen, Zunahme der Rentenempfänger) gerät die Rentenversicherung seit Mitte der 70er Jahre wiederholt in Finanzierungsprobleme (→ 1977).

DDR und die Neutralisierung Deutschlands hinauslaufen könnten. Sie erklärt sich jedoch bereit, jenseits dieser Kontroverse über Möglichkeiten besserer Beziehungen zwischen der Bundesrepublik und der UdSSR und über Wirtschaftsfragen zu sprechen (→ unten). – In Westberlin unterzeichnen die Botschafter der drei Westmächte und Bundesaußenminister *Heinrich von Brentano* am 29. 7. die **»Berliner Erklärung«**; in der sie die Verantwortlichkeit der Vier Mächte für die Wiedervereinigung Deutschlands bekräftigen und in 12 Punkten die Grundsätze der gemeinsamen Politik zur Deutschen Frage zusammenfassen. – Kern des mit der Sowjetunion und der Tschechsolowakei abgestimmten **Rapacki-Plans,** den der polnische Außenminister am 9. 12. in einem Memorandum formell den drei Westmächten unterbreitet, ist der **Verzicht auf die Herstellung und Lagerung von Atomwaffen** auf dem Gebiet Polens, der Tschechoslowakei, der DDR und der Bundesrepublik, ohne daß die bestehenden Militärbündnisse dieser Staaten ansonsten in Frage gestellt werden. Bundesaußenminister *von Brentano* lehnte den Vorschlag schon ab, nachdem ihn *Rapacki* erstmals vor den Vereinten Nationen am 2. 10. vorstellt; er ziele auf eine völkerrechtliche Anerkennung der DDR und lenke darüber hinaus von der Frage einer allgemeinen Kontrolle atomarer Waffen ab.

Verteidigungspolitik

Rüstung, Verteidigungskosten: Am 4. 6. erklärt sich die Bundesregierung bereit, 1,2 Mrd. DM an Stationierungskosten zu übernehmen. Davon erhalten Großbritannien 588 Mio. DM, die USA 325 Mio. DM, Frankreich 225 Mio. DM, Belgien 59 Mio. DM, Dänemark und die Niederlande zusammen 1,6 Mio. DM. – Ende September verlangen die anderen Partnerstaaten von der Bundesregierung, ihre Verteidigungsausgaben von rd. 9 auf 12 Mrd. DM zu steigern.
Aufbau der Bundeswehr: Am 21. 1. beginnt die **Musterung** von rd. 100 000 Wehrpflichtigen, die im dritten Quartal des Jahres 1937 geboren wurden. 437 stellen einen Antrag auf Wehrdienstverweigerung, der bis Ende des Jahres bei 262 anerkannt und bei 114 abgelehnt wird. Jeweils 20 % aller Wehrpflichtigen sind körperlich untauglich oder lassen sich vom Wehrdienst vorläufig zurückstellen. Die ersten rund 10 000 Wehrpflichtigen werden zum 1. 4. einberufen. Ende 1957 beträgt die Personalstärke der Bundeswehr 125 000 Mann. – Die Bundesregierung und die Evangelische Kirche in Deutschland (EKD) schließen am 22. 2. einen Vertrag über die **Militärseelsorge** in der Bundeswehr. Er kommt gegen den ausdrücklichen Wunsch der EKD-Synode zustande. Die katholische Militärseelsorge regelt das Reichskonkordat vom 20. 7. 1933. – Beim Versuch die Iller zu durchqueren, ertrinken am 3. 6. 15 Bundeswehrrekruten. Das Unglück führt zu einer breiten Diskussion über die Gehorsamspflicht in der Bundeswehr und Probleme der »inneren Führung«. Ein Offizier, der den Befehl zur Durchquerung des Flusses gegeben hat, wird am 23. 8. zu acht Monaten Gefängnis auf Bewährung verurteilt. – Am 26. 6. richtet der Bundestag das **Amt des Wehrbeauftragten** ein, der sich nach dem Vorbild des Ombudsmanns in Schweden der persönlichen Beschwerden und Vorschläge von Soldaten annimmt. – Am 1. 7. werden die ersten drei deutschen Divisionen der NATO unterstellt.
NATO: Der Generalleutnant der Bundeswehr *Hans Speidel* erhält am 1. 4. das Kommando

Fortsetzung Sp. 203

Wahl zum 3. Deutschen Bundestag am 15. 9. 1957

Wahlkampf: **CDU** und **CSU** führen einen auf die Person des Bundeskanzlers konzentrierten Wahlkampf. An die Ereignisse in der DDR 1953, in Ungarn und Polen 1956 erinnernd, appellieren sie an das Bedürfnis nach Sicherheit (»Keine Experimente!«) und wirtschaftlichem Aufstieg (»Wohlstand für alle!«). – Die **SPD** mit ihrem Kanzlerkandidaten, dem Parteivorsitzenden *Erich Ollenhauer* führt ihren Wahlkampf unter dem Motto »Sicherheit für alle durch Wiedervereinigung Deutschlands in Frieden und Freiheit, durch soziale Gerechtigkeit, durch geistige Freiheit, durch Festigung der Demokratie nach innen und außen«. Dem Bundeskanzler wirft die SPD vor, durch eine »Politik der Stärke« gegenüber dem Osten die Wiedervereinigung unwahrscheinlicher denn je gemacht zu haben.

Wahl: Bei einer Wahlbeteiligung von 87,8 % (+1,8 % gegenüber 1953) gelangen vier Parteien in den Bundestag: Die CDU/CSU erringt mit 50,2 % der Stimmen einen erheblichen Zuwachs von 5 %; auf die SPD entfallen 31,8 % der Stimmen (3 %); die FDP sinkt auf 7,7 % (–1,8 %) ab. Die Deutsche Partei (DP) bleibt mit 3,4 % (+0,1) der Stimmen zwar unterhalb der 5-Prozent-Marke, gewinnt jedoch 7 Direktmandate (davon aufgrund von Listenverbindungen mit der CDU 6, bis auf eines alle in Niedersachsen). Der GB/BHE scheitert mit 4,6 % (–1,3 %) an der 5-Prozent-Hürde.

Wahl zum 3. Deutschen Bundestag am 15.9.1957 (1953)

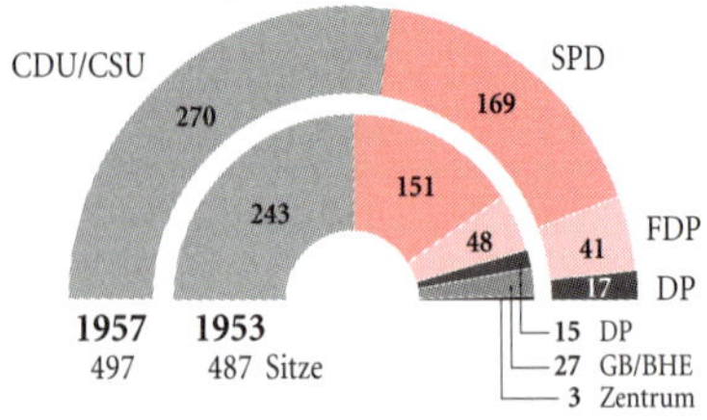

Neue Regierung: Der 3. Deutsche Bundestag konstituiert sich am 15. 10. in West-Berlin. Am 22. 10. wählt er mit 274 von insgesamt 476 abgegebenen Stimmen *Konrad Adenauer* zum dritten Mal zum Bundeskanzler. Am 28. 10. stellt er sein **Kabinett** vor, dem 12 Minister der CDU, 4 der CSU und 2 der DP angehören. In wesentlichen Positionen bleibt die Besetzung der Ressorts unverändert; Finanzminister wird *Franz Etzel* (CDU), der bisherige Amtsinhaber *Fritz Schäffer* (CSU) wird Justizminister; *Theodor Blank* (CDU, Verteidigungsminister 1955/56) übernimmt das Ministerium für Arbeit und Sozialordnung. Der alte und neue Wirtschaftsminister *Ludwig Erhard* (CDU) übernimmt zugleich das Amt des Vizekanzlers und den Vorsitz des Wirtschaftskabinetts.

Drittes Kabinett Adenauer (29. 10. 1957–14. 11. 1961)

Bundeskanzler	*Konrad Adenauer* (CDU)
Stellvertreter und Wirtschaft	*Ludwig Erhard* (CDU)
Auswärtiges	*Heinrich von Brentano* (CDU)
Inneres	*Gerhard Schröder* (CDU)
Justiz	*Fritz Schäffer* (CSU)
Finanzen	*Franz Etzel* (CDU)
Ernährung, Landwirtschaft und Forsten	*Heinrich Lübke* (CDU) bis 15. 9. 1959, ab 14. 10. 1959 *Werner Schwarz* (CDU)
Arbeit und Sozialordnung	*Theodor Blank* (CDU)
Verteidigung	*Franz Josef Strauß* (CSU)
Verkehr	*Hans Christoph Seebohm* (DP/CDU)
Post- und und Fernmeldewesen	*Richard Stücklen* (CSU)
Wohnungsbau	*Paul Lücke* (CDU)
Vertriebene, Flüchtlinge und Kriegsgeschädigte	*Theodor Oberländer* (CDU) bis 5. 4. 1960, ab 27. 10. 1960 *Hans-Joachim von Merkatz* (DP/CDU)
Gesamtdeutsche Fragen	*Ernst Lemmer* (CDU)
Angelegenheiten des Bundes und der Länder	*Hans-Joachim von Merkatz* (DP/CDU)
Atomkernenergie und Wasserwirtschaft	*Siegfried Balke* (CSU)
Familien- und Jugendfragen	*Franz-Josef Wuermeling* (CDU)
Wirtschaftlicher Besitz des Bundes	*Hermann Lindrath* (CDU) bis 27. 2. 1960, ab 4. 5. 1960 *Hans Wilhelmi* (CDU)

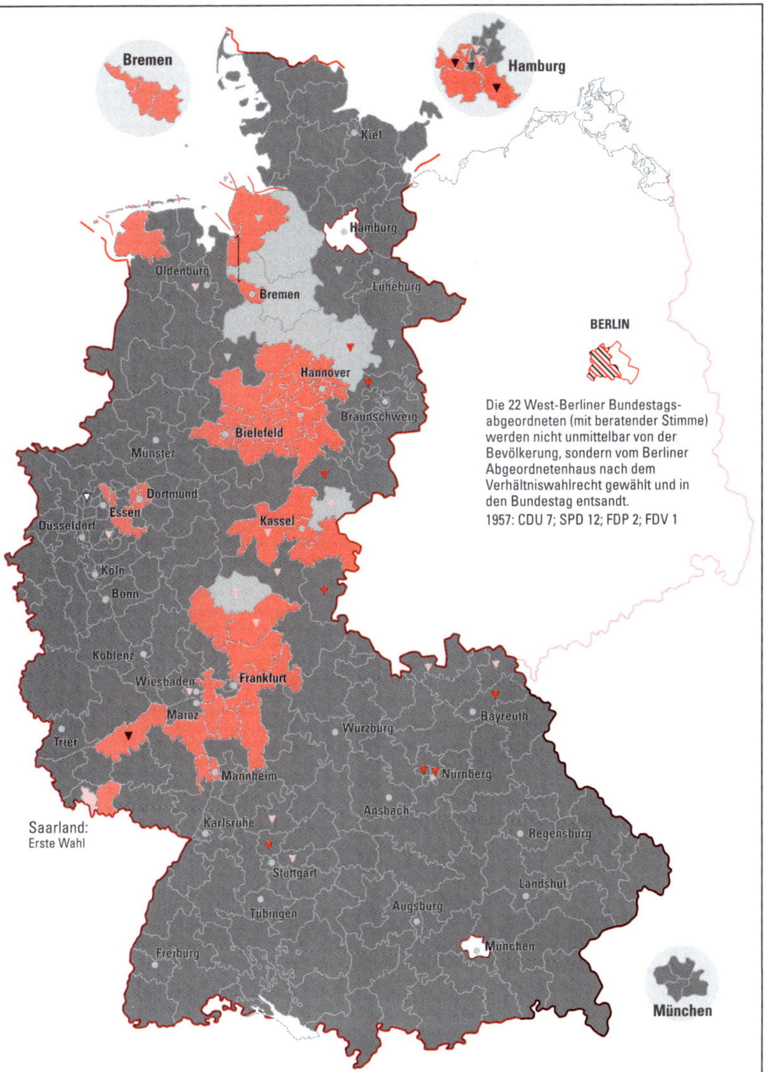

Direktmandate der im 3. Deutschen Bundestag vertretenen Parteien

Mit der Mehrheit der Erststimmen 1957 gewonnene Wahlkreise

- Kandidaten der CDU/CSU (147+47=194)
- Kandidaten der SPD (46)
- Kandidaten der FDP (1)
- Kandidaten der Deutschen Partei (6)

Wechsel der Erststimmenmehrheit 1953/1957

Wahlkreise, die von der
▼ CDU/CSU, ▼ SPD, ▼ FDP,
▽ DZP oder der ▼ DP an andere Parteien fielen

Quelle: *Statistisches Bundesamt*

über die NATO-Landstreitkräfte in Mitteleuropa im NATO-Hauptquartier Fontainebleau (Frankreich). Der bislang ranghöchste deutsche Offizier in der Allianz ist einer der engsten militärischen Berater von Bundeskanzler *Adenauer* und war maßgeblich an der Aufbauplanung der Bundeswehr beteiligt. Gegen die neue Funktion des ehemaligen Wehrmachtsgenerals, der zum Umkreis des militärischen Widerstands gegen *Hitler* gehörte, erhebt sich Protest in Frankreich, wo er im Zweiten Weltkrieg für Deportationen verantwortlich gewesen sein soll.

Atomare Bewaffnung: Am 15.3. bestätigt die Bundesregierung, sie sei über die Stationierung von Atomwaffen durch die US-amerikanischen Streitkräfte in der Bundesrepublik informiert. Bundeskanzler *Adenauer* bezeichnet am 4.4. die neuentwickelten **taktischen Atomwaffen** als »nichts weiter als die Weiterentwicklung der Artillerie«, an der auch die Bundeswehr teilhaben müsse.

Proteste: Provoziert von der Erklärung *Adenauers* vom 4.4. warnen 18 führende bundesdeutsche Atomwissenschaftler, unter ihnen *Max Born, Otto Hahn, Werner Heisenberg, Max von Laue* und *Carl-Friedrich von Weizsäcker*, am 12.4. in ihrer **»Göttinger Erklärung«** vor einer Verharmlosung der taktischen Atomwaffen, von denen jede die Zerstörungskraft der Hiroshima-Bombe besitze. Die Wissenschaftler wollen ihre Mitwirkung an der Entwicklung atomarer Waffen verweigern, die friedliche Verwendung der Atomenergie jedoch weiter fördern. In seiner Stellungnahme wirft *Adenauer* den Verfassern vor, sich nicht ausreichend über die politischen Zusammenhänge informiert zu haben. – Die Göttinger Erklärung und der **»Appell zur Einstellung der Kernwaffenversuche«**, den der Friedensnobelpreisträger *Albert Schweitzer* am 23.4. in Oslo über 150 Rundfunkstationen an die Weltöffentlichkeit richtet, geben der entstehenden Protestbewegung in der Bundesrepublik Auftrieb. Zahlreiche gewerkschaftliche Mai-Kundgebungen, u.a. in Hamburg mit 170 000 Teilnehmern, stehen im Zeichen der Forderung nach Verzicht auf Atomwaffen. – Eine zweitägige Debatte des Bundestags am 9./10.5. endet mit einer gegen die Abgeordneten der SPD angenommenen Entschließung, in der die atomare Bewaffnung der Bundeswehr vom **Erfolg von Abrüstungsverhandlungen** abhängig gemacht wird.

Gewerkschaften

Arbeitskampf der IG Metall: Nach vier Monaten endet am 14.2. der Streik von über 32 000 Arbeitern in 34 Betrieben der schleswig-holsteinischen Metallindustrie (→ 1956). Zuvor waren drei von der Gewerkschaftsführung akzeptierte Schlichtungsvorschläge in Urabstimmungen gescheitert. Auch der vierte Kompromiß wurde am 13.2. von 58 % der Arbeiter abgelehnt, verfehlte jedoch die für eine Fortsetzung des Ausstandes erforderliche Quote von 75 %. Die damit durchgesetzte Rahmentarifvereinbarung regelt die Einführung der **Lohnfortzahlung im Krankheitsfall** in Höhe von 90 % des Nettolohnes vom vierten Tag an. Für die Bundesregierung gibt der bis dahin längste Arbeitskampf in der Geschichte der Bundesrepublik Anlaß, die Lohnfortzahlung im Krankheitsfall auf schnellstem Wege gesetzlich einzuführen (→ oben). Der Gesamtschaden des Streiks wird auf 350 Mio. DM geschätzt. Am 30.10.1958 verurteilt der Erste Senat des Bundesarbeitsgerichts in Kassel die IG Metall, **Ersatz für alle Schäden** zu leisten, die den Unternehmern durch den Streik entstanden sind. Die IG Metall habe die in der Schlichtungsvereinbarung festgelegte Friedenspflicht verletzt. Am 6.11.1958 legt die IG Metall Verfassungsbeschwerde gegen das Urteil ein.

Agartz-Affäre: Am 25.3. wird in Köln der ehemalige Leiter des DGB-eigenen Wirtschaftswissenschaftlichen Instituts (WWI), *Viktor Agartz*, unter dem Verdacht verhaftet, vom FDGB Gelder zur Finanzierung der verbotenen KPD erhalten zu haben. DGB und SPD distanzieren sich von dem Verhafteten. Am 13.12. spricht der 3. Strafsenat des Bundesgerichtshofs in Karlsruhe *Agartz* von der Anklage verfassungsfeindlicher und landesverräterischer Beziehungen frei.

Außenpolitik

Wirtschaftsgemeinschaft: Am 25.3. unterzeichnen die in Rom versammelten Regierungschefs bzw. Außenminister Frankreichs, Italiens, Belgiens, der Niederlande, Luxemburgs und der Bundesrepublik die von der Spaak-Kommission (→ 1956) ausgearbeiteten sog. **Römischen Verträge** zur Gründung der Europäischen Wirtschaftsgemeinschaft (EWG) und der Europäischen Atomgemeinschaft (EURATOM).

Sowjetunion: Am 23.7. beginnen in Moskau Verhandlungen über die Erweiterung der wirtschaftlichen Beziehungen und die **Repatri-**

ierung von Deutschen. Die deutsche Seite will rund 84 000 sog. Volksdeutschen, die zum Zeitpunkt des deutschen Überfalls auf die Sowjetunion im Zweiten Weltkrieg die deutsche Staatsangehörigkeit besaßen, die Ausreise aus der UdSSR ermöglichen. Die Gespräche werden nach der Verschlechterung der Beziehungen durch die »Berliner Erklärung« vom 29. 7. (→ oben) am 16. 8. unterbrochen.

Jugoslawien: Nach **Anerkennung der DDR** als Staat durch Jugoslawien am 15. 10. wendet die Bundesregierung die Hallstein-Doktrin (→ 1955) erstmals an und bricht die diplomatischen Beziehungen zu Jugoslawien ab.

Israel: Die Bundesregierung dementiert am 27. 12. eine Äußerung des israelischen Ministerpräsidenten *David Ben Gurion*, die Bundesrepublik sei möglicherweise bereit, Waffen an Israel zu liefern. Die Bundesrepublik werde keine Waffen in Spannungsgebiete liefern. (Nach Geheimverhandlungen zwischen Verteidigungsminister *Strauß* und dem Generalsekretär im israelischen Verteidigungsministerium, *Shimon Peres*, im Frühjahr 1958 erhält Israel von der Bundesrepublik verdeckte Lieferungen von militärischem Gerät und Waffen im Gesamtwert von 300 Mio. DM, für die keine Bezahlung verlangt wird.)

Wirtschaftspolitik

Kartellgesetz: Das Gesetz gegen Wettbewerbsbeschränkungen (Kartellgesetz), das der Bundestag am 3. 7. gegen die Stimmen von SPD und GB/BHE verabschiedet, verbietet im Grundsatz die Bildung von Kartellen und Monopolen, wettbewerbsmindernde Absprachen und Preisbindungen, läßt jedoch zahlreiche Ausnahmen zu oder und bindet ihre Zulässigkeit an die Zustimmung des Bundeswirtschaftsministers bzw. der Kartellbehörden (Bundeskartellamt). Das »Grundgesetz der sozialen Marktwirtschaft«, verkündet am 27. 7., tritt am 1. 1. 1958 in Kraft.

Bundesbank: Am 4. 7. beschließt der Bundestag die Einrichtung der Deutschen Bundesbank, die an die Stelle der Bank Deutscher Länder tritt und am 1. 8. in Frankfurt am Main ihre Tätigkeit aufnimmt. Sie ist **unabhängig von Weisungen der Bundesregierung**, jedoch gehalten, deren Wirtschaftspolitik zu unterstützen. Sie verfügt über ein differenziertes geldpolitisches Instrumentarium, mit dem sie auf den Geldumlauf

Buchproduktion (in %)

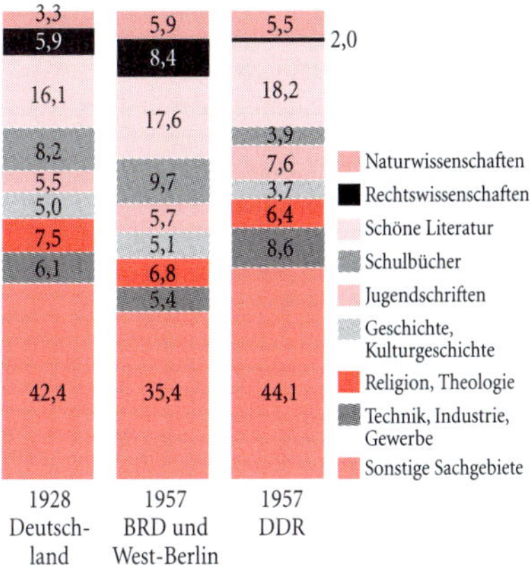

und die Kreditversorgung der Wirtschaft Einfluß nehmen kann (u. a. Diskontpolitik, Lombardpolitik, Mindestreservepolitik, Offenmarktpolitik). Ihr entscheidendes Organ ist der **Zentralbankrat**, in dem neben dem Direktorium als Exekutivgremium auch die Landeszentralbanken vertreten sind. Erster Präsident der Bundesbank wird *Wilhelm Vocke*, der bisher schon die Bank Deutscher Länder leitete.

Atomwirtschaft: Eine Grundgesetzänderung, mit der die Voraussetzug für eine bundeseinheitliche Regelung des Baus und Betriebs von Atomkraftanlagen geschaffen werden soll, verfehlt im Bundestag am 6. 7. zum dritten Mal die erforderliche Zweidrittelmehrheit. Daraufhin beschließt der Bayerische Landtag am 9. 7. das erste **Atomgesetz** in der Bundesrepublik. Auf dieser Grundlage kann die Technische Universität München am 31. 10. **den ersten Atomforschungsreaktor** der Bundesrepublik in Garching bei München (»Atomei«) in Betrieb nehmen. – Am 11. 12. legt Bundesatomminister *Siegfried Balke* (CSU) das erste kommerzielle Atomprogramm der Bundesrepublik vor. Um die für die nächsten Jahrzehnte zu erwartende »Energielücke« zu schließen, sollen bis zum Jahr 1965 vier bis fünf Kernkraftwerke mit einer Gesamtleistung von 500 Megawatt ans Netz gehen.

Bundesländer

Saarland: Am 1. 1. wird das Saarland **elftes Bundesland** der Bundesrepublik (einschließlich West-Berlin). Der Bundestag erweitert sich um zehn saarländische Abgeordnete, der Bundesrat um 3 Vertreter. – Am 25. 3. tritt Ministerpräsident *Hubert Ney* (CDU) zurück. Seine Nachfolge als Parteivorsitzender und als Regierungschef (am 4. 6.) der Koalition aus Saar-CDU, SPD und Demokratischer Partei Saar tritt der bisherige Kultusminister *Hans Egon Reinert* an.

Niedersachsen: Im »**Konkordatsstreit**« erklärt das Bundesverfassungsgericht am 26. 3. die Abschaffung der Konfessionsschulen in Niedersachsen für verfassungskonform (→ 1954). Das Reichskonkordat von 1933 sei zwar weiterhin gültig, doch sei das Bundesland aufgrund seiner Kulturheit im Schulrecht nicht zur Bundestreue verpflichtet. – Am 6. 11. kündigen die

CDU und die DP die Regierungskoalition mit der FDP-GB/BHE-Fraktion auf, nachdem diese sechs Abgeordnete der rechtsradikalen Deutschen Reichspartei als Hospitanten aufgenommen haben. Auf der Basis einer Koalition von CDU, DP und SPD wählt der Landtag am 12. 11. eine neue Regierung unter dem bisherigen Ministerpräsident *Heinrich Hellwege* (DP).

Bayern: Als Konsequenz aus den Ergebnissen der Bundestagstagswahl in Bayern zerbricht am 8. 10. die Regierungskoalition im Landtag. Nach dem Rücktritt von Ministerpräsident *Wilhelm Hoegner* (SPD) wählt der Landtag am 16. 10. den Vorsitzenden der CSU, *Hanns Seidel*, zum neuen Ministerpräsidenten; in seiner Regierung sind die FDP und der GB/BHE mit je einem Minister vertreten.

1957

Konsolidierung der Macht

Im Verlauf dieses Jahres wird die Macht der SED-Führung unter *Walter Ulbricht* vollständig konsolidiert. Mehrere Tagungen des SED-Zentralkomitees sind von Auseinandersetzungen um vermeintlich »revisionistische Auffassungen« geprägt, die besonders im Vorjahr Einfluß gewonnen hatten. Personelle Veränderungen in der Parteispitze und die Maßregelung führender Wissenschaftler stehen genauso für die Rückkehr zu ideologischer Härte wie Verschärfungen des politischen Strafrechts und Restriktionen im deutsch-deutschen Reiseverkehr. Die innere Ausgestaltung der staatssozialistischen Ordnung wird durch die fortgesetzte Zentralisierung der staatlichen Macht und der Wirtschaftslenkung vorangetrieben.

Ende der Entstalinisierungskrise

Nach der Niederschlagung der Aufstände in Polen und in Ungarn 1956 kommt es auch in der DDR zu einem vorläufigen Ende der Entstalinisierungskrise. Bei mehreren Tagungen und Konferenzen wird die Partei wieder auf die Politik der Führungsriege eingeschworen. Die 30. Tagung des Zentralkomitees (30.1.–1.2.) ist geprägt von einer Rede *Walter Ulbrichts*, in der er **»revisionistische Auffassungen«** vor allem **in den Wirtschaftswissenschaften** sowie **alternative Vorstellungen in der Landwirtschaftspolitik** scharf attackiert. Neben dem Leipziger Philosophen *Ernst Bloch* gelten als Exponenten dieser Auffassungen marxistische Ökonomen (*Fritz Behrens, Arne Benary, Jürgen Kuczynski, Kurt Vieweg*), die einerseits die Entscheidungsbefugnisse staatlicher Unternehmen auf Kosten der zentralen Planungsbehörden stärken, andererseits in der Landwirtschaft zu traditionellen Formen der Genossenschaftsbe-

wegung zurückkehren wollen. *Behrens* und *Kuczynski* verlieren ihre staatlichen Ämter, verbleiben jedoch an der Akademie der Wissenschaften, *Benary* wird zur »Bewährung« in einen Großbetrieb versetzt, *Vieweg* flieht am 27.3. zunächst in die Bundesrepublik und wird nach seiner Rückkehr (19.10.) im Mai 1958 zu 12 Jahren Zuchthaus verurteilt, *Bloch* wird 1957 zwangsemeritiert und kehrt 1961 von einer Westreise nicht zurück. *Behrens* und *Benary* werden zudem im Dezember 1959 bzw. Januar 1960 zu einer entwürdigenden öffentlichen Selbstkritik gezwungen. – Vom 7.–9.3. findet in Ost-Berlin der Prozeß gegen *Wolfgang Harich* (→ 1956), vom 23.–26.7. gegen weitere Mitglieder der sogenannten Harich-Gruppe statt.

Die 33. ZK-Tagung (16.–19.10.) ist gekennzeichnet durch **Angriffe gegen »feindliche« und »konterrevolutionäre« Auffassungen** in den Reihen der Intelligenz. *Paul Wandel* verliert sein Amt als Sekretär für Kultur, die Tagung beschließt, beim Politbüro eine Kulturkommission zu bilden. Bei der wenige Tage später (23./24.10.) durchgeführten Kulturkonferenz des ZK wird der Kampf gegen »bürgerliche Dekadenz, Klerikalismus, Aberglauben und bürgerlichen Kosmopolitismus« angekündigt.

Zentralisierung

Eine vom ZK einberufene Konferenz zum Arbeitsstil der SED (19.–21.12.) bereitet Beschlüsse für Anfang 1958 vor, mit denen die Parteiarbeit in den Betrieben und in den Wohngebieten gestrafft werden soll.

Ulbrichts Machtposition in der DDR-Gesellschaft wird zudem durch Personalveränderungen gestärkt, die von Volks- und Länderkammer am 9.10. beschlossene Verlängerung der Amtszeit des Präsidenten *Wilhelm Pieck* hat hier allein symbolische Bedeutung. Am 1.11. verliert der Minister für Staatssicherheit, *Ernst Wollweber*, sein Amt an den bisherigen Staatssekretär, *Erich Mielke*, und wird aus dem Zentralsekretariat der SED entfernt. Am 14.12. begeht der SED-Sekretär für Wirtschaft, *Gerhart Ziller*, Selbstmord. – Am 17.1. verabschiedet die Volkskammer ein **Gesetz über die örtlichen Staatsorgane**, in dem der Volkskammer formal Kontrollmöglichkeiten eingeräumt werden, die tatsächlich von der Exekutive wahrgenommen werden. Die Anzahl der Volksvertreter auf kommunaler und auf Kreisebene wird von bisher

135 000 auf 200 000 erhöht. Auf Grundlage des neuen Gesetzes finden am 23. 6. Wahlen zu den Gemeinderäten, Kreistagen und den Ost-Berliner Stadtbezirksversammlungen statt, bei denen offiziell 99,52 Prozent der Einheitsliste zustimmen. Als Interessenvertretung der Städte entsteht in Ost-Berlin schon am 15. 3. der Deutsche Städte- und Gemeindetag.

Bei einer Tagung von Wissenschaftlern, Technikern und Ökonomen, die am 23. und 24. 8. in Ost-Berlin zusammentritt, wird eine Verordnung des Ministerrates bekanntgegeben, einen **Forschungsrat** beim Ministerrat zu gründen. Dessen erster Vorsitzender wird *Peter Adolf Thiessen*, der als Chemiker nach dem Kriegsende als Spezialist in die Sowjetunion gebracht worden war. Dem Forschungsrat kommt einerseits beratende, anderseits die Forschung in der DDR auch lenkende Funktion zu.

Abgrenzungspolitik

Die Gründung weiterer eigenständiger Organisationen für die DDR (Deutscher Turn- und Sportbund [DTSB] am 27. 4.), die Erklärung der FDJ zur »sozialistischen Jugendorganisation« (25. 4.) und die Aufforderung der CDU vom 16. 12. an ihre Mitglieder, »Kämpfer für den Sozialismus« zu sein, dienen der **inneren Ausgestaltung der Abgrenzungspolitik gegenüber der Bundesrepublik**. Prozesse gegen angebliche und tatsächliche Staatsfeinde (u. a. am 20. 1. in Dresden gegen Oberschüler wegen »Boykotthetze«) und die Einführung eines »praktischen Jahres« für Studienbewerber am 4. 5. stehen hierfür genauso ein wie die forcierte Werbung für die Jugendweihe (→ 1956). Höhepunkt ist die Verabschiedung zweier Gesetze in der Volkskammer am 11. 12. Das **Gesetz zur Änderung des Paßgesetzes** stellt das Verlassen und Betreten des Gebietes der DDR »ohne erforderliche Genehmigung«, das Abweichen von vorgeschriebenen Reisezielen, Reisewegen und Reisefristen unter Strafe (Gefängnis bis zu drei Jahre oder Geldstrafe). Das **Strafrechtsänderungsgesetz** schließt Lücken, die durch die Aufhebung von Gesetzen des Alliierten Kontrollrates entstanden sind, enthält aber mit der Einführung des »öffentlichen Tadels«, der »bedingten Verurteilung« und Paragraphen zu »Staatsgefährdender Propaganda und Hetze« sowie zur »Staatsverleumdung« Elemente eines politischen Straftatenkatalogs.

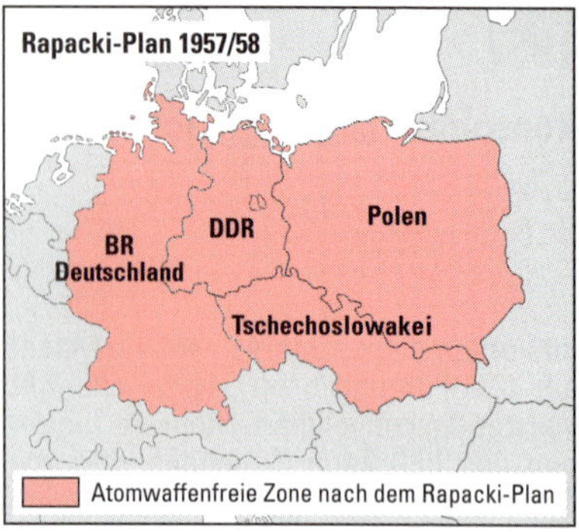

Sozialpolitik

Mit Jahresbeginn wird das Schulgeld für den Besuch von Mittel- und Oberschulen abgeschafft. – Ab 2. 1. wird in 12 Großbetrieben zur Probe die 45-Stunden-Arbeitswoche eingeführt. Die Volkskammer beschließt am 18. 1. ein Gesetz zur schrittweisen Übernahme dieser Regelung in der ganzen Volkswirtschaft der DDR.

Deutschland- und Außenpolitik

Führende Politiker und Institutionen der DDR wiederholen ihre Vorschläge über die Bildung einer **Konföderation zwischen beiden deutschen Staaten** (→ 1956 DDR). Nach *Walter Ulbricht* (am 31. 12. 1956 und erneut bei der 30. ZK-Tagung am 30. 1./1. 2.) gibt der Ministerrat am 26. 7. eine ähnliche Erklärung ab, die am 8. 8. vor der Volkskammer von *Otto Grotewohl* und *Nikita Chruschtschow* unterstützt wird. Gleichzeitig setzt die DDR ihre Politik der Abgrenzung von der Bundesrepublik fort. Außenpolitisch orientiert sie sich vollständig am »sozialistischen Lager«. Am 12. 3. schließt sie mit der UdSSR ein Abkommen über die Stationierung sowjetischer Truppen, am 10. 5. folgt ein Konsularabkommen.

Bei Tagungen von **12 kommunistischen und Arbeiterparteien der sozialistischen Länder** (14.–16. 11.) bzw. von 64 Parteien aus aller Welt (16.–19. 11.) in Moskau **vereinbaren** diese eine **vertiefte Zusammenarbeit** auf der Grundlage des sogenannten sozialistischen Internationalismus. Die DDR unterstützt unmittelbar den Plan des polnischen Außenministers *Rapacki* vom 3. 10. über die Einrichtung einer **atomwaf-**

fenfreien Zone in Mitteleuropa, die die beiden deutschen Staaten mit einschließen soll (→ Karte). Den größten außenpolitischen Erfolg des Jahres verbucht die DDR am 10. 10., als Jugoslawien trotz des angedrohten – und am 19. 10. auch vollzogenen – Abbruchs der Beziehungen durch die Bundesrepublik (→ Hallstein-Doktrin 1955) die DDR diplomatisch anerkennt.

Wirtschaftspolitik

Die **Reorganisation des Wirtschaftslebens** zu einer zentralen Planung und Lenkung der Volkswirtschaft wird fortgesetzt. Diesem Ziel dienen auch »Empfehlungen« des SED-Zentralkomitees vom Herbst, ganze Industriezweige umfassende Vereinigungen Volkseigener Betriebe (VVB) zu gründen. Am 11. 12. verabschiedet die Volkskammer das Vertragsgesetz. mit dem die wirtschaftlichen Beziehungen in der volkseigenen Wirtschaft geregelt werden. – Die feste Einbindung nicht-staatlicher Unternehmen in das Wirtschaftsleben wird ausdrücklich forciert. Am 9. 1. wird ein **zentraler Beirat für staatliche Beteiligung beim Ministerrat** gebildet, dessen Aufgabe es ist, die bis dahin eingegangenen rund 900 Anträge auf Gründung eines Betriebes mit staatlicher Beteiligung (BSB) zu prüfen. – Am 20. 4. wird ein Wirtschaftsrat beim Ministerrat eingesetzt.

Kohle- und Energieprogramm: Durch zusätzliche Bezüge von Steinkohle aus der UdSSR, die in Regierungsverhandlungen vom 3.–8. 1. in Moskau vereinbart werden, und mit dem am 21. 3. vom Ministerrat verabschiedeten Kohle- und Energieprogramm wird die Energieversorgung der DDR bis 1960 deutlich verbessert. – Am 16. 12. nimmt in Rossendorf bei Dresden der erste Kernreaktor der DDR seinen Betrieb auf.

Soziale Daten

Bevölkerung: Im Gebiet der DDR leben am 31. 12. 17,4 Millionen Einwohner. Nach westlichen Angaben siedeln 261 622, nach DDR-Angaben 304 957 Personen nach Westdeutschland über, 77 927 Personen kehren von dort zurück oder siedeln über.

Preise und Lebenshaltung: Das durchschnittliche monatliche Arbeitseinkommen von Arbeitern und Angestellten in der staatseigenen Wirtschaft beträgt 460 Mark. Die Pro-Kopf-Sparguthaben wachsen um fast 50 Prozent auf etwa 516 Mark an. Ein wesentlicher Grund liegt in einer Geldumtauschaktion vom 13. 10., bei der die Kontoeinzahlung von gehorteten Bargeldbeständen erzwungen und im Westen gelagerte DDR-Geldbestände entwertet werden. Die Herkunft von Bargeldbeständen über 300 Mark wird in diesem Zusammenhang einer Überprüfung unterzogen.

1958

»Ohne mich!«: Protest gegen Atomrüstung

Die atomare Aufrüstung, verknüpft mit der deutschen Frage, wird beherrschendes Thema in der Ost-West-Konfrontation. Angesichts des Wiedererstarkens der Bundesrepublik zu einer potentiellen Vormacht in Westeuropa mit der Option auf Atomwaffen und der Forderung nach einer Revision der territorialen Verhältnisse signalisiert die Sowjetunion mit ihren Bündnispartnern Kompromißbereitschaft im Wechselspiel von Abrüstungs- und Deutschlandpolitik. Mit der Unterstützung der Westmächte gibt die Bundesregierung Abrüstungsinitiativen keine Chance, die ihr Beweglichkeit abfordern. Die Entscheidung des Deutschen Bundestags, die Ausstattung der Bundeswehr mit Atomwaffen zu befürworten, wird Ausgangspunkt der breiten außerparlamentarischen Bewegung »Kampf dem Atomtod«. Im November zieht die Sowjetunion mit dem »Berlin-Ultimatum« die Initiative in der Deutschlandfrage an sich; der Kalte Krieg verschärft sich dramatisch.

Abrüstungs- und Entspannungspolitik

Sowjetischer Konferenzvorschlag: In den Bemühungen um das Zustandekommen einer Gipfelkonferenz zur weltpolitischen Entspannung erweist sich die Deutschlandfrage erneut als Kernproblem der internationalen Beziehungen. Am 8. und 10.1. unterbreitet der sowjetische Ministerpräsident *Bulganin* den Regierungen der NATO-Mitgliedstaaten und der Schweiz den Vorschlag, eine **Gipfelkonferenz zur internationalen Verständigung** einzuberufen. Als wesentliche Themen einer solchen Konferenz benennt er u. a. die Schaffung einer atomwaffenfreien Zone im Sinne des Rapacki-Plans (→ 1957), den Abzug aller ausländischen Streitkräfte aus Deutschland sowie den Abschluß eines Nichtangriffspakts. Während US-Präsident *Dwight D. Eisenhower* in einem Brief an die sowjetische Führung vom 12.1. ausweichend auf die Initiative reagiert, im Hinblick auf die deutsche Frage auf die Genfer Vereinbarungen von 1955 verweist und die UdSSR zu vertrauensbildenden Maßnahmen auffordert, stellt NATO-Generalsekretär *Paul Henri Spaak* am 26.1. in Brüssel dezidiert fest, ein atomwaffenfreies Mitteleuropa, zudem mit einem Westdeutschland ohne stationierte Bündnis-Streitkräfte, sei nicht erfolgreich zu verteidigen. – Als *Bulganin* am 3.3. auf *Eisenhowers* Einwände eingeht und die deutsche Frage von der Tagesordnung nimmt, lehnt der NATO-Rat den Vorschlag am 4.3. wiederum ab: Eine befriedigende Lösung der Sicherheitsprobleme in Europa sei ohne eine Aussicht auf die Lösung der deutschen Frage nicht denkbar. – Am 15.7. präsentiert die Sowjetunion allen europäischen Staaten und den USA den Entwurf eines **Vertrags über Freundschaft und Zusammenarbeit**, der den Rapacki-Plan als Kern enthält. Diesem fügt der polnische Außenminister am 4.11. einen Stufenplan hinzu, der die Schaffung der atomwaffenfreien Zone durch vertrauensbildende Maßnahmen erleichtern soll.

Deutschlandpolitik

Konföderationsvorschlag abgelehnt: In einer Botschaft an Bundeskanzler *Adenauer* vom 8.1. ergänzt der sowjetische Ministerpräsident *Bulganin* die Ausführungen seiner zugleich an die NATO-Staaten gerichteten Note (→ oben): Die von ihm vorgeschlagene Gipfelkonferenz werde sich nicht mit dem Thema Wiedervereinigung befassen können, da faktisch **nur noch die Möglichkeit einer Konföderation** bestünde und diese die eigene Angelegenheit der beiden deutschen Staaten sei. In seinem Antwortschreiben vom 20.1. lehnt *Adenauer* das Konföderationsmodell ab. – Im Ergebnis seiner wehr- und deutschlandpolitischen Debatte vom 20.–25.3. bekräftigt der Bundestag die Forderung nach Wiedervereinigung auf der Basis freier Wahlen; den von der Sowjetunion geforderten Abschluß eines Friedensvertrages für zwei deutsche Staaten, Verhandlungen mit Vertretern des »derzeitigen Zonen-Regimes« und eine deutsche Konföderation lehnt der Bundestag »mit Entschiedenheit« ab.

»Modell Österreich«: Bundeskanzler *Adenauer* schlägt dem vom 25.–28. 4. zu Besuch weilenden Ersten Stellvertretenden Ministerpräsidenten der UdSSR, *Anastas I. Mikojan*, neben Maßnahmen zur »Milderung der Not in der Sowjetzone« vor, der DDR wie Österreich einen Neutralitäts-Status zu gewähren. Der Plan signalisiert, daß *Adenauer* die Dauerhaftigkeit der staatlichen Existenz der DDR ins Kalkül zu nehmen beginnt.

Kommissions-Initiativen: Eine Anregung des österreichischen Bundeskanzlers *Julius Raab* vom 25. 4. aufgreifend, beauftragt der Bundestag am 2. 7. einstimmig die Bundesregierung, den Vier Mächten ein **gemeinsames alliiertes Gremium** vorzuschlagen, das Lösungen der deutschen Frage erarbeiten soll. Die Bundesregierung übermittelt den Westmächten und der Sowjetunion eine entsprechende Note zwei Monate später, am 9. 9. Sie reagiert damit erst auf eine Initiative der DDR, die am 4. 9. den drei Westmächten und der Bundesregierung die **Bildung von zwei Kommissionen** vorgeschlagen hat, die sich mit der Vorbereitung eines Friedensvertrages befassen sollen. Am 18. 9. schließt sich die Sowjetunion der DDR-Initiative an, am 30. 9. stimmen die Westmächte dagegen dem Vorschlag der Bundesregierung zu. In der Debatte über die Vorschläge schlägt der Bundesminister für gesamtdeutsche Fragen, *Ernst Lemmer* (CDU), am 18. 9. erstmals vor, mit Ost-Berlin in direkte Gespräche einzutreten, ohne daß damit eine Anerkennung der DDR verbunden wäre.

Berlin-Ultimatum: → Sp. 224

Weitere wichtige außenpolitische Ereignisse

Europapolitik: Am 1. 1. treten die am 25. 3. 1957 geschlossenen Verträge über die EWG und die EURATOM in Kraft. Der bisherige Staatssekretär im Auswärtigen Amt, *Walter Hallstein*, wird erster Vorsitzender der EWG-Kommission, der Franzose *Louis Armand* Vorsitzender der EURATOM-Kommission. – Verhandlungen **zur Errichtung einer Freihandelszone**, die neben den EWG-Staaten elf weitere Länder umfassen und zum 1. 1. 1959 wirksam werden soll, scheitern am 17. 11. an Einwänden Frankreichs. Am 2. 12. beginnen die Mitglieder des Europäischen Wirtschaftsrates (OEEC), die nicht der EWG angehören, mit Verhandlungen über eine eigene Freihandelszone.

Sowjetunion: Während seines Besuchs in der Bundesrepublik vom 25.–28. 4. unterzeichnen der Erste Stellvertretende Ministerpräsident der UdSSR, *Anastas I. Mikojan*, und Bundesaußenminister *Gerhard Schröder* am 25. 4. das erste **Handelsabkommen** zwischen beiden Staaten. Zunächst auf drei Jahre befristet, soll es das Handelsvolumen – im Gesamtwert von 3,13 Mrd. DM – bis 1960 verdoppeln. Ein **Repatriierungsabkommen** ermöglicht rund 84 000 Deutschstämmigen die Übersiedlung in die Bundesrepublik; es gilt für deutsche Memelländer, sog. Umgesiedelte, noch in Ostpreußen lebende und in der Sowjetunion verbliebene »Reichsdeutsche«. 1958 treffen 5340 Deutsche aus der Sowjetunion in der Bundesrepublik ein.

Frankreich: Am 14. 9. findet in Colombey-les-deux-Églises in Lothringen das erste Treffen zwischen Ministerpräsident *de Gaulle* und Bundeskanzler *Adenauer* statt. Sie entwickeln ein persönliches Vertrauensverhältnis, das den weiteren Ausbau der deutsch-französischen Beziehungen erleichtert.

Verteidigungspolitik

Für die atomare Aufrüstung: Nach leidenschaftlicher viertägiger Debatte zur Wehrpolitik stimmt der Bundestag am 25. 3. mit der Mehrheit der Regierungsparteien CDU/CSU und DP einer Entschließung zu, in der die Ausstattung der Bundeswehr mit »den modernsten Waffen« (nach damaligem Stand: taktische Atomwaffen) gefordert wird, solange kein allgemeines Abrüstungsabkommen zustande kommt. – Nach Verhandlungen mit der Bundesregierung stellt NATO-Generalsekretär *Paul Henri Spaak* am 23. 4. in Bonn fest, die Bundesrepublik dürfe auch in der Ausrüstung ihrer Truppen **keine Sonderstellung in der Verteidigungsallianz** einnehmen. – Am 16. 6. kündigt Verteidigungsminister *Franz Josef Strauß* an, bis 1963 werde die Bundeswehr den Anforderungen eines atomaren wie eines konventionell geführten Krieges genügen. – Am 20. 10. gibt das Verteidigungsministerium bekannt, die Bundeswehr werde Raketen vom Typ Nike-Herkules erhalten, die mit konventionellen wie mit atomaren Sprengköpfen bestückt werden kann. Die Atomköpfe bleiben im Besitz der USA und unterliegen der Verfügung des US-amerikanischen Oberbefehlshabers der NATO. – Am 28. 11. gibt der NATO-Oberbefehlshaber in Europa, General

Lauris Norstad, bekannt, die Armeen der meisten NATO-Staaten in Europa würden innerhalb der nächsten drei bis sechs Monate mit Atomwaffen ausgerüstet.

Aufbau der Bundeswehr: In dem am 4.7. vom Bundestag beschlossenen Haushaltsplan für das Rechnungsjahr 1958/59 ist der **Verteidigungsetat** mit 10 Mrd. von 36,8 Mrd. DM (27,2%) erstmals größter Ausgabenposten. – Am 24.10. entscheidet sich *Strauß* für die Ausrüstung der Luftwaffe mit rund 300 Maschinen des US-amerikanischen Abfangjägers **»Starfighter F-104«** der Firma Lockheed.

Anti-Atom-Protest

Kampagne »Kampf dem Atomtod«: In einer dramatischen außen- und wehrpolitischen Auseinandersetzung im Bundestag am 23./24.1. wirft *Thomas Dehler* (FDP) Bundeskanzler *Adenauer* Verrat am Verfassungsziel der Wiedervereinigung vor. *Gustav Heinemann* (SPD) fordert in einer vielbeachteten Rede *Adenauer* zum Rücktritt auf, weil dieser sich mit dem Projekt der Atomrüstung in die politische Bewegungsunfähigkeit manövriert habe. Im Anschluß entscheidet sich die SPD-Führung, eine Kampagne gegen die Atombewaffnung der Bundeswehr zu starten, mit der breite Kreise der Bevölkerung gegen die atomare Rüstung mobilisiert werden sollen (→ Kasten). Nach einer Umfrage des Emnid-Instituts vom Februar lehnen 83% der Befragten den Bau von Abschußbasen für Atomraketen in der Bundesrepublik ab.

»Kampf dem Atomtod«

Am 22.2. gründen Vertreter zahlreicher gesellschaftlicher Organisationen, die sich gegen die atomare Bewaffnung der Bundeswehr engagieren, in Bad Godesberg den Zentralen Arbeitsausschuß »Kampf dem Atomtod« (KdA). Er soll eine **bundesweite Aufklärungskampagne** durchführen und die Aktivitäten regionaler Initiativen koordinieren. In dem am 10.3. veröffentlichten **Aufruf**, unterzeichnet von prominenten Vertretern des öffentlichen Lebens, heißt es: »Wir werden nicht Ruhe geben, solange der Atomtod unser Volk bedroht.« Nach einer Auftaktveranstaltung am 23.3. in Frankfurt am Main finden im April und Mai in mehreren Großstädten **Massenkundgebungen** statt, an denen sich, verbunden mit Arbeitsniederlegungen, insgesamt mehrere hunderttausend Menschen beteiligen, allein in Hamburg am 17.4. sind es rund 150 000. Auch die 1800 gewerkschaftlichen Kundgebungen zum 1. Mai sind von der Kampagne geprägt.

Ein von der SPD-Fraktion im Bundestag eingebrachter Gesetzentwurf zur Durchführung einer bundesweiten Volksbefragung gegen die atomare Aufrüstung der Bundeswehr scheitert am 24.4.; daraufhin werden **Volksbefragungen auf kommunaler und Landesebene** vorbereitet, die auf Antrag der Bundesregierung vom Bundesverfassungsgericht im Mai und Juni mit einstweiligen Verfügungen gegen die Länder Hamburg, Bremen und Hessen ausgesetzt und am 30.7. in ihrer gesetzlichen Grundlage für **verfassungswidrig** erklärt werden.

Kriegsfolgen, Aufarbeitung der NS-Vergangenheit

Wissenschaftler-Rückkehr: Am 12. und am 14.2. treffen 19 von 21 deutschen Wissenschaftlern und Technikern aus Suchumi in der Sowjetunion im Durchgangslager Friedland bei Göttingen ein (zwei verbleiben in der DDR). Sie waren nach Kriegsende zwangsweise in die Sowjetunion verbracht worden, um ihre Kenntnisse für die sowjetische Raketentechnik zu nutzen.

»Einsatzgruppenprozeß«: Am 29.8. verurteilt das Landgericht Ulm zehn Angehörige von Einsatzkommandos des nationalsozialistischen Sicherheitsdienstes (SD) und der Geheimen Staatspolizei (Gestapo), die während des Zweiten Weltkriegs im SD-Abschnitt Tilsit tätig waren, wegen Mordes oder Beihilfe zum Mord zu Zuchthausstrafen zwischen drei und 15 Jahren. Sie werden für schuldig befunden, sich im Sommer 1941 an Massenexekutionen von mehreren tausend Menschen – vor allem Juden – in teils führender Rolle beteiligt zu haben.

NS-Verbrechensverfolgung: Die Justizminister des Bundes und der Bundesländer beschließen am 5.10. in Bad Harzburg die Bildung einer **Zentralstelle** der Landesjustizverwaltungen **zur Aufklärung nationalsozialistischer Verbrechen**. Die Behörde soll Vorermittlungen über ungesühnte Taten insbesondere von Einsatzkommandos und in Konzentrationslagern führen und die Ergebnisse an die zuständigen Staatsanwaltschaften weiterleiten. Am 1.12.

nimmt die Behörde mit Sitz in **Ludwigsburg** bei Stuttgart ihre Arbeit auf, geleitet von Oberstaatsanwalt *Erwin Schüle*.

Kriegsfolgelasten: Nach Schätzung des Deutschen Instituts für Wirtschaftsforschung (West-Berlin) belaufen sich die bisher erbrachten Leistungen der Bundesrepublik für den Ausgleich von Kriegsfolgen bis zum 1. 4. 1958 auf etwa 170 Mrd. DM; die noch offenen Verpflichtungen werden auf 210 bis 230 Mrd. DM geschätzt. Bis Ende 1958 wurden im Rahmen des **Lastenausgleichs** rund 30 Mrd. DM aufgebracht (davon 30 % für Wohnungsbau, 25 % für Unterhaltshilfe und Entschädigungsrente, 45 % für Entschädigungen).

Wiedergutmachung: Für die Opfer der nationalsozialistischen Verfolgung wurden von Bund und Ländern bisher über 8 Mrd. DM gezahlt; fällig sind noch Zahlungen von weiteren 25–30 Mrd. DM. Israel erhielt im Rahmen der geschlossenen Verträge bisher 1,7 Mrd DM, knapp die Hälfte des vorgesehenen Betrages von 3,5 Mrd. DM. Nach dem Bundesentschädigungsgesetz von → 1953 (novelliert → 1956) wurden bisher rund 5 Mrd. DM gezahlt, davon 3 Mrd. DM an ausländische Geschädigte. Insgesamt wurden bis Ende 1958 über 2,2 Mio. Einzelansprüche auf Entschädigung gestellt, von denen bis zu diesem Zeitpunkt etwa ein Drittel anerkannt wurde.

Weitere innenpolitische Ereignisse

Parteispenden: Auf Antrag der SPD-geführten hessischen Landesregierung erklärt das Bundesverfassungsgericht am 24. 6. die steuerliche **Absetzbarkeit von Spenden** an politische Parteien nach den 1954 vom Bundestag beschlossenen Bestimmungen für verfassungswidrig.

Notstandsgesetzgebung: Bundesinnenminister *Gerhard Schröder* informiert am 30. 10. auf einer Veranstaltung der Gewerkschaft der Polizei (GdP) in Stuttgart über seine Absicht, eine Notstandsgesetzgebung in die Wege zu leiten. Die von der Verfassung für den Schutz der inneren Sicherheit zur Verfügung gestellten Instrumente reichten im Ernstfall zur Abwehr der kommunistischen Bedrohung nicht aus.

Wirtschaftspolitik

Arbeitszeit: Gegen die von den Gewerkschaften geforderte weitere Verkürzung der Arbeitszeit schlägt Bundeswirtschaftsminister *Ludwig Erhard* am 13. 1. vor, zur Wahrung der wirtschaftlichen Stabilität die **wöchentliche Arbeitszeit um eine Stunde zu erhöhen**. – Das Wirtschaftswissenschaftliche Institut des DGB ermittelt zur Jahresmitte, daß für bisher rd. 60 % aller Arbeitnehmer in der Bundesrepublik tarifvertraglich vereinbarte Arbeitszeiten von weniger als 48 Stunden gelten. Die Durchschnittsarbeitszeit in der Industrie liegt bei 45,7 Stunden in der Woche.

Landwirtschaft: Der Bundestag billigt am 27. 2. mit dem Grünen Plan für 1958 **Subventionen für die Landwirtschaft** in Höhe von 1,341 Mrd. DM, das ist mehr als das Doppelte des Betrags für 1956. Davon werden 456 Mio. DM für die Qualitäts- und Absatzförderung von Milch aufgewandt. – Am 13. 5. stützt das Bundeslandwirtschaftsministerium den **Butterpreis**, der durch Billigimporte unter Druck geraten ist. Die Einfuhr- und Vorratsstelle für Fette in Frankfurt kauft die als Folge der Subventionen für die Landwirtschaft produzierten Überschüsse an Butter auf und läßt sie einlagern. – Während ihrer Konferenz im italienischen Stresa vom 4.–12. 7. beschließen die Landwirtschaftsminister der **EWG** Richtlinien für eine gemeinsame Agrarpolitik.

Kohlebergbau: Angesichts der Absatzschwierigkeiten für die bundesdeutsche Steinkohle, die zunehmend durch Erdöl verdrängt wird, fordert der Vorsitzende der Gewerkschaft IG Bergbau, *Heinrich Gutermuth*, vor der Generalversammlung der Gewerkschaft in München am 9. 6. die Zusammenfassung der Kohlezechen unter einer staatlichen Dachgesellschaft. 1958 liegen rd. 10 Mio. t Steinkohle auf Halde.

Beschäftigung: Im August erreicht die **Arbeitslosigkei**t mit 332 000 registrierten Erwerbslosen den bis dahin tiefsten Stand seit Bestehen der Bundesrepublik (ohne Saarland); dies entspricht einer Quote von 1,7 %. Für Ende Dezember meldet die Bundesanstalt für Arbeitslosenvermittlung einen Anstieg auf 931 000 Arbeitslose (davon saisonbedingt 72 % Bauarbeiter).

Bundesländer

Nordrhein-Westfalen: Bei der Landtagswahl am 6. 7. erringt die CDU mit einem Stimmenzuwachs von 9,2 % gegenüber 1954 einen überraschend deutlichen Sieg, der ihr mit 50,5 % die absolute Mehrheit bringt. Am 21. 7. wählt der

Wahl zum 3. Abgeordnetenhaus von Berlin am 7.12.1958 (1954)

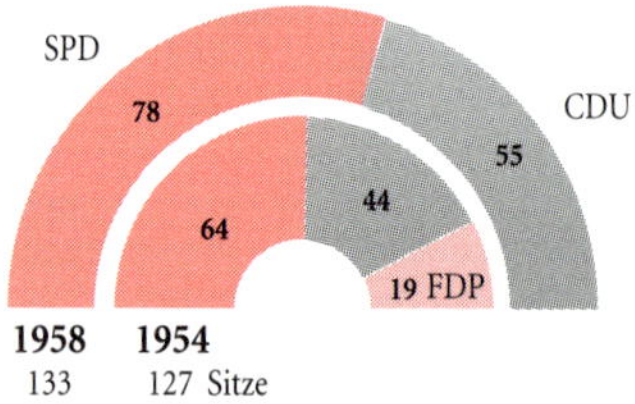

neue Landtag *Franz Meyers* (CDU) als Nachfolger von *Fritz Steinhoff* (SPD) zum Ministerpräsidenten einer CDU-Alleinregierung.

West-Berlin: Vor dem Hintergrund der Berlinkrise (→ unten) findet, zehn Tage nach dem Chruschtschow-Ultimatum, am 7.12. die Wahl zum Abgeordnetenhaus statt. Die Wahlbeteilung erreicht 93,7%, den bislang höchsten Wert bei einer freien Landtagswahl in der Geschichte Deutschlands. Die SPD gewinnt 52,6% der Stimmen (8% gegenüber 1954), die FDP verfehlt mit 3,8% (−9%) den Einzug ins Parlament (→ Graphik). Trotz absoluter Mehrheit für die SPD bildet *Willy Brandt* (SPD) angesichts der politischen Krise eine große Koalition mit der CDU und wird am 12.1.1959 erneut zum Regierenden Bürgermeister gewählt.

Berlin-Ultimatum

Mit der Behauptung, ganz Berlin gehöre zum Hoheitsgebiet der DDR, die Regierung respektiere aber derzeit die reale Lage, eröffnet *Walter Ulbricht* am 27.10.1958 eine neue Phase in der Auseinandersetzung um den Status von Berlin. *Willy Brandt* (SPD) weist die Erklärung *Ulbrichts* am 5.11. zurück: Berlin und die DDR seien Teil Deutschlands, die Hauptstadt Deutschlands sei und bleibe Berlin. – In einer Rede im Moskauer Sportpalast am 10.11. fordert der sowjetische Ministerpräsident *Chruschtschow* einen Friedensvertrag für Deutschland, **der Viermächtestatus von Berlin sei überholt.** Das US-Außenministerium erklärt am 20.11., die Vereinigten Staaten würden auf ihren Rechten in Berlin bestehen und sich diese ebenso wie die Versorgung der Stadt in keinem Fall einschränken lassen, falls die DDR-Regierung von der Sowjetunion die Kontrolle über die Transitstraßen und den Luftverkehr erhielte.

Am 27.11. kündigt die Sowjetunion in Noten an die drei Westmächte, die Bundesrepublik und die DDR den Viermächtestatus für Berlin auf. Aus der »faktischen Lage« ergebe sich, daß **die alliierten Vereinbarungen »nicht mehr in Kraft befindlich«** sind, das Potsdamer Abkommen (→ 1945–1948) sei von den Westmächten gebrochen worden, u.a. durch die Remilitarisierung und Atomaufrüstung Westdeutschlands. Die Westmächte werden aufgefordert, binnen sechs Monaten aus West-Berlin abzuziehen, das als entmilitarisierte »Freie Stadt« den Status einer **»selbständigen politischen Einheit«** erhalten soll. Die Verhandlungen hierüber sollen innerhalb von ebenfalls sechs Monaten abgeschlossen sein. Sollte die Frist ergebnislos verstreichen, werde die Sowjetunion mit der DDR einen separaten Friedensvertrag schließen, durch den diese für alle ihr Gebiet betreffenden Fragen, einschließlich der »Berlin-Rechte«, zuständig wird. – In gleichlautenden Noten an die sowjetische Regierung weisen die drei Westmächte am 31.12. formell die im Ultimatum erhobenen **Forderungen als unannehmbar zurück** und bestehen auf der weiteren Verantwortlichkeit der Sowjetunion für ihre Verpflichtungen aus den 1944 und 1945 geschlossenen Abkommen über Berlin. Zu Gesprächen über die europäische Sicherheit, die auch die Berlin-Frage einschließen, erklären sie sich bereit, vorausgesetzt, sie finden nicht unter den Bedingungen eines Ultimatums statt.

1958

Forcierter Aufbau des Sozialismus

Am 10. Juli kommen in Ost-Berlin 1648 stimmberechtigte Delegierte zum V. Parteitag der SED zusammen, um den auf der 2. Parteikonferenz der SED 1952 begonnenen Aufbau des Sozialismus in der DDR voranzutreiben. Staat, Wirtschaft und Gesellschaft durchlaufen umfangreiche Strukturveränderungen. Sie reichen von der Straffung der Verwaltungshierarchie bis hin zur Auflösung der Länderkammer. Wirtschaftlich wird die »sozialistische Industrialisierung« forciert, vor allem im Ausbau der chemischen Industrie. Die traditionellen industriellen Ballungszentren im Süden der DDR und im mitteldeutschen Raum werden zugunsten einer verstärkten Industrialisierung ländlicher Gebiete in den nördlichen Bezirken entlastet. Der immer noch große Einfluß vor allem der protestantischen Kirche unter den Jugendlichen wird weiter zurückgedrängt. Der V. SED-Parteitag liefert mit den »Zehn Geboten der sozialistischen Moral« einen atheistischen, jedoch quasi-religiös verbrämten Verhaltenskodex.

Straffung des Staatsapparates

Am 11. 2. beschließt die Volkskammer das »Gesetz über die Vervollkommnung und Vereinfachung der Arbeit des Staatsapparates der DDR«, das den Bereich der staatlichen Verwaltung (einschließlich der Planung und Lenkung der Volkswirtschaft) entbürokratisieren, den Verwaltungsapparat straffen und zentralisieren soll (→ Graphik Sp. 227f.). Gleichzeitig werden die wirtschaftsleitenden Fachministerien zugunsten erweiterter Machtbefugnisse für die Staatliche Plankommission aufgelöst.

Die Reformen im Apparat gelten offiziell als

Fortentwicklung der sozialistischen Demokratie, deren beredter Ausdruck die vom III. Nationalkongreß der Nationalen Front in Ost-Berlin (20.–23. 9.) adaptierte Losung »Arbeite mit, plane mit, regiere mit« ist. Sie beschreibt das Demokratieverständnis von Partei- und Staatsführung: Durch Mitarbeit und Teilhabe am wirtschaftlichen Planungsprozeß (ohne daß ihnen damit ein Entscheidungsrecht zusteht) regieren Werktätige in der sozialistischen Demokratie mit (→ Wirtschaftspolitik).

An den **Wahlen zur Volkskammer und zu den Bezirkstagen** vom 16. 11. nehmen offiziell republikweit 98,89 % der Wahlberechtigten teil, von denen 99,87 % der Einheitsliste ihre Stimme geben. – Am 8. 12. wird in der Volkskammer ein neues Gesetz über den Ministerrat erlassen; zugleich beschließt die Volkskammer die **Auflösung der Länderkammer**. Damit wird die DDR ein Staat mit Ein-Kammer-Parlamentssystem, wobei die Volkskammer nur über symbolische Machtbefugnisse verfügt.

Entwicklungen in der Staatspartei

In der SED werden am 6. 2. *Karl Schirdewan* und *Fred Oelßner* entmachtet und aus ihren Ämtern entfernt. Der V. Parteitag der SED (10.–16. 7. in Ost-Berlin) bestimmt ein neues Zentralkomitee, dem jetzt 111 statt bisher 91 sowie weiterhin 44 nicht stimmberechtigte Kandidaten angehören. Bei seiner ersten Tagung am 16. 7. wählt das ZK ein neues Politbüro und bestätigt *Walter Ulbricht* in dessen Position als Erster Sekretär des ZK der SED.

Hochschul- und Bildungspolitik

Die 3. **Hochschulkonferenz** der SED (28. 2.–2. 3.) beschließt die **Umgestaltung der Universitäten und Hochschulen zu »sozialistischen Bildungsstätten«**. Am 18. 3. bildet sich in Abgrenzung zu den Kollegen in der Bundesrepublik die Deutsche Historikergesellschaft mit *Ernst Engelberg* an der Spitze. Anfang April (2./3. 4.) findet eine Konferenz von Rechtswissenschaftlern (**Babelsberger Konferenz**) statt, auf der *Walter Ulbricht* die Juristen auffordert, »ihre wissenschaftliche Arbeit ... als bewußte und für den Aufbau des Sozialismus kämpfende Genossen zu leisten«.

Drei Wochen später (24./25. 4.) veranstaltet das SED-Zentralkomitee eine **Schulkonferenz** zur

Das SED-Politbüro nach dem V. Parteitag

ehemalige KPD-Mitglieder:
Wilhelm Pieck
Walter Ulbricht
Erich Honecker
Hermann Matern
Heinrich Rau
Willi Stoph
Herbert Warnke
Alfred Neumann
Paul Fröhlich*
Kurt Hager*
Bruno Leuschner
Karl Mewis*
Albert Norden
Alois Pisnik*
Alfred Kurella*
Paul Verner

ehemalige SPD-Mitglieder:
Otto Grotewohl
Friedrich Ebert
Erich Mückenberger
Edith Baumann*
Luise Ermisch* (SED-Eintritt 1946)

* nicht stimmberechtigte Kandidaten des Politbüros

verstärkten polytechnischen Ausrichtung der Schulausbildung. Sie führt zum 1.9. in den höheren Klassenstufen den **»Unterrichtstag in der Produktion«** (UTP) und das Fach **»Einführung in die sozialistische Produktion«** (ESP) ein. Dem gleichen Ziel dient die alljährliche **»Messe der Meister von Morgen«** (MMM), die erstmals vom 16.–26.10. in Leipzig stattfindet.

Jugendweihe und Religionsunterricht

1958 nehmen an der Jugendweihe bereits 44% der Jugendlichen teil. Das Ministerium für Volksbildung schränkt den Religionsunterricht an den Schulen und die Möglichkeiten der Teilnahme stark ein. Nach Protesten, besonders von seiten der evangelischen Kirchen, in denen diese

Die staatlichen Planungs- und Leitungsorgane für die Industrie nach dem Gesetz vom 11.2.1958

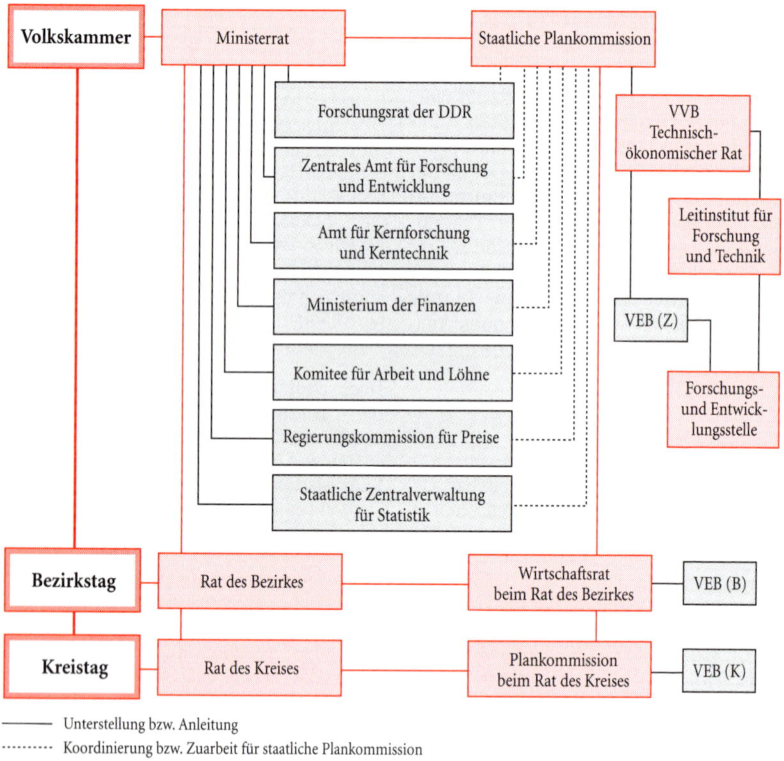

Zehn Gebote der sozialistischen Moral

1. Du sollst Dich stets für die internationale Solidarität der Arbeiterklasse und aller Werktätigen sowie für die unverbrüchliche Verbundenheit aller sozialistischen Länder einsetzen.
2. Du sollst Dein Vaterland lieben und stets bereit sein, Deine ganze Kraft und Fähigkeit für die Verteidigung der Arbeiter-und-Bauern-Macht einzusetzen.
3. Du sollst helfen, die Ausbeutung des Menschen durch den Menschen zu beseitigen.
4. Du sollst gute Taten für den Sozialismus vollbringen, denn der Sozialismus führt zu einem besseren Leben für alle Werktätigen.
5. Du sollst beim Aufbau des Sozialismus im Geiste der gegenseitigen Hilfe und der kameradschaftlichen Zusammenarbeit handeln, das Kollektiv achten und seine Kritik beherzigen.
6. Du sollst das Volkseigentum schützen und mehren.
7. Du sollst stets nach Verbesserung Deiner Leistungen streben, sparsam sein und die sozialistische Arbeitsdisziplin festigen.
8. Du sollst Deine Kinder im Geiste des Friedens und des Sozialismus zu allseitig gebildeten, charakterfesten und körperlich gestählten Menschen erziehen.
9. Du sollst sauber und anständig leben und Deine Familie achten.
10. Du sollst Solidarität mit den um ihre nationale Befreiung kämpfenden und den ihre nationale Unabhängigkeit verteidigenden Völkern üben.

auf die in der DDR-Verfassung verbrieften Rechte der freien Religionsausübung verweisen, kommt es am 2. und 23. 6. zu Verhandlungen der Kirchenführung mit *Otto Grotewohl*, die am 21. 7. mit einer »Gemeinsamen Erklärung« abgeschlossen werden. Die evangelische Kirche handelt für sich eine Art Status quo aus, gibt jedoch mit der Rücknahme des Vorwurfs, die Verfassung sei gebrochen worden, ihr wichtigstes Mittel – die Berufung auf geltendes Recht – aus der Hand.
Den Intentionen der SED, eine »neue Gesellschaft« mit »neuen Menschen« zu schaffen, dienen auch die auf dem V. Parteitag der SED verabschiedeten »Zehn Gebote der sozialistischen Moral« (→ Kasten).

Deutschland- und Außenpolitik

Auf einen Vorschlag *Konrad Adenauers* in seinen Gesprächen mit dem sowjetischen Botschafter in Bonn, *Andrej Smirnow*, (7.–19. 3.), der DDR einen Status zu gewähren, der dem Österreichs ähnelt, reagiert die UdSSR nicht. Statt dessen beschließt die Regierung der UdSSR am 7. 7., ab 1. 1. 1959 von der DDR keinerlei Stationierungskosten mehr zu verlangen. – Die UdSSR unterstützt am 18. 9. einen Vorschlag des DDR-Ministerrates vom 4. 9., eine Viermächtekommission zur Vorbereitung eines Friedensvertrages mit Deutschland zu bilden.
Berlin-Ultimatum → Sp. 224

Wirtschaftspolitik

Am 9. 1. verabschiedet die Volkskammer das Gesetz über den Außenhandel, mit dem das schon bestehende staatliche Außenhandelsmonopol rechtlich festgeschrieben wird.
Der V. Parteitag der SED vom 10.–16. 7. in Ost-Berlin setzt als **»ökonomische Hauptaufgabe«**, die DDR so zu entwickeln, daß ihre »Überlegenheit« gegenüber Westdeutschland »eindeutig bewiesen« wird, indem u. a. die westdeutschen Pro-Kopf-Verbrauchswerte bei »allen wichtigen Lebensmitteln und Konsumgütern« bis 1961 übertroffen werden. Die Beschlüsse werden vor dem Hintergrund einer gestiegenen Wirtschaftskraft der DDR gefaßt.
Industrie: Schwerpunkt der industriellen Entwicklung ist laut Parteitagsbeschluß die **Chemieindustrie**, deren Wachstum gemäß den Beschlüssen einer eigens am 3./4. 11. durchgeführten Chemiekonferenz des Zentralkomitees unter dem Motto »Chemie bringt Brot, Wohlstand und Schönheit« vor allem durch den **Ausbau der Petrochemie** gesichert werden soll. Schwerpunkte sind hier das Erdölverarbeitungswerk Schwedt/Oder, Leuna II, das Chemiefaserwerk Guben sowie Fertigungsstätten im Elektrochemischen Kombinat Bitterfeld und im VEB Buna. – Nach den Richtlinien der Staatlichen Plankommission vom 20. 10. werden die vor allem im mitteldeutschen Raum liegenden industriellen Ballungszentren (Großraum Leipzig-Halle-Bitterfeld-Dessau-Zeitz; Großraum Chemnitz-Zwickau-Schneeberg; Berliner Raum; Groß-

Preise ausgewählter Waren 1958

Vor und nach Abschaffung der Bewirtschaftungskarten

	Preis am 31.5. Karte	Preis am 31.5. frei	Preis am 1. 6.
Vollmilch, 1 Liter	0,28	1,12	0,72
Zucker, 1kg	1,20	3,00	1,92
Butter, 1kg	4,20	20,00	10,00
Eier, mittlere Größe, Stück	0,14	0,38	0,38
Schweinekotelett, 1 kg	2,86	11,20	8,00
Herrenhalbschuhe, Boxcalf	–	73,41	73,41
Damenhalbschuhe	–	62,41	62,41
Braunkohlebriketts, 50 kg	1,70	3,84	3,84

raum Dresden; Großraum Forst-Senftenberg-Cottbus) entlastet und die nördlichen und östlichen Gebiete der DDR (Frankfurt/Oder; Neubrandenburg; Neustrelitz, Schwerin; Ludwigslust und Neuruppin) verstärkt industrialisiert.

Landwirtschaft: In der Landwirtschaft wird mit einer vom Ministerrat am 12. 6. beschlossenen Verordnung der Übergang zur offenen Zwangskollektivierung vorbereitet. Am 26. 6. folgt ein Beschluß des FDGB-Bundesvorstandes zur Unterstützung der Kollektivierung, mit dem die Belegschaften von Industriebetrieben zur Übernahme von »Patenschaften« mit LPG und VEG aufgerufen werden (bis Ende des Jahres werden über 10 900 solcher Patenschaften abgeschlossen). Allein in den Monaten Juli und August entstehen pro Tag im Durchschnitt 24 neue LPG, was wesentlich zur Steigerung der Gesamtanzahl beiträgt. Ende des Jahres bewirtschaften 352 938 Bauern (fast 124 000 mehr als im Vorjahr) in 9637 LPG (2946 mehr als im Vorjahr) 37,8 % der gesamten landwirtschaftlichen Nutzfläche.

Privater Sektor: Die Blockparteien unterstützen weitere Veränderungen im privaten Sektor von Industrie, Handel und Handwerk. Am 10. 1. ruft die LDPD private Handwerker auf, sich in Produktionsgenossenschaften des Handwerks (PGH) zusammenzuschließen, deren Anzahl bis Mitte 1958 auf über 1300 wächst. Die CDU setzt ihre Anstrengungen zur Werbung von Industriellen für die Gründung von Betrieben mit staatlicher Beteiligung (BSB) fort, deren Anzahl enorm anwächst. Am Ende des Jahres halten 1541 Unternehmen (1956: 144) staatliche Beteiligung; in ihnen arbeiten 126 472 Beschäftigte (1956: 14 331).

Soziale Daten

Preise und Lebenshaltung: Am 29. 5. werden die letzten Lebensmittelkarten abgeschafft. Sie werden vorübergehend durch inoffizielle »Stammkundenlisten« für einige Erzeugnisse ersetzt; doch gelingt es tatsächlich, auf der Basis neuer Preise, die den bisherigen Karten- und den freien Preis kombinieren, die Versorgung der Bevölkerung deutlich zu verbessern (→ Kasten). Die hier festgesetzten Preise bleiben bei Lebensmitteln im wesentlichen bis 1990 erhalten.

1959

Im Zeichen des Berlin-Ultimatums

Das sowjetische Berlin-Ultimatum vom 27. 11. 1958 stellt die Deutschlandfrage wieder ins Zentrum der internationalen Diplomatie. Die westlichen Verbündeten zeigen Bereitschaft, neue Wege zu suchen und diskutieren unterschiedliche Optionen. Doch setzen Bundesregierung und Kanzler *Adenauer* allen Vorschlägen, eine Neutralisierung Deutschlands im Rahmen eines blockübergreifenden Sicherheitskonzepts als Gegenleistung für die Wiedervereinigung in Kauf zu nehmen und auf dem Weg dorthin die DDR als Gesprächspartner zu akzeptieren, weiterhin entschiedenen Widerstand entgegen. Die Außenministerkonferenz der Vier Mächte vermag am Status quo in Deutschland nichts zu ändern und bleibt in dieser Hinsicht erfolglos.

In der Innenpolitik wird das »persönliche Regiment« des Bundeskanzlers erstmals auch in den eigenen Reihen in Zweifel gezogen, als *Adenauer* im eigenen Machtinteresse über das Amt des Bundespräsidenten zu disponieren versucht. Neben dem Ende der Amtszeit von *Theodor Heuss* als erstem Bundespräsidenten stellt die programmatische Wende der SPD zur Volkspartei den zweiten Einschnitt in diesem Jahr dar. Die SPD zieht die Konsequenzen aus zehn Jahren Opposition und eröffnet eine neue Phase im Kampf um die politische Herrschaft.

Deutschland-Politik

Nach dem Berlin-Ultimatum: Die **Bundesregierung** läßt am 5. 1. ihre Note in Moskau überreichen, in der sie – wie die drei Westmächte in ihrer Stellungnahme vom 31. 12. 1958 – ihre Be-

reitschaft bekundet, über Abrüstung, Sicherheit und Wiedervereinigung zu verhandeln, solange dies nicht unter dem Druck eines Ultimatums geschieht. Zugleich lehnt sie die von *Chruschtschow* mit der Kündigung des Viermächteabkommens verbundenen Vorschläge als unnehmbar ab. Die Bildung einer »Freien Stadt« West-Berlin würde die Dreiteilung Deutschlands zur Folge haben. – Am 10. 1. schlägt die Sowjetunion der Bundesrepublik, der DDR sowie 28 Staaten, die im Zweiten Weltkrieg gegen Deutschland standen, unter ihnen den drei Westmächten, eine Gipfelkonferenz zur Ausarbeitung eines **Friedensvertrags mit Deutschland** vor. Der **sowjetische Friedensvertragsentwurf** umreißt in 48 Artikeln den Status eines künftigen Deutschlands, das unter einer Vielzahl einschränkender Bestimmungen die Souveränität erhält und sich faktisch als Konföderation der beiden deutschen Staaten darstellt. Ihnen wird das Recht auf Wiedervereinigung zugestanden »in den Grenzen, wie sie am 1. 1. 1959 waren«, unter Verzicht auf die ehemals deutschen Ostgebiete und bei Anerkennung der Ungültigkeit des Münchener Abkommens von 1938; für die Übergangsphase erhält West-Berlin den Status einer freien entmilitarisierten Stadt. Die deutschen Staaten dürfen keinen Militärbündnissen angehören, die beiderseitig zu reduzierenden Streitkräfte erhalten keine Atom- oder Raketenwaffen, Bombenflugzeuge und U-Boote. Ein Jahr nach Inkrafttreten des Friedensvertrags sollen alle ausländischen Truppen aus Deutschland abziehen.

Reaktionen in der Bundesrepublik: Bundeskanzler *Adenauer* lehnt den Entwurf am 12. 1. vor dem Fraktionsvorstand der **CDU** als Verhandlungsgrundlage ab, u. a. weil er die Frage der Wiedervereinigung, Voraussetzung für einen Friedensvertrag, ausklammere. In der CDU befürwortet vor allem Bundestagspräsident *Eugen Gerstenmaier* (CDU) eine Lockerung der starren deutschlandpolitischen Positionen. Am 30. 4. hält er das Ausscheiden der Bundesrepublik aus der NATO für vertretbar, wenn damit ein entscheidender Schritt zur Wiedervereinigung Deutschlands verbunden wäre. – Die **SPD** fordert, den Vorschlag der Sowjetunion mit einer bundesdeutschen Initiative zu beantworten. Nachdem Gespräche des SPD-Vorsitzenden *Erich Ollenhauer* am 9. 3. in Ost-Berlin und der Vorstandsmitglieder *Carlo Schmid* und *Fritz Erler* am 16. 3. in Moskau mit *Chruschtschow* ergebnislos bleiben, stellt *Ollenhauer* am 19. 3. vor der Presse einen **Dreistufenplan** seiner Partei vor. In ihm schlägt die SPD eine weitgehende Entmilitarisierung Mitteleuropas vor, auf deren Basis sich die Wiedervereinigung Deutschlands in drei Phasen vollziehen soll: 1. Bildung einer Gesamtdeutschen Konferenz mit der Aufgabe, die beiderseitigen Verhältnisse zu normalisieren; 2. Wahl eines Parlamentarischen Rats als provisorischer Regierung mit Vertretern aus beiden Teilen Deutschlands; 3. Wahl einer Verfassunggebenden Nationalversammlung. Der Vorschlag, maßgeblich konzipiert vom stellvertretenden Parteivorsitzenden *Herbert Wehner*, wird am 2. 4. vom Zentralkomitee der SED der DDR als Grundlage für eine Aktionseinheit beider Parteien begrüßt, stößt jedoch in der SPD auf Kritik und wird bald fallengelassen. Deutschlandpolitische Beratungen mit der SED lehnt die SPD ab. – Die **FDP** legt am 20. 3. ebenfalls einen **Deutschland-Plan** vor, der von Verhandlungen beider deutscher Staaten über einen Friedensvertrag ausgeht und ein wiedervereinigtes Deutschland anstrebt, das in ein von den Vier Mächten gemeinsam getragenes Sicherheitssystem eingebunden wäre.

Westmächte: US-Außenminister *John Foster Dulles* weist am 27. 1. den sowjetischen Vorschlag zurück, macht sich jedoch *Adenauers* Konzept nicht in allen Punkten zu eigen. Der einflußreiche demokratische Senator *Hubert Humphrey* vertritt am 5. 2. in einer Rundfunksendung der BBC ein in den USA an Gewicht gewinnendes Konzept des **Disengagements:** Sein Land solle seine militärische Präsenz in Europa reduzieren und einen Modus vivendi mit der UdSSR suchen. Ein Ausscheiden der Bundesrepublik aus der NATO und eine atomwaffenfreie Zone in Mitteleuropa seien sicherheitspolitisch vertretbar, wenn die Sowjetunion dafür ihre Streitkräfte aus Mittel- und Osteuropa zurückzöge. Am 16. 2. schlagen die Westmächte der Sowjetunion vor, statt der geforderten Gipfelkonferenz eine **Außenministerkonferenz der Siegermächte** über die deutsche Frage einzuberufen. Die Bundesregierung erklärt sich nach anfänglichem Widerstand damit einverstanden, daß neben ihr auch die DDR eine beratende Delegation entsenden kann. In der Vorbereitungsphase der Konferenz lassen die USA und Großbritannien ihre Bereitschaft erkennen, eine Konföderation beider deutscher Staaten zu akzeptieren, stoßen hiermit jedoch auf den Widerstand der Bundesregierung. Auf einer gemeinsamen Konferenz über die Deutschland- und Berlin-Frage in Washington am 31. 3./1. 4. können sich die drei Westmächte und die Bundesrepublik nicht in allen Punkten auf eine gemeinsame Linie verständigen.

Genfer Außenministerkonferenz: Nachdem *Chruschtschow* seinen am 24. 2. unterbreiteten Gegenvorschlag zur Einberufung einer Gipfelkonferenz nicht durchsetzen kann und am 19. 3. das **Berlin-Ultimatum als nicht existent** erklärt, ist der Weg frei für die Konferenz der Außenminister der Vier Mächte unter beratender Beteiligung von Delegationen der beiden deutschen Staaten. UNO-Generalsekretär *Dag Hammarskjöld* eröffnet die Konferenz am 11. 5.; sie endet am 5. 8. Dem Friedensvertragsentwurf der Sowjetunion stellt der neue US-Außenminister *Christian A. Herter* für die westliche Seite am 14. 5. den nach ihm benannten **Herter-Plan** entgegen (»Stufenplan für die deutsche Wiedervereinigung, die europäische Sicherheit und eine deutsche Friedensregelung«): 1. Wiedervereinigung Ost- und West-Berlins durch freie Wahlen; 2. Bildung eines gesamtdeutschen Ausschusses zur Vorbereitung von alternativen Wahlgesetzentwürfen, über die eine Volksabstimmung entscheiden soll; 3. gesamtdeutsche Wahlen zu einer verfassunggebenden Versammlung; 4. Friedensvertrag einer gesamtdeutschen Regierung; freie Entscheidung des wiedervereinigten Deutschland über seine Bündnisinteressen. – Nach beiderseitiger Ablehnung ihrer Deutschlandpläne und einem – ebenfalls abgelehnten – »Paketvorschlag« des sowjetischen Außenministers *Gromyko* am 10. 6. werden die Verhandlungen am 5. 8. ergebnislos und ohne Vereinbarung eines neuen Termins erneut vertagt. – In **Camp David** (25.–27.9), wo die Deutschland- und Berlinfrage erneut erörtert wird, verständigen sich *Chruschtschow* und *Eisenhower* darauf, das Berlin-Problem ohne Fristsetzung weiter zu verhandeln und im folgenden Jahr eine Gipfelkonferenz einzuberufen.

Weitere außenpolitische Ereignisse

Frankreich: Bei ihrem Treffen am 4. 3. in Marly-Le-Roi bei Paris, dem dritten seit September 1958, vereinbaren *Adenauer* und Staatspräsident *de Gaulle*, die deutsch-französischen Beziehungen enger zu gestalten. Beide widersprechen Entspannungsvorleistungen gegenüber der Sowjetunion in Form eines militärischen »Disengagements« in Mitteleuropa, wie sie in Großbritannien und den USA diskutiert werden.

Israel: Weil er Waffen an die Bundesrepublik liefern will, wird der israelische Ministerpräsident *David Ben Gurion* am 5.7. gestürzt. Nachdem er als amtierender Regierungschef am 2.10. wiederholt für freundschaftliche Beziehungen Israels zur Bundesrepublik plädiert, spricht sich Bundeskanzler *Adenauer* am 5.10. vor der Presse gegen die Aufnahme diplomatischer Beziehungen zum gegenwärtigen Zeitpunkt aus; er begründet dies mit der prekären Konfliktlage im Nahen Osten.

Sowjetunion: Nach dem Scheitern der Genfer Außenministerkonferenz eröffnet *Chruschtschow* am 18.8. einen Briefwechsel mit *Adenauer*, der sich durch einen beiderseits versöhnlichen Ton auszeichnet. *Chruschtschow* wirbt darin erneut für das Zustandekommen eines Friedensvertrages mit den beiden deutschen Staaten.

USA: Während einer Europareise besucht US-Präsident *Dwight D. Eisenhower* die Bundesrepublik am 26./27.8. Er kündigt in Bonn an, trotz Festhaltens an den Prinzipien der westlichen Sicherheitspolitik und den Garantien für Berlin wolle er das »Eis des Kalten Kriegs zum Schmelzen bringen«.

Verteidigungspolitik

Aufbau der Bundeswehr: Das Verteidigungsministerium gibt am 5.2. bekannt, daß es bei der US-amerikanischen Firma Lockheed 96 Kampfflugzeuge vom Typ **Starfighter F-105-G** bestellt hat. 200 Maschinen sollen in der Bundesrepublik unter Lizenz zu Stückkosten zwischen 4,16 Mio. und 5,8 Mio. DM nachgebaut werden.

Atomwaffen: Der Oberkommandierende der NATO für Europa, General *Lauris Norstad*, gibt am 17.6. bekannt, daß die NATO in 18 Monaten über 30 Divisionen in Europa verfügen werde, wobei die in der Bundesrepublik stationierten mit taktischen Atomwaffen ausgestattet würden. – Am 29.10. bezeichnet Verteidigungsminister *Strauß* in Schongau die Herstellung von Atomwaffen durch die Bundesrepublik als »militärisch überflüssig, politisch falsch und ökonomisch nicht durchführbar«.- Als Folge der von Frankreich verweigerten Lagerung von amerikanischen Atomsprengköpfen beginnt am 25.8. der Transfer von 9 Geschwadern mit insgesamt rd. 200 amerikanischen F-100-Jagdbombern aus Frankreich nach Großbritannien und in die Bundesrepublik.

Proteste: Gegen die Errichtung von Abschußbasen für (Atom-)Raketen in ihrer Umgebung wenden sich mehrere Kommunen. Nachdem der einstimmige Protest des Dortmunder Stadtrats gegen die geplante Verlegung eines britischen Raketenregiments nach **Dortmund-Brackel** bei den zuständigen Behörden ohne Resonanz bleibt, legen am 4.2. rund 80 000 Arbeiter in einem Warnstreik die Arbeit nieder. – Am 25.1. verurteilt der Präsident der Evangelischen Kirche, Pastor *Martin Niemöller*, einer der führenden Köpfe der antimilitaristischen Bewegung in der Bundesrepublik, in einer aufsehenerregenden Rede in Kassel die auch im Christentum gebilligte »Lehre vom gerechten Krieg« unter den Bedingungen des atomar geführten Kriegs; die Ausbildung von Soldaten sei heute eine **»hohe Schule zum Berufsverbrechertum«**. Verteidigungsminister *Strauß* stellt daraufhin am 28.1. Strafantrag gegen *Niemöller* wegen Beleidigung der Bundeswehr und der Soldaten. Die Synode der Evangelischen Kirche distanziert sich am 24.4. von der Äußerung ihres Präsidenten. Am 20.5. wird das Ermittlungsverfahren gegen *Niemöller* eingestellt.

Wahl des Bundespräsidenten

Kandidatenwechsel bei der CDU: Von Bundeskanzler *Adenauer* und anderen Mitgliedern der CDU-Führung gedrängt, erklärt sich Bundeswirtschaftsminister *Erhard* am 24.2. bereit, die Nachfolge von Bundespräsident *Heuss* anzutreten. Auf Anraten von Parteifreunden, die *Erhard* als künftigen Bundeskanzler favorisieren, schlägt dieser die Kandidatur am 3.3. jedoch aus. Überraschend läßt sich *Adenauer* selbst am 7.4. vom Wahlmännergremium seiner Fraktionen nominieren. In einer Rundfunkrede begründet er seinen Schritt mit der Möglichkeit, auch als Bundespräsident gestaltend in die Politik eingreifen zu können. Ebenso überraschend erklärt er – inzwischen überzeugt von der relativen Machtlosigkeit des höchsten Staatsamtes – am 4.6. seinen Verzicht auf die Kandidatur; in der »schwierigen außenpolitischen Situation« sei er weiterhin als Bundeskanzler gefordert. In diesem Amt, so gibt *Adenauer* zu erkennen, hält er *Erhard* für nicht geeignet, u. a. weil er dessen

Standhaftigkeit gegenüber der Sowjetunion bezweifelt. – Das christdemokratische Wahlmännergremium der CDU/CSU entscheidet sich am 15. 6., Bundesernährungsminister *Heinrich Lübke* (CDU) für das Amt des Bundespräsidenten zu nominieren.

Bundesversammlung: Gegen den Willen der Bundesregierung und der westlichen Alliierten, die eine Belastung der Außenministerkonferenz in Genf befürchten, beruft Bundestagspräsident *Gerstenmaier* am 19. 6. die Bundesversammlung zur Wahl des Bundespräsidenten am 1. 7. nach **West-Berlin** ein. Am 24. 6. entscheidet er, daß die Berliner Mitglieder der Bundesversammlung zur Wahl des neuen Bundespräsidenten **volles Stimmrecht** haben. Die Sowjetunion protestiert am 27. 6. gegen den Schritt, der ihrer Ansicht nach gegen den Viermächtestatus der Stadt verstößt. Am 1. 7. wählt die trotz des Protests in West-Berlin zusammengekommene Bundesversammlung **Lübke zum zweiten Bundespräsidenten**. Auf ihn entfallen im zweiten Wahlgang 526 der 1038 Stimmen (und damit die erforderliche absolute Mehrheit), auf *Carlo Schmid* (SPD) 386, auf *Max Becker* (FDP) 99 (22 Stimmen sind ungültig). *Lübke* wird am 15. 9. vor dem Bundestag vereidigt. Zu seinem Nachfolger als Bundesminister für Ernährung, Landwirtschaft und Forsten ernennt er am 30. 9. den CDU-Bundestagsabgeordneten *Werner Schwarz.*

Antisemitismus, NS-Vergangenheit

Der Zentralrat der Juden in Deutschland faßt auf seiner Jahressitzung in Düsseldorf am 21. 6. eine Entschließung, in der er seine wachsende Besorgnis über das **Wiederaufleben antisemitischer Erscheinungen** in der Bundesrepublik und die Rückkehr ehemaliger Nationalsozialisten in Schlüsselstellungen von Politik, Justiz und Verwaltung äußert. Über Weihnachten werden in mehreren Städten antisemitische Aktionen registriert, in Köln werden nach der Schändung der kurz zuvor eingeweihten jüdischen Synagoge zwei Mitglieder der Deutschen Reichspartei (DRP) festgenommen.

»Fall Oberländer«: Am 22. 9. erwirkt Bundesvertriebenenminister *Theodor Oberländer* eine Einstweilige Verfügung gegen die Wochenzeitung »Die Tat«. Sie hatte den Verdacht geäußert, der ehemalige SA-Hauptsturmführer *Oberländer*, seinerzeit politischer Führer des deutsch-ukrainischen Bataillons »Nachtigall«, sei an der Erschießung von mehreren tausend Juden in der ukrainischen Stadt Lwów (Lemberg) am 29./30. 6. 1941 aktiv beteiligt gewesen. Am 22. 10. präsentiert DDR-Staatssekretär *Albert Norden* in Ost-Berlin auf einer internationalen Pressekonferenz angebliches Belastungsmaterial und fordert *Oberländers* Strafverfolgung. Dieser weist die gegen ihn erhobenen Anschuldigungen zurück (→ 1960). – Bundesinnenminister *Gerhard Schröder* (CDU) stellt am 23. 10. beim Bundesverwaltungsgericht in Berlin (West) Antrag auf **Verbot der Vereinigung der Verfolgten des Nazi-Regimes (VVN)** als verfassungsfeindliche Organisation. Die VVN hatte mit ihren Recherchen wesentlich zum »Fall Oberländer« beigetragen.

Bundespräsidentenwahl am 1.7.1959

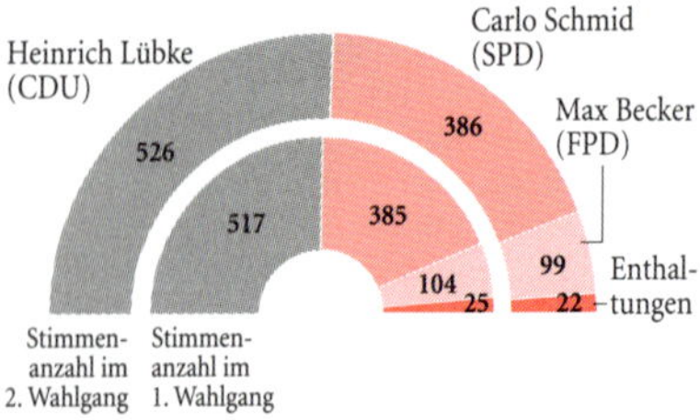

Bundesversammlung mit 1038 Mitgliedern
Abgegebene Stimmen:
1. Wahlgang: 1031 2. Wahlgang: 1033

Parteien und Gewerkschaften

Christliche Gewerkschaftsbewegung Deutschland (CGB): In Essen konstituiert sich am 31. 1. der Gesamtverband Christlicher Gewerkschafter mit rund 100 000 Mitgliedern (davon 65 000 aus dem Saarland). Er geht aus der CGB hervor, die auf ihrem Bundeskongreß in Essen ihre Auflösung beschließt und sich am 27. 6. im Mainz als Christlicher Gewerkschaftsbund Deutschlands (CGB), der Dachorganisation von drei Gesamtverbänden (Arbeiter, Angestellte, Beamter), neu gründet.

SPD: Der SPD-Vorsitzende *Erich Ollenhauer* verzichtet am 7. 7. auf eine erneute Nominierung zum Kanzlerkandidaten seiner Partei für die Bundestagswahl 1961. – Der außerordentliche Parteitag vom 13. bis 15. 11. verabschiedet mit 340 gegen 16 Stimmen das **Godesberger Programm** (→ Kasten).

Godesberger Programm

Das in Bad Godesberg am 15. 11. 1959 angenommene Parteiprogramm tritt an die Stelle des 1925 verabschiedeten »Heidelberger Programms«. Darin vollzieht die SPD den Kurswechsel zur potentiell mehrheitsfähigen »Volkspartei«. Sie gibt ihre revolutionär-marxistische Programmatik auf, verzichtet auf ideologische Festlegungen und bekennt sich zu den Grundwerten des demokratischen Sozialismus. Erstrebt wird »eine Gesellschaft, in der jeder Mensch seine Persönlichkeit in Freiheit entfalten und als dienendes Glied der Gemeinschaft verantwortlich am politischen, wirtschaftlichen und kulturellen Leben der Menschheit mitwirken kann«. Die freie Marktwirtschaft wird akzeptiert, zur umfassenden Demokratisierung der Gesellschaft soll jedoch die Mitbestimmung in den Betrieben verwirklicht werden; wirtschaftliche Macht soll durch öffentliche Kontrolle mit dem Gemeinwohl in Einklang gebracht werden, staatliche Eingriffe in das Wirtschaftgeschehen sollen sich auf Ordnungsaufgaben beschränken (»Wettbewerb so weit wie möglich, Planung soweit wie nötig«).

Die SPD bekennt sich zur Landesverteidigung und lehnt die Herstellung oder Verwendung atomarer Massenvernichtungsmittel ab; in einer Entspannungs- und Abrüstungspolitik, die zu einer demilitarisierten Zone in Europa führt, sieht sie den Ausgangspunkt für die Wiedervereinigung. Die Einführung einer staatlichen Mindestrente und die Gleichstellung der Frau gehören zu den wichtigsten sozial- und gesellschaftspolitischen Forderungen.

Herbert Wehner und *Carlo Schmid* gelten als Hauptautoren des neuen Grundsatzprogramms. Der 1975 beschlossene »Ökonomisch-politische Orientierungsrahmen für die Jahre 1975–1985« konkretisiert das im wesentlichen auf Grundsätze beschränkte Godesberger Programm für die Politik der nachfolgenden Jahre.

Weitere innenpolitische Ereignisse

Bildungswesen: Der 1953 vom Bundesinnenminister und der Kultusministerkonferenz der Länder (KMK) berufene Deutsche Ausschuß für das Erziehungs- und Bildungswesen stellt am 14. 2. den ersten **Rahmenplan für eine Schulreform** vor. Er schlägt u. a. vor, auf der Basis des bestehenden dreigliedrigen Schulsystems die

achtjährige Volksschule nach der 5. Klasse als Hauptschule mit insgesamt 9, später 10 Schuljahren fortzuentwickeln, die Dauer der bisherigen Mittelschule als Realschule um ein Jahr zu erweitern, für die Klassen 5 und 6 eine integrierte Förderstufe einzurichten und das Gymnasium mit dem 7. (statt bisher mit dem 5.) Schuljahr beginnen zu lassen. Besonders begabte Kinder sollen in einer »Studienschule« beschleunigt zur Hochschulreife geführt werden. Die Vorschläge werden politisch nicht umgesetzt, liefern jedoch die Grundlage für spätere Reformansätze in der Schul- und Bildungspolitik.

Gleichberechtigung: Der Erste Senat des Bundesverfassungsgericht in Karlsruhe erklärt am 29. 7. einen Teil des → 1957 beschlossenen und am 1. 7. 1958 in Kraft getretenen Gleichberechtigungsgesetzes für verfassungswidrig. Der Stichentscheid des Vaters bei der Ausübung der elterlichen Gewalt trage nicht der gemeinsamen unteilbaren Verantwortung der Eltern und dem Gleichberechtigungsgebot des Grundgesetzes Rechnung; aus beiden ergebe sich zwingend die Gleichstellung von Vater und Mutter.

Rundfunk- und Fernsehpläne: Die Bundesregierung legt am 30. 9. ihren Gesetzentwurf zur umstrittenen Neuordnung des Rundfunk- und Fernsehwesens vor. Neben zwei weiteren Rundfunkanstalten – der **Deutschen Welle** (Sendungen nach Übersee, Sitz Köln) und dem **Deutschland-Funk** (ganz Deutschland, Sitz West-Berlin) – soll das **Deutschland-Fernsehen** mit Sitz in Frankfurt am Main vorrangig das Programmangebot privater Produzenten ausstrahlen, die sich mit Werbung finanzieren. Die Opposition kritisiert die Pläne als Versuch der CDU, Funk und Fernsehen größtenteils unter ihre Kontrolle bringen zu wollen (»Staatsrundfunk«); die Bundesländer befürchten eine Aushöhlung ihrer Rundfunk-Kompetenzen. Der Bundesrat lehnt den Gesetzentwurf der Regierung am 13. 11. einstimmig ab.

Notstandsgesetzpläne: Bundesinnenminister *Schröder* wirbt am 9. 10. in einer von mehreren Sendern übertragenen Rundfunkansprache für die **Einführung von Notstandsgesetzen**. Auf ihrer Grundlage sollen im Falle des »äußeren« und des »inneren« Notstands (Verteidigungsfall bzw. Generalstreik, Naturkatastrophen usw.) Grundrechte der Bundesbürger eingeschränkt und die Kompetenzen des Bundesregierung erweitert werden. Auch eine Dienstpflicht zum

zivilen Bevölkerungsschutz im Kriegsfall ist vorgesehen. *Schröders* Pläne entfachen eine innenpolitische Kontroverse; die Opposition sieht die Gefahr des Machtmißbrauchs und kritisiert die Tendenz zum autoritären Staat.
Flaggenstreit: Nach Einführung einer eigenen Staatsflagge in der → DDR am 7. 10. und Konflikten in West-Berlin (→ unten) erklären die Regierungen des Bundes und der Länder am 28. 10. **das Zeigen der DDR-Flagge** in der Öffentlichkeit als Verstoß gegen die öffentliche Ordnung, gegen den die Polizei einschreiten muß.

Wirtschaftspolitik

Sparförderung und Privatisierung: Mit dem am 19. 3. verabschiedeten **Sparprämiengesetz** fördert der Bundestag die breitere Streuung des Eigentums. – Durch **Ausgabe der ersten Volksaktien** vom 24.–31. 3. erhöht Bundeskanzler *Erhard* das Stammkapital der staatlichen Preussag um 30 Mio. DM. Wegen des großen Interesses an den 300 000 neuen Aktien (Nominalwert 100 DM, Kurs 145 DM) privatisiert der Bund wenig später einen weiteren Anteil der Preussag im Wert von 53 Mio. DM und beginnt mit Vorbereitungen zur Teilprivatisierung des Volkswagenwerks in Wolfsburg.
Absatzkrise im Kohlebergbau: In Bochum demonstrieren am 25. 3. rund 80 000 Bergleute aus dem Ruhrgebiet gegen die Wirtschafts- und Energiepolitik von Bundeswirtschaftsminister *Erhard*. Sie verlangen einen Importstopp für amerikanische Steinkohle, die Fünf-Tage-Woche bei vollem Lohnausgleich und einen Ausgleich für den durch rund 3 Mio. Feierschichten entstandenen Lohnausfall. Um den Absatz der deutschen Steinkohle zu fördern, veranlaßt *Erhard* die Erhebung von **20 DM Zoll je Tonne Importkohle**; die Maßnahme wird am 16. 2. wirksam und gilt zunächst bis zum Ende des Jahres. Am 1. 4. einigen sich die Tarifpartner des Ruhrbergbaus auf die stufenweise **Einführung der Fünf-Tage-Woche** zu 40 Arbeitstunden bei gleichbleibendem Lohn; sie soll am 1. 5. beginnen und innerhalb von drei Jahren abgeschlossen sein.
Atomwirtschaft: Das Bundesministerium für Atomkernenergie und Wasserwirtschaft veröffentlicht am 14. 3. das kerntechnische Atomprogramm (»500 000-kW-Programm«). Danach plant die Bundesregierung die Errichtung von 7 Atomkraftwerken bis zum Jahre 1965/66, die

Konstruktion von 2 Reaktoranlagen für den Schiffsantrieb von Handelsschiffen sowie den Auf- und Ausbau der notwendigen Zulieferund Hilfsindustrie für die Atomwirtschaft.
Beschäftigung und Arbeitszeit: Ende Juni übersteigt die Zahl der offenen Stellen (319 455) erstmals die der Arbeitslosen (255 395) im Bundesgebiet (ohne Saarland). Der Anteil der Arbeitslosen erreicht ihren bisherigen Tiefststand von 1% Ende August. Im Jahresdurchschnitt liegt die Arbeitslosenquote bei 2,6 %, die Zahl der ausländische Arbeitskräfte steigt um fast ein Drittel auf 167 000. Die Wochenarbeitszeit in der Industrie liegt im Durchschnitt bei 45,6 Stunden. Angesichts des Arbeitskräftemangels spricht sich Wirtschaftsminister *Erhard* auf dem 5. Bundeskongreß des DGB in Stuttgart am 7. 9. erneut gegen eine allgemeine Verkürzung der Arbeitszeit und für Überstunden aus, um die günstige Konjunkturlage zu erhalten.

Bundesländer

West-Berlin: Nach der Wahl am 7. 12. 1958 wählt das Abgeordnetenhaus am 12. 1. *Willy Brandt* (SPD) mit nur einer Gegenstimme zum zweiten Mal zum Regierenden Bürgermeister. Im Zeichen der Berlinkrise bilden SPD und CDU als die beiden einzigen im Stadtparlament vertretenen Parteien eine **Große Koalition**. – Das Kuratorium Unteilbares Deutschland eröffnet am 27. 1. in Hamburg die bundesweite Kampagne **»Macht das Tor auf!«** Mit Unterstützung zahlreicher Institutionen und Prominenter werden innerhalb weniger Tage allein in Hamburg 800 000 Anstecknadeln des Brandenburger Tors verkauft. – Mit einem **Berlinhilfe-Gesetz**, das der Bundestag am 19. 3. verabschiedet, wird der Fonds zur Abdeckung des mit dem Warenverkehr von und nach Berlin verbundenen Risikos um 400 Mio. DM auf 500 Mio. DM aufgestockt; für Berlin-Investitionen werden weitere steuerliche Vergünstigungen eingeräumt. – Rund 600 000 Menschen versammeln sich am 1. Mai auf dem Platz der Republik zur bislang größten Kundgebung am Tag der Arbeit in West-Berlin. Unter dem Motto **»Berlin bleibt frei«** demonstrieren sie gegen das Berlin-Ultimatum und die Spaltung der Stadt. Am 27. 5. läuft das Berlin-Ultimatum ohne besondere Vorkommnisse aus. – Am 7. 10. schreitet die West-Berliner Polizei gegen das Hissen der neuen **Staatsflagge der DDR** auf den S-Bahn-

Anteil der Vertriebenen und Zugewanderten an der Gesamtbevölkerung 1959

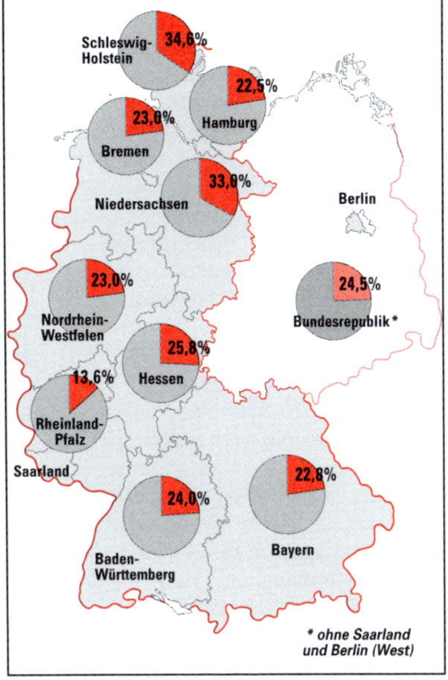

Gebäuden der Deutschen Reichsbahn ein. Dabei kommt es zu gewaltsamen Auseinandersetzungen mit Reichsbahnarbeitern. Am gleichen Tag läßt Bundestagspräsident *Gerstenmaier* erstmals auf dem Reichstagsgebäude an der Sektorengrenze demonstrativ die »unverfälschte Fahne Deutschland« aufziehen.

Niedersachsen: Landtagswahl am 19. 4. *Hinrich Wilhelm Kopf* (SPD) löst am 12. 5. den bisherigen Ministerpräsidenten *Heinrich Hellwege* (DP) ab. Kopf führt eine Regierungskoalition aus SPD, FDP und GB/BHE.

Rheinland-Pfalz: Landtagswahl am 19. 4. Die

CDU setzt die Koalition mit der FDP unter dem bisherigen Ministerpräsidenten *Peter Altmeier* (CDU) fort.

Saarland: Nach dem Tod von *Hans-Egon Reinert* (CDU) am 23. 4. wählt der Landtag am 30. 4. *Franz-Josef Röder* (CDU) zum neuen Ministerpräsidenten. – Nachdem Bundestag und Bundesrat am 24., 25. und 26. 6. acht Saareingliederungsgesetze beschlossen haben und ein deutsch-französischer Briefwechsel die Übergangsmodalitäten klärte, wird das Saarland am 6. 7. vorzeitig **Teil des bundesdeutschen Wirtschaftsgebiets.** Die französisch-saarländische Grenze markiert nun die Zollgrenze, die bisher französische Währung wird in DM umgetauscht. Die politische Eingliederung erfolgte schon am 1. 1. 1957. Gegen die im Zuge der Umstellung teilweise erhöhten Preise und Sozialabgaben protestieren am 9. 7. über 200 000 Saarländer mit einem einstündigen Streik.

Bundesleistungen für das Saarland: Von 1957 bis Mitte 1959 erhält der Saarhaushalt an Bundesmitteln 585 Mio. DM als direkten Zuschuß oder Darlehen. Im Zusammenhang mit der Anpassung des Saarlandes an die wirtschaftlichen Gegebenheiten der Bundesrepublik werden bis einschließlich 1959 weitere rd. 1,5 Mrd. DM aufgebracht.

Bayern: Im sog. »Spielbanken-Prozeß« verhängt das Münchener Landgericht am 8. 8. gegen fünf Angeklagte, unter ihnen drei führende Politiker der Bayernpartei und ein ehemaliger Landtagsabgeordneter der CSU, Haftstrafen zwischen 15 und 33 Monaten. Sie werden für schuldig befunden, 1955 und 1956 vor einem Untersuchungsausschuß über die Konzessionierung von Spielkasinos in vier bayrischen Kurorten Meineide geschworen zu haben, als sie abstritten, die Bayernpartei oder ihre Funktionäre seien von Spielbankinteressenten bestochen worden.

Bremen: Bürgerschaftswahl am 11. 10.

1959

Im Zeichen des Siebenjahrplans

Nach Erfolgen in der wirtschaftlichen Entwicklung vollzieht die DDR wie andere sozialistische Länder den Übergang von der Fünf- zur Siebenjahresplanung. Ehrgeiziges Ziel ist es, innerhalb weniger Jahre die Bundesrepublik in wichtigen Bereichen der wirtschaftlichen Leistungskraft zu übertrumpfen und damit die Überlegenheit der staatssozialistischen Ordnung zu demonstrieren. In der Landwirtschaft gerät die Gründung von Genossenschaften immer mehr zur Zwangskollektivierung, die privaten Unternehmen in Industrie, Handel und Handwerk werden über Genossenschaften oder staatliche Beteiligung fester in das planwirtschaftliche System eingebunden, in der Kultur- und Bildungspolitik wird durch besondere Förderung von Arbeitern und Bauern eine neue Intelligenz etabliert. Symbolische Schritte demonstrieren die weitere Abgrenzung von Bundesrepublik und West-Berlin: Das DDR-Staatswappen wird Bestandteil der Staatsflagge; die SED gründet eine eigene Parteileitung für die im Westteil Berlins lebenden SED-Mitglieder. Die Wiedervereinigung, offiziell politisches Ziel der DDR-Führung, wird als Konföderation angestrebt, bei der die »Errungenschaften« im Aufbau des Staatssozialismus bewahrt bleiben.

Der Siebenjahrplan

Der seit 1956 erfolgreich laufende 2. Fünfjahrplan wird unter der schon vom V. SED-Parteitag vom Juli → 1958 ausgegebenen Prämisse, die Bundesrepublik im Verbrauch wichtiger Lebensmittel zu überbieten, zugunsten eines Siebenjahrplans (1959–1965) aufgegeben. Die gesetzlichen Bestimmungen zum neuen Plan werden erst am 1. 10. durch die Volkskammer verabschiedet. Zuvor wird der Übergang zur Siebenjahrplanung in der UdSSR (Beschlüsse des XXI. KPdSU-Parteitages im Februar) abgewartet und – neben dem Pro-Kopf-Verbrauch – die **Arbeitsproduktivität als Kennziffer** für die angestrebte Überlegenheit gegenüber der Bundesrepublik festgelegt. Am 21. 8. behauptet *Walter Ulbricht*, die DDR werde die Bundesrepublik in wichtigen Produktionskennziffern bis 1961 überholt haben. Der Siebenjahrplan setzt mit jährlichen Wachstumsraten von 9 bis 10 % allerdings unrealistisch hohe Vorgaben.

Weitere Sozialisierungen

Die mit dem Siebenjahrplan forcierte **Umwälzung der Eigentumsverhältnisse** wirkt sich auf die Arbeitsproduktivität im privaten Sektor der Industrie, im selbständigen Handwerk und bei den weiterhin einzeln wirtschaftenden Bauern nicht positiv aus. Am 26. 3. erläßt der Ministerrat eine Verordnung über die künftige Rechtsform halbstaatlicher Betriebe, die in Zukunft als Kommanditgesellschaften zu organisieren sind; am 3. 6. verabschiedet die Volkskammer das **Gesetz über die landwirtschaftlichen Produktionsgenossenschaften**, mit dessen Hilfe die Kollektivierung kurzfristig und unter Anwendung vornehmlich von Zwangsmitteln abgeschlossen werden soll. Eine ZK-Tagung vom 10.–13. 12. beschließt dazu verstärkte »Werbeaktionen« (→ Wirtschaftspolitik).

Bildungspolitik

Das vom 15.–17. 1. tagende Plenum des Zentralkomitees beschließt, daß **hauptamtliche Mitarbeiter des Parteiapparates einen Monat pro Jahr körperlich in der Produktion** arbeiten müssen. Das gleichzeitig veröffentlichte Thesenpapier des Zentralkomitees »Über die sozialistische Entwicklung des Schulwesens in der DDR« ist Grundlage einer öffentlichen Debatte über die zukünftige Schulentwicklung. Am 2. 12. verabschiedet die Volkskammer ein Gesetz, das die **Einführung der zehnklassigen polytechnischen Schulbildung** bis spätestens 1964 vorsieht. Seit dem 1. 9. kann das Abitur zusammen mit einem Facharbeiterbrief erlangt werden (Berufsausbildung mit Abitur, BmA); am gleichen Tag wird im Elektrochemischen

Kombinat Bitterfeld die erste **Betriebsakademie** zur Weiterbildung eingerichtet. Bis Jahresende entstehen Akademien in insgesamt 772 Betrieben. Mit der Gründung der ersten »sozialistischen Militärakademie Deutschlands« am 5.1. wird auch für die Offiziersausbildung eine Bildungseinrichtung eröffnet, die sich von bundesrepublikanischen Bildungsstätten unterscheiden soll.

Der »Bitterfelder Weg«

Am 3.1. ruft eine Jugendbrigade des Elektrochemischen Kombinates Bitterfeld (Bezirk Halle) die Arbeitnehmer in der DDR dazu auf, unter der Losung **»Sozialistisch arbeiten, lernen, leben«** einen Wettbewerb um den Titel »Brigade (später Kollektiv) der sozialistischen Arbeit« zu führen. Schon im ersten Jahr beteiligen sich über 86 000 Brigaden und Arbeitsgruppen, von denen 119 den Titel am Ende verliehen bekommen. Prämiert werden nicht allein hohe Arbeitsleistungen, sondern ebenso gemeinsame Weiterbildung und organisierte Freizeitgestaltung, die aus den Arbeitsgruppen Gemeinschaften im umfassenden Sinn machen. Dem Bestreben der SED, eine sozialistischen Gesellschaft zu formen, folgt auch die **»1. Bitterfelder Konferenz«**, die am 24.4. Schriftsteller und Arbeiter unter dem Motto »Greif zur Feder, Kumpel! Die sozialistische Nationalkultur braucht Dich!« zusammenbringt. Der sog. **Bitterfelder Weg** fordert professionelle Schriftsteller auf, das Leben von Arbeitern und Bauern in der noch jungen DDR zu thematisieren. Der »Geist von Bitterfeld« prägt die erstmals vom 13.–21.6. im Bezirk Halle stattfindenden **»Arbeiterfestspiele«**, die in den kommenden Jahren jeweils in einem anderen Bezirk der DDR veranstaltet werden. Die Festspiele, die Volkskunstgruppen, Laien- und Berufskünstler zusammenbringen, gelten neben den ab 1960 stattfindenden«Dorffestspielen« als Höhepunkte im kulturellen Leben der DDR.

Deutschland- und Außenpolitik

Die DDR stimmt dem Entwurf eines **Friedensvertrages mit Deutschland** am 19.1. zu. Der am 18.3. von der **SPD** verabschiedete **Deutschlandplan** (→ BRD 1959) wird am 3.4. in einem Brief des SED-Zentralkomitees an den SPD-Parteivorstand ausdrücklich begrüßt. Dennoch **beharrt die DDR** auf ihren Vorstellungen einer **deutsch-deutschen Konföderation** und setzt ihre Abgrenzungspolitik fort: Am 26.4. faßt die SED einen Beschluß, für die Partei in West-Berlin eine eigenständige Leitung zu bilden; am 19.6. übermittelt der DDR-Außenminister *Bolz* seinem westdeutschen Amtskollegen *von Brentano* den Entwurf eines **deutsch-deutschen Nichtangriffspaktes**. – Am 1.10. verabschiedet die Volkskammer ein Gesetz, mit dem das **Staatswappen** der DDR zum **Bestandteil der Staatsflagge** gemacht wird. – Die in Genf tagende **Außenministerkonferenz** der vier Siegermächte (11.5.–20.6. und 13.7.–5.8.), an der die von den jeweiligen Außenministern geleiteten Delegationen der beiden deutschen Staaten teilnehmen, verläuft ohne Erfolg (→ BRD 1959). Die gleichrangige Behandlung der DDR-Delegation indes wertet diese als De-facto-Anerkennung des zweiten deutschen Staates. – Am 18.12. unterzeichnen Polen, die DDR und die Sowjetunion in Moskau ein Abkommen über den Bau der **Erdölleitung »Freundschaft«**, mit dem die Versorgung Polens und der DDR mit sowjetischem Erdöl gesichert wird.

Wirtschaftspolitik

Am 9.4. beschließt der Ministerrat die Einrichtung **Ständiger Produktionsberatungen** auf Abteilungs- und zentraler Ebene. Damit wird die Teilnahme von Belegschaftsmitgliedern im betrieblichen Planungs- und Leitungsprozeß institutionalisiert (→ 1957). – Vom 20.–22.2. findet in Leipzig **die VI. Konferenz der Vorsitzenden und Aktivisten der LPG** statt, die anregt, Bauern vor allem für den Eintritt in Landwirtschaftliche Produktionsgenossenschaften des Typs I zu gewinnen. Dabei beschränkt sich die Kollektivierung auf das alleinige Einbringen des Bodens in die Genossenschaft. Die Konferenz empfiehlt jedoch überdies, die »fortgeschrittenen LPG«, bei denen auch weiteres landwirtschaftliches Inventar, Maschinen, Nutz- und Zugvieh »genossenschaftliches Eigentum« geworden sind, durch bevorzugte Bereitstellung von Landtechnik gegenüber privaten Bauern und LPG Typ I zu begünstigen. Am 9.4. folgt der Ministerrat diesen Empfehlungen. Ende 1959 sind bereits in mehr als 300 Dörfern alle Bauern Mitglieder der dortigen LPG, am 12.12. meldet der sächsische Kreis Eilenburg, der **erste »vollgenossenschaftliche Kreis«** der DDR zu sein.

1960

Kurswechsel der SPD-Opposition

Mit dem Scheitern der Gipfelkonferenz der Vier Mächte im Mai zerschlagen sich die Hoffnungen auf einen weltweiten Entspannungs- und Abrüstungsprozeß. Zugeständnisse der Westmächte in der Deutschland- und Berlinfrage muß die Bundesregierung vorerst nicht fürchten. Allerdings beeinträchtigen Repressalien der DDR im Reiseverkehr zwischen West- und Ostdeutschland und innerhalb Berlins die deutsch-deutschen Beziehungen erheblich; Gegenmaßnahmen wie die Aufkündigung des eben geschlossenen Handelsabkommens zeigen keine Wirkung und müssen zurückgenommen werden.
Bundeskanzler *Konrad Adenauer* wird bei seinem Versuch, eine regierungskonforme Fernsehanstalt ins Leben zu rufen, in die Grenzen seines Amtes und seines taktischen Geschicks verwiesen. Dennoch entschließt sich der 84jährige, der nach Aufbau und Konsolidierung der Republik nun auch für deren gesellschaftliche Stagnation steht, für eine erneute Kandidatur bei der Bundestagswahl 1961. Ihm setzt die SPD, die ihren programmatischen Kurswechsel des vergangenen Jahres nun in der Außen- und Deutschlandpolitik umsetzt, die Nominierung *Willy Brandts* entgegen.

Außenpolitik

Israel: Während seines zwölftägigen Besuchs in den USA (12.–23. 3.) trifft Bundeskanzler *Adenauer* am 14. 3. erstmals mit dem israelischen Ministerpräsidenten *David Ben Gurion* zusammen. Angesichts zahlreicher antisemitischer Vorfälle in den letzten Monaten betont *Adenauer* die Verantwortung des deutschen Volkes für die nationalsozialistischen Verbrechen am jüdischen Volk. *Adenauer* sagt Israel geheime Waffenlieferungen sowie weitere Wirtschaftshilfe zu, eine Aufnahme diplomatischer Beziehungen lehnt er unter Verweis auf das Verhältnis zu den arabischen Staaten vorerst ab. Nach der **Festnahme von** *Adolf Eichmann* in Argentinien und seiner Entführung nach Israel durch den israelischen Geheimdienst Mossad am 23. 5. erklärt die Bundesregierung, sie werde nicht die Auslieferung des ehemaligen Leiters des Judenreferats im Reichssicherheitshauptamt beantragen, der seit 1941 den Transport von Juden in die Vernichtungslager in Osteuropa organisierte.
Frankreich: Beim Treffen mit dem französischen Staatspräsidenten *Charles de Gaulle* auf Schloß Rambouillet bei Paris am 29./30. 7. lehnt Bundeskanzler *Adenauer* den überraschenden französischen Vorschlag einer **deutsch-französischen Staatenunion** ab, die sich mit einheitlicher Staatsangehörigkeit und gemeinsamer Verteidigungs- und Außenpolitik als gleichrangige Weltmacht neben der Sowjetunion und den USA behaupten könnte.

Deutschlandpolitik, innerdeutsche Beziehungen

Deutsche Frage: Ein Brief des Ersten Sekretärs des ZK der SED und Stellvertretenden Ministerpräsidenten der DDR, *Walter Ulbricht,* an die CDU (West) vom 23. 1. geht am 27. 1. ungeöffnet zurück; *Ulbricht* hatte darin u. a. eine Volksabstimmung über eine vollständige Abrüstung und einen Friedensvertrag vorgeschlagen. Auch der am 17. 4. vorgelegte **»Deutschlandplan des Volkes«** (→ DDR) wird von der Bundesregierung ignoriert. Ohne offizielle Resonanz bleibt schließlich *Ulbrichts* Vorschlag eines auf zehn Jahre befristeten **Friedensvertrags zwischen der Bundesrepublik und der DDR** vom 17. 12., ergänzt um ein Nichtangriffsabkommen zwischen NATO und Warschauer Pakt.
Zwangskollektivierung: Der Bundestag protestiert am 11. 3. gegen die Zwangskollektivierung in der Landwirtschaft der DDR; das »brutale Vorgehen gegen die Bauern« stelle eine besonders krasse Form der Menschenrechtsverletzung dar. Am 26. 4. veröffentlicht die Bundesregierung ein Weißbuch, das die Methoden der Sozialisierungskampagne dokumentiert.
Interzonenhandel: Am 16. 8. unterzeichnen Vertreter der beiden »Währungsgebiete« in

West-Berlin ein **neues Handelsabkommen**, das ab 1961 gelten soll. Während die Verträge bisher höchstens zwei Jahre galten, bleibt die Neuregelung ohne Befristung. Vereinbart ist ein Handelsvolumen von jährlich rd 1,1 Mrd. Verrechnungseinheiten (VE = DM), gekoppelt mit einem »Swing« (Überziehungskredit, der durch Warenlieferungen ausgeglichen werden kann) von 200 Mio. VE. Der innerdeutsche Warenaustausch macht rd. 11 % des gesamten Außenhandels der DDR aus, gegenüber rd. 2,5 % des bundesdeutschen Handels. – Im Zuge der neuerlichen Berlinkrise (→ unten) **kündigt die Bundesregierung das Interzonenabkommen** am 30. 9. fristgerecht zum Ende des Jahres. Als die DDR ihre Kontrollen des Besuchsverkehrs von West- nach Ost-Berlin aufrechterhält und am 19. 12. im SED-Organ »Neues Deutschland« mit Maßnahmen gegen den Warenverkehr zwischen West-Berlin und der Bundesrepublik droht, wird die Kündigung am 29. 12. zurückgenommen.

Berlinkrise

Das Innenministerium der DDR verhängt am 29. 8. ein **Einreiseverbot für Bundesbürger** nach Ost-Berlin für die Zeit vom 1. bis 4. 9., sofern sie keine Aufenthaltsgenehmigung besitzen. Zur Begründung verweist sie auf das in West-Berlin stattfindende Heimkehrertreffen und den »Tag der Heimat« der Vertriebenen. Die von diesen »Revanchistentreffen« nach Ost-Berlin einreisenden Westdeutschen stellten für die DDR eine »Gefährdung der Ordnung und Sicherheit des friedlichen Lebens ihrer Bevölkerung« dar. Ab 9. 9. verlangen die DDR-Grenzkontrolleure von Bundesbürgern, die nach Ost-Berlin wollen, die Vorlage einer **Sondergenehmigung der Volkspolizei**. Ab 15. 9. werden **Bundesreisepässe von West-Berlinern** nicht mehr anerkannt. Um in den anderen Teil der Stadt zu gelangen oder in die DDR zu reisen, benötigen West-Berliner nun ein Visum, das sie nach Vorlage ihres Personalausweises erhalten. – Protesten der Bundesregierung und der drei Westalliierten begegnet DDR-Außenminister *Bolz* am 20. 9. mit der Feststellung, der Viermächtestatus für Berlin gelte nicht mehr, da er von den Westmächten schon längst verletzt worden sei. In Noten an die Westmächte erklärt die sowjetische Regierung am 12. 9., die DDR sei völlig souverän und könne über den Reiseverkehr von Deutschen »auf dem Territorium ihrer

Hauptstadt« frei befinden. – Als Gegenmaßnahme beschließen die drei Westmächte am 12. 9., DDR-Funktionären keine West-Visa mehr auszustellen. Bundeswirtschaftsminister *Erhard* bringt am 28. 9. in New York in einer Rede vor US-amerikanischen Geschäftsleuten ein »mehr oder minder totales Handelsembargo« gegen den Ostblock ins Gespräch. Am 30. 9. kündigt die Bundesregierung das erst kurz zuvor geschlossene **Interzonenhandelsabkommen** (→ oben). – Der Berliner Senat schlägt der Bundesregierung am 18. 10. vor, die Geltung internationaler Abkommen für West-Berlin künftig ausdrücklich in Form einer speziellen »Berlin-klausel« bestätigen zu lassen.

Antisemitismus, NS-Vergangenheit

Antisemitische Vorfälle: Zahlreiche antisemitische und nazistische Aktionen seit Weihnachten überschatten den Jahreswechsel (→ 1959). Bis zum 28. 1. werden rund 470 Delikte festgestellt, gegen 234 mutmaßliche Täter, zumeist Jugendliche, wird ermittelt. Gegen das Wiederaufleben des Nationalsozialismus kommt es in der Bundesrepublik und im Ausland zu **Protesten**. Der Zentralrat der Juden in Deutschland fordert in Düsseldorf am 10. 1. die Verschärfung der Strafgesetze; am 17. 1. verlangen 30 000 Menschen bei einer Demonstration in London den Boykott deutscher Produkte. – Nachdem sich das Bundeskabinett am 6. 1. mit den Ausschreitungen befaßt und vom Bundestag eine beschleunigte Verabschiedung eines Gesetzes gegen Volksverhetzung gefordert hat, bezeichnet Bundeskanzler *Adenauer* am 16. 1. in einer Rundfunk- und Fernsehrede die antisemitischen Taten in ihrer Mehrzahl als unpolitische **»Flegeleien«** von »Lümmeln«, die eine »Tracht Prügel« verdient hätten. Für den Bundestag bezeichnet dessen Vizepräsident *Carlo Schmid* (SPD) am 20. 1. die Ausschreitungen dagegen als **»Exzesse, deren wir uns schämen«**. – Am 27. 1. verbietet der Innenminister von Rheinland-Pfalz die Deutsche Reichspartei (DRP) als Ersatzorganisation der 1952 für verfassungswidrig erklärten Sozialistischen Reichspartei. Einige der ermittelten antisemitischen Täter gehören ihr an. – Die Kultusministerkonferenz der Bundesländer beschließt am 12. 2. in Hamburg, die Behandlung der NS-Zeit im Schulunterricht zu intensivieren, die Schulbücher zum Geschichtsunterricht überprüfen und überarbeiten zu lassen und Lehramtsbewerbern gründliche Kenntnisse der jüngsten deutschen Geschichte abzuverlangen.

Wiedergutmachung: Am 11. 3. billigt der Bundestag Zahlungen an **Norwegen** und **Dänemark** in Höhe von 60 bzw. 16 Mio DM als Wiedergutmachung an den Opfern nationalsozialistischer Verfolgung. – Am 18. 3. sichert die Bundesregierung **Griechenland** eine Ausgleichszahlung über 115 Mio. DM zu. 280 Mio. DM Entschädigung sieht ein Vertrag vor, den die Außenminister der **Niederlande** und der Bundesrepublik am 8. 4. in Den Haag unterzeichnen. Sie erzielen zugleich Einigung über noch offene Grenzfragen. Seit 1953 hat die Bundesrepublik insgesamt 9,4 Mrd. DM für Wiedergutmachungsleistungen an das Ausland aufgewendet (davon 2,4 Mrd. DM an Israel).

»Fall Oberländer«: Angesichts der bevorstehenden Einrichtung eines parlamentarischen Untersuchungsausschusses zur Prüfung der gegen ihn erhobenen Vorwürfe (→ 1959) reicht Bundesvertriebenenminister *Theodor Oberländer* (CDU) am 26. 4. seinen **Rücktritt** ein, den Bundeskanzler *Adenauer* am 3. 5. annimmt. Zuvor hatte der Oberste Gerichtshof der DDR in einem Schauprozeß am 29. 4. *Oberländer* in Abwesenheit wegen angeblicher Kriegsverbrechen zu lebenslangem Zuchthaus verurteilt. Am 26. 9. stellt das Landgericht Bonn die Ermittlungen gegen *Oberländer* ein; der Verdacht einer Beteiligung an den Verbrechen in Lemberg 1941 sei unbegründet. – Am 27. 10. übernimmt der Minister für Angelegenheiten des Bundesrats, *Hans-Joachim von Merkatz*, auch die Leitung des Vertriebenenministeriums. – Schwere Vorwürfe erhebt der Sekretär des ZK der SED, *Albert Norden*, am 28.7 gegen den Staatssekretär im Bundeskanzleramt, *Hans Globke*; dieser habe, neu aufgefundenen Dokumenten zufolge, die nationalsozialistischen Rassegesetze von 1935 (»Nürnberger Gesetze«) nicht nur im nachhinein kommentiert, sondern sich an ihrem Zustandekommen aktiv beteiligt.

Verjährungsfrist für NS-Verbrechen: Am 8. 5., 15 Jahre nach der deutschen Kapitulation, verjähren alle Totschlagsdelikte aus der Zeit des Nationalsozialismus und des Zweiten Weltkriegs, zu denen noch keine Ermittlungen aufgenommen worden sind. Einen Antrag der SPD-Fraktion, den Stichtag auf den Gründungstag der Bundesrepublik 1949 zu verlegen, lehnt der Bundestag am 24. 5. ab.

Verteidigungspolitik

Die Bundesrepublik, Belgien und die Niederlande vereinbaren am 5. 3. in Köln, den US-amerikanischen Düsenjäger **Starfighter F-104-G** gemeinsam nachzubauen. Bis 1962 will die Bundeswehr 570 in Lizenz hergestellte Maschinen erwerben, die niederländische Luftwaffe 200, die belgische 175. Zusätzlich hat die Bundesrepublik 96 Exemplare direkt bei der Herstellerforma Lockheed bestellt (→ 1959). – Die Stabschefs der 15 NATO-Staaten berufen am 13. 12. den Generalinspekteur der Bundeswehr, *Adolf Heusinger*, zum **Vorsitzenden des Ständigen Militärausschusses** der NATO. Der seit 1957 ranghöchste bundesdeutsche Offizier gehörte 1931–1944 dem Generalstab des Heeres der deutschen Wehrmacht an und war maßgeblich am Aufbau der Bundeswehr beteiligt. *Heusinger* tritt sein Amt am 1. 4. 1961 in Washington an.

Atombewaffnung: Der Bundestag stellt am 8. 4. im Verteidigungshaushalt **Mittel für die Beschaffung von Raketen** bereit, die mit atomaren Sprengköpfen ausgerüstet werden können. – Am 22. 6. erklärt Verteidigungsminister Strauß vor der Presse, die Bundesregierung verlange **keine Verfügung über atomare Sprengköpfe**. – Am 19. 8. erhebt der Führungsstab der Bundeswehr in einem Memorandum in der von ihm herausgegebenen Zeitschrift »Informationen für die Truppe« die **Forderung nach Atombewaffnung**. Das politische Aufsehen, das diese gesetzeswidrige politische Initiative der Generalität erregt, steigert sich, als am 26. 8. bekannt wird, daß Verteidigungsminister *Strauß* selbst Urheber der Denkschrift ist. Bundeskanzler *Adenauer* rügt dessen Vorgehen, aber nicht sein politisches Anliegen.

Parteien

FDP: Der Bundesparteitag wählt am 29. 1. *Erich Mende* in der Nachfolge von *Reinhold Maier* zum neuen Parteivorsitzenden.

SPD: Die Führungsgremien der SPD legen die Partei am 1. 2. mit Grundsätzen zur »Auseinandersetzung der Sozialdemokratie mit dem Kommunismus« auf eine **scharfe Abgrenzung zum Ostblock-Kommunismus** fest. Politische Kontakte von Parteimitgliedern zur SED und anderen Parteien der sozialistischen Länder werden verboten, soweit sie nicht im Einzelfall ausdrücklich legitimiert sind. – Am 24. 4. stellt der stellvertretende Parteivorsitzende *Herbert Weh-*

ner vier Kernpunkte der SPD für eine neue Entspannungs- und Wiedervereinigungspolitik vor. *Wehners* Grundsatzrede im Bundestag am 30.6. besiegelt den **deutschland- und außenpolitischen Kurswechsel** seiner Partei, die nun anerkennt, daß die Integration der Bundesrepublik in die NATO und die EWG »Grundlage und Rahmen für alle Bemühungen der deutschen Wiedervereinigungspolitik ist«. – Am 24. 8. wählt der Parteirat in West-Berlin einstimmig den Regierenden Bürgermeister von Berlin, *Willy Brandt*, zum **Kanzlerkandidaten** für die Bundestagswahl 1961. Am nächsten Tag stattet *Brandt* dem SPD-Parteibüro im Ost-Berliner Stadtteil Friedrichshain demonstrativ einen Besuch ab und bestärkt die beiden im Ostteil der Stadt wohnenden SPD-Bundestagsabgeordneten, der Forderung der SED nach Aufgabe ihres Mandats nicht nachzugeben. Auf der Grundlage des Viermächtestatus der Stadt bestehen in Ost-Berlin noch acht Kreisorganisationen der SPD, die rund 5000 Mitglieder betreuen. – Der Parteitag in Hannover vom 21. bis 25. 11. wählt *Erich Ollenhauer* erneut zum Vorsitzenden der Bundespartei.

CDU, DP: Der 9. Bundesparteitag der CDU in Karlsruhe vom 27. bis 29. 4. wählt Bundeskanzler *Adenauer* erneut zum Spitzenkandidaten zur Bundestagswahl 1961; gegen ihn stimmen 4 von 441 Delegierten (10 Enthaltungen). – Angesichts der Weigerung der CDU, der **Deutschen Partei** (DP) bei der nächsten Bundestagswahl erneut zur Überwindung der 5 %-Sperrklausel zu verhelfen, treten am 1. 7. neun der 17 DP-Abgeordneten aus der Partei aus und schließen sich der CDU/CSU-Fraktion an, unter ihnen die Bundesminister *Hans-Christoph Seebohm* und *Hans-Joachim von Merkatz*; die verbleibende Gruppe der DP-Abgeordneten scheidet aus der Regierungskoalition aus. *Adenauer* führt damit wieder eine **Alleinregierung von CDU/CSU**.

Weitere wichtige innenpolitische Ereignisse

Notstandsgesetzgebung: Das Bundeskabinett beschließt am 13. 1. den von Innenminister *Gerhard Schröder* eingebrachten Entwurf für ein verfassungsänderndes Notstandsgesetz. Der Bundesrat lehnt die Vorlage am 26. 2. ab und legt einen Gegenentwurf vor, der u. a. die Erklärung des Notstandsfalls bei Arbeitskämpfen ausschließt. Nach kontroverser Debatte in der ersten Lesung verweist der Bundestag *Schröders* Entwurf, der wegen des Widerstands der SPD keine Aussicht auf Annahme hat, am 28. 9. zur weiteren Beratung in die Ausschüsse (→ 1965).

Lücke-Plan: Um der **Wohnungs- und Städtebaupolitik** von Bund, Ländern und Kommunen eine gemeinsame Grundlage zu geben, verabschiedet der Bundestag am 20. 5. das Bundesbaugesetz. Am 24. 5. beschließt er ein ebenfalls von Wohnungsbauminister *Paul Lücke* eingebrachtes Gesetz über den stufenweisen Abbau der Wohnungszwangswirtschaft und die Einführung eines sozialen **Miet- und Wohnungsrechts** (→ Kasten).

Privatfernsehen: Nach seinem am Widerstand der Bundesländer (→ 1959) gescheiterten ersten Versuch, ein bundeseigenes Fernsehen ins Leben zu rufen, stellt Bundeskanzler *Adenauer* die Gegner des Projekts am 25. 7. vor vollendete Tatsachen, indem er den privatrechtlichen Gesellschaftsvertrag der **Deutschland-Fernsehen-GmbH** unterzeichnet. Bundesfinanzminister *Fritz Schäffer* (CSU) wird als Treuhänder für die Länder eingesetzt, von denen keines den für ihn vorgesehenen Anteil übernehmen will, so daß der Bund, der eigentlich 51 % des Kapitals halten soll, faktisch alleinige Gesellschafterin ist. Auf Antrag der sozialdemokratisch regierten Länder Hamburg, Hessen, Bremen und Niedersachsen, die am 19. 8. auf Feststellung der Verfassungswidrigkeit der Anstaltsgründung klagen, erläßt das Bundesverfassungsgericht am 17. 12. eine **einstweilige Verfügung** gegen den für den 1. 1. 1961 geplanten Start des zweiten Fernsehprogramms. – Das Gesetz über die Errichtung des »Deutschlandfunks« und der »Deutschen Welle« tritt am 29. 11. in Kraft. – Der Deutsche Wissenschaftsrat legt am 25. 11. Empfehlungen zum **Ausbau der wissenschaftlichen Hochschulen** vor; danach sollen in den nächsten Jahren 1200 neue Lehrstühle gegründet und ein Bauprogramm mit Investitionen in Höhe von 2,6 Mrd. DM durchgeführt werden.

Wirtschaftspolitik

Atomwirtschaft: Das Gesetz über die friedliche Nutzung der Atomenergie und den Schutz gegen ihre Gefahren tritt am 1. 1. in Kraft. Am 27. 8. erteilt das bayerische Wirtschaftsministerium die Betriebsgenehmigung für das erste deutsche Kernkraftwerk. Der Atomreaktor in Kahl am Main soll 1961 seinen Betrieb aufnehmen. – Am

Der Abbau der Wohnungszwangswirtschaft (»Lücke-Plan«)

Mit dem von Bundesbauminister *Paul Lücke* (CDU) gegen Widerstand in den eigenen Reihen durchgesetzten Gesetz über den stufenweisen Abbau der Wohnungszwangswirtschaft und die Einführung eines sozialen Mietrechts (in Kraft am 1. 7. 1960) wird der Wohnungsmarkt dereguliert. Das Gesetz hebt die zwangswirtschaftlichen Bindungen im Bereich von Altbauwohnungen auf, die den kommunalen Wohnungsämtern je nach Lage der Wohnungsnot Belegungsrechte der Wohnungen und die Festsetzung von Höchstmieten einräumte und das Kündigungsrecht des Vermieters weitgehend ausschloß.
Grundlage der bisherigen Wohnungszwangsbewirtschaftung war ein Gesetz des Alliierten Kontrollrats vom 18. 3. 1946, dessen Bestimmungen durch das Erste Wohnbaugesetz vom 24. 4. 1950 gelockert wurden. In der ersten Stufe ermöglicht der »Lücke-Plan« für vor 1948 erstellte Altbauwohnungen Mieterhöhungen um bis zu 15 %. Bis 1966 soll die 1936 eingeführte Mietpreisbindung völlig entfallen (1966 verschoben auf 1968). Zugleich werden im neuen Miet- und Wohnrecht der Kündigungsschutz für Mieter und das Beihilfesystem für sozial Schwache neu geregelt. Für öffentlich geförderte Sozialwohnungen (1948 bis 1960 rd. 3 Mio.) bleiben Belegungs- und Mietpreisbeschränkungen weiter möglich. Ziel der Liberalisierung des Wohnungsmarkts, die zunächst die mit genügend Wohnraum versorgten »weißen Kreise« betrifft, ist der Anreiz, weiteres privates Kapital für den Bau von Wohnungen zu investieren sowie ungenutzten Wohnraum zu vermieten. Voraussetzung für das Gesetz ist die tendenzielle Normalisierung der Wohnraumversorgung. Für 1950 war der Fehlbestand aufgrund der Kriegszerstörungen (2,3 Mio. Wohnungen) und des Zustroms von rd. 10 Mio. Vertriebenen und Flüchtlingen auf 4,8 Mio. Wohnungen berechnet worden. Bis Ende 1960 wurden 5,94 Mio. Wohnungen fertiggestellt, davon rd. 55 % im öffentlich geförderten Wohnungbau.

16. 4. prognostiziert die EURATOM in Brüssel, bis 1980 könnten in den sechs Mitgliedstaaten rd. 250 Atomkraftwerke Strom mit einer Gesamtleistung von 40 000 Megawatt produzieren.

Wirtschaftsentwicklung 1950–1960 (Indexziffern)

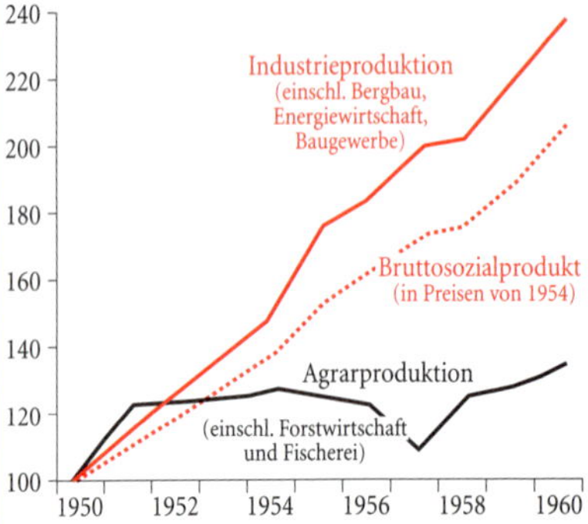

Grüner Plan: Der Bundestag billigt am 11. 3. Hilfsmaßnahmen für die Landwirtschaft in Form von Zuschüssen und Darlehen in Höhe von 1,47 Mrd. DM. (+18,1 % gegenüber 1959). Für 1961 veranschlagt das Bundeskabinett am 9. 1. insgesamt 1,6 Mrd. DM (+11,3 % gegenüber 1960).
Privatisierung: Gegen die Stimmen der SPD beschließt der Bundestag am 16. 3. ein Gesetz zur Privatisierung des **Volkswagenwerks** (VW) in Wolfsburg. 60 % des Grundkapitals (600 Mio. DM) sollen in Form von »Volksaktien« in private Hand übergehen; je 20 % erhalten der Bund und das Land Niedersachsen; Erlöse aus dem Aktienverkauf und Dividenden aus den Aktien im Besitz des Bundes sowie des Landes übernimmt eine zu gründende »Stiftung Volkswagenwerk zur Förderung von Wissenschaft und Technik«. Am 2. 11. legt das Bundeskabinett den Emissionskurs für eine VW-Aktie im Nennwert von 100 DM auf 350 DM fest; einkommensschwachen Interessenten werden Sozialrabatte eingeräumt (→ 1961).
Arbeitsmarkt: Unter dem Druck der steigenden Zahl offener Stellen intensiviert die Bundesregierung die Bemühungen um die **Anwerbung von »Gastarbeitern«**. Am 29./30. 3. schließt sie mit Spanien und Griechenland ein Abkommen ab, wie es mit Italien schon besteht. Am 3. 5. tritt die Bundesrepublik einer WEU-Konvention über Grenzarbeiter und ausländische Arbeitskräfte bei. Die Bundesanstalt für Arbeitsvermittlung und Arbeitslosenversicherung wirbt im Jahre 1960 120 000 Ausländer als Arbeitskräfte an, im September erreicht deren Zahl mit 326 000 den bisher höchsten Stand (Jahres-

Ausländische Arbeitnehmer 1962–1969

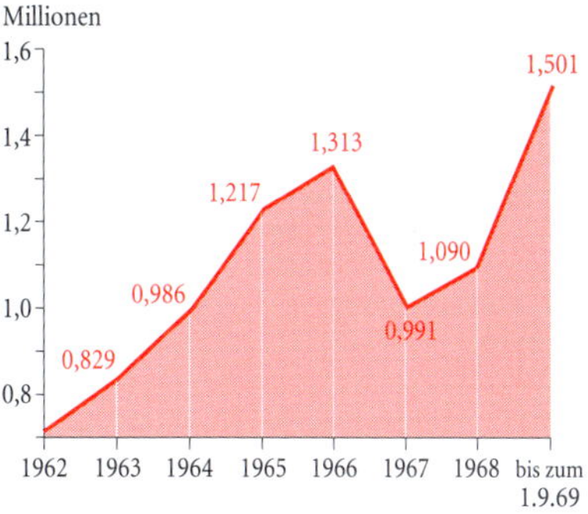

durchschnitt rd. 270 000). – Im September sinkt die **Arbeitslosenzahl** mit 130 861 (einschließlich West-Berlin) erwerbslosen Personen auf den tiefsten Stand seit Kriegsende (0,7 %), im Jahresdurchschnitt auf 241 092 (–55,3 % gegenüber 1959). Die Zahl der offenen Stellen beträgt 568 693.

EWG: Das Bundeskabinett billigt am 6. 5. im Grundsatz den **Hallstein-Plan** zur beschleunigten Verwirklichung des Gemeinsamen Marktes, leicht modifiziert billigt ihn der Ministerrat in Brüssel am 13. 5. Der Abbau der Zölle zwischen den EWG-Mitgliedsländern soll, teils mit höheren Sätzen als ursprünglich vereinbart, in kürze-

ren Fristen erfolgen, die gemeinsamen Außenzölle gegenüber Drittländern sollen schneller vereinheitlicht werden. Am 20. 12. bezieht der Ministerrat mit Wirkung zum 1. 1. 1961 auch den Agrarmarkt in diesen Prozeß mit ein.

40-Stunden-Woche: Die Arbeitgeberverbände und die IG Metall vereinbaren am 8. 7. die Einführung der 40-Stunden-Woche mit fünf Arbeitstagen bei vollem Lohnausgleich nach einem Stufenplan, der bis 1. 7. 1965 umgesetzt sein soll. Die durchschnittliche Arbeitszeit liegt 1960 bei knapp 46 Stunden pro Woche.

Bundesländer

Bayern: Das Landgericht München verurteilt am 28. 6. den Bundestagsabgeordneten und beurlaubten Generalsekretär der CSU, *Friedrich Zimmermann*, wegen **fahrlässigen Meineides** zu vier Monaten Gefängnis mit Bewährung. *Zimmermann* wird für schuldig befunden, während des »Spielbankenprozesses« (→ 1959) unter Eid falsch ausgesagt zu haben. Der Bundesgerichtshof gibt am 20. 12. einem Revisionsantrag statt.

Baden-Württemberg: Landtagswahl am 15. 5. Am 23. 6. bildet Ministerpräsident *Kurt Georg Kiesinger* anstelle der bisherigen Allparteienkoalition eine neue Regierungskoalition unter Ausschluß der SPD.

Saarland: Landtagswahl am 14. 12.

1960

»Sozialistischer Frühling auf dem Lande«

In den ersten vier Monaten wird die Gründung Landwirtschaftlicher Produktionsgenossenschaften mit der Zwangskollektivierung der noch privat wirtschaftenden Einzelbauern abgeschlossen. Nach dem Tod des ersten Präsidenten der DDR, *Wilhelm Pieck*, konzentriert *Walter Ulbricht* die Macht in Staat und Partei in seinen Händen, indem die Volkskammer ihn zum Vorsitzenden des neu geschaffenen Staatsrates wählt. Das Verhältnis der beiden deutschen Staaten bewegt sich auf einen Tiefpunkt zu. Nach massiven Behinderungen im Berlin-Reiseverkehr kündigt die westdeutsche Seite im Spätsommer das Interzonenhandelsabkommen, die einzige vertragliche Vereinbarung von Bedeutung zwischen beiden deutschen Staaten. Erst gegen Ende des Jahres wird das Abkommen, in modifizierter Form, wieder in Kraft gesetzt.

Kollektivierung der Landwirtschaft

Die Umwälzung der Eigentumsverhältnisse findet 1960 ihren vorläufigen Abschluß. Am 27.1. wird bei einer Beratung des Zentralkomitees und der 1. Sekretäre der SED-Bezirksleitungen eine gemeinsame Strategie zur verstärkten »Werbung« der restlichen Einzelbauern »vor Ort« für die Landwirtschaftlichen Produktionsgenossenschaften und den Abschluß der Kollektivierung noch vor der Frühjahrsbestellung erarbeitet. Der »Sozialistische Frühling auf dem Lande« (wie der zwangsweise Eintritt der noch einzeln wirtschaftenden Bauern propagandistisch überhöht wird) erhält zudem die Unterstützung der Sowjetunion, die im Anschluß an eine Tagung der Landwirtschaftssekretäre der Arbeiterparteien am 2./3.2. der DDR Zusagen über die Lieferung von Landmaschinen macht.

Ab Februar setzt beschlußgerecht in Nord-Süd-Richtung die **Kollektivierungswelle** ein. Bereits am 6.3. ist der Bezirk Rostock der erste vollgenossenschaftliche Bezirk der DDR. Am 12.3. folgt der südlich von Rostock liegende Bezirk Neubrandenburg, wenige Tage später dessen südlicher Nachbar Frankfurt/Oder. Zuletzt meldet am **14.4.** der Bezirk Karl-Marx-Stadt (Chemnitz) im Süden der DDR den **Abschluß der Kollektivierung**. Damit ist das Ziel, die Einzelbauernwirtschaften noch vor der Frühjahrsbestellung abzuschaffen, erreicht. Am Ende des Jahres wirtschaften 901 490 Bauern (466 125 mehr als im Vorjahr) in 19 313 LPG (plus 9181) auf 92,5% der gesamten landwirtschaftlichen Nutzfläche. Damit ist die mit Abstand höchste Zahl von LPG erreicht; sie ist ein Ergebnis des Zugeständnisses der Kollektivierungskampagne, auch mehrere LPG in einem Dorf zuzulassen. Der Ausstoß der Landwirtschaft erlebt 1960 in fast allen Bereichen deutliche Steigerungen, was zunächst den Erfolg der Kollektivierung unterstreicht. (→ Graphik Sp. 265).

Entwicklung in Handel und Handwerk

Mit dem Abschluß der Kollektivierung in der Landwirtschaft ist die Erwerbsstruktur grundlegend verändert worden. 94,7% aller Erwerbstätigen arbeiten jetzt nichtselbständig und sind in Unternehmen des »sozialistischen Eigentums« (volkseigene Betriebe, öffentliche Verwaltungen, genossenschaftliche Unternehmungen) beschäftigt. Im Bereich des Handwerks überwiegen noch für einige Jahre die Einzelunternehmer, 1960 erbringen diese mehr als 70% der Leistungen des gesamten Handwerks (PGH nur 29,4%). – Im Einzelhandel verstärkt sich die Dominanz der staatlichen und genossenschaftlichen Betriebe gegenüber privaten Unternehmen. Mehr als 77% (34,7 Mrd. Mark) des gesamten Warenumsatzes im Einzelhandel (fast 45 Mrd. Mark) entfallen auf »sozialistische Betriebe« (Geschäfte der »Handelsorganisation« HO und der Konsumgenossenschaften).

Ausbau der Machtposition Ulbrichts

Walter Ulbricht, in der SED unbestritten die Führungsperson, steht bis 1960 in seinen staatlichen Ämtern formal unter anderen Personen. In zwei wichtigen Funktionen ändert sich dies 1960: Am 10.2. wird er Vorsitzender des neu ge-

Kollektivierung in der Landwirtschaft

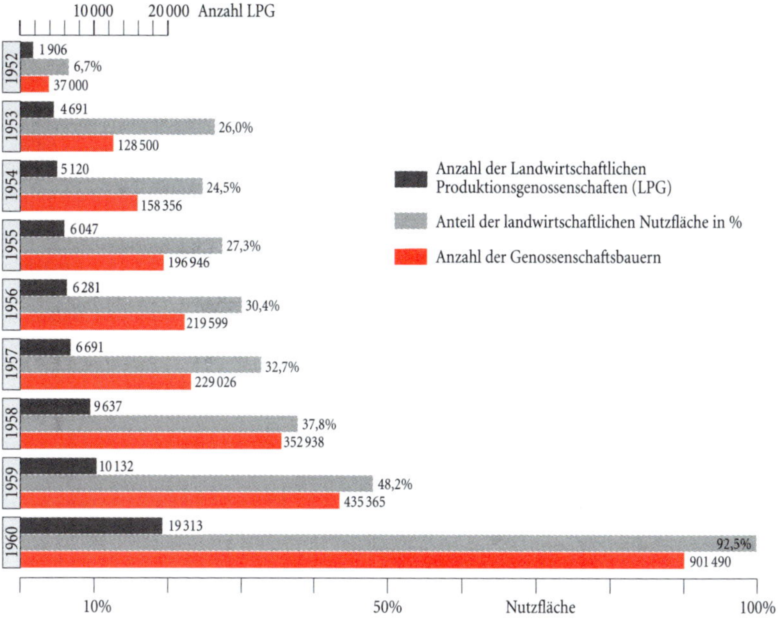

gründeten Nationalen Verteidigungsrates; am 7. 9. verstirbt im Alter von 84 Jahren in Berlin der erste und einzige Präsident der DDR, *Wilhelm Pieck*. Wegen Krankheit bereits längere Zeit von der tatsächlichen Teilhabe an Entscheidungsprozessen ausgeschlossen, war er die integrative Kraft in der Präsentation der DDR-Regierung im Innern. Wenige Tage nach seinem Tod, am 12. 9., beschließt die Volkskammer, das Amt des Präsidenten durch einen kollektiven **Staatsrat** zu ersetzen. Zum Vorsitzenden wird *Walter Ulbricht* bestimmt, ihm unterstehen 6 Stellvertreter, ein Sekretär und 16 Mitglieder. *Ulbricht* ist damit auch formal Staatsoberhaupt der DDR, eine Funktion. die er de facto seit langem ausfüllt. – Am 31. 5. beschließt das SED-Politbüro den Umzug seiner Mitglieder und Kandidaten in die eigens errichtete Waldsiedlung in Wandlitz.

Sozialpolitik

Der Staat baut das Netz von öffentlichen Kinderbetreuungseinrichtungen stark aus. 1960 stehen je 1000 Einwohner 461 Kindergartenplätze und 143 Kinderkrippenplätze zur Verfügung. – Im Sommer werden die letzten einklassigen Landschulen geschlossen.

Deutschland- und Außenpolitik

Das Verhältnis der beiden deutschen Staaten ist unverändert von gegenseitiger Konfrontation geprägt. Einzig auf sportlichem Gebiet gelingt es den beiden Nationalen Olympischen Komitees am 6. 1., eine **gemeinsame Olympiamannschaft** für die Olympischen Spiele von 1960 in Rom zu vereinbaren. – Politische Initiativen zur deutschen Frage hingegen verfolgen die Absicht, mit den jeweiligen »Vorschlägen« der anderen Seite unannehmbare Bedingungen zu stellen, die konsequent zu ihrer Ablehnung führen. Ein **Brief**, den *Walter Ulbricht* am 23. 1. **an die westdeutsche CDU** sendet, wiederholt die ostdeutsch-sowjetischen Vorschläge zur Bildung einer Konföderation und einer »Freien Stadt West-Berlin« – die West-CDU schickt den Brief ungeöffnet zurück. – Das DDR-Fernsehen strahlt am 31. 3. erstmals die wöchentliche Sen-

Staatsaufbau

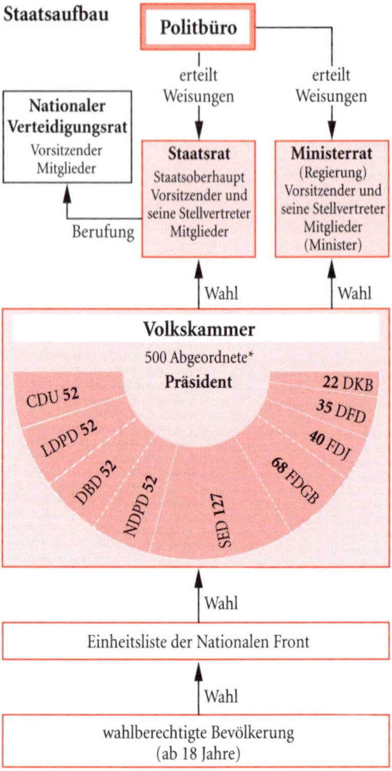

* davon 66 bis 1981 indirekt, ab 14.6.1981 erstmals direkt gewählte Berliner Abgeordnete

dung **»Der Schwarze Kanal«** aus, in der *Karl-Eduard von Schnitzler* mit Hilfe von Ausschnitten aus Sendungen von ARD – später auch von ZDF und den privaten Fernsehsendern – den »Imperialismus der BRD« zu entlarven sucht. – Am 17. 4. veröffentlicht das SED-Zentralkomitee einen **Offenen Brief** »an die Arbeiterschaft in Westdeutschland«. Nachdem die SPD sich von ihrem eigenen Deutschlandplan distanziert hat (→ BRD 1959 u. 1960), enthält der SED-»Deutschlandplan des Volkes« Vorschläge zu einem Gewaltverzicht, zu gesamtdeutschen Konsultationen, zu Friedensverhandlungen und zu einem Verzicht auf die Atom- und Raketenrüstung (→ Kasten).

Die Wiedervereinigungsrhetorik wird von weiteren Schritten zur festen Einbindung der DDR in die Gemeinschaft der Ostblockstaaten begleitet. SED-Delegationen nehmen an Spitzentreffen kommunistischer Parteien in Bukarest (24. 6.) und Moskau (10. 11.–1. 12.) teil. Die als **Friedensinitiative** bezeichnete Ankündigung **der Sowjetunion** vom 15. 1., die Personalstärke ihrer Armee bis 1967 um ein Drittel auf 2,4 Millionen Soldaten zu reduzieren, und die Friedensvertragspolitik gegenüber Deutschland dienen als Begründung für ein Gesetz, mit dem ein **Nationaler Verteidigungsrat** (NVR) mit *Walter Ulbricht* als Vorsitzendem und *Erich Honecker* als Sekretär sowie ein Ständiger Ausschuß der Volkskammer für Nationale Verteidigung gebildet werden. Die verstärkten Anstrengungen, die Wehrfähigkeit der DDR zu stärken, kommen auch im Beschluß des 2. Kongresses der Gesellschaft für Sport und Technik (GST) vom 23.–25. 6. zum Ausdruck. Die Organisation soll sich danach auf die vormilitärische Ausbildung der Jugend und die Rekrutierung von Freiwilligen für die NVA konzentrieren. – Anschläge und Brandstiftungen in der DDR geben der Partei- und Staatsführung am 19. 7. und (gemeinsam mit der UdSSR, Polen und der Tschechoslowakei) am 10. 10. Anlaß, von »imperialistischer Kriegsvorbereitung« zu sprechen und Treffen von Vertriebenenverbänden als »revanchistische Umtriebe« zu brandmarken. – Am 30. 8. verhängt die DDR-Regierung für die Zeit vom 31. 8.–4. 9. eine Einreisesperre für Bundesbürger, die in West-Berlin an Vertriebenentreffen

Die geteilte Wiedervereinigung: »Deutschlandplan des Volkes«

(...) Wir sind Brüder und Schwestern aus der großen Familie des deutschen Arbeitervolkes. Wir haben eine lange, gemeinsame Geschichte des Klassenkampfes, des Leids, des Kampfes um Frieden, Freiheit, Menschenrechte und Demokratie. Es kann gar nicht anders sein, als daß wir Brüder bleiben, gemeinsam unseren Kampf vollenden und gemeinsam an der Spitze des deutschen Volkes eine glückliche, friedliche und reiche Zukunft aufbauen. Denn außer der Arbeiterklasse, die von der geschichtlichen Entwicklung berufen ist, die Führung der Nation zu übernehmen, gibt es keine Kraft mehr in unserem Deutschland, die in der Lage wäre, alle friedliebenden demokratischen Kräfte der verschiedenen Klassen und Schichten zusammenzufassen. (...)

teilnehmen wollen. Sie sieht in den Treffen einen **»Mißbrauch West-Berlins für Kriegszwecke«**. Ab 9. 9. verlangt die DDR für die Einreise von Bundesbürgern nach Ost-Berlin eine visaähnliche Bescheinigung, ab 15. 9. benötigen West-Berliner für Reisen in die DDR ein Visum (→ BRD 1960). Diese Behinderungen im Reiseverkehr von und nach Berlin sowie innerhalb der Stadt nimmt die westdeutsche Seite am 30. 9. zum Anlaß, **das »Berliner Abkommen« über den deutsch-deutschen Warenaustausch** (in der BRD »Interzonenhandelsabkommen« genannt) **zu kündigen.** Obwohl die Kündigung nicht wirksam wird – am 29. 12. wird das Abkommen wieder in Kraft gesetzt –, markiert der Vorgang den vorläufigen Tiefpunkt in den deutsch-deutschen Beziehungen.

Die Zwangskollektivierung und die Spannungen zwischen beiden deutschen Staaten spiegeln sich auch in der steigenden Zahl von »Republikflüchtigen«; nach westlichen Angaben siedeln 199 188 (nach östlichen: 181 473) Personen nach Westdeutschland über. Am 4. 12. appellieren die Pastoren aller Gemeinden der Evangelischen Kirche der Union (des Zusammenschlusses protestantischer Landeskirchen in West- und Ostdeutschland) in einem Kanzelwort an die Bürger der DDR, ihr Land nicht zu verlassen.

Soziale Daten

Einkommen und Lebenshaltung: Das durchschnittliche **monatliche Arbeitseinkommen** von Arbeitern und Angestellten in der staatseigenen Wirtschaft beträgt 555 Mark. Die Pro-Kopf-Sparguthaben wachsen auf etwa 1018 Mark an. Tendenziell verstärkt sich der **Geldüberhang**, weil wachsender Lohn nicht in Form von Waren realisiert werden kann und weil die Kostenstruktur bei gleichbleibenden Endpreisen immer mehr zuungunsten des Erzeugers ausfällt. Angaben zur **Ausstattung der privaten Haushalte mit langlebigen Konsumgütern** zeigen gleichzeitig wachsenden Wohlstand in der DDR: 1960 kommen auf 100 Haushalte 3,2 PKW, 12,7 Motorräder, 6,1 Kühlschränke, 6,2 Waschmaschinen und 18,5 Fernsehgeräte.

Wirtschaftliche Entwicklung

Mit dem Abschluß der Kollektivierung in der Landwirtschaft hat sich die sozialökonomische

Jährliche Zuwachsraten des produzierten Nationaleinkommens zwischen 1950 und 1961

Jahr	*Zuwachs in %*
1949	–
1950	21,8
1951	27,4
1952	13,2
1953	7,4
1954	10,1
1955	8,6
1956	5,3
1957	9,1
1958	9,7
1959	6,7
1960	5,0
1961	1,5

Quelle: Statist. Bundesamt Wiesbaden

Struktur der Berufstätigen grundlegend verändert. 94,7 % aller Erwerbstätigen sind nichtselbständig Tätige, die in Unternehmen des »sozialistischen Eigentums« (volkseigene Betriebe, öffentliche Verwaltungen, genossenschaftliche Unternehmungen) beschäftigt sind. Im Bereich des Handwerks überwiegen noch für einige Jahre die Einzelunternehmer, 1960 erbringen diese mehr als 70 % der Leistungen des gesamten Handwerks (PGH: 29,4 %). Innerhalb der Gruppe der selbständig Beschäftigten bilden die privaten Handwerker mit über 52 % die größte Gruppe, gefolgt von den privaten Einzel- und Großhändlern (rd. 15 %), den Komplementären und Kommissionshändlern (rd. 9 %), privaten Gärtnern und (wenigen) Einzelbauern (7–8 %) sowie den freiberuflich Tätigen, die 5–6 % der selbständig Beschäftigten ausmachen.

Das **Bruttoinlandsprodukt** (in BRD-Preisen von 1989) beträgt 113,1 Mrd. DM. Im Vergleich zum Vorjahr ist es um 2,1 %, also etwas langsamer als 1959, gewachsen. Der Abstand zur Bundesrepublik wird damit größer. Die DDR erwirtschaftet jetzt 12,1 % des westdeutschen BIP. In eigenen Preisen stellt sich das Bild etwas anders dar. Die Bruttoproduktion aller Wirtschaftsbereiche in Unveränderlichen Planpreisen (UPP) 1955 beträgt mehr als 68,7 Mrd. Ost-Mark, 7,9 % mehr als im Vorjahr. Die **industrielle Bruttoproduktion** (in UPP) beträgt 66,9 Mrd. Mark, wächst also ebenfalls um 7,9 %.

1961

Mauerbau: Scheitern und Neubeginn der Deutschlandpolitik

Die hermetische Abriegelung der DDR gegenüber West-Berlin und der Bundesrepublik markiert den Höhepunkt der seit 1958 anhaltenden Berlinkrise. Der Mauerbau beendet zugleich die beiderseitigen Bemühungen, die Deutschland- und Berlinfrage durch den großen Wurf eines Friedensvertrages unter den Bedingungen der jeweiligen Bündnisse zu lösen. Die kommende Deutschland- und Berlinpolitik wird die Suche nach pragmatischen Möglichkeiten im Umgang mit den östlichen Nachbarn und der Sowjetunion in den Vordergrund rücken. Während diese mit ihrer Zustimmung zum Mauerbau zu erkennen gibt, daß sie expansive Absichten gegenüber West-Berlin aufgegeben hat, bezeugen die Westmächte – nach dem Juni-Aufstand in der DDR 1953 und dem Ungarn-Aufstand 1956 – mit der Hinnahme der Absperrung Ost-Berlins erneut, daß sie die sowjetische Verfügungsgewalt über ihre Hegemonialzone in Europa respektieren.

Auch das zweite zentrale Ereignis bundesdeutscher Politik im Jahr 1961 ebnet zukünftigen Entwicklungen den Weg: Nach dem Verlust der absoluten Mehrheit bei der Bundestagswahl muß sich Bundeskanzler *Konrad Adenauer* dem Verlangen des Koalitionspartners FDP beugen, seine Amtszeit noch vor Ablauf der neuen Legislaturperiode zu beenden.

Außenpolitische Ereignisse

USA: Der Regierende Bürgermeister von Berlin *Willy Brandt* (am 13.3.) und Bundeskanzler *Adenauer*, der während seines Besuchs in den USA (11.–18.4.) mit *Kennedy* verhandelt, erhalten vom US-Präsidenten ein erneuertes Garantieversprechen für die Sicherheit der Bundesrepublik und West-Berlins (→ unten).

Sowjetunion: Die Verhandlungen über ein Handelsabkommen zwischen der Bundesrepublik und der Sowjetunion werden am 24.5. abgebrochen, da die Sowjetunion die Aufnahme einer Berlin-Klausel in die Vereinbarung ablehnt.

Österreich: Am 12.6. vereinbaren die Bundesrepublik und Österreich einen Finanz- und Ausgleichsvertrag, der alle aus der Kriegs- und Nachkriegszeit zwischen beiden Staaten offenen Fragen abschließend regelt; die Bundesrepublik zahlt (u.a. für Vertriebene und politische Verfolgte in Österreich) 321 Mio. DM.

Europa: In der Nachfolge der Organisation für Europäische Zusammenarbeit (OEEC) konstituiert sich im erweiterten Rahmen und mit veränderten Aufgaben am 1.10. in Paris die **Organisation für Wirtschaftliche Zusammenarbeit und Entwicklung (OECD)**. Die Verträge hierzu wurden am 14.12.1960 geschlossen.

Verteidigungspolitik

Verbündete: Das Bundesfinanzministerium gibt am 3.2. bekannt, daß Bund und Länder seit Kriegsende für den **Aufenthalt der ausländischen Streitkräfte** im Bundesgebiet (einschließlich West-Berlin) insgesamt 68,9 Mrd. RM/DM aufgebracht haben.

Verstärkung der Bundeswehr: Unter dem Eindruck der **Berlinkrise** beschließt die Bundesregierung am 12.9. die Dienstverpflichtung von 6000 freiwilligen Soldaten um drei Monate zu verlängern; den zwölfmonatigen Grundwehrdienst um eine ebenfalls dreimonatige Wehrübung zu verlängern und mit der Einberufung weiterer Wehrpflichtiger die Sollstärke der Bundeswehr von 350 000 Mann baldmöglichst zu erreichen. – Am 18.12. billigt das Bundeskabinett den Entwurf einer Gesetzesvorlage, die eine **Verlängerung des Grundwehrdienstes** von bisher 12 auf 18 Monate vorsieht.

Parteien und Wahlkampf

SPD: Der Parteivorstand erklärt am 9.1. die Mitgliedschaft in der am 17.12.1960 gegründeten **Deutschen Friedensunion** (DFU) für unvereinbar mit der Zugehörigkeit zur SPD. – Das Präsidium der SPD und der Bundesvorstand der Sudetendeutschen Landsmannschaft einigen sich am 23.1. auf eine gemeinsame Formel zur

Vertreibung der **Sudetendeutschen**, in der es u. a. heißt: »Die Vertreibung war widerrechtlich, sie muß auf friedlichem Wege wiedergutgemacht werden, ohne daß anderen Menschen neues Unrecht geschieht. Die Feststellung, wonach Deutschland in den Grenzen von 1937 rechtlich fortbesteht, schließt das sudetendeutsche Heimat- und Selbstbestimmungsrecht nicht aus [...] Wiedergutmachung der Vertreibung heißt: Rückkehr der Vertriebenen, d. h. Verwirklichung ihres Rechts auf die Heimat.« – Am 23. 5. signalisiert der stellvertretende Vorsitzende der SPD, *Herbert Wehner*, die Bereitschaft seiner Partei, nach der Bundestagswahl eine Koalition mit der CDU einzugehen. – Auf dem Wahlkongreß der SPD am 28. 4. in Bonn legt der Kanzlerkandidat der SPD, *Willy Brandt*, das Regierungsprogramm seiner Partei vor; zentrale Punkte sind u. a.: Ausbau des demokratischen und sozialen Bundesstaates, Außenpolitik an der Seite des Westens, Treue zur NATO, friedliche Zusammenarbeit auch mit allen osteuropäischen Völkern und Freundschaft mit den jungen Nationen.

FDP: Der 12. Bundesparteitag der **FDP** vom 23.–25. 3. verabschiedet ein Wahlprogramm, mit dem die Partei sich das Ziel setzt, die absolute Mehrheit der CDU zu brechen und als Koalitionspartner Regierungsverantwortung zu übernehmen.

CSU: Eine Landesversammlung der CSU wählt am 18. 3. Bundesverteidigungsminister *Franz Josef Strauß* als Nachfolger von *Hanns Seidel* mit 547 von 576 abgegebenen Stimmen zum neuen Parteivorsitzenden.

CDU: Auf dem 10. Bundesparteitag der CDU in Köln vom 24. bis 27. 4. lehnt Bundeskanzler *Adenauer* ein Koalitionsangebot der SPD entschieden ab. Als Wahlprogramm beschließen die Delegierten am 27. 4. das »Kölner Manifest«, das die bisherige Politik *Adenauers* fortschreibt.

Wahlkampf: Überschattet von der Verschärfung des Ost-West-Konflikts und den Vorgängen in Berlin traten im Wahlkampf innenpolitische Fragen in den Hintergrund. Zwar wird die Deutschlandpolitik *Adenauers* zunehmend in Zweifel gezogen und *Brandt* verbucht mit seinen Initiativen als Regierender Bürgermeister von Berlin Pluspunkte; dennoch können Christdemokraten und Liberale die verstärkte **Kriegsfurcht** einerseits und die verbreitete **Zufriedenheit** mit der stabilen Lage des aufstrebenden

Wohlfahrtsstaates andererseits mehrheitlich zu ihren Gunsten nutzen. Die FDP profitiert von ihrem Wahlziel, nur mit *Ludwig Erhard* als Kanzler eine Koalition mit der CDU/ CSU einzugehen.

Bundestagswahlen: → Sonderseiten Sp. 275 ff.

Zweites Fernsehen

Verfassungsurteil: Auf Antrag der vier SPD-regierten Bundesländer Bremen, Hamburg, Hessen und Niedersachsen erklärt das Bundesverfassungsgericht am 28. 2. die Gründung der **Deutschland Fernsehen GmbH**, die ein zweites Fernsehprogramm betreiben soll, durch Bundeskanzler *Adenauer* und das Verhalten der Bundesregierung bei den Verhandlungen mit den Ländern für **verfassungswidrig**. Bundesfinanzminister *Etzel* teilt am 8. 3. mit, daß für das zweite Fernsehen schon Produktionsaufträge im Wert von 120 Mio. DM vergeben wurden.

Länderinitiative: Am 17. 3. beschließen die Ministerpräsidenten der Bundesländer in Bonn, ein ländereigenes zweites Fernsehprogramm durch die bestehenden Rundfunkanstalten produzieren und ausstrahlen zu lassen. Den Staatsvertrag über die **Gründung des Zweiten Deutschen Fernsehens** (ZDF) als gemeinnützige Anstalt des öffentlichen Rechts mit Sitz in Mainz schließen sie am 6. 6. Die ersten Sendungen werden am 1. 4. 1963 ausgestrahlt. Bereits ab 1. 6. senden die Rundfunkanstalten ein »Kontrastfernsehprogramm«, das allerdings noch nicht bundesweit empfangen werden kann; es wird Grundlage für die später aufzubauenden, regional orientierten dritten Programme.

Sozialpolitik

Bundesangestelltentarif: Am 1. 4. tritt der Bundesangestelltentarif (BAT) in Kraft. Das umfangreichste Tarifsystem der Bundesrepublik, über das seit 1952 verhandelt wurde, vereinheitlicht die Arbeits- und Entgeltbedingungen für die Angestellten des Bundes, der Länder und Gemeinden und wird am 23. 2. in Bad Nauheim von den Tarifparteien unterzeichnet.

Bundessozialhilfegesetz (BSHG): Gegen die Stimmen der Opposition verabschiedet der Bundestag am 30. 6. das Bundessozialhilfegesetz. Es ordnet das gesamte Fürsorge- und Armenrecht neu, das weitgehend noch aus dem

Fortsetzung Sp. 279

Wahl zum 4. Deutschen Bundestag am 17. 9. 1961

Ergebnis: Zur Bundestagswahl kandidieren 9 Parteien, davon 6 bundesweit. Bei einer Wahlbeteiligung von 87,7% (+0,1% im Vergleich zu 1957) verliert die CDU/CSU mit 45,3% (–4,9%) der Stimmen ihre absolute Mehrheit, stellt mit 242 (–28) Abgeordneten, davon 50 der CSU, jedoch weiterhin die stärkste Fraktion. Die SPD vergrößert ihren Stimmenanteil auf 36,2% (+4,5%) und 190 (+21) Mandate, die FDP erhält 12,8% (+5,1) und 67 Mandate (+26). An der Fünf-Prozent-Klausel scheitern u. a. die nationalkonservative GDP (2,8%), die linkspazifistische DFU (1,9%) und die rechtsextremistische DRP (0,8%).

Neuer Bundestag: Am 17. 10. konstituiert sich der 4. Deutsche Bundestag. *Eugen Gerstenmaier* (CDU) wird zum dritten Mal zum Bundestagspräsidenten gewählt. Den Fraktionsvorsitz der SPD und FDP übernehmen die jeweiligen Parteivorsitzenden, *Erich Ollenhauer* und *Erich Mende*. Vorsitzender der CDU/CSU-Bundestagsfraktion wird am 24. 11. der bisherige Außenminister *Heinrich von Brentano*.

Neue Bundesregierung: Im Zuge langwieriger Koalitionsverhandlungen zwischen CDU/CSU und FDP erklärt sich *Adenauer* am 17. 10. ohne Terminsetzung bereit, vor der nächsten Bundestagswahl einem Nachfolger das Amt des Bundeskanzlers zu überlassen. Bei der Wahl durch den Bundestag am 7. 11. erhält er für seine vierte Amtszeit 285 Stimmen bei 206 Gegenstimmen und 26 Enthaltungen. Am 14. 11. wird das **CDU/CSU-FDP-Kabinett** vereidigt. Als Schwerpunkte der künftigen Regierungsvorhaben verzeichnet die **Regierungserklärung**, die Vizekanzler und Wirtschaftsminister *Ludwig Erhard* am 29. 11. für den erkrankten Kanzler verliest, die Stärkung der Verteidigungskraft im Rahmen der NATO, u. a. durch Verlängerung des Wehrdienstes auf 18 Monate, und eine Notstandsgesetzgebung; darüber hinaus stehen Finanz- und Steuerreformen sowie der weitere Ausbau der sozialen Marktwirtschaft auf dem Programm.

Wahl zum 4. Deutschen Bundestag am 17.9.1961 (1957)

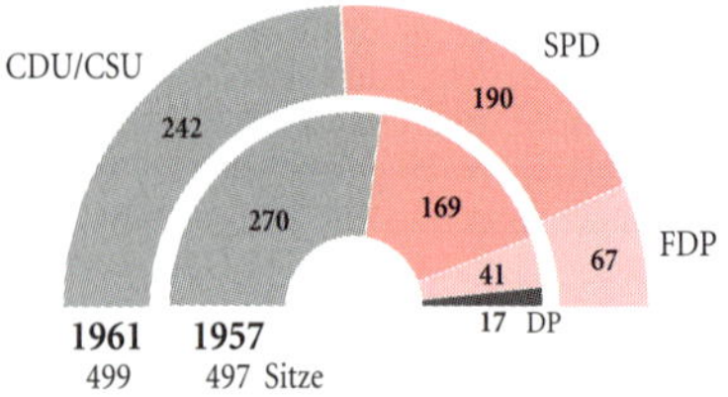

Viertes Kabinett Adenauer (14. 11. 1961–13. 12. 1962)

Bundeskanzler	*Konrad Adenauer* (CDU)
Stellvertreter und Wirtschaft	*Ludwig Erhard* (CDU)
Auswärtiges	*Gerhard Schröder* (CDU)
Inneres	*Hermann Höcherl* (CSU)
Justiz	*Wolfgang Stammberger* (FDP) bis 19. 11. 1962
Finanzen	*Heinz Starke* (FDP) bis 19. 11. 1962
Ernährung, Landwirtschaft und Forsten	*Werner Schwarz* (CDU)
Verteidigung	*Franz Josef Strauß* (CSU)
Verkehr	*Hans-Christoph Seebohm* (CDU)
Arbeit und Sozialordnung	*Theodor Blank* (CDU)
Post- und und Fernmeldewesen	*Richard Stücklen* (CSU)
Wohnungsbau, Städtebau und Raumordnung	*Paul Lücke* (CDU)
Vertriebene, Flüchtlinge und Kriegsgeschädigte	*Wolfgang Mischnick* (FDP) bis 19. 11. 1962
Gesamtdeutsche Fragen	*Ernst Lemmer* (CDU)
Familien- und Jugendfragen	*Franz-Josef Wuermeling* (CDU)
Bundesrat	*Hans-Joachim von Merkatz* (CDU)
Atomkernenergie und Wasserwirtschaft	*Siegfried Balke* (CSU)
Schatz	*Hans Lenz* (FDP) bis 19. 11. 1962
Wirtschaftliche Zusammenarbeit	*Walter Scheel* (FDP) bis 19. 11. 1962
Gesundheitswesen	*Elisabeth Schwarzhaupt* (CDU)
Besondere Aufgaben	*Heinrich Krone* (CDU)

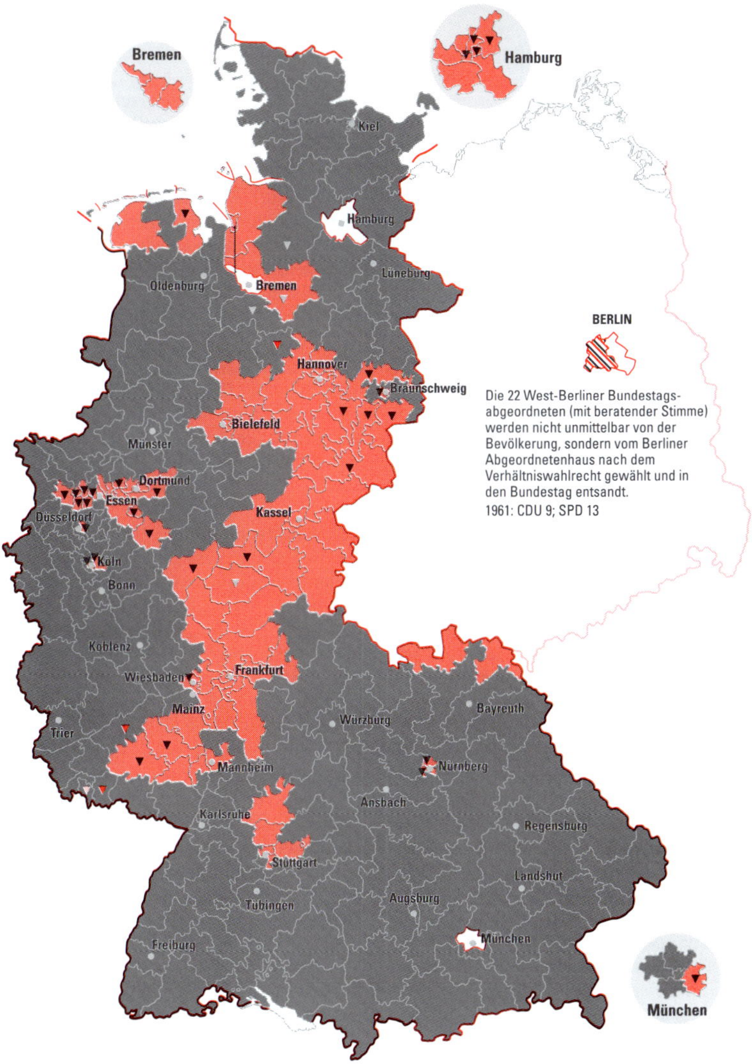

Direktmandate der im 4. Deutschen Bundestag vertretenen Parteien

Mit der Mehrheit der Erststimmen 1961 gewonnene Wahlkreise

- Kandidaten der CDU/CSU (119+42=161)
- Kandidaten der SPD (87)

Wechsel der Erststimmenmehrheit 1957/1961

Wahlkreise, die von der

▼ CDU/CSU, ▼ SPD, ▼ FDP,

oder der ▼ DP an andere Parteien fielen

Quelle: *Statistisches Bundesamt*

Jahre 1924 stammte. Als Hilfe zum Lebensunterhalt oder in besonderen Lebenslagen, die ein Auskommen aus eigener Kraft nicht erlauben, soll die staatliche Sozialhilfe dem Bürger ein menschenwürdiges Leben auch in materieller Notlage ermöglichen, wenn andere zu Leistungen verpflichteten Einrichtungen und Personen nicht oder nicht mehr in Anspruch genommen werden können. Das BSHG tritt am 1. 6. 1962 in Kraft.

Lohnfortzahlung: Am 28. 6. verabschiedet der Bundestag einstimmig das Gesetz zur Lohnfortzahlung für Arbeiter im Krankheitsfall, das die Regelungen des am 1. 1. → 1957 in Kraft getretenen Gesetzes verbessert und denen für Angestellte angleicht. Das Gesetz tritt am 1. 8. in Kraft.

Kindergeld: Nach der am 29. 6. vom Bundestag gebilligten Novelle zum Kindergeldgesetz entsteht schon mit dem zweiten Kind ein Anspruch auf Kindergeld in Höhe von 25 DM im Monat, wenn das Jahreseinkommen der Eltern 7200 DM nicht übersteigt. Das Gesetz tritt rückwirkend zum 1. 4. in Kraft und begünstigt rd. 1,87 Mio. Familien.

Arbeitslosenversicherung: Wegen der geringen Arbeitslosigkeit und angelaufener Rücklagen in Höhe von 4,75 Mrd. DM setzt die Bundesregierung für die Zeit vom 1. 8. 1961–31. 1. 1962 die Erhebung von Beiträgen zur Arbeitslosenversicherung aus.

Vermögensbildung: Mit dem am 12. 7. beschlossenen Gesetz zur Förderung der Vermögensbildung öffnet der Bundestag neben dem Prämiensparen und der Privatisierung öffentlicher Unternehmen durch die Ausgabe von »Volksaktien« einen weiteren Weg zur Eigentumsbildung für Arbeitnehmer.

NS-Vergangenheit

NS-Verbrechen: Am 23. 5. stellt die Bonner Oberstaatsanwaltschaft die Ermittlungen gegen den Staatssekretär im Bundeskanzleramt, *Hans Globke*, ein. Für Behauptungen, *Globke* habe sich während des Zweiten Weltkriegs in Griechenland an der Verfolgung von Juden beteiligt, hätten sich keine Anhaltspunkte ergeben.

Eichmann-Prozeß: In Jerusalem beginnt am 11. 4. der Prozeß gegen den ehemaligen SS-Obersturmbannführer *Adolf Eichmann* (→ 1960). Er wird am 15. 12. wegen Verbrechen gegen das jüdische Volk, gegen die Menschheit und wegen

Kriegsverbrechen zum Tode verurteilt und am 31. 5. 1962 hingerichtet.

Grundgesetz-Artikel 131: Am 2. 7. verabschiedet der Bundestag ein Gesetz zur Regelung von Versorgungsansprüchen öffentlich Bediensteter des Dritten Reichs nach Artikel 131 GG (10. 4. → 1951); damit erhält ein wesentlich größerer Personenkreis (die sog. 131er) Rentenansprüche, darunter auch Angehörige der Waffen-SS, sofern sie »wehrmachtsgleichen Dienst« geleistet haben (was, späteren Urteilen zufolge, auch auf Wachdienste in Konzentrationslagern zutrifft).

NS-Juristen: Am 8. 9. tritt eine Änderung des deutschen Richtergesetzes in Kraft. Paragraph 111 gibt Richtern und Staatsanwälten, die an nationalsozialistischer Unrechtsprechung mitgewirkt haben, die Gelegenheit, bis zum 30. 6. 1962 bei vollem Ruhegehalt aus dem Dienst auszuscheiden. 143 ehemalige NS-Juristen lassen sich daraufhin in den Ruhestand versetzen.

Wirtschaftspolitik

Landwirtschaft: Zusätzlich zu den 1,6 Mrd. DM, die im Vorjahr im Rahmen des Grünen Plans für 1961 beschlossen wurden, beschließt die Bundesregierung am 8. 2., der Landwirtschaft weitere 300 Mio. DM an **Subventionsgeldern** bereitzustellen. Auf einer Kundgebung in Dortmund fordern rd. 20 000 Landwirte am 7. 3., die Agrarwirtschaft nicht mit Subventionen, sondern durch Preiserhöhungen für die deutschen Agrarprodukte auf eine gesunde Basis zu stellen.

DM-Aufwertung: Um die Konjunktur zu dämpfen, die Zahlungsbilanz auszugleichen und die Preisstabilität zu bewahren, wertet die Bundesregierung am 6. 3. die DM gegenüber dem US-Dollar um 4,75 % auf, der Wechselkurs ändert sich von 4,20 DM auf 4,00 DM pro US-Dollar.

Volksaktien: Zum Zeichnungsschluß am 21. 3. ist das freigegebene Kapital (360 Mio. DM) der am 16. 3. → 1960 privatisierten **Volkswagen AG** um 85,4 % überzeichnet. Am ersten Handelstag (7. 4.) steigt der Börsenkurs der 100-DM-Aktien, die zu 350 DM ausgegeben werden, auf 700 DM. – Am 5. 12. läuft der fünfmillionste Volkswagen in Wolfsburg vom Band.

Bundesländer

Hamburg: *Paul Nevermann* (SPD) tritt am 1. 1. die Nachfolge von *Max Brauer* (SPD) als Erster

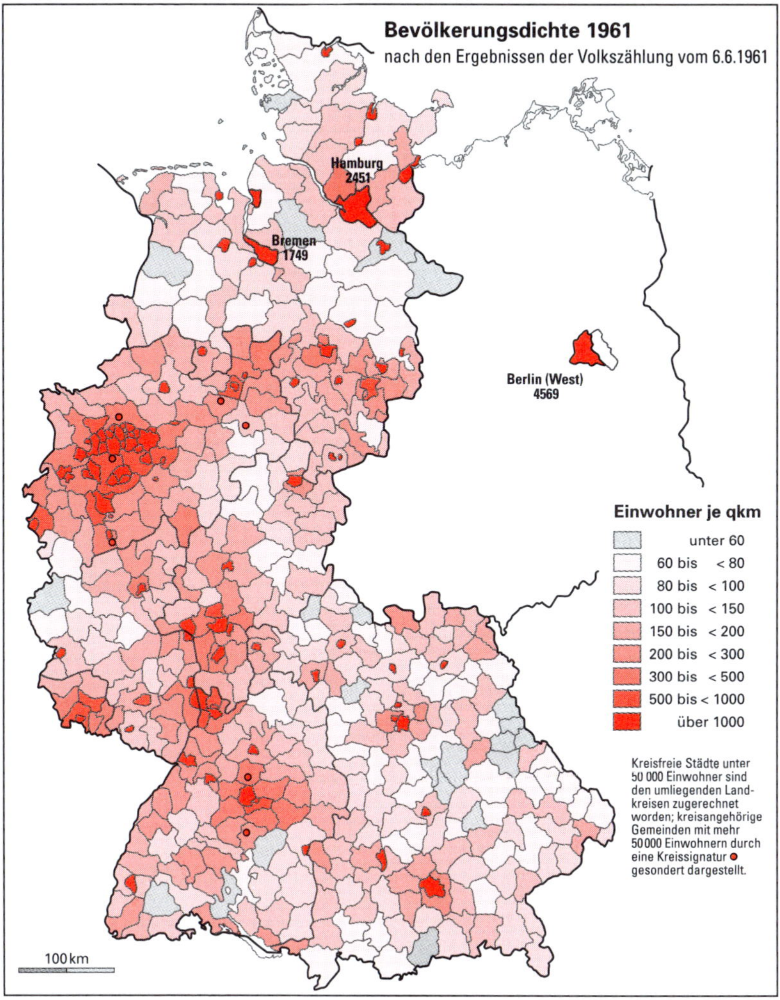

Bürgermeister an. Nach den Wahlen zur Hamburger Bürgerschaft am 12. 11. (→ Tabelle) wird er am 13. 12. in diesem Amt bestätigt. **Niedersachsen:** Nach dem Tod des Ministerpräsidenten *Hinrich Wilhelm Kopf* (SPD) wählt der Landtag am 28. 12. *Georg Diederichs* (SPD) in das Amt des Landesregierungschefs.

Der Bau der Berliner Mauer

Vorgeschichte

(→ auch BRD und DDR 1961) Am 1. 1. läßt das Bundeswirtschaftsministerium die Warenbegleitscheine bestimmter Güter des Interzonenhandels mit einer Widerrufsklausel versehen, um bei eventuellen DDR-Repressalien gegen West-Berlin die Dokumente fristlos als ungültig erklären zu können. – Die Regierung der DDR untersagt am 31. 1. der Gesamtdeutschen **Evangelischen Synode**, für ihre Tagung vom 12.–17. 2. in Berlin Veranstaltungsorte in Ost-Berlin zu nutzen. – Der sowjetische Botschafter *Andrej Smirnow* überreicht Bundeskanzler *Adenauer* am 17. 2. ein **Memorandum** der sowjetischen Regierung, in dem diese ihre Forderung nach einem Friedensvertrag der Sowjetunion mit den beiden deutschen Staaten erneuert. – Die US-Regierung wird am 16. 3. von ihrem Botschafter in Moskau auf die Möglichkeit einer bevorstehenden Schließung der Westgrenzen der DDR hingewiesen. – Auf der Tagung des **NATO-Ministerrats** in Oslo (8.–10. 5.) lehnen die Außenminister der drei Westmächte Verhandlungen über einen Friedensvertrag mit Deutschland auf der Basis der sowjetischen Forderungen ab. Eine Lösung der Deutschlandfrage könne nur auf der Grundlage des Selbstbestimmungsrechts erfolgen.

Eskalation

In einem **Deutschlandmemorandum**, das der sowjetische Staatspräsident *Chruschtschow* am 4. 6. beim Gipfeltreffen in Wien dem amerikanischen Präsidenten *Kennedy* überreicht und das am 11. 6. veröffentlicht wird, verlangt die Sowjetunion die **Erfüllung** ihrer Forderungen **binnen sechs Monaten**, andernfalls schließe sie einen separaten Friedensvertrag mit der DDR. Die drei Westmächte weisen in ihrer am 17. 7. übergebenen Antwortnote die sowjetischen Forderungen zurück. – Am 8. 6. protestiert die sowjetische Regierung in Noten an die Regierungen der Bundesrepublik und die drei Westmächte gegen Sitzungen des Bundestags und der Bundesregierung in West-Berlin. Auf einer internationalen Pressekonferenz im Anschluß an eine gemeinsame Tagung von Zentralkomitee, Ministerrat und Nationalrat der Nationalen Front am 14. 6. verlangt der Staatsratsvorsitzende *Walter Ulbricht* am 15. 6. die Neutralisierung West-Berlins und bestreitet in einer Antwort auf eine nicht gestellte Frage die Absicht, eine Mauer bauen zu wollen (→ Kasten). Am 6. 7. schlägt die DDR-Volkskammer einen »Deutschen Friedensplan« vor. Die Bundesregierung lehnt den Plan am 11. 7. ab: die DDR versuche, auf diesem Wege eine inoffizielle Anerkennung zu erreichen. – Der **Evangelische Kirchentag**, der vom 19.–23. 7. in allen Sektoren der Stadt stattfinden soll, wird am 8. 7. von den DDR-Behörden für Ost-Berlin verboten, so daß sich die Veranstaltungen auf West-Berlin beschränken; es nehmen jedoch auch viele Gläubige aus Ost-Berlin und der DDR teil. – In einer Fernsehrede am 25. 7. warnt *Kennedy* die Sowjetunion, eines der **drei Essentials der USA in der Berlin-Politik** zu verletzen: militärische Präsenz in West-Berlin, freier Zugang zur Stadt und politische Freiheit und Lebensfähigkeit West-Berlins. – Am 1. 8. kündigt die Regierung der DDR Einschränkungen im innerdeutschen Reiseverkehr an. – In einer **Note an die Bundesregierung** bekräftigt die sowjetische Regierung am 3. 8., noch im Lauf des Jahres 1961 müsse ein deutscher Friedensvertrag abgeschlossen und die Lage in Berlin geregelt werden. – Während einer Tagung in Moskau vom 3.–5. 8. erklären die Parteichefs der Staaten des Warschauer Pakts ihr Einverständnis mit der Absicht, die DDR gegenüber West-Berlin und der Bundesrepublik abzuriegeln. – *Chruschtschow* vergleicht in einer Rundfunkrede am 7. 8. Berlin mit Sarajewo, von wo der Erste Weltkrieg seinen Ausgang genommen hat, und gibt die militärische **Verstärkung der Westgrenze des Warschauer Pakts** und die Einberufung

Walter Ulbricht am 15. 6. 1961 über den Mauerbau

»Ich verstehe Ihre Frage [einer Korrespondentin der ›Frankfurter Rundschau‹] so, daß es Menschen in Westdeutschland gibt, die wünschen, daß wir die Bauarbeiter der Hauptstadt der DDR dazu mobilisieren, eine Mauer aufzurichten. Mir ist nicht bekannt, daß eine solche Absicht besteht. Die Bauarbeiter unserer Hauptstadt beschäftigen sich hauptsächlich mit Wohnungsbau, und ihre Arbeitskraft wird dafür voll eingesetzt. Niemand hat die Absicht, eine Mauer zu errichten!«

von Reservisten bekannt. Die USA entgegnen am Tag darauf mit der Mitteilung, daß sie sich darauf vorbereiten, im Bedrohungsfall sechs Divisionen über eine Luftbrücke nach Europa zu schicken. – Auf Einladung des sowjetischen Stadtkommandanten erscheinen seine drei westlichen Kollegen am 10. 8. im Potsdamer Hauptquartier der sowjetischen Streitkräfte in der DDR. Über das Gesprächsergebnis wird nichts bekannt.

Errichtung der Berliner Mauer

In der Nacht zum 13. 8. beginnen bewaffnete Einheiten der DDR-Sicherheitskräfte mit der **Abriegelung der Zugänge** von Ost-Berlin und aus dem DDR-Umland nach West-Berlin. Damit werden Beschlüsse des Ministerrates vom 12. 8. umgesetzt, zu denen dieser am Tage zuvor von der Volkskammer ermächtigt worden war. Zunächst dienen Stacheldrahtverhaue, Spanische Reiter und Grenzzäune für die Abriegelung, eine Woche später werden diese durch Mauern aus Hohlblocksteinen und Mauerplatten ersetzt. – Die DDR-Regierung gibt am 13. 8. eine am Tag zuvor vom Ministerrat beschlossene Erklärung: die Maßnahmen dienten dem Zweck, »eine **verläßliche Bewachung und eine wirksame Kontrolle** zu gewährleisten, um der Wühltätigkeit den Weg zu verlegen … Solange West-Berlin nicht in eine entmilitarisierte neutrale Freie Stadt verwandelt ist, bedürfen Bürger der Hauptstadt der Deutschen Demokratischen Republik für das Überschreiten der Grenzen nach West-Berlin einer besonderen Bescheinigung.« In den nächsten Tagen ist zunächst noch die kontrollierte Einreise von West-Berlinern in den Ostteil der Stadt möglich. Am 23. 8. schlägt die DDR dem Senat die Einrichtung von Passierscheinstellen vor, was von diesem und von den Westmächten wegen der damit verbundenen Anerkennung des Mauerbaus abgelehnt wird. Nachdem die DDR auf den von ihr in West-Berlin betriebenen Bahnhöfen der S-Bahn eigenmächtig Passierscheinstellen eingerichtet hat, werden diese bis zum 26. 8. von den westalliierten Schutzmächten geschlossen. Damit kommt der Ost-West-Reiseverkehr in Berlin fast ganz zum Erliegen. Bis zum 23. 8. werden von den etwa 80 Übergangsstellen zwischen West- und Ost-Berlin 73 geschlossen. – Seit dem 16. 8. werden die Sicherungsmaßnahmen an der innerdeutschen Grenze weiter verstärkt. Am 15. 9.

wird die Grenzpolizei formal dem DDR-Verteidigungsministerium unterstellt, am 20. 9. regelt ein neu erlassenes Verteidigungsgesetz auch Maßnahmen zum Ausbau von Grenzsicherungsmaßnahmen (zwangsweiser Ankauf von Grundstücken, Zugangsbeschränkungen zu bestimmten Gebieten etc.).

Reaktionen

Die westalliierten Stadtkommandanten von Berlin protestieren am 15. 8. formell bei ihrem sowjetischen Kollegen gegen die Verletzung des Viermächtestatus der Stadt. Am 16. 8. folgen Protestnoten der drei Westmächte an die sowjetische Regierung. – Auf einer Kundgebung am 16. 8. vor dem Schöneberger Rathaus in West-Berlin verlangen 250 000 Menschen Maßnahmen des Westens gegen die Errichtung der Mauer. Der Regierende Bürgermeister *Brandt* bringt US-Präsident *Kennedy* gegenüber in einem persönlichen Brief **Zweifel der Berliner an der Reaktionsfähigkeit und Entschlossenheit der drei Mächte** zum Ausdruck: »Untätigkeit und reine Defensive könnten eine Vertrauenskrise zu den Westmächten hervorrufen.« – Bundeskanzler *Adenauer* versichert am 16. 8. dem sowjetischen Botschafter *Andrej Smirnow* in Bonn, die Bundesregierung werde keine Schritte unternehmen, die zu einer Verschlechterung der beiderseitigen Beziehungen und der internationalen Lage beitragen könnten. Am 18. 8. gibt *Adenauer* vor dem erstmals aus seiner

Flüchtlinge aus der DDR 1949–1961

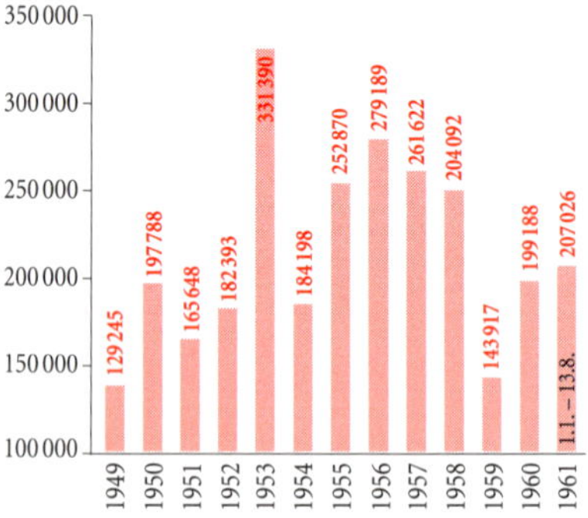

Sommerpause zusammengerufenen Bundestag eine **Regierungserklärung** ab, in der er den Mauerbau als »beispiellose Bankrotterklärung« der DDR-Regierung bezeichnet. – Bei seinem Besuch in West-Berlin vom 19.–21. 8. bekräftigt der US-amerikanische Vizepräsident *Lyndon B. Johnson* die amerikanischen Sicherheitsgarantien. *Brandt* überbringt er ein Antwortschreiben *Kennedys*, der es ablehnt, wegen des Mauerbaus das **Risiko eines militärischen Konflikts** einzugehen. *Johnson* wird begleitet von General *Lucius D. Clay*, der als Verantwortlicher für die Luftbrücke 1948 den West-Berlinern die Verläßlichkeit des US-Engagements personifiziert; am 19. 9. entsendet ihn *Kennedy* als seinen Sonderbeauftragten nach West-Berlin (bis 11. 4. 1962). – Zur Verstärkung der US-Garnison treffen am 20. 8. 1500 Soldaten auf dem Landweg in West-Berlin ein. Am gleichen Tag stehen sich amerikanische und sowjetische Panzer am Berliner Übergang Checkpoint Charlie gegenüber. – Bundeskanzler *Adenauer* reist am 22. 8. erstmals seit dem Mauerbau nach West-Berlin, wo er von der Bevölkerung reserviert empfangen wird.

Weitere Entwicklung

Am 23. 8. und 2. 9. richtet die Sowjetunion Noten an die Westmächte, in denen sie gegen einen angeblichen **Mißbrauch der Luftwege** nach West-Berlin protestiert. Noch am selben Tag warnen die Westmächte Moskau und die DDR vor jeder Behinderung ihres freien Zugangs nach West-Berlin über die Luftkorridore. – Am 16. 8. bricht der Deutsche Sportbund (DSB) alle Sportkontakte zur DDR ab. – Am 30. 8. erläßt der DGB einen **Boykottaufruf gegen die S-Bahn** in West-Berlin, der fast ausnahmlos befolgt wird. – Um die Westberliner Wirtschaft zu stützen, beschließt die Bundesregierung am 11. 9. in einem Sofortprogramm die **Erhöhung des Berlinzuschusses** (rd. 11 Mrd. DM) um 500 Mio. DM. – Am 27./28. 10. kommt es am Übergang Checkpoint Charlie erneut zur Konfrontation zwischen amerikanischen und sowjetischen Panzern, nachdem das DDR-Innenministerium Angehörige der amerikanischen Militärmission in Zivil nicht unkontrolliert in den Ostsektor einreisen lassen wollte. – Die Konferenz der Justizminister der Bundesländer (25.–27. 10.) beschließt die Errichtung einer **Zentralen Erfassungsstelle für Gewaltakte in der DDR**. Die in Salzgitter angesiedelte Behörde nimmt am 24. 11. ihre Arbeit auf. – Bei ihren Gesprächen in Washington vom 20.–23. 11. verständigen sich *Adenauer* und *Kennedy* über den künftigen Kurs in der Deutschlandpolitik. Der Viermächtestatus Berlins soll erhalten bleiben, Gespräche mit der Sowjetunion sollen nur die gegenwärtige Situation betreffen, die DDR soll weiterhin von politischen Verhandlungen ausgeschlossen bleiben. Ein erster Vorschlag der DDR-Regierung vom 30. 11. an die Bundesregierung, über die Aufnahme »normaler Beziehungen« in Verhandlungen zu treten, wird deshalb ignoriert. – In einer am 27. 12. übergebenen Denkschrift schlägt das sowjetische Außenministerium der Bundesregierung vor, ungeachtet der gegensätzlichen Positionen in prinzipiellen Fragen »beiderseitig akzeptable und vorteilhafte Beziehungen« vor allem auf wirtschaftlichem Gebiet zu entwickeln.

1961

Abriegelung der »Staatsgrenze West«

Die Entscheidungen des Jahres 1961 erlauben es, von der zweiten – oder sogar der eigentlichen – Gründung der DDR zu sprechen. Der Bau der Berliner Mauer steht als Symbol für die Teilung Deutschlands und Europas, die sich jedoch schon in den anderthalb Jahrzehnten zuvor vollzogen hatte. Mit der Schließung der letzten wenig kontrollierten Grenze zwischen Ost und West am 13. 8. verloren vor allem die Bewohner der DDR die vorherige Wahlmöglichkeit zwischen einem Leben in der freiheitlich-demokratischen, kapitalistisch geprägten Bundesrepublik und einem Leben in der sozial ausgestalteten Diktatur der DDR. Erst mit dem 13. 8. 1961 wurden sie – freiwillig oder unfreiwillig – auch in der eigenen Wahrnehmung Bürger der DDR.
Auch wirtschaftlich und wegen seiner Bedeutung für die außenpolitischen Ambitionen ist der 13. 8. ein zweiter Gründungstag der DDR. Der Weggang zahlreicher qualifizierter Fachkräfte (Ärzte, Lehrer, Wissenschaftler) fügt der DDR tatsächlich wirtschaftlichen Schaden zu. Andererseits ist nun auch außenpolitisch die Existenz des Staates DDR nicht länger zu ignorieren.

Autarkiebestrebungen gegenüber der Bundesrepublik

Der Weg zum Bau der Berliner Mauer begann nicht 1961, er ist jedoch durch die besondere Zuspitzung in den deutsch-deutschen und internationalen Beziehungen in diesem Jahr gekennzeichnet. Aus Furcht, wegen der Massenflucht der eigenen Bürger und wegen der äußerst gespannten Ost-West-Beziehungen in eine existentielle Krise zu geraten, trifft die Partei- und

Staatsführung eine Reihe von Entscheidungen, die wirtschaftlich, militärisch und (außen-)politisch die Abgrenzung von der Bundesrepublik vorantreiben.

Am 4. 1. faßt die Staatliche Plankommission der DDR in unmittelbarer Reaktion auf die Krise um die zeitweilige Kündigung des **Berliner Abkommens** durch die westdeutsche Seite (→ 1960) einen Beschluß »über die Sicherung der Wirtschaft der DDR gegen willkürliche Störmaßnahmen militaristischer Kreise in Westdeutschland«. Die sogenannte **Störfreimachung der Volkswirtschaft** umfaßt Maßnahmen, mit denen die Planungsbehörden die historisch gewachsenen wirtschaftlichen Verflechtungen mit der Bundesrepublik schrittweise zu kappen und durch eigene Produktion der bisher von dort bezogenen Erzeugnisse oder Ersatzimporte aus den verbündeten osteuropäischen Ländern zu kompensieren versuchen. Diese **»Ablösung von Importen aus dem nichtsozialistischen Währungsgebiet«** (NSW-Importablösung) bleibt für Jahrzehnte Daueraufgabe in den ökonomischen Autarkiebestrebungen. Der Beschluß vom 4. 1. beendet aber auch Gemeinsamkeiten zwischen West- und Ostdeutschland in Fragen standardisierter Produktion und bei Industrienormen.

Militärisch wird der Mauerbau durch Entscheidung des Politischen Beratenden Ausschusses der Warschauer-Pakt-Staaten vom 28./29. 3. und Beschlüsse einer Tagung der Parteichefs dieser Staaten (3.–5. 8.) zur Bewaffnung der NVA und festen Verankerung der DDR-Streitkräfte im Warschauer Vertrag vorbereitet.

Außenpolitisch ist für die DDR vor allem die Garantiemacht Sowjetunion aktiv. Die sowjetische Regierung sendet am 17. 2. und erneut am 3. 8. Memoranden an die Bundesregierung, in denen sie den Abschluß eines separaten Friedensvertrages mit der DDR ankündigt. Die gleiche Ankündigung enthält das **Deutschlandmemorandum** an die amerikanische Regierung vom 4. 6., das der sowjetische Staats- und Parteichef, *Nikita Chruschtschow*, an Präsident *John F. Kennedy* bei ihrem Gipfeltreffen am 3./4. 6. in Wien übermittelt.

Die DDR setzt ihrerseits unter den Bedingungen internationaler diplomatischer Isolierung alle ihr zur Verfügung stehenden Mittel ein, um nach außen – aber auch vor den eigenen Bürgern – Eigenständigkeit unter Beweis zu stellen: Am 14. 6. verabschieden die Teilnehmer einer gemeinsamen Tagung von Zentralkomitee, Ministerrat und Nationalrat der Nationalen Front einen Appell an die Westmächte, den Abschluß eines Friedensvertrages und die Regelung der West-Berlin-Frage im Sinne der östlichen Vorschläge in Angriff zu nehmen. Einen Tag später verneint *Walter Ulbricht* bei einer Pressekonferenz auf eine nicht direkt darauf abzielende Frage Planungen zu einem Mauerbau und kündigt damit genau denselben an (→ Kasten im Kap. Mauerbau). Anfang Juli wiederholt die DDR ihre Forderungen in der Deutschlandpolitik (Tagung des Zentralkomitees am 3./4. 7. mit Vorschlägen zur Umwandlung West-Berlins in eine »friedliche, neutrale Freie Stadt«; »Deutscher Friedensplan« der Volkskammer vom 6. 7., von der Bundesrepublik abgelehnt am 11. 7.).

Vorbereitungen für den Mauerbau sind jedoch nicht zu verbergen. Im Juli und Anfang August wird in der Presse, im Rundfunk und im Fernsehen der DDR verstärkt über »**Diversionsakte**« gegen die Volkswirtschaft der DDR berichtet, die allesamt westlichen Agenten oder von West-Berlin aus gesteuerten Personen angelastet werden. – Am 7. 7. warnt der Leiter der in West-Berlin ansässigen Treuhandstelle für Interzonenhandel seine Verhandlungspartner im Außenhandelsministerium ausdrücklich, »daß die Bonner Regierung jegliche Eingriffe in den Personen- und Warenverkehr von und nach Berlin wie auch innerhalb Berlins mit ›harten Maßnahmen im Handel‹ beantworten« würde. – Der Ost-Berliner Magistrat erläßt als Maßnahme gegen das »**Grenzgängertum**« (Arbeiten in West-Berlin bei Wohnsitz in der DDR) am 4. 8. eine Verordnung, die von dieser Personengruppe die Bezahlung der Miete, Pacht und Gebühren in DM verlangt. – In Betrieben werden sogenannte »**Komitees gegen Menschenhandel**« gebildet.

All dies dient letztendlich der propagandistischen Vorbereitung der Grenzschließung, die am 13. 8. erfolgt.

Mauerbau → **Sp. 283 ff.**

Weitere Abgrenzungsmaßnahmen: Kurz vor und nach der Grenzabriegelung am 13. 8. kommt es zu einem sogenannten **Propagandisteneinsatz** von SED-Mitgliedern, die ihren Nachbarn und Kollegen die »Maßnahmen der Regierung

erläutern«. – Am 14. 8. verbietet der DDR-Ministerrat in einer **Verordnung über den Besitz und die Verwendung von Personalausweisen** Personen mit Wohnsitz in der DDR und im demokratischen Sektor von Berlin (gemeint ist Ost-Berlin) den Besitz von Personaldokumenten anderer Staaten (einschließlich Westdeutschlands und West-Berlins). – Aufgrund des am 16. 8. vom Zentralrat der FDJ veröffentlichten Aufrufs **»Das Vaterland ruft! Schützt die sozialistische Republik!«** verpflichten sich – nicht selten unter großem politischen Druck in Schulen und in Betrieben – mehr als 285 000 Jugendliche zum Dienst in den bewaffneten Organen. – Am 19. 8. werden die Büros der immer noch in Ost-Berlin tätigen SPD von Angehörigen der Kampfgruppen besetzt. Vier Tage später stellt der in West-Berlin ansässige SPD-Landesverband deren Tätigkeit offiziell ein, um Ost-Berliner SPD-Mitglieder nicht zu gefährden. – Weitere Repressionsmaßnahmen regeln die inländische Aufenthaltsbeschränkung (Verordnung des Ministerrates vom 24. 8., die Aufenthaltsverbote für bestimmte Orte ermöglicht) und die zwangsweise Akquisition von Grundstücken für Zwecke der Landesverteidigung (Verteidigungsgesetz vom 20. 9.). – Am 1. 9. veranlaßt das Innenministerium die Ausweisung bestimmter Personengruppen aus dem in der Regel fünf Kilometer breiten Grenzgebiet zur Bundesrepublik bzw. aus dem sogenannten 500-Meter-Streifen bei städtischen Grenzverläufen wie in Berlin oder auch in Sonneberg/Thüringen. Von der neuerlichen **Aussiedlungsaktion »Kornblume«** im September sind ca. 3200 Personen betroffen (→ Karte).

Innenpolitik nach dem Mauerbau

Kirchenpolitik: Dem in West-Berlin ansässigen Bischof der Evangelischen Kirche in Berlin-Brandenburg wird nach dem 13. 8. die Einreise in die DDR verwehrt, sein Kirchenverweser für das östliche Kirchengebiet, *Kurt Scharf*, wird am 4. 2. 1963 ausgebürgert. Exponierte Vertreter der letzten verbliebenen autonomen Großorganisation werden verhaftet. Der Kampf gegen die Jungen Gemeinden wird nach einem Beschluß des FDJ-Zentralrates vom 21. 9. wieder verstärkt, nachdem diese sich im Widerstand gegen die **Aktion Ochsenkopf** der FDJ hervorgetan hatten (→ Kasten).

Konsolidierung: Einen Monat nach der Grenzschließung finden am 17. 9. Kommunalwahlen statt. Ihr Ergebnis – offiziell im üblichen Rahmen: 98,89 % Beteiligung, 99,95 % Ja- Stimmen – wird von der Staatsspitze als Zustimmung zum Mauerbau interpretiert. Tatsächlich ist das innenpolitische Klima auf das Äußerste gespannt. Die Behauptung, vor allem die offene Grenze sei schuld an inneren Problemen gewesen, gilt nun nicht mehr. Vor und nach der Grenzabriegelung baut die Staats- und Parteiführung daher ihre Programme zur Förderung von Frauen, der Jugend oder von besonderen Berufsgruppen aus. Schon am 7. 2. wird ein sogenanntes **Jugendkommuniqué** veröffentlicht, am 16. 12. beschließt das Zentralkomitee ein Kommuniqué **Die Frau, der Frieden und der Sozialismus**, in dem die verstärkte Förderung von Frauen im Beruf und in der Gesellschaft festgelegt wird. Am 12. 4. verabschiedet die Volkskammer das neue **Gesetzbuch der Arbeit** (GBA), das jenes vom 19. 4. 1950 ersetzt und die »sozialistischen Errungenschaften der Werktätigen« (Recht auf Arbeit, auf gleichen Lohn, auf Bildung, auf Erholung und auf Gesundheits- und Arbeitsschutz) betont.

»Neue Chancen«: Namhafte Intellektuelle sehen den Mauerbau auch als Chance, die sozialistische Demokratie besser gestalten zu können als unter den Bedingungen der unmittelbaren Konfrontation mit dem Westen. Als namhafte westdeutsche Schriftsteller, unter ihnen *Günter Grass* und *Wolfdietrich Schnurre*, ihre ostdeutschen Kollegen am 16. 8. auffordern, Stellung zur Politik ihrer Regierung zu beziehen – »Wer schweigt, macht sich schuldig!« – antwortet *Stephan Hermlin*: »Offenbar haben Sie doch nicht sehr genau überlegt, an wen Sie das geschrieben haben, denn Ihre Adressaten, zumindest die

Die Ochsenkopf-Aktion der FDJ

Am 29. 8. stellt die Tageszeitung der FDJ, »Junge Welt«, ihren Leser die Preisfrage, was ein Ochsenkopf sei und liefert die Antworten mit, indem sie auf den gleichnamigen Berg im bayrischen Fichtelgebirge verweist, auf dem Sendeanlagen des westdeutschen Fernsehens installiert sind, die DDR-Bürgern den Empfang von »Westfernsehen« ermöglichen. In den folgenden Wochen kommt es in zahlreichen Orten der DDR zu Übergriffen durch radikalisierte FDJler, die Antennen auf östliche Sender drehen oder sogar entfernen und Hörer wie Zuschauer westlicher Sender öffentlich anprangern.

Massiv und letztendlich aussichtslos versucht die SED auf diese Weise, ein Informationsmonopol herzustellen. Zunehmender Unmut in der Bevölkerung, der sich auch in Strafanzeigen gegen beteiligte FDJler artikuliert, beendet die Ochsenkopf-Aktion.

Daten zur landwirtschaftlichen Produktion 1960 und 1961

	Einheit	*1960*	*Veränderung gegenüber Vorjahr (in %)*	*1961*	*Veränderung gegenüber Vorjahr (in %)*
Getreide	dt/ha	27,5	+12,7	21,6	−21,5
Kartoffeln	dt/ha	192,4	+19,3	123,7	−35,7
Zuckerrüben	dt/ha	287,8	+44,7	213,8	−25,7
Futterhackfrüchte	dt/ha	576,0	+55,8	402,2	−25,0
Bestand an Rindern	1000	4675,3	+4,7	4547,6	−2,7
darunter Milchkühe		2175,1	+0,8	2170,2	−0,2
Milchproduktion je Kuh	kg	2646	−3,0	2576	−2,6
Schlachtvieh 1363 Lebendmasse insgesamt	1000 t	1363	+7,7	1407	+3,2
Schlachtvieh Lebendmasse bei Rindern und Kälbern	1000 t	376	+11,6	420	+11,7
Bestand an Schweinen	1000	8316,1	+4,0	8864,4	+6,6
Schlachtvieh Lebendmasse bei Schweinen	1000 t	843	+5,2	845	+0,2
Bestand an Legehennen	1000	28120,8	−3,3	22880,4	−18,6
Produktion von Hühnereiern	Mio. Stck	3512	+12,3	3602	+2,6

Mehrzahl von ihnen, schwiegen gerade zwischen 1933 und 1945 nicht, im Gegensatz zu so vielen patentierten Verteidigern der westlichen Freiheit des Jahres 1961.«

Konflikte mit Verbündeten

Die Umbennung der Ost-Berliner Stalinallee (in einem Abschnitt in Karl-Marx-Allee, in einem anderen in Frankfurter Allee) am 14.11. symbolisiert die offizielle Abkehr vom Kult um den früheren sowjetischen Staatschef. Diese »Entstalinisierung« führt allerdings zu Konflikten mit Staaten wie der Volksrepublik China und Albanien, in denen Stalin als wichtiger Theoretiker des Staatssozialismus gilt. Der Konflikt mit Albanien kulminiert am 18.12. in der Entscheidung der DDR, ihren Botschafter aus Tirana abzuberufen (erst Ende 1987 vereinbaren beide Seiten die Wiederaufnahme des Botschafteraustausches).

Wirtschaftspolitik

Am 5.7. beschließt der Ministerrat die **Auflösung der speziellen Industrieministerien,** deren Aufgaben einem neugebildeten **Volkswirtschaftsrat** übergeben werden, der die operative Leitung der Volkswirtschaft zu übernehmen hat, während die Staatliche Plankommission sich auf die Planungsarbeit beschränkt. – Am 30.5. erhält die DDR erneut einen **sowjetischen Kredit** zum Kauf von Maschinen und Ausrüstungen.

Landwirtschaft: Die Produktion der Landwirtschaft ist durch einen dramatischen Einbruch in den Hektarerträgen und teilweise verringerte Tierbestände gekennzeichnet (→ Tabelle).

Demographischer Wandel in der DDR vor und nach dem Mauerbau

Vor und nach dem 13.8.1961 verweist die DDR-Führung immer wieder auf den wirtschaftlichen Schaden, der dem Land aus der offenen Grenze – und hier vor allem aus der »Abwerbung« qualifizierter Fachkräfte – erwachsen sei. Mit der Grenzabriegelung am 13.8. ist sie bereit, eine dauerhafte Schädigung ihres politischen Ansehens im In- und Ausland in Kauf zu nehmen, um die wirtschaftliche Schädigung der DDR zu beenden. Der **demographische Wandel**, der sich aus den Wanderungsbewegungen vor dem Mauerbau ergeben hatte, war tatsächlich nachteilig für die DDR.

In den fünfziger Jahren ist die DDR unter den europäischen Ländern nicht nur das einzige Land mit einer absolut abnehmenden Bevölkerungszahl. Es setzen sich darüber hinaus ungünstige Entwicklungen in der Struktur der

Bevölkerung der DDR bis 1961
Volkszählungsergebnise (Veränderung gegenüber der jeweils letzten Zählung)

Zählung am:	*gesamt*		*Anteil der Altersgruppen (in %)* *bis 15*		*15–65**		*ab 65**	
17. 5. 1939	16745385		21,4		67,5		11,1	
männlich	8190791		k. A.		k. A.		8,0	
weiblich	8554604		k. A.		k. A.		14,0	
29. 10. 1946	17488316	+1742931	23,9	+2,5	63,1	−4,4	13,0	+1,9
männlich	7859545	−331246	28,7		61,0		10,3	+2,3
weiblich	10628771	+2074167	20,5		64,6		14,9	+0,9
31. 8. 1950	18388172	−100144	19,5	−4,4	64,1	+1,0	13,8	+0,8
männlich	8161189	+301644	25,4	−3,3	64,4	+3,4	10,2	−0,1
weiblich	10226983	−401788	19,5	+/−0	63,8	−0,8	16,7	+1,8
31. 12. 1961	17079306	−1308866	21,8	+2,3	60,3	−3,8	18,0	+4,2
männlich	7704357	−456832	k. A.		63,1	−1,3	k. A.	
weiblich	9374949	−852034	k. A.		58,0	−5,8	k. A.	

* Frauen bis bzw. ab 60 Jahren
Angaben und Berechnungen nach: Statistisches Jahrbuch der DDR 1980, S. 346 f.; Jahrbuch für Wirtschaftsgeschichte 1974, Teil 1, S. 50 f.

Bevölkerung fort, die schon während des Krieges und unmittelbar danach zu beobachten waren: Trotz eines allgemeinen Bevölkerungszuwachses von über 1,7 Mio. in den vierziger Jahren, der vor allem auf Flucht und Vertreibung der deutschen Bevölkerung aus den Gebieten östlich von Oder und Neiße gegen Kriegsende und danach zurückzuführen war, sinkt der Anteil der Personen im erwerbsfähigen Alter in der Sowjetischen Besatzungszone von 67,5 auf 63,1 % (→ Tabelle).

Nach einem geringen Anstieg auf (1950) 64,1 % fällt er bis Ende 1961 sogar auf 59,8 %. Zwar liegt trotz Westwanderung die Gesamtzahl der Bevölkerung am 31. 12. 1961 immer noch um etwa 333 900 über dem Wert von 1939, doch hat die Bevölkerung im erwerbsfähigen Alter im gleichen Zeitraum um etwa 1 091 900 Personen abgenommen. Gleichzeitig ist das statistische Durchschnittsalter in der DDR gestiegen.

Zwischen 1950 und Ende 1961 entsteht der DDR ein erheblicher **Wanderungsverlust** vor allem zugunsten Westdeutschlands von insgesamt 2 129 600 Personen (Männer: 944 800; Frauen: 1 184 400). Trotz eines gleichzeitigen Geburtenüberschusses von rund 820 600 und etwa 479 600 Zuzügen aus Westdeutschland bleibt ein Bevölkerungsrückgang von mehr als 1,3 Millionen Personen zwischen 1950 und 1961.

Nach dem 13. 8. 1961 ist der Weggang aus der DDR vor allem ein **politisch motivierter Akt**. Der legale (über – zunächst fast aussichtslose – Ausreiseanträge) oder illegale Versuch, die Grenzsicherungsanlagen zu überwinden, ist nicht länger wirtschaftlich motivierter Wunsch, sich auf »**Binnenwanderung** zu den günstigeren Lebensverhältnissen« zu begeben, sondern dokumentiert den festen politischen Willen, sich dem Leben in der DDR durch **endgültige Auswanderung** zu entziehen.

Nach dem Mauerbau verringert sich die Bevölkerung im erwerbsfähigen Alter bis zum 1. 1. 1971 (Datum der Volkszählung) erneut um 413 977 Personen (→ Tabelle). Bezogen auf die Bevölkerung im erwerbsfähigen Alter hat sich damit der ungünstige demographische Verlauf

Bevölkerung der DDR 1971
Volkszählungsergebnis (Veränderung gegenüber 1961)

Zählung am:	*gesamt*		*Anteil der Altersgruppen (in %)* *bis 15*		*15–65**		*ab 65**	
1. 1. 1971	17068318	(−10988)	22,6	(−0,8)	57,9	(−0,4)	19,5	(+1,5)
männlich	7865265	(+160908)	25,2	k. A.	61,9	(−1,2)	12,9	k. A.
weiblich	9203053	(−171896)	23,9	k. A.	54,4	(−3,6)	25,1	k. A.

* Frauen bis bzw. ab 60 Jahren
Angaben und Berechnungen nach: Statistisches Jahrbuch der DDR 1980, S. 346 f.; Jahrbuch für Wirtschaftsgeschichte 1974, Teil 1, S. 50 f.

zwar fortgesetzt, jedoch auf deutlich geringerem Niveau und vornehmlich im Rahmen der natürlichen Bevölkerungsentwicklung.

Die **Westwanderung** reduziert sich zwischen Anfang 1962 und Ende 1970 auf 229 600 Personen. Gleichzeitig nimmt die Zahl der in die DDR übersiedelnden Personen bis 1965 – dem letzten Jahr, für das Daten vorhanden sind – stetig ab. Zwischen 1962 und 1965 sind es insgesamt ca. 43 500 Personen, die aus dem Westen in die DDR übersiedeln. In der Bilanz bleibt für den Zeitraum bis Ende 1970 ein **Wanderungsverlust** von etwa 145 800 Personen.

1962

Spiegel-Affäre und Maßhalte-Appelle

Während die Auseinandersetzung zwischen den USA und der Sowjetunion über die Stationierung sowjetischer Mittelstreckenraketen auf Kuba die Welt an den Rand eines Atomkriegs bringt, verursacht die »Spiegel-Affäre« in der Bundesrepublik einen innenpolitischen Skandal, der das demokratische Staatswesen erstmals einer schweren Belastungsprobe unterzieht und das Ende der Ära *Adenauer* ankündigt.
Der Bundeskanzler und General *Charles de Gaulle* setzen in diesem Jahr entscheidende Akzente für die deutsch-französische Aussöhnung. Obwohl sich das Verhältnis der Großmächte in der Berlin-Frage zu entspannen beginnt, ist das Tagesgeschehen in Berlin von den Folgen des Mauerbaus geprägt: Immer wieder kommt es zu dramatischen, in vielen Fällen unter Kugeln von DDR-Grenzern tödlich scheiternden Fluchtunternehmungen. Auf dem Höhepunkt der wirtschaftlichen Prosperität mehren sich mit einem Beschäftigungs-, Lohnzuwachs-, aber auch einem Inflationsrekord die Anzeichen künftiger Krisen, denen Bundeswirtschaftsminister *Erhard* mit Maßhalteappellen vorzubeugen sucht.

Außenpolitik

Frankreich: Mit ihrem Treffen in Baden-Baden am 15. 2. eröffnen *Adenauer* und *de Gaulle* eine Serie von Konferenzen und gegenseitigen Besuchen, mit denen ein Vertragswerk vorbereitet wird, das die **Beendigung der »Erbfeindschaft«** zwischen beiden Völkern besiegelt und das Fundament für eine gemeinsame Politik in Europa legt, ohne eine politische Union beider

Staaten, wie ursprünglich von *de Gaulle* angeregt, zu begründen. Die historische Bedeutung des Unternehmens unterstreichen beide Politiker während des Besuchs von *Adenauer* in Frankreich vom 2.–8. 7., wo sie eine deutsch-französische Truppenparade in Mourmelon abnehmen und an einem Hochamt in der Kathedrale von Reims teilnehmen. – Während seines sechstägigen Gegenbesuchs in der Bundesrepublik (4.–9. 9.) wirbt *de Gaulle* in aufsehenerregenden Ansprachen für einen gemeinsamen Weg beider Völker und wird von der Bevölkerung begeistert empfangen.
Großbritannien: Mit seinem in einem Fernsehinterview geäußerten Zweifel am ernsthaften Willen des britischen Premierministers *Harold Macmillan*, Großbritannien an einer politischen Einigung Europas zu beteiligen, provoziert der Bundeskanzler am 28. 8. Verstimmung in London.
Europa: Über das **Projekt einer europäischen politischen Union**, das zwischen *de Gaulle* und *Adenauer* mehrmals kontrovers beraten wurde, erzielen auch die Außenminister der EWG-Staaten bei ihrer Tagung in Paris am 17. 4. keine Einigung.
Sowjetunion: Am 21. 2. überreicht der Botschafter der Bundesrepublik in Moskau eine Antwort auf das sowjetische Memorandum vom 27. 12. → 1961; die Bundesregierung erklärt darin ihr Interesse, auf der Basis ihrer Freundschaft zum Westen gute Beziehungen mit den Ländern des Ostblocks zu entwickeln. Die Unfreiheit in der DDR und die sowjetische Berlinpolitik stünden dem jedoch im Wege. – Auf Empfehlung der NATO vom 21. 11. erläßt die Bundesregierung durch eine Rechtsverordnung am 18. 12. ein **Exportverbot für Stahlröhren** großen Durchmessers, wie sie seit 1959 an die Sowjetunion geliefert werden, doch nun als »strategische Güter« deklariert werden.

Deutschland- und Berlinpolitik

Vier Mächte: Mit **Störmanövern gegen den zivilen Flugverkehr** der Westalliierten in den Berliner Luftkorridoren, die im Februar beginnen und nach einem Beinahezusammenstoß am 26. 9. vorläufig beendet werden, verleiht die sowjetische Regierung ihren Forderungen nach einer Änderung des Berlin-Status Nachdruck. Trotz zahlreicher Zwischenfälle vermeiden es beide Seiten, in der Berlinpolitik eine erneute

Eskalation herbeizuführen, und **suchen nach Kompromissen**. Dem Vorschlag der USA, die Transitwege nach West-Berlin durch eine internationale Behörde kontrollieren zu lassen, erteilt die Sowjetunion am 30. 4. eine Absage; die Zugangskontrolle nach West-Berlin sei Sache der DDR. – Am 24. 8. protestieren die Westmächte gegen die zwei Tage zuvor erfolgte **Auflösung der sowjetischen Kommandantur in Berlin** und fordern die sowjetische Führung zu einem Treffen in Berlin auf. Am 17. 9. erklärt diese den **Viermächtestatus von Berlin für beendet** und kündigt den Abschluß eines Friedensvertrages mit der DDR an. Die Westmächte wiederholen daraufhin ihren Standpunkt, ein solcher Akt könne die Rechtslage nicht ändern; im Zusammenhang mit der Kuba-Krise bekräftigt *Kennedy* am 28. 9. seine Entschlossenheit, West-Berlin gegebenenfalls auch mit Atomwaffen zu verteidigen.

Vorbehalte gegen US-Initiative: Im April führt eine Indiskretion über neue amerikanische Initiativen zur Lösung des Berlinproblems zu erheblichen **Spannungen zwischen der Bundesrepublik und den USA**, die am 14. 5. der Form nach beigelegt werden. Als *Adenauer* am 7. 5. in West-Berlin vor der Presse erneut deutliche Vorbehalte gegen die amerikanisch-sowjetischen Berlin-Gespräche geltend macht und vor einer Verschlechterung des Status quo in Berlin oder gar einer verklausulierten Anerkennung des »Zonenregimes« warnt, verweist US-Präsident *Kennedy* am 9. 5. auf das Recht der USA, »zumindest die Möglichkeit für eine bessere Lösung, als sie jetzt gegeben ist, zu erkunden«. – Gegenüber dem sowjetischen Botschafter *Smirnow* schlägt *Adenauer* am 6. 6. vor, den Status quo in der Deutschlandfrage für zehn Jahre aufrechtzuerhalten und während dieser Zeit der DDR menschliche Erleichterungen zu gewähren. Im Juli lehnt die sowjetische Führung diesen Plan ab.

Ereignisse in West-Berlin: Die US-Armee zieht am 15. 1. ihre Panzer von der Sektorengrenze in der Nähe des Übergangs Checkpoint Charlie ab, wo sie seit dem Bau der Mauer gestanden haben. Die sowjetischen Panzer werden am nächsten Tag ebenfalls zurückgezogen.

Zwischenfälle: Am 21. 4. liefern sich in der Bernauer Straße, die die Sektorengrenze markiert, DDR-Grenzer und West-Berliner Polizei ein Feuergefecht. Bei einem weiteren Zusammenstoß am 23. 5. wird ein Volkspolizist erschossen. –

Verkehrsverbindungen zwischen Westdeutschland und Berlin (West)

Am 12. 6. gelingt 34 Personen durch einen Tunnel die Flucht nach West-Berlin, am 15. 9. weiteren 29. Am 26. 12. durchbrechen 8 Personen in einem gepanzerten Autobus die Sperren nach West-Berlin. – Am 13. 8., dem Jahrestag des Mauerbaus, muß die West-Berliner Polizei Wasserwerfer einsetzen, um rd. 10 000 Demonstranten von Angriffen auf die Mauer abzuhalten. – Zum Jahrestag wird bekanntgegeben, daß seit dem 13. 8. 1961 63 000 Menschen die DDR verlassen haben; von ihnen kehrten rd. 51 000 von einer Reise nicht mehr in die DDR zurück, 12 316 überwanden die DDR-Grenze. 45 im Westen namentlich ermittelte Personen wurden auf der Flucht getötet. – Heftige Reaktionen in der West-Berliner Bevölkerung löst am 17. 8. der Tod des 18jährigen *Peter Fechter* aus; nachdem die Volkspolizei ihn bei seinem Fluchtversuch angeschossen hat, verblutet er in den Grenzanlagen.

Deutsch-deutsche Beziehungen: Der Generalstaatsanwalt der DDR bietet dem Bundesjustizminister am 18. 7. an, bundesdeutschen Bevollmächtigten **Einsicht in Originaldokumente über Naziverbrechen** zu geben. Die Bundesregierung erklärt sich am 25. 7. jedoch nur bereit, die Nazi-Akten der DDR in das Bundesarchiv in Koblenz zu übernehmen und dort sichten zu lassen; dies lehnt die DDR-Seite ab. – Zunächst unter Geheimhaltung erfolgt zu Weihnachten – mit Billigung des neuen Ministers für gesamtdeutsche Fragen, *Rainer Barzel* – der erste **Häftlingsfreikauf** aus der DDR: Gegen die Lieferung von drei Eisenbahnladungen Kalidünger entläßt die DDR 20 Häftlinge in die Bundesrepublik und gibt zur Familienzusammenführung 20 Kinder frei.

»Memorandum der Acht«: Am 24. 2. rufen acht bekannte Protestanten – unter ihnen *Klaus von Bismarck, Werner Heisenberg, Georg Picht* und *Carl Friedrich von Weizsäcker* – in einer Denkschrift die Bundesregierung auf, zugunsten einer Normalisierung der Beziehungen zu den östlichen Nachbarn den **Souveränitätsanspruch auf die ehemals deutschen Ostgebiete** aufzugeben und die **Unmöglichkeit einer baldigen Wiedervereinigung** einzugestehen. Außerdem fordern die Autoren eine aktive und planvolle Sozialpolitik, den Verzicht auf nationale oder europäische Atomrüstung und eine durchgreifende Schulreform. Die Erklärung ruft heftige öffentliche Kontroversen hervor; besonders die Vertriebenenverbände erheben Protest.

Verteidigungspolitik

Der Bundestag billigt am 22. 2. die **Verlängerung des Grundwehrdienstes** von 12 auf 18 Monate. – Unter Hinweis auf die gemeinsamen Verteidigungsinteressen schlägt US-Präsident *Kennedy* am 10. 10. in einem persönlichen Schreiben an den Bundeskanzler vor, die Bundesrepublik möge ihren Verteidigungshaushalt für 1963 um 1,3 Mrd. DM erhöhen. *Adenauer* lehnt am 22. 10. ab, der Haushalt sei bereits verabschiedet. Mit mehr als 16 Mrd. DM reinen Verteidigungslasten liegt die BRD in der NATO nach den USA (204 Mrd. DM) und Großbritannien (19 Mrd. DM) an dritter Stelle.

Proteste: Nach dem Vorbild der britischen »Campaign für Nuclear Disarmament« demonstrieren am 20. 4. im ganzen Bundesgebiet mehrere tausend Atomwaffengegner auf regionalen **Ostermärschen** vor Raketenstationierungsplätzen und anderen militärischen Einrichtungen gegen die atomare Aufrüstung und Atomwaffenversuche.

Regierungskrise durch »Spiegel«-Affäre

Von der »Fibag«-Affäre zur »Spiegel«-Affäre: Nachdem das Nachrichtenmagazin »Der Spiegel« am 29. 1. seine am 31. 5. 1961 begonnene Berichterstattung über Begünstigungen der Finanzbau-Aktiengesellschaft (Fibag) fortsetzt, erstattet Bundesverteidigungsminister *Strauß* Anzeige wegen Verleumdung. Der »Spiegel«

Fünftes Kabinett Adenauer (14. 12. 1962–15. 10. 1963)

Bundeskanzler	*Konrad Adenauer* (CDU)
Stellvertreter und Wirtschaft	*Ludwig Erhard* (CDU)
Auswärtiges	*Gerhard Schröder* (CDU)
Inneres	*Hermann Höcherl* (CSU)
Justiz	*Ewald Bucher* (FDP)
Finanzen	*Rolf Dahlgrün* (FDP)
Ernährung, Landwirtschaft und Forsten	*Werner Schwarz* (CDU)
Arbeit und Sozialordnung	*Theodor Blank* (CDU)
Verteidigung	*Franz Josef Strauß* (CSU) beauftragt bis zum 9. 1. 1963, Nachfolger *Kai-Uwe von Hassel* (CDU)
Verkehr	*Hans-Christoph Seebohm* (CDU)
Post- und und Fernmeldewesen	*Richard Stücklen* (CSU)
Wohnungsbau, Städtebau und Raumordnung	*Paul Lücke* (CDU)
Vertriebene, Flüchtlinge und Kriegsgeschädigte	*Wolfgang Mischnick* (FDP)
Gesamtdeutsche Fragen	*Rainer Barzel* (CDU)
Bundesrat	*Alois Niederalt* (CSU)
Familien- und Jugendfragen	*Bruno Heck* (CDU)
Wissenschaft	*Hans Lenz* (FDP)
Schatz	*Werner Dollinger* (CSU)
Wirtschaftliche Zusammenarbeit	*Walter Scheel* (FDP)
Gesundheitswesen	*Elisabeth Schwarzhaupt* (CDU)
Besondere Aufgaben	*Heinrich Krone* (CDU)

Die »Spiegel«-Affäre

Anlaß für die von der Bundesanwaltschaft am 26.10. angeordnete Polizeiaktion gegen den Verlag und die Redaktion des »Spiegel« ist die bereits am 10.10. veröffentlichte **Titelgeschichte »Bedingt abwehrbereit«**, in der ihr Autor, der stellvertretende Chefdredakteur und Militärexperte *Conrad Ahlers*, über das NATO-Herbstmanöver »Fallex 62« geheime Informationen preisgegeben haben soll. Dem »Spiegel« wirft die Bundesanwaltschaft **Landesverrat und Bestechung** von Offizieren der Bundeswehr oder Beihilfe vor. Am 26.10. wird *Conrad Ahlers* in Spanien festgenommen und am 28.10. in Frankfurt am Main der deutschen Polizei übergeben; an diesem Tag wird auch »Spiegel«-Herausgeber *Rudolf Augstein* verhaftet, am 3. und 28.11. folgen Festnahmen von zwei Obersten der Bundeswehr (der Haftbefehl gegen *Oberst Martin* wird am 29.12. aufgehoben). – Die spektakuläre Aktion, deren Rechtmäßigkeit von Beginn an fragwürdig erscheint, wird in weiten Teilen der Öffentlichkeit als schwerer Eingriff in die Pressefreiheit und Racheakt Strauß' gegen den »Spiegel« gewertet, er provoziert **heftige Proteste**. In zahlreichen Großstädten finden Demonstrationen statt, in- und ausländische Prominente solidarisieren sich mit dem »Spiegel«. Fast die gesamte bundesdeutsche Presse verurteilt das Vorgehen der Behörden als Bedrohung der Pressefreiheit; Verlage und Redaktionen stellen dem »Spiegel« Räume und Arbeitsmittel zur Verfügung und sichern damit sein weiteres Erscheinen. – Während der »Spiegel« den Vorwurf des Geheimnisverrats zurückweist, behauptet Bundeskanzler *Adenauer* während der Bundestagsdebatte am 7.11.: **»Wir haben einen Abgrund von Landesverrat im Lande.«** – Am 29.10. reicht der »Spiegel« – erfolglos – Verfassungsbeschwerde gegen die Besetzung oder Verschließung der Redaktionsräume durch die Polizei ein. Sie werden in Hamburg erst am 26.11. wieder freigegeben, nachdem insgesamt rd. 20 Mio. Dokumente und Papiere in Redaktionsräumen, Verlag und Archiv gesichtet und große Mengen Material beschlagnahmt worden sind. – Am 9.11. räumt *Strauß* vor dem Bundestag ein, direkt an der Einfädelung der Festnahme von *Ahlers* in Spanien beteiligt gewesen zu sein, bei der es, wie Bundesinnenminister *Hermann Höcherl* feststellt, **»etwas außerhalb der Legalität«** zuging. Am 6.12. läßt *Höcherl* wissen, *Strauß* habe dafür gesorgt, daß Bundesjustizminister *Wolfgang Stammberger* (FDP) nicht über die Planung der Aktion am 24.10. informiert worden sei.
Keiner der von der Bundesanwaltschaft Beschuldigten wurde in den nachfolgenden juristischen Verfahren, die sich bis 1966 hinzogen, strafrechtlich belangt.

wirft ihm vor, indirekt an dem Unternehmen beteiligt zu sein und Einfluß auf die Vergabe eines rd. 300 Mio. DM schweren Auftrags für den Bau von Wohnungen der US-Streitkräfte an die Fibag genommen zu haben. Auf Antrag der SPD-Fraktion setzt der Bundestag am 21.3. einen **Untersuchungsausschuß** ein, vor dem Strauß am 13.4. alle Vorwürfe zurückweist. Erst den zweiten Bericht des Ausschusses, in dem *Strauß* von der Mehrheit der Mitglieder entlastet wird, nimmt der Bundestag am 25.10. an. In der Nacht vom 26. auf den 27.10. läßt die **Bundesanwaltschaft** die Redaktionsräume des »Spiegel« in Hamburg und Bonn und die Wohnungen von Redakteuren durchsuchen; leitende Journalisten und Manager des Verlags werden an diesem und den folgenden Tagen verhaftet (→ Kasten).

Rücktritte: Der FDP-Vorsitzende *Erich Mende* erklärt am 16.11., die FDP werde mit *Strauß* als Minister die Koalition nicht fortsetzen. Am 19.11. schließt sich die FDP-Bundestagsfraktion dem Antrag der SPD an, den Verteidigungsminister zu entlassen und zieht ihre fünf Minister aus dem Kabinett zurück. Um *Strauß* vor einem Einzelrücktritt zu bewahren und *Adenauer* die Gelegenheit zur Bildung einer neuen Regierung zu geben, treten am 27.11. auch alle CDU/CSU-Minister zurück.
Neue Regierung: Am 4.12. nimmt Adenauer erstmals **Sondierungespräche mit der SPD** über die Bildung einer Großen Koalition auf, bricht sie jedoch am 6.12. ab, nachdem die SPD-Bundestagsfraktion ihn als Kanzler einer solchen Regierung abgelehnt hat. Unter dem Druck der FDP, sich auf einen definitiven Rücktritts-

Ausstattung der privaten Haushalte mit langlebigen Konsumgütern 1962, 1973 und 1983

Von je 100 Haushalten besaßen:

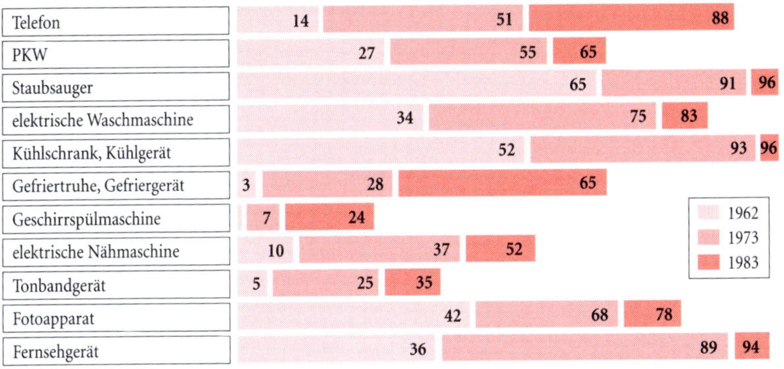

termin festzulegen, kündigt *Adenauer* seinen Abschied aus dem Kanzleramt für den Herbst 1963 an. Am 14.12. wird die neue Regierung auf der Basis der bisherigen **CDU/CSU-FDP-Koalition** vereidigt; sieben Ministerposten werden neu besetzt. *Rainer Barzel* (CDU) übernimmt das Ressort für gesamtdeutsche Fragen; Justizminister wird *Ewald Bucher* (FDP), Finanzminister *Rolf Dahlgrün* (FDP); der neue Verteidigungsminister, *Kai-Uwe von Hassel* (CDU), bisher Ministerpräsident von Schleswig-Holstein, tritt sein Amt erst am 9.1.1963 an (→ Kabinettsliste Sp. 305 f.).

Parteien und Gewerkschaften

Parteienfinanzierung: Ohne zuvor eine gesetzliche Regelung getroffen zu haben, beschließt der Bundestag am 5.4. gegen die Stimmen der SPD eine Teilfinanzierung der Parteien und stellt für das Jahr 1962 15 Mio. DM bereit. Die SPD kritisiert u. a., daß durch die Mittelvergabe mitgliederschwache Parteien wie die FDP unverhältnismäßig begünstigt werden.

DGB: Der 6. Kongreß des Deutschen Gewerkschaftsbundes (DGB) in Hannover (22.–27.10.) wählt den bisherigen stellvertretenden Vorsitzenden und Leiter der wirtschaftspolitischen Abteilung, *Ludwig Rosenberg*, zum Nachfolger von *Willi Richter*. In einer Entschließung wendet sich der Gewerkschaftstag entschieden gegen die von der Bundesregierung geplante Notstandsgesetzgebung.

Weitere innenpolitische Ereignisse

Am 31.10. legt die Bundesregierung einen neuen Entwurf eines Gesetzes zur Ergänzung des Grundgesetzes mit Regelungen **(sog. Höcherl-Entwurf) für den Notstandsfall** vor (er scheitert in dritter Lesung am 24.6. → 1965 an der SPD). – Um die Folgen des **Contergan-Skandals** für die Betroffenen zu mildern, veranlaßt Bundesgesundheitsministerin *Elisabeth Schwarzhaupt* die Bereitstellung von 0,8 Mio. DM noch für 1962 und veranschlagt bei den Etatberatungen des Bundeskabinetts für 1963 am 11.9. den Aufwand auf 3 Mio. DM. Seit 1959 wurden in der Bundesrepublik rd. 5000 schwer verkrüppelte Kinder geboren, von denen rd. 3000 überlebten; ihre Schädigungen sind auf das Schlafmittel Contergan zurückzuführen, das ihre Mütter während der Schwangerschaft einnahmen. – Bundesjustizminister *Stammberger* beurlaubt am 13.7. Generalbundesanwalt *Wolfgang Fränkel* und leitet am 19.7. ein Disziplinarverfahren gegen ihn ein. Der Jurist wird beschuldigt, im Dritten Reich **an Unrechtsurteilen mitgewirkt** und die Art seiner Tätigkeit bei seiner Einstellung verschwiegen zu haben.

Wirtschaftspolitik

Appell zum »Maßhalten«: Bei mehreren Anlässen, mit besonderem Nachdruck in einer Rundfunk- und Fernsehansprache am 21.3., ruft Bundeswirtschaftsminister *Ludwig Erhard* Gewerkschaften, Arbeitgeber und Verbraucher

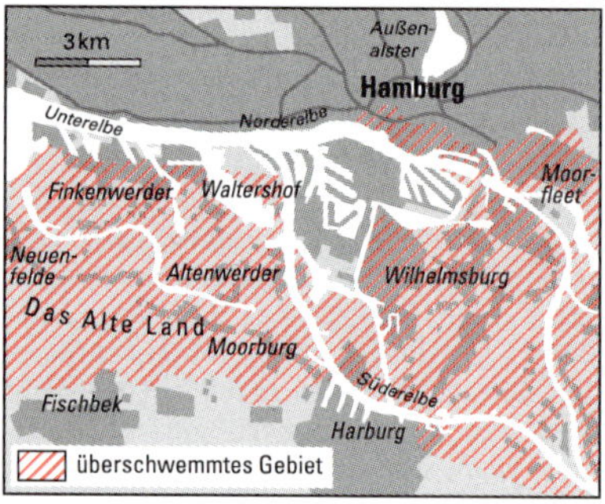

zum »Maßhalten« auf. Er warnt vor Heraufziehen einer Wirtschaftskrise, wenn die Bundesbürger nicht durch ihr wirtschaftliches Verhalten vor allem den **Inflationstendenzen** entgegenwirken. 1962 steigen die Preise um durchschnittlich 3,0%, dies ist der stärkste Anstieg seit 1951 (1,7% im Durchschnitt der Jahre 1958 bis 1961). Zugleich steigt das Bruttoinlandsprodukt gegenüber dem Vorjahr nur noch um real 4,0% (1961: 6,6%; 1960: 8,1%).

Außenwirtschaft: Am 1. 9. tritt das Außenwirtschaftsgesetz vom 28. 4. in Kraft. Es legt die Freiheit des Handelsverkehrs und des Außenhan-

dels für Güter, Dienstleistungen, Kapital, Auslandswerte und Gold fest. Damit werden die Devisenbewirtschaftung und die seit Ende des Zweiten Weltkriegs bestehenden, zwischenzeitlich schon weitgehend gelockerten, Kontrollen des Wirtschaftsverkehrs mit dem Ausland aufgehoben.

Bundesländer

Hamburg: Am 17. 2. fordert eine **Jahrhundertsturmflut** an der deutschen Nordseeküste 337 Menschenleben, verursacht Sachschäden in Höhe von rd. 3 Mrd. DM und macht 75 000 Menschen vorübergehend obdachlos (→ Karte). Bei der Organisation der Hilfsmaßnahmen im stark betroffenen Hamburg begründet Innensenator *Helmut Schmidt* (SPD) seinen Ruf als Krisenmanager.

Nordrhein-Westfalen: Nach der Landtagswahl vom 8. 7. kommt es zu einer Fortsetzung der Koalition zwischen CDU und FDP unter dem bisherigen Ministerpräsidenten *Franz Meyers* (CDU). Der Stimmenverlust der FDP im Vergleich zur Bundestagswahl (–4,9%) gilt als Quittung für den »Umfall« der FDP auf Bundesebene 1961, wo sie entgegen ihrer Ankündigung eine erneute Koalition mit der CDU/CSU unter *Adenauer* einging.

Schleswig-Holstein: Landtagswahl am 23. 9. Die FDP scheidet trotz leichter Gewinne aus der Koalition aus; Ministerpräsident *Kai-Uwe von Hassel* leitet nun eine CDU-Alleinregierung.

Hessen: Der unerwartet hohe Erfolg der SPD bei der Landtagswahl am 11. 11. wird der »Spiegel«-Affäre zugeschrieben. Ministerpräsident *Georg August Zinn* (SPD) bleibt an der Spitze einer Koalition aus SPD und GDP/BHE.

Bayern: Bei der Landtagswahl am 25. 11. erringt die CSU die absolute Mehrheit. Der Landtag wählt den bisherigen bayerischen Innenminister *Alfons Goppel* am 11. 12. zum neuen Ministerpräsidenten einer Koalitionsregierung von CSU und Bayernpartei.

1962

Neustart im Schutz der Mauer

Im Anschluß an den Mauerbau in Berlin im August 1961 tritt die DDR in eine mehr als ein Jahr währende Konsolidierungsphase ein, die alle Bereiche der Gesellschaft umfaßt. Sie betrifft das Militär (Einführung der allgemeinen Wehrpflicht und Ausrüstung der NVA), die Wirtschaft (Fortsetzung der im Vorjahr begonnenen »Störfreimachung« und Reorganisation des Planungs- und Leitungsapparates) und vor allem die Außenrepräsentation der DDR. Zwar behalten die Bundesrepublik und die westlichen Alliierten ihre Politik der internationalen Isolierung der DDR zunächst noch bei, doch hat die SED-Führung im Zusammenspiel mit ihren Ostblock-Verbündeten mit der Grenzabriegelung Tatsachen geschaffen, die eine Neuorientierung in der Deutschland- und Außenpolitik erfordern. Vor dem Hintergrund ihrer bekannten Wiedervereinigungsrhetorik setzt die DDR-Führung dabei ihre bisherige Politik fort, eine weitere Abgrenzung der DDR von der Bundesrepublik zu betreiben.

Sicherheitspolitik

Am 24.1. verabschiedet die Volkskammer das **Wehrpflichtgesetz**. Nachdem der Bundestag zwei Tage zuvor die Dienstpflicht in der Bundeswehr auf 18 Monate verlängert hatte, wird ein ebenfalls 18monatiger sog. Ehrendienst in der NVA (bzw. ein »Wehrersatzdienst« in der Bereitschaftspolizei oder in den militärischen Einheiten der Staatssicherheit) eingeführt. Analog zu den Bestimmungen zur Volljährigkeit umfaßt die Wehrpflicht in der DDR Männer der Altersgruppen von 18 (in Westdeutschland: 20) bis 50 Jahren, bei Offizieren bis 60 Jahren. – Ebenfalls

am 24.1. faßt der Nationale Verteidigungsrat Beschlüsse zur **Anschaffung moderner Rüstungsgüter**, um den Bestand an Panzern in der NVA zu erhöhen, die Luftverteidigungseinheiten mit verbesserten Flakgeschützen, modernen funktechnischen Geräten und die DDR-Luftwaffe mit MiG-21-Abfangjägern auszurüsten. – Am 21.6. erläßt der Ministerrat eine »Verordnung über die Sicherung und den **Schutz des Küstengebietes** der DDR«, die am 20.7. in Kraft tritt. Sie regelt die Einrichtung von »Grenzzonen« an der Ostseeküste, deren Betreten als »Grenzverletzung« geahndet und in denen das »unerlaubte Überlassen von Fremdenzimmern« bestraft werden kann. Gleichzeitig werden Beschränkungen für Baumaßnahmen in diesem Gebiet erlassen. – Am 22.8. wird die **sowjetische Stadtkommandantur in Berlin (Ost) aufgelöst**. Einen Tag später wird ein **Stadtkommandant der NVA** in Ost-Berlin eingesetzt, dem die bis dahin dem Innenministerium unterstehenden Grenztruppen an der innerstädtischen Grenze sowie militärisch nutzbare Einrichtungen und Gebäude unterstellt werden. Beide Maßnahmen dienen dazu, die bestehenden Statusunterschiede zwischen der DDR und ihrer Hauptstadt Ost-Berlin Schritt für Schritt aufzuheben.

Weitere innenpolitische Entwicklung

Die Volkskammer beschließt am 28.3. das Gesetz über das **Zollwesen**, mit dem die Zollverwaltung der DDR als Nachfolgebehörde für das seit 1950 bestehende »Amt zur Kontrolle des Warenverkehrs« (AZKW) gegründet wird. Am gleichen Tage verabschiedet sie das Atomenergiegesetz. – Am 24.5. erweitert der Staatsrat in einem Beschluß die Befugnisse der Konfliktkommissionen in den Betrieben, so daß diese auch kleinere Straftaten behandeln können. – Die Akademie der Künste in Ost-Berlin beschließt am 30.5. ein neues Statut, in dem sie sich als »sozialistische Akademie« bezeichnet. – Am 12.7. stellen die »Arbeiter-und-Bauern-Fakultäten« (mit zwei Ausnahmen) ihre Tätigkeit ein, da ihre »historischen Aufgaben«, Arbeiter- und Bauernkinder gezielt und gefördert auf den Universitätsbesuch vorzubereiten, erfüllt seien. – Am 19.10. beschließt die Volkskammer, die laufende Legislaturperiode zu verlängern.

Außenpolitik
In der Außenpolitik versucht die DDR, durch die **Kontaktaufnahme zu internationalen Organisationen** und die **Errichtung weiterer**, von öffentlichen Stellen getragener **Handelsmissionen** ihre internationale Präsenz zu verstärken. Industrie- und Handelskammern, staatliche Außenhandelsunternehmen und auch das Ministerium für Außen- und innerdeutschen Handel selbst errichten im Ausland Vertretungen und Agenturen, die bei Abwesenheit offizieller staatlicher Beziehungen auch die diplomatische Vertretung der DDR zu übernehmen haben. Demselben Ziel dienen die vielfältigen Aktivitäten in der Frage der Nichtweiterverbreitung von Atomwaffen. Am 13. 3. stellt der DDR-Außenminister, *Lothar Bolz*, in einem Brief an die UNO für die DDR den Verzicht auf den Besitz von Atomwaffen für den Fall in Aussicht, daß auch die Bundesrepublik ihren Verzicht erklärt. Die Volkskammer sendet im September an die Parlamente von 59 Staaten und am 23. 11. an die UN-Vollversammlung Erklärungen, nach denen sie alle Vorschläge zur Nichtweiterverbreitung von Kernwaffen unterstützt.
Gleichzeitig setzt sie ihre Politik der Einbindung des Landes in die gemeinsamen Organisationen der staatssozialistischen Länder fort. Ein **Treffen der Parteichefs und der Ministerpräsidenten der RGW-Länder** am 6./7. 6. in Moskau dient der Vorbereitung der unmittelbar anschließenden XVI. Außerordentlichen Tagung des RGW. Hier werden die »Grundprinzipien der internationalen sozialistischen Arbeitsteilung« verabschiedet. In diesem Zusammenhang wird ein **Exekutivkomitee** des RGW gebildet, weitere **Ständige Kommissionen** der östlichen Wirtschaftsorganisation nehmen ihre Arbeit auf.

Deutsch-deutsche Beziehungen
Am 25. 3. veröffentlicht der Nationalrat der Nationalen Front die Erklärung »Die geschichtlichen Aufgaben der DDR und die Zukunft Deutschlands«, besser bekannt unter der Bezeichnung **»Nationales Dokument«**. Hierin wird erneut der Wille der DDR zum Ausdruck gebracht, die deutsche Einheit wiederherzustellen. Voraussetzung für den Weg zur staatlichen Einheit sei der »Sieg des Sozialismus« in der DDR »und später in der westdeutschen Bundesrepublik«. Die Entwicklung in der DDR habe be-

wiesen, »daß Sozialismus und nationale Interessen« des deutschen Volkes »völlig übereinstimmen«. Das Nationale Dokument faßt alle zuvor schon vielfach vorgetragenen Konföderationskonzepte der DDR zusammen. In einem **Brief des SED-Zentralkomitees an die SPD-Mitglieder** vom 25. 5., der aus Anlaß des bevorstehenden Kölner SPD-Parteitages gesandt wird, sowie mit den von *Walter Ulbricht* am 2. 12. vorgestellten **Prinzipien für die friedliche Koexistenz und einen nationalen Kompromiß** werden die SPD-Mitglieder aufgefordert, die Politik der friedlichen Koexistenz anzuerkennen und für diese in der Bundesrepublik einzutreten, einen alternativen politischen Weg in der BRD einzuschlagen (wozu die SED auch die Entmachtung der bisherigen SPD-Spitze anregt) und schließlich die »Erfahrungen des sozialistischen Alltags« in der DDR zu studieren.
Zwischenfälle an der Berliner Mauer: Am 17. 8. wird an der Mauer in Berlin der junge Bauarbeiter *Peter Fechter* von DDR-Grenzsoldaten angeschossen. Sie lassen den Verletzten zwischen zwei Stacheldrahtzäunen liegen, weil sie befürchten, von West-Berliner Demonstranten angegriffen bzw. von amerikanischen Soldaten beschossen zu werden. Vor den Augen der internationalen Presse und den Menschen auf West-Berliner Seite verblutet *Fechter*; sein Tod verdeutlicht den grausamen Charakter der Berliner Mauer. Zwei Monate zuvor, am 18.6., war ein Grenzpolizist (*Reinhold Huhn*) von einem Fluchthelfer erschossen worden. Insgesamt kommen 1962 vier DDR-Grenzsoldaten ums Leben, acht weitere werden verletzt, oft von den »eigenen Leuten« – flüchtenden Grenzpolizisten.

Wirtschaftspolitik
Die bereits am 5. 7. → 1961 beschlossene Reorganisation der Wirtschaftslenkung wird 1962 fortgesetzt. Am 5. 4. tritt der reorganisierte Forschungsrat zu seiner ersten Sitzung zusammen. Am 24. 5. verabschiedet der Ministerrat neue Statuten für die **Staatliche Planungskommission**, die ihre Arbeit auf die Planung der Volkswirtschaft beschränken soll, und den **Volkswirtschaftsrat** (VWR), der – anstelle der früheren spezialisierten Ministerien – die Leitung der DDR-Wirtschaft übernimmt. Dementsprechend wird am 4. 7. die Zusammensetzung des Ministerrates angepaßt.

Veränderung der Beschäftigtenstruktur 1950 und 1963

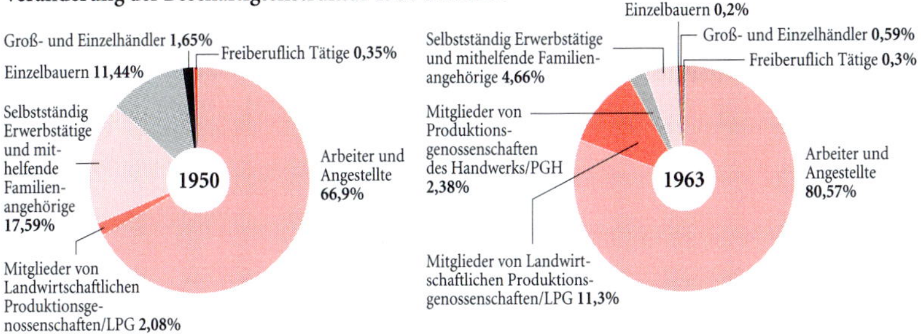

Konsolidierung: Nach einer Mißernte im Sommer 1961 und dem Mauerbau befindet sich die DDR-Volkswirtschaft in einer **Anpassungskrise.** Die Konsolidierung der wirtschaftlichen Entwicklung soll wiederum mit nunmehr schon klassischen Elementen der Wirtschaftslenkung – Anhebung der Arbeitsnormen im »sozialistischen Wettbewerb« – erreicht werden. In der volkseigenen Industrie beteiligen sich fast drei Viertel der Beschäftigten an diesem Wettbewerb. In der Landwirtschaft wird im April von drei Genossenschaften in Mecklenburg-Vorpommern ein »zwischengenossenschaftlicher Wettbewerb« zur Steigerung der landwirtschaftlichen Produktion ausgerufen.
Handwerk: Bei ihrer Tagung am 29./30. 11. verabschiedet die Volkskammer das **PGH-Steuergesetz**, das die Produktionsgenossenschaften des Handwerks (PGH) für die ersten zwei Jahre ihres Bestehens steuerlich begünstigt, sofern die »gesparten« Steuern für Investitionen verwendet werden.
Landwirtschaft: Am 18. 9. nimmt das Presseamt der DDR-Regierung Stellung zu den Versorgungsschwierigkeiten mit Erzeugnissen der landwirtschaftlichen Tierproduktion. Die Stellungnahme enthält das Eingeständnis, daß der »Übergang von der individuellen zur genossenschaftlichen Viehwirtschaft teilweise zu Verlusten geführt« habe.

Soziale Daten

Bevölkerung: Im Gebiet der DDR leben am 31. 12. 17,14 Millionen Einwohner. Gegenüber dem Vorjahr hat die Bevölkerung um 57 000 zugenommen. Der Frauenüberschuß nimmt auf etwa 1,62 Millionen ab. Nach westlichen Angaben siedeln 21 365 Bewohner in die Bundesrepublik über, 13 080 Personen kommen von dort in die DDR.
Wohnungssituation und Wiederaufbau: Mit dem Bau von 87 249 Wohnungen (80 139 Neubauten, 7 110 Modernisierungen) werden 4760 Wohnungen weniger fertiggestellt als im Vorjahr. 1962 ist das erste von fünf Jahren, in denen sowohl der gesamte als auch der genossenschaftliche Wohnungsbau (1962: 50 654, ein Minus von 3455 gegenüber dem Vorjahr) zurückgeht.
Einkommen und Lebenshaltung: Das durchschnittliche monatliche **Arbeitseinkommen** von Arbeitern und Angestellten in der staatseigenen Wirtschaft wächst gegenüber dem Vorjahr nur geringfügig auf 583 Mark. Die Pro-Kopf-**Sparguthaben** wachsen auf etwa 1258 Mark an. Im **Einzelhandel** werden Waren im Werte von 47,3 Mrd. Mark umgesetzt. Der Einzelhandelsumsatz ist damit gegenüber dem Vorjahr um fast 0,7 % zurückgegangen. – Das **Fernsprechnetz** der Deutschen Post wächst um 33 300 auf etwa 670 200 Anschlüsse an. – Beim **Ausstattungsniveau** der privaten Haushalte mit langlebigen Konsumgütern werden folgende Werte erreicht: Auf 1000 Haushalte kommen 56 PKW, 160 Motorräder, 122 Kühlschränke, 134 Waschmaschinen und 327 Fernsehgeräte.

1963

Ende der Ära Adenauer

Der Rücktritt *Konrad Adenauers* vom Amt des Bundeskanzlers markiert einen Einschnitt in der deutschen Nachkriegsgeschichte. Sein letzter großer außenpolitischer Erfolg ist die durch ein Freundschaftsabkommen besiegelte Aussöhnung mit dem bedeutendsten westlichen Nachbarn Frankreich.

Mit den verstärkten Bemühungen der USA um Entspannung im Ost-West-Verhältnis kündigt sich aber auch der Abschied von *Adenauers* Doktrin an, erst Fortschritte auf dem Weg zur Wiedervereinigung ermöglichten bessere Beziehungen zu den Staaten des Warschauer Pakts. An ihre Stelle tritt nach und nach eine Politik, die durch den Abbau von Konfrontation zunächst humänitäre Verbesserungen anstrebt. Die »Politik der kleinen Schritte« des Berliner Regierenden Bürgermeisters *Willy Brandt* erzielt mit dem Passierscheinabkommen zu Weihnachten 1963 einen ersten Durchbruch.

Regierungswechsel

Adenauer gegen Erhard: Angesichts seines für den Herbst 1963 zugesagten Rücktritts (→ 1962) versucht *Adenauer*, **Erhards Kanzlerkandidatur zu verhindern**. Am 26./27. 2. kommt es zwischen beiden zu einem kontroversen Briefwechsel, der öffentlich wird. *Adenauer*, der im Januar mit Frankreich den Elysée-Vertrag geschlossen hat (→ unten), wirft darin seinem Vizekanzler vor, im Streit um den Beitritt Großbritanniens zur EWG für die Briten Partei ergriffen und dabei seine Kompetenzen als Wirtschaftsminister überschritten zu haben. – Nachdem *Adenauer* am 22. 4. im Exekutivrat der CDU/CSU-Fraktion mit seinem Vorschlag scheitert, eine Entscheidung über die Nachfolgefrage zu vertagen, und die von ihm ins Spiel gebrachten Favoriten *Heinrich von Brentano* (Fraktionsvorsitzender der CDU/CSU), *Heinrich Krone* (Bundesmin. für besondere Aufgaben), *Gerhard Schröder* (Bundesmin. des Auswärtigen) auf eine Kandidatur gegen *Erhard* verzichten, nominiert die CDU/CSU-Bundestagsfraktion am 23. 4. *Erhard* mit 159 Ja- und 47 Neinstimmen bei 19 Enthaltungen zum Kanzlerkandidaten. Am 11. 10. überreicht *Adenauer* Bundespräsident *Heinrich Lübke* (CDU) seine auf den 15. 10. datierte **Rücktrittserklärung**.

Neue Regierung: Am 16. 10. wählt der Bundestag *Erhard* zum **neuen Bundeskanzler**. Für ihn stimmen 279 Abgeordnete – 30 weniger als die Regierungskoalition aus CDU/CSU und FDP –, gegen ihn 180; 24 enthalten sich der Stimme. Als **neue Mitglieder des Kabinetts**, das sich aus 16 CDU/CSU- und fünf FDP-Ministern zusammensetzt, vereidigt der Bundespräsident am 17. 10. den FDP-Vorsitzenden *Erich Mende* (Vizekanzler und Minister für Gesamtdeutsche Fragen), *Kurt Schmücker* (Wirtschaftsminister, CDU) und *Hans Krüger* (CDU), der *Wolfgang Mischnick* (FDP) als Vertriebenenminister ablöst (→ Kabinettsliste). In seiner am 17. 10. vorgetragenen **Regierungserklärung** stellt *Erhard* Bemühungen um eine Verbesserung der Ost-West-Beziehungen als Ausgangspunkt für Fortschritte zur Wiedervereinigung in Aussicht. Einen innenpolitischen Schwerpunkt will *Erhard* mit der verstärkten Förderung von Bildung und Forschung setzen, der ein der Lösung der sozialen Frage im 19. Jahrhundert vergleichbarer Rang zukomme.

Außen- und Sicherheitspolitik

Atomwaffenstrategie der NATO: Am 4. 1. konferiert Bundeskanzler *Adenauer* in Bonn mit NATO-Generalsekretär *Dirk Uipko Stikker*, dem früheren niederländischen Außenminister, über das im Dezember 1962 vorgelegte **britisch-amerikanische Konzept** einer gemeinsamen Atomstreitmacht (Multilateral Nuclear Force, MLF) der NATO. Es räumt den europäischen Partnern größeres Mitspracherecht bei der Einsatzplanung der Atomwaffen ein und bietet eine Alternative zu de Gaulles Plan einer nationalen französischen Atombewaffnung. *Adenauer* erklärt sich bereit, in den bevorstehenden deutsch-französischen Gesprächen (→ unten)

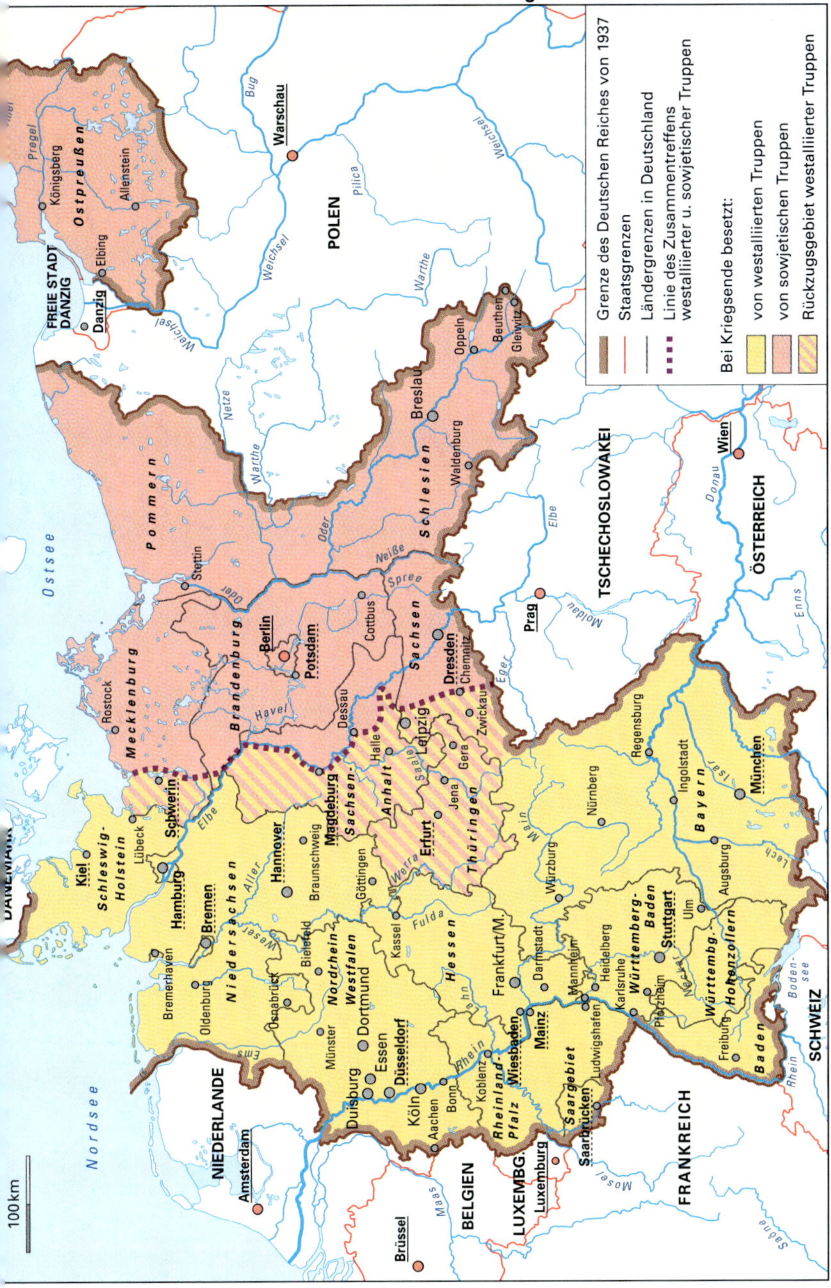
Grenze des Deutschen Reiches von 1937
Staatsgrenzen
Ländergrenzen in Deutschland
Linie des Zusammentreffens westalliierter u. sowjetischer Truppen
Bei Kriegsende besetzt:
von westalliierten Truppen
von sowjetischen Truppen
Rückzugsgebiet westalliierter Truppen
100 km
Nordsee
Ostsee
NIEDERLANDE
BELGIEN
LUXEMBG.
FRANKREICH
SCHWEIZ
ÖSTERREICH
TSCHECHOSLOWAKEI
POLEN
FREIE STADT DANZIG
Ostpreußen
Pommern
Mecklenburg
Brandenburg
Schlesien
Sachsen
Sachsen-Anhalt
Thüringen
Schleswig-Holstein
Niedersachsen
Nordrhein-Westfalen
Hessen
Rheinland-Pfalz
Saargebiet
Bayern
Württemberg-Baden
Württembg.-Hohenzollern
Baden
Berlin
Warschau
Prag
Wien
Amsterdam
Brüssel
Luxemburg
Danzig

Besatzungszonen 1947 bis 1949

100 km
DÄNEMARK
Ostsee
Nordsee
Helgoland
1952 an Bundesrepublik zurück
Flensburg
Kiel
Schleswig-Holstein
Lübeck
Rostock
Rostock
Mecklenburg
Schwerin
Neubrandenburg
Neubrandenburg
Schwerin
Wilhelmshaven
Bremerhaven
Hamburg
Elbe
NIEDERLANDE
Oldenburg
Bremen
DEUTSCHE
Stettin
Oder
Niedersachsen
Brandenburg
POLEN
Ems
Weser
Aller
Wolfsburg
Magdeburg
Potsdam
Berlin-*
(Ost)
(West)
Osnabrück
Hannover
Sachsen-
Frankfurt
Braunschweig
Potsdam
Frankfurt/O.
BUNDES-
Hildesheim
Münster
Salzgitter
Oder
Nordrhein-Westfalen
Bielefeld
Magdeburg
Hamm
Duisburg
Dortmund
Paderborn
Göttingen
Anhalt
Dessau
Cottbus
Cottbus
Neiße
Krefeld
Essen
DEMOKRATISCHE
Wuppertal
Halle
Halle
Leipzig
Düsseldorf
Kassel
Leverkusen
Erfurt
Leipzig
Sachsen
Köln
Fulda
Aachen
Siegen
Erfurt
Dresden
Bonn
Alliierte Kommission Petersberg
Thüringen
Jena
REPUBLIK
Dresden
Parlamentar. Rat September 1948
Rhein
Hessen
Gera
Karl-Marx-Stadt (Chemnitz)
Lahn
Suhl
Gera
Zwickau
Koblenz
REPUBLIK
Suhl
Karl-Marx-Stadt
Rheinland-Pfalz
Frankfurt/M.
Elbe
Wiesbaden
Trier
Offenbach
Main
Prag
Mosel
Mainz
Darmstadt
Würzburg
Saarland
Kaiserslautern
Mannheim
Erlangen
Saarbrücken
Ludwigshafen
Fürth
Nürnberg
TSCHECHOSLOWAKEI
Heidelberg
Karlsruhe
Heilbronn
DEUTSCHLAND
Württemberg-Baden
Regensburg
FRANKREICH
Straßburg
Stuttgart
Donau
Baden-Württemberg
am 25.4.1952 gebildet
Neckar
Ingolstadt
1946-April 1952 zu Frankreich
Kehl
Ulm
Tübingen
Bayern
Isar
Württemberg-Hohenzollern
Augsburg
Inn
München
Freiburg
Baden
Herrenchiemsee 11.-23.8.1948 Verfassungskonvent
ÖSTERREICH
Lech
Rhein
Bodensee
Bonn Staatsgrenzen/Hauptstadt
Erfurt Ländergrenzen/Landeshauptstadt (in der SBZ/DDR bis 1952)
Halle Bezirksgrenzen/Bezirkshauptstädte in der DDR (seit 1952)
Köln Großstadt (im Ruhrgebiet nur in Auswahl benannt)
Berlin-Verbindungen
Eisenbahn
Autobahn / Fernstraße
Bereich des grenznahen Verkehrs
Luftkorridore
* Berlin seit 1945 unter Viermächtestatus

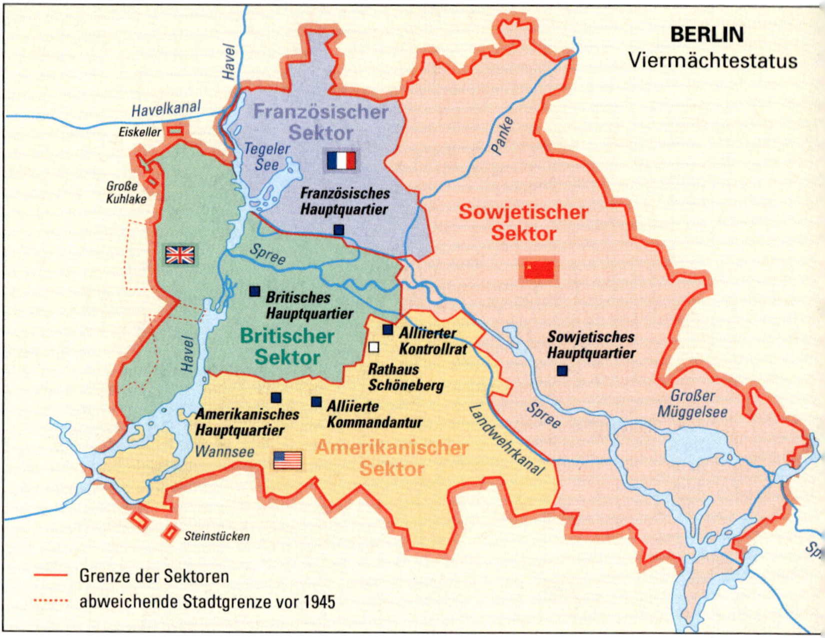
BERLIN
Viermächtestatus
Havel
Havelkanal
Eiskeller
Große Kuhlake
Französischer Sektor
Tegeler See
Französisches Hauptquartier
Panke
Sowjetischer Sektor
Spree
Britisches Hauptquartier
Britischer Sektor
Alliierter Kontrollrat
Rathaus Schöneberg
Sowjetisches Hauptquartier
Havel
Amerikanisches Hauptquartier
Alliierte Kommandantur
Landwehrkanal
Großer Müggelsee
Wannsee
Amerikanischer Sektor
Steinstücken
Grenze der Sektoren
abweichende Stadtgrenze vor 1945

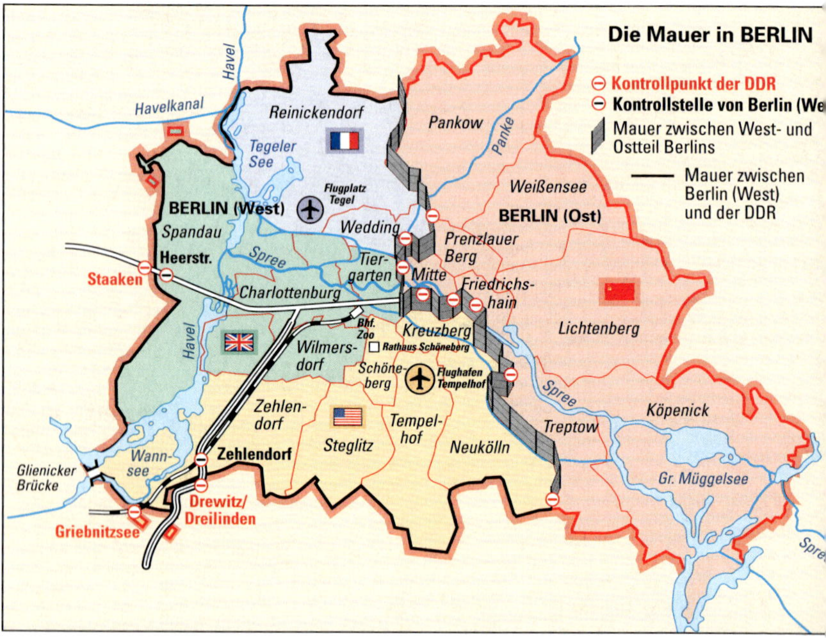
Die Mauer in BERLIN
Kontrollpunkt der DDR
Kontrollstelle von Berlin (We
Mauer zwischen West- und Ostteil Berlins
Mauer zwischen Berlin (West) und der DDR
Havel
Havelkanal
Reinickendorf
Tegeler See
Pankow
Panke
Weißensee
Flugplatz Tegel
BERLIN (West)
BERLIN (Ost)
Spandau
Wedding
Prenzlauer Berg
Heerstr.
Staaken
Spree
Tiergarten
Mitte
Friedrichshain
Charlottenburg
Lichtenberg
Bhf. Zoo
Kreuzberg
Rathaus Schöneberg
Havel
Wilmersdorf
Schöneberg
Flughafen Tempelhof
Spree
Köpenick
Zehlendorf
Tempelhof
Treptow
Steglitz
Neukölln
Wannsee
Zehlendorf
Glienicker Brücke
Gr. Müggelsee
Drewitz/ Dreilinden
Griebnitzsee

Erstes Kabinett Erhard (17. 10. 1963–26. 10. 1965)

Bundeskanzler	*Ludwig Erhard* (CDU)
Stellvertreter und Gesamtdeutsche Fragen	*Erich Mende* (FDP)
Auswärtiges	*Gerhard Schröder* (CDU)
Inneres	*Hermann Höcherl* (CSU)
Justiz	*Ewald Bucher* (FDP) bis 27. 3. 1965, ab 1. 4. 1965 *Karl Weber* (CDU)
Finanzen	*Rolf Dahlgrün* (FDP)
Wirtschaft	*Kurt Schmücker* (CDU)
Ernährung, Landwirtschaft und Forsten	*Werner Schwarz* (CDU)
Arbeit und Sozialordnung	*Theodor Blank* (CDU)
Verteidigung	*Kai-Uwe von Hassel* (CDU)
Verkehr	*Hans-Christoph Seebohm* (CDU)
Post- und Fernmeldewesen	*Richard Stücklen* (CSU)
Wohnungswesen, Städtebau und Raumordnung	*Paul Lücke* (CDU)
Vertriebene, Flüchtlinge und Kriegsgeschädigte	*Hans Krüger* (CDU) bis 7. 2. 1964, ab 19. 2. 1964 *Ernst Lemmer* (CDU)
Bundesrat	*Alois Niederalt* (CSU)
Familien- und Jugendfragen	*Bruno Heck* (CDU)
Wissenschaft	*Hans Lenz* (FDP)
Schatz	*Werner Dollinger* (CSU)
Wirtschaftliche Zusammenarbeit	*Walter Scheel* (FDP)
Gesundheitswesen	*Elisabeth Schwarzhaupt* (CDU)
Besondere Aufgaben	*Heinrich Krone* (CDU) und ab 16. 6. 1964 *Ludger Westrick* (parteilos/CDU)

bei Staatspräsident *Charles de Gaulle* einen Vermittlungsversuch in der Frage der französischen Beteiligung an dem Projekt zu unternehmen. – Bundesverteidigungsminister *Kai-Uwe von Hassel* (CDU) informiert sich am 27. 2. in Washington über den amerikanischen Plan, die vorgeschlagene NATO-Atomstreitmacht mit **220 »Polaris«-Raketen** auszurüsten, die auf Schiffen stationiert sind. Obwohl sie über keine nukleare Kompetenz verfügt, soll die Bundesregierung über ihre Beteiligung an der MLF an der westlichen atomaren Sicherheitspolitik mitwirken können. – Am 5. 5. signalisiert Bundeskanzler *Adenauer* dem US-Präsidenten in einem Brief die grundsätzliche Zustimmung zur MLF und bietet die Beteiligung der Bundesrepublik beim Aufbau einer seegestützten Atomstreitmacht an.

Alleinvertretungsanspruch: Nachdem Kuba am 12. 1. volle diplomatische Beziehungen zur DDR aufgenommen hat, erklärt die Bundesrepublik am 14. 1. den **Abbruch der diplomatischen Beziehungen zu Kuba** (→ Hallstein-Doktrin 1955). – Erst auf US-amerikanischen Druck ist die Bundesregierung bereit, nach der DDR ebenfalls dem am 5. 8. von der Sowjetunion, den USA und Großbritannien unterzeichneten Atomteststoppabkommen beizutreten. Am 12. 8. entschließt sich die Bundesregierung zur Unterzeichnung, die am 19. 8. vollzogen wird (Ratifizierung durch den Bundestag am 5. 6. 1964).

Vertrag über die Deutsch-Französische Zusammenarbeit: Am 22. 1. unterzeichnen Bundeskanzler *Adenauer* und Frankreichs Staatspräsident *de Gaulle* in Paris den Vertrag über die deutsch-französische Zusammenarbeit (→ Kasten). Am 16. 5. billigt der Bundestag bei fünf Gegenstimmen das Abkommen, das am 2. 7. in Kraft tritt. – Am 4. 7. kommt Staatspräsident *de Gaulle* zu einem ersten Arbeitsbesuch nach Bonn. Am nächsten Tag unterzeichnen die Außenminister *Maurice Couve de Murville* und *Gerhard Schröder* (CDU) ein Abkommen über ein **Deutsch-Französisches Jugendwerk**. Die Institution widmet sich dem Austausch und der gemeinsamen Bildung und Erziehung von Jugendlichen.

Ostblockstaaten: Am 7. 3. schließt die Bundesrepublik ein **Handelsabkommen mit Polen**, das auch die Einrichtung einer deutschen Handelsvertretung in Warschau vorsieht. Ähnliche Abkommen werden am 17. 10. **mit Rumänien** und am 10. 11. **mit Ungarn** geschlossen. Wegen der Hallstein-Doktrin (→ 1955) bestehen keine diplomatischen Beziehungen zu diesen Ländern. – Der Einrichtung einer deutsch-tschechischen Handelsmission steht die am 4. 11. von Ministerpräsident *Antonin Novotny* erneuerte Forderung der Regierung in Prag entgegen, die

Vertrag über die Deutsch-Französische Zusammenarbeit

Die Vorgeschichte des Vertrags beginnt mit dem Vorschlag von Bundeskanzler *Adenauer* im März 1950, zwischen Frankreich und Deutschland eine politische Union zu bilden sowie mit der Erklärung des damaligen französischen Außenministers *Robert Schuman* im Mai 1950, ohne Überwindung des jahrhundertealten deutsch-französischen Gegensatzes könne Europa nicht zusammenwachsen.

Der am 22. 1. unterzeichnete Vertrag, auch **Elysée-Vertrag** genannt, stellt die Beziehungen der beiden ehemaligen Kriegsgegner auf eine neue Grundlage. Beide Staaten vereinbaren eine enge Zusammenarbeit in der Außen-, Verteidigungs-, Bildungs- und Jugendpolitik. Der Vertrag sieht Konsultationen in allen wichtigen Fragen, regelmäßige halbjährliche Treffen der Regierungschefs, sowie vierteljährliche der Außen- und Verteidigungsminister vor.

Eine **gemeinsame Verteidigungspolitik**, aus der die französischen Atomwaffen ausgeklammert sind, soll Rüstungsprojekte verwirklichen und zu intensiver Kooperation der Militärs führen. Besondere Bedeutung messen die Vertragspartner dem Bereich **Erziehung und Jugend** bei.

Befürchtungen der USA, die Bundesregierung könne im Gefolge von Sonderbeziehungen zu Frankreich ihre Bindungen an die NATO in Frage stellen, sucht der Staatssekretär des Auswärtigen Amtes, *Karl Carstens* (CDU), während seines Besuchs in den USA am 8. 2. zu zerstreuen. – Eine Präambel zum Ratifizierungsgesetz trägt den Bedenken Rechnung: Der Vertrag begründet keine Sonderallianz beider Staaten; Rechte und Pflichten aus anderen multilateralen Verträgen wie etwa zur EWG und NATO bleiben von ihm unberührt.

Bundesrepublik müsse zuvor das Münchner Abkommen von 1938 für rechtsungültig erklären.

Sowjetunion: Die Fraktionen von SPD und FDP scheitern am 18. 3. mit dem Versuch, im Bundestag die Aufhebung des am 18. 12. → 1962 von der Bundesregierung verhängten **Großröhrenembargos gegen die UdSSR** zu erreichen. Der Koalitionspartner FDP stimmt zum Teil mit der SPD, weil die Stahlkonzerne Mannesmann,

Phoenix-Rheinrohr und Hoesch durch das Embargo Auftragsverluste im Umfang von insgesamt rd. 200 000 t Großrohren zu verbuchen haben. Die UdSSR protestiert am 6. 4. gegen das aus ihrer Sicht völkerrechtswidrige Embargo. – Nach Informationen der Bundesrepublik leben noch 10 000 **Deutschstämmige in der Sowjetunion**, die von ihren Rechten gemäß dem Repatriierungsabkommen von → 1958 Gebrauch machen wollen. In einer Note vom 20. 5. fordert der Staatssekretär im Auswärtigen Amt, *Carstens,* die UdSSR auf, die Übersiedlung der Rückkehrwilligen zu ermöglichen.

Israel: Die Bundesrepublik weist am 22. 3. Verdächtigungen Israels zurück, deutsche Techniker beteiligten sich in der Vereinigten Arabischen Republik (VAR; 1961–1971 Staatsname Ägyptens) an der **Herstellung von Raketen** oder Massenvernichtungswaffen. – Großdemonstrationen und Attentatsdrohungen begleiten den am 27. 5. beginnenden mehrtägigen Besuch des CSU-Vorsitzenden *Franz Josef Strauß* in Israel. Er sondiert die Voraussetzungen für die Aufnahme diplomatischer Beziehungen.

USA: Vom 23. bis 26. 6. **besucht US-Präsident John F. Kennedy die Bundesrepublik.** Begleitet von Bundeskanzler *Adenauer* reist er am 26. 6. als erster Staatschef der Westmächte seit der deutschen Teilung nach → West-Berlin. Vorrangiges Gesprächsthema auf seiner Europareise, die ihn auch nach Irland, Großbritannien und Italien führt, sind Initiativen zur Entspannung des Ost-West-Verhältnisses, für die sich mit dem bevorstehenden Abschluß des Atomteststopp-Akommens (5. 8.) neue Perspektiven zu eröffnen scheinen. – Die **Ermordung des US-Präsidenten** am 22. 11. in Dallas/Texas löst in der Bundesrepublik eine Welle der Trauer aus. Die gesamte bundesdeutsche Staatsspitze reist zu den Trauerfeierlichkeiten am 26. 11. nach Washington. – Bundeskanzler *Ludwig Erhard* stattet dem neuen US-Präsidenten *Lyndon B. Johnson* vom 27. bis 29. 12. einen Besuch ab.

Deutschland- und Berlinpolitik

Berlinstatus: Die Westalliierten suchen weiter nach Lösungen für den Status Berlins. Im Januar werden Überlegungen der US-Regierung bekannt, für Berlin eine **Interimslösung unter Einbeziehung der Vereinten Nationen** in Betracht zu ziehen; die Bundesregierung protestiert, eine Übertragung von Rechten der Vier Mächte über Berlin auf die UN sei nicht akzeptabel. – Am 26.3. beginnen erneut **Sondierungsgespräche** zwischen den USA und der UdSSR über Berlin in Washington, die aber ohne Ergebnis bleiben. – Anläßlich des zehnten Jahrestags des Aufstandes in der DDR erklärt Bundespräsident *Heinrich Lübke* am 11.6. den **17. Juni**, den Tag der Deutschen Einheit, zum offiziellen »Nationalen Gedenktag des deutschen Volkes«. – *Egon Bahr*, Leiter des Presse- und Informationsamtes des Berliner Senats, stellt am 15.7. mit einer Rede in der Evangelischen Akademie in Tutzing ein neues SPD-Konzept der Ostpolitik vor, das er in die Formel **»Wandel durch Annäherung«** faßt. *Bahr* greift die von US-Präsident *Kennedy* geforderte gegenseitige Anerkennung legitimer Interessen als Grundlage der Ost-West-Beziehungen auf und schlägt die Einrichtung einer Behörde vor, die sich mit allen praktischen Fragen befassen soll, die für beide Seiten wichtig sind, und auf pragmatische Weise Schritte zur Wiedervereinigung erkunden kann. – Am 5.9. lehnt das Berliner Abgeordnetenhaus einen von der CDU eingebrachten **Mißtrauensantrag** gegen den Senator für Polizei, Sicherheit und Ordnung in West-Berlin, Bürgermeister *Heinrich Albertz* (SPD), ab. Er hatte in einer Rundfunkrede am 13.8. für eine **flexiblere Politik gegenüber der DDR** plädiert, um so die Lebensfähigkeit West-Berlins zu erhalten.

Kennedy in West-Berlin: Der US-Präsident *John F. Kennedy* wird bei seinem Besuch in West-Berlin am 26.6. von Hunderttausenden Berlinern begeistert empfangen. In seiner Rede in der Freien Universität bekräftigt er die Bereitschaft der USA, den Deutschen auf dem Weg zur Wiedervereinigung im Rahmen des atlantischen Bündnisses zur Seite zu stehen; diese sei jedoch »weder rasch noch leicht« zu erreichen. Für die Zwischenzeit komme es darauf an, den Zusammenhang unter den Menschen aufrechtzuerhalten »mittels aller Berührungspunkte und Verbindungsmöglichkeiten, die geschaffen werden können, durch das Höchstmaß von Handelsbeziehungen, das unsere Sicherheit erlaubt«. – Einen Tag nach der Ermordung des Präsidenten am 22.11. erhält der Platz vor dem Schöneberger Rathaus, auf dem er vor 300 000 Berlinern bekannt hatte: »Ich bin ein Berliner!«, den Namen John-F.-Kennedy-Platz.

Transit- und Grenzprobleme: Der Regierende Bürgermeister *Willy Brandt* protestiert am 5.6. gegen die **Behinderungen im Reiseverkehr** nach West-Berlin. Als Anlaß für die Schikanen wird die **Festnahme des Chefredakteurs** des DDR-Deutschlandsenders, *Georg Grasnick*, in Solingen am 30.5. vermutet. Ihm wird Propaganda für die verbotene KPD vorgeworfen. Am 21.6. wird der Journalist wieder freigelassen. – Am gleichen Tag verkündet der Ministerrat der DDR eine Verordnung über die **Errichtung einer Sperrzone** an der Grenzlinie zwischen dem DDR-Territorium und West-Berlin (→ DDR). – Am 10.10. kommt es zu einer **militärischen Konfrontation** am Kontrollpunkt Babelsberg, als Soldaten eines US-Konvois nach West-Berlin sich nicht von sowjetischen Soldaten zählen lassen wollen. Erst nach Intervention von US-Außenminister *Dean Rusk* bei dem sowjetischen Botschafter in Washington, *Anatoli F. Dobrynin*, und der Androhung von Handelseinschränkungen erhält der Konvoi nach 33 Stunden freie Fahrt.

Passierscheinabkommen → Kasten

Affären

»Spiegel«-Affäre: Am 9.1. tritt *Kai-Uwe von Hassel* (CDU), bis 7.1. amtierender Ministerpräsident von Schleswig-Holstein, als Bundesverteidigungsminister die Nachfolge des im November → 1962 infolge der »Spiegel«-Affäre zurückgetretenen *Franz Josef Strauß* (CSU) an. – Mit der Entlassung des »Spiegel«-Herausgebers *Rudolf Augstein* aus der Untersuchungshaft am 7.2. sind alle Mitarbeiter des Nachrichtenmagazins, die seit dem 27.10.1962 festgenommen worden waren, wieder auf freiem Fuß. Die auf Landesverrat lautende Anklage gegen *Augstein* bleibt bestehen. *Strauß* zieht am 9.2. seine Anzeige wegen übler Nachrede und Beleidigung gegen *Augstein* und andere in die Affäre verwickelte Personen zurück. Am 1.5. reicht *Augstein* Verfassungsbeschwerde gegen die Bundesanwaltschaft ein; das Bundesverfassungsgericht weist sie am 13.11. ab.

Verfassungsschutz: Vorwürfe der Presse, das Bundesamt für Verfassungsschutz stütze sich auf die **Mitarbeit** zahlreicher **ehemaliger SS-, SD- und Gestapo-Angehöriger**, bestreitet Bundesinnenminister *Hermann Höcherl* (CSU)

Die Passierscheinabkommen 1963–1966

Nach dem Bau der Berliner Mauer genehmigt die DDR zunächst nur Bürgern mit einem westdeutschen Paß einen Tagesaufenthalt in Ost-Berlin. Erst 1963 kommt es im Zuge der »Politik der kleinen Schritte« durch den Regierenden Bürgermeister von Berlin, *Willy Brandt* (SPD), zum Abschluß eines **Passierscheinabkommens**, das am 17. 12. 1963 von dem DDR-Staatssekretär *Erich Wendt* und dem West-Berliner Senatsrat *Horst Korber* unterzeichnet wird. Erstmals seit dem Mauerbau ermöglicht es wieder Besuche von West-Berlinern im Ostteil der Stadt. Vom 19. 12. 1963 bis zum 5. 1. 1964 machen davon über 700 000 West-Berliner Gebrauch und statten ihren Verwandten insgesamt 1,2 Millionen Besuche ab.

Am 9. 1. 1964 kritisiert Bundeskanzler *Erhard* das Abkommen vor dem Bundestag, weil es der sowjetischen Dreistaatentheorie Vorschub leiste, nach der West-Berlin eine eigenständige politische Einheit sei. *Erhards* Intervention trägt maßgeblich dazu bei, daß die Verhandlungen zum zweiten Passierscheinabkommen, das über Ostern und Pfingsten gelten sollte, am 27. 2. 1964 scheitern. Nach einer Aussprache mit dem Bundeskanzler am 6. 3. 1964 erhält *Brandt* größeren Verhandlungsspielraum, der am 24. 9. 1964 zur Unterzeichnung des **zweiten Passierscheinabkommens** beiträgt. In der Folge werden vom 30. 10.–12. 11. 1964 und vom 19. 12. 1964–3. 1. 1965 zusammen fast 1,4 Mio. Passierscheine ausgestellt und für die Zeiträume vom 12.–25. 4. 1965 (Ostern) sowie 31. 5.–13. 6. 1965 (Pfingsten) rd. 1,1 Mio. Besuche von West-Berlinern in Ost-Berlin ermöglicht.

Das am 25. 11. 1965 unterzeichnete **dritte Passierscheinabkommen** nutzen West-Berliner über Weihnachten und Neujahr 1965/1966 zu 824 000 Besuchen im Ostteil der Stadt. – Nach dem Abschluß des **vierten Passierscheinabkommens**, in dessen Folge zwischen dem 7. und 20. 4. sowie vom 23. 5.–5. 6. 1966 insgesamt 978 000 Besuche von West-Berlinern in Ost-Berlin stattfinden, scheitert am 29. 7. 1966 eine weitere Vereinbarung. Die Bundesregierung besteht auf der Wiederaufnahme der in den vorhergehenden Abkommen enthaltenen sog. **salvatorischen Klausel**, die klarstellt, daß es sich bei der Vereinbarung nicht um einen Vertrag zwischen zwei Staaten handelt. Nach einer Übereinkunft vom 6. 10. 1966 bleibt die 1964 eingerichtete sog. **Härtestelle** für dringend notwendige Besuche geöffnet.

Da erneute Verhandlungen am 13. 12. 1966 endgültig scheitern, bestehen für sechs Jahre, bis zum 29. 3. → 1972 – außer in Härtefällen – keine Besuchsmöglichkeiten für West-Berliner in Ost-Berlin.

am 8. 9. Einen früheren SS-Hauptsturmführer versetzt er am 19. 12. aus dem Verfassungsschutz in das Bundesverwaltungsamt. – Am 11. 9. berichtet die Wochenzeitung »Die Zeit« erstmals über **illegale Abhöraktionen**. Das Bundesamt für Verfassungsschutz soll mit Hilfe der alliierten Nachrichtendienste, die auf der Basis des Deutschlandvertrages von 1955 weitgehende Abhörbefugnisse beanspruchen, das Post- und Fernmeldegeheimnis verletzt haben. – Am 23. 9. meldet das Fernsehmagazin »Panorama«, bis 1962 seien die **Telefongespräche von Bundestagsabgeordneten** sowie deren Post von Verfassungsschützern kontrolliert worden. Der CDU-Abgeordnete *Gerhard Stoltenberg* kündigt am 25. 9. vor dem Bundestag strafrechtliche Schritte gegen »Panorama« an; der NDR entläßt den »Panorama«-Chefredakteur *Rüdiger Proske* und seinen Mitarbeiter *Karl-Heinz Wocker*. – Die Affären führen zu einer **Überprüfung der gesetzlichen Grundlagen** des Post- und Fernmeldegeheimnisses. Am 31. 10. legt *Höcherl* einen Gesetzentwurf vor, der Abhöraktionen grundsätzlich von einer richterlicher Genehmigung abhängig macht.

Globke-Rücktritt: Mit Erreichen der Altersgrenze gibt *Hans Globke* (CDU) am 30. 9. sein Amt als Staatssekretär im Bundeskanzleramt auf, wenige Tage vor dem Rücktritt *Adenauers*, zu dessen wichtigsten Beratern er seit Ende der 40er Jahre gehörte. – In einer Stellungnahme zum Urteil des Obersten Gerichts der → DDR erklärt das Bundespresseamt am 24. 7., die für *Globke* zuständigen Strafverfolgungsbehörden hätten in keinem einzigen Fall Anlaß gefunden, ein gerichtliches Verfahren einzuleiten. Die Unrichtigkeit aller erhobenen Vorwürfe sei gerichtlich erwiesen (→ 1960).

Weitere innenpolitische Ereignisse

Urlaubsgesetz: Das Bundesurlaubsgesetz vom 8. 1. gewährleistet jedem Arbeitnehmer den Anspruch auf mindestens 18 Werktage Urlaub im Jahr. Durch Tarifvertrag kann der Urlaubsanspruch erweitert, aber nicht gemindert werden.

Parteien: Die **SPD** feiert mit einer zentralen Veranstaltung am 21. 4. in Bochum ihr 100jähriges Bestehen. – Am 14. 12. stirbt der Parteivorsitzende *Erich Ollenhauer*.

Metallerstreik: Einen Tag nach der Urabstimmung beginnt am 29. 4. der Streik von rd. 400 000 Metallarbeitern in Baden-Württemberg zur Durchsetzung ihrer Forderung nach einer Lohnerhöhung von 8 %. Die Arbeitgeber reagieren erstmals seit 1928 mit einer **Aussperrung**, die ein ganzes Tarifgebiet betrifft. Unter Vermittlung von Bundeswirtschaftsminister *Ludwig Erhard* (CDU) kommt es am 9. 5. zu einem Abschluß.

Fernsehen: Das Zweite Deutsche Fernsehen, das am 6. 6. → 1961 als Anstalt der Bundesländer begründet wurde, geht am 1. 4. erstmals auf Sendung.

Vertriebene, Kriegsopfer: Rd. 300 000 Menschen versammeln sich zum **Deutschlandtreffen der Schlesier** am 8. 6. in Köln. – Am 10. 12. findet in Bonn eine Protestkundgebung verschiedener **Kriegsopferverbände** statt. Rund 30 000 Menschen fordern von der Bundesregierung mehr Hilfe für Kriegsopfer. Die Demonstration ist der Höhepunkt von Protestaktionen, die am 24. 11. mit einem **Kriegsopferkongreß** in Wiesbaden begonnen haben.

Gewerkschaften: Auf dem Bundeskongreß des **Deutschen Gewerkschaftsbundes** (DGB) in Düsseldorf nehmen die Delegierten am 21. 11. ein neues **Grundsatzprogramm** an. Es löst das Programm von 1949 ab und propagiert ein Gesellschaftsmodell, in dem sich marktwirtschaftliche und wirtschaftsdemokratische Elemente verbinden.

Auschwitzprozeß: In Frankfurt/Main beginnt am 20. 12. der bisher größte Massenmordprozeß vor einem deutschen Gericht. Bei Prozeßbeginn wird gegen 22 ehemalige Angehörige des Personals des Konzentrations- und Vernichtungslagers Auschwitz verhandelt. Ihnen wird Mord oder Beihilfe zum Mord in unzähligen Fällen

Wahl zum 4. Abgeordnetenhaus von Berlin am 17.2.1963 (1958)

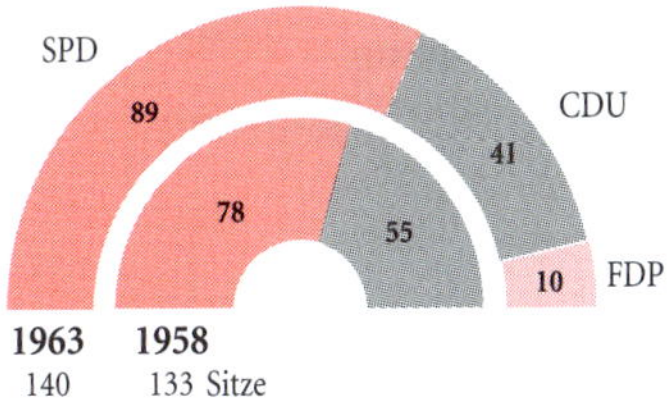

vorgeworfen. Drei Nebenkläger vertreten 18 ehemalige Auschwitzhäftlinge aus 14 Ländern. Während der seit 1958 laufenden Vorermittlungen vernahm die Staatsanwaltschaft rd. 1300 Zeugen. In Auschwitz wurden über 2,0 Mio. Menschen ermordet.

Wahlordnung: Am 10. 12. beschließt der Bundestag eine Neuordnung der Wahlkreise, durch die sich die Zahl der Wahlkreise von 247 auf 248, die der Abgeordneten von 516 auf 518 erhöht.

Ereignisse in den Bundesländern:

Berlin: Bei der Wahl zum Abgeordnetenhaus am 17. 2. erringt die SPD mit 61,9 % der Stimmen (+9,3 % gegenüber 1958) einen überwältigenden Sieg. Die CDU erhält 28,8 % (–8,9 %). Die FDP überspringt mit 7,9 % (+4,1 %) die 5 %-Hürde. Am 8. 3. wählen die Abgeordneten zum dritten Mal in Folge *Willy Brandt* (SPD) zum Regierenden Bürgermeister. *Brandt* geht am 11. 3. ein Regierungsbündnis mit der FDP ein. In seiner Regierungserklärung am 18. 3. spricht Brandt erstmals von der »Politik der kleinen Schritte« (→ oben).

Rheinland-Pfalz: Landtagswahl am 31. 3. Ministerpräsident *Peter Altmeier* (CDU) setzt die Koalition mit den Liberalen fort.

Niedersachsen: Trotz erheblichen Stimmenzuwachses (+6,9 % gegenüber 1959) der CDU bei der Landtagswahl am 19. 5. bleibt es bei einer SPD/FDP-Koalition unter *Georg Diederichs*.

Bremen: Wahlen zur Bremer Bürgerschaft am 29. 9. Der Erste Bürgermeister *Wilhelm Kaisen* (SPD) wird am 27. 11. erneut zum Regierungschef gewählt.

1963

Liberalisierung ohne Demokratisierung

Unter den »geschützten Bedingungen« der geschlossenen Grenze zum Westen stellt der Ministerrat im Sommer grundlegende Reformpläne für die Planwirtschaft vor, von denen sich die Staatsführung einen Innovations- und Wachstumsschub mit weitreichenden gesellschaftlichen Auswirkungen erhofft.
In den deutsch-deutschen Beziehungen markiert der Abschluß des ersten »Passierscheinabkommens« zur Einreise von West-Berlinern in den Ostteil der Stadt auf beiden Seiten den Übergang von der bloßen Konfrontation im Umgang miteinander zur Suche nach Verhandlungslösungen. Diese noch vorsichtige Annäherung wird durch die militärische und ökonomische Einbindung der DDR in das östliche Bündnis abgesichert.

Beginn von Reformen

VI. Parteitag der SED: Vom 15. bis zum 21. 1. findet in Ost-Berlin der VI. Parteitag der SED statt. Die Delegierten erklären den »Sieg der sozialistischen Produktionsverhältnisse«, konstatieren aber gleichzeitig, die Potentiale der staatssozialistischen Ordnung seien längst nicht erschöpft. Das im November 1962 zur Diskussion gestellte neue Parteiprogramm und ein neues Statut werden – wie üblich – einstimmig angenommen. Mit dem neuen Programm wird die staatssozialistische Wirtschafts- und Gesellschaftsordnung zum »Durchgangsstadium« auf dem Weg zum Kommunismus erklärt, in dem Reformen durchaus notwendig seien. Das auf der Grundlage des neuen Statuts gebildete neue Zentralkomitee besteht aus 121 Mitgliedern (zehn mehr) und 60 Kandidaten (16 mehr als nach dem V. Parteitag 1958). Zentralkomitee und neuem Politbüro (→ Kasten) gehören mehr jüngere, bereits zu DDR-Zeiten ausgebildete Fachleute und Wirtschaftler an.

»Neues Ökonomisches System«

Das neue SED-Programm dient dazu, Partei und Gesellschaft auf das **Neue Ökonomische System der Planung und Leitung der Volkswirtschaft** (NÖSPL oder NÖS) vorzubereiten. Im Anschluß an den Parteitag verabschiedet der Ministerrat am 11.2. einen Erlaß zu Planung und Leitung der Volkswirtschaft. Am 14. 6. folgt eine Verordnung zur Anwendung des NÖS im Bauwesen. Am 11. 7. verabschiedet der Ministerrat die von der Wirtschaftskonferenz des SED-Zentralkomitees (24./25. 6.) beschlossene **Richtlinie** für das »Neue Ökonomische System der Planung und Leitung der Volkswirtschaft« (→ Kasten).
Die Reform orientiert sich indirekt an 1957 noch als »revisionistisch« bezeichneten Vorstellungen der beiden Ökonomen *Arne Benary* und *Fritz Behrens* über die Leitung der Volkswirtschaft (→ DDR 1956 und DDR 1957). Auslöser ist ein Artikel des sowjetischen Ökonomen *Liberman* in der sowjetischen KP-Zeitung *Prawda* am 9. 9. 1962 mit dem Titel »Plan-Gewinn-Prämie«. Das NÖS zielt zunächst darauf ab, die dringend erforderlichen Innovationen und Strukturveränderungen in der Volkswirtschaft – der Maschinenpark in der Industrie ist überaltert, die Anteile technisierter (60,8 %), mechanisierter (45,4 %) oder automatisierter Arbeiten (4,5 %) sind gering – auf der Grundlage gestärkter wirtschaftlicher Interessen »sozialistischer Konzerne« und Betriebe anzuregen und durchzusetzen. Die Eigenverantwortung der einzelnen Unternehmen wird deshalb auf Kosten der zentralen Planung und Leitung deutlich erweitert. Wirtschaftliches Ziel der Reform ist es, durch Leistungslöhne, Prämien und veränderte Normen in den Betrieben Kostenbewußtsein und Ertragsdenken zu stärken. Gleichzeitig werden die Belegschaften stärker in die Wirtschaftsplanung eingebunden, indem per Politbürobeschluß vom 29. 10. die seit 1959 bestehenden »Zentralen Ständigen Produktionsberatungen« in **Produktionskomitees** umgewandelt werden.
Gesellschaftspolitische Auswirkungen der Reform: Die dem SED-Parteitag folgenden Parteikongresse der Blockparteien LDPD, DBD und

Das SED-Politbüro nach dem VI. Parteitag

(stimmberechtigte) Mitglieder:
Friedrich Ebert, Paul Fröhlich, Otto Grotewohl, Kurt Hager, Erich Honecker, Bruno Leuschner, Hermann Matern, Erich Mückenberger, Alfred Neumann, Albert Norden, Willi Stoph, Paul Verner, Herbert Warnke
(nur mit beratender Stimme ausgestattete) Kandidaten:
Erich Apel. Hermann Axen, Karl-Heinz Bartsch, Manfred Ewald, Gerhard Grüneberg, Werner Jarowinsky, Günter Mittag, Margarete Müller, Horst Sindermann*

* *Bartsch* verliert wenig später wieder seine Funktion, weil er seine SS-Mitgliedschaft verschwiegen hatte.

Das »Neue Ökonomische System« 1963

ab 1. Januar: Einführung der wirtschaftlichen Rechnungsführung; Einrichtung von »Industriebankfilialen« der Deutschen Notenbank (Zentralbank der DDR) als »ökonomisches Experiment« zunächst in vier Vereinigungen Volkseigener Betriebe (VVB)
ab 1. September: Auszahlung einer Prämie (in Höhe von 5–10 % des Erlöses) bei zusätzlichen Exporten durch die volkseigene Industrie
ab 1. Oktober: Erprobung neuer zwischenbetrieblicher Verrechnungsverfahren bei Warenlieferungen und Dienstleistungen in drei VVB.

NDPD und Kongresse der Massenorganisationen FDJ und FDGB schwenken mit Zustimmungsbeschlüssen auf den Reformkurs ein, ohne ihn selbst aktiv gestalten zu können. Die Auswirkungen der Reform sind aber auch in anderen gesellschaftlichen Bereichen zu beobachten. So wird die öffentliche Diskussion der geplanten Maßnahmen in den Medien in ungewohnter Offenheit dokumentiert. Liberale Jugendförderprogramme (Politbürobeschluß vom 17. 9.) und eine kulturelle Liberalisierung eröffnen Künstlern die Möglichkeit, Entwicklungsdefizite der DDR-Gesellschaft zu beleuchten (→ DDR 1965, »Kahlschlagplenum« des SED-Zentralkomitees).

Institutionenreform: Den wirtschaftspolitischen Erfordernissen werden die Institutionen angepaßt, auch die Leitung des Staates soll nach dem »Produktionsprinzip« organisiert sein. Am 7. 2. ersetzen **Landwirtschaftsräte** auf Kreis-, Bezirks- und zentraler Ebene das aufgelöste Landwirtschaftsministerium, am 17. 4. werden mit dem **Gesetz über den Ministerrat** dessen Befugnisse auf Kosten des Staatsrates erweitert. Auf der Ebene der SED-Kreisleitungen werden **Büros für Industrie und Bauwesen** bzw. **für Landwirtschaft** gegründet.

Ohne die ausdrückliche Unterstützung durch *Walter Ulbricht* wäre der Reformkurs nicht durchzusetzen gewesen. Damit sichert der in der Bevölkerung unbeliebte SED-Chef aber auch seine Macht. Die um ein Jahr verschobenen Volkskammerwahlen am 20. 10. mit dem üblichen Ergebnis (99,25 % Beteiligung, 99,95 % Ja-Stimmen für die Einheitsliste) zeigen, daß mit den Reformen keine grundlegende Demokratisierung der DDR-Gesellschaft beabsichtigt ist.

Arbeiter-und-Bauern-Inspektion: Nach Beschlüssen des SED-Politbüros (19. 2.) und des Ministerrates (28. 2.) entsteht die der Regierung unterstellte Arbeiter-und-Bauern-Inspektion (ABI). Sie nimmt ihre Tätigkeit am 15. 5. auf und beschäftigt im ersten Jahr ihres Bestehens schon 46 000 freiwillige Helfer. Ihre Aufgabe ist es, in

Anteil am gesellschaftlichen Gesamtprodukt nach Eigentumsformen 1950, 1956 und 1963

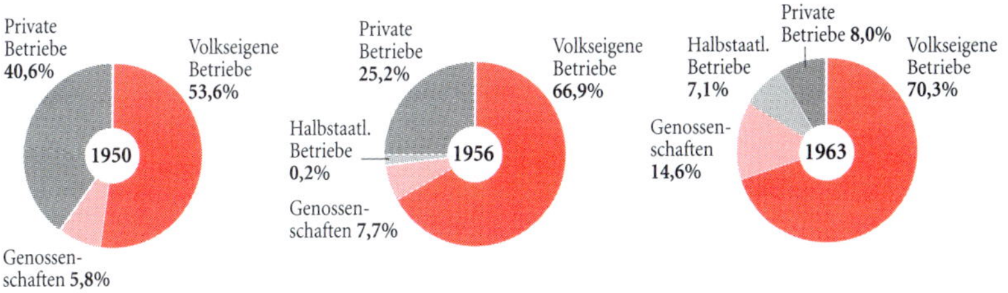

industriellen und landwirtschaftlichen Unternehmen sowie Handelseinrichtungen zu kontrollieren, ob Leistungen und Produkte zu gerechtfertigten Preisen und Konditionen erbracht werden.

Bildungspolitik

Beschlüsse des Politbüros und des Ministerrates vom 3.7. über »Grundsätze der weiteren Systematisierung des polytechnischen Unterrichtes« haben mit den **Polytechnische Kabinetten** eine Veränderung der Lehrpläne im Werkunterricht und eine frühzeitig einsetzende Berufsorientierung zur Folge. Auf die Förderung besonders Begabter ausgerichtete **Spezialschulen** ermöglichen die differenzierte Ausbildung in sprachlich, naturwissenschaftlich oder künstlerisch orientierten Lehreinrichtungen.

Kirchenpolitik

Im Frühjahr kommt es zu neuen Auseinandersetzungen mit der Evangelischen Kirche. Am 4.2. wird der Verweser des östlichen Teils der Evangelischen Kirche Berlin-Brandenburg, *Kurt Scharf*, nach West-Berlin ausgewiesen. Die Spannungen nehmen zu, als die Leitung der evangelischen Kirche am 8.3. **Zehn Artikel über Freiheit und Dienst der Kirche** veröffentlicht. Darin fordern die Kirchenoberen die Protestanten in der DDR auf, »für die Wahrheit« einzustehen und über den »Mißbrauch der Macht« durch den Staat nicht zu schweigen. DDR-Theologen aus dem Umfeld der CDU (Ost) antworten im Januar 1964 mit einem Gegentext **Sieben Sätze von der Freiheit der Kirche zum Dienen:** »Im Glaubensgehorsam werden wir die politische Ordnung unserer Gesellschaft, den Staat, weder fürchten noch lieben, sondern uns an der Erfüllung seiner von Gott angeordneten Aufgabe beteiligen.«

Außenpolitik

Wirtschaftliche Vereinbarungen: Am 22.10. unterzeichnen die RGW-Mitgliedsländer ein Abkommen zur gegenseitigen Verrechnung von Lieferungen und Bezügen, für die als Buchgeld der transferierbare Rubel (**Transferrubel**) und die dazugehörige Bank für wirtschaftliche Zusammenarbeit mit Sitz in Moskau geschaffen wird, an deren Gründungskapital von 300 Mil-

lionen Rubel sich die DDR mit 55 Millionen Rubel beteiligt. – Am 18.12. wird die Erdölleitung »Freundschaft« feierlich in Betrieb genommen, über die in den kommenden Jahren sowjetisches Erdöl zur Raffinerie in Schwedt an der Oder geliefert wird (→ DDR 1959).

Politische Ereignisse: Am 12.1. nehmen **Kuba** und die DDR **diplomatische Beziehungen** auf, zwei Tage später bricht die Bundesrepublik ihre Beziehungen zur kubanischen Regierung ab. – Am 8.8. erklärt die DDR ihren Beitritt zum wenige Tage zuvor in Moskau von der UdSSR, den USA und Großbritannien unterzeichneten **Atomwaffensperrvertrag** (Ratifizierung durch den Staatsrat am 11.11.).

Deutschlandpolitik

Das am 17.12. von Vertretern des West-Berliner Senats und der DDR unterzeichnete **Passierscheinabkommen** (→ BRD 1963) wertet die DDR wegen der erstmaligen offiziellen Verhandlungen mit dem West-Berliner Senat als De-facto-Anerkennung. – Unter Vermittlung der Kirchen wird die Praxis des **Freikaufs politischer Häftlinge** aufgenommen. Als Gegenleistung für die Freilassung dieser Personen – vornehmlich solcher, die die DDR illegal zu verlassen versuchten – wird die Lieferung von Konsumgütern wie z.B. Kaffee und Südfrüchten vereinbart. Die DDR sieht darin eine Kompensation für die schulische und berufliche Qualifikation der Übersiedler. – Am 20.6. veröffentlicht der Ministerrat einen **Brief an die Bevölkerung Westdeutschlands** mit dem Appell, »gute menschliche Beziehungen zwischen der Bevölkerung beider deutscher Staaten« zu schaffen. Am nächsten Tag verschärft der Ministerrat die Grenzordnung an der Grenze zu West-Berlin. Wer im Grenzgebiet lebende Personen besuchen will, muß eine gesonderte Genehmigung einholen, die auch ohne Begründung verweigert werden kann. – Am 23.9. folgt eine **Verordnung über Personalausweise**, die allein für »Bürger der Deutschen Demokratischen Republik« – erstmals wird offiziell diese Formulierung gebraucht – die Ausgabe neuer Personaldokumente ab 2.1.1964 vorsieht. – Mit großer propagandistischer Begleitung verurteilt das Oberste Gericht der DDR am 23.7. den Staatssekretär im Bundeskanzleramt, *Hans Globke*, in Abwesenheit als »**intellektuellen Massenmörder**« zu lebenslanger Haft.

1964

»Bildungskatastrophe«

Stärker noch als im Vorjahr steht die Bundesrepublik im Zentrum der Auseinandersetzungen zwischen den USA bzw. Großbritannien auf der einen und Frankreich auf der anderen Seite. Während Bundeskanzler *Erhard* weiterhin die Sicherung guter Beziehungen zu den USA und Großbritannien betont, wird jenseits des Rheins, aus Sorge vor einer Beeinträchtigung der Souveränität der westeuropäischen Staaten durch die USA, eine starke Achse Paris–Bonn bevorzugt. Entspannung und Pragmatismus prägen – im Gleichklang des Verhältnisses der Supermächte zueinander – zunehmend die deutsch-deutschen Beziehungen. Die im Frühjahr beginnende Debatte über die drohende »Bildungskatastrophe« dominiert die Innenpolitik.

Westliche Sicherheitspolitik

MLF-Projekt scheitert: Während seines Arbeitsbesuchs in Paris am 15. 2. gelingt es Bundeskanzler *Erhard* nicht, Staatspräsident *de Gaulle* in seiner ablehnenden Haltung gegenüber dem MLF-Projekt umzustimmen. *De Gaulle* bietet dagegen der Bundesrepublik an, ihr im Verteidigungsfall auch mit Atomwaffen beizustehen. – Im Herbst nehmen die USA und Großbritannien **Abstand vom MLF-Plan**. Der britische Premierminister *Harold Wilson* erklärt am 23. 11., nicht unbedingt an der NATO-Atomstreitmacht festhalten zu wollen; US-Präsident *Lyndon B. Johnson* räumt am 3. 12. ein, die NATO-Partner könnten auch andere Verteidigungskonzepte in Erwägung ziehen. – Nachdem sich Bundesaußenminister *Gerhard Schröder* bei seinen Besuchen in Rom (8. 12.), Paris (9. 12.) und London (11. 12.) für die Realisierung des MLF-Projektes verwandte und insbesondere den Anspruch auf einen deutschen Beitrag ver-

trat, gerät er auf der Ministerratstagung der NATO vom 15.–17. 12. mit seinem französischen Amtskollegen *Maurice Couve de Murville* über dieses Thema in eine heftige Kontroverse.

EWG-Krise

»Atlantiker« versus »Gaullisten«: Während des Arbeitsbesuchs von Staatspräsident *de Gaulle* am 3./4. 7. in Bonn erzielen die Gesprächspartner keine Annäherung ihrer **unterschiedlichen Konzepte zur europäischen Einigung**. Während *de Gaulle* die Bildung einer deutsch-französischen Union als Basis für eine spätere Europäische Union vorschlägt, favorisiert Bundeskanzler *Erhard* weiterhin eine Erweiterung der EWG durch Aufnahme Großbritanniens. – Auf dem CSU-Parteitag am 12. 7. kommt es zur offenen **Konfrontation zwischen den »Atlantikern« und »Gaullisten«**. *Erhard* verwahrt sich gegen Kritik von Verteidigungsminister *Franz Josef Strauß* (CSU), der sich zu den von *Adenauer* angeführten »Gaullisten« zählt und die bundesdeutsche Außenpolitik aus der Abhängigkeit von den USA und Großbritannien gelöst sehen will.

Mansholt-Plan: Am 19. 3. lehnt die Bundesregierung den Mansholt-Plan zur Harmonisierung der Getreidepreise zunächst ab. Sie entspricht damit der heftigen Einrede des Deutschen Bauernverbandes, der am 25. 1. geltend machte, die Verwirklichung des Mansholt-Plans würde den deutschen Landwirten **erhebliche finanzielle Einbußen** bringen. Angesichts der Drohung Frankreichs auf der EWG-Ministerratstagung am 20./21. 10., aus der Gemeinschaft auszutreten, sieht sich Bundeswirtschaftsminister *Kurt Schmücker* am 15. 12. in Brüssel schließlich **gezwungen, den Mansholt-Plan zu akzeptieren**. *Schmücker* kann lediglich erreichen, daß die Getreidepreisbindung nicht am 1. 7. 1964, sondern erst drei Jahre später in Kraft tritt.

Beziehungen zu den Ostblockstaaten

Sowjetunion: Die mögliche Beteiligung der Bundeswehr an der Atomrüstung im Rahmen des MLF-Projekts (→ oben) beeinträchtigt das Verhältnis zur Sowjetunion, das sich durch den Abschluß des **Freundschaftsabkommens zwischen der Sowjetunion und der DDR** am 12. 6. weiter verschlechtert. Politiker aller im Bundes-

tag vertretenen Parteien verurteilen den Vertrag. Im Einvernehmen mit der Bundesrepublik veröffentlichen Frankreich, Großbritannien und die USA am 26.6. die **Deutschland-erklärung**, in der den wesentlichen Punkten des Abkommens widersprochen wird. Sie betont insbesondere die Vier-Mächte-Verantwortung für ganz Deutschland und untermauert den **Alleinvertretungsanspruch der Bundesrepublik**. – Nach Aufforderung von US-Präsident *Johnson*, der am 3.5. für eine Trendwende im Ost-West-Verhältnis eintritt, signalisiert die Bundesregierung am 13.6. ihr Interesse an einem Besuch von Staats- und Parteichef *Chruschtschow* in Bonn. Der **Sturz Chruschtschows** und die Einsetzung einer neuen politischen Führung unter *Leonid Breschnew* am 14.10. vereiteln die Pläne.
Rumänien: Die Bundesrepublik schließt am 6.3. ein **Handelsabkommen** mit Rumänien. Es ist das vierte Abkommen, das seit → 1963 mit einem Ostblockstaat zustande kommt.
Tschechoslowakei: Äußerungen des Bundesverkehrsministers und Sprechers der Sudetendeutschen Landsmannschaft *Hans-Christoph Seebohm*, der am 17.5. auf dem Sudetendeutschen Tag in Nürnberg aus der angeblichen **völkerrechtlichen Wirksamkeit des Münchener Abkommens** von 1938 territoriale Ansprüche Deutschlands gegen die Tschechoslowakei ableitet (»Rückgabe des Sudetenlandes«), führen zu einer Belastung des Verhältnisses zwischen beiden Ländern.

Deutsch-deutsche Beziehungen

Passierscheinabkommen: → BRD 1963
Besuchs- und Reiseverkehr: Am 14.8. schließen die Unterhändler der Bundesrepublik und der DDR ein Abkommen über den **Bau der Saalebrücke.** Die im Krieg zerstörte und für den Berlinverkehr wichtige Autobahnbrücke in Thüringen wird von der DDR neu errichtet, die Kosten in Höhe von 5,5 Mio. DM übernimmt die Bundesrepublik. – Überschattet werden die Verbesserungen im innerdeutschen Verhältnis durch die **Einführung des Mindestumtausches** am 1.12. (→ DDR). Die Bundesregierung reagiert am 2.12. mit dem Abbruch von Verhandlungen über die Ausweitung des Interzonenhandels.
Zeitungstausch: Der Staatsratsvorsitzende der DDR, *Walter Ulbricht*, schlägt der Bundesrepublik am 24.4. einen Zeitungstausch vor (→ DDR). Die Bundesregierung lehnt das Angebot am 2.6. mit der Begründung ab, daß sich ein Verkauf der DDR-Zeitung nicht mit dem KPD-Verbot und den Gesetzen gegen die Verbreitung staatsgefährdender Schriften vertrage. Für diesen Beschluß wird die Regierung nicht nur von SPD und FDP, sondern auch aus den Reihen der CDU sowie in den Medien scharf kritisiert.
Flüchtlinge: Das Bundesministerium für Vertriebene verzeichnet für 1964 insgesamt **3155 Flüchtlinge** aus der DDR in die Bundesrepublik bzw. nach West-Berlin. An der Berliner Mauer werden zwischen dem 13.8.1961 und dem 13.8. 1964 insgesamt **52 Menschen bei Fluchtversuchen getötet**; an der innerdeutschen Grenze werden 53 Todesopfer gezählt. Aus Mittel- und Osteuropa kamen 20 842 Aussiedler in die Bundesrepublik.

Wahl des Bundespräsidenten

Die Bundesversammlung wählt am 1.7. in West-Berlin *Heinrich Lübke* (CDU) für weitere fünf Jahre zum Bundespräsidenten. Er erhält 710 Ja-Stimmen bei 187 Enthaltungen. Auf den amtierenden Bundesjustizminister *Ewald Bucher* (FDP) entfallen 123 Stimmen.

Aufarbeitung der NS-Vergangenheit

Israel: Am 17.3. unterzeichnen Vertreter Israels und der Bundesrepublik ein Protokoll zur **Durchführung der Wiedergutmachung** gemäß dem Abkommen von → 1952. Es sieht Zahlungen an Israel in Höhe von 250 Mio. DM vor.
Rücktritte: Am 22.1. suspendiert Bundeskanzler *Erhard* Bundesvertriebenenminister *Hans Krüger* (CDU) von seinem Amt, nachdem »Der Spiegel« einen aus DDR-Quellen stammenden Bericht aufgegriffen hat, der *Krüger* die Mitwirkung an NS-Sondergerichten vorwirft. Am 7.2. tritt *Krüger* vom Ministeramt zurück; auch den Vorsitz des Bundes der Vertriebenen gibt er ab. Der frühere Bundesminister für gesamtdeutsche Fragen *Ernst Lemmer* (CDU) tritt als Nachfolger von *Krüger* erneut ins Kabinett ein.
Verjährungsdebatte: Nach der Verabschiedung eines Gesetzes zur Nichtverjährung von Nazi- und Kriegsverbrechen in der Volkskammer (→ DDR) lebt auch in der Bundesrepublik die Diskussion zu diesem Thema wieder auf. Zum 8.5. 1965, dem 20. Jahrestag des Kriegsendes, würden

ohne Gesetzesänderungen NS-Mordtaten – auch Kriegs- und Völkermordverbrechen – verjähren. Gegen die **Aufhebung der Verjährungsfrist** formiert sich Widerstand; die Bundesregierung hält eine entsprechende Gesetzesänderung, wie Regierungssprecher *Karl-Günther von Hase* am 11. 11. feststellt, für nicht verfassungskonform. Am 5. 11. richtet sie einen Appell an alle Staaten und Privatpersonen, belastendes Material zur Verfügung zu stellen, damit Verfahren noch rechtzeitig vor dem Stichtag eröffnet werden können. – Am 12. 6. beziffert Bundesjustizminister *Ewald Bucher* die **Zahl der noch anhängigen Strafverfahren** wegen NS-Straftaten auf 800. Bis Ende 1963 sind 5445 Personen von bundesdeutschen Gerichten verurteilt worden.

Prozesse: Fünf Tage vor dem Beginn des Prozesses zum **NS-Massenmord an Kranken** (sog. Euthanasie) in Limburg nimmt sich der Hauptangeklagte *Werner Heyde* im Gefängnis das Leben. *Heyde* leitete die 1939 begonnene »Aktion T4«, der wahrscheinlich 100 000 chronisch Kranke und als »lebenunswert« erachtete Menschen zum Opfer fielen. Der Prozeß wird am 18. 2. eröffnet. Hauptangeklagter ist nun *Hans Hefelmann*. – Große öffentliche Aufmerksamkeit erregt der Auftritt der beiden Hauptzeugen im **Auschwitz-Prozeß** am 5. 10. in Frankfurt/Main. Als Angehörige von »Sonderkommandos« waren die ehem. KZ-Häftlinge in Auschwitz gezwungen worden, Ermordete in Krematorien zu verbrennen.

Großbritannien: Am 9. 6. einigen sich Großbritannien und die Bundesrepublik nach siebenjährigen Verhandlungen auf ein Wiedergutmachungsabkommen. Die Bundesrepublik zahlt für die **Ansprüche der britischen Opfer des NS-Regimes** 11,2 Mio. DM.

Bildungspolitik

»Bildungskatastrophe«: (→ Kasten) Die Repräsentanten der Hochschulen in der Bundesrepublik stellen auf der Westdeutschen Rektorenkonferenz (WRK) in West-Berlin vom 5.–7. 2. erhebliche Mängel in der Organisation und Ausstattung des Bildungssystems fest, die sich in der Überfüllung der Hochschulen, nachlassenden studentischen Leistungen und im daraus resultierenden Mangel an qualifiziertem akademischem Nachwuchs zeigen. – Die Regierungschefs der Bundesländer beschließen am 19. 3. die **Gründung von fünf neuen Hochschulen**; sie

»Die deutsche Bildungskatastrophe«

Die seit Anfang der sechziger Jahre immer offenkundiger werdenden Defizite des bundesdeutschen Bildungswesens bringt der Pädagoge *Georg Picht* im Frühjahr 1964 mit dem Titel einer Serie in der Wochenzeitung »Die Zeit« und der nachfolgenden Buchveröffentlichung auf den Begriff. Ausgehend vom Bedarf qualifizierter Nachwuchskräfte in der Industrie konstatiert *Picht* einen zunehmenden Mangel an Lehrkräften an allen Schulzweigen. Darüber hinaus fehle es an Abiturienten und Mittelschulabsolventen sowie an gleichen Bildungschancen. Bei Fortschreibung der bestehenden Bedingungen würden im Jahr 1970 nur 8% aller Schüler das Abitur ablegen. *Picht* prognostiziert einen »Bildungsnotstand, den sich nur wenige vorstellen können«. Der bisherige wirtschaftliche Aufschwung werde wegen des Mangels an qualifizierten Nachwuchskräften ein rasches Ende nehmen. In einer vergleichenden Schulstatistik stehe die Bundesrepublik neben Jugoslawien, Irland und Portugal am untersten Ende der europäischen Staaten.

Pichts Befunde finden ein beispielloses Echo in der öffentlichen Debatte; sie machen die Bildung zum zentralen innenpolitischen Thema und bereiten die bildungspolitischen Offensiven der siebziger Jahre vor.

Schüler und Studenten 1960–1990

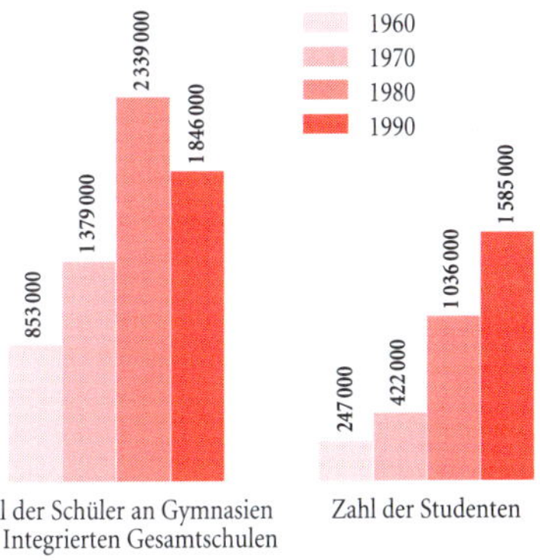

sollen in Bochum, Bremen, Konstanz, Regensburg und Dortmund entstehen.

Volksschüler in öffentlichen Gemeinschafts- und Konfessionsschulen 1963

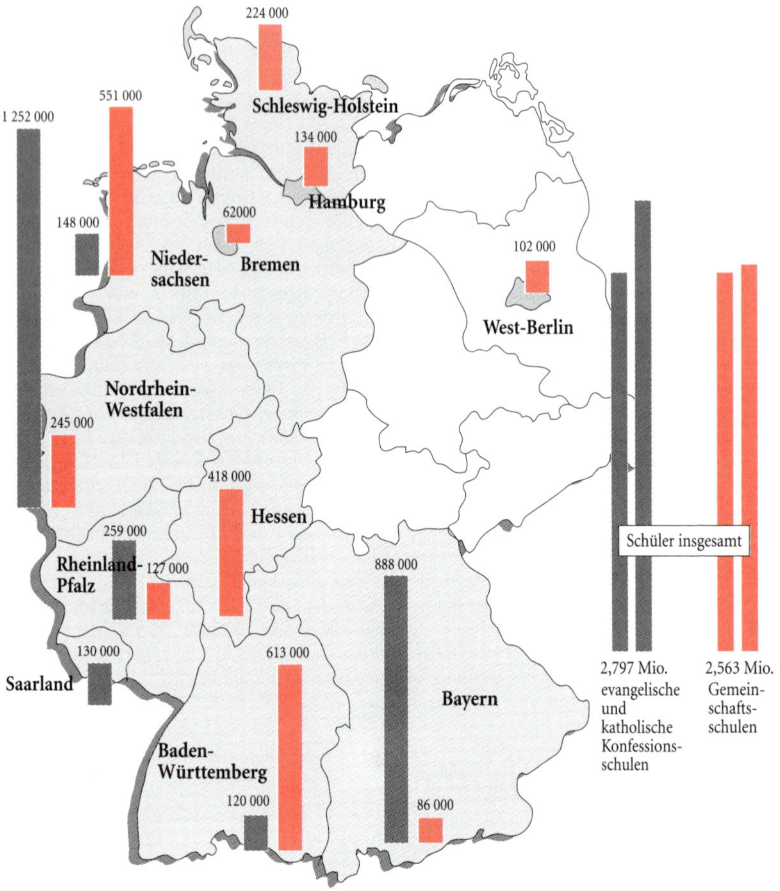

Affären

Telefonaffäre: Am 29. 4. billigt der Bundestag den Bericht des Untersuchungsausschusses zur Abhörpraxis des Bundesamtes für Verfassungsschutz. Der Bericht entkräftet die im September → 1963 von den Medien erhobenen Vorwürfe, der Verfassungsschutz habe illegal den Telefon- und Briefverkehr von Bundesbürgern überwacht, nur teilweise.

Heye-Affäre: Vizeadmiral a. D. *Hellmuth Heye* (CDU) tritt am 3. 11. von seinem Amt als Wehrbeauftragter des Bundestages zurück. Damit zieht er die Konsequenz aus der heftigen Kritik aus Parlament und Bundeswehr, nachdem er in einer Artikelserie der Illustrierten »Quick« schwere Versäumnisse beim inneren Aufbau der Bundeswehr und eine »miserable Menschenführung« beanstandet hatte.

Parteien

SPD: Nach dem Tod *Erich Ollenhauers* am 14. 12. 1963 wählt ein außerordentlicher SPD-Parteitag in Bad Godesberg am 16. 2. *Willy Brandt* zum neuen SPD-Vorsitzenden. Er erhält 320 von 334 Stimmen. Zugleich nominieren ihn die Delegierten als Kanzlerkandidaten für die Bundestagswahl 1965. In seiner Parteitagsrede bekräftigt *Brandt* seine Absicht, die **SPD zur Volkspartei zu wandeln**. Programmatische Schwerpunkte setzt er daher auf die Förderung des Mittelstandes und auf Reformen im Bildungssowie im Gesundheitswesen. In der Außenpolitik legt *Brandt* ein Bekenntnis zur Bindung an die USA ab.

CDU: Auf dem Bundesparteitag der CDU in Hannover wird Altbundeskanzler *Konrad Adenauer* am 17. 3. erneut als Parteivorsitzender wiedergewählt.

NPD: Am 28. 11. schließt sich in Hannover die von *Adolf von Thadden* geführte Deutsche Reichspartei (DRP) mit mehreren anderen Parteien des äußersten rechten Spektrums, u. a. der 1962 neu gegründeten Deutschen Partei (DP), zur Nationaldemokratischen Partei Deutschlands (NPD) zusammen. Den Vorsitz der Partei übernimmt *Fritz Thielen*. Die neue Partei versteht sich als Sammelbecken für »nationale Deutsche aller Stände, Konfessionen, Landsmannschaften und Weltanschauungen« und will gegen den »Monopolanspruch der Bonner Parteien« eine von »fremden Interessen unabhängige deutsche Politik« betreiben.

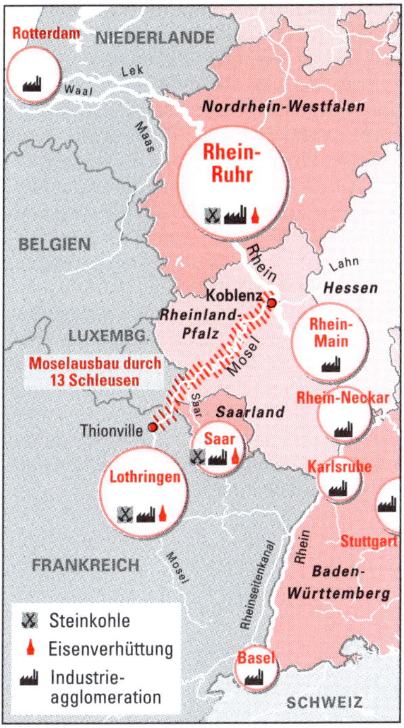

Wirtschaftspolitik

»Fünf Weise«: Am 14. 2. nimmt der 1963 gegründete Sachverständigenrat für die Begutachtung der gesamtwirtschaftlichen Entwicklung in Bonn seine Arbeit auf. Die fünf auf Vorschlag der Bundesregierung vom Bundespräsidenten berufenen Wirtschaftswissenschaftler (»Fünf Weise«) sollen mindestens einmal jährlich eine **Beurteilung zum Zustand der Volkswirtschaft** der Bundesrepublik Deutschland erstellen und bis zum 15. 11. eines jeden Jahres Vorschläge unterbreiten, »wie im Rahmen der marktwirtschaftlichen Ordnung gleichzeitig Stabilität des Preisniveaus, hoher Beschäftigungsstand und außenwirtschaftliches Gleichgewicht bei stetigem und angemessenem Wachstum gewährleistet werden können«.

Wirtschaftsverkehr: Die Staatsoberhäupter Frankreichs, des Großherzogtums Luxemburg und der Bundesrepublik weihen am 26. 5. die

Haushaltsnettoeinkommen nach sozialen Gruppen[1] 1950–1970 in DM

Jahr	*Arbeiter*	*Angestellte und Beamte*	*Selbständige*	*Rentner*
1950	283	346	437	145
1955	474	570	754	232
1960	683	804	1 154	359
1964	908	1 031	1 559	472
1968	1 082	1 260	2 147	595
1970	1 290	1 389	2 772	704

[1] Für die Zuordnung zu einer sozialen Gruppe ist die soziale Stellung des Haushaltsvorstandes maßgebend.
Quelle: DIW

neue **Mosel-Großschiffahrtsstraße** ein (→ Karte). Der Ausbau der Mosel war → 1956 im Saar-Vertrag vereinbart worden. 85% der Kosten (781 Mio. DM) trägt die Bundesrepublik.

Unternehmen: Am 6. 8. übernehmen die Rheinischen Stahlwerke Essen die Henschel-Werke in Kassel. **Rheinstahl** wird damit zum elftgrößten deutschen Konzern (Jahresumsatz 3,7 Mrd. DM). – Am 23. 10. kauft sich die Volkswagen AG mit 80 Mio. DM bei der **Auto-Union** in Ingolstadt ein und wird dadurch neben Daimler-Benz gleichberechtigter Anteilseigner.

»Stiftung Warentest«: Die Bundesregierung beschließt am 14. 9. die Gründung einer »Stiftung Warentest« mit Sitz in Berlin. Im Interesse der Verbraucher soll das privatrechtliche Institut die Märkte für Waren und Dienstleistungen beobachten und Vergleichstests zu ihrem Gebrauchswert in Auftrag geben, über die sie die Öffentlichkeit informiert.

Arbeitsmarkt: Im August verzeichnet die Bundesanstalt für Arbeit einen historischen **Tiefstand bei der Arbeitslosigkeit**. Bundesweit sind 102 800 Menschen ohne Beschäftigung; dagegen gibt es 680 000 offene Stellen. – Am 10. 9. wird der Portugiese *Armando Rodrigues* als **einmillionster Gastarbeiter** in der Bundesrepublik von Vertretern der Wirtschaftsverbände in Köln feierlich begrüßt. 1964 wurden rd. 300 000 Arbeitnehmer aus Italien angeworben, 145 000 aus Spanien, 144 000 aus Griechenland, 69 000 aus der Türkei, 53 000 aus Jugoslawien. Etwa ein Drittel von ihnen ist in der Montanindustrie beschäftigt, je ein knappes Viertel im Baugewerbe und im übrigen verarbeitenden Gewerbe (→ Graphik 1960).

Bundesländer

Baden-Württemberg: Landtagswahl am 26. 4.

1964

Stabilisierung

Die Reformphase des Neuen Ökonomischen Systems tritt mit ihrer ersten Etappe in die praktische Umsetzung. Die beiden Stufen der Industriepreisreform sind von massiven Preiserhöhungen für die Zulieferungen in der Industrie begleitet, die die tatsächlichen Herstellungskosten berücksichtigen. Offenheit kennzeichnet auch zunehmend die Kultur- und Bildungspolitik. Andererseits verdeutlicht das Vorgehen gegen den Ost-Berliner Physiker *Robert Havemann* weiterhin die Bereitschaft der SED-Führung zu Restriktionen.
In der Deutschlandpolitik führen Verhandlungen zu weiteren Vereinbarungen in praktischen Fragen. Gleichzeitig intensiviert die DDR ihre außenpolitischen Bemühungen, um die fortbestehende internationale Isolierung zu beenden.

Reformen und Restriktionen

Kultur- und Bildungspolitik: Die Reformphase mit Ansätzen zur politischen Liberalisierung bleibt ambivalent. Einerseits zeigt sich ein gewisses Maß an Diskussionsbereitschaft – etwa durch die Veröffentlichung von Romanen wie *Erik Neutschs* »**Spur der Steine**«, die sich kritisch mit der Entwicklung in der DDR befassen, andererseits kommt es erneut zu Restriktionen: Am 13. 3. **verliert** *Robert Havemann* **seinen Lehrstuhl** für Physikalische Chemie an der Ost-Berliner Humboldt-Universität, nachdem er bereits tags zuvor aus der SED ausgeschlossen worden war. Diese Maßnahmen markieren das abrupte Ende einer von der SED-Universitätsleitung ursprünglich unterstützten Vorlesungsreihe, in der *Havemann* auf marxistischer Basis Kritik an den wissenschaftlichen Restriktionen durch den allmächtigen Parteiapparat geübt hatte. – Auf der 2. Bitterfelder Konferenz am 24./25. 4. überrascht *Walter Ulbricht* mit dem Vorschlag, einige westdeutsche Zeitungen wie etwa »Die Zeit« oder die »Süddeutsche Zeitung« in der DDR »zum Verkauf auszulegen, wenn die Garantie dafür gegeben wäre, daß in Westdeutschland das ›Neue Deutschland‹ in gleichem Maße öffentlich verkauft wird.« Dieser **gegenseitige Zeitungsaustausch** scheitert an rechtlichen Vorbehalten der Bundesregierung (→ BRD).

Jugendpolitik: Am 4. 5. verabschiedet die Volkskammer ein **neues Jugendgesetz**: Mit dem »Gesetz über die Teilnahme der Jugend der DDR am Kampf um den umfassenden Aufbau des Sozialismus« soll für die Jugend der DDR ein anderer Entwicklungsweg festgeschrieben werden, als dies bei den Altersgenossen in Westdeutschland der Fall ist. Schon beim 3. und letzten **»Deutschlandtreffen der FDJ«** in Ost-Berlin (16.–18. 5.) werden die etwa 24 000 Teilnehmer aus der Bundesrepublik getrennt von den etwa 1000 aus West-Berlin gezählt.
Bausoldaten: Am 7. 9. wird in der DDR eine Anordnung des Nationalen Verteidigungsrates über die **Aufstellung von Einheiten der Bausoldaten** in den Reihen der Nationalen Volksarmee erlassen. Zwar steht Wehrdienstverweigerung nach wie vor unter Strafe, diese Anordnung eröffnet jedoch jungen Männern die Möglichkeit, den Dienst mit der Waffe abzulehnen und statt dessen »mit dem Spaten« zu dienen.
Rechtswesen: Am 21. 8. verabschiedet die Volkskammer ein Gesetz über die Nichtverjährung von Nazi- und Kriegsverbrechen. – Am 6. 10. wird vom Staatsrat aus Anlaß des 15. Jahrestages der DDR eine Amnestie für etwa 10 000 Strafgefangene verkündet, von der auch Prominente wie der Schriftsteller *Erich Loest* profitieren.
Ministerrat: Nach dem Tod von *Otto Grotewohl* am 21. 9. wird *Willi Stoph* neuer Vorsitzender des Ministerrates; am 24. 9. bestätigt ihn die Volkskammer.

Deutschlandpolitik

Neuer Währungsname: Mit Wirkung vom 1. 8. ändert die DDR auch ihre Währungsbezeichnung. Danach wird die bisherige Bezeichnung »Deutsche Mark« (DM-Ost) von der »Mark der Deutschen Notenbank« (MDN) abgelöst.
Neue Grenzordnung: Am 16. 3. erläßt der Ministerrat eine »Verordnung über die Zulassung

und die Tätigkeit freiwilliger Helfer zur Unterstützung der Deutschen Volkspolizei und der Grenztruppen der Nationalen Volksarmee«. Drei Tage später folgt eine neue Grenzordnung, die den Zugang zum, den Aufenthalt im und die Durchfahrt durch das Grenzgebiet der DDR weiter einschränkt und eine besondere Polizeistunde einführt.

Neue Vertragsangebote: Vor dem Hintergrund der sowjetischen Ankündigung, die DDR im Falle der Verwirklichung des Plans einer multilateralen Atomstreitmacht der NATO (→ BRD 1963) ebenfalls nuklear zu bewaffnen, schlägt der Staatsratsvorsitzende der DDR, *Walter Ulbricht*, am 6. 1. und erneut am 26. 5., in Briefen an Bundeskanzler *Erhard* den **Verzicht beider deutschen Staaten auf Kernwaffen** vor. Die Bundesregierung sendet diese Briefe ungeöffnet zurück. – Gleichzeitig kommen zwischen beiden deutschen Staaten Vereinbarungen zustande: So einigt man sich am 11. 1. – letztmalig – über die Aufstellung einer **gesamtdeutschen Mannschaft** zu den Olympischen Spielen in Tokio sowie am 18. 8. über den **Ausbau einer Autobahnbrücke über die Saale** im gemeinsamen Grenzgebiet.

Besuchs- und Reiseverkehr: Das **zweite Passierscheinabkommen** (→ BRD 1963) gilt auch für jene Personen, die vor dem 13. 8. 1961 die DDR ohne behördliche Genehmigung verlassen haben. – Nach einer Ankündigung vom 25. 11. müssen Besucher aus nichtkommunistischen Ländern ab dem 1. 12. an den amtlichen Wechselstuben einen **Mindestumtausch von 5 DM** im Verhältnis 1:1 in Ostmark für jeden Aufenthaltstag in der DDR vornehmen. – Für DDR-Bürger treten erstmals seit dem Mauerbau **Reiseerleichterungen** ein. Nach einer Ankündigung in der DDR-Presse am 9. 9. beginnt Ende September die Antragstellung für Reisen von Bürgern im Rentenalter. Ab dem 2. 11. wird diesem Personenkreis gestattet, einmal im Jahr Reisen nach Westdeutschland und West-Berlin von bis zu vier Wochen Dauer zu unternehmen.

Außenpolitik

In dem am 12. 6. unterzeichneten »**Vertrag über Freundschaft, gegenseitigen Beistand und Zusammenarbeit**« zwischen der DDR und der Sowjetunion (Inkrafttreten am 26. 9.) wird von der Existenz zweier deutscher Staaten gesprochen und West-Berlin als »selbständige politische Einheit« bezeichnet. Die drei Westalliierten bekräftigen am Tag des Inkrafttretens des Vertrages, daß sie allein die Bundesregierung als legitime deutsche Regierung anerkennen. (→ BRD)

Am 7. 6. vereinbaren **Polen** und die **DDR** den gegenseitigen **Verzicht auf** die Erteilung von **Visa** bei Reisen von Privatpersonen.

Bevölkerung im Rentenalter* 1950 und 1964
(Anteil in %)

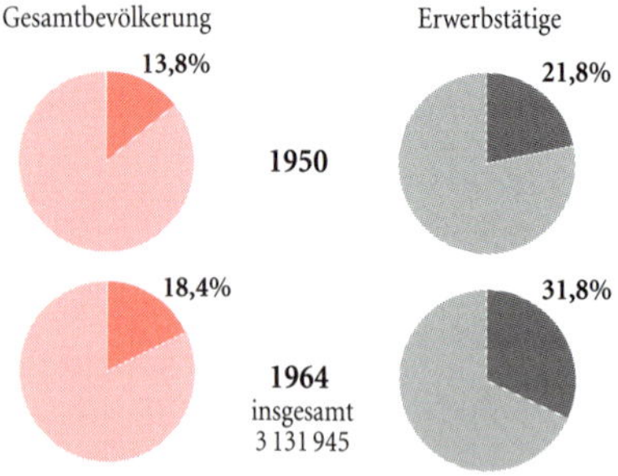

* Männer: 65 Jahre und älter, Frauen: 60 Jahre und älter

Neues Ökonomisches System

Das zentrale innenpolitische Thema bleibt die **Umsetzung des Reformkonzeptes** des Neuen Ökonomischen Systems der Planung und Leitung. Auf der am 3.–7. 2. stattfindenden ZK-Tagung wird die Umsetzung des NÖS im Bauwesen und im Handel behandelt und beschlossen, die Chemieindustrie »vorrangig« zu entwickeln. Am 11. 8. legt der Ministerrat ein Programm zur eigenständigen Entwicklung von EDV-Anlagen in der DDR auf (Laufzeit bis 1970).

Einscheidende Änderungen werden für Industrieunternehmen beschlossen: Sie zielen darauf ab, Begriffe wie »Kosten« und »Gewinn« zu den entscheidenden Kategorien der wirtschaftlichen Tätigkeit zu machen und die Bedeutung des Bruttoproduktionswertes in der Planabrechnung zu mindern. Ab 1. 1. wird durch die **Neubewertung der eingesetzten Investitionsgüter** in der volkseigenen Industrie und im Bauwesen die Kostenstruktur der Produktion verändert.

Industriepreisreform: Am 30. 1. beschließt der Ministerrat die erste Stufe der Industriepreisreform. Nachdem im ersten Quartal eine Preisdifferenzierung nach »Güteklassen« eingeführt worden war (2% Aufschlag für die höchste Güteklasse, 5% Abschlag für veraltete Produkte), werden die Industriepreise für Energie, Rohstoffe, Stahl- und Gießereierzeugnisse sowie die dazugehörigen Güterverkehrstarife ab 1. 4. um durchschnittlich 70% angehoben. Gleichzeitig werden differenzierte Zinssätze für kurzfristige Kredite eingeführt; sechs Vereinigungen Volkseigener Betriebe (VVB) sowie weitere sechs Volkseigene Betrieben führen eine sogenannte **Produktionsfondsabgabe** ein (→ DDR 1963). Mit der Einführung neuer Preise für Ersatzteile ab 1. 5. wird in einer VVB das Preisbildungsverfahren für die gesamte Volkswirtschaft getestet. Die neuen Preise enthalten nunmehr eine veränderte Kalkulation der Selbstkosten und des Gewinns für den Hersteller. – Seit dem ersten Quartal erhalten die Betriebe Anteile am Devisenerlös und **Prämien für zusätzliche Exporte** in westliche Länder. – Am 1. 7. folgt die zweite Stufe der Industriepreisreform, mit der die Preise für Roh- und Grundstoffe der Chemieindustrie ebenfalls durchschnittlich um 70% angehoben werden.

Endverbraucherpreise: Zum 1. 1. werden **»bewegliche« Endverbraucherpreise** eingeführt, wobei für die Preisfestsetzung neuer Produkte der Spitzenpreis des Vorgängerproduktes gilt, während veraltete Erzeugnisse im Preis gesenkt werden müssen.

Durch die Umsetzung des NÖS kommt es 1964 und in den folgenden Jahren zu **Erfolgen in der wirtschaftlichen Entwicklung**, die das politische System – auch durch eine wachsende Akzeptanz in der Bevölkerung – stabilisieren. Die Wirtschaftsreform ist jedoch wesentlich durch eine forcierte Modernisierung in der Investitionsgüterindustrie, die Förderung des technischen Fortschritts bei **Vernachlässigung der Konsumgüterbereiche** gekennzeichnet. Auch die **Lebensmittelversorgung verbessert sich** merklich.

Soziale Daten

Bevölkerung: Im Gebiet der DDR leben nach der zwischen dem 28. und 31. 12. durchgeführten **Volkszählung** 17,0 Mio. Einwohner. Der Bevölkerungsrückgang gegenüber dem Vorjahr (177 000) ist einerseits auf die Korrektur der Bevölkerungsfortschreibung durch die Zählung, andererseits auf einen einsetzenden Geburtenrückgang zurückzuführen. Der Frauenüberschuß wird in der Volkszählung mit 1,51 Millionen angegeben. Nach westlichen Angaben siedeln 41 866 (etwas weniger als im Vorjahr) Personen in die Bundesrepublik über. Die Zahl der von dort Zurückkehrenden oder Übersiedelnden geht um mehr als 15 Prozent auf jetzt 9895 Personen zurück.

Wohnungssituation und Wiederaufbau: Mit dem Bau von 76 615 Wohnungen (69 345 Neubauten, 7270 Modernisierungen) werden 647 Wohnungen mehr fertiggestellt als im Vorjahr. Der genossenschaftliche Wohnungsbau geht um nochmals mehr als 24 Prozent auf 30 520 Wohnungen zurück.

Einkommen und Lebenshaltung: Das durchschnittliche monatliche **Arbeitseinkommen** von Arbeitern und Angestellten in der staatseigenen Wirtschaft wächst gegenüber dem Vorjahr auf 610 Mark. Die Pro-Kopf-**Sparguthaben** wachsen auf etwa 1609 Mark an. Ihr hohes Wachstum gegenüber dem Vorjahr (16,7%) ist nicht allein der demographischen Bereinigung geschuldet. Die Sparguthaben bei Geld- und Kreditinstituten wachsen absolut um mehr als 15,5%, sparwirksame Personenversicherungen um mehr als 11%. Damit verstärkt sich das Geldüberhangproblem der DDR weiter. – Das **Fernsprechnetz** der Deutschen Post wächst um 34 800 auf etwa 734 200 Anschlüsse an. – Beim **Ausstattungsniveau** der privaten Haushalte mit langlebigen Konsumgütern werden folgende Werte erreicht. Auf 1000 Haushalte kommen 71 PKW, 160 Motorräder, 204 Kühlschränke, 224 Waschmaschinen und 459 Fernsehgeräte.

1965

»Formierte Gesellschaft«

Durch den Beginn der »amerikanischen Phase« im Vietnamkonflikt gerät Ende 1964 Südostasien ins Zentrum der Weltpolitik. Gleichzeitig setzen die Supermächte ihre Bemühungen um Entspannung fort; Verhandlungen über ein Abkommen zur Nichtverbreitung von Atomwaffen konkretisieren sich. Unter diesen Rahmenbedingungen entsteht in der Bundesrepublik eine offene Diskussion über die bisherige Ostpolitik. Die SPD legt im Bundestagswahlkampf den Schwerpunkt auf dieses Thema. Zwar verlieren die Sozialdemokraten mit *Willy Brandt* an der Spitze die Wahl, dennoch mehren sich die Stimmen bedeutender gesellschaftlicher Kräfte – unter ihnen auch die beiden großen Kirchen –, die eine Neuorientierung gegenüber dem Ostblock und der DDR verlangen. Innenpolitische Probleme, vor allem die Vernachlässigung des Bildungssystems, Defizite der Sozialpolitik und die geplante Notstandsgesetzgebung, liefern vermehrt tagespolitischen Konfliktstoff.

Außenpolitik

Krise mit Frankreich: Die → 1964 offen zutage getretene Krise in den deutsch-französischen Beziehungen setzt sich fort. Bei einem Arbeitsbesuch von Bundeskanzler *Erhard* am 19./20.1. in Paris weicht Staatspräsident *Charles de Gaulle* von der bisherigen Haltung Frankreichs zur Frage der deutschen Wiedervereinigung ab. Die deutsche Einheit sei nicht unter dem Dach der fortentwickelten EWG zu erwarten, sondern nur in einem freien, selbständigen **Europa, das vom Atlantik bis zum Ural reiche.** In einer erstmals abgehaltenen »Aktuellen Stunde« im Bundestag nennt *Erhard* die Position Frankreichs eine »weit ausgreifende Perspektive«.

Arabische Staaten/Israel: In Reaktion auf den geplanten Besuch des DDR-Staatsratsvorsitzenden *Walter Ulbricht* in der Vereinigten Arabischen Republik (Ägypten) droht die Bundesregierung in Anwendung der Hallstein-Doktrin mit dem Abbruch der diplomatischen Beziehungen und Einstellung der Militärhilfe. Am 1.2. ruft sie ihren Botschafter aus Kairo zurück. – Die Bundesrepublik intensiviert ihr Verhältnis zu Israel. Am 12.5. vereinbaren beide Staaten die **Aufnahme diplomatischer Beziehungen.** Daraufhin brechen neun arabische Staaten (darunter Algerien, Saudi-Arabien und die VAR) die Beziehungen zur Bundesrepublik ab. Erster Botschafter in Israel wird am 19.8. *Rolf Pauls*.

Atomwaffen-Kontroverse

Auf der Frühjahrstagung der NATO in London am 11.5. fordert Bundesaußenminister *Gerhard Schröder*, nach dem absehbaren Scheitern des MLF-Projekts (→ 1963) die Bundesrepublik in anderer Weise an der nuklearen Planung zu beteiligen. Daraufhin schlägt US-Verteidigungsminister *Robert McNamara* am 31.5. in Washington vor, ein multinationales NATO-Gremium für die nukleare Verteidigungsplanung zu bilden. Nachdem die USA auf der Genfer Abrüstungskonferenz am 17.8. einen Entwurf für einen Nichtverbreitungsvertrag vorlegen, erklärt sich die Bundesregierung am 4.9. bereit, in einem multinationalen NATO-Gremium mitzuarbeiten. – Ausdruck der wachsenden Bedeutung der Bundesrepublik in der NATO ist die Ernennung des Diplomaten *Joachim Jaenicke* am 11.12. zum Leiter der politischen Abteilung. In dieser Funktion ist er zugleich einer der Stellvertretenden Generalsekretäre.

Deutschlandpolitik

Deutsch-polnische Grenzfragen: Der SPD-Fraktionsführer im Bundestag, *Fritz Erler*, setzt sich am 14.1. auf einer Pressekonferenz in West-Berlin für direkte Gespräche über die deutsch-polnische Grenze zwischen der Bundesrepublik und Polen ein. Eine Regelung dieser Frage erhöhe die Chancen einer Wiedervereinigung, da der Ostblock bundesdeutsche Initiativen mit dem Verweis auf den »territorialen Revanchismus« der Bundesrepublik blockiere. Die Bundesregierung protestiert am 15. 1. scharf gegen die von *Erler* vorgeschlagene **Anerkennung der Oder-Neiße-Linie**; auch die SPD distanziert sich von ihrem Fraktionschef. – Der Präsident des Deutschen Bundestages, *Eugen Gerstenmaier* (CDU), erklärt am 18. 1. in einer Rundfunkrede, alle heutigen Staaten auf deutschem Boden seien nur »Provisorien«. Ziel der deutschen Politik müsse die **Wiederherstellung des Deutschen Reiches** sein.

Denkschrift der evangelischen Kirche: Nach der Bundestagswahl vom 19. 9. hält die Diskussion um die Ostpolitik an, in der sich erstmals auch die – noch gesamtdeutsch organisierten – großen Kirchen öffentlich zu Wort melden. Am 15. 10. veröffentlicht die Evangelische Kirche Deutschlands (EKD) ihre Denkschrift »Die Lage der Vertriebenen und das Verhältnis des deutschen Volkes zu seinen östlichen Nachbarn«. Darin stellt die EKD fest, daß die ehemaligen deutschen Ostgebiete, die seit 1944/45 unter polnischer Verwaltung stehen, selbst im Falle einer Wiedervereinigung nicht an Deutschland zurückfallen könnten, da Polen durch die Abgabe dieser Gebiete in seiner Existenz bedroht sei und die heute dort lebenden Polen ein Heimatrecht besäßen. Diese **indirekte Anerkennung der Oder-Neiße-Linie** stößt auf massive Kritik der Vertriebenenverbände.

Stellungnahme der Bischöfe: Am 18. 11. wenden sich die polnischen Bischöfe mit einem **Schreiben an die deutsche Delegation** und bezeichnen die Oder-Neiße-Linie für Polen als »Existenzfrage«. Obwohl die deutschen Bischöfe in ihrer Antwort am 5. 12. die Grenzfrage umgehen, gestehen sie zu, daß in den umstrittenen Gebieten eine Generation junger Polen heranwachse, die dort ihre Heimat gefunden hätten. Die Ansprüche der Vertriebenen und Polen müßten miteinander versöhnt werden.

Passierscheinabkommen → BRD 1963

Flüchtlinge: Der Bundestag verabschiedet am 27. 1. das »**Flüchtlingshilfegesetz**«. Danach erhalten Flüchtlinge aus der DDR eine einmalige Unterstützung von 1200 DM sowie weitere 200 DM für den Ehegatten und 150 DM für sonstige Angehörige. – Nach amtlichen Mitteilungen flüchteten 2044 DDR-Bürger 1965 in die Bundesrepublik oder nach West-Berlin. Seit dem Bau der Mauer starben 66 Menschen bei Fluchtversuchen.

Aufarbeitung der NS-Vergangenheit

Verjährungsdebatte: In einer Note an den bundesdeutschen Botschafter in Moskau bezeichnet das sowjetische Außenministerium die Politik der Bundesrepublik in der Frage der im Mai 1965 drohenden Verjährung von NS-Verbrechen als Versuch, eine **»de-facto-Amnestierung der faschistischen Mörder«** zu erreichen. Die Sowjetunion fordert statt dessen eine Revision der Gesetze nach dem Vorbild der DDR. – Bundesjustizminister *Ewald Bucher* (FDP) verweist am 10. 3. vor dem Bundestag darauf, daß seit 1945 insgesamt 11 000 Deutsche wegen NS-Verbrechen verurteilt worden seien; eine Änderung der Verjährungsfrist verstoße gegen das Grundgesetz. – Am 25. 3. beschließt der Bundestag mit 344 gegen 96 Stimmen bei 4 Enthaltungen die **Verlängerung der Verjährungsfrist** für NS-Verbrechen, die mit lebenslänglicher Haft bestraft werden können, bis zum 1. 1. 1970. – *Bucher* bittet daraufhin am 27. 3. um seine Entlassung; sein Nachfolger wird am 1. 4. *Karl Weber* (CDU).

Prozesse: Im sog. **Euthanasie-Prozeß** (→ 1964) werden 14 ehemalige Angehörige des Pflegepersonals der Anstalt Obrawalde am 12. 3. vom Schwurgericht des Landgerichts München freigesprochen. Sie waren angeklagt, während des Zweiten Weltkriegs mehr als 8000 unheilbar Kranke mit Giftinjektionen getötet zu haben. – Im bisher längsten und aufwendigsten Gerichtsverfahren der deutschen Justiz, dem **Auschwitz-Prozeß** vor dem Schwurgericht in Frankfurt/Main, werden am 19.8. sechs ehemalige SS-Aufseher zu lebenslänglicher Haft, zehn zu Zuchthaus zwischen dreieinhalb und 14 Jahren verurteilt, drei Angeklagte werden freigesprochen. Das Verfahren, in dem 359 Zeugen aus 19 Ländern geladen waren, hatte am 20. 12. → 1963 begonnen. – Im **Treblinka-Prozeß** vor dem Schwurgericht in Düsseldorf werden die Urteile am 3. 9. verkündet. Vier Angeklagte, ehem. Angehörige des Wachpersonals, erhalten lebenslängliche Haftstrafen, fünf langjährige Freiheitsstrafen; ein Angeklagter wird freigesprochen.

Wiedergutmachung: Eine vom Deutschen Bundestag am 26. 5. verabschiedete **Novelle zum Entschädigungsgesetz** regelt die Wiedergutmachung für staatenlose Flüchtlinge, die nach dem 1. 10. 1963 ihre Heimat in Osteuropa verlassen konnten. Rund 180 000 Betroffene erhalten insgesamt Zuwendungen von 1,2 Mrd. DM. Mit der Novelle sieht die Bundesregierung die **Wiedergutmachung als abgeschlossen** an.

Anzahl der Schüler 1962

Gesamteinwohnerzahl: 56 938 000
davon Schüler im Alter von 6 bis 19 Jahren: 6 849 318

Klassenfrequenzen

Die 6 849 318 Schüler verteilen sich auf 35 189 Schulen mit 203 436 Klassen (Durchschnittliche Schülerzahl)

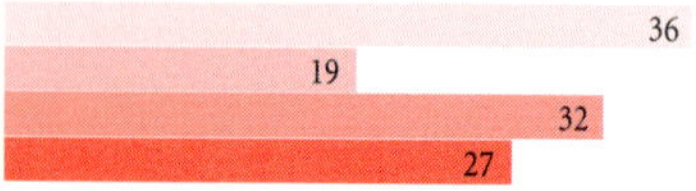

Durchschnittliche Schülerzahl, die ein Lehrer in der BRD unterrichten muß:

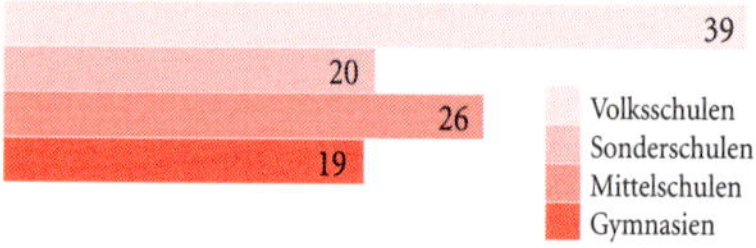

Bildungspolitik

Forderungen und Maßnahmen: In Bonn schließen Bund und Länder am 15. 7. ein Abkommen über die Errichtung eines **Deutschen Bildungsrates**. Die 18 Mitglieder, Sachverständige und Repräsentanten gesellschaftlicher Gruppen, sollen Probleme des Bildungssystems aufzeigen, Bedarfsanalysen erstellen und Reformvorschläge für die Struktur des Bildungssystems und Entwicklungspläne erarbeiten. – Bundesforschungsminister *Hans Lenz* (FDP) fordert am 12. 9. Sofortmaßnahmen zur **Beseitigung des Lehrermangels** und des zu geringen Angebots weiterführender Schulen in ländlichen Gebieten (→ Grafik).

Studentenproteste: Am 28. 5. kommt es an der West-Berliner FU zum **ersten Studentenstreik** an einer bundesdeutschen Universität. Rund 800 Studenten protestieren gegen das vom Rektor über *Erich Kuby* verhängte Redeverbot. Der Journalist wollte an der FU zur Rolle der USA im Vietnamkrieg sprechen. – Der Verband deutscher Studentenschaften drängt am 29. 6. auf eine **Erhöhung des Bundesetats für Bildung**, damit der »Bildungsnotstand« überwunden werden könne. (»Bildungskatastrophe« → 1964)

Notstandsgesetzgebung

Die Gewerkschaften verschärfen ihren Kurs gegen die geplante Verabschiedung der Notstandsgesetze. An einer zentralen Protestkundgebung in Köln am 14. 5. nehmen mehrere tausend Menschen teil. – Bei der Abstimmung im Bundestag am 24. 6. **verhindert die SPD mit ihrer Ablehnung zu den Notstandsgesetzen** die notwendige verfassungsändernde Zweidrittelmehrheit. – In der CDU mehren sich nach dem Scheitern Stimmen für eine **Große Koalition**, um die Notstandsgesetze gemeinsam mit der SPD verabschieden zu können. In diesem Sinn spricht sich *Adenauer* vor der Bundestagswahl am 8. 8. aus; Bundespräsident *Lübke* (CDU) greift diese Forderung am 23. 12. wieder auf.

Affären

»Starfighter«-Affäre: Im Bundestag greifen die SPD-Wehrexperten *Karl Wienand* und *Karl Wilhelm Berkhan* am 20. 1. Bundesverteidigungsminister *Kai-Uwe von Hassel* (CDU) wegen der Probleme mit dem **Starfighter** heftig an. Seit dessen Einführung im Jahr 1961 sind von 600 Maschinen 25 abgestürzt. *Von Hassel* macht in seiner Verteidigung mangelnde Erfahrung des Bodenpersonals und der Piloten dafür verantwortlich.

»Telefonaffäre«: Der Bundesgerichtshof in Karlsruhe verurteilt am 8. 11. einen ehemaligen Mitarbeiter des Verfassungsschutzes zu vier Monaten Gefängnis mit Bewährung. Er wird für schuldig befunden, u. a. die Wochenzeitung »Die Zeit« über angebliche illegale Abhöraktionen der Verfassungsschützer informiert und damit die »Telefonaffäre« von → 1963 ausgelöst zu haben.

Parteien und Wahlkampf

SPD: Zentrales Thema im Wahlkampf der SPD ist die »neue Ostpolitik«. Kanzlerkandidat *Willy Brandt* kündigt am 8. 1. an, im Falle eines Wahlsieges gegenüber den kommunistischen Staaten Osteuropas einschließlich der DDR eine »Politik der kleinen Schritte« einzuleiten, die zu »menschlichen Erleichterungen« führen solle (→ Deutschlandpolitik). Innenpolitischer Schwerpunkt ist die Verbesserung des Bildungssystems im allgemeinen und der Bildungschancen für die Kinder einkommensschwacher Familien im besonderen. In der Diskussion über eine mögliche Große Koalition nach der Bundestagswahl vermeidet *Brandt* Festlegungen.

CDU/CSU: Bundeskanzler *Ludwig Erhard* bezeichnet 25 bundesdeutsche Autoren (darunter *Martin Walser* und *Rolf Hochhuth*), die ein »Plädoyer für eine andere Regierung« veröffentlicht haben, am 9. 7. in Düsseldorf als »Banausen und Nichtskönner«, die sich in Dinge einmischten, von denen sie nichts verstünden: »Da hört der Dichter auf, da fängt der ganz kleine Pinscher an.« – In seiner Wahlkampfrede in Dortmund am 8. 8. spricht sich *Erhard* **gegen eine Große Koalition** nach der Bundestagswahl aus, die u. a. vom Altbundeskanzler und CDU-Parteivorsitzenden *Konrad Adenauer* befürwortet wird.
FDP: Auf dem Bundeswahlkongreß in Essen am 2. 9. erklärt sich FDP-Chef *Erich Mende* zur Fortführung der christlich-liberalen Koalition bereit, wenn der CSU-Vorsitzende *Franz Josef Strauß* keinen Ministerposten erhält.
Rechtsparteien: Am 9. 5. findet in Hannover der erste Bundesparteitag der → 1963 gegründeten Nationaldemokratischen Partei Deutschlands (NPD) statt. – Die Deutsche Reichspartei (DRP) erklärt sich am 5. 12. auf ihrem Parteitag in Göttingen für aufgelöst. 3000 der 4000 Mitglieder sind nach Informationen der DRP bereits zur NPD gewechselt.
Bundestagswahl → Sonderseiten Sp. 363 ff.

Wirtschaftspolitik

Vermögensbildung: IG Bau, Steine, Erden und Arbeitgeber der Bauindustrie schließen am 5. 3. den ersten **Tarifvertrag über vermögensbildende Leistungen** der Arbeitgeber. Zusammen mit dem am 5. 5. vom Bundestag verabschiedeten zweiten Gesetz zur Förderung der Vermögensbildung von Arbeitnehmern erweitert die Regelung das 312-DM-Gesetz von → 1961. Die Vermögensbildung für Arbeitnehmer ist neben der Forderung verbesserter innerbetrieblicher gewerkschaftlicher Mitbestimmung ein Schwerpunkt des **Aktionsprogramms**, das der in Düsseldorf tagende Bundesvorstand des DGB am 19. 3. beschließt.
Unternehmen: Der Bundestag beschließt am 7. 4. die Teilprivatisierung der Vereinigten Elektrizitäts- und Bergwerks-AG (VEBA). Nach Preussag und VW (1959/60) ist VEBA das dritte große Bundesunternehmen, das teilprivatisiert wird.
Kohlekrise: Trotz der Reduzierung der Zechenbelegschaften von über 300 000 (1960) auf 225 000 nimmt die Kohleförderung weiter zu.

Brutto- und Nettoeinkommen 1950–1965

Jahr[1]	*Jährliche Bruttolohn- und -gehaltssumme*[2] *je beschäftigten Arbeitnehmer in DM*	*Jährliche Nettolohn- und -gehaltssumme*[3] *je beschäftigten Arbeitnehmer in DM*
1950	2918	2551
1951	3393	2920
1952	3660	3127
1953	3876	3324
1954	4077	3507
1955	4401	3777
1956	4751	4061
1957	4998	4297
1958	5332	4530
1959	5625	4793
1960	6148	5178
1961	6775	5661
1962	7395	6146
1963	7850	6494
1964	8556	7036
1965	9336	7736

[1] 1950 bis 1959 ohne Saarland und Berlin
[2] Bruttoeinkommen aus unselbständiger Arbeit abzüglich tatsächliche und unterstellte Sozialbeiträge der Arbeitgeber
[3] Bruttolohn- und -gehaltsumme abzüglich Lohnsteuer und tatsächliche Sozialbeiträge der Arbeitnehmer

Der **Preisverfall hält an**, zumal die Absatzkrise wegen konkurrierender Energieträger (Erdöl, Erdgas) und importierter, billigerer Steinkohle aus den USA andauert. Zur **Stützung der Zechen** beschließt der Bundestag am 23. 6. u. a. eine steuerliche Begünstigung der Kohlekraftwerke. Am 28. 7. folgt ein weiteres Paket mit Sofortmaßnahmen: Durch bezahlte Feierschichten wird die Produktion reduziert; die Halden werden verlagert, um Lagerkapazitäten an den Zechenstandorten frei zu machen. 1965 steigt der Anteil von **Haldenkohle** an der Gesamtförderung erstmals über 10 %.

Bundesländer

Hamburg: Die Bürgerschaft wählt am 9. 6. den bisherigen Finanzsenator *Herbert Weichmann* (SPD) zum Nachfolger von *Paul Nevermann* als Ersten Bürgermeister.
Saarland: Landtagswahl am 27. 6.
Bremen: Am 17. 7., dem 20. Jahrestag seiner Amtsübernahme, tritt *Wilhelm Kaisen* (SPD) als Präsident des Senats zurück. Neuer Regierungschef der sozialliberalen Koalition wird am 20. 7. *Kaisens* bisheriger Stellvertreter *Willy Dehnkamp*.

Wahl zum 5. Deutschen Bundestag am 19. 9. 1965

Ergebnis: Bei einer Wahlbeteiligung von 86,8 % (–0,9 % im Vergleich zu 1961) gewinnt die CDU/CSU mit großem Vorsprung, verfehlt jedoch mit 245 Mandaten (+3) knapp die absolute Mehrheit im Bundestag; sie erhält 47,6 % der Stimmen und damit 2,3 % mehr als 1961. Die SPD legt mit 39,3 % ebenfalls zu (+3,1 %), kann jedoch mit dem Zugewinn von 12 Mandaten (auf insgesamt 202) nicht den erhofften Durchbruch schaffen. Starke Verluste verzeichnen dagegen die Liberalen mit einem Stimmenanteil von 9,5 % (–3,3 %) und 49 Mandaten (–18). Die erstmals angetretene NPD gewinnt 2 % der Stimmen und scheitert damit an der Fünf-Prozent-Klausel.

Neue Bundesregierung: Am 18. 10. einigen sich CDU/CSU und FDP auf die **Fortführung der bürgerlich-liberalen Koalition**. Zwei Tage später wählt der Bundestag *Erhard* zum Bundeskanzler. – *Erhard* bildet eine Regierung, in der die CDU 11, die CSU 5 und die FDP 4 Ministerposten erhalten (→ Kabinettsliste). Auf Drängen der FDP gehört *Franz Josef Strauß* (CSU) nicht mehr der Bundesregierung an. Die Regierungsbildung ist überschattet von einer Auseinandersetzung zwischen *Erhard* und Bundespräsident *Heinrich Lübke*, weil der den »Gaullisten« zugeneigte Bundespräsident den zum Außenminister berufenen »Atlantiker« *Gerhard Schröder* (CDU) zunächst nicht ernennen will.

Wahl zum 5. Deutschen Bundestag am 19.9.1965 (1961)

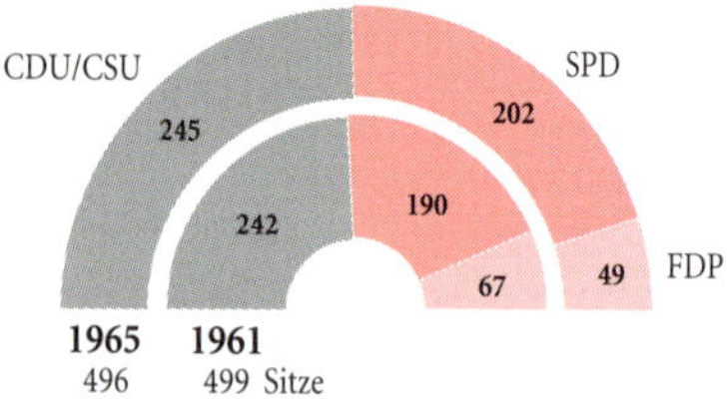

In seiner **Regierungserklärung** am 10. 11. stellt *Erhard* die Wirtschaftspolitik in den Vordergrund. Wegen der hohen Aufwendungen für Verteidigung und Entwicklungshilfe müsse der Staat nun **»maßhalten«**. Angesichts des Arbeitskräftemangels empfiehlt er vielmehr eine **Erhöhung der Wochenarbeitszeit**. *Erhard* greift sein auf dem Bundesparteitag der CDU geprägtes Schlagwort der **»formierten Gesellschaft«** erneut auf: Durch eine kooperative Demokratie jenseits des Klassendenkens soll der wachsende Einfluß von Interessenverbänden auf die Entwicklung der Gesellschaft eingedämmt werden.

Zweites Kabinett Erhard (26. 10. 1965–30. 11. 1966)

Bundeskanzler	*Ludwig Erhard* (CDU)
Stellvertreter und Gesamtdeutsche Fragen	*Erich Mende* (FDP) bis 28. 10. 1966 Nachfolger als Stellvertreter *Hans-Christoph Seebohm* (CDU) Nachf. für Gesamtdeutsche Fr. *Johann Baptist Gradl* (CDU)
Auswärtiges	*Gerhard Schröder* (CDU)
Inneres	*Paul Lücke* (CDU)
Justiz	*Richard Jaeger* (CSU)
Finanzen	*Rolf Dahlgrün* (FDP) bis 28. 10. 1966, ab 8. 11. 1966 *Kurt Schmücker* (CDU)
Wirtschaft	*Kurt Schmücker* (CDU)
Ernährung, Landwirtschaft und Forsten	*Hermann Höcherl* (CSU)
Arbeit und Sozialordnung	*Hans Katzer* (CDU)
Verteidigung	*Kai-Uwe von Hassel* (CDU)
Verkehr	*Hans-Christoph Seebohm* (CDU)
Post- und Fernmeldewesen	*Richard Stücklen* (CSU)
Wohnungswesen und Städtebau	*Ewald Bucher* (FDP) bis 28. 10. 1966, ab 8. 11. 1966 *Bruno Heck* (CDU)
Vertriebene, Flüchtlinge und Kriegsgeschädigte	*Johann Baptist Gradl* (CDU)
Bundesrat	*Alois Niederalt* (CDU)
Familien- und Jugendfragen	*Bruno Heck* (CDU)
Wissenschaft	*Gerhard Stoltenberg* (CDU)
Gesundheitswesen	*Elisabeth Schwarzhaupt* (CDU)
Wirtschaftliche Zusammenarbeit	*Walter Scheel* (FDP) bis 28. 10. 1966, ab 8. 11. 1966 *Werner Dollinger* (CSU)

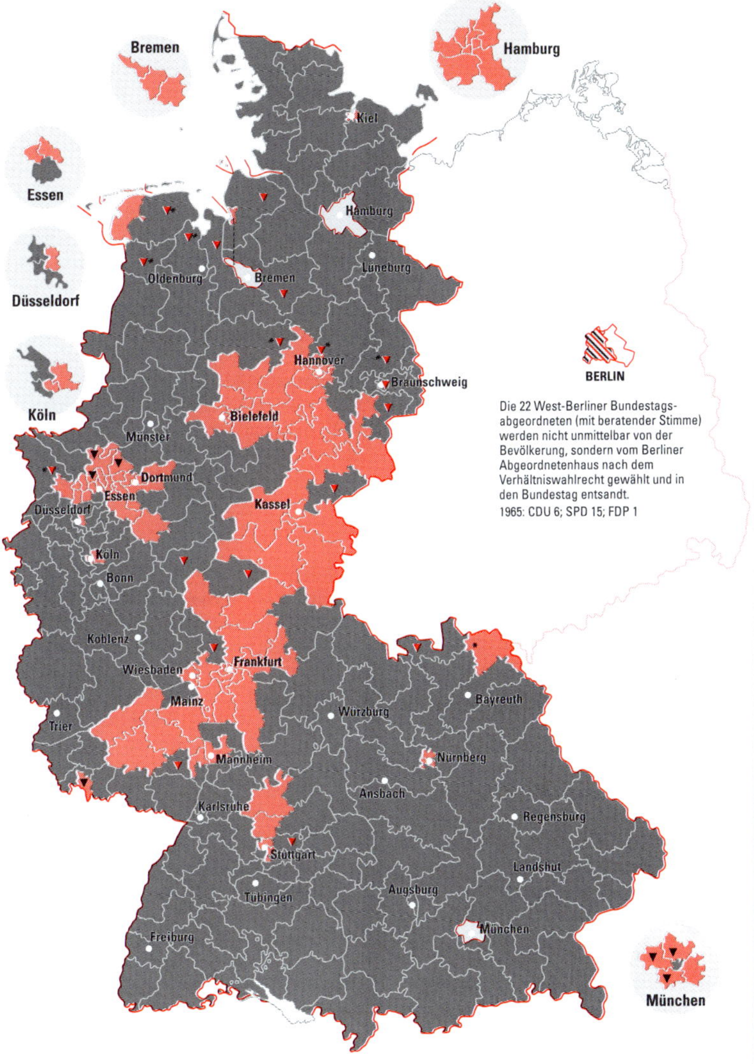

Direktmandate der im 5. Deutschen Bundestag vertretenen Parteien

Mit der Mehrheit der Erststimmen 1965 gewonnene Wahlkreise

- (dunkelgrau) Kandidaten der CDU/CSU (117+37=154)
- (rot) Kandidaten der SPD (94)

Wechsel der Erststimmenmehrheit 1961/1965

- ▼ Wahlkreise, die von der CDU/CSU an die SPD fielen
- ▼ (rot) Wahlkreise, die von der SPD an die CDU/CSU fielen

* bedingt Vergleichbar, da Wahlkreisneueinteilung

***Quelle:** Statistisches Bundesamt*

1965

Der mühsame Weg der Anerkennung

Weitere Wirtschaftsreformen deuten zunächst auf die unveränderte Fortsetzung des Neuen Ökonomischen Systems (NÖS) hin. Bildungspolitische Maßnahmen und ein neues Familiengesetz zeigen auch in anderen Bereichen den Fortgang des Reformprozesses. Die gesellschaftspolitischen Auswirkungen der Reformen, wie zum Beispiel die offene Kritik an Entwicklungsdefiziten in Kultur und Kunst und das (von der SED-Führung als »Managertum« gebrandmarkte) vorrangig wirtschaftlich orientierte Denken vieler Betriebsdirektoren, werden von der Parteispitze jedoch zunehmend negativ wahrgenommen. Die als »Kahlschlagplenum« bezeichnete 11. Tagung des SED-Zentralkomitees bedeutet das vorläufige Ende kulturpolitischer Offenheit. Künstler wie *Heiner Müller*, *Stefan Heym* und *Wolf Biermann* werden öffentlich angegriffen, die gesamte Jahresproduktion der Filmgesellschaft DEFA (mit einer Ausnahme) verboten. Auch in der Reform der Wirtschaft beginnt mit der zweiten Etappe des NÖS eine langsame Aufweichung der ursprünglichen Reformziele.

Gesellschaftspolitik

Bildungspolitik: Mit dem am 25. 2. verabschiedeten »**Gesetz über das einheitliche sozialistische Bildungssystem**» wird die am 2. 12. 1959 beschlossene Einführung des zehnklassigen Schulsystems als Regelschule mit den darauf aufbauenden weiteren Ausbildungsgängen zum Abschluß gebracht (→ Graphik Sp. 369 f.).
Der allgemeine Bildungsgrad der Bevölkerung hat sich durch eine Zunahme der höheren Schulabschlüsse verbessert: 15 % verfügen über Abitur (1950: 5 %), 20 % haben einen Abschluß der 10. Klasse (10 %), während Rückgänge bei den Abschlüssen der achten Klasse (von 65 % auf 53 %) und niedriger Klassenstufen (von 20 % auf 12 %) zu verzeichnen sind.
Familienpolitik: Am 21. 12. verabschiedet die Volkskammer das **Familiengesetzbuch**, das am 1. 4. 1966 in Kraft tritt. Mit ihm wird die Gleichberechtigung der Frau in Ehe und Familie gestärkt und das Scheidungsrecht unter Beibehaltung eines notwendigen Schuldspruches liberalisiert. Das Gesetz regelt auch die Umgangsrechte des nichterziehenden Elternteils sowie die Stellung der Kinder, ob ehelich oder unehelich geboren. Weitere Bestimmungen setzen den Rahmen für Adoption und Pflegschaft von Kindern.
Kommunalwahlen: Am 10. 10. finden in der DDR Wahlen zu den Kommunalvertretungen statt, an denen sich nach dem offiziellen Ergebnis 98,84 % der Wahlberechtigten beteiligen, von denen 99,86 % für die Einheitsliste stimmen.

Kulturpolitik

Ideologische Verhärtung: Unter dem Eindruck einer von der Parteiführung als allzu freizügig angesehenen Entwicklung in der Kulturlandschaft setzt im Verlauf des Jahres eine Kampagne ein, an deren Ende die 11. Tagung des SED-Zentralkomitees (»**Kahlschlagplenum**«) vom 15.–18. 12. steht. Wenige Tage vor diesem Plenum wird im SED-Zentralorgan »Neues Deutschland« sowie in der »Berliner Zeitung« Kritik an Schriftstellern und Künstlern geübt. Das »Neue Deutschland« kritisiert am 5. 12. den Liedermacher *Wolf Biermann*, die »Berliner Zeitung« attackiert am 10. 12. den Schriftsteller *Stefan Heym* und die Literaturzeitschrift »Neue Deutsche Literatur«. Beim Plenum selbst polemisiert am 15. 12. insbesondere *Erich Honecker* gegen Kulturschaffende. Anders als diese es darstellten, sei die DDR »ein sauberer Staat«. Die Filme der DEFA (»Das Kaninchen bin ich« und »Denk bloß nicht, ich heule«) und *Heiner Müllers* Bühnenwerk »Der Bau« zeigten hingegen »dem Sozialismus fremde, schädliche Tendenzen und Auffassungen« und preßten »konstruierte Konfliktsituationen« in »einen ausgedachten Rahmen«. *Wolf Biermann* bescheinigt er, mit »seinen von gegnerischen Positionen geschriebenen zynischen Versen« Verrat an der DDR, die »ihm eine hochqualifizierte Ausbildung ermög-

Bildungswesen

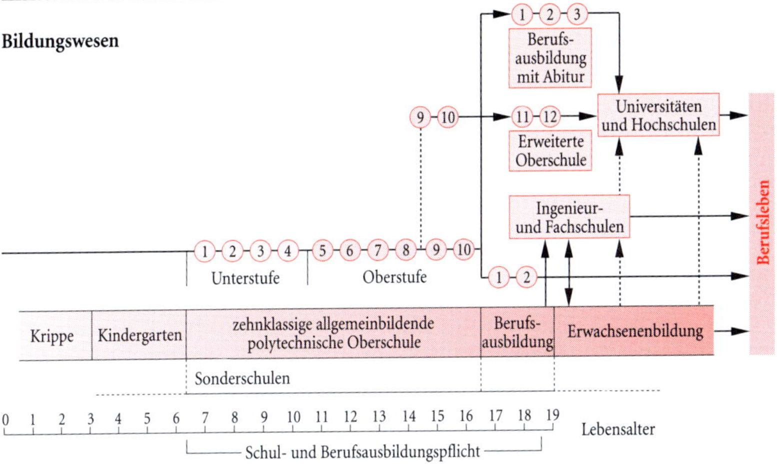

lichte«, und an seinem »von den Faschisten ermordeten Vater« zu begehen.

Von den Tagungsteilnehmern verteidigt allein *Christa Wolf*, zu diesem Zeitpunkt Kandidatin des ZK, die gesellschaftskritischen DEFA-Filme. Sie erreicht, daß der Film »Spur der Steine« des Regisseurs *Frank Beyer* gezeigt werden kann (→ 1966). Alle anderen Filme werden sofort verboten oder nicht mehr fertiggestellt.

Deutschlandpolitik

An die formal angestrebte **Wiedervereinigung** knüpft die DDR die **Bedingung einer staatssozialistischen Ordnung in Deutschland**. Nach dem am 5.5. von Staatsrat, Ministerrat und Nationalrat der Nationalen Front in der Volkskammer proklamierten »Manifest an das deutsche Volk und die Völker und Regierungen der Welt« bietet *Walter Ulbricht* am 1.8. in einer Rundfunk- und Fernsehansprache der westdeutschen Regierung Gespräche über die Wiedervereinigung und die Bildung einer deutsch-deutschen Wirtschaftskommission an. – Als neue Institutionen entstehen am 13.1. ein **Rat für gesamtdeutsche Fragen** und am 18.12. ein eigenständiges **Staatssekretariat für gesamtdeutsche Fragen**, dessen Chef *Joachim Hermann* wird.

Passierscheinabkommen → BRD 1963

Passierscheinabkommen

Besuche von Westberlinern in Ostberlin	
1. Passierscheinabkommen (17. 12. 1963) ..	1,24 Mio.
2. Passierscheinabkommen (24. 9. 1964)	2,219 Mio.
3. Passierscheinabkommen (25. 9. 1965)	0,824 Mio.

Außenpolitik

Schritte zur Anerkennung: In der Außenpolitik gelingt es der DDR zunehmend, staatliche Beziehungen – besonders zu Entwicklungsländern – unterhalb des Niveaus der diplomatischen Anerkennung aufzubauen. Von großer Bedeutung ist hierbei ein siebentägiger **Besuch** (24.2.–2.3.) **einer** von *Walter Ulbricht* geleiteten **Staatsdelegation in der Vereinigten Arabischen Republik** (Ägypten), die einer deutlichen Aufwertung der DDR in der arabischen Welt gleichkommt. (→ BRD) – Damit nimmt auch die Bedeutung des Außenministeriums in der DDR-Regierung zu. Nach dem Rücktritt des bisherigen Ressortchefs *Lothar Bolz* (NDPD) am 24.6. erhält das Ministerium, das bislang immer von Politikern der Blockparteien geführt worden war, mit dem bisherigen Staatssekretär *Otto Winzer* einen Chef aus den Reihen der SED. – Am 8.10. beschließt das IOC die **Aufnahme des Nationalen Olympischen Komitees der DDR** als Vollmitglied sowie die Zulassung von zwei deutschen Mannschaften bei den Olympischen Spielen 1968 in Mexico City.

Ostblockstaaten: Die DDR unterstützt den Vorschlag des Politischen Beratenden Ausschusses der Warschauer-Pakt-Staaten vom 19./20.1., eine **Konferenz** aller europäischer Staaten über Maßnahmen **zur Gewährleistung der kollektiven Sicherheit in Europa** (→ 1975) einzuberufen; auch weil sie über eine solche Konferenz ihre eigene Anerkennung als Staat in Westeuropa zu erreichen hofft. – Im Juni stellt die DDR Delegationen aus mehreren staatssozialistischen Ländern (Bulgarien, Jugoslawien, Nordkorea, Kuba, Mongolei, Polen, Rumänien, der UdSSR, Tschechoslowakei und Ungarn) ihre Erfahrungen mit dem NÖS vor. – Vom 16.–24.10. findet in Thüringen ein gemeinsames Manöver (»Oktobersturm«) von Truppenverbänden aus Polen, der Tschechoslowakei, der Sowjetunion und der DDR statt. – Vom 27.–30.11. stattet *Leonid Breschnew* der DDR den ersten offiziellen Besuch in seiner Eigenschaft als neuer sowjetischer Parteichef ab. – Am 16.12. vereinbaren DDR und UdSSR den gegenseitigen Verzicht auf Visa bei Privatreisen.

Neues Ökonomisches System

Reformpolitik: Zunächst wird der Kurs der Wirtschaftsreform fortgesetzt. Am 1.1. tritt die dritte Stufe der **Industriepreisreform** in Kraft (→ 1964), mit der die Industrieabgabepreise für Holz, Papier, Leder, Erzeugnisse der Chemieindustrie und der Nichteisen-Metallverarbeitung im Durchschnitt um 40% angehoben und die dazugehörigen Güterverkehrstarife angepaßt werden. – In der Parteiführung nehmen die **Auseinandersetzungen um den Reformkurs** zu. Befürworter einer Konzentration der Ressourcen auf bestimmte Projekte (mit dem Ziel schneller Erfolge) stehen Anhängern einer ausgewogenen, stärker an ökonomischen Kriterien orientierten Entwicklung gegenüber. Die Debatte erreicht Ende 1965 ihren Höhepunkt. Kurz vor Beginn der 11. Tagung des SED-Zentralkomitees begeht am 3.12. der bisherige SED-Wirtschaftssekretär *Erich Apel* nach parteiinternen Intrigen und wegen des seiner Ansicht nach für die DDR ungünstigen Verlaufs der Wirtschaftsverhandlungen mit der UdSSR Selbstmord. Das 11. Plenum des ZK vom 15.–18.12. faßt weitreichende Beschlüsse zur zweiten Etappe des Neuen Ökonomischen Systems. In ihrer

Folge wird am 22.12. der **Volkswirtschaftsrat aufgelöst**; seine Aufgaben gehen auf die am 14.1.1966 wieder erstehenden neun **Industrieministerien** über.

Soziale Daten

Bevölkerung: Im Gebiet der DDR leben am 31.12. 17,0 Millionen Einwohner. Sie ist in der Bevölkerungsfortschreibung um 36000 gewachsen. Der Frauenüberschuß beträgt 1,48 Millionen. Nach westlichen Angaben siedeln 29552 Personen nach Westdeutschland über. Die Anzahl der von dort Zurückkehrenden oder Übersiedelnden sinkt auf jetzt 8833 Personen.
Wohnungssituation und Wiederaufbau: Mit dem Bau von 68162 Wohnungen (58303 Neubauten, 9859 Modernisierungen) werden 8453 Wohnungen weniger fertiggestellt als im Vorjahr. Der genossenschaftliche Wohnungsbau geht um nochmals mehr als 31% auf 20965 Wohnungen zurück.
Einkommen und Lebenshaltung: Das durchschnittliche monatliche **Arbeitseinkommen** von Arbeitern und Angestellten in der staatseigenen Wirtschaft wächst gegenüber dem Vorjahr auf 633 Mark. Die Pro-Kopf-**Sparguthaben** wachsen stark auf etwa 1835 Mark an. Die Sparguthaben bei Geld- und Kreditinstituten wachsen absolut um mehr als 14,3%, sparwirksame Personenversicherungen um mehr als 10%. – Das **Fernsprechnetz** der Deutschen Post wächst um 31200 auf etwa 465600 Anschlüsse an. – Das **Ausstattungsniveau der privaten Haushalte mit langlebigen Konsumgütern** hat sich gegenüber den fünfziger und beginnenden sechziger Jahren deutlich verbessert. Auf 1000 Haushalte kommen 536 Fernsehgeräte (1960: 185), 277 Waschmaschinen (1960: 62), 259 Kühlschränke (1960: 61), 165 Motorräder und Motorroller (1960: 127) und 82 PKW (1960: 32).
Tourismus: 1965 reisen mehr als 300000 DDR-Bürger mit dem Reisebüro in die staatssozialistischen Länder, etwa eine Million Personen nutzen (im wesentlichen im Inland) den »Feriendienst« des FDGB, 900000 Kinder waren in Ferienlagern, die in der Regel von Betrieben, in wenigen Fällen von der Pionierorganisation unterhalten werden.

1966

Große Koalition und kleine Wirtschaftskrise

Für die Bundesrepublik ist 1966 ein Jahr innenpolitischer Krisen. Bundeskanzler *Ludwig Erhard* wird auch aus den eigenen Reihen Führungsschwäche vorgeworfen. Die Starfighter-Affäre, die Bemühungen um eine Notstandsgesetzgebung und der Krieg der USA in Vietnam schwächen bei vielen Bürgern das Vertrauen in die Politik; die ersten Studentenproteste signalisieren den Beginn einer gesellschaftlichen Krise. Das wirtschaftliche Wachstum geht zurück, und im Herbst zerbricht die christlich-liberale Koalition, weil sich CDU/CSU und FDP nicht auf Sparmaßnahmen zur Konsolidierung des Bundeshaushalts einigen können. An ihre Stelle tritt eine Große Koalition aus CDU/CSU und SPD, die von Bundeskanzler *Kurt Georg Kiesinger* (CDU) geführt wird.

Koalitionskrise und Regierungswechsel

Haushaltsstreit und Koalitionsbruch: Obwohl im September offensichtlich wird, daß der am 26. 8. vom Kabinett vorgelegte Entwurf des Bundeshaushalts 1967 trotz drastischer Sparmaßnahmen eine erhebliche **Deckungslücke von rd. 7 Mrd. DM** aufweist, weil in ihm zu erwartende Steuermindereinnahmen und zu leistende Ausgleichszahlungen an die USA nicht berücksichtigt sind, billigt das Kabinett den Haushalt am 29. 9. (→ Graphik). Am 9. 10. kündigt die FDP-Bundestagsfraktion an, sie werde den Haushalt im Bundestag ablehnen, da sie die geplante Einschränkung der Sparförderung nicht billige. FDP-Vorsitzender *Erich Mende* fordert am 14. 10. eine Revision des Gesamthaushalts, ohne daß es zu Steuererhöhungen kommen dürfe. In der folgenden Auseinandersetzung fordert die FDP am 23. 10. Kürzungen bei den Verteidigungs- und Sozialausgaben sowie

bei der Entwicklungshilfe; die CDU schlägt Steuererhöhungen und Kürzungen bei der Spar- bzw. Bausparförderung vor. Als die vier **FDP-Minister** einem Kompromiß auf dieser Grundlage am 26. 10. zustimmen, erntet die FDP für ihren »Umfall« ein verheerendes Medienecho. Unter dem Druck der Öffentlichkeit und der Partei erklären die FDP-Minister daraufhin am 27. 10. ihren **Auszug aus dem Kabinett**. – *Erhard* bildet aus CDU-Regierungsmitgliedern ein Minderheitskabinett (→ Kabinettsliste 1965). Am 28. 10. lehnt der Bundesrat den Haushaltsentwurf einstimmig ab, weil dieser immer noch eine Deckungslücke von rd. 4 Mrd. DM aufweist. Damit ist der Autoritätsverlust *Erhards* in der eigenen Partei, deren Vorsitzender er in der Nachfolge *Adenauers* seit dem 23. 3. ist, und in der Öffentlichkeit zu groß geworden. Auf Drängen der CDU/CSU-Fraktion erklärt er sich am 2. 11. zum Rücktritt bereit.

Große Koalition unter Kiesinger: Am 10. 11. nominiert der CDU-Bundesvorstand daraufhin den baden-württembergischen Ministerpräsidenten *Kurt Georg Kiesinger* zum **Kanzlerkandidaten**. In der Bundesrepublik und besonders im Ausland wird diese Entscheidung für einen Kandidaten, der NSDAP-Mitglied und 1940–1945 stellvertretender Leiter der Rundfunkabteilung im Auswärtigen Amt gewesen war, teilweise heftig kritisiert. – Nachdem am 24. 11. Gespräche zwischen *Kiesinger* und *Mende* über eine Neuauflage der Koalition scheitern, erklärt sich die FDP am 25. 11. zu einer Koalition mit der SPD bereit. Beide Parteien stimmen insbeson-

Bundeshaushalt 1967
in Mio. DM

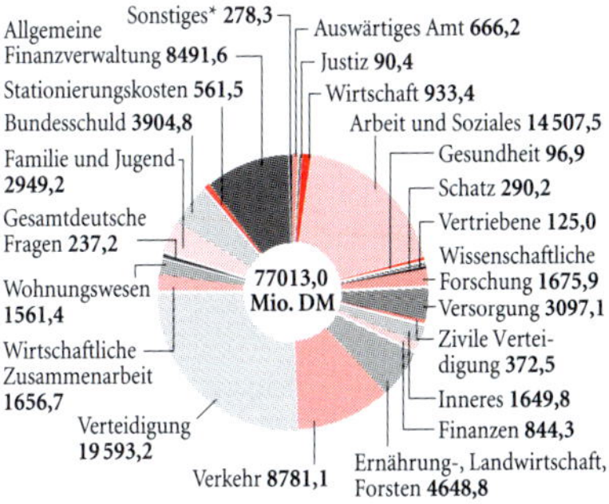

* Bundespräsidialamt, Bundesrat, Post- und Fernmeldewesen, Bundesrechnungshof, Bundestag, Bundeskanzleramt, Bundesverfassungsgericht

Kabinett Kiesinger (1. 12. 1966–20. 10. 1969)

Bundeskanzler	*Kurt Georg Kiesinger* (CDU)
Stellvertreter und Auswärtiges	*Willy Brandt* (SPD)
Inneres	*Paul Lücke* (CDU) bis 2. 4. 1968, Nachfolger *Ernst Benda* (CDU)
Justiz	*Gustav Heinemann* (SPD) bis 26. 3. 1969, Nachfolger *Horst Ehmke* (SPD)
Finanzen	*Franz Josef Strauß* (CSU)
Wirtschaft	*Karl Schiller* (SPD)
Ernährung, Landwirtschaft und Forsten	*Hermann Höcherl* (CSU)
Arbeit und Sozialordnung	*Hans Katzer* (CDU)
Verteidigung	*Gerhard Schröder* (CDU)
Verkehr	*Georg Leber* (SPD)
Post- und Fernmeldewesen	*Werner Dollinger* (CSU)
Wohnungswesen und Städtebau	*Lauritz Lauritzen* (SPD)
Vertriebene, Flüchtlinge und Kriegsgeschädigte	*Kai-Uwe von Hassel* (CDU) bis 5. 2. 1969, ab 7. 2. 1969 *Heinrich Windelen* (CDU)
Gesamtdeutsche Fragen	*Herbert Wehner* (SPD)
Bundesrat	*Carlo Schmid* (SPD)
Familie und Jugend	*Bruno Heck* (CDU) bis 2. 10. 1968, ab 16. 10. 1968 *Aenne Brauksiepe* (CDU)
Wissenschaftliche Forschung	*Gerhard Stoltenberg* (CDU)
Schatz	*Kurt Schmücker* (CDU)
Wirtschaftliche Zusammenarbeit	*Hans-Jürgen Wischnewski* (SPD) bis 2. 10. 1968, ab 16. 10. 1968 *Erhard Eppler* (SPD)
Gesundheitswesen	*Käte Strobel* (SPD)

dere in der Ostpolitik weitgehend überein. Da sich *Brandt* als potentieller Bundeskanzler jedoch nicht der Unterstützung aller Flügel der FDP sicher ist, entscheidet sich die SPD für die Große Koalition. – Am 30. 11. tritt *Erhard* zurück. Am 1. 12. wählt der Deutsche Bundestag mit 340 von 463 Stimmen *Kiesinger* zum Kanzler (CDU/CSU und SPD haben zusammen 447 Sitze). – Das **Kabinett** setzt sich aus neun Ministern der SPD, sieben der CDU und vier der CSU zusammen (→ Kabinettsliste).
– In seiner **Regierungserklärung** vom 13. 12. bezeichnet *Kiesinger* die Verabschiedung der Notstandsverfassung, die Verbesserung der Beziehungen zu den Staaten des Warschauer Pakts und die Konsolidierung der Staatsfinanzen sowie der Wirtschaft als wichtigste Aufgaben der Großen Koalition. In der Gestaltung des Verhältnisses zur DDR kündigt er einen Kurswechsel an: »Wir wollen entkrampfen und nicht verhärten, Gräben überwinden und nicht vertiefen.«

Innerdeutsche Beziehungen

Redneraustausch: → DDR
Reise- und Besuchsverkehr: (Passierscheinabkommen → BRD 1963) – Am 19. 12. wird die **Saale-Brücke** fertiggestellt, das erste, → 1964 vereinbarte deutsch-deutsche Bauprojekt.

Flüchtlinge: Der Minister für Gesamtdeutsche Fragen, *Erich Mende*, legt am 19. 9. bei den Vereinten Nationen in New York einen Bericht über **DDR-Menschenrechtsverletzungen** an der innerdeutschen Grenze vor. Der Dokumentation zufolge wurden seit 1949 insgesamt 142 Menschen bei Fluchtversuchen ermordet. – 1966 flohen nach Angaben des Bundesministeriums für Vertriebene 212 Angehörige der Volkspolizei und der Volksarmee der DDR nach West-Berlin oder in die Bundesrepublik.

Bundeswehr

Starfighter-Affäre und Führungskrise: Vor dem Verteidigungsausschuß des Deutschen Bundestages berichtet der Generalinspekteur der Bundesluftwaffe, Generalleutnant *Werner Panitzki*, am 12. 1. über erhebliche Probleme mit dem Kampfflugzeug Starfighter F-104-G. 1965 habe die Luftwaffe **26 Maschinen durch Abstürze verloren**; 15 Piloten hätten dabei ihr Leben verloren, insgesamt seien bei 51 Abstürzen seit Einführung des Starfighter im Jahre 1960 27 Piloten getötet worden. – Als *Panitzki* in einem Zeitungsinterview am 20. 8. im Zusammenhang mit den Abstürzen schwere **Vorwürfe gegen die zivile Führung** der Bundeswehr erhebt, versetzt ihn Verteidigungsminister *Kai-Uwe von Hassel* (CDU) am 25. 8. in den einstweiligen Ruhestand. Zwei Tage zuvor war der Generalinspekteur der Bundeswehr, *Heinz Trettner*, zurückgetreten, der *Panitzki* unterstützt hatte. Am 19. 9. scheitert im Bundestag ein Antrag der SPD, der die Entlassung des Verteidigungsministers *von Hassel* empfiehlt. – Nach dem 65. Absturz am 28. 11. verhängt der neue Generalinspekteur der Luftwaffe *Johannes Steinhoff* am 6. 12. ein vorläufiges **generelles Flugverbot** für alle Starfighter-Verbände.

Nationalsozialistische Vergangenheit und Rechtsextremismus

Prozesse: Das Schwurgericht in Frankfurt/Main fällt am 16. 9. die **Urteile im sog. zweiten Auschwitzprozeß** gegen drei ehemalige Angehörige des Lagerpersonals. Ein Angeklagter wird zu lebenslanger Haft verurteilt, ein weiterer erhält acht Jahre Zuchthaus, wird aber wegen einer bereits in Polen verbüßten Gefängnisstrafe auf freien Fuß gesetzt, der dritte erhält dreieinhalb Jahre Zuchthaus. Die vergleichsweise milden Urteile, die im Strafmaß durchweg unter den Forderungen der Staatsanwaltschaft liegen, werden vor allem im Ausland mit Kritik bedacht.

Deutsch-jüdisches Verhältnis: Während eines Besuches von Altbundeskanzler *Konrad Adenauer* in Israel am 4. 5. kommt es zum Eklat, als Ministerpräsident *Levi Eschkol* in einer Tischrede von einer **dauerhaften Beeinträchtigung des israelisch-deutschen Verhältnisses** spricht:

»Wir können nicht vergessen und wir werden nicht vergessen.« *Adenauers* Antwort »Die Nazis haben nicht weniger Deutsche als Juden ermordet« provoziert Empörung.

Rechtsextremismus: Am 1. 3. teilt Bundesinnenminister *Paul Lücke* (CDU) in seinem »Bericht über rechtsradikale und antisemitische Bestrebungen« mit, die Mitgliederzahl in rechtsextremen Organisationen sei von 22 500 im Jahr 1964 auf 28 600 im Jahr 1965 gestiegen. Besondere Sorge bereiten die Wahlerfolge der NPD (→ Bundesländer). – Der Jüdische Weltkongreß, der vom 2. bis 9. 8. in Brüssel tagt und erstmals Deutschen (dem Bundestagspräsidenten *Eugen Gerstenmaier* und dem Historiker *Golo Mann*) Gelegenheit gibt, zum Thema »Deutsche und Juden« zu sprechen, äußert in einer Resolution seine **Sorge über neue rechtsextreme Tendenzen** in der Bundesrepublik.

Haftentlassungen: Am 1. 10. werden aus dem Kriegsverbrechergefängnis in Berlin-Spandau der ehemalige Rüstungsminister *Albert Speer* und der frühere Reichsjugendführer sowie Reichsstatthalter und Gauleiter von Wien *Baldur von Schirach* nach 20 Jahren Haft entlassen.

Hochschulen

Studentenproteste: Bei einer Demonstration von etwa 2500 Studenten am 5. 2. in West-Berlin gegen den Krieg der USA in Vietnam kommt es zu **schweren Auseinandersetzungen mit der Polizei**, als das Amerikahaus mit Eiern beworfen wird. Berlin wird in der Bundesrepublik zum Zentrum der sich formierenden Protestbewe-

Soziale Schichtung der Bevölkerung und soziale Herkunft der Studenten 1962/63 insgesamt und im Vergleich zu Akademikern

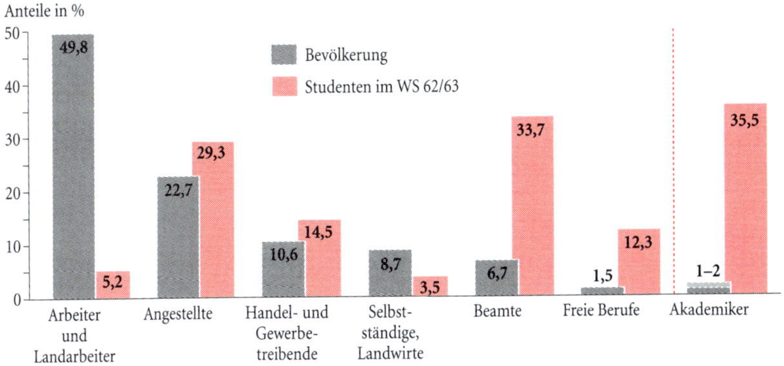

gung gegen den Vietnamkrieg, wobei sich der Sozialistische Deutsche Studentenbund (SDS), u. a. geführt von dem Soziologiestudenten *Rudi Dutschke*, als aktivste Gruppe profiliert. Nach US-amerikanischem Vorbild veranstalten am 22. 6. 3000 Studenten der Freien Universität Berlin (FU) das **erste Sit-in an einer deutschen Universität**. Die Studenten demonstrieren gegen ein Versammlungsverbot und fordern eine **Ausweitung der studentischen Mitbestimmung**, die über das »Berliner Modell« hinausgeht. Seit 1948 gibt es an der FU als einziger deutscher Universität studentische Gremien, die Mitbestimmungsrechte wahrnehmen.

Bildungspolitik: Am 14. 2. wird die Universität Düsseldorf, am 21. 6. die Universität Konstanz eröffnet. – Im Februar wird bekannt, daß jeder siebte Lehrstuhl an den deutschen Hochschulen unbesetzt ist und im kommenden Wintersemester 654 von 4598 Professorenstellen unbesetzt bleiben werden. – Nach einem am 12. 7. veröffentlichten Bulletin des zuständigen Ministeriums sind die **Ausgaben** der öffentlichen Hand **für Bildung und Wissenschaft** von 13,8 Mrd. DM (1964) auf 16,2 Mrd. DM erheblich gestiegen. Die bereitgestellten Mittel reichen dennoch nicht aus, da sich die Zahl der Studenten an bundesdeutschen Universitäten seit 1955 auf 260 000 verdoppelt hat. – Bundeswissenschaftsminister *Stoltenberg* (CDU), der am 25. 11. einen beginnenden **Forschungsnotstand** diagnostiziert, fordert höhere Ausgaben im Bildungs- und Forschungsbereich und den Abbau aller Zugangsbeschränkungen an den Hochschulen.

Weitere innenpolitische Ereignisse

Notstandsgesetze: Der DGB-Kongreß bekräftigt auf einem Kongreß in West-Berlin am 13. 5. seine **ablehnende Haltung zu den geplanten Notstandsgesetzen** (→ 1963). In einer Resolution kündigt er an, jede Notstandsgesetzgebung bekämpfen zu wollen, »welche die demokratischen Grundrechte einschränkt und besonders das Versammlungs-, Koalitions- und Streikrecht der Arbeitnehmer und ihrer gewerkschaftlichen Organisationen bedroht«. – Bundesinnenminister *Paul Lücke* (CDU) konferiert am 24. 5. in Bonn mit Abgeordneten aller Bundestagsfraktionen und am 2. 6. mit Vertretern der Länder über eine neue Initiative der Bundesregierung zur Notstandsverfassung, nachdem der

Entwurf seines Vorgängers *Hermann Höcherl* (CSU) → 1965 am Widerstand der SPD gescheitert war. Alle Parteien signalisieren grundsätzliche Zustimmung zur Notwendigkeit einer Notstandsverfassung. – Mehr als 20 000 Menschen folgen am 30. 10. in Frankfurt/Main einem Aufruf des **Kuratoriums »Notstand der Demokratie«** zu einer Protestkundgebung gegen die geplanten Notstandsgesetze. Dem Kuratorium gehören 57 Prominente an, unter ihnen der Schriftsteller *Hans Magnus Enzensberger* und der Philosoph *Ernst Bloch*.

Parteienfinanzierung: Am 19. 7. gibt das Bundesverfassungsgericht einer Klage statt, die von der Gesamtdeutschen Partei, der Bayern-Partei, der Nationaldemokratischen Partei und dem Land Hessen gegen die Bestimmungen des Bundeshaushalts 1965 eingereicht worden ist. Seit 1959 erhalten die im Bundestag vertretenen Parteien Haushaltsmittel für ihre politische Informationsarbeit, die von anfangs 5 Mio. DM auf 38 Mio. DM angestiegen sind, während die anderen Parteien leer ausgehen. Für statthaft hält das Gericht jedoch den Ersatz der **Wahlkampfkosten** für Parteien, die an einer Wahl teilgenommen haben. (Das Urteil gibt den Anstoß für das Parteiengesetz vom 24. 7. → 1967.)

»Spiegel«-Affäre (→ 1962): Die Verfassungsbeschwerde des Nachrichtenmagazins »Der Spiegel« gegen die von der Bundesanwaltschaft veranlaßte Verhaftungs- und Durchsuchungsaktion vom 26./27. 10. → 1962 weist das Bundesverfassungsgericht bei Stimmengleichheit am 5. 8. ab; vier der acht Richter befinden dagegen, mit den polizeilichen Maßnahmen sei gegen mehrere Artikel des Grundgesetzes verstoßen worden.

EWG und NATO

EWG: Mit dem am 29. 1. auf einer außerordentlichen Ministerratskonferenz in Luxemburg erzielten **»Luxemburger Kompromiß«** endet die → 1965 enstandene EWG-Krise. Frankreich gibt seine »Politik des leeren Stuhls« auf und beteiligt sich wieder an den Ratssitzungen. Kernpunkt des Kompromisses ist, daß bei wichtigen Fragen das Vetorecht und nicht das Mehrheitsprinzip gilt. Frankreich sieht seine Souveränität damit ausreichend gesichert. – Am 24. 7. beschließen die Landwirtschaftsminister in Brüssel die **Errichtung eines gemeinsamen Agrarmarktes** ab 1. 7. 1967.

NATO-Krise: Der französische Staatspräsident *Charles de Gaulle* gibt am 21. 2. auf einer Pressekonferenz in Paris **Frankreichs Rückzug aus der integrierten militärischen Struktur der NATO** zum 1. 7. bekannt. Bundesaußenminister *Schröder* erklärt am 17. 3. im Bundestag, der Schritt erfordere ein neues Überdenken des **Status der französischen Truppen** auf deutschem Boden und verlangt am 17. 5. Verhandlungen über eine neue Vertragsgrundlage. Am 6. 7. zieht Frankreich seine Luftstreitkräfte aus der Bundesrepublik ab. – Frankreichs Außenminister *Maurice Couve de Murville* und der neue bundesdeutsche Außenminister *Willy Brandt* (SPD) beenden die entstandenen Irritationen am 21. 12., indem sie sich darauf verständigen, daß Frankreich gegenüber der Bundesrepublik weiterhin alle Rechte und Pflichten eines Vollmitglieds der NATO wahrnehmen wird und die Zustimmung zur Stationierung französischer Truppen von der Bundesregierung jederzeit widerrufen werden kann.

Außen- und Sicherheitspolitik

Devisenausgleich: Bundeskanzler *Erhard* hatte sich 1964 verpflichtet, daß die Bundesrepublik bis zum 30. 6. 1967 Waffen im Wert von 5,4 Mrd. DM aus den USA bezieht. Dadurch sollen Devisenverluste ausgeglichen werden, die Amerika durch Ausgaben ihrer in der Bundesrepublik und West-Berlin stationierten Soldaten erleidet. Wegen drohender Defizite im Bundeshaushalt versucht Verteidigungsminister *Kai-Uwe von Hassel* am 8. 5. in Washington vergeblich, einen **Zahlungsaufschub** für den noch ausstehenden Betrag in Höhe von 2,7 Mrd. DM zu erreichen. Ohne Einigung in dieser Frage enden auch die Gespräche *Erhards* in Washington zwischen dem 26. und 28. 9. Nach Androhung von US-Verteidigungsminister *Robert McNamara*, die amerikanischen Truppen in der Bundesrepublik zu reduzieren, bewilligt der neue Bundeskanzler *Kurt Georg Kiesinger* Ende Dezember Zahlungen an die USA in Höhe von insgesamt 1,8 Mrd. DM.

Aus für MLF: Der seit → 1962 von der Bundesregierung unterstützte Plan zur Entwicklung einer multilateralen Atomstreitmacht der NATO (Multilateral Nuclear Force, MLF) scheitert 1966 endgültig. Die Sowjetunion signalisiert beim Besuch des britischen Premierministers *Harold Wilson* am 22. 2. ihr Einverständnis, einen **Vertrag über die Nichtverbreitung von Atomwaffen** abzuschließen. – Der NATO-Ministerrat beschließt am 15. 12. in Brüssel, einen **Ausschuß für nukleare Verteidigung** und eine **nukleare Planungsgruppe** einzurichten, an denen die Bundesrepublik maßgeblich beteiligt wird und in deren Rahmen sie Mitspracherecht in nuklearen Fragen wahrnehmen kann.

Weitere Ereignisse: Am 25. 3. sendet die Bundesregierung an 100 Regierungen eine sog. **Friedensnote**, die am selben Tag einstimmig vom Bundestag begrüßt wird. Kernpunkte sind die Forderung nach atomarer Abrüstung, einer Abrüstung in Mitteleuropa und der Austausch von Gewaltverzichtserklärungen zwischen den Blöcken. – Am 5. 9. **reist Bundeswirtschaftsminister** *Kurt Schmücker* nach Rumänien. Er ist seit *Adenauers* Besuch in Moskau 1955 das erste Regierungsmitglied, das in ein Land des Ostblocks reist. Die Reise steht im Zusammenhang mit dem sich abzeichnenden Wandel in der Ostpolitik, der insbesondere auf die Verbesserung der Beziehungen zu den kleineren Staaten des Warschauer Paktes abzielt.

Wirtschaftspolitik und wirtschaftliche Entwicklung

Kohlekrise: Zur Stützung der durch die Kohlekrise und das Zechensterben besonders betroffenen Ruhrregion vereinbaren Bund und Land Nordrhein-Westfalen am 9. 3. in Düsseldorf, **den Ruhrbergbau mit rund 1 Mrd. DM zu subventionieren**. Für Sofortmaßnahmen werden weitere 100 Mio. DM bereitgestellt. – Am 11. 3. kommt es zu einem **bundesweiten Warnstreik**, an dem sich 300 000 Bergbauarbeiter beteiligen. Sie fordern mehr Lohn und eine Ausweitung der Unterstützung für die durch billige Importkohle (u. a. aus den USA) gefährdeten Zechen.

Rezession: Die Bundesrepublik befindet sich 1966 auf dem Weg in ihre erste Rezession. Das Wachstum des Bruttinlandprodukts beträgt nur 2,8 %. Obwohl die Arbeitslosenquote im Jahresdurchschnitt bei 0,7 % liegt, sind im Dezember schon **mehr als 300 000 Menschen ohne Arbeit**. Am 9. 12. kündigt die Volkswagen AG in ihren Werken als erstes Großunternehmen Kurzarbeit an.

Bundesländer

Hamburg: Bürgerschaftswahlen am 27. 3. Die NPD erzielt mit einem Stimmenanteil von 3,9 % einen überraschenden Erfolg.

Nordrhein-Westfalen: Die SPD wird bei den Landtagswahlen am 19. 7. mit 49,5 % der Stimmen die mit Abstand stärkste Partei. CDU und FDP bleibt aber eine Mandatsmehrheit von zwei Stimmen, mit der sie am 25. 7. *Franz Meyers* (CDU) erneut zum Ministerpräsidenten wählen. Am 1. 12. schließen SPD und FDP eine Koalition. *Heinz Kühn* (SPD) wird am 9. 12. als Ministerpräsident vereidigt.

Hessen: Die Wähler bestätigen am 6. 11. die SPD-Alleinregierung unter Ministerpräsident *Georg August Zinn* mit 51 % der Stimmen. Die **NPD** erhält 7,9 % und **zieht erstmals in einen Landtag ein**.

Bayern: Die Landtagswahl am 20. 11. gewinnt die CSU deutlich mit 48,1 %. Aufsehen erregt erneut die NPD, die 7,4 % erhält und damit nach Hessen in das zweite Landesparlament einzieht.

Baden-Württemberg: Am 12. 12. löst die CDU

Wahl zum 6. Landtag von Hessen am 6.11.1966 (1962)

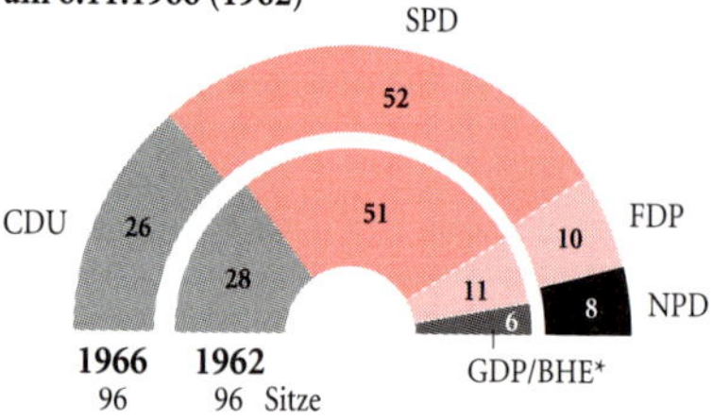

* Gesamtdeutsche Partei/Bund der Heimatvertriebenen und Entrechteten

ihre Koalition mit der FDP auf und bildet mit der SPD eine Große Koalition. *Hans Filbinger* wird am 16. 12. vom Landtag als Nachfolger *Kiesingers* zum Ministerpräsidenten gewählt.

West-Berlin: Zum Nachfolger des ins Bundesaußenministerium gewechselten Regierenden Bürgermeisters *Willy Brandt* wählt der Senat am 14. 12. Pastor *Heinrich Albertz*, bisher Bürgermeister und Innensenator.

1966

Ideologische Härte und Pragmatismus

Die mit der 11. Tagung des SED-Zentralkomitees vom Dezember 1965, dem sogenannten Kahlschlagplenum, eingeleitete ideologische Verhärtung wirkt in der ersten Jahreshälfte besonders in der Kulturpolitik nach. Zur gleichen Zeit setzt die SED-Führung die Wirtschaftsreform des Neuen Ökonomischen Systems fort, offenkundig darum bemüht, die Reform strikt auf die Wirtschaftspolitik zu begrenzen.

Gegenüber der Bundesrepublik präsentiert sich die SED-Führung verhandlungswillig, um das Nichtzustandekommen von Verhandlungen der westlichen Seite anlasten zu können. Zu ihrer Überraschung geht jedoch die SPD im Frühjahr auf den angebotenen »Rednertausch« ein. Mit fadenscheinigen Argumenten läßt die SED-Spitze den Austausch daraufhin platzen. – Ziel der DDR bleibt es, von der Bundesrepublik als gleichberechtigter Verhandlungspartner anerkannt zu werden. Sie erneuert deshalb – erfolglos – ihren Vorschlag einer deutsch-deutschen Konföderation, und sie läßt die Verhandlungen über das fünfte Passierscheinabkommen scheitern, als sich der West-Berliner Senat weigert, die DDR als Staat anzuerkennen.

Auseinandersetzungen mit Kulturschaffenden

Zu den Nachwirkungen des Dezemberplenums des Zentralkomitees (→ 1965) gehört am 12. 1. die **Ablösung des bisherigen Kulturministers** *Hans Bentzien* wegen »ernster Fehler« in der Amtsführung. Nachfolger wird *Klaus Gysi*, der Leiter des Ost-Berliner Aufbau-Verlags. Die im

Plenum offen ausgetragenen Auseinandersetzungen mit Kulturschaffenden der DDR werden Ende März durch den **Ausschluß** *Robert Havemanns* aus der Akademie der Wissenschaften fortgesetzt. Obwohl am 24. 3. im Akademieplenum die geheime Abstimmung um *Havemanns* Ausschluß mit 70 % Ja-Stimmen an der notwendigen Dreiviertelmehrheit scheitert, erklärt das Akademiepräsidium am 31. 3. *Havemanns* Ausschluß.

Die Aufführung des beim Dezemberplenum ebenfalls kritisierten **DEFA-Spielfilms »Spur der Steine«** am 1. 7. 1966 wird von bestellten Randalierern zum Eklat gebracht. Die Randalierer fordern, Regisseur *Frank Beyer* solle ins Gefängnis gesteckt und der Hauptdarsteller *Manfred Krug* zur »Bewährung in die Produktion« geschickt werden. Auf Intervention des Leipziger SED-Chefs *Paul Fröhlich* (der glaubt, der Film stelle Flügelkämpfe in der SED dar) wird der Film schließlich verboten (→ Kasten Sp. 387).

Deutsch-deutsche Beziehungen

Rednertausch: Am 11. 2. veröffentlicht das Zentralkomitee der SED einen »Offenen Brief an die Delegierten des Dortmunder Parteitages der SPD«. Im Unterschied zu früheren Reaktionen sendet die SPD am 19. 3. erstmals eine »Offene Antwort« an die SED-Spitze. Hierin thematisiert sie in sieben Fragen u. a. die fehlenden Reisemöglichkeiten der DDR-Bürger, die Tatsache, daß an den Westgrenzen der DDR geschossen wird, und sie fragt, ob eine freimütige Diskussion von der SED mitgetragen werden würde. Darauf schlägt die SED-Spitze am 26. 3. in einem erneuten Brief einen **Redneraustausch** zwischen SPD und SED vor. Führende SPD-Politiker sollen in Karl-Marx-Stadt an einer **öffentlichen Podiumsdiskussion** teilnehmen; im Gegenzug entsendet die SED Redner nach Hannover. Am 26. 5. einigen sich die beiden Parteien nach einer von der SPD abgelehnten Bitte der SED um eine Verschiebung auf Termine am 14. 7. in Karl-Marx-Stadt und am 21. 7. in Hannover. Am 22. 6. schlägt *Ulbricht* der SPD jedoch erneut Verhandlungen über den Redneraustausch vor; am 29. 6. **sagt die SED schließlich die Gespräche ab.** Vordergründig resultiert die Absage aus einem Gesetz, das der Bundestag am 23. 6. verabschiedet. Es sollte die SED-Delegierten in der Bundesrepublik vor einer Verhaftung wegen des

Die »Spur der Steine« verzerrt die »sozialistische Wirklichkeit«

»Der Film ›Spur der Steine‹ ... gibt ein verzerrtes Bild von unserer sozialistischen Wirklichkeit, dem Kampf der Arbeiterklasse, ihrer ruhmreichen Partei und dem aufopferungsvollen Wirken ihrer Mitglieder. ... Mitglieder der Partei der Arbeiterklasse werden im Widerspruch zur Wirklichkeit fast ausnahmslos als unentschlossene Menschen oder Opportunisten geschildert, die hinter den Anforderungen des Lebens zurückbleiben und das Neue nicht erfassen. ... Der Film erfaßt nicht das Ethos, die politisch-moralische Kraft der Partei der Arbeiterklasse und der Ideen des Sozialismus, bringt dafür aber Szenen auf die Leinwand, die bei den Zuschauern mit Recht Empörung auslösten.«
Neues Deutschland, 6.7.1966

Schießbefehls und der Toten an der deutsch-deutschen Grenze bewahren, wurde von der SED aber als »Handschellengesetz« bezeichnet. Bedeutsamer für die Absage aber war, daß *Willy Brandt* im Vorfeld der Termine mehrmals (z. B. auf dem 12. SPD-Parteitag in Dortmund am 1. 6.) die von der DDR gewünschte Konföderationslösung für die beiden deutschen Staaten abgelehnt hatte und am langfristigen Ziel der Wiedervereinigung festhält.

Ende der Passierscheinregelung: (→ BRD 1963)

Reiseregelungen: Am 1. 12. erläßt der Innenminister **Durchführungsbestimmungen zum Paßgesetz**, nach denen unerwünschten Personen aus der BRD die Einreise in die DDR verweigert bzw. solche Personen aus der DDR ausgewiesen werden können.

»Ein bestehendes Phänomen«: Mit dem Beginn der **Großen Koalition** von CDU/CSU und SPD in Bonn am 1. 12., vor allem aber nach der Ankündigung des neuen Bundeskanzlers, *Kurt Georg Kiesinger*, in seiner Regierungserklärung am 13. 12., mit den führenden Vertretern eines in Deutschland »bestehenden Phänomens« (womit einmal die DDR und zum anderen Mal ihre Regierung gemeint ist) Verhandlungen aufnehmen zu wollen, kommt Bewegung in die innerdeutschen Beziehungen. Am 31. 12. stellt *Walter Ulbricht* einen Zehnpunkteplan für eine »erste Phase auf dem Wege zu einer deutschen Konföderation« vor.

Außenpolitik

In der Außenpolitik entwickelt die DDR zunehmend Selbstbewußtsein. Am 28. 2. stellt *Walter Ulbricht* für die DDR den **Antrag auf Aufnahme in die Vereinten Nationen**. Er scheitert schon im Sicherheitsrat, der eine Empfehlung an die UN-Vollversammlung, die DDR aufzunehmen, verweigert. – Die DDR unterstützt am 5. 7. den wiederholten Vorschlag des Politischen Beratenden Ausschusses der Warschauer-Pakt-Staaten der Einberufung einer **Konferenz über Sicherheit und Zusammenarbeit in Europa**. Die Staaten fordern in ihrer nach dem Tagungsort benannten **Bukarester Deklaration** den Verzicht der NATO auf den Aufbau einer multinationalen Atomstreitmacht, die Unantastbarkeit der europäischen Nachkriegsgrenzen, den Verzicht auf Grenzrevisionen und das Ende der Hallstein-Doktrin (→ BRD 1955). Sie schlagen vor, »gutnachbarliche Beziehungen auf der Grundlage der Prinzipien der friedlichen Koexistenz« zu entwickeln und dabei die Zusammenarbeit auf den Gebieten der Wirtschaft, des Handels, der Wissenschaft, der Technik, der Kultur und Kunst in Gang zu bringen. Schließlich enthält die Deklaration den Vorschlag, die Militärblöcke aufzulösen und mit der Schaffung atomwaffenfreier Zonen zu beginnen. – Zwischen dem 25. 9. und dem 2. 10. reist *Walter Ulbricht* zu einem offiziellen Staatsbesuch nach Jugoslawien. Die Verbesserung der Beziehungen zu Jugoslawien ordnet sich in die Entspannungspolitik der Tito-Führung gegenüber den anderen staatssozialistischen Ländern ein.

Wirtschaftspolitik

Fortsetzung der Reformpolitik: Am 14. 1. werden in einem Erlaß des Staatsrates »zur zweiten Etappe des Neuen Ökonomischen Systems« die Aufgaben des Ende Dezember 1965 aufgelösten Volkswirtschaftsrates auf die erneut gebildeten Industrieministerien übertragen. 16 der 17 neu ernannten Minister sind zwischen 35 und 45 Jahren alt, ein klares Zeichen für die angestrebte Verjüngung des Apparates der Spitzenkräfte. – Die DDR setzt ihre **technologieorientierte Wirtschaftspolitik** im nationalen und internationalen Rahmen fort. Die chemische und elektronische Industrie werden besonders gefördert. Im Januar nehmen im Erdölverarbeitungswerk Schwedt weitere Anlagen und der gesamte

Studierende nach Fachbereichen und sozialer Herkunft 1966

Studierende:

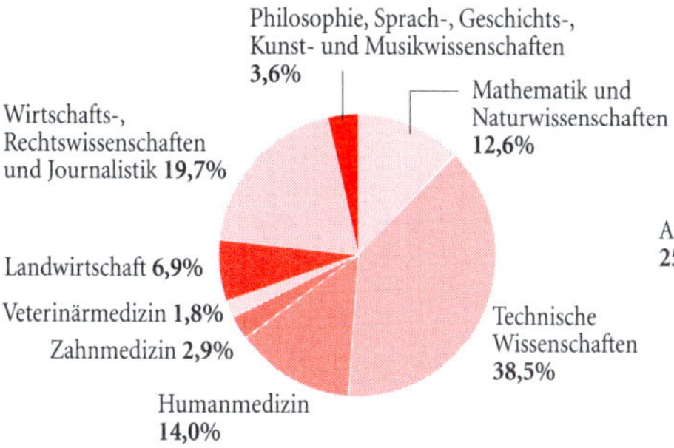

Soziale Herkunft:

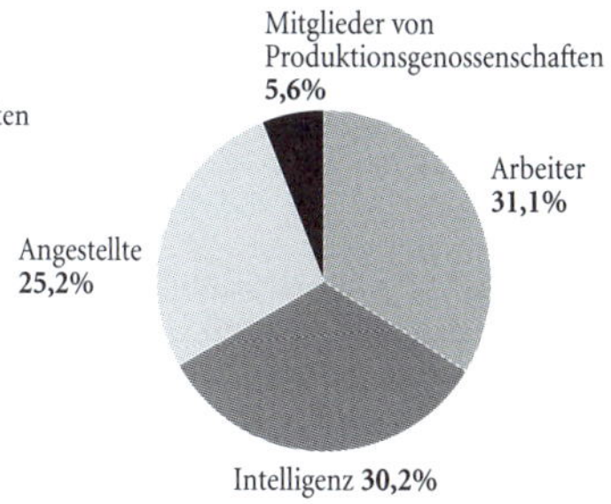

Komplex Leuna II ihren Betrieb auf. Die Fertigung elektronischer Datenverarbeitungsanlagen sowie von Halbleitern und modernen Meß- und Steuerungsgeräten wird ausgebaut. Am 9. 5. nimmt in Rheinsberg das **erste Kernkraftwerk der DDR** seinen Betrieb auf. – Das mit 3,5% höchste Wachstum des Bruttoinlandsproduktes (BIP) seit 1955 hat zur Folge, daß die Leistungskraft der DDR-Volkswirtschaft im Vergleich zur Leistungskraft der westdeutschen Volkswirtschaft erstmals wieder steigt. In BRD-Preisen von 1989 wächst das DDR-BIP auf 126,4 Mrd. DM, was 10,4% des westdeutschen BIP entspricht. – Am 23. und 24. 6. veranstaltet das Zentralkomitee gemeinsam mit dem Ministerrat in Leipzig eine **Rationalisierungs- und Standardisierungskonferenz**, um die Effizienz in der DDR-Volkswirtschaft zu erhöhen. – Am 16. 3. vereinbaren die DDR und die Sowjetunion die Bildung einer **paritätischen Regierungskommission für wirtschaftliche und wissenschaftlich-technische Zusammenarbeit**. Ähnliche Kommissionen entstehen danach mit anderen Mitgliedsländern des RGW. – Am 9. 4. gibt es in der DDR zum ersten Mal einen **arbeitsfreien Samstag**, der fortan im Zwei-Wochen-Rhythmus gewährt wird.

Soziale Daten

Bevölkerung, Einkommen, Ausgaben: Im Gebiet der DDR leben am 31. 12. des Jahres 17,07 Millionen Einwohner. – Das durchschnittliche monatliche Arbeitseinkommen von Arbeitern und Angestellten in der staatseigenen Wirtschaft wächst gegenüber dem Vorjahr auf 646 Mark. -Die **Ausgabenstruktur** der privaten Haushalte unterscheidet sich wesentlich von der in der Bundesrepublik. Eine vierköpfige Arbeiterfamilie benötigt in der DDR für Ernährung 311 Mark im Monat (BRD: 285 Mark), für Bekleidung und Hausrat ist das Doppelte aufzuwenden, Mieten hingegen sind in der DDR deutlich niedriger. – Beim **Ausstattungsniveau** der privaten Haushalte mit langlebigen Konsumgütern kommen auf 100 Haushalte 9,4 PKW, 31,5 Kühlschränke, 32,9 Waschmaschinen und 58,7 Fernsehgeräte.

1967

Studentenbewegung und Konzertierte Aktion

Die Regierung der Großen Koalition setzt in der Deutschland- und Ostpolitik neue Akzente. Die westlichen Verbündeten nehmen den Wandel, der sich in die Entspannungsbemühungen der Großmächte einfügt, positiv auf. Der positiven außenpolitischen Entwicklung stehen erhebliche Schwierigkeiten im innenpolitischen Bereich gegenüber. Während der Bundestag mangels einer starken, handlungsfähigen Opposition in der gesellschaftlichen Auseinandersetzung an Gewicht verliert, entsteht die Außerparlamentarische Opposition (APO). An den Universitäten etabliert sich die Studentenbewegung. Sie wird mit spektakulären Aktionsformen und unkonventionellen Gegenentwürfen zu den als anachronistisch und ungerecht empfundenen Strukturen und Verhaltensnormen in Schule und Gesellschaft schnell zum politischen Faktor.
Die erste Rezession seit Gründung der Republik mit einer stark ansteigenden Arbeitslosenzahl geht einher mit einem Erstarken der rechtsradikalen NPD; bei den Landtagswahlen kann sie Erfolge aus dem Vorjahr fortsetzen. Mit einem neuen Instrumentarium der ökonomischen Krisensteuerung, an der die privatwirtschaftlichen Entscheidungsträger und Sozialpartner in einer »Konzertierten Aktion« beteiligt werden, versucht Bundeswirtschaftsminister *Karl Schiller* (SPD) die wirtschaftlichen Antriebskräfte zu mobilisieren.

Rezession, Konjunkturpolitik
Das Wirtschaftswachstum ist 1967 zum ersten Mal in der Geschichte der Bundesrepublik rückläufig. Das Bruttosozialprodukt sinkt gegenüber dem Vorjahreswert um 0,2 %. – Am 15. 2. sind **673 000 Menschen ohne Arbeit**, im Jahresdurchschnitt sind es 459 000 (Arbeitslosenquote 2,1 %). – Am 14. 2. findet in Bonn die erste Gesprächsrunde der von Bundeswirtschaftsminister *Karl Schiller* (SPD) ins Leben gerufenen **»Konzertierten Aktion«** statt. Auf der Basis der von *Schiller* vorgelegten »gesamtwirtschaftlichen Orientierungsdaten« berät ein Gremium aus Vertretern der Gewerkschaften und Unternehmerverbände, der Deutschen Bundesbank, des Bundeswirtschaftsministeriums sowie die Sachverständigen zur Begutachtung der gesamtwirtschaftlichen Lage (»Fünf Weise«) gemeinsame Vorschläge zur Belebung der Konjunktur. – Am 23. 2. verabschiedet der Bundestag den Bundeshaushalt 1967 und das **erste Investitionsprogramm der Bundesregierung**, das 2,5 Mrd. DM an zusätzlichen Investitionen bei Bahn und Post sowie im Straßen- und Wohnungsbau vorsieht. – Am 10. 5. billigt der Bundestag das Gesetz zur Förderung der Stabilität des Wachstums in der Wirtschaft (**»Stabilitätsgesetz«**). Es verpflichtet die Bundesregierung, Vollbeschäftigung, außenwirtschaftliches Gleichgewicht, Wirtschaftswachstum und Preisstabilität (»magisches Viereck«) anzustreben (in Kraft am 14. 6.). Die im Gesetz genannten Instrumente zur Globalsteuerung geben Bundesregierung und Bundesbank die Möglichkeit, durch eine antizyklische Haushalts- und Finanzpolitik die Nachfrage zu steuern und durch die Planung öffentlicher Investitionsvorhaben zielgerichtet die allgemeine Wirtschaftstätigkeit zu beeinflussen. Die Haushalte von Bund, Ländern und Gemeinden müssen künftig über koordinierte Konjunkturausgleichsrücklagen und kreditpolitische Maßnahmen aufeinander abgestimmt werden. Zur Überwachung und Beratung der Wirtschaftspolitik wird ein **Konjunkturrat** der öffentlichen Hand gebildet; er konstituiert sich am 13. 7. Die Bundesregierung wird verpflichtet, jährlich einen **Jahreswirtschaftsbericht** zu erstellen, in dem sie die gesamtwirtschaftliche Lage darstellt und ihre wirtschafts-und finanzpolitischen Folgerungen nennt. – Am 12. 5. beschließt der Zentralbankrat der Deutschen Bundesbank zum vierten Mal in diesem Jahr eine **Zinssenkung**.

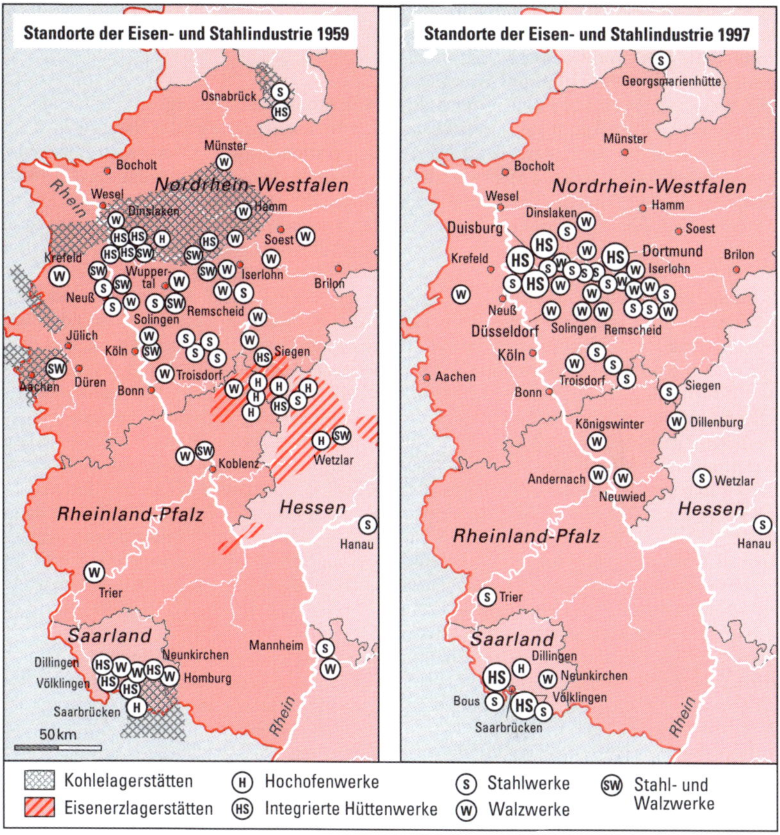

Der Diskontsatz liegt nun bei 3 % (1. 1. 1967: 5 %), der Lombardsatz bei 4 % (6,25 %). – Das **zweite Konjunktur- und Strukturprogramm** der Bundesregierung wird am 8. 9. vom Bundestag gebilligt. Es stellt 5,3 Mrd. DM für Investitionen bis 1971 zur Verfügung.

Strukturkrise bei Kohle und Stahl: Die allgemeine Rezession verbindet sich im Ruhrgebiet mit der spezifischen Strukturkrise im Montanbereich. – Am 7. 4. erhält die **Friedrich Krupp** Export GmbH eine Bundesbürgschaft von 300 Mio. DM; die Banken verlängern Kredite und gewähren weitere Gelder. Dafür verpflichtet sich der Eigentümer, *Alfried Krupp von Bohlen und Halbach*, seinen mit rd. 2 Mrd. DM verschuldeten Konzern bis zum 31. 12. 1968 in eine Aktiengesellschaft oder in eine Stiftung umzuwandeln. Interne Umstrukturierungsmaßnahmen sollen die 100 000 Arbeitsplätze des Unternehmens sichern. – Am 8. 9. beschließen die August Thyssen Hütte AG und die Hüttenwerke Oberhausen AG ihre Fusion. – Am 7. 11. nimmt der Bundestag in erster Lesung das **Kohleanpassungsgesetz** an, das Bergleuten durch Abfindungen den Berufswechsel erleichtern soll. Daneben wird die Umstrukturierung der besonders stark von Zechen abhängigen Wirtschaftsregionen durch staatliche Investitionsprogramme gefördert. 1967 werden 57 500 Beschäftigte im Kohlenbergbau arbeitslos.

Arbeitszeitverkürzung: Am 1. 1. beginnt in der Metallindustrie die tariflich vereinbarte **40-Stunden-Woche**.

Subventionen und Steuern: Gegen die Bonner

EG-Politik demonstrieren am 7. 3. in Dortmund bei der bisher größten **Protestveranstaltung von Landwirten** 30 000 Menschen. Sie verlangen höhere Subventionen für ihre Erzeugnisse und Preiserhöhungen insbesondere für Milch und Getreide. – Mit einem am 26. 4. verabschiedeten Gesetz ersetzt der Bundestag die lineare Umsatzsteuer durch ein **neues Mehrwertsteuersystem**, das dem Bund nach Inkrafttreten am 1. 1. 1968 höhere Einnahmen bringt.

Studentenbewegung

Aktionen: Am 1. 1. gründen in West-Berlin sieben Mitglieder des Sozialistischen Deutschen Studentenbundes (SDS) die **Kommune I** (»K1«). Sie wollen mit ihrer Wohngemeinschaft ein Beispiel für eine alternative, gegen die bürgerliche Normalität gerichtete Lebensform geben. Am 5. 4. inhaftiert die West-Berliner Polizei Mitglieder der K1 wegen des Verdachts, einen Anschlag auf US-Vizepräsident *Hubert Humphrey* vorzubereiten, der am 6. 4. West-Berlin besucht. Die bei den Kommunarden gefundenen vermeintlichen Bomben sind mit Pudding gefüllte Tüten (»Puddingattentat«). Bei der Demonstration von rd. 2000 Studenten gegen den **Humphrey-Besuch** am 6. 4. setzt die Polizei neue Methoden ein. Zum ersten Mal werden **»Greiftrupps«** aufgeboten, die Anführer der Demonstration gezielt festnehmen sollen.

2. Juni: Bei der gewaltsamen Auflösung einer Demonstration gegen den Besuch des iranischen Monarchen *Schah Resa Pahlewi* in West-Berlin am 2. 6. wird der Student *Benno Ohnesorg* von dem Polizeiobermeister *Karl Heinz Kurras* erschossen. *Kurras*, der in Notwehr gehandelt haben will, wird am 21. 11. vom Landgericht West-Berlin vom Vorwurf des Totschlags freigesprochen. Studenten sehen in *Ohnesorg* ein Opfer staatlich gebilligten Mordes, während die Berliner Boulevardblätter die Schuld für die Ereignisse den Demonstranten zuschieben (»Wer Terror produziert, muß Terror in Kauf nehmen!«). Der Tod von *Ohnesorg* bewirkt eine rapide Ausweitung und Radikalisierung der Protestbewegung. Die politischen Unruhen in West-Berlin nehmen zu. Auch in anderen bundesdeutschen Universitätsstädten beteiligen sich über 100 000 Menschen an Demonstrationen und Protestaktionen. Der Regierende Bürgermeister *Heinrich Albertz* rechtfertigt zunächst das Verhalten der Polizei während des

Schah-Besuchs, übernimmt am 26. 9. jedoch die politische Verantwortung und tritt zurück.

Notstandsgesetzgebung

Am 10. 3. verabschiedet das Kabinett in Bonn den **dritten Entwurf** einer neuen Notstandsverfassung, der in seinen wesentlichen Elementen auf der am Widerstand der SPD gescheiterten zweiten Vorlage (→ 1965) beruht. Am 29. 6. findet die erste Lesung im Bundestag statt. – Der DGB-Vorstand bekräftigt am 17. 7. auf einer Sondersitzung in Düsseldorf seine ablehnende Haltung. Auch der in West-Berlin tagende Bundeskongreß der Deutschen Angestellten Gewerkschaft spricht sich am 13. 10. gegen die Notstandsgesetze aus. – Am 9. 11. beginnen von der Bundesregierung und dem Bundestag angesetzte Anhörungen in Bonn. Mobilisiert von den Gewerkschaften, dem Sozialistischen Deutschen Studentenbund (SDS) und kirchlichen Gruppen bekunden zur gleichen Zeit in Bonn und in anderen Städten Tausende von Demonstranten ihre Ablehnung der Pläne, die sie als akute Gefährdung der Demokratie kritisieren.

Deutsch-deutsche Beziehungen

Am 12. 4. gibt Bundeskanzler *Kiesinger* eine **Regierungserklärung zur Deutschlandfrage** ab, in der er eine Verbesserung der Beziehungen zur DDR – unterhalb der Ebene staatlicher Anerkennung – als Teil der angestrebten Entspannung in Europa eine hohe politische Priorität einräumt: Er schlägt Maßnahmen »zur Erleichterung des täglichen Lebens«, zur verstärkten wirtschaftlichen und verkehrspolitischen Zusammenarbeit und »Rahmenvereinbarungen für den wissenschaftlichen, technischen und kulturellen Austausch« vor. – Der Ministerratsvorsitzende *Willi Stoph* bietet in einem Brief vom 10. 5. an Bundeskanzler *Kiesinger* direkte Gespräche an und fordert zugleich eine völkerrechtliche Anerkennung der DDR durch die Bundesrepublik. Erstmals in der Geschichte der deutsch-deutschen Beziehungen nimmt das Bundeskanzleramt ein solches DDR-Schreiben an. In seinem Antwortschreiben am 13. 6. geht *Kiesinger* auf die Forderung der DDR nicht ein. Er schlägt statt dessen vor, direkte Gespräche über einzelne konkrete Sachfragen des inner-

Fortsetzung Sp. 399

Studentenbewegung

Aus Protesten an den bundesdeutschen Hochschulen gegen unzureichende Studienbedingungen und erstarrte **hierarchische Strukturen an den Universitäten** erwächst nach Bildung der Großen Koalition 1966 eine politische Bewegung unter den Studenten. Als Teil der Außerparlamentarischen Opposition greift sie bald über die Hochschulen hinaus und bestimmt zwischen 1967 und den frühen siebziger Jahren das politische Klima in der Bundesrepublik wesentlich mit.

Kristallisationspunkte des Protests, der sich von Campusrevolten in anderen westlichen Ländern inspirieren läßt, sind vor allem der Krieg der USA in Vietnam, der antikolonialistische Befreiungskampf in der Dritten Welt und die restaurativen Tendenzen in der Bundesrepublik, die insbesondere an der ausgebliebenen gesellschaftlichen Auseinandersetzung mit dem Nationalsozialismus, dem Wiederaufleben des deutschen Militarismus und der geplanten Notstandsgesetzgebung festgemacht werden.

Konzeptionell beeinflußt von der Kritischen Theorie der »Frankfurter Schule«, den Werken von *Karl Marx*, dem Denken von *Herbert Marcuse* und *Ernst Bloch* bildet der **Sozialistische Deutsche Studentenbund** (SDS), bis 1960 Studentenorganisation der SPD, die Avantgarde unter zahlreichen studentischen Organisationen; sie verfolgen unterschiedliche politische Ansätze, sind sich jedoch einig in der Kritik der gesellschaftlichen Verhältnisse und im Ziel einer freien und radikaldemokratischen Gesellschaft.

Die unkonventionellen **Organisationsformen im Alltag** (Kommunen, Wohngemeinschaften, Kinderläden) sollen Elemente der emanzipierten Gesellschaft einüben und vorwegnehmen.

Mit einem **breiten Spektrum politischer Aktionsformen** verschafft sich die Studentenbewegung öffentliche Aufmerksamkeit. Dazu gehören provokative Happenings, Formen des gewaltfreien Widerstands (Sit-ins, Teach-ins), Demonstrationen, Besetzungen von Universitätsinstituten und öffentlichen Ämtern, Blockierung von Verkehrszentren bis zur massiven Gewalt »gegen Sachen«, mit der Eskalation der Auseinandersetzungen auch gegen Polizeikräfte.

Die zunehmende Diskreditierung der Bewegung durch die etablierten politischen Parteien und große Teile der Medien, insbesondere der Springer-Presse trägt zur **Radikalisierung** der Oppositionsbewegung bei. Der Tod des Studenten *Benno Ohnesorg* durch Polizeischüsse am 2. 6. 1967, das Attentat auf *Rudi Dutschke* durch einen Rechtsradikalen am 11. 4. → 1968 und die Verabschiedung der Notstandsgesetze am 30. 5. → 1969 markieren für einen Teil der Studentenbewegung Wendepunkte zum Kampf gegen Staat und Gesellschaft. Ab 1970 zerfällt die Studentenbewegung, u. a. als Folge der Bildung der **sozialliberalen Koalition** am 22. 10. 1969, die mit gesellschaftlichen Reformen der Studentenbewegung die Stoßkraft nimmt.

Angesichts der Aussichtslosigkeit, unter den herrschenden Bedingungen mit den Mitteln demokratischer Willensbildung die Revolution zu befördern, übertragen einige studentische Gruppen das Konzept des Guerillakampfs der Befreiungsbewegungen der Dritten Welt auf die Metropolen. Der **Linksterrorismus** der »Rote Armee Fraktion« (RAF), der »Bewegung 2. Juni« und der »Roten Zellen« bestimmt in den siebziger Jahren wesentlich das politische Klima der Bundesrepublik. Mit dem Niedergang der Studentenbewegung entstehen zahlreiche (meist kurzlebige) linksradikale Zirkel und kommunistische und anarchistische Pseudoparteien; viele Menschen suchen ihre Zukunft in alternativen Lebensformen, andere entscheiden sich für den »Marsch durch die Institutionen«.

Eine **politische Bilanz** der Studentenbewegung wird neben der unmittelbaren politischen Erfolglosigkeit ihre langfristigen gesellschaftlichen Wirkungen berücksichtigen, die sich u. a. in der Umwelt- und Frauenbewegung, in der Veränderung der politischen Landschaft mit dem Entstehen der Partei der GRÜNEN und im Wertewandel seit den sechziger Jahren zeigen.

deutschen Verhältnisses aufzunehmen. Am 18.9. sendet *Stoph* in einem Schreiben einen Vertragsentwurf über normale völkerrechtliche Beziehungen zwischen der BRD und der DDR. *Kiesinger* lehnt in seiner Antwort am 28.9. eine Zustimmung zu einem solchen Vertrag ab und beendet den Notenwechsel.

Ost- und Deutschlandpolitik

Aufweichung der Hallstein-Doktrin: Am 31.1. unterzeichnen Bundesaußenminister *Willy Brandt* (SPD) und sein rumänischer Amtskollege *Corneliu Manescu* in Bonn ein Kommuniqué über die **Aufnahme diplomatischer Beziehungen**. Zugleich betont die Bundesregierung in einer Note an die Regierung der Sowjetunion, daß sie am Alleinvertretungsanspruch Deutschlands festhält. Am 4.7. wird die Handelsvertretung in Bukarest zur Botschaft der Bundesrepublik in Rumänien umgewandelt. Da Rumänien auch diplomatische Beziehungen zur DDR unterhält, ist die Hallstein-Doktrin, seit 1955 wichtiger Bestandteil der bundesdeutschen Außenpolitik, für die kommunistische Staatenwelt außer Kraft gesetzt.
Sowjetischer Widerstand: Die ostpolitischen Initiativen der Bundesregierung sind zunächst begleitet von einer Verschlechterung der deutsch-sowjetischen Beziehungen. Moskau befürchtet eine Isolierung der DDR und verhindert den Abschluß ähnlicher Vereinbarungen mit Ungarn und Bulgarien. – Am 29.1. beginnt die Sowjetunion eine **Kampagne gegen die Bundesregierung**, der sie in Noten an die Westmächte die Duldung eines »wiederaufflammenden Nazismus« in Westdeutschland und Revanchismus, am 10.3. »Wühlarbeit gegen die DDR« vorwirft. – Trotz sowjetischer Widerstände gelingt es der Bundesregierung, die Beziehungen zu den Ländern des Warschauer Pakts auszubauen. Am 3.8. schließt sie mit der **Tschechoslowakei ein Handelsabkommen.**

Sicherheitspolitik

Nutzung des Weltraums: Die Bundesrepublik gehört zu den 63 Unterzeichnerstaaten des zwischen den USA, Großbritannien und der Sowjetunion ausgehandelten »Vertrages über die Grundsätze zur Regelung der Tätigkeiten von Staaten bei der Erforschung und Nutzung des Weltraums einschließlich des Mondes und anderer Himmelskörper«, der am 27.1. unterzeichnet wird. Die Unterzeichnerstaaten verpflichten sich auf eine **friedliche Erforschung und Nutzung des Weltraums**. – In der Frage des **Atomwaffensperrvertrages**, über den die Nuklearmächte seit 1965/66 verhandeln, äußert Außenminister *Brandt* während seiner USA-Reise am 7.2. und während seiner Japanreise am 11.5. öffentlich **Bedenken gegen Kontrollmechanismen** des Vertragswerkes, die eventuell die Industriespionage auf dem Gebiet der friedlichen Nutzung der Kernenergie erleichtern.
Bundesrepublik/NATO: Auf der NATO-Tagung in Paris ersetzen die Verteidigungsminister der Mitgliedstaaten am 9.5. die Doktrin der »massiven Vergeltung« im Falle eines Angriffs auf die NATO durch die Doktrin der **»Flexible Response«**, die von einer stufenweisen Eskalation ausgeht. Für die Bundesrepublik als wahrscheinlichstem Kriegsschauplatz einer Ost-West-Konfrontation bedeutet die neue Strategie, daß sie im Ernstfall nicht automatisch nukleares Schlachtfeld wird.
Bundeswehr: Das im Dezember 1966 erlassene Flugverbot für die bundesdeutschen **Starfighter** wird am 13.1. aufgehoben (→ 1966). Durch vorsichtigen Flug sollen die Piloten weitere Abstürze vermeiden.

Weitere wichtige außenpolitische Ereignisse

EWG/EG: Am 1.7. werden die EWG, EURATOM und die EGKS zur **Europäischen Gemeinschaft (EG)** fusioniert. Die EG verfügt über vier zentrale Organe: Kommission (Brüssel), Ministerrat (Brüssel), Parlament (Straßburg) und Gerichtshof (Luxemburg). Der langjährige Präsident der Kommission der EWG, *Walter Hallstein*, tritt zurück. Sein Nachfolger wird der Belgier *Jean Rey*. Am 11.12. legt Frankreich auf der Ministerratstagung in Brüssel zum zweiten Mal seit → 1963 sein **Veto gegen den Beitritt Großbritanniens** ein und verhindert damit die besonders von der Bundesrepublik seit Jahren befürwortete Ausweitung der Gemeinschaft. – Zwei Jahre nach Abbruch der diplomatischen Beziehungen (→ 1965) einigen sich **Jordanien** und die Bundesrepublik am 18.4. auf die Wiederherstellung der diplomatischen Beziehungen. – Der **Vatikan** protestiert am 4.4. gegen die von den Landtagen in Baden-Württemberg (8.2.), Rheinland-

Pfalz (14. 3.) und Nordrhein-Westfalen (27. 6.) beschlossene Schulreform, durch die **christliche Gemeinschaftsschulen** zur einzigen staatlichen Schulform werden, während Konfessionsschulen abgeschafft werden. Der Vatikan sieht darin einen Verstoß gegen das Konkordat von 1933.

Parteien

Parteiengesetz: Aufgrund eines Urteils des Bundesverfassungsgerichtes vom 19. 7. → 1966 zur Parteienfinanzierung verabschiedet der Bundestag am 28. 6. ein **neues Parteiengesetz**, das am 24. 7. in Kraft tritt. Es regelt verfassungsrechtliche Stellung wie Aufgaben der politischen Parteien und legt Grundsätze für innerparteiliche Willensbildung wie Parteistruktur fest. In der Öffentlichkeit stark beachtet werden die Vorschriften zur **Parteienfinanzierung**: Jede Partei, die bei Bundestagswahlen mehr als 2,5 % der Stimmen erhält, bekommt künftig pro Stimme 2,50 DM als Ausgleich für ihre Wahlkampfkosten. Parteispenden müssen ab einer bestimmten Summe öffentlich bekanntgemacht werden. Die Regelung gilt rückwirkend auch für die Bundestagswahl vom 19. 9. 1965.

SPD: Nach dem Tod von *Fritz Erler* am 22. 2. wird *Helmut Schmidt* am 14. 3. Vorsitzender der SPD-Bundestagsfraktion.

FDP: Der Bundesparteitag der Liberalen in Hannover beschließt am 5. 4. ein Aktionsprogramm, mit dem die FDP auf mehreren Politikfeldern, insbesondere im Hinblick auf die Demokratisierung von Staat und Gesellschaft und in der Deutschland- und Ostpolitik, einen neuen Kurs einschlägt. Im Verhältnis zur DDR plädiert sie für ein **»zeitlich begrenztes Nebeneinander« beider deutscher Teilgebiete**. Eine ähnliche Formulierung hatte wiederholt *Willy Brandt* benutzt.

NPD: Nach einem parteiinternen Streit verläßt der Bundesvorsitzende *Fritz Thielen* die NPD und gründet am 10. 5. in Bremen die Nationale Volkspartei (NVP). Der bisherige Stellvertreter *Adolf von Thadden* wird Vorsitzender der NPD.

CDU: Am 19. 5. **stirbt Konrad Adenauer** an seinem Wohnort in Rhöndorf bei Bonn. Zum Staatsbegräbnis des Altbundeskanzlers und Ehrenvorsitzenden der CDU am 25. 4. in Köln kom-

Wahl zur 7. Bremischen Bürgerschaft am 1.10.1967 (1963)

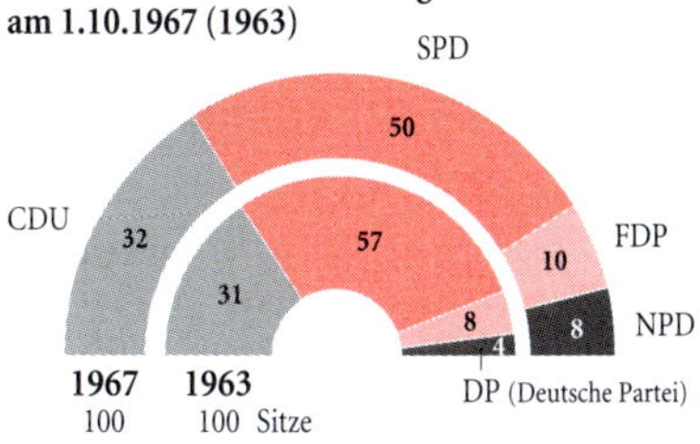

men Präsidenten und Regierungschefs aus aller Welt, darunter der US-amerikanische Präsident *Johnson*, der britische Premierminister *Wilson* und Frankreichs Staatspräsident *de Gaulle*. – Auf dem Bundesparteitag der CDU in Braunschweig am 22./23. 5. wird Bundeskanzler *Kiesinger* zum Parteivorsitzenden gewählt. Er wird Nachfolger des → 1966 gestürzten Kanzlers *Ludwig Erhard*.

Bundesländer

West-Berlin: Wahl zum Abgeordnetenhaus am 12. 3. – In der politischen Krise nach dem Tod des Studenten *Ohnesorg* (2. 6.) tritt am 20. 9. Innensenator *Wolfgang Büsch* (SPD) zurück, zwei Tage später Polizeipräsident *Erich Duensing*. Von Flügelkämpfen in der SPD zermürbt, erklärt am 26. 9. auch der Regierende Oberbürgermeister *Heinrich Albertz* seinen Rücktritt. Nachfolger wird am 19. 10. der bisherige Staatssekretär im Auswärtigen Amt, *Klaus Schütz*.

Rheinland-Pfalz: Wahl zum Landtag am 23. 4. Die NPD zieht mit 6,9 % in den Landtag ein.

Schleswig-Holstein: Landtagswahl am 23. 4. Die erstmals angetretene NPD erzielt 5,8 %.

Niedersachsen: Landtagswahl am 4. 6. Die NPD zieht mit 7 % der Stimmen in den Landtag ein.

Bremen: Wahl zur Bürgerschaft am 1. 10. (→ Graphik). Die SPD erleidet starke Verluste (–8,7 %) und verliert die absolute Mehrheit. Die erstmals angetretene NPD erzielt auf Anhieb 8,8 % der Stimmen. Am 28. 11. wählt die Bürgerschaft mit den Stimmen von SPD und FDP *Hans Koschnick* (SPD) zum Präsidenten.

1967

Abgrenzung und Reformen

Mit Weichenstellungen in der Innen-, Wirtschafts-, Hochschul- und Jugendpolitik der DDR setzt sich die strikt getrennte Entwicklung der beiden deutschen Staaten fort. Das Staatsbürgerschaftsrecht wird neu gefaßt, eine Verfassungsreform in die Wege geleitet. Die 3. Hochschulreform reorganisiert die Hochschulstrukturen und spezialisiert die Ausrichtung einzelner Universitäten. In der Wirtschaftspolitik markiert der Übergang zum »Ökonomischen System des Sozialismus« die langsame Abkehr von den ambitionierten Reformideen des Neuen Ökonomischen Systems. Der VII. SED-Parteitag propagiert die gesellschaftspolitische Konzeption einer »sozialistischen Menschengemeinschaft« in der DDR.

Auch nach außen werden die Unterschiede der beiden deutschen Staaten mit einer generellen Abgrenzungspolitik der SED-Führung gegenüber der Bundesrepublik betont. Dazu gehört der erstmalige Abschluß von Freundschafts- und Beistandsabkommen mit den kleineren verbündeten Ländern ebenso wie die sogenannte Ulbricht-Doktrin, nach der jede Normalisierung der Beziehungen staatssozialistischer Länder zur BRD an die vorherige Anerkennung der DDR durch die Bundesrepublik gebunden wird.

Abgrenzungspolitik

Am 20. 2. beschließt die Volkskammer das **Gesetz über die Staatsbürgerschaft der DDR** (am 4. 12. Übernahme durch die Stadtverordnetenversammlung für Ost-Berlin). Mit diesem Gesetz wird für das Gebiet der DDR das Reichs-

und Staatsangehörigengesetz von 1913 ersetzt und zugleich der Übergang zur Politik der **zwei Staatsbürgerschaften in Deutschland** vollzogen. Am 1. 12. beschließt die Volkskammer, eine Kommission zur **Ausarbeitung einer »sozialistischen Verfassung« für die DDR** zu bilden. Vorsitzender der Kommission wird *Walter Ulbricht*. Am gleichen Tag verabschiedet die Volkskammer ein Gesetz über die Staatsbank der DDR, mit dem symbolisch ein weiterer Akt der Abgrenzung zur Bundesrepublik vollzogen wird: Die Landeswährung wird offiziell von »Mark der Deutschen Notenbank« in **»Mark der DDR«** umbenannt, wobei jedoch zunächst die alten Banknoten und Münzen weiter im Umlauf bleiben. Die Ausgabe neuer Banknoten beginnt erst am 14. 9. 1974; Münzen mit der neuen Währungsbezeichnung werden sogar erst am 22. 11. 1978 ausgegeben.

Wirtschaftspolitik

Abschwächung der Reformen: Der VII. Parteitag der SED vom 17.–22. 4. in Ost-Berlin proklamiert den Übergang vom Neuen Ökonomischen System der Planung und Leitung (NÖSPL) zum **Ökonomischen System des Sozialismus** (ÖSS). In seinem Referat nennt *Walter Ulbricht* das ÖSS Grundlage für den Übergang zur »entwickelten sozialistischen Gesellschaft«. – Die Reformpolitik der vergangenen Jahre wird durch diese Entscheidung abgeschwächt. Zwar richtet sich das ÖSS auch auf andere Bereiche der Gesellschaft, doch ideologische Bedenken, die u. a. in dem Vorwurf des »Managertums« gegenüber VEB-Direktoren gipfeln, sind die Ursache dafür, daß die DDR-Wirtschaft wieder stärker zentralisiert wird (Gesetz über den Perspektivplan bis 1970 vom 26. 5.). – Das schließt indes nicht aus, daß mit der Struktur der DDR-Volkswirtschaft weiter experimentiert wird. So entstehen in der Regel vertikal organisierte **Kombinate**, die alle Produktionsabläufe vom Halbfabrikat bis zum Endprodukt in sich vereinen. Beispiele sind das Uhrenkombinat in Ruhla und das Kabelwerk Oberspree in Ost-Berlin. In anderen Bereichen wie der Textilindustrie und dem Schiffbau werden wiederum weniger institutionalisierte Verbindungen (sogenannte Kooperationsverbände) gebildet. – Am 3. 5. beschließt der Ministerrat den Übergang zur durchgängigen **5-Tage-Arbeitswoche**. Ab 28. 8. beträgt die wöchentliche Regelarbeitszeit der

DDR-Arbeitnehmer 43,75 Stunden. – Am 13. 12. erläßt der Ministerrat eine Verordnung über die Gründung der **Industrie- und Handelsbank** der DDR als neuem Spezialinstitut der volkseigenen Wirtschaft.

Wirtschaftswachstum: Das schon im Vorjahr hohe Wachstum des Bruttoinlandsproduktes (BIP) setzt sich noch einmal fort. Es wächst um erneut 3,8 % auf 130,7 Mrd. DM (in BRD-Preisen von 1989). Damit erwirtschaftet die DDR in diesem Jahr 10,8 % des westdeutschen BIP.

Volkskammerwahl

Am 2. 7. finden **Wahlen zur Volkskammer** und zu den Bezirkstagen statt. Bei einer offiziellen Wahlbeteiligung von 98,2 % erzielt die Einheitsliste der Nationalen Front 99,93 % Ja-Stimmen. Am 13. 7. wird *Walter Ulbricht* in seinem Amt als Vorsitzender des Staatsrates durch die Volkskammer bestätigt. Der am folgenden Tage neugewählten Regierung gehören nur noch 39 (bisher 49) Minister an. Gleichzeitig entstehen aus bisherigen Staatssekretariaten Ministerien für Hoch- und Fachschulwesen sowie für Wissenschaft und Technik.

3. Hochschulreform

Mit einer Erklärung des SED-Zentralkomitees vom Dezember 1965 über die »Prinzipien zur weiteren Entwicklung der Lehre und Forschung an den Hochschulen der DDR« beginnen die Vorbereitungen für die dritte Hochschulreform. Sie wird mit der **Hochschulkonferenz** von Anfang Februar 1967 offiziell eingeleitet und im wesentlichen bis 1968 abgeschlossen. Mit ihr sollen die Hochschulen der DDR stärker an der Entwicklung von Wirtschaft und Gesellschaft orientiert, der Hochschulbetrieb durch Spezialisierung rationalisiert werden. An die Stelle der Fakultäten treten 190 in Bereiche (die früheren Institute) unterteilte **Sektionen**. Mit neu gegründeten Sektionen werden einzelne Hochschulen stärker auf (auch regionale) Branchenbedürfnisse ausgerichtet. – Trotz der unverändert besonderen Förderung von Kindern aus Arbeiter- und Bauernhaushalten ist ihr Anteil an der Gesamtstudentenschaft zwischen 1960 und 1966 von 40 auf 31 % gesunken, der Anteil der Kinder aus Intelligenzfamilien im gleichen Zeitraum von knapp 18 auf über 30 % gestiegen (→ Graphik DDR 1996).

Jugendpolitik

Nach dem »Kahlschlagplenum« des SED-Zentralkomitees im Dezember 1965, auf dem *Erich Honecker* auch die einseitige Ausrichtung der Jugendsendungen des DDR-Rundfunks auf Beat-Musik kritisiert hatte, bewegt sich die Jugendpolitik im Spannungsfeld von aktiver Jugendförderung (so beschließt der Staatsrat am 31. 3. »Zehn Grundsätze der Jugendpolitik«) und fortgesetzter Gängelei. Beredtes Beispiel ist die vom Jugendverband FDJ geförderte **Singebewegung**, die u. a. mit dem Namen des Ost-Berliner »Oktoberklubs« verbunden ist. Dieser Chor entspricht einerseits den Vorstellungen der SED-Führung von Musik für die Jugend (das »Neue Deutschland« kommentiert den ersten Auftritt des »Oktoberklubs« am 4. 3. als »Kampfansage gegen die Vorstellung, westliches Importgedudel sei der Jugend musikalisches Ideal«), andererseits finden die Lieder des Oktoberklubs tatsächlich zahlreiche Anhänger. An vielen Orten bilden sich Singeklubs, meist zwar von Musiklehrern und FDJ-Funktionären organisiert, nicht selten aber auch von musikbegeisterten Jugendlichen selbst ins Leben gerufen. – Im Gefolge des VIII. Parlaments der FDJ (10.–13. 5. in Karl-Marx-Stadt), bei dem *Günther Jahn* die Nachfolge von *Horst Schumann* als 1. Sekretär des FDJ-Zentralrates antritt, orientiert sich die FDJ stärker an den kulturellen Interessen der Jugendlichen. Im Rahmen der 9. Arbeiterfestspiele im Juni regt sie ein Literaturfestival an, die Radiosendung »DT64« unterstützt die Singebewegung, Ende 1967 findet in Leipzig eine Ausstellung mit Werken der Bildenden Kunst von Kindern und Jugendlichen statt.

Entwicklungen in der evangelischen Kirche

Am 5. 1. wird mit *Albrecht Schönherr* ein auf den Ausgleich mit der staatlichen Macht bemühter Kirchenmann zum Bischofsverweser des östlichen Teiles der Evangelischen Kirche in Berlin-Brandenburg gewählt. Innerhalb der evangelischen Kirche ist dennoch nicht entschieden, ob sich die Befürworter der gesamtdeutschen Kircheneinheit behaupten können. Die Teilnehmer der vom 1.–7. 4. in Fürstenwalde bei Berlin stattfindenden **Teilsynode Ost** der EKD wehren sich in einer Erklärung gegen die Forderung, die Einheit der evangelischen Kirchen in Deutschland aufzugeben (→ Kasten).

Fürstenwalder Erklärung zur Einheit der EKD

»Die Kirchen werden aufgefordert, ihre Einheit in der Evangelischen Kirche in Deutschland aufzugeben, weil sie sonst den Menschen, die in zwei entgegengesetzten Gesellschaftsordnungen leben, nicht mehr dienen könnten. Damit wird die Gesellschaftsordnung zur Herrin über den Christusdienst gemacht. Gerade dadurch wird der Christusdienst gehindert. Denn die Menschen sind in allen Situationen und Gesellschaftsordnungen einander darin gleich, daß sie Christus nötig haben.«

Eisenbahnkatastrophe

In Langenweddingen bei Magdeburg ereignet sich am 6. 7. das bis dahin **schwerste Unglück in der deutschen Eisenbahngeschichte**. Wegen einer nicht geschlossenen Schranke kommt es an einem Bahnübergang zum Zusammenstoß eines mit Benzin gefüllten Tanklastwagens und eines Doppelstockzuges der Reichsbahn. 94 Menschen, darunter 44 Kinder auf dem Weg in ein Kinderferienlager, kommen in den brennenden Waggons ums Leben, zahlreiche Personen werden zum Teil schwer verletzt. Das Unglück führt zu einer Verschärfung der Sicherheitsbestimmungen im Eisenbahn- und Straßenverkehr der DDR.

Deutschlandpolitik

Am 2. 2. wird das bisherige Staatssekretariat für Gesamtdeutsche Fragen in »**Staatssekretariat für westdeutsche Fragen**« umbenannt. – Nachdem Rumänien und die Bundesrepublik am 31. 1. diplomatische Beziehungen aufgenommen haben, beschließen die Außenminister der Warschauer-Pakt-Staaten auf Druck der DDR bei einem Treffen vom 8.–10. 2. in Warschau eine Richtlinie zur Außenpolitik staatssozialistischer Länder gegenüber der Bundesrepublik. Als **Ulbricht-Doktrin** bekanntgeworden, wirkt sie wie eine Hallstein-Doktrin mit umgekehrten Vorzeichen: Alle staatssozialistischen Länder verzichten so lange auf eine Normalisierung ihrer Beziehungen zu Westdeutschland, wie die DDR selbst keine normalen Beziehungen zur Bundesrepublik unterhält.

Notenwechsel mit der BRD-Regierung → BRD

Außenpolitik

Die deutsch-deutsche Annäherung wird von einer Reihe von Vertragsunterzeichnungen zwischen der DDR und den anderen staatssozialistischen Ländern; am 15. 3. wird das Freundschafts- und Beistandsabkommen mit Polen geschlossen, am 17. 3. mit der Tschechoslowakei, am 3. 4. folgt ein langfristiges Wirtschaftsabkommen mit der UdSSR, am 18. 5. ein Freundschafts- und Beistandsabkommen mit Ungarn, am 7. 9. mit Bulgarien; schließlich am 5. 10. ein Abkommen zur Unterstützung Nord-Vietnams.

Karlsbader Konferenz: Vom 24.–26. 4. findet ein Treffen von Vertretern aus 24 kommunistischen und Arbeiterparteien in Karlovy Vary (Karlsbad, ČSSR) statt. Formal wiederholen die Teilnehmer die in der Bukarester Deklaration vom 5. 7. → 1966 erhobenen Forderungen, doch bewegt sich der Forderungskatalog der Karlsbader Konferenz entlang der Ulbricht-Doktrin: Demnach wird die Aufnahme »normaler Beziehungen« zwischen beiden deutschen Staaten zur Bedingung gemacht. Der DDR-Führung gelingt es damit noch einmal, die verbündeten staatssozialistischen Länder auf ihre Maximalposition einzuschwören. Die geschlossene Front der Ostblockstaaten beginnt ab dem Frühjahr 1969 zu bröckeln.

1968

Das Jahr der Außerparlamentarischen Opposition

Die innenpolitischen Erschütterungen des Jahres 1968 verbinden sich zur bisher schwersten gesellschaftlichen Krise der Bundesrepublik. Die Rebellion der Studenten erreicht in der Bundesrepublik wie in den anderen westlichen Industrieländern ihren Höhepunkt; zugleich erleidet die Außerparlamentarische Opposition nach erregter Auseinandersetzung mit der Verabschiedung der Notstandsgesetze ihre entscheidende Niederlage.

In der Deutschland- und Außenpolitik setzt die Große Koalition ihren auf Entspannung und Dialog gerichteten Kurswechsel fort. Unterstützt von den konjunkturpolitischen Maßnahmen der Bundesregierung geht die Rezession der Jahre 1966/67 in eine neue Aufschwungphase über.

Studentenbewegung, Außerparlamentrische Opposition (APO)

Proteste: Im Februar und März nehmen die Demonstrationen von Studenten und Schülern **gegen die Bildungspolitik, den Vietnamkrieg und die geplanten Notstandsgesetze** (→ unten) an Umfang und Intensität zu, wobei es immer wieder zu Zusammenstößen mit der Polizei kommt. Schwerpunkt der Studentenbewegung ist weiterhin West-Berlin. Hier veranstaltet der Sozialistische Deutsche Studentenbund (SDS) am 17. 2. eine **Internationale Vietnamkonferenz**, auf der 3000 Teilnehmer aus der Bundesrepublik und anderen Staaten den Krieg der USA in Vietnam scharf verurteilen. Die Teilnehmer kündigen an, »vom Protest zum Widerstand« übergehen zu wollen. Der SDS-Sprecher *Rudolf (Rudi) Dutschke* fordert dazu auf, Soldaten der US-Truppen in West-Berlin zur Desertion zu animieren, wenn sie in Vietnam eingesetzt wer-

den sollen. Am folgenden Tag demonstrieren rund 12 000 Menschen gegen die wichtigste Schutzmacht West-Berlins. Aufgerufen vom Senat, den im Abgeordnetenhaus vertretenen Parteien und dem DGB versammeln sich am 21. 2. etwa 80 000 West-Berliner vor dem Schöneberger Rathaus zu einer **Gegenkundgebung** unter dem Motto »Berlin darf nicht Saigon werden«.

Osterunruhen: Am 11. 4. verübt der 23jährige Anstreicher *Josef Erwin Bachmann* in West-Berlin einen **Mordanschlag auf Rudolf (Rudi) Dutschke**, einen führenden Kopf des SDS und der Außerparlamentarischen Opposition (APO); er wird durch drei Kugeln in Kopf und Brust lebensgefährlich verletzt (er stirbt an den Spätfolgen des Attentats am 24. 12. → 1979). Unmittelbar nach Bekanntwerden der Tat kommt es in den Ostertagen in 27 Großstädten zu Demonstrationen, an denen sich insgesamt mehrere hunderttausend Menschen beteiligen; die Unruhen halten bis in den Mai an. Sie werden zusätzlich beflügelt durch die Mai-Unruhen in Frankreich (**Pariser Mai**). Die Proteste sind teilweise begleitet von schweren Ausschreitungen und blutigen Zusammenstößen zwischen Demonstranten und der Polizei, bei denen in München am 17. und 18. 4. der Fotoreporter *Klaus Frings* und der Student *Rüdiger Schreck* an den Folgen ihrer Verletzungen sterben.

Springer-Presse: Der Springer-Pressekonzern mit seiner einseitigen Berichterstattung über Anliegen und Protest der Studenten wird in der Außerparlamentarischen Opposition als **geistiger Urheber des Attentats** auf *Dutschke* betrachtet. Noch am Abend des 11. 4. ziehen in West-Berlin rd. 5000 Demonstranten zum Verlagsgebäude des Konzerns; ein Teil von ihnen versucht es zu stürmen, Auslieferungsfahrzeuge der »Bild«-Zeitung werden in Brand gesteckt. Ähnliche Attacken folgen in den nächsten Tagen auf Springer-Redaktionsbüros und -Druckereien in München, Hamburg und Frankfurt. SDS und APO werfen dem Konzern vor, er strebe durch seine Printmedien die Kontrolle über die öffentliche Meinung an und fordern dessen Enteignung (Kampagne **»Enteignet Springer«**). Etwa jede dritte Zeitung oder Zeitschrift, die in der Bundesrepublik abgesetzt wird, kommt aus dem Springer-Imperium. Die **Dominanz der Springer-Presse** wird durch ein am 22. 5. in Bonn vorgestelltes Gutachten der 1967 von der Bundesregierung einberufenen Pressekommission (Günther-Kommission) bestätigt, die

Schritte gegen die Pressekonzentration empfiehlt. Der Konzern reagiert am 23. 6. mit dem Verkauf von fünf seiner Zeitschriften, die zusammen ein Viertel der Gesamtauflage von Springer-Erzeugnissen ausmachen.

Reaktionen: Bundeskanzler *Kiesinger* verurteilt in einer Rundfunk- und Fernsehansprache am 13. 4. die Proteste als Aktionen einer kleinen militanten Minderheit der Studenten, die, von **»radikalen Rädelsführern«** gesteuert, angetreten seien, die freiheitlich-demokratische Grundordnung zu zerstören. Bundesjustizminister *Gustav Heinemann* äußert sich am Tag darauf in Funk und Fernsehen selbstkritisch und verweist auch auf Defizite der bundesdeutschen Demokratie. – In einer **Sondersitzung des Bundestags am 30. 11.** stuft Bundesinnenminister *Ernst Benda* den SDS als verfassungsfeindliche Organisation ein. In der Debatte wird den aufbegehrenden Studenten zugestanden, daß ihre Forderungen nach Reformen teilweise – z. B. auf dem Bildungssektor – berechtigt sind. Der FDP-Vorsitzende *Walter Scheel* sieht einen der Gründe für die Unruhen in der Großen Koalition; da es im Parlament keine effektive Opposition gebe, habe der Bundestag an Glaubwürdigkeit verloren.

Beginn des Terrorismus: *Andreas Baader, Gudrun Ensslin, Thorwald Proll* und *Horst Söhnlein* verüben am 3. 4. **Brandanschläge auf zwei Kaufhäuser** in Frankfurt/Main; sie wollen damit gegen die Konsumgesellschaft und den Krieg in Vietnam protestieren. Zwei Tage nach den Anschlägen werden sie verhaftet. – Das Landgericht in Frankfurt/Main verurteilt die Täter, deren Verteidigung der Anwalt *Horst Mahler* übernimmt, am 31. 10. zu je drei Jahren Zuchthaus. *Ensslin* und *Baader* legen beim Bundesgerichtshof Revision ein, wobei sie politische Motive für ihre Tat geltend machen; sie bleiben zunächst auf freiem Fuß und tauchen vor Vollstreckung des Urteils unter. – In der Mai-Ausgabe der Zeitschrift »konkret« kommentiert die Journalistin *Ulrike Meinhof* unter dem Titel **»Vom Protest zum Widerstand«** die Osterunruhen und den Kaufhaus-Brandanschlag. Darin heißt es: »Es ist dokumentiert worden, daß es in diesem Land noch Leute gibt, die Terror und Gewalt nicht nur verurteilen, sondern … bereit und fähig sind, Widerstand zu leisten, so daß begriffen werden kann, daß es so nicht weitergeht.«

Notstandsverfassung

Proteste: Die Bewegung gegen die Notstandsgesetze umfaßt zahlreiche Gruppen aus den Bereichen der Universitäten, Gewerkschaften, Kirchen, Medien und Kultur; viele verstehen sich als Teil der Außerparlamentarische Opposition. Auch Mitglieder der SPD und FDP beteiligen sich an den Kundgebungen, zu deren zentraler Koordination ein **»Kuratorium Notstand der Demokratie«** gebildet wurde. – Am 8. 5., dem Jahrestag der Beendigung des Zweiten Weltkriegs, veröffentlichen 200 Professoren ein Manifest; darin prostestieren sie gegen die Pläne der Regierung, »die bereit ist, die Bundeswehr gegen das eigene Volk einzusetzen«. – Am 11. 5. finden in Bonn und Dortmund zentrale Kundgebungen statt, an denen rd. 70 000 Menschen teilnehmen. Zu den wichtigsten Rednern gehören die Schriftsteller *Heinrich Böll* und *Erich Fried*. – Der **DGB-Bundesvorstand** bekräftigt am 19. 5. seine Ablehnung der Notstandsgesetze, betont aber gleichzeitig, eine verfassungsgemäß zustande gekommene Gesetzgebung respektieren zu wollen.

Gesetzgebung: Die Bundesregierung sieht sich in ihrer Absicht, die Notstandsgesetzgebung zu realisieren, durch eine Note der drei Westmächte vom 13. 12. 1967 bestätigt, die sie am 19. 1. veröffentlicht. In ihr stellen die früheren Westalliierten der Bundesrepublik die **Ablösung noch verbliebener alliierter Vorbehaltsrechte** für den Fall in Aussicht, daß entsprechende deutsche Gesetze (»Notstandsgesetze«) die Sicherheit ihrer in der Bundesrepublik stationierten Truppen gewährleisten. – Trotz anhaltender Proteste beschließt der Bundestag am 30. 5. mit 384 Ja-Stimmen, 100 Nein-Stimmen (SPD: 53, FDP: 46, CDU: 1) und einer Enthaltung die **Annahme des 17. Gesetzes zur Änderung des Grundgesetzes** (»Notstandsverfassung«), des Gesetzes zur Beschränkung des Brief-, Post- und Fernmeldegeheimnisses und der sog. Vorsorge- und Sicherstellungsgesetze; am 14. 6. stimmt auch der Bundesrat (einstimmig) zu. Der volle Wortlaut des Gesetzes wird erst nach Verabschiedung veröffentlicht.

Bildungspolitik

Reformen: Die Westdeutsche Rektorenkonferenz verabschiedet am 9. 1. ein **Reformprogramm für die Universitäten**, das den Forderungen der Studentenschaft u. a. nach Demokra-

Notstandsgesetze

Das 17. Gesetz zur Ergänzung des Grundgesetzes, verkündet am 24. 6. 1968, ist die schwerwiegendste und umstrittenste Verfassungsänderung seit der Einführung der Wehrverfassung vom 19. 3. → 1956. Sie wird erst möglich, als die SPD, an deren Widerstand die vorausgehenden Notstandsgesetzentwürfe von → 1960 (»Schröder-Entwurf«) und → 1962 (»Höcherl-Entwurf«) scheitern, in der Großen Koalition einen revidierten Entwurf von 1967 (»Lücke-Entwurf«) akzeptiert. Mit Inkrafttreten des Gesetzes am 28. 6. 1968 erlöschen die alliierten Sicherheitsvorbehalte aus dem Deutschlandvertrag von → 1952.

Die **Notstandsverfassung** soll den freiheitlich-demokratischen Rechtsstaat auch in – inneren und äußeren – Notsituationen bewahren und dafür Vorsorge treffen:

Äußerer Notstand, Spannungsfall (Artikel 80a) und **Verteidigungsfall** (Artikel 115a–115l): Er wird vom Bundestag oder von einem Gemeinsamen Ausschuß festgestellt, der sich zu zwei Dritteln aus Vertretern des Bundestags, zu einem Drittel aus Vertretern der Bundesländer zusammensetzt; der Gemeinsame Ausschuß wird bei fortbestehendem Notstand und Beschlußunfähigkeit des Bundestags als Ersatzgesetzgeber (für Bundestag und Bundesrat) tätig.

Innerer Notstand, Naturkatastrophen und außergewöhnliche Unglücksfälle (Artikel 11, 35, 87a, 91): Im Fall einer »drohenden Gefahr für den Bestand oder die freiheitliche demokratische Grundordnung des Bundes oder eines Landes« oder »zur Hilfe bei einer Naturkatastrophe oder bei einem besonders schweren Unglücksfall« können die Bundesländer die Polizei anderer Länder, den Bundesgrenzschutz oder die Bundeswehr anfordern.

Im Notstandsfall werden **mehrere Grundrechte eingeschränkt** (Grundgesetzartikel 9, 10, 11, 12). Im Fall des Mißbrauchs der Notstandsregelungen kann jeder Bürger ein **Widerstandsrecht** für sich in Anspruch nehmen, »wenn andere Abhilfe nicht möglich ist« (Artikel 20, Absatz 4).

Die mit der Notstandsverfassung am 30. 5. 1968 verabschiedeten **sechs einfachen Notstandsgesetze** (die nicht die Verfassung ändern) konkretisieren im Notstandsfall erlaubte Einschränkungen von Bürgerrechten, so des Brief-, Post- und Fernmeldegeheimnisses, der Unverletzlichkeit der Wohnung, des Rechts auf Freizügigkeit und der freien Berufswahl (Arbeitssicherstellungsgesetz, Katastrophenschutzgesetz, Sicherstellungsgesetz für Ernährung, Wirtschaft und Verkehr, Abhörgesetz).

Die **Kritik** an der Notstandsgesetzgebung bezieht sich vor allem auf die mögliche **Einschränkung von Grundrechten**, die **Aufhebung der Gewaltenteilung** im Verteidigungsfall durch die Institution des gemeinsamen Ausschusses und die **Mißbrauchsgefahr** durch den nicht näher definierten »Spannungsfall«, der auch ein allgemeiner innenpolitischer Krisenfall sein kann.

tisierung und Modernisierung des Hochschulbetriebs entgegenkommt und erweiterte Informations- und Beratungsrechte empfiehlt. Auf dieser Grundlage beschließt die Ständige Konferenz der Kultusminister am 10. 4. Leitsätze zur Neuordnung des Hochschulwesens. Alle Gruppen der Universität sollen **Mitspracherechte** erhalten, Privilegien der Hochschullehrer werden eingeschränkt. Im **Marburger Manifest** vom 18. 6. protestieren 1500 Hochschullehrer gegen die von der Studentenschaft geforderte Mitbestimmung. – Am 27. 3. entscheidet die Westdeutsche Rektorenkonferenz, den Zugang zu einigen Fächern über einen **Numerus clausus** vom Notendurchschnitt des Zugangszeugnisses abhängig zu machen. Am 9. 4. beziffert der Deutsche Bildungsrat in Bonn das Defizit im bundesrepublikanischen Bildungssektor für die nächsten fünf Jahre auf 22 Mrd. DM. Er schlägt vor, die Aufwendungen für den Schulsektor bis 1973 zu verdoppeln und etwa 40 Gesamtschulen zu bauen. – Nach den von den Kultusministern am 8. 10. verabschiedeten »Empfehlungen zur Sexualerziehung in den Schulen« müssen die Schulen aller Bundesländer **Sexualkunde** in ihre Lehrpläne aufnehmen. – Am 16. 12. wird die Universität Dortmund eröffnet.

Parteien

FDP: Der Bundesparteitag der FDP wählt am 29. 1. den bisherigen Fraktionsvorsitzenden

Walter Scheel zum Bundesvorsitzenden, nachdem *Erich Mende* nicht mehr für dieses Amt kandidiert. *Wolfgang Mischnick* übernimmt den Fraktionsvorsitz im Bundestag. Durch den Führungswechsel verlieren die nationalliberalen Kräfte in der FDP an Einfluß. *Scheel* spricht sich auf dem Landesparteitag der nordrhein-westfälischen FDP in Dortmund am 24. 3. für die Bildung einer sozialliberalen Koalition nach der nächsten Bundestagswahl aus.

KPD/DKP: Am 8. 2. löst die Polizei in Frankfurt/Main eine Pressekonferenz auf, in der ein neues KPD-Programm vorgestellt werden soll; ab 13. 2. werden alle Exemplare des neuen Programms beschlagnahmt. Am 26. 9. wird in Frankfurt/Main die **Gründung der Deutschen Kommunistischen Partei** (DKP) offiziell bekanntgegeben. – Am 18. 10. wird der Haftbefehl gegen den früheren Bundestagsabgeordneten (1949–1953) und Vorsitzenden der verbotenen KPD *Max Reimann* wegen Verjährung aufgehoben. *Reimann*, der seit 1954 in der DDR lebt, kehrt nach Aufhebung des Haftbefehls in die Bundesrepublik zurück.

Weitere wichtige innenpolitische Ereignisse

Kirchen: Der sog. Bensberger Kreis deutscher Katholiken verabschiedet am 2. 3. ein **Memorandum über die Aussöhnung mit Polen**. Damit wird in der katholischen Kirche eine Diskussion fortgesetzt, die 1966 am Ende des 2. Vatikanischen Konzils begann.

NS-Vorwürfe gegen Spitzenpolitiker: Nachdem der »Stern« in seiner Ausgabe vom 26. 2. die Angriffe gegen **Bundespräsident** *Heinrich Lübke* erneuert und dem Politiker unterstellt, nur durch die Lüge, andere hätten seine Papiere gefälscht, ins Amt gekommen zu sein, weist *Lübke* am 1. 3. im Fernsehen öffentlich den Vorwurf zurück, als stellvertretender Leiter eines Berliner Architektenbüros am Bau von Konzentrationslagern beteiligt gewesen zu sein. Am 14. 10. gibt *Lübke* bekannt, er wolle sein **Amt zum 30. 6. 1969 niederlegen**. – Ein Eklat ereignet sich am 7. 11. auf dem CDU-Parteitag in West-Berlin, als *Beate Klarsfeld* **Bundeskanzler** *Kiesinger* ohrfeigt und ihn als Nazi bezeichnet. Die 29jährige Sekretärin beim deutsch-französischen Jugendwerk ist mit einem Franzosen jüdischen Glaubens verheiratet und will durch ihre Aktion auf die ungeklärte NS-Vergangenheit *Kiesingers* aufmerksam machen. Noch am selben Tag wird *Klarsfeld* in einem zügigen Verfahren zu einem Jahr Haft verurteilt; die Strafe wird in der Revison am 25. 8. 1969 auf vier Monate herabgesetzt.

Kabinett: Nachdem die SPD auf ihrem Bundesparteitag in Nürnberg (17.–21. 3.) die Einführung des Mehrheitswahlrechtes, eines der zentralen Vorhaben der Großen Koalition, ablehnt, **tritt Innenminister** *Paul Lücke* (CDU) am 28. 3. zurück. Nachfolger *Lückes* wird am 2. 4. der bisherige Parlamentarische Staatssekretär im Bundesinnenministerium, *Ernst Benda* (CDU). – Am 2. 10. wird *Aenne Brauksiepe* (CDU) als Nachfolgerin von *Bruno Heck* (CDU), der aus Altersgründen zurücktritt, Familienministerin und *Erhard Eppler* (SPD) in der Nachfolge von *Hans-Jürgen Wischnewski*, der ins Amt des SPD-Bundesgeschäftsführers wechselt, Entwicklungsminister.

Gesetze und Verfassungsentscheidungen: Am 27. 3. billigt der Bundestag das **Pensionsgesetz für Abgeordnete**. Danach erhalten Abgeordnete, die dem Bundestag mindestens acht Jahre lang angehört haben, in Abhängigkeit zu ihren sonstigen Einkünften nach Abgabe oder Verlust des Mandates eine monatliche Rente von 35 % bis 70 % ihrer Abgeordnetenbezüge. Das Gesetz gilt rückwirkend für alle Abgeordneten seit 1949. – Das Bundesverfassungsgericht in Karlsruhe erklärt am 3. 12. eine Regelung des neuen **Parteiengesetzes** von → 1967 **für verfassungswidrig**, nach der nur Parteien, die bei Bundestagswahlen mindestens 2,5 % der Stimmen erhalten, Anspruch auf eine Aufwandsentschädigung für ihren Wahlkampf haben. Künftig erhalten alle Parteien mit mindestens 0,5 % Stimmenanteil ihre Wahlkampfkosten teilweise erstattet (Änderung des Gesetzes durch den Bundestag am 13. 6. 1969). – Die vom Bundestag am 4. 12. verabschiedete Grundgesetznovelle verankert das **Recht auf Verfassungsbeschwerde** für jedermann im Grundgesetz.

Ostpolitik

Jugoslawien: Am 31. 1. nehmen die Bundesrepublik und Jugoslawien wieder diplomatische Beziehungen auf. Dieser Schritt hat hohe symbolische Bedeutung, weil auf Jugoslawien → 1957 erstmals die Hallstein-Doktrin angewandt wurde. – Außenminister *Brandt* plädiert auf dem Bundesparteitag der SPD in Nürnberg am

21. 3. für einen **noch konsequenteren Kurs im Wandel der Ostpolitik** und fordert die »Anerkennung bzw. Respektierung der Oder-Neiße-Linie bis zur friedensvertraglichen Lösung«.

Beziehungen zur Sowjetunion: In einer Note an die sowjetische Regierung vom 9. 4. erklärt sich die Bundesregierung – wie schon gegenüber der DDR am 11. 3. – zu **Gewaltverzicht als einem ersten Schritt** zu Entspannung und Sicherheit in Europa bereit. In einem Gegenmemorandum, das die sowjetische Zeitung »Iswestija« am 5. 7. veröffentlicht, wiederholt die sowjetische Regierung ihre Forderungen: Anerkennung der DDR und der Oder-Neiße-Linie, Verzicht der Bundesrepublik auf Kernwaffen, formelle Ungültigkeitserklärung des Münchner Abkommens von 1938. In scharfer Form kritisiert die sowjetische Führung die Bundesrepublik als **Hort des »Revanchismus und Militarismus«** und verweist auf den Aufstieg der NPD. Unter Hinweis auf die **»Feindklauseln« der UNO-Charta** (Art. 53 und 107), die »voll und ganz für die Bundesrepublik Deutschland« gültig seien, beansprucht die Sowjetunion auch weiterhin Interventionsrechte. Auf die Vorwürfe reagiert Bundesaußenminister *Brandt* am 12. 7. mit der Veröffentlichung der Dokumente der nahezu seit zwei Jahren andauernden **Geheimverhandlungen** zwischen der Bundesrepublik und der Sowjetunion über ein Gewaltverzichtsabkommen. – Der Einmarsch von Verbänden des Warschauer Paktes in die Tschechoslowakei am 21. 8. zur **Niederschlagung des »Prager Frühlings«** (→ DDR) versetzt der Entspannungspolitik einen schweren Rückschlag. An vielen Orten finden Demonstrationen gegen die Besetzung der Tschechoslowakei statt.

Sicherheitspolitik

Signal von Reykjavik: Die Außenminister der NATO bekunden nach ihrer Tagung in Reykjavik (Island) am 24./25. 6. ihre Bereitschaft, gemeinsam mit anderen Staaten (womit die des Warschauer Pakts gemeint sind) »konkrete und praktische Schritte im Bereich der Rüstungskontrolle zu erkunden« und über beiderseitige ausgewogene Truppenverminderungen (Mutual Balanced Force Reductions, MBFR) zu verhandeln. Das »Signal von Reykjavik« wird am 14. 5. → 1971 vom sowjetsichen Staats- und Parteichef *Leonid I. Breschnew* mit dem »Signal von Tiflis« beantwortet.

Wirtschaftspolitik

Mehrwertsteuer: Am 1. 1. wird die Mehrwertsteuer eingeführt. Besteuert wird der auf jeder Produktionsstufe entstehende Netto-Wertzuwachs. Der Satz beträgt 10 %, für Lebensmittel, Bücher, Zeitschriften und einige Dienstleistungen die Hälfte. Am 1. 7. wird der Satz auf 11 % (5,5 %) erhöht.

Währungskrise: Der Verfall des französischen Franc u. a. infolge der Kapitalflucht nach der Mairevolte führt zu einer internationalen Währungskrise, in der über die Aufwertung der DM spekuliert wird. Die Notenbankpräsidenten und Fachminister der »Zehnergruppe« (Belgien, Bundesrepublik, Großbritannien, Frankreich, Italien, Japan, Kanada, Niederlande, Schweden, USA) verständigen sich auf ihrer Konferenz in Bonn (20.–22. 11.) über Maßnahmen, den Franc zu stützen und der Währungsspekulation wirksam zu begegnen. Zu diesem Zweck werden die Börsen am 20. 11. in Großbritannien, Frankreich und der Bundesrepublik für einen Tag geschlossen.

Kohlekrise: Am 14. 3. stellt der Ministerpräsident von Nordrhein-Westfalen, *Heinz Kühn*, ein Entwicklungsprogramm für das Ruhrgebiet in Höhe von 8,4 Mrd. DM für die Jahre 1968 bis 1973 vor. – Am 15. 5. tritt das Gesetz zur Anpassung und Gesundung des Steinkohlebergbaus und

Verkehrsanteile in der BRD 1950 und 1972
Geleistete Personenkilometer

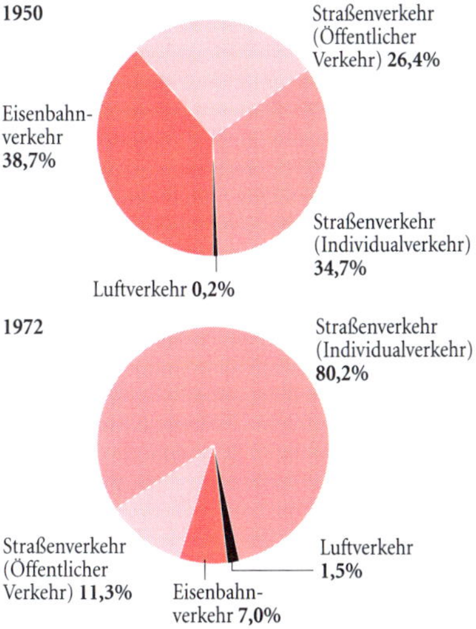

der Steinkohlengebiete in Kraft. Das Gesetz fördert die Unternehmenskonzentration und -rationalisierung; Entlassungen werden durch Abfindungsgelder erleichtert. Auf dieser Grundlage schließen sich am 27.11. insgesamt 23 Zechen zur Holdinggesellschaft **Ruhrkohle AG** mit Sitz in Essen zusammen. Ihr Anteil an der bundesdeutschen Kohleförderung beträgt ca. 82%.

Konjunktur: Am 7.5. meldet die Bundesanstalt für Arbeit, daß auf dem Arbeitsmarkt der **Höhepunkt der Krise überschritten** ist. Die Arbeitslosenquote liegt nur noch bei etwa 1,6% gegenüber 3,2% im Januar, als 672000 Menschen ohne Arbeit waren. Im September herrscht mit einer Arbeitslosenquote von 0,8% (174500) praktisch Vollbeschäftigung. Die gemeinsamen Maßnahmen der Arbeitgeberverbände und der Gewerkschaften sowie der Bundesregierung (»Konzertierte Aktion«, → 1967) tragen dazu bei, daß die Bundesrepublik ihre erste **Rezession überwindet**.

Bundesländer

Baden-Württemberg: Die Landtagswahl in Baden-Württemberg am 28.4. bringt der SPD schwere Verluste; sie erreicht nur 29,0% der Stimmen (–8,3% gegenüber 1964). Auf die erstmals angetretene **NPD** entfallen **9,8%**. Am 12.6. wählt der Landtag *Hans Filbinger* (CDU) erneut zum Ministerpräsidenten; das Kabinett ist wiederum eine CDU/SPD-Koalition.

Berlin: Der Regierende Bürgermeister *Klaus Schütz* wird am 25.5. vom Landesparteitag der SPD in West-Berlin zum SPD-Vorsitzenden für West-Berlin gewählt. – Am 12.8. bilden die westlichen Schutzmächte Berlins und die Bundesregierung angesichts der harten Berlinpolitik der DDR (→ Deutsch-deutsche Beziehungen; Behinderungen im Reiseverkehr) einen gemeinsamen Unterausschuß zur **Stärkung der Wirtschaft West-Berlins**. Die bisherige Bundeshilfe für West-Berlin beläuft sich auf etwa 30 Mrd. DM. – US-Botschafter *Henry Cabot* bekräftigt am 9.10. in seiner Rede in der West-Berliner Kongreßhalle die **Berlin-Verpflichtung der USA.**

Deutsch-deutsche Beziehungen

Am 11.3. schlägt Bundeskanzler *Kiesinger* in dem erstmals vor dem Bundestag abgegebenen »Bericht zur Lage der Nation« der DDR Verhandlungen über eine **Gewaltverzichtserklärung** vor und bietet erneut Gespräche über Sachfragen an. Auf die Initiative *Kiesingers* reagiert die DDR u. a. mit **Behinderungen im Berlinverkehr** (→ DDR). – Am 6.12. erneuern die Bundesrepublik und die DDR die Vereinbarungen zum **Interzonenhandel** bis 1975. Die langfristig festgelegten Lieferkontingente für Investitionsgüter steigen erheblich; der zinslose Überziehungskredit (Swing) wird ebenfalls erhöht.

1968

Enttäuschte Reformhoffnungen

Zwei Ereignisse sind von herausragender Bedeutung für die gesellschaftliche Entwicklung in der DDR. Im April wird durch Volksentscheid eine neue Verfassung angenommen, die als »erste sozialistische Verfassung« in der Geschichte der DDR die noch durch Elemente bürgerlicher Grundgesetze geprägte Verfassung von 1949 ablöst. Unverändert beansprucht die DDR darin, beispielhaft für die ganze deutsche Nation zu handeln, das Staatsziel einer Wiedervereinigung ist damit noch nicht endgültig aufgegeben.
Am 21. August beginnt mit dem Einmarsch sowjetischer Truppen in der Tschechoslowakei die Niederschlagung des »Prager Frühlings« Der Versuch der tschechischen KP, einen »Sozialismus mit menschlichem Antlitz« in die Realität umzusetzen, hatte auch in anderen Mitgliedstaaten des Warschauer Paktes große Hoffnungen geweckt. Die Aussicht, die staatssozialistische Ordnung durch ihre Demokratisierung zu »verbessern«, fügt sich als osteuropäische Variante in den in ganz Europa zu verspürenden Drang nach Reform der überkommenen, höchst unterschiedlichen politischen, wirtschaftlichen und sozialen Ordnungen.

»Sozialistische Verfassung«

Nach nur zwei Monaten Arbeit legt die am 1. 12. 1967 von der Volkskammer auf Anregung des VII. Parteitages der SED vom April 1967 gebildete Verfassungskommission am 31. 1. 1968 den Entwurf einer neuen **sozialistischen Verfassung** vor. Nach offiziellen Angaben wird er in etwa 750 000 Veranstaltungen diskutiert; tatsächlich werden einige Änderungen in den am 6. 4. zur Volksabstimmung vorgelegten Text aufgenommen, darunter die Garantie der Glaubens- und Gewissensfreiheit und die Immunität der Volkskammerabgeordneten. Erstmals ist auch der im Staat längst durchgesetzte Führungsanspruch der SED in der Verfassung festgeschrieben.
Beim Volksentscheid, an dem 98,05 Prozent der Abstimmungsberechtigten teilnehmen, stimmen 94,49 Prozent (in Ost-Berlin: 90,9 Prozent) der Teilnehmer für den Entwurf (→ Kasten). Die Verfassung tritt am 9. 4. in Kraft.

Präambel der Verfassung von 1968

»Getragen von der Verantwortung, der ganzen deutschen Nation den Weg in eine Zukunft des Friedens und des Sozialismus zu weisen, in Ansehung der geschichtlichen Tatsache, daß der Imperialismus unter Führung der USA im Einvernehmen mit Kreisen des westdeutschen Monopolkapitals Deutschland gespalten hat, um Westdeutschland zu einer Basis des Imperialismus und des Kampfes gegen den Sozialismus aufzubauen, was den Lebensinteressen des Volkes widerspricht, hat sich das Volk der Deutschen Demokratischen Republik, fest gegründet auf den Errungenschaften der antifaschistisch-demokratischen und der sozialistischen Umwälzung der gesellschaftlichen Ordnung, einig in seinen werktätigen Klassen und Schichten das Werk der Verfassung vom 7. Oktober 1949 in ihrem Geiste fortführend und von dem Willen erfüllt, den Weg des Friedens, der sozialen Gerechtigkeit, der Demokratie, des Sozialismus und der Völkerfreundschaft in freier Entscheidung unbeirrt weiterzugehen, diese sozialistische Verfassung gegeben.«

Innenpolitik

Gesetzesnovellen: Am 12. 1. verabschiedet die Volkskammer das neue Strafgesetzbuch (StGB), die dazugehörige Strafprozeßordnung (StPO) und das Ordnungswidrigkeitengesetz (OWG), die sämtlich am 1. 7. in Kraft treten. Das **Strafgesetzbuch** setzt die schon länger gültige Unterscheidung von Straftatbeständen gegen das »sozialistische Eigentum« (volkseigene Betriebe oder staatliche Einrichtungen) und gegen das »persönliche Eigentum« (Besitz von Privatpersonen, einschließlich deren Eigentum an Wirt-

»Prager Frühling«

Im Januar wird in Prag der bisherige Vorsitzende der Tschechischen Kommunistischen Partei *Antony Novotny* durch den aus der Slowakei stammenden *Alexander Dubček* ersetzt. Die neue KP-Führung strebt eine weitgehende Demokratisierung der Gesellschaft an. Die bisher im wesentlichen auf die kulturelle Szene beschränkte Entstalinisierung erhält dadurch enormen Schwung und greift auch auf andere Bereiche der Gesellschaft über.
Die Aussicht, die positiven Seiten der sozialistischen Ordnung mit den Freiheiten der westlichen Ordnungen zu verbinden, findet überall in der kommunistischen Bewegung, auch in der DDR, Anklang. Während sich auch in der SED Befürworter einer solchen Entwicklung finden, reagiert die Parteiführung mit Abwehr. Insbesondere die Öffnung gegenüber dem Westen – die tschechoslowakische KP-Führung erörtert öffentlich eigenständige Initiativen gegenüber der Bundesrepublik und damit ein Ausscheren aus der »Ulbricht-Doktrin« – wird zunehmend als existentielle Bedrohung für die DDR empfunden. Die Erklärung des SED-Zentralkomitees vom 21. 8. zum Einmarsch sowjetischer Truppen in die Tschechoslowakei spricht diese Sorge offen aus: »Für jeden Bürger der DDR wird beim Blick auf die Landkarte verständlich, daß für unsere Republik und für die anderen sozialistischen Bruderländer eine unerträgliche Lage geschaffen worden wäre, wenn die insbesondere vom westdeutschen Imperialismus inspirierten antisozialistischen Kräfte vom Süden, also von unserer Flanke her, ihre konterrevolutionäre Tätigkeit hätten betreiben können.«

schaftsgütern) fort. Zudem enthält das StGB verschärfte Bestimmungen zum politischen Strafrecht in den Paragraphen, die »Verbre-chen gegen die DDR«: »Sammlung von Nachrichten«; »Landesverräterischen Treuebruch« und »Staatsfeindliche Verbindungen« mit öffentlichem Tadel, Bewährungsstrafen oder gar Freiheitsentzug belegen. – Am 11. 6. verabschiedet die Volkskammer ein **Gesetz über die Gesellschaftlichen Gerichte** (GGG), in dem die Tätigkeit der Konfliktkommissionen in Betrieben und Institutionen sowie der Schiedsgerichte in den Wohngebieten als Vorinstanzen der regulären Kreisgerichte neu geregelt wird. – Am gleichen Tag stimmt die Kammer dem **Gesetz über die Aufgaben und Befugnisse der Deutschen Volkspolizei** zu. – Der Ministerrat erläßt am 10. 9. eine neue **Verordnung über die Gesellschaft für Sport und Technik** (GST). Mit ihr übernimmt die GST die vormilitärische Schulung aller Jugendlichen an Schulen und Lehreinrichtungen der beruflichen Ausbildung, auch wenn sie nicht Mitglied der Organisation sind.
Rentenerhöhung: Am 15. 3. wird vom Ministerrat mit dem Erlaß einer Verordnung die freiwillige Versicherung auf **Zusatzrente** bei den Sozialversicherungen erlaubt. Wegen der weiterhin niedrigen Grundrenten soll durch den Abschluß von privaten Vorsorgeverträgen für Berufstätige im Alter eine Verbesserung der Einkommenssituation erreicht werden. Am 1. 7. werden die Mindestrenten auf 150 Mark im Monat erhöht.
Kirchenfragen: Am 30. 5. wird auf Betreiben *Walter Ulbrichts* in Leipzig die **Universitätskirche** gegen öffentlichen Widerstand **gesprengt**. Als offizielle Begründung dient der geplante Neubau des Universitätshochhauses, tatsächlich verbirgt sich hinter dieser Maßnahme das Bestreben des Staates, die Präsenz der Kirchen in der DDR-Gesellschaft weiter zurückzudrängen. – Am 30. 11. erklärt sich die Ostregion der **Vereinigten Evangelisch-Lutherischen Kirche Deutschlands** (VELKD) als erste Kirchenorganisation in der DDR für rechtlich selbständig und vollzieht damit den Bruch mit den bisher noch gesamtdeutsch organisierten Kirchenverbänden.

Prager Frühling

Während in der DDR der Übergang zum Ökonomischen System des Sozialismus (NÖS, → 1963 ff.), das sich auf Wirtschaftsreformen beschränkt, abgeschlossen wird, versucht die tschechische Kommunistische Partei Reformen mit echter Demokratisierung zu verbinden (→ Kasten). Die SED sieht darin eine ernste Bedrohung ihres Herrschaftssystems.

Radio Vltava

Der DDR-Auslandssender *Radio Berlin International* (RBI) beginnt bereits vor der Invasion mit eigens für die ČSSR produzierten Sendungen. Ab 22.7. werden morgens und abends jeweils halbstündige Sendungen in tschechisch, ab 31.7. auch in slowakisch ausgestrahlt. Am Tag der Invasion beginnt auf Anweisung des ZK-Sekretärs für Sicherheit, *Erich Honecker*, eine mit 59 Mitarbeitern besetzte »Sonderredaktion« den Betrieb von *Radio Vltava* (tschechisch für Radio Moldau). Der Radiosender gibt vor, ein von Tschechen und Slowaken betriebenes Programm zu produzieren und allein Sendeanlagen in Wilsdruff bei Dresden zu nutzen. Unter den 21 politischen Mitarbeitern des Senders, den 24 Übersetzern und Sprechern, 2 Abhörspezialisten, 6 Sekretärinnen, 4 Aufnahmeleitern und 2 Fahrern sind jedoch nur 3 Bürger der ČSSR. Seine ausländische Herkunft läßt sich wegen der unzulänglichen Sprachkenntnisse der Sprecher kaum verbergen.
Der Sender läßt u. a. ominöse »Briefe von Werktätigen« verlesen, in denen die »Hilfeleistung der Bruderarmeen« begrüßt wird. Die zu dieser Zeit noch unter Führung von *Alexander Dubček* stehende KPČ betrachtet deshalb vor allem *Radio Vltava* als Sender der Invasoren, obwohl ähnliche Sender auch von Polen, Ungarn und der Sowjetunion aus operieren.
Da der Sender den konservativen Kräften in der KPC-Führung mehr schadet als nützt, setzt sich *Vasil Bilak* – nach Ablösung *Alexander Dubčeks* durch *Gustav Husák* die Nummer 2 in der KPČ – Anfang 1969 in Ost-Berlin für das Ende des Sendebetriebes ein. Am 12.2. 1969 wird *Radio Vltava* abgeschaltet.

Mehrfach versuchen Staats- und Parteichefs staatssozialistischer Länder, ihre tschechoslowakischen Genossen von dieser Politik abzubringen. Die DDR-Führung tritt hier zwar nicht als wichtigster Akteur auf, doch unterstützt sie die Sowjetunion in deren Politik nach Kräften. *Walter Ulbricht* ist bei den verschiedenen Beratungen der Parteichefs sozialistischer Länder (23.3. in Dresden, 14./15.7. in Warschau mit dem »**Warschauer Brief**« an die KPČ, der die Aufforderung enthält, die »Konterrevolution« in der Tschechoslowakei zu stoppen, 3.8. in Bratislava sowie – schon nach dem Einmarsch – am 27.8. in Moskau) beteiligt. Wenige Tage vor dem Einmarsch versucht er am 12.8. in Karlovy Vary (Karlsbad) noch einmal selbst, auf den tschechoslowakischen KP-Chef *Alexander Dubček* einzuwirken. **In den Morgenstunden des 21.8. rücken sowjetische Truppen in die Tschechoslowakei ein.** Sie treffen auf den passiven Widerstand der Bevölkerung. Mit übermalten oder entfernten Straßenschildern versucht sie, die als Invasoren auftretenden sowjetischen Truppenverbände in die Irre zu führen. Die DDR selbst beteiligt sich – anders als vielfach vermutet – nicht mit eigenen Truppenverbänden an der Invasion (einige wenige NVA-Offiziere nehmen jedoch an einem schon vor der Invasion begonnenen Lehrgang in der Nähe von Prag teil). Sie unterstützt ihn jedoch massiv mit propagandistischen Mitteln (→ Kasten).
Während sich westeuropäische kommunistische Parteien nach dem Einmarsch zunehmend von der sowjetischen Hegemonialpolitik absetzen, wird die Invasion von der SED-Spitze auf ihrer ZK-Tagung vom 22.–25.10. gegen Kritik aus den Reihen der kommunistischen Weltbewegung noch einmal verteidigt: »Lebensinteressen sozialistischer Länder« dürften nicht verletzt werden.

Sonstige außenpolitische Ereignisse

Am 12.10. wird das NOK der DDR vollberechtigtes Mitglied des IOC. Erstmals startet eine DDR-Auswahl als eigene Mannschaft bei den Olympischen Spielen in Mexico City. – Die Bundesrepublik verhindert am 8.5. die Aufnahme des zweiten deutschen Staates in die Weltgesundheitsorganisation (WHO). – Am 23.10. einigen sich die DDR, Polen und die Sowjetunion auf die Abgrenzung des jeweiligen Festlandsockels in der Ostsee.

Deutschlandpolitik

Auf die Vorschläge von Bundeskanzler *Kiesinger* vom 11.3. (→ BRD 1968) reagiert **Ulbricht** zwei Tage später mit einer Fernsehansprache, in der er mit dem Satz »Es gibt nun einmal die beiden deutschen Staaten« **Verhandlungen ablehnt**. Am 9. 8. unterbreitet er in der Volkskammer »Sieben Vorschläge zur friedlichen Koexistenz« zwischen beiden deutschen Staaten. – Am 13. 4. erläßt das DDR-Innenministerium ein auf Minister der Bundesregierung und hohe Ministerialbeamte beschränktes vorläufiges **Transitverbot** für Durchreisen zwischen der Bundesrepublik und West-Berlin. Es wird begründet mit dem Mordanschlag auf *Rudi Dutschke* und dem Auftreten von Bundesinnenminister *Ernst Benda* in West-Berlin. – Am 11. 6. beschließt die Volkskammer eine **Paß- und Visumspflicht** im Transitreiseverkehr zwischen der Bundesrepublik und West-Berlin; das Visum ist gebührenpflichtig. Zudem müssen westdeutsche Unternehmen bei der Benutzung der Transitstraßen für den Güterverkehr sog. Steuerausgleichsabgaben entrichten.

Wirtschaft und Soziales

Wirtschaftswachstum: Das Bruttoinlandsprodukt der DDR (gemessen in BRD-Preisen von 1989) wächst gegenüber dem Vorjahr erneut um 3,8 %. Die Wachstumsrate sinkt jedoch in den nächsten Jahren.

Anteil der Bezirke an der Industrieproduktion der DDR 1968 und 1977

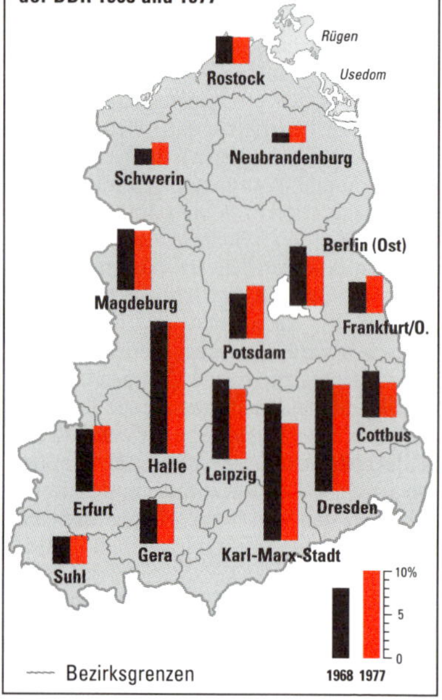

Eigentumsformen der Betriebe in der DDR 1950 und 1968

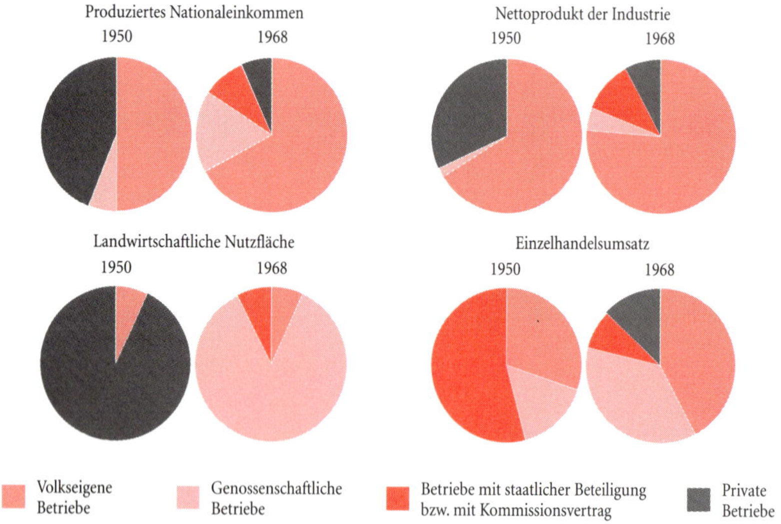

Wirtschaftslenkung: Mit einem Beschluß des Staatsrates vom 22. 4. über »**weitere Maßnahmen zur Gestaltung des Ökonomischen Systems des Sozialismus**« werden wichtige Regelungen zu erweiterten Entscheidungsspielräumen der Wirtschaftseinheiten zugunsten einer strafferen zentralen Leitung und Planung aufgehoben. Eine Verordnung des Ministerrates vom 16. 10. regelt in diesem Sinn die **Bildung und Rechtsstellung von volkseigenen Kombinaten**. Sie erhalten die gleiche Rechtsstellung wie Volkseigene Betriebe und können demnach Vereinigungen Volkseigener Betriebe (VVB), Ministerien, Wirtschaftsräten oder den Räten der Bezirke unterstellt werden.

Explosionsunglück: Am 11. 7. kommt es im Elektrochemischen Kombinat Bitterfeld zu einer schweren Explosion, bei der 33 Mitarbeiter ums Leben kommen.

Preise und Lebenshaltung: Das durchschnittliche monatliche Arbeitseinkommen von Arbeitern und Angestellten in der staatseigenen Wirtschaft wächst gegenüber dem Vorjahr auf 693 Mark. Die Pro-Kopf-Sparguthaben wachsen stark auf etwa 2281 Mark an. Die Sparguthaben bei Geld- und Kreditinstituten wachsen absolut um mehr als 11,1 Prozent. – Beim **Ausstattungsniveau** der privaten Haushalte mit langlebigen Konsumgütern kommen auf 100 Haushalte 12,3 PKW, 18,4 Motorräder, 43,8 Kühlschränke, 44 Waschmaschinen und 67,1 Fernsehgeräte.

1969

»Mehr Demokratie wagen«

Die Wahl von *Gustav Heinemann* zum neuen Bundespräsidenten kündigt einen politischen Klimawechsel an: Zum ersten Mal bekleidet ein Sozialdemokrat dieses Amt. Erstmals auch in der Geschichte der Bundesrepublik übernimmt mit *Willy Brandt* ein Sozialdemokrat das Amt des Bundeskanzlers. Nach zwanzig Jahren Regierungsverantwortung wird die CDU/CSU in die Opposition verwiesen. Die sozialliberale Regierung leitet eine substantielle Verbesserung der Beziehungen zwischen der Bundesrepublik und dem Ostblock ein und treibt die Entspannung in Europa maßgeblich voran.
Die Unruhen des Vorjahres haben eine weite Bereiche der Gesellschaft erfassende Politisierung zur Folge, durch die hierarchische Verhältnisse in Frage gestellt werden und Alternativen zu tradierten Strukturen gesucht werden. Mit dem Versprechen, »Mehr Demokratie wagen« zu wollen, nimmt Bundeskanzler *Brandt* in seiner Regierungserklärung diese Impulse auf.
Nach der Überwindung der Rezession erfährt die bundesdeutsche Wirtschaft einen enormen Boom, so daß die Hochkonjunktur durch staatliche Maßnahmen gehemmt werden muß. In »wilden Streiks« fordern Arbeitnehmer einen höheren Anteil am Zuwachs des Wohlstands und stellen zugleich die tarifpolitischen Strategien der Gewerkschaften in Frage.

Außen- und Sicherheitspolitik

Europa: Am 14. 2. kommt es zu einer **Krise der europäischen Integrationspolitik**. Frankreich ist nicht bereit, den Beschluß des Rats der Westeuropäischen Union (WEU) vom 6./7. 2. zu akzeptieren, vor wichtigen außenpolitischen Ereignissen Konsultationen untereinander abzuhalten, bleibt einer Sitzung des Rats am 14. 2. fern und verkündet – entsprechend dem Konflikt in der EWG → 1965 – eine **»Politik des leeren Stuhls«** gegenüber den Organen der WEU. Bundeskanzler *Kiesinger* und Außenminister *Brandt* versuchen bei ihrem Arbeitsbesuch am 14./15. 3. in Paris erfolglos, *de Gaulle* zu einem Einlenken zu bewegen. – Auf der Sitzung der Staats- und Regierungschefs der EWG in Den Haag am 1./2. 12. wird beschlossen, einen Plan zur Errichtung einer **Wirtschafts- und Währungsunion** zu erarbeiten. Außerdem erzielen die Vertreter der sechs Mitgliedstaaten einen **Durchbruch in der Frage der EWG-Erweiterung**: *Pompidou* signalisiert, daß er anders als sein Vorgänger *de Gaulle* einen Beitritt Großbritanniens nicht verhindern wird. Neben Großbritannien haben auch Irland, Dänemark und Norwegen Interesse an einem EWG-Beitritt bekundet.
Sowjetunion: Auf der Hannover-Messe beginnen am 28. 4. **Vorverhandlungen über ein Erdgas-Röhren-Geschäft** zwischen der Sowjetunion und der Bundesrepublik. Der sowjetische Außenhandelsminister *Nikolai Patolitschew* schlägt vor, im Tausch gegen Großröhren die Bundesrepublik 20 Jahre lang mit Erdgas aus Sibirien zu versorgen. Ein erstes Geschäft dieser Art war → 1962/63 wegen der Teilnahme der Bundesrepublik an einem Embargo gegen die Sowjetunion gescheitert.
Hallstein-Doktrin: Nach der Aufnahme diplomatischer Beziehungen zwischen **Kambodscha** und der DDR am 8. 5. kommt es zwischen CDU/CSU und SPD zu einer heftigen Kontroverse über die Hallstein-Doktrin (→ 1955). Bundeskanzler *Kiesinger* (CDU) befürchtet, die Hinnahme der Anerkennung der DDR durch das neutrale Kambodscha könne Länder der Dritten Welt und des Westens veranlassen, dem Schritt zu folgen. Außenminister *Brandt* setzt eine Modifizierung durch, die am 30. 5. bekanntgegeben wird: Die Bundesregierung werde die Anerkennung der DDR durch dritte Staaten nach wie vor als »unfreundlichen Akt« auffassen, aber nicht mehr automatisch mit dem Abbruch der diplomatischen Beziehungen reagieren. Im Falle von Kambodscha werden die Beziehungen eingefroren, der bundesdeutsche Botschafter wird am 4. 6. nach Bonn zurückgerufen. Daraufhin bricht

Kambodscha die Beziehungen zur Bundesrepublik ab. Die Grundsatzerklärung der Bundesregierung zur **»modifizierten Hallstein-Doktrin«** erfolgt am 30. 6. – Die diplomatischen Beziehungen zur **Volksrepublik Südjemen** werden am 2. 7. abgebrochen, nachdem das Land am 30. 6. mit der DDR diplomatische Kontakte aufgenommen hat. Demgegenüber werden die Beziehungen zwischen der Bundesrepublik und der **Arabischen Republik Jemen** am 15. 7. vier Jahre nach dem Abbruch der diplomatischen Kontakte (→ 1965) wiederhergestellt.

Atomwaffensperrvertrag: Am 19. 3. spricht sich Bundesaußenminister *Willy Brandt* vor dem Bundestag für eine Unterzeichnung des am 1. 7. 1968 von den Großmächten unterzeichneten und am 14. 3. vom US-Senat ratifizierten Atomwaffensperrvertrags aus. Die Bundesregierung hatte bisher u. a. wegen des Beitritts der DDR zum Abkommen Bedenken gegen eine Unterzeichnung. Nach Regierungsübernahme der sozialliberalen Koalition und auf Drängen der USA, die den Entspannungsprozeß in Europa vorantreiben will, **tritt die Bundesrepublik dem Abkommen am 28. 11. bei.**

Bundespräsident und Bundesregierung

Bundespräsidentenwahl: Die in West-Berlin tagende Bundesversammlung wählt am 5. 3. *Gustav Heinemann* (SPD) zum Bundespräsidenten als Nachfolger des nicht mehr kandidierenden *Heinrich Lübke* (CDU); erst im 3. Wahlgang setzt sich der bisherige Bundesjustizminister mit 512 Stimmen gegen den CDU/CSU-Kandidaten *Gerhard Schröder* durch, auf den 506 Stimmen entfallen. Die Große Koalition hatte sich nicht auf einen gemeinsamen Kandidaten einigen können. Entscheidend ist das Stimmverhalten der FDP; mit ihrem Votum für *Heinemann* setzt sie im Hinblick auf die bevorstehende Bundestagswahl ein deutliches Zeichen in Richtung sozialliberaler Koalition. In seiner Antrittsrede bezeichnet Heinemann seine Wahl als Ausdruck für **»ein Stück Machtwechsel«**.

Von Kiesinger zu Brandt

Bundestagswahl am 28. 9. → Sonderseiten

Wahlsieg: Der Sieg der Sozialdemokraten, die als einzige im Bundestag vertretene Partei Stimmen gewinnt, wird als Bestätigung des mit dem Godesberger Programm von 1959 eingeleiteten

Wandels der SPD von einer ideologisch bestimmten Klassenpartei zu einer auf die linke Mitte hin orientierten Volkspartei gewertet; auch die charismatische Führungsfigur *Willy Brandt* und die in der Großen Koalition gezeigte Regierungsfähigkeit bringen der SPD Stimmen über ihr traditionelles Wählerpotential hinaus; den Verlust an Glaubwürdigkeit bei Teilen der Studentenbewegung und der Außerparlamentarischen Opposition, den sie u. a. durch ihre Zustimmung zu den Notstandsgesetzen (→ 1968) erfährt, kann sie teilweise durch Reform- und Demokratisierungsversprechen zurückgewinnen.

Regierungserklärung (28. 10.): Die Absichten der sozialliberalen Regierung faßt *Brandt* in die Formeln »Kontinuität und Erneuerung«, »Fähigkeit zum Wandel« und »Mehr Demokratie wagen«. Als wichtigste Ziele benennt er:

- umfassende **innere Reformen** mit dem Ziel einer Demokratisierung der Gesellschaft und Modernisierung der Strukturen (»Wir wollen eine Gesellschaft, die mehr Freiheit bietet und mehr Mitverantwortung fordert«); dazu zählen u. a. eine Herabsetzung des Wahlalters, Reformen im Bereich der Betriebsverfassung, des Bildungswesens, des Gesundheitswesens, Ausbau des Sozialsystems, ein Pressegesetz zur Verhinderung von Informationsmonopolen;
- konkrete außenpolitische Beiträge zur **Sicherung des Friedens**, Institutionalisierung der Friedensforschung, Steigerung der Entwicklungshilfe um 11 % pro Jahr;
- eine Verbesserung der Lage Berlins;
- ein geregeltes Nebeneinander und schließlich **Miteinander mit der DDR**; wenn es auch zwei deutsche Staaten gebe, so seien sie doch füreinander nicht Ausland (»Zwei Staaten – eine Nation«) (→ Kasten).

Die Umbenennung des bisherigen Ministeriums für gesamtdeutsche Fragen in ein »Ministerium für innerdeutsche Beziehungen« kennzeichnet die Akzentverschiebung und wird von der CDU/CSU-Opposition kritisiert. Mehrere Ministerien, darunter das Ministerium für Vertriebene, werden aufgelöst. Am 5. 11. wird vom Bundestag mit 262 gegen 241 Stimmen der »Ausschuß für gesamtdeutsche und Berliner Fragen« in »Ausschuß für innerdeutsche Beziehungen« umbenannt.

Auszüge zur Deutschlandpolitik aus der Regierungserklärung von Bundeskanzler Willy Brandt

»Diese Regierungserklärung geht davon aus, daß die Fragen, die sich für das deutsche Volk aus dem Zweiten Weltkrieg und aus dem nationalen Verrat durch das Hitlerregime ergeben haben, abschließend nur in einer europäischen Friedensordnung beantwortet werden können. Niemand kann uns jedoch ausreden, daß die Deutschen ein Recht auf Selbstbestimmung haben, wie alle anderen Völker auch.«
»Aufgabe der praktischen Politik in den jetzt vor uns liegenden Jahren ist es, die Einheit der Nation dadurch zu wahren, daß das Verhältnis zwischen den Teilen Deutschlands aus der gegenwärtigen Verkrampfung gelöst wird. Die Deutschen sind nicht nur durch ihre Sprache und ihre Geschichte – mit ihrem Glanz und Elend – verbunden; wir sind alle in Deutschland zu Hause. Wir haben auch noch gemeinsame Aufgaben und gemeinsame Verantwortung: für den Frieden unter uns und in Europa. 20 Jahre nach Gründung der Bundesrepublik Deutschland und der DDR müssen wir ein weiteres Auseinanderleben der deutschen Nation verhindern, also versuchen, über ein geregeltes Nebeneinander zu einem Miteinander zu kommen. Dies ist nicht nur ein deutsches Interesse, denn es hat seine Bedeutung auch für den Frieden in Europa und für das Ost-West-Verhältnis.«
»Die Bundesregierung setzt die im Dezember 1966 durch Bundeskanzler *Kiesinger* und seine Regierung eingeleitetete Politik fort und bietet dem Ministerrat der DDR erneut Verhandlungen beiderseits ohne Diskriminierung auf der Ebene der Regierungen an, die zu vertraglich vereinbarter Zusammenarbeit führen sollen. Eine völkerrechtliche Anerkennung der DDR durch die Bundesregierung kann nicht in Betracht kommen. Auch wenn zwei Staaten in Deutschland existieren, sind sie doch füreinander nicht Ausland; ihre Beziehungen zueinander können nur von besonderer Art sein.«

Deutsch-deutsche Beziehungen

Am 25./26. 2. kommt es zu einem Briefwechsel zwischen dem DDR-Ministerratsvorsitzenden *Willi Stoph* und Berlins Regierendem Bürgermeister *Klaus Schütz,* in dem sie die wiederholten Behinderungen im Berlin-Verkehr durch die DDR erörtern (→ DDR). – Am 27. 2. erfüllt die Bundesrepublik eine alte Forderung der DDR und überweist 5,1 Mio. DM an die Ost-Berliner Postverwaltung als Ausgleich für der DDR entstandene Kosten durch den Fernmelde- und Postverkehr nach West-Berlin. – Der Bundestag billigt am 26. 3. die seit dem 1. 8. 1968 erlaubte Einfuhr von Zeitungen und Zeitschriften aus der DDR für weitere zwei Jahre bis zum 31. 3. 1971. In der DDR können Presseerzeugnisse aus der Bundesrepublik nicht bezogen werden. – Am 22. 7. beschließt die Bundesregierung, das **Hissen von Nationalflaggen** und das Abspielen von Staatshymnen, insbesondere der DDR, bei Sportveranstaltungen bedingt zuzulassen. Der Beschluß soll Bedenken des Auslands in diesem Punkt hinsichtlich der für 1972 geplanten Olympischen Spiele in München ausräumen.

Studentenbewegung, Außerparlamentarische Opposition

Unruhen: Wie schon → 1968 kommt es in fast allen Universitätsstädten zu gewaltsamen Konfrontationen zwischen Ordnungskräften und Demonstranten der Studentenbewegung (→ 1968) und der Außerparlamentarischen Opposition (APO). Besonders heftig sind die Auseinandersetzungen in **Göttingen**, als am 13. 6. Studenten gegen die Hochschulpolitik der Bundesregierung protestieren und in **West-Berlin**, als am 2. 8. gegen die Abschiebung von Wehrpflichtigen aus der entmilitarisierten Stadt nach Westdeutschland demonstriert wird, wo sie ihrer Wehrpflicht in der Bundeswehr nachkommen müssen. – Auf dem 14. Deutschen Evangelischen **Kirchentag in Stuttgart** stören Demonstranten der APO am 20. 7. die zentrale Abschlußveranstaltung, um gegen die »autoritäre Leitung« des Kirchentages und gegen den Krieg in Biafra zu protestieren.
Festnahmen und Prozesse: Am 14. 3. verurteilt das Schwurgericht in West-Berlin *Josef Bachmann*, der den Studentenführer *Rudi Dutschke*

Fortsetzung Sp. 441

Wahl zum 6. Deutschen Bundestag am 28. 9. 1969

Wahl zum 6. Deutschen Bundestag am 28. 9.: Bei einer Wahlbeteiligung von 86,7 % entfallen auf CDU/CSU 46,1 % (1965: 47,6 %; −1,5 %); die SPD erzielt erstmals mehr als 40 % und kommt auf 42,7 % (+3,4 %), die FDP verbucht 5,8 % (−3,7 %). Die NPD verfehlt deutlich den Einzug in den Bundestag (4,3 %; +2,3 %). Erstmals gewinnt die SPD mehr Direktmandate (sie erhält 127) als CDU und CSU, die in 121 Wahlkreisen siegen.

Wahl zum 6. Deutschen Bundestag am 28.9.1969 (1965)

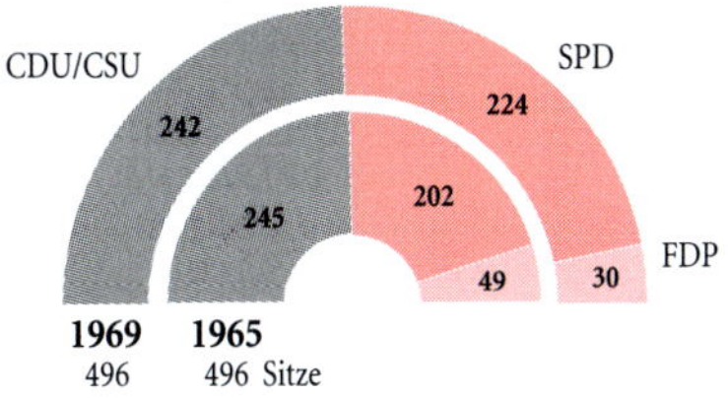

Neuer Bundestag: Der Bundestag, dem 496 Abgeordnete angehören, konstituiert sich am 20. 10. und wählt *Kai-Uwe von Hassel* (CDU) zu seinem Präsidenten. Fraktionschef der CDU/CSU wird *Rainer Barzel*. Den Vorsitz der SPD-Fraktion übernimmt der stellvertretende Parteivorsitzende *Herbert Wehner*, die FDP-Fraktion leitet *Wolfgang Mischnick*.

Sozialliberale Bundesregierung: Anspruch auf die Regierungsbildung stellen beide großen Parteien. Die Vorsitzenden von SPD und FDP, *Willy Brandt* und *Walter Scheel*, kommen noch am Wahlabend zu Gesprächen zusammen. Am 30. 9. macht auch CDU-Vorsitzender *Kiesinger* der FDP ein Koalitionsangebot. Nachdem die Partei- und Fraktionsvorstände der SPD (29. 9.) und der FDP (1./2. 10.) der Bildung einer sozialliberalen Koalition zugestimmt haben, wählt der Bundestag am 21. 10. mit 251 Simmen (zwei mehr als nötig) *Willy Brandt* zum Bundeskanzler (Nein-Stimmen: 235, Enthaltungen: 5, ungültig: 4). Dem Kabinett gehören elf SPD-, drei FDP- und ein parteiloser Minister an (→ Liste). Sie erhält zwei Schlüsselressorts, die *Walter Scheel* (Auswärtiges Amt, zugleich Vizekanzler) und *Hans-Dietrich Genscher* (Innenministerium) wahrnehmen.

Erstes Kabinett Brandt (21./22. 10. 69–14. 12. 72)

Bundeskanzler	*Willy Brandt* (SPD)
Stellvertreter und Auswärtiges	*Walter Scheel* (FDP)
Inneres	*Hans-Dietrich Genscher* (FDP)
Justiz	*Gerhard Jahn* (SPD)
Finanzen	*Alex Möller* (SPD) bis 13. 5. 71, Nachfolger *Karl Schiller* (SPD)
Wirtschaft	*Karl Schiller* (SPD) bis 7.7. 72, Nachfolger *Helmut Schmidt* (SPD) für Wirtschaft und Finanzen
Ernährung, Landwirtschaft und Forsten	*Josef Ertl* (FDP)
Arbeit und Sozialordnung	*Walter Arendt* (SPD)
Verteidigung	*Helmut Schmidt* (SPD) bis 7.7. 72, Nachfolger *Georg Leber* (SPD)
Jugend, Familie und Gesundheit	*Käte Strobel* (SPD)
Verkehr, Post- und Fernmeldewesen	*Georg Leber* (SPD) bis 7.7. 72, Nachfolger *Lauritz Lauritzen* (SPD)
Städtebau	*Lauritz Lauritzen* (SPD)
Innerdeutsche Beziehungen	*Egon Franke* (SPD)
Bildung und Wissenschaft	*Hans Leussink* (parteilos) bis 15.3. 72, Nachfolger *Klaus von Dohnanyi* (SPD)
Wirtschaftliche Zusammenarbeit	*Erhard Eppler* (SPD)
Besondere Aufgaben	*Horst Ehmke* (SPD)

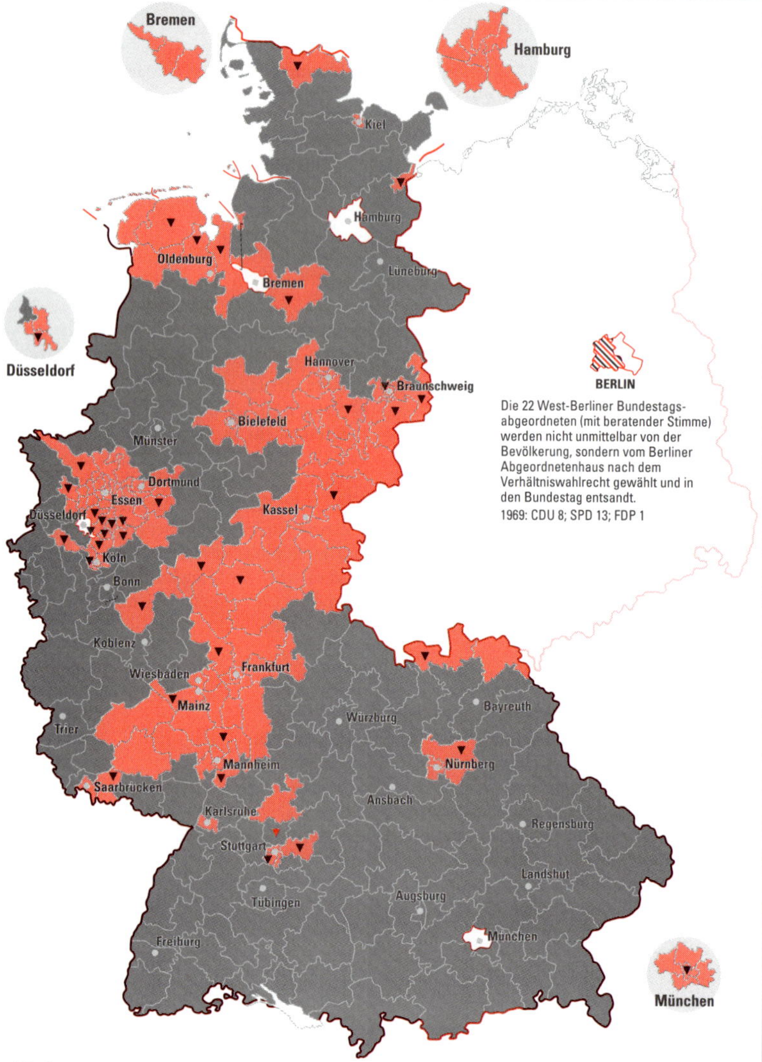

Direktmandate der im 6. Deutschen Bundestag vertretenen Parteien

Mit der Mehrheit der Erststimmen 1969 gewonnene Wahlkreise

- Kandidaten der CDU/CSU (81+37=118)
- Kandidaten der SPD (130)

Wechsel der Erststimmenmehrheit 1965/1969

- ▾ Wahlkreise, die von der CDU/CSU an die SPD fielen
- ▾ Wahlkreise, die von der SPD an CDU/CSU fielen

Quelle: *Statistisches Bundesamt*

durch Schüsse schwer verletzt hatte, wegen versuchten Mordes zu sieben Jahren Zuchthaus (→ 1968). – Die wegen zweier Kaufhausbrände → 1968 festgenommenen und zu drei Jahren Haft verurteilten *Andreas Baader* und *Gudrun Ensslin* werden am 13. 6. aus der Untersuchungshaft entlassen, während über ihren Revisionsantrag noch nicht entschieden ist. Als der Bundesgerichtshof das Revisionsverfahren am 10. 11. abweist, setzen sich die beiden Kaufhausbrandstifter in den Untergrund ab.

Linksruck beim VDS: Auf der Mitgliederversammlung des »Verbandes Deutscher Studentenschaften« (VDS) in Köln wird am 3. 3. eine **Neustrukturierung nach rätedemokratischen Prinzipien** beschlossen. Ein »Zentralrat« bestimmt in Zukunft die Politik; in ihm hat der Sozialistische Deutsche Studentenbund (SDS) die Mehrheit. Als Gegenverband bilden die Studentenschaften mehrerer Hochschulen eine »Arbeitsgemeinschaft Deutscher Studentenschaften«. – Die Bundesregierung streicht dem VDS am 26. 3. die Zuschüsse.

Sozialdemokratischer Hochschulbund: Am 18. 3. sperrt die SPD-Parteiführung ihrem Studentenverband SHB, der sich dem sozialistischen SDS angenähert hat, die Gelder.

Bildungspolitik

Reformen: Die Kultusminister der Bundesländer beschließen am 28. 11. aufgrund einer Empfehlung des Bildungsrates, ein Experimentierprogramm mit 40 Gesamtschulen durchzuführen. – Am 27. 3. schließen die Bundesländer einen Staatsvertrag über Grundsätze zur **Reform der wissenschaftlichen Hochschulen** und über die Vereinheitlichung des Ordnungsrechtes an den Hochschulen. Die Kultusminister der Länder vereinbaren die **gegenseitige Anerkennung der Reifezeugnisse**. – Am 26. 6. billigt der Bundestag die **Ausbildungsförderung für Schüler**. Das Gesetz, das den Schulbesuch mit bis zu 350 DM fördert, tritt am 1. 7. 1970 in Kraft. Es soll die Chancengleichheit im Bildungssektor für die Kinder einkommensschwacher Familien herstellen. – Das **Berufsbildungsgesetz** vom 14. 8. vereinheitlicht die Regelungen zur Berufsausbildung sowie beruflichen Fortbildung und Umschulung. Die Gewerkschaften protestieren gegen das Gesetz, weil sie in den Berufsbildungsausschüssen, die auf Bundes-, Länder- und Kommunalebene ein-

gerichtet werden, nicht vertreten sind. In West-Berlin wird ein Bundesinstitut für Berufsbildungsforschung gegründet. – Das **Hochschulbauförderungsgesetz** vom 1. 9. erhebt den Ausbau und Neubau von wissenschaftlichen Hochschulen zur Gemeinschaftsaufgabe von Bund und Ländern und stellt den rechtlichen Rahmen für die Zusammenarbeit; ein gemeinsamer Planungsausschuß erarbeitet Vorschläge für die Hochschulplanung. Die Kosten für den Hochschulbau tragen Bund und Länder zu gleichen Teilen.

Recht und Soziales

Strafrecht: Durch Verabschiedung des Ersten und des Zweiten Gesetzes zur Reform des Strafrechts am 9. 5. bzw. 25. 6. durch den Bundestag wird das deutsche **Rechtssystem modernisiert**. Ehebruch und Homosexualität unter Erwachsenen sind ab dem 1. 9. nicht mehr strafbar.

Arbeitsförderungsgesetz (AFG): Das am 13. 5. vom Bundestag verabschiedete AFG stellt die Rolle der nunmehr in **Bundesanstalt für Arbeit** umbenannten Behörde (bisher: Bundesanstalt für Arbeitsvermitlung und Arbeitslosenversicherung) in Angelegenheiten der Berufsberatung, Arbeitsvermittlung und beruflichen Bildung auf eine neue Grundlage (in Kraft am 1. 7.).

Verjährungsfrist: Nachdem das Bundesverfassungsgericht die → 1965 vom Bundestag beschlossene Verlängerung der Verjährungsfrist für NS-Verbrechen am 26. 2. für verfassungskonform erklärt hat, verabschiedet der Bundestag am 4. 8. das 9. Strafrechtsänderungsgesetz. Es legt die **Unverjährbarkeit des Völkermordes fest** und verlängert die Verjährungsfrist für Mord von 20 auf 30 Jahre. Es tritt am 1. 9. in Kraft. Damit bleibt die Möglichkeit bestehen, noch nicht entdeckte nationalsozialistische Gewaltverbrechen über den 31. 12. 1969 hinaus zu verfolgen.

Affären

Gerstenmaier: Durch Presseberichte wird am 11. 1. bekannt, daß *Eugen Gerstenmaier* (CDU), der Präsident des Deutschen Bundestages, unter Bezugnahme auf das »Gesetz zur Wiedergutmachung nationalsozialistischen Unrechts für Angehörige des öffentlichen Dienstes« mehr als 280 000 DM erhalten hat und eine lebenslange

Rente bezieht. Gerstenmaier hatte seinen Anspruch damit begründet, daß ihm aus politischen Gründen in der NS-Zeit eine Universitätsprofessur verweigert worden war. Kritisiert wird *Gerstenmaier* vor allem deswegen, weil er an der Formulierung des Gesetzes mitgewirkt hatte (»Lex Gerstenmaier«). Am 31.1. **tritt** *Gerstenmaier* zurück; sein Nachfolger wird der bisherige Bundesminister für Vertriebene, Flüchtlinge und Kriegsgeschädigte, *Kai-Uwe von Hassel* (CDU). *Von Hassels* Nachfolger im Amt des Bundesministers für Vertriebene wird am 6.2. *Heinrich Windelen* (CDU).

HS-30-Affäre: Am 30.6. stellt die Mehrheit des Untersuchungsausschusses über die Vorgänge bei der Beschaffung des **Schützenpanzerwagens HS-30** in den 50er Jahren fest, die Bundesregierung habe die Sorgfaltspflicht verletzt. Die CDU bestreitet weiterhin vehement, Zuwendungen vom Schweizer Konzern Hispano Suiza für die Auftragserteilung bezüglich der Abwicklung des Rüstungsprojektes erhalten zu haben.

Parteien und Verbände

DKP: In Essen beginnt am 12.4. der **Gründungskongreß** der Deutschen Kommunistischen Partei (DKP). Die 773 Delegierten wählen *Kurt Bachmann* zu ihrem ersten Vorsitzenden.

SPD: Am 18.4. endet der außerordentliche Parteitag der SPD in Bad Godesberg, auf dem die Delegierten ihren Parteivorsitzenden *Willy Brandt* zum zweiten Mal nach 1965 zum Kanzlerkandidaten nominieren.

Gewerkschaften: Auf dem DGB-Kongreß in München am 21.5. wird der stellvertretende Vorsitzende der IG Bergbau und Energie, *Heinz Oskar Vetter*, zum Vorsitzenden des DGB-Bundesvorstands gewählt; er ist Nachfolger von *Ludwig Rosenberg*.

CDU: *Kurt Georg Kiesinger* wird am 18.11. als Vorsitzender der CDU bestätigt. Nach der verlorenen Bundestagswahl erhält er aber nur noch 386 von 471 Stimmen und damit das schlechteste Ergebnis aller bisherigen Vorsitzenden der CDU.

Wirtschaftspolitik

Streit um DM-Aufwertung: Wegen der starken **Hochkonjunktur mit einem Wirtschaftswachstum von fast 12 %** und den damit verbundenen Inflationstendenzen beschließt die Bundesregierung am 18.3. eine Reihe konjunkturdämpfender Maßnahmen. So werden öffentliche Investitionen in Höhe von 1,57 Mrd. DM zurückgestellt. Über die Frage einer Aufwertung der DM, die der Förderung des Imports und Drosselung des Exports dienen soll, kommt es zu einer Kontroverse in der Großen Koalition. Nach mehreren Kabinettsitzungen unterliegt der von der Bundesbank unterstützte Bundeswirtschaftsminister *Karl Schiller* (SPD) am 14.5. den Aufwertungsgegnern um Finanzminister *Franz Josef Strauß* (CSU). Der **Nichtaufwertungsbeschluß** führt in der Folgezeit zu einer Belastung der Koalition und wird ein wichtiger Streitpunkt im Wahlkampf. Um Währungsspekulationen entgegenzuwirken, die zu Devisenzuflüssen von täglich über 100 Mio. US-Dollar führen, schließt die Bundesregierung vom 25.9. bis zur Bundestagswahl am 28.9. alle Devisenbörsen in der Bundesrepublik. Am 24.10. beschließt die neue Bundesregierung mit Wirkung zum 27.10. eine **Aufwertung der DM** gegenüber dem US-Dollar um 8,5 % (Dollarparität: 3,66 DM statt zuvor 4,00 DM). Der Bundesbank entstehen durch die mit der Aufwertung notwendig gewordene Neubewertung der Gold- und Devisenpositionen Verluste in Höhe von 4290 Mio. DM.

Finanzverfassungsreform: Als Ergänzung der wirtschafts- und konjunkturpolitischen Reformgesetze (Stabilitätsgesetze → 1967) tritt am 12.5. per Grundgesetzänderung eine neue Finanzverfassung in Kraft. Sie ordnet die finanzpolitischen Kompetenzen der Gebietskörperschaften neu und legt neue Finanzverteilungsschlüssel und Verfahren bei Entscheidungen über Finanzierungsfragen in Bund, Ländern und Gemeinden fest.

Unternehmen: Am 16.5. beschließen die Messerschmitt-Bölkow GmbH in München und die Hamburger Flugzeugwerke GmbH ihre Fusion zum Luft- und Raumfahrtkonzern **Messerschmitt-Bölkow-Blohm GmbH (MBB)** mit 19 000 Beschäftigten und einem Jahresumsatz von rd. einer Mrd. DM. – In Paris unterzeichnen die Fachminister Frankreichs und der Bundesrepublik am 29.5. einen Vertrag über die Entwicklung des **Airbus**, eines europäischen Großraumflugzeugs. – Auf der Basis der → 1968 gegründeten Ruhrkohle AG gründen Bundeswirtschaftsminister *Karl Schiller* und die Vorstände von 18 Bergbauunternehmen (denen am 31.10. sechs weitere beitreten), in Essen am 18.7. die **Gesamtgesellschaft Ruhrkohle AG (RAG)**.

Sie soll, finanziell abgesichert durch das Land Nordrhein-Westfalen und den Bund, durch Rationalisierungs- und Anpassungsmaßnahmen die Strukturkrise im Ruhrkohle-Bergbau überwinden.

Arbeitskämpfe: Im September kommt es zur Durchsetzung von Lohnforderungen während der Laufzeit von Tarifverträgen zunächst in der Eisen- und Stahlindustrie (Hoesch AG ab 2. 9.), später im Kohlenbergbau, auf Werften und in anderen Industriebetrieben, schließlich auch im Öffentlichen Dienst zu einer Welle **»wilder Streiks«.** Die Streikenden setzen sich zumeist über den Willen der Gewerkschaften hinweg, die auf die Einhaltung der Tarifverträge bedacht sind. Die in über 40 Betrieben von rd. 80 000 Arbeitern erstrittenen Lohnerhöhungen liegen teilweise über 10 %. Bei vorgezogenen Lohnver-

handlungen einigen sich Arbeitgeber und IG Metall in der Metallindustrie von Nordrhein-Westfalen auf eine Erhöhung von 11 %. Die Tarifpartner in anderen Bereichen sehen sich gezwungen nachzuziehen. Die Unternehmen antworten auf die Entwicklung mit der Ankündigung von Preiserhöhungen.

Bundesländer

Rheinland-Pfalz: Am 19. 5. wählt der Landtag von Rheinland-Pfalz *Helmut Kohl* zum Ministerpräsidenten. Er ist Nachfolger von *Peter Altmeier.*

Hessen: Als Nachfolger des aus Altersgründen abgetretenen Ministerpräsidenten *Georg August Zinn* (SPD) wird am 3. 10. *Albert Osswald* zum Ministerpräsidenten gewählt.

1969

Das Ende der Isolierung

Im 20. Jahr ihres Bestehens kann die DDR Erfolge vor allem auf außenpolitischem Gebiet vorweisen. Sieben nordafrikanische und asiatische Länder erkennen die DDR völkerrechtlich an; ihre jahrzehntelange internationale Isolierung geht damit zu Ende. Der Beginn offizieller Verhandlungen zwischen öffentlichen Einrichtungen beider deutscher Staaten, hier der Postverwaltung und der Verkehrsministerien, markiert einen weiteren Schritt in der Normalisierung der Beziehungen.
Innenpolitische Eckpunkte sind die Fortsetzung der 3. Hochschulreform und die eigenständige Organisation der evangelischen Kirchen in der DDR, die formal mit dem Austritt der betreffenden Landeskirchen aus der EKD beginnt. Die landesweiten Feierlichkeiten zum 20. Jahrestag der DDR-Gründung sind verbunden mit dem Start eines zweiten Fernsehprogramms und des Farbfernsehens. Der harte Winter verschärft die Versorgungsprobleme bei Energie und einigen Lebensmitteln. Sie verstärken den wachsenden Unmut in der Bevölkerung über den forcierten Modernisierungskurs des SED-Chefs *Walter Ulbricht*.

Außenpolitik

Internationale Anerkennung: Mit Unterstützung der Sowjetunion kann die DDR ihre diplomatische Anerkennung außerhalb der Ostblockstaaten vorantreiben. Daneben bemüht sie sich weiterhin um die Aufnahme in internationale Organisationen. – Am 15. 2. konstituiert sich in Helsinki ein **Internationales Komitee für die Anerkennung der DDR**. Am 8. 5. erkennt die Republik Khmer (Kambodscha) die DDR an, zwei Tage später löst die Aufnahme diplomatischer Beziehungen zwischen dem Irak und der DDR eine **Welle von Anerkennungen durch Entwicklungsländer** aus, die bis zum Dezember 1972 reicht (→ Kasten).
Warschauer Pakt und RGW: Die Warschauer-Pakt-Staaten beschließen in Budapest am 17. 3. – auch vor dem Hintergrund der Ereignisse in der Tschechoslowakei (→ 1968) – die Einrichtung eines »**Komitees der Verteidigungsminister**«, eines »**Militärrates**« und eines »**Technischen Komitees** der Vereinten Streitkräfte«. – Vom 23.–26. 4. findet eine **Sondertagung des Rates für gegenseitige Wirtschaftshilfe** (RGW) statt, bei der die wirtschaftliche und wissenschaftlich-technische Zusammenarbeit der RGW-Staaten behandelt wird. – Vom 5.–17. 6. findet in Moskau eine **Tagung** mit Vertretern von 75 kommunistischen und Arbeiterparteien statt.
Andere internationale Kontakte: Am 17. 3. präsentieren die Ostblockstaaten bei einer Tagung des Politischen Beratenden Ausschusses der Warschauer-Pakt-Staaten mit ihrem »**Budapester Appell**« erneut ihre Idee, eine **Konferenz über Sicherheit und Zusammenarbeit in Europa** unter Teilnahme aller Staaten einschließlich der DDR abzuhalten. Nachdem der Westen Verhandlungsbereitschaft signalisiert, findet am 3./4. 12. in Moskau ein Vorbereitungstreffen mit Repräsentanten der östlichen Staats- und Parteiführungen statt.
Internationale Organisationen: Die DDR fordert am 9. 4. ihre Aufnahme in die UN-Wirtschaftskommission für Europa (ECE) und am 16. 4. ihre Zulassung zur Genfer Abrüstungskonferenz; in beiden Fällen erfolglos. – Nach der Ratifizierung durch die Volkskammer am 24. 9. wird der **Atomwaffensperrvertrag** für die DDR durch die Unterschrift *Walter Ulbrichts* am 29. 9. in Kraft gesetzt (→ BRD).

Aufnahme diplomatischer Beziehungen mit der DDR 1969

8. 5.	Kambodscha
10. 5.	Irak
3. 6.	Sudan
6. 6.	Syrien
20. 6.	Republik Südvietnam (Vietcong)
10. 7.	Südjemen
11. 7.	Ägypten

Innenpolitik

Konferenzen und Tagungen: Mit Blick auf den 20. Gründungstag der DDR finden mehrere mit großem propagandistischen Aufwand betriebene Konferenzen und Tagungen statt. So veranstalten am 22./23. 1. FDGB und Ministerrat in Halle (Saale) eine **Konferenz der Schrittmacher und Neuerer der Wirtschaft**; 1969 werden etwa 600 000 Beschäftigte in der DDR-Volkswirtschaft als Neuerer gezählt: Arbeitnehmer, die regelmäßig mit Vorschlägen Verbesserungen im Produktionsprozeß anregen. Am 21./22. 3. behandelt ein **Kongreß der Nationalen Front** in Ost-Berlin die Förderung der »sozialistischen Menschengemeinschaft« in der DDR; eine Bezeichnung, die nur zwei Jahre später – weil sie die »fortbestehenden Klassenunterschiede verwischt« – wieder aufgegeben wird. Am 28./29. 4. behandelt die **10. Tagung des SED-Zentralkomitees** »Grundfragen des geistigen Lebens«. Vom 11.–13. 6. findet in Ost-Berlin die **2. Frauenkonferenz** der DDR statt. Alle Konferenzen zeichnen die gesellschaftspolitische Entwicklung der ersten 20 Jahre des Bestehens der DDR nach und benennen zukünftige Ziele. – In der Kulturpolitik werden Werke besonders herausgestellt, die geeignet sind, die »sozialistische Nationalkultur« der DDR zu repräsentieren (z. B. *Anna Seghers'* »Das Vertrauen« und *Hermann Kants* »Die Aula«).

Sozialpolitik: Das bestehende Netz der Kinderbetreuungseinrichtungen wird weiter ausgebaut; damit soll Frauen geholfen werden, sich durch Aufnahme einer beruflichen Tätigkeit materiell und damit auch ideell zu emanzipieren. – Am 27. 8. wird durch eine Verordnung des Ministerrates das Kindergeld für Familien mit drei und mehr Kindern erhöht.

Bildungspolitik: Am 3. 4. beschließt der Staatsrat die Fortführung der **3. Hochschulreform.** Die bisherigen Fakultäten an den Universitäten werden durch Sektionen ersetzt, neue Promotions- und Habilitationsordnungen (Abschlüsse als A- und B-Promotionen) beschlossen und die einzelnen Universitäten, Hoch- und Fachschulen weiter spezialisiert (→ 1967). In zehn Städten werden **neue Ingenieurhochschulen** gegründet, darunter in Leipzig, Wismar, Zittau und Zwickau. Als erste Neugründung wird am 29. 4. die Ingenieurhochschule Dresden eröffnet.

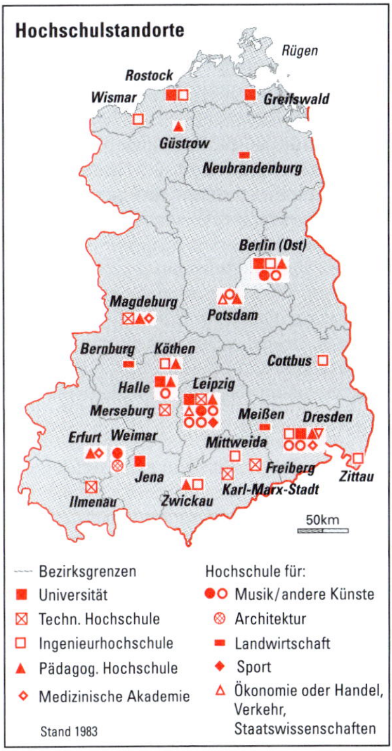

Kirchenpolitik

Nach Gründung der Vereinigten Evangelisch-Lutherischen Kirche in der DDR Ende November → 1968 erhöhen staatliche Stellen den **Druck auf die evangelischen Kirchen**, die Trennung von den bundesdeutschen Schwesterkirchen zu vollziehen. Am 26. 2. findet eine Tagung der staatskonformen Arbeitsgruppe »Christliche Kreise« beim Nationalrat der Nationalen Front statt, die in einer Erklärung die »Unabhängigkeit der DDR-Kirchen« betont und jede »Bevormundung durch die EKD« abgelehnt. Am 10. 6. erklären die auf dem Territorium der DDR liegenden evangelischen Gliedkirchen ihren **Austritt aus der EKD** und gründen den **Bund der Evangelischen Kirchen** in der DDR (BEK). Der Bund führt vom 10.–14. 9. in Potsdam seine erste Synodaltagung durch, betont jedoch weiterhin den besonderen Status seiner Beziehungen zur EKD in der Bundesrepublik (→ Kasten).

Die Mitgliedskirchen des Bundes der Evangelischen Kirchen in der DDR (BEK)

Evangelische Landeskirche in Anhalt
Evangelische Landeskirche in Berlin-Brandenburg
Evangelische Landeskirche des Görlitzer Kirchengebietes (seit 1992 der schlesischen Oberlausitz)
Evangelische Landeskirche in Greifswald (seit 1990 Pommersche Kirche)
Evangelische Kirche der Kirchenprovinz Sachsen (der größte Teil des heutigen Bundeslandes Sachsen-Anhalt)
Evangelisch-Lutherische Landeskirche Mecklenburgs
Evangelisch-Lutherische Landeskirche Sachsens
Evangelisch-Lutherische Kirche in Thüringen

Ministerium für Staatssicherheit

Am 30.7. wird für das Ministerium für Staatssicherheit ein neues Statut erlassen, das seine Position als nach innen und außen gerichteter Geheimdienst der DDR neu definiert. Es trägt damit – wie auch die erste **Verordnung über die Akkreditierung und die Tätigkeit ständiger Korrespondenten anderer Staaten in der DDR** vom 17.11. – der außenpolitischen Öffnung der DDR Rechnung. Das MfS hat den Auftrag, »mit spezifischen Mitteln und Methoden« (also mit »Inoffiziellen Mitarbeitern« (IM) im Innern der DDR und den »Kundschaftern des Friedens« (außerhalb der DDR) die Souveränität der DDR zu schützen und sie zu stärken. Es hat dabei konkret »feindliche Agenturen zu zerschlagen«, die »subversiven Pläne und Absichten« von ausländischen Geheimdienstzentralen aufzudecken, »die zuständigen Partei- und Staatsorgane rechtzeitig und umfassend über feindliche Pläne, Absichten und das gegnerische Potential sowie über Mängel und Ungesetzlichkeiten zu informieren« und zur Absicherung der Staatsgrenze in Zusammenarbeit mit den Grenzkontroll- und Zollbehörden der DDR beizutragen. Neben der Anwendung geheimdienstlicher Mittel betrifft letzteres auch das Kommando über die »Personenkontrolleinheiten« (PKE) an den Grenzübergangsstellen.

Deutsch-deutsche Beziehungen

Gegen die Bundespräsidentenwahl in West-Berlin (5.3.) protestiert die DDR am 6.2. mit einer scharfen Note an die Bonner Regierung. Am 8.2. verhängt das DDR-Innenministerium ein **Durchreiseverbot auf den Transitwegen** am Boden für die Delegierten der Bundesversammlung. – Am 16.9. finden erstmals direkte **Verhandlungen zwischen den beiden Verkehrsministerien** statt, am 19.9. zwischen den beiden deutschen **Postverwaltungen**. – Am 18.12. sendet der Staatsratvorsitzende *Walter Ulbricht* einen **Brief an Bundespräsident Heinemann** mit einem Vertragsentwurf über die Aufnahme gleichberechtigter Beziehungen zwischen beiden deutschen Staaten, den *Heinemann* am 20.12. mit der Mitteilung beantwortet, er habe *Ulbrichts* Brief an die Bundesregierung weitergeleitet. Trotz der Ablehnung des Entwurfs wenige Wochen später durch die Bundesregierung (→ 1970) markiert dieser Briefwechsel den Beginn des deutsch-deutschen Verhandlungsprozesses.

Wirtschaftspolitik

Automatisierungsvorhaben: Zum 20. Jahrestag der DDR-Gründung werden – über die Vorstellungen des laufenden Fünfjahrplanes hinaus – in der Industrie der DDR **87 Automatisierungsvorhaben** realisiert und weitere in Angriff genommen. Die Projekte werden mit einem erheblichen Aufwand vorangetrieben, der nur teilweise aus dem Aufkommen der DDR-Volkswirtschaft zu decken ist. Schwerpunkte sind Projekte vor allem in der Chemie- und Elektroindustrie, bei denen Herstellungsprozesse und die dazugehörigen Informationsverarbeitungsprozesse automatisiert werden können (→ Kasten).

Harter Winter 1969/70: Seit Anfang November liegen die Temperaturen in ganz Mitteleuropa kontinuierlich unter dem Gefrierpunkt. Der letzte Monat des Jahres wird zu einem der kältesten Dezember seit dem Jahre 1900. Die DDR gerät unter diesen Witterungsbedingungen in eine äußerst **gespannte Energieversorgungslage**, die sich nach einem Großbrand im Kraftwerk Lippendorf am 9.12., wobei 300 MW Leistung ausfallen, weiter verschärft. Am 23.12. berichtet das »Neue Deutschland« von Fahrplanänderungen im Eisenbahnverkehr, um den Vorrang von Kohletransporten abzusichern.

Automatisierungsvorhaben in Volkseigenen Betrieben

Bernburg: Sodawerke
Brandenburg (Havel): Stahl- und Walzwerk
Brand-Erbisdorf: Narva (Glühlampen und Leuchtenproduzent)
Dessau: Gasgerätewerk
Dresden: Rafena (Radio- und Fernsehtechnik)
Erfurt: Starkstromanlagenbau, »Optima« Büromaschinenwerke
Guben: Chemiefaserwerk »Wilhelm Pieck«
Halle (Saale): Starkstromanlagenbau, Pumpenwerk, Maschinenfabrik
Jena: Carl Zeiss Jena
Karl-Marx-Stadt (Chemnitz): Fettchemie (Haushaltschemie), Buchungsmaschinenwerk (Büromaschinen), Industriewerke (Maschinenbau), Werkzeugmaschinenfabrik »Fritz Heckert« (Maschinenbau)
Königsee: Werkzeugfabrik
Leipzig: Gießereianlagenbau
Magdeburg: Werkzeugfabrik, Verkehrsbau
Mansfeld: Mansfeldkombinat
Neustadt: Fortschritt Landmaschinenwerk
Oppach: Elektroschaltgerätewerk
Ost-Berlin: Kabelwerk Oberspree, Funkwerk Köpenick, Elektroapparatewerke Treptow
Penig: Getriebewerk
Rochlitz: Hydraulikwerke
Rostock: Fischkombinat
Ruhla: Uhrenkombinat
Schwedt (Oder): Erdölverarbeitungswerk
Stralsund: Volkswerft
Suhl: Simson Jagdwaffen- und Mopedwerke
Wolfen: ORWO Filmfabrik

Tags darauf wird gemeldet, daß der gewachsene **Bedarf an Gas nicht gedeckt** werden könne. In der Silvesternacht kommt es überall in der DDR zu längeren **Stromausfällen**. Erhebliche Rückgänge bei der Ernte im Sommer (der Hektarertrag bei Kartoffeln geht im Vergleich zum Vorjahr um 22,3 % zurück, bei Zuckerrüben und Hackfrüchten um mehr als ein Viertel, bei Getreide um 11,7 %) lassen seit der Vorweihnachtszeit **Engpässe in der Lebensmittelversorgung** entstehen.

Soziale Daten

Bevölkerung: Im Gebiet der DDR leben am 31. 12. 17,07 Millionen Einwohner. 9,87 Millionen, darunter 5,02 Millionen Frauen, befinden sich im arbeitsfähigen Alter (zwischen etwa 15 und 60 bzw. 65 Jahren). 7,75 Millionen, darunter 3,72 Millionen Frauen sind berufstätig. – Nach westlichen Angaben siedeln 16 975 Personen nach Westdeutschland über.

Preise und Lebenshaltung: Das durchschnittliche monatliche Arbeitseinkommen von Arbeitern und Angestellten in der staatseigenen Wirtschaft liegt bei 722 Mark. Die Pro-Kopf-Sparguthaben betragen 2814 Mark. – Das **Fernsprechnetz** der Deutschen Post wächst auf etwa 918 800 Anschlüsse an. – Beim **Ausstattungsniveau** der privaten Haushalte mit langlebigen Konsumgütern werden folgende Werte erreicht: Auf 100 Haushalte kommen 13,9 PKW, 18,9 Motorräder, 50,3 Kühlschränke, 49 Waschmaschinen und 69,4 Fernsehgeräte.

1970

Neue Ostpolitik

Die neue sozialliberale Koalition beginnt unverzüglich mit der Neugestaltung der Beziehungen zur DDR, zur Sowjetunion und zu Polen. Mit den Treffen zwischen *Brandt* und *Stoph*, der Unterzeichnung des deutsch-sowjetischen Gewaltverzichtsvertrags sowie dem Abschluß des deutsch-polnischen Vertrags erkennt die Bundesregierung – gegen den erbitterten Widerstand der Opposition – die Realität der deutschen Teilung und den Verlust der Ostgebiete an, ohne das Ziel der deutschen Einheit aufzugeben. Dieser wesentliche Beitrag zur Intensivierung der Ost-West-Entspannungspolitik ergänzt die Integration der Bundesrepublik in den Westen. – Im Schatten der innenpolitischen Kontroverse vollzieht sich die Reformpolitik der Regierung weniger spektakulär. In der Aufbruchstimmung, die sich weiten Teilen der Gesellschaft mit den Zielsetzungen der sozialliberalen Koalition vermittelt, beginnt die Außerparlamentarische Opposition zu zerfallen.

Ostverträge

Moskauer Vertrag: Der Staatssekretär im Bundeskanzleramt, *Egon Bahr*, nimmt am 30. 1. in Moskau **Verhandlungen über eine deutsch-sowjetische Gewaltverzichtserklärung** auf. Nach 14 Begegnungen mit dem sowjetischen Außenminister *Andrej Gromyko* in drei Verhandlungsrunden werden die Verhandlungsergebnisse am 22. 5. in einer 10-Punkte-Absichtserklärung, dem sog. **Bahr-Papier**, zusammengefaßt. Das vertrauliche Dokument gelangt durch Indiskretion am 12. 6. teilweise, am 1. 7. vollständig an die Öffentlichkeit und löst eine scharfe Kontroverse mit der CDU/CSU-Opposi-

tion aus; auch innerhalb der Bundesregierung sind die Verhandlungsergebnisse umstritten. – Nach Abschluß weiterer Sondierungen unterzeichnen Bundeskanzler *Brandt* und Außenminister *Scheel* mit ihren sowjetischen Amtskollegen *Kossygin* und *Gromyko* am 12. 8. in Moskau den deutsch-sowjetischen Vertrag. In ihm verpflichten sich beide Seiten: – **auf die Anwendung oder Androhung von Gewalt zu verzichten** und alle Streitfragen mit ausschließlich friedlichen Mitteln zu lösen; – die territoriale Integrität aller Staaten in Europa »in ihren heutigen Grenzen« zu achten und ihre Grenzen, namentlich die **Oder-Neiße-Linie** als Westgrenze der Volksrepublik Polen und die Grenze zwischen der Bundesrepublik und der DDR, **als unverletzlich zu betrachten**. Die Bundesregierung beabsichtigt den Vertrag dem Bundestag jedoch erst dann zur Ratifikation vorzulegen, wenn die Verhandlungen zwischen den Vier Mächten über eine Berlin-Regelung zu befriedigenden Ergebnissen gelangt sind (**Berlin-Junktim**). In einem nach der Vertragsunterzeichnung überreichten **»Brief zur deutschen Einheit«** stellt die Bundesregierung fest, daß der Vertrag nicht den Verzicht der Bundesrepublik auf das Ziel der deutschen Einheit in freier Selbstbestimmung einschließe und eine endgültige Grenzregelung nur durch den ausstehenden Friedensvertrag erfolgen könne. Der Vorbehalt bezieht sich insbesondere auf im Vertrag formulierte Anerkennung der bestehenden Grenzen in Europa.

Warschauer Vertrag: Am 4. 2. eröffnen die Verhandlungsführer Staatssekretär *Georg Ferdinand Duckwitz* und der stellvertretende polnische Außenminister *Józef Winiewicz* in Warschau die deutsch-polnischen Gespräche über den **Vertrag über die Grundlagen der Normalisierung der Beziehungen**. Der Vertrag wird am 7. 12. vom Vorsitzenden des polnischen Ministerrates, *Józef Cyrankiewicz*, dem polnischen Außenminister *Stefan Jedrychowski* sowie Bundeskanzler *Brandt* und Bundesaußenminister *Scheel* in Warschau unterzeichnet. Die Bundesrepublik anerkennt die Oder-Neiße-Linie als polnische Westgrenze, wobei auch hier der **Vorbehalt der endgültigen Regelung** der deutschen Grenzen durch den ausstehenden Friedensvertrag gilt. Entsprechend dem Moskauer Vertrag enthält der Warschauer Vertrag eine umfassende gegenseitige Gewaltverzichtserklärung. Die Ratifizierung stellt *Brandt* ebenfalls unter das **Berlin-Junktim**.

Die historische Bedeutung der **Vergangenheitsbewältigung und Aussöhnung** zwischen dem deutschen und dem polnischen Volk, die der Warschauer Vertrag einleitet, unterstreicht Bundeskanzler *Willy Brandt* am 7.12.: Die Kranzniederlegung und sein Kniefall am Denkmal für die Opfer des Warschauer Ghettos finden weltweit Beachtung.

Weitere außenpolitische Ereignisse

Europa: Auf der Pariser EG-Konferenz der Wirtschafts- und Finanzminister am 24.2. schlägt Bundeswirtschaftsminister *Karl Schiller* einen Plan vor, der über vier Stufen zur **Einführung einer gemeinsamen europäischen Währung** 1978 führen soll. Auf diese Basis verständigen sich die Wirtschafts- und Finanzminister auf ihrer Tagung am 30.5. in Rom, legen als Zieltermin jedoch 1980 fest.

Israel: Als erstes Mitglied einer israelischen Regierung besucht Außenminister *Abba Eban* am 22.2. die Bundesrepublik. In den Gesprächen mit Außenminister *Scheel* und Bundeskanzler *Brandt* sowie dem Bundespräsidenten *Heinemann* am 22.2. geht es um die Weiterentwicklung der deutsch-israelischen Beziehungen und den von *Eban* vier Tage zuvor in Brüssel vorgestellten israelischen **Friedensplan für den Nahen Osten**.

Berlinpolitik

Berlin-Status: Am 26.3. nehmen die Botschafter der drei Westmächte in der Bundesrepublik mit dem sowjetischen Botschafter in der DDR **Verhandlungen über Berlin zu einem Viermächteabkommen** auf. – Der **Transitverkehr** vom Bundesgebiet nach West-Berlin wird Ende November für einige Tage durch die DDR **erheblich gestört**. Anlaß ist eine für den nächsten Tag anberaumte Sitzung der CDU/CSU-Fraktion in West-Berlin. Auch anläßlich einer Konferenz der SPD in West-Berlin am 19.12. kommt es zu Störungen des Transitverkehrs.

Verteidigungspolitik

Bundeswehr: Verteidigungsminister *Helmut Schmidt* spricht sich am 20.2. dafür aus, die Bundeswehr in der zweiten Hälfte der 70er Jahre in eine **Berufsarmee** umzuwandeln, neben der noch eine milizartige Truppe mit relativ kurzer

Dienstzeit bestehen soll. – *Schmidt* berichtet am 13.7. vor dem Verteidigungsausschuß des Bundestages, daß der äußerst anfällige »Starfighter« durch das **Kampfflugzeug MRCA 70** (Multi Role Combat Aircraft) abgelöst werden soll, ein deutsch-britisch-italienisches Gemeinschaftsprojekt, aus dem der »Tornado« hervorgeht. Bis Ende Oktober sind von den 700 Starfightern der Bundesluftwaffe 125 abgestürzt.

Bildungspolitik

Reformen: Nach vierjähriger Vorarbeit legt die Bildungskommission des Deutschen Bildungsrates am 13.2. einen **Strukturplan für das Bildungswesen** vor. Kombiniert mit den Empfehlungen des Wissenschaftsrates werden für die Durchführung der vorgeschlagenen Aufgaben durch Bund und Länder bis 1980 insg. 100 Mrd. DM erforderlich. Die Kommission schlägt u.a. vor, das Einschulungsalter um ein Jahr herabzusetzen und plädiert für Maßnahmen, die eine höhere Chancengleichheit gewährleisten. Ohne das **dreigliedrige Schulsystem** ganz aufzuheben, soll die Durchlässigkeit zwischen Haupt- und Realschule sowie Gymnasium erhöht werden. Demgegenüber fordert die Bundesregierung am 4.6., die **Gesamtschule und Gesamthochschule** zu Regelschulen zu machen.

Protestbewegung

SDS: Der Sozialistische Deutsche Studentenbund, radikale Organisation der Studentenbewegung und Außerparlamentarischen Opposition, beschließt am 21.3. in Frankfurt am Main seine **Auflösung**. Die Organisation ist in mehrere Gruppierungen mit unterschiedlichen politischen Zielsetzungen zerfallen und seit dem Niedergang der Studentenbewegung seit 1969 als Bundesorganisation nicht mehr handlungsfähig.

Baader-Meinhof-Gruppe: Der → 1968 wegen Kaufhausbrandstiftung verurteilte *Andreas Baader*, nach seiner Flucht 1969 zwischenzeitlich in West-Berlin inhaftiert, wird am 14.5. von Gesinnungsgenossen, unter ihnen *Ulrike Meinhof*, befreit. Bei der Aktion wird eine Person schwer verletzt. Nach der Befreiung *Baaders* entsteht in der Illegalität die »**Rote Armee Fraktion** (RAF)«. Am 8.10. werden in West-Berlin fünf Personen, die zur Baader-Meinhof-

Gruppe gerechnet werden, verhaftet. Unter ihnen befindet sich auch der Rechtsanwalt *Horst Mahler*.

Gesetzgebung

Strafrecht: Durch das 1. und 2. Strafrechtsreformgesetz vom 9. 5. 1969, die beide am 1. 4. 1970 in Kraft treten, wird die Zuchthausstrafe abgeschafft, es gibt nur noch eine einheitliche »Freiheitsstrafe«. Der Strafvollzug wird allgemein auf Resozialisierung abgestellt. Mehrere Strafvorschriften, u. a. über Ehebruch, Gotteslästerung und Homosexualität zwischen Erwachsenen, werden gestrichen.

Familienrecht: Am 1. 7. tritt das → 1969 verabschiedete Gesetz zur rechtlichen **Gleichstellung von ehelichen und nichtehelichen Kindern** in Kraft; u. a. räumt es dem nichtehelichen Kind Erbansprüche gegenüber dem Vater ein. – Der Bundestag billigt am 18. 6. mit großer Mehrheit die **Herabsetzung des aktiven Wahlalters** von 21 auf 18 und des passiven von 25 auf 21 Jahre; der Bundesrat stimmt am 26. 6. zu.

Umweltschutz: Am 8. 9. tritt erstmals der Kabinettsausschuß für **Umweltschutz** zusammen. Ein Sofortprogramm mit Maßnahmen u. a. gegen Gewässerverunreinigung und Autoabgase wird von der Bundesregierung am 17. 9. verabschiedet. Am 16. 12. fordert Bundesinnenminister *Genscher* in der Umweltdebatte des Bundestages mehr Kompetenzen für den Bund im Kampf gegen die Umweltverschmutzung.

Parteien

SPD: Auf dem Bundeskongreß der Jungsozialisten in Bremen wird am 13. 12. eine Veränderung der Wirtschaftsordnung durch »systemübergreifende Reformen« gefordert. Der **Konflikt zwischen Jusos und SPD** hat sich erheblich verschärft, insbesondere durch ein mit der SPD nicht abgesprochenes Treffen der Jungsozialisten mit dem DDR-Staatsratsvorsitzenden *Walter Ulbricht* am 18. 6.

FDP: Am 8./9. 10. erklären drei FDP-Abgeordnete, unter ihnen der frühere Parteivorsitzende *Erich Mende*, ihren **Übertritt zur CDU/CSU-Bundestagsfraktion**. Als Gründe nennen sie die Ostpolitik und die ihrer Meinung nach unsolide Haushaltspolitik der Koalition, die nun nur noch über eine Mehrheit von sechs Mandaten verfügt.

Sonstige innenpolitische Ereignisse

Am 14. 1. einigen sich die Tarifpartner im Bereich des öffentlichen Dienstes u. a. über **vermögenswirksame Leistungen**. Nach diesem Vorbild kommt es am 9. 5. auch zu einer Einigung zwischen Arbeitgebern und Gewerkschaften in der Metallindustrie. Die rund 4 Mio. Beschäftigten erwerben rückwirkend zum 1. 4. Anspruch auf vermögenswirksame **Leistungen in Höhe von 312 DM in einem Jahr.** Die Arbeitgeber müssen für die Laufzeit der Vereinbarung – acht Jahre – etwa 8 Mrd. DM aufbringen. Am 4. 6. nimmt der Bundestag das **3. Vermögensbildungsgesetz** für Arbeitnehmer an. Es verdoppelt den Höchstbetrag der begünstigten Leistungen von 312 auf 624 DM. – Auf Vorschlag der Staatsanwaltschaft stellt das Landgericht Aachen am 18. 12. den **Contergan-Prozeß** ein, der 1967 gegen die Firma Grünenthal eröffnet wurde, u. a. wegen fahrlässiger Tötung und Körperverletzung. Zwischen 1957 und 1961 kamen Tausende mißgebildeter Kinder zur Welt, deren Mütter während der Schwangerschaft das Schlafmittel Contergan einnahmen. Ohne formelles Schuldeingeständnis stellt die Firma für 2625 contergangeschädigte Kinder und 300 nervengeschädigte Erwachsene 114 Mio. DM bereit und beteiligt sich an einer »Stiftung für das behinderte Kind«.

Wirtschaftspolitik

Konjunkturdämpfung: Die Bundesregierung beschließt am 22. 1. neben dem Haushaltsentwurf und einem Finanzplan für die Jahre 1969 bis 1973 ein wirtschaftliches Stabilisierungsprogramm zur Dämpfung der Konjunktur; u. a. sperrt sie Ausgaben in Höhe von 2,8 Mrd. DM. – Nach den am 7. 7. von der Regierung beschlossenen und am 11. 7. im Bundestag bzw. 15. 7. im Bundesrat gebilligten **zusätzlichen Maßnahmen zur Konjunkturdämpfung** wird von allen Steuerzahlern mit einer monatlichen Steuerbelastung von mehr als 100 DM vom 1. 8. bis 30. 6. 1971 eine Mehrabgabe von 10 % der Lohn-, Einkommen- und Körperschaftsteuer **(Konjunkturzuschlag)** gefordert, die der Bund bis zum 31. 3. 1973 zurückzahlen muß.

Bundesländer

Hamburg: Wahl zur Bürgerschaft am 22. 3.

Baden-Württemberg: Die am 4. 6. im badi-

Haushaltsausstattung mit Konsumgütern

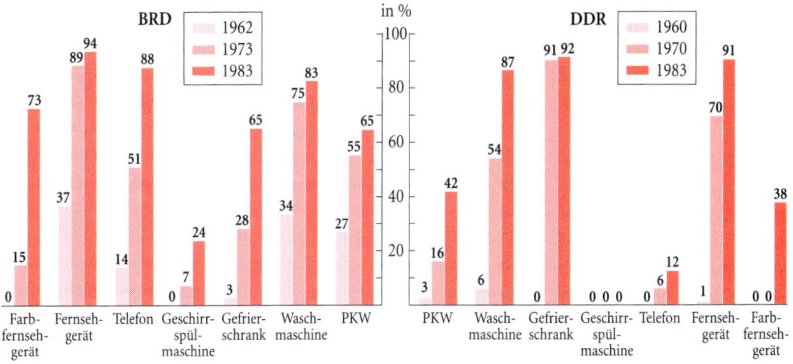

schen Landesteil abgehaltene Volksabstimmung verwirft den Antrag auf Wiederherstellung eines selbständigen Landes Baden, für das 18 % der Stimmbeteiligten votieren.
Niedersachsen: Am 17. 2. zerbricht die SPD/CDU-Koalition, weil die CDU einen übertrittswilligen NPD-Abgeordneten aufgenommen hat. Der Landtag beschließt wegen weiterer Fraktionswechsel am 21. 4. die Selbstauflösung und Neuwahlen. Die **Landtagswahl** am 14. 6. gewinnt die SPD. Der neue Ministerpräsident *Alfred Kubel* (SPD) hat eine Mehrheit von einem Mandat.
Nordrhein-Westfalen: Landtagswahl am 14. 6.
Saarland: Landtagswahl am 14. 6.
Hessen: Landtagswahl am 8. 11.
Bayern: Bei der Landtagswahl am 22. 11. gewinnt die CSU die absolute Mehrheit

Deutsch-deutsche Beziehungen

Bundeskanzler *Willy Brandt* lehnt in seinem **Bericht zur Lage der Nation** am 14. 1. vor dem Bundestag den am 18. 12. 1969 vom DDR-Staatsratsvorsitzenden *Walter Ulbricht* übersandten Entwurf eines »Vertrages über die Aufnahme gleichberechtigter Beziehungen zwischen der DDR und der Bundesrepublik« ab (→ 1969). »Die **deutsche Nation**« sei »auf dem Boden Deutschlands in seinen tatsächlichen Grenzen von 1970 **in zwei Staaten gegliedert**«. Zwischen diesen beiden Staaten könne es aber nur besondere Beziehungen geben.
1. Treffen Brandt – Stoph: Am 19. 3. findet in Erfurt zwischen Bundeskanzler *Brandt* und dem DDR-Ministerratsvorsitzenden *Willi Stoph* das **erste Treffen der Regierungschefs beider deutscher Staaten** statt. *Brandt*, der von der Erfurter Bevölkerung herzlich empfangen wird, bekräftigt die Grundsätze der Bundesregierung für Verhandlungen mit der DDR: Beide Staaten hätten ihre Verpflichtung zur Wahrung der Einheit der deutschen Nation; die Verantwortlichkeit der Vier Mächte für Deutschland als Ganzes und Berlin seien zu respektieren; beide Regierungen sollten eine nachbarschaftliche Zusammenarbeit anstreben, um »die Folgen der Teilung zu mildern und die Gräben zuzuschütten, die uns trennen in Europa und damit auch in Deutschland«. *Stoph* unterstreicht, es gebe weder innerdeutsche Beziehungen noch eine Viermächteverantwortung für die DDR und ihre

Hauptstadt Berlin; Gewaltverzichtserklärungen zwischen der DDR und der Bundesrepublik seien ohne eine völkerrechtliche Anerkennung der DDR sinnlos. Die Begegnung führt zu keinen konkreten Ergebnissen, abgesehen von der Verabredung eines weiteren Treffens. – In ihrer Reaktion bekräftigt die bundesdeutsche Opposition durch den CDU/CSU-Fraktionsvorsitzenden *Rainer Barzel* am 20. 3., die Unionsparteien würden jeder Übereinkunft mit der DDR Widerstand entgegensetzen, die den Weg zur Selbstbestimmung der Deutschen verstelle; dazu gehörten die völkerrechtliche Anerkennung der Oder-Neiße-Linie und die Herstellung besonderer Beziehungen zur DDR mit »Merkmalen der Anerkennung«. Das Mißtrauen der Unionsparteien in den deutschlandpolitischen Kurs der Bundesregierung sieht *Barzel* u. a. auch in anscheinend zweideutig gemeinten Formulierungen des SPD-Fraktionsvorsitzenden *Herbert Wehner* begründet, der im Vorfeld des Gipfeltreffens am 28. 2. feststellte, die Nichtanerkennung sei kein Dogma.

2. Treffen Brandt – Stoph: Am 21. 5. kommt es in Kassel zur zweiten Begegnung zwischen *Brandt* und *Stoph* – im Unterschied zum Erfurter Treffen in angespannter Atmosphäre und begleitet von Demonstrationen und Zwischenfällen. Während der Bundeskanzler **20 Grundsätze** für die Regelung gleichberechtigter Beziehungen zwischen der Bundesrepublik und der DDR vorlegt, beharrt *Stoph* weiter auf einer völkerrechtlichen Anerkennung der DDR durch die Bundesrepublik als Voraussetzung für die Regelung weiterer Fragen. Die Gesprächspartner verständigen sich auf eine »Denkpause«, die auch dazu dient, das Ergebnis der Gewaltverzichtsverhandlungen zwischen der Bundesrepublik und der Sowjetunion abzuwarten (→ BRD).

Verhandlungen auf Staatssekretärebene: Am 27. 11. beginnen der Staatssekretär im Bundeskanzleramt, *Egon Bahr*, und der DDR-Staatssekretär *Michael Kohl* Verhandlungen über Verkehrsfragen, Transitabkommen und einen Grundlagenvertrag.

Postverkehr: Am 29. 4. vereinbaren die beiden deutschen Staaten eine von der Bundesrepublik jährlich zu entrichtende **Ausgleichszahlung für Dienste der DDR-Post** in Höhe von 30 Mio. DM. Auf der Basis dieser Abmachung werden 1971 die Telefonverbindungen zwischen Ost- und West-Berlin wiederhergestellt.

1970

Wirtschaftskrise und Erfurter Treffen

Die seit Ende der sechziger Jahre forcierte Modernisierungspolitik führt, verbunden mit den Auswirkungen des harten Winters von 1969/70, zu erheblichen wirtschaftlichen Problemen. Versorgungsschwierigkeiten mit Konsumgütern lassen die Unzufriedenheit in der Bevölkerung anwachsen. In der Parteispitze kommt es auch deshalb zu Machtkämpfen, mit denen sich das Ende der mehr als zwei Jahrzehnte währenden Ära *Ulbricht* ankündigt.
Mit den Treffen der beiden Regierungschefs, *Stoph* und *Brandt*, in Erfurt und Kassel zeichnet sich eine weitergehende Normalisierung in den deutsch-deutschen Beziehungen ab. Der Handlungsrahmen der DDR wird darin jedoch unverändert von der sowjetischen Führungs- und Garantiemacht abgesteckt.

Wirtschaftliche Lage

Engpässe: Der straffe Modernisierungskurs der Vorjahre führt zu Engpässen in der Wirtschaft. Verstärkt durch Produktionsausfälle und Schäden infolge des strengen Winters 1969/70 wird das Mißverhältnis zwischen der Zulieferindustrie und der Endfertigung offenbar. Deutliche Unterkapazitäten treten im Bauwesen und bei Gießereierzeugnissen auf, wodurch vor allem in der metallverarbeitenden Industrie Planrückstände auftreten. Die Bereitstellung von Elektroenergie hält nicht Schritt mit dem wachsenden Bedarf, der aus den Modernisierungs- und Automatisierungsvorhaben erwächst.
Bei der Bereitstellung von Konsumgütern kommt es zu längeren Lieferengpässen. Schließlich ist die DDR in der ersten Jahreshälfte mit Lieferausfällen aus der Landwirtschaft infolge der schlechteren Ernte des Vorjahres und der

daraus folgenden Futtersituation in der Tierproduktion konfrontiert.
Reaktionen: Am 8. 9. behandelt das Politbüro, am 17. 9. der Ministerrat die entstandene Situation. Beide Gremien stoppen eine Reihe der sogenannten zusätzlichen Vorhaben oder strecken andere Investitionsprojekte und lenken die Baukapazitäten vom Industrie- wieder auf den Wohnungsbau. Die Fertigstellung des Fünfjahresplanes 1971–75 verzögert sich damit und ist wesentlich durch die Aufgabe gekennzeichnet, einerseits schnellstmöglich die wirtschaftliche Konsolidierung sicherzustellen, andererseits ein stärkeres Augenmerk auf die Befriedigung gewachsener Konsumwünsche der Bevölkerung zu legen.

Innenpolitik

Austausch der Parteidokumente: Am 17. 4. beschließt das Politbüro, zwischen 1. 9. und 31. 10. in den über 67 500 SED-Grundorganisationen Aussprachen mit allen Mitgliedern und Kandidaten zu führen, in denen ein erneuter Umtausch der Parteidokumente verbunden ist. Nach den Aussprachen erhalten die meisten der knapp zwei Millionen SED-Mitglieder und Kandidaten neue Parteiausweise (99,54 %), etwa 8750 hingegen werden aus der Partei entfernt.
Machtkampf in der Parteispitze: Am 8. 9. findet eine turnusmäßige **Sitzung des Politbüros**

SED-Mitglieder 1946–1987

Zum Vergleich:
Gesamtbevölkerung
1950: 18,4 Mio.
1987: 16,6 Mio.

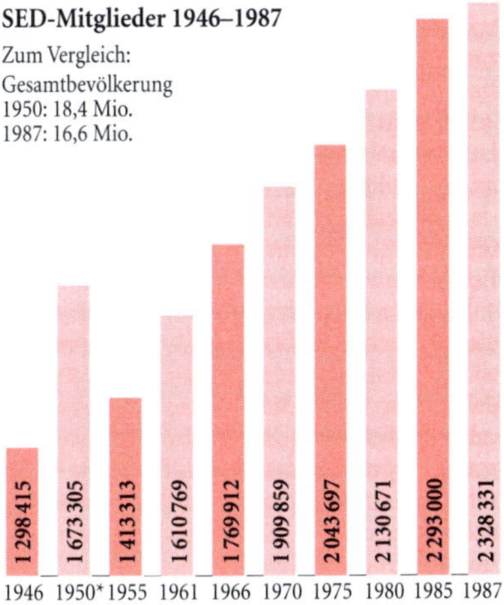

* ab 1950 Mitglieder und Kandidaten

Beschäftigtengrad von Frauen im erwerbsfähigen Alter 1950–1988

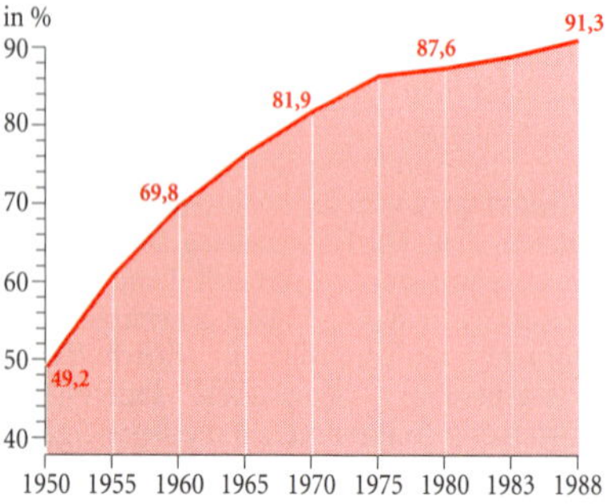

statt, bei der von den 15 stimmberechtigten Mitgliedern nur vier anwesend sind: *Erich Honecker* (der die Sitzung leitet), *Günter Mittag, Horst Sindermann* und *Willi Stoph*. Seine Stellungnahme zum Tagesordnungspunkt »Beschluß zur Analyse über Plandurchführung im 1. Halbjahr 1970« benutzt *Willi Stoph* zu einer **Abrechnung mit der Wirtschaftspolitik** *Walter Ulbrichts*. Neben dessen »Strukturpolitik«, womit die überzogenen Automatisierungsvorhaben, der überproportierte Ausbau der Stadtzentren von Ost-Berlin und einiger Bezirksstädte sowie andere Prestigeobjekte gemeint sind, wird auch die schwierige Versorgung in der DDR, einerseits mit Rohstoffen, anderseits mit Konsumgütern für die Bevölkerung, kritisiert. *Erich Honecker* beginnt, eine Mehrheit der Politbüromitglieder hinter sich und gegen *Ulbricht* zusammenzubringen.

Höhepunkt der Auseinandersetzung: Am 9.12. kommen die Mitglieder und Kandidaten des Zentralkomitees zu dessen **14. Tagung** zusammen, die bis zum 11.12. andauert. Vor den versammelten Angehörigen des Zentralkomitees greifen *Paul Verner* und *Willi Stoph* in ihren Diskussionsbeiträgen die Wirtschaftspolitik *Walter Ulbrichts* an. Der SED-Chef bekennt in seinem Schlußwort, er habe Fehler begannen, zum Beispiel habe das bei Greifswald gebaute Kernkraftwerk Nord doppelt so viel gekostet wie in der Projektierung vorgesehen. Die »Grundlinie« sei dennoch richtig. »Es ist notwendig, daß wir gegen den Konsumentenstandpunkt Stellung nehmen«, weil »im Kampf zwischen den beiden Weltsystemen [...] auch Opfer gebracht werden müssen.« *Ulbricht* stellt damit

Anteil der Frauen an den Erwerbstätigen 1950–1988

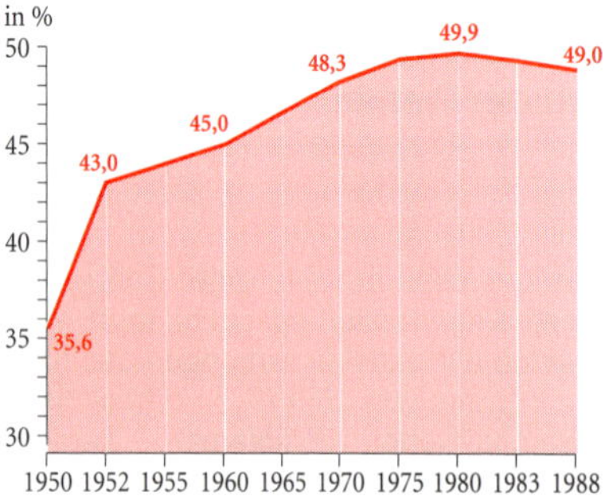

den Verlauf der Tagungsdiskussion auf den Kopf und veranlaßt die meisten anderen Politbüromitglieder dazu, die Veröffentlichung des Schlußwortes zu verhindern.

Kommunalwahlen: Bei den Kommunalwahlen am 22. 3. gibt es mit einer Wahlbeteiligung von 97,83 % den geringste Zuspruch der DDR-Bürger bis 1990. 99,83 % der Wähler geben eine Ja-Stimme für die Einheitsliste ab.

»Made in GDR«: Am 1. 7. wird für in der DDR hergestellte Produkte die bisherige Herkunftsbezeichnung »Made in Germany« durch »Made in GDR« (oder »Made in DDR«) ersetzt.

Außenpolitik

Diplomatische Anerkennung der DDR: Sieben weitere Entwicklungsländer vereinbaren mit der DDR im Verlaufe des Jahres die **Aufnahme diplomatischer Beziehungen**: Kongo (Brazzaville) am 8. 1., Somalia (8. 4.), Zentralafrikanische Republik (18. 4.), Algerien (20. 5.), Malediven (22. 5.), Sri Lanka (16. 6.) und Guinea (9. 9).

Die **Aufnahme in weitere internationale Organisationen scheitert**: Am 15. 4. verschiebt die WHO ihre Entscheidung über die mögliche Aufnahme der DDR in die Organisation um ein Jahr. Am selben Tag scheitert ein Antrag Polens, die DDR in die UN-Wirtschaftskommission für Europa (ECE) aufzunehmen. Am 28. 9. lehnt der Exekutivrat der UNESCO einen Aufnahmeantrag der DDR vom 5. 8. ab. – Am 7. 5. eröffnet die DDR ein Außenhandelszentrum in Paris.

Ostblockstaaten: Nach einer Tagung des Warschauer Paktes treffen Abordnungen der Zentralkomitees der SED und der KPdSU zusammen. Am 20. 8. versichert KPdSU-Generalsekretär *Breschnew*, Normalisierung bedeutet für die DDR, daß sie fest im Ostblock verankert bleibt: Die **DDR** »ist das Ergebnis des Zweiten Weltkrieges, sie **ist unsere Errungenschaft**, die mit dem Opfer des Sowjetvolkes, mit dem Blut der Sowjetsoldaten erzielt wurde«.

Im Zusammenhang mit den eigenen deutschlandpolitischen Schritten demonstriert die DDR ihre **Verbundenheit mit den osteuropäischen Ländern** durch Teilnahme an der Gründung der zweiten RGW-Bank mit Sitz in Moskau, der Internationalen Investitionsbank (IIB). Zwischen dem 12. und 18.10. findet in der DDR das Manöver »Waffenbrüderschaft« mit Truppen aus allen Mitgliedsländern des Warschauer Paktes statt.

Soziale Daten

Bevölkerung: Im Gebiet der DDR leben gemäß der Volkszählung am 1. 1. 1971 knapp 17,07 Millionen Einwohner. Sie ist im Vergleich zu den auf der Grundlage der Bevölkerungsfortschreibung ermittelten Daten um 7000 zurückgegangen. Der Frauenüberschuß beträgt 1,338 Millionen. Nach westlichen Angaben siedeln 17 519 Personen (etwas mehr als 1969) nach Westdeutschland über.

9,88 Millionen, darunter 5,01 Millionen Frauen, befinden sich im arbeitsfähigen Alter (zwischen 15 und 60 bzw. 65 Jahren). 7,77 Millionen, darunter 3,75 Millionen Frauen sind berufstätig (→ Graphik).

Wohnungssituation und Wiederaufbau: Mit dem Bau von 76 088 (65 786 neugebauten und 10 302 modernisierten) Wohnungen werden 5777 Wohnungen mehr fertiggestellt als im Vorjahr. Damit ist der Wert von 1968 wieder erreicht. Der genossenschaftliche Wohnungsbau geht um 2,6 Prozent auf 13 564 fertiggestellte Wohnungen zurück.

Einkommen und Lebenshaltung: Das durchschnittliche monatliche **Arbeitseinkommen** von Arbeitern und Angestellten in der staatseigenen Wirtschaft wächst gegenüber dem Vorjahr auf 755 Mark. Die Pro-Kopf-**Sparguthaben** wachsen auf etwa 3055 Mark an. Die Sparguthaben bei Geld- und Kreditinstituten wachsen absolut um mehr als 8,5 Prozent, Lebensversicherungen um 0,5 Prozent. Der **Einzelhandelsumsatz** wächst gegenüber dem Vorjahr um 4,3 Prozent auf weniger als 64,1 Milliarden Mark. Die volkseigenen Läden der Handelsorganisation und die der Konsumgenossenschaften haben daran an einen Anteil von 80,5 %. – Das **Fernsprechnetz** der Deutschen Post verfügt über 954 300 Anschlüsse (35 500 mehr als im Vorjahr). In der Ausstattung der privaten Haushalte mit **langlebigen Konsumgütern** kommen auf 1000 Haushalte 123 PKW, 184 Motorräder bzw. Motorroller, 438 Kühlschränke, 440 Waschmaschinen und 671 Fernsehgeräte.

1971

Entspannung durch Annäherung

Die Verleihung des Friedensnobelpreises an Bundeskanzler *Willy Brandt* im Dezember 1971 unterstreicht die weltpolitische Bedeutung seiner Initiativen in der Ostpolitik. War die deutsche Frage für zwei Jahrzehnte ein Faktor für die Entstehung und die Verschärfung des Kalten Kriegs, so erweisen sich nun schon die ersten Schritte zu ihrer friedlichen Lösung als wichtiger Beitrag zur internationalen Entspannung. Der Abschluß der Ostverträge 1970 bildet die Grundlage für erste vertragliche Regelungen mit der DDR auf staatlicher Ebene, die zur Normalisierung des deutsch-deutschen Verhältnisses sowie zu einem Viermächteabkommen über Berlin führen.

Innenpolitisch widmet sich die Regierung verstärkt der Realisierung ihrer Reformvorhaben: Neben ihrem Ziel, größere soziale Gerechtigkeit zu erreichen, stellt sie sich mit dem ersten Gesetz zum Umweltschutz einem immer drängender auftretenden Problem. Der aufkommende Terrorismus der »Rote Armee Fraktion« fordert die ersten Todesopfer.

Deutschland- und Ostpolitik

Kontroverse: Am 28.1. betont Bundeskanzler *Willy Brandt* im Bundestag in seinem »**Bericht zur Lage der Nation**«, daß die auf Bewahrung des Friedens gerichtete Politik der Bundesregierung eine **vertragliche Regelung der Beziehungen** auch zur DDR erfordere; der rechtliche Status von Berlin jedoch dabei nicht angetastet werden dürfe. – Für die Opposition stellt CDU/CSU-Fraktionschef *Rainer Barzel* klar, daß die **Union am Einheitsgedanken festhalte**; er

kritisiert *Brandts* Berlinpolitik; der ehemalige Regierende Bürgermeister vergesse darüber die innerdeutschen Fragen. – Heftige Kritik für ihre gesamte »neue Ostpolitik« erfährt die Bundesregierung weiterhin von den Vertriebenenverbänden. *Herbert Czaja*, der Präsident des Bundes der Vertriebenen, bezeichnet die → 1970 geschlossenen Verträge von Moskau und Warschau sowie die sich abzeichnende deutsch-deutsche Verständigung auf einer Kundgebung in Bonn am 27.2. **als Verzichtspolitik**, die nichts mit wahrer Entspannung zu tun habe.

Annäherung an die DDR: Die Verbesserung der Beziehungen zu den Staaten des Warschauer Paktes und die Aufnahme von Kontakten zur DDR führt in der Politik der Bundesrepublik zu folgenden Veränderungen: Am 10.3. beschließt der Bundestag die Aufhebung aller Beschränkungen für den **Bezug von Publikationen** aus der DDR. – Die **Hallstein-Doktrin** wird nicht mehr angewendet. Als Chile am 16.3. volle diplomatische Beziehungen zur DDR aufnimmt, legt die Bundesrepublik nur noch einen formalen Protest ein. – Am 30.6. werden die **Karten- und Bezeichnungsrichtlinien** von 1961 ersatzlos gestrichen. Sie schrieben vor, Deutschland z. B. in Atlanten und Fernsehkarten in den Grenzen von 1937 zu zeigen und die DDR als Sowjetische Besatzungszone Deutschlands oder Sowjetzone zu bezeichnen.

Sowjetunion: Die guten Beziehungen zur Sowjetunion dokumentiert der inoffizielle **Besuch von Bundeskanzler** *Brandt* bei KPdSU-Generalsekretär *Leonid Breschnew* in Oreanda auf der Krim vom 16.–18.9. In ihrem gemeinsamen Kommuniqué betonen sie die neuen politischen Perspektiven, die sich aus dem Moskauer Vertrag vom 12.8. → 1970 und dem Berlin-Abkommen vom 3.9. ergeben. Beide Seiten wollen sich für das Zustandekommen einer **europäischen Sicherheitskonferenz** einsetzen; die Normalisierung der Beziehungen zwischen der Bundesrepublik und der DDR soll auch die Aufnahme beider Staaten in die UNO ermöglichen; in Handel, Wissenschaft und Technik sollen die deutsch-sowjetischen Beziehungen ausgebaut werden.

Rumänien: Als erstes bundesdeutsches Staatsoberhaupt besucht Bundespräsident *Gustav Heinemann* ein Ostblockland, als er am 17.5. Rumänien einen Staatsbesuch abstattet.

Friedensnobelpreis: Das Nobelpreiskomitee des norwegischen Parlaments gibt am 20.10. die

Verleihung des diesjährigen **Friedensnobelpreises an** *Willy Brandt* bekannt. Die überraschende Entscheidung wird im In- und Ausland weitgehend begrüßt. *Brandt* wird für seine »neue Ostpolitik« geehrt, die die Entspannung in Europa maßgeblich vorangetrieben hat. Er nimmt die Auszeichnung am 10. 12. in Oslo entgegen.

Umwelt-, Sozial- und Bildungspolitik

Umweltpolitik: Das Gesetz zum Schutz gegen Fluglärm, das am 30. 3. in Kraft tritt, ist das **erste Umweltschutzgesetz** der Bundesrepublik. Es schreibt für Flughäfen und ihre Einflugschneisen die Einrichtung von Lärmschutzzonen vor, in denen u. a. keine Krankenhäuser und Schulen gebaut werden dürfen. – Im Gesetz zur **Verminderung der Luftverunreinigung** vom 5. 8. wird festgelegt, daß der Bleigehalt im Benzin um 0,4 g pro Liter bis zum 1. 1. 1972 gesenkt und damit halbiert werden muß. – Am 29. 9. stellt die Regierung ihr neues Umweltprogramm vor, mit dem sie das **Verursacherprinzip** einführen und die Umweltpolitik systematisch planen bzw. organisieren will. Hauptprinzipien des Konzepts sind Vorsorge (Vermeidung von Umweltschäden), Verursachung (Kostenübernahme durch die für Umweltschäden Verantwortlichen) und Kooperation (von Staat, Wirtschaft und Bürgern zur Erhaltung bzw. Wiederherstellung intakter Umweltbedingungen). – Das Innenministerium beschließt am 28. 12. die Einberufung eines Sachverständigenrates für Umweltfragen.

Abtreibung: In der Illustrierten »Stern«, bekennen am 2. 6. mehrere hundert, z. T. prominente Frauen, daß sie abgetrieben und damit gegen den § 218 verstoßen haben. Durch den **»Stern«-Artikel** wird in der Bundesrepublik die Diskussion um den § 218 maßgeblich angeregt. Gegen die Frauen werden Strafverfahren eingeleitet, die später ausnahmslos eingestellt werden.

Wohnungsbau: Mit dem am 1. 8. in Kraft tretenden **Städtebauförderungsgesetz** beginnt die sozialliberale Koalition mit der Reform des Bodenrechts. Es verbessert die Eingriffsmöglichkeiten der öffentlichen Verwaltung gegen Bodenspekulation und erleichtert Sanierungs- und Entwicklungsvorhaben der Kommunen. – Am 11. 11. verabschiedet der Bundestag einstimmig das **Wohnungsbauänderungsgesetz**, das den Bau von Sozialwohnungen fördern soll und die Einkommensgrenze für die Wohnberechtigung in Sozialwohnungen auf 12 000 bzw. für eine vierköpfige Familie auf 24 000 DM Jahresbruttoeinkommen erhöht.

Bildung: Mit dem **Bundesausbildungsförderungsgesetz** (BaföG, in Kraft am 1. 9.) wird eine einheitliche staatliche Ausbildungsförderung eingeführt. Bedürftige Auszubildende und Studenten erhalten einen Rechtsanspruch auf die Zahlung von Beihilfen, deren Höhe sich nach dem Einkommen der Unterhaltsverpflichteten bemißt. Das Gesetz soll mehr Arbeiterkindern das Studium ermöglichen; bislang stellen sie nur einen Anteil von 7 % der Studierenden.

Sicherheitspolitik

Kritik an Bundeswehr: Am 20. 3. kritisieren rund 30 Offiziere einer Panzergrenadierdivision in einer Denkschrift an Verteidigungsminister *Helmut Schmidt* den **inneren Zustand der Bundeswehr**. Die Armee werde zusehends politisiert; durch immer neue Schutzbestimmungen beginne die Disziplin zu leiden, da die Führungskräfte kaum noch anwendbare Maßnahmen zur Disziplinierung besäßen. – In der Bundestagsdebatte vom 26. 3. über die Sicherheitspolitik übt die Opposition Kritik am Führungsstil und am inneren Zustand der Bundeswehr. Bundeskanzler *Brandt* erklärt, die Regierung verfolge mit Sorge **»die innere Abwendung eines Teiles der Jugend«** von den Pflichten, die ihr der Staat abfordern müsse. – Am 10. 9. verabschiedet das Kabinett einen Gesetzentwurf zur **Verkürzung des Grundwehrdienstes** von 18 auf 15 Monate; sie wird am 1. 1. 1973 wirksam.

Atomwaffen: Die Bundesrepublik tritt am 8. 6. dem Vertrag über das Verbot der Stationierung von Kernwaffen und anderen **Massenvernichtungswaffen auf dem Meeresgrund** bei, der am 11. 2. zwischen den USA, der Sowjetunion und Großbritannien geschlossen wurde. – Am 13. 6. reist Bundeskanzler *Brandt* zu einem sechstägigen Besuch in die USA und verabredet mit US-Präsident *Richard Nixon* weitere Schritte zur Abrüstung und Friedenssicherung in Europa. *Nixon* versichert, die USA würden bei den bevorstehenden Verhandlungen mit der Sowjetunion über einen **Truppenabbau in Europa** keinen Alleingang unternehmen und ihre Truppenstärke in Europa nicht auf bilateraler Grundlage verhandeln.

Die »Freiburger Thesen« der FDP

Die innerparteiliche Erneuerung der FDP, die mit dem Hannoveraner Aktionsprogramm → 1967 begann, findet mit der Verabschiedung der 37 Freiburger Thesen auf dem Bundesparteitag (22.–27.10.1971) ihren Höhepunkt und Abschluß. Das neue Grundsatzprogramm löst die Partei von nationalistischen und konservativen Positionen und formuliert Grundsätze eines »Sozialen Liberalismus«, die in Forderungen nach umfassender Demokratisierung der Gesellschaft und nach Reformen des Kapitalismus konkretisiert werden. Hauptautor des neuen Programms ist der Generalsekretär der FDP, *Karl-Hermann Flach*.

Parteien und Verbände

Rechte Parteien: Am 16.1. gründet der Verleger *Gerhard Frey* in München die rechtsextreme Deutsche Volksunion (DVU). – In Hannover gründen 300 ehemalige FDP-Abgeordnete, die sich 1970 zur National-Liberalen Aktion zusammengeschlossen haben, am 12.6. die Deutsche Union (DU). Erster Vorsitzender wird *Siegfried Zoglmann*.

SPD: Der Bundesvorstand der SPD distanziert sich am 15.3. von den politischen Grundsätzen der Jungsozialisten, die nicht mit dem Godesberger Programm von → 1959 vereinbar sind. – Auf dem 4. außerordentlichen Parteitag der SPD vom 18.–20.11. sowie vom 17./18.12. in Bonn-Bad Godesberg kommt es zu heftigen Kontroversen zwischen den Parteiflügeln über Inhalt und Tempo gesellschaftlicher Reformen und die Neustrukturierung der Parteiorganisation. Bundesgeschäftsführer *Hans-Jürgen Wischnewski* tritt von seinem Amt zurück.

CDU: Nach dem Verzicht des bisherigen Parteivorsitzenden *Kurt Georg Kiesinger* wählt der Bundesparteitag der CDU in Saarbrücken am 5.10. den Vorsitzenden der CDU/CSU-Fraktion im Bundestag, *Rainer Barzel*, zum **neuen Vorsitzenden**. Er setzt sich in einer Kampfabstimmung mit 344 Stimmen gegen den Ministerpräsidenten von Rheinland-Pfalz, *Helmut Kohl*, durch. Der Parteitag nominiert *Barzel* als Kanzlerkandidat für die nächste Bundestagswahl.

FDP: Der Bundesparteitag der FDP in Freiburg verabschiedet am 27.10. mit den **»Freiburger Thesen«** ein neues gesellschaftspolitisches Programm (→ Kasten).

Weitere innenpolitische Ereignisse

Terrorismus: Am 15.6. wird in Hamburg bei einem Schußwechsel die mutmaßliche Terroristin *Petra Schelm* getötet. Am 22.10. kommt **ein Polizist ums Leben**, als sich in Hamburg Terroristen und Sicherheitskräfte eine Schießerei liefern. Ebenfalls zu einem Schußwechsel kommt es, als die West-Berliner Polizei am 4.12. Mitglieder der terroristischen Vereinigung »Bewegung 2. Juni« stellt. Dabei wird der 24jährige mutmaßliche Terrorist *Georg von Rauch* erschossen. – Das West-Berliner Schwurgericht spricht am 21.5. den Rechtsanwalt *Horst Mahler* von der Anklage u.a. des versuchten Mordes frei, da ihm eine Beteiligung an der gewaltsamen Befreiung von *Andreas Baader* am 14.5. → 1970 nicht nachgewiesen werden kann.

Wirtschafts- und Finanzpolitik

Kabinett: Nachdem Einsparungen im Wehretat im Rahmen des Stabilitätsprogramms (→ unten) am Widerstand des Verteidigungsministers scheitern, erklärt Bundesfinanzminister *Alex Möller* am 12.5. seinen **Rücktritt**. Das neugeschaffene Bundesministerium für Wirtschaft und Finanzen wird dem bisherigen Wirtschaftsminister *Karl Schiller* übertragen.

Landwirtschaft: Am 27.2. fordern 50 000 Bauern bei einer Großdemonstration in Bonn eine sofortige Preiserhöhung für Agrarprodukte, um die **Existenz der Landwirtschaft zu sichern**. Auch im weiteren Verlauf des Jahres kommt es zu Protesten und zu einer Kontroverse mit dem verantwortlichen Bundesminister. Am 5.4. gewährt die Bundesregierung zusätzliche Mittel für die Landwirtschaft und gibt am 9.5. anläßlich der Freigabe der Wechselkurse bekannt, daß sie die durch diese Maßnahme entstehenden Verluste der Bauern ausgleichen werde.

Währungskrise: Der Verfall des US-Dollars an den internationalen Devisenbörsen infolge des Zahlungsbilanzdefizits der USA führt Anfang Mai zu einer Währungskrise in Westeuropa. Dabei gerät die im internationalen Vergleich stark unterbewertete DM unter starken Aufwertungsdruck. Am 5.5. läßt die Bundesregierung im Einvernehmen mit dem Zentralbankrat der Deutschen Bundesbank deshalb die Devisenbörsen bis zum 10.5. schließen und gibt am 9.5. den **Wechselkurs der DM frei**. Sie dämpft damit zugleich den Preisauftrieb. – Nachdem die zehn größten Industriestaaten (»Zehnergruppe«) am

18.12. in Washington eine Abwertung des Dollar beschließen und die Währungsparitäten neu festsetzen, endet am 21.12. die Phase des freien Wechselkurses der DM. Sie wird um 13,6% aufgewertet; der Kurs liegt nun bei 3,22 DM pro Dollar.

Stabilitätsprogramm: Um der konjunkturellen Überhitzung und Inflationstendenzen entgegenzusteuern, verbindet die Bundesregierung die Wechselkursfreigabe am 10.5. mit der Verabschiedung eines Stabilitätsprogramms. Es enthält Zielvorgaben für Bund und Länder, die Einsparungen und Beschränkungen der Kreditaufnahme betreffen. Am 6.7. verordnet Wirtschafts- und Finanzminister *Karl Schiller* eine **Haushaltssperre** über Bundesausgaben in Höhe von rd. 1 Mrd. DM, von denen das Verteidigungs- und das Verkehrsministerium besonders betroffen sind. Am 22.12. senkt der Zentralbankrat den Diskontsatz auf 4% und die Mindestreservesätze mit Wirkung zum 1.1.1972 um 10%.

Strukturpolitik: Durch das **Zonenrandförderungsgesetz**, das der Bundestag am 17.6. einstimmig verabschiedet, soll die Infra- und Wirtschaftsstruktur in den grenznahen Gebieten an der innerdeutschen Grenze gefördert werden; hierfür stellt die Bundesregierung noch im laufenden Jahr rd. 80 Mio. DM bereit. – Am 30.6. beschließen Bund und Länder gemeinsam einen Rahmenplan zur »Verbesserung der regionalen Wirtschaftsstruktur«. In den förderungsbedürftigen Gebieten, die 59% der Fläche der Bundesrepublik ausmachen, sollen bis 1975 insgesamt 460 000 neue Arbeitsplätze geschaffen werden.

Tarifpolitik: Am 4.7. wird ein sechs Monate währender **Tarifstreit in der chemischen Industrie**, der u.a. zu zahlreichen Streiks geführt hat, durch einen Kompromiß beigelegt. Gewerkschaft und Arbeitgeber einigen sich auf einen Lohnzuwachs von 7,8%. – Am 22.11. beginnt, zunächst bei den Daimler-Benz-Werken in Nordwürttemberg-Baden, ein **Metallarbeiterstreik**, der zu Massenaussperrungen führt und Mitte Dezember mit neuen Tarifvereinbarungen endet; auch in Bayern, Bremen, im Saarland und in Teilen Baden-Württembergs wird der Tarifkonflikt in der Metallindustrie beigelegt. Die Tarifpartner einigen sich auf 7,5% mehr Lohn und die stufenweise Einführung des Weihnachtsgeldes (von 10% des Monatsentgelts für 1971 bis 40% für 1974).

Bundesländer

Berlin: Wahl zum Abgeordnetenhaus am 14.3.

Rheinland-Pfalz: Bei der Landtagswahl in Rheinland-Pfalz erringt am 21.3. die CDU die absolute Mehrheit.

Schleswig-Holstein: Bei der Landtagswahl in Schleswig-Holstein vom 25.4. gewinnt die CDU die absolute Mehrheit der Mandate. Der neue Landtag wählt am 24.5. *Gerhard Stoltenberg* (CDU) als Nachfolger von *Helmut Lemke* (CDU) zum Regierungschef.

Bremen: Wegen grundsätzlicher Meinungsverschiedenheiten in Fragen der Hochschulpolitik und Vorwürfen, die SPD stütze die »linkslastige Orientierung« der im Entstehen begriffenen Bremer Universität, verläßt die FDP am 1.6. die Regierungskoalition in Bremen. – Aus der Bürgerschaftswahl am 10.10. geht die SPD mit der absoluten Mehrheit der Stimmen als Sieger hervor.

Berlin-Politik, deutsch-deutsche Beziehungen

Viermächte-Berlin-Abkommen: Die am 26.3. → 1970 begonnenen Botschaftergespräche über eine »Berlin-Regelung« enden am 3.9.1971 mit der **Unterzeichnung** des Berlin-Abkommens durch die Botschafter der vier Siegermächte des Zweiten Weltkriegs (Großbritannien, Frankreich, USA und Sowjetunion). Das Abkommen hält den Willen der Vier Mächte fest, Streitigkeiten mit friedlichen Mitteln beizulegen und ihre gemeinsamen Rechte und Verantwortlichkeiten in Berlin zu achten. Die engen und besonderen **Bindungen zwischen der Bundesrepublik und West-Berlin** werden anerkannt und können ausgebaut werden; allerdings gilt West-Berlin nicht als Bestandteil der Bundesrepublik und ist nicht den Weisungen der Bundesregierung unterworfen. Der **Transitverkehr** zwischen den Westsektoren Berlins und dem Bundesgebiet soll ohne Behinderung verlaufen; die entsprechenden Regelungen bleiben **Vereinbarungen zwischen den beiden deutschen Staaten** (→ Transitabkommen) vorbehalten, ebenso wie Erleichterungen im Besuchsverkehr von West-Berlinern in den Ostsektor der Stadt und in die DDR. Das Berlin-Abkommen soll erst in Kraft treten, wenn die Vier Mächte ein Schlußprotokoll unterzeichnet haben, dessen Ausfertigung die Vertragspartner von der **Ratifizierung der Ostverträge** abhängig machen.

Transitabkommen: Am 17.12. unterzeichnen die Staatssekretäre *Egon Bahr* (Bundesrepublik) und *Michael Kohl* (DDR) in Ost-Berlin **als ersten Vertrag zwischen beiden deutschen Staaten** ein **Transitabkommen**. Es regelt den Transport von zivilen Gütern und Personen auf Straßen, Schienen und Wasserwegen zwischen der Bundesrepublik und West-Berlin. Reisende auf den Transitstraßen dürfen zukünftig nicht mehr festgenommen oder abgewiesen werden. Durchsuchungen von Fahrzeugen und Gütern sind nur statthaft, wenn ein begründeter Anfangsverdacht vorliegt. Für Visagebühren und die Benutzung der Schienenwege zahlt die Bundesrepublik für die Jahre 1972 bis 1975 einen Pauschalbetrag von 234,9 Mio. DM an die DDR. – Am 20.12. werden zwischen der DDR-Regierung und dem West-Berliner Senat Vereinbarungen über **Erleichterungen und Verbesserungen des Reise- und Besucherverkehrs** sowie zur **Regelung von Grenzfragen** durch Gebietstausch (Enklave Steinstücken) unterzeichnet. Das Besucherabkommen spricht jedem West-Berliner das Recht zu, pro Jahr 30 Tage in Ost-Berlin oder den an West-Berlin grenzenden Gebieten der DDR zu verbringen. Damit werden Passierscheinabkommen, die in den sechziger Jahren Besuche von West-Berlinern in engem zeitlichen Rahmen geregelt haben, überflüssig. Die Vereinbarungen sind vom Inkrafttreten des Berlin-Abkommens abhängig.

Postvereinbarungen: Mit Wirkung vom 31.1. werden zwischen den beiden Teilen Berlins zehn Telefonleitungen geschaltet, womit der seit dem 27.5.1952 unterbrochene Fernsprechverkehr zwischen beiden Stadthälften (mit damals mehr als 3900 Leitungen) wieder aufgenommen wird. Ab 8.4. stehen zehn weitere Leitungen zur Verfügung. – Am 30.9. unterzeichnen Vertreter der beiden deutschen Postministerien in Ost-Berlin ein **Post- und Fernmeldeabkommen**, in dem die Abgeltung der von der DDR zu erbringenden Mehrleistungen, das Einrichten von Richtfunkstrecken und das Schalten weiterer Fernsprechleitungen vereinbart werden.

1971

Von Ulbricht zu Honecker

Nach über 20 Jahren an der Spitze der DDR geht Anfang Mai mit seinem Rücktritt als Erster Sekretär des SED-Zentralkomitees die Ära *Ulbricht* offiziell zu Ende. Seit seiner Rückkehr aus dem sowjetischen Exil kurz vor Kriegsende 1945 hatte er die Politik in der Sowjetischen Besatzungszone und in der DDR bestimmt. Die Reformphase des Neuen Ökonomischen Systems und die damit verbundene straffe Modernisierungspolitik wird ihm letztlich zum Verhängnis. Ihre negativen Auswirkungen sind Grund für die Entmachtung *Walter Ulbrichts*. Sein Nachfolger *Erich Honecker* steht sowohl für einen Generationswechsel als auch für eine neue Politik. Mit Honecker gelangen auf allen Ebenen von Staat und Partei jüngere, in der DDR ausgebildete Fachkräfte in führende Positionen. Durch seine Wende zur »Einheit von Wirtschafts- und Sozialpolitik« und eine anfangs liberale Kulturpolitik erlangt *Honecker* sogar Popularität in Partei und Bevölkerung.

Innenpolitik

Der Machtwechsel: Nach den heftigen Debatten des 14. Plenums des Zentralkomitees im Dezember → 1970 formiert *Erich Honecker* im Politbüro eine Mehrheit für die **Ablösung** *Walter Ulbrichts* von seiner Funktion als Parteichef. Hintergrund der Bemühungen *Honeckers* ist vor allem die wachsende Unzufriedenheit der Bevölkerung wegen spürbarer Versorgungsengpässe infolge der einseitigen Konzentration auf ökonomische Modernisierung. Zur Ablösung des greisen *Ulbricht* wird jedoch die Zustimmung des sowjetischen Politbüros benötigt, die *Honecker* und die Mehrheit der Politbüromit-

glieder in einem Schreiben vom 21. 1. einfordern (→ Kasten).

Am 28. 1. kann *Ulbricht* das Zentralkomitee bei dessen **15. Tagung** noch einmal hinter sich bringen. In den folgenden Wochen gelingt es *Honecker* jedoch, die Ablösung *Walter Ulbrichts* in der Partei und bei der Spitze der KPdSU durchzusetzen. Am 11. 4. führt KPdSU-Generalsekretär *Leonid Breschnew* in Moskau mit *Ulbricht* eine **Aussprache**, in der er den 78jährigen Parteichef auffordert, zurückzutreten und dies als seine eigene Entscheidung auszugeben. Nach seiner Rückkehr hält *Ulbricht* auf einer Gedenkveranstaltung zum 25. Jahrestag der SED-Gründung am 21./22. 4. 1946 seine letzte öffentliche Rede. Bei der **16. Tagung** des Zentralkomitees bittet er am 3. 5. darum, ihn aus gesundheitlichen Gründen von seinem Amt als Erster Sekretär des Zentralkomitees zu entbinden und *Erich Honecker* zum Nachfolger zu bestimmen. Für *Ulbricht* wird die im Statut der SED nicht mehr vorgesehene Funktion des Vorsitzenden reaktiviert. Auch behält er sein Amt als Vorsitzender des Staatsrates, das jedoch in seinen Kompetenzen eingeschränkt wird (→ 1972).

Honeckers Etablierung: Nachdem er sich schon den Delegierten des vom 25.–29. 5. in Ost-Berlin tagenden X. Parlamentes der FDJ präsentiert hat, empfangen die Teilnehmer des **VIII. SED-Parteitages**, der vom 15.–19. 6. in Ost-Berlin im Beisein des sowjetischen Parteichefs *Leonid Breschnew* tagt, *Honecker* mit Jubel. Am 24. 6. wird er als Nachfolger *Ulbrichts* zum Vorsitzenden des Nationalen Verteidigungsrates bestimmt.

Volkskammerwahlen: Am 14. 11. finden die Wahlen zur Volkskammer (98,48 % Beteiligung, 99,85 % Ja-Stimmen für die Einheitsliste) statt. Die neue Volkskammer wählt am 28. 11. den Staatsrat und am 29. 11. den Ministerrat neu.

SED-Parteitag

Neue Parteispitze: Auf dem VIII. Parteitag der SED vom 15.–19. 9. in Ost-Berlin kommt es zur Wahl des neuen Zentralkomitees, dem je vier weitere Mitglieder (jetzt 135) und Kandidaten (jetzt 54) angehören. Bei seiner 1. Tagung wählt des neue Zentralkomitee das Politbüro und bestimmt *Werner Krolikowski* und *Werner Lamberz* zu dessen neuen Mitgliedern. Die SED beschließt überdies, Parteitage nur noch alle fünf Jahre durchzuführen.

»Teure Genossen! Wir erwarten Ihre Hilfe.«

Aus dem Brief von SED-Politbüromitgliedern an die sowjetische Parteiführung:
Teure Genossen!
Wie Ihnen bekannt ist, kam es bei uns in den letzten Monaten in wachsendem Maße zu einer außerordentlich schwierigen Lage im Politbüro. [...] Nachdem die 14. Tagung des Zentralkomitees eine realistische Einschätzung der inneren, insbesondere der wirtschaftlichen Entwicklung und eine entsprechende Zielstellung erarbeitet und gebilligt hatte, hielt Genosse Walter Ulbricht ein Schlußwort, das in seiner Grundtendenz nicht mit dem, was auf dieser Tagung gesagt wurde, und unserer gemeinsamen Linie übereinstimmte. Das Politbüro war gezwungen, die Veröffentlichung dieses Schlußwortes abzulehnen. [...] Das Politbüro mußte auch im Januar ein von Genosse Walter Ulbricht überraschend eingereichtes Material ablehnen, das [...] an die Bezirks- und Kreisleitungen sowie an die Grundorganisationen der Partei versandt werden sollte. [...] In diesem Material ist vorgegeben, zum VIII. Parteitag eine Orientierung zu geben und Beschlüsse zu fassen, die nicht auf die Fragen des Lebens Antwort geben [...], sondern durch lebensfremde, pseudowissenschaftliche, teilweise »technokratische« Theorien eine sogenannte Vorausschau bis 1990 und darüber hinaus ersetzt werden sollen. [Walter Ulbrichts] Haltung gipfelte in der Behauptung, daß er »unwiederholbar« sei. Die übertriebene Einschätzung seiner Person überträgt er auch auf die DDR, die er immer wieder in eine »Modell-« und »Lehrmeisterrolle« hineinmanövrieren will. [...] Deshalb wäre es sehr wichtig und für uns eine unschätzbare Hilfe, wenn Genosse Leonid Iljitsch Breschnew in den nächsten Tagen mit Genosse Walter Ulbricht ein Gespräch führt, in dessen Ergebnis Genosse Walter Ulbricht von sich aus das Zentralkomitee der Sozialistischen Einheitspartei Deutschlands ersucht, ihn auf Grund seines hohen Alters und seines Gesundheitszustandes von der Funktion des Ersten Sekretärs des Zentralkomitees der Sozialistischen Einheitspartei Deutschlands zu entbinden. Diese Frage sollte möglichst bald gelöst werden, das heißt unbedingt noch vor dem VIII. Parteitag der SED. [...] Wir erwarten Ihre Antwort und Hilfe.
Mit kommunistischem Gruß
Hermann Axen, Gerhard Grüneberg, Kurt Hager, Erich Honecker, Günter Mittag, Horst Sindermann, Willi Stoph, Paul Verner, Erich Mückenberger, Herbert Warnke, Werner Jarowinsky, Werner Lamberz, Günter Kleiber

Kulturpolitik
Mit einer Rede bei einer Tagung des Zentralkomitees am 17.12. leitet *Honecker*, der noch → 1965 beim sog. Kahlschlagplenum des ZK als Verfechter einer restriktiven Kulturpolitik aufgetreten war, eine Periode der **kulturpolitischen Offenheit** ein, die ein halbes Jahrzehnt andauern wird: »Wenn man von der festen Position des Sozialismus ausgeht, kann es meines Erachtens auf dem Gebiet von Kunst und Literatur keine Tabus geben.« Im Rundfunk darf wieder mehr westliche Beat-Musik gespielt werden; die Förderung von DDR-Bands wird ausgeweitet. Die Vorgabe, in der Regel in deutscher Sprache zu singen, macht sie zu den eigentlichen Erfindern des Deutsch-Rock. Ende November werden in einigen Städten importierte Bluejeans verkauft, die zuvor noch als Ausdruck »westlicher Unkultur« gegolten hatten.

Außenpolitik
»Sozialistische Ökonomische Integration«: Die Mitgliedsländer des Rates für gegenseitige Wirtschaftshilfe RGW beschließen auf ihrer XXV. Tagung des RGW vom 27.–29.7. ein »Komplexprogramm für die weitere Vertiefung und Vervollkommnung der Zusammenarbeit und Entwicklung der sozialistischen ökonomischen Integration«. Das Programm, das eine Laufzeit von 15 bis 20 Jahren hat, sieht die Konzentration spezialisierter Güterproduktion in einem Mitgliedsland vor (so sollen Omnibusse in Ungarn und Reisezugwagen in der DDR hergestellt werden), aus der die anderen Partnerländer dann ebenfalls ihren Bedarf decken können. Vereinbart wird auch der Aufbau gemeinsamer Produktlinien, die unter einer Marke in mehreren Ländern hergestellt werden (z.B. Produkte der Haushaltschemie unter der Marke »Domochim«).

Auslandsreisen: Am 2. 8. nimmt *Honecker* erstmals in neuer Funktion am **Gipfeltreffen der KP-Chefs** staatssozialistischer Länder **auf der Krim** teil; drei Tage später führt er bilaterale Verhandlungen mit der sowjetischen Partei- und Staatsführung über die Zusammenarbeit zwischen der DDR und der UdSSR. Zwischen dem 18. und 20. 9. folgt ein Besuch einer Partei- und Regierungsdelegation in Polen unter seiner Leitung, in dessen Verlauf beide Länder die Einführung des paß- und visafreien Reiseverkehrs bei Privatreisen vereinbaren.

Aufnahme diplomatischer Beziehungen: Am 16. 3. vereinbaren Chile und die DDR die Aufnahme von diplomatischen Beziehungen. Am 14. 4. und 6. 6. folgen entsprechende Vereinbarungen mit Äquatorialguinea bzw. Tschad.

Wirtschafts- und Sozialpolitik

Beim VIII. Parteitag der SED kommt es zu einer Wende in der Wirtschaftspolitik der Staatspartei, deren Ausgestaltung bei den folgenden Tagungen noch weiter fortgesetzt wird. Nach der zum Teil rigiden Modernisierungspolitik, die unter *Ulbricht* noch vorgeherrscht hatte, setzt unter *Honecker* der **Wechsel zur** – offiziell so benannten – »**Einheit von Wirtschafts- und Sozialpolitik**« ein. Sie bringt mehr wirtschaftspolitische Zurückhaltung und flankiert die wirtschaftliche Modernisierung zudem mit »sozialpolitischen Maßnahmen«. Diese Maßnahmen

Ausgaben eines Vier-Personenhaushaltes 1971

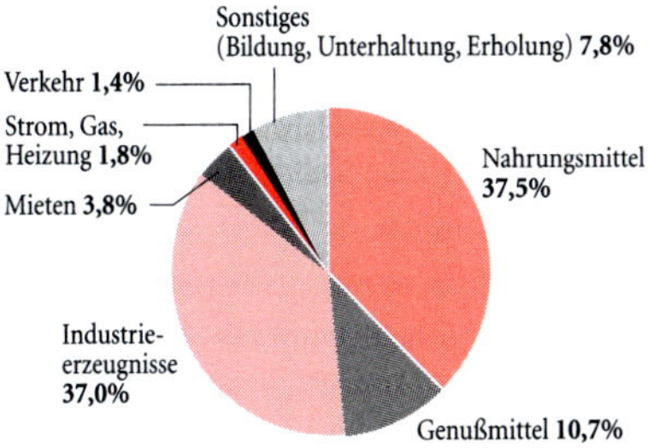

sind mit ein Grund für die anfängliche Popularität des neuen Parteiführers. Schon am 29. 1. werden **Preissenkungen** bei Kinderbekleidung sowie Verbesserungen in der Sozialversicherung und im System der freiwilligen Zusatzrente beschlossen. Am 1. 2. folgt eine **Erhöhung der Grundlöhne und der Renten**. – Am 21. 10. beschließt der Ministerrat die **Förderung des privaten Wohnungsbaus** für kinderreiche und Arbeiterfamilien (Kreditierung, Bereitstellung von Baumaterial und Bauleistungen etc.). – Am 19. 11. verkünden das SED-Zentralkomitee und der Ministerrat einen **Preisstopp für Konsumgüter**, der bis 1975 gilt. – Die Höhe der durchschnittlichen **Jahresendprämien** (einer Art 13. Monatslohn) steigt von 200 Mark im Vorjahr auf über 500 Mark.

1972

Triumph der Ostpolitik

Trotz heftiger Auseinandersetzungen mit der Opposition besteht die sozialliberale Koalition mit der Ratifizierung der Ostverträge ihre parlamentarische Bewährungsprobe. Die Unterzeichnung des Grundlagenvertrages zwischen der Bundesrepublik und der DDR markiert den Beginn einer neuen Ära des pragmatischen Umgangs mit der deutschen Zweistaatlichkeit.
Die Polarisierung der politischen Kräfte in der Auseinandersetzung über die neue Ostpolitik führt zur Erosion der parlamentarischen Mehrheit der sozialliberalen Koalition; die vorgezogene Bundestagswahl im November bringt ein eindrucksvolles Votum für die Entspannungspolitik *Willy Brandts*.
In der Innenpolitik kommt es durch den »Extremistenbeschluß«, der »Berufsverbote« für vermutete Verfassungsfeinde im öffentlichen Dienst vorsieht, zu einer scharfen Abgrenzung gegenüber links von der SPD angesiedelten Parteien und Gruppen. Die Terroranschläge der »Rote Armee Fraktion (RAF)« entfachen eine innen- und rechtspolitische Debatte über die wirksame und angemessene Bekämpfung des Terrorismus.

Ratifizierung der Ostverträge

Nachbesserungsforderungen: Auf Grundlage eines Beschlusses des Bundesausschusses der CDU vom 24.1. erklärt der Partei- und Fraktionsvorsitzende, *Rainer Barzel*, anläßlich der ersten Lesung der Ostverträge vor dem Bundestag am 23.2., die Verträge seien so nicht annehmbar, weil gegen die deutschen Interessen interpretierbar. Mit dieser Position setzt sich *Barzel* gegen die prinzipiellen Gegner einer Ostvertragspolitik in der Partei durch. Als Voraussetzung für die Zustimmung der CDU/CSU zur Ratifizierung der Ostverträge stellt *Barzel* drei Nachbesserungsforderungen: die Anerkennung der Europäischen Gemeinschaft (EG) durch die Sowjetunion; eine Bestätigung des Selbstbestimmungsrechtes der Deutschen im Vertragswerk und schließlich die »verbindlich vereinbarte Absicht«, stufenweise die Freizügigkeit in Deutschland herzustellen. – Der Generalsekretär der KPdSU, *Leonid I. Breschnew*, geht in einer Rede auf dem 15. Gewerkschaftskongreß in Moskau am 20.3. auf zwei der genannten Forderungen ein: Er erklärt erstmals die Bereitschaft, die EG anzuerkennen, und gibt bekannt, daß der »Brief zur deutschen Einheit« (→ 1970) Teil des Ratifizierungsprozesses sein wird.
Entschließung: Um die Ratifizierung trotz fehlender Mehrheit der sozialliberalen Koalition im Bundestag (→ unten) zu ermöglichen, einigen sich Bundesregierung und Unionsparteien am 10.5. darauf, die Ratifizierung mit einer **»gemeinsamen Entschließung«** zu verbinden. Darin wird die bundesdeutsche Position bekräftigt, daß die Verträge die Regelungen eines Friedensvertrages nicht vorwegnehmen und das Recht auf Selbstbestimmung gewahrt bleibt. Die Sowjetunion erklärt sich bereit, die »gemeinsame Entschließung« hinzunehmen.
Ratifizierung: Trotz weitgehender Erfüllung seiner Forderungen kann *Barzel* eine Zustimmung zu den Ostverträgen in der CDU/CSU-Fraktion, insbesondere bei den Abgeordneten der CSU, nicht durchsetzen. Die Fraktion verständigt sich deshalb auf Enthaltung bei der Abstimmung; einigen Abgeordneten wird die Ablehnung zugestanden. – Am 17.5. billigt der Bundestag mit der Mehrheit seiner Mitglieder die Ostverträge: für die Annahme des **Moskauer Vertrages** werden 248 Ja-Stimmen, 238 Enthaltungen (CDU), 10 Nein-Stimmen (9 von der CDU/CSU, 1 von der FDP) abgegeben; der **Warschauer Vertrag** erhält 248 Ja-Stimmen, 231 Enthaltungen (CDU/CSU), 17 Nein-Stimmen (16 von der CDU/CSU). Die **»gemeinsame Entschließung«** zu den Verträgen wird von 491 Abgeordneten bejaht (5 Enthaltungen). Am 19.5. stimmt auch der Bundesrat, bei Enthaltung der von der CDU/CSU regierten Länder, endgültig den Verträgen zu; die Ratifizierungsgesetze werden am 23.5. von Bundespräsident *Gustav Heinemann* unterzeichnet. – Am 31.5. ratifiziert das Präsidium des Obersten Sowjets den Moskauer

Vertrag. Der polnische Staatsrat ratifiziert den Warschauer Vertrag am 26. 5., lehnt jedoch die am 19. 5. von Bundesaußenminister *Walter Scheel* dem Botschafter der Sowjetunion in Bonn und den Vertretern der drei Westmächte übergebene »gemeinsame Entschließung« als unverbindlich ab; nach dem Vertragstext sei die Grenzregelung endgültig.

Weitere Entwicklung: Die **Beziehungen zur Sowjetunion** intensivieren sich erheblich. Am 5. 7. wird in Bonn ein **Handelsabkommen**, am 6. 7. ein Abkommen über die Lieferung westdeutscher Großstahlrohre und sowjetischer Erdgaslieferungen unterzeichnet. Das **Erdgas-Röhrengeschäft** ist das zweite seiner Art nach → 1970. Am 1. 11. wird in Hamburg das erste **sowjetische Generalkonsulat** in der Bundesrepublik, in Leningrad das erste der Bundesrepublik in der Sowjetunion eröffnet. – **Beziehungen zu Polen:** Am 13./14. 9. besucht *Stefan Olszowski* als erster polnischer Außenminister die Bundesrepublik; am 14. 9. erfolgt die Bekanntgabe der **Aufnahme diplomatischer Beziehungen** zwischen beiden Staaten. – Unterschiedliche Auffassungen bestehen in der **Aussiedlerfrage**. Nach Ansicht der Bundesregierung gibt es in Polen rund 400 000 Deutschstämmige, die ausreisen möchten; eine Zahl, die von polnischer Seite angezweifelt wird. Einigen zehntausend Deutschstämmigen wird im Zuge der Familienzusammenführung die Ausreise erlaubt. Weitergehenden deutschen Forderungen in der Aussiedlerfrage begegnet die polnische Regierung mit dem Hinweis, daß noch **Wiedergutmachungszahlungen** für die nationalsozialistischen Verbrechen in Polen ausstehen. Die Bundesrepublik sagt am 16. 11. Entschädigungszahlungen in Höhe von 100 Mio. DM zu, die Opfern von pseudomedizinischen Versuchen in Konzentrationslagern zugute kommen sollen.

Mißtrauensvotum gegen Brandt

Übertritte: Der SPD-Abgeordnete und Vorsitzende der Landsmannschaft Schlesien, *Herbert Hupka*, ein Gegner der Ostverträge, verläßt am 29. 2. die SPD und wechselt zur CDU über. Am 3. 3. wird er zusammen mit einem weiteren SPD-Überläufer in die CDU/CSU-Bundestagsfraktion aufgenommen. Damit setzt eine **Abwanderungswelle aus dem Lager der Regierungskoalition** ein, die schließlich am 23. 4. zum Verlust der Mehrheit für die sozialliberale Koalition führt: Nach der Erklärung von zwei FDP-Abgeordneten, im Falle eines konstruktiven Mißtrauensvotums gegen *Willy Brandt* den CDU/CSU-Kandidaten wählen zu wollen, verfügt die Regierungskoalition bei der Abstimmung über den Haushalt nur noch über 247 Stimmen, die Opposition über 249.

Mißtrauensvotum scheitert: Am 24. 4. beschließt die CDU/CSU-Bundestagsfraktion, durch ein konstruktives Mißtrauensvotum *Willy Brandt* zu stürzen und *Rainer Barzel* zum neuen Bundeskanzler zu wählen. Bei der Abstimmung **verfehlt Barzel die erforderliche Mehrheit** um zwei Stimmen; 247 Abgeordnete stimmen dem Antrag zu, drei enthalten sich der Stimme, zehn stimmen dagegen. Mindestens zwei Angehörige der CDU/CSU haben damit gegen *Rainer Barzel* als neuen Bundeskanzler votiert.

Auflösung des Bundestages, Wahlkampf

Vertrauensfrage: Angesichts des parlamentarischen Patts, das trotz des gescheiterten Mißtrauensvotums weiter besteht, einigen sich die Fraktionen des Bundestags auf eine **vorzeitige Neuwahl**. Da eine Selbstauflösung des Parlaments im Grundgesetz nicht vorgesehen ist, verabreden die Fraktionen ein verfassungsgemäßes Verfahren. Am 20. 9. stellt *Brandt* im Bundestag die **Vertrauensfrage.** Die Mitglieder des Kabinetts nehmen an der Abstimmung am 22. 9. nicht teil; sie ergibt 233 Ja- und 248 Neinstimmen bei einer Enthaltung. – Auf Vorschlag des Bundeskanzlers erklärt Bundespräsident *Gustav Heinemann* am 23. 9. die **Auflösung des Parlaments**. – Der anschließende Wahlkampf steht ganz im Zeichen der Auseinandersetzung über die Deutschland- und Ostpolitik, so daß die Wahl zum 7. Deutschen Bundestag den Charakter einer Abstimmung über den künftigen Kurs der deutschen Außen- und Deutschlandpolitik gewinnt.

Bundestagswahlen → Sonderseiten

Terrorismus

»Rote Armee Fraktion (RAF)«: Am 2. 3. wird in **Augsburg** eine mutmaßliche Terroristin festgenommen, ein mutmaßlicher Terrorist kommt bei einem Schußwechsel ums Leben. Am selben

Fortsetzung Sp. 495

Wahl zum 7. Deutschen Bundestag am 19. 11. 1972

Ergebnis: Bei einer **Rekord-Wahlbeteiligung** von 91,1 % (+4,4 %) wird die SPD erstmals stärkste Partei und erringt 45,8 % (1969: 42,7 %, +3,8 %) der gültigen Stimmen und 230 Mandate. Die CDU kommt auf 35,2 % (+1,4 %) und 177 Mandate. Die CSU erhält 9,7 % (+0,2 %) und 48 Mandate. Die FDP verzeichnet 8,4 % (+2,6 %) und 41 Mandate. Die anderen Parteien, unter ihnen die NPD mit 0,6 % (–3,7 %) und die erstmals antretende DKP (0,3 %), erhalten jeweils weniger als 1 % der Stimmen und gewinnen kein Mandat. Die SPD gewinnt 152 Direktmandate, von denen sie 25 der CDU/CSU abnehmen kann, die nur noch 96 erhält. Die sozialliberale Koalition hat eine **Mehrheit von 46 Mandaten**. Der SPD kommt die hohe Mobilisierung der Wählerschaft zugute, und sie kann ihre Position in den Mittelschichten (u. a. Beamte, Dienstleistungsberufe) ausbauen. Sie profitiert auch von der erstmals wirksamen Herabsetzung des Wahlalters von 21 auf 18 Jahre (von den Jungwählern stimmen rd. zwei Drittel für die Parteien der sozialliberalen Koalition).

Wahl zum 7. Deutschen Bundestag am 19.11.1972 (1969)

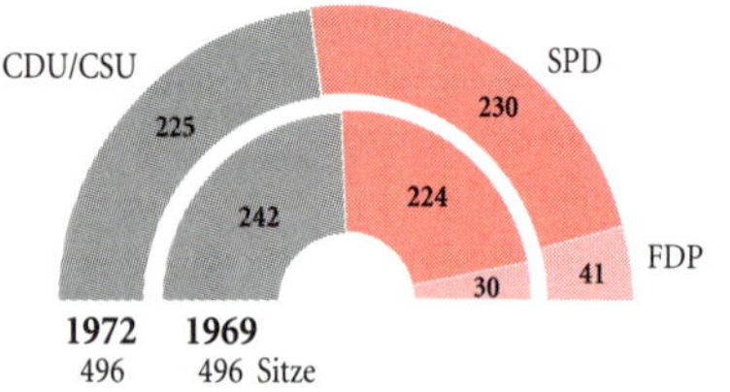

Neuer Bundestag: Der 7. Deutsche Bundestag konstituiert sich am 13. 12. und wählt mit *Annemarie Renger* (SPD) erstmals eine Frau in das Amt des Bundestagspräsidenten.

2. Kabinett Brandt: Am 14. 12. wählt der Bundestag bei 493 vollstimmberechtigten Abgeordneten *Willy Brandt* (SPD) erneut zum Regierungschef; er erhält 269 Ja- und 223 Neinstimmen, 1 Stimme ist ungültig (Berliner Abgeordnete 13 Ja, 9 Nein), am 15. 12. wird das neue Kabinett vereidigt.

Zweites Kabinett Brandt (15. 12. 1972–6. 5. 1974)

Bundeskanzler	*Willy Brandt* (SPD)
Stellvertreter und Gesamtdeutsche Fragen	*Walter Scheel* (FDP)
Inneres	*Hans-Dietrich Genscher* (FDP)
Justiz	*Gerhard Jahn* (SPD)
Finanzen	*Helmut Schmidt* (SPD)
Wirtschaft	*Hans Friederichs* (FDP)
Ernährung, Landwirtschaft und Forsten	*Josef Ertl* (FDP)
Arbeit und Sozialordnung	*Walter Arendt* (SPD)
Verteidigung	*Georg Leber* (SPD)
Jugend, Familie und Gesundheit	*Katharina Focke* (SPD)
Verkehr	*Lauritz Lauritzen* (SPD)
Raumordnung, Bauwesen und Städtebau	*Hans-Jochen Vogel* (SPD)
Innerdeutsche Beziehungen	*Egon Franke* (SPD)
Forschung und Technologie, Post- und Fernmeldewesen	*Horst Ehmke* (SPD)
Bildung und Wissenschaft	*Klaus von Dohnanyi* (SPD)
Wirtschaftliche Zusammenarbeit	*Erhard Eppler* (SPD)
Besondere Aufgaben beim Bundeskanzler	*Egon Bahr* (SPD)
Besondere Aufgaben beim Stellvertreter des Bundeskanzlers	*Werner Maihofer* (FDP)

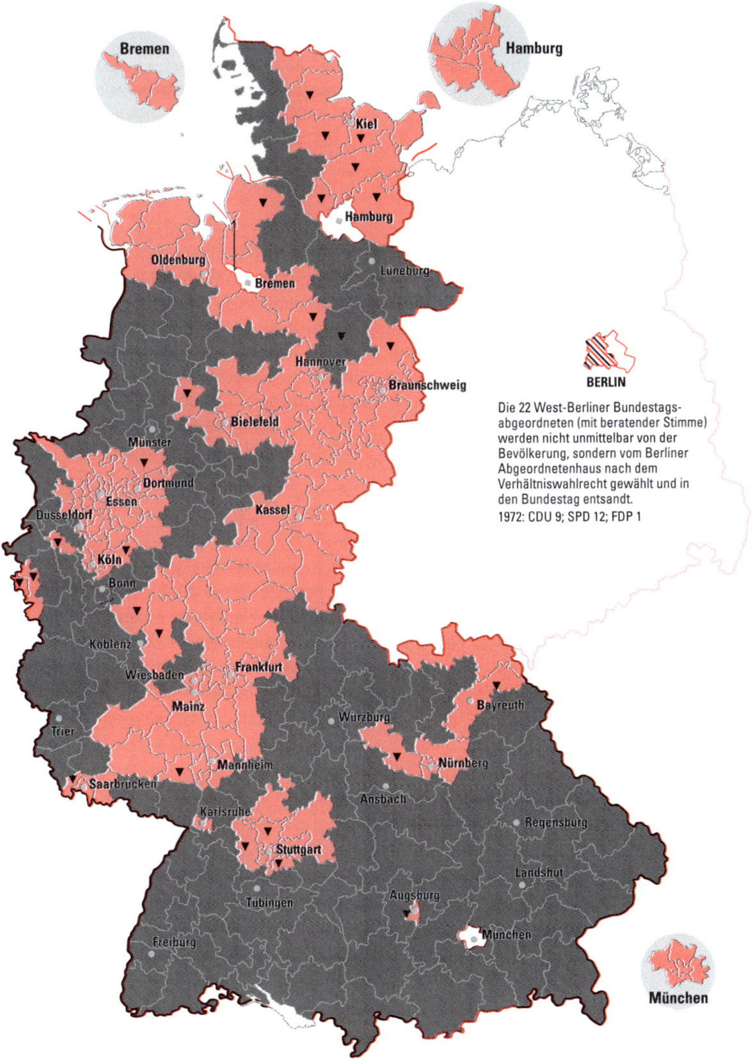

Direktmandate der im 7. Deutschen Bundestag vertretenen Parteien

Mit der Mehrheit der Erststimmen 1972 gewonnene Wahlkreise

- Kandidaten der CDU/CSU (65+31=96)
- Kandidaten der SPD (152)

Wechsel der Erststimmenmehrheit 1969/1972

▼ Wahlkreise, die von der CDU/CSU an die SPD fielen

Quelle: *Statistisches Bundesamt*

Tag wird in **Hamburg** ein Polizist während einer Schießerei schwer verletzt; er stirbt am 22.3. – Ein Anschlag der RAF auf US-Einrichtungen in **Frankfurt am Main** am 11.5. fordert ein Todesopfer; 13 Menschen werden verletzt. Es ist der Beginn der **»Mai-Offensive«** der Linksterroristen. Am 15.5. wird in **Karlsruhe** ein Sprengstoffattentat auf den gegen die RAF ermittelnden Bundesrichter *Wolfgang Buddenberg* verübt; seine Frau wird dabei schwer verletzt. Das Springer-Hochhaus in **Hamburg** ist am 19.5. Ziel eines weiteren Anschlags, der 19 Verletzte fordert. Am 24.5. sterben durch ein Bombenattentat der RAF auf die Kaserne der US-Army in **Heidelberg** drei amerikanische Soldaten. – Am 31.5. beginnt die bis dahin größte **Fahndungsaktion** in der Geschichte der Bundesrepublik nach den Terroristen, bei der in den folgenden Wochen die führenden Köpfe der RAF verhaftet werden: *Andreas Baader, Holger Meins, Jan-Carl Raspe* am 1.6. in Frankfurt, *Gudrun Ensslin* am 7.6. in Hamburg, *Ulrike Meinhof* am 15.6. in Hannover.

Palästinensischer Terrorismus: Während der **Olympischen Spiele in München** überfallen am 5.9. palästinensische Mitglieder der Organisation »Schwarzer September« die Unterkunft der israelischen Mannschaft, töten zwei Israelis und nehmen neun Sportler als Geiseln. Die Terroristen fordern die Freilassung von 200 palästinensischen Häftlingen in Israel. Eine Befreiungsaktion der deutschen Polizei auf dem Flughafen Fürstenfeldbruck scheitert. Die neun Geiseln, ein Polizist sowie fünf Terroristen sterben im Feuergefecht und bei der Sprengung von zwei Hubschraubern; drei Geiselnehmer werden gefangengenommen. Die Spiele werden auf Beschluß des Internationalen Olympischen Komitees (IOC) nach einem Trauertag fortgesetzt. – Palästinensische Freischärler kapern am 29.10. eine Lufthansa-Maschine, die auf dem Flug von Damaskus nach Frankfurt ist, und erpressen, mit Passagieren und Besatzung in ihrer Gewalt, die **Freilassung der drei Olympia-Terroristen**, die sich in bayerischen Gefängnissen in Untersuchungshaft befinden. Israel erhebt gegen die Freilassung der Terroristen am 30.10. offiziellen Protest.

Maßnahmen und Folgen: Am 20.1. wird der Professor für Psychologie an der TU Hannover, **Peter Brückner,** vom Amt suspendiert, nachdem ihn ein anonymer Kronzeuge der Staatsanwaltschaft in einem Düsseldorfer Prozeß gegen ein mutmaßliches Mitglied der Baader-Meinhof-Gruppe am 18.1. als »Sympathisanten« belastet hat. Viele Studenten solidarisieren sich mit dem Hochschullehrer. – Unter Vorsitz von Bundeskanzler *Brandt* beschließen die Regierungschefs von Bund und Ländern am 28.1. »Grundsätze über die Mitgliedschaft von Beamten in extremen Organisationen« (**»Extremistenbeschluß«** bzw. **»Radikalenerlaß«**, → Kasten). – In Reaktion auf die besonders seit Mai sich häufenden Bombenanschläge im Bundesgebiet billigt der Bundestag am 22.6. drei **verfassungsändernde Gesetze zur inneren Sicherheit** (u.a. bundeseinheitliches Waffenrecht, Bundesgrenzschutz als Eingreifreserve der Länder, Haftgrund auch bei Tatwiederholungsgefahr). – Angesichts der durch die terroristischen Aktivitäten aufgeheizten Stimmungslage warnt der Schriftsteller *Heinrich Böll* (der am 10.12. in Oslo mit dem Literaturnobel-

Der »Radikalenerlaß«

Beschluß der Regierungschefs des Bundes und der Länder vom 28.1.1972 (Auszug)

1. Nach den Beamtengesetzen in Bund und Ländern darf in das Beamtenverhältnis nur berufen werden, wer die Gewähr dafür bietet, daß er jederzeit für die freiheitliche demokratische Grundordung im Sinne des Grundgesetzes eintritt;
2. sind Beamte verpflichtet, sich aktiv innerhalb und außerhalb des Dienstes für die Erhaltung dieser Grundordnung einzusetzen.

   Es handelt sich hierbei um zwingende Vorschriften.

In der Praxis richtete sich der Erlaß vorzugsweise gegen Mitglieder der 1969 gegründeten DKP und linksradikaler Gruppen, die aus der zerfallenden Studentenbewegung hervorgegangen waren. Bis 1976 werden insgesamt 496724 Bewerber für den öffentlichen Dienst auf ihre Verfassungstreue überprüft. 430 (= 0,085%) werden abgelehnt. Die sog. Regelüberprüfung durch den Verfassungsschutz führt zu anhaltenden Protesten. Den staatlichen Behörden wird u.a. vorgeworfen, unter Ausnutzung des staatlichen Berufsmonopols in einigen Bereichen (z.B. in der Lehrer- und Juristenausbildung) ein Berufsverbot gegen politisch Unliebsame zu verhängen.

preis ausgezeichnet wird) in einem am 10. 1. im »Spiegel« veröffentlichten Artikel »Freies Geleit für Ulrike Meinhof« vor einer **Überreaktion des Staates** und bezichtigt die Springer-Presse wegen ihrer einseitigen Berichterstattung der »Volksverhetzung«. Von der angegriffenen Seite zieht sich *Böll* damit den Vorwurf zu, selbst zum Umkreis der »Sympathisanten« zu gehören.

Wirtschafts- und Sozialpolitik

Rücktritt von Schiller: Steuerausfälle und steigende Sozialausgaben führen im Frühjahr zu einer Deckungslücke im Bundeshaushalt. Wirtschafts- und Finanzminister *Karl Schiller* (SPD) erhebt Einspruch gegen eine von der Kabinettsmehrheit für erforderlich gehaltene **Neuverschuldung** in Höhe von 7,3 Mrd. DM und schlägt am 18. 5. vor, mindestens 2,5 Mrd. DM geplanter Ausgaben einzusparen. Betroffen von den Kürzungen wäre insbesondere das Verteidigungsministerium unter *Helmut Schmidt* (SPD), der *Schillers* Vorschlag strikt ablehnt. – Die Krise eskaliert Ende Juni, als sich das Bundeskabinett gegen das Votum *Schillers* für die **Beschränkung des Kapitalverkehrs mit dem Ausland** zur Abwehr unerwünschter Devisenzuflüsse ausspricht, die in den Wochen zuvor die DM unter Aufwertungsdruck gesetzt hatten. Nach dieser Niederlage **tritt Schiller am 7. 7. zurück**.

Kabinettsumbildung: Neuer Wirtschafts- und Finanzminister wird *Schmidt*, das Amt des Verteidigungsministers übernimmt *Georg Leber* (SPD), dessen bisheriges Ressort (Verkehr und Post) zusätzlich Bundeswohnungsbauminister *Lauritz Lauritzen* (SPD) übertragen wird. – Der Bundeshaushalt 1972, dessen Ablehnung durch den Bundestag im April Anlaß für vorgezogene Neuwahlen gab, wird erst am 20. 12. verabschiedet.

Sozialgesetze: Am 21. 9. verabschiedet der Bundestag das **Rentenreformgesetz**. Statt wie bisher erst nach dem 65. Lebensjahr können Versicherte die Altersrente bereits vom 63. Lebensjahr an beziehen **(flexible Altersgrenze)**, wenn sie 35 anrechnungsfähige Versicherungsjahre vorweisen; nach 25 Versicherungsjahren wird eine Mindestrente in Höhe von 75% des durchschnittlichen Rentenanspruchs aller Versicherten garantiert; bei Weiterarbeit bis zum 67. Lebensjahr steigt der Rentenanspruch um 7,5%. Die Rentenversicherung wird für Selbständige, mithelfende Familienangehörige und Hausfrauen geöffnet; sie erhalten die **Möglichkeit, sich freiwillig zu versichern** und die Versicherungsbeiträge für 15 Jahre nachzuentrichten, um die Mindestbeitragszeit zu erfüllen. Das Gesetz tritt am 1. 1. 1973 in Kraft.

Weitere innenpolitische Ereignisse

Bildungspolitik: Am 15. 3. übernimmt der bisherige Parlamentarische Staatssekretär im Bundesministerium für Wissenschaft und Bildung, *Klaus von Dohnanyi* (SPD), die Leitung dieses Hauses, nachdem der parteilose *Hans Leussink* zurückgetreten ist. – Die Kultusministerkonferenz beschließt am 7. 7. eine **Reform der gymnasialen Oberstufe**. Kerngedanke ist die Einführung eines Kurssystems, wobei zwischen Wahl- und Pflichtfächern sowie Grund- und Leistungskursen unterschieden wird. Der Klassenverband ist damit ab dem 11. Schuljahr aufgehoben. – Die Ministerpräsidenten der Länder unterzeichnen am 20. 10. einen **Staatsvertrag über den Hochschulzugang**; Kernpunkt ist die Schaffung einer **Zentralen Vergabestelle (ZVS)**, die bundesweit die Verteilung der Studenten auf die Hochschulen regeln soll.

Kirchen: Nach der Annahme des Kirchengesetzes der Regionalsynode Ost der »Evangelischen Kirche der Union« (EKU) (→ DDR) stimmt am 8. 5. auch die Regionalsynode West der Verwaltungsaufteilung in zwei selbständige Bereiche zu, so daß nun die Kirchengebiete der DDR (mit Ost-Berlin) und der Bundesrepublik (mit West-Berlin) je eine eigene Organisation bilden.

Bundeswehr: Der Bundestag billigt am 23. 6. die **Verkürzung des Wehrdienstes** von 18 auf 15 Monate rückwirkend zum 1. 10. 1971. – Bis Ende Juni 1972 sind seit Indienststellung 1960 insgesamt **155 Starfighter abgestürzt**; dabei kamen insgesamt 73 Piloten und andere Soldaten ums Leben.

Umweltpolitik: Durch eine Grundgesetzänderung vom 12. 4. werden die den Umweltschutz betreffenden legislativen Kompetenzen, die bisher bei den Ländern lagen, beim Bund zentralisiert, der die konkurrierende Gesetzgebungskompetenz erhält. Das **Abfallbeseitigungsgesetz** vom 7. 6. ist die erste Konsequenz aus dieser Änderung. Es schränkt die Verwendung umweltschädlicher Verpackungsmaterialien ein, schreibt die Umwandlung wilder Müllkippen in reguläre Deponien vor und verpflichtet die Länder zur Aufstellung von Abfallbeseitigungsplänen und zur Errichtung von Entsorgungsanlagen. 1972 gibt es in der Bundesrepublik rund 50 000 Müllkippen.

Außenpolitische Ereignisse

Beim **Gipfeltreffen der Regierungschefs der EG** in Paris am 19./20.10. untermauert die Bundesrepublik ihre Forderung nach einer Stärkung der Befugnisse des **Europaparlaments** und unterbreitet Vorschläge für eine gemeinsame Sozial- und Gesellschaftspolitik, die aber in keine Vereinbarung münden. Die Regierungen halten am Ziel der Herstellung der Wirtschafts- und Währungsunion bis 1980 fest und vereinbaren, 1973 einen **europäischen Währungsfonds** zu bilden. – Die **finnische Regierung** gibt am 19.11. ihren Beschluß bekannt, beide deutsche Staaten anzuerkennen. Damit ist der Weg frei für die am 28.11. in Helsinki (Finnland) beginnende Vorbereitungstagung für die geplante **Konferenz über Sicherheit und Zusammenarbeit in Europa** (KSZE), bei der sowohl die Bundesrepublik als auch die DDR zu den Teilnehmern gehören.

Iran: Bundeskanzler *Brandt* reist am 5.3. in den Iran. Das Land verpflichtet sich, der Bundesrepublik binnen 5 Jahren 10 Mio. t Rohöl zu liefern; dafür sichert *Brandt* zu, daß der Bund Geschäfte des Iran mit deutschen Firmen mittels Bürgschaften stützen wird.

Volksrepublik China: Vom 10.–14.10. besucht Außenminister *Walter Scheel* als erstes Mitglied der Bundesregierung die Volksrepublik China und vereinbart am 11.10. die Aufnahme diplomatischer Beziehungen.

Bundesländer

Baden-Württemberg: Am 23.4. erreicht die CDU bei den Landtagswahlen in Baden-Württemberg mit 53,0% der gültigen Stimmen die absolute Mehrheit. – Mit dem Ende der bisher regierenden großen Koalition aus CDU und SPD büßt die sozialliberale Koalition in Bonn ihre Stimmenmehrheit im Bundesrat ein.

Der Grundlagenvertrag

Im **Grundlagenvertrag** vereinbaren die beiden deutschen Staaten, normale gutnachbarliche Beziehungen zueinander zu unterhalten, Streitfragen ausschließlich mit friedlichen Mitteln zu lösen, keine internationale Vertretung des anderen Staates vorzunehmen und die Hoheitsgewalt auf das eigene Staatsgebiet zu beschränken. Sie klären humanitäre Fragen, vor allem zur Zusammenführung von Familienangehörigen, und vereinbaren, daß früher geschlossene Abkommen der Vertragspartner vom Grundlagenvertrag unberührt bleiben. Am Sitz der jeweils anderen Regierung werden Ständige Vertretungen eingerichtet. Daneben regeln Zusatzprotokolle die Markierung des Grenzverlaufs, die Abwicklung des innerdeutschen Handels sowie die Zusammenarbeit auf dem Gebiet des Verkehrs.

In dem an die DDR übergebenen **»Brief zur deutschen Einheit«** (→ 1970) stellt die Bundesregierung fest, Fragen der Staatsangehörigkeit seien im Abkommen ausdrücklich nicht geregelt worden. Ein zusätzlicher Briefwechsel enthält die Zusage der DDR, einen grenznahen Reiseverkehr zwischen den 54 an der innerdeutschen Grenze gelegenen Kreisen zu ermöglichen (→ Karte).

Deutsch-deutsche Beziehungen

Am 3.6. unterzeichnen die Außenminister der Vier Mächte in West-Berlin das **Schlußprotokoll zum Berlin-Abkommen;** damit treten das Viermächte-Berlin-Abkommen, das Transitabkommen und die Vereinbarungen zwischen der DDR-Regierung und dem Senat von West-Berlin über die Besucherregelung und den Gebietsausgleich in Kraft (→ 1971).

Verkehrsvertrag: Am 26.5. unterzeichnen die Staatssekretäre *Egon Bahr* (BRD) und *Michael Kohl* (DDR) in Ost-Berlin den Verkehrsvertrag, der in Erweiterung des Transitabkommens von → 1971 dauerhaft alle praktischen Fragen im Transit- und sonstigen Grenzverkehr (Straßen, Schienen und Wasserwege) zwischen den beiden deutschen Staaten regelt. Der Vertrag ermöglicht sowohl Reiseerleichterungen für Bürger der Bundesrepublik, die mehrmals im Jahr auf Einladung Bekannte oder Verwandte in der DDR besuchen können, als auch für DDR-Bürger, die in

Kleiner Grenzverkehr ab 1972
Fehmarn
Rügen
Kiel
Ostsee
Eutin
Rostock
Nordsee
Schleswig-Holstein
Lübeck-Schlutup
Wismar
Selmsdorf
Hamburg
Bremer-
haven
Schwerin
DEUTSCHE
DEMOKRATISCHE
REPUBLIK
Horst
Lauenburg
Niedersachsen
Ludwigslust
Bremen
Lüneburg
Oldenburg
Perleberg
Uelzen
Salzwedel
BUNDESREPUBLIK
DEUTSCHLAND
Berlin
(West)
Celle
Stendal
Brandenburg
Wolfsburg
Gardelegen
Hannover
Potsdam
Osnabrück
Braunschweig
Haldensleben
Helmstedt
Marienborn
Hildesheim
Magdeburg
Bielefeld
Halberstadt
Paderborn
Goslar
Wernigerode
Nordrhein-
Westfalen
Duderstadt
Soest
Nordhausen
Göttingen
Kassel
Worbis
Halle
Leipzig
Mühlhausen
Wartha
Erfurt
Herleshausen
Siegen
Eisenach
Gotha
Gera
Zwickau
Gießen
Saalfeld
Suhl
Hessen
Fulda
Meiningen
Hirschberg
Plauen
Bad Neustadt
Rudolphstein
Friedberg
Coburg
Eisfeld
Frankfurt/M.
Bad Kissingen
Coburg
Hof
50 km
Grenzübergang
Gebiet des grenznahen Verkehrs
deutsch-deutsche Grenze
Landesgrenze/Bezirksgrenze
Kreisgrenze
Bayern
Kulmbach
Schweinfurt
Bayreuth
Bamberg

dringenden Familienangelegenheiten in die Bundesrepublik reisen dürfen. Diese Regelung galt bislang nur für Bürger im Rentenalter. Nach der Billigung durch den Bundestag und die Volkskammer tritt der Vertrag am 17. 10. in Kraft.

Grundlagenvertrag: Am 21. 12. unterzeichnen *Egon Bahr* und *Michael Kohl* in Ost-Berlin den »Vertrag über die Grundlagen der Beziehungen zwischen der Bundesrepublik Deutschland und der Deutschen Demokratischen Republik« (Grundlagenvertrag).

Berlin-Reiseverkehr: Die DDR-Regierung trifft zu Ostern und Pfingsten **vorgezogene Besuchsregelungen** nach Maßgabe der erst im Juni in Kraft tretenden Transit- und Verkehrsabkommen. Am 29. 3. dürfen West-Berliner erstmals seit → 1966 wieder Ost-Berlin besuchen. Insgesamt statten sie an den Festtagen dem Ostteil der Stadt fast 1,2 Mio. Besuche ab.

1972

Das Jahr der Anerkennung

Der neue Staats- und Parteichef *Erich Honecker* setzt im Verlauf des Jahres in mehrfacher Hinsicht Zeichen, die seine Politik in den kommenden Jahren bestimmen. In der Sozialpolitik sind es die Liberalisierung des Abtreibungsrechts, die Einleitung eines umfangreichen Wohnungsbauprogramms und der Ausbau sozialer Sicherungssysteme, für die Kultur betont *Honecker* seine Politik der »Weite und Vielfalt«. Schließlich wird auf Vorschlag der Ost-CDU mit der sogenannten Aufkaufaktion im Frühjahr 1972 die letzte große Nationalisierung in der Geschichte der DDR durchgeführt. Fast 11 000 Unternehmen, Betriebe mit staatlicher Beteiligung, Produktionsgenossenschaften des Handwerks und private Gesellschaften werden zu Volkseigenen Betrieben gemacht.
Vor dem Hintergrund zahlreicher internationaler Anerkennungen der DDR setzt *Honecker* den strikten Abgrenzungskurs seines Vorgängers gegenüber der Bundesrepublik fort. Die Abgrenzung erleichtert gleichzeitig die deutsch-deutsche Vertragspolitik, die mit dem Abschluß der Verhandlungen und der Unterzeichnung des Grundlagenvertrages ihren Höhepunkt erlebt.

Neues Gesetz über den Ministerrat

Mit dem am 16. 10. von der Volkskammer verabschiedeten neuen Gesetz über den Ministerrat werden dessen Befugnisse auf Kosten derjenigen des Staatsrates eingeschränkt. Durch seine Aufwertung zum **staatlichen Exekutivorgan** soll der Einfluß des anderthalb Jahre zuvor entmachteten *Walter Ulbricht*, der weiterhin Vorsitzender des Staatsrates ist, auch auf staatlicher Ebene weitgehend ausgeschaltet werden.

Sozialpolitik

Liberalisierung des Abtreibungsrechts: Am 9. 3. wird – letztmalig bis Ende 1989 – in der Volkskammer ein Beschluß mit Gegenstimmen und Stimmenthaltungen angenommen. Mit dem Einverständnis der SED-Führung stimmen an diesem Tag 14 überwiegend der katholischen Kirche angehörende Abgeordnete vor allem aus der CDU-Fraktion gegen einen Gesetzentwurf, mit dem in der DDR der **Schwangerschaftsabbruch** in den ersten 12 Wochen generell **legalisiert** wird. Acht weitere Abgeordnete enthalten sich der Stimme. Das Gesetz verbindet Bestimmungen, mit denen das Abtreibungsrecht liberalisiert und die Kostenübernahme für die Schwangerschaftsverhütung oder für einen Abbruch sozial geregelt werden, mit solchen, die den betroffenen Frauen eine Nachbelehrung auferlegen und darüber hinaus eine Beratung von Frauen in Gewissensnot allein dem medizinischen Personal überlassen. Konfessionelle Krankenhäuser sind nicht gezwungen, den Abbruch vorzunehmen, müssen jedoch die betroffenen Frauen in eine andere Klinik überweisen.
Weitere »sozialpolitische Maßnahmen«: Die am 10. 2. vom Ministerrat erlassene neue **Verordnung über die Freiwillige Zusatzrente** wird ergänzt. Neben der schon bestehenden Möglichkeit zur privaten Altersversorgung enthält die Verordnung – analog zum eingliedrigen Sozialversicherungssystem – Regelungen zur verlängerten Lohnfortzahlung im Krankheitsfall, die für eine Dauer von bis zu 18 Monaten gestaffelte Leistungen garantiert. – Die **starke Betonung der Sozialpolitik seit dem VIII. Parteitag der SED** (→ 1971) kommt vor allem in einem gemeinsamen Beschluß von SED-Zentralkomitee, Ministerrat und FDGB-Bundesvorstand zu sozialpolitischen Maßnahmen am 28. 4. zum Ausdruck. Er sieht erstens die **Erhöhung der Renten- und Sozialfürsorgebezüge** von 3,9 Millionen DDR-Bürgern vor. In diesem Zusammenhang werden die Verpflegungssätze für 100 000 Bewohner staatlicher Senioren- und Pflegeheime angehoben. Zweitens wird mit dem Beschluß für 800 000 **berufstätige Mütter** mit zwei oder mehr Kindern die **Arbeitszeit verkürzt** und der **Mindesturlaub verlängert**. Schließlich regelt der Beschluß die Einführung von **Fahrpreisermäßigungen** für Familien mit mindestens drei Kindern, die Gewährung eines **zinslosen Ehestandsdarlehens** für 30 000 junge Ehen sowie **Mietsenkungen**

für Neubauwohnungen, die es auch Familien mit geringem Einkommen ermöglichen, solche Wohnungen zu beziehen. Die staatliche Wohnraumlenkung wird angewiesen, mehr als zwei Drittel der neugebauten oder modernisierten Wohnungen an Arbeiterfamilien zu vermitteln. – Am 23. 6. erläßt der Ministerrat eine weitere Verordnung zur Förderung des Wohnungsbaus (→ 1973).

Kulturpolitik

In der Kulturpolitik setzt sich die Liberalisierung weiter fort. Erneut wirbt *Honecker* bei einer ZK-Tagung am 6./7. 7. für seine Politik der »Weite und Vielfalt« in der Kultur (→ 1971). Schriftsteller und Dramaturgen nutzen die Möglichkeit, im Ersatz für die fehlenden freien Medien in ihren Büchern, Theaterstücken und Filmen Probleme der DDR-Gesellschaft darzustellen. Werke wie das später auch verfilmte Theaterstück »Die neuen Leiden des jungen W.« von *Ulrich Plenzdorf* oder der Film »Die Legende von Paul und Paula«, den *Heiner Carow* für die DEFA vorbereitet und im folgenden Jahr fertigstellt, präsentieren mit ihren Hauptakteuren in der DDR sozialisierte Menschen. Sie zielen genau auf das Publikum der mittleren DDR-Generation, deren Weltsicht und Lebensansprüche in dieser Phase der liberalisierten Kultur- und Jugendpolitik wesentlich geprägt werden.

Kirchenpolitik

Mit dem Entschluß der Ostregion der Evangelischen Kirche der Union (EKU) vom 24. 4., sich für rechtlich selbständig zu erklären, setzt die DDR-Führung ihren Kurs der Abgrenzung auch in einer autonomen gesellschaftlichen Großorganisation durch. Am 24. 8. trifft in Ost-Berlin für die katholische Kirche Kardinal *Alfred Bengsch* (ein Protagonist des Kurses der öffentlichen »politischen Abstinenz«) mit *Willi Stoph* zusammen. Deuten diese Ereignisse auf Entspannung im Verhältnis zwischen Staat und den Kirchen hin, erhält die Synode des Bundes der Evangelischen Kirchen, die vom 30. 6.–4. 7. in Dresden tagt, durch eine Rede von *Heino Falcke* zum Thema »Christus befreit – darum Kirche für andere« große Brisanz. *Falcke* fordert die Kirchen auf, ihre Aufgabe darin zu sehen, »gegen Unfreiheit und Ungerechtigkeit zu kämpfen«; die Kirchen sollten die DDR-Gesellschaft

»nicht loslassen mit der engagierten Hoffnung eines verbesserlichen Sozialismus«.

Deutschlandpolitik

Abgrenzung von der Bundesrepublik: Am 11. 2. wird der »Deutsche Fernsehfunk« in »**Fernsehen der DDR**« umbenannt und das Erkennungssymbol des Senders, das Brandenburger Tor, aufgegeben. – Schon im Januar bezeichnet *Erich Honecker* in einer Rede vor NVA-Soldaten auf Rügen am 6. 1. die **Bundesrepublik als »imperialistisches Ausland«**. – Ab 6. 6. sind Bundesbürger verpflichtet, beim Besuch Ost-Berlins statt der bisherigen Aufenthaltsgenehmigung ein reguläres **DDR-Visum** vorzuweisen. – Am 15. 6. wird eine neue **Grenzordnung** erlassen, die ab 1. 9. in Kraft tritt. Der Aufenthalt von Personen im Grenzgebiet zur Bundesrepublik und zu West-Berlin wird weitgehenden Einschränkungen unterworfen, der Betrieb von Gaststätten, Kinos, Erholungsheimen und Pensionen in diesem Gebiet nur noch als Ausnahme gestattet und die Bautätigkeit im wesentlichen verboten. – Die Abgrenzungspolitik liefert jedoch auch die Grundlage für **Fortschritte in praktischen Fragen**. Vor dem Abschluß des Grundlagenvertrages wird am 6. 10. eine **Amnestie** erlassen, die auch für politische Häftlinge gilt. Am 16. 10. verabschiedet die Volkskammer ein **Gesetz zur Regelung von Fragen der Staatsbürgerschaft**. Danach werden DDR-Bürger (und ihre Kinder), die das Land vor dem 1. 1. 1972 illegal verlassen haben, aus der Staatsbürgerschaft entlassen; damit unterliegen sie bei besuchsweiser Rückkehr nicht mehr der deswegen sonst üblichen Strafverfolgung wegen »Republikflucht«.

Außenpolitik

Ostblockstaaten: Mit Polen und der Tschechoslowakei treten am 1. 1. bzw. am 15. 1. Regelungen über den **paß- und visafreien Reiseverkehr** in Kraft, mit Rumänien besteht ab 2. 4. visafreier Reiseverkehr. Beim Besuch einer von *Honecker* geführten Partei- und Staatsdelegation in Rumänien folgt am 12. 5. die Unterzeichnung eines neuen **Freundschaftsvertrages**.
Internationale Organisationen: Nachdem die Vier Mächte am 9. 11. ihre Bereitschaft bekundet haben, den Beitritt der beiden deutschen Staaten in die Vereinten Nationen (UN) zu unterstüt-

Jahre der internationalen Anerkennung

Die Aufnahme diplomatischer Beziehungen mit der DDR 1969–1973

1969
Republik Khmer (Kambodscha), Irak, Sudan, Syrien, Republik Südvietnam (Vietcong), Volksdemokratische Republik Jemen, Ägypten
1970
Kongo (Brazzaville), Somalia, Zentralafrikanische Republik, Algerien, Malediven, Sri Lanka, Guinea
1971
Chile, Äquatorialguinea, Tschad
1972
Bangladesch, Indien, Pakistan, Iran, Burundi, Ghana, Tunesien, Zaire, Kuwait, Schweiz, Nepal, Indonesien, Schweden, Österreich, Zypern, Tansania, (Nord-)Jemen, Australien, Sierra Leone, Uruguay, Libanon, Belgien, Peru, Marokko
1973
Insgesamt 43 Staaten, darunter Großbritannien und Frankreich

zen, gelingt der DDR auch bei ihren Bemühungen um **Aufnahme in internationale Organisationen** der Durchbruch. Am 21.11. wird sie Mitglied der UNESCO, zwei Tage später richtet sie eine »Ständige Beobachtermission« beim UN-Hauptquartier ein, die von UN-Generalsekretär *Kurt Waldheim* anerkannt wird. Am 13.12. erfolgt die Aufnahme der DDR in die UN-Wirtschaftskommission für Europa (ECE). – Am 11.4. unterzeichnet Außenminister *Otto Winzer* in Moskau für die DDR die internationale Konvention über das Verbot der Entwicklung, Herstellung und Lagerung bakteriologischer und toxischer Waffen. – Die DDR nimmt am 22.11. am Auftakttreffen für die Verhandlungen für eine Konferenz über Sicherheit und Zusammenarbeit in Europa teil.
»Anerkennungswelle«: Vor allem ist das Jahr durch eine Welle von Anerkennungen der DDR durch andere Länder geprägt. 24 Staaten nehmen im Verlauf des Jahres diplomatische Beziehungen zur DDR auf. Mit der Schweiz erkennt am 20.12. das erste westliche Industrieland offiziell die DDR an, ein Schritt, dem in den folgenden sieben Tagen noch weitere Industriestaaten (Schweden, Österreich, Australien und Belgien) folgen (→ Kasten).

Wirtschaftspolitik

Nationalisierungspolitik: Am 11.1. schlägt die Ost-CDU den **Aufkauf von** seit 1956 gegründeten **Betrieben mit staatlicher Beteiligung** (BSB) durch den Staat vor. Der CDU-Vorsitzende *Gerald Götting* übermittelt dem Ersten Sekretär des SED-Zentralkomitees, *Erich Honecker*, eine »Studie zur Weiterentwicklung der Betriebe mit staatlicher Beteiligung in der entwickelten sozialistischen Gesellschaft«, die in Zusammenarbeit mit der CDU nahestehenden Komplementären (Teilhabern) aus halbstaatlichen Unternehmen fertiggestellt wurde. Darin plädiert die CDU mit Nachdruck für Maßnahmen, die die Integration privater Unternehmer in die staatssozialistische Ordnung fördern. Dem Versuch der CDU, der SED die ordnungspolitische Initiative streitig zu machen, setzt die Führung unter *Honecker* kurzfristig eine **weitergehende Nationalisierungspolitik** entgegen. Am 8.2. beschließt das Politbüro den schnellen Aufkauf aller Betriebe mit staatlicher Beteiligung, von »industriell produzierenden« Produktionsgenossenschaften des Handwerks (PGH) sowie weiterer Unternehmen in privater Hand; zudem wird die Ausgabe staatlicher Beteiligungen an bisher rein private Unternehmen beendet.
Reaktion der Blockparteien: Beim 11. Parteitag der LDPD, der vom 16.–19.2. in Leipzig tagt, löst unter den Delegierten, die Betrieben mit staatlicher Beteiligung vorstehen, die Nachricht von der geplanten **kalten Nationalisierung** ihrer Unternehmen Empörung aus. Nicht anders verhält es sich beim 10. Parteitag der NDPD in Potsdam (19.–21.4.) und beim IX. Parteitag der DBD in Schwerin (4./5.5.). Allein der CDU, die den Prozeß ins Rollen gebracht hat, bleibt eine Debatte auf ihrem Parteitag erspart, weil er erst nach Abschluß der Aktion vom 11.–13.10. in Erfurt stattfindet.
Konsequenzen: Von Februar bis Mai werden 10 850 Klein- und Mittelunternehmen (darunter mehr als 2550 reine Privatunternehmen, rund 5600 Betriebe mit staatlicher Beteiligung und mehr als 1700 Produktionsgenossenschaften) in etwa 8000 neue Volkseigene Unternehmen umgewandelt. 85% der bisherigen Komplementäre, Alleineigentümer oder ehemaligen PGH-Vorsitzenden arbeiten als Direktoren der

VEB oder in anderen leitenden Stellungen weiter. Die Anzahl der Beschäftigten in der privaten Wirtschaft geht damit von rd. 1,115 Millionen 1971 auf etwa 594 000 zurück. Die Mitgliederzahl der PGH sinkt im gleichen Zeitraum um etwa 150 000, davon allein durch den Aufkauf um 114 000. Die privaten oder Genossenschaftsanteile werden vom Staat zu für die bisherigen Eigentümer ungünstigen Bedingungen übernommen. Die Verkaufserträge werden besteuert und auf Sperrkonten eingezahlt, von denen pro Jahr Beträge bis zur Höhe von rd. 5000 Mark abgehoben werden dürfen.

Landwirtschaft: Am 7. 8. treten die Nationalisierungsbestimmungen mit der Anordnung über **Agrochemische Zentren (ACZ)** und am 1. 11. mit neuen Musterstatuten für Gärtnerische bzw. Landwirtschaftliche Produktionsgenossenschaften (GPG bzw. LPG) sowie für Volkseigene Güter (VEG) in Kraft. Zudem werden im Zusammenschluß von weiterhin juristisch selbständigen LPG mit den sogenannten **Kooperativen Abteilungen Pflanzenproduktion** (KAP), die als Einzelbetriebe Flächen von vier- bis viereinhalbtausend Hektar bewirtschaften, Unternehmen gebildet, die den Übergang der DDR-Landwirtschaft auf die nach Pflanzen- und Tierproduktion getrennten Betriebe ab 1975 vorbereiten. Bis 1972 werden 552 KAP gebildet.

Soziale Daten

Bevölkerung: Im Gebiet der DDR leben am 31. 12. knapp 17,01 Mio. Einwohner. Nach westlichen Angaben siedeln 17 164, nach DDR-Angaben 14 310 Personen nach Westdeutschland über.

Erwerbstätige: 9,89 Mio. Personen, darunter 4,98 Mio. Frauen, befinden sich im arbeitsfähigen Alter (zwischen 15 und 60 bzw. 65 Jahren). Gegenüber dem Vorjahr haben sich die Angaben zur Berufstätigkeit nur unwesentlich verändert. 7,8 Mio. Menschen sind berufstätig, darunter 3,8 Mio. Frauen.

Wohnungsbau: Mit dem Bau von 85 901 Einheiten (69 552 Neubauten, 16 349 Modernisierungen) werden deutlich mehr Wohnungen (9881 oder 13 %) fertiggestellt als im Vorjahr. Der genossenschaftliche Wohnungsbau steigt erstmals wieder, und zwar um mehr als 74 %, auf 19 558 fertiggestellte Wohnungen an.

Einkommen und Lebenshaltung: Das durchschnittliche monatliche **Arbeitseinkommen** von Arbeitern und Angestellten in der staatseigenen Wirtschaft wächst gegenüber dem Vorjahr auf 814 Mark. Die Pro-Kopf-**Sparguthaben** wachsen auf rd. 3444 Mark an. Die Sparguthaben bei Geld- und Kreditinstituten wachsen gegenüber dem Vorjahr absolut um 5,2 %. Das Volumen der Lebensversicherungen steigt um gut 1,6 %. – Das **Fernsprechnetz** der Deutschen Post verfügt erstmals über mehr als eine Million Hauptanschlüsse. Gegenüber dem Vorjahr ist ihre Anzahl um 40 900 auf über 1 019 800 Anschlüsse gestiegen. – Das **Ausstattungsniveau** der privaten Haushalte mit langlebigen Konsumgütern ist weiter gestiegen. Auf 1000 Haushalte entfallen 194 PKW, 214 Motorräder bzw. Motorroller, 695 Kühlschränke, 634 Waschmaschinen, 1430 Radioapparate und 781 Fernsehgeräte.

1973

Neue deutsch-deutsche »Normalität« und Ölkrise

Der Grundlagenvertrag zwischen der DDR und der Bundesrepublik tritt in Kraft, und in der neuen »Normalität« der deutsch-deutschen Beziehungen werden Probleme geschäftsmäßig geregelt. Die immer noch zahlreichen Konflikte verlieren, von Ausnahmen abgesehen, an Brisanz. Die Tschechoslowakei und die Bundesrepublik schließen den Prager Vertrag und nehmen diplomatische Beziehungen auf. Die Unterzeichnung des dritten Ostvertrags und die Aufnahme diplomatischer Beziehungen mit der Tschechoslowakei schließt die Phase der Erneuerung der Deutschland- und Ostpolitik ab. – Nach ihren Mißerfolgen in der Auseinandersetzung um die Deutschland- und Ostpolitik formiert sich die CDU neu: *Helmut Kohl* tritt an die Spitze der Partei; in den nächsten 25 Jahren wird er sie prägen und maßgeblich christdemokratische Politik gestalten. – Führungsrivalitäten und Flügelkämpfe in der SPD wie zunehmende wirtschafts- und finanzpolitische Probleme bringen die Reformpolitik der sozialliberalen Politik ins Stocken. Nach dem Jom-Kippur-Krieg, in dem sich Israel gegen Ägypten und Syrien behauptet, lösen die erdölproduzierenden Staaten des Nahen Ostens mit der Verknappung ihrer Lieferungen den »Ölschock« der westlichen Industrieländer aus.

Prager Vertrag

Am 20. 6. paraphieren der tschechoslowakische und der bundesdeutsche Außenminister in Bonn den **Vertrag über die gegenseitigen Beziehungen (Prager Vertrag)**. Nachdem Einigung über die von der Bundesrepublik geforderte volle Einbeziehung West-Berlins in den Vertrag erzielt werden kann, unterzeichnen Bundeskanzler *Willy Brandt* und der tschechoslowakische Ministerpräsident *Lubomir Strougal* am 11. 12. in Prag den Vertrag. Der **dritte Ostvertrag** der Bundesrepublik regelt folgende Punkte: – die Nichtigkeit des Münchener Abkommens vom 29. 9. 1938 sowie der aus ihm abgeleiteten Rechtsfolgen; – die Integrität der Grenzen im Einverständnis darüber, daß die Vertragspartner »gegeneinander keinerlei Gebietsansprüche« haben; – gegenseitiger Gewaltverzicht. In Begleitpapieren werden Fragen der Familienzusammenführung und – durch eine einseitige Erklärung der ČSSR – die Aussetzung von Rechtsfolgen aus der Nichtigkeitserklärung zum Münchener Abkommen behandelt. Die nationalsozialistischen Verbrechen in der Tschechoslowakei werden verurteilt, die Frage der Legitimität der **Vertreibung der Sudetendeutschen**, die als heikelste neben der des Münchener Abkommens den Fortschritt der Verhandlungen lange blockierte, bleibt ausgeklammert. Nach der Unterzeichnung erklärt *Brandt* in einer aus Prag ausgestrahlten Fernsehsendung an die deutsche Bevölkerung, im Prager Vertrag gebe Deutschland »nichts preis, was nicht tatsächlich lange verloren war«. Die Bundesrepublik und die Tschechoslowakei nehmen **diplomatische Beziehungen** auf.

KSZE

In Helsinki beginnt am 3. 7. die erste viertägige Runde der **Konferenz für Sicherheit und Zusammenarbeit in Europa** (KSZE), an der die Außenminister und rd. 400 Delegierte aus 33 europäischen Staaten sowie Kanada und den USA teilnehmen. **Aufgabe des »KSZE-Prozesses«** ist die schrittweise Herstellung einer gemeinsamen Grundlage, die es allen beteiligten Staaten unabhängig von ihrer Blockbindung ermöglicht, miteinander auf allen Feldern gemeinsamen Interesses zusammenzuarbeiten. Die Erarbeitung eines Prinzipienkatalogs für die europäische Sicherheit und die Entwicklung der zwischenstaatlichen Beziehungen steht dabei im Vordergrund. Dem Anliegen der westlichen Seite, in der **Frage der menschlichen Erleichterungen** zu substanziellen Fortschritten zu gelangen, stellen die Warschauer-Pakt-Staaten das Prinzip der Nichteinmischung in die inneren Angelegenheiten der Staaten entgegen. –

Anläßlich der Eröffnung der KSZE-Konferenz appellieren am 9.7. zahlreiche prominente Persönlichkeiten aus Kultur und Wissenschaft in der Bundesrepublik, unter ihnen die Autoren *Günter Grass* und *Heinrich Böll*, an die Sowjetunion, die Unterdrückung von Oppositionellen, speziell Schriftstellern und Wissenschaftlern, zu beenden. – Die zweite Konferenzphase beginnt am 19.9. in Genf.

UN-Beitritt

Nachdem der Bundestag im Anschluß an die Abstimmung über den Grundlagenvertrag (→ unten) am 11.5. den Beitritt der Bundesrepublik zur Organisation der Vereinten Nationen (UN) gebilligt und das Bundesverfassungsgericht am 5.6. den Weg für das Inkrafttreten des Vertrags mit der DDR freigegeben hat (→ unten), stellt die Bundesregierung am 16.6. in New York den formellen Antrag auf **Aufnahme der Bundesrepublik in die Vereinten Nationen**. Die 28. Vollversammlung der UN nimmt am 18.9. die DDR als 133. und die Bundesrepublik, die schon in zahlreichen Unterorganisationen der Weltorganisation vertreten ist, als 134. Staat auf. In seiner ersten Rede vor der Versammlung erklärt Bundesaußenminister *Scheel*, der gleichzeitige Beitritt beider deutschen Staaten bedeute nicht die Anerkennung der deutschen Teilung durch die Bundesrepublik. Bundeskanzler *Brandt* stellt der Vollversammlung am 26.9. die Grundzüge der bundesdeutschen Politik in einem Sieben-Punkte-Programm vor.

Sonstige wichtige außenpolitische Ereignisse

Europa: Ab 1.1. gehören Großbritannien, Dänemark und Irland der **Europäischen Gemeinschaft** (EG) an. – Sechs EG-Staaten, unter ihnen die Bundesrepublik, schaffen am 11.3. einen **einheitlichen Wechselkursverbund** und nehmen damit dem US-Dollar den Status als internationale Leitwährung (→ unten). – Am 5.10. unterzeichnen 14 Staaten in München ein **gemeinsames Patentrecht**. Der Sitz des Europäischen Patentamtes wird München sein.

Jugoslawien: Vom 19.–21.4. unternimmt Bundeskanzler *Willy Brandt* einen **Staatsbesuch** in Jugoslawien, zu dem seit 1968 diplomatische Beziehungen bestehen. Vorrangige Themen sind Wiedergutmachungsforderungen Jugoslawiens

für erlittenes nationalsozialistisches Unrecht während des Zweiten Weltkriegs, weitere Kapitalhilfe und der Ausbau der wirtschaftlichen Beziehungen.

USA: Bei ihren Besuchen in den USA suchen Bundeskanzler *Willy Brandt* (29.4.–3.5.), Außenminister *Walter Scheel* (12./13.7.) und Verteidigungsminister *Georg Leber* Bedenken ihrer Gesprächspartner zu zerstreuen, die Intensivierung der bundesdeutschen Beziehungen zu Ländern des Warschauer Paktes könne mit einer Lockerung der Westbindungen einhergehen. Sie betonen die Priorität des Atlantischen Bündnisses vor jeder Zusammenarbeit mit dem Osten; das gemeinsame Abschreckungspotential bleibe Basis des Bündnisses.

Sowjetunion: Als erster Vertreter der sowjetischen Staatsführung stattet der Generalsekretär des Zentralkomitees der KPdSU, *Leonid Breschnew*, vom 18.–22.5. der Bundesrepublik einen **Staatsbesuch** ab. Die unterzeichneten Abkommen über wirtschaftliche und technische Zusammenarbeit, den Ausbau des Luftverkehrs und kulturelle Zusammenarbeit schließen auch West-Berlin ein. Die Gespräche dienen auch der **Vorbereitung der Konferenz für Sicherheit und Zusammenarbeit in Europa (KSZE)** (→ oben).

China: Am 5.7. schließen die Volksrepublik China und die Bundesrepublik in Bonn ein **Handelsabkommen**, das am Tag darauf in Kraft tritt.

Israel: Als erster deutscher Regierungschef unternimmt Bundeskanzler *Brandt* vom 7.–11.6. einen **Staatsbesuch** in Israel. Angesichts der sich zuspitzenden Situation im Nahen Osten erklärt *Brandt*, aus Gründen ihrer historischen Vorbelastung stünde der Bundesrepublik eine Vermittlerrolle nicht an. – Als nach dem Jom-Kippur-Krieg (6.–25.10.) heimliche Waffenlieferungen aus der Bundesrepublik an Israel bekannt werden, führt dies zu Verstimmungen zwischen Bonn und Washington.

Naher Osten: Unter dem Druck der »Erdölwaffe« (Drosselung der Erdölproduktion und Erhöhung der Erdölpreise, → Kasten »Ölschock«), die von den arabischen Staaten nach dem **Jom-Kippur-Krieg** gegen die westlichen Industriestaaten eingesetzt wird, um den Rückzug Israels aus den seit 1967 besetzten Gebieten zu erzwingen und die Rechte der Palästinenser anzuerkennen, fordern die Außenminister der EG am 5.11. Israel zur Räumung der Gebiete auf.

Botschafteraustausch: Am 21.12. nimmt die Bundesrepublik mit **Bulgarien** und **Ungarn** diplomatische Beziehungen auf.

Ratifizierung des Grundlagenvertrags

Bundestag: In den parlamentarischen Beratungen lehnt die CDU/CSU-Opposition den am 21.12. → 1972 unterzeichneten Vertrag über die Grundlagen der Beziehungen zwischen der Bundesrepublik und der DDR vehement ab. Sie wirft der sozialliberalen Koalition vor, sie **legitimiere das DDR-Unrechtssystems**, höhle die völkerrechtlichen Ansprüche auf Wiedervereinigung aus, untergrabe die Verantwortlichkeit der Vier Mächte für Deutschland als Ganzes im Hinblick auf einen Friedensvertrag wie für Berlin im besonderen und habe sich von der DDR mit nur vagen Zusagen über menschliche Erleichterungen abspeisen lassen. In der Debatte vom 9.–11.5. stellt die Bundesregierung erneut klar, mit dem Grundlagenvertrag sei **keine Anerkennung der deutschen Teilung** verbunden. – Am 11.5. ratifiziert der Bundestag das Vertragswerk mit 268 Ja-Stimmen (darunter 4 von der CDU, außerdem 13 Berliner Abgeordnete). 217 (sowie 9 Berliner) Abgeordnete stimmen mit Nein. Der Bundesrat, der das Vertragswerk mit seiner CDU/CSU-Mehrheit noch am 2.2. abgelehnt hatte, stimmt ihm am 25.5. zu. Als einziges Bundesland **votiert Bayern dagegen** und beantragt eine einstweilige Verfügung gegen das Inkrafttreten, die das **Bundesverfassungsgericht** am 5.6. ablehnt. Bundespräsident *Heinemann* unterzeichnet das Ratifizierungsgesetz am 6.6. Der Vertrag tritt am 21.6. in Kraft.

Bundesverfassungsgericht: Am 31.7. weist das Bundesverfassungsgericht eine Normenkontrollklage des Landes Bayern zurück und bestätigt die Verfassungskonformität des Grundlagenvertrages. Es schreibt jedoch **einige Auslegungen verbindlich** vor. So legt es fest, daß die innerdeutsche Grenze derjenigen zwischen den Ländern der Bundesrepublik entspricht; daß die Bundesregierung auch international die staatliche Einheit des deutschen Volkes mit friedlichen Mitteln vertreten muß; daß jeder Bürger der DDR, der in den Schutzbereich der Bundesrepublik gerät, dieselben Grundrechte hat wie ein Bundesbürger; daß Gesamtdeutschland nach wie vor Völkerrechtssubjekt ist; und schließlich, daß die DDR für die Bundesrepublik kein Ausland ist.

Deutsch-deutsche Beziehungen → Sp. 527 ff.

Gesetzgebung

Abtreibungsdebatte: Unter starker Anteilnahme der Öffentlichkeit findet am 17.5. die erste Lesung zur Änderung des § 218 des Strafgesetzbuches statt, der die Abtreibung ungeborenen Lebens unter Strafe stellt. Zur Debatte stehen **vier Gesetzentwürfe**. Die Mehrheit der Abgeordneten der Koalitionsparteien schlägt ein **Fristenmodell** vor, das unter bestimmten Bedingungen Straffreiheit bei Abbruch innerhalb der ersten drei bzw. sechs Schwangerschaftsmonate vorsieht. Es trifft auf energischen Widerstand der CDU/CSU-Opposition, die Straffreiheit nur bei medizinischer, eugenischer oder ethischer Indikation nach einem entsprechenden Votum eines Gutachtergremiums zulassen will.

Zivildienst: Das Zivildienstgesetz, das am 1.7. in Kraft tritt, benennt den »Wehrersatzdienst« in »**Zivildienst**« um und stellt ihn dem Wehrdienst gleich. Entsprechend wird auch das Amt des Bundesbeauftragten für den Zivildienst geschaffen.

Krankenversicherung: Mit den Stimmen aller Fraktionen beschließt der Bundestag am 5.10. substanzielle Leistungsverbesserungen in der **gesetzlichen Krankenversicherung**. Ab 1.1. 1974 übernehmen die Krankenkassen die Kosten für zeitlich unbegrenzte Krankenhauspflege, gewähren berufstätigen Eltern mit einem erkrankten Kind unter 8 Jahren bei Freistellung von der Arbeit Krankengeld und finanzieren gegebenenfalls bei Krankenhaus- oder Kuraufenthalt eine Haushaltshilfe (in Kraft am 1.1.1974).

Strafrechtsreform: Das vierte Strafrechtsreformgesetz vom 23.11., das der Bundestag am 7.6. gegen die Stimmen der Opposition annimmt, liberalisiert das **Sexualstrafrecht**. Es stellt Pornographie für Erwachsene im Regelfall nicht mehr unter Strafe, auch »Ehegattenkuppelei« bleibt nun straffrei. Paragraph 175, der schon 1969 entschärft wurde, ahndet nur noch homosexuelle Handlungen mit Jugendlichen. Unter Strafe gestellt werden zugleich die Herstellung und der Vertrieb von Schriften, die **Gewaltverherrlichung und Rassenhaß** Vorschub leisten.

Energiekrise
Als Konsequenz aus der Verknappung und Preiserhöhung beim Erdöl (→ Naher Osten und Kasten »Ölschock«) verabschieden Bundestag und Bundesrat jeweils einstimmig am 9. 11. ein bis Ende 1974 befristetes **Gesetz zur Sicherung der Energieversorgung**, das am 19. 12. in Kraft tritt. Es ermächtigt die Bundesregierung, entsprechende Rechtsverordnungen zu erlassen. Auf dieser Basis verfügt Bundeswirtschaftsminister *Hans Friderichs* (FDP) am 19. 11. ein auf vier Wochen befristetes allgemeines **Fahrverbot an Sonntagen** sowie **Geschwindigkeitsbeschränkungen** auf Autobahnen (100 km/h) und Landstraßen (80 km/h). Ausnahmeregelungen gelten für bestimmte Personenkreise. Sonntagsfahrverbote werden auch in fünf weiteren europäischen Ländern erlassen. – Um Einkommensschwache, die von den steigenden Heizölpreisen besonders betroffen sind, zu entlasten, sichert die Bundesregierung Sozialhilfeempfängern, deren Wohnungen mit Öl beheizt werden, einen Zuschuß zu.

Bildungspolitik
ZVS: Am 1. 1. wird in Dortmund die von den Ministerpräsidenten der Länder am 20. 10. mit einem Staatsvertrag gegründete **Zentralstelle für die Vergabe von Studienplätzen** (ZVS) eingerichtet. Sie schafft durch Anwendung von quantifizierten Kriterien (Leistung, Anwartschaft, Anzahl der Studienplätze usw.) einheitliche Bedingungen des Hochschulzugangs für die vom Numerus-clausus-Verfahren betroffenen Fächer und organisiert die Verteilung der angenommenen Studienbewerber dieser Fächer

Preisentwicklung des Erdöls 1972–1982
(in US-$ pro Barrel)

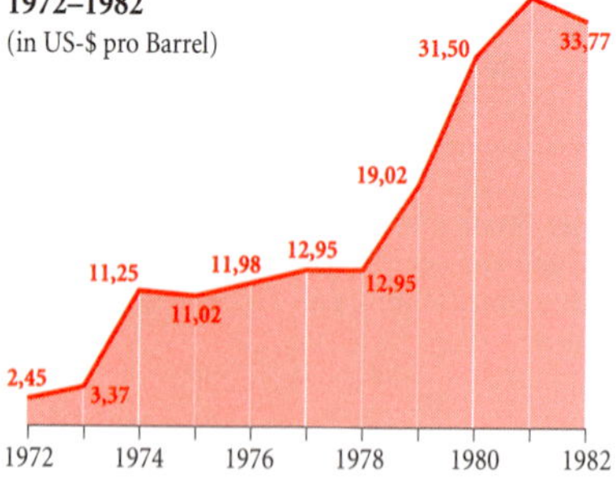

»Ölschock«

Am 17. 10., auf dem Höhepunkt des vierten Nahostkrieges (Jom-Kippur-Krieg), fordern die Erdöl produzierenden arabischen Staaten in Kuwait den Rückzug Israels aus den seit 1967 besetzten Gebieten (Sinai, Westjordanland, Golan-Höhen) und beschließen, bis zur Erfüllung ihrer Forderungen die Lieferungen an die USA und die anderen Israel unterstützenden Staaten um monatlich 5 % zu reduzieren und die Preise für Erdöl zu erhöhen. Am 5. 11. beschließen die OPEC-Staaten eine weitere Drosselung der Erdöllieferungen um 25 %. Vom Zeitpunkt vor der Krise 1973 bis Anfang 1974 steigt der Preis für 1 Barrel (159 Liter) Rohöl von 2,70 auf 11,60 US-Dollar.
Die Auswirkungen der »Erdölwaffe« auf die westlichen industrialisierten Länder sind dramatisch, zumal die Gleichzeitigkeit von Erdöl- und Weltwährungskrise gegenseitig Verstärkungseffekte produziert.
In der Bundesrepublik, die etwa 75 % des importierten Erdöls aus den arabischen Staaten. bezieht, löst die »Ölwaffe« die **erste schwere Wirtschaftskrise** seit Bestehen der Bundesrepublik aus. Das Bruttosozialprodukt, das 1973 gegenüber dem Vorjahr noch um real 5,3 % gestiegen war, stagniert 1974 bei 0,4 % und sinkt 1975 um 3,4 %. Die Arbeitslosenquote steigt von 1,2 % (1973) auf 4,7 % im Jahr 1975. Die Wirtschafts- und Finanzpolitik der Bundesregierung steht damit vor neuen Bedingungen, die sie zur Rücknahme oder Verschiebung zahlreicher Reformvorhaben zwingen. Die Programme zur Belebung der Konjunktur sowie zur Finanzierung und Eindämmung der Arbeitslosigkeit steigern die Verschuldung der öffentlichen Hand von 154 Mrd. DM 1972 auf 365 Mrd. DM 1978.
Zur Überwindung der Energieknappheit setzen die im Bundestag vertretenen Parteien neben Energiesparmaßnahmen, soweit sie nicht das Wachstum der Wirtschaft gefährden, auf die Förderung der Energieerzeugung durch Kohle und Atomkraftwerke. Die erstarkende Umweltschutzbewegung fordert dagegen eine Abkehr vom traditionellen Fortschrittsbegriff, der die Möglichkeit unbegrenzten wirtschaftlichen Wachstums voraussetzt. Die Erdölkrise erzwingt die Auseinandersetzung mit den **»Grenzen des Wachstums«**, so der programmatische Titel eines 1973 erschienenen, Aufsehen erregenden Bestsellers des Club of Rome.

Abhängigkeit ausgewählter Staaten von der Erdöleinfuhr aus arabischen Staaten (1972/73)

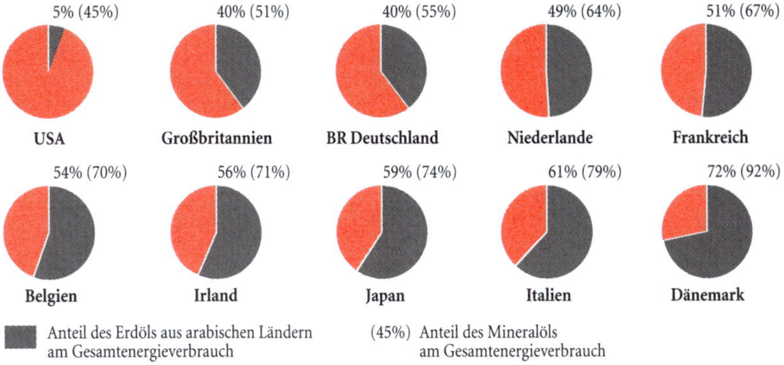

auf die vorhandenen Studienplätze im ganzen Bundesgebiet.

Hochschulgesetze: Im Urteil über eine Verfassungsbeschwerde von Hochschullehrern bezeichnet das Bundesverfassungsgericht am 29. 5. das niedersächsische Hochschulgesetz als **teilweise verfassungswidrig**. In Fragen der Lehre, der Berufung und der Forschung müsse die Gruppe der Hochschullehrer, bei homogener Zusammensetzung, den ausschlaggebenden Einfluß besitzen; die Mitwirkung von Vertretern der wissenschaftlichen Mitarbeiter und Studenten bei Forschung und Lehre sei verfassungsrechtlich unbedenklich, eine undifferenzierte Beteiligung von nichtwissenschaftlichen Kräften auszuschließen. Damit blockiert das Verfassungsgericht die mit einer Demokratisierung verbundene Hochschulreform in einem für die Studentenbewegung der 60er Jahre wesentlichen Punkt.

Bildungsreform: Am 20. 9. beschließen die Regierungschefs der Länder und des Bundes den von der Bund-Länder-Kommission erarbeiteten **Bildungsgesamtplan** für die Jahre bis 1985. Als ein Kernstück der sozialliberalen Bildungsreform vereinheitlicht er auf der Basis des Strukturplans (→ 1970) und der Vorschläge des Wissenschaftsrats die staatlichen Bemühungen im Bildungswesen im Rahmen eines Gesamtkonzepts. Vorgesehen ist die **Gliederung des Bildungswesens in drei Stufen**: Elementarbereich, ab dem dritten Lebensjahr zur familienergänzenden Erziehung einschließlich der unteren Klassen der Grundschulen; Sekundarbereich I mit einer anfänglichen Orientierungsstufe von zwei Jahren für alle Schüler, wobei die Bundesregierung und die SPD-regierten Länder für die integrierte Gesamtschule optieren; Sekundarbereich II, der gleichberechtigt die berufliche Bildung umfaßt und besonders gefördert werden soll. Für den Hochschulsektor (tertiärer Bereich) sieht der Plan u. a. die vermehrte Gründung von Gesamthochschulen und die Einführung von Regelstudienzeiten vor. Der Erwachsenenbildung wird ein höherer Stellenwert eingeräumt.

Parteien

SPD: Der SPD-Parteitag vom 10.–14. 4. steht im Zeichen der **Auseinandersetzung mit den Jungsozialisten**, die scharfe Kritik an der Mehrheitslinie der Partei üben und eine Rückbesinnung auf die Prinzipien des Sozialismus verlangen. Die Kontroverse entzündet sich am Entwurf des **Langzeitprogramms** (»Entwurf eines ökonomisch-politischen Orientierungsrahmens 1973–1985«), das unter Federführung von *Helmut Schmidt* ausgearbeitet wurde und betont pragmatische Vorschläge zur Bodenrechtsreform, Vermögensbildung, Bekämpfung der Wirtschaftskriminalität und zur Medienpolitik enthält. Aus den Wahlen zu den Führungsgremien der Partei geht der linke Flügel gestärkt hervor. Der bisherige stellvertretende Vorsitzende *Herbert Wehner* verzichtet auf seine Wiederwahl, bleibt aber Vorstandsmitglied und Fraktionsvorsitzender. – **Erhebliche Spannungen in der SPD-Führung** offenbaren sich, als der Fraktionsvorsitzende *Wehner* während des Besuchs einer SPD-Bundestagsdelegation in der Sowjetunion am 26.9. von Moskau aus die Ostpolitik der sozialliberalen Koalition kritisiert und Bundeskanzler *Brandt*, der an diesem Tag vor der UN-Vollversammlung die deutsche Politik vorstellt, in polemischer Form Führungsschwäche und Perspektivlosigkeit vorwirft (»Der Herr badet gern lau«).

CDU: Der Partei- und Fraktionsvorsitzende *Rainer Barzel* erleidet am 8.5. in der CDU/CSU-Bundestagsfraktion eine Niederlage, als er sich mit seinem Vorschlag nicht durchsetzen kann, dem Beitritt der Bundesrepublik zur UN im Bundestag zuzustimmen. Am Tag darauf **tritt Barzel als Fraktionschef zurück**. Sein Nachfolger wird am 17.5. *Karl Carstens*. – *Barzel* verzichtet am 15.6. auch auf eine erneute Kandidatur für das Amt des Parteivorsitzenden. Zu seinem Nachfolger wählt der CDU-Bundesparteitag in Bonn am 12.6. den rheinland-pfälzischen Ministerpräsidenten *Helmut Kohl* (mit 520 gegen 51 Stimmen bei 29 Enthaltungen). Neuer Generalsekretär der Partei wird *Kurt Biedenkopf*.

FDP: Nachdem Bundespräsident *Gustav Heinemann* am 14.11. seinen Verzicht auf die Kandidatur für eine zweite Amtszeit ab 30.6. 1974 erklärt, nominiert die FDP Außenminister *Walter Scheel* als Kandidaten für das Amt des Staatsoberhaupts.

Gewerkschaften

Druckerstreik: Im Lohnkampf der **Druckindustrie** läßt die Gewerkschaft IG Druck und Papier am 10./11.4. die Druckereien bestreiken. Erstmals in der Geschichte der Bundesrepublik können zahlreiche Tageszeitungen nicht oder nur in Form von Notausgaben erscheinen. Die Gewerkschaft setzt schließlich Lohnerhöhungen zwischen 10,8% (Facharbeiter) und 17,1% (unterste Hilfsarbeitergruppe) durch.

Fluglotsenstreik: Um ihrer Forderung nach Erhöhung der Erschwerniszulagen Nachdruck zu verleihen, beginnen die rund 1200 **Fluglotsen** auf den bundesdeutschen Flughäfen am 31.5. mit einem Bummelstreik, den sie als »Dienst nach Vorschrift« ausgeben. Bis zum September fallen 47000 Flüge aus, der Schaden wird auf etwa 500 Mio. DM geschätzt.

Wilde Streiks: Mit einer Welle **spontaner Arbeitsniederlegungen** nehmen die Belegschaften vieler Betriebe, insbesondere in der Metallindustrie, in den Sommermonaten die Durchsetzung ihrer Lohnforderungen selbst in die Hand, nachdem die Anfang des Jahres von den Tarifpartneren vereinbarten Lohnerhöhungen durch die gestiegenen Lebenshaltungskosten aufgezehrt wurden. Vom 24.–30.8. wird das Ford-Werk in Köln bestreikt, wobei 10 000 ausländische Arbeiter die Vorreiterrolle übernehmen.

Weitere wichtige innenpolitische Ereignisse

Proteste: Am 14.1. demonstrieren mehr als 15000 Menschen mit einem **»Marsch durch Bonn«** gegen den Vietnamkrieg. Aus Anlaß des Besuches des südvietnamesischen Staatspräsidenten General *Nguên Van Thiêu* kommt es am 10.4. in Bonn zu schweren Auseinandersetzungen zwischen der Polizei und Demonstranten, die zeitweise das Bonner Rathaus besetzen. – In den Großstädten der Bundesrepublik, vor allem in West-Berlin und Frankfurt am Main, verschärfen sich die 1970 begonnenen **Proteste gegen die Vernichtung von Wohnraum** durch Entmietung, Abriß, Umwidmung oder Hauszerstörung. Leerstehende, dem Verfall preisgegebene Wohnhäuser werden in vielen Fällen besetzt. Die Räumung eines seit einem Jahr besetzten Hauses in Frankfurt am Main am 28.3. provoziert eine schwere Straßenschlacht zwischen Sympathisanten der Hausbesetzer und der Polizei.

Steiner-Wienand-Affäre: Der ehemalige CDU-Bundestagsabgeordnete *Julius Steiner* behauptet am 1.6., als einer der beiden heimlichen Abweichler der CDU/CSU-Fraktion habe er sich beim gescheiterten **Mißtrauensvotum** gegen Bundeskanzler *Willy Brandt* am 27.4. → 1972 seiner Stimme enthalten. Dafür sei er von SPD-Geschäftsführer *Karl Wienand* **mit 50 000 DM bestochen** worden. Nachdem *Wienand* die Beschuldigungen abstreitet und zwischenzeitlich bekannt wird, daß *Steiner* sowohl für den Geheimdienst der DDR wie für das Bundesamt für Verfassungsschutz nachrichtendienstlich tätig war, setzt der Bundestag einen Untersuchungsausschuß ein, der am 15.6. seine Arbeit aufnimmt. Die Ermittlungen erschüttern die Glaubwürdigkeit der Hauptbeteiligten des Politskandals, tragen aber zur Aufklärung des Falles wenig bei (→ 1974).

Währungskrise

Dollar-Abwertung: In der seit dem 20.1. akuten Dollar-Krise muß die Deutsche Bundesbank zur Stützung des US-Dollars außerordentlich hohe Summen aufkaufen. Am 2.2. beschränkt die Bundesregierung den freien Kapitalverkehr (u.a. durch Genehmigungspflicht bestimmter Transaktionen), um den unverminderten Dollarzufluß einzudämmen. Nachdem die Maßnahmen die Spekulation gegen den US-Dollar nicht beenden, beschließt die US-Regierung am 12.2. die **Abwertung des Dollars um 10%**, so daß sein Kurs nun bei 2,90 DM für einen US-Dollar steht.

Währungsverbund: Vom 2. bis zum 18.3. werden die europäischen Devisenbörsen geschlossen. Auf der Konferenz der Europäischen Gemeinschaft am 11./12.3. schließen sich sechs der neun Staaten (Großbritannien, Irland und Italien beteiligen sich nicht) zu einem **europäischen Wechselkursblock** zusammen: Die nationalen Währungen der sechs Teilnehmerstaaten koppeln sich vom Dollar als bisheriger Leitwährung ab; während die nationalen Währungen untereinander innerhalb einer Kursschwankungsbreite von 2,25% verbunden bleiben, floated der Gesamtverbund frei gegenüber dem Dollar.

Aufwertung: Ergänzend wird die **Deutsche Mark** am 14.3. mit Wirkung zum 19.3. um 3% aufgewertet. Bereits am 29.6. sieht sich die Bundesregierung gezwungen, eine **erneute Aufwertung** (die fünfte seit 1961) vorzunehmen, diesmal um 5,5%.

Wirtschaftspolitik

Stabilitätsmaßnahmen: Zur Bekämpfung des starken Preisauftriebs beschließt die Bundesregierung am 17.2. einen stabilitätspolitischen Maßnahmenkatalog (u.a. eine Stabilitätsanleihe von bis zu 4 Mrd. DM, eine Anhebung der Mineralölsteuer um 5 Pfennig je Liter sowie den Abbau von Steuervergünstigungen). Am 9.5. folgt die Vorlage eines zweiten Stabilitätsprogramms, das zur Abschöpfung der Kaufkraft eine **Stabilitätsabgabe** auf die Einkommen- und Körperschaftsteuer in Höhe von 10% vorsieht, darüber hinaus eine **Investitionsteuer** in Höhe von 11% für längstens zwei Jahre und die Aussetzung bestimmter Sonderabschreibungen. – Am 1.7. beschließt die Bundesbank, rückwirkend zum 1.6. **den Diskontsatz zu erhöhen**; nachdem er bereits am 4.5. von 5 auf 6% erhöht worden war, wird er nunmehr auf 7% angehoben; der Lombardsatz steigt von 8 auf 9%. Den Kreditinstituten sollen in der gegenwärtigen Lage jedoch grundsätzlich keine Lombardkredite mehr zur Verfügung gestellt werden. Bundesbankpräsident *Karl Klasen* erklärt hierzu, die Bundesbank habe nicht die Absicht, die inflationistische Entwicklung zu finanzieren.

Kehrtwende: Als sich die Konjunktur infolge der Erdölkrise (→ Kasten »Ölschock«) abzuschwächen beginnt und die Arbeitslosenzahl die Millionengrenze überschreitet, nimmt die Bundesregierung am 19.12. Teile des Stabilitätsprogramms vom Mai wieder zurück und beschließt **erste Maßnahmen zur Belebung der Konjunktur** und die Förderung von Investitionen.

Kartellgesetz: Die Kartellgesetznovelle vom 3.8. hebt die Preisbindung für Markenartikel auf, führt eine vorbeugende Fusionskontrolle für Großunternehmen ein und verschärft die Mißbrauchsaufsicht über marktbeherrschende Unternehmen.

Energiepolitik: Am 26.9. beschließt die Bundesregierung ein **Energieprogramm**, das die Abhängigkeit der bundesdeutschen Wirtschaft vom Erdöl mindern soll. Schwerpunkte sind die Förderung des Einsatzes heimischer Kohle und der verstärkte Bau von Atomkraftwerken. Die drei Wochen später beginnende Erdölkrise infolge des Jom-Kippur-Kriegs gibt der Dringlichkeit einer umfassenden Energiepolitik und effektiver Energiesparmaßnamen eine neue Dimension (→ Kasten »Ölschock«). – Als Konsequenz aus der Erdölkrise gewinnt die Produktion von Atomstrom an Priorität. Am 5.12. verabschiedet das Bundeskabinett das **vierte Atomprogramm** für die Jahre 1973–1976 mit Investionen in Höhe von 6,1 Mrd. DM. Schwerpunkt des Programms ist neben der Grundlagenforschung die Reaktorentwicklung.

Ausländische Arbeitnehmer: Als Konsequenz aus der ansteigenden Arbeitslosenzahl und den aus der Energieverknappung resultierenden zusätzlichen Beschäftigungsrisiken erläßt Bundesarbeitsminister *Walter Arendt* (SPD) am 23.11. einen **Anwerbungs- und Vermittlungsstopp** für ausländische Arbeitnehmer, soweit sie nicht Bürger der EG-Staaten sind, die Freizügigkeit genießen.

Deutsch-deutsche Beziehungen

Daten zur Grenze: Nach Angaben der Zentralen Erfassungsstelle in Salzgitter **starben 1972 an der innerdeutschen Grenze 96 Menschen** (1971: 95; Angaben ohne Berlin); 127 Personen seien 1972 beim Überqueren der Grenze durch Schüsse und Minen verletzt worden. Der Bundesgrenzschutz teilt am 12. 2. mit, aufgrund des immer perfekter ausgebauten **Sperrsystems** sinke die Zahl der Flüchtlinge aus der DDR; 1969 seien 578 Zivilisten und 73 Angehörige der Volksarmee bzw. der Grenzschutztruppe über die innerdeutsche Grenze geflohen, 1970 waren es 460 (57); 1971 noch 398 (55) und 1972 nurmehr 368 (33). Die Zahl der Minen entlang der Grenze betrage inzwischen mindestens 1,7 Mio., auf einer Länge von 79 Kilometern sind sogenannte Stellschußanlagen installiert, der doppelte Stacheldrahtzaun sei 836 Kilometer lang, der Metallgitterzaun 590, der Kolonnenweg 1000 Kilometer; man habe 936 Erdbunker sowie 676 Beobachtungstürme und -stände gezählt, ferner 109 Lichtsperren auf einer Strecke von 158 Kilometern sowie insgesamt etwa 500 Spürhunde.
Grenzkommission: Am 31. 1. konstituiert sich die Grenzkommission aus Beamten des Bundesinnenministeriums und des Außenministeriums der DDR; sie soll Fragen des innerdeutschen Grenzverlaufs regeln. Am 4. 9. beginnt die Kommission bei Lübeck mit der Markierung der Grenze.
Besuchs- und Transitverkehr: Das SED-Parteiorgan »Neues Deutschland« gibt am 6. 1. Zahlen zum innerdeutschen **Besuchsverkehr** auf der Grundlage der neuen Regelungen bekannt. Danach fanden rund 3,44 Mio. Besuche von Bundesbürgern und 3,55 Mio. Besuche von West-Berlinern in der DDR (einschließlich Ost-Berlin) für einen oder mehrere Tage statt, in der gleichen Zeit gab es 1,11 Mio. Besuche in der Gegenrichtung. Über die **Transitstraßen** zwischen der Bundesrepublik und West-Berlin fuhren 10,2 Mio. Menschen in 3,61 Mio. Kraftfahrzeugen. – Das Bundesministerium für innerdeutsche Beziehungen teilt am 7. 2. mit, daß seit Erlaubnis von Westbesuchen in **dringenden Familienangelegenheiten** im Rahmen des »Verkehrsvertrages« vom 17. 10. 1972 rund 12 000 DDR-Bürger eine entsprechende Gelegenheit wahrnahmen. – Am 7. 7. stellt das Bundesministerium fest, daß sich in den ersten vier Monaten des Jahres der Transitverkehr von und nach West-Berlin gegenüber dem Vorjahreszeitraum um über 40 % erhöht hat. Am gleichen Tag (nach der Unterzeichnung des Grundlagenvertrags am 6. 6.) öffnet die DDR 15 Straßenübergänge für den »**Kleinen Grenzverkehr**«. Bürger aus grenznahen Gebieten können über 100 nahe gelegene Gemeinden in der DDR besuchen, während 300 weitere Ortschaften im DDR-Grenzbereich weiterhin gesperrt bleiben.
Fluchthilfen: Nachdem die DDR mit erneuten Einschränkungen des Transitverkehrs droht, weil die gelockerte Kontrollpraxis zu **vermehrten Fluchtversuchen aus der DDR** animiert, an denen westdeutsche Autofahrer beteiligt sind, erklärt die Bundesregierung, sie werde kriminelles Unrecht im Bereich der kommerziellen Fluchthilfe nicht dulden.
Zahlungen: Am 12. 2. veröffentlicht das Innerdeutsche Ministerium Informationen über die 1972 geleisteten Zahlungen an die DDR. Aufgebracht wurden 312 Mio. DM, mit denen vertragliche Ansprüche der DDR im Zusammenhang mit dem Reise-, Besuchs- und Kommunikationsverkehr abgegolten wurden (darunter eine Jahrespauschale im Rahmen des Transitabkommens in Höhe von 234,9 Mill. DM; Visagebühren im Berlinverkehr in Höhe von 20 Mio. DM, ferner Vergütungen an die Deutsche Reichsbahn und die Deutsche Reichspost). Im Rahmen ihrer Sparbeschlüsse (→ unten) streicht die Bundesregierung ab 1. 7. die Erstattung der **Visagebühren** für West-Berliner und Westdeutsche bei Reisen nach Ost-Berlin und in die DDR (Einspareffekt insgesamt 80 Mio. DM), nimmt nach heftigen Protesten der Opposition und aus West-Berlin den Beschluß, soweit er die Erstattung für die Ostbesuche von West-Berlinern betrifft, jedoch wieder zurück. Am 5. 11. ordnet das DDR-Finanzministerium die Verdoppelung des Mindestumtauschsatzes ab 15. 11. für DDR-Besucher aus »nichtsozialistsichen Staaten und West-Berlin« an (von 10 DM auf 20 DM pro Tag für DDR-Reisende, bzw. von 5 auf 10 DM für Besucher Ost-Berlins); die Befreiung von Rentnern wird aufgehoben.
Information: Auf der Grundlage einer am 21. 3. erlassenen »Verordnung über die Tätigkeit von Publikationsorganen anderer Staaten in der DDR«, in der sie die Berichterstattung restriktiven »Grundsätzen« unterwirft, akkreditiert die DDR-Regierung am 5. 3. die ersten Fernseh- und Zeitungskorrespondenten.

1973

Aufnahme in die internationale Staatengemeinschaft

Die SED setzt ihre seit dem VIII. Parteitag veränderte Wirtschafts- und Sozialpolitik fort. Angesichts einer positiven Wirtschaftsentwicklung legt die SED im Oktober ein Wohnungsbauprogramm auf, dessen Ziel es ist, innerhalb von 15 bis 20 Jahren in der DDR das Wohnungsproblem zu lösen. Nach dem Tod *Walter Ulbrichts* erweitert der Erste Sekretär des SED-Zentralkomitees, *Erich Honecker*, den engeren Führungszirkel des Politbüros um Funktionäre, mit denen er zum Teil schon in seiner Zeit als Chef des Staatsjugendverbandes FDJ zusammengearbeitet hatte. In der Außenpolitik setzt sich die »Anerkennungswelle« fort; die DDR wird Mitglied der Vereinten Nationen und weiterer internationaler Organisationen. Damit verlieren Ereignisse wie die Weltfestspiele der Jugend und Studenten im Juli/August in Berlin, an denen 25 000 ausländische Gäste aus etwa 120 Staaten, darunter auch aus der Bundesrepublik teilnehmen, als Institution einer die diplomatischen Beziehungen zu anderen Staaten ersetzenden Außenpolitik an Bedeutung.

Innenpolitische Ereignisse

Personelle Veränderungen: Mit dem **Tod** *Walter Ulbrichts* am 1.8. findet die erste Phase der DDR-Geschichte ihren endgültigen Abschluß. Nachfolger im Amt des Staatsratsvorsitzenden wird am 3.10. *Willi Stoph*, dessen bisherige Funktion als Vorsitzender des Ministerrates von *Horst Sindermann* übernommen wird. Bereits am 2.10. beschließt eine ZK-Tagung Veränderungen in der Zusammensetzung des Politbüros, indem der 1967 von *Ulbricht* als Kandidat in das Gremium gebrachte *Walter Halbritter*

wieder ausscheidet, Verteidigungsminister *Heinz Hoffmann* zum Mitglied und die früheren Mitarbeiter *Erich Honeckers* aus seiner Zeit als 1. Sekretär des Zentralrates der FDJ – *Werner Felfe, Inge Lange* und *Konrad Naumann* sowie der Planungschef *Gerhard Schürer* – zu Kandidaten des Politbüros gewählt werden.

Kulturpolitik: Auch in der Kulturpolitik heißt die Devise Abgrenzung von der Bundesrepublik. Auf einer Tagung mit den Präsidien des Kulturbundes, der Künstlerverbände und der Akademie der Künste am 26.1. bestreitet der auch für Kulturfragen zuständige ZK-Sekretär *Kurt Hager*, daß es noch eine einheitliche deutschen Nationalkultur gebe; vielmehr habe sich eine »sozialistische Kultur der DDR« herausgebildet. Der VII. Kongreß des Deutschen Schriftstellerverbandes, der vom 14.–16.11. in Ost-Berlin tagt, beschließt daraufhin seine Umbenennung in »Schriftstellerverband der DDR«.

Kirchenpolitik: Nach den verschiedenen evangelischen Kirchen trägt am 23.7. auch der Vatikan der Tatsache der deutschen Spaltung Rechnung und erhebt die in der DDR liegenden Gebiete (Erfurt, Magdeburg und Schwerin) der Diözesen Fulda, Paderborn und Osnabrück mit über einer Million katholischen Gläubigen, die bisher von Bischöflichen Kommissaren geleitetet wurden, zu Apostolischen Administraturen. Sie verbleiben aber zunächst Teil der Fuldaer Bischofskonferenz.

Devisen: Am 19.12. erläßt die Volkskammer das **Devisengesetz**, das DDR-Bürgern auferlegt, eigene Devisenbestände der Staatsbank zum Kauf anzubieten, sofern sie nicht zum Erwerb von Waren in den »Intershop«-Verkaufsstellen verwendet werden.

Außenpolitik

Diplomatische Beziehungen: Nach der Anerkennung der DDR durch 21 Staaten im Dezember 1972 läuft die **Anerkennungswelle** auch im Januar 1973 unvermindert weiter (13 Anerkennungen). Von besonderer Bedeutung ist die Aufnahme diplomatischer Beziehungen zu Großbritannien (8.2.) und zu Frankreich (9.2.). – Seit dem 27.8. verhandelt die DDR mit den USA über die Modalitäten der diplomatischen Anerkennung durch die westliche Supermacht. Im Verlauf des gesamten Jahres erkennen 46 Staaten die DDR an; Ende 1973 pflegt die DDR diplomatische Beziehungen mit insgesamt 100

Ländern. – Am 21. 9. bricht die DDR in Reaktion auf den Militärputsch gegen die Regierung *Allende* die Beziehungen zu Chile ab. – Am 8. 3. lehnt die DDR Wiedergutmachungsleistungen an den Staat Israel in jeder Form ab.

Internationale Organisationen: 1973 wird die DDR Mitglied in einer ganzen Reihe Internationaler Organisationen. Am 2. 2. tritt sie der **Wiener Konvention** über diplomatische Beziehungen bei. Sie wird am 22. 2. Mitglied der Konferenz der Vereinten Nationen für Handel und Entwicklung (**UNCTAD**) und einen Tag später des Internationalen Institutes für Vereinheitlichung des Privatrechts (**UNIDROIT**). Am 8. 5. wird sie in die Weltgesundheitsorganisation (**WHO**), am 1. 6. in den **Weltpostverein** aufgenommen; am 5. 7. tritt sie der Konvention über die Bekämpfung der Diskriminierung im Bildungswesen und dem Welturheberrechtsabkommen bei. Im Oktober wird sie schließlich Mitglied der Organisation der Vereinten Nationen für industrielle Entwicklung (**UNIDO**). Am bedeutendsten ist die Aufnahme der DDR in die **Vereinten Nationen**, die nach ihrem Antrag vom 12. 6. am 18. 9. – gemeinsam mit der Bundesrepublik – erfolgt. Mit der Aufnahme setzt der Ministerrat die UN-Charta für die DDR in Kraft.

Abrüstung: Am 31. 10. nimmt die DDR an den **Wiener Abrüstungsverhandlungen** (MBFR) teil, nachdem sie bereits am 21. 1. in gleichlautenden Noten an Belgien, die BRD, Dänemark, Island, Italien und Norwegen ihre Bereitschaft zur Teilnahme signalisiert hatte.

Entspannung: Am 8. 6. werden die Verhandlungen der Helsinki-Konsultationen zur Frage der **Konferenz über Sicherheit und Zusammenarbeit in Europa** (KSZE) mit Schlußempfehlungen abgeschlossen (→ 1970), die für den 3. 7. die Eröffnung der ersten Phase der KSZE vorsehen. Sie findet vom 3.–7. 7. in Helsinki als Außenministertagung statt. Dort einigen sich die 35 Teilnehmerländer auf den Beginn (18. 9.) und den Verhandlungsort (Genf) der sogenannten zweiten Phase. In dieser Phase, die bis zum 21. 7. 1975 andauern wird, verhandeln spezialisierte Kommissionen und Unterkommissionen über den bei den Helsinki-Konsultationen festgelegten Themenkatalog. Dieser umfaßt zum einen Fragen der Zusammenarbeit in den Bereichen Wirtschaft, Wissenschaft und Technik sowie Umwelt, zum anderen die Zusammenarbeit in humanitären Fragen.

Deutsch-deutsche Beziehungen

Akkreditierung: Die DDR-Regierung erläßt am 21. 2. eine »Verordnung über die Tätigkeit ausländischer Publikationsorgane und ihrer Korrespondenten in der DDR«. Sie schreibt westlichen Korrespondenten vor, Recherchen außerhalb der DDR-Hauptstadt zuvor im Außenministerium anzumelden; journalistische Berichte zu staatlichen Organen und volkseigenen Unternehmen sind genehmigungspflichtig. Am 5. 3. wird der »Frankfurter Rundschau« gestattet, einen Korrespondenten zu entsenden; am 7. 3. werden Journalisten von ARD, ZDF und weiterer Zeitungen und Zeitschriften aus der Bundesrepublik akkreditiert. Am 3. 9. nimmt mit einem Redakteur der Deutschen Presse Agentur dpa erstmals ein ständiger Korrespondent aus der Bundesrepublik seine Tätigkeit in der DDR auf.

Mindestumtausch: Am 5. 11. ordnet das DDR-Finanzministerium die Verdoppelung des Mindestumtauschsatzes für DDR-Besucher aus »nichtsozialistischen Staaten und West-Berlin« an. Mit Wirkung vom 14. 11. müssen bei Besuchen in Ost-Berlin 10 DM, in der übrigen DDR 20 DM im Verhältnis 1:1 zur Mark der DDR pro Tag umgetauscht werden. Die Befreiung vom Zwangsumtausch für Rentner wird aufgehoben.

Grenzkommission: Am 31. 1. nimmt die gemeinsame Grenzkommission ihre Tätigkeit auf und beginnt am 4. 9. mit der Markierung der deutsch-deutschen Grenze in der Nähe von Lübeck.

Meinungsaustausch: Am 30./31. 5. empfängt *Erich Honecker* die Fraktionsvorsitzenden der Bonner Koalitionsparteien, *Herbert Wehner* (SPD) und *Wolfgang Mischnick* (FDP), auf Schloß Hubertusstock in der Schorfheide zu geheimen Gesprächen, bei denen u. a. humanitäre Fragen der deutsch-deutschen Beziehungen erörtert werden.

Grundlagenvertrag: Nach der Zustimmung durch den Bundestag am 11. 5. und die Volkskammer am 13. 6.. tritt der Grundlagenvertrag am 21. 6. **in Kraft** (→ 1972 und BRD 1973).

Wirtschafts- und Sozialpolitik

Wirtschaftspolitik: 1973 wird das erfolgreichste Jahr in der wirtschaftlichen Entwicklung der DDR seit Mitte der fünfziger Jahre. Dies ist auch Ergebnis erneuter Änderungen in der Rechtsstellung der volkseigenen Unternehmen, die mit einer Verordnung des Ministerrates vom 28. 3.

geregelt werden. Danach ist das Prinzip der zentralen Planung und Leitung von den Volkseigenen Betrieben (VEB), Kombinaten und Vereinigungen Volkseigener Betriebe selbst umzusetzen; Kombinate erhalten für ihren »Reproduktionsprozeß« gegenüber den VEB erweiterte Rechte und Verantwortlichkeiten.

Wirtschaftswachstum: Durch ein hohes Wachstum des Bruttoinlandsproduktes um 4,8 % gegenüber dem Vorjahr steigt erstmals seit 1967 wieder die Leistungskraft der DDR-Volkswirtschaft im Vergleich zu der der Bundesrepublik. Das BIP der DDR wächst auf 161,8 Mrd. DM und entspricht damit 10 % des westdeutschen BIP. Die positive Entwicklung hält auch in den kommenden zwei Jahren an.

Sozialpolitik: Die SED-Führung setzt mit wichtigen Entscheidungen den seit dem VIII. Parteitag eingeschlagenen Kurs in der Sozialpolitik fort. Im September beschließen SED, Ministerrat und FDGB ein **Programm zur Verbesserung der medizinischen und sozialen Betreuung der Berufstätigen**, einschließlich der hierfür notwendigen verbesserten Ausbildung und Entlohnung von Ärzten und anderem medizinischen Personal. Bei seiner Tagung am 2.10. faßt das Zentralkomitee einen Beschluß, der den schon angekurbelten Wohnungsbau in ein langfristiges **Wohnungsbauprogramm** einbettet. Es zielt darauf ab, das immer noch bestehende Wohnungsproblem bis 1990 quantitativ und qualitativ zu beseitigen. Anfangs sind die Erwartungen zu hoch gesteckt; suggeriert doch die Losung »**Bis 1980 jeder eine, bis 1990 jeder seine Wohnung**«, daß (wenn auch auf mitunter schlechtem Niveau) das Wohnungsproblem bis 1980 schon quantitativ zu lösen sei. Konkret sieht das Wohnungsbauprogramm die Fertigstellung von 2,8 bis 3 Millionen Wohnungen vor. Für den erst Anfang 1976 beginnenden Fünfjahrplan wird bereits jetzt der Bau von 750 000 Wohnungen vorgesehen.

Soziale Daten

Bevölkerung: Im Gebiet der DDR leben am 31.12. 1973 rund 16,95 Millionen Einwohner; damit sinkt die Einwohnerzahl erstmals unter 17 Millionen. Im Vergleich zum Vorjahr nahm die Bevölkerung um etwa 60 000 ab. Der Frauenüberschuß beträgt ca. 1,25 Millionen. Nach westlichen Angaben siedeln 15 189, nach DDR-Angaben 11 761 Personen nach Westdeutschland über.

9,92 Millionen Personen, darunter 4,97 Millionen Frauen, sind im arbeitsfähigen Alter (zwischen 15 und 60 bzw. 65 Jahren). Gegenüber dem Vorjahr haben sich die Angaben zur Berufstätigkeit nur leicht verändert: 7,84 Millionen (ohne Lehrlinge), darunter 3,84 Millionen Frauen, sind berufstätig. 815 800 Personen (einschließlich einer geringen Anzahl von Mitgliedern der Rechtsanwaltskollegien) arbeiten im genossenschaftlichen Sektor, darunter 650 900 in LPG und 136 600 in PGH. 206 400 Personen sind selbständig, darunter befinden sich 29 400 Komplementäre und Kommissionshändler (einschließlich mithelfender Familienangehöriger), 8 100 Einzelbauern und private Gärtner, 135 200 Handwerker, 19 700 Groß- und Einzelhändler sowie 12 000 freiberuflich Tätige.

Wohnungsbau: Mit dem Bau von 96 218 (80 725 Neubauten, 15 493 Modernisierungen) werden wiederum deutlich mehr Wohnungen (10 317 oder 12 %) fertiggestellt als im Vorjahr. Der genossenschaftliche Wohnungsbau steigt um 33,8 % auf 26 172 fertiggestellte Wohnungen an.

Einkommen und Lebenshaltung: Das durchschnittliche monatliche **Arbeitseinkommen** von Arbeitern und Angestellten beträgt in der staatseigenen Wirtschaft einschließlich der aus der Aufkaufaktion des Vorjahres neu entstandenen VEB 829, ohne diese 835 Mark. Die Pro-Kopf-**Sparguthaben** wachsen auf etwa 3842 Mark an. Die Sparguthaben bei Geld- und Kreditinstituten wachsen gegenüber dem Vorjahr absolut um 8,6 %. Das Volumen der Lebensversicherungen steigt um gut 1,9 %. Der **Einzelhandelsumsatz** wächst gegenüber dem Vorjahr um 5,8 %auf 74,6 Milliarden Mark. Die volkseigenen Läden der Handelsorganisation (HO) und der Konsumgenossenschaften haben daran einen Anteil von 84,4 %. – Das **Fernsprechnetz** der Deutschen Post wächst gegenüber dem Vorjahr um 39 700 auf über 1 059 500 Anschlüsse. – In der **Ausstattung** der privaten Haushalte **mit langlebigen Konsumgütern** entfallen auf 1000 Haushalte 214 PKW, 194 Motorräder bzw. Motorroller, 745 Kühlschränke, 667 Waschmaschinen, 1460 Radioapparate und 813 Fernsehgeräte. Erstmals gibt es damit in den Haushalten der DDR mehr vierrädrige (PKW) als motorisierte Zweiradfahrzeuge.

1974

Brandts Sturz: politischer Klimawechsel

Der Rücktritt von Bundeskanzler *Willy Brandt*, eher zufällig durch die Enttarnung seines persönlichen Referenten *Günter Guillaume* als DDR-Agent ausgelöst, markiert einen Wendepunkt. Die sozialliberale Reform- und Aufbruchstimmung, deren charismatische Symbolfigur der Kanzler *Brandt* war, macht einer allgemeinen Ernüchterung Platz: Wie andere westliche Industriestaaten tritt die Bundesrepublik mit Beginn der Erdölkrise in eine Phase der Rezession ein; Arbeitskämpfe, politische Polarisierung und terroristische Aktivitäten prägen das innenpolitische Klima. Große Reformvorhaben (u. a. Abtreibungsrecht nach §218 StGB, Mitbestimmungs- und Bildungspolitik) kommen nicht voran, weil sie nicht mehr finanziert werden können bzw. am Widerstand des kleineren Koalitionspartners, des unionsdominierten Bundesrats oder des Bundesverfassungsgerichts scheitern. Der neue Bundeskanzler *Helmut Schmidt* setzt betont pragmatisch neue wirtschafts- und innenpolitische Akzente, um die ökonomischen Probleme zu bewältigen und der Protestbewegungen wie auch des Terrorismus mit einer schärferen Gangart Herr zu werden.

Guillaume-Affäre und Kanzlersturz

Enttarnung: Am 24. 4. wird in Bonn *Günter Guillaume* unter Spionageverdacht verhaftet. Er gesteht, **DDR-Agent und Offizier der Nationalen Volksarmee der DDR** zu sein. – Am 6. 6. beschließt der Bundestag auf Antrag der Opposition die Einsetzung eines parlamentarischen Untersuchungsausschusses zur Aufklärung der Guillaume-Affäre.

Der Spion

Günter Guillaume (* 1. 2. 1927 in Berlin, † 10. 4. 1995 in Berlin) wurde 1950 Redakteur im Verlag Volk und Welt in Ost-Berlin. Nach einer Vorbereitung auf seine künftige konspirative Aufgabe in der Bundesrepublik durch das Ministerium für Staatssicherheit siedelte er 1956 in den Westen über. Ein Jahr später trat er der SPD bei, profilierte sich als Organisationstalent, wurde 1968 Geschäftsführer der SPD-Fraktion im Stadtrat von Frankfurt am Main und knüpfte Beziehungen zu führenden Parteipolitikern. Obwohl das Bundesamt für Verfassungsschutz Vorbehalte gegen *Guillaume* vorbrachte, gelangte er 1972 in die Vertrauensstellung als Referent im Bundeskanzleramt.
Nach seiner Enttarnung wurde er 1975 wegen Landesverrats zu 15 Jahren Gefängnis verurteilt, 1981 amnestiert und im Austausch gegen inhaftierte bundesdeutsche Agenten in die DDR entlassen.

Rücktritt: In den folgenden Tagen werden **Überwachungsmängel** bei den Sicherheitsbehörden offenbar. Die Frage einer **»politischen Erpreßbarkeit«** des Bundeskanzlers aufgrund der Einblicke *Guillaumes* in die Privatsphäre *Brandts* steht im Zentrum der politischen Kontroverse. *Brandt* richtet am 6. 5. ein Schreiben an den Bundespräsidenten *Gustav Heinemann*, in dem es u. a. heißt: »Ich übernehme die **politische Verantwortung für Fahrlässigkeiten** im Zusammenhang mit der Agentenaffäre Guillaume und erkläre meinen Rücktritt.« *Heinemann* **entläßt das Kabinett** am folgenden Tag und beauftragt die Bundesminister mit der Fortführung der Geschäfte; die des Bundeskanzlers übernimmt Außenminister und Vizekanzler *Walter Scheel*. – In der Bundesrepublik und im Ausland löst der Rücktritt *Brandts* weithin Bedauern aus; die CDU/CSU wertet ihn als Eingeständnis des politischen Scheiterns.
Regierung Schmidt/Genscher: Nach Verhandlungen unter Vorsitz von Finanzminister *Helmut Schmidt* (SPD) einigen sich SPD und FDP am 9. 5. auf die **Fortsetzung der Koalition**; am 16. 5. wählt der Bundestag mit 267 gegen 225 Stimmen (bei 3 Gegenstimmen aus den Reihen der Koalition) *Helmut Schmidt* zum Bundeskanzler. *Hans-Dietrich Genscher* (FDP), bisher Innenminister, wird Vizekanzler und über-

nimmt von *Walter Scheel* das Auswärtige Amt; *Werner Maihofer* (FDP), bisher Minister für besondere Aufgaben, wird Innenminister; *Hans-Jochen Vogel* (SPD) wechselt vom Bau- ins Justizministerium; *Hans Apel* (SPD), bisher Staatssekretär im Auswärtigen Amt, wird Finanzminister.

Regierungserklärung: Unter dem Motto »Kontinuität und Konzentration« zieht *Schmidt* in seiner Regierungserklärung am 17.5. eine **Zwischenbilanz** der von der sozialliberalen Koalition erzielten Erfolge, nimmt aber für die Zukunft Abstand von der weitgreifenden Gestaltungsabsicht, die *Brandts* Programme bestimmten: »In einer Zeit weltweit wachsender Probleme konzentrieren wir uns in **Realismus und Nüchternheit** auf das Wesentliche, auf das, was jetzt notwendig ist.« Als Schwerpunkte der künftigen Arbeit nennt er die Fortsetzung der bisherigen Wirtschafts- und Finanzpolitik, die Bekämpfung der Arbeitslosigkeit und die Wiedererlangung der Geldwertstabilität sowie die Förderung der europäischen Einigung und die Sicherung des atlantischen Bündnisses.

Außenpolitik

Atomwaffensperrvertrag: Am 20.2. ratifiziert der Deutsche Bundestag in erster Lesung (mit Stimmen aus der CDU/CSU-Fraktion und bei 90 Gegenstimmen) den Beitritt der Bundesrepublik zum Vertrag über die Nichtweiterverbreitung von Kernwaffen.

Tschechoslowakei: Am 8.3. verwirft der unionsdominierte Bundesrat den **Vertrag über die gegenseitigen Beziehungen** mit der Tschechoslowakei (»Prager Vertrag«) vom 11.12. → 1973, da die Ausführungen über das Münchner Abkommen mehrdeutig und die historischen Sachverhalte unvollständig wiedergegeben seien (Nichterwähnung des den Sudetendeutschen verweigerten Selbstbestimmungsrechts). Der Bundestag billigt den Vertrag in erneuter

»Sein Job war getan«

Nach Ansicht der meisten politischen Beobachter war die Rücktrittsentscheidung *Willy Brandts* von der Sache her nicht unbedingt geboten. Die Londoner »Times« schrieb am 8.5. über die möglichen Motive *Brandts* (Auszüge):
Es ist (unser) Eindruck, daß *Brandt* gar nicht abgeneigt war, einen Job aufzugeben, der ihm in vieler Hinsicht zur Last geworden war. Er hat die beiden historischen Ziele erreicht, die ihn wirklich interessierten – die SPD erstmals nach über 40 Jahren wieder an die Macht zu bringen und das unvollendete Erbe des Zweiten Weltkriegs abzuschließen, indem er die Beziehungen zu Deutschlands östlichen Nachbarn wiederherstellte. Diese beiden Errungenschaften verschaffen ihm einen soliden Platz in der Geschichte, vergleichbar mit dem von *Dr. Adenauer*. (...)
Auch wenn sein Rücktritt im Augenblick in Deutschland und Europa tragisch erscheint, mag es ein Trost sein, daß *Brandt* in Erinnerung bleiben wird als einer der ganz wenigen Staatsmänner, die wissen, wann sie ihr Amt aufzugeben haben. Sein Job ist getan, und er hat ihn gut gemacht. (...)«

Erstes Kabinett Schmidt (16. 5. 1974–15. 11. 1976)

Bundeskanzler	*Helmut Schmidt* (SPD)
Stellvertreter und Äußeres	*Hans-Dietrich Genscher* (FDP)
Inneres	*Werner Maihofer* (FDP)
Justiz	*Hans-Jochen Vogel* (SPD)
Finanzen	*Hans Apel* (SPD)
Wirtschaft	*Hans Fridrichs* (FDP)
Ernährung, Landwirtschaft und Forsten	*Josef Ertl* (FDP)
Arbeit und Sozialordnung	*Walter Arendt* (SPD)
Verteidigung	*Georg Leber* (SPD)
Jugend, Familie und Gesundheit	*Katherina Focke* (SPD)
Verkehr, Post und Fernmeldewesen	*Kurt Gscheidle* (SPD)
Raumordnung, Bauwesen und Städtebau	*Karl Ravens* (SPD)
Innerdeutsche Beziehungen	*Egon Franke* (SPD)
Forschung und Technologie	*Hans Matthöfer* (SPD)
Bildung und Wissenschaft	*Helmut Rohde* (SPD)
Wirtschaftliche Zusammenarbeit	*Erhard Eppler* (SPD)
	ab 8.7. *Egon Bahr* (SPD)

Abstimmung gegen die Stimmen der Opposition am 20.6. mit 232 gegen 190 Stimmen und weist den anschließenden Einspruch der Bundesratsmehrheit am 10.7. endgültig in namentlicher Abstimmung mit 262 gegen 167 Stimmen zurück. Der Prager Vertrag tritt nach Austausch der Ratifikationsurkunden am 19.7. in Kraft.

Europa: Die Staats- und Regierungschefs der EG beschließen am 10.10. in Paris, wenigstens dreimal jährlich mit den Außenministern zusammenzutreffen. – Bei seinem Besuch in London am 10.10. verhandelt Bundeskanzler *Helmut Schmidt* mit dem britischen Premier *Harold Wilson* über die **Bedingungen Großbritanniens** für den Verbleib in der EG. Die Briten wollen ihren Beitrag zur Finanzierung der EG senken und fordern einen neuen Verteilungsschlüssel für die finanziellen Belastungen.

Weitere wichtige außenpolitische Ereignisse

Die Genfer Abrüstungskonferenz erweitert sich am 20.8. mit Wirkung zum 1.1.1975 auf 31 teilnehmende Staaten; zu den fünf neuen Teilnehmern gehören die Bundesrepublik und die DDR. – **USA:** Am 25.4. einigen sich die Bundesrepublik und die USA auf ein neues Devisenausgleichsabkommen: Zum Ausgleich ihrer Kosten für die Stationierung ihrer Streitkräfte in der Bundesrepublik für die Zeit vom 1.7.1973–30.6.1975 werden die USA 5,98 Mrd. DM erhalten. – **Island:** Nach der einseitigen Ausdehnung der nationalen Fischereizone Islands auf 50 Seemeilen eskaliert der sog. »Kabeljaukrieg« zwischen den Fischereiflotten Islands und anderer Staaten. Am 24.11. stoppt die isländische Marine ein bundesdeutsches Schiff durch Schüsse vor den Bug.

Deutsch-deutsche Beziehungen

Streit um Bundesbehörde in West-Berlin: Als Verletzung des Viermächteabkommens über Berlin von → 1971, das die Ansiedlung weiterer Bundesbehörden in West-Berlin ausschließt, werten die Regierungen der DDR und der Sowjetunion den Beschluß der Bundesregierung vom 3.1., das geplante Umweltbundesamt in West-Berlin einzurichten.

Transitwege, Reiseverkehr: Als Reaktion auf die politischen Schritte zur Einrichtung des Bundesumweltamtes in West-Berlin (→ oben) führen die DDR-Behörden Ende Januar und verstärkt nach dem Inkrafttreten des entsprechenden Gesetzes am 25.7. verschärfte Kontrollen der Transitreisenden durch. Es kommt zu starken Behinderungen im Straßenverkehr von und nach West-Berlin, Mitarbeitern des Bundesamtes wird die Durchreise verweigert.

Ständige Vertretungen: Am 14.3. unterzeichnen Staatssekretär *Günter Gaus* und der Stellvertretende Außenminister der DDR, *Kurt Nier*, in Bonn das Protokoll über die Errichtung der Ständigen Vertretungen der Bundesrepublik und der DDR, deren Vertreter den Titel »Leiter« führen und die beim Staatsrat der DDR bzw. beim Bundespräsidenten akkreditiert werden. Zuständig für die Vertretung der Bundesrepublik ist das Außenministerium der DDR, für den Vertreter der letzteren das Bundeskanzleramt. (Damit hat die Bundesrepublik zumindest protokollarisch den Eindruck vermieden, es handele sich um einen normalen zwischenstaatlichen Botschafteraustausch.) In den Protokollvermerken wird festgehalten, daß die Interessen von West-Berlin durch die Vertretung der Bundesrepublik in Übereinstimmung mit dem Viermächte-Abkommen vom 3.9.1971 wahrgenommen werden. – Die Ständigen Vertretungen werden am 2.5. in Bonn und Ost-Berlin eröffnet, am 20.6. werden die Leiter der Ständigen Vertretungen in der DDR (Staatssekretär *Günter Gaus*) und in der Bundesrepublik Deutschland (Minister *Michael Kohl*) akkreditiert. Die CDU/CSU-Opposition meldet verfassungsrechtliche Bedenken an.

Flucht: Nach Angaben der »Arbeitsgemeinschaft 13. August« vom Frühjahr 1975 fliehen 1974 insgesamt 5400 DDR-Bürger in den Westen, von denen 4400 den Weg über andere Ostblockstaaten wählen oder bei genehmigten Reisen im Westen bleiben.

Prozesse: Mitte des Jahres kommt es in der DDR zu einer neuen **Prozeßwelle gegen Fluchthelfer**. In 22 bekanntgemachten Verfahren werden 59 West-Berliner und Westdeutsche wegen »staatsfeindlichen Menschenhandels« (kommerzielle Fluchthilfe), »Mißbrauchs des Transitabkommens« und »Beihilfe zum ungesetzlichen Grenzübertritt« (Republikflucht) zu durchschnittlich je 7 Jahren Haft verurteilt. **Freikauf von Häftlingen:** Im Rahmen ihrer »besonderen Bemühungen« erwirkt die Bundesregierung bis zum 31.8. Ausreisegenehmigungen für insgesamt 516 inhaftierte DDR-Bürger, unter ihnen zahlreiche politische Häftlinge, in die Bundesrepublik. Obwohl über die Gegenleistungen keine offiziellen Angaben gemacht werden, kolportiert die Presse, das in bar gezahlte Kopfgeld liege bei 50 000 DM.

Sonstige wichtige Ereignisse: Am 25. 4. vereinbaren die beiden deutschen Staaten die kostenlose **medizinische Versorgung** von Reisenden im jeweils anderen Land (in Kraft am 1. 1. 1976).

Terrorismus

Festnahmen, Anklagen, Urteile: Am 4. und 5. 2. verhaftet die Polizei in Hamburg und Frankfurt am Main 15 Personen, die der »Rote Armee Fraktion« (RAF) zugerechnet werden, und hebt mehrere Waffenlager aus. – Generalbundesanwalt *Siegfried Buback*, der am 10. 5. vom Bundesrat in sein Amt eingesetzt wurde, stellt am 2. 10. fünf Mitglieder des **»harten Kerns« der RAF** – *Andreas Baader, Gudrun Ensslin, Ulrike Meinhof, Holger Meins, Jan-Carl Raspe* – vor dem Oberlandesgericht Stuttgart **unter Anklage**. Sie werden der Gründung einer kriminellen Vereinigung und zahlreicher schwerer Verbrechen beschuldigt. – Das West-Berliner Schwurgericht verurteilt am 29. 11. den ehemaligen Rechtsanwalt **Horst Mahler** – unter Einbeziehung einer früheren Strafe – zu 14 und **Ulrike Meinhof** zu 8 Jahren Gefängnis »wegen gemeinschaftlich versuchten Mordes und vollendeter Gefangenenbefreiung« (von *Andreas Baader* am 14. 5. → 1970).

Attentate: Am 5. 6. wird im Grunewald in West-Berlin *Ulrich Schmücker* ermordet. Noch am selben Tag bekennt sich die Untergrundorganisation »Bewegung 2. Juni«, der *Schmücker* früher angehörte, zu der Tat, die als Vergeltung für seinen »Verrat« bezeichnet wird. *Schmücker* hatte nach seiner Festnahme 1972 ein umfangreiches Geständnis abgelegt und war nach einer Verurteilung zu 30 Monaten Gefängnis freigelassen worden. In den Fall, der nicht abschließend geklärt werden kann, ist auch der West-Berliner Verfassungsschutz verwickelt. – Am 10. 11. wird in West-Berlin der Präsident des Kammergerichts *Günter von Drenkmann* erschossen, nachdem ein Entführungsversuch durch sieben Personen an seiner Gegenwehr scheiterte. Zur Tat bekennt sich eine »Aufbauorganisation« der RAF; die Ermittlungsbehörden verdächtigen auch die »Bewegung 2. Juni«, die Tat bleibt jedoch unaufgeklärt.

Hungerstreik: Am 9. 11. stirbt *Holger Meins* an den Folgen eines Hungerstreiks, den er im September in der Haftanstalt Wittich (Eifel) begann. An der Hungerstreikaktion sind weitere 10 der 20 inhaftierten RAF-Mitglieder beteiligt, die damit gegen die Haftbedingungen – die sie als »Isolationsfolter« wahrnehmen – protestieren wollen. Der Tod von *Holger Meins* löst zahlreiche Demonstrationen aus, auf denen schwere Vorwürfe gegen Justiz und Ärzte erhoben werden, u. a. wegen unzureichender medizinischer Versorgung. – Der französische Schriftsteller und Philosoph *Jean-Paul Sartre* stattet am 4. 12. dem in Stuttgart in Untersuchungshaft sitzenden *Andreas Baader* einen einstündigen Besuch ab. *Sartre* bekundet seine Solidarität mit den Hungerstreikenden.

Terrorismusgesetze: Der Bundestag verschärft am 18. 12. das Strafverfahrensrecht: Es erlaubt nun u. a. den **Ausschluß von Anwälten vom Strafverfahren**, wenn dringender Verdacht der Strafvereitelung oder der Gefährdung der Sicherheit der Strafvollzugsanstalt besteht. Darüber hinaus erklärt das auf das Baader-Meinhof-Verfahren zugeschnittene Verteidigerausschlußgesetz die Verteidigung mehrerer Beschuldigter durch einen gemeinschaftlichen Verteidiger für unzulässig. Damit soll verhindert werden, daß die Anwälte die Kommunikation unter den Häftlingen organisieren. Diesen wird zugleich das Recht auf freie Verteidigerwahl beschnitten. Die »Lex Baader-Meinhof« tritt am 1. 1. 1975 in Kraft.

Wichtige Bundesgesetze

Umwelt: Am 18. 1. verabschiedet der Bundestag mit den Stimmen aller Fraktionen das Gesetz zum »Schutz vor schädlichen Umwelteinwirkungen durch Luftverunreinigungen, Geräusche, Erschütterungen und ähnliche Vorgänge« (**Immissionsschutzgesetz**; in Kraft ab 1. 4.). Es geht vom »Verursacherprinzip« aus, demzufolge der Urheber von Umweltschäden die Kosten für deren Beseitigung zu tragen hat. Bei der Planung und Herstellung eines Produkts müssen die Belange des Umweltschutzes ebenso berücksichtigt werden wie bei seiner Verwendung und Entsorgung. So verpflichtet das Gesetz den Betreiber von größeren technischen Anlagen mit umweltschädlichen Wirkungen ab 1. 8. 1975 zur Bestellung eines »Immissionsschutzbeauftragten«, der für die Einhaltung der

Vorschriften sorgen soll. – Am 25.7. wird das **Umweltbundesamt** eröffnet. Es befaßt sich mit der Forschung, Information, Dokumentation, Beratung und Aufklärung in Umweltfragen. Um seinen Standort West-Berlin gibt es Auseinandersetzungen mit der DDR und der Sowjetunion (→ oben). – Am 15.8. tritt das **Umweltstatistikgesetz** in Kraft, das die Erhebung ökologischer, wirtschaftlicher und finanzieller Daten zur Umweltbelastung regelt.

Volljährigkeit: Der Bundestag beschließt am 22.3. die Herabsetzung der Volljährigkeit und der Ehemündigkeit auf 18 Jahre. Neben dem aktiven Wahlrecht, das 18jährige schon seit dem 1.8. 1970 besitzen, erhalten sie nun auch das passive. Das Gesetz tritt zum 1.1.1975 in Kraft.

Abtreibung: Am 21.3. verabschiedet der Bundestag gegen die Stimmen der CDU/CSU ein Gesetz, das Leistungen der gesetzlichen Krankenkassen bei legalen Schwangerschaftsabbrüchen sowie eine Beratung bei der Empfängnisregelung vorsieht. – Am 26.4. verabschiedet der Bundestag in 3. Lesung als Fünftes Gesetz zur Reform des Strafrechts eine **Neufassung des Paragraphen 218** mit 247 gegen 233 Stimmen. Die Abtreibung in den ersten drei Schwangerschaftsmonaten soll straffrei bleiben, wenn sich die Schwangere vor dem Eingriff ärztlich beraten läßt; danach soll sie nur im Fall der medizinischen Indikation straffrei bleiben. Die Einsprüche des CDU/CSU-dominierten Bundesrats vom 10.5. und 31.5. überstimmt der Bundestag am 5.6. in namentlicher Abstimmung mit 260 gegen 218 Stimmen (bei 4 Enthaltungen). Das Gesetz wird, nach Unterzeichnung durch Bundespräsident *Heinemann* am 18.6., vom Bundesverfassungsgericht, angerufen von den Landesregierungen Baden-Württembergs und Bayerns, am Tage seiner Verkündung (21.6.) vorläufig außer Kraft gesetzt (Urteil am 25.2. → 1975). Die parlamentarischen Beratungen werden begleitet von Demonstrationen und anderen Aktionen Zehntausender von Frauen in zahlreichen Großstädten.

Arbeit, Soziales: Mit dem **Heimarbeitsgesetz** vom 29.10. trägt der Gesetzgeber dem Trend zur Teilzeitbeschäftigung Rechnung, die, vor allem von Frauen, häufig in der eigenen Wohnung ausgeübt wird. Der Status der Heimarbeiter wird besser abgesichert und in wesentlichen Punkten – u. a. Kündigungsschutzfrist, bezahlter Jahresurlaub – den im Betrieb beschäftigten Arbeitnehmern gleichgestellt. – Der Bundestag billigt am 17.10., der Bundesrat am 29.11. das **zweite Wohnraumkündigungsgesetz**, das Mieter vor überdurchschnittlichen Mieterhöhungen und ungerechtfertigten Kündigungen schützen soll; es tritt am 1.1.1975 in Kraft. – Eine Novelle zur **betrieblichen Altersversorgung**, die der Bundestag am 5.12. verabschiedet (in Kraft am 22.12.), soll den Arbeitnehmern Ansprüche auf eine Betriebsrente sichern, auch wenn das Unternehmen zahlungsunfähig oder in Konkurs gegangen ist.

Bildungspolitik: Mit der Mehrheit der Regierungskoalition beschließt der Bundestag am 12.12. das umstrittene **Hochschulrahmengesetz** (in Kraft ab dem 26.1. → 1976), dessen Entwurf das Bundeskabinett bereits am 4.7. 1973 verabschiedete. Es enthält Richtlinien für die Hochschulgesetze der Bundesländer. Zentrale Punkte sind die Neuordnung der Zulassungsbestimmungen zum Studium, die Einführung von Regelstudienzeiten, eine neue Personalstruktur mit Mitbestimmungsverfahren – unterhalb der sog. strengen Drittelparität – in den Selbstverwaltungsgremien und die Empfehlung der Gesamthochschule als neuem Regeltyp.

Weitere innenpolitische Ereignisse

Wahl des Bundespräsidenten: Bundespräsident *Heinemann* hatte im Vorjahr aus Altersgründen auf eine mögliche Wiederwahl verzichtet. Die Bundesversammlung, die auf Betreiben der Vier Mächte nicht, wie ursprünglich geplant, in West-Berlin, sondern in Bonn zusammentritt, wählt am 15.5. im ersten Wahlgang den bisherigen FDP-Vorsitzenden *Walter Scheel* mit 530 Stimmen **zum vierten Präsidenten** der Bundesrepublik. Der Kandidat der CDU/CSU, *Richard von Weizsäcker*, erhält 498 Stimmen; 5 Wahlmänner enthalten sich. *Scheel* legt wenige Tage später seine FDP-Ämter nieder. Am 1.7. wird er vereidigt.

Steiner-Wienand-Affäre: In seinem am 27.3. vorgelegten Bericht stellt der am 15.6. → 1973 einberufene Untersuchungsausschuß des Bundestags fest, es seien **keine ausreichenden Beweise** für die Behauptung des CDU-Abgeordneten *Julius Steiner* vorgelegt worden, er sei im Zusammenhang mit dem Mißtrauensvotum gegen Bundeskanzler *Brandt* → 1972 von dem SPD-Fraktionsgeschäftsführer *Karl Wienand* bestochen worden. Eine Minderheit der CDU/CSU-Abgeordneten im Ausschuß ist jedoch der An-

sicht, der Verdacht gegen *Wienand* habe sich erhärtet.
Rücktritt: Im Konflikt über den mittelfristigen Haushaltsansatz für sein Ressort tritt der Bundesminister für wirtschaftliche Zusammenarbeit, *Erhard Eppler* (SPD), am 4.7. zurück. Entgegen früherer Absprachen sollte er in den nächsten vier Jahren Streichungen in Höhe von 2,1 Mrd. hinnehmen. Der dem linken Flügel der SPD angehörende Politiker gilt als innerparteilicher Kontrahent von Bundeskanzler *Schmidt*. Am 8.7. übernimmt *Egon Bahr*, unter *Brandt* Minister für besondere Aufgaben, das Entwicklungsministerium. Sein Etat wird von 3,6 Mrd. DM im Jahre 1975 um 17% für 1976 gekürzt und erreicht damit wieder den Stand von 1974 (3,0 Mrd.).
Sonstiges: Die Bundesregierung beschließt am 31.7., die inzwischen fertiggestellte **Dokumentation über Verbrechen an Deutschen** im Zusammenhang mit den Vertreibungen nach dem Zusammenbruch des Dritten Reiches, die sie 1969 beim Bundesminister für Vertriebene, Flüchtlinge und Kriegsgeschädigte in Auftrag gegeben hatte, bis auf weiteres nicht zur Veröffentlichung freizugeben. Ihre wissenschaftliche Verwertung soll ermöglicht werden. Der Dokumentation zufolge kamen bei den Vertreibungen rd. 2,3 Mio. deutsche Zivilisten ums Leben.

Wirtschaftspolitik

Rezession: Die **Deutsche Bundesbank** resümiert in ihrem Geschäftsbericht für das Jahr 1974: »Während die Produktion stagnierte und später zurückging, ist das gesamtwirtschaftliche Produktionspotential 1974 weiter gestiegen, schätzungsweise um 3,5%. (...) In der Industrie sank die Auslastung der Sachkapazitäten allmählich bis auf den Stand während des Konjunkturrückschlages von 1967... In den letzten Monaten von 1974 kam es auch stärker zu Entlassungen, da eine baldige Besserung der Konjunktur sich nicht abzeichnete.«
Energiekrise: Angesichts der verhältnismäßig geringfügigen **Verknappung des Benzinangebots** in der Bundesrepublik infolge der Maßnahmen der arabischen Staaten beschließt die Bundesregierung am 9.1., das für zwei Wochenenden im Januar geplante KFZ-Fahrverbot doch nicht zu verhängen. Die Geschwindigkeitsbegrenzungen bleiben zunächst weiter bestehen. –

Die Mineralölgesellschaften erhöhen am 22.1. drastisch die Preise für Benzin und Diesel. – Im Zuge des beschleunigten **Ausbauprogramms für Atomenergie** beschließt die Regierung am 5.11., ungeachtet zahlreicher Proteste unverzüglich mit dem Bau des Atomkraftwerks Wyhl am Oberrhein zu beginnen. – Am 18.10. beschließt die Bundesregierung ein **Sonderprogramm zur Belebung der Konjunktur.** Bundestag und Bundesrat verabschieden darüber hinaus am 19.12. im Einvernehmen aller Parteien ein **Konjunkturstützungsprogramm**, das zusätzliche Investitionen des Bundes und der Länder (1,13 Mrd. DM), Zuschüsse für Arbeitsbeschaffungsmaßnahmen (600 Mio. DM) sowie private Investitionszulagen in Höhe von 7,5% für Investitionen vorsieht, die zwischen dem 30.11.1974 und dem 30.6.1975 erfolgen.
Finanz- und Haushaltspolitik des Bundes: Am 22.5. billigt der Bundestag den **Bundeshaushalt** für das Jahr 1974. Er hat ein Volumen von 136,4 Mrd. DM (12% gegenüber 1973) und muß durch zusätzliche Kreditaufnahmen in Höhe von voraussichtlich 7,6 Mrd. DM ausgeglichen werden. Von den budgetierten Ausgaben 1974 entfallen 39,1 Mrd. auf soziale Sicherung, 28,7 Mrd. auf Verteidigung, 7,9 Mrd. auf Bildung, Wissenschaft und Forschung. – Mit ihrer Mehrheit im Bundesrat setzen die Unionsparteien einen **Kompromiß bei der Steuerreform** durch, der am 25. und 26.7. vom Bundestag und Bundesrat gebilligt wird. Eine neue Struktur des Einkommensteuertarifs und ein Familienlastenausgleich bringen Steuererleichterungen für die Bezieher kleiner und mittlerer Einkommen. Bei einem Grundfreibetrag von 3000 DM für Ledige/6000 DM für Verheiratete beginnt der Tarif bei 22% und endet mit einem Spitzensteuersatz von 56%. Neu eingeführt wird ein Freibetrag für Einkünfte aus Kapitalvermögen (300/600 DM); die Werbungskostenpauschale sinkt um die Hälfte auf 150/300 DM.
Unternehmen: Am 27. 6. ordnet die Bankenaufsichtsbehörde die **Liquidation des Bankhauses Herstatt** in Köln an, bei dem durch Devisentermingeschäfte Verluste von mehreren hundert Millionen DM entstanden sind. Aus einem kurzfristig gebildeten »Feuerwehrfonds« der Banken und der Bundesbank erhalten Sparer mit Einlagen unter 20000 DM ihr Geld ganz zurück, andere zu 65% bzw. 45%. Im September beschließen die Bundesbank und der Bundesverband Deutscher Banken die Gründung einer

»Liquiditätskonsortialbank«, die Kreditinstituten bei Liquidationsschwierigkeiten helfen soll (Stammkapital 1 Mrd. DM).

Handel mit der Sowjetunion: Die wirtschaftlichen Beziehungen zur Sowjetunion intensivieren sich durch eine Serie von Großabschlüssen: Am 6.7. wird das zweite deutsch-sowjetische Vertragspaket unterzeichnet, das die Lieferung von 1,2 Mio. **Großröhren** in die Sowjetunion in den Jahren 1976/77 vorsieht, die im Gegenzug **Erdgas** an die Ruhrgas AG, Essen, liefert. Ein weiteres Erdgasgeschäft über 1,5 bis 2,5 Mrd. cbm jährlich und mit einer Laufzeit bis zum Jahr 2000 kommt am 5.9. zustande. Insgesamt wird die Bundesrepublik ab 1980 aus der Sowjetunion 8,5 Mrd. cbm Erdgas beziehen. Am 29.10. folgt der Abschluß eines dritten Vertragspakets u.a. zur **Uranversorgung** der bundesdeutschen Atomkraftwerke über ein Volumen von 1 Mrd. DM. – Am 2.10. unterzeichnet die Klöckner-Humboldt-Deutz AG (Köln) im sowjetischen Außenhandelsministerium einen Vertrag über die Lieferung von rund 9000 **Lastkraftwagen** im Wert von über 1 Mrd. DM.

Bundesländer

Hamburg: Bei der Bürgerschaftswahl am 3.3. erleidet die SPD hohe Verluste und verliert die absolute Mehrheit. Der Erste Bürgermeister *Peter Schulz* führt die SPD/FDP-Koalition weiter. Im innerparteilichen Streit über die Finanzpolitik tritt er am 31.10. zurück und wird am 12.11. vom bisherigen Innensenator *Hans-Ulrich Klose* (SPD) abgelöst.

Niedersachsen: Bei der Landtagswahl am 9.6. verliert die SPD die absolute Mehrheit. Die FDP zieht wieder in den Landtag ein. Ministerpräsident *Alfred Kubel* (SPD) bildet eine Koaliton mit der FDP und bleibt Regierungschef.

West-Berlin: Die drei westlichen Stadtkommandanten von Berlin verbieten der NPD am 9.9. die Teilnahme an der Wahl zum Abgeordnetenhaus am 2.3. 1975 und untersagen ihr jeden öffentlichen Auftritt in der Stadt.

Bayern: Die CSU erhöht bei der Landtagswahl am 27.10. ihren Stimmenanteil von 56,4% im Jahre 1970 auf 62,1%.

Hessen: Bei der Landtagswahl am 27.10. wird die CDU mit 47,3% der Stimmen vor der SPD mit 43,2% erstmals stärkste Partei. Am 18.12. bestätigt der Landtag *Albert Osswald* als Regierungschef einer SPD/FDP-Koalition.

1974

25 Jahre DDR – nicht länger »deutsche Nation«

Am 25. Jahrestag der Staatsgründung verabschiedet die Volkskammer ein Gesetz, mit dem die erst wenige Jahre gültige Verfassung der DDR entscheidend geändert wird. Die Streichung aller Verweise auf die deutsche Nation ist Konsequenz der seit Jahrzehnten betriebenen Abgrenzung gegenüber der Bundesrepublik. Gleichzeitig halten beide deutschen Staaten mit der Eröffnung Ständiger Vertretungen und dem Abschluß weiterer Vereinbarungen an ihrer Politik der normalisierten Beziehungen zueinander fest.
Die SED setzt ihren sozialpolitisch orientierten Kurs fort, der ebenso auf die Stärkung der Konsumkraft der Bevölkerung ausgerichtet ist. Durch die Erhöhung von Löhnen, Gehältern und Prämien wird die Einkommenssituation der DDR-Bürger verbessert.

Verfassung und Gesetzgebung

Änderung der Verfassung: Die Volkskammer verabschiedet am 7.10. ein **Gesetz zur Änderung der Verfassung**. Die Revision des Verfassungstextes von → 1968 ist einerseits durch die Beschreibung der bereits veränderten Stellung von Exekutivorganen in der Verfassung, andererseits durch die Entfernung aller Verweise auf die seinerzeit noch angestrebte deutsche Einheit gekennzeichnet. Die 1972 bereits gesetzlich festgelegte Erweiterung der Kompetenzen des Ministerrates wird verfassungsrechtlich festgeschrieben. Die Streichung aller gesamtdeutschen Verweise kommt sowohl in der völlig neu formulierten Präambel der Verfassung (→ Kasten) als auch in der geänderten Fassung des Artikel 1 zum Ausdruck. Hatte es hier 1968 noch geheißen, die DDR sei »ein sozialistischer Staat deutscher Nation«, wird sie 1974 an gleicher Stelle als »sozialistischer Staat der Arbeiter und Bauern« definiert.

Präambel der DDR-Verfassung 1974

In Fortsetzung der revolutionären Traditionen der deutschen Arbeiterklasse und gestützt auf die Befreiung vom Faschismus hat das Volk der Deutschen Demokratischen Republik in Übereinstimmung mit den Prozessen der geschichtlichen Entwicklung unserer Epoche sein Recht auf sozial-ökonomische, staatliche und nationale Selbstbestimmung verwirklicht und gestaltet die entwickelte sozialistische Gesellschaft. Erfüllt von dem Willen, seine Geschicke frei zu bestimmen, unbeirrt auch weiter den Weg des Sozialismus und Kommunismus, des Friedens, der Demokratie und der Völkerfreundschaft zu gehen, hat sich das Volk der Deutschen Demokratischen Republik diese sozialistische Verfassung gegeben.

Jugendgesetz: Das am 28. 1. von der Volkskammer verabschiedete dritte Jugendgesetz nennt als Hauptziel, »alle jungen Menschen zu Staatsbürgern zu erziehen, die **den Ideen des Sozialismus treu ergeben** sind, als Patrioten und Internationalisten denken und handeln, den Sozialismus stärken und gegen alle Feinde zuverlässig schützen«. Die staatlich kontrollierten Medien werden aufgefordert (§ 4), **altersspezifische Angebote an Jugendliche und junge Erwachsene** zu unterbreiten, die den »vielseitigen Interessen der Jugend und den Erfordernissen sozialistischer Jugenderziehung entsprechen«. § 11 führt ein sogenanntes **Konto junger Sozialisten** in den Betrieben ein, in dem von den Jugendbrigaden über die Planerfüllung hinaus erwirtschaftete finanzielle Mittel eingezahlt und für die Jugendarbeit verwendet werden.
Strafrecht: Die Volkskammer verabschiedet am 7. 5. ein Strafrechtsänderungsgesetz, in dessen Zusammenhang auch das **politische Strafrecht verschärft** wird. Gleichzeitig wird die Strafprozeßordnung verändert.

Weitere innenpolitische Ereignisse

Kennzeichen: Am 1. 1. führt die DDR mit einer kurzfristig veröffentlichten Anordnung des Innenministeriums ein eigenes nationales Autokennzeichen ein. Statt des bisher gemeinsam mit der Bundesrepublik genutzten Kraftfahrzeugkennzeichens »D« sind PKW und LKW nunmehr mit dem **Kennzeichen »DDR«** zu versehen. – **Banknoten:** Ähnlich verfährt die Staatsbank der DDR, die am 14. 9. mit der Ausgabe **neuer Banknoten** beginnt. Sie ersetzen die noch umlaufenden Geldscheine mit der seit 1. 12. 1967 abgeschafften Währungsbezeichnung »Mark der Deutschen Notenbank« durch solche mit »Mark der DDR«. (Ab 22. 11. 1978 werden auch die umlaufenden Münzen ausgetauscht.)

Kirchenpolitik

Hirtenbrief: Am 17. 11. wird in den katholischen Kirchen ein **Hirtenbrief der Bischöfe gegen das staatliche Erziehungsmonopol** verlesen. Er dokumentiert den Willen der katholischen Kirche, ihre Einflußmöglichkeiten auf die eigenen Mitglieder zu verteidigen. Der Vorgang ist insofern ungewöhnlich, als die katholischen Würdenträger sich nur selten zu politischen Fragen äußern; anders als in den evangelischen Kirchen schließt das Selbstverständnis der katholischen Kirche die Anerkennung der außertheologischen Wirklichkeit des Staatssozialismus für die eigene Wesensbestimmung aus. Gleichzeitig verlangt diese Haltung aber auch, sich der politischen Betätigung – sowohl für als auch gegen die DDR – zu enthalten.

Deutsch-deutsche Beziehungen

Ständige Vertretung: Mit der Unterzeichnung eines Protokolls am 14. 3. legen die beiden deutschen Staaten die Grundlage für die **Eröffnung Ständiger Vertretungen** am jeweiligen Sitz der Regierung des Vertragspartners. Die Mitarbeiter der am 2. 5. eröffneten Vertretungen werden wie Diplomaten behandelt; indes betont die westdeutsche Seite z. B. durch das Entsenden eines Staatssekretärs (statt eines Botschafters) und die Bezeichnung der Mission in Ost-Berlin als »Ständige Vertretung *bei* der DDR« die allein staatliche (statt der völkerrechtlichen) Anerkennung der DDR. Am 20. 6. überreichen *Günter Gaus* für die Bundesrepublik und *Michael Kohl* für die DDR als erste Leiter der Ständigen Vertretungen ihre Beglaubigungsschreiben. – Durch die Institutionalisierung der deutsch-deutschen Beziehungen sind weitere Fortschritte in der Behandlung der praktischen Fragen in diesen Beziehungen möglich. Beide Staaten treffen hierzu

eine ganze Reihe von Vereinbarungen, darunter ein **Gesundheitsabkommen**, die Vereinbarung über den **nichtkommerziellen Zahlungs- und Verrechnungsverkehr**, die am 25. 4. unterzeichnet werden, sowie die Festlegung des **Grenzverlaufs** und der **Fischereirechte** in der Lübecker Bucht am 29. 6. Am 11. und 12. 12. erreicht der West-Berliner Senat Vereinbarungen zur Übernahme von Abfällen bzw. Abwässern durch die DDR. Am 8. 5. einigen sich der bundesrepublikanische Deutsche Sportbund (DSB) und der Deutsche Turn- und Sportbund (DTSB) auf die **Zusammenarbeit auf dem Gebiet des Sports**, nachdem 1973 eine entsprechende Vereinbarung noch an der Frage der Beteiligung West-Berliner Sportler am Austausch gescheitert war. Schließlich regelt eine am 22. 11. getroffene Vereinbarung zwischen ADN und dpa den **Nachrichtenaustausch** zwischen den beiden Nachrichtenagenturen.

Mindestumtausch: Am 15. 11. senkt die DDR die zuletzt ein Jahr zuvor drastisch angehobenen Mindestumtauschsätze für Besuche in Ost-Berlin (von 10 DM auf 6,50 DM) und in der DDR (von 20 DM auf 13 DM). Im Zusammenhang mit einer neuen Swing-Vereinbarung (→ unten) befreit die DDR ab dem 20. 12. Besucher unter 16 Jahren und Besucher im Rentenalter vom Zwangsumtausch.

Fluchthelfer: Mitte des Jahres kommt es in der DDR zu einer neuen Prozeßwelle gegen Fluchthelfer. In 22 bekanntgemachten Verfahren werden 59 West-Berliner und Bundesbürger wegen »staatsfeindlichen Menschenhandels« (kommerzielle Fluchthilfe), »Mißbrauchs des Transitabkommens« und »Beihilfe zum ungesetzlichen Grenzübertritt« (Republikflucht) zu durchschnittlich je 7 Jahren Haft verurteilt. – Das Bundesministerium für innerdeutsche Beziehungen teilt am 15. 8. mit, daß, soweit bekannt, seit dem Abschluß des Grundlagenvertrags vom 21. 12. 1972 bis zum 10. 8. 1974 insgesamt 112 Westdeutsche und West-Berliner wegen kommerzieller Fluchthilfe und 46 wegen Beihilfe zur Republikflucht verurteilt worden seien.

Sonstige wichtige Ereignisse: Am 25. 4. vereinbaren die beiden deutschen Staaten die kostenlose **medizinische Versorgung** von Reisenden im jeweils anderen Land (in Kraft am 1. 1. 1976). – Am 12. 12. schließen die Unterhändler beider deutscher Staaten eine neue, bis Ende 1981 geltende Vereinbarung zum **Swing** (Überziehungsmöglichkeit im Warenaustausch, → 1968), der eine Höchstgrenze von 850 Mio. Verrechnungseinheiten (DM) erreichen kann.

Außenpolitik

Die DDR nimmt am 4. 9. **diplomatische Beziehungen mit den USA** auf. Damit ist sie durch alle vier Siegermächte des Zweiten Weltkrieges anerkannt. Am 9. 12. wird in Ost-Berlin die amerikanische Botschaft eröffnet. – Am 1. 1. wird die DDR Mitglied der Internationalen Arbeitsorganisation (ILO), am 1. 11. nimmt sie ihre Mitarbeit in der UN-Kinderhilfsorganisation UNICEF auf.

Wirtschafts- und Sozialpolitik

Wirtschaftswachstum: Das Wachstumstempo des vergangenen Jahres kann in 1974 nicht gehalten werden, gleichwohl verkürzt die DDR-Volkswirtschaft den Abstand zur Bundesrepublik, weil diese 1974 nur ein geringes Wirtschaftswachstum verzeichnen kann. Neben den traditionellen Schwerpunktbereichen Chemische Industrie (Wachstum von 9,8 % gegenüber dem Vorjahr) und Elektrotechnik/Elektronik/Gerätebau (9,1 %) entwickelt sich als Ergebnis der großen Anstrengungen zur Steigerung des Wohnungsbaus die Baumaterialienindustrie zu einem Bereich mit besonders hohem Wachstum (11,5 % gegenüber 1973).
Sozialpolitik: Am 29. 4. werden in einem »Gemeinsamen Beschluß« von SED-Zentralkomitee, Ministerrat und FDGB-Bundesvorstand neue **Lohnerhöhungen** festgesetzt. Am 16. 10. erläßt der Ministerrat eine Verordnung, die eine Verlängerung des gesetzlichen Mindesturlaubs und die Erhöhung der Schichtprämien vorsieht.

Nettoprodukt nach Wirtschaftsbereichen 1974

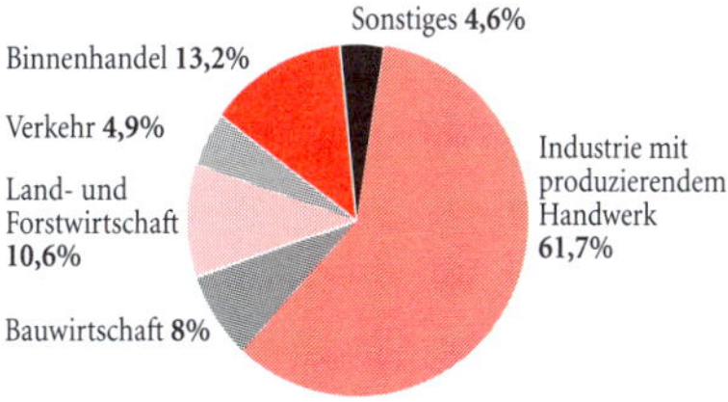

Soziale Daten

Bevölkerung: Im Gebiet der DDR leben am 31. 12. rund 16,89 Millionen Einwohner. Die Bevölkerungszahl ist damit im Vergleich zum Vorjahr erneut um 60 000 zurückgegangen. Der Frauenüberschuß beträgt ca. 1,22 Millionen. Nach westlichen Angaben siedeln 13 252, nach DDR-Angaben 11 760 Personen nach Westdeutschland über. 9,96 Millionen Personen, darunter 4,98 Millionen Frauen, befinden sich im arbeitsfähigen Alter (zwischen 15 und 60 bzw. 65 Jahren). 7,9 Millionen Personen, darunter 3,9 Millionen Frauen sind berufstätig.
Wohnungsbau: Mit dem Bau von 102 468 (87 530 Neubauten, 14 938 Modernisierungen) werden erstmals mehr als 100 000 Wohnungen fertiggestellt. Die Zahl der jährlich fertiggestellten Wohnungen wird bis 1989 nicht mehr unter die Marke von 100 000 Stück fallen. Der Zuwachs 1974 (6250 oder 6,5 %) ergibt sich ausschließlich im Neubaubereich, während die Modernisierung vorhandenen Wohnraumes wieder zurückgeht. Der genossenschaftliche Wohnungsbau steigt um 20,6 % auf 31 577 fertiggestellte Wohnungen an.
Einkommen und Lebenshaltung: Das durchschnittliche monatliche **Arbeitseinkommen** von Arbeitern und Angestellten beträgt in der staatseigenen Wirtschaft 860 Mark. Die Pro-Kopf-**Sparguthaben** wachsen auf etwa 4157 Mark an. Die Sparguthaben bei Geld- und Kreditinstituten wachsen gegenüber dem Vorjahr absolut um 7,8 %. Das Volumen der Lebensversicherungen steigt um etwa 2,6 %. Der **Einzelhandelsumsatz** wächst gegenüber dem Vorjahr um 6,1 % auf 79,15 Milliarden Mark. Die volkseigenen Läden der Handelsorganisation und die der Konsumgenossenschaften haben daran einen Anteil von 85,5 %. – Das **Fernsprechnetz** der Deutschen Post wächst gegenüber dem Vorjahr um 45 700 auf über 1 105 200 Anschlüsse. In der **Ausstattung** der privaten Haushalte **mit langlebigen Konsumgütern** entfallen auf 1000 Haushalte 237 PKW, 195 Motorräder bzw. Motorroller, 801 Kühlschränke, 700 Waschmaschinen, 1490 Radioapparate und 841 Fernsehgeräte.

1975

Sparkurs und Staatsraison – die Republik in der Defensive

Anfang 1975 übersteigt die Arbeitslosenquote erstmals seit 20 Jahren die 5 %-Marke – die Bundesrepublik befindet sich in der schärfsten Rezession der Nachkriegszeit, die dem sozialliberalen Projekt innenpolitischer Reformen die Grundlagen zu entziehen beginnt. Die wachsende Staatsverschuldung zwingt zu unpopulären Maßnahmen, mit dem Haushaltstrukturgesetz wird ein strikter Sparkurs eingeschlagen. Zugleich sollen Investitionszulagen zur Belebung der Konjunktur beitragen.
Als hemmende Faktoren in der Reformpolitik erweisen sich Entscheidungen des Bundesverfassungsgerichts gegen die »Fristenlösung« beim Schwangerschaftsabbruch und die Abmilderung des Radikalenerlasses.
Eine Reihe von spektakulären Aktionen und Anschlägen linker Untergrundorganisationen provozieren zunehmend harte Reaktionen der politischen Führung.
Oppositionsbewegungen, die außerhalb der herkömmlichen politischen Formen und Themenfelder für Veränderungen eintreten, gewinnen Kontur: Die Antiatomkraft- und die neue Frauenbewegung stehen am Beginn neuer, nicht mehr von studentischem Protest oder gewerkschaftlichem Arbeitskampf geprägter sozialer Auseinandersetzungen.

Terrorismus und innere Sicherheit

Lorenz-Entführung: Am 27.2., drei Tage vor der Wahl zum Abgeordnetenhaus, entführen Mitglieder der »Bewegung 2. Juni« in West-Berlin den dortigen CDU-Vorsitzenden und Spitzenkandidaten *Peter Lorenz.* Sie erzwingen von der Bundesregierung die Freilassung von fünf

u. a. wegen Mordversuchs und Bankraubs verurteilten Gesinnungsgenossen und deren Ausreise in ein Land ihrer Wahl. Die fünf Häftlinge (*Horst Mahler* weigert sich, weil er die Aktion ablehnt) fliegen am 3. 3. in Begleitung des früheren Berliner Bürgermeisters, Pastor *Heinrich Albertz*, der auf Verlangen der Entführer für die Einhaltung der Abmachungen bürgen soll, von Frankfurt am Main in die Volksrepublik Jemen. Nach der Rückkehr von *Albertz* lassen die Entführer *Lorenz* am 5. 3. frei. – Am 9. 9. und am 13. 9. nimmt die West-Berliner Polizei insgesamt fünf mutmaßliche Entführer fest, von denen *Lorenz* zwei identifiziert. Am 14. 11. wird der Raum entdeckt, in dem die Kidnapper ihr Opfer gefangenhielten.
Botschaftsbesetzung: Sieben deutsche Terroristen besetzen am 24. 4. die Botschaft der Bundesrepublik in Stockholm und nehmen die Anwesenden als Geiseln, um die Freilassung von 26 Häftlingen, darunter die gesamte Führungsgruppe der »Rote Armee Fraktion« (RAF), zu erzwingen. Die Botschaftsbesetzer erschießen zunächst einen Militärattaché; nach der Erklärung des Krisenstabes in Bonn, den Forderungen nicht nachgeben zu wollen, töten sie eine zweite Geisel. Schwedische Sicherheitskräfte befreien die verbliebenen neun Geiseln; zwei Terroristen werden getötet, die übrigen festgenommen.
»Baader-Meinhof-Prozeß«: Am 21. 5. beginnt vor dem Stuttgarter Oberlandesgericht in der Haftanstalt Stuttgart-Stammheim unter Vorsitz von Richter *Theodor Prinzing* das Verfahren gegen *Andreas Baader*, *Gudrun Ensslin*, *Ulrike Meinhof* und *Jan-Carl Raspe*, das in der Folgezeit wegen Verfahrensfragen, Befangenheitsanträgen und des Ausschlusses von Verteidigern, die strafbarer Konspiration mit Mandanten verdächtigt werden, immer wieder vertagt werden muß. In der erst am 19. 8. verlesenen Anklageschrift werden den Führungsmitgliedern der RAF u. a. Mord in vier, Mordversuch in 54 Fällen, Sprengstoffanschläge und die Bildung einer kriminellen Vereinigung vorgeworfen.
OPEC-Überfall: Am 21. 12. überfällt ein fünfköpfiges Kommando unter Führung des international gesuchten Terroristen »Carlos« alias *Iljitsch Ramirez Sanchez* das Verwaltungszentrum der Organisation erdölexportierender Länder (OPEC) in Wien und bringt zehn Minister der OPEC-Staaten in seine Gewalt. Zwei Sicherheitsbeamte und ein OPEC-Angestellter

werden getötet. An der demonstrativen Aktion beteiligt sind die Deutschen *Hans-Joachim Klein* und die von den Lorenz-Entführern freigepreßte *Gabriele Kröcher-Tiedemann*. Die Kidnapper lassen sich mit ihren Geiseln am 22.12. nach Algier ausfliegen und geben sie dort frei.

Weitere Anschläge: Ein Sprengstoffanschlag auf *Heinz Galinski*, den Vorsitzenden der jüdischen Gemeinde in West-Berlin, mißlingt am 20.8. In einem der RAF zugeschriebenen Bekennerbrief wird *Galinski* als »Agent des Zionisten-Regimes« in Israel bezeichnet. – Bei der Detonation einer Bombe im Hamburger Hauptbahnhof werden am 13.9. elf Menschen verletzt. Ein Bekennerschreiben läßt auf einen Zusammenhang mit der wenige Tage zuvor erfolgten Festnahme von Mitgliedern der »Bewegung 2. Juni« in West-Berlin schließen (→ oben).

Innere Sicherheit: Am 8.5. erweitert die Bundesregierung das **Bundeskriminalamt** um die Abteilung »Terrorismus«. – In einem am 22.5. ergehenden Urteil zum sog. **Radikalenerlaß** vom 28.1. → 1972 verpflichtet das Bundesverfassungsgericht die Behörden, die Staatstreue von Beamtenanwärtern nach strengen Maßstäben zu prüfen. Allein die Zugehörigkeit zu einer Partei, die als verfassungsfeindlich gilt, aber nicht verboten ist, könne ausreichen, um einem Bewerber den Eintritt in die Beamtenlaufbahn zu verwehren. Die besondere Treuepflicht zum Staat fordere von den Beamten, sich eindeutig von verfassungsfeindlichen Bestrebungen und Organisationen zu distanzieren. Ein **Regierungsentwurf** zur Abmilderung des Radikalenerlasses und zur Vereinheitlichung der unterschiedlichen Überprüfungspraxis in den Bundesländern passiert zwar am 24.10. den Bundestag, wird aber vom CDU/CSU-dominierten Bundesrat am 28.11. als ungenügend abgelehnt.

Deutsch-deutsche Beziehungen

Schmidt und Honecker in Helsinki: Während der abschließenden Phase der in Helsinki stattfindenden Konferenz über Sicherheit und Zusammenarbeit in Europa kommen *Erich Honecker* und Bundeskanzler *Helmut Schmidt* am 30.7. und am 1.8. zu Gesprächen zusammen. Sie erörtern technische und wirtschaftliche Aspekte sowie Fragen des Reiseverkehrs und der Familienzusammenführung.

Häftlingsfreikauf: Am 24.9. entlassen die Justizbehörden der DDR insgesamt 86 aus politi-

schen Gründen (in der Mehrzahl wegen versuchter **Republikflucht**) Inhaftierte in die Bundesrepublik. Über die Ablösungszahlungen an die DDR werden keine Angaben gemacht; das Bundesministerium für innerdeutsche Beziehungen verfügt für solche Zwecke über einen Etat von 20 Mio. DM. – Am 31.10. berichtet die »Arbeitsgemeinschaft 13. August«, die DDR habe in den Wochen zuvor rund 200 Häftlinge in die Bundesrepublik entlassen, darunter erstmals Ärzte.

Handel: Angesichts der Krise in der bundesdeutschen **Textilindustrie** erläßt Bundeswirtschaftsminister *Hans Friderichs* am 24.9. Einfuhrbeschränkungen für Textilien aus der DDR. Das Bundeswirtschaftsministerium schätzt, daß der Verlust von rd. 175 000 Arbeitsplätzen in der Textilindustrie seit 1973 zu knapp 60 % durch Billigimporte aus Ostblockländern verursacht worden ist.

Reiseverkehr: Der deutsch-deutsche Reiseverkehr nimmt stetig zu. Nach Angaben des Ministeriums für innerdeutsche Beziehungen vom 19.1. 1976 sind 1975 3,1 Mio. Westdeutsche und 2,7 Mio. West-Berliner in die DDR gereist; über 1,3 Mio. DDR-Bürger kamen in die Bundesrepublik.

Transitstrecken: Am 19.12. unterzeichnen Vertreter beider Staaten das Protokoll über die Transitpauschale 1976–1979 für die Benutzung der Transitstrecken zwischen dem Bundesgebiet und West-Berlin; die Bundesrepublik zahlt jährlich 400 Mio. DM. Zugleich werden die Verhandlungen über den Ausbau der Verkehrswege abgeschlossen; vorgesehen ist u.a. eine Grunderneuerung der Transitautobahn Helmstedt–Berlin, deren Kosten die Bundesrepublik zu 60 % übernehmen wird.

Grenze: Am 25.6. beginnt die DDR auch an der deutsch-deutschen Grenze zu Bayern als letztem Abschnitt mit der Installation sog. **Selbstschußanlagen.** – Im Bundestag entzündet sich am 19.6. eine heftige deutschlandpolitische Kontroverse zwischen Koalition und CDU/CSU-Opposition über die Frage, ob das **Ostufer der Elbe**, wie von den Unionspolitikern gefordert, als Grenzlinie feststehe oder ob hierüber mit der DDR verhandelt werden dürfe, die die Elbe bis zur Flußmitte für sich in Anspruch nimmt. – Am 29.10. treffen die Ost-Berliner und West-Berliner Behörden durch einen nicht veröffentlichten Briefwechsel eine Vereinbarung, die **Rettungsmaßnahmen in Grenzgewässern** auch

von West-Berlin aus zuzulassen. Anlaß war der Tod eines Kindes, das am 11. 5. vom West-Berliner Ufer aus in die zu Ost-Berlin gehörende Spree gefallen und zur Empörung der Öffentlichkeit ertrunken war, weil DDR-Grenzer die Rettung verhinderten.
Weitere Ereignisse: → DDR

Internationale Konferenzen

EG-Gipfel: Mit einer Austrittsdrohung erzwingt Großbritannien auf dem Gipfel der EG-Regierungschefs in Dublin am 11. 3. einen Beitragsrabatt (→ 1972).
KSZE: Mit der Mehrheit der sozialliberalen Koalition gibt der Bundestag am 25. 7. der Bundesregierung die Unterzeichnung der Schlußakte von Helsinki frei, mit der am 30. 7./1. 8. die **Konferenz für Sicherheit und Zusammenarbeit in Europa** endet (→ Kasten).
»Weltwirtschaftsgipfel«: Erstmals treffen die Staats- und Regierungschefs der sechs führenden nichtkommunistischen Wirtschaftsmächte (USA, Großbritannien, Italien, Frankreich, Japan, Bundesrepublik) vom 15. bis 17. 11. in Rambouillet bei Paris zusammen, um ihre wirtschaftspolitischen Reaktionen auf die weltweite Wirtschaftskrise abzustimmen. Als gemeinsames Ziel wird der Abbau der Arbeitslosigkeit durch ein stetiges und dauerhaftes Wachstum bei möglichst niedrigen Inflationsraten definiert, die Absprachen, u. a. in der Währungs-, Zoll- und Handelspolitik, bleiben jedoch allgemein.

Entwicklungshilfe

Europäische Gemeinschaft: Die Staaten der Europäischen Gemeinschaft (EG) und 46 **Entwicklungsländer** Afrikas, der Karibik und des pazifischen Raums (sog. **AKP-Staaten**) schließen am 28. 2. in Lomé (Togo) das bislang umfangreichste Handels- und Entwicklungshilfeabkommen zwischen Staaten der sog. Ersten und Dritten Welt. Auf zunächst fünf Jahre angelegt, sichert der Partnerschaftsvertrag den AKP-Ländern den weitgehend zoll- und kontingentfreien Export ihrer Erzeugnisse in den EG-Raum zu. Sie erhalten zudem Zuschüsse und Darlehen aus dem erhöhten Entwicklungsfonds sowie Ausgleichszahlungen zur Stabilisierung der Ausfuhrerlöse für wichtige Rohstoffe.
Bundesrepublik: Zur Planung und Durchführung von entwicklungspolitischen Vorhaben vor Ort konstituiert sich am 1. 1. die bundeseigene gemeinnützige **Deutsche Gesellschaft für Technische Zusammenarbeit (GTZ)**; sie übernimmt die Aufgaben der bisherigen Bundesstelle für Entwicklungshilfe (BfE) und der Deutschen Förderungsgesellschaft für Entwick-

Schlußakte der KSZE

Die Unterzeichnung der Schlußakte der Konferenz für Sicherheit und Zusammenarbeit in Europa (KSZE) durch 35 Staats- und Regierungschefs aus Europa, den USA und Kanada am 1. 8. 1975 in Helsinki beendet einen komplexen Verhandlungsprozeß, an dem beide deutsche Staaten von Beginn an (3. 7. → 1973) gleichberechtigt vertreten sind. In Form einer Absichtserklärung einigen sich die Staaten auf gemeinsame politische Richtlinien und Grundsätze für die Erhaltung des internationalen Friedens (»Korb I«), die Zusammenarbeit in den Bereichen Wirtschaft, Wissenschaft, Technik und Umwelt (»Korb II«) sowie Informations- und Kulturaustausch und Erleichterung zwischenmenschlicher Kontakte (»Korb III«). Korb I enthält »Prinzipien, die die Beziehungen der Teilnehmerstaaten leiten«:

1. Souveräne Gleichheit, Achtung der der Souveränität innewohnenden Rechte
2. Verzicht auf Androhung oder Anwendung von Gewalt
3. Unverletzlichkeit der Grenzen
4. Territoriale Integrität
5. Friedliche Regelung von Streitfällen
6. Nichteinmischung in innere Angelegenheiten
7. Achtung der Menschenrechte und Grundfreiheiten, einschließlich der Gedanken-, Gewissens-, Religions- oder Überzeugungsfreiheit
8. Gleichberechtigung und Selbstbestimmungsrecht der Völker
9. Zusammenarbeit zwischen den Staaten
10. Erfüllung völkerrechtlicher Verpflichtungen nach Treu und Glauben

In den nächsten Jahren finden mehrere Folgetreffen der Mitgliedstaaten statt. Für die Menschenrechtsbewegung in den Ostblockstaaten wird die Schlußakte ein wichtiger Bezugspunkt zur formellen Legitimation ihrer Forderungen.

lungsländer (GAWI). – Nach Abschluß des Lomé-Abkommens im Rahmen der EG beschließt die Bundesregierung am 9.6. **25 Grundsätze ihrer Entwicklungshilfepolitik** (Gymnicher Thesen). Entwicklungshilfe wird als wesentliches Element der Friedenssicherung durch die Förderung des wirtschaftlichen und sozialen Fortschritts in den Entwicklungsländern definiert. Ihre direkte bilaterale Kapitalhilfe will die Bundesregierung auf die 33 ärmsten Länder der Dritten Welt konzentrieren, die vor allem in ihrer landwirtschaftlichen Entwicklung gefördert werden sollen, um Beschäftigung und Selbstversorgung zu ermöglichen. – Die bundesdeutsche Entwicklungshilfe steigt 1975 gegenüber dem Vorjahr um 435 Mio. DM bzw. um 11,7% auf 4,15 Mrd. DM.

Weitere außenpolitische Ereignisse

Ostblockstaaten: Die Bundesregierung schließt, nach vorheriger Aufnahme diplomatischer Beziehungen, mit einer Reihe von Staaten z. T. langfristige Verträge über wirtschaftliche, industrielle und technische Zusammenarbeit: Nachdem am 4.12.1974 mit **Rumänien** ein Zehnjahresvertrag vereinbart wurde, kommt am 2.1. ein Kreditvertrag mit **Jugoslawien** über 700 Mio. DM zustande; am 22.1. folgt ein Abkommen mit der **Tschechoslowakei**; am 14.5. eines mit **Bulgarien** (auf 10 Jahre). Am 9.10. unterzeichnen die Außenminister der Bundesrepublik und **Polens** in Warschau mehrere Vereinbarungen: Die Bundesrepublik zahlt 1,3 Mrd. DM als pauschale Abgeltung von Renten; Polen erhält einen Finanzkredit von 1 Mrd. DM. In einem Protokoll erklärt die polnische Regierung, daß sie innerhalb von vier Jahren 120000 bis 125000 Deutschstämmigen die Ausreise aus Polen gestatten wird. – Als erstes westdeutsches Staatsoberhaupt stattet Bundespräsident *Walter Scheel* der **Sowjetunion** vom 10. bis 15.11. einen Staatsbesuch ab.

Kuba: Am 22.1. nimmt die Bundesrepublik die seit 1963 unterbrochenen diplomatischen Beziehungen zu Kuba wieder auf.

VR China: Während seines Besuchs in der Volksrepublik China vom 12. bis 25.1. wird der CSU-Vorsitzende *Franz Josef Strauß* überraschend von Parteichef *Mao Tse-tung* und Ministerpräsident *Tschou En-lai* empfangen. – In Begleitung führender Vertreter der bundesdeutschen Wirtschaft besucht Bundeskanzler *Helmut Schmidt* vom 29.10.–2.11. als erster Regierungschef der Bundesrepublik die VR China. Beide Seiten schließen Luftverkehrs- und ein Schiffahrtsabkommen und richten eine gemeinsame Kommission zur Vorbereitung intensiverer Wirtschafts- und Handelsbeziehungen ein.

Brasilien: Am 27.6. vereinbaren Außenminister *Genscher* (FDP) und sein brasilianischer Amtskollege in Bonn das bislang größte bundesdeutsche Exportgeschäft über den Bau von **acht Atomkraftwerken** sowie die Errichtung von Pilotanlagen zur Produktion und Wiederaufarbeitung von Brennelementen in Brasilien. Gemeinsam wollen beide Staaten die Erschließung und den Abbau der Uranvorkommen in Brasilien vorantreiben. Der Vertrag wird von den USA kritisiert, da Brasilien den Atomwaffensperrvertrag von 1968 nicht unterzeichnet hat.

Israel: Als erster Regierungschef Israels stattet Ministerpräsident *Yitzak Rabin* der Bundesrepublik vom 8.–12.7. einen Staatsbesuch ab. Im Vorfeld des Besuches haben beide Regierungen am 9.6. ein Wirtschaftshilfeabkommen im Umfang von 140 Mio. DM geschlossen.

USA: Vor seiner Teilnahme am KSZE-Gipfeltreffen in Helsinki **besucht US-Präsident Gerald Ford** am 26.7. für drei Tage die Bundesrepublik. Er bekräftigt die Berlin-Verpflichtungen der USA und verabredet mit Bundeskanzler *Helmut Schmidt* eine engere Zusammenarbeit auf wirtschaftspolitischem Gebiet.

Iran: Wirtschaftsminister *Hans Friderichs* unterzeichnet am 31.7. in Teheran ein Abkommen über **Zusammenarbeit** mit dem Iran (Erdöl- u. Erdgaswirtschaft, Stahlindustrie, Maschinenbau, Verkehr usw.) im Umfang von rund 14 Mrd. DM. – Am 30.11. schließt die Deutsche Ruhrgas AG mit der Nationalen Iranischen Erdgas-Gesellschaft und dem staatlichen sowjetischen Erdgas-Exportunternehmen einen 20-Jahres-Vertrag von jährlich 13,4 Mrd. cbm **Erdgas aus dem Iran**. Die Lieferungen im Gesamtwert von rd. 50 Mrd. DM sollen 1981 aufgenommen werden, wenn die Pipeline durch die Sowjetunion fertiggestellt ist; ein Teil des Erdgases wird nach Österreich und Frankreich weitergeleitet.

Island: Nach erneuten Zwischenfällen im **»3. Kabeljaukrieg«** vor der isländischen Küste (→ 1974) und der Ausweitung der Fischereizone auf 200 Seemeilen durch Island kommt am 20.11. ein neues Fischereiabkommen über die Fangquoten zustande, das am 28.11. in Kraft tritt.

Soziale Bewegungen

Antiatomkraftbewegung: In den Auseinandersetzungen um den Bau des **Atomkraftwerks Wyhl** am Oberrhein kommt es zu einer ersten Kraftprobe zwischen Bürgerinitiativen, Behörden und Energieversorgungsunternehmen. Nachdem ungeachtet einer schwebenden Anfechtungsklage gegen den Errichtungsbeschluß vom 5. 11. 1974 die Genehmigung für den Bau des ersten der beiden Kraftwerksblöcke erteilt und am 17. 2. mit Vorbereitungsarbeiten begonnen wird, besetzen rd. 300 Kernkraftgegner den Bauplatz. Nach der Räumung durch die Polizei am 19. 2. gelingt im Anschluß an eine Demonstration einem Teil der rd. 25 000 Demonstranten eine **dauerhafte Besetzung des Bauplatzes**. Am 21. 3. verfügt das Verwaltungsgericht Freiburg einen vorläufigen Baustopp bis zur Entscheidung in der Hauptsache. Neben Zweifeln an der Strahlensicherheit machen die Gegner des Atomkraftwerks standortbezogene Bedenken geltend und verweisen auf Gefahren für das ökologische Gleichgewicht der Region. Massiver Protest gegen den Bau von Atomkraftwerken erhebt sich auch an weiteren geplanten Standorten, z. B. in Vilshofen und Kalkar und im schweizerischen Kaiseraugst, wo vom 1. 4. bis 15. 6. ebenfalls der Bauplatz besetzt wird (→ 1976).

Frauenbewegung: In seinem Urteil zur Neufassung des **Paragraphen 218 StGB** erklärt das Bundesverfassungsgericht am 25. 2. mit 6 gegen 2 Stimmen die völlige Freigabe des Schwangerschaftsabbruchs in den ersten 12 Wochen nach dem am 18. 6. → 1974 vom Bundestag verabschiedeten sog. **»Fristenmodell«** für **verfassungswidrig**; bis zur Verabschiedung eines neuen Gesetzes soll jedoch nach einer Übergangsregelung ein vom Arzt vorgenommener Schwangerschaftsabbruch in Ausnahmefällen straflos bleiben. Das Urteil löst heftige Proteste und Demonstrationen von Frauen in mehreren bundesdeutschen Städten aus. Initiativen zur Unterstützung von Frauen, die sich zum Schwangerschaftsabbruch entschieden haben, gehören zu den Ausgangspunkten einer breiteren Bewegung, die sich die **Selbstorganisation von Frauen** zum Ziel setzt. – Am 25. 9. legt die sozialliberale Koalition einen neuen Gesetzentwurf vor, der den Schwangerschaftsabbruch, wie vom Verfassungsgericht gefordert, weiterhin als Strafvergehen einstuft, jedoch neben der medizinischen und ethischen auch die **soziale Indikation** vorsieht.

Parteien

CDU und CSU: Der Bundesvorstand der CDU nominiert am 12. 5. den Parteivorsitzenden *Helmut Kohl* einstimmig zum Kanzlerkandidaten für die Bundestagswahl 1976. Am 19. 6. akzeptiert auch die CSU, die zunächst ihren Vorsitzenden *Franz Josef Strauß* favorisierte, *Kohl* als gemeinsamen Kandidaten. – *Kohl* und *Strauß* einigen sich am 17. 11. auf eine gemeinsame Führungsmannschaft aus zehn Unionspolitikern, mit der beide Parteien den Bundestagswahlkampf 1976 bestreiten wollen.

NPD: Der frühere Vorsitzende und Mitgründer der NPD, *Adolf von Thadden*, erklärt am 28. 10. seinen Austritt aus der Partei, weil durch die Wahl des Herausgebers der »Deutschen Nationalzeitung«, *Gerhard Frey*, in den Vorstand ein **aktionistischer rechtsextremer Kurs** die Oberhand gewonnen habe. Zwischen 1967 und 1971 hatte die NPD in mehrere Landtage einziehen können, inzwischen ist ihr Anteil bei Landtagswahlen unter 1 % gesunken.

SPD: Die Delegierten des Bundesparteitags vom 11.–15. 11. in Mannheim beschließen fast einstimmig einen **»Ökonomisch-politischen Orientierungsrahmen für die Jahre 1975–1985«**; auf der Grundlage des Godesberger Programms (→ 1959) konkretisiert er die Aufgaben der Sozialdemokratie unter den veränderten gesellschaftlichen und politischen Bedingungen. Für die Politik der Partei in der Regierungsverantwortung legt er als **»Schwerpunktbereiche«** fest: die Modernisierung der Wirtschaft als Grundlage langfristiger Arbeitsplatzsicherung, die Reform der Berufsbildung, die Humanisierung der Arbeitswelt, die Reform des Gesundheitswesens, die Städteplanung und Stadtentwicklung und die Gleichstellung der Frauen. Im Zusammenhang mit dem Radikalenerlaß warnt der Parteitag in einer Resolution davor, »Konservativismus oder Duckmäuserei mit Verfassungstreue gleichzusetzen«.

Weitere wichtige Gesetze und Urteile

Gesetze: Am 1. 1. tritt die Herabsetzung des **Volljährigkeitssalters** auf 18 Jahre in Kraft; neben dem aktiven Wahlrecht, das 18jährige schon seit dem 1. 8. 1970 besitzen, erhalten sie jetzt auch das passive. Am 1. 1. treten auch der neugestaltete **Allgemeine Teil des Strafgesetzbuchs** und das reformierte Strafverfahrensrecht in Kraft. Gegenüber der seit 1871 geltenden Gesetzgebung erhält nun das Strafziel der **Resozialisierung** Vorrang vor dem Sühne-Gedanken. – Der Bundestag beschließt am 31. 1. gegen die Stimmen der Opposition ein neues **Namensrecht**, nach dem ab 1. 7. den Ehepartnern bei der Heirat freigestellt ist, den Namen des Mannes oder der Frau als Familiennamen zu wählen.

Abgeordnetendiäten: Das Bundesverfassungsgericht entscheidet am 5. 11., daß Abgeordnetendiäten **zu versteuern** sind, weil sie der Art nach dem Einkommen von Arbeitnehmern vergleichbar sind. Als verfassungswidrig erklärt das Gericht auch die Praxis, Beamten, die Abgeordnete geworden sind, neben ihren Diäten noch eine Pension zu gewähren.

Spionage-Urteil: Am 15. 12. verurteilt das Oberlandesgericht Düsseldorf den früheren Persönlichen Referenten von Bundeskanzler *Willy Brandt*, **Günter Guillaume**, wegen schweren Landesverrats zu 13 Jahren Haft, seine Frau *Christel* wegen Landesverrats zu acht Jahren. Nach der Enttarnung von *Guillaume* hatte *Brandt* am 6. 5. → 1974 seinen Rücktritt erklärt.

Wirtschaftspolitik

Beschäftigungspolitik: Als Folge der **stark gestiegenen Arbeitslosigkeit** (von 1974: 0,57 Mio. bzw. 2,6 % auf 1975: 1,07 Mio. bzw. 4,7 %, dies entspricht einer Steigerung von 84 %) und der zum 1. 1. vollzogenen Erhöhung des Arbeitslosengeldsatzes von bisher 62,5 % des Nettoverdienstes auf 68 % sowie der Arbeitslosenhilfe von 52,5 % auf 58 % wachsen die Ausgaben der Bundesanstalt für Arbeit (BA) gegenüber dem Vorjahr um 87,3 %, während die Einnahmen nur um 15,6 % steigen; insgesamt entsteht bei der BA ein Defizit von 9,76 Mrd. DM. Der von der Bundesregierung am 10. 9. vorgelegte **Nachtragshaushalt** für 1975 sieht zusätzliche Ausgaben von 6,31 Mrd. DM vor, die zum größten Teil an die BA abgeführt werden. – Am 28. 11. beschließt der Bundestag eine Erhöhung der Beiträge zur Arbeitslosenversicherung von 2 % auf 3 % ab 1. 1. 1976. – Am 25. 4. beschließt der Bundestag verschärfte Strafandrohungen gegen die **illegale Beschäftigung** ausländischer Arbeiter; bereits seit 1973 sind die offiziellen Anwerbungen im Ausland gestoppt. Als erstes Bundesland entschließt sich das Land Baden-Württemberg am 29. 5. zur Zahlung von **Rückkehrprämien** (bis zu 14 000 DM).

Konjunktur- und Finanzpolitik: Am 1. 1. tritt

Steinkohlenbergbau 1945–1995

Anzahl der Beschäftigten in 1000

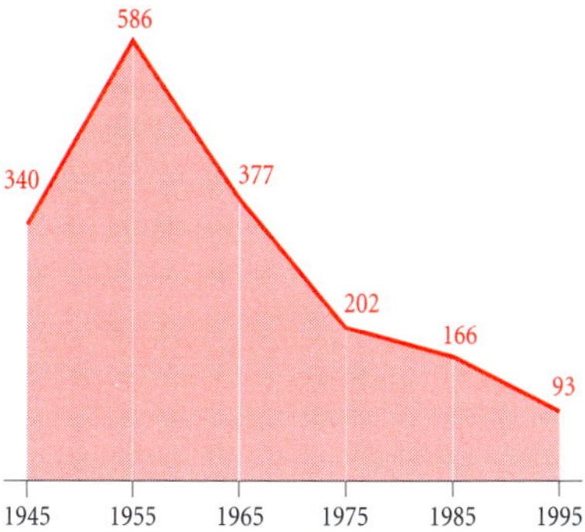

Förderung in Mio. t

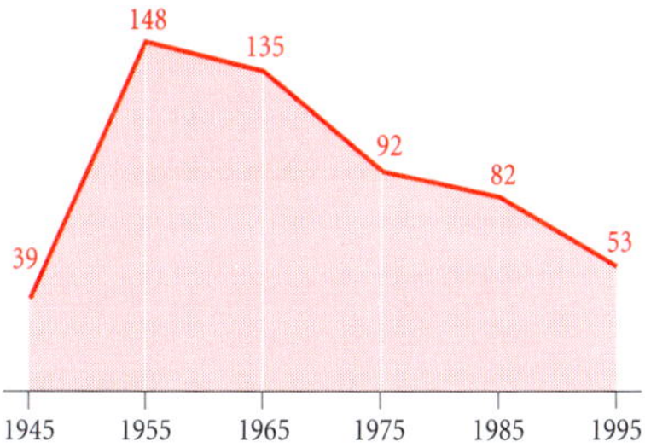

eine **Einkommen- und Lohnsteuerreform** in Kraft, durch die Empfänger kleinerer Einkommen entlastet werden (neue Progressionsstufen und Freibeträge); die Sparförderung wird auf Einkommen bis 24 000 DM (Ledige) bzw. 48 000 DM (Verheiratete) begrenzt. Zugleich tritt eine Reform des **Familienlastenaus-**

Zahl der fördernden Bergwerke

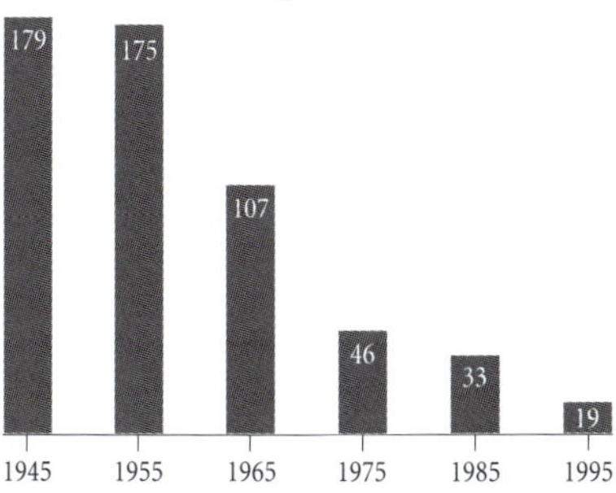

gleichs in Kraft. Vom ersten Kind an wird einkommensunabhängig ein steuerfreies Kindergeld gezahlt. Die Steuererleichterungen umfassen ein Gesamtvolumen von rd. 14 Mrd. DM. – Um die Inlandsnachfrage zusätzlich zu beleben, läßt die Bundesregierung den schon 1974 eingeleiteten Sonderprogrammen und dem am 19. 12. → 1974 beschlossenen Investitionszulagengesetz weitere Maßnahmen folgen. Am 27. 8. beschließt sie ein neues Sonderprogramm zur **Förderung von Investitionen** vor allem in der Baubranche. Die eingesetzten 5,75 Mrd. DM sollen ein unmittelbares Auftragsvolumen von rd. 10 Mrd. DM induzieren. – Am 10. 9. legt die Bundesregierung ein Programm zur **Sanierung der Staatsfinanzen** vor, durch das die Nettoneuverschuldung stufenweise von geplanten 22,0 Mrd. im Jahr 1977 bis auf 11,1 Mrd. im Jahr 1979 abgesenkt werden soll. (1975 beträgt die Nettoneuverschuldung noch 40,9 Mrd. DM; die Verschuldung der öffentlichen Hand erhöht sich um 34,1 % auf insgesamt 243 Mrd. DM.) Das erforderliche **Haushaltsstrukturgesetz**, das u. a. die Änderung von 42 Gesetzen einschließt, verabschiedet der Bundestag gegen die Stimmen der Opposition am 6. 11. Wichtigste Punkte sind der Abbau von Subventionen in verschiedenen Bereichen (u. a. für Werften und Bergbau) sowie Kürzungen von Sozialleistungen im öffentlichen Dienst. – Bei der Vorlage des Haushaltsentwurfs für 1976 (Volumen 168,1 Mrd. DM/+4,1 %), der von einer weiteren Steigerung der Nettoneuverschuldung – auf 38,9 Mrd. DM – ausgeht, verweist Finanzminister *Hans Apel* am 17. 9. darauf, daß etwa 70 % des Defizits konjunkturbedingt seien; allein 19 Mrd. DM Steuermindereinnahmen seien auf **weltwirtschaftliche Faktoren** zurückzuführen.

Unternehmen: Die **Deutsche Bank** teilt am 14. 1. mit, daß sie von der Friedrich Flick KG weitere 29 % der Aktienanteile an der **Daimler-Benz AG** übernimmt, so daß sie nun mit 57 % Mehrheitsaktionärin des Autobauers ist. Mit dieser Transaktion mit einem geschätzten Volumen von 2 Mrd. DM blockiert die Deutsche Bank

im Einvernehmen mit der Bundesregierung zugleich den Einstieg des Iran in das Unternehmen, der Interesse an einer wesentlichen Kapitalbeteiligung bekundet hatte. 14,6 % der Daimler-Benz-Aktien hatte 1974 bereits Kuwait übernommen. – **Volkswagen AG:** Der Aufsichtsrat des VW-Konzerns billigt am 15. 4. einen **Sanierungsplan** des Vorstandsvorsitzenden *Toni Schmücker*; bis Ende 1976 sollen 25 500 der 133 500 Arbeitsplätze in den sechs inländischen Werken abgebaut werden. 1974 verzeichnete der Konzern Verluste von insgesamt 944 Mio. DM, die Absatzeinbrüchen, Überproduktion und dem Verfall des Dollarkurses zugeschrieben werden.

Bundesländer

Berlin: Überschattet von der andauernden Entführung des West-Berliner CDU-Vorsitzenden und Spitzenkandidaten *Peter Lorenz* (→ oben) findet am 2. 3. die Wahl zum Abgeordnetenhaus statt. Erstmals wird die CDU mit 43,9 % der Stimmen stärkste Partei (+5,6 % gegenüber 1971). Auf die FDP entfallen 7,2 % (–1,3 %). Die SPD bildet trotz hoher Verluste eine Koalition mit der FDP.

Rheinland-Pfalz: Als erster Landesverband spricht sich die FDP für eine (erneute) Koalition mit der CDU nach der Landtagswahl am 9. 3. aus. Die CDU erzielt die absolute Mehrheit der Stimmen. Am 20. 5. bildet *Helmut Kohl* eine CDU-Alleinregierung.

Schleswig-Holstein: Landtagswahl am 13. 4. *Gerhard Stoltenberg* (CDU) wird erneut zum Ministerpräsidenten gewählt.

Nordrhein-Westfalen: Landtagswahl am 4. 5. Die SPD/FDP-Koalition bildet erneut die Regierung unter Ministerpräsident *Heinz Kühn*.

Saarland: Bei der Landtagswahl am 4. 5. baut die CDU ihre Position als stärkste politische Kraft aus. Die FDP zieht wieder in den Landtag ein und sorgt so für ein Patt im Landtag. Der bisherige Regierungschef *Franz-Josef Röder* (CDU) regiert mit einem CDU-Minderheitskabinett weiter.

1975

Erfolg mit Folgen: Die Schlußakte der KSZE

Das Jahr 1975 ist durch den Abschluß der Verhandlungen zur KSZE-Schlußakte geprägt, die *Erich Honecker* in Helsinki für die DDR unterzeichnet. Außenpolitisch kann sich die DDR nur wenige Jahre nach dem Ende ihrer internationalen Isolierung als gleichberechtigter Staat betrachten. Innenpolitisch bedeutet die KSZE-Schlußakte allerdings eine Legitimation für oppositionelle Menschenrechtsgruppen.
Auch die beiden deutschen Staaten bemühen sich, in ihrem besonderen und immer noch von Gegensätzen und Spannungen geprägten Verhältnis zueinander zu Regelungen und Übereinkommen zu kommen, die noch wenige Jahre zuvor unmöglich waren.
In strikter Abgrenzung zur Bundesrepublik wird die staatssozialistische Ordnung weiter ausgebaut, was im Erlaß eines Zivilgesetzbuches und eines neuen Eingabengesetzes seinen Ausdruck findet.
Die Sowjetunion setzt im östlichen Wirtschaftsbündnis RGW einen neuen Preisbildungsmechanismus durch, der einerseits die Rohstoffversorgung der DDR verteuert, ihr andererseits aber höhere Preise für eigene Produkte im RGW-Absatzgebiet garantiert.

Innenpolitik

Gesetzgebung: Am 19. 6. werden in der Volkskammer zwei Gesetze beschlossen, die von Bedeutung für die Ausgestaltung des DDR-Rechtssystems sind. Das **Zivilgesetzbuch** (ZGB) gliedert sich in sieben Teile: Grundsätze des staatssozialistischen Zivilrechts; Definition des »sozialistischen« und des persönlichen Eigen-

Eingaben
Eine indirekte Form der Kommunikation zwischen Bürger und Staat

Seit seiner Einführung 1953 kommt dem Rechtsinstrument der **Eingabe** in der DDR eine doppelte Funktion zu. Einerseits haben Eingaben mangels kritischer Berichterstattung in den DDR-Medien über die im Land selbst verursachten Probleme eine »Informationsfunktion«: Die Verantwortlichen werden von den Bürgern über Mißstände aufgeklärt, die damit selbst an deren Beseitigung mitwirken können. Dabei können die Bürger sich sowohl an einen Betrieb (der zum Beispiel schlechte Ware produziert oder verkauft hat) als auch an die öffentliche Verwaltung (oft im Zusammenhang mit der Wohnraumlenkung) wenden. Zum anderen haben Eingaben die Funktion der »Klage«. Bürger können so ihre als gerecht angesehenen Ansprüche vortragen, ohne die für das Regime heikle Öffentlichkeit der Medien oder eines Gerichts suchen zu müssen. Nach dem Eingabengesetz sind die Adressaten der Schreiben verpflichtet, immer zu reagieren und dabei auch eine gütliche Einigung mit dem Bürger anzustreben. Nicht selten haben daher Eingaben auch Erfolg.

tums; Verträge, die zwischen Bürgern geschlossen werden (Miet-, Kauf-, Spar- und Versicherungsverträge, Schenkungen u.ä.); Nutzung von Grundstücken und Gebäuden; Schutz des Lebens, der Gesundheit und des Eigentums; Erbrecht; besondere Zivilrechtsverhältnisse. – Im Vergleich zu seinem Vorläufer, dem Bürgerlichen Gesetzbuch von 1896, das in der DDR bisher durch andere Gesetzeswerke (Gesetzbuch der Arbeit; Familiengesetzbuch; LPG-Recht und Vertragsgesetz) sowie einzelne Paragraphenänderungen ersetzt, ergänzt oder modifiziert worden war, zeichnet sich das ZGB durch eine vereinfachte und übersichtliche Darstellung aller Aufgaben, Rechte und Pflichten aus. Es tritt am 1. 1. 1976 in Kraft.
Das **Eingabengesetz** löst frühere Regelungen (→ 1953) zu Beschwerden und Petitionen aus der Bevölkerung ab (→ Kasten).
Die für die DDR prestigeträchtige Unterzeichnung der **KSZE-Schlußakte** (→ unten) stärkt zwar zunächst auch nach innen das Selbstbewußtsein der SED, fördert auf lange Sicht aber

eher die Unterminierung ihrer repressiven Diktatur: Ausreisewillige Bürger können sich nun ebenso auf dieses internationale Abkommen berufen wie reformorientierte Kräfte im Land selbst, die beispielsweise auf Meinungs-, Presse- und Reisefreiheit drängen.

Deutsch-deutsche Beziehungen

Telefonverbindungen: Durch die Inbetriebnahme von 240 Fernsprechleitungen wird am 14. 4. der vollautomatische Telefonverkehr zwischen West- und Ost-Berlin aufgenommen.
Presserestriktionen: Wegen angeblicher **Verletzung der Vorschriften für die Berichterstattung** weisen die DDR-Behörden am 16. 12. den Ost-Berliner Korrespondenten des Nachrichtenmagazins »Der Spiegel«, *Jörg Mettke,* aus. Dieser hatte am Tag zuvor über die Zwangsadoption von Kindern berichtet, deren Eltern in den Westen geflohen oder als Republikflüchtlinge verurteilt worden sind. Den am 5. 1. 1976 vorgetragenen Protest des Ständigen Vertreters der Bundesrepublik, *Günter Gaus*, gegen die Schließung des »Spiegel«-Büros weist das DDR-Außenministerium als »Einmischung in innere Angelegenheiten« zurück.
Weitere Ereignisse → BRD 1975

Außenpolitik

KSZE: *Erich Honecker* unterzeichnet in Helsinki am 1. 8. – obwohl er zu diesem Zeitpunkt nicht Staatsoberhaupt ist – für die DDR die KSZE-Schlußakte (→ oben).
Weitere außenpolitische Ereignisse: Am 20. 1. wird *Oskar Fischer* Nachfolger des zurückgetretenen **Außenministers** *Otto Winzer.* – UN-Generalsekretär *Kurt Waldheim* besucht vom 7.–9. 2. die DDR. – Am 7. 10. unterzeichnen der sowjetische Partei- und Staatschef *Leonid Breschnew* und *Erich Honecker* in Ost-Berlin den **dritten Vertrag über Freundschaft, Zusammenarbeit und gegenseitigen Beistand zwischen der DDR und der UdSSR.** In diesem Vertrag sind, anders als in den beiden Vorgängerverträgen, keine Verweise auf eine angestrebte deutsche Wiedervereinigung oder die alliierten Sonderrechte in Deutschland mehr enthalten. – Am 4. 3. nimmt die DDR ebenso wie die Bundesrepublik an der **Genfer Abrüstungskonferenz** teil. – Am 26. 3. tritt die DDR der Konvention über das **Verbot der Entwicklung, Herstellung und Lagerung von bakteriologischen und toxischen Waffen** und ihre Vernichtung vom 10. April 1972 bei.
Diplomatische Beziehungen: Am 3. 10. bricht die DDR ihre Beziehungen zu **Spanien** aus Protest gegen dort vollstreckte Todesurteile ab. **Marokko** bricht am 13. 11. seine diplomatischen Beziehungen zur DDR ab, weil diese mit ihrer Un-

Aus der Einschätzung der Schlußakte von Helsinki durch das DDR-Außenministerium

»Der große Erfolg für die Staaten der sozialistischen Gemeinschaft ist die Ausarbeitung und Aufnahme des Prinzips der Unverletzlichkeit der Grenzen als selbständiges Prinzip in den Prinzipienkatalog. [Es] enthält die klare Aussage, daß es nicht allein um den Ausschluß der Gewaltanwendung, sondern um jegliche Forderungen und Handlungen geht, die darauf gerichtet sind, Grenzen anderer Staaten zu verletzen oder sich des Territoriums anderer Staaten zu bemächtigen. Nicht verhindert werden konnte die Aufnahme eines Satzes über das Ändern von Grenzen. Die von diesem Satz ausgehende negative Wirkung konnte aber dadurch abgeschwächt werden, indem *(sic!)* er nicht, wie von der BRD angestrebt, dem Prinzip über die Unverletzlichkeit der Grenzen zugeordnet wurde. Außerdem konnte bei den Verhandlungen über den deutschen Wortlaut dieses Satzes erreicht werden, daß die BRD zu keinem der Prinzipien eine interpretative Erklärung im Sinne des sogenannten Briefes zur deutschen Einheit abgibt.«
»Die kapitalistischen Staaten sind mit sehr weitgehenden Forderungen insbesondere in den Fragen des Prinzipienkatalogs, der vertrauensfördernden Maßnahmen und der ›Freizügigkeit von Menschen und Ideen‹ in die Konferenz gegangen und haben diese hartnäckig verfolgt. Sie nutzten ihre Möglichkeiten und unser Interesse an einem erfolgreichen Abschluß der Konferenz aus, um insbesondere in den Prinzipien und den Bereichen Information und Kontakte einige detailliertere Aussagen durchzusetzen, als von uns ursprünglich beabsichtigt war. Diese Aussagen sind jedoch so abgesichert, um *(sic!)* unmittelbar negative Auswirkungen auf unsere gesellschaftlichen Verhältnisse auszuschließen.«

terstützung der POLISARIO, der Befreiungsfront für die südlich an Marokko angrenzende Westsahara, gegen marokkanische Interessen aufgetreten sei. Die Beziehungen zu Marokko werden bereits am 5. 3. 1976, die zu Spanien erst am 4. 4. 1977 wieder aufgenommen.

Wirtschaftspolitik

Preiserhöhungen im Intra-RGW-Handel: Ende 1974 werden im Rahmen des Rates für gegenseitige Wirtschaftshilfe (RGW) neue Preisbildungsmechanismen festgelegt, die die zuvor besonders niedrigen Rohstoffpreise steigen lassen. Statt der bisher vom Weltmarkt abgekoppelten Preise z. B. für Rohöl wird fortan der Durchschnitt der Weltmarktpreise der letzten fünf Jahre zugrundegelegt. Am 31. 1. unterzeichnen die DDR und die UdSSR ein Protokoll über den Warenaustausch, in dessen Zusammenhang auch eine Vereinbarung »zu Fragen der Preiskorrektur« getroffen wird. Die Sowjetunion teilt der DDR am 18. 6. 1975 mit, daß der Preis je Tonne Rohöl von 14 auf 35 Rubel, der für 1000 Kubikmeter Erdgas von 14,25 auf 31 Rubel steigt. Damit ist die DDR mit einer empfindlichen Verteuerung ihres Rohölbezuges konfrontiert, der jedoch wegen der zeitlichen Verzögerung zur aktuellen Preisentwicklung auf den Weltmärkten »planbar« bleibt. Zudem sichert das RGW-Preissystem der DDR zu, daß sie ihre Fertigwaren im RGW-Raum in der Regel zu höheren als den Weltmarktpreisen absetzen kann, sofern die Verrechnung in transferablen Rubeln erfolgt. – Am 26. 7. treffen die DDR und die UdSSR eine Vereinbarung über die Koordinierung der Volkswirtschaftspläne in den Jahren 1976 bis 1980.

Wirtschaftswachstum: Die DDR steigert ihr **Bruttoinlandsprodukt** gegenüber dem Vorjahr um 3%, womit es (in BRD-Preisen von 1989) 171,1 Mrd. DM und damit 10,7% des rezessionsgeprägten westdeutschen Bruttoinlandsprodukts erreicht. In den folgenden Jahren wird diese Relation sich aus DDR-Sicht immer weiter verschlechtern.

Landwirtschaft: In der Landwirtschaft greifen umfangreiche strukturelle Änderungen, die nicht nur die Anzahl der Landwirtschaftlichen Produktionsgenossenschaften (LPG) sinken lassen, sondern in der beginnenden Trennung von Tier- und Pflanzenproduktion die traditionelle Nähe der beiden Sparten in der landwirtschaft-

Berufstätige in den DDR-Bezirken nach Wirtschaftsbereichen 1975

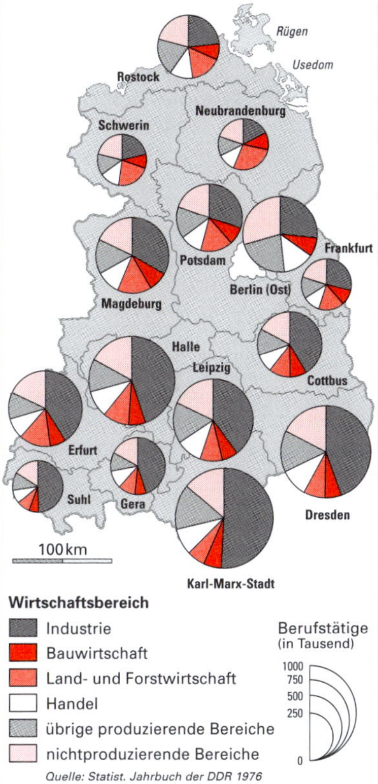

Quelle: Statist. Jahrbuch der DDR 1976

lichen Erzeugung in Deutschland aufheben. 1975 entstehen die ersten 47 allein auf Pflanzenproduktion spezialisierten Genossenschaften (LPG Pflanzenproduktion). – Das Jahr bringt erhebliche Ernteverluste im Vergleich zu den Erträgen des Vorjahres. Allein bei Getreide wird eine gute Ernte eingefahren, die aber dennoch 10% unter der des Vorjahres liegt. Besonders deutlich sind die Rückgänge bei Kartoffeln, deren Hektarertrag im Vergleich zum Vorjahr um 36,7% zurückgeht. In der Tierproduktion werden hingegen die Produktionskennziffern erhöht.

Papierbewirtschaftung: Seit dem 1. 1. erscheinen in der DDR alle Zeitungen ohne Sonntagsausgabe. Zum einen wird damit eine Kostenersparnis bei den Personalausgaben angestrebt (Einstellung des Zeitungsverkaufs und der -zustellung am Sonntag), zum anderen zielt die Maßnahme auf die Verringerung von Papierimporten. Zudem sind, ebenfalls aus Gründen der Papierersparnis, alle Tageszeitungen, Zeitschriften und Illustrierten seit langem mit einem sogenannten Sperrvermerk belegt, der ihre Auflagenhöhe beschränkt. Der Sperrvermerk begünstigt darüber hinaus Presseerzeugnisse, die von den SED-Bezirksleitungen bzw. der SED-eigenen Druckerei- und Verlagsgesellschaft ZENTRAG, die nahezu alle Illustrierten der DDR verlegt, herausgegeben werden. Deren Auflage ist entschieden höher als die der Blockpartei-Zeitungen.

1976

Das »Modell Deutschland« stagniert

Ohne tiefgreifende Veränderungen im sozialen Leben steht das Jahr 1976 noch im Zeichen der Rezession; über eine Million Menschen sind arbeitslos. Der sozialliberalen Koalition helfen die im internationalen Vergleich durchaus noch günstigen Wirtschaftsdaten nicht, die Wähler für ihr »Modell Deutschland« zu gewinnen, im Bundesrat stoßen ihre Reformprojekte auf den Widerstand der CDU/CSU-Mehrheit. Bei den verschiedenen Wahlen des Jahres führt die Strategie des weltanschaulich geprägten »Richtungswahlkampfs« die Unionsparteien zu deutlichen Erfolgen, wenn auch nicht zum Regierungswechsel im Bund. Die innenpolitische Auseinandersetzung mit militanten linken Gruppierungen und sich radikalisierenden Teilen der Umweltbewegung hält an, und die sicherheitspolitische und juristische Abrechnung mit den linksterroristischen Organisationen ist zu einem unübersehbaren Bestandteil der Tagespolitik geworden.

Wahlkampf, Bundestagswahl

Wahlkampf: Da sich die FDP auf eine Fortsetzung der sozialliberalen Koalition festgelegt hat, sucht die CDU/CSU in einem von weltanschaulicher Polemik geprägten »Richtungswahlkampf« mit ihrem Kanzlerkandidaten *Helmut Kohl* die absolute Mehrheit zu erringen. Unter der Parole **»Freiheit oder Sozialismus«** zielt ihre Offensive gegen das sozialdemokratische »Modell Deutschland« vor allem auf die Defizite bei der Terrorismusbekämpfung, auf die Überwindung der Rezession und auf die soziale Sicherung (u. a. Sanierung der Rentenfinanzen → unten). Durch die Polarisierung gewinnen

die Unionsparteien Stimmen aus der bürgerlichen Mitte zurück und erzielen das zweitbeste Ergebnis ihrer bisherigen Geschichte.
Wahlergebnis → Sonderseiten Sp. 579 ff.

Außenpolitik

Am 3. 2. nimmt die Bundesrepublik diplomatische Beziehungen mit der ehemaligen portugiesischen Kolonie **Mosambik** auf, die am 25. 6. 1975 unabhängig geworden ist; am 19. 2. folgt der Botschafteraustausch mit der im November 1975 ebenfalls von Portugal unabhängig gewordene **Volksrepublik Angola.**
Polen: Am 12. 3. billigen der deutsche Bundesrat und der polnische Staatsrat jeweils einstimmig die **deutsch-polnischen Verträge** (→ 1975). Nachdem die Opposition im Bundestag am 12. 2. noch gegen das Vertragswerk stimmte, das vor allem bei den Vertriebenenverbänden auf scharfe Ablehnung stößt, wird es nun nicht länger von ihr blockiert; zwischenzeitlich hat die polnische Regierung eine Nachbesserung bei den Ausreisegenehmigungen für Deutschstämmige zugestanden. Vom 8.–12. 6. **besucht** der Erste Sekretär der Polnischen Vereinigten Arbeiterpartei, **Edward Gierek**, die **Bundesrepublik**; neben einem Kultur- und einem Wirtschaftsabkommen werden 16 Kooperationsvereinbarungen auf Unternehmensebene unterzeichnet.
Vereinte Nationen: Durch Beschluß der UNO-Vollversammlung der Vereinten Nationen vom 21. 10. erhält die Bundesrepublik ab 1. 1. 1977 für zwei Jahre **Sitz und Stimme im Sicherheitsrat**.

Verteidigungspolitik

NATO: Eine geheime, später für inoffiziell erklärte Studie der NATO, die von der britischen Tageszeitung »The Times« am 15. 3. auszugsweise veröffentlicht wird, löst vor allem auch in der Bundesrepublik Debatten über die **Verteidigungsfähigkeit des Westens** aus. Demnach sind die Streitkräfte des Warschauer Pakts in der Lage, ohne Einsatz von Atomwaffen innerhalb von zwei Tagen die Bundesrepublik zu überrollen und bis an den Rhein vorzustoßen. – Am 11. 6. beschließen die Verteidigungsminister der NATO in Brüssel, der quantitativen konventionellen Überlegenheit des Warschauer Paktes

Fortsetzung Sp. 583

Bundestagswahl am 3. 10. 1976

Wahlergebnis: Bei einer Wahlbeteiligung von 90,7% (–0,5% gegenüber der Bundestagswahl 1972) kann die CDU/CSU mit 48,6% der Stimmen einen Zuwachs von 3,9% verbuchen; sie gewinnt insgesamt 243 Mandate (+18), von denen auf die CDU 190, auf die CSU 53 entfallen. Damit wird sie wieder stärkste Fraktion im Bundestag. Auf die SPD entfallen 42,5% (–3,2%) der Stimmen und 214 (–16) Mandate; auf die FDP 7,95% (–0,5%) und 39 (–2) Mandate. Damit kann die **sozialliberale Koalition fortgesetzt** werden, auch wenn ihre Mehrheit im neuen Bundestag auf 10 Stimmen geschrumpft ist. Auf seiner konstituierenden Sitzung am 14.12. wählt der 8. Deutsche Bundestag den bisherigen CDU/CSU-Fraktionsvorsitzenden *Karl Carstens* (CDU) zum Präsidenten

Neue Bundesregierung: Die **Koalitionsverhandlungen** zwischen SPD und FDP geraten unversehens in eine Krise, nachdem sich die Unterhändler am 7.12. auf ein Modell zur **Sanierung des Rentenversicherungssystems** verständigen und sich die Koalition – wegen ihrer Wahlversprechen – damit dem Vorwurf des »Rentenbetrugs« aussetzt (→ unten). Nach der

Wahl zum 8. Deutschen Bundestag am 3.10.1976 (1972)

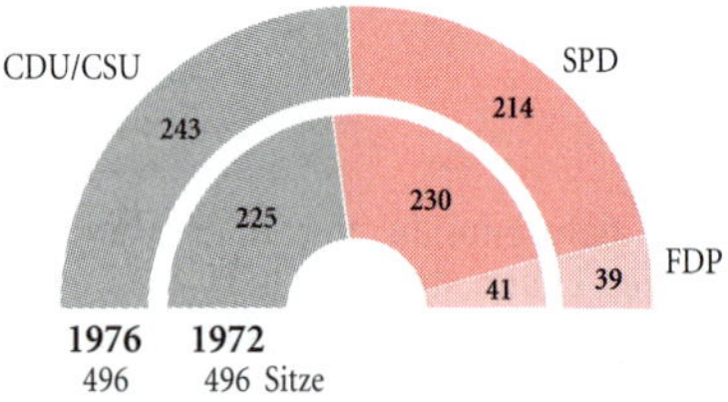

Einigung auf eine Zwischenlösung erklärt Arbeitsminister *Walter Arendt* (SPD) seinen Verzicht auf den Wiedereintritt in das neue Kabinett. Bei seiner **Wiederwahl zum Bundeskanzler** am 15.12. erhält *Helmut Schmidt* 250 Stimmen, 3 weniger als seine Koalition aufbringen kann, nur eine mehr als die erforderliche absolute Mehrheit. Sein am 16.12. vereidigtes **Kabinett** bleibt in fast allen Ressorts personell unverändert, das Ministerium für Arbeit und Sozialordnung übernimmt *Herbert Ehrenberg* (SPD) (→ Kabinettsliste).

Zweites Kabinett Schmidt (15.11. 1976–5.11. 1980)

Bundeskanzler	*Helmut Schmidt* (SPD)
Stellvertreter und Auswärtiges	*Hans-Dietrich Genscher* (FDP)
Inneres	*Werner Maihofer* (FDP), ab 8.6.78 *Gerhart Rudolf Baum* (FDP)
Justiz	*Hans-Jochen Vogel* (SPD)
Finanzen	*Hans Apel* (SPD), ab 16.2.78 *Hans Matthöfer* (SPD)
Wirtschaft	*Hans Fridrichs* (FDP), ab 7.10.77 *Otto Graf Lambsdorff* (FDP)
Ernährung, Landwirtschaft und Forsten	*Josef Ertl* (FDP)
Arbeit und Sozialordnung	*Herbert Ehrenberg* (SPD)
Verteidigung	*Georg Leber* (SPD), ab 16.2.78 *Hans Apel* (SPD)
Jugend, Familie und Gesundheit	*Antje Huber* (SPD)
Verkehr, Post- und Fernmeldewesen	*Kurt Gscheidle* (SPD)
Raumordnung, Bauwesen und Städtebau	*Karl Ravens* (SPD), ab 16.2.78 *Dieter Haack* (SPD)
Innerdeutsche Beziehungen	*Egon Franke* (SPD)
Forschung und Technologie	*Hans Matthöfer* (SPD), ab 16.2.78 *Volker Hauff* (SPD)
Bildung und Wissenschaft	*Helmut Rhode* (SPD), ab 16.2.78 *Jürgen Schmude* (SPD)
Wirtschaftliche Zusammenarbeit	*Marie Schlei* (SPD), ab 16.2.78 *Rainer Offergeld* (SPD)

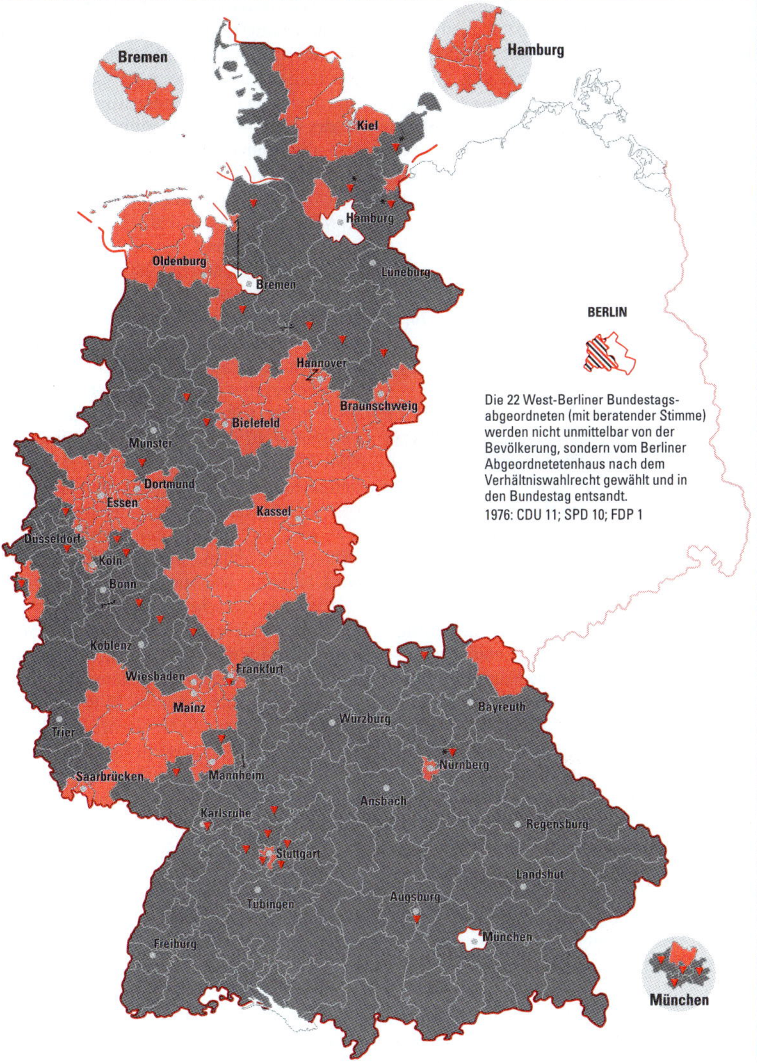

Direktmandate der im 8. Deutschen Bundestag vertretenen Parteien

Mit der Mehrheit der Erststimmen 1976 gewonnene Wahlkreise

- Kandidaten der CDU/CSU (94+40=134)
- Kandidaten der SPD (114)

Wechsel der Erststimmenmehrheit 1972/1976

▾ Wahlkreise, die von der SPD an die CDU/CSU fielen

* bedingt vergleichbar, da neue Wahlkreiseinteilung

Quelle: *Statistisches Bundesamt*

eine Erhöhung der eigenen Schlagkraft entgegenzusetzen; beabsichtigt sind vor allem Infrastrukturmaßnahmen in den Streitkräften und eine **qualitativ bessere Ausrüstung**. Die Verstärkung der nuklearen Kampfkapazität rückt wieder in den Mittelpunkt verteidigungsstrategischer Überlegungen, seit am 29.7. auch in der Öffentlichkeit bekannt wird, daß die Sowjetunion begonnen hat, ihre Streitmacht mit **atomaren Mehrfachsprengköpfen** vom Typ MIRV auszurüsten. – Die NATO lehnt am 10.12. den Vorschlag des Warschauer Pakts, einen Vertrag über den Verzicht auf den **Ersteinsatz von Atomwaffen** zu schließen, als reine Propaganda ab.

Rüstung: Am 7.4. beschließt das Kabinett, 322 Maschinen des neuen Kampfflugzeuges MRCA (Multi-Role-Combat-Aircraft) **»Tornado«** im Wert von 15,5 Mrd. DM zu übernehmen, das zusammen mit Großbritannien und Italien entwickelt wurde und ab 1.7. in Serienproduktion gehen soll. Eine entsprechende Vereinbarung zwischen den Regierungen wird am 29.7. unterzeichnet. Von den 8 Mrd. DM Entwicklungskosten hat die Bundesrepublik rd. 3,6 Mrd. DM getragen.

Kriegsdienstverweigerung: Die Regierungskoalition scheitert mit der geplanten Änderung des Wehrpflichtgesetzes. Gegen die vorgesehene »Verweigerung per Postkarte« – an die Stelle der sogenannten Gewissensprüfung soll eine einfache Option der Wehrpflichtigen für den achtzehnmonatigen Ersatzdienst treten – stehen die CDU/CSU-Mehrheit im Bundesrat sowie die verfassungsrechtlichen Bedenken des Bundespräsidenten *Walter Scheel* und des Bundesverfassungsgerichts. 1976 werden 40383 Anträge auf Anerkennung als Kriegsdienstverweigerer gestellt, ihre Zahl ist damit gegenüber dem Vorjahr um rund 22% gestiegen.

Innere Führung: Verteidigungsminister *Leber* suspendiert am 1.11. den Kommandeur der Luftwaffe, Generalleutnant *Walter Krupinski*, und seinen Stellvertreter, Generalmajor *Karl-Heinz Franke*, vom Dienst; am 8.11. werden sie entlassen – ein bislang einmaliger Vorgang in der Geschichte der Bundeswehr. Die beiden Generäle hatten die Teilnahme des als rechtsradikal eingestuften ehemaligen Wehrmachtobersten *Hans-Ulrich Rudel* am Traditionstreffen eines Aufklärungsgeschwaders der Luftwaffe gebilligt.

Deutsch-deutsche Beziehungen

Die Beziehungen zwischen der Bundesrepublik und der DDR sind geprägt von fortschreitender Normalisierung im Bereich der wirtschaftlichen und rechtlichen Zusammenarbeit und anhaltender Verhärtung in der politischen Konfrontation. Der **innerdeutsche Reiseverkehr** nimmt stetig zu. Nach Angaben des Ministeriums für innerdeutsche Beziehungen vom 19.1. sind 1975 3,1 Mio. Westdeutsche und 2,7 Mio. West-Berliner in die DDR gereist, über 1,3 Mio. DDR-Bürger kamen in die Bundesrepublik.

Grenzfragen und -konflikte: Bei mehreren Zwischenfällen an der innerdeutschen Grenze machen DDR-Grenzsoldaten gegen Westdeutsche von der Schußwaffe Gebrauch oder nehmen sie wegen »Grenzprovokationen« fest. Am 1.5. wird der frühere DDR-Bürger *Michael Gartenschläger* an der Grenze bei Lauenburg von DDR-Grenzsoldaten erschossen, als er zum wiederholten Mal versucht, Selbstschußanlagen in den Grenzbefestigungen zu demontieren. Am 5.8. wird ein italienischer LKW-Fahrer von DDR-Grenzsoldaten erschossen. Im November wird bekannt, daß die DDR die Grenze mit einem elektronischen Überwachungssystem ausstattet. – Die Bundesregierung weist am 1.11. einen DDR-Entwurf über einen **Grenzvertrag** zurück, der in seiner Anlage dem Görlitzer Abkommen entspricht, das die DDR → 1950 mit Polen über die Oder-Neiße-Grenze schloß. – Am 2.12. spricht das Landgericht Essen einen früheren DDR-Bürger frei, der am 19.12.1975 bei seiner Flucht aus der DDR zwei Unteroffiziere der Grenztruppen erschoß und Notwehr geltend machte. – Am 30.12. führt die DDR die **Visumpflicht für Ausländer** ein, die für einen Tagesaufenthalt von West- nach Ost-Berlin reisen wollen. Zuvor benötigten Ausländer und Staatenlose nur einen Reisepaß.

Berlin-Status: Im Zusammenhang mit dem Beschluß der Europäischen Gemeinschaft vom 12.7., **Direktwahlen zum Europäischen Parlament** abzuhalten (→ 1979), erklärt die Sowjetunion am 3.8. in Noten an die drei Westmächte, die Teilnahme von West-Berlinern an diesen Wahlen wäre eine Verletzung des Viermächteabkommens. Obwohl sie in ihrer Antwortnote am 20.8. die Einwendungen zurückweisen, untersagen die drei Westmächte am 20.9. die Direktwahl von Europa-Abgeordneten in West-Berlin.

Häftlingsfreikauf: Das Bundesministerium für

innerdeutsche Beziehungen bestätigt am 19.10. Meldungen, daß in den ersten acht Monaten des Jahres 950 politische Häftlinge aus der DDR freigekauft wurden, darüber hinaus konnten 147 weitere die DDR verlassen. Seit Beginn dieser Aktionen 1962 seien 610,3 Mio. DM aufgewandt worden (1974 und 1975 jeweils 104 Mio. DM). Als Mindestpreis für die Freilassung einer Person verlange die DDR 40 000 DM, der höchste gezahlte Preis habe 1 Mio. DM betragen.
Gegen die **Ausbürgerung** des Ost-Berliner Liedermachers und Lyrikers *Wolf Biermann* nach einem Konzert, das dieser auf Einladung des Deutschen Gewerkschaftsbunds am 13.11. vor über 10 000 Zuhörern in Köln gab, protestieren zahlreiche westdeutsche Intellektuelle. (→ DDR)

Terrorismus und Extremismus-Bekämpfung

Prozesse: Im sog. »**Fememord-Prozeß**« vor dem Landgericht Berlin um die Ermordung von *Ulrich Schmücker*, der am 5.6. → 1974 als »Verräter« an der »Bewegung 2. Juni« regelrecht hingerichtet wurde, werden die sechs Angeklagten am 22.6. zu hohen Haftstrafen verurteilt; die Hauptangeklagte *Ilse Jandt* zu lebenslangem Freiheitsentzug. Das Urteil gegen sie wird allerdings nicht rechtskräftig.
Häftlinge: Vier Mitgliedern der »Rote Armee Fraktion« (RAF) und der »Bewegung 2. Juni« (*Monika Berberich, Juliane Plambeck, Gabriele Rollnick* und *Inge Viett*), die in West-Berlin in Untersuchungshaft saßen, gelingt am 7.7. der **Ausbruch aus** der **Haftanstalt**. Der Vorfall löst eine heftige Kontroverse um die innere Sicherheit und die Strafvollzugspraxis aus; Justizsenator *Hermann Oxfort* (FDP) übernimmt die politische Verantwortung und tritt zurück. *Berberich* wird zwei Wochen nach der Flucht in West-Berlin wieder gefaßt. – Am 9.5. wird *Ulrike Meinhof*, seit ihrer Teilnahme an der Befreiung von *Andreas Baader* aus dem Gefängnis (→ 1970) eine der Führungspersonen im politischen Untergrund und Gründungsmitglied der »Rote Armee Fraktion« (RAF), in ihrer Zelle in der Haftanstalt Stuttgart-Stammheim **erhängt aufgefunden**. Der RAF nahestehende politische Kreise äußern Zweifel an der offiziellen Todesursache »Selbstmord«; es heißt, *Ulrike Meinhof* sei ermordet oder jedenfalls durch »Isolationsfolter« in den Tod getrieben worden. Durch

Meinhofs Tod ausgelöste Demonstrationen in mehreren Städten werden begleitet von heftigen Auseinandersetzungen mit der Polizei. In einigen europäischen Städten, u.a. in Mailand, Venedig und Zürich, werden deutsche Einrichtungen und Firmenniederlassungen das Ziel von Bombenanschlägen. – **RAF-Mitglied** *Rolf Pohle*, der nach der Entführung des West-Berliner CDU-Vorsitzenden *Peter Lorenz* (27.2. → 1975) aus der Haft freigepreßt wurde und in den Jemen ausreiste, wird am 22.7. in Athen festgenommen und am 1.10. **an die Bundesrepublik ausgeliefert**.
Internationaler Terrorismus: Bundesinnenminister *Werner Maihofer* erklärt Anfang Juni anläßlich der Vorlage des Verfassungsschutzberichtes der Bundesregierung den internationalen Terrorismus zur größten **Gefahr für die Innere Sicherheit**. – Ein Kommando der Volksfront zur Befreiung Palästinas entführt am 27.6. ein Flugzeug der Air France, um 53 in verschiedenen Ländern inhaftierte »Freiheitskämpfer«, darunter auch sechs mutmaßliche Angehörige der RAF, freizupressen. Die gewaltsame Beendigung der **Geiselnahme in Entebbe (Uganda)** durch eine israelische Sondereinheit am 4.7. fordert 31 Tote und zahlreiche Verletzte; unter den sieben getöteten Geiselnehmern befinden sich zwei Deutsche. – Vor dem Hintergrund der weltweiten Zunahme politisch motivierter Geiselnahmen stellt Bundesaußenminister *Hans-Dietrich Genscher* am 28.9. vor der UN-Vollversammlung den Entwurf der Bundesregierung für eine **Konvention gegen Geiselnahme** vor. Neben der Ächtung des Terrorismus sollen sich die Unterzeichnerstaaten verpflichten, unter keinen Umständen Forderungen von Geiselnehmern nachzugeben und sie nach Ergreifung auszuliefern oder selbst vor Gericht zu stellen; die Antiterrorismuskonvention wird am 15.12. verabschiedet.
»Antiterrorgesetz«: Nach dem neuen **§ 129a StGB,** den der Bundestag am 24.6. beschließt und der am 18.8. in Kraft tritt, kann der neu eingeführte Straftatbestand der »Bildung terroristischer Vereinigungen« mit bis zu zehn Jahren Haft bestraft werden; überdies werden den Ermittlungsbehörden die Überwachung der Kommunikation zwischen Angeklagten und Verteidigern und vereinfachte Prozeduren bei der Verhaftung Verdächtiger ermöglicht. Seit 22.4. gilt auch das 14. Strafrechtsänderungsgesetz. Die neuen Paragraphen **88a und 130a StGB** stellen

die »Befürwortung von Straftaten … in Schriften« und die Verbreitung solcher Schriften unter Strafe.

Extremistenbeschluß: Am 29. 2. läßt der Bundesrat die Koalitionsvorlage zur Änderung des sog. Radikalenerlasses von → 1972, die im Bundestag bereits am 24. 10. → 1975 verabschiedet wurde, endgültig scheitern, indem er die Entscheidung des Vermittlungsausschusses verwirft. Während die CDU/CSU-regierten Bundesländer bei der Überprüfung von Bewerbern für den öffentlichen Dienst an den Richtlinien von 1972 festhalten, wenden die SPD/FDP-regierten Länder in der Folge die von der Bundesregierung vorgeschlagenen neuen Grundsätze an; diese legen u. a. fest, daß nur noch gerichtsverwertbare Tatsachen für eine Ablehnung herangezogen werden dürfen.

Parteien

Bayernpartei: Die im Oktober 1946 gegründete BP, die Anfang der 50er Jahre beachtliche Erfolge bei Bundes- und Landtagswahlen verzeichnete, beschließt am 14. 3. ihre **Auflösung**.

CDU/CSU: Die **CSU**, die bei den Bundestagswahlen 53 Sitze errungen und in Bayern mit 60 % ihr bestes Wahlergebnis bei Bundestagswahlen überhaupt erzielt hat, beschließt auf ihrer traditionellen Zusammenkunft in Wildbad Kreuth am 19. 11., die seit 27 Jahren bestehende **Fraktionsgemeinschaft mit der CDU** aufzukündigen. Als Begründung wird das Scheitern des Kanzlerkandidaten *Helmut Kohl* genannt. Die CDU droht daraufhin, künftig mit eigenen Kandidaten in Bayern anzutreten. Nach langwierigen Verhandlungen vereinbaren die beiden Parteien am 12. 12., die Fraktionsgemeinschaft doch fortzusetzen.

SPD: Als Nachfolger von *Holger Börner* (→ Hessen) wird am 22. 11. der frühere Bundesminister für wirtschaftliche Zusammenarbeit, *Egon Bahr*, zum **Geschäftsführer der SPD** gewählt. – Der SPD-Vorsitzende und frühere Bundeskanzler *Willy Brandt* wird am 26. 11. in Genf zum Vorsitzenden der **Sozialistischen Internationale** gewählt.

Sozialpolitik

Abtreibung: Am 12. 2. verabschiedet der Bundestag mit den Stimmen der Koalition eine strafrechtliche Neuregelung des Schwangerschaftsabbruchs (**§ 218 StGB**) nach den Maßgaben des Bundesverfassungsgerichts in seinem Urteil vom 25. 2. → 1975. Die **soziale Indikation**, die einen Schwangerschaftsabbruch in den ersten drei Monaten auch aufgrund einer sozialen Notlage der Frau straffrei macht, bleibt heftig umstritten und wird von der katholischen Kirche bekämpft. Das Gesetz tritt am 18. 5. in Kraft.

Mitbestimmung: Für das lange kontrovers diskutierte Gesetz über die Mitbestimmung der Arbeitnehmer kommt am 18. 3. im Bundestag eine breite Mehrheit zustande (in Kraft am 1. 7.). Orientiert am Modell der seit → 1951 in der Montanindustrie geübten Praxis sieht es für Unternehmen mit eigener Rechtspersönlichkeit (z. B. AG, GmbH, KG) und mehr als 2000 Beschäftigten eine **Parität von Arbeitnehmer- und Arbeitgebervertretern** im Aufsichtsrat vor; beim Stichentscheid gibt die Stimme des Aufsichtsratsvorsitzenden (in der Regel ein Arbeitgebervertreter) den Ausschlag. Der Arbeitsdirektor, der im Vorstand für Personal- und Sozialfragen zuständig ist, wird im Einvernehmen mit der Arbeitnehmerseite bestellt, auf der auch die Gewerkschaften vertreten sind. »Tendenzbetriebe«, zu denen auch die Unternehmen der Medienbranche gehören, bleiben von der paritätischen Mitbestimmung ausgeschlossen. Für die Montanbetriebe gelten weiterhin die Regelungen von 1951.

Rentenanpassung: Am 7. 4. beschließt der Bundestag eine Erhöhung der Bezüge aus der gesetzlichen Rentenversicherung zum 1. 7. um 11 %. In der Debatte verweist die Opposition auf Finanzierungsprobleme. SPD und FDP garantieren dagegen im Wahlkampf die Stabilität der sozialen Sicherungssysteme und stellen eine Erhöhung der Renten zum 1. 7. 1977 um weitere 10 % bei unveränderter Berechnungsbasis in Aussicht. Als SPD und FDP nach der Bundestagswahl dieses Versprechen zugunsten eines Sanierungskonzepts zurückziehen (die Anpassung soll um sechs Monate aufgeschoben werden und nur noch auf Basis des Nettoeinkommens erfolgen), provozieren sie empörte Reaktionen bei der Opposition und in den Medien (**»Rentenbetrug«**). Die Koalitionsvereinbarung sieht letztlich eine Anhebung der Renten zum 1. 7. 1977 um 9,9 %, eine weitere zum 1. 1. 1979 vor.

Ehe und Familie: Am 14. 6. verabschiedet der Bundestag das Gesetz zur **Reform des Ehe- und**

Rentenentwicklung der Arbeiter und Angestellten 1965–1981 (in %)

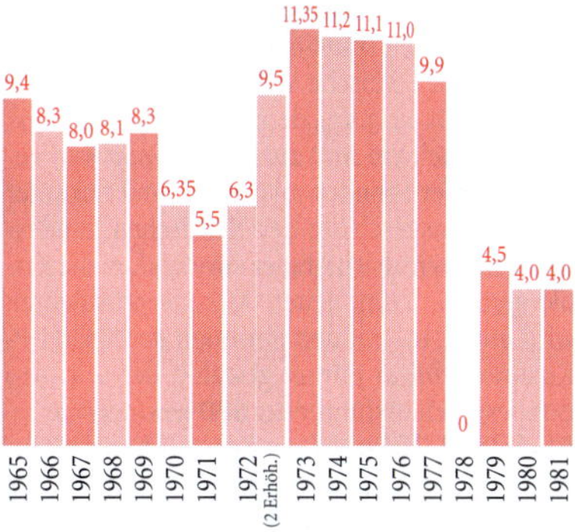

Familienrechts. Die Ehegatten werden in allen Fragen rechtlich gleichgestellt; bei Scheidung tritt das Zerrüttungsprinzip an die Stelle des bisherigen Schuldprinzips, die Scheidung gilt nun in der Regel nach dreijähriger Trennungsfrist als gerechtfertigt, die wirtschaftliche Lage der Ehegatten ist maßgebend für die Bemessung des Unterhaltsanspruchs, die während der Ehe erworbenen Versorgungsansprüche im Alter und bei Invalidität wachsen beiden Ehepartnern zu gleichen Teilen zu (»Renten-Splitting«); Familiengerichte befinden über die Scheidung und die sich daraus ergebenden Konsequenzen für Unterhalt, Sorgerecht u. a. Bei den Beratungen lange umstritten waren vor allem die Änderungen im Unterhaltsrecht (in Kraft am 1. 7. 1977).

Umwelt- und energiepolitische Themen

Atomkraftwerke: Auf der Basis des deutsch-brasilianischen Rahmenabkommens vom 27. 6. → 1975 schließt die deutsche **Kraftwerkunion** (KWU) am 3. 7. mit dem staatlichen Energieversorgungsunternehmen Brasiliens einen Vertrag über die Lieferung von zwei Atomkraftwerken. – Behördenvertreter des Iran und der Bundesrepublik schließen ein Rahmenabkommen über die friedliche Nutzung der Kernenergie. Im Anschluß vereinbaren die iranische Atomenergieorganisation und die deutsche Kraftwerkunion (KWU) die Lieferung von zwei Kernkraftwerken.

Antiatomkraftbewegung: Die Teilgenehmigung für den Bau des **Kernkraftwerks Brokdorf** durch die niedersächsische Landesregie-

rung am 25. 10. ist Anlaß für eine Demonstration am 30. 10. vor dem Baugelände; in ihrem Gefolge kommt es zu Auseinandersetzungen zwischen der Polizei und einem Teil der Demonstranten, die versuchen, den Bauplatz zu besetzen. Eine von fast 30 000 Menschen besuchte Großdemonstration am 13. 11. bildet den Auftakt weiterer heftiger Konfrontationen, in deren Verlauf zahlreiche Demonstranten und Polizisten verletzt werden.

Rheinabkommen: Am 3. 12. unterzeichnen Vertreter der Rhein-Anliegerstaaten drei Abkommen über den Schutz des Rheins vor Überschmutzung. Die Verträge beruhen auf Grundsatzbeschlüssen der Europäischen Gemeinschaft und wurden durch vier Ministerkonferenzen seit 1972 vorbereitet.

»Kabeljaukrieg«: In der noch immer nicht beigelegten Auseinandersetzung über die Fischfanggründe in der Nordsee (→ 1974, »Kabeljaukrieg«) weitet die Europäische Gemeinschaft am 30. 10. die gemeinsame Fischereizone mit Wirkung zum 1. 1. 1977 auf 200 Seemeilen aus. Die Bundesregierung folgt mit einer entsprechenden Proklamation für die nationale Fischereizone am 23. 12.

Wirtschaftspolitische Themen

Druckindustrie: Nach einer Urabstimmung unter den Mitgliedern der IG Druck und Papier beginnt am 30. 4. ein **bundesweiter Streik in der Druckindustrie** zur Durchsetzung von Lohnforderungen. Erstmals reagieren die Arbeitgeber mit einer bundesweiten **Aussperrung.** Der Tarifkonflikt, durch den in weiten Teilen des Bundesgebiets für mehrere Tage keine Zeitungen erscheinen, endet am 13. 5. mit einem Übereinkommen, das eine Entgelterhöhung um 6 % und rückwirkende Sonderzahlungen vorsieht.

Unternehmen: Am 20. 10. übernimmt der Iran, als erster fremder Anteilseigner in der Geschichte des Unternehmens, 25,01 % (175 Mio. DM) des Stammkapitals der **Friedrich Krupp GmbH** (Jahresumsatz rd. 9,3 Mrd DM). 1974 hatte sich der Iran bereits die Sperrminorität an der Friedrich Krupp Hüttenwerke AG (Jahresumsatz 1994 rd. 2,6 Mrd. DM) gesichert.

Bundesländer

Niedersachsen: Nach dem Rücktritt des niedersächsischen Ministerpräsidenten *Alfred Kubel* erleidet die seit 1974 regierende SPD/FDP-Koalition, die seit einer Korrektur des Wahlergebnisses nur über eine Mehrheit von einer Stimme verfügt, eine schwere Niederlage. Am 15.1. erhält der SPD-Kandidat *Karl Ravens* nicht die notwendige Stimmenmehrheit. Statt dessen wird der CDU-Politiker *Ernst Albrecht* überraschend **zum Ministerpräsidenten gewählt**. *Albrecht* bildet zunächst ein Minderheitskabinett, da die FDP, mit Rücksicht auf die Bonner Koalition, nicht zu Verhandlungen über eine Regierungsbeteiligung bereit ist. Nach der Bundestagswahl revidiert die FDP diese Haltung und tritt am 31.10. in die Regierung *Albrecht* ein.

Baden-Württemberg: Die CDU erreicht bei der Landtagswahl am 5.4. ein Rekordergebnis von 56,7% (+3,8% gegenüber 1972), während die SPD einen Rückgang auf 33,3% (−3,3%) hinnehmen muß. Der Stimmenanteil der FDP sinkt von 8,9% auf 7,8%. Dem neuen CDU-Kabinett, das am 2.6. im Parlament bestätigt wird, steht abermals *Hans Filbinger* als Ministerpräsident vor. Bei diesen Wahlen ist die CDU erstmals mit dem Slogan »Freiheit statt Sozialismus« angetreten.

Hessen: Der hessische Ministerpräsident *Albert Osswald* tritt am 3.10., dem Tag der Bundestagswahl, von seinem Amt zurück. *Osswald* war wegen dubioser Spenden an die SPD und riskanter Spekulationsgeschäfte der Hessischen Landesbank, deren Aufsichtsrat er vorstand, in die Kritik geraten. Zum neuen Ministerpräsidenten wird am 12.10. mit den Stimmen der SPD/FDP-Koalition *Holger Börner* gewählt, der seit 1969 Bundesgeschäftsführer der SPD gewesen war.

Rheinland-Pfalz: *Helmut Kohl*, als Kanzlerkandidat erfolglos, übernimmt die Funktion des Oppositionsführers im Bundestag. Zu seinem Nachfolger im Amt des Ministerpräsidenten wird am 2.12. der bisherige Kultusminister *Bernhard Vogel* gewählt.

1976

Politische Verhärtung trotz wirtschaftlicher Stabilisierung

Seit Januar wird die Bevölkerung auf den bevorstehenden IX. Parteitag der SED eingestimmt. In seinem Bericht an den Parteitag kann *Erich Honecker* auf eine positive Bilanz seiner ersten Amtszeit als Erster Sekretär des ZK verweisen. Außenpolitisch ist die jahrzehntelange Isolierung der DDR gebrochen. Die wirtschaftliche Entwicklung hat sich seit dem Tiefpunkt 1970 deutlich verbessert. Der Lebensstandard ist spürbar gestiegen, das ambitionierte Wohnungsbauprogramm begründet noch immer eine wohlwollende, wenn auch distanzierte Loyalität der Bürger zur Staatsführung.
Das Jahr endet mit einer kulturpolitischen Verhärtung. Ihren Einsatz zugunsten des im November ausgebürgerten Liedermachers *Wolf Biermann* bezahlen namhafte Künstler der DDR mit Repressalien. Die Politik der »Weite und Vielfalt« aus der ersten Hälfte der siebziger Jahre ist damit beendet.

Ausbürgerung Wolf Biermanns

Nachdem in der Vergangenheit mehrfach Reisen des Ost-Berliner Liedermachers *Wolf Biermann*, der in der DDR seit 1965 Auftrittsverbot hat, zu Konzerten oder anderen Anlässen in die Bundesrepublik nicht zustande gekommen waren (im Mai 1974 war ein entsprechender Antrag *Biermanns* an die Bedingung geknüpft worden, für immer auszureisen und die DDR-Staatsbürgerschaft aufzugeben), erhält er im Herbst 1976 die Genehmigung zu einer Konzerttournee. Am 13. 11. gibt *Biermann* in Köln vor über 10 000 Zuschauern ein Konzert, in dessen Verlauf er sich mehrfach zur Situation in der DDR äußert. Dies wird am 16. 11. von der DDR zum Anlaß genommen, *Biermann* die DDR-Staatsbürgerschaft abzuerkennen und ihm die Wiedereinreise zu verweigern. Das SED-Zentralorgan »Neues Deutschland« liefert tags darauf in einem Kommentar einige der Begründungen für den Schritt der DDR-Behörden: Was er in Köln »an Haß, an Verleumdungen und Beleidigungen gegen unseren sozialistischen Staat und seine Bürger losgelassen hat, macht das Maß voll. Schon jahrelang

Die Biermann-Ausbürgerung und die Folgen

Ausgehend von einer **Protestpetition**, die von 13 namhaften Künstlern unterzeichnet ist (*Sarah Kirsch, Christa Wolf, Volker Braun, Franz Fühmann, Stephan Hermlin, Stefan Heym, Günter Kunert, Heiner Müller, Rolf Schneider, Gerhard Wolf, Jurek Becker, Erich Arendt; Fritz Cremer* zieht seine Unterschrift wieder zurück, nachdem er von der Veröffentlichung im Westen erfahren hat), kommt es überall in der DDR zu Solidaritätsbekundungen. Der Petition, in der um ein »Überdenken« der Entscheidung gebeten wird wird, schließen sich allein in den ersten fünf Tagen 93 weitere Künstler an. Von den Protesten erfährt die DDR-Bevölkerung in den eigenen Medien nur indirekt – über bestellte Leserbriefe, die die Ausbürgerung begrüßen und sich von Protesten distanzieren. Mehr noch: Für jüngere DDR-Bürger wird *Biermann* erst jetzt zum Prominenten, nachdem er im Gefolge des »Kahlschlagplenums« (→ 1965) mit Auftrittsverbot belegt worden und deshalb bei ihnen weniger bekannt war.
Die Reaktion des Staates auf die Protestbekundungen ist hart und in ihrer Wirkung für die DDR-Kulturszene verheerender als die Biermann-Ausbürgerung selbst. Vier der 13 Initiatoren der Protestresolution werden am 6. 12. 1976 bzw. am 20. 1. 1977 aus der SED ausgeschlossen (*Jurek Becker, Sarah Kirsch, Günter Kunert, Gerhard Wolf*), drei weitere mit Rügen bestraft (*Volker Braun, Stephan Hermlin, Christa Wolf*). Andere Unterzeichner der Resolution werden verhaftet (so am 19. 11. *Jürgen Fuchs*, am 21. 11. *Gerolf Pannach* und *Christian Kuhnert*). Eine ganze Reihe der Unterzeichner verlassen die DDR in Richtung Westen (unter ihnen *Sarah Kirsch, Manfred Krug, Jürgen Fuchs, Bettina Wegner, Klaus Schlesinger, Angelica Domröse* und *Hilmar Thate*). Der Exodus dauert bis zum Beginn der achtziger Jahre an.

hat er unter dem Beifall unserer Feinde sein Gift gegen die DDR verspritzt.« Zur Überraschung der DDR-Führung regt sich gegen ihren Schritt massiver Protest im eigenen Land (→ Kasten). Die liberale Phase der »Weite und Vielfalt« in der Kulturpolitik (→ 1971 und 1972) ist mit der Ausbürgerung *Biermanns* zu Ende. Eine drohende ideologische Verhärtung hatte sich schon in den Monaten zuvor angedeutet. *Reiner Kunzes* Buch »Die wunderbaren Jahre« konnte im September nur in der Bundesrepublik erscheinen, die Auslieferung seines Kinderbuchs »Der Löwe Leopold« an den Buchhandel war am 21.10. gestoppt worden. – Bei einer Konferenz von Gesellschaftswissenschaftlern am 25. und 26. 11. erklärt der »Ideologie-Sekretär« des ZK *Kurt Hager*, die Ausbürgerung *Biermanns* habe »die Fronten geklärt und wie ein reinigendes Gewitter« gewirkt. – Am 26. 11. wird über den Regimekritiker *Robert Havemann* Hausarrest verhängt, am 8. 12. wird der Lyriker *Frank Schöne* zu zweieinhalb Jahren Haft verurteilt.

Selbstverbrennung von Oskar Brüsewitz

Am 18. 8. übergießt sich auf dem Marktplatz in Zeitz der aus dem benachbarten Ort Droßdorf-Rippicha stammende Pfarrer *Oskar Brüsewitz* mit Benzin und verbrennt sich öffentlich aus Protest gegen die – wie *Brüsewitz* auf einer mitgeführten Tafel formuliert – »Unterdrückung der Kirchen in Schulen an Kindern und Jugendlichen«. Er stirbt am 22. 8. Der Pfarrer war wegen seiner Jugendarbeit wiederholt mit dem Staat in Konflikt geraten. Nach seinem Tod wird er in den DDR-Medien massiv verleumdet, wobei kritische Äußerungen von Kirchenvertretern über *Brüsewitz'* Amtsführung sinnentstellend wiedergegeben werden. Dagegen protestiert am 21. 8. die Kirchenleitung der Evangelischen Kirche in der Kirchenprovinz Sachsen mit einem »Wort an die Gemeinden«. – Das **Verhältnis von Staat und Kirche** bleibt in den kommenden Wochen **gespannt**, zumal sich die SED-Führung auch internationaler Kritik ausgesetzt sieht. Die Parteispitze weist diese Kritik bei einer ZK-Tagung am 2. und 3. 9. mit der Behauptung zurück, in der DDR seien die »Menschenrechte verwirklicht«. – In einem weiteren »**Brief an die Gemeinden**« heißt es am 19. 9. in allen evangelischen Kirchen: »Es wird sichtbar, daß wir dem Leben in unserer Gesellschaft und unserer Kirche nicht dienen, wenn wir Probleme

und Widersprüche verdrängen, statt an ihrer Lösung offen mitzuarbeiten.«

Am 26. 10. erläßt der **Vatikan** ein Dekret, mit dem aus der Berliner Ordinarienkonferenz eine von der Fuldaer Bischofskonferenz unabhängige Berliner **Bischofskonferenz für die DDR** lebenden, minoritären katholischen Christen entsteht.

Neues Programm und Statut der SED

Das neue **Parteiprogramm**, das auf dem IX. Parteitag der SED (vom 18.–22. 5. in Ost-Berlin – erstmals im einen Monat zuvor eröffneten »Palast der Republik«) verabschiedet wird, zeigt den Übergang zu einer eher pragmatischen Politik. Weniger als bisher wird die Ideologie und Utopie des Kommunismus herausgestellt. Statt dessen betont die SED, »daß die schrittweise Verbesserung des Lebensniveaus aller Werktätigen hohe Leistungen in der sozialistischen Produktion und ein stabiles Wirtschaftswachstum erfordert«. Das Verhältnis der Parteimitglieder zur KPdSU und zur Sowjetunion wird als »Prüfstein für die Treue zum Marxismus-Leninismus« gewertet. Das ebenfalls beim Parteitag beschlossene **neue Statut** definiert unter anderem die repressiven Aufgaben der Zentralen Parteikontrollkommission (ZPKK): »Sie schützt die Einheit und Reinheit der Partei, kämpft gegen feindliche Einflüsse sowie gegen jede fraktionelle Tätigkeit. Sie befaßt sich mit den Mitgliedern und Kandidaten, die mit opportunistisch-revisionistischen Auffassungen oder durch dogmatisches Verhalten die Politik der Partei verfälschen und entstellen.«

Neue Parteispitze: Das neugewählte, unmittelbar nach dem Parteitag erstmals tagende Zentralkomitee (mit jetzt 145 Mitgliedern und 57 Kandidaten) wählt *Erich Honecker* zu seinem **Generalsekretär**, wie das höchste Parteiamt jetzt bezeichnet wird. Im Politbüro gibt es kaum Veränderungen.

Personelle Veränderungen an der Staatsspitze: Am 29. 10. wird *Erich Honecker* auch zum **Vorsitzenden des Staatsrates** gewählt. Drei Tage später übernimmt sein Vorgänger, *Willi Stoph*, wieder sein altes Amt als Vorsitzender des Ministerrates, während der ehemalige Ministerpräsident *Horst Sindermann* die bisher vom CDU-Vorsitzenden *Gerald Götting* bekleidete Funktion des Volkskammerpräsidenten übernimmt. Damit sind jetzt auch offiziell alle wichti-

Das SED-Politbüro nach dem IX. Parteitag

Mitglieder (stimmberechtigt): *Hermann Axen, Friedrich Ebert, Werner Felfe* (seit 1973 Kandidat), *Gerhard Grüneberg, Kurt Hager, Heinz Hoffmann, Erich Honecker, Werner Krolikowski, Werner Lamberz, Erich Mielke* (seit 1971 Kandidat), *Günter Mittag, Erich Mückenberger, Konrad Naumann* (seit 1973 Kandidat), *Alfred Neumann, Albert Norden, Horst Sindermann, Willi Stoph, Paul Verner.*
Kandidaten (nicht stimmberechtigt): *Horst Dohlus, Joachim Herrmann, Werner Jarowinsky, Günter Kleiber, Inge Lange, Margarete Müller, Harry Tisch, Werner Walde*.*
* neu im Politbüro

gen Staatsämter von der SED besetzt, während Politiker der Blockparteien auf untergeordnete Positionen gesetzt werden (so wird *Götting* Präsident der Liga für Völkerfreundschaft).

Volkskammerwahlen

Am 24. 6. wird nach der Verlängerung der Legislaturperiode der Volkskammer auch die Absenkung des aktiven Wahlrechtsalters von 21 auf 18 Jahre beschlossen. Auf dieser Basis finden am 17. 10. die Wahlen zur Volkskammer und zu den Bezirkstagen statt, bei denen nach offizieller Darstellung 98,58 % der Wahlberechtigten sich beteiligen und 99,86 % von ihnen der Einheitsliste ihre Stimme geben.

Deutsch-deutsche Beziehungen

Im März ist die **Bundesrepublik** erstmals **größter Aussteller** (nach der DDR) bei der **Leipziger Frühjahrsmesse**. Nachdem die DDR die Akkreditierung von Mitarbeitern der **Deutschen Welle** und des **Deutschlandfunks** zur Berichterstattung über die Leipziger Messe verweigert, bricht Bundeswirtschaftsminister *Hans Friderichs* (FDP) mit seiner Delegation am 15. 3. den Messebesuch vorzeitig ab. – Am 30. 3. unterzeichnen Vertreter der beiden Staaten ein Abkommen über die Verbesserung der Post- und Fernmeldeverbindungen; weitere Erleichterungen im Reise- und Zahlungsverkehr werden von der DDR-Führung am 9. 9. zugesichert. – Am 19. 5. treffen beide Seiten eine Vereinba-

rung – die erste dieser Art – über die Koordination beim Abbau grenznaher Braunkohlenvorkommen bei Helmstedt und Harbke.
Zunehmende Restriktionen: Das überwiegend positive Bild der ersten Jahreshälfte verdüstert sich seit dem Sommer: An der innerdeutschen Grenze wird wieder auf Menschen geschossen (→ BRD). – Zu verschiedenen Anlässen praktizieren die DDR-Behörden **verschärfte Grenzkontrollen** bei Transitreisenden von und nach West-Berlin. Am 13. 8., dem Jahrestag des Mauerbaus, verweigern die DDR-Grenzbehörden den meisten Teilnehmern einer Bus-Sternfahrt der »Jungen Union« nach West-Berlin die Benutzung der Transitstrecken.
Die auch im Westen heftigen Reaktionen auf die Selbstverbrennung des Pfarrers *Oskar Brüsewitz* und die *Biermann*-Ausbürgerung verhärten die politische Situation zwischen den beiden deutschen Staaten weiter. Am 22. 12. wird der ARD-Korrespondent in der DDR, *Lothar Loewe*, nach dessen Bemerkung in einem Bericht, an der Grenze werde auf Flüchtlinge »wie auf Hasen« geschossen, wegen »Diffamierung des Volkes und der Regierung« aus der DDR ausgewiesen.

Außenpolitik

Beziehungen des RGW zur EG: Vom 7.–9. 7. findet in Ost-Berlin die X. Tagung des Rates für gegenseitige Wirtschaftshilfe (RGW) statt, an der neben den Mitgliedsländern Bulgarien, DDR, Kuba, Mongolei, Polen, Rumänien, Sowjetunion, Tschechoslowakei und Ungarn auch das »Halbmitglied« Jugoslawien sowie die Beobachter Angola, Laos, Nordkorea und Vietnam teilnehmen. Neben der Zusammenarbeit bei der Rohstoffsuche und -ausbeutung sowie einer vertieften Spezialisierung im Maschinenbau behandelt die Ratstagung die Beziehungen zwischen dem RGW und der Europäischen Gemeinschaft. Vor dem Hintergrund eines Handelsbilanzdefizits von schätzungsweise weit mehr als 30 Mrd. US-$ gegenüber Westeuropa sind die RGW-Länder vor allem an erweiterten Absatzmöglichkeiten im EG-Raum interessiert. Am 15. 11. lehnen die EG-Außenminister formelle Gespräche zum Handel zwischen RGW und EG ab, bekunden aber ihr Interesse an Vereinbarungen zur Zusammenarbeit auf anderen Gebieten.
Eurokommunismus: Innerhalb der kommunistischen Bewegung entwickeln sich Spannun-

gen im Zusammenhang mit wachsenden Bestrebungen gerade westeuropäischer Parteien, sich von der KPdSU zu emanzipieren. Nach langwierigen Vorbereitungen soll eine Konferenz von 29 kommunistischen und Arbeiterparteien Europas am 29. und 30. 6. in Ost-Berlin den Eindruck von der Einheit der Bewegung wiederherstellen. In einer nicht bindenden Abschlußdeklaration wird die Autonomie der einzelnen kommunistischen Parteien betont. Der Abdruck »eurokommunistischer« Reden im »Neuen Deutschland« löst auch unter SED-Mitgliedern Diskussionen um die verschiedenen Strömungen in der kommunistischen Bewegung aus. Die Parteiführung indes unterstützt klar die sowjetische Linie.

Wirtschafts- und Sozialpolitik

Wirtschaftswachstum: Das volkswirtschaftliche Wachstum in der DDR ist hoch. Das Bruttoinlandsprodukt (in BRD-Preisen von 1989) wächst um 4,1 % auf 178,2 Mrd. D-Mark. Das Industriewachstum (gerechnet in DDR-Preisen von 1985) beträgt etwa 6 %.

Landwirtschaft: Die Reorganisation der Betriebe geht weiter. Die meisten Landwirtschaftlichen Produktionsgenossenschaften (LPGs) werden auf die Tierproduktion spezialisiert.

Zum zweiten Mal in Folge fallen die Ernteergebnisse schlecht aus. Die DDR-Führung beschließt im Spätsommer, die gesamte Roggenernte als Brotgetreide aufzukaufen und als Tierfutter verstärkt Strohpellets einsetzen zu lassen.

Sozialpolitik: Am 27. 5. fassen das SED-Zentralkomitee, der Ministerrat und der FDGB-Bundesvorstand einen gemeinsamen Beschluß über sozialpolitische Maßnahmen, der am 29. 7. mit Verordnungen des Ministerrates umgesetzt wird. Zum einen werden mit Wirkung vom 1. 10. die Mindestbruttolöhne auf 400 Mark im Monat (in einigen Bereichen auf 500 Mark) erhöht. Mit Wirkung vom 1. 12. werden die Mindestrenten von 200 auf 230 Mark im Monat (bei bis zu 14 Arbeitsjahren) und die Sozialrenten von 240 auf 300 Mark pro Monat erhöht. Darüber hinaus wird der Schwangerschaftsurlaub verlängert und die Förderung berufstätiger Mütter verbessert.

Soziale Daten

Bevölkerung: Im Gebiet der DDR leben am 31. 12. 16,77 Millionen Einwohner. Die Bevölkerungszahl ist im Vergleich zum Vorjahr um 23 000 zurückgegangen. Der Frauenüberschuß beträgt ca. 1,155 Millionen. Nach westlichen An-

Entwicklung und Planziele der Wirtschaft

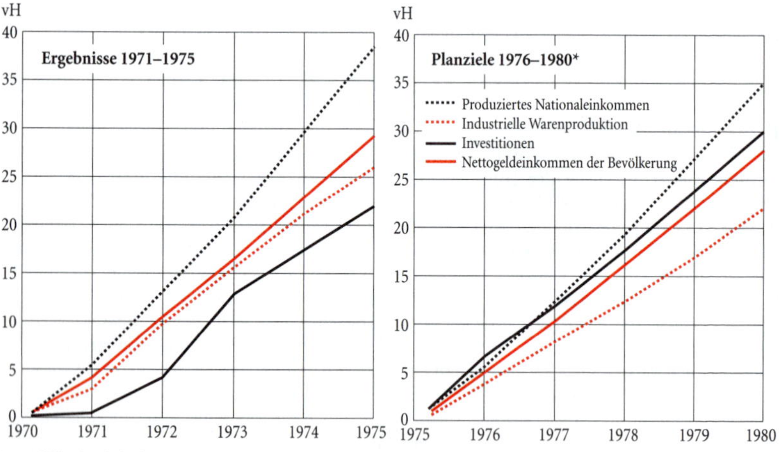

* 1976: Volkswirtschaftsplan 1976; 1977 bis 1980: Fünfjahrplan 1976 bis 1980 nach Berücksichtigung der Ansätze für 1976

Quelle: DIW

gaben siedeln 15 168, nach DDR-Angaben 13 489 Personen nach Westdeutschland über.
10,17 Millionen Personen, darunter 5,08 Millionen Frauen, befinden sich im arbeitsfähigen Alter (zwischen 15 und 60 bzw. 65 Jahren). 8,02 Millionen Personen, darunter 4 Millionen Frauen, sind berufstätig.
Wohnungsbau: Mit der Bereitstellung von 111 158 Wohnungen (99 558 Neubauten, 11 600 Modernisierungen) wird das Vorjahrsergebnis wiederum übertroffen (um 3811 Einheiten oder 3,6 %). Der Schwerpunkt des Wohnungsbaus verlagert sich weiter in Richtung des Wohnungsneubaus. Der genossenschaftliche Wohnungsbau bleibt in etwa konstant. Er wächst um 1,9 Prozent auf 37 656 fertiggestellte Wohnungen. Am 17. Juni faßt der Ministerrat einen Beschluß zur Förderung des individuellen Eigenheimbaus, in dessen Folge die seit 1975 relativ hohe Zahl von jeweils mehr als 11 000 Wohnungseinheiten in den kommenden Jahren (bis 1978) gehalten werden kann und danach noch steigt.
Einkommen und Lebenshaltung: Das durchschnittliche monatliche **Arbeitseinkommen** von Arbeitern und Angestellten beträgt in der

staatseigenen Wirtschaft 920 Mark. Die Pro-Kopf-**Sparguthaben** wachsen auf etwa 4784 Mark. Die Sparguthaben bei Geld- und Kreditinstituten wachsen gegenüber dem Vorjahr absolut um 7,3 Prozent. Das Volumen der Lebensversicherungen wächst geringfügig um etwa 0,5 Prozent. – Der **Einzelhandelsumsatz** wächst gegenüber dem Vorjahr um 4,6 Prozent auf 85,7 Milliarden Mark. Die volkseigenen Läden der Handelsorganisation und die der Konsumgenossenschaften haben daran einen Anteil von 87,1 Prozent. – Am 7. 12. wird in Ost-Berlin als Großhändler für die Intershopläden, in denen für Devisen eingekauft werden kann, die »Forum Handelsgesellschaft« gegründet, die zum Bereich »Kommerzielle Koordinierung« von *Alexander Schalck-Golodkowski* gehört. – Das **Fernsprechnetz** der Deutschen Post wächst gegenüber dem Vorjahr um 47 700 auf über 1 188 400 Anschlüsse. In der **Ausstattung** der privaten Haushalte **mit langlebigen Konsumgütern** entfallen auf 1000 Haushalte 288 PKW, 191 Motorräder bzw. Motorroller, 897 Kühlschränke, 757 Waschmaschinen, 1520 Radioapparate und 921 Fernsehgeräte.

1977

»Deutschland im Herbst«

Der Terror der »Rote Armee Fraktion« (RAF) erreicht seinen Höhepunkt und erschüttert die Gesellschaft der Bundesrepublik schwer. Die linksterroristischen Attacken gegen Repräsentanten des Systems eskalieren mit den RAF-Mordanschlägen auf Generalbundesanwalt *Siegfried Buback* am 7.4. und den Bankier *Jürgen Ponto* am 30.7. Im September entführen RAF-Terroristen den Arbeitergeberpräsidenten *Hanns-Martin Schleyer*, im Oktober kidnappt ein arabisches Kommando eine Lufthansa-Maschine und entführt sie nach Mogadischu (Somalia), um die Ende April zu lebenslanger Haft verurteilte Führung der RAF freizupressen. Die Bundesregierung entscheidet sich für die unbedingte Aufrechterhaltung des staatlichen Gewaltmonopols. Mit der Befreiung der Geiseln in Mogadischu, der Selbsttötung von *Andreas Baader, Gudrun Ensslin* und *Jan-Carl Raspe* und der Ermordung Schleyers findet die Herausforderung des Staates ein blutiges Ende. – Liberale Verteidiger des Rechtsstaats und um Differenzierung bemühte Wissenschaftler und Publizisten geraten unter den Druck demagogischer Verdächtigungen und amtlicher Verfolgung.

Terrorismus

Stammheim-Prozeß: Das Oberlandesgericht in Stuttgart-Stammheim gibt am 20.1. dem **85. Befangenheitsantrag** der Verteidigung gegen den Vorsitzenden Richter *Theodor Prinzing* statt; an dessen Stelle tritt der bisherige Beisitzer *Eberhard Foth*. – Am 17.3. räumt der baden-württembergische Innenminister ein, daß die **Mandantengespräche** der Verteidiger seit 1975

heimlich abgehört wurden, und begründet dies mit einem »übergeordneten Notstand«, der durch die vermutete Rolle von Anwälten bei der Kommunikation der im Hochsicherheitstrakt in Stammheim einsitzenden Angeklagten mit RAF-Mitgliedern im Untergrund gegeben sei.

Urteile: Am 28.4. verurteilt der Zweite Strafsenat des Stuttgarter Oberlandesgerichtes *Baader*, *Raspe* und *Ensslin* wegen Mordes in vier und Mordversuchs in 34 Fällen (Sprengstoffanschläge) sowie der Gründung einer kriminellen Vereinigung zu lebenslangen Freiheitsstrafen. Ihre Taten beurteilt das Gericht als Gewaltverbrechen, bei deren rechtlicher Beurteilung politische Beweggründe ohne Belang seien. Verteidiger *Otto Schily* legt **Revision** ein.

Buback-Mord: In Karlsruhe werden am 7.4. Generalbundesanwalt *Siegfried Buback* und sein Fahrer im Dienstwagen durch Schüsse ermordet, die von einem Motorrad aus auf sie abgegeben werden; ein begleitender Justizhauptwachtmeister erliegt einige Tage später seinen Verletzungen. Ein »Kommando Ulrike Meinhof – Rote Armee Fraktion« bekennt sich am 13.4. in einem Bekennerschreiben an die Nachrichtenagentur dpa zur »Hinrichtung« von *Buback*. – Aufsehen erregt der Artikel **»Buback – ein Nachruf«** in der Zeitung des Göttinger Allgemeinen Studentenausschusses (AStA) am 25.4., in dem sich der anonyme Verfasser (»Mescalero«) zu seiner »klammheimlichen Freude« über den Anschlag bekennt, gleichwohl die persönlichkeitsfixierte »Liquidierungs-Strategie« als politische Sackgasse kritisiert. – Am 3.5. nimmt die Polizei in Singen im Schwarzwald nach einem Feuergefecht *Verena Becker* und den schwer verletzten *Günter Sonnenberg* fest, der die beim Attentat auf *Buback* verwendete Maschinenpistole bei sich führt. Der im Fall *Buback* ebenfalls tatverdächtige *Knut Folkerts* wird am 23.9. in Utrecht (Niederlande) nach einem Feuergefecht festgenommen, bei dem er einen Polizisten erschießt. Er wird am 20.12. von einem Gericht in Utrecht zu 20 Jahren Haft verurteilt. – Zum Nachfolger *Bubacks* als Generalbundesanwalt ernennt Bundesjustizminister *Hans-Jochen Vogel* am 15.6. den bisherigen Leiter der baden-wüttembergischen Justizverwaltung, *Kurt Rebmann*.

Weitere Prozesse: Im sog. **kleinen Baader-Meinhof-Prozeß** verurteilt das Landgericht Kaiserslautern am 2.6. in dem → 1975 eröffneten Verfahren die beiden Hauptangeklagten *Manfred Grashof* und *Klaus Jünschke* wegen

Mordes, Beihilfe zum Mord, schweren Raubes und Mitgliedschaft in einer kriminellen Vereinigung zu lebenslänglicher Haftstrafe. – Im Prozeß zum **Überfall auf die deutsche Botschaft in Stockholm** am 24.4. → 1975 befindet das Düsseldorfer Oberlandesgericht am 20.7. vier Terroristen der RAF u.a. des gemeinschaftlichen Mordes in zwei Fällen, der Geiselnahme, der versuchten Nötigung eines Verfassungsorgans (der Bundesregierung) für schuldig und verurteilt sie zu lebenslanger Freiheitsstrafe. – Am 28.12. verurteilt das Stuttgarter Oberlandesgericht *Verena Becker* wegen sechsfachen Mordversuches zu lebenslänglicher Freiheitsstrafe.

Ponto-Mord: Am 30.7. wird *Jürgen Ponto*, Vorstandssprecher der Dresdner Bank, bei einem gescheiterten Entführungsversuch von Mitgliedern der RAF erschossen. In Begleitung von *Christian Klar* und *Brigitte Mohnhaupt* hatte sich eine Bekannte der Familie, *Susanne Albrecht*, Zutritt zum Haus des Bankiers in Oberursel verschafft.

Anschläge auf Justizeinrichtungen: Am 25.8. mißlingt der Versuch von RAF-Terroristen, mit einer Art Raketenwerfer das Gebäude der Bundesanwaltschaft in Karlsruhe unter Beschuß zu nehmen. – Am 31.10. erfolgt ein Bombenanschlag auf das Gebäude des Landgerichts Kaiserslautern.

Schleyer-Entführung: Der Präsident der Bundesvereinigung der Deutschen Arbeitgeberverbände und des Bundesverbandes der Deutschen Industrie, *Hanns-Martin Schleyer*, wird am 5.9. in Köln entführt, die drei ihn begleitenden Sicherheitsbeamten und *Schleyers* Fahrer werden erschossen. Die Entführer, die sich als »Kommando Siegfried Hausner, RAF« bezeichnen, verlangen am Tag danach in einem Bekennerbrief die **Freilassung von elf verurteilten Gefangenen**, unter ihnen *Baader, Ensslin, Raspe, Irmgard Möller* und *Ingrid Schubert*, sowie freie Ausreise in ein Land ihrer Wahl. – Die Bundesregierung, die unter Vorsitz von Kanzler *Helmut Schmidt* einen **»großen Krisenstab«** unter Einschluß der Opposition gebildet hat, gibt vor, den Forderungen durch die Suche nach einem Aufnahmeland nachkommen zu wollen. Intern legt sich der Krisenstab, der sich nach den Worten von Bundeskanzler *Helmut Schmidt* »unausweichlich im Bereich von Schuld und Versäumnis« bewegt, jedoch darauf fest, **der Erpressung nicht nachzugeben** und Zeit für die verdeckte Fahndung zu gewinnen. – In einer Videoaufzeichnung, die am 14.9. bei der französischen Nachrichtenagentur AFP eingeht, **übt Schleyer aus der Gefangenschaft Kritik** an den Fahndungsmaßnahmen des BKA und an der Hinhaltetaktik der Bundesregierung, die beide sein Leben gefährdeten. In einer Regierungserklärung am 15.9. betont Bundeskanzler *Schmidt* die Bereitschaft, in der gegebenen Situation »bis an die Grenzen dessen zu gehen, was uns der Rechtsstaat erlaubt«, weist aber Schritte oder deren Androhung – etwa Repressalien gegen einsitzende Terroristen – zurück, »die unsere Verfassung brechen würden«. In einem am 6.10. von den Entführern übermittelten Schreiben appelliert Schleyer erneut an das Verantwortungsbewußtsein der politisch Verantwortlichen.

Kontaktsperregesetz: Nach einem Eilverfahren tritt am 2.10. ein Änderungsgesetz zum Gerichtsverfassungsgesetz in Kraft, das am 28.9. von allen drei Fraktionen in den Bundestag eingebracht und am 29.9. in dritter Lesung mit großer Mehrheit verabschiedet worden ist. Es erlaubt bei ernsthaften Gefahrenlagen, die von einer terroristischen Vereinigung ausgehen, »jedwede Verbindung von Gefangenen untereinander und mit der Außenwelt einschließlich des schriftlichen und mündlichen Verkehrs mit dem Verteidiger zu unterbrechen«. Damit erhält nachträglich eine rechtliche Basis, was gegen einsitzende Terroristen teilweise schon seit längerem praktiziert wird und was unmittelbar nach der Entführung *Schleyers* am 5.9. umfassend angeordnet wurde.

»Landshut«-Entführung: Am 13.10. kapert ein aus zwei Männern und zwei Frauen bestehendes arabisch-palästinensisches »Kommando Martyr Halimeh« die Lufthansa-Maschine »Landshut« auf dem Flug von Mallorca nach Frankfurt am Main mit 82 Passagieren und fünf Besatzungsmitgliedern an Bord. Die Entführer fordern die Freilassung von elf deutschen und zwei türkischen Terroristen. Nach mehreren Zwischenstationen – der Flugkapitän *Jürgen Schumann* wird in Aden ermordet – landet die Maschine in Mogadischu (Somalia). Während Staatsminister *Hans-Jürgen Wischnewski* vom Flughafentower aus **Scheinverhandlungen** mit den Terroristen führt, genehmigt der somalische Staatspräsident *Mohammed Siad Barre* nach Telefongesprächen mit Bundeskanzler *Schmidt* den Einsatz einer **»GSG 9«-Spezialeinheit** des Bundesgrenzschutzes. Diese befreit Besatzung und Passagiere am 18.10. kurz nach

Das politische Klima im »Deutschen Herbst«

Obwohl die RAF mit ihrer Kriegserklärung gegen den Staat in der Bevölkerung praktisch keinerlei Rückhalt findet, gelingt es ihr zwischen Mitte und Ende der siebziger Jahre mit ihren spektakulären terroristischen Anschlägen, eine Art Bürgerkriegsklima in der Bundesrepublik und die **bisher »schwerste Krise des Rechtsstaats«** (Bundeskanzler *Helmut Schmidt*) zu provozieren. Die politische Führung antwortet auf den Terror in einem Allparteien-Konsens mit der Demonstration staatlicher Härte und dem massiven Ausbau des Instrumentariums der inneren Sicherheit (u. a. Antiterrorgesetze mit der Ausweitung der Aufgaben und Befugnisse des Verfassungsschutzes und der Polizei sowie Einschränkung von Verteidigerrechten und Verschärfung der Haftbedingungen mutmaßlicher Terroristen) und schließlich mit der faktischen Verhängung eines nicht erklärten Ausnahmezustands. Der Protest von Linken und liberalen Kritikern gegen die Einschränkung der bürgerlichen Freiheitsrechte setzte sie bei den Behörden und in der Öffentlichkeit sogleich in den Verdacht des **»Sympathisantentums«** mit den Terroristen. Infolge der dramatischen Ereignisse zwischen dem 7. 4. und dem 18. 10. 1977 kommt es in der überreizten politischen Atmosphäre zu Überreaktionen und Auseinandersetzungen, die sich bis zur Hysterie steigern. 47 Professoren und Juristen, die einen Nachdruck des verbotenen »Mescalero«-Artikels »Buback – ein Nachruf« herausgeben, werden juristisch verfolgt. Der Hannoveraner Sozialpsychologe *Peter Brückner*, der den Artikel einer Analyse unterzieht, wird nach → 1972 ein zweites Mal vom Dienst suspendiert. Ungeachtet der **Distanzierung vom Terror** der RAF durch führende Persönlichkeiten der Linken auf Veranstaltungen und in Publikationen (u. a. *Rudi Dutschke* und *Herbert Marcuse* in der Wochenzeitung »Die Zeit« vom 16. 9.) machen die Boulevardpresse und konservative Politiker die Kritiker des bürgerlichen Staates und Linksliberale als **intellektuelle Wegbereiter** des Terrorismus verantwortlich. Während der Schleyer-Krise veröffentlicht der CDU-Generalsekretär *Heiner Geißler* eine »Zitatensammlung«, mit der er Politiker der SPD und FDP und Beamte bis hin zum Präsidenten des Bundeskriminalamtes in die geistige Nähe der Terroristen rückt. Der hessische CDU-Vorsitzende *Alfred Dregger* brandmarkt am 28. 10. vor dem Bundestag im Namen seiner Fraktion die »Kritische Theorie« der Frankfurter Schule und andere neomarxistische Strömungen als geistige Urheber des Terrorismus.

Mitternacht. Bei der Aktion werden drei Terroristen getötet, eine Entführerin wird verletzt.

Tote in Stammheim: Am Morgen des 18. 10. werden *Baader* und *Raspe* erschossen sowie *Ensslin* erhängt in ihren Zellen aufgefunden, *Irmgard Möller* weist Verletzungen durch Messerstiche auf. Trotz der Kontaktsperre verfügten *Baader* und *Raspe* über zwei eingeschmuggelte Pistolen, *Raspe* darüber hinaus über ein Transistorradio; mit einer Drahtverbindung konnten die Häftlinge sich verständigen. Die Todesursache **Selbsttötung** stellen Teile der linken Öffentlichkeit und den Terroristen nahestehende Gruppen in Frage. In mehreren Städten der Bundesrepublik und im Ausland kommt es zu teilweise gewalttätigen Protestaktionen gegen eine vermeintliche, staatlich sanktionierte Mordaktion gegen die Führungskader der RAF.

Schleyer-Mord: Als bekannt wird, daß die Geiseln aus der Lufthansa-Maschine »Landshut« befreit und die Stammheimer Häftlinge tot sind, ermorden die Entführer den Arbeitgeberpräsidenten *Schleyer*. Sein Leichnam wird am 19. 10. in Mülhausen (Frankreich) im Kofferraum eines Autos aufgefunden.

Weitere Entwicklung: Zwei Entführungen in Wien – des Unternehmers *Walter Michael Palmers* am 9. 11. und der Unternehmergattin *Lieselotte Böhm* am 12. 12. –, die nach gleichem Muster ablaufen, enden jeweils nach einigen Tagen und nach Zahlung einer Lösegeldsumme mit der Freilassung der Gefangenen. Teile des Lösegeldes im Falle *Palmers* werden bei zwei Österreichern und zwei Deutschen (darunter *Gabriele Kröcher-Tiedemann*) gefunden, die am 23. 11. bzw. 20. 12. festgenommen werden und die dem RAF-Umfeld oder der »Bewegung 2. Juni« zugerechnet werden. – Am 11. 11. nimmt die niederländische Polizei in Amsterdam zwei als RAF-Terroristen verdächtige Personen fest; bei der

Schießerei werden vier Polizisten verletzt. – Die zu 13 Jahren Haft verurteilte *Ingrid Schubert*, die zum »harten Kern« der RAF zählt, begeht am 12.11. in der Haftanstalt München-Stadelheim **Selbstmord**.

Außenpolitische Ereignisse

»G-7«: Hauptthemen des **Weltwirtschaftsgipfels** der sieben führenden westlichen Industriestaaten am 7./8.5. **in London** sind die Bekämpfung der Arbeitslosigkeit und der Inflation, die Förderung des freien Welthandels und der Energieeinsparung sowie die Unterstützung der Entwicklungsländer. Bundeskanzler *Schmidt* gibt der Forderung von US-Präsident *Carter* nicht nach, den bundesdeutschen **Export von Atomkraftwerken**, insbesondere des plutoniumerzeugenden Schnellen Brüters, nach Brasilien zu stoppen.

Europa: Die Außenminister von 17 der 19 Mitgliedstaaten des Europarats vereinbaren am 27.1. ein europäisches **Übereinkommen zur Bekämpfung des Terrorismus**. Der bundesdeutsche *Justizminister Hans-Jochen Vogel* hat die Konvention vorgeschlagen, um die internationale Kooperation bei der Verfolgung und Auslieferung mutmaßlicher Terroristen zu erleichtern; ein Kernpunkt ist die Verständigung darüber, daß Terrorakte nicht als politische Straftatbestände gewertet werden. In der Bundesrepublik tritt die Konvention am 4.8.1978 in Kraft. – Mit den letzten Zollsenkungen verwirklicht sich für den gesamten Raum der Europäischen Gemeinschaft (EG) die → 1968 beschlossene **Zollunion**. Für Dänemark, Großbritannien und Irland, die der EG 1973 beitraten, galten in bezug auf die Außenzölle bisher noch Sonderkonditionen.

Italien: Mißstimmungen im deutsch-italienischen Verhältnis verursacht die Flucht des ehemaligen SS-Polizeichefs von Rom, *Herbert Kappler*, der 1948 als Kriegsverbrecher zu lebenslanger Haft verurteilt wurde, in die Bundesrepublik. Das formelle Ersuchen der italienischen Regierung am 17.8., *Kappler* zu verhaften und den italienischen Justizbehörden zu überstellen, weist die Bundesregierung am 21.9. mit der Begründung ab, *Kappler* könne als deutscher Staatsbürger nicht an ein anderes Land ausgeliefert werden. *Kappler* bleibt auf freiem Fuß.

Polen: Als zweiter Kanzler der Bundesrepublik nach *Brandt* besucht *Helmut Schmidt* vom

21.–25.11. Polen. Im Vordergrund des öffentlichen Interesses – neben mehreren Wirtschaftsabkommen und einer Vereinbarung zur Intensivierung des Jugendaustauschs – steht *Schmidts* Bemühen, die **deutsch-polnische Aussöhnung** zu vertiefen. Mit seinem Bekenntnis zur Schuld der Deutschen gegenüber den Polen und der Feststellung, der Konflikt um die Oder-Neiße-Grenze gehöre der Vergangenheit an, stößt *Schmidt* bei den Vertriebenenverbänden und konservativen Politikern auf heftige Kritik.

Nord-Süd: Unter Vorsitz des früheren Bundeskanzlers und SPD-Parteichefs *Willy Brandt* tagt am 9.12. in Bonn erstmals die »Unabhängige Kommission für internationale Entwicklungsfragen«. Die auf Initiative des ehemaligen Weltbankpräsidenten *Robert McNamara* geschaffene sog. **Nord-Süd-Kommission** (auch Brandt-Kommission), in der viele ehemals führende Politiker aus acht westlichen Industriestaaten und zehn Entwicklungsländern sitzen, will Vorschläge zur Lösung der drängendsten Probleme der »Dritten Welt« und zur Verbesserung ihres Verhältnisses zur »Ersten Welt« erarbeiten.

Am 1.6. und am 1.12. **scheitern** in Paris bzw. Genf **Konferenzen** zur Schaffung eines internationalen Fonds **zum Ausgleich extremer Preisschwankungen** auf bestimmten Rohstoff-Weltmärkten.

Antiatomkraftbewegung

Proteste: Die Auseinandersetzungen um den Bau von Atomkraftwerken nehmen an Umfang und Schärfe zu. Dabei gerät nach den Zusammenstößen im Herbst → 1976 erneut das vor Baubeginn stehende Werk bei **Brokdorf** in Schleswig-Holstein ins Zentrum der Auseinandersetzungen. In Itzehoe demonstrieren am 19.2. rund 20000 Menschen, nachdem eine Kundgebung am Baugelände gerichtlich verboten wurde. Etwa 100 Demonstranten und 79 Polizisten werden am 13.11. verletzt, als die Polizei die Stürmung des Bauplatzes verhindert. – Nachdem die niedersächsische Landesregierung am 22.2. **Gorleben** im Kreis Lüchow-Dannenberg als Standort für eine Wiederaufarbeitungsanlage für hochradioaktive Abfälle vorgeschlagen hat, versammeln sich hier am 12.3. rund 15000 Kernkraftgegner zu einer ersten Demonstration gegen dieses über mehrere nachfolgende Jahre heftig umkämpfte Projekt. – Am

19. 3. kommt es auf dem Baugelände des Kernkraftwerkes beim niedersächsischen **Grohnde** bei Hameln zu blutigen Zusammenstößen zwischen rund 5000 teils gewalttätigen Demonstranten und der Polizei. Am 13. 6. gelingt Atomkraftgegnern die Erstürmung des Baugeländes, auf dem sie ein »Anti-Atomdorf« errichten. Die Polizei räumt es am 31. 7. – Der Tübinger Lehrer *Hartmut Gründler* unternimmt am 16. 11. aus Protest gegen die Verwendung von Kernenergie einen Selbstmordversuch durch Verbrennung, dem er einige Tage später erliegt.

Gewerkschaften: In den Gewerkschaften bleibt die Haltung gegenüber der Nutzung der Atomenergie gespalten; mehrheitlich geben sie der Sicherung des Wirtschaftswachstums und der Arbeitsplätze Vorrang vor den Umwelt- und Sicherheitsbedenken. Am 10. 11. demonstrieren in Dortmund rund 40 000 Gewerkschafter für den Ausbau der Atomenergie.

Gerichtsurteile: Am 14. 3. hebt das Verwaltungsgericht Freiburg die 1975 von der Landesregierung Baden-Württemberg erteilte Baugenehmigung für ein Atomkraftwerk bei **Wyhl** auf, da ein eventuelles, wenn auch unwahrscheinliches Bersten des Druckbehälters nicht als »Restrisiko« eingestuft werden könne. – Das Oberverwaltungsgericht **Lüneburg** hält am 17. 10. einen Entsorgungsnachweis für den anfallenden Atommüll als Voraussetzung für eine Betriebsgenehmigung von Kernkraftwerken für notwendig.

Weitere wichtige Gesetze

Datenschutz: Das Datenschutzgesetz vom 27. 1. legt enge Grenzen für den öffentlichen und privaten Umgang mit personenbezogenen Daten fest. Der Bürger hat Anspruch auf Auskunft über die ihn betreffenden gespeicherten Angaben bei Behörden, Institutionen und Firmen und gegebenenfalls Anspruch auf Berichtigung, Sperrung oder Löschung. Zur Überwachung des Datenschutzes müssen Unternehmen mit umfangreichen personenbezogenen Informationsmengen und die öffentliche Verwaltung auf Landes- und Bundesebene **Datenschutzbeauftragte** einsetzen. Das Gesetz tritt am 1. 1. 1978 in Kraft.

Rentensanierung: Zur Sanierung der Renten- und Krankenversicherung verabschiedet der Bundestag am 13. 5. gegen die Stimmen der Opposition das 20. Rentenanpassungsgesetz und das Gesetz zur Kostendämpfung im Gesundheitsbereich; die vorgesehene Rentenerhöhung zum 1. 7. 1977, über die die sozialliberale Koalition im Dezember → 1976 in Bedrängnis geriet, ist damit gesichert. Doch wird die bisher zur Jahresmitte fällige jährliche Rentenanpassung vom 1. 7. 1978 an um ein halbes Jahr verschoben und am 1. 1. 1979 erstmals nicht mehr auf den Brutto-, sondern auf den Nettolohn bezogen. Die Rentenversicherung wird von einem Teil der Beiträge zur Krankenversicherung der Rentner entlastet (sie sinken von 17 % des Rentenvolumens auf 11 %); darüber hinaus übernimmt die Bundesanstalt für Arbeit die Rentenversicherungsbeiträge für Arbeitslose ab 1. 1. 1979. Die Ausfälle der Krankenkassen an Versicherungsbeiträgen sollen teils durch Beitragserhöhungen, teils durch Maßnahmen zur Kostendämpfung (u. a. durch Höchstgrenzen für Arzthonorare und Medikamentenpreise ab 1. 7.) kompensiert werden. Durch die Sanierungsmaßnahmen im Umfang von 60 Mrd. DM erwartet die Bundesregierung eine mittelfristige **Lösung des sog. Renten-Debakels**: Statt des sonst eintretenden Zuschußbedarfs in Höhe von 46 Mrd. DM bis zum Jahr 1980 will sie die Rücklagen der Rentenversicherung, die 1977 rund 21 Mrd. DM betragen, nun bei 17 Mrd. DM stabilisieren.

Kriegsdienstverweigerung: Mit der Verabschiedung einer Novelle zum Wehrdienstgesetz gegen die Stimmen der Opposition beschließt der Bundestag am 27. 5. die **Abschaffung der Gewissensprüfung** für Wehrdienstverweigerer. In Zukunft soll der Wehrpflichtige seine Einwände gegen die Einziehung nicht mehr vor einem Ausschuß des Wehrersatzamtes vorbringen müssen, sondern kann mit Bezug auf Artikel 4 Abs. 3 des Grundgesetzes schriftlich darauf verweisen, daß er von seinem Recht auf Verweigerung aus Gewissensgründen Gebrauch mache. Der Ersatzdienst wird um zwei Monate auf 18 Monate verlängert, während die Dauer des Wehrdienstes weiterhin 15 Monate beträgt. Das Gesetz tritt am 1. 8. in Kraft, nachdem es von Bundespräsident *Walter Scheel*, der am 19. 10. → 1975 seine Unterschrift unter eine Erstfassung der Novelle wegen Verfassungsbedenken verweigerte, am 13. 7. unterzeichnet wurde. Auf Antrag von 215 Bundestagsabgeordneten der CDU/CSU sowie der von ihr regierten Bundesländer ordnet das Bundesverfassungsgericht am 15. 12. durch einstweilige Verfügung die **Wiederaufnahme der Gewissensprüfung** an. Die Zahl der Kriegsdienstverweigerer steigt von 1976 auf 1977 um knapp 30 000 auf rund 70 000.

Weitere wichtige innenpolitische Ereignisse

»Abhöraffäre Traube«: Am 26. 2. berichtet das Nachrichtenmagazin »Der Spiegel« über einen seit 1975 geführten gesetzwidrigen **»Lauschangriff«** des Bundesamtes für Verfassungsschutz gegen den Atomphysiker *Klaus Traube*. Die Behörde hegte den Verdacht, der inzwischen der Antiatomkraftbewegung verbundene Wissenschaftler habe in **Verbindung zu Terroristen** gestanden. Bundesinnenminister *Werner Maihofer* (FDP), der von der illegalen Abhöraktion erst nachträglich erfuhr und sie billigte, und der Verfassungsschutz werden in den Medien und aus den Reihen der Koalitionsparteien heftig kritisiert.

Kabinett: Der bisherige wirtschaftspolitische Sprecher der FDP, *Otto Graf Lambsdorff*, übernimmt am 7. 10. die Nachfolge von Bundeswirtschaftsminister *Hans Friderichs*. Dieser hatte am 9. 9. seinen Rücktritt angekündigt, um in das nach der Ermordung von *Jürgen Ponto* vakante Amt des Vorstandssprechers der Dresdner Bank einzutreten.

Wirtschaftspolitik

Konjunkturförderung: Um die nach wie vor stagnierende wirtschaftliche Entwicklung zu beleben, legt die Bundesregierung am 23. 3. ein auf mehrere Jahre angelegtes »Programm für wachstums- und umweltpolitische Zukunftsinvestitionen« vor. Die **Investitionsausgaben von insgesamt 16 Mrd. DM**, an denen der Bund mit 8,2 Mrd. DM beteiligt ist, sind vornehmlich für Verbesserungen im Verkehrssystem, rationelle und umweltfreundliche Energieverwendung sowie für Wasserversorgungssysteme und die Verbesserung der Wohnumwelt vorgesehen. – Am 27. 5. verabschiedet der gemeinsame Planungsausschuß von Bund und Ländern den 6. **Rahmenplan zur Verbesserung der regionalen Wirtschaftsstruktur**; bis 1980 sollen 430 800 neue Arbeitsplätze geschaffen werden. – Unter Abkehr vom bisherigen Sparkurs legt die Bundesregierung am 14. 9. ein **»Steuerpaket«** vor, das Steuerentlastungen für Arbeitnehmer (u. a. Erhöhung der Freibeträge bei der Einkommensteuer) und Unternehmer (u. a. verbesserte Abschreibungsmöglichkeiten, Erhöhung der Freibeträge in der Gewerbesteuer, Senkung der Vermögensteuer) vorsieht. Die Steuer- und Abgabenausfälle von insgesamt 7,5 Mrd. DM pro Jahr sollen weitgehend durch eine Erhöhung der Staatsverschuldung ausgeglichen werden. Am 4. 11. billigt auch der Bundesrat das Gesetzeswerk.

Mitbestimmung/Konzertierte Aktion: Am 29. 6. reichen 30 Arbeitgeberverbände und neun

Reiseziele der Deutschen 1976
(Urlauber in Mio.)

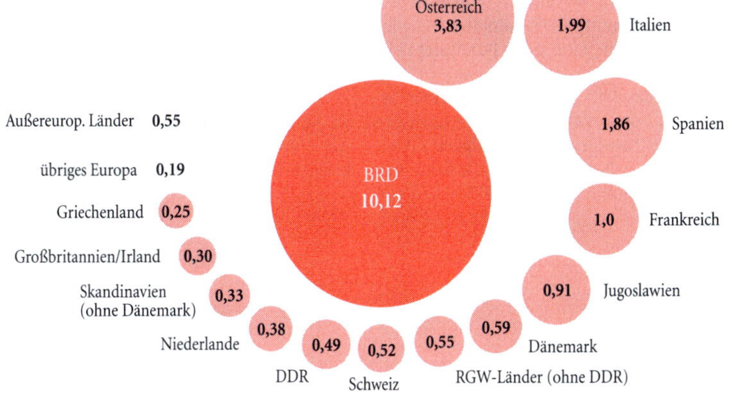

Unternehmen beim Bundesverfassungsgericht eine **Verfassungsbeschwerde** gegen das → 1976 in Kraft getretene neue Mitbestimmungsgesetz ein; nach Ansicht der Arbeitgeber verletzt es das Grundrecht auf Eigentum und die Tarifautonomie. Der DGB kündigt daraufhin die Teilnahme der Gewerkschaften an der seit → 1967 bestehenden Konzertierten Aktion auf.

Deutsch-deutsche Beziehungen

Ständige Vertretungen: Vorfälle im Zusammenhang mit der Arbeit ihrer Missionen in Bonn bzw. Ost-Berlin beeinträchtigen das politische Klima zwischen beiden deutschen Staaten. Im Januar ist die Ständige Vertretung der DDR in Bonn **Ziel von Anschlägen** (11. und 22.1.), die teils erheblichen Sachschaden anrichten. Der Ständige Vertreter *Michael Kohl* legt im Bundeskanzleramt Protest ein. – Mitte Januar wird der Zugang zur Ständigen Vertretung der Bundesrepublik in Ost-Berlin behindert (→ DDR).

Ausreisen und Abschiebungen, Regimekritiker: Die Anzahl von Ausreisewilligen, die um Beratung in der Vertretung nachfragen, ist stark angestiegen. In einem Interview mit der »Saarbrücker Zeitung« am 17.2. bestätigt der Staats- und Parteichef *Erich Honecker*, daß die DDR-Behörden im Vorjahr mehr als **10 000 Anträge auf Übersiedlung in** die Bundesrepublik genehmigt hätten. Für eine großzügigere Besuchsregelung sei die Anerkennung einer DDR-Staatsbürgerschaft durch die Bundesregierung Voraussetzung. – Als Folge der verschärften Repression in der DDR nach der Ausbürgerung *Wolf Biermanns* im November → 1976 siedeln mehrere **prominente DDR-Künstler** freiwillig oder durch Abschiebung in die Bundesrepublik über (→ DDR).

Spionagefälle: Mit der Verhaftung einer Sekretärin im Bundeskanzleramt unter dem Verdacht nachrichtendienstlicher Tätigkeit für die DDR am 4.5. in Bonn setzt sich die **Serie von Festnahmen** mutmaßlicher DDR-Agenten fort. Am 23.5. macht die Polizei zehn mutmaßliche DDR-Agenten in Norddeutschland dingfest, am 12.12. eine als Spionin verdächtigte Chefsekretärin im Verteidigungsministerium. Im Vorjahr enttarnte das Bundesamt für Verfassungsschutz insgesamt 16 Mitarbeiter des Staatssicherheitsdienstes der DDR, unter ihnen zwei Sekretärinnen im Auswärtigen Amt bzw. im Verteidigungsministerium. – Das Berliner Kammergericht verurteilt am 23.5. den früheren Pressesprecher der SPD, *Heinrich Burger*, wegen Spionage zugunsten der DDR zu sieben Jahren Freiheitsstrafe.

Häftlingsfreikauf: Anläßlich der Mitte August erfolgten Entlassung von politischen Häftlingen aus der DDR-Haft in die Bundesrepublik gibt die »Arbeitsgemeinschaft 13. August« bekannt, daß jährlich rd. 1000 politische Häftlinge von der Bundesregierung aus der DDR-Haft ausgelöst würden. Später bekanntgewordenen Zahlen zufolge werden 1977 rund 1500 Häftlinge freigekauft; → 1976 waren es 1207, seit 1964 insgesamt 14 000 Häftlinge.

Weitere Ereignisse → DDR

Bundesländer

Niedersachsen: Nach langwierigen Koalitionsverhandlungen bilden CDU und FDP unter Ministerpräsident *Ernst Albrecht* am 19.1. eine Koalition (→ 1976).

Saarland: CDU und FPD überwinden am 28.2. die Pattsituation im Landtag nach der Wahl am 4.5. → 1975 und bilden eine Koalitionsregierung, die weiterhin von Ministerpräsident *Franz Josef Röder* (CDU) geführt wird. Am 1.4. spricht der Landtag ihr das Vertrauen aus.

West-Berlin: Der Regierende Bürgermeister *Klaus Schütz* zieht aus Anlaß einer Finanzaffäre des Innensenators die Konsequenz aus der zunehmenden Schwächung seines politischen Rückhalts in der SPD und tritt am 29.4. zurück. Am 2.5. wählt das Abgeordnetenhaus den bisherigen Bundessenator *Dietrich Stobbe* (SPD) zu seinem Nachfolger.

1977

Wachsende Distanz zwischen Volk und Führung

Die DDR durchlebt das Jahr in innenpolitisch angespannter Lage. Als Folge der Ausbürgerung des Liedermachers *Wolf Biermann* verlassen eine Reihe von Künstlern auf Zeit oder für immer die DDR. Im August wird der Systemkritiker *Rudolf Bahro* unter dem Vorwurf der »illegalen Nachrichtenübermittlung« verhaftet. DDR-Bürgern, die Anträge auf Entlassung aus der DDR-Staatsbürgerschaft gestellt haben und in die Bundesrepublik ausreisen wollen, wird der Zugang zu deren Ständiger Vertretung in Ost-Berlin verwehrt. Ausgereisten wird die Wiedereinreise zu Verwandtenbesuchen verweigert. Im Ergebnis sind auch die Beziehungen zwischen beiden deutschen Staaten Belastungen ausgesetzt. Der sozialpolitisch orientierte Kurs der *Honecker*-Führung gerät zunehmend in Konflikt mit dem Ziel der Aufrechterhaltung der Preisstabilität.

Kulturpolitik

Ausreisewelle unter Künstlern: Im Frühjahr und Sommer reisen mehrere Schriftsteller, Musiker und andere Künstler, die im Herbst und Winter 1976 wegen ihres Protestes gegen die Ausbürgerung *Wolf Biermanns* am 16.11. 1976 gemaßregelt worden waren, in die Bundesrepublik und nach West-Berlin aus. Zu ihnen gehören *Reiner Kunze, Sarah Kirsch, Jürgen Fuchs, Hans-Joachim Schädlich, Manfred Krug, Eva-Maria Hagen, Nina Hagen, Hellmuth Nitsche, Gerulf Pannach, Christian Kunert* und *Adolf Dresen*. Andere am Protest Beteiligte bleiben in der DDR, scheiden aber aus wichtigen öffentlichen Ämtern aus: *Franz Fühmann* und *Christa Wolf* legen am 11. bzw. 14.8. ihre Ämter im Vorstand des DDR-Schriftstellerverbandes nieder.

Verhaftung Rudolf Bahros: Am 23.8. wird in Ost-Berlin *Rudolf Bahro* wegen »illegaler Nachrichtenübermittlung« verhaftet. Am Tag zuvor waren im Nachrichtenmagazin »Der Spiegel« sowie im Ersten Deutschen Fernsehen (ARD) Interviews mit ihm veröffentlicht bzw. gesendet worden, die im Zusammenhang mit dem bevorstehenden Erscheinen seines Buchs »Die Alternative« in der Bundesrepublik am 31.8. standen. Neben seiner beruflichen Tätigkeit als Abteilungsleiter für Arbeitsorganisation in einem Ost-Berliner Großbetrieb hatte er zwischen 1973 und 1976 das Manuskript des Buches fertiggestellt. Er analysiert darin – ohne seinen vom Marxismus-Leninismus geprägten Standpunkt aufzugeben – das staatssozialistische Gesellschaftssystem als »asiatische Entwicklungsdiktatur« und deutet die Herrschaftsform der Staatsparteien in den Ostblockstaaten als das entscheidende Entwicklungshemmnis der weiteren menschlichen Emanzipation. Zur Veröffentlichung des Buches in der Bundesrepublik hatte ihm auch der → 1957 gemaßregelte Ökonom *Fritz Behrens* geraten. Das Ministerium für Staatssicherheit (MfS) weiß frühzeitig um diese Pläne und kennt auch das Manuskript, das ihm von Inoffiziellen Mitarbeitern übergeben worden ist. Bei den Ermittlungen gegen *Bahro* fungiert das MfS dann als Ermittlungsorgan. *Bahro* wird am 30.6.1978 wegen »Spionage« und »Geheimnisverrat« zu acht Jahren Gefängnis verurteilt, kommt aber 1979 nach internationalen Protesten im Rahmen einer Amnestie wieder frei (→ 1979).

Wirtschafts- und Sozialpolitik

Neues Arbeitsgesetzbuch: Am 16.6. verabschiedet die Volkskammer das Arbeitsgesetzbuch (AGB), das nach seinem Inkrafttreten am 1.1.1978 jenes vom 12.4.1961 ersetzt. Es enthält nicht nur Bestimmungen über die Form der Arbeitsverhältnisse, einschließlich der besonderen Förderung berufstätiger Frauen (durch z.B. die Bereitstellung betrieblicher Kinderbetreuungseinrichtungen) und der Urlaubsregelung, sondern auch Vorgaben zur »Arbeiterversorgung«, also den Betriebsverkaufsstellen und Kantinen. Das Kündigungsrecht ist wie in den früheren Regelungen eindeutig zugunsten der Arbeitnehmer ausgestaltet. Sie haben nach den Bestimmungen der DDR-Verfassung das Recht und die Pflicht zur Arbeit, was durch die staat-

Kaffeepreise

In Reaktion auf gestiegene Rohkaffeepreise auf den Weltmärkten diskutiert das Politbüro am 28.6. Möglichkeiten, Devisen einzusparen. Ein Vorschlag geht in die Richtung, in der DDR statt der bisherigen drei Kaffeequalitäten (zu 80, 70 und 60 Mark pro kg) nur noch eine Sorte Röstkaffee zu 120 Mark pro kg (bisheriger Preis dieser Sorte: 70 Mark) anzubieten. Daneben soll ein Mischkaffee aus 50% Röstkaffee und 50% Surrogaten verkauft werden. Am 26.7. faßt das Politbüro eine Reihe von Beschlüssen zur Kaffeeversorgung, die auf diese Vorstellungen zurückgreifen. Die Kaffeepreise werden demnach nicht direkt erhöht. Vielmehr wird die bisher preiswerteste Kaffeesorte (60 Mark pro kg) aus dem Handel genommen und die hier verwendete Kaffeequalität den teureren Sorten beigemischt. Zusätzlich kommt ein Mischkaffee (»Kaffee-Mix«, in der Bevölkerung als »Erichs Krönung« verhöhnt) auf den Markt, der sich aus 51% Röstkaffee, je 5% Zichorie, getrockneten Zuckerrübenschnitzeln und Spelzanteilen sowie 34% Roggen/Gersten-Gemisch zusammensetzt. Darüber hinaus sind Gaststätten, die in niedrigeren Preisstufen arbeiten, angehalten, nur noch den Mischkaffee anzubieten. Die Entscheidung löst eine Welle von Eingaben und Protesten aus, deren Ausmaß die SED-Führung nicht erwartet hatte. Zunächst soll eine Veränderung der Mixtur bei dem Mischkaffee Abhilfe leisten, dann jedoch müssen eilig zusätzliche Importe aus mehreren Ländern realisiert werden, um die Volksseele wieder zu beruhigen. Am Ende verschwindet »Kaffee-Mix«. Nach der Einführung einer Röstkaffeesorte zu 100 Mark pro kg bleibt das dreigeteilte Kaffeeangebot, jedoch nach einer indirekten Preiserhöhung, bestehen, indem nunmehr Kaffee zu 70, 80 und 100 Mark pro kg angeboten wird.

liche Politik umgesetzt werden muß. Dementsprechend sind die Kündigungsmöglichkeiten der Unternehmen sehr eingeschränkt.

Preispolitik: In der Preispolitik wird am Prinzip der einmal festgelegten, unbeweglichen Endverbraucherpreise (EVP) festgehalten, obwohl aus dem Staatshaushalt immer mehr Subventionen für das niedrige Preisniveau aufgewendet werden müssen. Statt zu einem System langsam, aber stetig sich verändernder Preise

analog der Kostenentwicklung überzugehen, will die Staatsführung an vermeintlich stabilen Preisen festhalten. Parallel dazu werden indes seit einiger Zeit neue Produkte mit höheren Preisen auf den Markt gebracht. 1977 sind die Preisunterschiede zwischen neuen Erzeugnissen und ihren »Vorgängerprodukten« bereits erheblich. In der zweiten Jahreshälfte kommt es deshalb zu **Hamsterkäufen** bei Textilerzeugnissen (vor allem bei Haushaltswäsche), Zucker, Mehl, Kakaoerzeugnissen und Zigaretten. In der Bevölkerung kursieren im September Gerüchte über unmittelbar bevorstehende, massive Preiserhöhungen in allen Bereichen, die von der Staatsführung nur verheimlicht würden. Das Politbüro beschließt am 12.10., beginnend in Ost-Berlin und den Bezirksstädten, später auch in Mittel- und Kleinstädten **»Exquisit«**- und **»Delikat«-Geschäfte** einzurichten, in denen der Verkauf hochwertiger Ware zu deutlich höheren Preisen konzentriert wird. Damit etabliert sich in der DDR ein **geteiltes Preissystem**: In privaten Geschäften sowie den Läden der Konsumgenossenschaft und den meisten der Handelsorganisation werden weiterhin Waren im unteren und mittleren Preisniveau angeboten (→ Kasten).

Autoimporte: Am 12.11. vereinbaren der VW-Konzern und DDR-Außenhandelsunternehmen ein umfangreiches Kompensationsgeschäft, das vorsieht, die Einfuhr von etwa 22000 VW Golf in die DDR (ab Februar 1978) durch die Lieferung von elektrotechnischen und Maschinenbauerzeugnissen zu bezahlen. Daneben führt die DDR zur Abgeltung eines eigenen Außenhandelsüberschusses aus Schweden 1000 PKW Volvo ein (→ Kasten).

Farbfernsehgeräte: In Ost-Berlin, Karl-Marx-Stadt (Chemnitz), Halle und Magdeburg beginnt am 5.12. der Verkauf von Zwei-System-Farbfernsehgeräten. Bisher wurden in der DDR nur Farbfernsehgeräte mit dem SECAM-System angeboten, in dem das DDR-Fernsehen sendet. Mit dem Übergang zum Verkauf von PAL/SECAM-Fernsehgeräten ermöglicht die DDR-Führung ihren Bürgern, Sendungen der westdeutschen Fernsehanstalten, die im PAL-System ausgestrahlt werden, in Farbe zu empfangen. Ein Fernsehgerät der Zwei-System-Technik kostet anfangs zwischen 4100 und 4730 Mark; das ist etwa das Viereinhalbfache eines durchschnittlichen Monatsverdienstes.

»IBN« und »IBM«

Die ersten aus westlichen Ländern eingeführten PKW werden in der DDR zu – gemessen an den durchschnittlichen Einkommen – hohen Preisen verkauft (die im Schwarzhandel jedoch noch weit übertroffen werden). Der VW Golf wird zunächst offiziell für etwa 35 000 DDR-Mark (später auf 19 000 Mark herabgesetzt), der Volvo für 45 000 Mark (später auf 56 000 Mark heraufgesetzt) verkauft. In Ost-Berlin enthalten die polizeilichen Kennzeichen der hier zugelassenen Fahrzeuge in der Regel die Anfangsbuchstaben IBN (beim Golf) bzw. IBM (beim Volvo). Der Volksmund übersetzt diese Kennzeichen wegen der hohen Verkaufspreise der Autos als »Ich bin neureich« bzw. »Ich bin Millionär«.

Weitere innenpolitische Ereignisse

Parteitage: Im Verlauf des Jahres halten CDU, LDPD, NDPD und DBD ihre Blockparteitage ab, die der formalen Übernahme von Beschlüssen des IX. SED-Parteitags dienen.
Zusammenstöße zwischen Polizei und Jugendlichen: Die Feiern zum 28. Gründungstag der DDR am 7.10. werden von Zusammenstößen zwischen Jugendlichen und der Volkspolizei nach einem Rockkonzert auf dem Ost-Berliner Alexanderplatz überschattet, die drei Todesopfer, darunter zwei Polizisten, fordern.
Berlinpolitik: Mit Wirkung vom 1.1. an treten in der DDR mehrere Verordnungen des Ministerrates in Kraft, die den **Status Ost-Berlins** betreffen. Dazu gehört der Verzicht, in einem eigenen Verordnungsblatt für Ost-Berlin Gesetze und Verordnungen der DDR gesondert zu veröffentlichen. Die eher nachlässig bedienten Kontrollstellen zwischen Ost-Berlin und der übrigen DDR werden gänzlich geschlossen. Ost-Berlin wird so, entgegen den ursprünglichen Intentionen des Viermächte-Abkommens, mehr und mehr zum ununterscheidbaren Teil der DDR.

Deutsch-deutsche Beziehungen

Die Beziehungen zur Bundesrepublik sind zunächst weiter von Spannungen geprägt. Ab 11.1. versuchen Volkspolizisten für etwa zwei Wochen, DDR-Bürgern den **Zugang zur Ständigen Vertretung der Bundesrepublik** zu verwehren – offensichtlich, weil viele DDR-Bürger, die An-

träge auf Ausreise aus der DDR gestellt haben, dies der Ständigen Vertretung mitteilen. Nach westdeutschem Protest beschränken sich die Sicherheitskräfte auf **verschärfte Kontrollen.** – Am 1.3. führt die DDR Straßenbenutzungsgebühren für West-Berliner Kraftfahrzeuge ein, die nach Ost-Berlin fahren. – Auf die **Verweigerung der Einreiseerlaubnis** für ehemalige DDR-Bürger, die im März die Leipziger Messe für Kontakte mit Freunden und Verwandten in der DDR nutzen wollten, folgen am 14. bzw. 15.3. Protestnoten der Bundesregierung bzw. des West-Berliner Senats. – Am 26.8. **widerruft** das DDR-Außenministerium eine zuvor erteilte **Einreisegenehmigung für die CDU/CSU-Bundestagsfraktion**, die nach einer Sitzung in West-Berlin einen als privat deklarierten Ausflug nach Potsdam unternehmen wollte. – Am 9.11. verkündet das Oberste Gericht der DDR ein Grundsatzurteil zum **Grenzverlauf in der Elbe**, das dem im Februar in der Sache ergangenen Urteil des Bundesgerichtshofes widerspricht. Während der BGH festgestellt hatte, der Grenzverlauf zwischen Schnackenburg und Lauenburg verlaufe am Ostufer der Elbe, stellt das Oberste Gericht fest, die Grenze liege »in der Mitte des Talweges« des Flusses.
Auf der anderen Seite stehen Fortschritte. Am 28.6. übermittelt *Helmut Schmidt* an *Erich Honecker* eine Liste mit **Vorschlägen zur Entwicklung der innerdeutschen Beziehungen**. Sie reichen von der Errichtung einer Stromtrasse zwischen West-Berlin und dem Bundesgebiet (die *Honecker* zu diesem Zeitpunkt ablehnt), Stromlieferungen der DDR an West-Berlin (von *Honecker* bejaht), Umweltfragen, den Ausbau der Verkehrswege und anderer Fragen des Verkehrs (die *Honecker* unterschiedlich bewertet) bis hin zu Reiseerleichterungen und Angelegenheiten der ständigen Ausreise (die *Honecker* restriktiv behandeln möchte). – Im September lockert die DDR alle Vorschriften über Geschenksendungen aus der Bundesrepublik. Trotz der damit verbundenen Duldung einer »Zwei-Klassen-Gesellschaft« zwischen solchen, die Westverbindungen haben, und solchen ohne Kontakte in die Bundesrepublik, überwiegt das ökonomische Interesse an diesen »Privatimporten«. – Eine Delegation des FDGB-Bundesvorstandes reist am 27.9. zu Gesprächen mit dem DGB-Vorstand. – Am Jahresende steht schließlich der Abschluß einer Vereinbarung (20.12.) über den Ausbau der Autobahn zwi-

schen Berlin und Marienborn/Helmstedt, für den seitens der Bundesregierung umfangreiche finanzielle Mittel zur Verfügung gestellt werden. Der innerdeutsche **Warenhandel** steigt im Verhältnis zum Vorjahr nur noch um 1,8 % an (gegenüber 12,1 % 1976) und erreicht mit rund 8,3 Mrd. DM knapp das doppelte Volumen von 1970.

Weitere Ereignisse: → BRD

Außenpolitik

Verbündete Länder: In den Beziehungen zu den verbündeten staatssozialistischen Ländern markiert der Abschluß einer Reihe neuer **Freundschaftsabkommen** den Übergang zur dritten Generation solcher Verträge, der im Falle der Sowjetunion schon erfolgt ist (→ 1975). Im Unterschied zu den vorherigen Abkommen finden sich in den neuen Verträgen mit Ungarn (unterzeichnet am 24. 3.), der Mongolei (6. 5.), Polen (28. 5.), Rumänien (unterzeichnet beim Staatsbesuch *Erich Honeckers* in Bukarest vom 8.–10. 6.), Bulgarien (14. 9.), der Tschechoslowakei (3. 10.), erstmals mit Vietnam (4. 12.) keine Hinweise mehr auf die früheren deutschlandpolitischen Intentionen der DDR.

Entwicklungsländer: Die DDR ist weiter am Ausbau ihrer Beziehungen zu Entwicklungsländern interessiert, besonders zu jenen, die beim Übergang von den sechziger zu den siebziger Jahren die DDR als erste anerkannt hatten. Ab 26. 6. reist Politbüromitglied *Werner Lamberz* durch mehrere Länder des afrikanischen Kontinents. Ähnlich wie die der Bundesrepublik ist die Entwicklungshilfepolitik der DDR von der Verquickung außenwirtschaftlicher und geopolitischer Interessen (letztere im Sinne der Sowjetunion) geprägt. Die DDR konzentriert ihre Entwicklungshilfe auf einige Länder, denen eine »sozialistische Orientierung« attestiert wird (wie Angola und Mosambik) und in denen sie sich Absatzchancen für DDR-Produkte erhofft.

Weitere außenpolitische Ereignisse: Ab 4. 10. nimmt eine Delegation der DDR am Belgrader Folgetreffen der KSZE teil, deren Verhandlungen bis zum 3. 9. 1978 laufen. – Am 2. 5. bricht Zaire seine diplomatischen Beziehungen zur DDR ab, der es vorwirft, Söldner in eine zairische Unruheprovinz entsandt zu haben.

Soziale Daten

Bevölkerung: Im Gebiet der DDR leben am 31. 12. 16,76 Millionen Einwohner. Die Bevölkerungszahl ist damit im Vergleich zum Vorjahr um 9000 zurückgegangen (→ Graphik). Der Frauenüberschuß beträgt ca. 1,124 Millionen. Nach westlichen Angaben siedeln 12 078, nach DDR-Angaben 9795 Personen nach Westdeutschland über.

Bevölkerungsentwicklung 1947–1989

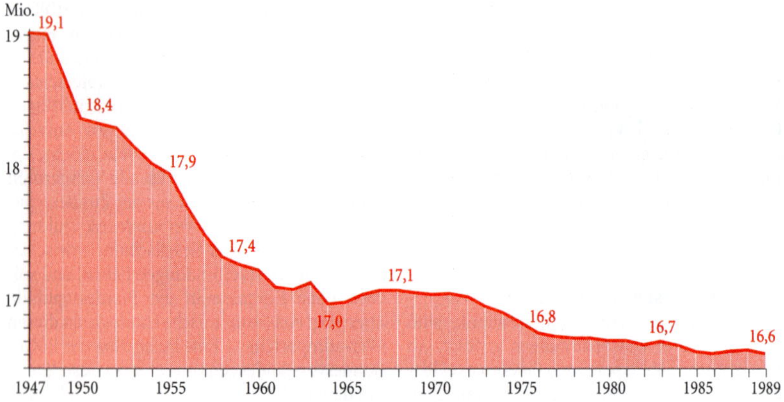

1978

Parteien der Zukunft und die Vergangenheit eines Ministerpräsidenten

Im Vordergrund des öffentlichen Interesses stehen die Konsequenzen aus den schweren Terrorakten des Vorjahres – Politikerrücktritte, Prozesse, neue Gesetze und internationale Kooperation gegen den Terrorismus. – Der Fall des wegen seiner Tätigkeit als »furchtbarer (NS-) Jurist« durch öffentlichen Druck zum Rücktritt gezwungenen Ministerpräsidenten Filbinger offenbart die zeitgeschichtlichen Verdrängungsleistungen der Bundesrepublik. – Nach der Havarie des Tankers »Amoco Cadiz« am 16. 3. vor der Küste Frankreichs, der bislang größten Umweltkastrophe, beteiligen sich die ersten »grünen« Parteien an Wahlen und erzielen Achtungserfolge. – Nach den technisch und ökonomisch bedingten Rationalisierungsmaßnahmen der Vorjahre gelten die heftigen Arbeitskämpfe dieses Jahres weniger der Erhöhung von Löhnen und Gehältern als der Sicherung von Arbeitsplätzen.

Terrorismus

Ermittlungen und Pannen: Dem am 22. 1. veröffentlichten Untersuchungsergebnis einer mit Experten aus der Schweiz und Belgien besetzten Gutachterkommission zufolge haben sich *Baader*, *Ensslin* und *Raspe* am 18. 10. 1977 zweifelsfrei selbst getötet. – Erst am 2. 3. 1978 entdeckt die Polizei das **Versteck in Erftstadt-Liblar**, in dem *Schleyer* nach seiner Entführung gefangengehalten wurde. Der Hinweis auf die Wohnung, der schon vier Tage nach der Entführung eingegangen war, wurde erst bei der routinemäßigen Nachrecherche beachtet. Am 3. 6. legt der frühere Innenminister *Hermann Höcherl* (CSU) den von der Bundesregierung in Auftrag gegebenen **Bericht über** Pannen und **Fehler bei der Fahndung** nach den *Schleyer*-Entführern vor.

Antiterrorismus-Gesetzgebung: Am 17. 2. erweitert der Bundestag erneut die Möglichkeiten zur Bekämpfung des Terrorismus. Verteidiger sollen durch **Trennscheiben** zu ihren unter Terrorismusverdacht stehenden Mandanten auf Abstand gehalten und bei Verdacht auf konspirative Verbindungen zu Terroristen leichter vom laufenden Verfahren ausgeschlossen werden können; die **Befugnisse der Polizei bei der Fahndung** nach mutmaßlichen Terroristen werden erweitert (Durchsuchung von Wohnungen und Häusern, Errichtung von Kontrollstellen, Identitätsfeststellung). Nachdem der Bundestag am 13. 4. in namentlicher Abstimmung den Einspruch des Bundesrats zurückweist, tritt das Gesetz schon am Tag darauf in Kraft. – Am 8. 6. beschließt der Bundestag weitere Gesetzesänderungen zur Verbesserung der **vorbeugenden Terrorismusbekämpfung** und zur Beschleunigung von Strafverfahren. – Die Innenminister der Bundesrepublik, Italiens, Österreichs und der Schweiz treffen sich am 9. 4. bei Zürich und – diesmal auch mit dem französischen Innenminister – am 10. 9. in Wien, um die **grenzüberschreitende Terrorismusbekämpfung** zu koordinieren.

Fahndung, Festnahmen, Urteile: Am 26. 4. verurteilt das Oberlandesgericht in Stuttgart *Günter Sonnenberg* wegen versuchten Mordes (während der Festnahme am 3. 5. → 1977) zu lebenslanger Haft. – Am 6. 8. entkommen die mutmaßlichen Terroristen *Christian Klar*, *Willy Peter Stoll* und *Adelheid Schulz* Beamten des Bundeskriminalamts (BKA) nach einer Verfolgungsfahrt. Das BKA muß sich in diesem Zusammenhang schwere **Fahndungsfehler** vorwerfen lassen. – *Stoll*, der an den Entführungs- und Mordfällen *Ponto* und *Schleyer* beteiligt gewesen sein soll, wird am 6. 9. in **Düsseldorf** von Zivilfahndern der Polizei erschossen. – In einem Wald bei **Dortmund** stellt die Polizei nach einer Schießerei am 24. 9. zwei Verdächtige, von denen einer seinen Schußverletzungen erliegt; auch ein Polizist wird erschossen, ein weiterer schwer verletzt. Die Schützin *Angelika Speitel* wird festgenommen, einem zweiten Komplizen gelingt die Flucht. – Der **Festnahme** der mutmaßlichen RAF-Terroristen *Peter Jürgen Boock*, *Sieglinde Hofmann*, *Brigitte Mohnhaupt* und *Rolf Clemens Wagner* **in Zagreb** am 11. 5. folgen ein diplomatisches Tauziehen und eine schwere Verstimmung zwischen der Bundesrepublik und Jugoslawien. Dessen

Regierung verlangt im Gegenzug zur Auslieferung der Deutschen die Überstellung von in der Bundesrepublik inhaftierten Exil-Kroaten. Als die Bundesrepublik diese Forderung ablehnt, läßt Jugoslawien die vier deutschen Beschuldigten in ein Land ihrer Wahl ausreisen.

Terroristische Aktivitäten: Durch Geiselnahme in der Untersuchungshaftanstalt Moabit in **West-Berlin** erzwingen zwei bewaffnete Frauen am 27. 5. die Freilassung eines mutmaßlich an der *Lorenz*-Entführung (→ 1975) Beteiligten, mit dem ihnen die Flucht gelingt. Der Entflohene wird am 21. 6. zusammen mit drei gleichfalls des Terrorismus verdächtigen Frauen in Bulgarien festgenommen und von den Behörden am selben Tag an die Bundesrepublik ausgeliefert. Justizsenator *Jürgen Baumann* (FDP) übernimmt für die Sicherheitsmängel in der Haftanstalt die politische Verantwortung und tritt Anfang Juli zurück. – In der Nacht vom 18. zum 19. 8. werden in Duisburg, Düsseldorf, Krefeld, Mönchengladbach, Mülheim und Ratingen Anschläge gegen Anlagen der **britischen Rheinarmee** verübt, die umfangreiche Schäden verursachen. Als Urheber werden Aktivisten der IRA vermutet.

Bundesregierung

Rücktritt: Am 1. 2. erklärt Verteidigungsminister *Georg Leber* (SPD) seinen Rücktritt. Er übernimmt damit die politische Verantwortung für eine Spionageaffäre im Ministerium sowie für rechtlich umstrittene oder illegale Abhörmaßnahmen des Militärischen Abschirmdienstes (MAD).

Kabinettsumbildung: Bundeskanzler *Schmidt* nimmt am 16. 2. den Rücktritt *Lebers* zum Anlaß für die **Neubesetzung mehrerer** der SPD zugeordneter **Ressorts**. *Hans Matthöfer*, bisher zuständig für Forschung und Technologie, übernimmt das Finanzministerium von *Hans Apel*, der Verteidigungsminister wird. *Jürgen Schmude* tritt an die Stelle von *Helmut Rhode* als Bildungsminister, *Rainer Offergeld* an die von *Marie Schlei* als Minister für wirtschaftliche Zusammenarbeit; *Dieter Haack* wird verantwortlich für das Ressort für Raumordnung, Bauwesen und Städtebau, das bisher *Karl Ravens* innehatte.

Rücktritt: Am 6. 6. tritt Bundesinnenminister *Werner Maihofer* (FDP) zurück; er reagiert damit auf die seit Anfang des Vorjahres (»Abhöraffäre *Traube*«) anhaltende Kritik an seiner

Filbinger-Affäre

Der Schriftsteller *Rolf Hochhuth* veröffentlicht in der Wochenzeitung »Die Zeit« vom 17. 2. einen Artikel, in dem er das Ergebnis seiner Recherchen über die Tätigkeit des Regierungschefs von Baden-Württemberg, *Hans Filbinger*, als **Marinerichter in den Jahren 1943 bis 1945** ausbreitet. Mit Bezug auf einen Fall, in dem *Filbinger* als Anklagevertreter am 16. 1. 1945 **wegen Fahnenflucht** ein **Todesurteil** gegen einen Matrosen erwirkte und dessen Vollstreckung überwachte, heißt es bei Hochhuth: »Ist doch der amtierende Ministerpräsident dieses Landes, *Dr. Filbinger*, selbst als Hitlers Marinerichter, der sogar noch in britischer Gefangenschaft einen deutschen Matrosen mit Nazigesetzen verfolgt hat, ein so **furchtbarer Jurist** gewesen, daß man vermuten muß ... er ist auf freiem Fuß dank derer, die ihn kannten.«

In der nachfolgenden publizistischen und gerichtlichen Auseinandersetzung macht *Filbinger* geltend, er habe in dem betreffenden Verfahren keinen Ermessensspielraum gehabt und außerdem an keinen weiteren Todesurteilen mitgewirkt; vielmehr habe er in vielen Fällen Angeklagte vor schweren Strafen bewahrt. Das Stuttgarter Landgericht untersagt am 23. 5. in einer einstweiligen Verfügung *Hochhuth* die Behauptung, *Filbinger* sei nur auf freiem Fuß dank jener, die ihn kannten; die Formulierung, *Filbinger* sei ein »furchtbarer Jurist« gewesen, bleibt unbeanstandet.

Bis zum 4. 7. werden **drei weitere Fälle** bekannt, in denen *Filbinger* im März und April 1945 Marinedeserteure zum Tode verurteilte. *Filbinger* erläutert, an diese Urteile habe er sich nicht mehr erinnert; im übrigen habe es sich, da in Abwesenheit ergangen, um reine »Phantomurteile« gehandelt, die nur der Abschreckung dienen sollten. Sein geringes Verständnis für die moralische und politische Substanz der Vorwürfe gegen ihn illustriert *Filbinger* mit dem legendären Satz: **»Was damals Recht war, kann doch heute nicht Unrecht sein«.**

Nachdem der Landesvorstand der CDU am 5. 8. beschließt, *Filbinger* müsse sein Amt bis zum nächsten Landesparteitag am 9. 9. zur Verfügung stellen, kündigt *Filbinger* am 7. 8. seinen Rücktritt an und erklärt: »Dies ist die Folge einer Rufmordkampagne, die in dieser Form bisher in der Bundesrepublik noch nie vorhanden war. Es ist mir schweres Unrecht angetan worden.«

Amtsführung und auf den »*Höcherl*-Bericht« (→ oben) über Pannen und Fehler bei der Fahndung nach den *Schleyer*-Entführern, der ihm selbst allerdings keine Verfehlungen vorwirft. Nachfolger wird der bisherige Staatssekretär *Gerhart Rudolf Baum* (FDP).

Weitere innenpolitische Ereignisse

Filbinger-Affäre: Veröffentlichungen der »Zeit« und des »Spiegel« im Februar und März erschüttern die moralische und politische Position des baden-württembergischen Ministerpräsidenten *Hans Filbinger* (→ Kasten). Am 7. 8. kündigt *Filbinger* seinen Rücktritt an, den er am 21. 8. formell vollzieht (→ Kasten). Das Amt des CDU-Landesvorsitzenden gibt er am 29. 4. 1979 auf.

Abhöraffäre Strauß: Nachdem die Bundesregierung am 6. 1. feststellt, die Untersuchungen zur sog. **Lockheed-Affäre** hätten keine Beweise für eine Verstrickung bundesdeutscher Politiker erbracht, wird durch einen Bericht der »Süddeutschen Zeitung« am 14. 1. bekannt, daß ein Telefongespräch des CSU-Vorsitzenden *Franz Josef Strauß* (CSU) am 28. 9. 1976 abgehört wurde. Der Inhalt des Gesprächs erhärtet scheinbar den Verdacht, *Strauß* sei in die Bestechungsäffäre um die Beschaffung des von Lockheed produzierten Kampfflugzeugs »Starfighter« verwickelt. *Strauß* spricht von sinnverkehrender Falschwiedergabe.

Außenpolitische Ereignisse

Europa: Dänemark, Großbritannien und Irland sind ab 1. 1. Vollmitglieder der Europäischen Gemeinschaft. – Am 17. 10. beginnen Beitrittsverhandlungen mit **Portugal**, während sich die Verhandlungen mit **Griechenland** und **Spanien** vor dem Abschluß befinden bzw. vorbereitet werden.

Beziehungen zu Ostblockstaaten: Als erster Bundeskanzler stattet *Helmut Schmidt* am 6./7. 1. der Volksrepublik **Rumänien** einen Besuch ab. Im Gegenzug zur Gewährung einer Bundesbürgschaft für Kredite über 700 Mio. DM zum Ausbau der rumänischen Wirtschaft gibt die rumänische Seite die Zusage, jährlich rund 11 000 Deutschstämmige in die Bundesrepublik ausreisen zu lassen. In Rumänien leben rd. 350 000 Siebenbürger Sachsen und Banater Schwaben, von denen etwa 80 % in die Bundesrepublik übersiedeln wollen. – Der Staatspräsident der **Tschechoslowakei**, *Gustav Husák*, besucht vom 10.–13. 4. als erstes Staatsoberhaupt seines Landes die Bundesrepublik. Hauptthemen der Verhandlungen sind die Intensivierung der wirtschaftlichen Beziehungen und die weitere Normalisierung des zwischenstaatlichen Verhältnisses. In ein am 11. 4. von den Außenministern unterzeichnetes Kulturabkommen ist auch West-Berlin einbezogen. – Im Mittelpunkt der Gespräche des Staats- und Parteichefs der **Sowjetunion**, *Leonid I. Breschnew*, während seines nach → 1973 zweiten Besuchs vom 4–7. 5. in der Bundesrepublik stehen Fragen der Abrüstung und der Ausbau der Handelsbeziehungen. *Breschnew* kann Bundeskanzler *Schmidt* nicht für einen Ost-West-Verzicht auf Massenvernichtungsmittel gewinnen, da, wie *Schmidt* feststellt, die Bundesrepublik über keine verfüge. Beide Seiten betonen jedoch die Notwendigkeit weiterer Schritte zur Eindämmung des Wettrüstens. In einer gemeinsamen Erklärung verbirgt sich hinter der Bekräftigung des Viermächteabkommens vom 3. 9. → 1971 der bleibende Dissens über die Bindungen West-Berlins an die Bundesrepublik; nach sowjetischer Ansicht ist die Errichtung von Bundesbehörden in West-Berlin mit dem Abkommen nicht vereinbar, nach bundesdeutscher jedoch erlaubt. – Am 6. 5. wird ein auf 25 Jahre angelegtes Wirtschaftsabkommen unterzeichnet, das u. a. den Aufbau von Industrieanlagen und die kooperative Gewinnung und Verarbeitung von Rohstoffen vorsieht.

»G-7«: Auf dem **Weltwirtschaftsgipfel in Bonn** am 16./17. 7. verständigen sich die sieben führenden Wirtschaftsnationen auf Maßnahmen zur Überwindung der weltweiten Rezession (→ unten) und auf eine intensivere und besser koordinierte **Bekämpfung des Terrorismus** sowie Sanktionen gegen Staaten, die Flugzeugentführern Zuflucht gewähren.

Dritte Welt: Das Bundeskabinett beschließt am 4. 10. einen **Schuldenerlaß** in Höhe von insgesamt 4,3 Mrd. DM für die 30 ärmsten Staaten der Erde. Ihre wirtschaftliche Misere, verschärft auch durch die Preiserhöhungen für Erdöl seit 1973, erlaubt ihnen die Zahlung von Zinsen und Tilgung schon seit geraumer Zeit nicht mehr. Auf Antrag können ihnen die Restzahlungen für die Laufzeit in Finanzierungsbeiträge umgewandelt werden. Statt neuer Darlehen sollen sie in Zukunft direkte finanzielle Zuschüsse erhalten.

Verteidigungspolitik und Bundeswehr

Nachdem im Vorjahr bereits die Bewilligung von Finanzmitteln für die Entwicklung der **Neutronenbombe** – einer neuen Art von Kernwaffe, deren Strahlung alles Leben vernichtet, ohne großen Sachschaden und lang anhaltende radioaktive Verseuchung anzurichten – durch US-Präsident *Carter* eine Diskussion über die moralische Dimension der atomaren Bewaffnung entfacht hatte (so galt SPD-Bundesgeschäftsführer *Egon Bahr* die Neutronenbombe am 17.7. 1977 als »Symbol der Perversion menschlichen Denkens«), fordert die **CDU/CSU-Bundestagsfraktion** am 21.2. einstimmig die Bundesregierung auf, der Option des US-Präsidenten auf die Produktion dieser Waffe und ihre Einführung in das Arsenal des atlantischen Bündnisses zuzustimmen; eine glaubhafte Abschreckung sei ein wesentlicher Beitrag zur Verhinderung eines Krieges. Die **Bundesregierung** lehnt am 23.2. einen solchen demonstrativen Schritt mit dem Hinweis auf die alleinige Zuständigkeit der USA ab, stimmt jedoch nach Gesprächen von Bundesaußenminister *Hans-Dietrich Genscher* mit US-Verteidigungsminister *Cyrus Vance* und US-Präsident *Jimmy Carter* in Washington am 4.4. dem Projekt einer Ausstattung der NATO mit Neutronenwaffen zu. Die Entscheidung des US-Präsidenten am 7.4., die Serienproduktion noch nicht freizugeben, kritisiert der CSU-Vorsitzende *Franz Josef Strauß* am Tag darauf als offenkundige Führungsschwäche *Carters* und als Nachgiebigkeit unter dem Propagandadruck der Sowjetunion.

Kriegsdienstverweigerung: Das Bundesverfassungsgericht erklärt am 13.4. mit Mehrheit das von der SPD/FDP-Koalition → 1977 verabschiedete Wehrpflichtänderungsgesetz, gegen das die Unionsfraktion des Bundestages und drei CDU/CSU-regierte Länder Klage erhoben haben und das am 15.12.1977 bereits durch eine einstweilige Anordnung suspendiert worden war, für **verfassungswidrig**. In der Begründung heißt es, die Abschaffung des Prüfungsverfahrens für Wehrdienstverweigerer sprenge den im Grundgesetz gezogenen Rahmen; die Befreiung vom Dienst an der Waffe dürfe nur in festumrissenen Fällen des Gewissenskonflikts erfolgen. Denkbar sei eine gesetzliche Ausgestaltung des Ersatzdienstes, die eine Gewissensprüfung in einem gesonderten Verfahren überflüssig mache. Außerdem hätte die Reform der Zustimmung des Bundesrates bedurft.

NATO: Auf der NATO-**Gipfelkonferenz am 30./31.5. in Washington** unterstützt Bundeskanzler *Schmidt Carters* demonstrative Ankündigung, die Rüstung der NATO nuklear und konventionell zu modernisieren und auszubauen; die NATO beschließt ein entsprechendes **Rüstungsprogramm** im Kostenvolumen von rd. 160 Mrd. DM bis 1993. – Am 30.11. gibt der Haushaltsausschuß des Bundestags 1,2 Mrd. DM frei, die Verteidigungsminister *Hans Apel* (SPD) als Beitrag der Bundesrepublik zum Aufbau eines neuen NATO-Aufklärungssystems beantragt hatte (Gesamtkosten rund 3,8 Mrd. DM). Hauptkomponente der **AWACS** (Airborne Warning and Control System) ist eine Flotte von 18 Flugzeugen vom Typ Boeing 707, die mit ihrer hochentwickelten Radartechnik aus dem Luftraum über der NATO-Ostgrenze in 9000 m Höhe bis zu 500 km weit den Ostblockraum überwachen können.

Bundeswehrführung: Nach Konflikten über die **Kompetenzverteilung** zwischen militärischer und politischer Führung der Bundeswehr tritt Generalinspekteur *Harald Wust* am 28.9. zurück. Verteidigungsminister *Apel*, der auf dem unbedingten Vorrang der Politik vor dem Militär besteht, befördert am 1.12. General *Jürgen Brandt* in die Position des ranghöchsten Soldaten.

Wirtschafts-, Sozial und Finanzpolitik

Verfall des Dollarkurses: Der Mittelkurs des **US-Dollar** fällt am 3.1. an der Frankfurter Devisenbörse mit 1,99 DM erstmals unter 2 DM; damit ist sein Wert gegenüber der DM seit 1961 um 50% gesunken. Als Ursache für den Kursverfall des Dollar und die Turbulenzen auf dem Weltwährungsmarkt gilt das hohe Zahlungsbilanzdefizit der USA. Trotz umfangreicher Maßnahmen der Bundesbank und der US-Notenbank zur Stützung der US-Währung (u.a. Verkauf von Sonderziehungsrechten an die Bundesbank, Aufnahme von DM-Anleihen am deutschen Kapitalmarkt, Aufstockung des sog. Swap-Kreditlinie auf 6 Mrd. US-Dollar) fällt der Dollar bis zum 30.10. auf seinen **Jahresstiefststand von 1,72 DM** ab.

Konjunkturmaßnahmen: Um belebende Konjunktureffekte auszulösen, verabschiedet der Bundestag am 14.6. einen **Nachtragshaushalt** für 1978 in Höhe von 939 Mio. DM. Schwerpunkt ist die Gewährung weiterer Subventionen für den Bergbau und die Stahlindustrie. – Angesichts der weltweiten Rezession verpflichten sich die Teilnehmerstaaten des **4. Weltwirtschaftsgipfels** (»G-7«) **in Bonn** (→ oben) am 16./17.7. zu zusätzlichen Maßnahmen zur Belebung der Weltwirtschaft, die bis zu 1% des Bruttosozialprodukts ausmachen sollen. Die Bundesregierung beschließt daher am 28.7. in einem **Maßnahmenpaket zur Konjunkturförderung** die Erhöhung des Kindergeldes (ab 1.1. 1979 für jedes dritte und weitere Kind monatlich 200 DM) sowie die Absenkung des Lohn- und Einkommensteuertarifs und Entlastungen bei der Gewerbesteuer (beides ab 1.1.1980). Die zusätzliche Belastung des Staatshaushalts, die für 1979 mit 13,5 Mrd. DM veranschlagt wird, kann durch die Anhebung des Mehrwertsteuersatzes von 12 auf 13% bzw. von 6 auf 6,5% (ab 1.7.1979) kaum gemindert werden.

Aufwertung der DM: In Abstimmung mit den Regierungen der Europäischen Gemeinschaft wertet die Bundesregierung am 15.10. die DM innerhalb der **»Währungsschlange«** gegenüber der dänischen und norwegischen Krone um 4%, gegenüber dem niederländischen Gulden und dem belgischen Franc um 2% auf. Um die Kurse dieser Währungen zu stabilisieren, hatte die Deutsche Bundesbank zuvor rund 10 Mrd. DM für Stützungskäufe eingesetzt.

Europäisches Währungssystem (EWS): Auf Initiative von Bundeskanzler *Schmidt* und Frankreichs Staatspräsident *Valéry Giscard d'Estaing* beschließen die Staats- und Regierungschefs der EG am 5.12. in Brüssel die Einrichtung eines Europäischen Währungssystems. Sie etablieren damit für den EG-Raum – mit Ausnahme Großbritanniens, das eine Teilnahme ablehnt – ab dem 1.1.1979 eine **Zone untereinander stabiler Wechselkurse**. Durch einen Beistandsmechanismus, der sich auf einen mit 62 Mrd. DM ausgestatteten Interventionsfonds stützt, sollen größere Kursabweichungen ausgeglichen werden. Bezugsgröße für alle Währungen wird die **European Currency Unit (ECU)**, deren Leitkurs von den nationalen Währungen um nicht mehr als 2,25% über- oder unterschritten werden darf (italienische Lira: 6%). Wegen Differenzen zwischen dem bundesdeutschen und dem französischen Landwirtschaftsminister in der Frage der Agrarausgleichsbeträge tritt das EWS erst am 13.3.1979 in Kraft.

Rentenanpassung: Am 7.7. läßt der Bundesrat das am 8.6. vom Bundestag verabschiedete 21. Rentenanpassungsgesetz nach Einschaltung des Vermittlungsausschusses endgültig passieren. 1979 sollen die Renten nettolohnbezogen um 4,5%, 1980 und 1981 jeweils um 4% angehoben werden (ab 1.1.1982 soll wieder eine bruttolohnbezogene Rente gezahlt werden). Zugleich wird der Beitragssatz zur Rentenversicherung zum 1.1. 1981 von 18% auf 18,5% erhöht. Der Nettolohnbezug trifft auf heftigen Widerspruch der Opposition und der Gewerkschaften.

Arbeitslosigkeit: Die Nürnberger Bundesanstalt für Arbeit verschärft am 8.8. die Zumutbarkeitsregelungen für Arbeitslose bei der Annahme vermittelter Beschäftigungen. Arbeitslose müssen nun auch Stellen annehmen, die nicht dem erlernten, überwiegend oder zuletzt ausgeübten Beruf entsprechen. Die Art, der Ort und die Bedingungen zumutbarer Beschäftigungen hängen von der Dauer der Arbeitslosigkeit ab. Am 21.11. beschließt das Bundeskabinett eine Novelle zum Arbeitsförderungsgesetz, die den Begriff der **Zumutbarkeit** neu faßt.

Tarifkonflikte

Druckindustrie: Die Auseinandersetzung zwischen den Tarifpartnern in der Druckindustrie

Streiks und Aussperrungen 1965–1985

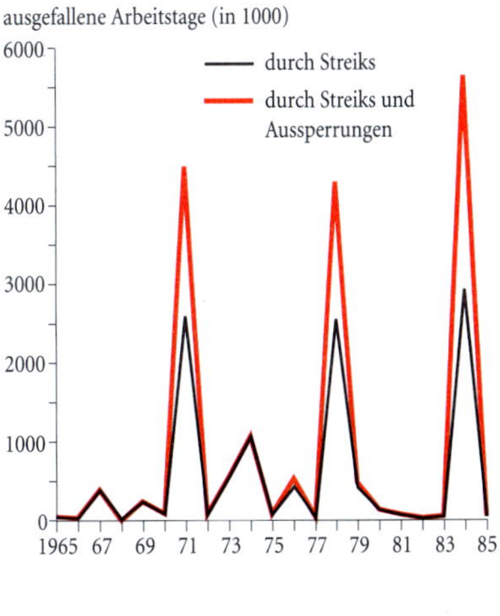

über die Einführung neuer Technologien eskaliert am 8. 2. zum Arbeitskampf. Die IG Druck und Papier verlangt eine tarifvertragliche Absicherung der Beschäftigung sowie der Entgelte und Sozialleistungen im Falle von Rationalisierungen. Der von regionalen und betrieblichen Schwerpunktstreiks u. a. bei Zeitungsdruckereien, die bis zu drei Wochen bestreikt werden, und von Aussperrungen gekennzeichnete Konflikt endet am 20. 3. Der Kompromiß schreibt eine weitgehende soziale Absicherung der Beschäftigten fest.

Metallindustrie: Bei den bereits im Dezember 1977 begonnenen Tarifauseinandersetzungen zwischen der IG Metall und den Arbeitgebern kommt es in der Metallindustrie von Nordwürttemberg/Nordbaden seit Anfang März zu Warnstreiks, schließlich zu Schwerpunktstreiks und Aussperrungen mit über 200 000 Streikenden und Ausgesperrten. Die Umsatzausfälle werden auf 2 Mrd. DM geschätzt. Am 3. 4. gelingt eine Einigung über die Lohnerhöhung (5 %, in einigen Gruppen etwas höher), vor allem aber über den Kernpunkt des Streiks, die Absicherung der Arbeitnehmer gegen negative **Folgen des technologischen Fortschritts** wie z. B. Verdienstminderung durch Herunterstufen in niedrigere Lohn- und Gehaltsgruppen. Doch wehren die Arbeitgeber den von der Gewerkschaft verlangten »Einstieg in die 35-Stunden-Woche« vorerst ab. Erst ab 11. 4. wird wieder voll gearbeitet. – 1978 ist mit 4,28 Mio. verlorenen Arbeitstagen nach 1971 (4,48 Mio.) das Jahr der zweitstärksten Arbeitskampfaktivität seit Bestehen der Bundesrepublik (→ Graphik Sp. 634).

Parteien

NPD: Der baden-württembergische Verwaltungsgerichtshof stellt am 11. 4. fest, es sei nicht erwiesen, daß die NPD verfassungsfeindliche Ziele verfolgt. Für die Ablehnung eines NPD-Mitglieds als Beamter im Sinne des Extremistenbeschlusses reiche die bloße Mitgliedschaft in der Partei nicht aus. Gegen die Verharmlosung des Rechtsradikalismus protestieren in Köln am 22. 4. rund 15 000 Demonstranten.– Am 17. 6. kommt es im Zusammenhang mit Protestdemonstrationen linksextremer Gruppen gegen eine Veranstaltung der NPD in Frankfurt am Main zu den schwersten Ausschreitungen seit den sechziger Jahren.

Mitgliederentwicklung in den Parteien 1946–1995

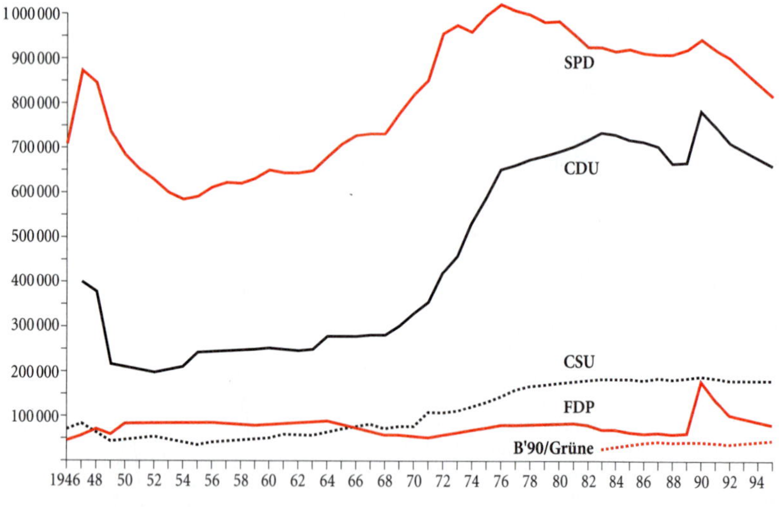

Umweltparteien: Die Grüne Aktion Zukunft (GAZ) konstituiert sich am 13. 7. in Bonn als erste bundesweite Umweltpartei. Vorsitzender wird *Herbert Gruhl*, der im Vorjahr mit einem Bestseller über die Notwendigkeit einer Wende im Verhältnis der Gesellschaft zur natürlichen Umwelt (»Ein Planet wird geplündert«) Aufsehen erregt hatte. *Gruhl*, bis Anfang Juli noch Umweltexperte der CDU/CSU-Fraktion, behält sein Bundestagsmandat. Auf Landesebene haben sich weitere Umweltparteien gegründet und nehmen wie die GAZ bereits an Landtagswahlen teil.
CDU: Der Bundesparteitag in Ludwigshafen (23.–25. 10.) beschließt am 25. 10. das erste Grundsatzprogramm in der Geschichte der Partei. Unter dem Titel »Freiheit, Solidarität, Gerechtigkeit« umreißt es in 137 Artikeln die Grundsätze der »christlichen Volkspartei«.

Bundesländer

Nordrhein-Westfalen: Nach einem Volksbegehren am 1. 3. annulliert der Landtag auf Vorschlag der Landesregierung ein bereits verkündetes Gesetz (8. 11. 1977) zur Einführung einer **»Kooperativen Schule«**; deren Kernstücke sind die Vereinigung der Schulen der Sekundarstufe I in einem Schulzentrum und die Einführung einer Orientierungsstufe in den Klassen 5 und 6. Das von einer Bürgeraktion aus Eltern- und Lehrerverbänden gemeinsam mit der CDU angestrengte Volksbegehren zur Einleitung einer Volksabstimmung über das Gesetz hatten rund 30 % (statt der erforderlichen 20 %) der Wahlberechtigten mit ihrer Unterschrift unterstützt. – Nach dem Rücktritt von Ministerpräsident *Heinz Kühn* (SPD) aus Altersgründen wählt der Landtag am 20. 9. den bisherigen Wissenschaftsminister *Johannes Rau* zum neuen Regierungschef.
Niedersachsen: Nach Bekanntwerden nationalsozialistischer Rassenauffassungen in seiner Dissertation aus dem Jahre 1936 über »Die leitenden Grundgedanken bei der Entmannung gefährlicher Sittlichkeitsverbrecher« tritt der niedersächsische Justizminister *Hans Puhvogel* (CDU) am 24. 3. zurück. – Bei der Landtagswahl am 4.6 erringt die CDU mit 48,7 % der Stimmen die absolute Mehrheit der Mandate. Die erstmals angetretene GLU (Umweltschutzliste) erreicht mit 3,9 % einen Achtungserfolg. *Ernst Albrecht* (CDU) bleibt Regierungschef.

Hamburg: Bei der Bürgerschaftswahl am 4. 6. erzielt die SPD mit 51,5 % der Stimmen die absolute Mehrheit. Auf die Umweltschutzlisten entfallen insgesamt 4,5 % der Stimmen. *Hans-Ulrich Klose* wird im Amt des Ersten Bürgermeisters bestätigt.
Baden-Württemberg: Nach dem Rücktritt von Ministerpräsident *Hans Filbinger* (→ oben) wählt der Landtag am 30. 8. den bisherigen Innenminister *Lothar Späth* (CDU) zum neuen Ministerpräsidenten.
Hessen: Bei der Landtagswahl am 8. 10. erreichen die erstmals angetretenen Umweltparteien Grüne Liste Hessen 1,1 % und die Grüne Aktion Zukunft 0,9 %. Ministerpräsident *Holger Börner* (SPD) wird am 1. 12. im Amt bestätigt.
Bayern: Die Landtagswahl am 15. 10. gewinnt die CSU mit 59,1 %; die konservativ-grüne Aktionsgemeinschaft Unabhängiger Deutscher (AUD) kommt auf 1,8 %. Der Landtag wählt am 6. 11. den CSU-Vorsitzenden *Franz Josef Strauß* zum neuen Ministerpräsidenten als Nachfolger von *Alfons Goppel*.

Deutsch-deutsche Beziehungen

Berlinstatus: Im Zusammenhang mit der Verhaftung des Ost-Berliners *Nico Hübner* (→ DDR), der unter Berufung auf den Berlinstatus den Wehrdienst in der Nationalen Volksarmee verweigert, bekräftigen die Westmächte am 2. 5. erneut die Fortdauer des »entmilitarisierten Status« für ganz Berlin.
Transitwege, Reiseverkehr: Die anhaltende Verschlechterung der innerdeutschen Beziehungen schlägt sich weiterhin in Behinderungen des Reiseverkehrs durch verschärfte Kontrollen und Abweisungen nieder. Am 15./16. 1. verweigern DDR-Genzbeamte dem CDU-Vorsitzenden *Helmut Kohl* und weiteren Bundestagsabgeordneten, die an einer Tagung ihrer Fraktion in West-Berlin teilnehmen, die Einreise nach Ost-Berlin. – Am 16. 6. wird Gruppen der CDU-Jugendorganisation Junge Union die Durchfahrt nach West-Berlin verwehrt, wo sie an Gedenkveranstaltungen zum 17. Juni 1953 teilnehmen wollten.
Flüchtlinge: Im Zusammenhang mit dem bevorstehenden Abschluß eines Verkehrsabkommens mit der DDR verurteilt der Bundesminister für innerdeutsche Beziehungen, *Egon Franke* (SPD), kriminelle Praktiken von gewerblichen **Fluchthilfeunternehmen**, die zur Ge-

fährdung der erzielten Fortschritte im Transitverkehr führen könnten. – Das Landgericht Hagen verurteilt in der Revision den → 1976 freigesprochenen ehemaligen DDR-Grenzsoldaten *Werner Weinhold* zu einer Haftstrafe von fünfeinhalb Jahren. Er hatte bei seiner Flucht zwei andere Grenzbewacher erschossen.

Grenzverlauf: Die → 1973 gebildete gemeinsame Grenzkommission beider Staaten schließt am 26.10. ihre Dokumentation über den **Verlauf der knapp 1397 km langen Grenze** ab. Die Elbgrenze zwischen Schnackenburg und Lauenburg (rund 95 km) bleibt umstritten; nach Auffassung der DDR verläuft sie in der Flußmitte, nach bundesdeutscher am Ostufer. Um dem Dokument nicht den Charakter eines völkerrechtlichen Vertrags zu geben, besteht die Bundesregierung darauf, es als »Protokoll« zu qualifizieren. Vertreter beider Staaten unterzeichnen es am 29.11. in Bonn.

Verkehrsvertrag: Nach über einjährigen Verhandlungen unterzeichnen der Ständige Vertreter der Bundesrepublik, Staatssekretär *Günter Gaus*, und der stellvertretende DDR-Außenminister *Kurt Nier* am 16.11. in Ost-Berlin das finanziell umfangreichste Übereinkommen zwischen beiden Staaten seit dem Grundlagenvertrag von 1972. Vereinbart werden der Bau einer Autobahn von Hamburg nach Berlin (1,2 Mrd. DM), die Beseitigung von Schäden an den Transitwasserstraßen (120 Mio. DM) und die Öffnung des Teltow-Kanals (70 Mio. DM), ferner weitere Verkehrsverbesserungen (Ausbau des Grenzübergangs Wartha-Herleshausen usw., insgesamt bis zu 500 Mio. DM) und die Neufestsetzung der sog. Transitpauschale für einen Zeitraum von zehn Jahren (ab 1980 jährlich 525 Mio. DM) sowie Erleichterungen im nichtkommerziellen Zahlungsverkehr.

Berlin Hauptstadt eines Staates

München Hauptstadt eines Bundeslandes

Leipzig Verwaltungssitz eines Regierungsbezirks

über 1 000 000 Einw.

500 000 - 1 000 000 Einw.

100 000 - 500 000 Einw.

unter 100 000 Einw.

Staatsgrenze

Ländergrenze

Regierungsbezirksgrenze

Ausländische Bevölkerung

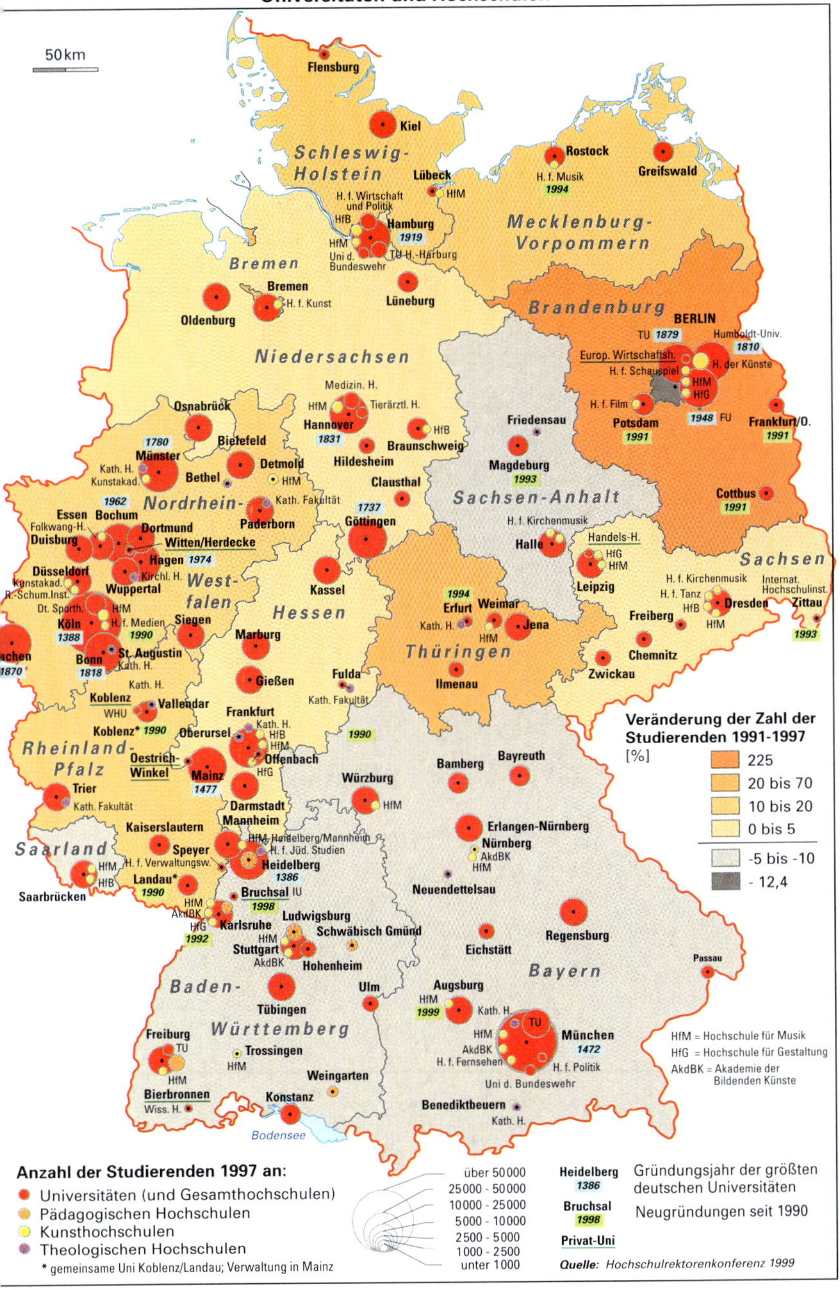
50 km
Flensburg
Kiel
Schleswig-Holstein
Lübeck
HfM
H. f. Wirtschaft und Politik
HfB
Hamburg
1919
HfM
Uni d. Bundeswehr
TU H.-Harburg
Rostock
H. f. Musik
1994
Greifswald
Mecklenburg-Vorpommern
Bremen
Bremen
H. f. Kunst
Oldenburg
Lüneburg
Brandenburg
BERLIN
TU 1879
Humboldt-Univ.
1810
Europ. Wirtschaftsh.
H. f. Schauspiel
H. der Künste
HfM
HfG
H. f. Film
1948 FU
Potsdam
1991
Frankfurt/O.
1991
Niedersachsen
Medizin. H.
HfM
Tierärztl. H.
Hannover
1831
HfB
Braunschweig
Hildesheim
Clausthal
Osnabrück
Bielefeld
1780
Münster
Kath. H.
Kunstakad.
Bethel
Detmold
HfM
Friedensau
Magdeburg
1993
Sachsen-Anhalt
Cottbus
1991
Nordrhein-
Kath. Fakultät
Paderborn
1962
Essen
Bochum
Folkwang-H.
Duisburg
Dortmund
Witten/Herdecke
Hagen 1974
1737
Göttingen
H. f. Kirchenmusik
Halle
Handels-H.
HfG
HfM
Leipzig
Sachsen
Düsseldorf
Kunstakad.
R.-Schum.Inst.
Wuppertal
Kirchl. H.
Westfalen
Kassel
Dt. Sporth.
HfM
Köln
H. f. Medien
1388
1990
Siegen
Aachen
1870
Bonn
1818
St. Augustin
Kath. H.
Hessen
Marburg
1994
Erfurt
Weimar
Kath. H.
HfM
Jena
Thüringen
Ilmenau
H. f. Kirchenmusik
H. f. Tanz
HfB
Dresden
HfM
Internat. Hochschulinst.
Zittau
1993
Freiberg
Chemnitz
Zwickau
Kath. H.
Koblenz
WHU
Vallendar
Gießen
Fulda
Kath. Fakultät
Frankfurt
Kath. H.
HfB
HfM
Oberursel
Koblenz* 1990
1990
Rheinland-Pfalz
Oestrich-Winkel
Offenbach
HfG
Mainz
1477
Trier
Kath. Fakultät
Darmstadt
Würzburg
HfM
Bamberg
Bayreuth
Veränderung der Zahl der Studierenden 1991-1997
[%]
225
20 bis 70
10 bis 20
0 bis 5
-5 bis -10
- 12,4
Kaiserslautern
Mannheim
HfM
Heidelberg/Mannheim
H. f. Jüd. Studien
Heidelberg
1386
Saarland
HfM
HfB
Speyer
H. f. Verwaltungsw.
Landau*
1990
Saarbrücken
Erlangen-Nürnberg
Nürnberg
AkdBK
HfM
Neuendettelsau
Bruchsal IU
1998
HfM
AkdBK
HfG
Karlsruhe
1992
Ludwigsburg
HfM
Schwäbisch Gmünd
Stuttgart
AkdBK
Hohenheim
Eichstätt
Regensburg
Passau
Bayern
Baden-
Württemberg
Tübingen
Ulm
Augsburg
HfM
1999
Kath. H.
TU
HfM
AkdBK
H. f. Fernsehen
München
1472
H. f. Politik
Uni d. Bundeswehr
Freiburg
TU
HfM
Trossingen
HfM
Weingarten
Bierbronnen
Wiss. H.
Konstanz
Bodensee
Benediktbeuern
Kath. H.
HfM = Hochschule für Musik
HfG = Hochschule für Gestaltung
AkdBK = Akademie der Bildenden Künste
Anzahl der Studierenden 1997 an:
Universitäten (und Gesamthochschulen)
Pädagogischen Hochschulen
Kunsthochschulen
Theologischen Hochschulen
* gemeinsame Uni Koblenz/Landau; Verwaltung in Mainz
über 50000
25000 - 50000
10000 - 25000
5000 - 10000
2500 - 5000
1000 - 2500
unter 1000
Heidelberg
1386
Gründungsjahr der größten deutschen Universitäten
Bruchsal
1998
Neugründungen seit 1990
Privat-Uni
Quelle: Hochschulrektorenkonferenz 1999

UNESCO-Weltkulturerbe

Denkmal des UNESCO-Weltkulturerbes mit Ernennungsjahr

Quelle: *UNESCO World Heritage Centre, Paris*
Stand: 2001

1978

Die Opposition rührt sich

Die innenpolitische Lage in der DDR ist auch 1978 von Spannungen geprägt. Im westdeutschen Nachrichtenmagazin »Der Spiegel« erscheint ein Manifest von SED-Mitgliedern, die sich in Opposition zur Parteispitze stellen; das Ost-Berliner Büro des »Spiegel« wird daraufhin geschlossen. Der Systemkritiker *Rudolf Bahro* sowie der Wehrdienstverweigerer *Nico Hübner* werden zu Haftstrafen verurteilt. Weitere Künstler, die gegen die Ausbürgerung *Wolf Biermanns* protestiert hatten, reisen in die Bundesrepublik aus. – Im März werden einige Rechte der Kirchen gestärkt; gleichwohl zeigt die staatliche Reaktion auf die Selbstverbrennung des Pfarrers *Oskar Brüsewitz* und auf die Proteste der evangelischen Kirchen gegen die Einführung eines Wehrkundeunterrichtes an den Schulen, daß die SED die gesellschaftspolitische Rolle der Kirchen keineswegs anerkennt. – Berichte über Fortschritte im Wohnungsbauprogramm und vor allem die Tatsache, daß ein DDR-Bürger der erste Deutsche im All ist, sollen die Leistungskraft der DDR verdeutlichen und das Prestige der SED heben.

Innenpolitik

Umgang mit Oppositionellen: Am 2.1. veröffentlicht »Der Spiegel« den ersten, eine Woche später den zweiten Teil eines anonymen **»Manifests des Bundes der demokratischen Kommunisten Deutschlands«**, das nach späteren Erkenntnissen im wesentlichen von einem ehemaligen Berater *Willi Stophs*, dem Ost-Berliner Universitätsprofessor *Hermann von Berg*, formuliert worden ist. Das Manifest reflektiert Vorstellungen von reformorientierten SED-Mitgliedern, weshalb »Der Spiegel« es auch als »Manifest der SED-Opposition« bezeichnet. Gleichwohl bleibt es die Aktion eines einzelnen, deren Ursprung die DDR-Führung indes bei westlichen Geheimdiensten sieht: Das Außenministerium spricht von einem »Machwerk des BND«. Nach wie vor gelingt es der SED-Spitze trotz ihres repressiven Statuts offenbar nicht vollständig, die »Einheit und Reinheit der Partei« zu sichern und alternative politische Vorstellungen in den Reihen der SED zu unterbinden. – Am 30.6. wird *Rudolf Bahro* zu einer achtjährigen Haftstrafe wegen »geheimdienstlicher Verbindungsaufnahme« verurteilt; gemeint ist die Veröffentlichung seines Buches »Die Alternative« in der Bundesrepublik (→ 1977). – Am 7.7. wird in Ost-Berlin *Nico Hübner* zu einer Haftstrafe verurteilt, weil er sich unter Verweis auf den Viermächtestatus Berlins geweigert hatte, seinen Wehrdienst in der Nationalen Volksarmee abzuleisten.

Kulturpolitik: Bei einer Tagung des SED-Zentralkomitees am 24. und 25.5. polemisiert der Ost-Berliner SED-Chef *Konrad Naumann* gegen Künstler, die »statt die jederzeit mögliche offene und kritische Diskussion mit Genossen und Kollegen zu suchen, ›Verbesserungsvorschläge‹ für den realen Sozialismus [machen], die sie dann über bürgerliche Massenmedien servieren. Dafür haben sie dann aber noch ein entsprechendes Geldkonto.« *Naumanns* Attacke richtet sich vor allem gegen Künstler, die seit der *Biermann*-Ausbürgerung die DDR verlassen haben oder beabsichtigen, dies zu tun. Im Juni verläßt *Jurek Becker* die DDR, im September geht *Erich Loest* in die Bundesrepublik, beide mit mehrjährigen Ausreisevisa. – Regimetreue Schriftsteller (*Jurij Brezan, Hermann Kant, Max Walter Schulz, Erwin Strittmatter, Helmut Sakowski, Günter Görlich* und *Gerhard Holtz-Baumert*) finden sich hingegen bereits am 3.3. zu einem »freundschaftlichen Gespräch« mit *Erich Honecker* und *Kurt Hager* zusammen, das, wie DDR-Zeitungen in den folgenden Tagen berichten, im »Geiste des VIII. und IX. Parteitages« der SED verläuft. – *Hermann Kant* wird beim VIII. Schriftstellerkongreß vom 29.–31.5. in Ost-Berlin, zu dem einige Schriftsteller (so zum Beispiel *Franz Fühmann*) nicht eingeladen sind oder demonstrativ nicht erscheinen, zum Verbandspräsidenten gewählt. *Stephan Hermlin* verwahrt sich in einem Diskussionsbeitrag gegen die Attacken des Ost-Berliner SED-Chefs *Naumann*.

– Im November wird das Buch »Die Flüsterparty« von *Rudi Strahl* verboten, in dem die Intershopläden in der DDR thematisiert werden.

Gesetzgebung: In der Volkskammer wird am 13.10. das Verteidigungsgesetz verabschiedet, mit dem die militärische Verteidigung und der Zivilschutz neu geregelt werden. In § 1 werden als politische Grundlagen der Landesverteidigung die UN-Charta, der Warschauer Pakt von 1955 und die Freundschafts- und Bestandsverträge mit der Sowjetunion und den anderen staatssozialistischen Ländern von 1975 bzw. 1977 genannt. Frühere Bestimmungen zum Nationalen Verteidigungsrat und zur Zivilverteidigung werden ersetzt.

Raumflug: In den Morgenzeitungen des 27.8. können Leser in Ost und West vom Weltraumflug *Siegmund Jähns* an Bord der sowjetischen Raumkapsel »Sojus 31« lesen, der vom 26.8. bis zum 3.9. dauert. Das »Neue Deutschland« titelt »Der erste Deutsche im Weltall – ein Bürger der DDR«, die »Bild«-Zeitung im Westen bemüht sich in ihrem Titel mehr um die regionale Komponente: »Sachse im All.«

Kirchenpolitik

Ein Treffen zwischen Vertretern des Bundes der Evangelischen Kirchen in der DDR (BEK) unter Leitung des Ost-Berliner Bischofs *Albrecht Schönherr* mit *Erich Honecker* am 6.3. markiert **einen Wendepunkt im Verhältnis von Staat und Kirche**. Die Ausstrahlung von kirchlichen Sendungen in Rundfunk und Fernsehen der DDR wird vereinbart, ebenso die seelsorgerische Betreuung von Strafgefangenen und die Gleichstellung der kirchlich gebundenen Sozialdienste mit den vom Staat betriebenen Einrichtungen. Darüber hinaus beginnen mit dem Gespräch die Vorbereitungen zum Lutherjahr 1983. Das Treffen liefert jedoch vor allem die Grundlage für den Diskussionsstil zwischen Staat und Kirche in den kommenden Jahren. *Honecker* betont das Verfassungsrecht auf freie Religionsausübung, *Schönherr* auf der anderen Seite erklärt, die Aufgabe der »Kirche im Sozialismus« sei es, dem christlichen Bürger zu helfen, »einen Weg in der sozialistischen Gesellschaft in der Freiheit und Bindung des Glaubens« zu finden. Am 19.6. kommt es zu einer Begegnung zwischen *Albrecht Schönherr* und *Willi Stoph*. Eine Woche zuvor (12.6.) war der Staatssekretär für Kirchenfragen, *Hans Seigewasser*, mit dem Vorsitzenden der katholischen Berliner Bischofskonferenz, Kardinal *Alfred Bengsch*, zusammengetroffen. – Die Gespräche mit den beiden großen Kirchen helfen, ihre Rechtsstellung in der DDR zu verbessern, ohne jedoch tatsächlich Rechtssicherheit zu schaffen. Insbesondere betrifft dies die Rolle der Kirchen als politischer Faktor, als Teilnehmer am gesellschaftlichen Diskurs. Als am 25.6. in den evangelischen Kirchen ein **Hirtenbrief gegen die Einführung des Wehrkundeunterrichtes** ab der 9. Klasse verlesen wird, die am 1.9. tatsächlich erfolgt, übersteigt dies aus der Sicht des Staates den Rahmen des allein auf die Religionsausübung beschränkten Auftrages der Kirchen. – Am 17.9. kommt es in Falkenstein im Vogtland erneut zur öffentlichen **Selbstverbrennung** eines evangelischen Pfarrers (*Rolf Günther*). – Der Bund der Evangelischen Kirchen in der DDR pflegt eigene »besondere Beziehungen« zur EKD in der Bundesrepublik. Ab 3.5. kommt die **Lutherbibel** in einer von BEK und EKD gemeinsam redigierten (d. h. dem modernen Sprachgebrauch angepaßten) Fassung heraus. – Aus Anlaß des 50. Jahrestages der Judenpogrome vom 9.11.1938 (»Reichskristallnacht«) organisieren die Kirchen Gedenkfeiern.

Außenpolitik

Vom 30.3.–1.4. hält sich erstmals ein österreichischer Bundeskanzler, *Bruno Kreisky*, zu einem offiziellen Besuch in der DDR auf. – Zwischen dem 5. und 8.6. führt eine hochrangige DDR-Delegation in Paris Wirtschaftsverhandlungen mit der französischen Regierung. – Am 7.6. empfängt *Erich Honecker* eine PLO-Delegation unter Leitung *Jassir Arafats*. – Am 3.10. unterzeichnen Spanien und die DDR ein Abkommen über die Zusammenarbeit beider Staaten auf dem Gebiet von Wissenschaft und Technik. – DDR-Außenminister *Oskar Fischer* unterzeichnet ein ähnliches Abkommen mit Italien aus Anlaß seines Besuchs in Rom am 26. und 27.10.

Deutsch-deutsche Beziehungen

Die Beziehungen zwischen beiden deutschen Staaten sind erneut durch den Wechsel von Spannungen und Fortschritten gekennzeichnet. Nach der Veröffentlichung des Manifestes von *Hermann von Berg* (→ oben) wird am 10.1. in

Ost-Berlin das **Korrespondentenbüro des »Spiegel« geschlossen**; erst im April 1985 kann das Nachrichtenmagazin ein neues Büro in Ost-Berlin eröffnen. – Am 15. und 16. 1. und erneut am 11. und 14. 9. wird Landes- und Bundespolitikern der CDU/CSU, die sich jeweils zu Sitzungen in West-Berlin aufhalten, die anschließende **Einreise in die DDR verweigert**. – Am 21. 10. bezeichnet das »Neue Deutschland« die Wahl des West-Berliner Regierenden Bürgermeisters, *Dietrich Stobbe*, zum Bundesratspräsidenten als »offensichtliche und schwerwiegende Verletzung des Vierseitigen Abkommens«.

Auf der anderen Seite stehen der Besuch von Kanzleramtsminister *Hans-Jürgen Wischnewski* am 28. 1. und der erstmalige Besuch eines Bundesministers in Ost-Berlin am 11. 9. (Bundesbauminister *Haack* trifft seinen DDR-Amtskollegen *Wolfgang Junker*). Beide Besuche stehen im Zusammenhang mit Verhandlungen über den Bau einer **Autobahn zwischen Berlin und Hamburg**, worüber am 16. 11. eine Vereinbarung getroffen wird (→ Bundesrepublik). – Am 28. 9. tritt *Ewald Moldt* die Nachfolge *Michael Kohls* als Ständiger Vertreter der DDR in Bonn an.

Wirtschafts- und Sozialpolitik

Wirtschaftswachstum: Das Wachstumstempo der DDR-Volkswirtschaft verlangsamt sich. Wegen des im Vergleich zu Westdeutschland geringeren Wachstums vergrößert sich hinsichtlich

Importabhängigkeit der DDR von der UdSSR 1978 (in %)

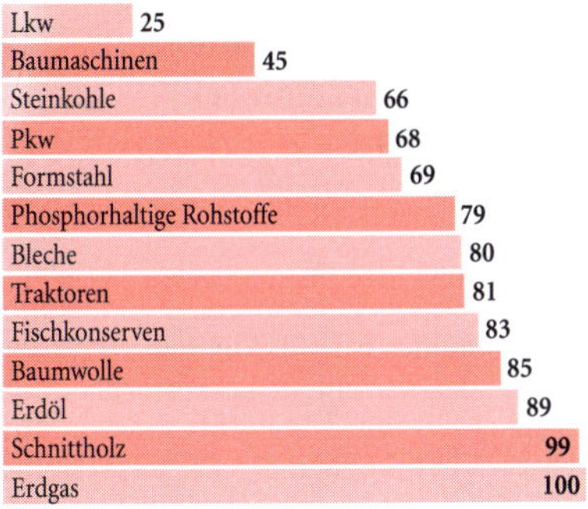

Quelle: DIW

der Leistungskraft der Abstand der DDR zur Bundesrepublik.

Sozialpolitik: Anfang Juli wird mit großer propagandistischer Begleitung und im Beisein *Erich Honeckers* im Ost-Berliner Stadtteil Marzahn »die einmillionste seit dem VIII. Parteitag (1971) fertiggestellte Wohnung« an eine Arbeiterfamilie übergeben. Tatsächlich sind in den Jahren 1971 bis 1978 (nach den Angaben des letzten Statistischen Jahrbuches der DDR von 1990) nur 807 131 Wohnungen entstanden, gleichwohl werden während der Amtszeit *Honeckers* u. a. auch Wohnheimplätze (für Senioren oder Studenten) als geschaffene »Wohnung« gezählt.

1979

Weltpolitische Turbulenzen: Iran – »Nachrüstung« – Afghanistan

1979 prägen außen- und sicherheitspolitische Entwicklungen das politische Klima in der Bundesrepublik. Um der nuklearen Vormacht des Warschauer Pakts in Europa entgegenzuwirken, faßt die NATO im Dezember in Brüssel unter maßgeblicher Mitwirkung von Bundeskanzler *Helmut Schmidt* den »Doppelbeschluß« über die Stationierung von Mittelstreckenraketen in Westeuropa für den Fall des Scheiterns vorheriger Abrüstungsverhandlungen. Die Invasion der sowjetischen Streitkräfte in Afghanistan Ende 1979 läßt endgültig ein Wiederaufleben des Kalten Kriegs befürchten. Mit der Errichtung eines schiitischen »Gottesstaates« im Iran entsteht zudem ein neues Krisenzentrum der Weltpolitik. – Der rasante Kursverfall des US-Dollar beschleunigt die wirtschaftliche Einigung Europas: Das Europäische Währungssystem (EWS) soll auch als Bollwerk gegen Währungsturbulenzen dienen. Die massiven Ölpreiserhöhungen der OPEC-Staaten schüren die Furcht vor einer zweiten Krise der Weltwirtschaft.
Von der globalen Dimension der Auseinandersetzung um die Atomenergie zeugt der schwere Störfall im Kernkraftwerk von Harrisburg (USA).

Ost-West-Konflikt und »Nachrüstung«

SALT II: US-Präsident *Jimmy Carter* und der sowjetische Staats- und Parteichef *Leonid I. Breschnew* unterzeichnen am 18. 6. in Wien SALT II, den (nach SALT I vom 26. 5. 1972) zweiten Vertrag über die Begrenzung der strategischen Rüstung. Beide Seiten verpflichten sich, die Anzahl der nuklearen Trägersysteme auf maximal 2250 zu begrenzen. Die in Europa stationierten Kurz- und Mittelstreckenraketen und Bomber sind nicht einbezogen. Der Vertrag ist (ab 1. 1. 1981) auf fünf Jahre befristet; er wird wegen des Einmarsches der Sowjetunion in Afghanistan Ende Dezember vom US-Kongreß jedoch nicht ratifiziert.

»Nachrüstung«: Auf der Konferenz der Staats- und Regierungschefs der USA, Frankreichs, Großbritanniens und der Bundesrepublik (die erstmals in diesem engeren Kreis der westlichen Führungsmächte vertreten ist) am 5./6. 1. auf der französischen Antilleninsel **Guadeloupe** gewinnen die europäischen Partner US-Präsident *Carter* für ihr Konzept, durch das Angebot von Verhandlungen und durch die Androhung

NATO-Doppelbeschluß

Nach Ansicht der Westmächte hat der Warschauer Pakt insbesondere durch die Stationierung der neuen SS-20-Raketen ein bedeutendes Rüstungsübergewicht in Europa erlangt.
Am 12. 12. fassen die NATO-Staaten einen Beschluß, der unter maßgeblicher Mitwirkung von Bundeskanzler *Helmut Schmidt* formuliert wurde: Ab 1983 soll eine nukleare **»Nachrüstung«** erfolgen: 108 Pershing-II-Raketen (Reichweite 1800 km) sollen ausschließlich in der Bundesrepublik aufgestellt werden, 464 Cruise Missiles (Marschflugkörper, Reichweite 2500 km) in der Bundesrepublik (96), in den Niederlanden, Belgien und Italien. Unabhängig vom Ort ihrer Stationierung sollen die Waffen unter Kontrolle der USA verbleiben. **Zugleich** bietet die NATO der Sowjetunion **Verhandlungen** über eine beiderseitige ausgewogene Begrenzung dieser eurostrategischen Waffen an, die nicht in den SALT I- und den SALT II-Vertrag einbezogen sind. Wenn diese Verhandlungen bis 1983 erfolgreich abgeschlossen sind, erübrigt sich die NATO-»Nachrüstung«. Über die atomaren amerikanischen und sowjetischen Mittelstreckenraketen soll Schritt für Schritt bilateral zwischen den USA und der Sowjetunion verhandelt werden (»SALT III«).
Der »Doppelbeschluß« führt über Jahre zu einer scharfen innenpolitischen Polarisierung und zum Erstarken der Friedensbewegung (→ 1981, Kasten »Krefelder Appell«). In der innerparteilichen Kontroverse in der SPD verliert Bundeskanzler *Schmidt* zunehmend an Rückhalt.

der Stationierung von US-amerikanischen Mittelstreckenwaffen in Westeuropa die Sowjetunion zum Stopp der Stationierung von SS-20-Raketen zu veranlassen. Im Vorfeld des amerikanisch-sowjetischen Gipfeltreffens (15.–18. 6.) und des fünften Weltwirtschaftsgipfels am 29. 6. stimmt *Carter* seine Verhandlungslinie mit Bundeskanzler *Schmidt* ab, der sich vom 5.– 8. 6. in den USA aufhält. – Am 12. 12. fassen die Außen- und Verteidigungsminister der NATO in Brüssel den sog. **NATO-Doppelbeschluß** (→ Kasten). Die Sowjetunion kritisiert die NATO-Initiative heftig und kündigt Gegenmaßnahmen an.

Weitere wichtige außenpolitische Ereignisse

Antarktis: Mit der Hinterlegung der Ratifikationsurkunde tritt die Bundesrepublik am 5. 2. dem **Antarktisvertrag** bei, der 1959 zwischen zwölf Staaten, darunter den USA, der Sowjetunion, Japan, Argentinien und Chile als Erstunterzeichnern, vereinbart wurde und 1961 in Kraft trat. Als erster internationaler Vertrag schafft er eine kernwaffenfreie Zone und hält eine Region auch von allen sonstigen militärischen Maßnahmen frei. Mit ihrem Beitritt kann sich die Bundesrepublik in einem bestimmten Umfang an der **Erforschung und wirtschaftlichen Nutzung des Südpolargebiets** beteiligen.

Europa: Der griechische Ministerpräsident *Konstantin Karamanlis* unterzeichnet am 28. 5. den Vertrag, der **Griechenland** am 1. 1. 1981 als zehntes Mitglied in die Europäische Gemeinschaft (EG) führt. – Das **Europäische Währungssystem** (EWS) tritt am 13. 3. in Kraft (→ unten).

Europawahlen: Am 7. 6. finden in vier Staaten der EG, am 10. 6. in weiteren fünf, darunter der Bundesrepublik, erstmals **Direktwahlen zum Europäischen Parlament** statt, die der Europäische Rat am 12. 7. 1976 in Brüssel beschlossen hatte; der Bundestag hatte diesem Vorhaben am 16. 6. 1977 zugestimmt und am 21. 4. 1978 das entsprechende Gesetz verabschiedet. Das neugewählte Parlament hat 410 (vorher: 212) Sitze. Jeweils 81 kommen aus Frankreich, Großbritannien und der Bundesrepublik, die kleineren Staaten sind mit sechs (Luxemburg) bis 25 (Niederlande) Mandatsträgern vertreten.

Ergebnis in der BRD: In der Bundesrepublik (Wahlbeteiligung 65,9 %) erzielen die Unionsparteien mit zusammen 49,2 % (CDU 39,1 %, CSU 10,1 %) die meisten Stimmen; sie stellen 42 Abgeordnete (einschließlich eines Abgeordneten aus West-Berlin). Auf die SPD entfallen 40,8 % der Stimmen bzw. 35 Sitze (einschließlich zweier West-Berliner). Die FDP entsendet bei einem Stimmenanteil von 6 % vier Abgeordnete. Die Vertreter aus Berlin werden aufgrund des Berlinstatus nicht direkt, sondern vom Berliner Abgeordnetenhaus delegiert. Stärkste übernationale Fraktion werden die Sozialdemokraten/Sozialisten mit insgesamt 112 Mandaten, gefolgt von den Christdemokraten mit 106, den Konservativen mit 63, den Kommunisten mit 44 und den Liberalen mit 40. Weitere Parteien erhalten insgesamt 45 Sitze.

Dritte Welt: Die Bundesregierung revidiert am 30. 5. die → 1975 beschlossenen Leitlinien zur Entwicklungspolitik (Gymnicher Thesen) durch **17 neue Grundsätze**. Zukünftig soll sich die Hilfe noch stärker auf die ärmsten Länder konzentrieren; durch die Förderung des wirtschaftlichen und sozialen Fortschritts soll sie langfristig zur Sicherung des Weltfriedens beitragen; allerdings sollen die außenpolitischen Interessen der Bundesrepublik in der betreffenden Region stärkere Berücksichtigung finden. Die **öffentliche Entwicklungshilfe** beträgt 1979 rund 6,4 Mrd. DM (0,44 % des Bruttosozialprodukts); weitere 7 Mrd. DM Entwicklungshilfe stammen aus privaten Quellen. – Am 31. 10. wird in Lomé (Togo) das zweite Abkommen zwischen der EG und den 58 sog. **AKP-Staaten** unterzeichnet (→ 1975); es gilt von 1981 bis 1985 und bezieht sich auf ein Finanzvolumen von rd. 14 Mrd. DM.

VR China: Im Rahmen seiner Europareise besucht der KP-Vorsitzende und Ministerpräsident *Hua Guofeng* als **erster chinesischer Regierungschef** vom 21.– 28. 10. die Bundesrepublik. Er eröffnet ein Generalkonsulat in Hamburg und bringt drei Wirtschafts- und Kulturabkommen zum Abschluß.

Wahl des Bundespräsidenten

CDU und CSU nominieren am 5. 3. Bundestagspräsident *Karl Carstens* (CDU) zu ihrem Kandidaten für das Amt des Bundespräsidenten. Angesichts der nun fehlenden »offenen Mehrheit« erklärt Bundespräsident *Walter Scheel* daraufhin am 6. 3. seinen Verzicht auf eine zweite Amtszeit. Die Bundesversammlung wählt am 23. 5. in Bonn *Carstens* mit 528 von 1032 abgegebenen Stimmen zum fünften Bundespräsidenten. Die von der SPD nominierte Vizepräsidentin des Bundestages, *Annemarie Renger* (SPD), erhält 431 Stimmen. 72 Delegierte enthalten sich der Stimme, eine Stimme ist ungültig. *Carstens* tritt das Amt am 1. 7. an. Zu seinem Nachfolger im Amt des Bundestagspräsidenten wird am 31. 5. *Richard Stücklen* (CSU) gewählt.

Innere Sicherheit und Terrorismus

Extremisten: Bundesinnenminister *Gerhart Baum* (FDP) revidiert am 17. 1. die Grundsätze zur Prüfung der Verfassungstreue im öffentlichen Dienst vom 28. 1. → 1972. **Routinemäßige Überprüfungen** der Bewerber für den Dienst in Bundesbehörden **entfallen** ab 1. 4. Anfragen beim Bundesverfassungsamt sollen nur noch erfolgen, wenn tatsächliche Anhaltspunkte für eine mangelhafte Verfassungstreue vorliegen und die Bewerber älter als 18 Jahre sind. Der Verfassungsschutz darf der nachfragenden Behörde nur noch gerichtsverwertbare Tatsachen mitteilen, der Bewerber muß über die Gründe informiert werden, wenn er als nicht verfassungstreu abgelehnt wird. Hamburg und das Saarland, die sich im Vorjahr als erste Bundesländer entschlossen, auf die Regelanfrage zu verzichten, sowie Hessen übernehmen die neuen Richtlinien im Februar, im Juli folgt Berlin. Die CDU/CSU-Opposition kritisiert die neuen Richtlinien am 15. 2. heftig.

Gefahr von links: Der Verfassungsschutzbericht des Bundesinnenministers für 1979 (vom 10. 7. 1980) schätzt die Zahl der Mitglieder linksextremistischer Organisationen auf rund 67 700, davon sollen 47 000 »orthodox-kommunistischen«, 5300 »dogmatischen neuen linken« und 800 Anhänger trotzkistischen Organisationen angehören. Im öffentlichen Dienst wurden 2454 linksextreme Personen festgestellt, darunter 991 Lehrer.

Anwaltsurteile: Wegen Unterstützung von Angehörigen der Rote Armee Fraktion (RAF) unter Mißbrauch seiner Verteidigerprivilegien verurteilt das Landgericht Stuttgart am 16. 2. den früheren Rechtsanwalt *Klaus Croissant* zu zweieinhalb Jahren Haft ohne Bewährung und vierjährigem Berufsverbot. *Croissant* war Wahlverteidiger von *Andreas Baader* und soll ein Informationssystem aufgebaut haben, über das inhaftierte RAF-Führungskader mit dem RAF-Untergrund in Kontakt treten konnten. *Croissant* wird am 5. 12. vorzeitig aus der Haft entlassen. – Wegen Beihilfe zum Überfall auf die deutsche Botschaft in Stockholm → 1975 verurteilt das Oberlandesgericht Stuttgart am 19. 12. den ehemaligen Rechtsanwalt *Siegfried Haag* zu einer Freiheitsstrafe von 15 Jahren Haft.

Gefahr von rechts: Zugleich registrierte der Verfassungsschutz 1979 insgesamt 69 rechtsextremistische Organisationen mit rund 17 300 aktiven Mitgliedern, darunter zwei Parteien, zehn Jugendorganisationen, vier Studentengruppen, außerdem 45 rechtsextremistische Verlage. Im öffentlichen Dienst wurden 389 Rechtsextremisten ausgemacht, darunter 48 Lehrer.

Urteile gegen rechts: Im ersten großen Prozeß gegen rechtsextreme Gewalttäter verurteilt das Oberlandesgericht Celle am 13. 9. sechs Neonazis, unter ihnen den früheren Bundeswehroffizier *Michael Kühnen*, zu Freiheitsstrafen zwischen vier und elf Jahren. Insgesamt erfolgen 1979 weitere 206 rechtskräftige Verurteilungen wegen rechtsextremistischer Straftaten (1978: 88).

Personendaten-Sammlungen: Bundesinnenminister *Baum* (FDP) legt am 24. 4. dem Innenausschuß des Bundestages einen Bericht über die Karteien des Bundeskriminalamtes (BKA) vor, in denen Daten von rund drei Millionen Bürgern erfaßt sind. Mit seinen Informations-, Dokumentations- und Ermittlungssystemen (Inpol, COD, Pios) strebt das BKA eine tendenziell lückenlose kriminologische Datenerfassung ganzer Bevölkerungsgruppen zum Zweck der **Rasterfahndung** an. Am 14. 5. erteilt *Baum* dem Bundesgrenzschutz Anweisung, rund 100 000 personenbezogene Datensätze zu vernichten, über die auch die bundesdeutschen Nachrichtendienste verfügen konnten.

NS-Erbe

Fernsehserie »Holocaust«: Vor Ausstrahlungsbeginn der vierteiligen US-Fernsehserie in den dritten Programmen der ARD am 22. 1. werden am 18. 1. auf Sendeanlagen bei Koblenz und bei Coesfeld Sprengstoffanschläge verübt. Der Film über die Verfolgung und Ermordung der Juden während der nationalsozialistischen Herrschaft am Beispiel von Einzelschicksalen provoziert in der Bundesrepublik eine tiefgehende und lang anhaltende Auseinandersetzung über die mangelhafte Aufarbeitung der jüngsten Geschichte (»unbewältigte Vergangenheit«).

Majdanek-Prozeß: Das Landgericht Düsseldorf spricht am 19.4. vier ehemalige SS-Angehörige frei, die der Beihilfe zum Mord im Konzentrationslager Majdanek, in dem zwischen 1941 und 1944 mindestens 200 000 Menschen getötet wurden, angeklagt waren. Das im Einklang mit der Staatsanwaltschaft und der Verteidigung gefällte Urteil, den Angeklagten habe keine konkrete Mordbeteiligung nachgewiesen werden können, stößt im In- und Ausland auf heftige Kritik.
Verjährungsfrist: Um die Verfolgbarkeit von nationalsozialistischen Gewaltverbrechen aufrechtzuerhalten, hebt der Bundestag durch ein Strafrechtsänderungsgesetz am 3.7. die **Verjährung von Mord**, die → 1969 auf 30 Jahre festgelegt wurde, ganz auf (in Kraft am 16.7.). – Nach Angaben der Zentralstelle zur Aufklärung nationalsozialistischer Verbrechen in Ludwigsburg sind bei Gerichten und Staatsanwaltschaften noch gegen 2450 Personen Verfahren anhängig; davon wurden im Jahre 1979 insgesamt 696 neu eingeleitet. Seit Kriegsende ist gegen 8498 Personen ermittelt worden, von denen **6446 rechtskräftig verurteilt** wurden (davon sechs 1979).

Umweltpolitik

Smog-Alarm: Die Landesregierung von Nordrhein-Westfalen löst am 17.1. den ersten weiträumigen Smog-Alarm in der Bundesrepublik aus. Er betrifft das **Industrierevier an der Ruhr** und am Niederrhein, wo der Schwefeldioxydgehalt in der Luft für mehrere Stunden die Schwellenwerte (0,8 mg/cbm) überschreitet.
Gorleben-Konflikt: Unter dem Eindruck des schweren **Nuklearstörfalls im Atomkraftwerk Harrisburg** im US-Bundesstaat Pennsylvania protestieren am 31.3./1.4. etwa 40 000 Menschen in Hannover gegen die von der Bundesregierung und dem Land Niedersachsen bereits am 9.2. getroffene Entscheidung, in Gorleben im Kreis Lüchow-Dannenberg eine Deponie für hochradioaktiven Abfall zu errichten. Um die Eignung des Salzstocks bei Gorleben zu erkunden, begannen am 14.3. Flachbohrungen. Am 16.5. räumt der niedersächsische Ministerpräsident *Ernst Albrecht* (CDU) in einer Regierungserklärung ein, eine Wiederaufarbeitungs- und Endlagerungsanlage in Gorleben, wie von der Gesellschaft für Wiederaufarbeitung von Kernbrennstoffen (DWK) geplant, sei sicherheitstechnisch vertretbar, aber **politisch nicht durchzusetzen**. Die Landesregierung werde nur noch die bergmännische Erschließung des Salzstocks im Hinblick auf eine Zwischenlagerung von Atommüll vorantreiben. – Am 23.8. verständigen sich Bund und Länder auf einen neuen Plan, atomare Abfälle von Atomkraftwerken zu entsorgen. Kernstück ist eine **Zwischenlagerung**; der Salzstock von Gorleben soll weiterhin auf seine Verwendbarkeit als Endlager geprüft werden. – Mit rund 100 000 Teilnehmern findet am 14.10. in Bonn die bislang größte Antiatomkraft-Demonstration statt.

Sozialpolitik

Familienrecht: Am 10.5. billigt der Bundestag mit den Stimmen der Koalition das Gesetz zur **Neuregelung des elterlichen Sorgerechts**. Die Opposition stimmt fast geschlossen dagegen, da sie in dem Gesetz eine zu starke Eingriffsmöglichkeit des Staates in die Familie sieht. Das Gesetz (in Kraft am 1.1.1980) löst das Recht der »elterlichen Gewalt« zugunsten der »elterlichen Sorge« ab und schreibt vor, auch im Familienrecht »die wachsende Fähigkeit und das wachsende Bedürfnis des Kindes zu selbständigem und verantwortungsbewußtem Handeln« zu berücksichtigen. In sie betreffenden Sorgerechtsfragen *können* Kinder im Alter bis zu 14 Jahren angehört werden, ältere Kinder *müssen* angehört werden. – Gleichfalls verabschiedet der Bundestag am 10.5. ein **Mutterschaftsurlaubsgesetz** (in Kraft am 25.6.). Die in einem Arbeitsverhältnis stehende Mutter hat nach der Entbindung für sechs Monate Anspruch auf Freistellung von der Arbeit, erhält während dieser Zeit ein sozialbeitragsfreies Mutterschaftsgeld von bis zu 750 DM je Monat und genießt für acht (bisher vier) Monate Kündigungsschutz.
Drogenmißbrauch: Der Leiter des Bundeskriminalamtes, *Horst Herold*, legt am 10.8. ein »Sofortprogramm zur Intensivierung der Rauschgiftbekämpfung« vor. Seit 1976 hat sich die Zahl der als drogenabhängig bekannten Personen auf etwa 40 000 Personen, darunter 14 000 Jugendliche, verdoppelt, die Dunkelziffer wird noch einmal auf das Doppelte geschätzt. 1979 werden 623 Todesfälle durch Drogenmißbrauch registriert (1976 344; 1972 104), mehr als zwei Drittel der Drogentoten sind jünger als 24 Jahre. Es gibt nur rund 1800 Langzeittherapieplätze.

Parteien

»Die Grünen«: Zur Teilnahme an den Wahlen zum Europäischen Parlament (7.–10.6.) schließen sich am 17./18.3. in Frankfurt am Main Bürgerinitiativen, Umweltschutzorganisationen, linke politische Gruppierungen und regionale »Grüne Listen« zur »Sonstigen Politischen Vereinigung Die Grünen« zusammen (→ Kasten 1980). Die rund 450 Delegierten beschließen ein Wahlprogramm, das eine ökologische Ausrichtung der Europäischen Gemeinschaft fordert und wählen *Petra Kelly* zur Spitzenkandidatin.

CDU/CSU: Der Bundesparteitag der CDU bestätigt am 25./26.3. *Helmut Kohl* als Parteivorsitzenden, wenn auch bei 87 Gegenstimmen (von 740 Delegierten) mit deutlich weniger Zustimmung als 1977 (27). Der Vorschlag des stellvertretenden Parteivorsitzenden *Kurt Biedenkopf*, die Ämter des Fraktions- und des Bundesvorsitzenden personell zu trennen, wird vom Parteivorstand abgelehnt.

Kandidat Strauß: Bei der Nominierung zum gemeinsamen Kanzlerkandidaten der Unionsparteien für die Bundestagswahl 1980 setzt sich der CSU-Vorsitzende und bayerische Ministerpräsident *Franz Josef Strauß* durch. Die

CDU/CSU-Bundestagsfraktion gibt ihm am 2.7. mit 135 Stimmen den Vorzug vor dem von *Kohl* vorgeschlagenen niedersächsischen CDU-Vorsitzenden und Ministerpräsidenten *Ernst Albrecht*, auf den 102 Stimme entfallen.

Parteispenden: Das Bundesverfassungsgericht weist am 24.7. eine Normenkontrollklage des Landes Niedersachsen gegen die begrenzte steuerliche Absetzbarkeit von Parteispenden ab (600 DM für Ledige, 1200 DM für Verheiratete). Das Verfahren war im Zusammenhang mit seit 1975 aufgedeckten Parteispendenskandalen eingeleitet worden. Unter den restriktiven Bedingungen des Gesetzes haben die Parteien, vor allem CDU und FDP, die Praxis entwickelt, für sie bestimmte Gelder über teils im Ausland angesiedelte Tarnfirmen oder gemeinnützige Unternehmen entgegenzunehmen, um die Spender in den Genuß der steuerlichen Abzugsfähigkeit von »Betriebsausgaben« zu bringen.

SPD: Auf dem Bundesparteitag der SPD vom 3. bis 7.12. in West-Berlin billigen die Delegierten nach kontroverser Debatte den von Bundeskanzler *Schmidt* eingeschlagenen Kurs der NATO-»Nachrüstung« (»Doppelbeschluß«) und den begrenzten Ausbau der Kernenergie.

Gesamteinnahmen der im Bundestag vertretenen Parteien sowie prozentualer Anteil der Spenden und Wahlkampfkostenerstattung

	1970	*1975*	*1980*	*1985*	*1986*	*1987*	*1988*	*1989*	*1990*	*1991*
CDU – Gesamteinnahmen (in Mio. DM)	43,7	111,6	159,3	176,7	192,1	193,0	174,0	198,3	330,4	212,8
davon: Spenden (%)	30,7	26,4	30,4	13,0	19,5	16,0	13,6	21,6	21,9	18,1
Wahlkampfkostenerstattung (%)	31,3	32,6	24,5	30,7	25,0	31,0	27,7	25,0	43,0	24,8
CSU – Gesamteinnahmen (in Mio. DM)	11,6	19,8	37,6	39,5	60,2	48,3	43,6	57,1	89,8	51,7
davon: Spenden (%)	48,7	17,5	44,8	22,5	30,0	29,9	28,6	31,1	39,7	28,4
Wahlkampfkostenerstattung (%)	24,1	48,8	20,7	31,1	36,2	32,9	27,7	31,9	36,6	31,6
FDP – Gesamteinnahmen (in Mio. DM)	10,4	22,7	35,0	30,3	33,1	44,7	33,1	42,8	83,8	52,2
davon: Spenden (%)	38,9	37,7	31,7	32,4	43,0	28,8	34,8	35,1	27,5	25,2
Wahlkampfkostenerstattung (%)	18,7	32,6	33,3	29,9	25,0	39,0	26,2	33,7	53,2	30,5
Grüne* – Gesamteinnahmen (in Mio. DM)	..	..	6,7	26,8	30,4	44,2	29,6	41,8	44,5	32,5
davon: Spenden (%)	..	..	7,4	32,2	35,9	26,8	42,4	29,2	23,6	23,7
Wahlkampfkostenerstattung (%)	..	..	68,7	33,9	34,6	42,4	32,7	38,6	45,4	25,3
PDS – Gesamteinnahmen (in Mio. DM)	..	..	..	..	..	..	..	..	72,9	k.Ang.
davon: Spenden (%)	..	..	..	..	..	..	..	..	0,5	k.Ang.
Wahlkampfkostenerstattung (%)	..	..	..	..	..	..	..	..	22,5	k.Ang.
SPD – Gesamteinnahmen (in Mio. DM)	53,2	118,8	156,1	193,7	199,2	214,0	195,8	241,1	338,0	339,6
davon: Spenden (%)	10,3	11,2	8,2	7,9	10,8	9,8	9,8	10,6	11,0	6,8
Wahlkampfkostenerstattung (%)	29,5	33,9	31,7	31,5	27,8	32,6	27,1	30,0	39,6	19,0

* ab 1990: Bündnis '90/Grüne
Quelle: Bundestagsdrucksache 12/4425 vom 19.2.1993

Beschäftigte Arbeitnehmer 1960–1980

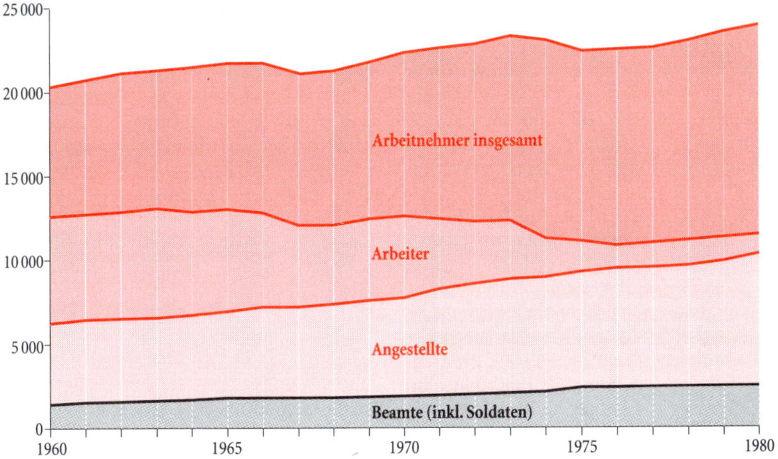

Weitere wichtige innenpolitische Ereignisse

Die **Wahl zum Europaparlament** am 10. 6. dient als wichtiger innenpolitischer **Stimmungstest;** die Unionsparteien zeigen sich dabei gegenüber der Bundestagswahl von 1976 nochmals gestärkt (Ergebnisse → oben).

Alternativbewegung: In West-Berlin erscheint am 17. 4. erstmals die linksalternative **»tageszeitung«** mit einer Startauflage von 30 000 Exemplaren. Die »taz«, seit 1952 (»Bild«) die erste Neugründung einer überregionalen, parteiunabhängigen Tageszeitung, wird genossenschaftlich getragen, will eine Gegenöffentlichkeit zum herrschenden Informations- und Meinungsmarkt herstellen und versucht, hierarchische Strukturen in Redaktion und Vertrieb auszuschließen.

Tod Rudi Dutschkes: Am 24. 12. stirbt *Rudi Dutschke*, einer der führenden Vertreter der Studentenbewegung und der Außerparlamentarischen Opposition, an den Spätfolgen des Attentats vom 11. 4. → 1968.

Sommerzeit: Am 24. 12. beschließt die Bundesregierung die erstmalige Einführung der Sommerzeit für die Bundesrepublik zwischen dem 6. 4. und 28. 9. 1980.

Währungs- und Finanzpolitik

Weltwirtschaft: Der **Kursverfall des US-Dollar** setzt sich im Lauf des Jahres unvermindert fort: An der Frankfurter Devisenbörse notiert der US-Dollar am 13. 3. mit 1,83 DM; am 3. 12. erreicht er trotz mehrerer restriktiver Maßnahmen der US-Notenbank (u. a. Heraufsetzung des Diskontsatzes auf 12 %) mit 1,71 den bis dahin tiefsten Stand. Als Ausdruck der weltwirtschaftlich labilen Situation steigt zugleich der Goldpreis für eine Feinunze von 402 DM am 1. 1. 1979 auf 904 DM am 1. 1. 1980. – Die Organisation der Erdöl exportierenden Länder **(OPEC)** erhöht am 28. 6. zum 1. 7. erneut den **Grundpreis für Rohöl**, im Vergleich zum Jahresbeginn um 41,7 %. – Unter dem Druck der Preisentwicklung verständigen sich die Teilnehmer des **Weltwirtschaftsgipfels** (»G-7«) am 28./29. 6. auf nationale Margen für eine Begrenzung der Rohölimporte bis 1985. Die Gewinnung von Kohle-, Kern- und Alternativenergie soll verstärkt gefördert werden.

Tarifkonflikte: Nach einem mehr als sechs Wochen andauernden **Streik in der Stahlindustrie** von Nordrhein-Westfalen, Bremen und Osnabrück finden die Tarifpartner am 7. 1. in Krefeld zu einem Kompromiß. Während die IG Metall hinnehmen muß, daß die tarifliche Arbeitszeit bis 1983 auf 40 Stunden pro Woche festgeschrieben wird, setzt sie eine stufenweise Verlängerung des Urlaubs bis auf 30 Tage ab 1983 und mehr Freischichten für besonders belastete Arbeitnehmergruppen durch.

Werftenkrise: Zur Überwindung der Struktur- und Absatzkrise in der deutschen **Werftindustrie** legt die Bundesregierung am 17. 1. ein auf drei Jahre befristetes Hilfsprogramm auf. Sie stellt 490 Mio. DM zur Verfügung, von den Bundesländern mit Werften sollen insgesamt weitere 170 Mio. aufgebracht werden.

Mitbestimmung: Der Erste Senat des Bundesverfassungsgerichtes in Karlsruhe weist am 1. 3. die Klage der Arbeitgeberverbände gegen das vom Bundestag am → 1976 verabschiedete Mitbestimmungsgesetz einstimmig zurück, da dieses in allen Punkten der Verfassung entspreche. Die Bestimmungen hätten keine volle Parität geschaffen und seien mit den Grundrechten der Anteilseigner und mit der Tarifautonomie vereinbar. (Die Mitbestimmung gilt für die 458 größten Unternehmen mit mehr als 2000 Arbeitnehmern.)

Europäisches Währungssystem (EWS): Der Europäische Rat in Brüssel setzt am 13. 3. das am 28. 12. → 1978 beschlosssene EWS rückwirkend zum 1. 1. in Kraft. Eine **erste Anpassung der Wechselkurse** innerhalb des EWS beschließen die Finanzminister und Notenbankpräsidenten der EWS-Staaten auf einer geheimen Währungskonferenz am 23./24. 9. in Brüssel: Die DM wird gegenüber der dänische Krone um 3 % abgewertet, gegenüber den anderen EWS-Währungen um 2 % aufgewertet.

Mehrwertsteuer: Zum 1. 7. erhöht sich die Mehrwertsteuer von 12 % auf 13 % (ermäßigter Satz: von 6 % auf 6,5 %).

Deutsch-deutsche Beziehungen

Spionage: Am 18. 1. flieht der Oberleutnant im DDR-Ministerium für Staatssicherheit (MfS), **Werner Stiller**, der als **Doppelagent** zugleich für den Bundesnachrichtendienst (BND) arbeitete, in die Bundesrepublik (→ Kasten). Er ermöglicht die Verhaftung von elf DDR-Agenten in den nächsten Wochen, zwölf weitere können sich vor ihrer Enttarnung in die DDR absetzen, u. a. zwei enge Mitarbeiterinnen prominenter CDU-Politiker. Die meisten dieser DDR-Geheimdienstler sollen sich mit Industrie- und Wissenschaftsspionage – u. a. in der westdeutschen Atomindustrie und bei der Europäischen Organisation für Kernforschung (CERN) in Genf, aber auch bei NATO-Dienststellen – befaßt haben (→ DDR).

Flucht in die DDR: Am 5. 3. setzt sich die bundesdeutsche NATO-Mitarbeiterin *Ursel Lorenzen* (Deckname) aus Brüssel nach Ost-Berlin ab. Über ihren Einblick in Geheimplanungen des Bündnisses berichtet sie am 8. 3. im DDR-Fernsehen.

Spione: 1979 werden insgesamt 30 Personen wegen Landesverrats verurteilt. Angaben des Bundesinnenministers zufolge sollen in westdeutschen Industrieunternehmen rund 5000 Spione tätig sein, die der DDR eine Ersparnis an eigenen Entwicklungskosten in Höhe von etwa 300 Mio. DM einbringen.

Berichterstattung: Als Konsequenz aus der kritischen Berichterstattung westdeutscher Medien über die Verhältnisse in der DDR schränkt das DDR-Außenministerium am 11. 4. die Arbeitsmöglichkeiten für akkreditierte Journalisten ein. Künftig müssen sie **Interviews vorher anmelden** und sich Reisen außerhalb von Ost-Berlin genehmigen lassen. Den Protest der Bundesregierung gegenüber dem Ständigen Vertreter der DDR in Bonn am 17. 4., wonach die Maßnahmen ein Verstoß gegen die deutsch-deutschen Vereinbarungen von → 1972 und Verletzung der Grundsätze der KSZE-Schlußakte von → 1975 seien, weist das DDR-Außenministerium als Einmischung in die inneren Angelegenheiten der DDR zurück.

Vereinbarungen: Am 31. 10. unterzeichnen Vertreter beider deutscher Staaten ein Abkommen über die Befreiung von Kraftfahrzeugen von Steuern und Straßenbenutzungsgebühren im jeweils anderen Staat. In **Ergänzung des Verkehrsvertrags von 1972** wird in einem Proto-

Werner Stiller

Geboren am 24. 8. 1947 in Weßmar; 1966–71 Studium an der Universität Leipzig, Abschluß als Diplomphysiker; 1970 IM des MfS, 1972 Einstellung im Ministerium für Staatssicherheit; 1978/79 nach Kontaktaufnahme Spionage für den BND, 1979 Übertritt in die Bundesrepublik (wahrscheinlich) kurz vor der eigenen Enttarnung; 1980 in den USA mit neuer Identität versehen, Tätigkeit als Börsenmakler in New York, London (seit 1983) und Frankfurt (seit 1990); seit 1993 als Immobilienmakler in Leipzig tätig.

koll geregelt, daß die bisherigen individuellen PKW-Straßenbenutzungsgebühren pauschal abgegolten werden. Dafür zahlt die Bundesregierung von 1980 bis 1989 jährlich 50 Mio. DM. Die Regelungen des Transitabkommens von → 1971 bleiben davon unberührt. Die für den **grenznahen Verkehr** bestimmte Zone, in der Bundesbürger Anträge auf Tagesaufenthalte stellen können, wird vom 15.12. an erheblich ausgeweitet. – Am 21.12. kommt ein Abkommen über die administrative und wissenschaftliche Zusammenarbeit auf dem Gebiet des **Veterinärwesens** zustande.

Bundesländer

West-Berlin: Wahl zum Abgeordnetenhaus am 18.3. Der Regierende Bürgermeister *Dietrich Stobbe* (SPD) wird in seinem Amt als Chef einer Koalitionsregierung mit der FDP bestätigt.
Rheinland-Pfalz: Bei der Landtagswahl am 18.3. kann die CDU mit 50,1% der Stimmen

knapp die absolute Mehrheit behaupten. Ministerpräsident *Bernhard Vogel* bleibt Chef einer CDU-Alleinregierung.
Schleswig-Holstein: Landtagswahl am 28.4. Ministerpräsident *Gerhard Stoltenberg* bildet am 22.5. wieder ein CDU-Kabinett.
Saarland: Nach dem Tod von Ministerpräsident *Franz-Josef Röder* (CDU) am 26.6. wählt der Landtag am 5.7. *Werner Zeyer* zu seinem Nachfolger.
Bremen: Die Bremische Bürgerschaft verabschiedet am 12.9. mit den Stimmen der SPD und eines Teils der FDP-Abgeordneten ein Gesetz über Naturschutz und Landschaftspflege, das als Weiterentwicklung der Bürgerrechte erstmals in der Bundesrepublik das Rechtsinstrument der **Verbandsklage** einführt. – Bei der Bürgerschaftswahl am 7.10. behauptet die SPD erneut knapp die absolute Mehrheit der Mandate. Erstmals **gelingt den Grünen der Einzug** in ein Landesparlament (5,1%). *Hans Koschnick* (SPD) bleibt Erster Bürgermeister.

1979

Versuche zur Rettung der Entspannungspolitik

Außenpolitisch ist die Staatsführung in diesem Jahr äußerst aktiv. Erstmals schließt die DDR mit afrikanischen Ländern Freundschaftsverträge ab, die mithelfen sollen, politische und außenwirtschaftliche Ziele der DDR zu unterstützen. Vor dem Hintergrund des sich abzeichnenden NATO-»Doppelbeschlusses« bemüht sich insbesondere *Erich Honecker*, den Weg für Verhandlungen zwischen Ost und West offenzuhalten und erreicht damit in westlichen Industriestaaten einen Prestigegewinn für die DDR. – Die ideologische Verhärtung im Land selbst setzt sich dagegen auch 1979 fort. Die DDR-Bürger sollen durch die ostentative straf- und zivilrechtliche Verfolgung von Intellektuellen und den Ausschluß von Autoren aus dem Schriftstellerverband sowie mit dem Mittel des verschärften politischen Strafrechts diszipliniert werden. Der Besitz von Devisen wird verboten, gleichzeitig soll nicht auf die Vorteile aus den verwandtschaftlichen Beziehungen zwischen DDR- und Bundesbürgern verzichtet werden.

Außenpolitik

In der Außenpolitik ist das Jahr im Hinblick auf die Kontakte der DDR-Führung zu Entwicklungsländern und zu den Regierungen wichtiger westeuropäischer Länder besonders erfolgreich.

Entwicklungsländer: Vom 8.–12. 1. besucht eine Delegation unter Leitung von *Erich Honecker* und *Willi Stoph* Indien. – Vom 15.–24. 2. reist *Honecker* nach Libyen, Angola, Sambia und Mosambik. Im Rahmen dieser Reise unterzeichnet er für die DDR erstmals bilaterale Freundschaftsverträge mit Entwicklungsländern: mit Angola am 19. 2., mit Mosambik am 24. 2. Vom 12.–17. 11. reist *Honecker* nach Äthiopien und in den Südjemen, mit denen ebenfalls Freundschaftsverträge abgeschlossen werden. – Am 20. 7. bzw. 9. 10. wird mit Nicaragua (Anerkennung der Sandinisten-Regierung) bzw. Grenada die Aufnahme diplomatischer Beziehungen vereinbart.

Westeuropa: Die sich verstärkenden Kontakte zu westlichen Industrieländern verfolgen bilaterale Zwecke, sind aber auch hinsichtlich des bevorstehenden NATO-»Doppelbeschlusses« für die DDR von Bedeutung. Am 23. und 24. 7. besucht der französische Außenminister *Jean-François Poncet* als erster Außenminister der westlichen Siegermächte die DDR. Am 3. 9. folgt ein Besuch des niederländischen Außenministers. Am 4. 9. schließen die DDR und die USA ein Konsularabkommen ab, am 28. 9. unterzeichnen Österreich und die DDR ein Abkommen über kulturelle und wissenschaftliche Zusammenarbeit.

Ost-West-Konflikt: Bei den Feierlichkeiten zum 30. Jahrestag der DDR verkündet der sowjetische Staats- und Parteichef *Leonid Breschnew* am 7. 10., die Sowjetunion zöge von sich aus 20 000 Mann und 1000 Panzer aus der DDR ab und sei zu weiteren Schritten bereit, wenn ähnliche Maßnahmen auf westlicher Seite parallel erfolgen. In einem halbstündigen Telefonat am 28. 11. versucht *Erich Honecker* vergeblich, Bundeskanzler *Helmut Schmidt* davon zu überzeugen, die Entscheidung der NATO über den sogenannten Doppelbeschluß um ein halbes Jahr zu verschieben und in dieser Zeit Verhandlungen zu führen. Beide vereinbaren jedoch, sich kurzfristig in der DDR persönlich zu treffen. Am 13. 12. kündigt *Honecker* in einer Rede vor den Teilnehmern der Tagung des SED-Zentralkomitees ein Treffen mit *Schmidt* für Anfang 1980 an (das jedoch am 30. 1. 1980 verschoben wird).

Kulturpolitik

Restriktionen: Im Januar kommt es nach der zuvor nicht angekündigten Ausstrahlung des Fernsehfilms »Geschlossene Gesellschaft« von *Klaus Poche* zu heftigen Debatten im Staatlichen Komitee für Fernsehen. Den Filmschöpfern wird ihre Idee vorgeworfen, mit dem Bild einer Ehe in der Krise ein Bild der DDR-Gesellschaft zu zeichnen. Der stellvertretende Komiteevorsitzende, *Hans Bentzien*, der bereits im Januar

→ 1966, im Zusammenhang mit dem 11. Plenum des SED-Zentralkomitees vom Dezember → 1965 durch Verlust seines Postens als Kulturminister gemaßregelt worden war, wird nun erneut abgesetzt. – Im Februar läßt *Stefan Heym* seinen Roman »Collin« (in dem die Staatssicherheit thematisiert wird) in der Bundesrepublik erscheinen. Am 19. 4. wird *Stefan Heym* eine Reise in die Bundesrepublik untersagt; am 22. 5. wird er wegen »Devisenvergehens« zu einer Geldstrafe von 9000 Mark verurteilt. Bereits am 12. 5. hatte *Heym* während eines Interviews mit dem ZDF in einer Erklärung betont, die SED-Funktionäre redeten von nicht deklarierten Devisen im Zusammenhang mit der Collin-Veröffentlichung, in Wahrheit jedoch gehe es »um die Freiheit der Literatur, auch in diesem Lande, auch im Sozialismus«. – Am 16. 4. wird ein Programm des Leipziger Kabaretts »Die Pfeffermühle« verboten. – Am 19. 4. durchsuchen Sicherheitsbehörden *Robert Havemanns* Haus und beschlagnahmen dabei Bücher, Manuskripte und andere Unterlagen. Zwar wird wenige Wochen später, am 9. 5., der 1976 gegen ihn verhängte **Hausarrest** aufgehoben, am 25. 5. verurteilt ein Gericht ihn, wie zuvor *Stefan Heym*, jedoch zu einer Geldstrafe von 10 000 Mark wegen Verstoßes gegen das Devisengesetz. *Heym* und *Havemann* wird in diesem Zusammenhang vorgeworfen, für ihre geplanten Veröffentlichungen in der Bundesrepublik keine vorherige Genehmigung durch das »Büro für Urheberrechte« (die sie ohnehin nicht bekommen hätten) eingeholt zu haben. – Das massive Vorgehen staatlicher Organe gegen Schriftsteller veranlaßt acht Autoren (*Jurek Becker, Klaus Poche, Erich Loest, Adolf Endler, Klaus Schlesinger, Kurt Bartsch, Dieter Schubert* und *Martin Stade*) am 16. 5., sich in einem **Brief an Erich Honecker** kritisch mit der DDR-Kulturpolitik auseinanderzusetzen: »Immer häufiger wird versucht, engagierte, kritische Schriftsteller zu diffamieren, mundtot zu machen oder, wie unseren Kollegen *Heym*, strafrechtlich zu verfolgen.« Am 30. 5. fordert daraufhin der Vorstand des Schriftstellerverbandes die Mitglieder der Bezirksvorstände auf, mit den Unterzeichnern des Briefes »Auseinandersetzungen« zu führen. Am 6. 6. erhält *Erich Loest* bei einer Sitzung des Leipziger Schriftstellerverbandes eine »strenge Rüge«, einen Tag später werden vom Ost-Berliner Bezirksverband neun Autoren aus dem DDR-Schriftstellerverband **ausgeschlossen** (*Kurt Bartsch, Adolf Endler, Stefan Heym, Karl-Heinz Jakobs, Klaus Poche, Klaus Schlesinger, Rolf Schneider, Dieter Schubert* und *Joachim Seyppel*). Nachdem *Jurek Becker* und *Erich Loest* mit langfristigen Visa in die Bundesrepublik und *Wolfgang Harich* am 31. 5. nach Österreich ausgereist sind, verlassen im Juni und Juli auch *Günter Kunert, Klaus Poche, Rolf Schneider* und *Joachim Seyppel* mit Langzeitvisa die DDR.

Rechtspolitik

Todesstrafe: Am 10. 2. wird in der DDR die letzte Hinrichtung an einem wegen Mordes zum Tode verurteilten Zivilisten vollstreckt. 1980 und 1981 werden noch zwei ehemalige MfS-Offiziere wegen Spionage zum Tode verurteilt und hingerichtet.

Strafrecht: Das am 28. 6. von der Volkskammer verabschiedete **3. Strafrechtsänderungsgesetz** bringt eine erhebliche Verschärfung des politischen Strafrechtes mit sich (→ Kasten). Nicht wenige der Paragraphen werden in der Bevölkerung als »Schriftstellerparagraphen« bezeichnet, zielt deren Wortlaut doch auf das berufliche und öffentliche Verhalten gerade gemaßregelter Autoren.

Amnestie: Aus Anlaß des 30. Jahrestages der DDR-Gründung am 7. 10. wird eine **Amnestie** verkündet, in deren Folge fast 22 000 Verurteilte entlassen werden. Davon profitieren auch der marxistische Systemkritiker *Rudolf Bahro* (verurteilt am 30. 6. 1978 zu acht Jahren Gefängnis) und der Wehrdienstverweigerer *Nico Hübner* (verurteilt am 7. 7. 1978 zu fünf Jahren), die beide am 11. 10. aus der Haft entlassen werden und am 17. 10. in den Westen ausreisen.

Devisengesetz: Am 28. 6. beschließt die Volkskammer ein neues Devisengesetz. Es verbietet DDR-Bürgern jeglichen Besitz von Devisen, außer im Zusammenhang mit Reisen. Bestände an westlichen Währungen sind schon seit dem 16. 4. nach einer Anordnung des Außenhandelsministeriums in die sogenannten **Forum-Schecks** umzutauschen. Allein mit diesen Schecks ist es fortan DDR-Bürgern erlaubt, in den Intershop-Geschäften einzukaufen. Als Namensgeber fungiert die bereits am 7. 12. 1976 gegründete »Forum Handelsgesellschaft«, die zum Bereich »Kommerzielle Koordinierung« gehört. Der Umsatz dieser Handelsgesellschaft geht zunächst deutlich zurück, weil auf sie als Großhändler für Verkaufseinrichtungen in In-

Verschärfung des politischen Strafrechts

Mit dem 3. Strafrechtsänderungsgesetz werden schon zuvor vage formulierte politische Straftatbestände verschärft oder ergänzt. Der Strafenkatalog reicht von »öffentlichem Tadel«, Strafe auf Bewährung bis hin zum Freiheitsentzug. Diese sind im Prinzip willkürlich anwendbar und dienen somit einerseits der Bestrafung eines Beschuldigten, andererseits – in der öffentlichen Bekanntmachung der Bestrafung – der Disziplinierung der DDR-Bürger. Die Paragraphen zur »landesverräterischen Nachrichtenübermittlung« (§ 99) und zu »landesverräterischer Agententätigkeit« (§ 100) schließen ausdrücklich das Übermitteln auch nicht geheimer Informationen ein. »Staatsfeindliche Hetze« im Sinne des § 106 meint auch das »Aufwiegeln« gegen die »gesellschaftlichen Verhältnisse« in der DDR. Eine »ungesetzliche Verbindungsaufnahme« (§ 219) schließt auch das Übermitteln von Nachrichten ein, die den »Interessen der DDR« schaden können, wozu zum Beispiel die Mitteilung an die Ständige Vertretung der Bundesrepublik über einen Ausreiseantrag gezählt werden könnte. Die »öffentliche Herabwürdigung« (§ 220) von Personen, Organisationen und Einrichtungen der DDR zielt auch auf grundlegende Kritik an solchen Institutionen und erst recht auf ihr Infragestellen. Im § 214 über die »Beeinträchtigung staatlicher Tätigkeit« wird weder klar, was mit »staatlicher Tätigkeit« überhaupt gemeint ist, noch wann sie als »beeinträchtigt« zu betrachten wäre. Diese Vorschrift wird in den Folgejahren zum Beispiel gegen Personen angewendet, die polizeiliche Maßnahmen gegen Demonstranten fotografieren, aber auch gegen beharrliche (Ausreise-) Antragsteller bei Behörden. Schließlich zielt § 249 über die »Beeinträchtigung der öffentlichen Ordnung und Sicherheit durch asoziales Verhalten« darauf ab, dem Staat eine zusätzliche Handhabe gegen »Arbeitsscheu« (Absatz 1) und Prostitution (Absatz 2) zu liefern.

terhotels und Mitropa-Zügen sowie für die Intershops die Reaktion der Bevölkerung auf die Einführung der Forumschecks durchschlägt. Er stabilisiert sich in den Folgejahren wieder und wächst ab 1982 gerade wegen der Intershopumsätze wieder stark an.

Weitere Gesetze: Das Gesetz über das Personenstandswesen sowie das Paß- und das Ausländergesetz – alle am 28. 6. beschlossen – definieren einen klaren Unterschied zwischen den Deutschen in der DDR und denen in der Bundesrepublik, die als Ausländer betrachtet werden.

Weitere innenpolitische Ereignisse: Vom 1.–4. 6. führt der Jugendverband FDJ das erste **»Nationale Jugendfestival der DDR«** in Ost-Berlin durch. – Am 30. 3. wird als **9. Stadtbezirk Ost-Berlins Marzahn** gegründet, womit eine Veränderung der Zahl der Bezirke in Ost- und damit in ganz Berlin eintritt. Die Westalliierten legen dagegen ebenso Widerspruch ein wie gegen das am 28. 6. von der Volkskammer beschlossene **»Gesetz zur Änderung des Gesetzes über die Wahlen zu den Volksvertretungen der DDR«**. Waren bisher – ähnlich wie die West-Berliner Abgeordneten des Bundestages auch – die Ost-Berliner Vertreter in der Volkskammer von der Stadtverordnetenversammlung bestimmt worden, sieht das Gesetz nunmehr ihre direkte Wahl durch die Bevölkerung vor. Das Gesetz markiert nach der Aufhebung der Kontrollstellen an den Ost-Berliner Außengrenzen am 1. 1. 1977 einen weiteren Schritt in dem Bemühen der DDR, aus ihrer Hauptstadt einen normalen, den 15. Verwaltungsbezirk des Landes, zu machen.

Deutsch-deutsche Beziehungen

SED-Politbüromitglied *Günter Mittag* trifft am 13. 3. aus Anlaß der Leipziger Frühjahrsmesse mit Bundeswirtschaftsminister *Otto Graf Lambsdorff* zusammen. DDR-Bauminister *Wolfgang Junker* reist als erster DDR-Minister überhaupt am 16. 9. in die Bundesrepublik.

Auf der anderen Seite stehen **alte und neue Spannungen**. Der Übertritt des MfS-Offiziers *Werner Stiller* am 18. 1. liefert der westlichen Seite eine Liste mit in der Bundesrepublik tätigen Agenten (→ BRD). Dieser Erfolg offenbart auf der anderen Seite aber auch das Ausmaß der Spionage. Das MfS erleidet nicht nur den unmittelbaren Verlust einer ganzen Reihe von verhafteten Agenten und solcher, die kurzfristig in die DDR zurück beordert werden müssen. *Stiller* vermittelt auch Erkenntnisse, mit deren Hilfe der westdeutsche Verfassungsschutz den Übersiedlungsmechanismus der Stasi, d. h. die hinter der Flucht mancher DDR-Bürger stehende Legende, entschlüsseln kann. Daher müssen noch meh-

rere Monate nach *Stillers* Flucht DDR-Agenten zurückgeholt oder »abgeschaltet« werden.
Weitere Ereignisse → Bundesrepublik

Wirtschafts- und Sozialpolitik

Industrie: In der Industrie erhöht sich die Zahl der zentralgeleiteten Kombinate von 54 auf 101. Am 8. 11. erläßt der Ministerrat eine neue Verordnung über Kombinate, Kombinatsbetriebe und eigenständige Volkseigene Betriebe. Sie symbolisiert die gewachsene Bedeutung, die Kombinate als Großunternehmen in der hierarchisch organisierten Wirtschaftsverfassung einnehmen. Nach der Verordnung fungieren sie als »Sachwalter des Volkseigentums« und sind als zentral geleitete Kombinate nunmehr Fachministerien direkt unterstellt. Die Führungsebene von Kombinaten kann entweder in Form einer eigenständigen »Kombinatsleitung« (also einer Verwaltungseinheit ohne eigene Produktion) zusammengestellt werden oder als Leitung des wichtigsten Kombinatsbetriebes fungieren, der wiederum die Leitung weiterer angeschlossener Unternehmen unterstellt werden.
Sozialpolitik: Am 15. 1. wird der gesetzliche Mindesturlaub von 15 auf 18 Tage verlängert. Am 28. 9. beschließen das SED-Zentralkomitee, der Ministerrat und der FDGB-Bundesvorstand eine weitere Rentenerhöhung ab 1. 12.

Soziale Daten

Bevölkerung: Im Gebiet der DDR leben am 31. 12. 16,74 Millionen Einwohner. Erstmals unterschreitet die DDR-Einwohnerzahl die des Gebietes im Jahre 1939 (um etwa 5000). Die Bevölkerungszahl ist im Vergleich zum Vorjahr um 11 000 zurückgegangen. Der Frauenüberschuß beträgt ca. 1,062 Millionen. Nach westlichen Angaben siedeln 12 515, nach DDR-Angaben 11 513 Personen nach Westdeutschland über. 10,52 Millionen Personen, darunter 5,26 Millionen Frauen, befinden sich im arbeitsfähigen Alter (zwischen 15 und 60 bzw. 65 Jahren). 8,18 Millionen Personen, darunter 4,1 Millionen Frauen, sind berufstätig.
Wohnungsbau: Erstmals seit 1971 geht sowohl der Wohnungsneubau als auch die Modernisierung von Wohnungen zurück. Auch die Arbeiterwohnungsbaugenossenschaften stellen weniger Wohnungen fertig als im Vorjahr. Mit dem Bau von insgesamt 110 446 Wohnungen (101 188 neugebaute und 9258 modernisierte) werden 3727 Wohnungen (oder 3,3 %) weniger fertiggestellt als im Vorjahr. Die Anzahl modernisierter Wohnungen geht leicht zurück. Der genossenschaftliche Wohnungsbau nimmt auch in diesem Jahr deutlich um 13,4 % auf 37 327 fertiggestellte Wohnungen ab.

Fläche und Bevölkerung nach Bezirken 1979

Bezirk	*Fläche km²*	*Einwohner F 1979*	*Einw. je km²*
Berlin (Ost)	403	1 140 254	2829
Cottbus	8 262	881 897	107
Dresden	6 738	1 811 821	269
Erfurt	7 349	1 236 997	168
Frankfurt/Oder	7 186	702 019	98
Gera	4 004	739 612	185
Halle	8 771	1 841 444	210
Karl-Marx-Stadt (Chemnitz)	6 009	1 937 301	322
Leipzig	4 966	1 417 245	285
Magdeburg	11 526	1 271 342	110
Neubrandenburg	10 794	622 603	58
Potsdam	12 568	1 116 842	89
Rostock	7 074	883 624	125
Schwerin	8 672	589 305	68
Suhl	3 856	548 018	142
DDR	108 180	16 740 324	155

Quelle: Statistisches Jahrbuch der DDR 1980

Einkommen und Lebenshaltung: Das durchschnittliche monatliche **Arbeitseinkommen** von Arbeitern und Angestellten übersteigt erstmals die Marke von 1000 Mark im Monat und beträgt in der staatseigenen Wirtschaft 1006 Mark. Die Pro-Kopf-**Sparguthaben** wachsen auf etwa 5792 Mark an. Die Sparguthaben bei Geld- und Kreditinstituten wachsen gegenüber dem Vorjahr absolut um 5,3 %. Das Volumen der Lebensversicherungen wächst um 0,6 %. Die volkseigenen Läden der Handelsorganisation und die der Konsumgenossenschaften haben daran einen Anteil von 88,1 %; Geschäfte des gehobenen Preisniveaus (»Exquisit«) machen DDR-weit etwa 7,5 % des gesamten Textilumsatzes aus. Dabei zeigt sich ein sehr differenziertes Bild in den einzelnen Bezirken. Einige Bezirke weisen einen durchschnittlichen Anteil der »Exquisit«-Geschäfte auf (Dresden: 6,6 %; Gera: 7 %; Leipzig: 8,8 %, Magdeburg: 6,9 %; Rostock: 6,7 %). In Ost-Berlin beträgt jedoch der Anteil der »Exquisit«-Geschäfte am gesamten Textilumsatz 18,9 %, im Bezirk Neubrandenburg hingegen nur 3,6 Prozent (→ Kasten Sp. 671).

Geschenksendungen aus dem Westen

Für 1979 wird in einer Einschätzung des SED-Zentralkomitees vermutet, daß weniger als die Hälfte der DDR-Haushalte Kontakte zu Verwandten, Freunden und Bekannten im Westen hat. Der Anteil der Haushalte mit Westkontakten ist im Berliner Raum höher, in anderen Gebieten hingegen zum Teil sehr gering. In unterschiedlichem Maße können die betreffenden Haushalte von Geschenksendungen profitieren. Die Spanne reicht – abhängig von der wirtschaftlichen Situation der Freunde und Verwandten in der Bundesrepublik – von keinen oder nur gelegentlichen Geschenken bis hin zu umfangreichen Zuwendungen, die den privaten Verbrauch wesentlich bestimmen.
Insgesamt haben diese »privaten Importe« große Bedeutung: Bei Kaffee wird etwa ein Viertel des gesamten DDR-Bedarfs auf diesem Weg gedeckt. Die Zusammenfassung von im Postversand ermittelten und bei Einreisen geschätzten Angaben zu mitgebrachten Geschenken stellt fest, daß 1979 folgende Warenmengen auf privatem Wege aus dem Westen in die DDR eingeführt werden: ca. 16,7 Kilotonnen (kt) Röstkaffee, 18,6 kt Schokoladenerzeugnisse, 3,7 kt Kakaopulver, 12 Millionen Stück Konserven, 24,5 Millionen Stück Seife, 2,6 Millionen Stück Herrenoberbekleidung, 12,7 Millionen Stück Damenoberbekleidung, 15,7 Millionen Stück Ober- und 8,1 Millionen Stück Untertrikotagen, 3,3 Millionen Oberhemden, 25 Millionen Strumpfhosen, 7,5 Millionen Stück Haushaltwäsche, 2,2 Millionen Damen- und Herren- sowie 800 000 Paar Kinderschuhe, 1,1 Millionen Uhren, 900 000 Radios und 700 000 Taschenrechner.

Das **Fernsprechnetz** der Deutschen Post wächst gegenüber dem Vorjahr um 43 200 auf über 1 323 200 Anschlüsse. – In der **Ausstattung** der privaten Haushalte **mit langlebigen Konsumgütern** entfallen auf 1000 Haushalte 363 PKW, 185 Motorräder bzw. Motorroller, 1022 Kühlschränke, 799 Waschmaschinen, 1580 Radioapparate und 1035 Fernsehgeräte.

1980

Frieden, Umwelt, Frauen: Neue Bewegungen auf dem Vormarsch

Mit ihrem Kanzlerkandidaten *Franz Josef Strauß* erzielt die CDU/CSU bei der Bundestagswahl ihr schlechtestes Ergebnis seit 1949. Die sozialliberale Koalition wird eindrucksvoll bestätigt. Die Grünen formieren sich als Bundespartei; ihnen gelingt nach Erfolgen bei Landtags- und Kommunalwahlen aber noch nicht der Einzug in den Bundestag.
Protestbewegungen machen durch zahlreiche Aktivitäten auf politische, soziale und ökologische Probleme aufmerksam, denen die etablierten Parteien wenig Beachtung schenken.
Da die DDR angesichts der Gewerkschaftsbewegung in Polen nicht nur gegenüber ihrem östlichen Nachbarn, sondern auch gegenüber der Bundesrepublik eine schärfere Abgrenzungspolitik betreibt, kommt es zu einer Belastung der deutsch-deutschen Beziehungen.

Parteien und Wahlkampf

Grüne: Über 1000 Delegierte verschiedener Gruppen und Vereinigungen, die ein breites Spektrum politischer Positionen repräsentieren, gründen in Karlsruhe am 13.1. »Die Grünen« als **Bundespartei.** Auf ihrem **Programmparteitag** vom 21. bis 23.3. in Saarbrücken verabschieden die 791 Delegierten, die 16 000 Mitglieder vertreten, programmatische Grundsätze (→ Kasten) und wählen *Petra Kelly*, *Norbert Mann* und *August Haußleitner* zum Bundesvorstand. Auf ihrer dritten Bundesversammlung am 21.6. in Dortmund beschließen die Grünen ihre Beteiligung an der Bundestagswahl.
KPD: Die maoistische Kommunistische Partei Deutschlands (KPD), die 1970 aus dem Zerfallsprozeß der Studentenbewegung hervorging, beschließt auf ihrem Parteikongreß am 9.3. ihre **Selbstauflösung**. Eine Anzahl von Mitgliedern engagiert sich bei den Grünen.
Wahlkampf: Die vier im Bundestag vertretenen Parteien einigen sich am 19.3. erstmals auf ein **Wahlkampfabkommen**, in dem sie sich zu Fairneß und zur Begrenzung der Wahlkampfausgaben verpflichten und eine gemeinsame Schiedsstelle einrichten. Dennoch gerät der Wahlkampf zu einer stark emotionalisierten Auseinandersetzung zwischen den beiden Spitzenkandidaten, Bundeskanzler *Schmidt* und seinem Herausforderer, dem bayerischen Ministerpräsidenten *Franz Josef Strauß* (CSU), der sich nach heftigen innerparteilichen Auseinandersetzungen um die Kanzlerkandidatur gegen seinen Konkurrenten, den niedersächsischen

»Die Grünen«

Seit Mitte der siebziger Jahre erlebt die in zahlreiche lokale und regionale Initiativen und Netzwerke aufgefächerte Umwelt-, Friedens-, Frauen- und Alternativbewegung, die aus Protest gegen die Unbeweglichkeit und mangelnde Handlungsbereitschaft der etablierten Parteien bei der Lösung sozialer und ökologischer Probleme entstanden ist, einen außerordentlichen Aufschwung. Die am 13.1.1980 in Karlsruhe gegründete Partei »Die Grünen« besteht hinsichtlich der sozialen Herkunft und der programmatischen Ausrichtung ihrer Mitglieder aus sehr unterschiedlichen Gruppierungen, deren kleinster gemeinsamer Nenner der Widerstand gegen die wachsende Umweltzerstörung ist. Auf ihrem Programmparteitag in Saarbrücken bekennen sich die Grünen zu einer Politik, deren Ausrichtung sie mit den Attributen »ökologisch, sozial, basisdemokratisch und gewaltfrei« charakterisieren. Konservative Umweltschützer bleiben in der Minderheit oder verlassen schließlich die Partei. Trotz der scharfen innerparteilichen Auseinandersetzungen zwischen reformorientierten Pragmatikern (»Realos«) und radikaloppositionellen Kräften (»Fundis«) kann sich die Partei nach ihrem Einzug in die Bremer Bürgerschaft 1979, in den Landtag von Baden-Württemberg 1980, in weitere Länderparlamente und schließlich 1983 erstmals in den Bundestag sowie durch die Koalition mit der SPD in Hessen 1985 als fester Bestandteil der Parteienlandschaft in der Bundesrepublik etablieren.

Ministerpräsidenten *Ernst Albrecht* (CDU) durchsetzen konnte. – Unterstützt von zahlreichen Initiativen gelingt es der SPD und der FDP, die sich frühzeitig auf eine Erneuerung der sozialliberalen Koalition festgelegt haben, die Bundestagswahl zu einer »Anti-Strauß-Wahl« zu machen. – Am 21. 9. lassen die Bischöfe in allen katholischen Kirchen einen Hirtenbrief zur Bundestagswahl verlesen, in dem sie indirekt die Wahl der Unionsparteien empfehlen.
Bundestagswahl: → Sonderseiten Sp. 679 ff.

Protestbewegungen

Anti-Atomkraftbewegung: Rd. 5000 Kernkraftgegner besetzen am 3. 5. die dritte Tiefbohrstelle (»1004«) für das geplante Atommüll-Lager bei Gorleben im Landkreis Lüchow-Dannenberg. Sie rufen eine **»Republik Freies Wendland«** aus und erbauen für eine Dauerbesetzung ein Hüttendorf für rd. 300 Besetzer. Am 4. 6. wird das Gelände von 3500 Polizisten, denen rd. 2000 Demonstranten gegenüberstehen, ohne Zwischenfälle geräumt. Der niedersächsische Ministerpräsident *Ernst Albrecht* (CDU) erteilt am 4. 7. seine **Zustimmung zur Errichtung eines Zwischenlagers** für abgebrannte Kernreaktorbrennstäbe in Gorleben. Den Bau einer Wiederaufbereitungsanlage lehnte er im Mai 1979 ab.
Friedensbewegung: Während der öffentlichen Vereidigung von 1200 Bundeswehrrekruten im Bremer Weserstadion am 6. 5. kommt es am Rande einer Großdemonstration der Friedensbewegung **gegen den NATO-Nachrüstungsbeschluß und öffentliche Rekrutengelöbnisse** zu schweren Zusammenstößen von militanten Bundeswehrgegnern mit der Polizei. Öffentliche Gelöbnisse stoßen auch andernorts auf heftige Proteste ebenso wie die Feiern zum 25. Jahrestag der Bundeswehr am 12. 11. – Mit der Absicht, der breiten Opposition gegen die Nachrüstung der NATO mit atomaren Mittelstreckenraketen eine gemeinsame Stoßrichtung zu geben, unterzeichnen am 16. 11. in Krefeld versammelte Vertreter von Friedensgruppen und angesehene Persönlichkeiten des öffentlichen Lebens den **»Krefelder Appell an die Bundesregierung«**, in dem diese aufgefordert wird, »die Zustimmung zur Stationierung von Pershing-II-Raketen und Marschflugkörpern in Mitteleuropa zurückzuziehen« und »im Bündnis künftig eine Haltung einzunehmen, die unser Land nicht

länger dem Verdacht aussetzt, Wegbereiter eines neuen, vor allem die Europäer gefährdenden nuklearen Wettrüstens sein zu wollen«. Da sein Autorenkreis nach Ansicht von Kritikern kommunistisch beeinflußt ist, bilden sich in der Friedensbewegung mehrere weitere Unterschrifteninitiativen; Sozialdemokraten, darunter der Bundesausschuß der Jungsozialisten und die Arbeitsgemeinschaft sozialdemokratischer Frauen, schließen sich am 9. 11. im »Bielefelder Appell« zusammen.
Anti-Startbahn-Bewegung: Nach dem Urteil des Hessischen Verwaltungsgerichtshofs vom 21. 10., der die beabsichtigte **Erweiterung des Frankurter Flughafens** um eine dritte Startbahn nach zehnjährigem Rechtsstreit für zulässig erklärt, beginnen am 28. 11. unter Polizeischutz die Waldrodungsarbeiten für die Startbahn West. Am 2. 11. demonstrieren rd. 15 000 Menschen im Wald gegen die Flughafenerweiterung und solidarisieren sich mit Aktivisten, die auf dem Gelände der geplanten Trasse ein winterfestes Hüttendorf errichten, das schließlich etwa 60 Gebäude umfaßt.
»Greenpeace«: Die Umweltschutzorganisation »Greenpeace« unternimmt am 13. 10. in Nordenham ihre erste spektakuläre Aktion in der Bundesrepublik, um die öffentliche Aufmerksamkeit auf von Industrieunternehmen verursachte Umweltgefährdungen zu lenken. »Greenpeace«-Mitglieder **blockieren das Auslaufen des Tankers »Kronos«**, der verdünnte Schwefelsäure in der Nordsee verklappen soll, indem sie sich in Rettungsinseln am Schiff anketten. Die Polizei beendet die Aktion nach drei Tagen.

Rechtsextremismus

Bundesinnenminister *Gerhart Baum* verbietet am 30. 1. die paramilitärische rechtsextremistische »**Wehrsportgruppe Hoffmann**«. Die etwa 400 Mitglieder umfassende Organisation ist in großen Teilen der Bundesrepublik aktiv und verfügt über ein Arsenal von Waffen, die von der Polizei bei Razzien an 23 Orten beschlagnahmt werden. Nach der Klage *Hoffmanns* gegen das Verbot bestätigt am 2. 12. das Bundesverwaltungsgericht in West-Berlin die Entscheidung des Bundesinnenministers. – Bei einem **Anschlag auf ein Ausländerwohnheim** in Hamburg am 22. 8., dem zweiten innerhalb einer Woche, werden zwei Vietnamesen getötet. Als Tatverdächtige verhaftet die Polizei Anfang

September sechs Rechtsextremisten, unter ihnen den seit zwei Jahren im Untergrund lebenden ehemaligen Rechtsanwalt *Manfred Roeder*, der am 28. 6. 1982 zu einer Freiheitsstrafe von 13 Jahren verurteilt wird. – Am 26. 9. werden durch einen **Bombenanschlag beim Münchner Oktoberfest** 13 Menschen getötet und mehr als 200 z. T. lebensgefährlich verletzt. Bombenleger war nach Annahmen der Sicherheitsbehörden der bei dem Anschlag ums Leben gekommene 21jährige rechtsextremistische Geologiestudent *Gundolf Köhler*, der Verbindungen zur »Wehrsportgruppe Hoffmann« hatte. – Ein Mitglied der militanten rechtsextremistischen »Volkssozialistischen Bewegung Deutschlands/ Partei der Arbeit« erschießt am 24. 12. am Grenzübergang Waldshut zwei Schweizer Grenzbeamte und begeht Selbstmord.

Weitere innenpolitische Ereignisse

Asylrecht: Neben der Verschärfung von Einreisebestimmungen beschließt der Bundestag am 2. 7. ein neues Asylrecht zur **Vereinfachung und Beschleunigung des Aufnahmeverfahrens**, das bisher teilweise bis zu fünf Jahren dauerte. Im Anerkennungsverfahren soll künftig von einem einzelnen Beamten des Bundesamtes für die Anerkennung ausländischer Flüchtlinge – statt bisher von dreien – entschieden werden. Die Anerkennung von Asylbewerbern als politische Flüchtlinge und die Behandlung von eingelegten Widersprüchen gegen Abschiebungsbeschlüsse werden in einem einzigen verwaltungsgerichtlichen Verfahren zusammengefaßt. Asylbewerber sind verpflichtet, daran mitzuwirken; sie unterliegen einem Arbeitsverbot von bis zu einem Jahr und sollen die ihnen zustehende Sozialhilfe nach Möglichkeit in Form von Sachleistungen statt in Geldbeträgen erhalten. Die Zahl neu einreisender Asylbewerber verdoppelt sich 1980 gegenüber dem Vorjahr von 51 493 auf 107 818, während die Quote der als asylberechtigt Anerkannten von 16,5 % (16 573) auf 12,0 % (12 783) sinkt. – Am 16. 10. entscheidet das Bundesverfassungsgericht, politischen Flüchtlingen dürfe nur dann Asyl verwehrt werden, wenn sie im Falle einer Abschiebung in ihrem Heimatstaat keine Verfolgungsmaßnahmen zu erwarten hätten.

Atomenergie: Das Bundesverfassungsgericht in Karlsruhe bestätigt am 6. 2. die Vereinbarkeit der **friedlichen Nutzung der Atomenergie** mit

dem Grundgesetz. Mit den Vorschriften für die Genehmigung der Atomanlagen genüge der Gesetzgeber seiner Pflicht, das Recht auf Leben und körperliche Unversehrtheit zu schützen.

NS-Erbe: Das Justizministerium von Baden-Württemberg teilt am 19. 11. mit, von Kriegsende bis Ende 1979 seien von bundesdeutschen Staatsanwaltschaften zur **Verfolgung nationalsozialistischer Verbrechen** Ermittlungsverfahren gegen 86 498 Personen eingeleitet worden; 6446 Personen seien rechtskräftig verurteilt worden, 77 602 ohne Bestrafung geblieben. Gegen 2450 Personen seien in der Bundesrepublik noch Verfahren anhängig.

Arbeitsrecht: Am 13. 8. tritt ein EG-Anpassungsgesetz in Kraft, durch das die nach dem Grundgesetz gebotene **Gleichbehandlung von Mann und Frau** für das Arbeitsrecht konkretisiert wird; es enthält ein allgemeines Benachteiligungsverbot aufgrund des Geschlechts am Arbeitsplatz und verpflichtet Unternehmen zur geschlechtsneutralen Stellenausschreibung.

Bundeswehr: Bundesverteidigungminister *Hans Apel* (SPD) versetzt am 19. 1. den Kommandeur der 12. Panzerdivision, Generalmajor *Gert Bastian*, zum Heeresamt nach Köln. *Bastian* hatte zuvor um seine Versetzung in den Ruhestand gebeten und seinen Entschluß öffentlich damit begründet, daß er den NATO-Doppelbeschluß nicht mitverantworten könne und die These von der konventionellen Überlegenheit und der offensiven Einstellung des Warschauer Paktes für falsch halte.

Deutsch-deutsche Beziehungen

Verkehrsvereinbarungen: Am 1. 1. treten die am 31. 10. → 1979 unterzeichneten neuen Verkehrsvereinbarungen über die Befreiung von Steuern und Straßenbenutzungsgebühren auf den Transitstrecken in Kraft. – Am 30. 4. werden in Ost-Berlin **drei weitere Abkommen** unterzeichnet, in denen die Schaffung einer durchgehenden Autobahnverbindung zwischen Berlin und Herleshausen, die Ausbaggerung des Mittellandkanals für Europaschiffe und der zweigleisige Ausbau der Eisenbahnstrecke zwischen Berlin und Helmstedt vereinbart werden.

Kontakte Schmidt-Honecker: → DDR

Häftlingsfreikauf und Ausreise: Der Bundesminister für innerdeutsche Beziehungen, *Egon*

Fortsetzung Sp. 683

Wahl zum 9. Deutschen Bundestag am 5. 10. 1980

Ergebnis: Die sozialliberale Koalition kann ihre Mehrheit im Parlament von bisher 10 Mandaten auf 45 ausbauen, der Zugewinn ist vor allem dem Erfolg der Liberalen zu verdanken, die von der Anti-Strauß-Kampagne profitieren. Die **CDU/CSU** erzielt bei einem Zweitstimmenanteil von 44,5 % (−4,1 % gegenüber 1976) das schlechteste Ergebnis seit 1949; sie bleibt jedoch stärkste Fraktion im Bundestag. Die **SPD** kommt bei einer geringen Steigerung ihres Stimmenanteils auf 42,9 % (+0,3 %). Die **FDP** verbucht 10,6 % der Zweitstimmen (+2,7 %). Die erstmals bei einer Bundestagswahl angetretene Partei **Die Grünen** verfehlt mit 1,5 % der Stimmen den Einzug in den Bundestag. Die Wahlbeteiligung beträgt 88,7 % (−2 %).

Wahl zum 9. Deutschen Bundestag am 5.10.1980 (1976)

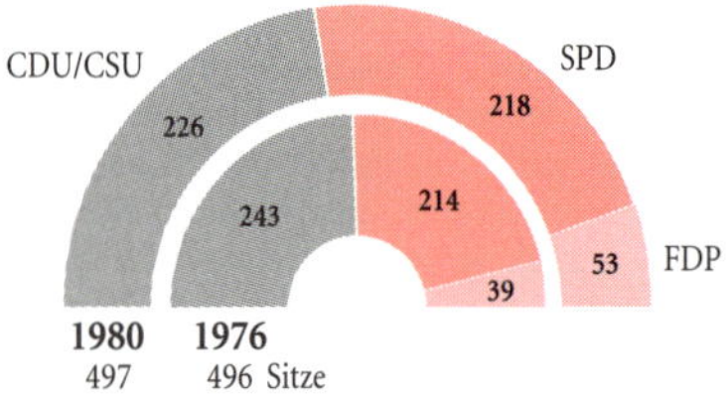

Bundestag und Bundesregierung: Der 9. Deutsche Bundestag konstituiert sich am 4. 11. und wählt *Richard Stücklen* (CSU) erneut zu seinem Präsidenten. – **Helmut Schmidt** wird am 5. 11. erneut **zum Bundeskanzler gewählt**; er erhält 266 Ja- und 222 Nein-Stimmen bei 2 Enthaltungen und 1 ungültigen Stimme. Am folgenden Tag werden die Mitglieder der Regierung vereidigt. Einziges neues Kabinettsmitglied ist Forschungs- und Technologieminister *Andreas von Bülow* (FDP); *Volker Hauff* (SPD) übernimmt das Verkehrsministerium von dem bisherigen Doppelminister *Kurt Gscheidle* (SPD), dem das Ressort für Post und Fernmeldewesen verbleibt. – In seiner **Regierungserklärung** am 24. 11. unter dem Motto »Mut zur Zukunft« fordert *Schmidt* im Hinblick auf die schwierige wirtschaftliche Situation und die kritische Haushaltslage den »Mut zur Korrektur und schrittweisen Verbesserung« durch eine sparsamere und stärker an den Marktbedingungen orientierte Wirtschaftspolitik.

Drittes Kabinett Schmidt (5. 11. 1980–1. 10. 1982)

Bundeskanzler	*Helmut Schmidt* (SPD)
Stellvertreter und Auswärtiges	*Hans-Dietrich Genscher* (FDP) ab 17. 9. 1982 zusätzlich *Helmut Schmidt* (SPD)
Inneres	*Gerhart Rudolf Baum* (FDP), ab 17. 9. 1982 zusätzlich *Jürgen Schmude* (SPD)
Justiz	*Hans-Jochen Vogel* (SPD) bis 21. 1. 1981, ab 28. 1. 1981 *Jürgen Schmude* (SPD)
Finanzen	*Hans Matthöfer* (SPD), ab 28. 4. 1982 *Manfred Lahnstein* (SPD)
Wirtschaft	*Otto Graf Lambsdorff* (FDP), ab 17. 9. 1982 zusätzlich *Manfred Lahnstein* (SPD)
Ernährung, Landwirtschaft und Forsten	*Josef Ertl* (FDP), ab 17. 9. 1982 zusätzlich *Björn Engholm* (SPD)
Arbeit und Sozialordnung	*Herbert Ehrenberg* (SPD), ab 28. 4. 1982 *Heinz Westphal* (SPD)
Verteidigung	*Hans Apel* (SPD)
Jugend, Familie und Gesundheit	*Antje Huber* (SPD), ab 28. 4. 1982 *Anke Fuchs* (SPD)
Verkehr	*Volker Hauff* (SPD)
Post und Fernmeldewesen	*Kurt Gscheidle* (SPD), ab 28. 4. 1982 *Hans Matthöfer* (SPD)
Raumordnung, Bauwesen und Städtebau	*Dieter Haack* (SPD)
Innerdeutsche Beziehungen	*Egon Franke* (SPD)
Forschung und Technologie	*Andreas von Bülow* (SPD)
Bildung und Wissenschaft	*Jürgen Schmude* (SPD), ab 28. 1. 1981 *Björn Engholm* (SPD)
Wirtschaftliche Zusammenarbeit	*Rainer Offergeld* (SPD)

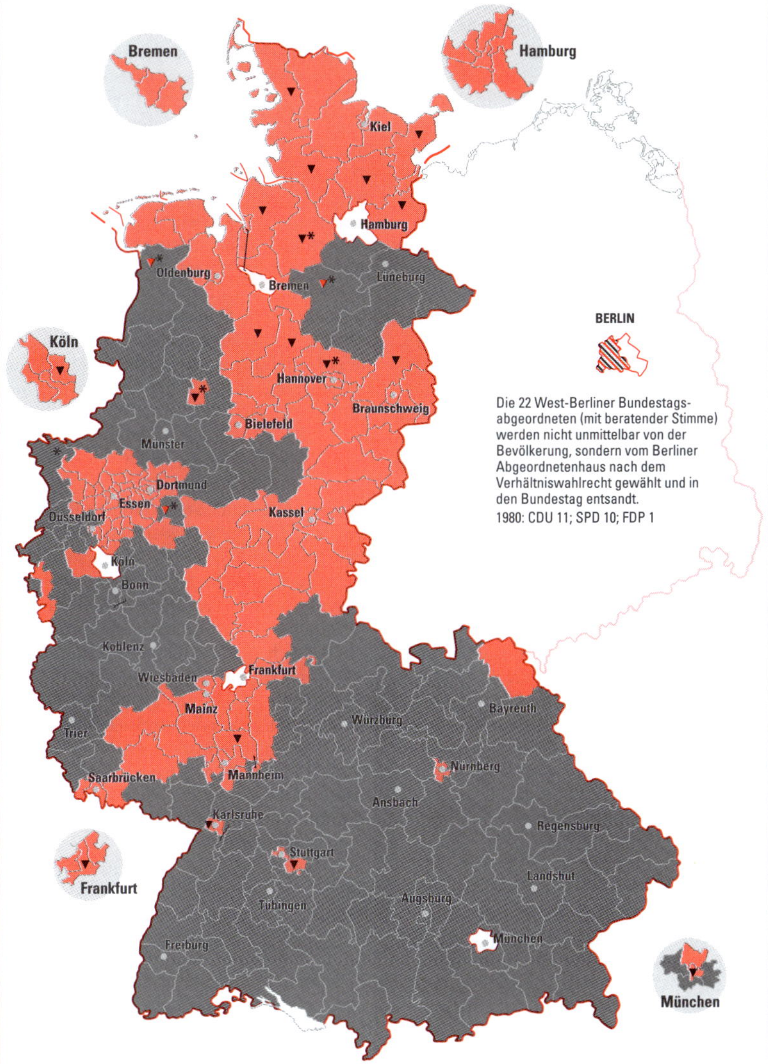

Direktmandate der im 9. Deutschen Bundestag vertretenen Parteien

Mit der Mehrheit der Erststimmen 1980 gewonnene Wahlkreise

- Kandidaten der CDU/CSU (81+40=121)
- Kandidaten der SPD (127)

Wechsel der Erststimmenmehrheit 1976/1980

▼ Wahlkreise, die von der CDU/CSU an die SPD fielen

▼ Wahlkreise, die von der SPD an die CDU/CSU fielen

* bedingt vergleichbar, da neue Wahlkreiseinteilung

Quelle: *Statistisches Bundesamt*

Franke, gibt am 3.7. bekannt, daß seit 1964 durch »besondere Bemühungen« der Bundesregierung 13 000 Inhaftierte aus der DDR-Haft vorzeitig und in den Westen entlassen worden und darüber hinaus weitere 30 000 DDR-Bürger über die Familienzusammenführung in die Bundesrepublik gekommen seien.

Außenpolitik

Ost-West-Verhältnis: Auf den **Einmarsch sowjetischer Streitkräfte in Afghanistan** seit 24.12.1979 reagieren die westlichen Staaten mit scharfen Protesten und Sanktionsmaßnahmen. – Auf Empfehlung des Bundestags vom 23.4. entschließt sich das Nationale Olympische Komitee am 15.5. in Düsseldorf mit 59 gegen 40 Stimmen **zum Boykott der Olympischen Sommerspiele,** die vom 19.7.–3.8. in Moskau und Tallin stattfinden. 30 Staaten boykottieren die Olympiade, unter ihnen die USA, Kanada, Japan und die Volksrepublik China.

Dritte Welt: Altbundeskanzler *Willy Brandt* übergibt UN-Generalsekretär *Kurt Waldheim* am 12.2. in New York den Abschlußbericht der von ihm geleiteten internationalen **Nord-Süd-Kommission** (→ 1977). Darin heißt es, um Hunger und Elend zu beseitigen und den Weltfrieden zu sichern, müßten die Beziehungen zwischen Industrie- und Entwicklungsländern neu geordnet werden. Als erste Schritte hierzu schlägt die Kommission u. a. vor, die öffentliche Entwicklungshilfe der Industrieländer bis 1985 auf 0,7 %, bis zum Jahr 2000 auf 1 % des Bruttosozialprodukts zu erhöhen.

Sowjetunion: In Gesprächen mit Bundeskanzler *Schmidt* und Außenminister *Genscher* am 30.6. und 1.7. in Moskau rückt Partei- und Regierungschef *Leonid I. Breschnew* von der am 3.1. verkündeten Entscheidung ab, über den Abbau von Mittelstreckenraketen erst dann zu verhandeln, wenn der Nachrüstungsbeschluß aufgehoben worden sei (→ oben).

Polen: Mit politischer Unterstützung der Bundesregierung räumt ein westdeutsches Bankenkonsortium der Regierung Polens am 13.8. einen **Kredit über rd. 1,2 Mrd. DM** ein. In der angespannten innenpolitischen Lage aufgrund einer seit zwei Monaten anhaltenden Streikbewegung gegen seine Wirtschaftspolitik sagt der polnische Parteichef *Edward Gierek* seinen für den 19.8. vorgesehenen Besuch in der Bundesrepublik ab (*Gierek* wird am 6.9. gestürzt). Am 4.9. gibt die Bundesregierung bekannt, daß Polen seine in den Verträgen von 1976 gegebene Zusage eingehalten habe, etwa **125 000 Deutsche ausreisen** zu lassen. Insgesamt seien von 1970 bis 1979 353 077 Aussiedler aus den Ländern Osteuropas in die Bundesrepublik gekommen (zwischen 1960 und 1969 waren es 213 882); etwa zwei Drittel von ihnen nach Unterzeichnung der KSZE-Schlußakte in Helsinki → 1975.

Vatikan: Als erstes Oberhaupt der katholischen Kirche seit 198 Jahren **besucht Papst Johannes Paul II.** vom 15.–19.11. **die Bundesrepublik.** Insgesamt etwa 1,5 Mio. Menschen sehen den Papst auf seinen Stationen in Köln, Bonn, Osnabrück, Mainz, Fulda, Altötting und München, wo er Grundsätze der katholischen Morallehre bekräftigt und zu christlicher Erneuerung aufruft.

Wirtschaftspolitik

Steuern: Der zum **Steuerentlastungsgesetz 1981** im Vermittlungsausschuß erzielte Kompromiß wird von Bundestag und Bundesrat am 4.7. endgültig gebilligt. Durch eine Korrektur des Einkommensteuertarifs, eine Anhebung des Weihnachtsfreibetrages und des Kindergeldes sowie durch weitere familienbezogene Leistungserhöhungen werden mittlere Einkommen ab dem 1.1.1981 entlastet.

Maßnahmen gegen den Preisanstieg: Zur Begrenzung des Preisanstiegs (1978: 2,5 %; 1979: 3,9 %) erhöht die Bundesbank 1980 zweimal die **Leitzinsen**, die zuletzt mit Wirkung zum 2.5. einen Höchststand erreichen: Der Diskontsatz liegt bei 7,5 %, der Lombardsatz bei 9,5 %. Zuletzt legte die Bundesbank die Leitzinsen 1979 in dieser Höhe fest.

Tarifpolitik: In einem Urteil über die Klage der IG Metall und IG Druck und Papier gegen die Aussperrungspraxis der Arbeitgeber in den Tarifkämpfen 1978 und 1979 erklärt das Bundesarbeitsgericht am 10.6. das Recht der Arbeitgeber auf **Aussperrung bei Streiks** der Arbeitnehmer unter bestimmten Voraussetzungen für zulässig; die Arbeitgeber müssen hierbei jedoch das Verhältnismäßigkeitsgebot beachten.

Europäische Gemeinschaft: Mit ihrer Zustimmung zu einem Kompromiß bei der Finanzierung des EG-Haushalts beendet die Bundesregierung am 30.5. die seit Ende 1979 anhaltende Agrarmarkt-Krise der Gemeinschaft. Zu Lasten der übrigen EG-Mitglieder setzt Großbritannien

Privater Verbrauch[1] 1950–1980 in %

	1950	1960	1970	1980
Nahrungs- und Genußmittel	43,0	38,6	30,6	28,1
Kleidung und Schuhe	15,4	12,5	10,6	9,3
Wohnungsmiete	7,2	7,6	12,5	16,4
Elektrizität, Gas, Brennstoffe	3,0	3,9	3,7	6,5
Übrige Haushaltsführung[2]	12,1	13,5	12,3	9,4
Verkehr und Nachrichtenübermittlung	5,7	7,8	13,6	14,0
Körper- und Gesundheitspflege	3,2	3,6	4,6	3,0
Bildung und Unterhaltung[3]	6,6	7,6	7,3	8,6
Persönliche Ausstattung[4]	3,8	4,9	4,8	4,8

[1] 4-Personen-Arbeitnehmerhaushalt mit mittlerem Einkommen
[2] Möbel, Hausgeräte etc.
[3] Radio- und Fernsehgeräte, Bücher, Theater, Kino etc.
[4] darunter auch Dienstleistungen des Beherbergungsgewerbes, Pauschalreisen
Quelle: W. Abelshauser, Wirtschaftsgeschichte der Bundesrepublik Deutschland 1945–1980, Frankfurt 1983, S. 131.

eine Reduzierung seines Beitrags für 1980 und 1981 um insgesamt 6,45 Mrd. DM durch, der bundesdeutsche Beitrag erhöht sich dafür um rd. 2,5 Mrd. DM.

Energiepolitik: Um nach den massiven Ölpreiserhöhungen im Gefolge der zweiten Ölkrise → 1979 die Abhängigkeit vom ausländischen Erdöl einzuschränken und den Einsatz von Kernenergie begrenzt zu halten, legt die Bundesregierung am 30. 1. ein Programm zur großtechnischen **Kohlevergasung und -verflüssigung** und zur Nutzung von alternativen Energiequellen vor. – Am 23. 4. vereinbaren die Unternehmen des Steinkohlebergbaus und der Elektrizitätswirtschaft in Dortmund den – nach 1977 zweiten – **Vertrag über die Verstromung von Kohle**.

Bundesländer

Medienpolitik: In Kiel unterzeichnen die Ministerpräsidenten von **Niedersachsen** und **Schleswig-Holstein**, *Ernst Albrecht* und *Gerhard Stoltenberg*, am 7. 2. einen neuen Staatsvertrag für den **Norddeutschen Rundfunk** (NDR). Mit ihm soll der NDR nur noch von den beiden Bundesländern und ohne das sozialdemokratisch regierte **Hamburg** betrieben werden. Das Bundesverwaltungsgericht entscheidet am 27. 5. jedoch, der Vertrag über die Dreiländeranstalt sei nicht aufgehoben worden, Schleswig-Holstein sei lediglich fristgerecht ausgetreten. Am 17. 7. verständigen sich die Regierungschefs aller drei Länder über eine neue Struktur des NDR. Die neue Vereinbarung sieht die Einführung von Regionalprogrammen vor, ermöglicht Werbung in den Hörfunkprogrammen und erlaubt durch Aufhebung der Monopolklausel für den NDR ab 1. 1. 1983 die Betreibung von privaten Rundfunkprogrammen. Der neue Staatsvertrag tritt am 1. 1. 1981 in Kraft.

Baden-Württemberg: Bei der Wahl zum Landtag am 16. 3. behauptet die CDU trotz Stimmenverlusten mit 53,4 % ihre absolute Mehrheit. Bei einem Stimmenanteil von 5,3 % der Stimmen ziehen die Grünen mit sechs Mandaten erstmals in das Parlament eines Flächenstaats ein. *Lothar Späth* (CDU) bleibt Regierungschef.

Saarland: Bei der Wahl zum Landtag am 27. 4. wird die vom Saarbrücker Oberbürgermeister *Oskar Lafontaine* geführte SPD erstmals stärkste Partei; auf sie entfallen 45,4 % der Stimmen. Die Regierung stellt jedoch weiter eine Koalition aus CDU und FDP unter dem bisherigen Ministerpräsidenten *Werner Zeyer* (CDU).

Nordrhein-Westfalen: Bei der Landtagswahl in Nordrhein-Westfalen am 11. 5. erhält die SPD mit 48,4 % der Stimmen die absolute Mehrheit der Mandate. Die FDP scheitert knapp an der Fünf-Prozent-Klausel. Die neue SPD-Alleinregierung des bisherigen Ministerpräsidenten *Johannes Rau* wird am 4. 6. vom Landtag gewählt.

1980

Abgrenzung nach West und Ost

In Reaktion auf Streikwelle und Gewerkschaftsbewegung in Polen schränken die DDR-Behörden private Reisemöglichkeiten in das östliche Nachbarland ein. Der Staatsratsvorsitzende *Honecker* schlägt auf dem Gipfeltreffen der Warschauer-Pakt-Staaten drakonische Maßnahmen gegen die Entwicklung in Polen vor.
Nach der Bundestagswahl geht die DDR durch eine drastische Erhöhung des Mindestumtausches und die Rückkehr zu Maximalforderungen an die Bundesregierung auf deutlichen Abgrenzungskurs.
Nach Aufnahme als nichtständiges Mitglied in den UN-Sicherheitsrat kann die DDR ihre internationale Präsenz ausbauen. Mit Österreich besucht *Honecker* erstmals ein westliches Industrieland.

Außenpolitik

Polen: Der starke Einkaufstourismus polnischer Bürger in der DDR liefert der Staatsführung am 30. 10. den Vorwand, die 1972 eingeführte Regelung über den **paß- und visafreien Reiseverkehr zwischen Polen und der DDR** »zeitweilig« **aufzuheben**. Privatreisende benötigen nun eine Einladung ihrer jeweiligen Gastgeber. Tatsächlich handelt es sich um eine Reaktion auf die Streikbewegung in Polen, auch wenn zunächst ein Übergreifen auf die DDR nicht befürchtet wird (→ unten). Dennoch setzt sich die DDR-Führung offen für die Niederschlagung der Streik- und Demokratiebewegung in Polen ein. Am 26. 11. schlägt *Erich Honecker* dem sowjetischen Partei- und Staatschef *Leonid Breschnew* vor, »kollektive Hilfsmaßnahmen für die polnischen Freunde bei der Überwindung der Krise auszuarbeiten«. Solche Maßnahmen seien heute »notwendig«, weil sie morgen »verspätet« sein könnten. Am 5. 12. findet in Moskau **ein Gipfeltreffen der Warschauer-Pakt-Staaten** statt, an dem für die DDR *Erich Honecker*, *Willi Stoph* sowie die Minister für Staatssicherheit bzw. für Nationale Verteidigung, *Erich Mielke* bzw. *Heinz Hoffmann*, teilnehmen. Die Teilnehmer erörtern die Möglichkeit einer Intervention in Polen, entscheiden sich dann jedoch dagegen, weil die polnische Delegation die **Verhängung des Kriegsrechts als letzten Ausweg** zur Bewältigung der Krise vorschlägt (→ 1981).

Die Streiks in Polen und die Reaktionen der DDR

Die Krise der kommunistischen Macht in Polen, die durch Streiks und die Forderung nach Gründung einer unabhängigen Gewerkschaft (»Solidarność«) ausgelöst wird, bewertet die SED-Führung in einer Analyse, die vom für Außenpolitik zuständigen Politbüromitglied *Hermann Axen* am 2. 9. vorgelegt wird. Darin wird die unabhängige Gewerkschaft Solidarność als »konterrevolutionäre Bewegung« bezeichnet, die – ähnlich wie es auch beim Prager Frühling der Fall gewesen sei – »ihre antisozialistischen Zielstellungen mit der Behauptung [verschleiert], den Sozialismus verbessern zu wollen«.

Weitere außenpolitische Ereignisse

Ab 1. 1. wird die DDR erstmals für zwei Jahre **nichtständiges Mitglied des UN-Sicherheitsrats**. – Am 1. 2. schließt die DDR ein Wirtschaftsabkommen mit Frankreich ab. – Vom 27. 5. bis 1. 6. reist *Erich Honecker* zu einem Staatsbesuch nach Kuba, wo er am 31. 5. zusammen mit *Fidel Castro* einen Kooperationsvertrag unterzeichnet. – Nach mehrjähriger Unterbrechung ihrer diplomatischen Beziehungen vereinbaren Chile und die DDR am 13. 6. die Einrichtung von Handelsvertretungen in Santiago de Chile bzw. Ost-Berlin. – Vom 10.–13. 11. besucht *Erich Honecker* mit Österreich **zum ersten Mal ein westliches Industrieland**. – Am 21. 11. nehmen die DDR und Irland diplomatische Beziehungen auf.

Innenpolitik

Kirchen- und Kulturpolitik: Am 13. 6. konstituiert sich das **Staatliche Martin-Luther-Ko-**

mitee zur Vorbereitung der Feierlichkeiten des 500. Geburtstags des Kirchenreformators 1983. Den Vorsitz übernimmt der Staatsratsvorsitzende *Erich Honecker* selbst. An der ersten Sitzung nehmen auch einige Vertreter des kirchlichen Lutherkomitees teil. Mit ihrer Unterstützung umfangreicher Rekonstruktionsarbeiten an kirchlichen Gebäuden in mehreren Orten der DDR, die Wirkungsstätten *Martin Luthers* beherbergen, zeigen **staatliche Stellen**, daß auch sie **kirchliches Kulturgut erhalten und pflegen** wollen. Dies kommt auch im Gesetz zum Schutz des Kulturgutes der DDR, das am 3.7. von der Volkskammer beschlossen wird, zum Ausdruck. War *Luther* wegen seiner Haltung zum Bauernkrieg in der Vergangenheit von Staat und Partei noch abgelehnt worden, wird er nun im wesentlichen positiv im Sinne einer in der DDR beginnenden Debatte um »Erbe und Tradition« in der deutschen – also auch der eigenen – Geschichte bewertet. – Am 19.6. hält der Ideologiesekretär des SED-Zentralkomitees, *Kurt Hager*, bei einer »Parteiaktivtagung« des Kulturbundes eine Ansprache, in der er explizit die **These von der gemeinsamen deutschen Kultur zurückweist**.

Friedensbewegung: Im September kündigt *Christoph Wonneberger* auf dem Dresdner Pfarrerkonvent eine Initiative für einen zivilen Ersatzdienst für junge Männer an, die weder den regulären Wehrdienst noch den Dienst als Bausoldat ableisten wollen. Zusammen mit anderen

erarbeitet er in den kommenden Wochen einen **Aufruf für einen Sozialen Friedensdienst** (SoFD). Die Herbstsynode der sächsischen Landeskirche reicht den Entwurf an den Ausschuß Kirche und Gesellschaft des Bundes der Evangelischen Kirchen weiter, der ihn im Frühjahr 1981 nach der Überarbeitung des Textes zur Veröffentlichung freigibt.

Deutsch-deutsche Beziehungen

Kontakte zwischen Honecker und Schmidt: Das am 13.12.1979 von *Erich Honecker* für Ende Februar/Anfang März angekündigte Treffen mit Bundeskanzler *Helmut Schmidt* wird am 30.1. **auf Wunsch der DDR verschoben**. Vor dem Hintergrund eines schwierigen internationalen Umfeldes sieht die DDR-Seite die Gespräche durch die Entwicklung in Polen sowie den Einmarsch sowjetischer Truppen in Afghanistan überschattet. – Bei den **Beisetzungsfeierlichkeiten in Belgrad** für den am 4.5. verstorbenen jugoslawischen Partei- und Staatschef, *Josip Broz Tito*, kommen *Honecker* und *Schmidt* erstmals seit 1975 wieder direkt zusammen. Beide halten am Plan eines Zusammentreffens in der DDR fest. – Am 11.8. lädt *Erich Honecker* schließlich *Helmut Schmidt* zu einem »Arbeitsbesuch« am 28. und 29.8. an den Werbellinsee. Durch die **Absage** *Schmidts* elf Tage später, die **Streiks der West-Berliner Reichsbahn-Angestellten** für höhere Löhne (17.–25.9.) und die

Innerdeutscher Handel 1979–1989

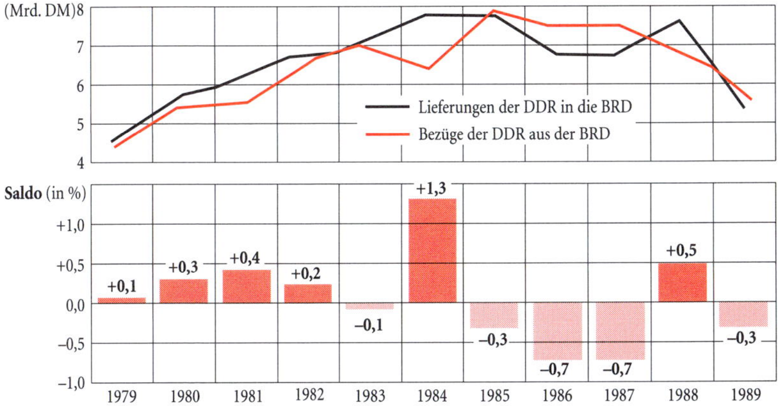

Quelle: Handelsblatt

»Geraer Forderungen«

1. Anerkennung der Staatsbürgerschaft der DDR
2. Auflösung der Zentralen Erfassungsstelle der Länderjustizverwaltungen für Verbrechen in der DDR in Salzgitter
3. Umwandlung der Ständigen Vertretungen in Botschaften und damit Aufnahme normaler völkerrechtlicher Beziehungen zwischen DDR und Bundesrepublik
4. Anerkennung der Flußmitte der Elbe als Staatsgrenze zwischen DDR und BRD
5. Unterbindung des »Mißbrauchs der Transitwege« (d. h. Strafverfolgung von Fluchthelfern in der Bundesrepublik und in West-Berlin)

kurz darauf (30. 9.) von der Reichsbahn der DDR veranlaßte **Einschränkung des S-Bahn-Verkehrs** in West-Berlin sowie die außenpolitischen Ereignisse in **Polen und Afghanistan** gerät der deutsch-deutsche Verhandlungsprozeß ins Stocken.

Zwangsumtausch: Am 13. 10. verfügt der DDR-Ministerrat eine drastische **Erhöhung des Mindestumtausches für westliche Besucher**. Erwachsene haben in Zukunft fortan unabhängig von der Tatsache, ob sie aus dem Ausland, der Bundesrepublik oder West-Berlin und unabhängig davon, ob sie nach Ost-Berlin oder in die übrige DDR einreisen wollen, 25 DM zum Kurs 1:1 in Mark der DDR umzutauschen. Die bisherige Befreiung von Rentnern und Kindern und Jugendlichen im Alter von 6 bis 16 Jahren entfällt.

»Geraer Forderungen«: In seiner Rede zur Eröffnung des Parteilehrjahres 1980/81 der SED am 13. 10. in Gera schreibt *Erich Honecker* **allein der Bundesrepublik** die Verantwortung für die zwischen beiden deutschen Staaten bestehenden Probleme zu. Für die weitere Normalisierung der deutsch-deutschen Beziehungen nennt er fünf Voraussetzungen (**»Geraer Forderungen«**, → Kasten).

Wirtschaftspolitik

Nach dem **Rückgang der jährlichen Wachstumsraten** des Bruttoinlandsprodukts (BIP) in den vergangenen Jahren **sinkt 1980 erstmals** in der Geschichte der DDR **das BIP im Vergleich zum Vorjahr** um 0,5 % auf 186,9 Milliarden DM (in DM-Preisen von 1989). Damit erweist sich die wirtschaftspolitische Strategie der *Honecker*-Führung vom Beginn der siebziger Jahre, mit kreditfinanzierten Technologieimporten die Basis für eine spätere Exportoffensive zu legen, um aus deren Erlösen die entstandenen Schulden abzahlen zu können, als Fehleinschätzung (→ Kasten).

Verstärkter Aufkauf von Sekundärrohstoffen: Am 11. 12. erläßt der Ministerrat eine **Verordnung zur umfassenden Nutzung** von Sekundärrohstoffen. Sie löst bestehende Regelungen im Landeskulturgesetz ab und betrifft sowohl Unternehmen als auch private Haushalte. Das dichte Netz von Sekundärrohstofferfassungsstellen wird weiter ausgebaut; höhere Aufkaufpreise für Schwarzmetallschrott (seit 1. 3.) sowie für Altpapier, Flaschen und Gläser (seit 1. 4.) erhöhen den finanziellen Anreiz für

Staatshaushalt 1980

	in Mio. Mark
Einnahmen	155 404,5
davon	
Volkseigene Wirtschaft (ohne Land-, Forst- u. Nahrungsgüterwirtschaft)	111 401,9
Volkseigene u. genossenschaftl. Land-, Forst- u. Nahrungsgüterwirtschaft	5 109,0
Steuern u. Abgaben	13 925,7
Gesundheits- u. Sozialwesen	6 450,3
Sozialversicherung und andere Versorgungsleistungen des Staates	15 420,3
Ausgaben	155 339,5
davon	
Volkseigene Wirtschaft (ohne Land-, Forst- u. Nahrungsgüterwirtschaft)	36 482,8
Volkseigene u. genossenschaftl. Land-, Forst- u. Nahrungsgüterwirtschaft	11 035,0
Wohnungsbau u. Wohnungswirtschaft	7 052,4
Preisstützung für Verbraucherpreise, Tarife u. Dienstleistungen für die Bevölkerung	16 391,5
Volksbildung	7 025,2
Hoch- u. Fachschulwesen	2 053,0
Gesundheits- u. Sozialwesen	9 539,9
Sozialversicherung und andere Versorgungsleistungen d. Staates	29 401,8
Sport	367,8
Erholungswesen u. Feriendienst	388,4
Staatsapparat u. wirtschaftsleitende Organe	3 746,3
Nationale Verteidigung	9 403,0
Öffentl. Sicherheit, Rechtspflege u. Sicherung d. Staatsgrenze	3 683,0

Quelle: Neues Deutschland, Berlin (Ost) vom 21. 12. 1979

Die Kreditabhängigkeit der DDR-Wirtschaft

Bereits Ende 1978 muß die DDR Kredite aufnehmen, um die Zinsen für bereits erhaltene Kredite bedienen zu können. Im Handel mit dem »nichtsozialistischen Wirtschaftsgebiet« (NSW) – dem Westen – ist seit 1971 ein Importüberschuß von 21 Milliarden Valuta-Mark (mit der DM nicht identische Verrechnungseinheiten für die Abrechnung des Im- und Exports in Planung und Statistik) entstanden. Die daraus resultierende Kreditbelastung kann die DDR in den folgenden Jahren bis zu ihrem Ende 1989 nicht mehr abbauen. Zudem ist dadurch ihre Fähigkeit eingeschränkt, in den Folgejahren weltwirtschaftliche Schwankungen wie etwa Absatzschwächen für eigene Erzeugnisse oder starke Preiserhöhungen für notwendige Importe zu kompensieren. Die Lage der DDR-Wirtschaft ist deshalb so prekär, weil bereits 1980 mehr als die Hälfte der technischen Ausrüstungen im produzierenden Bereich (51,5%) dringend Ersatz- bzw. Erweiterungsinvestitionen erfordern, die jedoch nicht mehr finanziert werden können. Mehr noch: Die DDR nutzt weitere Kreditaufnahmen zur Finanzierung von Importen für den Konsumbereich.

private Haushalte, recyclingfähige Stoffe zu sammeln. So steigt z. B. der Aufkaufpreis für pfandfreie Flaschen und Gläser von 5 bis 10 auf

bis zu 30 Pfennig pro Stück. Bei Altpapier wie Zeitungen, Zeitschriften und Pappe werden 30 bis 50 Pfennig pro Kilogramm gezahlt.

Soziale Daten

Bevölkerung: Im Gebiet der DDR leben am 31. 12. 16,74 Millionen Einwohner. Nach westlichen Angaben siedeln 15 433, nach DDR-Angaben 13 166 Personen nach Westdeutschland über. In umgekehrter Richtung wandern nach westlichen Angaben ca. 1600, nach DDR-Angaben 363 Personen. 10,58 Millionen Personen, darunter 5,36 Millionen Frauen, befinden sich im arbeitsfähigen Alter (zwischen etwa 15 und 60 bzw. 65 Jahren). 8,23 Millionen Personen sind berufstätig, darunter 4,11 Millionen Frauen. **Einkommen und Lebenshaltung:** Das durchschnittliche monatliche **Arbeitseinkommen** von Arbeitern und Angestellten in der staatseigenen Wirtschaft liegt bei 1021 Mark. Die Pro-Kopf-**Sparguthaben** wachsen auf etwa 5958 Mark an. Die Sparguthaben bei Geld- und Kreditinstituten wachsen gegenüber dem Vorjahr absolut um 2,9%. – Das **Fernsprechnetz** der Deutschen Post wächst gegenüber dem Vorjahr um 32 500 auf über 1 355 700 Anschlüsse. Beim **Ausstattungsniveau** der privaten Haushalte mit langlebigen Konsumgütern entfallen auf 1000 Haushalte 381 PKW, 184 Motorräder bzw. Motorroller, 1088 Kühlschränke, 844 Waschmaschinen, 1590 Radioapparate und 1050 Fernsehgeräte.

1981

Streit um die Nachrüstung

Die Friedensbewegung erreicht in der Bundesrepublik und in anderen westeuropäischen NATO-Staaten einen vorläufigen Höhepunkt: Menschen aus allen gesellschaftlichen Schichten und Bereichen protestieren mit zahlreichen Kundgebungen und einer Großdemonstration im Herbst gegen den Rüstungswettlauf der beiden Supermächte und gegen die Stationierung von atomaren US-Mittelstreckenraketen in Europa.
Die Schwierigkeiten in der sozialliberalen Koalition, beim Entwurf des Bundeshaushaltes für 1982 einen Konsens zu erzielen, offenbaren die Differenzen von SPD und FDP in der Wirtschafts- und Sozialpolitik. Auch innerhalb der SPD kommt es vermehrt zu Auseinandersetzungen über Bundeskanzler *Schmidts* Kurs in der Sicherheits- und Wirtschaftspolitik.

Rüstungswettlauf

Deutsche Initiativen: Die Bundesrepublik, die wegen ihrer geographischen Lage als Nachbarland zu zwei Warschauer-Pakt-Staaten ein starkes Interesse an Abrüstungsverhandlungen hat, versucht angesichts der voraussichtlichen Durchführung des am 12.12. → 1979 gefaßten NATO-Beschlusses zur Nachrüstung mit atomaren Mittelstreckenraketen und wegen des zunehmenden Drucks der Friedensbewegung (→ unten) zwischen den USA und der Sowjetunion durch eine verstärkte diplomatische Aktivität zu vermitteln. Bei seinen Besuchen in Washington vom 9.–11.3. und in Moskau am 2./3.4. sondiert Außenminister *Genscher* die Erfolgsaussichten von Verhandlungen über nukleare Mittelstreckenraketen. Der sowjetische Staats- und Parteichef *Leonid I. Breschnew* erklärt sich bereit, ohne Vorbedingungen zu verhandeln. Das von ihm zunächst als Voraussetzung jeglicher Verhandlungen geforderte **Moratorium** (Einstellung der Vorbereitung auf die Stationierung der Mittelstreckenraketen, Begrenzung der Raketenzahl auf beiden Seiten) schwächt er ab. – Bei Gesprächen in Washington vom 20.–23.5. stimmen Bundeskanzler *Schmidt* und der amerikanische Präsident *Ronald Reagan* darin überein, daß sie Abschreckung und Rüstungskontrolle als integrale Bestandteile ihrer Bündnispolitik ansehen. *Reagan* gibt *Schmidt* die Zusage, daß die USA mit der Sowjetunion Verhandlungen über die Mittelstreckenwaffen aufnehmen werden. – Nach Rückkehr von seiner Reise nach Moskau (29.6.–3.7.) auf Einladung *Breschnews* berichtet der SPD-Vorsitzende *Willy Brandt* von weiteren **Modifikationen der sowjetischen Vorschläge**. Von den Unionsparteien und der US-Regierung wird seine Reise heftig kritisiert. – Während seines Besuchs in der Bundesrepublik vom 22.–25.11. bietet *Breschnew* als »Geste des guten Willens« an, einen Teil der nuklearen Mittelstreckenwaffen im europäischen Teil der Sowjetunion abzubauen.

INF-Verhandlungen: Am 30.11. beginnen in Genf die **Verhandlungen über die Intermediate Nuclear Forces** (INF, eurostrategische Mittelstreckenwaffen). Die NATO schlägt eine **»Null-Lösung«** im Sinne des Doppelbeschlusses vom 12.12. vor: Verzicht auf die Nachrüstung, wenn die Sowjetunion ihre SS-20-Raketen abgebaut hat. Zuvor hat *Reagan* dieses Ziel am 18.11. in ein **Vier-Punkte-Programm** eingebunden, in dem er der Sowjetunion über die INF-Verhandlungen hinaus Gespräche über den Abbau der konventionellen Streitkräfte und der strategischen Waffen anbietet.

Weitere außenpolitische Ereignisse

Iran: Nach Freilassung der seit dem 4.11.1979 in Teheran festgehaltenen 52 US-Geiseln am 20.1. beschließt die Bundesregierung einen Tag später die Aufhebung der gegen den Iran verhängten Wirtschaftssanktionen.

Saudi-Arabien/Israel: Während seines Besuchs in Riad vom 27.–29.4. lehnt Bundeskanzler *Helmut Schmidt* die von Saudi-Arabien gewünschte **Lieferung von Kampfpanzern** des Typs »Leopard 2« und anderer Waffen ab. Seit 1971 gilt ein Kabinettsbeschluß, nach dem aus der Bundesrepublik keine Waffen in Krisenge-

biete geliefert werden dürfen. In einem Fernsehinterview am 30. 4. befürwortet *Schmidt* das Selbstbestimmungs- und Heimatrecht der **Palästinenser**, kritisiert die israelische Siedlungs- und Besatzungspolitik im palästinensischen Westjordanland und hält die Beteiligung der Palästinensischen Befreiungsorganisation am Nahost-Friedensprozeß für erforderlich. In Israel stoßen *Schmidts* Äußerungen auf scharfe Kritik.
Polen: Nach der **Verhängung des Kriegsrechts** in Polen am 13. 12. fordert die Bundesregierung mit den anderen westlichen Mächten die sofortige Wiedereinsetzung der zivilen Regierung, entschließt sich jedoch zunächst nicht wie die Regierung der USA zur Verhängung von Wirtschaftssankionen. – Am 30. 12. erläutert der stellvertretende polnische Ministerpräsident *Mieczyslaw Rakowski* Bundesaußenminister *Genscher* in Bonn die Situation in Polen.

Haushaltskrise

Die Finanzierungsprobleme bei der Erstellung des Bundeshaushaltes 1982 führen zu einer ernsthaften Krise innerhalb der sozialliberalen Koalition, die am 3. 9. mit dem Beschluß der Bundesregierung über den Haushaltsentwurf für 1982 in Verbindung mit dem Finanzplan für die Jahre 1981 bis 1985 vorerst beigelegt wird. Nachdem die CDU/CSU mit ihrer Mehrheit im Bundesrat das notwendig gewordene »Sparpaket« zum Bundeshaushalt am 25. 9. abgelehnt hat, einigt sich die sozialliberale Koalition, die nun eine neuerliche **Deckungslücke von 7,8 Mrd. DM** schließen muß, am 26. 10. auf einen revidierten umfangreichen Katalog von Maßnahmen zur Konsolidierung der Staatsfinanzen und der Sozialversicherung. Das als **»Operation '82«** bezeichnete Programm (→ 1982), das in **acht Begleitgesetze zum Bundeshaushalt** eingeht, soll Einsparungen und Einnahmen von insgesamt 19,1 Mrd. DM erbringen. Das **Zweite Haushaltsstrukturgesetz** soll hierbei durch zahlreiche Ausgabenkürzungen Einsparungen von insgesamt 6,6 Mrd. DM ermöglichen. Es sieht Einsparungen bei der Besoldung im öffentlichen Dienst (Kürzung um 1% und Verschiebung der tariflichen Erhöhung um drei Monate zum 1. 7. 1982) und vor allem im Sozialbereich vor, u. a. durch die Einführung von Fehlbelegungsausgleichszahlungen für Besserverdienende in Sozialwohnungen, Kürzungen

beim Kindergeld und bei der Sozialhilfe (u. a. beim Taschengeld für Heimbewohner) sowie beim Wohngeld vor (→ 1982). Erst nach einem im Vermittlungsausschuß erzielten Kompromiß billigt der Bundestag am 10. 12. das Gesetzespaket. Die einzelnen Gesetze treten zu einem Großteil am 1. 1. → 1982 in Kraft.

Protestbewegungen

Anti-Atomkraftbewegung: Trotz Verbotsverfügung des Oberverwaltungsgerichts Lüneburg demonstrieren am 28. 2. rd. 100 000 Kernkraftgegner in der Wilstermarsch erneut gegen den im November 1976 begonnenen Bau des **Atomkraftwerks Brokdorf** nordwestlich von Hamburg. Anlaß ist die am 19. 2. von der schleswig-holsteinischen Landesregierung erteilte zweite Teilerrichtungsgenehmigung. Die innerparteiliche Auseinandersetzung über das Kraftwerk Brokdorf führt zum Rücktritt von Hamburgs Erstem Bürgermeister *Hans-Ulrich Klose* (→ Bundesländer).
Hausbesetzerszene: Nach einer Demonstration von Hausbesetzern in **Nürnberg** am 8. 3. nimmt die Polizei 172 Besucher eines Jugendzentrums, von denen nur wenige an der Demonstration teilgenommen haben, fest und läßt 141 von ihnen erst nach mehreren Tagen Inhaftierung wieder frei. – Die Räumung eines besetzten Hauses in **West-Berlin** durch die Polizei am 22. 6. zieht Straßenschlachten mit zahlreichen Verletzten nach sich. Bei den Zusammenstößen zwischen der Polizei und Demonstranten am 22. 9. nach der teilweise gewaltsamen Räumung von acht besetzten Häusern durch die Polizei kommt der 18jährige Hausbesetzer-Sympathisant *Klaus-Jürgen Rattay* ums Leben. In West-Berlin gibt es rd. 80 000 Wohnungssuchende, zugleich sind 1100 Gebäude mit 9720 Wohnungen unbewohnt.
Friedensbewegung: Manifestationen gegen die militärische Aufrüstung prägen den 19. Deutschen Evangelischen **Kirchentag in Hamburg** (17.–21. 6.). Unter den 150 000 Teilnehmern, den meisten eines Evangelischen Kirchentags seit 1949, befinden sich überraschend viele Jugendliche, die sich zum Pazifismus bekennen. – Am 10. 10. versammeln sich **in Bonn rd. 300 000 Personen** und fordern die Rücknahme des NATO-Doppelbeschlusses (→ 1979) und Initiativen für eine weltweite Abrüstung. Sprecher sind u. a. *Heinrich Albertz*, *Heinrich Böll*, *Wil-*

liam Borm (Bundesvorstandsmitglied der FDP), General a. D. *Gerd Bastian* und die Friedensforscher *Robert Jungk* und *Alfred Mechtersheimer* (der wegen seines Engagements am 30. 11. aus der CSU ausgeschlossen wird); im Widerspruch zu einer Distanzierung der SPD-Parteispitze von der Veranstaltung hält auch das Präsidiumsmitglied der SPD *Erhard Eppler* eine Rede, in der er den Nachrüstungskurs der Bundesregierung kritisiert.

Anti-Startbahn-Bewegung: Das im Erweiterungsgebiet des Frankfurter Rhein-Main-Flughafens gelegene **Hüttendorf**, das Startbahngegner im November → 1980 am Rande der künftigen Startbahn West des Frankfurter Flughafens errichteten, wird am 1./2. 11. von der Polizei geräumt. – Etwa 100 000 Personen nehmen am 14. 11. in Wiesbaden an einer Demonstration gegen den Frankfurter Flughafenausbau teil. Am Tag darauf blockieren Startbahngegner die Flughafenzugänge. – Aus formalen Gründen weist die hessische Landesregierung am 25. 11. den Antrag auf ein **Volksbegehren gegen die Startbahn** ab, für das 220 000 Unterschriften vorgelegt wurden. In einer Resolution befürworten alle im Landtag vertretenen Parteien die Erweiterung des Flughafens. Am 14. 12. muß Ministerpräsident *Holger Börner* (SPD) jedoch einem befristeten Baustopp für die Startbahn zustimmen.

Terrorismus

Antiamerikanische Anschläge: Ein Bombenanschlag Unbekannter auf das **Hauptquartier der US-Luftstreitkräfte in Europa** (Ramstein) am 31. 8. fordert 20 Verletzte und leitet eine Serie weiterer Gewalttaten gegen US-Militäreinrichtungen ein. – Zu dem am 15. 9. in Heidelberg auf den Oberbefehlshaber der US-Landstreitkräfte in Europa, General **Frederick J. Kroesen**, verübten Anschlag bekennt sich ein »Kommando Gudrun Ensslin« der Rote Armee Fraktion (RAF). *Kroesen* und seine Frau werden in dem gepanzerten Auto leicht verletzt.

Rechtsterrorismus: Eine Schießerei während einer Polizeiaktion gegen Neonazis der **Volkssozialistischen Bewegung Deutschlands** fordert am 20. 10. zwei Tote und drei Verletzte. – Während einer Durchsuchungsaktion in der Lüneburger Heide zwischen dem 20. 10. und dem 2. 11. entdeckt die Polizei **31 Waffendepots** von Rechtsextremisten mit insgesamt 88 Kisten, die 156 kg Sprengstoff, 13 000 Schuß Munition und 50 Panzerfäuste enthalten.

Karry-Mord: Am 11. 5. wird der hessische Wirtschaftsminister und stellvertretende Ministerpräsident *Heinz Herbert Karry* (FDP) in seinem Haus in Frankfurt am Main von unbekannten Tätern erschossen. *Karry*, der zu den Befürwortern der umstrittenen Startbahn West des Frankfurter Flughafens zählte, ist der erste bundesdeutsche Politiker, der einem Attentat zum Opfer fällt. Die Bundesanwaltschaft vermutet die Täter im terroristischen Umfeld.

Gesetzgebung

Montan-Mitbestimmung: Am 8. 4. sichert der Bundestag durch eine Änderung der Gesetzgebung zur Mitbestimmung in den Unternehmen im Kohle- und Stahlbereich von → 1951 und 1976 die Gültigkeit der – in einigen Bestimmungen modifizierten – **Mitbestimmungsregelungen für weitere sechs Jahre** auch für den Fall, daß der Umsatzanteil aus der Produktion im Montanbereich die 50 %-Schwelle des Konzerngesamtumsatzes unterschreitet. Nach Ablauf der sechs Jahre gilt das Mitbestimmungsgesetz von → 1976. Der Gesetzgeber entspricht damit teilweise einer Forderung der IG Metall, die den Umstrukturierungsplänen des Mannesmann-Konzerns Widerstand entgegensetzt. Mannesmann will die Produktionsbereiche der Stahlerzeugung (Hüttenwerke) und der Stahlverarbeitung (Röhrenwerke) zusammenschließen; dies hätte zur Folge, daß der Konzern nicht mehr der Montanmitbestimmung unterliegen würde.

Parteien

SPD-Krise: Der SPD-Bundesvorstand beschließt am 12. 2. auf Initiative des Parteivorsitzenden einen Fünf-Punkte-Katalog **»Zur Lage der Partei im Februar«**. Nach heftigen Auseinandersetzungen in der Partei vor allem über den sicherheits- und wirtschaftspolitischen Kurs der Partei – in beiden Bereichen opponieren starke Kräfte gegen die Politik von Bundeskanzler *Schmidt* – soll das Papier den innerparteilichen Frieden wiederherstellen. Sechs, in der Mehrheit dem linken Flügel zugerechnete Vorstandsmitglieder enthalten sich bei der Abstimmung der Stimme. – Auf dem Landesparteitag der bayerischen SPD in Wolfratshausen am 17. 5. **kündigt Schmidt seinen Rücktritt an** für den Fall, daß sich die SPD mehrheitlich gegen den NATO-Doppelbeschluß ausspricht. – Unter dem Druck einer **Rücktrittsdrohung des hessischen Ministerpräsidenten** und Vorsitzenden der Landes-SPD, *Holger Börner*, billigt der Sonderparteitag der Landes-SPD am 21.6. die geplante Erweiterung des Frankfurter Flughafens durch eine Startbahn West, die Kernenergiepolitik der Landesregierung und den NATO-Nachrüstungsbeschluß. – Am 11.12. bestätigt die Bundesschiedskommission der SPD den **Parteiausschluß** des Bundestagsabgeordneten *Karl-Heinz Hansen*, der als Exponent des linken Parteiflügels den politischen Kurs der Partei scharf kritisiert.

FDP: Auf dem Bundesparteitag der FDP (29.–31.5.) folgt der Parteivorsitzende und Außenminister *Hans-Dietrich Genscher* dem Beispiel von Bundeskanzler *Schmidt* und **stellt seinen Rücktritt in Aussicht**, wenn die FDP dem sicherheitspolitischen Kurs der Bundesregierung nicht mehr folgen sollte. Er erhält von den Delegierten ein eindeutiges Votum für die Fortsetzung der bisherigen Außen- und Sicherheitspolitik, doch zeigt die Abstimmung (271 gegen 103) Stimmen, daß auch die FDP in dieser Frage gespalten ist. – In einem Brief an Führungspersonen der FDP **fordert Genscher** am 20.8. **eine »Wende«** durch eine Politik, die einer überzogenen »Anspruchsmentalität« entgegentritt und mittels einer strikten Sparpolitik die Bundesregierung in ihren finanzpolitischen Entscheidungen wieder handlungsfähig macht. Der »Wende-Brief« markiert den Anfang einer Abkehr der FDP von der SPD und einer Hinwendung zur CDU.

Aufarbeitung der NS-Vergangenheit

Heß-Inhaftierung: Das Bundesverwaltungsgericht in West-Berlin weist am 14.2. den Antrag des ehemaligen »Stellvertreters des Führers«, *Rudolf Heß*, zurück, die Bundesregierung durch ein Urteil dazu zu verpflichten, sich durch außenpolitische Initiativen für seine Freilassung zu verwenden. *Heß*, 1946 im Nürnberger Kriegsverbrecherprozeß zu lebenslanger Haft verurteilt, ist inzwischen der einzige noch im Kriegsverbrechergefängnis in Berlin-Spandau verbliebene Häftling. Die Sowjetunion blockiert seine Freilassung, die von den Westalliierten und der Bundesregierung aus humanitären Gründen befürwortet wird.

Majdanek-Prozeß: In dem am 26.11.1975 eröffneten Schwurgerichtsprozeß beim Landgericht Düsseldorf gegen Angehörige der Kommandantur des Konzentrations- und Vernichtungslagers Majdanek (Polen) ergehen nach 474 Verhandlungstagen am 30.6. in Düsseldorf die Urteile. Von den neun der anfänglich 17 Angeklagten werden eine ehemalige Lageraufseherin zu lebenslänglicher, die übrigen Angeklagten zu Freiheitsstrafen zwischen drei und zwölf Jahren verurteilt; ein Angeklagter wird freigesprochen. In einem abgetrennten Verfahren wurden am 19.4. 1979 vier Angeklagte freigesprochen. In Majdanek wurden zwischen 1943 und der Befreiung durch sowjetische Truppen am 22.7. 1944 zwischen 200 000 und 250 000 Menschen, zum überwiegenden Teil Juden, ermordet. In weiten Teilen der Öfffentlichkeit werden die Urteile als zu milde eingestuft und rufen heftige Proteste hervor.

Weitere innenpolitische Ereignisse

Regierungsumbildung: Neuer Chef des Bundeskanzleramtes wird mit Wirkung vom 1.1. *Manfred Lahnstein*. – Nach Ausscheiden von Bundesjustizminister *Hans-Jochen Vogel* aus dem Kabinett, der am 23.1. zum Regierenden Bürgermeister von Berlin (→ Bundesländer) gewählt wird, übernimmt am 28.1. der bisherige Bundesminister für Bildung und Wissenschaft *Jürgen Schmude* (SPD) das Justizressort. Sein bisheriger Parlamentarischer Staatssekretär *Björn Engholm* (SPD) wird zum Bundesminister für Bildung und Wissenschaft ernannt.

Ausländerpolitik: Am 9.9 schränkt die Bundesregierung durch eine Rechtsverordnung die Arbeitsmöglichkeiten von Asylbewerbern ein. In Zukunft erhalten sie erst nach zwei Jahren – statt wie bisher nach einem Jahr – eine Arbeitserlaubnis. Für Asylbewerber aus Osteuropa bleibt die Frist bei einem Jahr.

Bildungspolitik: Die Kultusministerkonferenz der Länder einigt sich am 12.2. über »Grundsätze für die einheitliche **Darstellung Deutschlands in Schulbüchern** und Schulatlanten«, wobei Deutschland in den Grenzen vom 31.12. 1937 zu zeigen sei. Zudem einigen sich die Kultusminister darauf, die **Abkürzung »BRD«** nicht zu verwenden.

Deutsch-deutsche Beziehungen

Ständige Vertreter: *Klaus Bölling* (SPD) löst am 9. 2. den bisherigen Ständigen Vertreter der Bundesrepublik in Ost-Berlin, *Günter Gaus* (SPD), ab, der als Wissenschaftssenator in den West-Berliner Senat eintritt.

Guillaume-Austausch: Der Kanzleramts-Spion *Günter Guillaume*, dessen Enttarnung 1974 zum Rücktritt des damaligen Bundeskanzlers *Willy Brandt* führte (→ BRD 1974), wird am 28. 9. durch Bundespräsident *Carstens* begnadigt und am 1. 10. gegen mehrere in der DDR inhaftierte westdeutsche Spione ausgetauscht. Zudem können zahlreiche freigekaufte Familienangehörige von Flüchtlingen in die Bundesrepublik ausreisen.

Treffen Schmidt-Honecker: → DDR

Wirtschaftspolitik

Strukturförderung: Die Bundesregierung beschließt am 8. 4. ein Programm, das durch die Vergabe zweckgebundener zinsgünstiger Kredite mittelständischen Unternehmen die Anpassung an die Weltwirtschaft und den Strukturwandel erleichtern soll. Zur Finanzierung des Programms wird die Kreditanstalt für Wiederaufbau beauftragt, 6,9 Mrd. DM an den internationalen Finanzmärkten aufzunehmen.

Subventionsabbau: Mit dem am 7. 5. vom Bundestag verabschiedeten Subventionsabbaugesetz werden Subventionen und Steuervergünstigungen eingeschränkt, u. a. für die Kreditwirtschaft, die Sparförderung und in den Bereichen Verkehr und Gasöl.

Agrarpolitik: Mehr als 100 000 Bauern demonstrieren am 14. 2. in mehreren Städten der Bundesrepublik gegen die Agrarpolitik der Europäischen Gemeinschaft und der Bundesregierung und verlangen höhere Erzeugerpreise. Der Präsident des Deutschen Bauernverbandes, *Constantin Freiherr von Heereman*, verweist auf durchschnittliche **Einkommenseinbußen** im Jahr 1980 in Höhe von real 18,5 %.

Weltwirtschaftsgipfel: Auf dem Weltwirtschaftsgipfel der sieben führenden westlichen Industrienationen in Ottawa am 20./21. 7. hält US-Präsident *Reagan* trotz der Kritik einiger westeuropäischer Partner an der **Hochzinspolitik der USA** fest. Auf Drängen der USA und Großbritanniens legen sich die Teilnehmerländer auf eine restriktive Geld- und Ausgabenpolitik fest.

Erdgas-Röhren-Geschäft: Die **Ruhrgas AG** und die sowjetische Sojus-Gaz-Export schließen am 20. 11. in Essen den vierten Erdgas-Röhren-Vertrag seit 1972. Der deutsche Konzern wird für die Dauer von 25 Jahren 40 Mrd. cbm Erdgas jährlich beziehen, von dem er 10,5 Mrd. cbm für die bundesdeutsche Versorgung in Anspruch nimmt; der Rest wird in sechs europäische Länder weitergeleitet. Ein von der deutschen **Mannesmann AG** vertretenes Konsortium von Firmen aus sieben westeuropäischen Ländern beliefert die Sowjetunion dafür mit den für die Förderung und den Transport notwendigen Bohranlagen und 5500 km langen Pipeline-Röhren. Die Bezüge aus der Sowjetunion, die 1981 rd. 16 % des bundesdeutschen Erdgasbedarfs ausmachen, sollen bis 1990 34 % der benötigten Menge decken.

Veränderung der Ernährungsgewohnheiten 1951 gegenüber 1981
Verbrauch pro Einwohner in kg

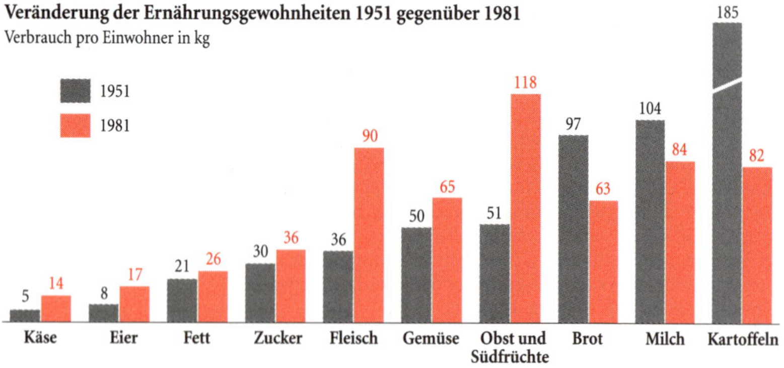

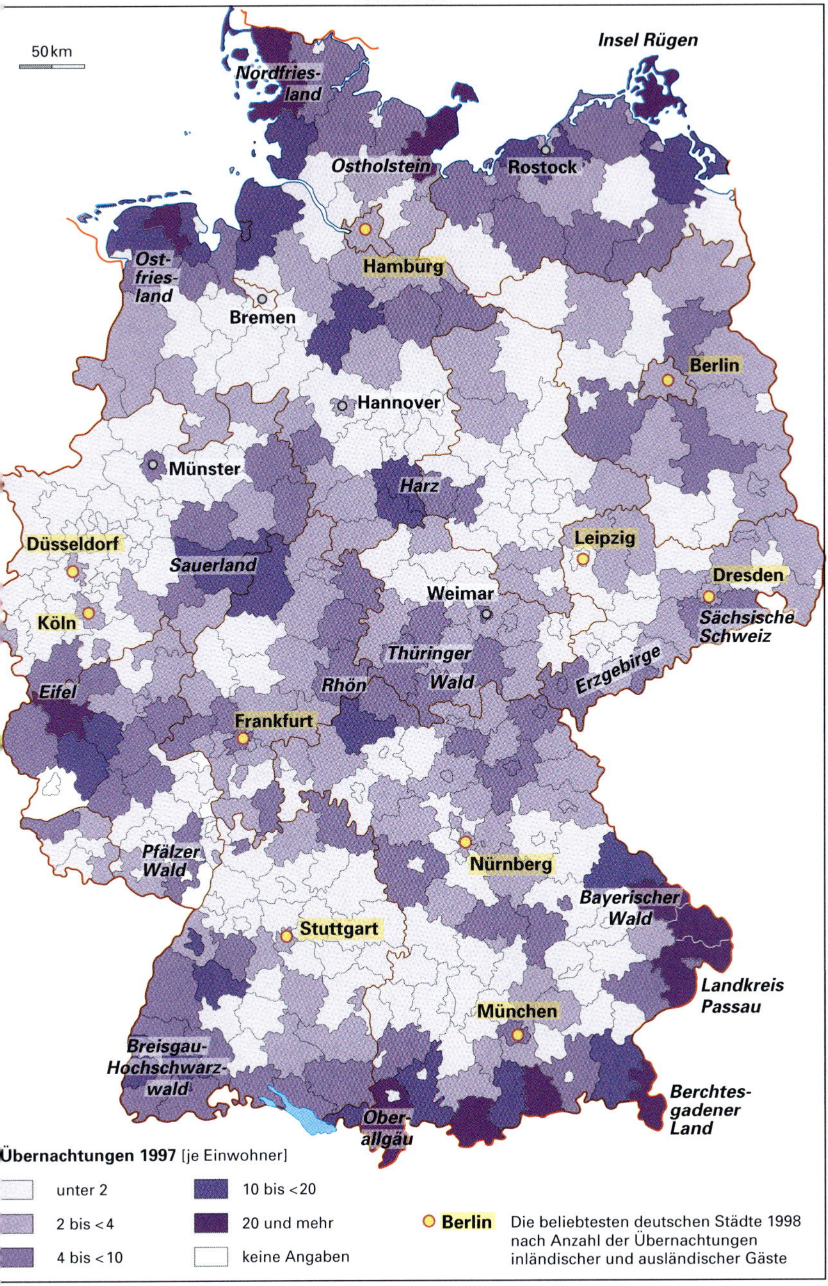
50 km
Nordfriesland
Insel Rügen
Ostholstein
Rostock
Ostfriesland
Hamburg
Bremen
Berlin
Hannover
Münster
Harz
Düsseldorf
Leipzig
Sauerland
Dresden
Weimar
Köln
Sächsische Schweiz
Thüringer Wald
Erzgebirge
Rhön
Eifel
Frankfurt
Pfälzer Wald
Nürnberg
Bayerischer Wald
Stuttgart
Landkreis Passau
München
Breisgau-Hochschwarzwald
Berchtesgadener Land
Oberallgäu
Übernachtungen 1997 [je Einwohner]
unter 2
2 bis <4
4 bis <10
10 bis <20
20 und mehr
keine Angaben
Berlin
Die beliebtesten deutschen Städte 1998 nach Anzahl der Übernachtungen inländischer und ausländischer Gäste

Waldsterben

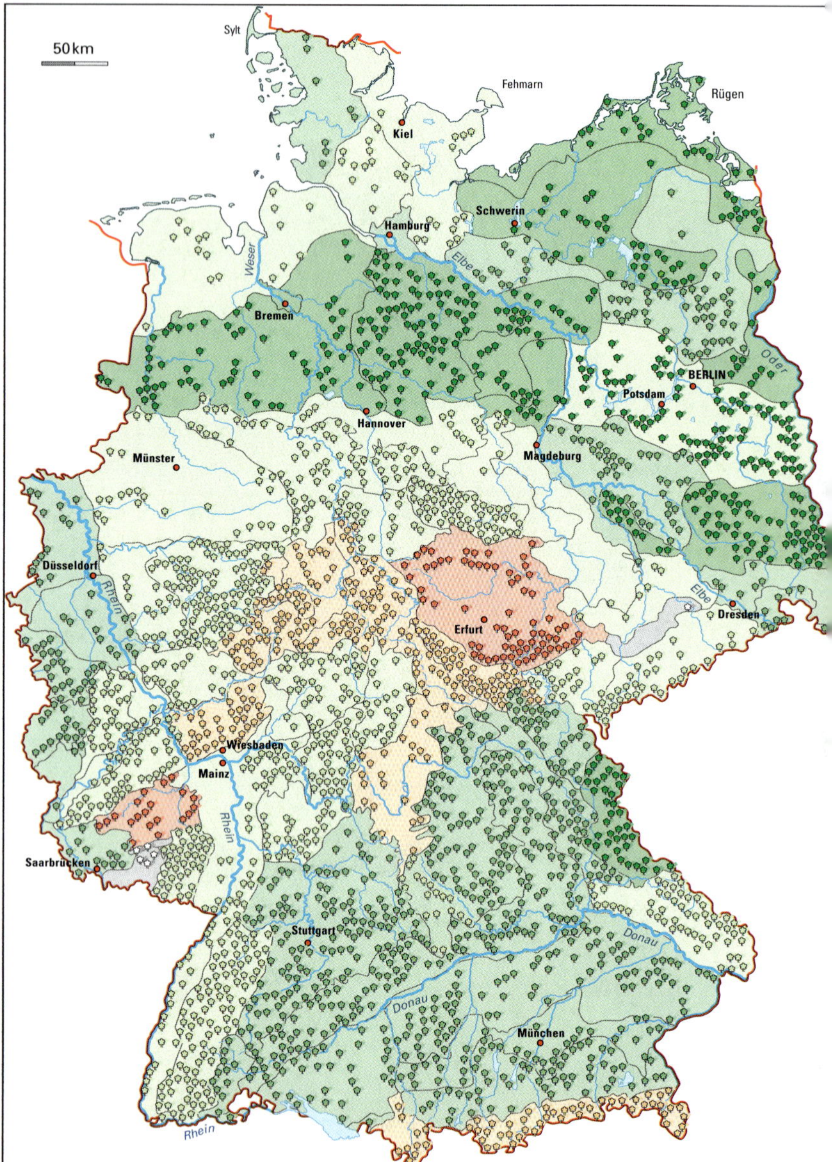

Anteil der Bäume mit deutlichen Schäden in den Wuchsgebieten 1997

- bis 10 %
- > 10 - 20 %
- > 20 - 30 %
- > 30 - 40 %
- > 40 - 50 %
- > 50 %
- keine Angaben, da das Wuchsgebiet weniger als 300 Probebäume umfaßt.

Ostsee
Nordsee
Sylt
Nordfries. Inseln
Ostfriesische Inseln
Nationalpark Schleswig-Holsteinisches Wattenmeer 285000
Schleswig-Holst. Wattenmeer
Nationalpark Niedersächsisches Wattenmeer 240000
Nationalpark Hamburgisches Wattenmeer 11700
Hamburg. Wattenmeer
Niedersächs. Wattenmeer
Hüttener Berge-Wittensee 23072
Kieler Bucht
Fehmarn
Kiel
Westensee 24990
Aukrug 39363
Holsteinische Schweiz 58100
Mecklenburger Bucht
Nationalpark Vorpommersche Boddenlandschaft 80500
Nationalpark Jasmund 3000
Südost-Rügen 23500
Rügen
Pommersche Bucht
Usedom
Mecklenburgische Schweiz und Kummerower See 67350
Schleswig-Holstein
Mecklenburg-Vorpommern
Schaalsee 16200
Lauenburgische Seen 44400
Nossentiner-Schwinzer Heide 32000
Müritz-Nationalpark 31800
Feldberger Seenlandschaft 34500
Hamburg
Schwerin
Harburger Berge 3800
Mecklenburgisches Elbetal 42600
Uckermärkische Seen 89500
Nationalpark Unteres Odertal 9500
Bremen
Naturschutzpark Lüneburger Heide 23440
Elbufer-Drawehn 75000
Brandenburgische Elbtalaue 56000
Flußlandschaft Elbe 375000
Schorfheide-Chorin 129161
Wildeshauser Geest 155400
Südheide 50000
Westhavelland 136596
Märkische Schweiz 20500
Niedersachsen
Dümmer 47210
Steinhuder Meer 31000
Hannover
Drömling 25706
BERLIN
Potsdam
Nördlicher Teutoburger Wald-Wiehengebirge 122000
Westerbergland/Schaumburg-Hameln 112500
Elm-Lappwald 47000
Hoher Fläming 82731
Dahme-Heideseen 59375
Magdeburg
Brandenburg
Schlaubetal 22700
Hohe Mark 104087
Eggegebirge u. südl. Teutoburger Wald 68000
Solling-Vogler 53000
Harz 79200
Nationalpark Hochharz 5889
Niederlausitzer Landrücken 58000
Spreewald 48463
Mittlere Elbe 43000
Sachsen-Anhalt
Nordrhein-Westfalen
Nationalpark Harz 15800
Münden 37370
Niederlausitzer Heidelandschaft 48000
Schwalm-Nette 43500
Arnsberger Wald 48200
Habichtswald 47428
Saale-Unstrut-Triasland 71167
Oberlausitzer Heide- und Teichlandschaft 26355
Düsseldorf
Homert 55000
Diemelsee 33421
Meißner-Kaufunger Wald 42058
Sachsen
Ebbegebirge 77736
Rothaargebirge 135500
Bergisches Land 191000
Kottenforst-Ville 88000
Dresden
Erfurt
Nationalpark Hainich 7610
Thüringen
Rhön 184939
Nationalpark Sächsische Schweiz 9300
Siebengebirge 4800
Hessen
Vessertal 17000
Erzgebirge-Vogtland 149500
Hohes Venn 175116
Rhein-Westerwald 44600
Hoher Vogelsberg 38447
Hessische Rhön 70000
Nassau 59000
Hochtaunus 120165
Hessischer Spessart 73000
Bayerische Rhön 124500
Frankenwald 97170
Rheinland-Pfalz
Rhein-Taunus 80788
Wiesbaden
Mainz
Haßberge 80400
Fichtelgebirge 102000
Südeifel 43170
Bayerischer Spessart 171000
Fränkische Schweiz-Veldensteiner Forst 234600
Steinwald 23330
100 km
Hessenreuther u. Manteler Wald 27000
Nördlicher Oberpfälzer Wald 64380
Steigerwald 128000
Bergstraße-Odenwald 162850
Saar-Hunsrück 193807
Pfälzerwald
Oberpfälzer Wald 72385
Neckartal-Odenwald 129200
Oberer Bayerischer Wald 173800
Bayerischer Wald 13300
Frankenhöhe 110450
Saarland
Pfälzerwald 179850
Saarbrücken
Stromberg-Heuchelberg 33003
Schwäbisch-Fränkischer Wald 90400
Bayerischer Wald 195550
Altmühltal 290800
Nationalpark Bayerischer Wald 24250
Stuttgart
Schönbuch 15564
Bayern
Baden-Württemberg
Augsburg-Westliche Wälder 117500
Obere Donau 85710
München
Südschwarzwald 295000 geplant
Chiemsee
Berchtesgaden 46742
Nationalpark Berchtesgaden 21000
Bodensee
Rhein
Elbe
Weser
Ems
Oder
Spree
Main
Donau
Neckar
Mosel
Saale
Nationalpark
Fläche in ha
Naturpark
Fläche in ha
Biosphärenreservat
Fläche in ha (z.T. in Überlagerung mit anderen Schutzgebietstypen)
Quelle: Bundesamt für Naturschutz 1999

Atomkraftwerke

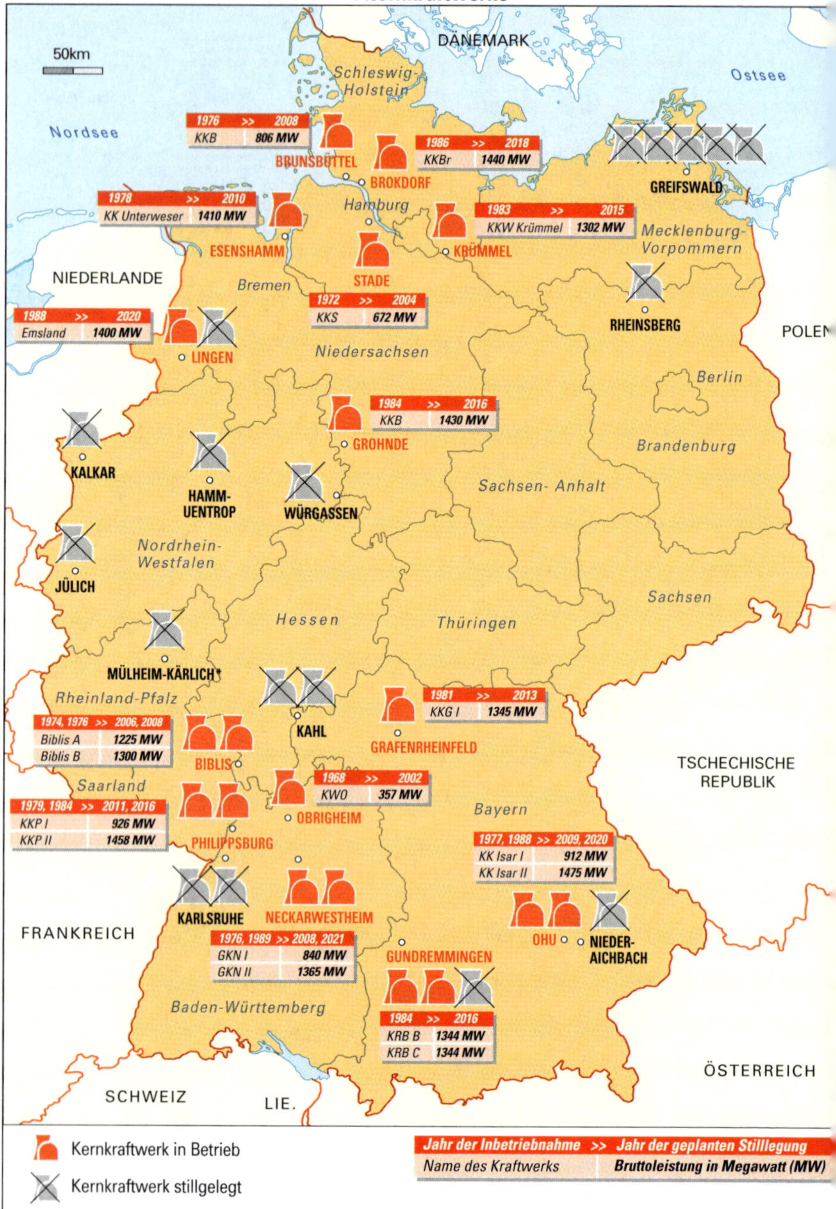

*) Kommerzieller Betriebsbeginn am 1. Oktober 1987. Am 9. Oktober 1988 abgeschaltet. Der Rechtsstreit um die Betriebsgenehmigung wurde am 15. Juni 2000 beigelegt. RWE akzeptiert die Stilllegung.

Quelle: *ZEW, VDEW, VGB, Bundesumweltministerium; Stand 16. Juni 200*

Bundesländer

Berlin: Die Krise im Berliner SPD/FDP-Senat wegen der Konflikte mit der Hausbesetzerszene und eines Finanz- und Bürgschaftsskandals (»Garski-Affäre«) mündet im Rücktritt des Regierenden Bürgermeisters *Dietrich Stobbe* und des gesamten Senats am 15.1. – Am 23.1. wird der bisherige Bundesjustizminister **Hans-Jochen Vogel zum neuen Regierenden Bürgermeister** einer SPD/FDP-Koalition **gewählt.** Am 29.1. einigen sich die Parteien auf die Abhaltung vorgezogener Neuwahlen. – Bei der Abgeordnetenhauswahl am 10.5. erzielt die CDU hohe Stimmengewinne; die Alternative Liste zieht erstmals ins Abgeordnetenhaus ein. Der bisherige Vizepräsident des Deutschen Bundestags **Richard von Weizsäcker** (CDU) wird am 11.6. **neuer Regierender Bürgermeister**. Er bildet einen Minderheitssenat, der von der FDP toleriert wird.

Hamburg: Der Erste Bürgermeister **Hans-Ulrich Klose** (SPD) erklärt am 25.5. seinen **Rücktritt**. Obwohl sich der Sonderparteitag der Landes-SPD am 2.2. gegen den Bau des Atomkraftwerks Brokdorf aussprach, fand *Klose* mit seiner Politik des Ausstiegs im Landesvorstand der Partei keine Mehrheit. Am 24.6. wählt die Bürgerschaft den bisherigen Staatsminister im Auswärtigen Amt und Vorsitzenden der rheinland-pfälzischen SPD, **Klaus von Dohnanyi**, zu seinem **Nachfolger**.

1981

Kriegsrecht und Friedensbewegung

Die unabhängige Friedensbewegung in der DDR erlangt mit dem Symbol »Schwerter zu Pflugscharen« und der Bewegung »Sozialer Friedensdienst« eine stärkere Präsenz in der Öffentlichkeit.
Auf dem X. Parteitag der SED wird *Erich Honecker* als Generalsekretär der SED bestätigt. Die Delegierten beschließen ein Zehn-Punkte-Programm für die ökonomische Strategie der achtziger Jahre, das u. a. den verstärkten Einsatz von Mikroelektronik zur Produktivitätssteigerung vorsieht.
In den deutsch-deutschen Beziehungen kommt der mehrfach verschobene Besuch des Bonner Regierungschefs in der DDR zustande: Im Dezember empfängt *Honecker* Bundeskanzler *Helmut Schmidt* zu Gesprächen am Werbellinsee.

Friedensbewegung
Die von *Christoph Wonneberger* im September → 1980 initiierte Bewegung für einen **Sozialen Friedensdienst** (SoFD) (→ 1980) und die Bewegung **»Schwerter zu Pflugscharen«** (benannt nach der von der UdSSR 1959 der UN geschenkten Plastik des sowjetischen Künstlers *Jewgenij W. Wutschetitsch*) erlangen 1981 eine **größere Präsenz in der Öffentlichkeit**. Innerhalb weniger Wochen unterschreiben ca. 5000 Personen den Aufruf zur Gründung des SoFD. Sie findet zunächst ihr einziges geschütztes Betätigungsfeld im Rahmen der evangelischen Kirchen, die auf einen eigenständigen Beitrag in der Friedensarbeit bestehen. Bei der Synode der provinzsächsischen Landeskirche in Halle vom 4.–8. 11. stimmen die Synodalen der SoFD-Initiative zu, wobei insbesondere der Wittenberger Pfarrer *Friedrich Schorlemmer* für die Annahme einer entsprechenden Erklärung eintritt. – Zur gleichen Zeit regt sich an den Schulen **Widerspruch gegen den** obligatorischen **Wehrunterricht**. Eltern weigern sich, ihre Kinder in diesen Unterricht zu schicken oder melden sie von angesetzten Lagern der vormilitärischen Ausbildung ab. Staatliche Stellen verweisen sie auf die geltenden Schulpflichtbestimmungen. – Am 7. 7. legt der Ost-Berliner Pfarrer *Rainer Eppelmann* in einem **Brief an Erich Honecker** in 17 Punkten Vorschläge über vertrauensbildende Maßnahmen in Europa vor und fordert *Honecker* auf, in der eigenen Politik, »den Völkern in Westeuropa das Mißtrauen« gegenüber den östlichen Staaten zu nehmen. – Am 6. 10. veröffentlichen einige westdeutsche Zeitungen einen von *Robert Havemann* verfaßten **Offenen Brief** vom 20. 9. an den sowjetischen Partei- und Staatschef *Leonid Breschnew*, in dem Friedensvorschläge unterbreitet werden. *Gerd Poppe, Reinhard Weißhuhn, Rüdiger Rosenthal, Christiane* und *Winfried Weu* sowie *Uwe Kulisch* gehören zu den 28 Erstunterzeichnern des Briefes, in dem die Teilung Deutschlands als »Voraussetzung der tödlichsten Bedrohung, die es in Europa jemals gegeben hat« bezeichnet wird. *Havemann* fordert, »Friedensverträge zu schließen und alle Besatzungstruppen aus beiden deutschen Staaten abzuziehen«. Es müsse den Deutschen selbst überlassen bleiben, wie sie die »nationale Frage dann lösen werden«.
Schriftstellertreffen: Am 13. und 14. 12. findet in Ost-Berlin auf Einladung *Stephan Hermlins* die **»Berliner Begegnung zur Friedensförderung«** statt, an der mehr als 100 Schriftsteller aus der DDR (u. a. *Volker Braun, Günter de Bruyn, Hermann Kant, Christa Wolf*) und der Bundesrepublik (u. a. *Günter Grass, Bernt Engelmann, Heiner Kipphardt, Dieter Lattmann, Luise Rinser, Peter Rühmkorf*) teilnehmen. Starke Beachtung finden der Auftritt und die Regierungskritik der nach dem Protest gegen die Ausweisung *Wolf Biermanns* 1976 disziplinierten Autoren *Stefan Heym* und *Jurek Becker*. *Rolf Schneider* kritisiert die Wehrerziehung an den Schulen; *Stefan Heym* erklärt zur Stationierung von Mittelstreckenwaffen in Europa, die sowjetischen SS-20 seien »genauso ungerecht wie die Pershing II«.

Die Staatsführung der DDR

Staatsrat
Vorsitzender: *Erich Honecker* (SED)
Stellvertretende Vorsitzende: *Willi Stoph* (SED); *Horst Sindermann* (SED); *Paul Verner* (SED); *Manfred Gerlach* (LDPD); *Ernst Goldenbaum* (DBD); *Gerald Götting* (CDU); *Heinrich Homann* (NDPD)
Mitglieder: *Kurt Anclam* (LDPD); *Werner Felfe* (SED); *Kurt Hager* (SED); *Brunhilde Hanke* (SED); *Friedrich Kind* (CDU); *Egon Krenz* (SED); *Günter Mittag* (SED); *Margarete Müller* (SED); *Alois Pisnik* (SED); *Bernhard Quandt* (SED); *Werner Seifert* (DBD); *Klaus Sorgenicht* (SED); *Paul Strauß* (SED); *Ilse Thiele* (SED); *Harry Tisch* (SED); *Johanna Töpfer* (SED); *Rosel Walther* (NDPD)
Sekretär: *Heinz Eichler* (SED)

Ministerrat
Vorsitzender: *Willi Stoph* (SED)
Erste Stellvertretende Vorsitzende: *Werner Krolikowski* (SED); *Alfred Neumann* (SED)
Stellvertretende Vorsitzende (in Klammern Parteizugehörigkeit und zusätzliches Minister- oder anderes Regierungsamt): *Manfred Flegel* (NDPD, Vorsitzender des Staatlichen Vertragsgerichtes); *Hans-Joachim Heusinger* (LDPD, Justiz); *Günter Kleiber* (SED, Allgemeiner Maschinenbau, Landmaschinen- und Fahrzeugbau); *Wolfgang Rauchfuß* (SED, Materialwirtschaft); *Hans Reichelt* (DBD, Umweltschutz und Wasserwirtschaft); Gerhard Schürer (SED, Vorsitzender der Staatlichen Plankommission); *Rudolph Schulze* (CDU, Postminister); *Gerhard Weiss* (SED, Ständiger Vertreter der DDR beim RGW); *Herbert Weiz* (SED, Wissenschaft und Technik)
Weitere Mitglieder im Rang eines Ministers: *Otto Arndt* (SED, Verkehr); *Manfred Bochmann* (SED, Geologie); *Hans-Joachim Böhme* (SED, Hoch- und Fachschulwesen); *Gerhard Briksa* (SED, Handel und Versorgung); *Werner Buschmann* (SED, Leichtindustrie); *Friedrich Dickel* (SED, Inneres); *Oskar Fischer* (SED, Äußeres); *Rudi Georgi* (SED, Werkzeug- und Verarbeitungsmaschinenbau); *Werner Greiner-Petter* (SED, Glas- und Keramikindustrie); *Werner Halbritter* (SED; Amt für Preise); *Ernst Höfner* (SED, Finanzen); *Hans-Joachim Hoffmann* (SED, Kultur); *Heinz Hoffmann* (SED, Verteidigung); *Margot Honecker* (SED, Volksbildung); *Wolfgang Junker* (SED, Bauwesen); *Horst Kaminsky* (SED, Staatsbank); *Rolf Kersten* (SED, Schwermaschinen- und Anlagenbau); *Heinz Kuhrig* (SED; Land-, Forst- und Nahrungsgüterwirtschaft); *Ludwig Mecklinger* (SED; Gesundheitswesen); *Erich Mielke* (SED; Staatssicherheit); *Wolfgang Mitzinger* (SED; Kohle und Energie); *Kurt Singhuber* (SED; Erzbergbau und Metallurgie); *Horst Sölle* (SED; Außenhandel); *Otfried Steger* (SED; Elektrotechnik und Elektronik); *Albert Stief* (SED; Kommission der Arbeiter- und Bauern-Inspektion); *Udo-Dieter Wange* (SED; Bezirksgeleite Industrie); *Günther Wyschowsky* (SED; Chemische Industrie)
Weitere Mitglieder im Rang eines Staatssekretärs: *Wolfgang Bayreuther* (SED, Arbeit und Löhne); *Wolfgang Greß* (SED; Staatliche Plankommission); *Heinz Klopfer* (SED; Staatssekretär in der SPK); *Gerhard Beil* (SED, Außenhandel)
Andere Mitglieder: *Erhard Krack* (SED; Oberbürgermeister von Ost-Berlin); *Hans Sattler* (SED; Leiter des Amtes für Jugendfragen)

Innenpolitik

X. Parteitag der SED: Der vom 11.–16.4. in Ost-Berlin stattfindende X. Parteitag der SED, dem eine Überprüfung der Parteimitglieder vorausgegangen war, steht im Zeichen personeller und politischer Kontinuität. Die 2563 Delegierten wählen ein neues Zentralkomitee, dem 156 Mitglieder (11 mehr als nach dem IX. Parteitag) und erneut 57 Kandidaten angehören. *Erich Honecker* wird bei der 1. Tagung des Zentralkomitees als Generalsekretär bestätigt; aus dem Politbüro scheidet der langjährige Propaganda-Chef *Albert Norden* aus, als Kandidat kommt der Chefredakteur des »Neuen Deutschland«, *Günter Schabowski*, neu hinzu.
Eine Woche nach dem Parteitag bekunden die führenden Vertreter des »Zentralen Demokratischen Blocks der Parteien und Massenorganisationen« im Gespräch mit *Erich Honecker* ihre »volle Zustimmung« zu den Beschlüssen des SED-Parteitages.
Wahlen zur Volkskammer: Am 14.6. finden

Wahlen zur Volkskammer und zu den Bezirkstagen statt, bei der die Ost-Berliner Bevölkerung erstmals ihre Volkskammerabgeordneten direkt wählt. Bei einer Wahlbeteiligung von 99,21 % gibt es 99,86 % Ja-Stimmen für die Einheitsliste. Am 25. 6. wird *Erich Honecker* von der neugewählten Volkskammer in seiner Funktion als Staatsratsvorsitzender bestätigt, am 26. 6. wird der Ministerrat gewählt (→ Kasten).

Deutsch-deutsche Beziehungen

Überraschung: Die internationalen Spannungen erschweren Fortschritte in der Deutschlandpolitik. Gleichwohl kommt in die Beziehungen zwischen beiden deutschen Staaten Bewegung. Am 15. 2. verblüfft *Erich Honecker* in einer Ansprache vor den Teilnehmern der Delegiertenkonferenz der Ost-Berliner SED mit der Bemerkung: »Wenn der Tag kommt, an dem die Werktätigen der Bundesrepublik an die sozialistische Umgestaltung der Bundesrepublik Deutschland gehen, **dann stellt sich die Frage der Vereinigung der beiden deutschen Staaten vollkommen neu**. Wie wir uns dann entscheiden, daran dürfte wohl kein Zweifel bestehen.« Die Teilnehmer quittieren diese unerwartete Aussage mit Beifall.

Justiz: Am 16. 2. geht die DDR auf den Antrag des West-Berliner Kammergerichtes ein, **Beweismaterial für Prozesse** gegen ehemalige Richter und Staatsanwälte beim NS-Volksgerichtshof aus DDR-Archiven zur Verfügung zu stellen (weitere Übergaben am 26. 3. und 6. 10.).

Einverständnis aus Moskau: Am 3. 8. wird eine gemeinsame Erklärung zum Spitzentreffen zwischen *Honecker* und dem sowjetischen Staats- und Parteichef *Leonid Breschnew* veröffentlicht, in der es heißt, »daß in der gegenwärtigen komplizierten Situation breiter internationaler Austausch sowie rege politische Kontakte zwischen Staatsmännern von Ländern mit unterschiedlichen Systemen besonders wertvoll und notwendig sind.«

Zahlungen der BRD an die DDR 1980
(Schätzung)

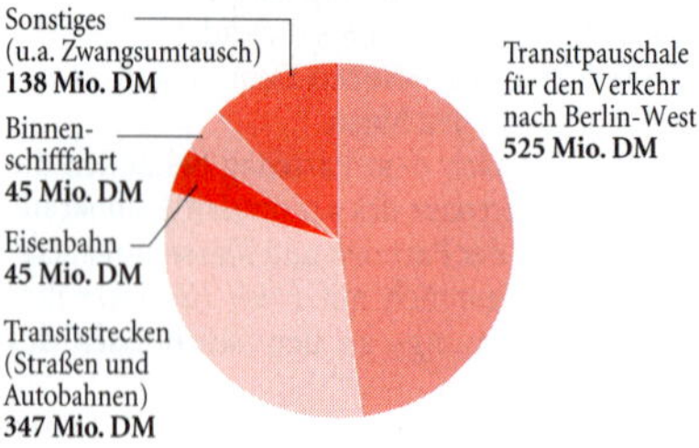

Kontakte: Am 4. 9. empfängt der Staatsratsvorsitzende *Erich Honecker* den seit 1. 2. amtierenden neuen Ständigen Vertreter in Ost-Berlin, *Klaus Bölling*, und *Egon Bahr* zu einem Gespräch, an dem auch Politbüromitglied *Hermann Axen* teilnimmt.

Schmidt-Besuch: Am 11. 12. beginnt am Werbellinsee schließlich der mehrfach verschobene **Besuch des Bundeskanzlers** *Helmut Schmidt* in der DDR; es ist die erste Visite eines Kanzlers seit 1970. *Honecker* und *Schmidt* betonen im Schlußkommuniqué den Willen beider Staaten, »im Interesse von Frieden und Sicherheit in Europa und zum Wohle der Menschen in beiden deutschen Staaten die Bemühungen um gutnachbarliche Beziehungen stetig fortzuführen.« Die Gespräche werden am 13. 12. durch zwei Vorgänge überschattet. *Schmidt*, der noch im August 1980 in der Befürchtung einer Eskalation der Situation in Polen eine geplante Reise in die DDR kurzfristig abgesagt hatte, wird am 13. 12. von der Verhängung des Kriegsrechts durch General *Wojciech Jaruzelski* überrascht. Am selben Tag erlebt er in Güstrow, wo er Ernst Barlachs »Die Schwebende« im Dom besichtigt, eine Inszenierung der Staatsmacht (→ Kasten).

Außenpolitik

Polen: Wie schon im Herbst → 1980, als *Erich Honecker* für eine militärische Intervention der staatssozialistischen Länder in Polen eingetreten war, bleibt die **Haltung der DDR-Führung** gegenüber der Situation im östlichen Nachbarland **hart und kompromißlos**. Als der polnische KP-Chef *Stanislaw Kania* im Februar Ost-Berlin besucht, erklärt ihm *Erich Honecker*, in ähnlicher Lage habe man in der DDR am 17. 6. 1953 eine Reihe von Konterrevolutionären »standrechtlich erschossen«, was »viele Menschen zum Nachdenken veranlaßt« habe. – In einem Fernschreiben, das am frühen Morgen des 13. 12. an alle 1. Sekretäre der SED-Bezirksleitungen gesendet wird, kommentiert *Honecker* die Verhängung des Kriegsrechts in Polen: »Ich möchte Euch mitteilen, daß die polnische Partei- und Staatsführung umfangreiche Maßnahmen eingeleitet hat, um die konterrevolu-

Kein zweites Erfurt

Am 13.12. besucht Bundeskanzler *Schmidt* auf eigenen Wunsch die Wohn- und Wirkungsstätten des Bildhauers und Schriftstellers *Ernst Barlach* im mecklenburgischen Güstrow. In den Tagen vor dem Besuch *Schmidts* werden über 700 Personen aus der Stadt und umliegenden Orten überprüft, denen von seiten des Ministeriums für Staatssicherheit MfS »feindlich-negatives Verhalten« attestiert wird. Einige erhalten für den Besuchstag Platzverbot, andere werden für diesen Tag, einen Sonntag, zu betrieblichen Weihnachtsfeiern an anderen Orten bestellt.
Ab 6 Uhr sperren Sicherheitskräfte alle Zufahrtsstraßen in die Stadt, zwei Stunden später wird ein militärisch abgesicherter Außenring gezogen. Ab 12.30 Uhr übernehmen Sicherheitsbeamte die Aufgabe, dem Weihnachtsmarkt im Zentrum der Stadt eine »festliche Atmosphäre« zu verleihen. Westlichen Journalisten fällt auf, daß zahlreiche Besucher dieses mecklenburgischen Weihnachtsmarktes sächsisch sprechen. Während kurz vor 14 Uhr die Delegation des Bundeskanzlers auf ihrer Fahrt durch die Stadt ein Spalier von Polizisten im Fünf-Meter-Abstand passiert, muß der Großteil der Güstrower Bevölkerung in seinen Wohnungen bleiben. Auf dem Marktplatz werden *Erich Honeckers* Gäste von »Jubel-Güstrowern« empfangen, die ihren Generalsekretär hochleben lassen, aber auch die ihnen aufgetragenen hölzernen »Helmut, Helmut«-Rufe absolvieren.

tionären Kräfte, die in letzter Zeit in stärkerem Maße ihr Haupt erhoben haben, zu zerschlagen. In allen Gebieten der Volksrepublik Polen wurden Maßnahmen getroffen, um die Drahtzieher des konterrevolutionären Putsches festzunehmen und so ihre Aktionen zu unterbinden.«

Weitere außenpolitische Ereignisse

Erich **Honecker** besucht vom 26.–31.5. **Japan**. Die Gespräche seiner Delegationsmitglieder mit der japanischen Regierung und Wirtschaftsvertretern zielen auf eine Verdoppelung des gegenseitigen Warenaustausches. – Vom 9.–13.9. reist *Honecker* zu einem **offiziellen Staatsbesuch** nach **Mexiko**, der am 13.9. mit einem Kurzbesuch auf Kuba abgeschlossen wird.

Wirtschafts- und Sozialpolitik

Wirtschaftswachstum: Die DDR erlebt nach der Rezession des Vorjahres eine Phase der wirtschaftlichen Erholung. Gegenüber dem Vorjahr steigt das Bruttoinlandsprodukt leicht um 0,9 % auf 188,5 Milliarden DM (in DM-Preisen von 1989).
Wirtschaftspolitik: Beim X. Parteitag der SED (11.–16.4.) stellt *Erich Honecker* in seinem Bericht an die Parteitagsdelegierten die zehn Punkte umfassende »**Ökonomische Strategie**« der SED **für die achtziger Jahre** vor. Durch Intensivierung der Produktion, Einsatz moderner Technologien und Steigerung der Arbeitsproduktivität soll das Ergebnis der wirtschaftlichen Tätigkeit so verbessert werden, daß sowohl wachsende Bedürfnisse im Inland als auch die Forderungen aus dem Ausland bedient werden können.
Energiepolitik: Am 18.3. beschließt das SED-Politbüro, die **verstärkte Nutzung der heimischen Braunkohle** als wesentliches Element zur Substitution von Importenergieträgern. Ausgehend von der aktuellen Fördermenge (1980: 258 Mio. Tonnen) soll die jährliche Förderung bis 1985 auf 285–290 Millionen Tonnen (ab 1987/88 auf 300 Millionen Tonnen) erhöht werden. Die Braunkohle wird überwiegend im Tagebau gewonnen. – Für die radioaktiven Abfälle aus den **Kernkraftwerken** in Greifswald-Lubmin und Rheinsberg sowie aus dem in Rossendorf bei Dresden befindlichen Versuchsreaktor wird am 20.6. ein **Salzstock in Morsleben** in der Nähe des niedersächsischen Gorleben als **Endlager** festgelegt.
Sozialpolitik: Der Ministerrat erläßt am 11.6. eine Verordnung über die Gewährung von **Stipendien** an alle Studenten in der DDR, unabhängig vom Einkommen der Eltern. Als Grundstipendium werden 200 Mark (in Ost-Berlin 215 Mark) im Monat gezahlt, wovon 10 Mark einbehalten werden, wenn ein Wohnheimplatz in Anspruch genommen wird. Männliche Studenten mit mindestens dreijähriger Militärdienstzeit erhalten zusätzlich 100 Mark pro Monat. Studenten mit Kindern erhalten einen monatlichen Kinderzuschlag von 50 Mark pro Kind. – Am selben Tag werden auch die **Lehrlingsentgelte** erhöht. Schließlich erhalten Schüler der Erweiterten Oberschulen und der Spezialschulen erstmals eine sogenannte **Ausbildungsbeihilfe**; sie beträgt abhängig von der Klassenstufe 110 bis 150 Mark im Monat.

1982

Das Ende der sozialliberalen Ära

In der schweren Wirtschaftskrise verschärfen sich zwischen den Koalitionspartnern die Auseinandersetzungen um die Gestaltung der Wirtschafts- und Sozialpolitik. Ein Strategiepapier von Bundeswirtschaftsminister *Otto Graf Lambsdorff* (FDP), in dem dieser einen radikalen Sparkurs mit Einschnitten ins soziale Netz fordert, sprengt die sozialliberale Koalition. Die FDP bildet ein neues Regierungsbündnis mit der CDU/CSU. Der Schritt führt zu einer Zerreißprobe in der FDP, bei der sich die Parteiführung behaupten kann. Der neue Bundeskanzler *Helmut Kohl* (CDU) kündigt eine »geistig-moralische Wende« an und will mit einer angebotsorientierten Wirtschafts- und Finanzpolitik einen konjunkturellen Aufschwung herbeiführen.

Der Zerfall der sozialliberalen Koalition

Vertrauensfrage: Angesichts der anhaltenden Spannungen zwischen den Koalitionspartnern und auch innerhalb der SPD verbindet Bundeskanzler *Helmut Schmidt* die Vorlage des Beschäftigungsprogramms (→ Wirtschafts- und Sozialpolitik) im Bundestag am 3. 2. mit der Vertrauensfrage. In namentlicher Abstimmung am 5. 2. erhält er die Ja-Stimmen von allen 269 Abgeordneten von SPD und FDP, alle 225 CDU/CSU-Abgeordneten votieren mit Nein.

Kabinettsumbildung: Bundesgesundheitsministerin *Antje Huber* (SPD) tritt am 7. 4. zurück, nachdem sie bei den Haushaltsberatungen eine soziale Staffelung bei der geplanten Kindergeldkürzung nicht durchsetzen konnte und die von ihr geforderte eindeutige Kompetenzregelung in der Familienpolitik ausbleibt. Nach wochenlangen Vermutungen über eine Regierungsumbildung in Bonn werden am 28. 4. **mehrere der SPD zugeordnete Ressorts neu besetzt.** *Manfred Lahnstein*, der als Kanzleramtschef von *Hans-Jürgen Wischnewski* ersetzt wird, übernimmt das Finanzministerium von *Hans Matthöfer*, der an Stelle von *Kurt Gscheidle* neuer Minister für das Post- und Fernmeldewesen wird. *Anke Fuchs* wird Nachfolgerin von *Antje Huber* im Ministerium für Jugend, Familie und Gesundheit. *Heinz Westphal* übernimmt von *Herbert Ehrenberg* das Ministerium für Arbeit und Sozialordnung.

Haushaltskonflikt: Nach langwierigen Auseinandersetzungen über die Neuverschuldung und Sparmöglichkeiten einigt sich die sozialliberale Koalition am 30. 6. auf den **Haushaltsentwurf für 1983**. – Neue Finanzierungslücken (insbesondere aufgrund der hohen Arbeitslosenzahl) zwingen die Bundesregierung zur Ausarbeitung von **»Spargesetzen«**, die sie nach neuerlichen Kontroversen zwischen den Koalitionspartnern am 25. 8. vorlegt; sie sehen weitere Leistungskürzungen bzw. Beitragserhöhungen bei der Kranken-, Renten- und Arbeitslosenversicherung vor.

Bruch der Koalition: Nachdem Bundeskanzler *Schmidt* in seiner Regierungserklärung zur »Lage der Nation« am 9. 9. seine Absicht bekräftigt hat, die sozialliberale Koalition fortzusetzen und die Opposition aufgefordert hat, den Zusammenhalt des Regierungsbündnisses durch ein konstruktives Mißtrauensvotum auf die Probe zu stellen, überreicht ihm Wirtschaftsminister *Graf Lambsdorff* (FDP) ein von *Schmidt* selbst angefordertes **Strategiepapier** zur Bewältigung der wirtschaftlichen Probleme. *Lambsdorff* verlangt darin entschiedene Sparmaßnahmen durch tiefe Einschnitte ins soziale Netz sowie eine wachstumsorientierte Politik und konstatiert, seine Leitlinien gingen »über den konventionellen Rahmen der bisher als durchsetzbar angesehenen Politik hinaus«. Nachdem *Schmidt* am 17. 9. *Lambsdorffs* Thesenpapier als »Scheidungsbrief« bezeichnet und die Entlassung des Wirtschaftsministers erwägt, erklären **die vier FDP-Minister ihren Rücktritt** (*Hans-Dietrich Genscher, Gerhart Baum, Josef Ertl* und *Lambsdorff*). *Schmidt* regiert zunächst mit einer SPD-Minderheitsregierung weiter, in der er zusätzlich das Außenministerium übernimmt; Wirtschaftsminister wird *Lahnstein*, Innenminister *Jürgen Schmude* und Landwirtschaftsminister *Björn Engholm*; sie übernehmen die Ministerien gleichfalls zusätzlich. *Schmidts* Angebot, die Regierungskrise durch die Festlegung einer Neuwahl beizulegen, lehnen CDU/CSU und FDP ab.

Mißtrauensvotum: Am 28. 9. schließen CDU/CSU und FDP eine **Koalitionsvereinbarung**, die u. a. Einsparungen bei den Sozialausgaben, eine Erhöhung der Mehrwertsteuer um 1% auf 14% und eine rückzahlbare »Zwangsanleihe« für Besserverdienende vorsieht. – Während sich bei der Abstimmung über das Koalitionspapier die **Spaltung der FDP-Bundestagsfraktion** offenbart (32 Ja-, 20 Neinstimmen), nimmt es die CDU/CSU-Fraktion einstimmig an. – Am 1. 10. bringen die Fraktionen der CDU/CSU und der FDP einen Antrag auf ein konstruktives Mißtrauensvotum gegen Bundeskanzler *Schmidt* im Bundestag ein. Aus der Abstimmung geht der CDU-Partei- und CDU/CSU-Fraktionsvorsitzende *Helmut Kohl* **als neuer Bundeskanzler** hervor. Von 495 Abgeordneten stimmen 256 für ihn, 235 gegen ihn (4 Enthaltungen); von den Berliner Abgeordneten stimmen 11 mit Ja und 10 mit Nein.

Christlich-liberale Koalition

Neue Regierung: In *Kohls* Kabinett (→ Liste) ist die CDU mit 8, die CSU und die FDP sind mit je 4 Ministern vertreten. – In seiner am 13. 10. vor dem Bundestag abgegebenen **Regierungserklärung** kündigt der Bundeskanzler eine **Politik der Erneuerung** an. Mit einem **»Dringlichkeitsprogramm«** wolle die Bundesregierung die Wirtschaftskrise überwinden. Als Schwerpunkte nennt er: 1. die Schaffung neuer Arbeitsplätze; 2. die Sicherung des sozialen Netzes; 3. eine Ausländerpolitik, die sowohl Integration als auch Rückkehr ermöglicht; 4. eine Erneuerung der Grundlagen in der deutschen Außen- und Sicherheitspolitik. In der **Ost- und Deutschlandpolitik** bleibe der vereinbarte »Modus vivendi« erhalten, die laufenden Verhandlungen sollen fortgesetzt werden. Die Regierung strebe umfassende, längerfristige Abmachungen an (→ deutsch-deutsche Beziehungen).

Vertrauensfrage: Um die Auflösung des Bundestags und Neuwahlen zu erreichen, stellt Bundeskanzler *Kohl* im Bundestag die Vertrauensfrage. Verabredungsgemäß enthalten sich 248 Abgeordnete von CDU/CSU und FDP, so daß *Kohl* die erforderliche Mehrheit verfehlt und noch am selben Tag Bundespräsident *Karl Carstens* die Auflösung des Bundestags vorschlägt. Auch in der Regierungskoalition gibt es verfassungsrechtliche Bedenken gegen das Verfahren, eine Vertrauensfrage vorsätzlich scheitern zu lassen.

Parteien

SPD: Der **SPD-Bundesparteitag** in München (19.–23. 4.) steht im Zeichen heftiger Kontroversen über die Wirtschafts-, Sozial- und Sicherheitspolitik der sozialliberalen Regierung. – Nachdem *Helmut Schmidt* am 26. 10. seinen Verzicht auf eine erneute Kanzlerkandidatur erklärt, wird **Hans-Jochen Vogel**, der die SPD-Opposition im Berliner Abgeordnetenhaus führt, am 29. 10. von der Bundestagsfraktion **zum neuen Kanzlerkandidaten** der SPD gewählt.

FDP: In einer Resolution fordern am 25. 9. in

Erstes Kabinett Kohl (4.10. 1982–30.3. 1983)

Bundeskanzler	*Helmut Kohl* (CDU)
Auswärtiges	*Hans-Dietrich Genscher* (FDP)
Inneres	*Friedrich Zimmermann* (CSU)
Justiz	*Hans A. Engelhard* (FDP)
Finanzen	*Gerhard Stoltenberg* (CDU)
Wirtschaft	*Otto Graf Lambsdorff* (FDP)
Ernährung, Landwirtschaft und Forsten	*Josef Ertl* (FDP)
Arbeit und Sozialordnung	*Norbert Blüm* (CDU)
Verteidigung	*Manfred Wörner* (CDU)
Jugend, Familie und Gesundheit	*Heiner Geißler* (CDU)
Verkehr	*Werner Dollinger* (CSU)
Post- und Fernmeldewesen	*Christian Schwarz-Schilling* (CDU)
Raumordnung, Bauwesen und Städtebau	*Oscar Schneider* (CSU)
Innerdeutsche Beziehungen	*Rainer Barzel* (CDU)
Forschung und Technologie	*Heinz Riesenhuber* (CDU)
Bildung und Wissenschaft	*Dorothee Wilms* (CDU)
Wirtschaftliche Zusammenarbeit	*Jürgen Warnke* (CSU)

Verkürzung der Arbeitswoche* 1950–1990

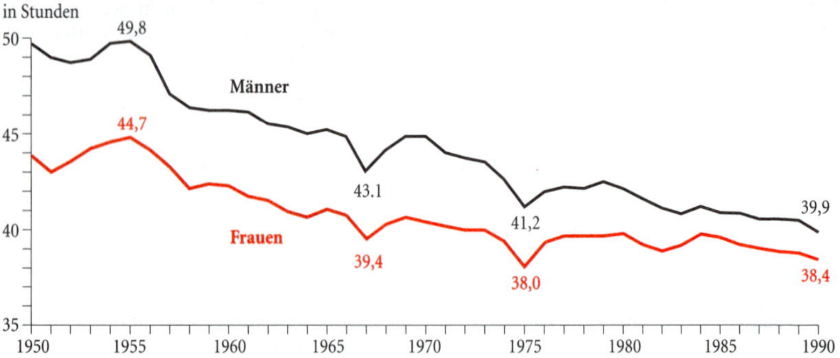

* Durchschnittlich bezahlte Wochenarbeitszeit in der Industrie, einschl. Hoch- und Tiefbau; 1950 bis 1959 ohne Saarland und Berlin, 1960 bis 1963 ohne Berlin

Norderstedt rd. 700 Linksliberale den Parteivorsitzenden *Genscher* nach dem von ihm mit herbeigeführten Bruch der sozialliberalen Koalition zum sofortigen Rücktritt auf. – Der FDP-Generalsekretär *Günter Verheugen* tritt am 29. 9. aus Protest gegen den Koalitionswechsel seiner Partei zurück. – Die Delegierten auf dem FDP-Parteitag in West-Berlin am 7. 11. **bestätigen Genscher** als Parteivorsitzenden mit 222 von 400 Stimmen. Im Anschluß an den Parteitag treten zahlreiche Delegierte, u. a. *Ingrid Matthäus-Maier*, *Günter Verheugen*, *Helga Schuchardt* sowie der Ehrenvorsitzende *William Borm* und die ehemaligen Staatssekretäre *Karl Moersch* und *Andreas von Schoeler* aus der Partei aus; einige von ihnen wechseln zur SPD. – Am 27. 11. trennen sich die **Jungdemokraten** von der Mutterpartei. Neue FDP-Jugendorganisation werden am 29. 11. die Jungen Liberalen.

Neugründung: Konservative Umweltschützer gründen am 7. 3. in Bad Honnef die **Ökologisch-Demokratische Partei** (ÖDP). Die neue Partei, in der die Grüne Aktion Zukunft, die Grüne Liste Hamburg und die Arbeitsgemeinschaft Ökologische Politik aufgehen, zählt rd. 2000 Mitglieder und wird von dem ehemaligen Bundestagsabgeordneten *Herbert Gruhl* geführt, der 1978 aus der CDU austrat.

Protestbewegungen, Gewerkschaften

Startbahn West: Der hessische Staatsgerichtshof lehnt am 20. 1. das geplante Volksbegehren gegen die Baupläne der Landesregierung für die Startbahn West des Frankfurter Flughafens ab. Eine Demonstration von rd. 10 000 Menschen am 30. 10. eskaliert zu den bislang schwersten Zusammenstößen von Startbahngegnern mit der Polizei; rd. 140 Menschen werden verletzt, 90 festgenommen.

Friedensbewegung: Aus Anlaß der NATO-Gipfelkonferenz in Bonn am 10. 6. demonstrieren in Bonn am gleichen Tag zwischen 300 000 und 400 000 Menschen gegen die Aufrüstungsbeschlüsse der US-Regierung und den NATO-»Doppelbeschluß«. Während des Besuchs von US-Präsident *Ronald Reagan* in West-Berlin am 11. 6. kommt es nach einer Demonstration von rd. 40 000 Menschen zu schweren Ausschreitungen.

Gewerkschaften: Auf den Amtsantritt der neuen christlich-liberalen Bundesregierung und die von ihr angekündigten wirtschafts- und sozialpolitischen Maßnahmen reagieren die Gewerkschaften mit einer Welle von Protesten. Am 23. 10. demonstrieren in Dortmund, Frankfurt und Nürnberg auf DGB-Kundgebungen über 200 000 Arbeitnehmer **gegen Arbeitslosigkeit, Kürzungen sozialer Leistungen und Lohnabbau**. Der IG-Metall-Vorsitzende *Eugen Loderer* kündigt der neuen Regierung einen Dauerkonflikt an, wenn sie nicht ihre »sozial unausgewogenen und verteilungspolitisch falschen Sparpläne« aufgebe. In Stuttgart und Hannover demonstrieren am 26. 10. rd. 180 000 Arbeitnehmer.

Deutsch-deutsche Beziehungen

Ständiger Vertreter: Nachdem der bisherige Ständige Vertreter der Bundesrepublik in der DDR, *Klaus Bölling*, erneut zum Sprecher der Bundesregierung berufen worden ist, übernimmt *Hans Otto Bräutigam* am 24. 5. seine Position in Ost-Berlin.

Handel: Am 18. 6. vereinbaren die Bundesrepublik und die DDR die **Verlängerung des** zinslosen Überziehungskredits (**Swing**) bis Ende 1985. Bis dahin soll der Swing von derzeit 850 Mio. Verrechnungseinheiten (1 VE = 1 DM) stufenweise auf 600 Mio.VE reduziert werden. Im Gegenzug erläßt der Ministerrat der DDR am 21. 6. (am 1. 7. in Kraft) eine Verordnung, nach der DDR-Bürger (und ihre Kinder), die das Land vor dem 1. 1. 1971 illegal verlassen haben, aus der Staatsbürgerschaft entlassen werden; damit unterliegen sie zukünftig bei Besuchen in der DDR nicht mehr der deswegen sonst üblichen Strafverfolgung wegen »Republikflucht«. Zudem wird die Besuchszeit für West-Berliner bei Tagesaufenthalten im Ostteil der Stadt bis auf zwei Uhr nachts verlängert.

Umweltschutz: Die Bundesrepublik und die DDR schließen am 28. 9. das erste Umweltschutzabkommen ab, das Maßnahmen zum Gewässerschutz in Berliner Flüssen und Seen vorsieht.

Reiseverkehr: Am 20. 11. eröffnen die Verkehrsminister der Bundesrepublik und der DDR das letzte Teilstück der neugebauten 265 km langen Autobahn Hamburg–Berlin.

Gesetze, Verordnungen, Urteile

Energiepolitik: Der Verwaltungsgerichtshof von Baden-Württemberg entscheidet am 31. 3., daß die erste Teilerrichtungsgenehmigung vom 22. 1. → 1975 für den Bau des **Kernkraftwerks Wyhl** am Oberrhein rechtmäßig ist. – Die Bundesregierung entscheidet sich am 17. 2. zur weiteren Förderung des umstrittenen **Schnellen Brüters in Kalkar** am Niederrhein nach einem neuen Finanzierungskonzept. Die zu Baubeginn 1973 geschätzten Kosten von 1,5 Mrd. DM werden nun auf 5 Mrd. DM veranschlagt.

Asylverfahren: Zur weiteren Begrenzung der Zahl der Asylbewerber verabschiedet der Bundestag am 16. 8. nahezu einstimmig das neue Asylverfahrensgesetz. Um die **Entscheidung über Asylanträge zu beschleunigen**, werden die administrativen und juristischen Instanzenwege verkürzt. Allein zuständig für die Bearbeitung der Anträge ist das Bundesamt für die Anerkennung ausländischer Flüchtlinge in Zirndorf, das Außenstellen in den Bundesländern einrichten kann. Bei der Ablehnung eines »offensichtlich unbegründeten« Antrags kann der Antragsteller mit aufschiebender Wirkung der drohenden Abschiebung als einzige und letzte Überprüfungsinstanz nur noch das Verwaltungsgericht anrufen.

Bildungspolitik: Gegen den Beschluß der Bundesregierung vom 3. 11., die finanzielle Förderung nach dem Bundesausbildungsförderungsgesetz (BAföG) einzuschränken und nur noch Volldarlehen auszuzahlen, demonstrieren Schüler und Studenten am 4. 12. in einer bundesweiten Aktion.

Zivildienst: Gegen die Stimmen der SPD-Opposition verabschiedet der Bundestag am 16. 12. das Kriegsdienstverweigerungs-Neuordnungsgesetz, das am 28. 2. 1983 in Kraft tritt. Die **mündliche Gewissensprüfung wird abgeschafft**; ein Kriegsdienstverweigerer soll seine Gewissensentscheidung schriftlich vorbringen; bei Zweifeln am Wahrheitsgehalt der Angaben kann eine mündliche Prüfung bei den Kreiswehrersatzämtern anberaumt werden. Die Zivildienstpflicht, die bis zum 32. Lebensjahr verlängert wird, soll um ein Drittel länger sein als der Grundwehrdienst und wird daher von 16 **auf 20 Monate verlängert**.

Terrorismus

»Revolutionäre Zellen«: Am 31. 5. werden vier **Sprengstoffanschläge auf US-Kasernen** in Hessen und Bayern verübt; linksextremistische »Revolutionäre Zellen« erklären sich in Bekennerschreiben für verantwortlich. Es folgen Anschläge u. a. auf das Frankfurter US-Hauptquartier (am 2. 7.) sowie auf Siedlungen in Frankfurt und Eschborn (am 16., 17. und 31. 10. sowie 14. 11.). – Revolutionäre Zellen bekennen sich auch zu mehreren Sprengstoffanschlägen am 19. 7. gegen Baumaschinen und Gebäude von Firmen, die am Bau der umstrittenen **Startbahn West** des Frankfurter Flughafens beteiligt sind.

Rechtsterrorismus: Bundesinnenminister *Baum* (FDP) erläßt am 27. 1. das Verbot der neonazistischen **Volkssozialistischen Bewegung/Partei der Arbeit** und ordnet die Auflösung der Organisation an. – In Nürnberg erschießt ein Rechtsextremist am 25. 6. drei Aus-

länder, verletzt drei weitere schwer und tötet sich anschließend selbst. – Am 28. 6. verurteilt das Oberlandesgericht in Stuttgart zwei Mitglieder der **»Deutschen Aktionsgruppen«** wegen eines Anschlags auf ein Ausländerwohnheim, bei dem zwei Vietnamesen ums Leben kommen, zu lebenslänglicher Freiheitsstrafe.
»Rote Armee Fraktion (RAF)«: Das Oberlandesgericht Düsseldorf verurteilt den zur RAF zählenden *Rolf Heissler* u. a. wegen Mordes an zwei niederländischen Zöllnern 1978. – Am 11. 11. nimmt die Polizei bei Offenbach die RAF-Mitglieder *Brigitte Mohnhaupt* und *Adelheid Schulz* fest. Am 16. 11. gelingt die **Festnahme von Christian Klar**, der als Kopf der Gruppe gilt. Den Verhafteten wird u. a. die Beteiligung an der Ermordung des Generalbundesanwalts *Buback*, des Dresdner-Bank-Vorstandssprechers *Ponto*, des Arbeitgeberpräsidenten *Schleyer* (alle → 1977) sowie der Bombenanschlag auf das US-Hauptquartier Ramstein und das Attentat auf den US-General *Kroesen* (beide → 1981) vorgeworfen. Im gesamten Bundesgebiet werden nach den Festnahmen **13 Waffenlager der RAF** entdeckt.

Weitere innenpolitische Ereignisse

Neue-Heimat-Affäre: Mit seinen ab dem 8. 2. veröffentlichten Berichten über die gewerkschaftseigene gemeinnützige Wohnungsbaugesellschaft **Neue Heimat** tritt das Nachrichtenmagazin »Der Spiegel« einen Skandal los. Der größte Wohnungsbaukonzern Westeuropas errichtete zwischen 1950 und 1980 rd. 470 000 Wohnungen im Sozialen Wohnungsbau, von denen er rd. 90 % selbst verwaltet und rd. 70 % selbst besitzt. Dem »Spiegel« zufolge **bereicherten sich Spitzenmanager** persönlich jahrelang um Millionensummen, indem sie sich durch Strohmänner an den Grundstücksgeschäften von Tochterfirmen der Neuen Heimat oder selbst an Privatfirmen beteiligten, die für die Neue Heimat zu überhöhten Preisen Aufträge ausführten oder die Wohnungen mit Fernwärme belieferten. Inbesondere profitierten sie von Wohnungsbau-Subventionen, Sonderkonditionen (u. a. Berlin-Förderung) und den steuerlichen Vergünstigungen, die mit dem Gemeinnützigkeitstatus des Konzerns verbunden sind. Im Januar 1983 wird bekannt, daß der Wohnungsbaugesellschaft durch die Privatgeschäfte ihres Vorstands *Albert Vietor* ein Vermö-

gensschaden von rd. 105 Mio. DM entstanden ist. Durch die Ermittlungen wird auch aufgedeckt, daß sich die Neue Heimat mit **Schulden in Milliardenhöhe** in einer schweren wirtschaftlichen Krise befindet, die bisher verschleiert wurde. Am 15. 2. wird der Vorstand entlassen. **Vorwürfe** werden auch **gegen den Vorstand des DGB** erhoben, der als Aufsichtsrat der Neuen Heimat von den Praktiken der Neue-Heimat-Manager gewußt haben soll oder seiner Aufsichtspflicht nicht genügte.
Ethnische Minderheiten: Am 14. 2. schließen sich neun Vereinigungen der etwa 50 000 deutschen **Sinti** und **Roma** zum Zentralrat deutscher Sinti und Roma zusammen. Bundeskanzler *Schmidt* empfängt am 17. 3. eine Delegation des Zentralrats und sichert den Sinti und Roma, deren Volk Opfer des nationalsozialistischen Völkermordes wurde, moralische Wiedergutmachung zu.
Arbeitslose: Vom 2.–5. 12. berät ein Bundeskongreß der Arbeitslosen die Situation der Erwerbslosen und Möglichkeiten der Selbsthilfe. Für Ende November meldet die Bundesanstalt für Arbeit mehr als 2 Mio. Arbeitslose (Quote: 8,4 %).

Außenpolitik

USA: Bei seinem Besuch in der Bundesrepublik am 10./11. 6. anläßlich der Gipfelkonferenz der NATO in Bonn spricht US-Präsident *Reagan* am 10. 6. **vor dem Bundestag,** wo er die engen deutsch-amerikanischen Beziehungen und die Fortdauer der militärischen Präsenz der USA in Westeuropa bekräftigt. In **West-Berlin** erläutert *Reagan* seine Abrüstungsvorschläge und bestätigt den NATO-»Doppelbeschluß«.
Dritte Welt: In einer gemeinsamen Entschließung des Bundestags legen am 5. 3. alle Fraktionen in 14 Punkten die **Aufgaben der bundesdeutschen Entwicklungshilfepolitik** fest. Vorrangig sollen die ärmsten Länder unterstützt werden sowie jene, die sich um den Aufbau demokratischer Strukturen, die Achtung der Menschenrechte und den Aufbau von Selbstversorgungsstrukturen bemühen. – Einem am 17. 6. veröffentlichten Bericht des Bundesministeriums für wirtschaftliche Zusammenarbeit zufolge hat die Entwicklungshilfe 1981 mit 7,2 Mrd. DM (1980 6,5 Mrd. DM) bzw. mit einem Anteil von 0,46 % des Bruttosozialprodukts den bisherigen Höchststand erreicht. Die Leistungen

nichtstaatlicher Organisationen (Kirchen, Verbände und Stiftungen) beliefen sich 1981 auf 839 Mio. DM (1980: 764 Mio. DM).

Wirtschafts- und Sozialpolitik

»Operation '82«: Zum 1. 1. treten wesentliche Gesetze und Verordnungen der »Operation '82« (→ 1981) in Kraft, die zur Konsolidierung der Haushaltslage beitragen sollen und zum Teil gravierende Belastungen oder staatliche Leistungseinschränkungen für die privaten Haushalte zur Folge haben: – Der Beitrag zur **Arbeitslosenversicherung** wird von 3,5 % auf 4 % angehoben; für den Bezug von Arbeitslosengeld gelten verschärfte Kriterien. – Zur **Kostendämpfung im Gesundheitswesen** wird u. a. der Eigenanteil des gesetzlich Krankenversicherten bei einigen ärztlichen Leistungen und bei Arzneimitteln erhöht, Wartezeiten für Kuren werden verlängert, Versicherungsbeiträge angehoben. – Die **Bruttolohn-Formel bei der Rentenanpassung** wird wieder eingeführt; außerdem sinkt der Beitrag zur Rentenversicherung von 18,5 % auf 18 %. Die Möglichkeit von Rentnern, anrechnungsfreie Nebentätigkeiten auszuüben, wird eingeschränkt. – Das Kindergeld für das zweite und dritte Kind wird um jeweils 20 DM (auf 100 DM bzw. 200 DM) gekürzt. – Zum 1. 4. werden die Branntwein- und die Sektsteuer, zum 1. 6. die Tabaksteuer erhöht.

Beschäftigungsprogramm: Nach Kontroversen über die Beschäftigungspolitik und damit verbundene Finanzierungsprobleme beschließt das Bundeskabinett am 3. 2. zur Bekämpfung der Arbeitslosigkeit als Kompromiß eine **»Gemeinschaftsinitiative für Arbeitsplätze, Wachstum und Stabilität«**, für die 12,5 Mrd. DM bereitgestellt werden sollen. Zentrale Inhalte sind die Einführung einer zeitlich begrenzten zehnprozentigen Investitionszulage (rückwirkend zum 1. 1.), die zusätzliche Förderung von Investitionen mittelständischer Unternehmen sowie mietrechtliche und steuerliche Anreize zum Wohnungsbau. Obwohl das **Beschäftigungsförderungsgesetz** wegen teils ungeklärter Finanzierungsfragen unter den Regierungsparteien umstritten ist, wird es am 26. 3. vom Bundestag gebilligt. Der Bundesrat, in dem die CDU/CSU die Mehrheit besitzt, nimmt nach einer ersten Ablehnung (am 30. 4.) das nach einem Kompromiß im Vermittlungsausschuß (die geplante Erhöhung der Mehrwertsteuer

von 13 auf 14 % zum 1. 7. 1983 entfällt) abgeänderte Gesetz am 28. 5. an.

Maßnahmen der neuen Koalition: Nach der Verabschiedung eines **zweiten Nachtragshaushaltes** am 15. 12. beschließt der Bundestag am 16. 12. gegen die Stimmen der SPD-Opposition den geänderten **Bundeshaushalt 1983**. Er sieht Ausgaben in Höhe von 253,2 Mrd. DM und eine Nettokreditaufnahme von 40,9 Mrd. DM vor. Das Haushaltsbegleitgesetz zur Wiederbelebung der Wirtschaft und Beschäftigung sowie zur Entlastung des Bundeshaushaltes sieht zum 1. 1. 1983 zahlreiche steuerrechtliche und sozialversicherungsrechtliche Änderungen vor. Die Beiträge zur Arbeitslosenversicherung werden von 4 % auf 4,6 % erhöht, zugleich werden die Zuschüsse an die Bundesanstalt für Arbeit um rd. 1,3 Mrd. DM gekürzt; der 1977 abgeschaffte Krankenversicherungsbeitrag für Rentner wird wieder eingeführt; Leistungsminderungen erfolgen auch beim Kinder- und Wohngeld sowie bei der Ausbildungsförderung; der Termin der Anpassungserhöhungen von Renten und Sozialhilfe für 1983 wird um ein halbes Jahr auf den 1. 7. 1983 verschoben; Besserverdienenden wird eine auf die Jahre 1983 und 1984 befristete unverzinsliche, rückzahlbare Investitionshilfeabgabe (»Zwangsabgabe«) von 5 % der Steuerschuld abverlangt, die jedoch am 6. 11. 1984 für verfassungswidrig erklärt wird. Durch die Senkung der steuerlichen Belastung von Unternehmen (u. a. bei der Gewerbesteuer) und weitere steuerliche Anreize soll die Investitionstätigkeit belebt werden.

Weitere wirtschaftspolitische Ereignisse: Als Folge der Wirtschaftskrise erreicht die Zahl der Insolvenzen mit **11 916 Konkursen und Vergleichsverfahren** von Unternehmen 1982 einen Nachkriegsrekord (1981: 8494, 1980: 6315, 1979: 5483). Der Vorstand der **AEG-Telefunken**, des zweitgrößten bundesdeutschen Elektrokonzerns, beantragt am 9. 8. in Frankfurt am Main die Eröffnung eines gerichtlichen Vergleichsverfahrens wegen Zahlungsunfähigkeit des Unternehmens. Am 16. 8. meldet auch die Tochterfirma Küppersbusch Vergleich an. Angesichts der über 100 000 gefährdeten Arbeitsplätze im gesamten Bundesgebiet sowie Berlin gewährt die Bundesregierung eine **Bürgschaft von 1,1 Mrd. DM.** Zu den weiteren großen Unternehmen, die 1982 insolvent werden, gehören Bauknecht (Haushaltsgeräte), Pelikan (Büroartikel), Porst (Fotoartikel) und Wienerwald (Restaurantkette). – Trotz der Kritik der US-Regierung unterzeichnen Vertreter bundesdeutscher und sowjetischer Banken am 13. 7. in Leningrad zur Finanzierung des → 1981 vereinbarten **Erdgas-Röhren-Geschäfts** einen Kreditvertrag über die Summe von rd. 3,9 Mrd. DM bis 1986. Kurz zuvor, am 18. 6., hatte US-Präsident *Reagan* die wegen der Polen-Krise gegen die Sowjetunion verhängten Wirtschaftssanktionen auf öl- und gasleitungstechnologische Anlagen ausgeweitet, die von oder mit Lizenz US-amerikanischer Firmen oder ihrer ausländischen Tochtergesellschaften hergestellt werden. Am 13. 11. wird der Boykott aufgehoben.

Bundesländer

Niedersachsen: Bei der Landtagswahl am 21. 3. erlangt die CDU mit 50,7% der Zweitstimmen wiederum die absolute Mehrheit. Die Grünen ziehen erstmals in den Landtag ein; auch die FDP überspringt diesmal die Fünf-Prozent-Hürde. Die SPD erleidet schwere Verluste. *Ernst Albrecht* (CDU) bleibt Ministerpräsident.

Hamburg: Aus der Bürgerschaftswahl am 6. 6. geht die CDU als stärkste politische Kraft hervor. Verhandlungen des Ersten Bürgermeisters *Klaus von Dohnanyi* (SPD) mit der Grün-Alternativen Liste (GAL) über die Bildung eines SPD-Minderheitssenats scheitern. Aus der Neuwahl am 19. 12. geht die SPD mit absoluter Mehrheit hervor. Der FDP gelingt nicht der Einzug in die Bürgerschaft.

Hessen: Bei der ersten Landtagswahl nach Bruch der sozialliberalen Koalition auf Bundesebene scheitert die FDP am 26. 9. an der Fünf-Prozent-Hürde. Die Grünen ziehen mit 8% der Stimmen erstmals in den Landtag ein. *Holger Börner* (SPD) bleibt kommissarisch Ministerpräsident einer Minderheitsregierung.

Bayern: Auch bei der bayererischen Landtagswahl am 10. 10. scheidet die FDP aus dem Parlament aus.

Schleswig-Holstein: Nach Berufung von *Gerhard Stoltenberg* als Finanzminister ins Bundeskabinett wählt der Landtag am 14. 10. *Uwe Barschel* (CDU) zum neuen Ministerpräsidenten.

1982

Schwere Wirtschaftskrise

Die DDR erlebt die stärkste Rezession in ihrer Geschichte. Wegen der angespannten weltpolitischen Lage und ihrer hohen Auslandsverschuldung werden ihr ebenso wie den anderen Ostblockstaaten keine zusätzlichen Westkredite gewährt. Der daraus resultierende Devisenmangel führt zu spürbaren Engpässen in der Lebensmittelversorgung.
Die unabhängige Friedensbewegung gewinnt durch ihre vielfältigen Aktivitäten weiter an Bedeutung, wobei die Teilnehmer an den Aktionen zunehmend Repressionen von staatlicher Seite ausgesetzt sind.
Das neue Wehrdienstgesetz bezieht auch Jugendliche und Frauen in die militärische Ausbildung ein.

Wirtschaftskrise

Westliche Kredite: Entgegen den ökonomischen Zielsetzungen des X. SED-Parteitags → 1981 gerät die DDR 1982 in eine **schwere wirtschaftliche Krise**. Wie andere staatssozialistische Länder ist auch die DDR vom Kreditembargo westlicher Staaten betroffen, das aus politischen wie außenwirtschaftlichen Gründen erlassen wurde. Angesichts der Zahlungsunfähigkeit Polens, das Umschuldungsverhandlungen beginnen muß, und der Einstellung des Kreditdienstes durch Rumänien wird die **Kreditwürdigkeit** aller Ostblockstaaten deutlich **nach unten korrigiert** und darüber hinaus die Ausgabe neuer Kredite verweigert. Die DDR kann im Handel mit der Bundesrepublik und West-Berlin zwar weiterhin vom »**Swing**« profitieren (→ 1981), doch die am 18. 6. vereinbarte neue Regelung verringert den Swing-Kreditrahmen schrittweise.

»NSW-Importablösung«: Am 8. und 11. 1. werden unter Leitung des für Wirtschaftsfragen zu-

ständigen Sekretärs des SED-Zentralkomitees, *Günter Mittag*, mit den Fachministerien Beratungen zur Ablösung von Importen aus dem »nichtsozialistischen Wirtschaftsgebiet« (NSW) durchgeführt, um die **Abhängigkeit von Zulieferungen** aus westlichen Ländern dauerhaft zu **verringern**.

Versorgungsengpässe: Der Devisenmangel in der DDR führt ab Frühjahr zu ernsthaften und überall sichtbaren Versorgungsengpässen. Am 25./26. 11. nimmt die SED-Führung bei einer Tagung des Zentralkomitees erstmals öffentlich Stellung, indem sie die Versorgungsengpässe als »**Rhythmusstörungen**« bezeichnet. Besonders die Versorgung mit Fleisch- und Wurstwaren sowie tierischen Fetten leidet darunter, daß mangels Futtermittelimporten die Durchschnittsschlachtgewichte im Vergleich zum Vorjahr um 10 bis 15% gesunken sind. Die Milchproduktion sinkt im Vergleich zum Vorjahr um 6,4%.

Rückgang des BIP: Die wirtschaftlichen Schwierigkeiten zeigen sich auch in der Entwicklung des **Bruttoinlandsproduktes**, das zum zweiten Mal nach 1980 gegenüber dem Vorjahr schrumpft. Der **Rückgang um 1,1%** ist der höchste in der Geschichte der DDR. Mit einem BIP von 186,5 Mrd. DM (in DM-Preisen von 1989) fällt die Wirtschaftsleistung sogar noch hinter den Wert von 1980 zurück.

Gesetzgebung

Wehrdienst: Am 25. 3. verabschiedet die Volkskammer das Wehrdienstgesetz, das an die Stelle des → 1962 erlassenen Wehrpflichtgesetzes tritt. Mit dem neuen Gesetz werden die Möglichkeiten, sich einer Einberufung in die NVA oder die anderen »bewaffneten Organe« (Bereitschaftspolizei, Ministerium für Staatssicherheit) zu entziehen, deutlich eingeschränkt. So können jetzt Wehrpflichtige oder Reservisten aus einer nicht abgeschlossenen Ausbildung heraus eingezogen werden. Die Einsatzmöglichkeiten von Frauen in der NVA werden erweitert. Darüber hinaus zielt das Gesetz auf die verstärkte Rekrutierung von Zeitsoldaten für einen längeren Dienst in den bewaffneten Kräften. Die Schulen müssen – bei sinkenden Jahrgangsstärken – ab 1982 statt bisher 530 nun jährlich 4530 Offiziersbewerber (Dienstzeit mindestens 25 Jahre) stellen. Bei Unteroffizieren (Dienstzeit mindestens 10 Jahre) müssen jährlich 6470 Bewerber gemel-

det werden. Die Auflagen werden an den Schulen unterschiedlich erfüllt: Zum einen wird in insgesamt ca. 9000 Arbeitsgemeinschaften »Wehrausbildung« für militärische Berufe geworben, zum anderen wird auf die Jugendlichen und ihre Eltern offen Druck ausgeübt.
Bausoldaten: Auch weiterhin kann die Wehrpflicht ohne Waffe – als Bausoldat – abgeleistet werden.
Grenzgesetz: Am 25. 3. stimmen die Abgeordneten der Volkskammer einem neuen Grenzgesetz zu, in dem Regelungen zum Hoheitsgebiet und zum Grenzübertritt getroffen sind. Zum »Schutz der Grenze« haben die Grenztruppen der DDR gegenüber Zivilisten seit längerem auch Polizeibefugnisse, die ihnen erlauben, kurzfristig Auflagen an die Bewohner des Grenzgebietes zu erteilen, die vom Anketten von Leitern bis hin zur Einschränkung des Aufenthalts von Familienangehörigen reichen können. Das Gesetz enthält auch Bestimmungen zum **Gebrauch der Schußwaffe** (§ 27), der dann zulässig ist, wenn damit die »Ausführung oder die Fortsetzung einer Straftat« (wozu der Versuch eines illegalen Verlassens der DDR gehört) verhindert werden kann.

Friedensbewegung

»Berliner Appell«: Am 25. 1. erscheint der vom Ost-Berliner Pfarrer *Rainer Eppelmann* initiierte »Berliner Appell«. Etwa 80 Personen, unter ihnen *Hans-Jochen Tschiche, Lutz Rathenow, Ralf Hirsch, Rudi Pahnke, Gerd Poppe* und *Robert Havemann* (der wenige Wochen später, am 9. 4., stirbt) treten als Erstunterzeichner auf. Sie erhoffen sich für ihren Appell eine ähnlich große Wirkung in der DDR, wie sie der »Krefelder Appell« in der Bundesrepublik erzeugt hat. Unter dem Motto **»Frieden schaffen ohne Waffen«** fordern sie von USA und UdSSR wirksame Schritte zu Abrüstung und Entmilitarisierung, den Abzug der Besatzungstruppen und den Verzicht auf die Einmischung in die inneren Angelegenheiten der beiden deutschen Staaten. *Eppelmann* wird am 9. 2. in der Nähe von Berlin festgenommen und zwei Tage lang verhört. Der Versuch, Unterschriftenlisten bei einem West-Berliner Anwalt zu hinterlegen, wird als »ungesetzliche Verbindungsaufnahme« (§ 219 StGB der DDR) gewertet, der Text selbst als »öffentliche Herabwürdigung« der staatlichen Ordnung (§ 220) eingestuft. Auf Druck der Berlin-

Brandenburgischen Kirchenleitung und nach deren Zugeständnis, von der Unterzeichnung des Appells abzuraten, wird *Eppelmann* wieder freigelassen.
Friedensforum in Dresden: Am 13. 2. versammeln sich in und an der Dresdener Kreuzkirche rd. 5000 meist jugendliche Teilnehmer eines Friedensforums. Anlaß ist der 37. Jahrestag der Bombardierung Dresdens am 13. 2. 1945. Dabei entbrennt eine heftige Diskussion zwischen Vertretern der sächsischen Kirchenleitung (Bischof *Johannes Hempel, Kurt Domsch*) und Teilnehmern über die Haltung der evangelischen Kirchen zum »Berliner Appell« und die Rolle der Kirchen als politischer Faktor in der DDR-Gesellschaft. - Personen, die während des Dresdner Forums und danach **Aufnäher** mit den Schriftzügen »Schwerter zu Pflugscharen« oder »Frieden schaffen ohne Waffen« tragen (schätzungsweise bis zu 100 000 DDR-Bürger), werden (durch Polizisten oder durch Lehrer) aufgefordert, den Aufnäher zu entfernen. Viele kommen der Aufforderung nach, markieren jedoch die Stelle mit weißer Farbe, um sich als frühere Träger des Symbols zu erkennen zu geben. Anfangs verteidigen die evangelischen Kirchenleitungen die Träger des Symbols; der Ost-Berliner Bischof *Gottfried Forck* trägt es demonstrativ selbst. Gleichzeitig weisen sie jedoch die Träger auf negative Konsequenzen besonders in Schulen hin. – Am 11. 4. informiert die Konferenz der Kirchenleitungen (KKL) in einem **Pfarrbrief an die Gemeinden** der Gliedkirchen von einem Gespräch im Staatssekretariat für Kirchenfragen am 7. 4. Hierin betont die KKL noch das Recht der evangelischen Kirchen auf eine eigenständige Friedensarbeit und kritisiert das staatliche Vorgehen gegen Träger der Aufnäher. Bei seiner im September in Halle tagenden **Bundessynode** erklärt der Bund der Evangelischen Kirchen jedoch (gegen den Widerstand von *Friedrich Schorlemmer* und *Ludwig Große*): »Wir verzichten« auf den Aufnäher »um des Friedens willen«.

Deutsch-deutsche Beziehungen

Treffen: Am 14. 10. treffen aus Anlaß der Trauerfeierlichkeiten für den verstorbenen sowjetischen Staats- und Parteichef *Leonid Breschnew* in Moskau *Erich Honecker* und **Bundespräsident** *Karl Carstens* zusammen. *Carstens* übermittelt vom neuen Bundeskanzler *Helmut Kohl*

Klassen- und Schichtenstruktur der Berufstätigen 1945–1985

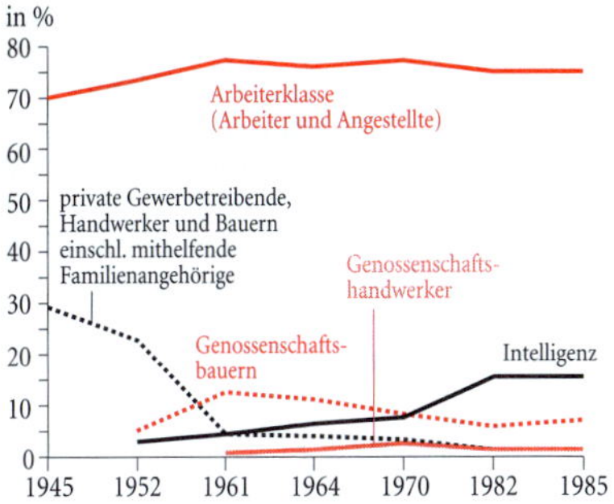

die ausdrücklich wiederholte Einladung an *Honecker*, in Bonn einen Gegenbesuch zu *Helmut Schmidts* Aufenthalt in der DDR im Dezember 1981 zu absolvieren. – Bei der Tagung des Zentralkomitees am 25. und 26. 11. wertet *Honecker* die Einladung als Bereitschaft der neuen liberalkonservativen Bundesregierung, die Beziehungen zwischen beiden Staaten weiterzuentwickeln.

Reisen und Ausreisen: Am 15. 2. erweitert die DDR-Regierung den Katalog möglicher Reisegründe in dringenden Familienangelegenheiten (Geburtstage, Taufen, Hochzeiten, Krankheits- und Trauerfälle). Außerdem können von nun an **auch Personen im arbeitsfähigen Alter** entsprechende Anträge stellen.

Eintrübung: Die **Verweigerung der Einreise** in die DDR für den rheinland-pfälzischen Ministerpräsidenten *Bernhard Vogel* und den CDU-Fraktionsvorsitzenden im schleswig-holsteinischen Landtag, *Hoffmann*, am 21. bzw. 27. 7. führen zu einer **Belastung** des deutsch-deutschen Verhältnisses.

Soziale Daten

Bevölkerung: Im Gebiet der DDR leben am 31. 12. 16,71 Millionen Einwohner. Die Gesamtbevölkerungszahl ist im Vergleich zu den Ergebnissen der Volkszählung vom 1. 1. 1982 nahezu unverändert geblieben. Nach westlichen Angaben siedeln 13 208, nach DDR-Angaben 11 118 Personen nach Westdeutschland über. In umgekehrter Richtung wandern nach DDR-Angaben 119 Personen.

10,69 Millionen Personen, darunter 5,24 Millionen Frauen, befinden sich im arbeitsfähigen Alter zwischen 15 und 60 bzw. 65 Jahren. 8,37 Millionen Personen sind berufstätig, darunter 4,15 Millionen Frauen.

Wohnungsbau: Mit dem Bau von 110 823 Neubauten und 6552 modernisierten Wohnungen werden 3170 Wohnungen weniger fertiggestellt als im Vorjahr(–2,6 %). Der Rückgang geht vor allem auf Kosten rekonstruierter Wohnungen. Der genossenschaftliche Wohnungsbau bleibt gegenüber dem Vorjahr erneut konstant.

Einkommen und Lebenshaltung: Das durchschnittliche monatliche **Arbeitseinkommen** von Arbeitern und Angestellten in der staatseigenen Wirtschaft beträgt 1066 Mark. Die Pro-Kopf-**Sparguthaben** wachsen auf etwa 6439 Mark an. Die Sparguthaben bei Geld- und Kreditinstituten wachsen gegenüber dem Vorjahr absolut um 4,5 %. Das Volumen der Lebensversicherungen wächst um 1,0 %. – Das **Fernsprechnetz** der Deutschen Post wächst gegenüber dem Vorjahr um 40 200 auf über 1 437 300 Anschlüsse. Beim **Ausstattungsniveau** der privaten Haushalte mit langlebigen Konsumgütern kommen auf 1000 Haushalte 421 PKW, 184 Motorräder bzw. Motorroller, 1188 Kühl- und Gefriergeräte, 908 Waschmaschinen, 174 Radioapparate und 1114 Fernsehgeräte.

1983

Proteste gegen Raketenstationierung

Bei den vorgezogenen Bundestagswahlen wird die neue christlich-liberale Koalition von den Wählern klar im Amt bestätigt. Die Grünen etablieren sich mit ihrem erstmaligen Einzug in den Bundestag auch auf Bundesebene als parlamentarische Kraft.
Das Bundesverfassungsgericht erklärt Teile des Volkszählungsgesetzes wegen mangelnden Datenschutzes für verfassungswidrig und bestätigt damit die Befürchtungen zahlreicher Initiativen vor dem »gläsernen Bürger«.
Hunderttausende gehen im Frühjahr und Herbst auf die Straße, um gegen die Stationierung von atomaren US-Mittelstreckenraketen in der Bundesrepublik zu demonstrieren. Sie können nicht verhindern, daß der Bundestag mit der Mehrheit der Koalitionsparteien beschließt, im Rahmen des NATO-»Doppelbeschlusses« mit der Aufstellung der Raketen zu beginnen.

Bundestagswahl

Auflösung des Bundestags: Nach dem negativen Ausgang der Vertrauensfrage für Bundeskanzler *Helmut Kohl* am 17.12. → 1982 löst Bundespräsident *Karl Carstens* auf Vorschlag des Bundeskanzlers am 7.1. den Bundestag auf und schreibt für den 6.3. **vorgezogene Neuwahlen** aus.

Wahlkampf: Als vorrangige Themen ihres Wahlkampfes benennt die **CDU** auf ihrem Wahlparteitag am 17.1. die Förderung der Investitionsbereitschaft der Unternehmen; entschiedene Sparmaßnahmen der öffentlichen Hand zur Sanierung der Staatsfinanzen sowie die Reform des Rentenversicherungssystems. – Der Wahlparteitag der **SPD** am 21.1. in Dortmund nominiert *Hans-Jochen Vogel* zum Kanzlerkandidaten. Sie stellt die Umsetzung eines Beschäftigungsprogramms und die Rücknahme der »unter dem Druck der FDP« vorgenommenen Kürzungen im Sozialbereich (Mieten im sozialen Wohnungsbau, Ausbildungsförderung und Selbstbeteiligung bei Krankheitskosten) innerhalb der ersten 100 Tage in Aussicht. – Die **FDP** verbindet ihre Koalitionsaussage zugunsten der CDU/CSU mit dem Aufruf an Unionswähler, ihre Zweitstimme der FDP zu geben, um die Koalition zu stabilisieren und gleichzeitig eine zu konservative Politik zu verhindern. – Um die Bekämpfung der Arbeitslosigkeit mit den Anforderungen einer umweltgerechten Wirtschaftspolitik zu verbinden, schlagen die **Grünen** u.a. die Einführung umweltfreundlicher Energiesysteme, den Ausbau des öffentlichen Nahverkehrs und Innovationen im Wohnungsbau vor; sie schließen sich der gewerkschaftlichen Forderung nach Einführung der 35-Stunden-Woche an.

Bundestagswahl: → Sonderseiten Sp. 739f.

Mittelstreckenwaffen-Nachrüstung

Beziehungen zur Sowjetunion: Bundeskanzler *Kohl* und Außenminister *Hans-Dietrich Genscher* versichern dem sowjetischen Außenminister *Andrej Gromyko* während dessen Besuch in Bonn vom 16.–19.1., die neue Bundesregierung werde ihre **Entspannungspolitik fortsetzen**, vom NATO-»Doppelbeschluß« jedoch nicht abrücken. Auch bei ihrem **Besuch in Moskau** vom 4.–6.7. in Moskau können *Kohl* und *Genscher* im Gespräch mit dem neuen sowjetischen Parteichef *Jurij W. Andropow* keine Annäherung der sicherheitspolitischen Standpunkte erzielen; sowjetische Abrüstungsvorschläge werden von ihnen abgelehnt. Dennoch erklären beide Seiten ihre weitere Verhandlungsbereitschaft über die nukleare Mittelstreckenraketenrüstung in Europa und ihr Interesse, trotz der Kontroversen die Zusammenarbeit auf wirtschaftlicher Ebene auszubauen.

Friedensbewegung: Anläßlich des bevorstehenden Beschlusses über die Stationierung von US-Mittelstreckenwaffen kommt es in der Bundesrepublik seit dem Frühjahr zu zahlreichen Demonstrationen gegen die nukleare Nachrüstung. An den **Ostermärschen** am 3./4.4. beteiligen sich über 700000 Rüstungsgegner. Beim Besuch des US-Vizepräsidenten *George Bush* in Krefeld am 25.6. demonstrieren 20000 Menschen, dabei kommt zu schweren Auseinandersetzungen zwischen militanten Demonstranten und der Polizei. Die Initiativgruppe des **»Krefelder Appells«** von 1980 gibt bekannt, der Abrüstungsaufruf sei inzwischen von über 4 Mio. Menschen unterzeichnet worden. – Im **»Mainzer Appell«** vom 3.7. fordern 3300 Teilnehmer eines wissenschaftlichen Kongresses den Verzicht auf die Stationierung von US-Nuklearwaffen und einen Neuanfang in der Rüstungskontrollpolitik. – Am 1.9., dem Antikriegstag, versperren mehrere tausend Rüstungsgegner – unter ihnen der Schriftsteller *Heinrich Böll*, der frühere Regierende Bürgermeister von Berlin, *Heinrich Albertz*, und der saarländische Ministerpräsident *Oskar Lafontaine* – mit einer dreitägigen **Sitzblockade** die Zugänge des US-Militärdepots in Mutlangen, das als Stationierungsort von Pershing-II-Raketen vorgesehen ist. – Am 5.10. folgen mehrere Millionen Beschäftigte dem Aufruf des **DGB** zu einer Arbeitspause von »fünf Mahnminuten für den Frieden«. – An einer **Aktionswoche** vom 16. bis 22.10. beteiligen sich etwa 1,3 Mio. Menschen in mehreren Großstädten an Demonstrationen. In Bonn demonstrieren am 22.10. rd. 300 000 Menschen; am selben Tag bilden 200 000 Rüstungsgegner eine 108 Kilometer lange **Menschenkette** zwischen Ulm und Stuttgart.

Stationierungsdebatte: Auf dem **Sonderparteitag der SPD** am 18./19.11. stimmen 383 der 400 Delegierten (bei 14 Nein-Stimmen und 3 Enthaltungen) gegen die vorgesehene Aufstellung der US-amerikanischen Mittelstreckensysteme auf dem Boden der Bundesrepublik. Sie fordern die Fortführung der Verhandlungen bei gleichzeitigem Stopp der Stationierung von seiten des Westens und den Beginn des Abbaus der auf Europa gerichteten SS-20-Raketen durch die Sowjetunion. – In seiner **Regierungserklärung** zu Beginn der zweitägigen Debatte über den NATO-»Doppelbeschluß« begründet Bundeskanzler *Kohl* am 21.11. die Stationierung der US-Mittelstreckenwaffen u.a. damit, daß die Sowjetunion trotz mehrerer Abrüstungsvorschläge des Westens auf ihren Maximalforderungen beharre: »Sie möchte unverändert die Aufstellung von nuklearen Mittelstreckenwaffen in Europa vollständig verhindern und sich das Monopol an landgestützten Mittelstreckenraketen sichern.« – In namentlicher Abstimmung **billigt der Bundestag** am 22.11. mit 286 gegen 225 Stimmen bei einer Enthaltung »die Entscheidung der Bundesregierung, entsprechend ihrer Verpflichtung aus dem zweiten Teil des NATO-»Doppelbeschlusses« fristgerecht **den Beginn des Stationierungsprozesses** einzuleiten«. Am gleichen Tag weist das Bundesverfassungsgericht drei Anträge auf Erlaß einer einstweiligen Verfügung gegen die Stationierung der betreffenden Waffen in der Bundesrepublik zurück.

Stationierungsbeginn: Unter strengster Geheimhaltung werden am 23.11. die ersten Komponenten der Pershing-II-Raketen in die Bundesrepublik eingeflogen und zum US-Militärdepot Mutlangen transportiert. Bundesverteidigungsminister *Wörner* (CDU) teilt am gleichen Tag mit, die Aufstellung der Mittelstreckenwaffen werde zur Jahreswende 1983/84 abgeschlossen sein.

Außenpolitik

Frankreich: Anläßlich des zwanzigsten Jahrestags des deutsch-französischen Freundschaftsvertrags spricht **François Mitterrand** als erstes Staatsoberhaupt Frankreichs am 20.1. **vor dem Bundestag**. Er bekräftigt die enge Zusammenarbeit beider Staaten bei der Gestaltung der Zukunft und der Sicherheit Westeuropas und betont zugleich die eigenständige Rolle Frankreichs in nuklearstrategischen Fragen.

B-Waffen-Vertrag: Die Bundesrepublik tritt am 7.4. dem Abkommen über das Verbot der Entwicklung, Herstellung und Lagerung bakteriologischer Waffen und Toxin-Waffen bei. Der von ihr schon am 10.4.1972 unterzeichnete Vertrag wurde vom Bundestag erst am 10.12.1982 ratifiziert, nachdem die Frage der Einbeziehung West-Berlins, für das die Westmächte ihre Vorbehaltsrechte geltend machten, geklärt wurde.

Europäische Gemeinschaft: Anläßlich des zehnjährigen Bestehens der erweiterten EG verabschieden die zehn Staats- und Regierungschefs der EG auf ihrem **Gipfeltreffen** vom 17. bis 19.6. **in Stuttgart** eine Deklaration zur Europäischen Union; neben der weiteren Intensivierung der wirtschaftliche Integration innerhalb der EG wollen sie der Gemeinschaft eine stärkere politische Rolle in der Weltpolitik verschaffen. Über den Charakter einer politischen Union kann jedoch keine Einigung erzielt werden.

Fortsetzung Sp. 743

Wahl zum 10. Deutschen Bundestag am 6. 3. 1983

Ergebnisse: Bei einer Wahlbeteiligung von 89,1% (+0,5% gegenüber 1980) bringt die vorgezogene Bundestagswahl am 6. 3. eine deutliche **Bestätigung der christlich-liberalen Regierungskoalition**. Die Unionsparteien kommen bei einem Zuwachs von 4,3% auf 48,8%; die SPD rutscht erstmals seit 1965 wieder unter die 40%-Marke und erleidet mit 38,2% einen Verlust von 4,7%. Die FDP erzielt trotz der anhaltenden schweren innerparteilichen Auseinandersetzungen 7,0% der Stimmen (−3,6%). Einen überraschenden Erfolg verbuchen die Grünen, die mit 5,6% (+4,1%) erstmals in den Bundestag einziehen.

Koalitionsverhandlungen und Regierungserklärung: CDU/CSU und FDP schließen am 22. 3. eine Koalitionsvereinbarung auf der Basis des Regierungsprogramms vom Oktober → 1982. – In seiner **Regierungserklärung** vom 4. 5. nennt *Kohl* folgende Schwerpunkte: Fortsetzung der Verständigung mit den osteuropäischen Staaten; Verbesserung der Rahmenbedingungen für einen wirtschaftlichen Aufschwung; Abbau der Massenarbeitslosigkeit.

Wahl zum 10. Deutschen Bundestag am 6.3.1983 (1980)

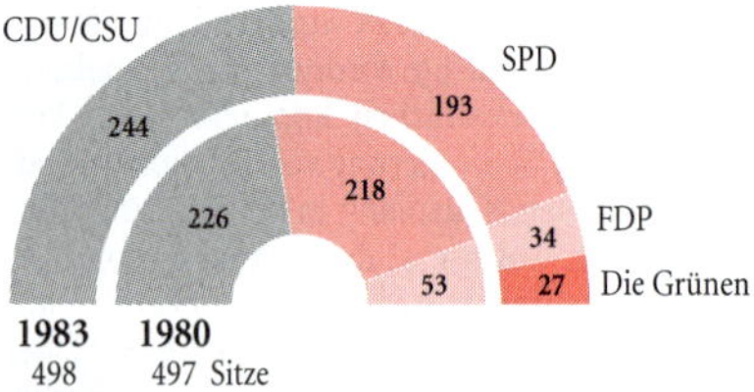

Neuer Bundestag und neue Regierung: Unter Alterspräsident *Willy Brandt* (SPD) konstituiert sich am 29. 3. der 10. Deutsche Bundestag und wählt *Rainer Barzel* (CDU) zu seinem Präsidenten. Bei der **Wahl des Bundeskanzlers** erhält *Helmut Kohl* (CDU) 271 von 486 gültigen Stimmen (214 Nein-Stimmen, 1 Enthaltung), wird anschließend vom Bundespräsidenten ernannt und noch am selben Tag vor dem Bundestag vereidigt. Am 30. 3. folgt die Vereidigung der 16 Bundesminister; die Besetzung des Kabinetts bleibt bis auf zwei Ressorts unverändert (→ Kabinettsliste).

Zweites Kabinett Kohl (30. 3. 1983–12. 3. 1987)

Bundeskanzler	*Helmut Kohl* (CDU)
Auswärtiges	*Hans-Dietrich Genscher* (FDP)
Inneres	*Friedrich Zimmermann* (CSU)
Justiz	*Hans A. Engelhard* (FDP)
Finanzen	*Gerhard Stoltenberg* (CDU)
Wirtschaft	*Otto Graf Lambsdorff* (FDP), ab 27.6. 1984 *Martin Bangemann* (FDP)
Ernährung, Landwirtschaft und Forsten	*Ignaz Kiechle* (CSU)
Arbeit und Sozialordnung	*Norbert Blüm* (CDU)
Verteidigung	*Manfred Wörner* (CDU)
Jugend, Familie und Gesundheit	*Heiner Geißler* (CDU)
ab 6.6. 1986 Jugend, Familie, Frauen und Gesundheit	ab 26.9. 1985 *Rita Süssmuth* (CDU)
Verkehr	*Werner Dollinger* (CSU)
Post- und Fernmeldewesen	*Christian Schwarz-Schilling* (CDU)
Raumordnung, Bauwesen und Städtebau	*Oscar Schneider* (CSU)
Innerdeutsche Beziehungen	*Heinrich Windelen* (CDU)
Forschung und Technologie	*Heinz Riesenhuber* (CDU)
Wirtschaftliche Zusammenarbeit	*Jürgen Warnke* (CSU)
Bildung und Wissenschaft	*Dorothee Wilms* (CDU)
Besondere Aufgaben und Chef des Bundeskanzleramts	*Wolfgang Schäuble* (CDU)
Umwelt, Naturschutz und Reaktorsicherheit ab 6.6. 1986	*Walter Wallmann* (CDU)

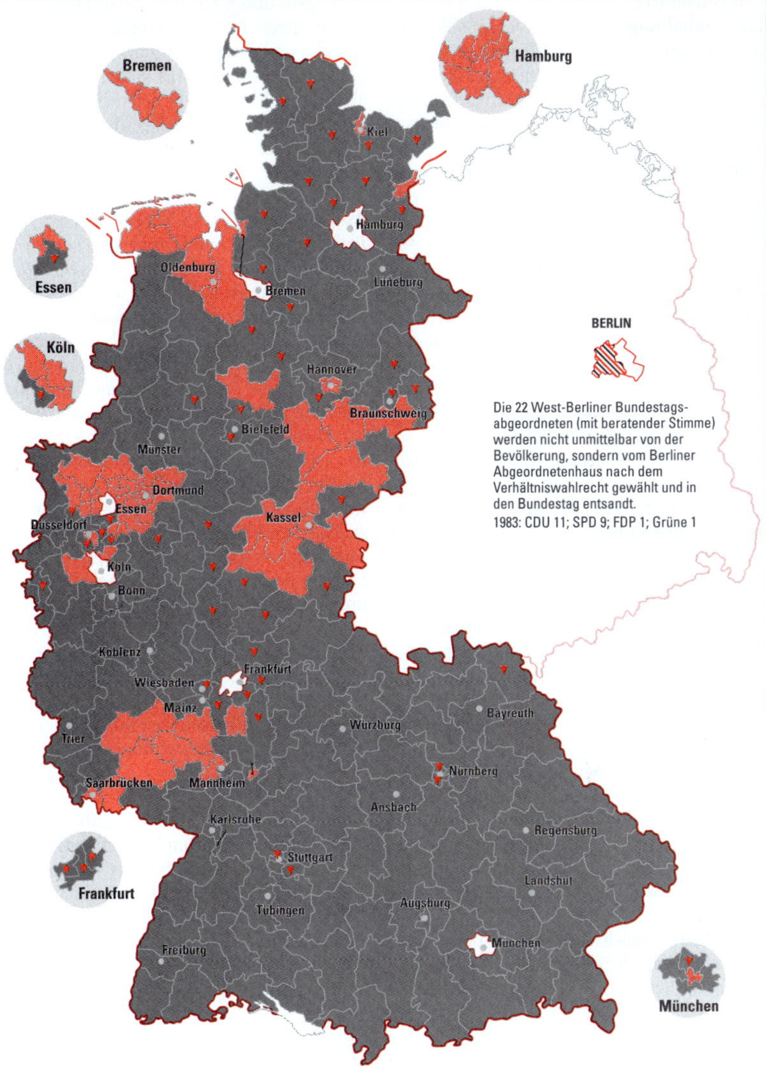

Direktmandate der im 10. Deutschen Bundestag vertretenen Parteien

Mit der Mehrheit der Erststimmen 1983 gewonnene Wahlkreise

- Kandidaten der CDU/CSU (149+44=193)
- Kandidaten der SPD (55)

Wechsel der Erststimmenmehrheit 1980/1983

▾ Wahlkreise, die von der SPD an die CDU/CSU fielen

Quelle: *Forschungsgruppe Wahlen*

Umweltpolitik

Luftreinhaltung: Am 23. 2. beschließt die Bundesregierung in einer Großfeuerungsanlagen-Verordnung (GAV) Maßnahmen zur Reduzierung von **Schadstoffen aus Kraftwerken**. Am 20. 7. legt sie ein Maßnahmenprogramm vor, durch das ab 1. 1. 1986 neuzugelassene Autos mit **Abgaskatalysatoren** ausgerüstet sein müssen und **bleifreies Benzin** an den Tankstellen verfügbar sein soll. Die vor allem von Kohlekraftwerken und Fahrzeugmotoren ausgehenden Stickoxyde und weitere Schadstoffe gelten als wesentliche Faktoren für die zunehmende Schädigung von Bäumen (»Waldsterben«) durch »sauren Regen«. Am 18. 10. gibt das Bundeslandwirtschaftsministerium bekannt, daß etwa ein Drittel des Waldes in der Bundesrepublik erkrankt ist und sich die festgestellten Schäden seit dem Vorjahr vervierfacht haben.

Neue Energiegewinnung: Auf der Nordseeinsel Pellworm geht am 12. 7. das von der Firma AEG-Telefunken errichtete größte **Solarkraftwerk** Europas in Betrieb. Das Pilotprojekt, das 300 Kilowatt Maximalleistung erbringt, wurde zu 88 % aus Mitteln der Europäischen Gemeinschaft und des Bundesforschungsministeriums finanziert. – In Dithmarschen bei Brunsbüttel nimmt am 17. 10. die größte **Windkraftanlage** der Welt (»Growian«) ihren Betrieb auf.

Parteien

Parteienfinanzierung: Als Konsequenz aus der Flick-Parteispenden-Affäre (→ 1984) einigen sich am 26. 10. die Parteiführungen von CDU, CSU, SPD und FDP auf eine Neuregelung der Parteienfinanzierung. Das Gesetz und eine dafür notwendige Grundgesetzänderung verabschiedet der Bundestag am 1. 12. gegen die Stimmen der Grünen. Danach werden die Parteien künftig steuerrechtlich wie gemeinnützige Vereine eingestuft; Spenden werden steuerlich begünstigt; Großspenden über 20 000 DM sind steuerlich nur abzugsfähig, wenn der Spender im Rechenschaftsbericht ausgewiesen wird. Die Wahlkampfkostenerstattung von bisher 3,50 DM je gewonnener Wählerstimme wird auf 5 DM erhöht (rückwirkend für die Bundestagswahl vom 6. 3. 1983 auf 4,50 DM). Die Parteien müssen nicht nur über die Herkunft ihrer Mittel, sondern auch über deren Verwendung öffentlich Rechenschaft ablegen. Das Gesetz tritt rückwirkend zum 1. 7. 1983 in Kraft.

Parteigründung: Ehemalige CSU-Politiker um den früheren Bundestagsabgeordneten *Franz Handlos* und den Journalisten *Franz Schönhuber* gründen am 27. 11. in München die Partei **»Die Republikaner«**, die den rechten Rand des Parteienspektrums abdecken will. *Handlos* wird zum Vorsitzenden gewählt.

Aufarbeitung der NS-Vergangenheit

Fall Barbie: Die bolivianischen Behörden liefern am 5. 2. den in Frankreich wegen Verbrechen gegen die Menschlichkeit angeklagten ehemaligen Chef der Sicherheitspolizei der deutschen Wehrmacht in Lyon, *Klaus Barbie*, an Frankreich aus. Er soll für die Ermordung von 4312 Juden und Partisanen und die Deportation von mehr als 7500 Juden in Konzentrationslager verantwortlich sein. *Barbie* wird am 4. 7. 1987 zu lebenslanger Freiheitsstrafe verurteilt.

NS-Unrechtsurteile: Das Bundesjustizministerium gibt am 20. 2. bekannt, daß alle nationalsozialistischen Unrechtsurteile aus dem Bundeszentralregister **gestrichen** wurden. Von 37 127 Urteilen des Volksgerichtshofs seien nur noch drei Urteile im Zentralregister eingetragen gewesen, von 339 Urteilen der Sondergerichte neun. Einer förmlichen Aufhebung solcher Urteile durch Gesetz bedürfe es nicht mehr, da sie schon durch die Landesgesetzgebung der ersten Nachkriegsjahre aufgehoben worden seien.

Deutsch-deutsche Beziehungen: → DDR

Weitere innenpolitische Ereignisse

Volkszählung: Das Bundesverfassungsgericht erläßt am 13. 4. eine einstweilige Verfügung gegen den für den 27. 4. geplanten Beginn der Volkszählung. Am 15. 12. erklärt es das am 25. 3. 1982 von allen Bundestagsfraktionen angenommene Volkszählungsgesetz in wesentlichen Teilen für **verfassungswidrig**, da eine Verletzung von Persönlichkeitsrechten nicht auszuschließen sei.

»Hitler-Tagebücher«: Auf einer Pressekonferenz am 25. 4. in Hamburg präsentiert der Chefredakteur der Illustrierten »Stern«, *Peter Koch*, die ersten drei von insgesamt 62 Bänden angeblicher Tagebücher von *Adolf Hitler*. Am 6. 5. stellt der Präsident des Bundesarchivs in Koblenz fest, daß die Vorlagen zweifelsfrei **Fälschungen** sind. Am 14. 5. wird der Militaria-Händler *Konrad Kujau* verhaftet, am 26. 5. der

»Stern«-Reporter *Gerd Heidemann*. Beide gestehen, das Betrugswerk geschaffen bzw. an den »Stern« vermittelt zu haben, der dafür gutgläubig 9,34 Mio. DM zahlte.

Asylbewerber: Der Selbstmord des türkischen Asylbewerbers *Kemal Altun*, der sich während der Verhandlung über seine Auslieferung an die türkischen Behörden am 30. 8. aus dem Fenster eines Sitzungssaales des West-Berliner Verwaltungsgerichts stürzt, ruft heftige Kritik an dem für Ausländerfragen zuständigen Bundesinnenminister *FriedrichZimmermann* (CSU) hervor. Er hatte bei einem Besuch in der Türkei der Militärregierung die Überstellung *Altuns*, dem die Beteiligung an einem politischen Mord angelastet wurde, zugesichert und gegen die Anerkennung *Altuns* als politischer Flüchtling Widerspruch eingelegt.

Wirtschafts- und Sozialpolitik

Sozialpolitik: Am 1. 1. treten mehrere wirtschafts- und sozialpolitische Gesetze in Kraft: – Das **Kindergeld** wird für das zweite und dritte Kind um 20 DM auf 100 DM bzw. 200 DM gekürzt. – Der **Beitrag zur Arbeitslosenversicherung** wird von 4 % auf 4,6 % angehoben, der Anspruch auf Arbeitslosengeld und die Leistungen zur Förderung der beruflichen Rehabilitation werden eingeschränkt. – Das neue **Mietrecht** erleichtert bei freifinanzierten Wohnungen u. a. durch die Einführung von Staffel- und Zeitmietverträgen die Möglichkeit von Mieterhöhungen und Mieterwechseln. – Am 1. 8. tritt die Neufassung des **Bundesausbildungsförderungsgesetzes** (BAföG) in Kraft. Die bisherige Förderung von Schülern entfällt fast vollständig, bezugsberechtigte Studenten erhalten nur noch ein zinsloses Darlehen, der Höchstsatz beträgt 720 DM. Wer sein Studium frühzeitig mit erfolgreichem Abschluß beendet, bekommt einen Teil des Darlehens erlassen. – Am 30. 11. tritt ein bis zum 30. 6. 1984 befristetes »Rückkehrhilfegesetz« in Kraft, das arbeitslosen **ausländischen Arbeitnehmern** die Rückkehr in die Heimat erleichtern und damit zur Entlastung des Arbeitsmarkts beitragen soll. Unter bestimmten Bedingungen erhalten sie eine Rückkehrprämie von 10 500 DM sowie 1500 DM für jedes Kind. Das Angebot wird von insgesamt rd. 12 000 Personen wahrgenommen.

Beschäftigung: Im Februar erreicht die Arbeitslosigkeit mit **2,53 Mio. Erwerbslosen (10,4 %)** den höchsten Stand seit Bestehen der Bundesrepublik. 1983 sind im Jahresdurchschnitt 2,26 Mio. Menschen (9,3 %) arbeitslos. 1982 nahm die Arbeitslosenzahl gegenüber dem Vorjahr um 44 % auf 1,83 Mio. (7,6 %) zu.

Stahl- und Werftenkrise: Angesichts der anhaltenden Krise der Stahlindustrie, die von Überkapazitäten, internationalem Preisdruck und konjunkturbedingter Nachfrageschwäche gekennzeichnet ist, beschließt die Bundesregierung am 14. 6. **Subventionen** für Stahlunternehmen in Höhe von 3 Mrd. DM. – Um den größten Stahlkonzern des Saarlandes, **Arbed Saarstahl**, vor dem Konkurs zu bewahren, beschließen die saarländische und die Bundesregierung am 8. 11. ein **Soforthilfeprogramm** in Höhe von rd. 86 Mio. DM. – Am 12. 9. besetzen die Beschäftigten der norddeutschen Großwerften Howaldtswerke-Deutsche Werft AG in Hamburg und Kiel sowie der »AG Weser« in Bremen die Werftanlagen, um gegen geplante **Massenentlassungen** zu protestieren. Nachdem die Aktionen ohne Zugeständnisse der Werftleitungen am 20. 9. bzw. 26. 9. abgebrochen werden müssen, protestieren am 29. 9. mehr als 100 000 Arbeitnehmer in Bonn gegen die Werften- und Stahlpolitik der Bundesregierung und der Europäischen Kommission. Die »AG Weser« wird zum Jahresende geschlossen; 1200 Arbeitsplätze gehen verloren.

Finanzpolitik: Die Finanzminister der Staaten des Europäischen Währungssystems (EWS) legen am 25. 3. neue Leitkurse innerhalb des Währungsverbundes fest; während u. a. die **DM um 5,5 % aufgewertet** wird, erfährt der französische Franc, dessen Kursverfall die Neuordnung erforderlich machte, eine Abwertung um 2,5 %. – Am 1. 7. wird in der Bundesrepublik die **Mehrwertsteuer** auf 14 bzw. 7 % (bisher 13 bzw. 6,5 %) **erhöht**.

Bundesländer

Hessen: Nachdem sich der Hessische Landtag nur acht Monate nach seiner Konstituierung am 4. 8. aufgelöst hat, findet am 25. 9. eine **vorgezogene Landtagswahl** statt. Die SPD baut ihre Position als stärkste politische Kraft aus, während die CDU/CSU starke Verluste hinnehmen muß. Ministerpräsident *Holger Börner* (SPD) bleibt geschäftsführend im Amt (→ 1984).

Landtagswahlen finden auch in Rheinland-Pfalz, Schleswig-Holstein und in Bremen statt.

1983

»Nach – Nachrüstung« und Devisennot

Der vom bayerischen Ministerpräsidenten *Franz Josef Strauß* (CSU) vermittelte Kredit an die DDR über eine Milliarde DM trägt nur vorübergehend zur Verbesserung der Devisenlage der DDR bei. Nach der kritischen Situation im Vorjahr beginnt sich die Volkswirtschaft zu erholen; das Inlandsprodukt nimmt wieder leicht zu.
Neben dem Angebot der Warschauer-Pakt-Staaten an die NATO, über gegenseitigen Gewaltverzicht und die Schaffung »atomwaffenfreier Zonen« in Mitteleuropa zu verhandeln, versucht die DDR durch Kontakte mit bundesdeutschen Politikern den Vollzug des NATO-»Doppelbeschlusses« zu verhindern. Gleichzeitig gehen die DDR-Behörden mit Verhaftungen, Überwachungen und ähnlichen Repressionen schärfer gegen Gruppen der unabhängigen Friedensbewegung vor.

Innenpolitik

Rolle der Kirchen: Gerade im **Lutherjahr** ist die Staatsführung an einem guten Verhältnis zu den Kirchen interessiert. Die **evangelische Kirche** als autonome Großorganisation in der sonst SED-geprägten Gesellschaft und zugleich zentraler Ort der unabhängigen Friedensbewegung unterstützt zwar einerseits die Bestrebungen der eigenen Staatsführung gegen den NATO-»Doppelbeschluß«, erwartet andererseits aber von den Warschauer-Pakt-Staaten eigene Abrüstungsinitiativen. Darüber hinaus fordert sie von der Staatsführung Schritte zur **Zurückdrängung der Militarisierung**, die in der Einführung des Schulfaches Wehrkunde und in der vormilitärischen Ausbildung älterer Schüler, Lehrlinge und Studenten zum Ausdruck kommt. Am 1. 1. nimmt auch die **katholische Kirche** mit dem **Hirtenbrief** gegen den Wehrkundeunterricht an Schulen zu dieser Frage Stellung. – Am 31. 8. senden der Bund der Evangelischen Kirchen in der DDR (BEK) und die Evangelische Kirche in Deutschland (EKD) einen gemeinsamen Brief an *Erich Honecker* und *Helmut Kohl*, in dem beide aufgefordert werden, den laufenden Abrüstungsverhandlungen in Genf zum Erfolg zu verhelfen. – Am 5. 12. protestiert die Evangelische Landeskirche in Thüringen offiziell gegen die Stationierung sowjetischer Atomraketen in der DDR.
Lutherjahr: Am 21. 4. trifft bei den Feierlichkeiten zum 500. Geburtstag *Martin Luthers* der Vorsitzende des Lutherkomitees der evangelischen Kirchen, *Werner Leich*, mit *Erich Honecker* zusammen. Zwei Wochen später (4. 5.) beginnt die Kirche mit dem »Luthertag auf der Wartburg« offiziell ihre Feierlichkeiten zum Lutherjahr. Es findet am 9. 11. in Ost-Berlin mit der staatlichen und einen Tag später in Eisleben mit der kirchlichen *Luther*-Gedenkfeier seinen Abschluß.
Friedensbewegung: Im Januar werden mehrere Mitglieder des **»Jenaer Friedenskreises«** festgenommen, einen Monat später jedoch, gemeinsam mit dem am 1. 9. 1982 verhafteten und später verurteilten Initiator des Kreises, *Roland Jahn*, wieder freigelassen. Nach einer weiteren öffentlichen Aktion der Gruppe am 19. 3. dürfen diejenigen Teilnehmer, die Ausreiseanträge gestellt haben, am 8. 6. die DDR verlassen; *Jahn* wird abgeschoben. – Am 1. 9. wird von der Volkspolizei eine **Menschenkette** zwischen der amerikanischen und der sowjetischen Botschaft in Ost-Berlin aufgelöst.
Hilfe aus der Bundesrepublik: Am 12. 5. erhält die unabhängige Friedensbewegung in der DDR Unterstützung von den bundesdeutschen Grünen: Fünf prominente Vertreter der Öko-Partei (*Petra Kelly, Gert Bastian, Roland Vogt, Lucas Beckmann* und *Gabriele Potthast*) demonstrieren auf dem Ost-Berliner Alexanderplatz. – Im Anschluß an ein Gespräch mit *Erich Honecker* am 31. 10. kommt es vor dem Ost-Berliner Staatsratsgebäude erneut zu einer Demonstration, an der *Petra Kelly, Gert Bastian, Lucas Beckmann, Otto Schily, Dirk Schneider, Antje Vollmer* und *Gustine Johannsen* beteiligt sind. Beim Gespräch mit *Honecker* am 31. 10. (und zu anderen Anlässen) setzen sie sich für Inhaftierte ein; *Petra Kelly* erscheint in einem T-Shirt, das mit dem Symbol der DDR-Friedensbewegung »Schwerter zu Pflugscharen« bedruckt ist. –

Eine für den 4.11. mit führenden DDR-Bürgerrechtlern verabredete **Übergabe von Petitionen** an die Ost-Berliner Botschaften der UdSSR und der USA scheitert, weil in der Nacht zuvor 118 Personen festgesetzt und weitere 260 Personen an der Anreise aus anderen Orten der DDR gehindert werden; einigen westdeutschen Teilnehmern wird die Einreise in die DDR verwehrt, andere werden nach West-Berlin abgeschoben.

Außenpolitik

NATO-»Doppelbeschluß«: *Erich Honecker* unterstützt die auf der Prager Tagung der Warschauer-Pakt-Staaten am 4./5.1. unterbreiteten Vorschläge, in denen ein Abkommen zwischen den Militärblöcken über den Gewaltverzicht und den Verzicht auf die Stationierung von Mittelstreckenwaffen angeboten wird. – Am 4.2. greift er die Anregung Schwedens auf, eine »von nuklearen Gefechtsfeldwaffen freie Zone« in Mitteleuropa zu schaffen. – Am 20.10. beschließen die Außenminister der Warschauer-Pakt-Staaten für den Fall der Stationierung nuklearer Mittelstreckenwaffen in Westeuropa einen **eigenen Nachrüstungsbeschluß**. Am 25.10. teilt der Nationale Verteidigungsrat mit, daß in diesem Fall operativ-taktische **Atomwaffen der Sowjetarmee** auf dem Gebiet der DDR stationiert werden.

Deutsch-deutsche Beziehungen

Milliardenkredit: Am 29.6. erhält die DDR einen vom bayerischen Ministerpräsidenten *Franz Josef Strauß* vermittelten Milliardenkredit westdeutscher Banken, der jedoch die prekäre Devisenlage der DDR nur vorübergehend verbessern kann (→ Wirtschaftliche Entwicklung). Im Gegenzug wird am 15.9. eine Verordnung des Ministerrates über Erleichterungen in der Familienzusammenführung bekanntgegeben und ab 27.9. der Zwangsumtausch für Rentner und Kinder gesenkt.

NATO-»Doppelbeschluß«: Bei seinen Treffen mit dem SPD-Vorsitzenden *Hans-Jochen Vogel* am 28.5. und mit dem CSU-Vorsitzenden *Franz Josef Strauß* am 24.7. setzt sich *Honecker* für einen Verzicht auf die Stationierung von atomaren Mittelstreckenwaffen in der Bundesrepublik ein. Einen ähnlichen Appell richtet er in zwei Briefwechseln (7.–17.2. und 9.–24.10.) an Bundeskanzler *Helmut Kohl*.

Todesfälle an der Grenze: Am 10.4. stirbt ein westdeutscher Reisender beim Grenzübertritt am Kontrollpunkt Drewitz an Herzversagen. *Honecker* sagt *Kohl* in einem Telefonat die Untersuchung des Falles zu, die zu dem Ergebnis kommt, daß der Mann eines natürlichen Todes gestorben ist. Am Tag der Übergabe des Untersuchungsberichtes (26.4.) stirbt ein weiterer Transitreisender, diesmal am Kontrollpunkt Wartha. Am 28.4. sagt *Honecker* auf Druck der Sowjetunion seinen für 1983 geplanten Besuch in der Bundesrepublik ab und nennt als Grund die Kommentare westlicher Zeitungen zu den Todesfällen.

Weitere Treffen: Am 15.9. trifft mit *Richard von Weizsäcker* erstmals ein Regierender Bürgermeister von Berlin (West) in Ost-Berlin mit *Erich Honecker* zusammen. Am 1.11. findet ein Treffen zwischen dem Bundesfinanzminister *Gerhard Stoltenberg* und ZK-Sekretär *Günter Mittag* in Ost-Berlin statt.

Grenzanlagen: Am 5.10. kündigt *Erich Honecker* gegenüber österreichischen Journalisten den Abbau der Selbstschußanlagen an der innerdeutschen Grenze an.

Postabkommen: Am 15.11. wird ein neues Post- und Fernmeldeabkommen abgeschlossen. Die bisherigen Pauschalzahlungen der westdeutschen Seite für Mehrleistungen der DDR-Post werden von 85 auf 200 Millionen DM erhöht.

Wirtschaftliche Entwicklung

Bei einer leichten Erholung der DDR-Volkswirtschaft – das Bruttoinlandsprodukt steigt gegenüber dem Vorjahr um 0,7% auf 187,8 Mrd. DM (in DM-Preisen von 1989) – vermerkt eine für das Politbüro am 18.11. angefertigte Analyse die durch Devisenmangel verursachte angespannte Liquidität im Außenhandel. Einerseits seien wegen des »von den USA entfachten Kreditboykotts« bei westlichen Banken keine Finanzkredite erhältlich, andererseits sei die DDR bei eigenen Exporten nach Westeuropa zunehmend mit Anti-Dumpingzöllen der EWG konfrontiert. Zudem habe die starke Aufwertung des US-Dollar dazu geführt, daß die DDR »mehr materielles Produkt im Export in das NSW« (nichtsozialistische Wirtschaftsgebiet) aufwenden muß, »als in der Vergangenheit«. Unter diesen Vorzeichen setzt die DDR-Führung ihre NSW-Importablösepolitik (→ 1982) fort, am

Haushaltsausstattung mit Konsumgütern

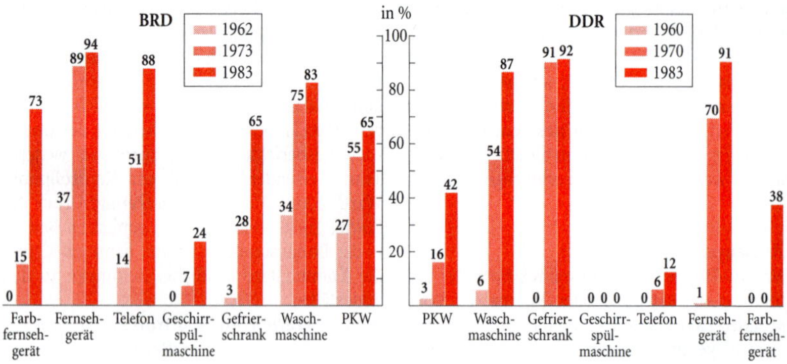

21. 3. faßt der Ministerrat einen entsprechenden Beschluß.

Landwirtschaft: Erneut hat die DDR-Landwirtschaft mit hohen Ernteausfällen zu kämpfen. Die Getreideernte weist zwar insgesamt etwa den gleichen Hektarertrag wie im Vorjahr auf, bei anderen wichtigen Kulturen sind jedoch erhebliche Rückgänge festzustellen. Bei Kartoffeln, Zuckerrüben und Futterpflanzen gehen die Hektarerträge um 12–17% zurück. – Am 9. 9. kauft die DDR daraufhin in Kanada 3 Millionen Tonnen Weizen ein.

Soziale Daten

Bevölkerung: Im Gebiet der DDR leben am 31. 12. 16,71 Millionen Einwohner. Nach westlichen Angaben siedeln 11 343, nach DDR-Angaben 10 564 Personen nach Westdeutschland über. In umgekehrte Richtung wandern nach DDR-Angaben 117 Personen.

10,76 Millionen Personen, darunter 5,25 Millionen Frauen, befinden sich im arbeitsfähigen Alter (zwischen etwa 15 und 60 bzw. 65 Jahren). 8,45 Millionen Personen sind berufstätig, darunter 4,18 Millionen Frauen.

Wohnungsbau: Mit dem Bau von 118 592 Wohnungen (107 258 Neubauten und 11 334 Modernisierungen) werden wieder etwas mehr Wohnungen (1283) fertiggestellt als im Vorjahr. Der Neubau wird hierbei zugunsten der Modernisierung vorhandener Wohnungen zurückgefahren. Der genossenschaftliche Wohnungsbau bewegt sich mit 39 652 Einheiten (plus 138) auf Vorjahresniveau.

Einkommen und Lebenshaltung: Das durchschnittliche monatliche **Arbeitseinkommen** von Arbeitern und Angestellten in der staatseigenen Wirtschaft beträgt 1080 Mark. Die Pro-Kopf-**Sparguthaben** wachsen auf etwa 6774 Mark an. Die Sparguthaben bei Geld- und Kreditinstituten wachsen gegenüber dem Vorjahr absolut um 5,2%. Das Volumen der Lebensversicherungen wächst um 1,0%. – Das **Fernsprechnetz** der Deutschen Post wächst gegenüber dem Vorjahr um 44 600 auf über 1 481 900 Anschlüsse. Bei der **Ausstattung** privater Haushalte **mit langlebigen Konsumgütern** entfallen auf 100 Haushalte 43,7 PKW, 125 Kühl- und Gefriergeräte, 94 Waschmaschinen und 114,1 Fernsehgeräte (→ Graphik).

1984

Flick-Affäre und Tarifkonflikte

In einem der härtesten und längsten Tarifkonflikte seit Bestehen der Bundesrepublik erkämpfen IG Metall und IG Druck für ihre Branchen die Einführung der 38,5-Stunden-Woche.
Bundesverteidigungsminister *Manfred Wörner* bleibt nach der *Kießling*-Affäre, in der der ranghöchste Offizier der Bundeswehr Opfer falscher Anschuldigungen des Militärischen Abschirmdienstes wird, nur durch die Unterstützung von Bundeskanzler *Helmut Kohl* im Amt.
Die Flick-Parteispenden-Affäre hinterläßt in der Öffentlichkeit das Bild einer korruptiven Verflechtung von Politik und Wirtschaft. Bundeswirtschaftsminister *Otto Graf Lambsdorff* und Bundestagspräsident *Rainer Barzel* treten wegen der im Zusammenhang mit der Affäre gegen sie erhobenen Anschuldigungen von ihren Ämtern zurück.

Affären

Kießling-Affäre: General *Günther Kießling*, stellvertretender NATO-Kommandeur für Europa, wird auf Antrag von Verteidigungsminister *Manfred Wörner* (CDU) vom Bundespräsidenten am 4.1. rückwirkend zum 1.1. vorzeitig in den Vorruhestand versetzt. Schon Ende September 1983 war er von der aktiven Wahrnehmung seiner NATO-Funktion bis zum 31.3.1984 entbunden worden. Der Verteidigungsminister hält den Offizier für ein Sicherheitsrisiko, weil der Militärische Abschirmdienst (MAD) *Kießling* im Homosexuellenmilieu geortet haben will – eine Unterstellung, die sich auf dubiose Quellen stützt und bald als haltlos herausstellt. **Wörner rehabilitiert Kießling** in einem Schreiben vom 1.2.; Bundeskanzler *Kohl* lehnt am 2.2. die von den Oppositionsparteien geforderte Entlassung des Verteidigungsministers trotz der von

Wörner eingeräumten Fehler ab. Am 26.3. wird *Kießling*, der bereits längere Zeit vor Beginn der Affäre seine Versetzung in den einstweiligen Ruhestand beantragt hatte, von *Wörner* traditionsgemäß mit dem Großen Zapfenstreich verabschiedet.
Nachfolge Lambsdorff: Nach Zulassung der Hauptverhandlung vor dem Landgericht Bonn über die am 9.12.1983 erhobene Anklage gegen Bundeswirtschaftsminister *Otto Graf Lambsdorff* (FDP) tritt dieser am 26.6. zurück. Schon am 28.6. wird *Martin Bangemann* (FDP), bisher Mitglied des Europäischen Parlaments, als neuer Wirtschaftsminister vereidigt.
Nachfolge Barzel: Nach seiner Vernehmung vor dem Flick-Untersuchungsausschuß tritt *Rainer Barzel* (CDU) am 25.10. von seinem Amt als Bundestagspräsident zurück. Am 5.11. wird der bisherige Staatsminister des Bundeskanzleramts, *Philipp Jenniger* (CDU), neuer Bundestagspräsident. Nachfolger *Jenningers* im Bundeskanzleramt wird am 15.11. der bisherige Parlamentarische Geschäftsführer der Unionsfraktion, *Wolfgang Schäuble* (CDU).

Wahl des Bundespräsidenten

Die achte Bundesversammlung wählt am 23.5. in Bonn mit 832 von 1018 abgegebenen Stimmen den bisherigen Regierenden Bürgermeister von Berlin, *Richard von Weizsäcker* (CDU), zum sechsten Bundespräsidenten. Die von den Grünen nominierte einzige Gegenkandidatin, die Schriftstellerin *Luise Rinser*, erhält 68 Stimmen.

Außenpolitik

Agrar- und Finanzpolitik: Nach dem Scheitern ihrer Beratungen über Agrar-, Finanz- und Strukturfragen bei den Sitzungen des Europäischen Rates im Dezember → 1983 in Athen und über Beitragszahlungen Großbritanniens am 20.3. in London finden die Staats- und Regierungschefs auf ihrer Gipfelkonferenz am 26.6. in Fontainebleau einen Kompromiß: Großbritanniens Premierministerin *Margaret Thatcher* kann sich mit ihrer Forderung nach Senkung der britischen Beiträge weitgehend durchsetzen. Die Bundesrepublik kann nach der Zustimmung der anderen Mitgliedstaaten die Subventionen für die deutschen Landwirte erhöhen.
Europäisches Parlament: In den zehn Staaten der EG findet am 17.6. die **zweite Direktwahl**

Flick-Parteispenden-Affäre

Flick-Parteispenden-Affäre
Am 24. 2. 1982 nimmt die Bonner Staatsanwaltschaft Ermittlungen gegen den Düsseldorfer Flick-Konzern wegen des **Verdachts der Steuerhinterziehung** auf. Dieser hatte 1975 aus dem Verkauf eines Aktienpaketes der Daimler-Benz AG an die Deutsche Bank einen Buchgewinn von 1,9 Mrd. DM erlöst, von denen er 1,5 Mrd.wieder anlegte, größtenteils in Anteile am US-Konzern Grace. Der damalige Bundeswirtschaftsminister *Hans Friderichs* (FDP) erkannte diese Transaktion als »volkswirtschaftlich besonders förderungswürdig« im Sinne des Einkommensteuergesetzes an und befreite das Unternehmen von der Gewinnsteuer auf die Anlagesumme (Ende 1983 erhielt das Bundeswirtschaftsministerium die Steuervergünstigung in Höhe von 450 Mio. DM wieder zurück).
Im Zuge der Ermittlungen stößt die Staatsanwaltschaft im Flick-Konzern auf detaillierte Aufzeichnungen über **umfangreiche Zuwendungen an Politiker und Umwegspenden an Parteien** – sie bilden den Ausgangpunkt für Ermittlungsverfahren gegen zahlreiche Politiker, u. a. frühere Bundesminister und 15 Bundestagsabgeordnete. Den Unterlagen zufolge erhielten die im Bundestag vertretenen Parteien vom Flick-Konzern zwischen 1969 und 1980 rd. 26 Mio. DM (CDU/CSU 15 Mio., FDP 6,5 Mio., SPD 4,3 Mio.). Versuche der Partei- und Fraktionsführungen 1981 und 1984, die Anklagen gegen Politiker und Spender durch Amnestiegesetze hinfällig zu machen, scheitern u. a. an heftigen Protesten in der Öffentlichkeit.
Die Staatsanwaltschaft in Bonn erhebt am 29. 11. 1983 **Anklage wegen Bestechlichkeit** gegen den Vorstandsvorsitzenden der Dresdner Bank und früheren Bundeswirtschaftsminister *Hans Friderichs* (FDP) und den früheren nordrhein-westfälischen Wirtschaftsminister *Ludwig Riemer* (FDP) sowie **wegen Bestechung** gegen die ehemaligen Manager des Flick-Konzerns *Eberhard von Brauchitsch* und *Manfred Nemitz*. Gegen andere Beschuldigte, darunter die früheren Mitglieder der Bundesregierung *Manfred Lahnstein* (SPD) und *Hans Matthöfer* (SPD) sowie gegen *Friedrich Karl Flick*, werden die Ermittlungen eingestellt. Am 9. 12. 1983 wird auch Anklage wegen Bestechlichkeit gegen Bundeswirtschaftsminister *Otto Graf Lambsdorff* (FDP) erhoben, nachdem der Bundestag am Tag zuvor seine parlamentarische Immunität aufgehoben hat. *Lambsdorff* wird Bestechlichkeit im Amt und Steuerhinterziehung zur Last gelegt.
Lambsdorff (FDP) und Bundestagspräsident *Rainer Barzel*, dem vorgeworfen wird, indirekte Zahlungen des Flick-Konzerns erhalten und sich deshalb für die Steuerbefreiung von Flick verwandt zu haben, erklären am 26. 6. bzw. 25. 10. 1984 den **Rücktritt** von ihrem Ämtern.
Das **Landgericht Bonn verurteilt** am 16. 2. 1987 *Friderichs* und *Lambsdorff* wegen Steuerhinterziehung zu Geldstrafen von 61 500 bzw. 180 000 DM. Der frühere Flick-Manager *Eberhard von Brauchitsch*, der im Konzern nach eigenen Worten den Einsatz »privater Mittel für gesellschaftspolitische Zwecke« verantwortete, wird zu zwei Jahren Freiheitsentzug verurteilt, die gegen eine Bußgeldzahlung von 550 000 DM zur Bewährung ausgesetzt werden. Da den Angeklagten Bestechlichkeit bzw. Bestechung nicht nachzuweisen ist, werden sie in diesen Punkten freigesprochen.
Durch die Flick-Parteispenden-Affäre wird bekannt, daß die etablierten Parteien in vielen Fällen über teilweise eigens zur Spendensammlung eingerichtete gemeinnützige Organisationen und Scheinfirmen Zuwendungen von Spendern empfingen, die für die gespendeten Beträge in den Genuß der steuerlichen Anrechenbarkeit kamen und zugleich anonym blieben. Zwischen 1968 und 1980 wurden auf diese Weise rd. 250 Mio. DM am Fiskus vorbeigeleitet, dem dadurch ein Steuerausfall von rd. 100 Mio. DM entstand. Zur Verfolgung der Straftaten wurden gegen rd. 1700 Spender Ermittlungsverfahren eingeleitet.

zum Europaparlament statt. Die Sozialisten erringen erneut die meisten Mandate (131, +19); Christdemokraten 109 (+3), Konservative 48 (−15), Gaullisten 28 (+7), Liberale 33 (−7), Kommunisten 42 (−2), Rechtsextreme 16, Grüne 11, Unabhängige 11, andere 5. Die Wahlbeteiligung beträgt im Durchschnitt aller Länder rd. 60 %. – In der Bundesrepublik erzielte die CDU/CSU

46,0 % (+6,9 %, 41 Mandate), die SPD 37,4 % (−3,4 %, 33 Mandate), die Grünen 8,2 % (+5 %, 7 Mandate). Die FDP scheitert mit 4,8 % (−1,2 %) erstmals auf Bundesebene an der Fünf-Prozent-Hürde.

Frankreich: Der französische Staatspräsident *François Mitterrand* und Bundeskanzler *Kohl* besuchen am 22. 9. gemeinsam zwei Soldatenfriedhöfe auf dem Schlachtfeld von Verdun, wo im Ersten Weltkrieg mehr als 500 000 Soldaten den Tod fanden, und gedenken der Toten der beiden Weltkriege. Die beiden Staatsmänner **reichen sich über den Gräbern die Hände**. Die symbolträchtige Geste der deutsch-französischen Versöhnung findet in der internationalen Öffentlichkeit große Beachtung.

Weitere außenpolitische Ereignisse

Israel: Während seines Besuchs in Israel vom 24.–28. 1. wird Bundeskanzler *Helmut Kohl* wegen der geplanten Waffengeschäfte der Bundesrepublik mit Saudi-Arabien kritisiert. Das Verhältnis der Nachkriegsgeneration zur Zeit des Nationalsozialismus charakterisiert *Kohl* mit der Formel von der **»Gnade der späten Geburt«**: »Eine junge deutsche Generation begreift die Geschichte Deutschlands nicht als Last, sondern als Auftrag für die Zukunft. Sie ist bereit, Verantwortung zu tragen. Aber sie weigert sich, sich selbst kollektiv für die Taten der Väter schuldig zu bekennen. Wir sollten diese Entwicklung begrüßen.«

Volksrepublik China: Bundeskanzler *Kohl* **besucht die VR China** vom 7.–14. 10.; er wird von zahlreichen Unternehmern begleitet. Zu den Vereinbarungen über eine intensivere wirtschaftliche Zusammenarbeit gehört ein Abkommen über die Produktion von Autos der Volkswagen AG in einem Joint-Venture-Unternehmen in China.

Umweltpolitik

Forschung: Das Bundeskabinett billigt am 22. 3. das »Programm Umweltforschung und Umwelttechnologie 1984–1987«, in dem es Förderungsmittel im Umfang von 2 Mrd. DM bereitstellen will.

Luft- und Wasserreinhaltung: Vom 24. bis 27. 6. findet in München eine von der Bundesregierung und der UN-Wirtschaftskommission für Europa (ECE) veranstaltete **internationale Umweltschutzkonferenz** statt, an der sich 31 Staaten und vier internationale Organisationen beteiligen. Vorrangiges Thema sind Möglichkeiten zur weiträumigen Verringerung der Luftverschmutzung. 13 westliche Staaten erklären sich bereit, bis 1993 die Schwefel-Emissionen um 30 % der Werte von 1980 zu vermindern. Auch fünf Ostblockländer, darunter die Sowjetunion und die DDR, wollen die grenzüberschreitenden Mengen an Schwefeldioxyd in der Luft innerhalb dieses Zeitraums um 30 % reduzieren. Über die Einschränkung der Schadstoffe in Autoabgasen erzielen die Konferenzteilnehmer keine Einigkeit. – Am 18. 9. beschließt das Bundeskabinett, daß ab 1989 alle **Neuwagen mit Katalysator** ausgerüstet werden und die Abgaswerte den strengen US-amerikanischen Normen entsprechen müssen. – Der Bericht der Bundesregierung über **Waldschäden**, den Landwirtschaftsminister *Ignaz Kiechle* (CSU) am 16. 10. vorlegt, weist aus, daß 50 % der Waldbäume in der Bundesrepublik sichtbar geschädigt sind (im Vorjahr waren es 34 %).

Kohlekraftwerk Buschhaus: Das Verwaltungsgericht Braunschweig setzt am 31. 8. per einstweiliger Verfügung auf Antrag von sechs Bürgern (darunter einer aus der DDR) die für den 3. 9. geplante Inbetriebnahme des neuen Kohlekraftwerks Buschhaus bei Helmstedt im niedersächsischen Zonenrandgebiet aus. Die als »Dreckschleuder der Nation« bezeichnete 350-Megawatt-Anlage soll auf Braunkohlebasis arbeiten, verfügt über keine Entschwefelungsanlage und entspricht nicht den geltenden Schadstoffbegrenzungen.

Weitere innenpolitische Ereignisse

Zwangsanleihe: Das Bundesverfassungsgericht erklärt am 6. 11. das Ende → 1982 von der christlich-liberalen Koalition beschlossene **Investitionshilfegesetz** über die Erhebung einer rückzahlbaren Abgabe bei Besserverdienenden zur Förderung des Wohnungsbaus für **verfassungswidrig**. Die sog. Zwangsanleihe muß daher zurückgezahlt werden. In der Begründung des Urteils heißt es, die Abgabe sei weder eine Steuer noch eine Sonderabgabe und erfülle auch nicht die Anforderungen des Grundgesetzes für öffentliche Anleihen.

Verteidigungspolitik: Das Bundesverfassungsgericht erklärt am 18. 12. die Zustimmung der Bundesregierung zur Stationierung der

Pershing-II-Raketen und Cruise-Missiles für verfassungsgemäß und weist damit die Klage der Grünen-Bundestagsfraktion zurück.

Deutsch-deutsche Beziehungen: → Sp. 763 f.

Wirtschafts- und Sozialpolitik

Sozialleistungen: Nach Inkrafttreten neuer Gesetze und Verordnungen am 1. 1. müssen Empfänger verschiedener Sozialleistungen Kürzungen ihrer Bezüge hinnehmen; u. a. erhalten Arbeitslose ohne Kinder nur noch 63 % statt bisher 68 % ihres früheren Nettoentgeltsals Arbeitslosengeld; die Arbeitslosenhilfe wird um 2 % auf 56 % gesenkt; vom Krankengeld werden Beiträge zur Renten- und Arbeitslosenversicherung erhoben; auch Sonderzahlungen wie Weihnachts- und Urlaubsgeld werden in die Beitragsbemessung für die Sozialversicherung einbezogen; das Mutterschaftsgeld für berufstätige Frauen wird ebenfalls gekürzt.

Bekämpfung der Arbeitslosigkeit: Gegen die Stimmen der Opposition verabschiedet der Bundestag am 29. 3. ein **Vorruhestandsgesetz**. Es soll Arbeitnehmern vom 58. Lebensjahr an ermöglichen, vorzeitig in den Ruhestand zu treten, um jüngeren Arbeitslosen einen Arbeitsplatz freizumachen. Das Vorruhestandsgeld soll mindestens 65 % des monatlichen Bruttoentgelts betragen, 35 % davon erhält der Arbeitgeber von der Bundesanstalt für Arbeit als Zuschuß, wenn er für den ausscheidenden Betriebsangehörigen einen Arbeitslosen oder einen arbeitsuchenden Jugendlichen einstellt. Die Regelung wird zum 1. 7. 1984 wirksam und gilt bis 1988. – Um die **Jugendarbeitslosigkeit** (1984: 166 000) zu bekämpfen, verabschiedet der Bundestag am 21. 9. eine **Änderung des Jugendschutzgesetzes**. Es erlaubt nun die Beschäftigung von Auszubildenden und Jugendlichen unter 18 Jahren zu flexibleren Arbeitszeitregelungen als bisher.

Tarifpolitik und Arbeitskämpfe: Nach Urabstimmungen in der **Metallindustrie** beginnt die IG Metall am 10. 5. im Tarifgebiet Nordwürttemberg/Nordbaden und am 14. 5. in Hessen mit Schwerpunktstreiks. Die Arbeitgeber antworten am 15. 5. mit Aussperrungen in Betrieben mit über 1000 Beschäftigten – auch in solchen, die nicht bestreikt werden (**»kalte Aussperrung«**). Nahezu die gesamte Automobilindustrie und ihre Zulieferbetriebe müssen phasenweise ihre Produktion einstellen. Nach der Schlichtung durch den SPD-Politiker *Georg Leber* vereinbaren die Tarifparteien am 1. 7. einen Kompromiß: **Ab 1. 4. 1985** gilt eine durchschnittliche **Wochenarbeitszeit von 38,5 Stunden**; auf Betriebsebene sind flexible Regelungen möglich. – Nach Warnstreiks und Scheitern der Schlichtungsverhandlungen über die Verkürzung der Arbeitszeit und einen neuen Manteltarifvertrag am 3. 4. beginnt in der **Druckindustrie** ein Arbeitskampf, in dem die IG Druck und Papier die Taktik von **Schwerpunktstreiks** von zeitweise über 13 000 Arbeitnehmern in über 100 Betrieben anwendet; während des sich über 13 Wochen hinziehenden »flexiblen« Zeitungsstreiks können zahlreiche Tageszeitungen tageweise überhaupt nicht oder nur in Notausgaben erscheinen. Am 6. 7. einigen sich die Tarifpartner der Druckindustrie auf die weitgehende Übernahme des in der Metallindustrie erzielten Kompromisses über eine Arbeitszeitverkürzung auf 38,5 Stunden pro Woche.

Kabel- und Satellitenfernsehen: Entsprechend einem Beschluß der Bundesländer vom 11. 5. 1978 nimmt am 1. 1. die öffentlich-rechtliche Anstalt für Kabelkommunikation **als erstes Pilotprojekt des Kabelfernsehens** in Ludwigshafen/Mannheim den Betrieb auf. Ihm folgt am 1. 4. ein weiteres in München. – Am 24. 2. beschließen die Ministerpräsidenten der Bundesländer in Bonn die Rahmenbedingungen für das Satellitenfernsehen; auch an ihm sollen private Medienunternehmen beteiligt werden.

Bundesländer

Berlin: Am 9. 2. wird *Eberhard Diepgen* (CDU) mit den Stimmen von CDU und FDP zum Regierenden Bürgermeister gewählt. Er tritt die Nachfolge von *Richard von Weizsäcker* (CDU) an, der am 23. 5. zum neuen Bundespräsidenten gewählt wird (→ oben).

Baden-Württemberg: Landtagswahlen am 25. 3.

Hessen: Die hessische SPD stimmt einer parlamentarischen Zusammenarbeit der geschäftsführenden Regierung unter Ministerpräsident *Holger Börner* mit den Grünen zu, so daß das Land am 26. 6. eine mehrheitsfähige Regierung erhält. Am 7. 6. wird *Börner* mit den Stimmen von SPD und Grünen zum Ministerpräsidenten einer SPD-Minderheitsregierung gewählt. Im Konflikt um die Atomenergiepolitik bricht das Bündnis am 20. 11. auseinander.

Deutsch-deutsche Beziehungen

Politische Kontakte: Anläßlich der Trauerfeierlichkeiten für den am 9. 2. verstorbenenen sowjetischen Staats- und Parteichef *Juri W. Andropow* treffen erstmals Bundeskanzler *Kohl* und DDR-Staatsratsvorsitzender *Honecker* am 13. 2. **in Moskau** zu einem Gespräch zusammen. Mit der Unterzeichnung einer gemeinsamen Erklärung über ihre Erwartungen an die am 17. 1. in Stockholm begonnene Konferenz über Vertrauensbildung und Abrüstung signalisieren sie ihre Bereitschaft, den Ost-West-Dialog fortzuführen und die deutsch-deutschen Beziehungen weiterzuentwickeln. – Am 4. 9. gibt der Ständige Vertreter der DDR in Bonn, *Ewald Moldt*, die erneute **Absage des** von *Honecker* für Ende September **geplanten Besuchs in der Bundesrepublik** bekannt. In der Begründung der Absage heißt es, der Stil und die öffentliche Auseinandersetzung über den Besuch seien »äußert unwürdig und abträglich« gewesen (→ 1983).
Wirtschaftliche Beziehungen: Am 25. 7. gibt die Bundesregierung bekannt, daß die Deutsche Bank Luxemburg der Außenhandelsbank der DDR einen **Kredit von 950 Mio. DM** zu marktüblichen Konditionen zur Verfügung gestellt hat, für den die Bundesregierung die Bürgschaft übernimmt. Nach der Gewährung dieses **zweiten bundesdeutschen Großkredits** an die DDR innerhalb eines Jahres (→ 1983) wirft die »Prawda« in Moskau am 26. 7. der Bundesrepublik vor, sie verfolge mit ihrer Politik die »Unterhöhlung« der sozialistischen Ordnung in der DDR. Bei geheimen Konsultationen mit dem neuen sowjetischen Partei- und Staatschef *Konstantin Tschernenko* am 17. 8. wird *Honecker* zur erneuten Absage eines Bonn-Besuches gedrängt (→ oben). – Am 13. 12. wird zwischen den beiden deutschen Staaten eine Vereinbarung über den **grenzüberschreitenden Kaliabbau** im Werra-Kalirevier geschlossen.
Humanitäre Erleichterungen: Im Gegenzug für den 950-Mio.-DM-Kredit setzt die DDR am 1. 8. einen mit der Bundesregierung ausgehandelten 11-Punkte-Katalog von **Verbesserungen im Reiseverkehr** in die Tat um; so wird der Pflichtumtausch für Rentner von 25 auf 15 DM ermäßigt, die mögliche Aufenthaltsdauer von Reisenden wird von 30 auf 45 Tage pro Jahr ausgedehnt, die Geltungsdauer der Mehrfachberechtigungsscheine im Kleinen Grenzverkehr wird auf sechs Monate verdoppelt, die Aufenthaltsdauer auf zwei Tage erweitert; die Einfuhr von Medienerzeugnissen soll großzügiger gehandhabt werden. Allerdings gelten nur acht der elf Punkte auch für West-Berliner.
Grenzanlagen: Die Bundesregierung teilt am 30. 11. mit, daß die **Selbstschußanlagen** an der deutsch-deutschen Grenze **vollständig abgebaut** worden seien. Die DDR hatte am 4. 10. 1983 mit der Demontage begonnen. Auch die Zahl der Bodenminen im Grenzstreifen wurde erheblich reduziert. – Am 15. 12. werden die **neu erbaute Grenzübergangsstelle** zwischen Hessen und der DDR bei Herleshausen (Werra-Meißner-Kreis) und der dazugehörige Autobahnabschnitt bis Eisenach in einer Länge von 7,5 km eröffnet und für den Verkehr freigegeben.
West-Berliner S-Bahn: Am 30. 12. 1983 schließen West-Berliner und DDR-Behörden in Ost-Berlin einen Vertrag über die unentgeltliche **Übernahme der Betriebsrechte für die S-Bahn** in West-Berlin, die bisher von der Deutschen Reichsbahn der DDR wahrgenommen worden sind, durch die West-Berliner BVG (Berliner Verkehrs-Betriebsgesellschaft). Diese übernimmt am 9. 1. alle in West-Berlin lebenden Reichsbahner sowie die gesamten Anlagen und Züge. Die Hoheitsrechte über die S-Bahn verbleiben bei den Alliierten.
Die Deutsche Reichsbahn hatte nach dem Streik von 3000 West-Berliner Bediensteten für Lohnerhöhungen und soziale Verbesserungen vom 17.–25. 9. 1980 die Hälfte des West-Berliner Streckennetzes stillgelegt und in der Folgezeit damit gedroht, den Verkehr völlig einzustellen.

1984

Botschaftsbesetzungen

Während des gesamten Jahres versuchen DDR-Bürger durch Flucht in Botschaften oder die Ständige Vertretung der Bundesrepublik in Ost-Berlin ihre Ausreise in den Westen zu erzwingen. – Nach der Umsetzung des NATO-»Doppelbeschlusses« intensiviert die DDR ihre Beziehungen zu den nicht im westlichen Militärpakt eingebundenen westlichen Industrienationen Schweden, Finnland und Österreich. – Anläßlich der Trauerfeierlichkeiten für den verstorbenen Generalsekretär der sowjetischen KP, *Juri Andropow*, im Februar in Moskau treffen sich erstmals *Erich Honecker* und Bundeskanzler *Helmut Kohl* zu einem Gespräch. – Wie alle anderen Warschauer-Pakt-Staaten (ausgenommen Rumänien) sagt auch die DDR ihre Teilnahme an den Olympischen Sommerspielen 1984 in Los Angeles ab.

Ausreisewelle

Besetzung diplomatischer Vertretungen: Ab Jahresbeginn versuchen DDR-Bürger verstärkt, durch die Besetzung westlicher Botschaften und der Ständigen Vertretung der Bundesrepublik in Ost-Berlin ihre Ausreise aus der DDR zu erzwingen. – Sechs Bürger, die am 20.1. in der **US-Botschaft in Ost-Berlin** um politisches Asyl gebeten haben, dürfen bereits am 22.1. nach West-Berlin ausreisen, ebenso am 24.1. DDR-Bürger, die sich in der Ständigen Vertretung der Bundesrepublik aufhalten. – Eine Nichte des DDR-Ministerpräsidenten *Willi Stoph* flüchtet am 24.2. mit ihrer fünfköpfigen Familie in die **Botschaft der Bundesrepublik in Prag** (in der sich bereits 14 DDR-Bürger befinden), um ihre Ausreise in den Westen zu erreichen; am 20.3. können alle Botschaftsflüchtlinge über die DDR offiziell ausreisen. – Am 6.4. kehren 35 DDR-

Bürger, die sich seit Anfang März in der Prager Botschaft aufgehalten hatten, in die DDR zurück; ihnen war die baldige Ausreise zugesichert worden. – Am 25.6. wird die **Ständige Vertretung in Ost-Berlin** geschlossen, nachdem erneut 59 Ausreisewillige die Aufnahme erzwungen hatten. Nach Zusicherung der DDR-Behörden, daß ihre Ausreiseanträge positiv entschieden würden, verlassen die letzten DDR-Bürger die Vertretung am 5.7.; sie wird erst am 31.7. wieder eröffnet. – Ende September/Anfang Oktober dringen über 150 ausreisewillige DDR-Bürger in die bundesdeutsche **Botschaft in Prag** ein. Am 18.12. fordert der bundesdeutsche Außenminister *Hans-Dietrich Genscher* die noch ausharrenden 68 Flüchtlinge, von denen sich 40 seit 14.12. im Hungerstreik befinden, auf, in die DDR zurückzukehren. Nach Zusage der DDR-Behörden, ihre Ausreiseanträge wohlwollend zu prüfen, verlassen die letzten Besetzer die Botschaft am 15.1.1985 und kehren in die DDR zurück. – Auch über die bundesdeutschen Botschaften in Budapest, Warschau und Bukarest versuchen im Herbst 1984 insgesamt rd. 30 DDR-Bürger, ihre Ausreise zu erzwingen.

Genehmigte Ausreisen: 1984 werden so viele **Ausreisegenehmigungen** erteilt wie seit 1964 nicht mehr. Nach DDR-Angaben dürfen 36 049, nach westlichen Angaben sogar 40 974 Personen die DDR in Richtung Bundesrepublik und West-Berlin verlassen (→ Tabelle). Wiederholte oder erstmalige Anträge auf ständige Ausreise steigen sprunghaft an. Von den 193 009 im DDR-Innenministerium zwischen 1.1.1972 und 31.12. 1988 registrierten Ausreiseanträgen wurden im gleichen Zeitraum 79 488 wieder zurückgezogen. – Am 25.9. fordert die Synode des Bundes der Evangelischen Kirchen in Greifswald eine **Ausweitung der Reisemöglichkeiten** für DDR-Bürger.

Deutsch-deutsche Beziehungen → Sp. 761 f.

Außenpolitik

Hochrangige Kontakte mit dem Westen: Die außenpolitischen Kontakte mit westlichen Industriestaaten intensivieren sich: Am 31.1. kommt der kanadische Premier, *Pierre Elliot Trudeau*, für zwei Tage nach Ost-Berlin, am 29. und 30.6. trifft der Ministerpräsident Schwedens, *Olof Palme*, mit *Erich Honecker* in Stralsund und in Greifswald zusammen. – *Zwischen* dem 4. und dem 6.7. ist der griechische Mini-

Ständige Ausreisen (Übersiedlung in den Westen) 1962–1989

Jahr	*Ausreisen Westliche Angaben*	*DDR-Angaben*	*Übersiedlung in die DDR*
1962	21 365		13 080
1963	42 622		11 647
1964	41 866		9 895
1965	29 552		8 833
1966	24 131		
1967	19 573		
1968	16 036		
1969	16 975		
1970	17 519		
1971	17 408		
1972	17 164	14 310	
1973	15 189	11 761	
1974	13 252	11 760	
1975	16 285	16 586	
1976	15 168	13 489	
1977	12 078	9 795	
1978	12 117	10 669	
1979	12 515	11 513	
1980	12 763	10 438	
1981	15 433	13 166	
1982	13 208	11 118	
1983	11 343	9 154	
1984	40 974	36 049	
1985	24 912		
1986	26 178		
1987	18 958		
1988	39 832		
1989	343 854	203 116	

sterpräsident *Andreas Papandreou* Gast der DDR-Regierung. Vertreter beider Seiten unterzeichnen mehrere Abkommen, darunter eines über die langfristige wirtschaftliche, industrielle und wissenschaftlich-technische Zusammenarbeit beider Staaten, ein Gesundheitsabkommen und ein Vertrag über Rechtshilfe in Zivilsachen. – Am 9. und 10.7. besucht der Ministerpräsident Italiens, *Bettino Craxi*, die DDR. Beide Länder unterzeichnen Verträge über die Rechtshilfe in Zivilsachen sowie ein Kulturabkommen, das auch die Einrichtung von Kulturzentren vereinbart. – Am 3.10., kurze Zeit vor dem offiziellen Staatsbesuchs *Erich Honeckers* in Finnland vom 16.–19.10., verpflichtet sich die DDR zur **Leistung von Entschädigungszahlungen** für nach 1945 enteignete finnische Vermögenswerte in der SBZ und DDR. Mit den Zahlungen erkennt die DDR erstmals solche Ansprüche an. – Am 5.11. trifft der österreichische Bundeskanzler **Fred Sinowatz** in Ost-Berlin ein. *Honecker* und *Sinowatz* weihen gemeinsam am 6.11. in Eisenhüttenstadt ein von Österreich geliefertes Konverterstahlwerk ein. – Nach der Eröffnung des DDR-Kulturzentrums in Paris am 12.12. 1983 wird in Ost-Berlin am 27.1. 1984 das französische Kulturzentrum eröffnet.

Absage: Am 10.5. schließt sich das Nationale Olympische Komitee (NOK) der DDR dem Beschluß des sowjetischen NOK an, die **Teilnahme an den Olympischen Sommerspielen in Los Angeles** abzusagen. Das Fernbleiben aller staatssozialistischen Länder mit Ausnahme Rumäniens ist einerseits eine Reaktion auf den Boykott der Olympischen Spiele in Moskau (wegen des sowjetischen Einmarsches in Afghanistan) durch mehr als 30 westliche Staaten vier Jahre zuvor, andererseits soll sie die Ablehnung des NATO-»Doppelbeschlusses« von 1979 unterstreichen.

Wirtschafts- und Sozialpolitik

Verbesserung: Die wirtschaftliche Erholung der DDR setzt sich – auch mit Hilfe der beiden westlichen Kredite – 1984 fort. Das **Bruttoinlandsprodukt** wächst gegenüber dem Vorjahr um 2,1% auf 191,8 Milliarden DM (in DM-Preisen von 1989). Damit sind die Verluste der vergangenen Jahre weit mehr als ausgeglichen. Nach zwei schlechten Erntejahren wird 1984 eine sehr gute Ernte eingefahren, bei Getreide und Kartoffeln mit neuen Rekordwerten, bei Zuckerrüben und Futterhackfrüchten mit den höchsten Erträgen seit mehreren Jahren. Auch die Ergebnisse der Tierproduktion verbessern sich.

Ergebnisse des Wohnungsbauprogramms: Am 9.2. wird in Ost-Berlin die (nach offizieller Zählung, die auch Plätze in Senioren-, Arbeiter- und Studentenwohnheimen einschließt) **zweimillionste fertiggestellte Wohnung** seit dem VIII. Parteitag der SED 1971 im Beisein von *Erich Honecker* übergeben. Auch wenn zwischen 1971 und 1984 tatsächlich nur etwas mehr als 1,5 Millionen Wohnungen fertiggestellt wurden, hat sich seit *Honeckers* Amtsantritt als Erster Sekretär des SED-Zentralkomitees die Wohnsituation vieler DDR-Bürger wesentlich verbessert. Die Zahl der Wohnungen hat sich seit 1971 um etwa 761 000 auf fast 6,82 Millionen erhöht. Allein 1983 wurden 117 470 Wohnungen (103 655 Neubauten und 13 815 Modernisierungen) fertiggestellt. Großflächige neue Wohnbezirke in den städtischen Randgebieten (wie in Berlin-Marzahn, Erfurt-Am Anger, Leipzig-Grünau, Rostock-Lichtenhagen) werden in industriell weitgehend standardisierter Plattenbauweise erstellt; der innerstädtische Wohnungsneubau, bei dem die industrielle Bauweise durch neue Architekturlösungen verändert wird, und Modernisierung bestehender Bausubstanzen gewinnen jedoch an Bedeutung.

Sozialpolitik: Am 17. 5. werden in gemeinsamen Beschlüssen von SED-Zentralkomitee, Ministerrat und FDGB-Bundesvorstand **Verbesserungen in den sozialen Leistungen für Familien** mit drei und mehr Kindern erreicht. Sie betreffen die bevorzugte Bereitstellung von **Wohnraum**, die Verlängerung des mit mindestens 350 Mark pro Monat oder 70 % des Nettogehaltes bezahlten **Schwangerschaftsurlaubs** beim dritten und jedem weiteren Kind auf 18 Monate, sowie die **bezahlte Freistellung von Müttern** bei Krankheit ihrer Kinder (bis zu zwei Tagen 90 % des Bruttoverdienstes, danach 70 % für acht Wochen bei drei Kindern, für 10 Wochen bei vier Kindern und 13 Wochen bei fünf und mehr Kindern). Das zinslose **Ehestandsdarlehen** von bis zu 5000 Mark wird mit der Geburt des dritten Kindes vollständig erlassen. Am 22. 5. wird die **Mindestrente** auf 300 Mark pro Monat erhöht (in Kraft ab 1. 12.).

Soziale Daten

Bevölkerung: Im Gebiet der DDR leben am 31. 12. 16,67 Millionen **Einwohner**, etwa 38 000 weniger als ein Jahr zuvor. Gegen den Trend der starken Abwanderung in die Bundesrepublik und nach West-Berlin (→ oben) kommen 332 Personen dauerhaft von dort in die DDR. – 10,78 Millionen Personen, darunter 5,24 Millionen Frauen, befinden sich im **arbeitsfähigen Alter** (zwischen etwa 15 und 60 bzw. 65 Jahren). 8,5 Millionen Personen sind berufstätig, darunter 4,2 Millionen Frauen.

Einkommen und Lebenshaltung: Das durchschnittliche monatliche **Arbeitseinkommen** von Arbeitern und Angestellten in der staatseigenen Wirtschaft beträgt 1102 Mark. Die Pro-Kopf-**Sparguthaben** wachsen auf etwa 7117 Mark an. Die Sparguthaben bei Geld- und Kreditinstituten wachsen gegenüber dem Vorjahr absolut um 4,8 %. Das Volumen der Lebensversicherungen wächst um 0,4 %. – Das **Fernsprechnetz** der Deutschen Post wächst gegenüber dem Vorjahr um 39 400 auf über 1 521 300 Anschlüsse. In der **Ausstattung der privaten Haushalte mit langlebigen Konsumgütern** entfallen auf 1000 Haushalte: 459 PKW, 184 Motorräder bzw. Motorroller, 1312 Kühl- und Gefriergeräte, 967 Waschmaschinen, 2150 Radioapparate und 1155 Fernsehgeräte.

1985

40 Jahre Kriegsende: »Erinnerung ist das Geheimnis der Versöhnung«

Der Staatsbesuch des US-Präsidenten *Ronald Reagan* und dessen stark umstrittene Visite auf dem Soldatenfriedhof in Bitburg sowie die heftige Kontroverse über eine mögliche Beteiligung am US-Rüstungsforschungsprogramm SDI kennzeichnen die politische Diskussion. – In einer weltweit stark beachteten Rede zum 40. Jahrestag des Kriegsendes bezeichnet Bundespräsident *Richard von Weizsäcker* den 8. Mai 1945 als »Tag der Befreiung« und stößt in Deutschland eine neue Auseinandersetzung mit den nationalsozialistischen Verbrechen an. In den deutsch-deutschen Beziehungen werden Reiseerleichterungen im Transitverkehr vereinbart. Die Affäre um den westdeutschen Top-Spion *Hans-Joachim Tiedge*, der in die DDR flieht, führt zu einer Verschlechterung des Verhältnisses.

Außenpolitik

Frankreich: Beim **Antrittsbesuch** des französischen Premierministers *Laurent Fabius* am 5.2. in Bonn beschließen die Regierungen Frankreichs und der Bundesrepublik, ihre Zusammenarbeit in der Bekämpfung des Terrorismus zu verstärken.

USA: Vom 1.–6.5. besucht US-Präsident *Ronald Reagan* die Bundesrepublik, unterbrochen durch seine Teilnahme (2.–4.5.) am **Weltwirtschaftsgipfel** der G-7-Staaten **in Bonn**. Mit ihrem Besuch im ehemaligen Konzentrationslager Bergen-Belsen und (am 5.5.) auf dem Soldatenfriedhof in Bitburg, wo neben Soldaten auch Angehörige der Waffen-SS begraben sind, bringen *Reagan* und *Kohl* aus Anlaß des 40. Jahrestags des Kriegsendes die Aussöhnung zwischen beiden Völkern zum Ausdruck. Die Visite im KZ Bergen-Belsen war erst nach **heftigen**

Protesten in den USA und in der Bundesrepublik gegen den Besuch des Bitburger Soldatenfriedhofs ins Besuchsprogramm aufgenommen worden. Vor Amerikanern und Deutschen nimmt *Reagan* auf dem US-Luftwaffenstützpunkt Bitburg zu den Kontroversen Stellung: sein Besuch, der viele Emotionen geweckt und alte Wunden aufgerissen habe, sei als »Geste der Aussöhnung mit dem deutschen Volk gedacht« gewesen, doch Aussöhnung bedeute kein Vergessen.

Innenpolitik

Auseinandersetzung um Schlesier-Treffen: Nach heftigen Kontroversen über das Motto des Deutschlandtreffens der Landsmannschaft Schlesien im Juni in Hannover – »40 Jahre Vertreibung – Schlesien bleibt unser« – wird am 22.1. ein **neues Motto** bekanntgegeben: »40 Jahre Vertreibung – Schlesien bleibt unsere Zukunft – im Europa freier Völker«. Erst nach dieser Änderung sagt Bundeskanzler *Kohl* seine Teilnahme am Deutschlandtreffen zu.

»Tag für Afrika«: Insgesamt 18 private und kirchliche Hilfsorganisationen schließen sich am 23.1. zur Spendenaktion »Ein Tag für Afrika« zusammen; Bundespräsident *Richard von Weizsäcker* appelliert an die Spendenbereitschaft der Bundesbürger, damit die akute Hungersnot in Afrika überwunden werden kann. Mit 110,4 Mio. DM erzielt die Aktion das **höchste Spendenergebnis** in der Geschichte der Bundesrepublik.

»Tag der Befreiung«: In einer Feierstunde vor dem Deutschen Bundestag zum 40. Jahrestag des Kriegsendes hält Bundespräsident *Richard von Weizsäcker* (CDU) am 8.5. eine Rede, die im In- und Ausland große Beachtung findet (→ Kasten).

»Extremistenbeschluß«: Das **Saarland** hebt am 25.6. als erstes Bundesland die auf den »Extremistenbeschluß« (»Radikalenerlaß«) der Ministerpräsidenten zurückgehenden Richtlinien für die Prüfung der Verfassungstreue von Bewerbern für den öffentlichen Dienst formell auf.

Parteispendenaffäre: Am 29.8. beginnt vor dem Landgericht Bonn der Parteispendenprozeß gegen die früheren Bundeswirtschaftsminister *Otto Graf Lambsdorff* und *Hans Friderichs* sowie den ehemaligen Flick-Manager *Eberhard von Brauchitsch*. Die Anklage wirft *Brauchitsch* Bestechung und Beihilfe zur Steuerhinterziehung vor; die Anklagen gegen *Lambsdorff* und

»Erinnerung ist das Geheimnis der Versöhnung«

Richard von Weizsäckers Rede zum 8. Mai 1985

»Der 8. Mai war ein Tag der Befreiung. Er hat uns alle befreit von dem menschenverachtenden System der nationalsozialistischen Gewaltherrschaft. Niemand wird um dieser Befreiung willen vergessen, welche schweren Leiden für viele Menschen mit dem 8. Mai erst begannen und danach folgten. Aber wir dürfen nicht im Ende des Krieges die Ursache für Flucht, Vertreibung und Unfreiheit sehen. Sie liegt vielmehr in seinem Anfang und im Beginn jener Gewaltherrschaft, die zum Krieg führte. Wir dürfen den 8. Mai 1945 nicht vom 30. Januar 1933 trennen. Wir haben wahrlich keinen Grund, uns am heutigen Tag an Siegesfesten zu beteiligen. Aber wir haben allen Grund, den 8. Mai 1945 als das Ende eines Irrweges deutscher Geschichte zu erkennen, das den Keim der Hoffnung auf eine bessere Zukunft barg [...] Gewiß, es gibt kaum einen Staat, der in seiner Geschichte immer frei blieb von schuldhafter Verstrickung in Krieg und Gewalt. Der Völkermord an den Juden jedoch ist beispiellos in der Geschichte. Die Ausführung des Verbrechens lag in der Hand weniger. Vor den Augen der Öffentlichkeit wurde es abgeschirmt. Aber jeder Deutsche konnte miterleben, was jüdische Mitbürger erleiden mußten, von kalter Gleichgültigkeit über versteckte Intoleranz bis zu offenem Haß. [...] Wer aber vor der Vergangenheit die Augen verschließt, wird blind für die Gegenwart. Wer sich der Unmenschlichkeit nicht erinnern will, der wird wieder anfällig für neue Ansteckungsgefahren. Das jüdische Volk erinnert sich und wird sich immer erinnern. Wir suchen als Menschen Versöhnung. Gerade deshalb müssen wir verstehen, daß es Versöhnung ohne Erinnerung gar nicht geben kann.«

Friderichs lauten auf Bestechlichkeit und Steuerhinterziehung (→ BRD 1984).

Regierungsumbildung: Am 30. 8. gibt *Heiner Geißler* sein Ausscheiden als Minister für Jugend, Familie und Gesundheit bis Ende September bekannt; er übernimmt das Amt des CDU-Generalsekretärs. Als Nachfolgerin im Ministeramt wird am 26. 9. die Erziehungswissenschaftlerin Prof. Dr. *Rita Süssmuth* vereidigt.

Ausländer in deutschen Großstädten 1973 und 1985

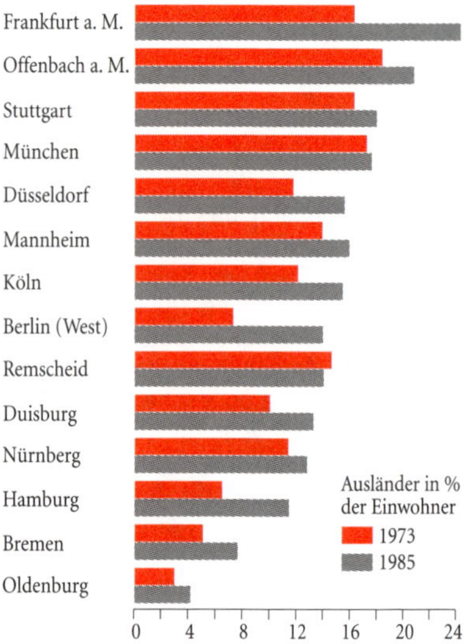

Militär- und Sicherheitspolitik

Raketenunglück: Ein Unfall mit einer Pershing-Rakete am 11. 1. auf dem US-Militärgelände Waldheide nahe Heilbronn fordert **drei Todesopfer** und 12 Verletzte: Nach Angaben der US-Armee war die Rakete nicht mit einem Atomsprengkopf ausgerüstet. Der Heilbronner Gemeinderat spricht sich am 21. 4. einstimmig für die »unverzügliche Beseitigung des Raketenstandortes Heilbronn« aus.

SDI-Programm: Bundeskanzler *Kohl* gibt namens der Bundesregierung am 18. 4. in einer Regierungserklärung die grundsätzliche Zustimmung zum US-amerikanischen Rüstungsforschungsprogramm Strategic Defense Initiative SDI (»Krieg der Sterne«), macht eine bundesdeutsche Beteiligung aber von der Erfüllung bestimmter Bedingungen abhängig. Die SPD-Bundestagsfraktion hatte sich bereits am 2. 4. auf ein bedingsloses Nein zu SDI festgelegt. – In einem offenen Brief an Bundeskanzler *Helmut Kohl* lehnen am 3. 7. über 350 bundesdeutsche Wissenschaftler ihre Mitarbeit am SDI-Programm ab, weil die Stationierung von Waffensystemen im Weltall die letzten Hoffnungen auf Abrüstung zunichte machen würde.

Terrorismus

Anschläge: Am 1. 2. fällt in der Münchner Stadtrandgemeinde Gauting der Vorstandsvorsitzende der Münchner Motoren- und Turbinenunion (MTU), *Ernst Zimmermann*, einem terroristischen Anschlag zum Opfer. – Bei einem **Bombenanschlag** am 8. 8. auf die **US-Airbase** am Frankfurter Rhein-Main-Flughafen kommen zwei Menschen ums Leben, 16 werden z. T. schwer verletzt. Zu dem Anschlag bekennen sich die RAF und die französische »Action Directe«.

Prozeß gegen RAF-Mitglieder: Am 2. 4. werden in Stuttgart-Stammheim die beiden führenden Mitglieder der »Rote Armee Fraktion« (RAF) *Christian Klar* und *Brigitte Mohnhaupt* nach 14monatiger Verhandlung vom 5. Strafsenat des Oberlandesgerichts Stuttgart wegen ihrer Beteiligung an mehreren Morden und Mordversuchen zu jeweils fünfmal lebenslanger Freiheitsstrafe und weiteren 15 Jahren Haft verurteilt.

Justiz, Gesetzgebung

Prozeß: Am 19. 3. wird gegen den ehemaligen Bundesminister *Egon Franke* sowie gegen den Ministerialdirektor *Edgar Hirth* vor dem Bonner Landgericht ein Verfahren eröffnet; der Vorwurf lautet auf Untreue bei der Vergabe von öffentlichen Mitteln in Höhe von 5,65 Mio. DM im Zusammenhang mit dem Freikauf politischer Häftlinge aus der DDR.

Demonstrationsrecht: Am 28. 6. beschließt der Bundestag mit der Mehrheit von CDU/CSU und FDP gegen den Widerspruch der SPD und der Grünen eine **Verschärfung** des Demonstrationsstrafrechts; danach wird künftig bei Demonstrationen die sog. Vermummung oder das Tragen von »Schutzwaffen« (wie Schwimmbrillen zum Schutz vor Tränengas) grundsätzlich als Ordnungswidrigkeit geahndet. Unter bestimmten Voraussetzungen ist sogar die Verfolgung als Straftat möglich.

Volkszählungsgesetz: Mit den Stimmen der Regierungskoalition und der SPD verabschiedet der Bundestag am 26. 9. das geänderte Gesetz über die Volkszählung; danach soll die ursprünglich für 1983 geplante Erhebung am 25. 5. 1987 stattfinden.

Deutsch-deutsche Beziehungen

Erleichterungen im Transitverkehr: Am 15. 2. tritt eine neue Transit-Anordnung der DDR in Kraft: Künftig können alle für den Transitverkehr zugelassenen Grenzübergänge benutzt werden; die für die Transitstrecken bisher geltenden **Routenbeschränkungen** entfallen, es muß aber die jeweils kürzeste Verbindung benutzt werden (auch im Eisenbahnverkehr).

Prozeß: Das Stadtgericht in Ost-Berlin verurteilt am 20. 2. den am 14. 12. 1984 in der DDR verhafteten Bürgermeister der hessischen Stadt Arolsen, *Ernst Hubert von Michaelis*, wegen »staatsfeindlichen Menschenhandels« zu 6 Jahren Freiheitsentzug. *Michaelis* soll an einer gescheiterten Fluchthilfe beteiligt gewesen sein. Nach 8 Monaten Haft wird er am 14. 8. vorzeitig entlassen.

Deutschlanderklärung: In einer gemeinsamen Erklärung von Bundeskanzler *Kohl* und dem DDR-Staatsratsvorsitzenden *Honecker*, die sie nach ihrem Zusammentreffen bei den Trauerfeierlichkeiten für den sowjetischen Staats- und Parteichef *Konstantin Tschernenko* in Moskau am 12. 3. abgeben, heißt es, daß die **Unverletzlichkeit der Grenzen**, die Beachtung der **territorialen Integrität** und der **Souveränität aller Staaten** in Europa in ihren gegenwärtigen Grenzen eine grundlegende Bedingung für den Frieden seien; von deutschem Boden dürfe nie wieder Krieg, sondern müsse Frieden ausgehen.

Zwei Staaten, ein Buch: Nach mehr als 60 Jahren Vorbereitung kommt am 3. 5. die **neu übersetzte Lutherbibel** in beiden deutschen Staaten in den Buchhandel; gemeinsamer Herausgeber sind der Rat der EKD und der Bund Evangelischer Kirchen in der DDR.

Spionage-Affären: Am 19. 8. setzt sich der Gruppenleiter der Abteilung Spionageabwehr beim Bundesamt für Verfassungsschutz (BfV), Regierungsdirektor *Hans-Joachim Tiedge*, nach Ost-Berlin ab. Kurz zuvor hatten sich *Sonja Lüneburg*, ehemalige Sekretärin des Bundeswirtschaftsministers *Bangemann*, die Buchhalterin beim Bund der Vertriebenen (BdV), *Ursula Richter*, sowie der Bote beim Bundeswehrverwaltungsamt, *Lorenz Betzing*, in die DDR abgesetzt. Wegen Spionageverdacht wird am 25. 8. die Sekretärin im Bundespräsidialamt, *Margarete Höke*, verhaftet. – Als Konsequenz aus dem Fall *Tiedge* wird am 29. 8. BND-Chef *Heribert Hellenbroich* – bis zum 31. 7. Leiter des BfV – vom Dienst suspendiert.

Reiseverkehr: Im innerdeutschen Reiseverkehr sind nach einer Übersicht des Bundesministers für innerdeutsche Beziehungen 1985 in fast allen Bereichen **deutliche Zuwächse** gegenüber dem Vorjahr zu verzeichnen: Die Zahl der Reisen in dringenden Familienangelegenheiten erreicht 1985 mit 66 000 den Höchststand (8,2 % mehr als 1984: 61 000); ebenfalls einen Höchststand mit 1,6 Mio. erzielen die Rentnerreisen aus der DDR in die BR Deutschland (3,9 % mehr als 1984: 1,54 Mio.); im Transitverkehr nach und von West-Berlin werden 1985 23,76 Mio. Reisende gezählt (1984: 21,8 Mio.).

Aufarbeitung der NS-Vergangenheit

Ahndung: Nach längeren Diskussionen um die strafrechtliche Verfolgung der **»Auschwitz-Lüge«** einigen sich die Koalitionsfraktionen von CDU/CSU und FDP am 14. 3. auf einen Kompromiß, wonach das Leugnen nationalsozialistischer Verbrechen nicht als neuer Straftatbestand in das Strafgesetzbuch aufgenommen werden soll, jedoch von Amts wegen von der Staatsanwaltschaft verfolgt werden kann. Am 25. 4. mit den Stimmen der Regierungskoalition verabschiedet, tritt das Gesetz am 1. 8. in Kraft.

Parteien

Die Grünen: Am 30. 1. beschließt die Partei mit großer Mehrheit, am **Rotationsprinzip** (bis auf wenige Ausnahmen) festzuhalten. Die derzeitigen Bundestagsabgeordneten müssen deshalb verabredungsgemäß ihre Mandate zur Halbzeit der Legislaturperiode abgeben, die sogenannten Nachrücker ziehen bis zum 15. 4. in den Bundestag ein.

FDP: Der Saarbrücker Bundesparteitag wählt am 23. 2. Bundeswirtschaftsminister *Martin Bangemann* mit 352 Ja-Stimmen bei 33 Gegenstimmen und 11 Enthaltungen als Nachfolger von *Hans-Dietrich Genscher* zum **neuen FDP-Vorsitzenden**.

Wirtschafts- und Sozialpolitik

Kabelfernsehen: Mit dem Start von SAT1 beginnt in der Bundesrepublik am 1. 1. ein neues Medienzeitalter: SAT1, ausgestrahlt über den europäischen Satelliten ECS 1, kann von rund 120 000 Kabelhaushalten bundesweit empfangen werden; an dem neuen Fernsehen sind zehn Verlage und Programmgesellschaften beteiligt.

Sozialversicherung und Renten: Am 19. 4. beschließt der Bundestag die Anhebung der Ren-

Mitgliederentwicklung in den Einzelgewerkschaften des Deutschen Gewerkschaftsbundes

	1970	*1980*	*1985*	*1990*	*1995*
IG Metall	2 223 467	2 622 267	2 553 041	3 505 464	2 869 469
Gew. Öffentl. Dienste, Transport und Verkehr/ÖTV	977 031	1 149 689	1 179 396	2 050 000	1 770 789
IG Chemie-Papier-Keramik/CPK	598 831	660 973	649 569	877 000	723 240
IG Bau-Steine-Erden/BSE	504 230	533 054	507 528	788 014	639 851
Deutsche Postgewerkschaft	360 961	450 201	460 626	603 368	529 233
Gew. Handel, Banken u. Versicherungen/HBV	157 671	351 328	371 228	705 000	520 166
Gew. d. Eisenbahner Deutschlands/GdED	413 087	406 588	354 180	533 307	398 404
IG Bergbau und Energie/IG BE	387 301	367 718	356 706	576 000	376 366
Gew. Nahrung, Genuß, Gaststätten/NGG	247 163	253 001	267 158	402 222	322 019
Gew. Erziehung und Wissenschaft/GEW	119 738	183 793	194 028	330 000	306 448
Gew. Textil u. Bekleidung/GTT	302 545	293 766	258 846	440 414	216 288
IG Medien[1]	–	–	–	230 926	206 786
IG Druck und Papier	148 325	143 970	140 725	–	–
Gew. Kunst	34 138	45 252	27 019	–	–
Gew. der Polizei/GdP	–[2]	165 900	163 590	204 000	198 897
Gew. Holz und Kunststoff/GHK	129 721	157 142	144 653	241 500	170 908
Gew. Gartenbau, Land- und Forstwirtschaft/GGLF	46 085	42 196	42 450	119 757	82 725
Gew. Leder	62 253	55 689	48 725	42 615	23 081
Gesamt	6 712 547	7 882 527	7 719 468	11 649 587[3]	9 354 670

1 Zusammenschluß der IG Druck und Papier und der Gew. Kunst 1989
2 1970 war die Gew. der Polizei noch nicht Mitglied im DGB
3 einschließlich der Mitglieder in den neuen Bundesländern (außer bei Gew. Leder); teilweise Schätzungen
Quelle: DGB

tenbeiträge um 0,5 auf 19,2% ab 1.6.; das entsprechende Gesetz sieht ferner eine Senkung der Beiträge zur Arbeitslosenversicherung um 0,3 auf 4,1% vor; der Beitrag der Rentner zu ihrer Krankenversicherung wird ab 1.7. auf 4,5% anstatt auf 5% angehoben; bis zum 1.7. 1987 ist eine stufenweise Anhebung dieses Beitrags bis auf 5,9% vorgesehen (Zustimmung des Bundesrats am 25.4.).
Erziehungsgeld: Am 17.7. stimmt die Bundesregierung einem Gesetzentwurf über die Gewährung von Erziehungsgeld und -urlaub vom 1.1.1986 an zu; danach haben Mütter oder Väter, die ein Kind erziehen und nicht voll erwerbstätig sind, in den ersten zehn Monaten nach der Geburt des Kindes Anspruch auf 600 DM monatlich, von 1988 an für zwölf Monate. Mit den Stimmen der Regierungskoalition verabschiedet der Bundestag das Erziehungsgeld-Gesetz am 14.11., der Bundesrat stimmt am 29.11. zu.
Konsensgespräch: Erstmals seit dem Scheitern der »Konzertierten Aktion« treffen am 6.9. in Bonn Bundesregierung, Arbeitnehmervertreter und Delegierte des Deutschen Gewerkschaftsbundes DGB zusammen. Während sich Vertreter der Regierung über Verlauf und Ergebnis des Gesprächs zufrieden zeigen, erneuert der DGB-Vorsitzende *Ernst Breit* trotz tendenzieller Übereinstimmung in Einzelfragen seine Kritik an der Politik der »beschäftigungspolitischen Tatenlosigkeit und des kontraproduktiven Sozialabbaus« der Regierung.
Metallbranche: Nach siebenwöchigem Arbeitskampf im NRW-Metallhandwerk um die **Einführung der 38,5-Stunden-Woche** einigen sich die Tarifpartner am 10.9. auf deren Einführung ab 1.1.1987 sowie auf eine Erhöhung der Löhne und Gehälter für 1985 um 3,2%.
Protest: Am 19.10. folgen Hunderttausende von Menschen in 17 Großstädten dem Aufruf des DGB zu Massenkundgebungen und Demonstrationen gegen die »Spar- und Arbeitsmarktpolitik« der Bundesregierung.
Gutachten der Wirtschaftsweisen: Der Sachverständigenrat zur Begutachtung der gesamtwirtschaftlichen Entwicklung (die »Fünf Weisen«) legt am 22.11. sein Jahresgutachten vor, in dem er eine Fortdauer des wirtschaftlichen Aufschwungs bis mindestens 1987 vorhersagt; allerdings werde die Entwicklung nicht ausreichen, um die Arbeitslosenzahl unter 2 Mio. zu bringen.

Wissenschaft und Forschung

Nobelpreis: Erstmals seit 22 Jahren erhält am 16.10. ein deutscher Wissenschaftler wieder den Physik-Nobelpreis. Der am Stuttgarter Max-Planck-Institut für Festkörperforschung tätige Wissenschaftler *Klaus von Klitzing* wird für seine Entwicklung und Beschreibung des Quanten-Hall-Effektes geehrt; *von Klitzing* ist der 16. Deutsche, dem ein Nobelpreis für Physik verliehen wird.

Umwelt

Smog: Weil die in der Luft gemessenen Schadstoffkonzentrationen über dem Grenzwert von 1,7 mg/ccm liegen, ruft das nordrhein-westfälische Gesundheitsministerium am 18.1. für das westliche Ruhrgebiet Smog-**Alarmstufe III** aus; ein **totales Fahrverbot** rund um die Uhr für die innerstädtischen Smog-Sperrbezirke der Städte Duisburg, Mülheim-Ruhr, Bottrop, Essen und Oberhausen tritt in Kraft; am 20.1. wird der Alarm aufgehoben.
Wiederaufbereitungsanlage: Am 23.1. billigt das Bundeskabinett ein Entsorgungskonzept für Kernkraftwerke und eine Wiederaufbereitungsanlage für verbrauchte Kernbrennstoffe; als Standort ist **Wackersdorf** im bayerischen Regierungsbezirk Oberpfalz vorgesehen.

Bundesländer

Berlin: Wahlen zum Abgeordnetenhaus am 10.3.
Saarland: Bei den Landtagswahl am 10.3. erringt die SPD mit ihrem Spitzenkandidaten *Oskar Lafontaine* die Mehrheit und löst damit die CDU/FDP-Regierung unter Ministerpräsident *Werner Zeyer* ab.
Nordrhein-Westfalen: Landtagswahl am 12.5.
Bremen: Als Nachfolger von *Hans Koschnick* wird am 18.9. *Klaus Wedemeier* (SPD) zum Präsidenten des Bremer Senats und Ersten Bürgermeister gewählt.
Hessen: SPD und Grüne einigen sich am 16.10. auf die Bildung einer ersten **rot-grünen Koalition**. Am 12.12. wird der frühere Bundestagsabgeordnete der Grünen *Joschka Fischer* als hessischer Minister für Umwelt und Energie vereidigt.

1985

Nach 40 Jahren: »zwei souveräne, voneinander unabhängige Staaten«

Auch die DDR gedenkt nach 40 Jahren des Kriegsendes und verständigt sich aus diesem Anlaß über ihre eigene Geschichte. Souverän und von der Bundesrepublik unabhängig sieht ihr Staatschef sein Land, das gleichwohl in unablässiger Schaukelbewegung Abgrenzung und Annäherung an sein kapitalistisches Pendant austariert. 1985 steht deutschlandpolitisch im Zeichen des Dialogs. Nach siebenjähriger Unterbrechung wird wieder über den Grenzverlauf in bzw. an der Elbe verhandelt; westdeutsche Politiker reisen zu Arbeitsbesuchen an; der innerdeutsche Handel expandiert. – Auch international ist die DDR auf dem Weg in die ersehnte Normalität. Der Präsident der Volkskammer, *Horst Sindermann*, reist zu einem Besuch in die Volksrepublik China, um die seit Ende der fünfziger Jahre abgekühlten Beziehungen zwischen beiden Staaten zu verbessern. Mit dem französichen Premierminister *Laurent Fabius* besucht erstmals ein Regierungschef der Westalliierten die DDR.

40. Jahrestag des Kriegsendes

Erinnerung an das Kriegsende: Am 13. 2., dem 40. Jahrestag der Bombardierung Dresdens, wird die **Semperoper** nach jahrzehntelangem Wiederaufbau mit einem feierlichen Akt **wieder eröffnet**. – Am 24. 4. treffen sich amerikanische und sowjetische Veteranen des Zweiten Weltkrieges in **Torgau** an der Elbe, wo sie 40 Jahre zuvor als Alliierte im Krieg gegen die deutsche Wehrmacht erstmals zusammengetroffen waren. – Das DDR-Fernsehen würdigt in Dokumentationen die Teilnehmer des Aufstands gegen *Hitler* am 20. Juli 1944. – In der DDR sind bis

1985 nach offiziellen Angaben 12 874 Personen wegen ihrer Beteiligung an Kriegsverbrechen während des Zweiten Weltkriegs verurteilt worden.

Kirchenpolitik

Eintreten für die Menschenrechte: Bei einem Treffen mit *Erich Honecker* am 11. 2. fordert der sächsische Landesbischof *Johannes Hempel*, der zugleich Vorsitzender der Konferenz der Evangelischen Kirchenleitungen (KKL) ist, »handhabbare Richtlinien« für die Gleichberechtigung der Christen in der DDR-Gesellschaft. – In einer Erklärung vom 6. 7. formuliert die KKL ihre Kritik an der Menschenrechtslage in der DDR jedoch betont moderat, was ihr anläßlich der Synode des Bundes der Evangelischen Kirchen in der DDR vom 20.–24. 9. scharfe Kritik zahlreicher Synodaler einträgt. Auf deren Drängen wird schließlich am 24. 9. eine **Erklärung »für Frieden und die Verwirklichung der Menschenrechte«** durchgesetzt, die einen Katalog zur praktischen Umsetzung der Menschenrechte in der DDR enthält. Die Synodalen fordern darin die Gleichberechtigung und Gleichachtung aller Bürger in allen Bereichen und auf allen Ebenen, die Erweiterung der Reisemöglichkeiten, die Pflicht zur Begründung bei ablehnenden Bescheiden des Staates zu Anliegen und Anträgen von Bürgern sowie eine Verbesserung der Situation von Bausoldaten und Wehrdienstverweigerern.

SED

Mitgliederbewegung: Im Rahmen des sogenannten »*Ernst-Thälmann*-Aufgebotes« des Jugendverbandes Freie Deutsche Jugend werden 100 000 neue Kandidaten für die SED geworben. – Zwischen August und Oktober werden nach den sogenannten Gesprächen mit Parteimitgliedern rund 4000 Genossen aus der Partei ausgeschlossen; knapp 1400 Genossen treten aus der Partei aus. 1,4 Millionen »Parteiaufträge« werden erteilt bzw. übernommen.

Ablösung Naumanns und Häbers: Während der 11. Tagung des SED-Zentralkomitees wird am 22. 11. die Entbindung *Konrad Naumanns* und *Herbert Häbers* von ihren Funktionen in der SED bekanntgegeben. Als Begründung wird ihre angegriffene Gesundheit genannt. *Naumanns* Nachfolger wird der bisherige Chefredakteur des »Neuen Deutschland«, *Günter Schabowski*, der auf »Empfehlung« des SED-Zentralkomitees am gleichen Tag in die Bezirksleitung kooptiert und anschließend im Beisein *Erich Honeckers* zum neuen 1. Sekretär der SED-Bezirksleitung Ost-Berlin gewählt wird.

Weitere innenpolitische Ereignisse

Vorbereitungen: Am 7.2. konstituiert sich in Ost-Berlin ein Staatliches Komitee zur **750-Jahr-Feier Berlins**, die 1987 begangen werden soll. Neben dem Versuch eines Imagegewinns im eigenen Land sollen damit die Chancen, die Olympischen Spiele in die DDR zu holen, erhöht werden. Am 9.6. findet in Ost-Berlin die 90. Session des Internationalen Olympischen Komitees IOC statt.

Alliierte

Zwischenfälle: Am 24.3. wird bei einem Zwischenfall an einer sowjetischen Kaserne bei Ludwigslust ein Angehöriger der **amerikanischen Militärmission** Potsdam von einem Wachsoldaten erschossen. Weitere Zwischenfälle (Unfälle mit britischen bzw. amerikanischen Militärfahrzeugen) ereignen sich am 7.6. und am 13.7.

Außenpolitik

Ostblock: Die Mitgliedstaaten des Warschauer Paktes verlängern am 26.4. in der polnischen Hauptstadt den 1955 zwischen ihnen geschlossenen **Warschauer Vertrag** um 20 Jahre und vereinbaren eine automatische Verlängerung um weitere zehn Jahre, sollte der Vertrag nicht zuvor gekündigt werden. Ende Juni schlagen die Länder des Rats für gegenseitige Wirtschaftshilfe RGW bei ihrer Tagung vom 25.–27.6. die Aufnahme offizieller Beziehungen zwischen dem Ostblock und der EG vor.

China: Ab 14.12. besucht eine Delegation der Volkskammer unter Leitung ihres Präsidenten, *Horst Sindermann*, die Volksrepublik. Am 16.12. wird er von der chinesischen Partei- und Staatsspitze empfangen. Der Besuch *Sindermanns* dient der erneuten Vertiefung der Beziehungen zwischen beiden Staaten; sie hatten sich im Zusammenhang mit den sowjetisch-chinesischen Konflikten in den 50er und 60er Jahren verschlechtert.

Westeuropa: Premier *Laurent Fabius* besucht am 10. und 11.6. als **erster** französischer und **westalliierter Regierungschef** offiziell die DDR. – Zwischen 9. und 11.9. erwidert der finnische Staatspräsident *Lalevi Sorsa Honeckers* Besuch in **Finnland** vom Vorjahr. Zum Abschluß des Besuchs unterzeichnen beide Staaten ein **Tourismusabkommen**, das jedoch im Prinzip nichts an den beschränkten Reisemöglichkeiten von DDR-Bürgern in westliche Staaten ändert. – Am 23. und 24.4. besucht *Erich Honecker* mit **Italien** erstmals einen **NATO-Mitgliedstaat**. Am ersten Tag des Aufenthalts unterzeichnen Vertreter beider Staaten ein Abkommen über die wirtschaftliche Zusammenarbeit bis 1995. Am 24.4. gewährt Papst *Johannes Paul II.* dem Staatsratsvorsitzenden *Erich Honecker* im Vatikan eine **Audienz**. – Im Rahmen seines **Griechenland**-Besuchs vom 9.–10.10. unterzeichnet *Honecker* ein Abkommen zur wirtschaftlichen Zusammenarbeit zwischen Athen und Ost-Berlin.

Deutsch-deutsche Beziehungen

Kirchenwort zum Kriegsende: Am 19.3. veröffentlichen der Bund der Evangelischen Kirchen in der DDR und die Evangelische Kirche in Deutschland (EKD) ein gemeinsames **»Wort zum Frieden«**. In ihm gedenken beide Kirchenorganisationen des Kriegsendes, das für die einen der »Zusammenbruch«, für andere die »Befreiung« und für viele »beides zugleich« gewesen sei. Darüber hinaus erinnern sie an die deutsche Nachkriegsgeschichte und betonen, wie schwer es ihnen gefallen sei, »die Realität zweier deutscher Staaten anzunehmen« und »die organisatorische Einheit der deutschen evangelischen Kirchen aufzugeben«. Sie fordern die Christen in beiden deutschen Staaten auf, dafür einzutreten, daß »von deutschem Boden nie wieder ein Krieg ausgeht«, »das System der nuklearen Abschreckung« überwunden und eine europäische Friedensordnung erreicht wird.

Stellungnahme Honeckers: Am 23.3. veröffentlicht das SED-Zentralorgan »Neues Deutschland« aus Anlaß des **40. Jahrestags des Kriegsendes** einen Artikel *Erich Honeckers*. Darin stellt *Honecker* fest, das Deutsche Reich sei »in den Flammen des Zweiten Weltkrieges für immer untergegangen«; statt dessen seien »auf deutschem Boden **zwei souveräne, voneinander unabhängige Staaten** entstanden«.

Grenzanlagen: Am 1.11. schließt die DDR die Räumung von Bodenminen im Grenzgebiet zur Bundesrepublik ab.

Debatte um Grenzverlauf: Im Februar nimmt die deutsch-deutsche **Grenzkommission** ihre 1978 unterbrochene Arbeit wieder auf, um zu einer einvernehmlichen Lösung in der Frage des **Grenzverlaufs in/an der Elbe** zu kommen. Am 25.3. unterstützt ein von der SPD in Auftrag gegebenes Gutachten die Position der DDR, nach der die Strommitte die Grenze darstelle, am 30.4. präsentieren die unionsgeführten Bundesländer Schleswig-Holstein und Niedersachsen ein eigenes Gutachten, in dem das Ostufer der Elbe als korrekte Grenze angegeben wird. Ende November warten Vertreter beider deutscher Staaten jeweils mit alliierten Dokumenten auf, die ihre Positionen bestätigen. Die Bundesregierung erklärt sich zu einer einvernehmlichen Lösung bei der Nutzung des Grenzstreifens bereit, nicht jedoch zur Festlegung des Grenzverlaufs in der Mitte des Flusses.

Honecker-Gespräch: Am 8.6. erklärt *Erich Honecker* in einem Interview mit der französischen Tageszeitung »Le Monde«, die **Mauer** in Berlin **könne verschwinden**, wenn »die Ursachen, die zum Bau der Mauer führten«, verschwunden seien. *Honecker* betont, die Existenz von »zwei voneinander unabhängigen, souveränen Staaten mit unterschiedlicher Gesellschaftsordnung, die unterschiedlichen Bündnissen angehören«, sei ein »unverzichtbares Element der europäischen Nachkriegsordnung«.

Swing-Erhöhung: Am 5.7. vereinbaren Bonn und Ost-Berlin eine Erhöhung des **zinslosen Überziehungskredits** im zwischenstaatlichen Handel (»Swing«) für die DDR von bisher 600 auf 850 Mio. DM; das Abkommen hat eine Laufzeit von fünf Jahren.

Kontakte: Die DDR-Führung baut ihre Kontakte zu Politikern und Parteien in der Bundesrepublik aus. Anläßlich der Eröffnung der Leipziger Herbstmesse treffen am 1.9. *Erich Honeckers* und *Franz Josef Strauß* zusammen. – Am 19.6. legen SED und SPD in Bonn einen gemeinsamen »Rahmen für ein Abkommen zur Bildung einer von chemischen Waffen freien Zone in Europa« vor. Am 13.9. schlägt *Erich Honecker* in einem Brief an Bundeskanzler *Helmut Kohl* offiziell die **Einrichtung einer chemiewaffenfreien Zone** vor, die das Territorium der DDR, der Bundesrepublik und der ČSSR umfaßt. Am 6.12. beginnen in Ost-Berlin Gespräche

zwischen SPD und SED über die Schaffung einer **atomwaffenfreien Zone in Mitteleuropa**. – Nach einem Treffen mit *Honecker* am 13.11. erklärt der saarländische Ministerpräsident *Oskar Lafontaine*, daß die Anerkennung einer DDR-Staatsbürgerschaft durch die Bundesrepublik notwendige Voraussetzung für den angestrebten normalen Reiseverkehr für DDR-Bürger sei. Bereits am 30.1. war mit einem Artikel im »Neuen Deutschland« die Diskussion um die Staatsbürgerschaftsfrage erneut angeschoben worden.

Wirtschafts- und Sozialpolitik

Wachstum: Das **Bruttoinlandsprodukt** wächst gegenüber dem Vorjahr um 2,3 % auf 196,2 Mrd. Mark (in DM-Preisen von 1989). Das ist der **höchste absolute Wert**, der in der Geschichte der DDR erreicht wird. Er entspricht 9,8 % der Leistungskraft der westdeutschen Volkswirt-

Reiseland DDR 1985

Erwerbstätige nach Wirtschaftsbereichen bzw. der Stellung im Beruf

Wirtschaftsbereich bzw. Stellung im Beruf	*Erwerbstätige in 1000* 1955	1980	1982	1983	1984	1985
Erwerbstätige (einschl. Lehrlinge) insges.	8188,0	8717,1	8813,1	8871,3	8915,7	8937,0
Arbeiter u. Angestellte (einschl. Lehrlinge)	6415,9	7794,6	7874,5	7917,3	7948,2	7955,2
Mitgl. v. Produktionsgenossenschaften	192,8	742,6	759,5	775,2	791,2	804,9
darunter: LPG (Landwirtschaft)	190,2	564,8	571,6	584,6	598,2	611,2
PGH (Handwerk)	2,4	154,7	159,8	161,7	163,3	163,8
Komplementäre, Kommissionshändler	–	25,8	26,1	26,1	25,2	25,8
Übrige Berufstätige	1579,2	154,2	153,0	152,6	151,2	151,1
darunter: Einzelbauern u. priv. Gärtner	1028,9	6,1	6,1	6,0	6,0	5,9
Private Handwerker	320,0	112,5	111,6	110,7	109,7	109,5
Priv. Groß- u. Einzelhändler	148,3	11,9	11,7	11,7	11,6	11,8
Freiberuflich Tätige	33,9	10,7	11,5	11,5	11,2	11,4

Quelle: Statistisches Jahrbuch der DDR 1986

schaft. – Die **sehr guten Ergebnisse der landwirtschaftlichen Produktion** vom Vorjahr werden 1985 zum Teil sogar noch verbessert. Bei Getreide wird die Rekordernte von 1984 noch einmal gesteigert. In der Tierproduktion, besonders in der Großviehwirtschaft, setzt sich der in den vergangenen Jahren eingeschlagene Prozeß der kontinuierlichen Ergebnissteigerung fort.

Sozialpolitik: Auf Wunsch erhalten alle DDR-Eltern einen Kindergartenplatz für ihre Zöglinge. Für 73 % aller Kinder im Alter bis zu drei Jahren stehen Kinderkrippenplätze zur Verfügung. – Am 1. 12. tritt eine Erhöhung der monatlichen **Mindestbezüge der Rentner** in der DDR um 30 Mark in Kraft.

Soziale Daten

Bevölkerung: Am 31. 12. leben im Gebiet der DDR 16,66 Millionen Einwohner, etwa 16 000 weniger als ein Jahr vorher. Der Frauenüberschuß beträgt nur noch 877 000. Nach westlichen Angaben siedeln 24 912, nach DDR-Angaben 25 593 Personen nach Westdeutschland über. In umgekehrte Richtung wandern nach DDR-Angaben 311 Personen.

10,8 Mio. Personen, darunter 5,24 Mio. Frauen, befinden sich im arbeitsfähigen Alter (zwischen 15 und 60 bzw. 65 Jahren). 8,54 Mio. Personen sind berufstätig, darunter 4,21 Mio. Frauen.

Wohnungsbau: Die Sanierung und Modernisierung vorhandenen Wohnraumes (16 593 Wohnungen) nimmt weiter an Bedeutung zu, während der Wohnungsneubau mit 99 129 Wohnungen erstmals seit 1976 unter den Wert von 100 000 fertiggestellten Einheiten fällt. Diese Verschiebung hat auch Auswirkungen auf den genossenschaftlichen Wohnungsbau, der deutlich um 7727 Einheiten auf 30 151 fertiggestellte Wohnungen abnimmt.

Einkommen und Lebenshaltung: Das durchschnittliche monatliche **Arbeitseinkommen** von Arbeitern und Angestellten in der staatseigenen Wirtschaft beträgt 1130 Mark. Die Pro-Kopf-**Sparguthaben** wachsen auf etwa 7480 Mark an. Die Sparguthaben bei Geld- und Kreditinstituten wachsen gegenüber dem Vorjahr absolut um 5,0 Prozent. Das Volumen der Lebensversicherungen wächst um 0,6 %. – Das **Fernsprechnetz** der Deutschen Post wächst gegenüber dem Vorjahr um 47 600 auf über 1 568 900 Anschlüsse. Im **Ausstattungsniveau** der privaten Haushalte mit langlebigen Konsumgütern entfallen auf 1000 Haushalte: 482 PKW, 184 Motorräder bzw. Motorroller, 1375 Kühl- und Gefriergeräte, 993 Waschmaschinen, 221 Radioapparate und 1176 Fernsehgeräte.

1986

Wackersdorf und Tschernobyl – Debatten um die Atomenergie

Ausgelöst durch die Reaktorkatastrophe im sowjetischen Tschernobyl entbrennt auch in der Bundesrepublik eine heftige Debatte über die friedliche Nutzung der Atomenergie. Bei zum Teil gewalttätigen Aktionen demonstrieren Zehntausende Anhänger der Anti-Atomkraft-Bewegung an deutschen Standorten der Atomindustrie: in Wackersdorf, Brokdorf und Gorleben. Als eine der ersten Reaktionen auf das Reaktorunglück beschließt die Bundesregierung die Einrichtung eines neuen Ministeriums für Umwelt, Naturschutz und Reaktorsicherheit.
Der Rekordzustrom von Asylbewerbern verstärkt die innenpolitische Diskussion über die Asylpolitik. Mit den Stimmen der Regierungskoalition beschließt der Bundestag erneut eine Verschärfung der Asylbestimmungen.

Kernenergie

Auswirkungen in Deutschland: Der Reaktorunfall im ukrainischen Tschernobyl in der Nacht zum 26.4. führt auch in der Bundesrepublik zu einer **erhöhten radioaktiven Belastung** der **Luft** und des **Bodens**. Die Bundesregierung beschließt am 3./4.5. Vorsorgemaßnahmen; u.a. soll nach einer Empfehlung der Strahlenschutzkommission keine Frischmilch – insbesondere aus Gebieten mit erhöhter Radioaktivität – getrunken werden; Landwirte werden angehalten, ihr Milchvieh von der Weide zu nehmen. Unter dem Eindruck des Reaktorunglücks **demonstrieren** am 5.5. Zehntausende von **Kernkraftgegnern** in der gesamten Bundesrepublik gegen den Bau und den Betrieb von Atomkraftwerken (→ unten). Am 12.5. folgt eine offizielle Entwarnung der Bundesregierung; am 15.5. beschließt sie eine Soforthilfeaktion für geschädigte Milch- und Gemüsebauern.

Debatte um Atomenergie: Am 14.5. eröffnet Bundeskanzler *Kohl* (CDU) mit einer Regierungserklärung zum Reaktorunfall in Tschernobyl und zum Weltwirtschaftgipfel in Tokyo eine Bundestagsdebatte, in der er die Atomenergie für unverzichtbar erklärt. SPD-Fraktionschef *Vogel* kündigt ein Konzept seiner Partei zum Ausstieg aus der Kernenergie an. Für die Grünen verlangt die Abgeordnete *Hönes*, alle Atomanlagen in der Bundesrepublik »heute und sofort« abzuschalten. Der stellvertretende FDP-Fraktionsvorsitzende *Gerhart Baum* bezeichnet die Kernenergie als »Übergangsenergie«, wohingegen der wirtschaftspolitische Sprecher der FDP, Graf *Lambsdorff*, meint, es könne keinen Ausstieg aus der Atomenergienutzung geben.
Konsequenzen: In einer Kabinettsumbildung am 3.6. wird ein 17. **Bundesministerium** für **Umwelt**, **Naturschutz** und **Reaktorsicherheit** eingerichtet. (Gleichzeitig werden die Kompetenzen des Ministers für Jugend, Familie und Gesundheit um die Zuständigkeit für Frauenfragen erweitert.) Zum ersten Umweltminister wird am 6.6. der bisherige Frankfurter Oberbürgermeister *Walter Wallmann* ernannt; anschließend setzt der Bundestag einen Umweltausschuß ein. – Mit 266 gegen 166 Stimmen verabschiedet der Bundestag am 11.12. das **Strahlenschutzvorsorgegesetz**, durch das die Bevölkerung bei Reaktorunglücken besser mit bundeseinheitlichen Vorsorgemaßnahmen und Empfehlungen vor radioaktiver Belastung geschützt werden soll; künftig sind eigene Ratschläge der Bundesländer an ihre Bürger nach einem Reaktorunfall untersagt, die Zuständigkeit soll sich im wesentlichen auf den Bund konzentrieren.

Protestbewegung

Das von Kernkraftgegnern besetzte Baugelände der atomaren Wiederaufarbeitungsanlage (WAA) in **Wackersdorf** wird am 7.1. in einem Großeinsatz von Polizei und Bundesgrenzschutz geräumt; die Rodungsarbeiten werden wiederaufgenommen. – Bei Protestaktionen gegen das atomare Zwischen- und Endlager in **Gorleben** kommt es am 9.5. im Kreis Lüchow-Dannenberg zu schweren Auseinandersetzungen zwischen Demonstranten und der Polizei, die sich am 11.5. zum Ende der Demonstrationen in Salzgitter-Bleckenstedt fortsetzen. – An weiteren Anti-Kernkraft-Demonstrationen am 6.6. in **Brokdorf** und **Wackersdorf** beteiligen sich mehr als

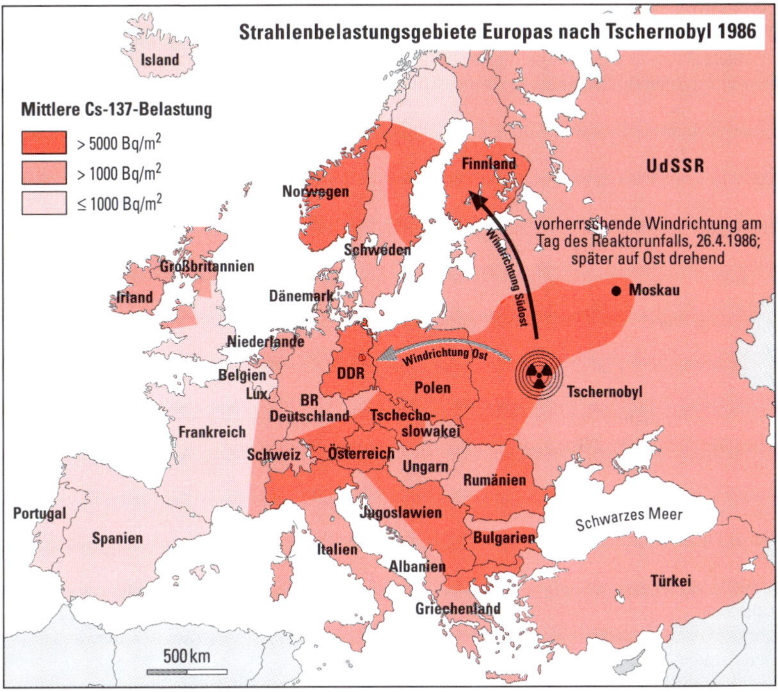

50 000 Demonstranten. Erneut kommt es zu Zusammenstößen gewalttätiger Gruppen mit der Polizei; Demonstrationen in **Hamburg** am 8. 6. arten in Straßenschlachten aus. – Nach 10jähriger Bauzeit wird am 7. 10. das **Kernkraftwerk Brokdorf** an der Unterelbe **in Betrieb genommen**. Bei einer Demonstration von ca. 10 000 Gegnern der Kernenergienutzung in Hamburg kreist die Polizei die Demonstranten auf dem Heiligengeistfeld ein und hält sie dort für Stunden auf engstem Raum fest (»Hamburger Kessel«). – Bei den »**Schwandorfer Blockadetagen**« (16. 10.–18. 10.) gegen die Errichtung der Wiederaufarbeitungsanlage in Wackersdorf, zu denen Anti-Atomkraft-Gruppen aus dem ganzen Bundesgebiet aufrufen, behindern Atomkraftgegner den Verkehr und sägen 16 Strommasten um; mehr als 400 Demonstranten werden vorübergehend festgenommen. – Am 9. 11. kommt es bei einer Demonstration gegen die Nuklearbetriebe in **Hanau**, an der nach amtlichen Schätzungen 12 000 Menschen teilnehmen, zu schweren Ausschreitungen.

Umwelt

Rhein-Verschmutzung: Nach der neuerlichen Giftbelastung des Rheins durch einen **Störfall bei** dem Chemiekonzern **BASF** in Ludwigshafen am 21. 11. (2. Zwischenfall am 4. 12.), bei dem etwa zwei Tonnen des Pflanzenschutzmittels Dichlor-Phenoxyl-Essigsäure aufgrund eines Lecks über ein Kühlwassersystem in den Fluß gelangen, bleiben ufernahe Wasserwerke in Rheinland-Pfalz und Nordrhein-Westfalen am 22. und 23. 11. »vorsorglich« abgeschaltet. – Zum Abschluß eines »Internationalen Rheintribunals« in Auggen (Südbaden), an dem deutsche, niederländische, elsässische und Schweizer Umweltverbände teilnehmen (rund 30 000 Teilnehmer), wird das von einer Jury gefällte »Urteil« am 14. 12. gleichzeitig auf zahlreichen Brücken rheinabwärts verlesen; die Jury fordert einen Widerruf sämtlicher bestehender Einleitungsgenehmigungen.

Asylpolitik

Die **Zuwanderung von Asylbewerbern** erreicht nach Angaben des Bundesinnenministers im August einen **Höchststand:** 14 812 Menschen bitten in diesem Monat um politisches Asyl (rund 50 % mehr als im Juli). Vom 1. 1.–1. 8. 1986 registriert das Bundesamt für die Anerkennung ausländischer Flüchtlinge 66 814 Asylbewerber (1985: insgesamt rund 73 000). In Berlin stellen im August 5229 Ausländer Asylanträge (im Juni 4109). – Nach einem Gespräch bei Bundeskanzler *Kohl* über die Asylproblematik einigen sich am 25. 9. die Ministerpräsidenten der Länder sowie die Partei- und Fraktionsvorsitzenden von CDU/CSU, FDP und SPD auf einen Maßnahmenkatalog, über den in einem Bund-Länder-Gremium weiter beraten werden soll. So sollen zur **Beschleunigung der Asylverfahren** die Ausländerbehörden der Länder zentralisiert und in die Nähe der Außenstellen des Bundesamtes gelegt werden; ferner sollen die Länder ermächtigt werden, eine Zentralstelle zu errichten, die über die Abschiebung abgelehnter Asylbewerber entscheidet.

Gesetzesänderung: Gegen die Stimmen der Oppositionsparteien beschließt der Bundestag am 13. 11. eine **Verschärfung der Asylregelungen** (am 26. 8. vom Bundeskabinett beschlossen), um die Zuwanderung von Flüchtlingen in die Bundesrepublik zu bremsen; u. a. wird das Arbeitsverbot für nicht-anerkannte Asylbewerber auf fünf Jahre verlängert; für Ostblockflüchtlinge gilt künftig eine Wartezeit von einem Jahr bis zur Arbeitserlaubnis. Asylanträge, die mit der wirtschaftlichen Lage des Fluchtlandes, einer allgemeinen Notsituation oder kriegerischen Auseinandersetzungen argumentieren, gelten künftig als »offensichtlich unbegründet«; Fluggesellschaften, die Ausländer ohne gültige Einreisepapiere in die Bundesrepublik bringen, werden zum Rücktransport auf eigene Kosten verpflichtet und müssen eine Geldbuße von 2000 DM für jeden unzulässig beförderten Ausländer zahlen.

Terrorismus

RAF-Mordanschläge: Am 9. 7. werden der Siemens-Vorstand, *Karl-Heinz Beckurts*, und sein Fahrer *Eckart Groppler* in Straßlach bei München durch eine ferngezündete Bombe der Terrororganisation RAF getötet. – Am 10. 10. wird der Leiter der Politischen Abteilung des Auswärtigen Amtes, *Gerold von Braunmühl*, zuständig für Ost-West-Beziehungen und die Vereinten Nationen, vor seinem Wohnhaus in Bonn-Ippendorf von zwei RAF-Terroristen erschossen.

Maßnahmen: Mit der Mehrheit der Koalitionsparteien verabschiedet der Bundestag am 5. 12.

Asylbewerberzugänge und Anerkennungen 1979–1997

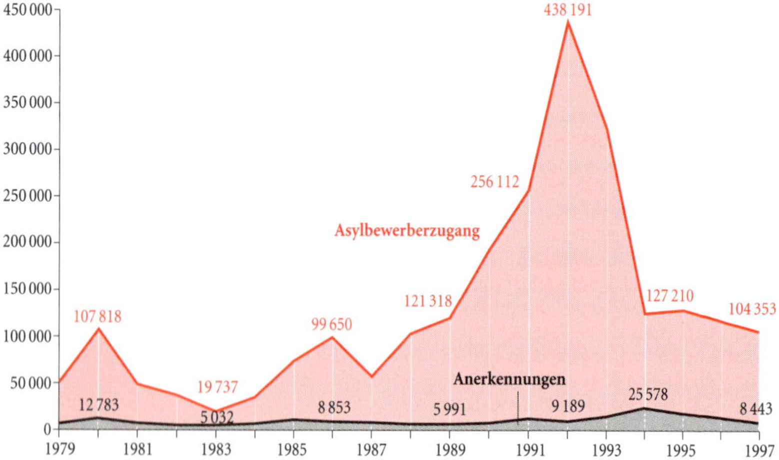

neue gesetzliche **Bestimmungen zur Terrorismusbekämpfung** (eine umstrittene Kronzeugenregelung wird nicht aufgenommen); danach können künftig auch Anschläge auf Bahnanlagen oder das Umsägen von Strommasten sowie die Anleitung zur Herstellung von Sprengstoff als terroristische Straftaten verfolgt werden; ferner können die Polizeibehörden nun direkte Auskünfte aus dem Informationssystem des staatlichen Kraftfahrbundesamtes in Flensburg beziehen; außerdem werden die Kompetenzen des Generalbundesanwalts erweitert.

Justiz, Gesetzgebung

Ermittlungen gegen Kohl: Die Koblenzer Staatsanwaltschaft gibt am 24. 2. die Einleitung eines Ermittlungsverfahrens gegen Bundeskanzler *Kohl* wegen des **Verdachts der uneidlichen Falschaussage** vor dem Parteispendenausschuß des Landtages von Rheinland-Pfalz bekannt; *Kohl* war vom grünen Bundestagsabgeordneten *Otto Schily* am 29. 1. angezeigt worden. Am 11. 3. beschließt auch die Bonner Anklagebehörde, gegen *Kohl* wegen desselben Verdachts ein formelles Ermittlungsverfahren einzuleiten. Die Staatsanwaltschaft Koblenz stellt das Ermittlungsverfahren am 21. 5., die Bonner Staatsanwaltschaft am 30. 5. ein, da es keine greifbaren Anhaltspunkte für eine uneidliche Falschaussage gebe.

Urteil zu Sitzblockaden: Am 11. 11. entscheidet der 1. Senat des Bundesverfassungsgerichts, daß **Sitzblockaden Nötigung** sein können; es müsse aber im Einzelfall geprüft werden, ob die Motive der »Blockierer« als »verwerflich« einzustufen sind. Mit dem Urteil, das mit Stimmengleichheit endet (vier der acht Richter finden, nötigende Gewalt könne den Teilnehmern nicht zur Last gelegt werden), werden sechs von sieben Verfassungsbeschwerden verurteilter Rüstungsgegner, die mit Sitzblockaden gegen den **NATO-Nachrüstungsbeschluß** protestiert hatten, abgelehnt.

Prozeß: Am 26. 11. verurteilt die 29. Strafkammer des Landgerichts West-Berlin die beiden Jordanier *Ahmed Hasi* und *Farouk Salameh* zu Freiheitsstrafen von 13 und 14 Jahren. Das Gericht sieht es als erwiesen an, daß die beiden Terroristen den **Sprengstoffanschlag** auf die deutsch-arabische Gesellschaft in Berlin-Kreuzberg am 29. 3. 1986 verübt haben, bei dem neun Menschen z. T. schwer verletzt wurden. Die

Bundesregierung beschließt am 27. 11. unter Berufung auf das Urteil beschränkte Sanktionen gegen Syrien, u. a. die Verweigerung von Neuzusagen bei der Entwicklungshilfe und die Ausweisung von vier Botschaftsangehörigen; sie reagiert damit auf die Feststellung des Gerichts, wonach staatliche syrische Stellen in den Terroranschlag verwickelt waren.

Aufarbeitung der NS-Vergangenheit

Entschädigung: Die Feldmühle-Nobel-AG in Düsseldorf (die frühere Friedrich-Flick-Industrieverwaltung) bezahlt mit Zustimmung der neuen Eigentümerin (Deutsche Bank) an die »Conference of Jewish Material Claims against Germany« einen Betrag von 5 Mio. DM als Entschädigung dafür, daß das Unternehmen während des Zweiten Weltkrieges **Zwangsarbeiter** beschäftigt hat; die Firmengruppe leistet die Zahlung aus »humanitären Gründen«.

Sonstige innenpolitische Ereignisse

Personalausweis: Gegen die Stimmen von SPD und Grünen setzt die Mehrheit der Koalitionsparteien im Bundestag am 28. 2. die **Einführung maschinenlesbarer, fälschungssicherer Ausweise** durch. Der neue Personalausweis soll ab 1. 4. 1987 ausgegeben werden; die **Einführung des Europa-Passes** ist für den 1. 1. 1988 geplant (Billigung durch den Bundesrat am 14. 3.). Ebenfalls verabschiedet wird die Änderung des § 163d der Strafprozeßordnung, der die Rechtsgrundlage für die computergestützte »**Schleppnetzfahndung**« schafft.

Wehr- und Zivildienst: Die Bundesregierung beschließt am 17. 4. mit der Koalitionsmehrheit gegen die Stimmen der Opposition eine **Verlängerung der Wehrdienstzeit** von 15 auf 18 Monate vom 1. 6. 1989 an. Ferner stimmt die Koalition im Bundestag der Verlängerung des bis Ende Juni 1986 befristeten Gesetzes über die Neuordnung des Zivildienstes zu.

Führerschein auf Probe: Ab 1. 11. gibt es in der Bundesrepublik Deutschland den »Führerschein auf Probe«: Nach der am 17. 10. vom Bundesrat verabschiedeten Verordnung erhält künftig jeder neue Autofahrer den Führerschein für zwei Jahre zur Probe; wer sich in dieser Zeit bestimmte Verkehrsverstöße zuschulden kommen läßt, muß sich einer Nachschulung unterziehen.

Außenpolitik

Libyen: Die Bundesregierung fordert am 9. 4. zwei Angehörige des libyschen Volksbüros (Botschaft) in Bonn zum Verlassen des Landes auf, weil ihre Tätigkeit nicht den »diplomatischen Gepflogenheiten« entspreche. Nach Angaben des Regierungssprechers *Ost* gibt es Anhaltspunkte für eine **libysche Verwicklung** in den **Bombenanschlag** auf das vorwiegend von US-Soldaten besuchte Tanzlokal »La Belle« in Berlin-Friedenau am 5. 4., bei dem 3 Menschen getötet und 155 verletzt wurden. Die Ausweisungsentscheidung stehe jedoch damit nicht in direktem Zusammenhang.

Vereinte Nationen: Am 16. 10. wird die Bundesrepublik Deutschland mit 111 von 154 abgegebenen Stimmen (ab 1987) für zwei Jahre nichtständiges **Mitglied des UN-Sicherheitsrats.**

Frankreich: Hauptergebnisse des deutsch-französischen »Kulturgipfels« (27./28. 10.) in Frankfurt am Main zwischen Staatspräsident *François Mitterrand*, Premierminister *Jacques Chirac* und Bundeskanzler *Helmut Kohl* sind weitreichende Vereinbarungen über eine engere Abstimmung und Zusammenarbeit in Fragen der Verteidigungs- und Rüstungskontroll-Politik sowie eine gemeinsame Erklärung über den intensiven Ausbau der Kulturbeziehungen zwischen beiden Ländern.

UdSSR: Am 2. 11. und erneut im Bundestag am 6. 11. distanziert sich Bundeskanzler *Kohl* von einem Interviewtext im US-Nachrichtenmagazin »Newsweek«, das nach Darstellung der Bonner Regierung den erläuternden Halbsatz zum Namen *Goebbels* eigenmächtig eingefügt hat. In dem Interview wird *Kohl* mit der Aussage zitiert, daß **Gorbatschow** ein moderner kommunistischer Führer sei, der sich auf Public Relations verstehe; »**Goebbels**, einer von jenen, die für die Verbrechen der *Hitler*-Ära verantwortlich sind«, sei »auch ein **Experte in Public Relations**« gewesen. Wegen dieses Vergleichs sagt die Sowjetunion vereinbarte gegenseitige Besuche ab.

Militär- und Sicherheitspolitik

SDI-Programm: Bundeswirtschaftsminister *Martin Bangemann* reist am 11. 1. in die USA, um dort im Auftrag der Bundeskabinetts Verhandlungen über einen Technologieaustausch sowie Bedingungen für eine Beteiligung deutscher Firmen und Institutionen an der SDI-Forschung aufzunehmen. Er erklärt nach dem Abschluß der Verhandlungen, daß die Bundesregierung das SDI-Programm »politisch unterstütze«, jedoch nicht die Absicht habe, sich daran zu beteiligen oder Geld dafür zur Verfügung zu stellen. – Am 19. 3. erzielen Bundeskanzler *Kohl* und US-Verteidigungsminister *Caspar W. Weinberger* bei einem Treffen in Grafenwöhr grundsätzliche Übereinstimmung über die Abkommen zur strategischen Verteidigungsinitiative (SDI) und zum Technologietransfer; am 28. 3. werden die beiden (geheimen) Abkommen in Washington von Bundeswirtschaftsminister *Bangemann* und *Weinberger* unterzeichnet.

C-Waffen-Abrüstung: Die in Tokyo von Bundeskanzler *Kohl* mit US-Präsident *Reagan* getroffene Vereinbarung über den Abbau chemischer Waffen werten Regierung und Koalition am 15. 5. als Erfolg; danach sollen bis spätestens Ende 1992 alle in der Bundesrepublik lagernden C-Waffen abgezogen werden; ferner soll eine Stationierung neuer chemischer Kampfstoffe nur mit deutscher Zustimmung möglich sein.

Parteien, Gewerkschaften

SPD: Auf ihrem Parteitag in Nürnberg (25.–29. 8.) wird der nordrhein-westfälische Ministerpräsident *Johannes Rau* zum Kanzlerkandidaten der SPD gewählt.

Die Grünen: Zum Abschluß der Bundesversammlung (26.–28. 9.) in Nürnberg verabschiedet die Mehrheit der rund 600 Delegierten einen Antrag, in dem u. a. eine SPD-Minderheitsregierung toleriert und die Wahl von *Johannes Rau* zum Bundeskanzler unterstützt werden soll.

DGB: Auf dem Gewerkschaftstag in Hamburg am 22. 10. wird der ehemalige 2. Vorsitzende der Industriegewerkschaft IG Metall, *Franz Steinkühler*, mit 82,8 % der Stimmen als Nachfolger von *Hans Mayr* zum neuen Vorsitzenden gewählt.

Wirtschafts- und Sozialpolitik

Arbeitslosigkeit: Nachdem der Präsident der Bundesanstalt für Arbeit, *Heinrich Franke*, am 8. 1. mitteilt, daß im Dezember 1985 die Zahl der Arbeitslosen erneut um knapp 140 000 gegenüber dem Vormonat zugenommen hat, steht fest, daß 1985 die jahresdurchschnittliche Arbeitslosenzahl mit 2,3 Mio. einen **Höchststand** seit der Währungsreform erreicht.

Konflikt um Streikgesetz: Die Protestwelle des DGB gegen die Änderung des § 116 Arbeitsförderungsgesetz erreicht am 6.3. mit mehr als 250 Veranstaltungen (zum größten Teil während der Arbeitszeit) und einer Beteiligung von mehr als 1 Mio. Arbeitnehmern ihren vorläufigen Höhepunkt. – Gegen die Stimmen von SPD und Grünen verabschiedet der Bundestag am 20.3. den umstrittenen Gesetzentwurf zur **Änderung** des § 116 Arbeitsförderungsgesetz; (der Bundesrat billigt das Gesetz am 18.4.) – In einer zweiwöchigen Abstimmungsaktion (2.–16.4.) mobilisiert der DGB erneut die Arbeitnehmerschaft. Die Bundesregierung kritisiert die Aktion und weist darauf hin, daß mit der Neufassung des § 116 AFG weder Streikrecht noch Streikfähigkeit der Gewerkschaften angetastet worden seien.

»Neue Heimat«-Sanierung: Am 19.9. beschließt der Aufsichtsrat der Beteiligungsgesellschaft für Gemeinwirtschaft AG (BGAG) den Verkauf von 270 000 Wohnungen des mit 17,2 Mrd. DM verschuldeten gewerkschaftseigenen Wohnungsbaukonzerns »Neue Heimat«. Für den symbolischen Preis von 1 DM geht der größte Immobilienkonzern Europas am 1.10. an den Berliner Brotfabrikanten *Horst Schiesser*. Am 14.11. kauft die BGAG die NH zurück und bringt sie in eine neu gegründete Beteiligungsgesellschaft ein. Im Einverständnis mit den Banken ist nun die Gründung einer Treuhandgesellschaft beabsichtigt, in der sich neben der BGAG auch andere Unternehmen an der NH beteiligen; die Banken verpflichten sich im Gegenzug, ihre Forderungen bis Ende 1987 zurückzuhalten. – Zum 31.12. trennen sich die Gewerkschaften von ihrer Bank für Gemeinwirtschaft (BfG); die Mehrheit der Anteile wird für 1,9 Mrd. DM an die Aachener und Münchner Versicherung verkauft.

Deutsch-deutsche Beziehungen

Asylpolitik: In der Asylfrage gibt die DDR dem Drängen der Bundesrepublik nach und erklärt am 18.9., daß »ab 1.10. nur noch solche Personen die DDR im Transit bereisen können, die über ein Anschlußvisum anderer Staaten verfügen«.

SPD/SED-Kooperation: Am 21.10. einigen sich SPD und SED auf gemeinsame »Grundsätze« für eine atomwaffenfreie Zone in Mitteleuropa, die in Bonn von den Delegationsleitern *Egon Bahr* und *Herrmann Axen* vorgelegt werden; die Pläne sehen die Beseitigung aller Kernwaffen in

einem 150 km breiten Korridor diesseits und jenseits der Grenze vor.

Reiseverkehr: Der Bundesminister für Innerdeutsche Beziehungen, *Windelen*, zieht am 9.12. eine »gute Bilanz« der Kontakte zwischen beiden deutschen Staaten: Mit über 200 000 Besuchsgenehmigungen für Nicht-Rentner aus der DDR erreicht der unter dem Titel »Reisen in dringenden Familienangelegenheiten« registrierte **Reiseverkehr** einen neuen **Höchststand** (1981: ca. 36 000; 1985: ca. 66 000). (Nach Angaben der DDR vom 6.1.1987 besuchten 1986 sogar 573 000 DDR-Bürger die Bundesrepublik in dringenden Familienangelegenheiten.) Die Reisen von Rentnern aus der DDR in die BRD einschließlich Berlin (West) liegen auch 1986 wieder bei 1,6 Mio. Mit 20 000 legalen Übersiedlern aus der DDR in die BR Deutschland wird nach der »Ausreisewelle« von 1984 (35 000 Übersiedler) die höchste Zahl seit den 60er Jahren verzeichnet. 1985 wurden über **2500 politische Häftlinge** aus der DDR **freigekauft**; nach Angaben *Windelens* die bisher höchste Zahl von Freikäufen.

Bundesländer

Berlin: Am 7./8.4. kommt es in Berlin zum Rücktritt der Senatoren *Heinrich Lummer* (CDU), *Klaus Franke* (CDU) und *Horst Vetter* (FDP). Sie waren in einen Skandal um Schmiergelder von Bauunternehmern, Parteispenden sowie bezahlte Reisen und Spenden an Rechtsextreme verwickelt, der den CDU/FDP-Senat in eine monatelange Krise gestürzt hatte.

Niedersachsen: Bei der Landtagswahl am 15.6. büßt die bisher alleinregierende CDU Stimmen ein, kann aber mit der FDP eine Regierung bilden.

Bayern: Bei der Landtagswahl am 12.10. muß die SPD schwere Verluste hinnehmen; die CSU kann trotz deutlicher Stimmeneinbußen die absolute Mehrheit halten; Gewinner der Landtagswahl sind die Grünen, die erstmals in den Landtag einziehen; die FDP scheitert erneut an der 5%-Hürde. Die erstmals teilnehmenden Republikaner erhalten 3% der Stimmen.

Hamburg: Bei der Bürgerschaftswahl am 9.11. erzielt die CDU unerwartet hohe Gewinne und wird stärkste Partei; die SPD erleidet eine schwere Niederlage; die FDP scheitert zum vierten Mal in Folge an der 5%-Klausel; die Grünen erzielen überraschend hohe Stimmengewinne.

1986

Unaufhaltsamer wirtschaftlicher Niedergang

Nach den Wahlen zur Volkskammer wird *Erich Honecker* vom Parlament erneut als Vorsitzender des Staatsrates und des Nationalen Verteidigungsrates bestätigt. Auch auf dem XI. Parteitag der SED wird *Honecker* als Generalsekretär des Zentralkomitees bestätigt. Die Delegierten beschließen die Direktive für den Fünfjahrplan 1986–1990: Durch den verstärkten Einsatz von Wissenschaft und Technik soll das Wirtschaftswachstum erheblich gesteigert werden. Im Jahr 1986 beginnt jedoch eine wirtschaftliche Abschwungphase, die nur 1988 noch einmal unterbrochen wird.
Als bislang höchster Repräsentant der DDR besucht der Volkskammerpräsident *Horst Sindermann* auf Einladung der SPD die Bundesrepublik. Er wird auch von Bundeskanzler *Helmut Kohl* zu einem Gespräch empfangen. – Die Kontakte zur Volksrepublik China werden durch *Honeckers* Besuch in Beijing intensiviert.

XI. Parteitag der SED

Der XI. Parteitag der SED, der vom 17.–21. 4. in Ost-Berlin stattfindet und mit dem Gedenken an den 40. Jahrestag der Parteigründung im April 1946 endet, steht im Zeichen politischer und vor allem **personeller Kontinuität**. *Erich Honecker* wird erneut zum Generalsekretär des Zentralkomitees gewählt, dem jetzt 165 Mitglieder (9 mehr als nach dem X. Parteitag) und unverändert 57 Kandidaten angehören. Das Politbüro ist wie das gesamte Zentralkomitee durch eine starke Überalterung seiner Mitglieder und Kandidaten gekennzeichnet (→ Kasten).
Der Parteitag faßt wichtige Beschlüsse zur weiteren wirtschaftlichen und sozialen Entwicklung der DDR, die der Fortsetzung des unter *Honecker* eingeschlagenen Kurses der »Einheit von Wirtschafts- und Sozialpolitik« dienen (→ unten). – Der seit 1985 amtierende KPdSU-Generalsekretär *Michail Gorbatschow* stellt sich am 18. 4. den SED-Parteitagsdelegierten mit einer **Grußansprache** vor. Er betont, die »Sache des Sozialismus« schreite »auf deutschem Boden sicher« voran, spricht dann jedoch mit Blick auf alle staatssozialistischen Länder von einer »Zeit des Umbruchs«, in der die Antwort auf

Das SED-Politbüro nach dem XI. Parteitag

Das Durchschnittsalter der 27 Mitglieder und Kandidaten des Politbüros beträgt 1986 mehr als 63 Jahre, 11 von ihnen befinden sich im Rentenalter, jüngstes Mitglied ist mit 55 Jahren *Margarete Müller*, die dem Gremium schon seit 1963 angehört. Als einziger Neuzugang wird *Heinz Keßler* im Alter von 66 Jahren in das Gremium gewählt. Dem Politbüro gehören seine Mitglieder und Kandidaten im Durchschnitt seit 16,5 Jahren an. Sechs Mitglieder sind in den vergangenen Jahren hinzugekommen: *Hans-Joachim Böhme*, zum Zeitpunkt des XI. Parteitages 56 Jahre alt, *Werner Eberlein* (66), *Heinz Keßler* (66), *Siegfried Lorenz* (55), *Gerhard Müller** (58) und *Günter Schabowski* (57). *Horst Dohlus* (60) und *Werner Walde** (60) gehören seit 10 Jahren dem Politbüro an. Sieben Mitglieder und Kandidaten traten in der ersten Hälfte der siebziger Jahre ins Politbüro ein: *Werner Felfe* (58), *Joachim Herrmann* (57), *Werner Krolikowski* (58), *Inge Lange** (58), *Erich Mielke* (78), *Gerhard Schürer** (65) und *Harry Tisch* (59). *Günter Kleiber* (55) gehört dem Politbüro seit 1967 an, *Herrmann Axen* (70), *Werner Jarowinsky* (59), *Günter Mittag* (59), *Margarete Müller** (55) und *Horst Sindermann* (70) kamen in der ersten Hälfte der sechziger Jahre hinzu. *Kurt Hager* (73) ist 1958 gewählt worden, während *Erich Honecker* (73), *Erich Mückenberger* (75), *Alfred Neumann* (76) und *Willi Stoph* (71) dem Politbüro seit Beginn der fünfziger Jahre angehören. Von den genannten Mitgliedern und Kandidaten scheidet vor dem Herbst 1989 nur der am 7. 9. 1988 verstorbene *Werner Felfe* aus dem Gremium aus.

* nicht stimmberechtigte Kandidaten

Soziale Struktur der SED-Mitglieder 1981 und 1987

	Stand X. Parteitag 1981 in %	*Stand Jahresende 1987 in %*
Arbeiter	57,6	58,1
Produktionsarbeiter	37,4[1]	37,6[1]
Genossenschaftsbauern	4,7	4,9
Angehörige der Intelligenz	22,1	22,3
Angestellte	9,1	7,4
Studenten/Schüler ingesamt	2,0	2,2
Studenten/Schüler ohne zum Studium delegierte Arbeiter und Genossenschaftsbauern	–	0,7
Mitglieder von Produktionsgenossenschaften, Selbständige	0,8	0,8
Rentner gesamt	–	15,0
Rentner, die vorher keine Arbeiter oder Genossenschaftsbauern waren	–	5,0
Hausfrauen	1,1	0,8

[1] Bezogen auf die Gesamtanzahl der Mitglieder und Kandidaten

»aktuelle Herausforderungen« in den »konkreten Erscheinungsformen vielfältig sein« werden, »weil sie die Besonderheiten der Entwicklung eines jeden Bruderlandes« widerspiegeln. Gleichsam sei die öffentlich vorgetragene Selbstkritik »eine unerläßliche Bedingung für den Erfolg einer revolutionären Partei«.

Volkskammerwahlen
Bei den Wahlen zur Volkskammer und zu den Bezirkstagen am 8. 6. erhält die Einheitsliste (bei einer offiziell vermeldeten Wahlbeteiligung von 99,74 %) 99,94 % der Stimmen. Die **Vereinigung der gegenseitigen Bauernhilfe** (VdgB) kehrt nach mehr als zwei Jahrzehnten als eigenständige Fraktion in die Volkskammer zurück.

Das Ministerium für Staatssicherheit - Mitarbeiter von 1950–1989*

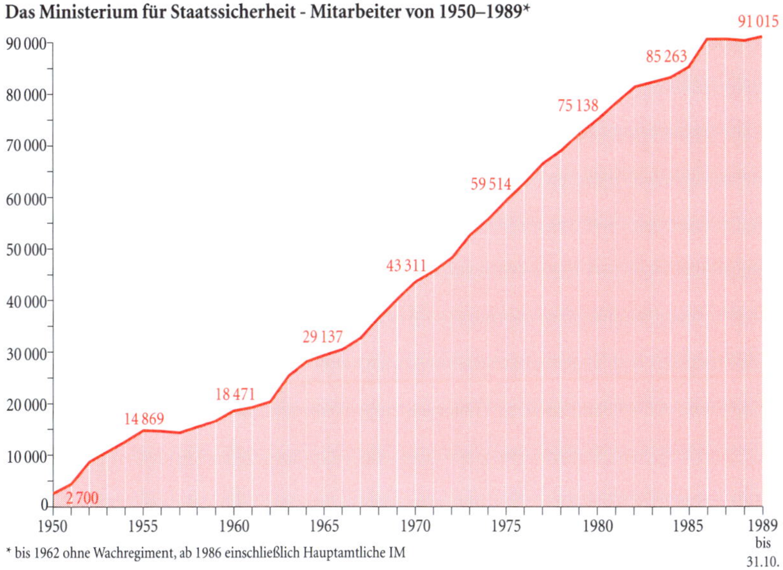

* bis 1962 ohne Wachregiment, ab 1986 einschließlich Hauptamtliche IM

Quelle: Jens Gieseke, Die Hauptamtlichen Mitarbeiter des MfS, Berlin 1995

Die neu gewählte Volkskammer wählt am 16./17. 6. den Staats- und den Ministerrat neu und bestätigt am 27. 11. den vom SED-Zentralkomitee bei seiner Tagung eine Woche zuvor (20./21. 11.) beschlossenen Gesetzentwurf über den Fünfjahrplan 1986 bis 1990.

Weitere innenpolitische Ereignisse

Evangelische Kirche: Am 2. 2. wählt die Synode des Bundes der Evangelischen Kirchen in der DDR (BEK) den thüringischen Landesbischof *Werner Leich* (Eisenach) als Nachfolger von Landesbischof *Johannes Hempel* (Dresden) zum neuen Vorsitzenden der Konferenz der Kirchenleitungen (KKL). – Am 27. 3. treten die Leitungen des BEK und der Evangelischen Kirche in Deutschland mit einem Gemeinsamen Wort **»Hoffnung auf Frieden«** an die evangelischen Gemeinden in beiden deutschen Staaten an die Öffentlichkeit. Sie begrüßen darin den wieder in Gang gesetzten Dialog zwischen den Staatschefs der Großmächte und fordern die USA und die Sowjetunion auf, weitere Schritte zur Abrüstung einzuleiten und neue Rüstungsanstrengungen zu unterlassen. Sie betonen überdies, daß die »Vertrauenswürdigkeit der Staaten nach außen« durch das Stärken der in der KSZE-Schlußakte von 1985 beschriebenen »Menschenrechte und Grundfreiheiten im Innern« gefördert wird.

Umwelt: Die Reaktorkatastrophe in Tschernobyl führt auch in der DDR zu erhöhter Radioaktivität. Am 2. 5. werden Strahlenwerte gemessen, die einhundertmal höher als der Normalwert sind.

Friedensbewegung: Am 8. 6. sendet die unabhängige Friedens- und Ökologiebewegung einen Brief an die Staatsführung, in dem sie ihre Kritik an der gesellschaftlichen Entwicklung in der DDR formuliert. Die Unterzeichner fordern die Regierung auf, in den konstruktiven Dialog mit den eigenen Bürgern zu treten. Sie fordern Änderungen in der Energie-, Umwelt-, Bildungs- und Wirtschaftspolitik und mahnen eine offene Informationspolitik an. In 12 Punkten beschreiben sie konkret die staatlichen Repressalien, denen die unabhängige Friedensbewegung in der DDR ausgesetzt ist. – Am 1. 9. empfängt *Erich Honecker* eine Delegation unter Leitung des Präsidenten des DDR-Friedensrates, *Günter Drefahl*, die tags darauf im »Neuen Deutschland« als Vertreter der »Friedensbewegung der DDR« benannt werden. Die Teilnehmer, darunter der Physiker *Manfred von Ardenne*, der Dresdner Oberbürgermeister *Wolfgang Berghofer*, die Sängerin *Tamara Danz*, der Theologe *Heinrich Fink*, die Oberkirchenrätin *Christa Lewek* und der Schriftsteller *Benito Wogatzki* übergeben *Honecker* einen »Friedensreport«.

Flugzeugabsturz: Am 12. 12. stürzt beim Anflug auf den Flughafen Berlin-Schönefeld eine Aeroflot-Maschine ab. 69 der 81 Insassen kommen ums Leben.

Deutsch-deutsche Beziehungen

Kontakte: Auf Einladung der SPD-Bundestagsfraktion besucht der Volkskammerpräsident *Horst Sindermann* vom 19.–22. 2. die Bundesrepublik. Neben einem Treffen mit Bundeskanzler *Helmut Kohl* und dem Bundestagspräsidenten *Philipp Jenninger* wird er auch von den Fraktionsvorsitzenden des Bundestags empfangen. – Am 25. 4. wird in Eisenhüttenstadt von den Oberbürgermeistern von Eisenhüttenstadt und Saarlouis, *Manfred Sander* und *Manfred Henrich*, die **erste deutsch-deutsche Städtepartnerschaft** unterzeichnet.

Kultur: Am 3. 4. vereinbaren West-Berlin und die DDR den gegenseitigen Austausch kriegsbedingt ausgelagerter **Kulturgüter**, am 12. 11. folgt eine ähnliche Vereinbarung zwischen Bundesrepublik und DDR. – Am 2. 9. und am 30. 10. werden in Ost-Berlin zwei große Ausstellungen eröffnet, bei denen Leihgaben aus der Bundesrepublik (»Expressionisten – Die Avantgarde in Deutschland 1905–1920«) und bundesdeutsche zeitgenössische Kunst (»Positionen – Malerei aus der Bundesrepublik Deutschland«) gezeigt werden. Am 6. 5. hatten Vertreter beider deutscher Staaten in Ost-Berlin das **Kulturabkommen** unterzeichnet, das in den folgenden Jahren die Grundlage für den Austausch kultureller Projekte liefert.

Außenpolitik

Westliche Länder: Am 10. 1. empfängt *Erich Honecker* 11 Mitglieder des US-Repräsentantenhauses zu einem Gespräch über die weltpolitische Lage und die bilateralen Beziehungen zwischen der DDR und den USA. – Staatsratsvorsitzender *Honecker* reist vom 25.–28. 6. zu einem Staatsbesuch nach **Schweden**. Im Oktober unterzeichnen beide Staaten ein Abkommen über

Entschädigungszahlungen für in der DDR erfolgte Verstaatlichungen von schwedischem Eigentum.

China: Mit einer Serie von Besuchen und Gegenbesuchen werden die Beziehungen zwischen der Volksrepublik China und der DDR weiter ausgebaut. Am 30.5. trifft der chinesische Außenminister *Wu Xueqian* zu einem mehrtägigen Besuch in der DDR ein. Im Verlaufe des Aufenthaltes, der der erste Besuch eines Außenministers der VR China in der DDR seit drei Jahrzehnten ist, unterzeichnen beide Seiten ein Konsularabkommen und weitere Vereinbarungen. – Am 26. 6. reist die Volksbildungsministerin *Margot Honecker* zu einem mehrtägigen Besuch nach China, zu dem sie von der Partei- und Staatsführung eingeladen worden ist. Ihre Visite dient der Vorbereitung des Besuches ihres Mannes im Oktober in Peking. Zwischen dem 21. und dem 25. 10. hält sich *Erich Honecker* selbst in der Volksrepublik auf. Im Verlauf des Besuches wird ein Abkommen über die langfristige wirtschaftliche Kooperation beider Staaten unterzeichnet.

Ostblock: Am 18. 12. beschließen die RGW-Mitgliedsländer in Moskau das »Komplexprogramm des wissenschaftlich-technischen Fortschritts bis zum Jahr 2000«, das vor allem in den Bereichen Elektronik und Automatisierung, in der Kernenergie sowie in der Biotechnologie wirksam werden soll.

Wirtschafts- und Sozialpolitik

Direktive zum Fünfjahrplan 1986–1990: Die Delegierten des XI. SED-Parteitages im April beschließen die »Direktive für die Entwicklung der Volkswirtschaft der DDR in den Jahren 1986 bis 1990«, die als Grundlage für die Formulierung des **letzten Fünfjahrplanes** in der Geschichte der DDR herangezogen wird. Durch den Einsatz von Wissenschaft und Technik sollen verstärkte Ergebnisse in der Intensivierung der Produktion – höherer Ertrag bei verringertem Einsatz von Material und Arbeitskräften – erreicht werden. Die Subventionsleistungen aus dem Staatshaushalt zur Aufrechterhaltung niedriger Preise für alle wichtigen Grundnahrungsmittel, Mieten und Tarife sollen geringfügig stärker wachsen als die Gesamtausgaben des Staatshaushaltes.

Bruttoinlandsprodukt: 1986 markiert das erste Jahr einer bis 1989/90 währenden **Abschwungphase** in der Entwicklung des Bruttoinlandsproduktes, die nur 1988 noch einmal unterbrochen wird. Das BIP der DDR geht gegenüber dem Vorjahr um 0,6 % auf 195,1 Milliarden DM (in DM-Preisen von 1989) zurück; dies entspricht 9,5 % der westdeutschen Volkswirtschaft.

Landwirtschaft: Bei Getreide wird die höchste, bei Zuckerrüben die zweithöchste Ernte in der Geschichte der DDR eingefahren. Die Kartoffelernte ist jedoch von einem merklichen Rückgang in den Hektarerträgen (–16,2 %) gekennzeichnet.

Sozialpolitik: Im Anschluß an ihren Parteitag faßt das SED-Zentralkomitee am 23. 4. gemeinsam mit dem Ministerrat und dem FDGB-Bundesvorstand einen Beschluß zu sozialpolitischen Verbesserungen für Familien mit Kindern und für junge Ehepaare. Ab 1. 5. wird der Schwangerschaftsurlaub auf mindestens ein Jahr verlängert. Die bezahlte Freistellung von Müttern zur Pflege ihrer erkrankten Kinder wird auch für Familien mit zwei Kindern wirksam (→ 1985). Das zinslose Ehestandsdarlehen wird auf 7000 Mark erhöht. Mit Wirkung vom 1. 7. erhöht sich das staatliche Kindergeld beim ersten Kind von 20 auf 50 Mark im Monat, beim zweiten von 20 auf 100 Mark und bei allen weiteren Kindern von 100 auf 150 Mark.

Soziale Daten

Bevölkerung: Im Gebiet der DDR leben nach den Ergebnissen einer Volkszählung 16,64 Millionen Einwohner, etwa 20 000 weniger als am 31. 12. 1985. Der Frauenüberschuß beträgt nur noch 832 000. Nach westlichen Angaben siedeln 26 178, nach DDR-Angaben 25 377 Personen nach Westdeutschland über. In umgekehrter Richtung wandern nach DDR-Angaben 261 Personen. 10,81 Millionen Personen, darunter 5,23 Millionen Frauen, befinden sich im arbeitsfähigen Alter (zwischen 15 und 60 bzw. 65 Jahren). 8,55 Millionen Personen, darunter 4,2 Millionen Frauen, sind berufstätig.

Einkommen und Lebenshaltung: Das durchschnittliche monatliche Arbeitseinkommen von Arbeitern und Angestellten beträgt in der staatseigenen Wirtschaft 1170 Mark. Die Pro-Kopf-Sparguthaben wachsen auf etwa 7952 Mark an. Die Sparguthaben bei Geld- und Kreditinstituten wachsen gegenüber dem Vorjahr absolut um 6,2 %. Das Volumen der Lebensversicherungen wächst um 0,6 %.

1987

Waterkantgate: Die Barschel-Affäre

Die Affäre um den Ministerpräsidenten von Schleswig-Holstein, *Uwe Barschel*, verursacht in der Bundesrepublik ein politisches Erdbeben. Auch nach seinem mysteriösen Tod bleiben viele Fragen offen.
Bei den 750-Jahr-Feiern in Berlin bestätigen die Staatsoberhäupter Frankreichs, Großbritanniens und der USA der Bevölkerung im Westteil der Stadt auch zukünftig ihre Sicherheitsgarantien. Mit seinem unbefangenen Appell: »Herr Gorbatschow, reißen Sie diese Mauer nieder«, löst US-Präsident *Ronald Reagan* dagegen ungläubige Heiterkeit aus.

Barschel-Affäre

»Spiegel«-Artikel: Am 12. 9. – einen Tag vor der Landtagswahl in Schleswig-Holstein – wird vorab ein Bericht des Nachrichtenmagazins »Der Spiegel« veröffentlicht. Die Ausgabe vom 14. 9. enthält unter dem Titel »Watergate in Kiel. Barschels schmutzige Tricks« einen Artikel, der sich auf Aussagen des ehemaligen Medienreferenten des CDU-Ministerpräsidenten, *Reiner Pfeiffer*, stützt. Danach hat Ministerpräsident *Uwe Barschel* den SPD-Spitzenkandidaten *Björn Engholm* u. a. bespitzeln lassen, dessen Steuererklärung überprüft und *Pfeiffer* eine anonyme Anzeige gegen *Engholm* diktiert. *Barschel* selbst bezeichnet die Vorwürfe als »erstunken und erlogen«.
Konsequenzen: Mit seinem »Ehrenwort« weist *Barschel* auf einer Pressekonferenz am 18. 9. alle Anschuldigungen zurück. – Am 25. 9. übernimmt der Ministerpräsident die »politische Verantwortung« und erklärt seinen Rücktritt zum 2. 10. – Am 7. 10. nimmt ein Parlamentarischer Untersuchungsausschuß seine Arbeit auf. Staatsanwaltschaftliche Ermittlungen bringen *Barschel* belastende Einzelheiten zutage.
Mysteriöser Tod: Am 11. 10. wird *Uwe Barschel* in der Badewanne des Genfer Hotels »Le Beau Rivage« tot aufgefunden. Die Schweizer Polizei erklärt am 14. 10. nach einer Autopsie, *Barschel* sei durch starke Schlaf- und Beruhigungsmittel ums Leben gekommen. Die Familie *Barschels* verlangt ein Gegengutachten, da sie nicht an Selbstmord glaubt.

AIDS

Auf einer AIDS-Sonderkonferenz am 27. 3. beschließen die zuständigen Minister und Senatoren der Bundesländer und Bundesgesundheitsministerin *Rita Süssmuth* (ohne die Zustimmung Bayerns) neue Maßnahmen gegen die Ausbreitung der Immunschwächekrankheit; Kernpunkte sind die Einrichtung eines zentralen AIDS-Registers beim Bundesgesundheitsamt und eine anonyme Berichtspflicht über positive AIDS-Tests. – Am 8. 5. setzt der Bundestag mit den Stimmen der Union, der FDP und der SPD eine **AIDS-Enquête-Kommission** ein, der neben 9 Abgeordneten 8 Sachverständige aus Medizin-, Gesellschafts-, Rechts-, Sexual- und Kommunikationswissenschaft sowie aus der AIDS-Selbsthilfe angehören. Aufgabe des Gremiums ist es, die politischen Entscheidungen des Parlaments zur Bekämpfung von AIDS vorzubereiten. – Am 7. 12. wird in Bonn eine **nationale AIDS-Stiftung** mit 3 Mio. DM Startkapital gegründet.
Zuvor hatte die bayerische Staatsregierung am 25. 2. Maßnahmen für den Freistaat beschlossen, wonach ab sofort alle Personen, bei denen vermutet wird, daß sie sich mit der Immunschwächekrankheit AIDS infiziert haben, von den zuständigen Behörden zu HIV-Tests vorgeladen werden; am 19. 5. werden die medizinischen Untersuchungen für Bewerber in den Staatsdienst oder in das Richterverhältnis um den AIDS-Test erweitert. Gegen das in Bayern verabschiedete Sofortprogramm zur AIDS-Bekämpfung protestieren Politiker aller Parteien.

Justiz, Gesetzgebung

Besserstellung von »Trümmerfrauen«: Am 10. 2. verabschiedet die Bundesregierung Gesetzentwürfe zur verlängerten Zahlung von Arbeitslosengeld vor allem an ältere Erwerbslose und zur Gewährung von Kindererziehungsleistungen für vor 1921 geborene Frauen. Arbeitslose und sog. Trümmerfrauen können ab 1.7. bzw. 1.10. 1987 mit verbesserten Leistungen rechnen.

Parteispendenprozeß: Vor der 7. Großen Strafkammer des Bonner Landgerichts kommt es am 16. 2. im Prozeß gegen den ehemalige Flick-Manager *Eberhard von Brauchitsch* sowie die früheren Bundeswirtschaftsminister *Otto Graf Lambsdorff* und *Hans Friderichs* zur Urteilsverkündung (→ 1984). – Nach einer Entscheidung des Bundesfinanzhofes am 17. 9. sind Parteispenden von Unternehmen nicht in vollem Umfang steuerlich abzugsfähig; dies bedeutet die Aufhebung eines gegenteiligen Beschlusses des Kölner Finanzgerichts von 1985 im Zusammenhang mit der Parteispendenaffäre.

Kirche

Papst-Besuch: Am 30. 4. trifft Papst *Johannes Paul II.* zu seinem 2. Besuch in der Bundesrepublik ein. Während seiner 5tägigen Visite besucht er Münster, Köln, München, Augsburg und Speyer, das Ruhrgebiet sowie den Marienwallfahrtsort Kevelaer am Niederrhein. Höhepunkte der Reise sind die Seligsprechungen der in Auschwitz ermordeten katholischen Ordensschwester jüdischer Abstammung *Edith Stein* (1. 5. in Köln) und des Jesuitenpaters *Rupert Mayer*, der das Nazi-Regime anprangerte (3. 5. in München).

Abrüstung und Protestbewegung

»Richterblockade«: 20 Richter werden am 12. 1. bei einer Sitzblockade vor dem amerikanischen Pershing-II-Depot in Mutlangen von der Polizei weggetragen und vorläufig festgenommen.

Zustimmung und Verzicht: Am 1. 6. einigt sich die Bonner Regierungskoalition endgültig über ihre Zustimmung zu einer erweiterten amerikanisch-sowjetischen **Null-Lösung** bei Mittelstreckenraketen von 500–5000 km Reichweite. – Bundeskanzler *Helmut Kohl* erklärt am 26. 8. seine Bereitschaft, unter bestimmten Bedingungen (Regelung der Verifikationsfrage, Ratifizierung und Inkraftsetzung des Abkommens, Einhaltung des Zeitplans für den Raketenabbau) auf die 72 Pershing-I A-Raketen der Bundeswehr zu verzichten.

Proteste: Am 13. 6. demonstrieren im **Bonner Hofgarten** über 100 000 Menschen für eine uneingeschränkte Null-Lösung bei den Mittel-

streckenraketen. – Gegen den Weiterbau der Wiederaufarbeitungsanlage demonstrieren am 10. 10. in **Wackersdorf** rund 25 000 Kernkraftgegner; es kommt zu Auseinandersetzungen mit der Polizei. – Am 2. 11. werden bei einer Demonstration zum 6. Jahrestag der Räumung des sogenannten Hüttendorfes an der Frankfurter **Startbahn West** aus einer Gruppe Vermummter heraus 2 Polizisten erschossen; ein Tatverdächtiger wird am folgenden Tag festgenommen; in der Folge werden 11 Haftbefehle gegen Angehörige »autonomer militanter« Gruppen erlassen.

Terrorismus

Hamadi-Affäre: Der am 13. 1. auf dem Frankfurter Flughafen mit 9 Litern Flüssig-Sprengstoff im Gepäck festgenommene Libanese *Muhammed Ali Hamadi* wird am 16. 1. auf Antrag des US-Justizministeriums in vorläufige Auslieferungshaft genommen (sein Bruder, *Abbas Hamadi*, wird am 26. 1. verhaftet). *Hamadi* soll an der **Entführung eines US-Verkehrsflugzeugs** im Juli 1985 nach Beirut und an der Ermordung einer Geisel beteiligt gewesen sein. Die **Entführungen** des Geschäftsführers der Beiruter Niederlassung der Frankfurter Hoechst-AG, *Rudolf Cordes*, am 17. 1. sowie des Siemens-Ingenieurs *Alfred Schmidt* am 10. 1. in Beirut stehen im Zusammenhang mit dem Fall *Hamadi. Schmidt* wird am 7. 9. nach Vermittlung höchster syrischer und iranischer Stellen aus der Geiselhaft freigelassen und kehrt in die Bundesrepublik zurück.

Umwelt

Luftverschmutzung: Erstmals seit Inkrafttreten der Smogverordnung im Dezember 1985 wird am 2. 2. in Niedersachsen die Alarmstufe 2 ausgelöst, da in Braunschweig/Wolfenbüttel die Emissionen aus Schwefeldioxid und Schwebstäuben mit Spitzenwerten von 1,93 mg pro m^3 Luft länger als 24 Stunden den Grenzwert von 1,7 mg überschreiten. Die erhöhte Smoggefahr im Bundesgebiet führt am 3. 2. zu **Smogalarm** der Stufe 1 in allen Ballungsräumen Norddeutschlands sowie in West-Berlin.

Maßnahmen: Der Bundestag beschließt am 3. 12. eine gesetzliche Regelung, nach der es vom 1. 2. 1988 an **kein verbleites Normalbenzin** mehr geben wird. Am 8. 12. veröffentlicht Bundesumweltminister *Klaus Töpfer* (CDU) ein zuvor vom Kabinett verabschiedetes Maßnahmepaket zum **Schutz des Bodens** und des **Trinkwassers**; es sieht vor, zahlreiche Gesetze, Verordnungen und Verwaltungsvorschriften zu durchforsten und gegebenenfalls strengere Auflagen zu erlassen.

Waldsterben: Eine von Bundeslandwirtschaftsminister *Ignaz Kiechle* (CSU) am 4. 11. vorgelegte Waldschadensbilanz 1987 beziffert die geschädigten Bäume mit 52,3 % (bei einem Gesamtrückgang der Waldschäden um 1,4 %).

Atommüll: Nach Aufdeckung eines Atommüllskandals (falsch deklarierte Atommüllfässer, hohe Schmiergeldzahlungen) entzieht Bundesumweltminister *Töpfer* (CDU) am 17. 12. dem Hanauer Unternehmen Transnuklear bis zum Abschluß einer Untersuchung die Transportgenehmigung für radioaktive Abfälle. Transnuklear hatte am Vortag zugegeben, aus Mol (Belgien) rund 2000 Fässer mit hochradioaktivem Inhalt illegal in die Bundesrepublik verfrachtet zu haben.

Weitere innenpolitische Ereignisse

Bundestagswahl: Am 25. 1. findet die Wahl zum 11. Bundestag statt; Bundeskanzler *Helmut Kohl* (CDU) wird zwar bestätigt, muß aber mit den Unionsparteien herbe Verluste einstecken (→ Sonderseiten Sp. 815 ff.).

Kremlflieger: Am 29. 5. landet der bundesdeutsche Sportflieger *Mathias Rust* mit seinem Sportflugzeug, einer einmotorigen Cessna 172, auf dem Roten Platz in Moskau, ohne von der sowjetischen Luftabwehr gestoppt worden zu sein. Der Pilot war am 13. 5. in Hamburg zu einem Skandinavien-Flug aufgebrochen und am 28. 5. von Helsinki in Richtung Stockholm gestartet.

Heß-Tod: Der frühere *Hitler*-Stellvertreter *Rudolf Heß*, → 1946 vom internationalen Militärtribunal in Nürnberg wegen Planung eines Angriffskrieges und Verschwörung gegen den Weltfrieden zu einer lebenslangen Freiheitsstrafe verurteilt, stirbt am 17. 8. im Alter von 93 Jahren im alliierten Kriegsverbrechergefängnis von Berlin-Spandau. Am 18. 8. gibt die britische Militärregierung bekannt, daß *Heß* im Gartenhaus des Gefängnisses Selbstmord verübte.

Hamburger Hafenstraße: Ein über 6 Jahre währender Konflikt um besetzte Häuser in der Hamburger Hafenstraße wird am 19. 11. durch

einen Pachtvertrag zwischen dem Senat der Hansestadt und den Bewohnern friedlich beigelegt. Zuvor hatten die meist jungen Leute ein letztes Ultimatum von Bürgermeister *Dohnanyi* erfüllt und die Stacheldrahtverhaue und Befestigungen innerhalb der gesetzten Fristen demontiert. Die Vereinbarung wird von der CDU-Opposition scharf kritisiert. Bundesinnenminister *Friedrich Zimmermann* (CSU) bezeichnet den Pachtvertrag am 22. 11. als »Prämierung des Rechtsbruchs«.

Außenpolitik

Israel: Als ein Ereignis von historischem Rang bewerten die Regierungen in Bonn und Jerusalem den 5tägigen Staatsbesuch (6.–10. 4.) des israelischen Staatspräsidenten *Chaim Herzog* in der Bundesrepublik. Mit dieser Visite betritt erstmals ein Staatsoberhaupt Israels deutschen Boden.

Albanien: Am 15. 9. wird die Aufnahme diplomatischer Beziehungen zu Albanien vereinbart (und am 2. 10. vollzogen), nachdem Albanien zuvor auf Reparationsforderungen verzichtet hatte. Am 1. 6. 1988 wird ein Rahmenabkommen über wirtschaftliche, industrielle und technische Zusammenarbeit unterzeichnet.

Frankreich: Zum Abschluß einer deutsch-französischen Heeresübung »Kecker Spatz« (24. 9.) vereinbaren Staatspräsident *François Mitterrand* und Bundeskanzler *Helmut Kohl* in Manching die Gründung eines **deutsch-französischen Verteidigungsrates** (formell am 22. 1. 1988 zum 25. Jahrestag des Freundschaftsvertrages), der die Abstimmung in den Bereichen Sicherheitspolitik, militärischer Forschung und Rüstung sowie den Einsatz gemischter Verbände erleichtern soll. Im Rahmen der 50. deutsch-französischen Konsultationsrunde einigt man sich am 12. 11. ferner über die **Aufstellung** einer **gemeinsamen Brigade**. – Der französische Staatspräsident *Mitterrand* stattet der Bundesrepublik seinen ersten offiziellen Staatsbesuch ab (19.–22. 10.).

Deutsch-deutsche Beziehungen → Sp. 821 ff.

Wirtschafts- und Sozialpolitik

Medienstaatsvertrag: Nach jahrelangen Verhandlungen einigen sich die Ministerpräsiden-

Beschäftigte nach Wirtschaftsbereichen 1970 und 1980

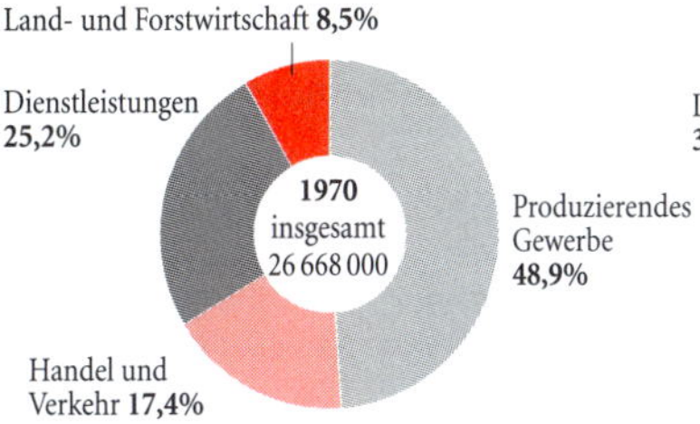

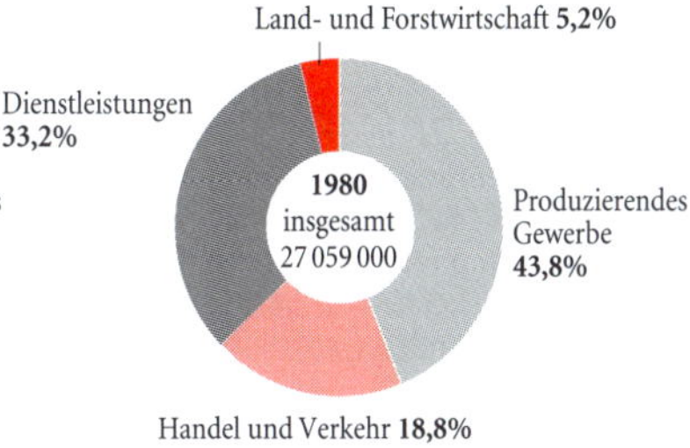

ten der Bundesländer am 12. 3. auf eine **Neuordnung des Rundfunkwesens** (Unterzeichnung des Medienstaatsvertrages am 3. 4.). Die Vereinbarung schafft die Voraussetzung für die technische Nutzung des Satellitenrundfunks, regelt die Finanzierung der von privaten Programmanbietern veranstalteten Fernseh- und Hörfunksendungen sowie die Verteilung der Rundfunkgebühren und ordnet die Werbemöglichkeit des Rundfunks.

SDI-Auftrag: Das deutsche Luft- und Raumfahrt-Unternehmen Messerschmitt Bölkow Blohm (MBB) in München bestätigt am 19. 3., von der amerikanischen Zentrale für das Rake-

Regionale Zu- bzw. Abnahme der Arbeitsstätten und der Beschäftigten zwischen 1970 und 1987

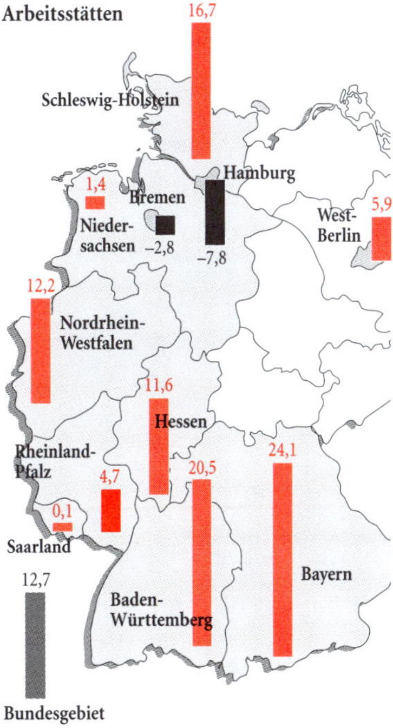

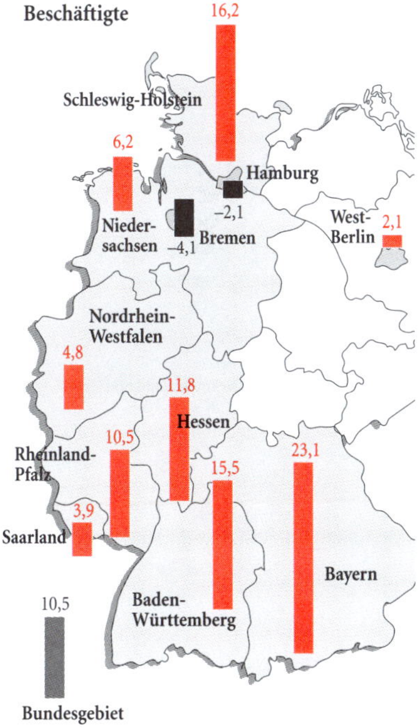

Wahl zum 11. Deutschen Bundestag am 25. 1. 1987

Ergebnis: Die CDU kommt auf 34,5 % (1983: 38,2 %) der gültigen Stimmen, die CSU auf 9,8 % (10,6 %); der Koalitionspartner FDP kann seinen Stimmenanteil auf 9,1 % (7,0 %) steigern; die SPD erleidet Stimmenverluste (37,0 %, 1983: 38,2 %), die Grünen können die höchsten Stimmengewinne aller Bundestagsparteien verzeichnen und kommen auf 8,3 % (5,6 %). Die **Wahlbeteiligung** liegt mit 84,3 % um 4,6 % unter der des Jahres 1983 mit 89,1 %. Aus Berlin entsendet die CDU 11, die SPD 7, FDP und Grüne je 2 Vertreter.

Neuer Bundestag: Im neuen Bundestag sind mit 81 Parlamentarierinnen mehr Frauen als zuvor vertreten; der Anteil der Frauen im Parlament steigt damit von bisher 10 % auf 15,4 %.

3. Kabinett Kohl: Bundeskanzler *Helmut Kohl* wird am 11. 3. vom Deutschen Bundestag mit 253 Ja-Stimmen (nur 4 Stimmen über der erforderlichen absoluten Mehrheit) für weitere 4 Jahre im Amt bestätigt, am 12. 3. wird das neue Kabinett vereidigt (→ Kabinettsliste).

Wahl zum 11. Deutschen Bundestag am 25.1.1987 (1983)

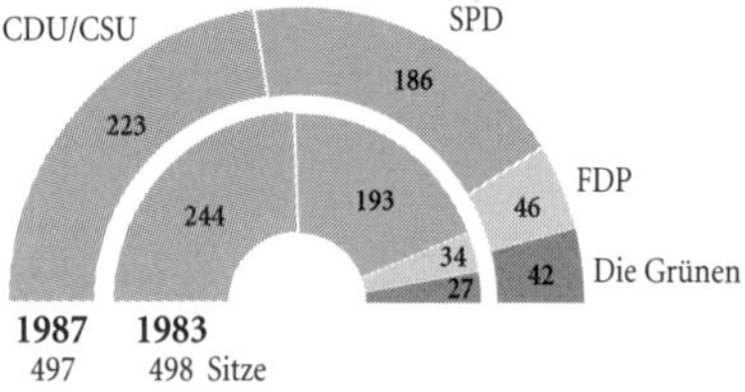

Drittes Kabinett Kohl (12. 3. 1987–18. 1. 1991)

Bundeskanzler	*Helmut Kohl* (CDU)
Auswärtiges und Stellvertreter des Bundeskanzlkers	*Hans-Dietrich Genscher* (FDP)
Inneres	*Friedrich Zimmermann* (CSU), ab 21. 4. 1989 *Wolfgang Schäuble* (CDU)
Justiz	*Hans A. Engelhard* (FDP)
Finanzen	*Gerhard Stoltenberg* (CDU), ab 21. 4. 1989 *Theodor Waigel* (CDU)
Wirtschaft	*Martin Bangemann* (FDP), ab 9. 12. 1988 *Helmut Haussmann* (FDP)
Ernährung, Landwirtschaft und Forsten	*Ignaz Kiechle* (CSU)
Arbeit und Sozialordnung	*Norbert Blüm* (CDU)
Verteidigung	*Manfred Wörner* (CDU), ab 18. 5. 1988 *Rupert Scholz* (CDU), ab 21. 4. 1989 *Gerhard Stoltenberg* (CDU)
Jugend, Familie, Frauen und Gesundheit	*Rita Süssmuth* (CDU) bis 25. 11. 1988, ab 9. 12. 1988 *Ursula Lehr* (CDU)
Verkehr	*Jürgen Warnke* (CSU), ab. 21. 4. 1989 *Friedrich Zimmermann* (CSU)
Post- und und Fernmeldewesen, ab 1. 7. 1989 Post und Telekommunikation	*Christian Schwarz-Schilling* (CDU)
Raumordnung, Bauwesen und Städtebau	*Oscar Schneider* (CSU), ab 21. 4. 1989 *Gerda Hasselfeldt* (CSU)
Innerdeutsche Beziehungen	*Dorothee Wilms* (CDU)
Forschung und Technologie	*Heinz Riesenhuber* (CDU)
Bildung und Wissenschaft	*Jürgen W. Möllemann* (FDP)
Wirtschaftliche Zusammenarbeit	*Jürgen Warnke* (CSU)
Umwelt, Naturschutz und Reaktorsicherheit	*Walter Wallmann* (CDU) bis 22. 4. 1987, ab 7. 5. 1987 *Klaus Töpfer* (CDU)
Besondere Aufgaben	Wolfgang Schäuble (CDU), ab 21. 4. 1989 *Hans Klein* (CDU) und *Rudolf Seiters* (CDU)
	Sabine Bergmann-Pohl (CDU) ab 3. 10. 1990
	Günther Krause (CDU) ab 3. 10. 1990
	Lothar de Maizière (CDU) ab 3. 10. 1990 bis 19. 12. 1990
	Rainer Ortleb (FDP) ab 3. 10. 1990
	Hansjoachim Walther (DSU) ab 3. 10. 1990

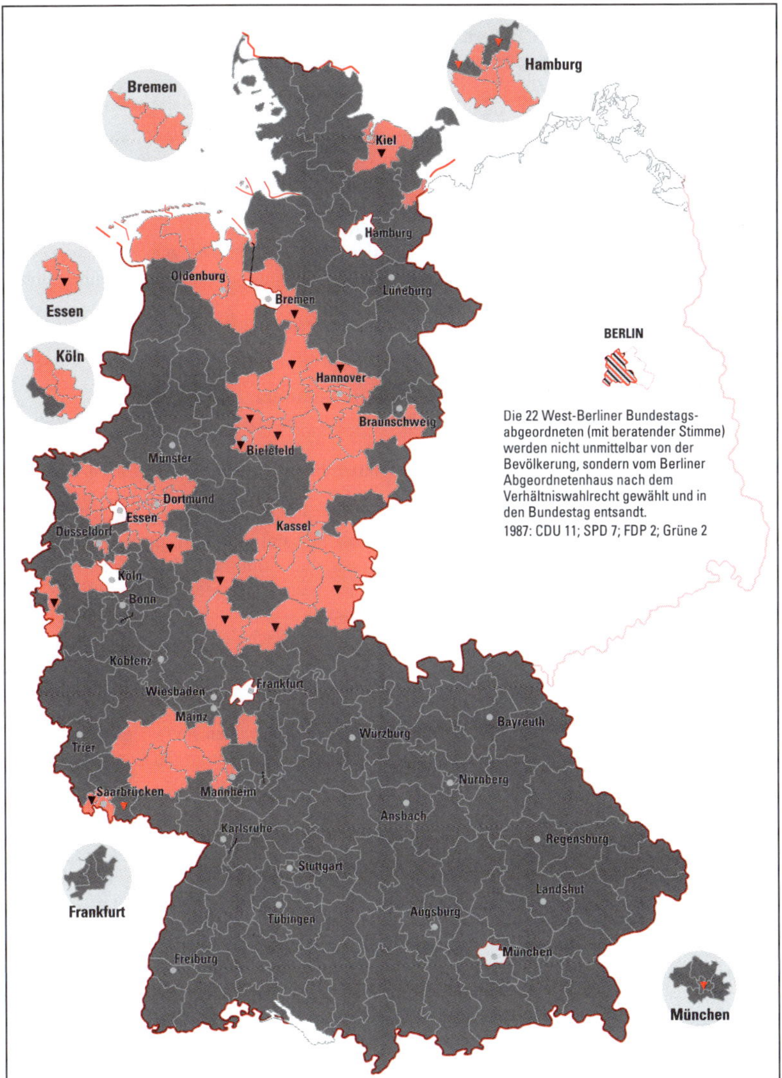

Direktmandate der im 11. Deutschen Bundestag vertretenen Parteien

Mit der Mehrheit der Erststimmen 1987 gewonnene Wahlkreise

- Kandidaten der CDU/CSU (123+45=168)
- Kandidaten der SPD (80)

Wechsel der Erststimmenmehrheit 1983/1987

- ▼ Wahlkreise, die von der CDU/CSU an die SPD fielen
- ▼ Wahlkreise, die von der SPD an die CDU/CSU fielen

Quelle: *Forschungsgruppe Wahlen*

tenabwehrsystem im Weltall (SDI) einen Auftrag im Wert von rund **80 Mio. DM** erhalten zu haben, dessen Inhalt die Entwicklung und Lieferung von **Infrarot-Sensoren** sei.

Montanindustrie: Das Bundeskabinett beschließt am 7.4. zur Sicherung der **Montan-Mitbestimmung**, die Mitbestimmungsregelungen für die Kohle- und Stahlkonzerne bis zum 31.12.1988 fortgelten zu lassen; das Gesetz wird am 23.6. vom Bundestag verabschiedet.

Stahlindustrie: Beim 5. Stahlgespräch am 2.10. einigen sich Bundesregierung, Stahlindustrie und Gewerkschaften darauf, daß bis Ende 1989 insgesamt 34900 Stahlarbeitsplätze abgebaut, die sozialen Folgen jedoch durch öffentliche Hilfen gemildert werden sollen. – In einer gemeinsamen Erklärung bestätigen Krupp-Stahl, die Mannesmann-Röhrenwerke und Thyssen-Stahl am 26.11. Pläne zur **Stillegung** des Krupp-Stahlwerkes Duisburg-Rheinhausen. Betroffen sind rund 5300 Beschäftigte. Nach heftigem Widerstand der Belegschaft (Demonstrationen, Brückensperrungen) wird am 3.5.1988 ein Kompromiß vereinbart: Einer der beiden Rheinhausener Hochöfen soll noch bis Ende 1990 weiterarbeiten, der andere Mitte 1988 stillgelegt werden; es sollen Ersatzarbeitsplätze gefunden werden.

Schiffahrt: Am 8.10. wird das erste Teilstück der kanalisierten Saar offiziell als Großschiffahrtsstraße freigegeben und damit an die Wasserstraßen von Rhein und Mosel angeschlossen.

Maßnahmen: Die Bundesregierung kündigt am 2.12. ein Programm zur **Belebung des Wirtschaftswachstums** an: Für 1988–1990 sollen über die Kreditanstalt für Wiederaufbau (KfW) 15 Mrd. DM für Gemeinden und 6 Mrd. DM für kleinere und mittlere Unternehmen als Darlehen zu niedrigen Zinsen gewährt werden. – Der Zentralbankrat der Bundesbank beschließt am 3.12. eine **Diskontsatzsenkung** um 0,5 auf 2,5 % (niedrigster Stand der Nachkriegszeit).

»Kohlerunde«: Die aus Vertretern der Bundesregierung, der Regierungen von Nordrhein-Westfalen und des Saarlandes, der Bergbauindustrie sowie der IG Bergbau bestehende »Kohlerunde« vereinbart am 11.12. eine **Verringerung der Förderkapazität** der Steinkohle bis 1995 um 13 bis 15 Mio. t; der damit verbundene Abbau von rund 30 000 Arbeitsplätzen soll »sozial verträglich« gestaltet werden und Massenentlassungen vermeiden.

Parteien

SPD: Die Berufung der parteilosen Journalistin *Margarita Mathiopoulos* zur neuen SPD-Sprecherin am 17.3. ruft scharfe innerparteiliche Kritik am SPD-Parteivorsitzenden *Willy Brandt* hervor. Frau *Mathiopoulos* erklärt darauf ihren Verzicht auf das Amt. *Brandt* erklärt am 23.3. seinen **Rücktritt** als Parteivorsitzender. – Auf einem SPD-Sonderparteitag in Bonn am 14.6. wird der Vorsitzende der SPD-Bundestagsfraktion, *Hans-Jochen Vogel*, zum Nachfolger *Willy Brandts* als Parteivorsitzender gewählt; Stellvertreter wird *Oskar Lafontaine*; *Brandt* erhält den Ehrenvorsitz.

Bundesländer

Hessen: Die erste rot-grüne Landesregierung zerbricht am 9.2. nach knapp 14 Monaten am Streit um die Hanauer Nuklearfabrik Alkem. – Bei der vorgezogenen Landtagswahl am 5.4. löst die CDU die SPD nach mehr als 40jähriger Herrschaft im Land ab. Am 23.4. wird der bisherige Bundesumweltminister *Walter Wallmann* (CDU) neuer Ministerpräsident einer CDU/FDP-Koalition.

Hamburg: Nach dem Scheitern der Gespräche zwischen SPD und CDU über eine zukünftige Zusammenarbeit kommt es am 3.3. zur Auflösung der erst im November neu gewählten Bürgerschaft. Die Neuwahlen am 17.5. enden mit überraschenden Verlusten der CDU und deutlichen Gewinnen der SPD; die FDP zieht nach 9 Jahren erstmals wieder in die Bürgerschaft ein; die Grün-Alternative Liste muß deutliche Verluste hinnehmen. Am 2.9. wird der 12köpfige SPD/FDP-Senat gewählt; *Klaus von Dohnanyi* (SPD) wird zum 1. Bürgermeister, *Ingo von Münch* (FDP) zu dessen Stellvertreter bestimmt.

Rheinland-Pfalz: Bei der Landtagswahl am 17.5. verliert die CDU nach 16 Jahren ihre absolute Mehrheit; die SPD verzeichnet Verluste.

Bremen: Bei der Bürgerschaftswahl am 13.9. kann die SPD ihre absolute Mehrheit behaupten; die CDU erleidet Verluste; die Grünen erzielen Gewinne, und die FDP kehrt in die Bürgerschaft zurück.

Schleswig-Holstein: Aus der Landtagswahl am 13.9. geht die SPD als stärkste Partei hervor. Die Wahlen werden überschattet durch die am Vortag bekanntgewordenen Vorwürfe des Kieler Medienreferenten *Reiner Pfeiffer* gegen Ministerpräsident *Uwe Barschel* (CDU) (→ oben).

Deutsch-deutsche Beziehungen

Staatsbesuch: Der Generalsekretär des Zentralkomitees der SED und DDR-Staatsratsvorsitzender *Erich Honecker* besucht auf Einladung von Bundeskanzler *Helmut Kohl* vom 7.–11. 9. die Bundesrepublik Deutschland. Erstmals hält sich damit im Rahmen eines offiziellen **Arbeitsbesuchs** ein Staats- und Parteichef der DDR in der Bundesrepublik auf. Am 7. und 8. 9. konferieren *Kohl* und *Honecker* in Bonn über die Beziehungen zwischen den beiden deutschen Staaten und über die internationale Lage; ein »Gemeinsames Kommuniqué« informiert über die dabei getroffenen Vereinbarungen (8. 9.). Nach Abschluß der Beratungen kommt es in Bonn zur Unterzeichnung von **drei Abkommen zur Zusammenarbeit** auf den Gebieten Wissenschaft und Technik, Umwelt- und Strahlenschutz. Am 9./10. 9. besucht *Honecker* Nordrhein-Westfalen, Rheinland-Pfalz und das Saarland. Dort äußert er sich in seinem Geburtsort Wiebelskirchen bei Neunkirchen überraschend zur **deutschen Frage:** »Wenn wir gemeinsam entsprechend dem Kommuniqué handeln, das wir in Bonn vereinbart haben, und in Verbindung damit eine friedliche Zusammenarbeit erreichen, dann wird auch der Tag kommen, an dem Grenzen uns nicht mehr trennen, sondern vereinen, so wie uns die Grenze zwischen der Deutschen Demokratichen Republik und der Volksrepublik Polen vereint.« – Zum Abschluß seines Besuches wird *Honecker* am 11. 9. in München von Ministerpräsident *Franz Josef Strauß* begrüßt.

Kooperation: Erstmals in der Geschichte beider deutscher Staaten nehmen neben mehreren Offizieren aus westlichen Staaten auch zwei Offiziere der Bundeswehr als offizielle Beobachter an einem Manöver von Streitkräften der Warschauer-Pakt-Staaten teil, das auf DDR-Gebiet zwischen Magdeburg und Brandenburg stattfindet. An den Manövern, die vom 23.–29. 3. abgehalten werden, sind 23 500 sowjetische und 1500 Soldaten der NVA beteiligt. – Das Bundesverteidigungsministeriums bestätigt am 23. 5., daß die DDR-Volksarmee der Bundeswehr einen Austausch von Offizieren an Lehreinrichtungen und die Aufnahme von Beziehungen zwischen einzelnen Regimentern und Bataillonen der beiden Armeen vorgeschlagen hat. – Die Bundesregierung gibt am 11. 11. einem Inspektionsersuchen der DDR-Regierung (10. 11.) statt, wonach eine Gruppe von Offizieren der Nationalen Volksarmee bis zum 13. 11. ein Bundeswehrmanöver (»Sichere Festung«) beobachten darf, an dem 12 000 Bundeswehr- und 1000 US-Soldaten teilnehmen.

Vergleich: Am 6. 5. veröffentlicht die Ministerin für Innerdeutsche Beziehungen, *Dorothee Wilms*, (seit 12. 3. Nachfolgerin von *Heinrich Windelen*) eine **wirtschaftliche Vergleichsstudie** über die beiden deutschen Staaten. Damit wird erstmals seit 12 Jahren wieder eine von unabhängigen Wissenschaftlern erarbeitete Untersuchung für den Bericht zur Lage der Nation vorgelegt. Eines der wichtigsten Ergebnisse sei die Erkenntnis, daß die DDR trotz hoher Anstrengungen bei Investitionen, Forschung, Entwicklung und immer weiter ansteigender Ausschöpfung ihres Beschäftigungspotentials im Lebensstandard, bei den Einkommen und Renten »noch stärker hinter die Bundesrepublik Deutschland zurückgefallen ist, als dies schon 1970 der Fall war«.

Kontakte: Zum Abschluß eines mehrtägigen Besuchs in der DDR schließt die Delegation des DGB mit dem Vorsitzenden *Breit* an der Spitze am 29. 5. »eine Vereinbarung zur Weiterführung der Beziehungen« mit dem FDGB. Darin ist erstmals vorgesehen, daß Mitglieder beider Gewerkschaftsbünde gegenseitig »zum Besuch der gewerkschaftlichen Freizeit- und Erholungseinrichtungen« eingeladen werden sollen.

Grundsatzpapier: In einem am 27. 8. in Bonn und Ost-Berlin veröffentlichten gemeinsamen Papier **»Der Streit der Ideologien und die gemeinsame Sicherheit«** plädieren **SED und SPD** für einen friedlichen Wettbewerb der Systeme und für einen systemöffnenden Dialog. Beide Seiten bescheinigen sich unter anderem gegenseitig die Reformfähigkeit des jeweils anderen Systems. »Das erste Grundsatzpapier zwischen deutschen Sozialdemokraten und Kommunisten seit 1919« (so der Vorsitzende der SPD-Grundwertekommission *Erhard Eppler*) wird in der Bundesrepublik von den Unionsparteien und der FDP heftig attackiert, während es in der DDR vielen Oppositionellen innerhalb und außerhalb der SED Anlaß gibt, die Konsequenzen aus der bescheinigten Reformfähigkeit im eigenen Land einzufordern.

Proteste: Nachdem mehrere tausend Jugendliche vom Ostteil der Stadt aus ein Rockkonzert der Gruppe »Genesis« am etwa 300 Meter entfernten Reichstag im Westteil Berlins hatten verfolgen wollen, kommt es am 8. 6. in unmittelbarer Nähe des Brandenburger Tors zu den schwersten Zusammenstößen zwischen DDR-Volkspolizisten und Jugendlichen seit zehn Jahren. – Trotz eines großen Polizeiaufgebots fordern am darauffolgenden Tag rund 3000 Menschen, die in der Straße Unter den Linden protestieren, in Sprechchören den Abriß der Mauer und Freiheit; auch »Gorbatschow«-Rufe sind zu hören. – Zum 26. Jahrestag des Mauerbaus protestiert am 13. 8. am Brandenburger Tor in Ost-Berlin erneut eine unbekannte Zahl von Menschen gegen die DDR-Sperranlagen.

Austausch: Zu einem spektakulären Häftlingsaustausch kommt es am 12. 8. am Grenzübergang Herleshausen. Die am 15. 6. 1980 in der DDR wegen Spionage zu 15 Jahren Haft verurteilte Ärztin *Christa-Karin Schuhmann* und eine weitere Person werden im Austausch gegen 3 Personen freigelassen, darunter der 1986 in München verurteilte Industriespion *Manfred Rötsch.*

Kultur: Am 30. 10. kommt es in Berlin (Ost) zwischen Vertretern der Bundesregierung und der DDR-Regierung zum Austausch von Verzeichnissen mit Kunstwerken, die während des Zweiten Weltkriegs ausgelagert waren und jetzt an Museen in der Bundesrepublik bzw. in der DDR zurückgegeben werden sollen. Damit beginnt der zweite Austausch von Kulturgütern, nachdem bereits im November → 1986 die wechselseitige Rückführung von Archivalien vereinbart wurde. – Am 9. 11. verständigen sich Vertreter der Bundesregierung und der DDR-Regierung im Rahmen des Kulturabkommens vom 6. 5. 1986 auf rund 100 Vorhaben der kulturellen Zusammenarbeit, die für 1988/89 vorgesehen sind.

Reise- und Einfuhrerleichterungen: Die von *Honecker* in Bonn zugesagten Erleichterungen im Reise- und Paketverkehr treten am 1. 11. in Kraft. So wird das Einfuhrverbot für Fachzeitschriften sowie für Adressenverzeichnisse, Kalender und Briefmarken aufgehoben; Schallplatten sowie Magnettonbänder und Tonbandkassetten dürfen künftig in die DDR mitgenommen und dorthin versandt werden; weitere Erleichterungen gibt es für die Einfuhr von Arzneimitteln im Geschenkpaket- und Päckchenverkehr. Darüber hinaus dürfen Videogeräte und Videokassetten »zum vorübergehenden Gebrauch« in die DDR mitgenommen, jedoch nicht als Geschenk dort gelassen werden. Im Transitverkehr von und nach Berlin und bei Reisen in die DDR verzichtet die DDR-Regierung ab 1. 11. im Eisenbahnverkehr sowie bei Reisen mit Omnibussen auf das Stempeln der Reisepässe.

Grenzverkehr: Die DDR teilt der Bundesrepublik am 9. 12. mit, daß der Grenzübergang Heerstraße/Staaken in Berlin zum kommenden Jahreswechsel für den Transitverkehr geschlossen wird; der Übergang Heiligensee/Stolpe im Norden der Stadt werde ab 22. 12. für den Transitverkehr geöffnet.

Reisen und Ausreisen 1987

Besuche aus der DDR: Aus einer vom Bundespresseamt am 27. 12. vorgelegten Bilanz der innerdeutschen Beziehungen geht hervor, daß 1987 (nach Angaben der DDR) 1,2 Mio. DDR-Bewohner unterhalb des Rentenalters die Bundesrepublik besucht haben (1986: 573 000); die Zahl der Rentnerreisen steigt 1987 auf rund 3,8 Mio. (1986: 1,6 Mio.); mehr als 4 Mio. Bundesbürger (1986: 3,8 Mio.) besuchen die DDR.

Flüchtlinge: Nach Mitteilung der »Arbeitsgemeinschaft 13. August« vom 13. 12. sind rund 6000 DDR-Bewohner – zumeist über Drittländer – in den Westen geflüchtet (1986: ca. 4400). – Die Zahl der Übersiedler aus der DDR liegt nach Angaben des Bundesinnenministeriums 1987 bei rund 19 000 (1986: rund 20 000); bis Ende November 1987 habe die Zahl der Übersiedler unter 10 000 gelegen.

Besuche in der DDR: Im touristischen Reiseverkehr aus der Bundesrepublik einschließlich West-Berlin in die DDR werden nach Mitteilung des Bundesministeriums für innerdeutsche Beziehungen 1987 rund 230 000 Besucher gezählt, rund 10 % mehr als 1986.

Jugendreisen: Die Bundesministerin für Innerdeutsche Beziehungen, *Dorothee Wilms*, gibt im Mai 1988 bekannt, daß die Zahl der geförderten Jugendreisen in die DDR und nach Ost-Berlin 1987 gegenüber dem Vorjahr um 13 % gestiegen ist; 1987 haben insgesamt 77 000 Jugendliche an solchen Fahrten teilgenommen (1986: 68 000); an den Informationsfahrten an die innerdeutsche Grenze beteiligen sich 1987 insgesamt 44 000 Jugendliche (1986: 40 000).

750-Jahr-Feier in Berlin

Am 1.1. eröffnet die DDR im Beisein *Erich Honeckers* in Ost-Berlin die offiziellen Veranstaltungen zur 750-Jahr-Feier der Stadt. An der Veranstaltung nehmen neben dem Ständigen Vertreter der Bundesrepublik Deutschland in Ost-Berlin, *Bräutigam*, auch die Botschafter der USA, Großbritanniens und Frankreichs teil. – Am 11.3. lädt Berlins Regierender Bürgermeister *Diepgen* Staats- und Parteichef *Honecker* anläßlich des Stadtjubiläums zum 30.4. nach West-Berlin ein. Honecker sagt am 13.4. ab. – Am 30.4. wird im Internationalen Kongreßzentrum mit einem Festakt die 750-Jahr-Feier Berlins für den Westteil der Stadt eröffnet. An der Veranstaltung, auf der die Zugehörigkeit Berlins zur Bundesrepublik bekräftigt wird, nehmen Bundespräsident *von Weizsäcker*, Bundeskanzler *Kohl* und Bundestagspräsident *Jenninger* sowie die Botschafter der USA, Frankreichs und Großbritanniens in Bonn teil; ferner die akkreditierten Botschafter weiterer 85 Staaten. – Nach scharfer Kritik Moskaus und Ost-Berlins an den Reden von *Kohl* und *Diepgen* am 30.4. anläßlich des Festaktes lehnt *Diepgen* die Einladung *Honeckers* für den Ost-Berliner Staatsakt am 23.10. ab. – Bei seinem Besuch in West-Berlin aus Anlaß der 750-Jahr-Feier erneuert der französische Staatspräsident *François Mitterrand* am 11.5. die Garantien seines Landes für die Freiheit und Sicherheit Berlins. – Die britische *Königin Elizabeth II.* erneuert zum Auftakt ihrer Visite in West-Berlin am 26.5. die Sicherheitsgarantien ihres Landes für die Stadt. – Auch US-Präsident *Ronald Reagan* trifft am 12.6. aus Anlaß der 750-Jahr-Feier zu einem Besuch in West-Berlin ein. In seiner Rede vor 25 000 geladenen Gästen bekräftigt er die Sicherheitsgarantien der USA für die Stadt. Auf einer Kundgebung vor dem Brandenburger Tor fordert er den sowjetischen Parteichef *Gorbatschow* auf, die Mauer niederzureißen (»Mr. Gorbatschow, tear down this wall!«). *Reagan* trifft auch mit Bundespräsident *Richard von Weizsäcker* in dessen West-Berliner Amtssitz und mit Bundestagspräsident *Philipp Jenninger* im Reichstagsgebäude zusammen. – Der französische Premierminister *Jacques Chirac* besucht ebenfalls aus Anlaß des Stadtjubiläums vom 1.–2.7. West-Berlin und bekräftigt die französischen Sicherheitsgarantien für den Westteil der Stadt. Gemeinsam mit *Eberhard Diepgen* unterzeichnet *Chirac* ein Freundschaftsabkommen zwischen West-Berlin und Paris. – *Eberhard Diepgen* nimmt am 21.10. in der Ost-Berliner Marienkirche an einer Abschlußveranstaltung der Evangelischen Kirche Berlin-Brandenburg zum Stadtjubiläum teil; dabei trifft er erstmals mit dem Ost-Berliner Oberbürgermeister *Erhard Krack* zu einem kurzen Gespräch zusammen. – An dem »Staatsakt der DDR« anläßlich der 750-Jahr-Feier der Stadt in Ost-Berlin am 23.10. nehmen aus der Bundesrepublik der saarländische Ministerpräsident *Lafontaine* und die Bürgermeister von Hamburg, *Klaus von Dohnanyi*, und von Bremen, *Klaus Wedemeier*, teil; die Botschafter der drei Westmächte und der Leiter der Ständigen Vertretung der Bundesrepublik Deutschland bei der DDR, *Hans Otto Bräutigam*, bleiben dem Staatsakt fern. – Mit Festveranstaltungen und Feierstunden in beiden Teilen Berlins wird am 28.10. der ersten urkundlichen Erwähnung der Stadt im Jahre 1237 gedacht: In West-Berlin unterzeichnen *Kohl* und *Diepgen* die Gründungsurkunde für das Deutsche Historische Museum, ein Geschenk der Bundesrepublik an die Stadt.

1987

Perestroika – Nein Danke

Die ablehnende Haltung der SED-Führungsspitze gegenüber der Reformpolitik *Gorbatschows* in der Sowjetunion stößt innerhalb der Partei und insbesondere in der Bevölkerung auf Kritik, die zunehmend offen artikuliert wird. Mehr noch als die offenkundige Reformunfähigkeit der überalterten Führungsspitze provoziert ihre Reformunwilligkeit. – Der Einbruch von Angehörigen des Ministeriums für Staatssicherheit in die »Umweltbibliothek« der Friedens- und Ökologiebewegung in Ost-Berlin löst im ganzen Land Proteste aus. – Anfang September besucht der Staatsratsvorsitzende *Erich Honecker* auf Einladung von Bundeskanzler *Helmut Kohl* die Bundesrepublik. Es ist der erste »offizielle Arbeitsbesuch« eines Staats- und Regierungschefs aus der DDR in der Bundesrepublik.

Innenpolitik

Haltung zur Perestroika: Am 10. 4. veröffentlicht die Hamburger Illustrierte »Stern« ein Interview mit dem für Ideologie, Kultur und Wissenschaften zuständigen Sekretär des SED-Zentralkomitees, *Kurt Hager*, in dem dieser auf die Frage nach den Auswirkungen der Perestroika in der Sowjetunion auf die DDR mit einer Gegenfrage antwortet: »Würden Sie, nebenbei gesagt, wenn Ihr Nachbar seine Wohnung tapeziert, sich verpflichtet fühlen, Ihre Wohnung ebenfalls zu tapezieren?« Nicht nur einzelne Bürger, sondern auch ganze SED-Grundorganisationen senden darauf Briefe an *Hager*, in denen sie ihren Widerspruch zur offiziellen Linie der Parteiführung ausdrücken, den Kurs der Perestroika in der Sowjetunion gegenüber der eigenen Führung verteidigen und seine Übernahme in der DDR einfordern. Die SED-Führung geht besonders gegen die Initiatoren von Briefen vor, die von ganzen SED-Grundorganisationen unterschrieben worden sind (so gegen die Autoren eines Briefes aus dem Staatsschauspiel Dresden).

Amnestie und Abschaffung der Todesstrafe: Der Staatsrat beschließt am 17. 7. die Abschaffung der Todesstrafe, die zuletzt → 1981 angewendet worden war. Zudem verkündet er aus Anlaß des 38. Gründungstages der DDR eine **allgemeine Amnestie**, in deren Rahmen bis zum 12. 12. mehr als 24 600 Strafgefangene aus dem Vollzug entlassen werden. Von der Amnestie ausdrücklich ausgenommen bleiben Personen, die wegen Nazi- und Kriegsverbrechen, Spionage und Mord verurteilt wurden. Lebenslange Haftstrafen werden auf 15 Jahre Haft herabgesetzt, »soweit der Schutz von Leben und Gesundheit der Bürger das zuläßt«.

AIDS: Am 22. 2. äußern sich erstmals Wissenschaftler der Ost-Berliner Charité öffentlich zum Thema AIDS in der DDR. Sie berichten, daß es Ende 1986 den ersten Aids-Toten in der DDR gegeben habe und mindestens 18 DDR-Bürger (bei einer unbekannten Dunkelziffer) mit dem HIV-Virus infiziert seien. – Am 22. 12. führt die DDR eine Meldepflicht für AIDS-Erkrankungen ein.

Rechtsradikale Überfälle: Am 17. 10. überfällt eine Gruppe von Skinheads die Zuhörer des Konzertes einer West-Berliner Punkband in der Zionskirche im Ost-Berliner Bezirk Mitte. Dieser Vorfall sowie ein weiterer, bei dem in der Nähe von Berlin eine Polizeistreife von randalierenden Rechtsradikalen überfallen wird, werden erstmals auch in den staatlich gelenkten DDR-Medien thematisiert. Am 3. 12. werden die Angreifer auf das Konzert in der Zionskirche zunächst zu milden Strafen verurteilt, die – nach öffentlichen Protesten auf Geheiß des SED-Politbüros – am 22. 12. in einem Berufungsverfahren verschärft werden.

Schriftstellerkongreß: Zwischen dem 24. und 26. 11. findet in Ost-Berlin der X. Schriftstellerkongreß der DDR statt, der wegen der von mehreren namhaften Autoren (u. a. *Christoph Hein* und *Günter de Bruyn*) vorgetragenen Kritik an der Zensurpraxis in der DDR Aufsehen erregt (→ Kasten).

Kritik an der Zensurpraxis
Christoph Hein auf dem X. Schriftstellerkongreß der DDR in Ost-Berlin

»Die Zensur ist menschenfeindlich, feindlich dem Autor, dem Leser, dem Verleger und selbst dem Zensor. Unser Land hat in den letzten zehn Jahren viele Schriftsteller verloren, unersetzliche Leute, deren Werke uns fehlen, deren Zuspruch und Widerspruch uns bekömmlich und hilfreich war. Diese Schriftsteller verließen gewiß aus sehr unterschiedlichen Gründen die DDR. Einer der Gründe, weshalb diese Leute und ihr Land einander vermissen – das eine weiß ich, das andere vermute ich –, heißt Zensur [...] Die Zensur ist volksfeindlich. Sie ist ein Vergehen an der so oft genannten und gerühmten Weisheit des Volkes. Die Leser unserer Bücher sind souverän genug, selbst urteilen zu können. [...] Die Zensur ist ungesetzlich, denn sie ist verfassungswidrig. Sie ist mit der gültigen Verfassung der DDR nicht vereinbar, steht im Gegensatz zu mehreren ihrer Artikel. Und die Zensur ist strafbar, denn sie schädigt im hohen Grad das Ansehen der DDR und kommt einer ›Öffentlichen Herabwürdigung‹ gleich. Das Genehmigungsverfahren, die Zensur muß schnellstens und ersatzlos verschwinden, um weiteren Schaden von unserer Kulturpolitik abzuwenden, um nicht unsere Öffentlichkeit und unsere Würde, unsere Gesellschaft und unseren Staat weiter zu schädigen.«

Friedens-, Ökologie- und Bürgerrechtsbewegung

Kontakt zur »Charta 77« in der ČSSR: Am 12. 1. wird ein Brief von etwa 30 Mitgliedern der unabhängigen DDR-Friedensbewegung (unter ihnen die drei Sprecher der »Initiative Frieden und Menschenrechte« *Peter Grimm, Ralf Hirsch* und *Wolfgang Templin*) an die Unterzeichner der »Charta 77« in der Tschechoslowakei veröffentlicht. Die Briefschreiber geben ihrer Hoffnung auf verstärkte Zusammenarbeit der Bürgerrechtsgruppen Ausdruck.

Olof-Palme-Friedensmarsch: Zwischen dem 2. und 17. 9. findet in der DDR mit staatlicher Unterstützung der »*Olof-Palme*-Friedensmarsch« statt, an dem erstmals auch Vertreter der unabhängigen Friedensbewegung teilnehmen. In seinem Rahmen findet – von der Polizei ungehindert – am 5. 9. in Ost-Berlin eine vorher nicht angemeldete eigenständige Demonstration von Friedens- und Ökologiegruppen aus der ganzen DDR statt, an der etwa 1000 Personen teilnehmen. Sie fordern den Abbau der in der DDR, der Bundesrepublik und der Tschechoslowakei stationierten Atomwaffen, den Abbau gegenseitiger Feindbilder und erweiterte Begegnungsmöglichkeiten zwischen Ost und West.

Umweltbibliothek: In der Nacht vom 24. zum 25. 11. dringen Angehörige des Ministeriums für Staatssicherheit in die Räume der »Umweltbibliothek« in der Ost-Berliner Zionskirche ein, beschlagnahmen Manuskripte und Druckmatrizen für die dort produzierten Zeitschriften »Umweltblätter« und »Grenzfall« und nehmen 20 Personen fest. Die Aktion löst öffentliche Proteste in Ost-Berlin (dort mit etwa 200 Teilnehmern), Dresden, Weimar, Halle und Wismar aus. Bis zum 28. 11. werden (mit zwei Ausnahmen) alle Inhaftierten wieder freigelassen.

Kirchenpolitik

Kirchentage: Die beiden großen Kirchen führen im Frühsommer große Kirchentreffen durch. In Ost-Berlin findet vom 24.–27. 6. erstmals seit dem Bau der Mauer ein **Evangelischer Kirchentag** statt. In seinem Rahmen finden auch Veranstaltungen des von evangelischen Basisgruppen organisierten »Kirchentages von unten« statt. – Die katholische Kirche in der DDR lädt zwischen dem 10. und dem 12. 7. erstmals zu einem **Katholikentreffen** nach Dresden ein, an dessen Abschlußveranstaltung sich etwa 80 000 Menschen beteiligten.

Jüdische Gemeinden: Nach 22 Jahren tritt am 23. 9. mit dem US-Staatsbürger *Isaac Neumann* erstmals wieder ein Rabbiner sein Amt bei den jüdischen Gemeinden (350 Mitglieder, darunter 180 in Ost-Berlin) in der DDR an. *Neumann* verläßt die DDR bereits wieder am 16. 5. 1988, weil er sich in seiner Arbeit – besonders durch die Spitze der jüdischen Gemeinden – behindert sieht.

Außenpolitik

Warschauer Pakt: Der Politische Beratende Ausschuß der Warschauer-Pakt-Staaten verabschiedet bei seiner Tagung in Ost-Berlin am 28./29. 5. eine neue Militärdoktrin, die ausdrücklich den Verteidigungs- und Defensivcharakter des östlichen Bündnisses betont. – Am

11. 12. findet in Berlin ein **Gipfeltreffen** der Warschauer-Pakt-Staaten statt, bei dem der sowjetische Partei- und Staatschef *Michail Gorbatschow* seinen Amtskollegen vom Abschluß des Washingtoner INF-Abkommens berichtet. Die UdSSR, die DDR und die Tschechoslowakei unterzeichnen ein Abkommen, das die Modalitäten für die im INF-Abkommen vorgesehenen Inspektionen auf dem Gebiet der DDR und der ČSSR regelt.

Westeuropa: *Erich Honecker* reist zu Staatsbesuchen in die Niederlande (3.–5. 6.) und nach Belgien (13.–15. 10.). Zum Abschluß des Aufenthaltes in Belgien wird in Brüssel ein auf fünf Jahre angelegtes »Programm zur Entwicklung der wirtschaftlichen, industriellen und technischen Zusammenarbeit« zwischen beiden Ländern unterzeichnet. – Am Ende seines Staatsbesuches in der DDR unterzeichnet der finnische Staatspräsident *Mauno Koivisto* am 1. 10. ein Abkommen über den visafreien Reiseverkehr. Finnland ist damit das erste westliche Land, mit dem die DDR ein solches Abkommen abschließt; gleichwohl benötigen DDR-Bürger nach wie vor auch für Reisen nach Finnland einen Reisepaß und die Ausreisegenehmigung der DDR-Behörden.

VR China: Vom 10.–12. 6. besucht erstmals ein amtierender Generalsekretär der KP Chinas die DDR. Ministerpräsident *Zhao Ziyang* trifft bei seinem Aufenthalt auch mit *Erich Honecker* zusammen. – Die Bemühungen der DDR, ihre Beziehungen zur Volksrepublik China weiter zu verbessern, werden am 11. 9. in Ost-Berlin mit der Unterzeichnung einer Vereinbarung zwischen den Landwirtschaftsministern beider Länder über die wissenschaftlich-technische Zusammenarbeit fortgesetzt.

Vereinte Nationen: *Erich Honecker* empfängt am 15. 6. UN-Generalsekretär *Perez de Cuellar*. – Am 15. 9. wird der stellvertretende DDR-Außenminister *Peter Florin* als erster Deutscher aus der DDR zum Präsidenten der UN-Vollversammlung gewählt.

USA: Am 10. 11. trifft *Erich Honecker* mit dem stellvertretenden US-Außenminister *John Whitehead* zusammen, dem bisher ranghöchsten amerikanischen Politiker, der mit dem DDR-Staatsratsvorsitzenden zusammenkommt. *Whitehead* erklärt nach dem Gespräch gegenüber der Presse, die DDR habe den Schußwaffengebrauch an der Berliner Mauer weitgehend eingeschränkt.

Albanien: Am 10. 12. meldet die DDR-Nachrichtenagentur ADN von einer Übereinkunft zwischen Albanien und der DDR, mit der sie ihre seit 26 Jahren eingeschränkten diplomatischen Beziehungen durch die Wiederaufnahme eines Botschafteraustausches aufwerten wollen. (Am 20. 2. 1988 nimmt der DDR-Botschafter in der albanischen Hauptstadt Tirana seine Tätigkeit auf.)

Wirtschaftliche Entwicklung

Wachstum und Investitionen: Das Bruttoinlandsprodukt der DDR geht im zweiten Jahr in Folge zurück. Es sinkt gegenüber dem Vorjahreswert um 0,4% auf 194,3 Milliarden DM (in DM-Preisen von 1989). Durch verstärkte Investitionen (sie wachsen gegenüber dem Vorjahr um fast 8% auf 71,2 Milliarden Mark, gemessen in DDR-Preisen von 1985) und ein stärkeres Wachstum des im Inland verwendeten gegenüber dem hier produzierten Nationaleinkommen (4,5% bzw. 3,3%) soll kurzfristig der Kapitalstock der DDR-Volkswirtschaft qualitativ verbessert werden. Der Investitionsschub wirkt sich auf den privaten Konsum aus. Während die durchschnittlichen Einkommen der Arbeiter und Angestellten in der »sozialistischen Wirtschaft« (volkseigene Betriebe, staatliche Einrichtungen und Genossenschaften) gegenüber 1987 um 4,5% steigen, nimmt der Einzelhandelsumsatz nur um 3,6% zu. Durch den steigenden Geldüberhang bei der Bevölkerung kommt es auch zu deutlich wachsenden Guthaben bei Banken und Sparkassen (→ unten).

Landwirtschaft: Die Ergebnisse in der Pflanzenproduktion sind 1987 besonders gut. Bei Getreide wird die dritthöchste, bei Zuckerrüben und Kartoffeln die **beste Ernte in der Geschichte der DDR** eingefahren. In der Tierproduktion kommt es durch den Rückgang in den Tierbeständen und das bei den wichtigen Produktlinien relativ niedrige Wachstum der Erzeugung (die Milchproduktion geht sogar zurück) zu weniger positiven Entwicklungen.

Autoindustrie: Die Jahresproduktion an Personenkraftwagen (»Trabant 601« und »Wartburg 353«) erreicht 1987 gut 217 000 Einheiten. Die langen Wartezeiten beim Kauf eines PKW führen zu einem schwunghaften, weitgehend unkontrollierten Handel mit gebrauchten Fahrzeugen, die oft zu höheren Preisen als (nicht kurzfristig lieferbare) Neuwagen verkauft werden. Zum 31. 12. erstellt das Innenministerium im Zusammenhang mit dem »spekulativen Handel mit gebrauchten Kraftfahrzeugen« eine nach Bezirken spezifizierte Auflistung der Wartezeit für in der DDR erhältliche PKW (→ Tabelle).

Wartezeiten beim Kauf von PKW

Typ	*Wartezeit*	*Jahre*	*Bezirke*
alle Typen		11–15	Ost-Berlin
alle Typen		9–13	Wismut-Beschäftigte
Trabant Limousine	kürzeste	12,5	Cottbus, Erfurt, Halle, Leipzig, Magdeburg, Neubrandenburg
	längste	14	Frankfurt/Oder
Trabant Kombi	kürzeste	13,5	Halle, Magdeburg, Neubrandenburg, Schwerin
	längste	15	Frankfurt/Oder, Gera
Wartburg Limousine	kürzeste	14	Halle, Neubrandenburg
	längste	16	Frankfurt/Oder, Gera
Wartburg Kombi	kürzeste	14,5	Halle, Schwerin, Neubrandenburg
	längste	16,5	Frankfurt/Oder, Gera
Skoda (ČSSR)	kürzeste	15	Halle, Schwerin, Neubrandenburg
	längste	16,5	Frankfurt/Oder
Lada 2104 und 21013 (UdSSR)	kürzeste	14,5	Halle, Neubrandenburg
	längste	16,5	Frankfurt/Oder
Lada 2105 (UdSSR)	kürzeste	15,5	Rostock, Schwerin, Halle, Neubrandenburg
	längste	17	Potsdam, Cottbus, Dresden, Frankfurt/O.
Lada 2107 (UdSSR)	kürzeste	15,5	Halle, Schwerin
	längste	17	Cottbus, Dresden, Gera, Frankfurt/Oder, Karl-Marx-Stadt, Potsdam
Dacia (Rumän.)	kürzeste	13,5	Halle
	längste	16	Frankfurt/Oder

Soziale Daten

Bevölkerung: Im Gebiet der DDR leben am 31. 12. 16,66 Millionen Einwohner, etwa 21 000 mehr als im Vorjahr. Der Frauenüberschuß beträgt nur noch 791 000. Nach westlichen Angaben siedeln rund 22 800, nach DDR-Angaben 19 670 Personen nach Westdeutschland über. In umgekehrter Richtung wandern nach DDR-Angaben 377, nach westlichen Angaben ca. 2400 Personen. 10,83 Millionen Personen, darunter 5,22 Millionen Frauen, befinden sich im arbeitsfähigen Alter (zwischen 15 und 60 bzw. 65 Jahren). 8,57 Millionen Personen, darunter 4,2 Millionen Frauen, sind berufstätig.

Wohnungsbau: Mit dem Bau von 109 754 (91 896 neu gebauten und 17 858 modernisierten) Wohnungen werden deutlich weniger Wohnungen (6791) fertiggestellt als im Vorjahr. Der genossenschaftliche Wohnungsbau geht um 3577 Einheiten auf 25 974 fertiggestellte Wohnungen zurück.

Einkommen und Lebenshaltung: Das durchschnittliche monatliche **Arbeitseinkommen** von Arbeitern und Angestellten beträgt in der staatseigenen Wirtschaft 1223 Mark. Die Pro-Kopf-Sparguthaben wachsen auf etwa 8514 Mark an. Die **Sparguthaben** bei Geld- und Kreditinstituten wachsen gegenüber dem Vorjahr absolut um 7,2 %. Das Volumen der Lebensversicherungen wächst um 1,0 %. – Der **Einzelhandelsumsatz** wächst gegenüber dem Vorjahr um 3,6 % auf 121,9 Milliarden Mark. Die volkseigenen Läden der Handelsorganisation und die der Konsumgenossenschaften haben daran einen Anteil von 88,7 %. – Das **Fernsprechnetz** der Deutschen Post wächst gegenüber dem Vorjahr um 64 900 auf über 1 695 100 Anschlüsse. In der **Ausstattung** der privaten Haushalte **mit langlebigen Konsumgütern** entfallen auf 1000 Haushalte 526 PKW, 184 Motorräder bzw. Motorroller, 1521 Kühl- und Gefriergeräte, 1046 Waschmaschinen, 2340 Radioapparate und 1216 Fernsehgeräte.

1988

Die große Steuerreform

Dominierendes innenpolitisches Thema ist die lang angekündigte große Steuerreform der Bundesregierung. Sie bringt allerdings nicht die erwarteten Entlastungen für Familien und Geringverdiener, vielmehr werden zur »Gegenfinanzierung« Verbrauchsteuern und Abgaben erhöht. Beziehern mittlerer und höherer Einkommen und Unternehmen erspart das neue Steuergesetz jährliche Abgaben in Höhe von insgesamt 19 Milliarden Mark. – Für Aufsehen sorgen Ermittlungen gegen die Hanauer Firma Transnuklear, die deutlich machen, daß das bisherige Konzept der Entsorgung bzw. Lagerung von radioaktiven Abfällen aus Atomkraftwerken große Sicherheitsmängel aufweist. – Eine mißverständliche Gedenkrede überschattet den 50. Jahrestag des Novemberpogroms und beendet jäh die Karriere des Bundestagspräsidenten *Philipp Jenninger*. – Die *Barschel*-Affäre verhilft der SPD bei den Neuwahlen zum schleswig-holsteinischen Landtag zu einem furiosen Sieg. Noch ist die Verwicklung ihrer Politiker in den Skandal nicht bekannt. Mit *Björn Engholm* übernimmt nach 38jähriger CDU-Herrschaft in diesem Bundesland erstmals ein Sozialdemokrat das Amt des Ministerpräsidenten.

Reformen, Sonderprogramme

Steuerreform: Die zwischen den Parteien und in der Öffentlichkeit umstrittene Steuerreform, die einen gleichmäßigen Anstieg der Steuerprogression von 19 auf 53 % vorsieht, wird am 24. 6. vom Bundestag in namentlicher Abstimmung mit 256 gegen 209 Stimmen verabschiedet; nach der Zustimmung des Bundesrates am 8. 7. kann sie am 1. 1. 1990 in Kraft treten. Sie bringt vor allem den Beziehern mittlerer und höherer Einkommen eine Entlastung von insgesamt rund 19 Milliarden Mark. Nur mit knapper Mehrheit der Regierungskoalition wird die Steuerbefreiung von Flugbenzin für Privatflieger (»Lex Strauß«) gebilligt (bevor sie am heftigen Widerstand aus den eigenen Reihen scheitert). – Der Bundestag verabschiedet am 24. 11. gegen die Stimmen der Opposition den **Bundeshaushalt** 1989, der eine Zunahme der Ausgaben um 5,4 % auf 290 Mrd. DM und eine Begrenzung der Neuverschuldung auf 28 Mrd. DM vorsieht; außerdem wird die Erhöhung von Verbrauchsteuern und anderer indirekter Steuern gebilligt. Beide Gesetzesvorlagen passieren am 16. 12. den Bundesrat.

Gesundheitsreform: Das umstrittene Gesetz zur Reform des Gesundheitswesens wird am 25. 11. vom Bundestag mit den Stimmen der Koalitionsmehrheit verabschiedet; am 16. 12. stimmt auch der Bundesrat zu. Damit treten am 1. 1. 1989 Bestimmungen in Kraft, mit denen der Kostenersatz der gesetzlichen Krankenversicherungen beim Zahnersatz, bei Brillen, Arzneimitteln und beim Sterbegeld eingeschränkt werden; jährlich sollen damit bis zu 14 Mrd. DM eingespart werden.

Verschuldung der öffentlichen Haushalte 1960–1992 (in Mrd. DM)

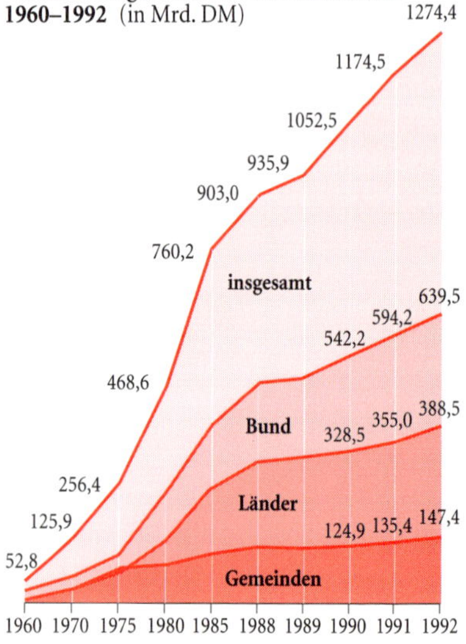

Sonderprogramm Montanregion: Vertreter von Politik, Wirtschaft und Gewerkschaften beraten am 24. 2. mit Bundeskanzler *Helmut Kohl* (CDU) über die Lösung der Strukturkrise im Ruhrgebiet. Die Bundesregierung stellt 400 Mio. DM für ein Sonderprogramm Montanregion in Nordrhein-Westfalen bereit. Weitere 500 Mio. DM sollen vom Land und 100 Mio. DM aus EG-Mitteln dazukommen. Außerdem sollen Bahn und Post sowie das Bau- und Forschungsministerium Investitionen in Milliardenhöhe in der Region zeitlich vorziehen.
Sonderprogramm Aus- und Übersiedler: Die Bundesregierung beschließt am 31. 8. ein Sonderprogramm zur Eingliederung der Aussiedler. Für 1989 werden insgesamt 1,74 Mrd. DM bereitgestellt, darunter 750 Mio. DM für den Neu- und Umbau von 30 000 Wohnungen. – Die Aufnahmelager in Friedland, Osnabrück, Nürnberg und Unna-Massen registrieren 1988 insgesamt 202 673 Aussiedler aus Osteuropa, u. a. 140 226 (1987: 48 423) aus Polen, 47 572 (14 488) aus der UdSSR und 12 902 (13 994) aus Rumänien. Außerdem finden 39 832 (18 958) Deutsche aus der DDR als Zuwanderer Aufnahme. (→ BRD 1990)

Bundeswehr, Tiefflüge

Verteidigungsminister *Manfred Wörner* (CDU) legt am 24. 2. die **Bundeswehrplanung** für die nächsten 15 Jahre vor. Beim Heer sollen bis 1995 über 17 000 Planstellen eingespart werden; zu Wehrübungen sollen mehr Reservisten eingezogen werden. Trotz einer abnehmenden Zahl von Wehrpflichtigen soll die gegenwärtige Stärke der Bundeswehr von 495 000 Soldaten aufrechterhalten werden.
Tiefflüge: *Rupert Scholz* (CDU), neuer Verteidigungsminister seit 18. 5. als Nachfolger *Wörners,* der am 1. 7. das Amt des NATO-Generalsekretärs in Brüssel antritt, gibt am 29. 7. bekannt, daß zur Minderung der Belastungen und Gefahren für die Bevölkerung durch Tiefflüge von sofort an 1000 der rund 23 000 jährlichen Flugstunden (=4,3 %) deutscher Tiefflieger gestrichen würden.
Abstürze: Nach dem Zusammenstoß von drei Maschinen einer italienischen Kunstflugstaffel beim Flugtag auf dem US-Stützpunkt **Ramstein** kommen am 28. 8. mindestens 34 Menschen ums Leben, etwa 500 werden z. T. schwer verletzt. Verteidigungsminister *Scholz* ordnet daraufhin am 30. 8. an, daß militärische Kunstflugvorführungen über deutschem Boden in Zukunft nicht mehr stattfinden dürfen. – Der **Absturz eines US-Jagdflugzeuges** über Remscheid am 8. 12. fordert sieben Menschenleben, rund 50 Personen werden z. T. schwer verletzt.
Rücktritt: Am 14. 12. erklärt der Parlamentarische Staatssekretär im Bundesverteidigungsministerium, *Peter Kurt Würzbach,* wegen Differenzen mit Verteidigungsminister *Scholz* seinen Rücktritt. Zum Streit zwischen den beiden CDU-Politikern war es gekommen, weil der Staatssekretär in Abwesenheit des Ministers gegen dessen ausdrückliche Weisung nach dem Flugzeugabsturz die bundesweite Einstellung aller militärischen Tiefflüge bis zum 2. 2. 1989 angeordnet hatte.

Abrüstung

Vom 4.–7. 7. findet ensprechend den Bestimmungen des INF-Vertrages eine erste **Inspektion von INF-Einrichtungen** der USA auf dem Territorium der Bundesrepublik Deutschland (und zwar der Pershing-II-Einrichtung in Mutlangen und des Cruise-Missile-Geschwaders in Wüschheim) durch zwei sowjetische Inspektorenteams statt. – Der Abzug der US-amerikanischen Pershing-II-Mittelstreckenraketen aus der Bundesrepublik Deutschland beginnt am 1. 9. auf dem Stützpunkt Waldheide bei Heilbronn.

Außenpolitik

Besuch in Bonn: Bei seinem Besuch vom 17.–19. 1. in Bonn macht der sowjetische Außenminister *Eduard Schewardnadse* der Bundesregierung weitgehende Angebote in der zukünftigen Ausgestaltung der gegenseitigen Beziehungen, so zur Einbeziehung West-Berlins und zur Auslegung des Vier-Mächte-Abkommens.
Besuch aus Bonn: Vom 24.–27. 10. besuchen Bundeskanzler *Helmut Kohl* und Außenminister *Genscher* mit einer hochrangigen Delegation, darunter zahlreichen Unternehmern, die Sowjetunion. Der Generalsekretär der KPdSU, *Michail Gorbatschow* und *Kohl* erzielen bei den Gesprächen eine weitreichende Annäherung, auch bei den deutschlandpolitischen Vorstellungen. Neben mehreren Abkommen wird auch die Vereinbarung über den Bau des ersten Hochtemperaturreaktors außerhalb der Bun-

desrepublik durch die Firmen ABB und KWU in Dimitrowgrad unterzeichnet.

Atomkraft – Entsorgung, Sicherheit

Atommüll-Skandal: Am 14. 1. verfügt Umweltminister *Klaus Töpfer* die Aussetzung der Betriebsgenehmigung für die Hanauer Nuklearfabrik Nukem (Muttergesellschaft von Transnuklear), bis die Vorgänge um die im Unternehmensbereich gelagerten Atommüllfässer aufgeklärt seien. Bereits am 17. 12. 1987 war Transnuklear die Genehmigung für den Transport radioaktiver Abfälle entzogen worden (→ 1987). – Als Konsequenz aus dem Skandal um Transnuklear beschließt das Bundeskabinett am 7. 12. die **Einrichtung eines Bundesamtes für Strahlenschutz**. Aufgabe der dem Bundesumweltministerium unterstehenden Behörde ist es, die Umsetzung des Atomgesetzes wirksam zu kontrollieren. – Das Bundesverwaltungsgericht erklärt am 9. 9. erstmals eine **Atomgenehmigung** im ganzen für **rechtswidrig**: Das Atomkraftwerk Mülheim-Kärlich muß abgeschaltet werden, da wesentliche Sicherheitsfragen von den Behörden nicht geprüft worden seien.

Störfall: Am 5. 12. wird ein bereits im Dezember 1987 aufgetretener Störfall im hessischen **Atomkraftwerk Biblis A** bekannt: Beim Versuch, ein zwei Arbeitsschichten lang offenstehendes Ventil im Kühlsystem des Reaktors zu schließen, wurde radioaktive Kühlflüssigkeit aus dem Primärkreislauf freigesetzt. Daß der Kraftwerksbetreiber, die Rheinisch-Westfälische Elektrizitätsgesellschaft/RWE, den Vorfall gegenüber der Aufsichtsbehörde verharmlost und die Landesregierung und die Öffentlichkeit nicht informiert hat, führt zu einer neuen Diskussion über die Sicherheit von Atomkraftwerken. Am 21. 12. wird der Reaktor Biblis A abgeschaltet, um technische Verbesserungen vorzubereiten; Biblis B ist wegen »kleinerer Leckagen« bereits seit 14. 12. außer Betrieb. Beide Blöcke werden Anfang Februar 1989 wieder in Betrieb genommen.

50. Jahrestag des Novemberpogroms

Eine **Gedenkrede** des Bundestagspräsidenten *Philipp Jenninger* im Bundestag am 10. 11. zum 50. Jahrestag des Novemberpogroms (»Reichskristallnacht«) 1938 **endet mit einem Eklat**. Rund 50 Abgeordnete verließen das Parlament, da bei *Jenningers* Rede, in der er die Entstehung der nationalsozialistischen Diktatur zu erklären versuchte, der Eindruck entstehen konnte, er wolle die Nazi-Verbrechen rechtfertigen. So hatte Jenninger u. a. gesagt: »Und was die Juden anging: Hatten sie sich nicht in der Vergangenheit doch eine Rolle angemaßt, die ihnen nicht zukam? Mußten sie nicht endlich einmal Einschränkungen in Kauf nehmen? Hatten sie es nicht vielleicht sogar verdient, in ihre Schranken verwiesen zu werden?« – Der SPD-Vorsitzende *Hans-Jochen Vogel* wirft *Jenninger* mangelnde gedankliche und sprachliche Sorgfalt vor. *Jenninger* tritt, gedrängt von seiner eigenen Partei, am 11. 11. zurück; als Nachfolgerin wird am 25. 11. mit großer Mehrheit die bisherige Bundesministerin für Jugend, Familie, Frauen und Gesundheit, *Rita Süssmuth* (CDU), gewählt.

Weitere wichtige Ereignisse

Justiz: Vor dem Staatsschutzsenat des Düsseldorfer Oberlandesgerichts wird am 19. 4. der Deutsch-Libanese *Abbas Hamadi* wegen Mittäterschaft an den Entführungen von *Cordes* und *Schmidt* in Tateinheit mit Nötigung der Bundesregierung sowie Vergehens gegen die Sprengstoffgesetze zu 13 Jahren Freiheitsstrafe verurteilt. – Am 12. 9. wird der am 17. 1. 1987 von libanesischen Hisbollah-Schiiten entführte Hoechst-Manager *Rudolf Cordes* freigelassen. Seine Entführer hatten die Freilassung des in der Bundesrepublik wegen Flugzeugentführung und Mordes angeklagten und inhaftierten *Mohammed Ali Hamadi* erpressen wollen. Er wird am 17. 5. 1989 vom Landgericht Frankfurt wegen gemeinschaftlicher Geiselnahme bei einer Flugzeugentführung (TWA-Maschine am 14. 6. 1985), gemeinschaftlicher Ermordung eines Flugpassagiers (US-Soldat *Robert Stethem*) und anderer Delikte zu lebenslanger Haft verurteilt.

Volkszählung: Am 29. 11. legt Innenminister *Friedrich Zimmermann* (CSU) die Ergebnisse der Volkszählung → 1987 vor. Danach leben 61 077 000 Menschen in der Bundesrepublik, darunter 4,1 Mio. Ausländer.

Zentralrat der Juden: Am 20. 3. wird *Heinz Galinski*, Vorsitzender der Jüdischen Gemeinde Berlins, als Nachfolger des am 21. 1. in Karlsruhe verstorbenen *Werner Nachmann* zum Vorsitzenden des Zentralrats der Juden in Deutschland gewählt.

Katholische Kirche: Nach monatelangen Kontroversen zwischen dem Vatikan und dem Kölner Domkapitel sowie den Landesregierungen von Nordrhein-Westfalen und Rheinland-Pfalz beruft Papst *Johannes Paul II.* am 20.12. den Berliner Kardinal *Joachim Meisner* zum Erzbischof von Köln (als Nachfolger des 14 Monate zuvor verstorbenen Erzbischofs *Joseph Kardinal Höffner*); er wird am 12. 2. 1989 im Kölner Dom in sein Amt eingeführt.
Tod: Am 9.3. stirbt in Tübingen der frühere Bundeskanzler *Kurt Georg Kiesinger.* – Der bayerische Ministerpräsident *Franz Josef Strauß* (CSU) stirbt am 3.10. im Alter von 73 Jahren in Regensburg.

Tarifpolitik

Für die **Metallindustrie** einigen sich Gewerkschaften und Arbeitgeber am 26. 2. auf einen neuen Tarifvertrag für die 140 000 Beschäftigten der Stahlindustrie in Nordrhein-Westfalen, Bremen und Osnabrück. Die Wochenarbeitszeit wird ab 1.11. von 38 auf 36,5 Stunden bei vollem Lohnausgleich verkürzt. Die Einkommen steigen ab 1.3. um 2%, ab 1.8.1989 um weitere 2%. Damit wird erstmals in einer Branche weniger als 38 Stunden pro Woche gearbeitet. – Nach Schlichtungsverhandlungen wird am 23.3. ein neuer Tarifvertrag für die 2,3 Mio. Arbeiter und Angestellten im **öffentlichen Dienst** angenommen, der neben Lohn- und Einkommenserhöhungen die Einführung der 38,5-Stunden-Woche in zwei Stufen bis 1990 vorsieht. Das Modell wird in der Folge auch für die 1,8 Mio. Beamten übernommen.

Parteien

Parteienfinanzierung: Am 8.6. stellen die Schatzmeister der SPD, CDU, CSU und FDP einen **Entwurf zur Änderung des Parteiengesetzes** vor. Danach sollen die Parteien neben der regelmäßigen Wahlkampfkostenerstattung eine zusätzliche jährliche Grundfinanzierung erhalten. Die Grünen lehnen die Pläne scharf ab. (→ BRD 1993)
SPD: Auf dem Parteitag in Münster (30. 8.–2. 9.) wird eine **Quotenregelung** für Frauen beschlossen, nach der spätestens ab 1998 40% der Parteiämter und Mandate für Frauen reserviert sind, darunter eine Position im Parteivorsitz. Die gleichzeitig neugeschaffene Position der

dritten stellvertretenden Parteivorsitzenden übernimmt *Herta Däubler-Gmelin.*
FDP: Auf dem Bundesparteitag in Wiesbaden (7.–9.10.) wird der rechtskräftig wegen Steuerhinterziehung verurteilte frühere Bundeswirtschaftsminister *Otto Graf Lambsdorff* mit 211 von 400 Stimmen als Nachfolger von *Martin Bangemann* zum neuen FDP-Bundesvorsitzenden gewählt.
Die Grünen: Die Bundesversammlung wählt nach monatelangen internen Auseinandersetzungen am 3.12. ihren mehrheitlich fundamentalistisch ausgerichteten Bundesvorstand ab; am 4. 3. 1989 wird ein neuer Vorstand gewählt, in dem alle Parteiströmungen vertreten sind.

Deutsch-deutsche Beziehungen

Gespräche und Einladungen: Im Lauf des Jahres finden **zahlreiche Gespräche** von Politikern der CDU, FDP und SPD mit Politikern der DDR statt. – Eine Einladung des DDR-Staatsratsvorsitzenden *Erich Honecker* zum **Internationalen Treffen für kernwaffenfreie Zonen** in Berlin (Ost) wird sowohl von Bundeskanzler *Helmut Kohl* als auch vom bayerischen Ministerpräsidenten *Franz Josef Strauß* am 27. 4. abgelehnt. – Am 9.5. beendet *Kohl* eine dreitägige private Reise durch die DDR.
Bilanz: In seinem **Bericht zur Lage der Nation** verweist der Bundeskanzler am 1.12. auf Fortschritte im innerdeutschen Verhältnis vor allem hinsichtlich der Erleichterungen im Reiseverkehr; er beklagt aber auch die andauernden Belastungen, da die DDR jegliche Reformbemühungen blockiere.
Berlin: Beauftragte des Berliner Senats und der DDR-Regierung unterzeichnen am 31.3. eine Vereinbarung über einen **Gebietsaustausch,** um die Ex- und Enklaven zu beseitigen, die seit dem Bau der Berliner Mauer nur mit Sondergenehmigungen zu erreichen sind.
Weitere Ereignisse: → DDR

Ereignisse auf Länderebene

Baden-Württemberg: Landtagswahlen am 20.3.
Bayern: Der Landtag wählt am 19.10. mit 124 gegen 69 Stimmen den bisherigen stellvertretenden Ministerpräsidenten und Finanzminister *Max Streibl* zum Nachfolger des verstorbenen Ministerpräsidenten *Strauß.* Zum neuen CSU-

Parteivorsitzenden wird am 19. 11. *Theodor Waigel* gewählt.
Berlin: Das Land übernimmt am 31. 5. die rund 22 000 Wohnungen der Neuen Heimat für 120 Mio. DM.
Hamburg: Der Senat billigt am 17. 3. die Übernahme der 41 600 Neue-Heimat-Wohnungen in das Eigentum der Stadt (mit zunächst 130 Mio. DM Kosten). – Der Erste Bürgermeister *Klaus von Dohnanyi* (SPD) gibt nach siebenjähriger Amtszeit am 10. 5. seinen Rücktritt zum 1. 6. bekannt. Zu seinem Nachfolger wählt die Bürgerschaft am 8. 6. *Henning Voscherau* (SPD).
Rheinland-Pfalz: Ministerpräsident *Bernhard Vogel*, der bei der Neuwahl des CDU-Landesvorsitzenden am 11. 11. gegen Umweltminister *Hans-Otto Wilhelm* unterliegt, tritt am 2. 12. zurück; Nachfolger wird am 8. 12. der bisherige Finanzminister *Carl-Ludwig Wagner* (CDU). Der aus dem Amt scheidende *Vogel* begnadigt am 30. 11. (zum 2. 3. 1989) den 1977 u. a. wegen Polizistenmordes zu lebenslanger Freiheitsstrafe verurteilten ehemaligen Angehörigen der RAF, *Manfred Grashof*, der dann eine 17jährige Strafe verbüßt haben wird.
Schleswig-Holstein: Landtagspräsidentin *Lianne Paulina-Mürl* (SPD) nimmt am 5. 2. den einstimmig gebilligten Abschlußbericht des *Barschel*-Untersuchungsausschusses entgegen. Dieser bestätigt im wesentlichen die erhobenen Vorwürfe (→ 1987). Am 9. 3. beschließt der Landtag einstimmig seine vorzeitige Auflösung und damit Neuwahlen. Bei der Landtagswahl am 8. 5. erreicht die SPD mit 54,8 (1987: 45,2) % der Stimmen die absolute Mehrheit; die CDU muß große Verluste hinnehmen. Der neue Landtag wählt am 31. 5. den SPD-Spitzenkandidaten *Björn Engholm* zum Ministerpräsidenten. Damit übernimmt die SPD nach 38 Jahren Opposition die Regierung.

1988

Verschärfte Repressionen und »freiwillige« Ausreisen

Das scharfe Vorgehen staatlicher Sicherheitsorgane und der Justiz gegen Repräsentanten der Friedens- und Bürgerrechtsbewegung durch Ermittlungsverfahren, Verhaftungen und Verurteilungen anläßlich einer Protestkundgebung im Januar löst eine Solidaritätswelle innerhalb der Bevölkerung aus und belastet zunehmend das Verhältnis zwischen der Staatsführung und der evangelischen Kirche. Eine Reihe von prominenten Bürgerrechtlern verläßt im Verlauf des Jahres auf Dauer oder vorübergehend die DDR. – Als erstes Land der westlichen Alliierten besucht *Honecker* Frankreich und kommt zu Gesprächen mit Staatspräsident *François Mitterrand* zusammen.

Friedens- und Menschenrechtsbewegung

Gegendemonstration: Am 12. 1. erfährt das Ministerium für Staatssicherheit (MfS) von Plänen von Friedens- und Menschenrechtsgruppen, die offizielle Demonstration aus Anlaß des 69. Jahrestages der Ermordung von *Karl Liebknecht* und *Rosa Luxemburg* am 17. 1. für eine öffentlichkeitswirksame Gegendemonstration zu nutzen. Mit diesem Wissen ausgestattet, gelingt es dem MfS, Teilnehmer der Aktion kurzfristig unter **Hausarrest** zu stellen oder bereits an den geplanten Treffpunkten festzunehmen. Andere werden am 17. 1. aus dem offiziellen Demonstrationszug heraus – vor den Objektiven westlicher Kameras – **verhaftet**. Insgesamt werden etwa 160 Personen sofort und weitere innerhalb der kommenden Tage in Ost-Berlin, Weimar und Leipzig festgenommen. Einige bleiben nur 24 Stunden in Haft, gegen 40 Personen leitet die Staatsanwaltschaft Ermittlungsverfahren ein. Am 27. und 28. 1. werden **Gerichtsverfahren** gegen *Vera Wollenberger, Till Böttger, Andreas Kalk und Bert Schlegel* unter weitgehendem Ausschluß der Öffentlichkeit geführt (allein der Ost-Berliner Bischof *Gottfried Forck* und einige Verwandte dürfen teilnehmen). Die Angeklagten werden allesamt zu je 6 Monaten Haft wegen »versuchter Zusammenrottung« verurteilt.

Reaktionen: Die Nachricht von den Verhaftungen und den Ermittlungs- bzw. Gerichtsverfahren löst eine umfangreiche **Solidaritätswelle** aus. Ab 18. 1. finden in vielen Kirchengemeinden in Ost-Berlin und etwa 40 anderen Orten der DDR Fürbittgottesdienste und Mahnwachen für die Inhaftierten statt, die trotz weiterer Verhaftungen mit immer mehr Teilnehmern fortgesetzt werden. Am 4. 2. findet in der Ost-Berliner Gethsemanekirche mit mehr als 2000 Teilnehmern die größte Veranstaltung statt. – Mehrere Verhaftete gehen auf die von ihren Rechtsanwälten (u. a. *Gregor Gysi*) und Persönlichkeiten der evangelischen Kirche (u. a. *Manfred Stolpe*) überbrachte staatliche Angebote ein, in die Bundesrepublik oder andere westliche Länder entlassen zu werden. Am 2. 2. reisen die Regisseurin *Freya Klier*, der Sänger *Stefan Krawczyk* und der Mitarbeiter der »Umweltbibliothek« bei der Ost-Berliner Zionskirche, *Bert Schlegel*, in den Westen aus und erklären dort vor der Presse, in einer »Zwangssituation« gehandelt zu haben. In den Tagen danach folgen *Bärbel Bohley* und *Werner Fischer*, beide jedoch nur mit einem Halbjahresvisum und der Zusicherung, danach zurückkehren zu dürfen. *Wolfgang* und *Lotte Templin* erhalten ein Zweijahresvisum. Am 9. 2. reist *Vera Wollenberger* mit einem Einjahresvisum nach Großbritannien aus. – Die Ausreise wichtiger Exponenten der DDR-Bürgerrechtsbewegung löst unterschiedliche Reaktionen aus, die von Verständnis für die Zwangslage der Entscheidung zwischen Haft und Ausreise, Unverständnis in Kreisen der Bevölkerung und harter Kritik an der Ausreise bei nicht wenigen der in der DDR verbliebenen Oppositionellen reicht.

Sputnik-Verbot: Am 19. 11. meldet das SED-Zentralorgan »Neues Deutschland«, daß die sowjetische Monatszeitschrift »Sputnik« »von der Postzeitungsliste gestrichen worden« sei, weil sie keinen Beitrag bringe, »der der Festigung der deutsch-sowjetischen Freundschaft dient, statt dessen verzerrende Beiträge zur Geschichte«; gemeint ist ein Artikel zum *Hitler-Stalin*-Pakt von 1939. Gleichzeitig werden fünf sowjetische Spielfilme aus dem laufenden Kinoprogramm herausgenommen.

Reiseverordnung vom 30. 11.: Am 30. 11. erläßt der Ministerrat eine neue Verordnung über Reisen in das Ausland, die am 1. 1. 1989 in Kraft tritt. Sie erweitert die Möglichkeiten, die zeitweilige oder ständige Ausreise aus der DDR zu beantragen. Im Zuge der von der Volkskammer am 14. 12. beschlossenen Wiedereinführung der Verwaltungsgerichtsbarkeit in der DDR wird zudem die gerichtliche Verhandlung von ablehnenden Bescheiden im Zusammenhang mit solchen Anträgen mit Wirkung vom 1. 7. 1989 zugelassen.

Einberufung des XII. SED-Parteitages: Die 7. Tagung des SED-Zentralkomitees beruft am 2. 12. den XII. Parteitag der SED für Mai 1990, ein Jahr früher als üblich, nach Ost-Berlin ein. Er findet nicht mehr statt.

Kirchenpolitik

Die Ereignisse um die Demonstration zu Ehren der beiden 1919 ermordeten KPD-Gründer führen zu wachsenden Spannungen zwischen Staat und Kirche. Am 3. 3. erklärt *Erich Honecker* bei einem Treffen mit dem Vorsitzenden der Konferenz der Kirchenleitungen, *Werner Leich* (aus Anlaß des 10. Jahrestages des Staat-Kirche-Gespräches vom 6. 3. → 1978), die evangelische Kirche dürfe kein Platz für »staatsfeindliche Aktivitäten« sein.

Zensurmaßnahmen: Die Osterausgabe der Wochenzeitung »Die Kirche« erscheint erstmals mit weißen Flecken und mit Pünktchen versehenen Absätzen, die für jedermann die Praxis der Zeitungszensur durch das Presseamt des Ministerrates kenntlich machen. Die Redaktion wiederholt diese Praxis im April. Zudem werden im Februar (eine Ausgabe), April und Juni (je zwei Ausgaben) Nummern der Zeitung komplett nicht ausgeliefert. Am 10. 8. kritisiert *Leich* bei einem Treffen mit dem am 13. 7. als Nachfolger von *Klaus Gysi* neu ernannten Staatssekretär für Kirchenfragen, *Kurt Löffler*, das Vorgehen gegen die Kirchenzeitungen. Am Rande der am 8. 10. in Magdeburg tagenden 2. Ökumenischen Versammlung von 19 christlichen Kirchen der DDR wird bekannt, daß mehrere Kirchenzeitungen ein Fürbittgebet nicht vollständig abdrucken konnten, weil dies von staatlicher Seite untersagt worden ist. Die staatlich zensierte Stelle lautet: »Hilf, daß durch unsere Beratungen der Prozeß der Umkehr und Erneuerung in unserem Land gefördert wird.« Zwei Tage später werden 78 Personen bei dem Versuch, dem Presseamt wegen der wiederholten Zensurmaßnahmen gegen Kirchenzeitungen eine Petition zu überbringen, festgenommen.

Arbeit mit Ausreisewilligen: DDR-Bürger, die Anträge auf ständige Ausreise gestellt haben, machen mit mehreren Aktionen auf ihre Situation aufmerksam und werden dabei von evangelischen Geistlichen unterstützt. Nach einer ersten Veranstaltung am 19. 2. in der Leipziger Nikolaikirche (Gemeindeabend zum Thema »Leben und Bleiben in der DDR«) öffnet Pfarrer *Christian Führer* seine Friedensgebete als Kontaktmöglichkeit für Ausreiseantragsteller. – Am 6. 3. werden die Teilnehmer einer Veranstaltung (darunter 200 Antragsteller) in der Ost-Berliner Sophienkirche von einem großen Aufgebot von Sicherheitskräften umfangreichen »Fahndungs- und Personenkontrollen« unterzogen. – Am 14. 3. demonstrieren in Leipzig 300 Antragsteller aus Anlaß der Frühjahrsmesse. – Am gleichen Tag veröffentlicht die evangelische Kirche eine Erklärung, in der sie betont, »zu Verhältnissen [beitragen zu wollen], unter denen Menschen gerne leben können und Anträge auf Entlassung aus der Staatsbürgerschaft nicht mehr stellen wollen«. – Am 15. 3. fordert die Konferenz der Kirchenleitungen mit Bezug auf die »Personenkontrollen« am 6. 3. ungehinderten Zugang für jedermann zu kirchlichen Veranstaltungen.

Jüdische Gemeinden: Die DDR-Führung ist um eine deutliche Verbesserung der Beziehungen zur jüdischen Gemeinde bemüht. Am 2. 6. empfängt *Erich Honecker* den seit 14. 3. als Nachfolger von *Helmut Aris* amtierenden neuen Präsidenten des Verbandes jüdischer Gemeinden in der DDR, *Siegmund Rotstein*. – Am 6. 6. empfängt *Honecker* den Vorsitzenden des Zentralrates der Juden in Deutschland, *Heinz Galinski*. Hierbei erklärt er die Bereitschaft der DDR, Entschädigungen an Juden zu zahlen. *Galinski* erhält aus Anlaß des 50. Jahrestages des Judenprogroms am 9. 11. 1938 (»Reichskristallnacht«) die Gelegenheit, bei einer Gedenkveranstaltung der Volkskammer zu sprechen. – Am 18. 10. empfängt *Erich Honecker* den Präsidenten des Jüdischen Weltkongresses, *Edgar Bronfman*, dem er ebenfalls Entschädigungszahlungen an jüdische Opfer des NS-Regimes zusagt.

Deutsch-deutsche Beziehungen

Einreise verboten: Das Vorgehen der DDR-Sicherheitsbehörden gegen die unabhängige Friedensbewegung hat auch Auswirkungen auf die Deutschlandpolitik. Am 30. 1. und erneut am 16. 2. wird den Grünen-Politikern *Petra Kelly* und *Gert Bastian*, die als Unterstützer der DDR-Friedensbewegung bekannt sind, die Einreise in die DDR verweigert. Auch der CDU-Abgeordnete *Heribert Scharrenbroich* darf am 21. 2. nicht in die DDR einreisen.

Einreise erbeten: Andere Politikerbesuche kommen hingegen wechselseitig zustande. *Erich Honecker* empfängt den FDP-Bundesvorsitzenden *Otto Graf Lambsdorff* und den Regierenden Bürgermeister von West-Berlin, *Eberhard Diepgen*, der nach seinem Gespräch am 11. 2. von geplanten weiteren Reiseerleichterungen ab 1. 3. (Übernachtungsmöglichkeit für West-Berliner bei Tagesaufenthalten im Ostteil) berichtet. Ab 18. 4. ist eine Delegation der LDPD-Volkskammerdelegation für fünf Tage bei der FDP-Bundestagsfraktion zu Gast. Am 20. 4. empfängt der saarländische Ministerpräsident *Oskar Lafontaine* eine Delegation aus dem Bezirk Cottbus, der rheinland-pfälzische Ministerpräsident *Bernhard Vogel* wird am 21. 4. in Ost-Berlin von *Erich Honecker* empfangen. Am 9. 11. nehmen Volkskammerpräsident *Horst Sindermann*, der Chef des Bundeskanzleramtes, *Wolfgang Schäuble*, sowie der Regierende Bürgermeister von Berlin (West), *Eberhard Diepgen*, gemeinsam in Ost-Berlin an einer Veranstaltung zum 50. Jahrestag der Judenpogrome von 1938 teil.

Militärkontakte: Am 9. 8. schlägt DDR-Verteidigungsminister *Heinz Keßler* in einem Zeitungsinterview direkte Gespräche zwischen den Verteidigungsministern sowie zwischen Militärexperten beider deutschen Staaten vor.

Stromverbund: Am 7. 3. einigen sich beide Staaten in Ost-Berlin über einen innerdeutschen Stromverbund, der auch den Bau einer Stromtrasse zwischen West-Berlin und dem Bundesgebiet vorsieht (→ 1977).

Gebietstausch: Für den 1. 7. vereinbaren der West-Berliner Senat und die DDR am 31. 3. einen Gebietsaustausch, mit dem alle verbliebenen gegenseitigen Exklaven beseitigt werden.

Transitpauschale: Am 14. 9. verpflichtet sich die Bundesrepublik, die jährliche **Transitpauschale** von bisher 525 auf 880 Millionen DM zu erhöhen.

Kulturaustausch: Am 19. 6. spricht Altbundeskanzler *Helmut Schmidt* beim gemeinsamen **evangelischen Kirchentag** der Mecklenburgischen und Greifswalder Landeskirchen in Rostock. – Erneut findet in der Bundesrepublik, diesmal ab 14. 4. in Bremen, eine Ausstellung mit »Büchern aus der DDR« statt. – In Dessau wird am 6. 8. vom Regierenden Bürgermeister von Berlin (West), *Eberhard Diepgen*, eine **Ausstellung des »Bauhaus-Archivs«**, das sich in West-Berlin befindet, eröffnet.

Parteikontakte: Die SED setzt ihre intensiven Kontakte zur **SPD** fort. Eine gemeinsame Arbeitsgruppe beider Parteien führt am 27./28. 1. und am 17./18. 5. in Bonn sowie am 30./31. 3. in Ost-Berlin Beratungen über sicherheitspolitische Fragen. Am 5. 4. veröffentlichen SPD, KPČ und SED ein gemeinsames Papier, in dem sie die Schaffung einer Chemiewaffenfreien Zone, die die Bundesrepublik, die DDR und die ČSSR einschließen soll, vorschlagen. Zwei Wochen später macht die DDR-Regierung dieses Papier zu einem offiziellen Vorschlag an die Bundesregierung. Am 7. 7. schlagen SED und SPD die Einrichtung einer »Zone des Vertrauens« in Mitteleuropa vor.

Außenpolitik

Warschauer Pakt: Im Januar wird der Umtausch von Devisen für Reisen in die Tschechoslowakei und nach Ungarn für DDR-Bürger weiter eingeschränkt. Die DDR ist nicht bereit, die negative Zahlungsbilanz mit den beiden Ländern im Ergebnis des individuellen Reiseverkehrs durch zusätzliche Warenlieferungen auszugleichen und greift daher zum Mittel der Devisenbeschränkung. – Am 25. 2. beginnt in Bischofswerda (Sachsen) und in Waren an der Müritz (Mecklenburg-Vorpommern) der Abbau sowjetischer Atomraketen. – Am 26. 6. treffen in Potsdam 40 Militärs aus 20 Unterzeichnerstaaten der KSZE-Schlußakte ein, um ein gemeinsames Manöver der sowjetischen Streitkräfte in Deutschland und der Nationalen Volksarmee der DDR, an dem insgesamt 17 000 Soldaten teilnehmen, zu beobachten.

Westeuropa: Vom 7. bis 9. 1. besucht *Erich Honecker* als erstes Land der westlichen Alliierten Frankreich. Im Verlauf seines Besuches, bei dem durch die DDR-Delegation wertvolle Archivalien aus dem 17. bis 20. Jahrhundert über die Geschichte der französischen Protestanten

(Hugenotten) zurückgegeben werden, führt *Honecker* Gespräche mit dem französischen Staatspräsidenten *François Mitterrand.* – Am 13. und 14. 9. hält sich der dänische Ministerpräsident *Poul Schlüter* in der DDR auf. Hierbei wird ein Gegenbesuch *Honeckers* in Dänemark für das kommende Jahr vereinbart. – Zwischen dem Rat für gegenseitige Wirtschaftshilfe und den Europäischen Gemeinschaften (EG) wird am 25. 6. die Aufnahme offizieller Beziehungen vereinbart. – Am 15. 8. nehmen die EG und die DDR diplomatische Beziehungen auf.

Wirtschafts- und Sozialpolitik

Das **Bruttoinlandsprodukt** der DDR wächst letztmalig in ihrer Geschichte im Vergleich zum Vorjahr um 0,6 % auf 195,4 Mrd. DM (in BRD-Preisen von 1989). Das sind 9 % der Leistungskraft der westdeutschen Volkswirtschaft. Sie sind Ergebnis der **verstärkten Investitionstätigkeit** in der DDR-Volkswirtschaft. Zwar wird die in den Gesetzen zum Volkswirtschaftsplan und zum Staatshaushalt 1988 vom 18. 12. 1988 geplante Wachstumsrate bei den Investitionen (8,3 %) nicht erreicht; sie ist mit 7,25 % aber dennoch überdurchschnittlich hoch. Das hohe Wachstum des im Inland verwendeten Nationaleinkommens (es steigt gegenüber dem Vorjahr um 9,8 %) verdeutlicht ebenfalls das Bestreben, durch **Modernisierungsinvestitionen** den veralteten Kapitalstock schrittweise zu erneuern. – Am 24. 6. ordert die DDR-Fluggesellschaft »Interflug« als erste Fluglinie eines staatssozialistischen Landes drei »Airbus«-Maschinen für die eigene Flotte.

Sozialpolitik: Mit Jahresbeginn tritt eine am 4. 10. 1987 vom Ministerrat auf dem Verordnungsweg erlassene neue Urlaubsregelung in Kraft, mit der ältere Arbeitnehmer (Frauen ab 55 Jahren und Männer ab 60 Jahren) einen um fünf Tage verlängerten gesetzlichen Mindesturlaub erhalten. Auch eine weitere Rentenerhöhung mit Wirkung vom 1. 12. 1989, die bereits am 30. 11. 1988 verordnet wird, zielt darauf ab, nach vielen Jahren der sozialpolitischen Förderung junger Ehen und Familien nunmehr die Sozialpolitik stärker auf die älteren Bevölkerungsteile auszurichten (→ Tabelle).

Rentenerhöhung ab 1. 12. 1989

Arbeitsjahre	*von bisher*	*auf*
15 bis unter 20	310 Mark	340 Mark
20 bis unter 25	320 Mark	350 Mark
25 bis unter 30	330 Mark	370 Mark
30 bis unter 35	340 Mark	390 Mark
35 bis unter 40	350 Mark	410 Mark
40 bis unter 45	360 Mark	430 Mark
über 45	370 Mark	470 Mark

Soziale Daten

Bevölkerung: Im Gebiet der DDR leben am 31. 12. 16,67 Millionen Einwohner, etwa 14 000 mehr als im Vorjahr. Der Frauenüberschuß beträgt nur noch 729 000. Nach westlichen Angaben siedeln ca. 43 300, nach DDR-Angaben 40 454 Personen nach Westdeutschland über. Damit werden die hohen Werte des Jahres 1984 noch einmal übertroffen. In umgekehrter Richtung wandern nach DDR-Angaben 419, nach westlichen Angaben rund 2500 Personen.

10,83 Millionen Personen, darunter 5,19 Millionen Frauen, befinden sich im arbeitsfähigen Alter (zwischen 15 und 60 bzw. 65 Jahren). 8,59

Staatshaushalt der DDR: Ausgaben nach ausgewählten Bereichen 1950–1988 in Mio DM

Jahr	*Ausgaben insgesamt*	*Gesundheits- u. Sozialwesen*	*Sozial-versicherung*	*Kultur*	*Bildungs-wesen*
1950	24 091,0	1 394,0	4 575,0	312,0	1 136,0
1955	38 326,5	2 059,0	6 334,0	392,0	2 388,0
1960	49 457,7	4 240,0	9 600,0	649,0	3 613,0
1965	55 759,1	4 877,0	11 802,0	802,0	4 351,0
1970	69 954,4	5 877,0	14 641,3	1 082,0	5 812,0
1975	114 160,2	7 888,0	21 358,3	1 082,0	5 812,0
1980	160 283,4	10 295,0	29 410,0	1 953,0	8 276,0
1985	235 534,6	13 237,0	32 507,9	2 484,0	10 717,0
1986	247 013,3	13 992,0	34 186,0	3 559,0	14 345,0
1987	260 448,9	16 280,0	35 186,2	3 747,0	14 944,0
1988	269 699,1	17 801,0	36 274,5	3 914,0	15 462,0

Millionen Personen, darunter 4,2 Millionen Frauen, sind berufstätig.

Wohnungsbau: Am 12. 10. wird im Ost-Berliner Neubaubezirk Hohenschönhausen die nach offizieller Zählung dreimillionste seit dem VIII. Parteitag der SED 1971 gebaute Wohnung im Beisein von Partei- und Staatschef *Erich Honecker* übergeben. Ohne die in dieser Ziffer enthaltenen Plätze in Wohnheimen für Studenten, Arbeiter und Senioren sind im Zeitraum von 1971 bis einschließlich 1988 mehr als 1,95 Millionen Wohnungen fertiggestellt worden. Mit dem Bau von 104 666 (93 472 neu gebauten und 11 194 modernisierten) Wohnungen werden 5088 Wohnungen weniger fertiggestellt als im Vorjahr. Allerdings verschiebt sich das Schwergewicht des Wohnungsbaus letztmalig durch eine höhere Zahl neugebauter Wohnungen zugunsten des Neubaus. Der genossenschaftliche Wohnungs-

bau geht leicht um 1868 Einheiten auf 24 106 fertiggestellte Wohnungen zurück.

Einkommen und Lebenshaltung: Das durchschnittliche monatliche Arbeitseinkommen von Arbeitern und Angestellten beträgt in der staatseigenen Wirtschaft 1269 Mark. Die Pro-Kopf-Sparguthaben wachsen auf etwa 8514 Mark an. Die Sparguthaben bei Geld- und Kreditinstituten wachsen gegenüber dem Vorjahr absolut um 6,9 %. Das Volumen der Lebensversicherungen wächst um 1,4 %. – Das **Fernsprechnetz** der Deutschen Post wächst gegenüber dem Vorjahr um 66 300 auf über 1 761 400 Anschlüsse. In der **Ausstattung** der privaten Haushalte **mit langlebigen Konsumgütern** entfallen auf 1000 Haushalte 547 PKW, 184 Motorräder bzw. Motorroller, 1596 Kühl- und Gefriergeräte, 1073 Waschmaschinen, 2410 Radioapparate und 1252 Fernsehgeräte.

1989

Die Mauer fällt

Bis zum Spätsommer dieses Jahres deutet wenig auf die kommenden historischen Umwälzungen hin. Innenpolitisch ist es ein für die Regierung zunehmend schwieriges Jahr. Die großen Reformpläne der Wahlperiode (Steuerreform und Rentenreform) gelten als nicht bewältigt oder gescheitert. Selbst kleinere Vorhaben wie die Liberalisierung der Ladenschlußzeiten enden nach heftigen Debatten in Minimalkompromissen. Fatal wirken Regierungsbeschlüsse zur Abgrenzung gegen die unerwünschte Zuwanderung von »Wirtschaftsflüchtlingen« und politische Stimmungsmache gegen Ausländer durch (nicht nur) rechtsradikale Parteien; sie kündigen die große innenpolitische Auseinandersetzung der folgenden Jahre bereits an. Nach einer lange hinausgezögerten Kabinettsumbildung, die das Signal des »letzten Aufgebots« ausstrahlt, wird der Kohl-Regierung weithin die Kraft zur politischen Gestaltung abgesprochen. Doch dann drängen säkuläre historische Entwicklungen die innenpolitische Misere in den Hintergrund. Die Öffnung der ungarisch-österreichischen Grenze für DDR-Flüchtlinge im September und der Fall der Mauer am 9. November leiten den Prozeß der deutschen Einheit ein.

Deutsch-deutsche Beziehungen

Mauer: DDR-Staatsratsvorsitzender *Erich Honecker* erklärt am 19.1., der »antifaschistische Schutzwall« bleibe so lange bestehen, »wie die Bedingungen nicht geändert werden, die zu seiner Entstehung geführt haben. Er wird in 50 oder auch in 100 Jahren noch bestehenbleiben.«

Deutsch-deutsche Grenze: Die Bundesrepublik und die DDR unterzeichnen am 12.4. ein **Protokoll über den innerdeutschen Grenzverlauf**. Damit findet die Überprüfung der 1296,86 km langen Grenze nach zwei Jahren ihren Abschluß. – Nach Berichten des Grenzschutzkommandos Mitte in Kassel vom 6.3. bzw. 11.4. hat die DDR ihre Lichtsperranlagen an der Grenze ausgebaut und den Zaun mit Signaldrähten ausgerüstet.

Schießbefehl: Eine Erklärung von *Honecker* am 4.7., daß der Schießbefehl an der innerdeutschen Grenze nicht mehr existiere, wertet die Bundesregierung als offiziell und verbindlich. Noch im Februar war ein DDR-Bewohner bei einem Fluchtversuch getötet worden.

Zusammenarbeit: Der niedersächsische Ministerpräsident *Ernst Albrecht* teilt nach einem Gespräch mit *Honecker* am 27.4. mit, daß Niedersachsen und die DDR im Umweltschutz enger zusammenarbeiten wollen.

Rede zur Einheit: Am 17.6., dem Tag der deutschen Einheit, sagt der SPD-Politiker *Erhard Eppler* in seiner Rede vor dem Deutschen Bundestag: »Die Deutschen haben, wie alle Völker, ein Recht auf Selbstbestimmung. Es ist nicht verwirkt, auch nicht durch das, was Deutsche Europa angetan haben.«

Besuche: Kanzleramtsminister *Rudolf Seiters* trifft am 4.7. zu einem Antrittsbesuch mit *Honecker* und DDR-Außenminister *Oskar Fischer* zusammen.

Botschaftsflüchtlinge: Aus Prag, Budapest und Ost-Berlin wird Ende Juli/Anfang August berichtet, daß sich **DDR-Bewohner in den Botschaften** der Bundesrepublik bzw. der Ständigen Vertretung in Ost-Berlin aufhalten, um ihre Ausreise zu erzwingen. (Weitere Einzelheiten: → DDR).

Öffnung der Grenzen: Am 9.11. öffnet die DDR die ersten Grenzübergänge zur Bundesrepublik und nach West-Berlin, bis zum 30.11. werden 50 neue Übergänge eingerichtet. Vom 9.–12.11. sind nach einer Miteilung des DDR-Innenministeriums rund 4,3 Millionen Visa für Privatreisen in die Bundesrepublik und West-Berlin erteilt worden. (Weitere Ereignisse → DDR)

Einheitspläne: Bundeskanzler *Kohl* legt dem Bundestag am 28.11. ein **10-Punkte-Programm zur Deutschlandpolitik** vor, in dem er einen mehrstufigen Weg zur »Wiedergewinnung der staatlichen Einheit Deutschlands« entwirft, der sich »eingebettet in einen gesamteuropäischen

Prozeß« vollziehen soll. Sofern die DDR einen grundlegenden und unumkehrbaren Wandel des politischen und wirtschaftlichen Systems in Gang setzt, ist die Bundesrepublik zu intensiver und umfassender Hilfeleistung bei diesem Umbau bereit. *Kohl* bietet der DDR »konföderative Strukturen« an mit dem Ziel, »eine Föderation, das heißt eine bundesstaatliche Ordnung in Deutschland zu schaffen«. Voraussetzung sei jedoch eine demokratisch legitimierte Regierung in der DDR. – Der Plan findet auch die Zustimmung der SPD-Opposition, während die Grünen für eine »Politik der Zweistaatlichkeit« votieren. – Am 19. 12. trifft *Kohl* mit dem Ministerratsvorsitzenden der DDR, *Hans Modrow*, zusammen. Sie beschließen die Bildung einer **Vertragsgemeinschaft zwischen beiden deutschen Staaten**.
Berlin: Gemeinsam öffnen *Kohl* und *Modrow* am 22. 12. nach 28 Jahren mit zwei Fußgängerübergängen das Brandenburger Tor.

Außenpolitik

USA: US-Außenminister *James Baker* beendet am 14. 2. einen zweitägigen Besuch in Bonn, ohne mit der Bundesregierung eine Einigung über eine Modernisierung der »Lance«-Kurzstreckenraketen zu erzielen. – US-Präsident *George Bush* führt am 30./31. 5. in Bonn Gespräche u. a. mit Bundespräsident *Richard von Weizsäcker* und Bundeskanzler *Helmut Kohl*. *Bush* kündigt – als Zeichen für die immer enger werdenden Beziehungen – die Aufhebung der Visumspflicht für in die USA reisende Bundesbürger (mit Ausnahme von Journalisten und Austauschschülern bzw. -studenten) an.
UdSSR: Beim Staatsbesuch des sowjetischen Staats- und Parteichefs *Michail Gorbatschow* (vom 12.–15. 6.) werden elf Abkommen und eine Gemeinsame Erklärung unterzeichnet, in der sich die UdSSR erstmals in einem bilateralen Dokument in allgemeiner Form zum Selbstbestimmungsrecht der Völker und zum Schutz von Minderheiten bekennt.
Polen: Durch die Einigung über ein deutsch-polnisches Umschuldungsabkommen wird am 9. 10. eines der Hindernisse für den Besuch von Bundeskanzler *Kohl* in Polen beseitigt. – Der Bundestag verabschiedet am 8. 11., einen Tag vor der Reise des Bundeskanzlers nach Polen, bei nur 4 Gegenstimmen und 33 Enthaltungen eine

Entschließung, in der die bisher weitestgehende Garantie der Oder-Neiße-Grenze gegeben wird: Das Recht Polens, »in sicheren Grenzen zu leben«, werde »von uns Deutschen weder jetzt noch in Zukunft durch Gebietsansprüche in Frage gestellt«.
Israel: Bundeskanzler *Kohl* protestiert am 1. 12. in einem Schreiben an den israelischen Ministerpräsidenten *Yitzhak Shamir* gegen dessen wiederholte Erklärung, daß von einem vereinigten Deutschland eine »tödliche Gefahr für die Juden« ausgehen könne.

Bundesregierung, Bundespräsident

Kabinettsumbildung: Bundeskanzler *Helmut Kohl* (CDU) gibt am 13. 4. eine Umbildung der Bundesregierung bekannt: der CSU-Vorsitzende *Theodor Waigel* tritt in das Kabinett als Bundesfinanzminister ein, der bisherige Amtsinhaber *Gerhard Stoltenberg* (CDU) wechselt in das Verteidigungsministerium (*Rupert Scholz* scheidet nach elfmonatiger Amtszeit aus); der bisherige Kanzleramtsminister *Wolfgang Schäuble* (CDU) wird Bundesinnenminister als Nachfolger von *Friedrich Zimmermann* (CSU), der in das Verkehrsressort wechselt; neuer Kanzleramtsminister wird *Rudolf Seiters* (CDU); im Bauministerium löst *Gerda Hasselfeldt* (CSU) *Oscar Schneider* (CSU) ab; der bisherige Verkehrsminister *Jürgen Warnke* (CSU) kehrt in das Bundesministerium für wirtschaftliche Beziehungen zurück; *Hans Klein* (CSU) erhält als Erster Regierungssprecher den Rang eines Ministers für besondere Angelegenheiten (und löst *Friedhelm Ost* ab).
Bundespräsident: Am 23. 5. wird Bundespräsident *Richard von Weizsäcker* für eine zweite Amtszeit von fünf Jahren wiedergewählt. Er erzielt mit 86,2 % der Stimmen das zweitbeste Ergebnis seit der Wiederwahl von *Theodor Heuss* 1954 mit 88,2 %.

Innenpolitik

Beschlüsse gegen Asylbewerber und »Wirtschaftsflüchtlinge«: Das Kabinett beschließt am 8. 3. die Einführung einer **Visumspflicht** für Bürger aus 14 afrikanischen, asiatischen und südamerikanischen Staaten; es stimmt ferner einer Empfehlung des Innenministers zu, das Sichtvermerkabkommen mit Jugoslawien zu kündigen. Außerdem wird das sog. Zwischenlandungsprivileg für Türken aufgehoben, die kein Visum für ein EG-Mitgliedsland, für Kanada oder die USA besitzen. Am 5. 4. hebt die Bundesregierung ferner die Visumsfreiheit für Ausländer unter 16 Jahren auf; ausgenommen sind solche aus EG-Staaten sowie aus der Türkei, Jugoslawien, Marokko und Tunesien.

Kein Kommunalwahlrecht für Ausländer: Am 31. 10. erklärt das Bundesverfassungsgericht auf Klage der CDU/CSU-Bundestagsfraktion das kommunale Wahlrecht für Ausländer in Schleswig-Holstein und Hamburg für verfassungswidrig, weil das Wahlrecht auch auf kommunaler Ebene die deutsche Staatsbürgerschaft voraussetze. – Der Landtag von Schleswig-Holstein hatte am 14. 2. die Einführung des Wahlrechts für Ausländer beschlossen, die seit mindestens fünf Jahren in der Bundesrepublik leben und deren Heimatländer dort lebenden Deutschen ebenfalls ein solches Wahlrecht zugestehen (Dänemark, Schweden, Norwegen, Niederlande, Irland, Schweiz). Am 16. 2. führte die Hamburger Bürgerschaft ein kommunales Wahlrecht für Ausländer ein, die seit mindestens acht Jahren in der Hansestadt leben und eine Aufenthaltsgenehmigung besitzen. – Aus den Reihen der CDU/CSU werden diese Beschlüsse heftig kritisiert. Der Vorsitzende der Bundestagsfraktion, *Alfred Dregger* (CDU), erklärt, Ausländer seien »Gäste, nicht Mitbürger«; Bundesinnenminister *Zimmermann* (CSU) begründet seine Ablehnung damit, daß in manchen Hamburger Stadtbezirken »die deutsche Bevölkerung nichts mehr zu sagen« habe.

Postreform: Der Bundestag verabschiedet am 20. 4. gegen die Stimmen von SPD und Grünen (Bundesrat stimmt am 12. 5. zu) die Postreform, die damit am 1. 7. in Kraft tritt. Die Bundespost wird in drei staatliche Unternehmen – Postdienst, Postbank und Telekom (Fernmeldedienste) – aufgeteilt, während die politisch-hoheitlichen Aufgaben weiterhin vom Bundesminister für Post und Telekommunikation wahrgenommen werden.

Innere Sicherheit: Der Bundestag verabschiedet am 21. 4. mit 209 gegen 151 Stimmen Gesetze zur inneren Sicherheit, die eine **Verschärfung des Demonstrationsrechts** (Vermummung und passive Bewaffnung strafbar) und eine bis Ende 1992 befristete **Kronzeugenregelung** für Terroristen einführen. Der Bundesrat stimmt am 12. 5. zu.

Ladenschluß: Am 2. 6. verabschiedet der Bundestag (Bundesrat 30. 6.) das Gesetz zur Einführung des **Dienstleistungsabends**: Ab 1. 10. können Geschäfte, Banken u. a. öffentliche Dienstleister donnerstags bis 20.30 Uhr geöffnet bleiben; zum Ausgleich werden am langen Samstag im Sommer die Öffnungszeiten von 18 auf 16 Uhr verkürzt.

Aus für Wackersdorf: Die Bundesregierung und die Bayerische Staatsregierung beschließen am 6. 6., den Bau der atomaren Wiederaufarbeitungsanlage **Wackersdorf** einzustellen. Bundesdeutsche Energieversorgungsunternehmen können künftig verbrauchte Brennelemente im französischen La Hague und im britischen Sellafield wiederaufbereiten lassen.

Rentenreform: Der zwischen Koalition und SPD ausgehandelte Gesetzentwurf zur Rentenreform 1992 wird am 9. 11. vom Bundestag (Bundesrat 1. 12.) gebilligt. Wichtigste Punkte: Rentenanpassung ab 1992 nur noch nach den verfügbaren Netto-Einkommenssteigerungen, schrittweise Anhebung der Altersgrenze auf 65 Jahre, Anrechnung von drei Erziehungsjahren bei Geburten, Neuordnung der beitragslosen Zeit nach dem Gesamtleistungsmodell.

Eingliederungsgeld: Der Bundestag beschließt am 16. 11. die Zahlung eines pauschalen Eingliederungsgeldes für Aus- und Übersiedler anstelle von Arbeitslosen- oder Krankengeld. Weitere Beschlüsse betreffen u. a. die Senkung des Kohlepfennigs (bis 1993 von derzeit 8,5% um jährlich 0,25 auf 7,5%) und die Förderung von PKW mit Katalysator. Der Bundesrat stimmt den Gesetzentwürfen am 21. 12. zu.

Steuerreform: Die Steuerreform (→ 1988) ist nach mehreren Korrekturen und Ergänzungen abgeschlossen: Der Bundestag stimmt am 7. 12. (Bundesrat am 21. 12.) einem Ergänzungsgesetz zu, in dem offengebliebene Punkte der Steuerbefreiung von Nachtarbeitszuschlägen, aber auch die neuen Abschreibungsbedingungen für den Wohnungsbau geregelt werden.

Quellensteuer: Am 10. Mai schafft die Bundesregierung die erst 1988 eingeführte Quellensteuer auf Kapitalerträge wieder ab. Sie habe, so Bundesfinanzminister *Waigel* (CSU), zu einem erheblichen Kapitalabfluß aus der Bundesrepublik geführt. (Ende der neunziger Jahre führen Ermittlungen verschiedener Staatsanwaltschaften zu Strafverfahren gegen zahlreiche, auch führende Mitarbeiter von Banken und Verurteilungen wegen Beihilfe zur Steuerhinterziehung.)

Erwerbstätige und Arbeitslose 1969–1989

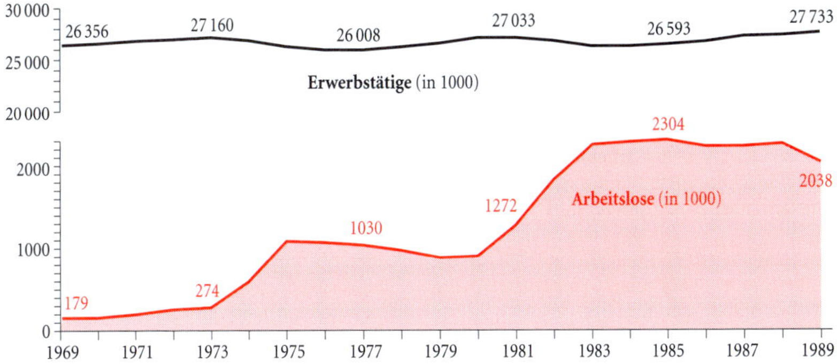

Unternehmen

Daimler-Benz: Wirtschaftsminister *Helmut Haussmann* (FDP) genehmigt am 8. 9. die umstrittene Fusion von Daimler-Benz (1989 weltweit 328 195 Mitarbeiter, Umsatz 1989 76,6 Mrd. DM, Gewinn 1988 1,7 Mrd. DM) mit dem Luft- und Raumfahrtkonzern Messerschmitt Bölkow Blohm (MBB – 39 000 Beschäftigte, Umsatz 1987 7,1 Mrd. DM) – allerdings mit einigen Auflagen. Damit wird die gegenteilige Entscheidung des Bundeskartellamtes vom 24. 4. aufgehoben.
co op AG: Die Gläubigerbanken des hochverschuldeten Handelskonzerns co op AG (46 000 Beschäftigte) einigen sich am 18. 9. auf ein Sanierungskonzept und verzichten damit auf Forderungen in Höhe von knapp 1,7 Mrd. DM. Am 25. 11. werden fünf ehemalige Aufsichtsräte des Konzerns, darunter der Aufsichtsratsvorsitzende *Alfons Lappas* und am 4. 12. (nach seiner freiwilligen Rückkehr aus Südafrika) der einstige Vorstandschef *Bernd Otto*, unter dem Vorwurf der Untreue und der Bilanzfälschung verhaftet.

Justiz

NS-Zeit: Justizminister *Hans Engelhard* (FDP) übergibt am 1. 3. in Trier der Deutschen Richterakademie ein Mahnmal zum Gedenken an die Opfer nationalsozialistischer Justiz (rund 12 000 Todeurteile wurden durch ordentliche Gerichte und den Volksgerichtshof allein von 1938 bis August 1944 verhängt). – Nach Angaben der Ludwigsburger Zentralstelle der Landesjustizverwaltung vom 20. 4. sind – 44 Jahre nach Ende des Zweiten Weltkrieges – noch gegen 3849 Personen Verfahren wegen NS-Straftaten anhängig (Stand: 1. 1. 1989); seit 1945 wurde gegen insgesamt 94 756 Beschuldigte ermittelt, von denen 6482 rechtskräftig verurteilt wurden.
Hungerstreik: Die **Häftlinge der »Rote Armee Fraktion« (RAF)** und anderer terroristischer Vereinigungen brechen am 12. 5. ihren Hungerstreik ab, an dem sich zeitweise über 40 Häftlinge beteiligten. Ihre ursprüngliche Forderung nach Zusammenlegung in eine oder zwei große Gruppen wird nicht erfüllt. Für die SPD-regierten Bundesländer erklärt der nordrhein-westfälische Justizminister *Rolf Krumsiek* (SPD) die Bereitschaft, terroristische Gefangene in Gruppen bis zu sechs Inhaftierten zusammenzulegen.
Begnadigung: Das Bundespräsidialamt bestätigt am 12. 3. die Begnadigung der früheren RAF-Terroristin *Angelika Speitel* durch Bundespräsident *Richard von Weizsäcker*. *Speitel* war 1979 wegen Polizistenmordes zu lebenslanger Haft verurteilt worden; sie wird am 30. 6. 1990 nach zwölf Jahren Haft auf Bewährung entlassen. Die 1977 zu lebenslanger Haft verurteilte frühere RAF-Terroristin *Verena Becker* wird am 25. 9. begnadigt und am 30. 11. entlassen.
Terroranschlag: Am 30. 11. wird der Vorstandssprecher der Deutschen Bank, *Alfred Herrhausen*, von RAF-Terroristen in Bad Homburg ermordet.

Umwelt

Berlinflüge: Die alliierten Luftfahrtattachés genehmigen am 29. 9. die Streichung von rund 7 %

der Flüge von und nach West-Berlin. Der Senat hatte die Kürzung aus Umweltschutzgründen gefordert.

Giftmüll: Umweltminister *Klaus Töpfer* vereinbart am 21. 11. mit Ministerkollegen mehrerer Bundesländer sowie Vertretern der chemischen Industrie und der IG Chemie in Bonn, daß die Verbrennung von deutschem Giftmüll auf See bis Ende 1991 beendet werden soll.

Umweltcharta: Die Umwelt- und Gesundheitsminister aus 29 europäischen Staaten unterzeichnen auf einer 1. Konferenz in Frankfurt am Main (am 7./8. 12.) eine Europäische Charta Umwelt und Gesundheit.

Parteien

CDU: Auf dem Bundesparteitag in Bremen (10.–13. 9.) wird *Helmut Kohl* mit 77,4 % der Stimmen als Parteivorsitzender bestätigt. Als Nachfolger des nicht mehr vorgeschlagenen *Heiner Geißler* wird *Volker Rühe* mit 84,2 % der Stimmen zum neuen CDU-Generalsekretär gewählt. Bei der Wahl des Präsidiums scheitern überraschend der baden-württembergische Ministerpräsident *Lothar Späth* und der Vorsitzende der CDU-Sozialausschüsse, *Ulf Fink*.

CSU: Parteivorsitzender *Theodor Waigel* erklärt auf dem Schlesiertreffen in Hannover am 2. 7., daß die deutsche Frage »rechtlich, politisch und geschichtlich offen« sei und dazu auch die Gebiete jenseits der Oder-Neiße-Linie gehörten. Die Äußerungen stoßen vor allem bei der SPD und in Polen auf heftige Kritik. Der CSU-Landesvorstand stellt sich am 10. 7. ausdrücklich hinter die Rede seines Parteivorsitzenden.

SPD: Der Parteitag in Berlin (West) wird am 18. 12. mit einer »Berliner Erklärung« zur

Deutschlandpolitik eröffnet; der Ehrenvorsitzende *Willy Brandt* und Vorsitzende *Hans-Jochen Vogel* sprechen sich für eine baldige Konföderation beider deutscher Staaten aus und schlagen zur Unterstützung der Reformen in der DDR ein Sofortprogramm in Milliardenhöhe vor. Am 20. 12. nimmt der Parteitag mit nur einer Gegenstimme ein neues Grundsatzprogramm an. Das »Berliner Programm« löst das »Godesberger Programm« von 1959 ab und fordert u. a. die ökologische Erneuerung der Industriegesellschaft, die Gleichberechtigung der Frau, die 30-Stunden-Woche und neue Grundsätze der Sicherheitspolitik.

Ereignisse auf Länderebene

Berlin: Bei den Wahlen zum Abgeordnetenhaus am 29. 1. verliert die bisherige CDU/FDP-Regierung überraschend ihre Mehrheit. Die rechtsradikalen *Republikaner* gewinnen nach einem betont ausländerfeindlichen Wahlkampf 7,5 % der Stimmen. Sie hatten unter anderem einen Werbefilm eingesetzt, in dem Bilder spielender türkischer Kinder mit der Filmmusik aus »Spiel mir das Lied vom Tod« unterlegt waren. – Als neuer Regierender Bürgermeister wird am 16. 3. der SPD-Landesvorsitzende *Walter Momper* vereidigt, nachdem sich die SPD mit der Alternativen Liste auf eine Koalition verständigt hat.

Hamburg: Der Pachtvertrag für die ehemals besetzten Häuser an der Hamburger Hafenstraße wird am 24. 4. fristlos gekündigt. Die Eigentümerin, die städtische Hafenrand GmbH, begründet dies mit Angriffen von Bewohnern der Häuser auf Polizisten, bei denen am 13. 4. elf Beamte verletzt wurden.

1989

Massenflucht und Revolution

Aus Enttäuschung über die ausbleibenden Veränderungen fliehen bis zum Herbst Zehntausende DDR-Bürger über die Botschaften der Bundesrepublik in Prag, Budapest und Warschau sowie über die im September geöffnete ungarisch-österreichische Grenze in den Westen. – Angesichts der Massenflucht kommt es in der DDR zu Neugründungen von Oppositionsgruppen und Parteien. Infolge der anhaltenden Proteste gegen die SED-Politik auf den Montagsdemonstrationen wird *Erich Honecker* Ende Oktober von *Egon Krenz* als Generalsekretär der SED abgelöst. Wenige Tage später tritt das gesamte Politbüro geschlossen zurück. – Nach der Grenzöffnung am 9. November und der Wahl des Reformkommunisten *Hans Modrow* zum Vorsitzenden des Ministerrats erklären unter dem anhaltenden Druck wiederholter Großdemonstrationen das neugewählte Politbüro und *Krenz* ihren Rücktritt. – Bei ihrem ersten Treffen in Dresden vereinbaren *Modrow* und Bundeskanzler *Helmut Kohl* Verhandlungen über eine Vertragsgemeinschaft zwischen der DDR und der Bundesrepublik.

Kommunalwahlen

Am 7.5. finden zum letzten Mal Wahlen zu den Kommunalvertretungen nach dem Einheitslistenprinzip statt. Nach einem am 3.3. durch die Volkskammer beschlossenen und schon drei Tage später in Kraft getretenen Gesetz dürfen auch in der DDR lebende Ausländer teilnehmen, sofern sie sich in die Wählerlisten haben eintragen lassen. Das offizielle Endergebnis (Beteiligung: 98,77 %, 98,84 % Ja-Stimmen für die Ein-

heitsliste) bewegt sich im Rahmen der Ergebnisse vorheriger Wahlen in der DDR. Mitglieder der Bürgerrechtsbewegung, aber auch andere DDR-Bürger, die bei der Auszählung der Stimmen in vielen Wahllokalen anwesend waren, registrieren die in den Wahllokalen öffentlich bekanntgegebenen Ergebnisse für die Wahlbezirke, die eine um 10 % geringere Wahlbeteiligung und zum Teil mehr als 10 % Neinstimmen für die Einheitsliste erkennen lassen. Auch wenn keine flächendeckende Kontrolle der offiziellen Ergebnisse möglich ist, offenbart der Vergleich der registrierten mit den am nächsten Tag in der Presse abgedruckten Ergebnissen die Praxis der **Wahlfälschung**.

Proteste und Eingaben: Nur wenige Tage nach den Kommunalwahlen gehen bei den Wahlkommissionen auf bezirklicher und zentraler Ebene Eingaben ein, in denen einzelne Bürger oder Gruppen das offizielle Ergebnis anzweifeln. Die Beschwerden werden allesamt abschlägig beschieden. – Ab 7. 6. beginnt die Bürgerrechtsbewegung mit Protestversammlungen gegen die Wahlfälschung vom 7. 5. – Ebenfalls am 7. 6. verlangt die Leitung des Bundes der Evangelischen Kirchen (BEK) in einer Erklärung, Änderungen im Wahlverfahren durchzuführen, die ermöglichen, »daß jeder Bürger aktiv Auswahlentscheidungen treffen kann und eindeutig über die Wertung der Stimmen unterrichtet ist«.

Ausreisebewegung

Wachsender Ausreisedruck: Die am 1. 1. in Kraft getretene neue Reiseverordnung vom 30. 11. → 1988 veranlaßt bis Ende September fast 161 000 Bürger (nur rund 32 200 weniger als im gesamten Zeitraum vom 1. 1. 1972 bis 31. 12. 1988), die ständige Ausreise aus der DDR zu beantragen. – Am 12. 3. demonstrieren in Leipzig etwa 600 Personen für ihre freie Ausreise in den Westen. Dabei kommt es zu Festnahmen und Behinderungen der Arbeit westlicher Journalisten. – Ab 2. 5. beginnt Ungarn mit dem Abbau seiner Sicherungsanlagen an der Grenze zu Österreich. – Ab 1. 7. können DDR-Bürger, die die ständige Ausreise beantragt haben, ablehnende Bescheide zu ihren Anträgen durch die neu entstehenden Verwaltungsgerichte überprüfen lassen. – Am 7. 8. berichtet das SED-Zentralorgan »Neues Deutschland« erstmals in verklausulierter Form, DDR-Bürger hätten Vertretungen der Bundesrepublik in staatssozialistischen Ländern besetzt. Tatsächlich muß bereits am folgenden Tag die Ständige Vertretung in Ost-Berlin, in der sich 130 DDR-Bürger aufhalten, für den Besucherverkehr geschlossen werden; am 13. 8. folgt die bundesdeutsche Botschaft in Budapest (180 »Besetzer«), am 22. 8. die Vertretung in Prag.

Briefwechsel Kohl-Honecker: Bereits am 14. 8. fordert Bundeskanzler *Helmut Kohl* in einem Brief an *Erich Honecker* mit Blick auf die Situation in den bundesdeutschen Vertretungen, in der DDR für Lebensumstände zu sorgen, die es DDR-Bürgern ermöglichen, »in ihrer angestammten Heimat ein für sie lebenswertes Leben führen [zu] können«. *Honecker* verwahrt sich drei Tage später in seiner Antwort an *Kohl* gegen die »Einmischung in souveräne Angelegenheiten« der DDR, sichert aber gleichzeitig Straffreiheit für die Personen zu, die in den bundesdeutschen Vertretungen auf ihre Ausreise warten.

Erste Massenflucht: Am 19. 8. nutzen 661 DDR-Bürger das »Paneuropäische Picknick« – bei dem für einige Stunden die ungarisch-österreichische Grenze bei Sopron geöffnet bleibt – zur Flucht in den Westen. Fünf Tage später gewährt Ungarn den 108 zu diesem Zeitpunkt in der westdeutschen Vertretung in Budapest festsitzenden DDR-Bürgern mit Papieren des Roten Kreuzes die Ausreise über Österreich, das selbst am 31. 8. einseitig die Visumspflicht für DDR-Bürger aufhebt. Auf eigene Faust passieren im gesamten Monat August rund 3000 DDR-Bürger die »grüne Grenze« zwischen Ungarn und Österreich. Es ist der Beginn einer Massenflucht.

Öffnung der ungarischen Westgrenze: Ungarn, das der internationalen Flüchtlingskonvention beigetreten ist, signalisiert der DDR-Führung am 31. 8. über seinen Außenminister *Gyula Horn*, es werde das Flüchtlingsproblem nur noch entsprechend den Bestimmungen der Konvention lösen (also den Flüchtlingsstatus der DDR-Bürger anerkennen und nicht ihre Rückreise in die DDR erzwingen). Die DDR-Führung läßt sich von dieser Nachricht in ihrer harten Haltung nicht beirren und beharrt auf der Einhaltung von bilateralen Verträgen, die bisher Ungarn verpflichtet hatten, die von der DDR nicht genehmigte Ausreise von DDR-Bürgern zu verhindern.

Ab dem 11. 9. erlaubt **Ungarn DDR-Bürgern die Ausreise in den Westen** und suspendiert damit einseitig alle in Verträgen mit der DDR dem entgegenstehenden Bestimmungen. Daraufhin können die mittlerweile 7000 DDR-Bürger, die in Flüchtlingslagern am Balaton (Plattensee) auf ihre Ausreise in den Westen gewartet hatten, Ungarn in Richtung Österreich verlassen. Weitere DDR-Bürger, die sich in der Tschechoslowakei oder in anderen Ländern aufgehalten hatten, kommen nach Ungarn, um von dort aus in den Westen zu gelangen. Innerhalb von drei Tagen treffen 15 000 DDR-Bürger in der Bundesrepublik ein.

Reaktion der DDR-Führung: Von Beginn an macht die SED-Spitze die Bundesrepublik für die Fluchtwelle verantwortlich. Bereits in der Politbürositzung am 25. 8. hatte *Günter Schabowski* den »Imperialismus der BRD« als den »eigentlichen Schuldigen« an der Situation benannt. In der der Entscheidung Ungarns folgenden Debatte im Politbüro am 12. 9. wirft *Günter Mittag* (*Erich Honecker* fehlt wegen Krankheit) Ungarn Verrat vor. – Nach außen hin startet eine Propagandakampagne: zum einen gegen Ungarn, dem unterstellt wird, gegen »Silberlinge« Verrat begangen zu haben, zum anderen gegen die Bundesrepublik, die als Drahtzieher der Fluchtwelle bezeichnet wird. Die Kampagne nimmt zum Teil absurde Züge an. So wartet das »Neue Deutschland« am 21. 9. unter der Überschrift »Ich habe erlebt, wie BRD-Bürger ›gemacht‹ werden« mit einer hanebüchenen, vom MfS besorgten Geschichte um die angebliche Betäubung eines DDR-Bürgers in Budapest mittels Mentholzigarette und sein anschließendes Verbringen nach Wien auf.

Reaktionen der DDR-Bevölkerung: In der DDR selbst wächst unter Bürgern, die das Land nicht verlassen wollen, der Unmut über die Partei- und Staatsspitze, die nach wie vor den 40. Jahrestag der DDR mit großem Pomp zu feiern gedenkt. Am 2. 9. benennt die Konferenz der evangelischen Kirchenleitungen in einem Brief an *Honecker* als Gründe für den Ausreisedruck die Verweigerung von Veränderungen in der DDR-Gesellschaft und das Fehlen einer öffentlichen Diskussion über Fehlentwicklungen in der DDR. Am 19. 9. fordert die Synode des Bundes der Evangelischen Kirchen in Eisenach die Demokratisierung der DDR-Gesellschaft.

Kontrollierte Massenausreise: Die DDR-Führung versucht, mit einer Reihe von Ausschleusungsaktionen der Ausreisewelle Herr zu werden. Am 29. 9. schlägt der nach überstandener Operation wieder amtierende SED-Generalsekretär *Erich Honecker* für die zunächst nur

3000 in der Prager Vertretung der Bundesrepublik sowie die 600 in der bundesdeutschen Botschaft in Warschau wartenden DDR-Bürger vor, ihre Ausreise zu genehmigen, verlangt jedoch, daß diese in Zügen der Deutschen Reichsbahn über das Gebiet der DDR zu erfolgen hat. Am 30.9. überbringt Bundesaußenminister *Hans-Dietrich Genscher* diese Nachricht an die »Besetzer« der bundesdeutschen Botschaft in Prag, die mit Jubel quittiert wird. Im Rahmen dieser **1. Massenausreise** treffen aus Prag rund 6000 und aus Warschau etwa 800 DDR-Bürger in der Bundesrepublik ein. Innerhalb von nur drei Tagen füllt sich die bundesdeutsche Vertretung in der tschechoslowakischen Hauptstadt erneut, nunmehr mit 7600 Fluchtwilligen. Am 3.10. erklärt sich die DDR zu einer weiteren Ausschleusungsaktion bereit und **setzt am gleichen Tag den paß- und visafreien Reiseverkehr in die ČSSR** »zeitweilig« **aus**. Die **2. Massenausreise** beginnt mit eintägiger Verspätung am 4.10. Sie ist von gewaltsamen Auseinandersetzungen zwischen Polizei und Demonstranten an den Gleisen und vor allem im Umfeld des Dresdner Hauptbahnhofes verbunden, wo mehr als 3000 Menschen versuchen, in die Züge mit den ausreisenden DDR-Bürgern aus Prag zu gelangen. Den rund 1500 von der Warschauer Botschaft der Bundesrepublik betreuten DDR-Bürgern wird nach dem 5.10., als die DDR-Behörden 633 in Warschau wartenden DDR-Bürgern die Ausreise zugesichert hatten, die **3. Massenausreise** – diesmal jedoch per Flugzeug (Flüge u. a. am 15. und 20.10.) ermöglicht.

Gründung neuer Parteien und Bewegungen

Innerhalb der DDR-Oppositionsbewegung beginnt 1989 eine **Neuformierung**, in deren Verlauf bisher relativ lockere Verbindungen (wie zum Beispiel die Initiative Frieden und Menschenrechte, das Grün-Ökologische Netzwerk Arche und die Demokratische Initiative) in reguläre Bewegungen und Parteien umgewandelt werden. Ab Ende August entstehen mehrere neue Bewegungen, von denen einige ihre offizielle Zulassung anstreben.

Sozialdemokratische Partei in der DDR (SDP): Verschiedene Personen planen seit Ende 1988, die SPD in Ost-Berlin wiederzubegründen oder für die DDR eine neue sozialdemokratische Partei zu bilden. Im Januar 1989 beginnen *Markus Meckel* und *Martin Gutzeit* – zunächst mit geringer Resonanz – mit Vorbereitungen für die Gründung einer sozialdemokratisch orientierten politischen Vereinigung. Auf einen im Juli verfaßten Aufruf hin bildet sich am 26.8. ein Initiativkreis zur Gründung einer sozialdemokratischen Partei in der DDR. Die SDP wird offiziell am 7.10. in Schwante bei Berlin u. a. durch *Angelika Barbe, Markus Meckel, Ibrahim Böhme, Arndt Noack* und *Stephan Hilsberg* gegründet und beantragt zwei Tage später die offizielle Zulassung.

Demokratischer Aufbruch (DA): Am 23.8. vereinbaren *Rainer Eppelmann, Ehrhart Neubert, Rudi Pahnke, Edelbert Richter, Wolfgang Schnur, Friedrich Schorlemmer, Thomas Sell, Harald Wagner* und *Thomas Welz* bei einem konspirativen Treffen in Dresden die Bildung einer politischen Vereinigung Demokratischer Aufbruch (DA) und laden zu einem landesweiten Treffen für den 1.10. nach Ost-Berlin ein. Herkunft und späterer politischer Weg der Mitbegründer, zu denen mit *Daniela Dahn* auch ein SED-Mitglied gehört, belegen das zunächst breite politische Spektrum, das der DA repräsentieren möchte.

Neues Forum (NF): Am 9.9. wird in der Wohnung *Katja Havemanns* das Neue Forum gegründet, das am folgenden Tag seinen ausdrücklich überparteilich formulierten Aufruf zum Dialog »Aufbruch 89« veröffentlicht. Es erlangt von Beginn an große Aufmerksamkeit in den westlichen Medien und über diese dann auch überall in der DDR, weil zu den Erstunterzeichnern besonders prominente Bürgerrechtler gehören. Neben der Witwe *Robert Havemanns* sind das die im Zusammenhang mit den Verhaftungen zur Liebknecht-Luxemburg-Ehrung im Januar 1988 zeitweilig in die Bundesrepublik abgeschobene Ost-Berliner Künstlerin *Bärbel Bohley* und der Rechtsanwalt *Rolf Henrich* aus Frankfurt/Oder, der am 27.3. aus der SED ausgeschlossen worden war, nachdem in der Bundesrepublik sein Buch »Der vormundschaftliche Staat« erschienen war. Andere Erstunterzeichner sind *Michael Arnold, Martin Böttger, Erika Drees, Frank* und *Katrin Eigenfeld, Hans-Jochen Tschiche, Jens Reich* sowie *Jutta* und *Eberhard Seidel*. In den kommenden Wochen unterzeichnen etwa 200 000 DDR-Bürger den Aufruf, der weit weniger konfrontativ gegenüber der Staatsmacht formuliert ist als zum Beispiel die Gründungsdokumente der SDP. Das

Neue Forum beantragt am 19. 9. seine offizielle Zulassung, die binnen 48 Stunden vom DDR-Innenministerium verweigert wird. Es erkennt im Neuen Forum eine »verfassungsfeindliche Bestrebung«. Am 1. 10. vereinbaren angesichts des Ansturms von Bürgern wichtige Vertreter des Neuen Forums aus dem Berliner Raum in der Wohnung *Sebastian Pflugbeils* für das Neue Forum die Abkehr vom Dialogforum und die Schaffung einer regulären politischen Organisation mit lokalen und regionalen Gruppen. Die Tatsache, daß das Neue Forum seinen ursprünglich breiten politischen Ansatz nicht aufgibt, führt schließlich dazu, daß viele Mitglieder in die ab Oktober neu entstehenden unterschiedlichen politischen Parteien abwandern.

Demokratie Jetzt (Dj): Am 12. 9. trifft sich die »Initiative Absage an Praxis und Prinzip der Abgrenzung« und erarbeitet den »Aufruf zur Einmischung in eigener Sache«. Darin rufen die Initiatoren (u. a. *Hans-Jürgen Fischbeck, Wolfgang Ullmann* und *Konrad Weiß*) zur Gründung einer Bürgerbewegung Demokratie Jetzt auf. Der Aufruf wird bei der Synode des BEK in Eisenach am 15. 9. (→ oben) und danach überall in der DDR verteilt. Zunächst plädiert Dj für die Reform des Staatssozialismus, den sie durch einen »demokratischen Sozialismus« ersetzen möchte. Nach einem im Oktober einsetzenden Klärungsprozeß taucht ab November die Chiffre »Sozialismus« nicht mehr in den Papieren von Dj auf.

Vereinigte Linke (VL): In Böhlen bei Leipzig gründet sich am 4. 9. die Vereinigte Linke (auch: »Böhlener Plattform«) als »sozialistische Oppositionsbewegung«, in der auch SED-Mitglieder mitwirken. Prominente Mitglieder dieser Bewegung sind *Thomas Klein* und *Jutta Braband*.

Grüne Partei: Am 24. 11. wird in Ost-Berlin eine Grüne Partei gegründet, die sich »über den nationalen Rahmen hinaus als Teil der globalen, insbesondere der europäischen Bewegung der Grünen« versteht. Ein prominentes Mitglied ist die am 9. 11. in die DDR zurückgekehrte Bürgerrechtlerin *Vera Wollenberger*.

Parteien und Organisationen

CDU: Am 15. 9. wenden sich vier Thüringer Mitglieder der DDR-CDU (*Martina Huhn, Martin Kirchner, Christine Lieberknecht* und *Gottfried Müller*) mit einem **Brief aus Weimar** an den Vorstand ihrer Partei und verlangen darin die Abkehr von den Prinzipien des demokratischen

Zentralismus in der CDU, damit die Meinungen der Parteimitglieder »authentisch zum Ausdruck« kommen können. Die CDU solle in der Öffentlichkeit für die Unabhängigkeit der eigenen Parteipresse, die Nachprüfbarkeit von Verwaltungsentscheidungen, die »Mündigkeit des Bürgers«, völlige Reisefreiheit und eine »realistische Sicht ökonomischer Fakten« eintreten.

LDPD: Am 18. 9. druckt das LDPD-Zentralorgan »Der Morgen« die **Resolution der Rockmusiker** ab, die bisher von ihren Unterzeichnern (u. a. die Rocksänger *Tamara Danz* und *André Herzberg*, der Liedermacher *Gerhard Schöne* sowie der Schlagersänger *Frank Schöbel*) in ihren Konzerten verlesen worden war. Die Künstler beklagen hierin die »Sinnkrise« der staatssozialistischen Ordnung und die »unerträgliche Ignoranz der Staats- und Parteiführung«. Sie begrüßen die Gründung neuer Organisationen und »die millionenfache Aktivierung von Individualität«, mit denen die Bürger die »anstehenden Probleme in die eigene Hand« nehmen, wozu die alten Strukturen »offenbar kaum in der Lage« sind. – Am 30. 9. druckt »Der Morgen« eine Rede des LDPD-Vorsitzenden *Manfred Gerlach* anläßlich des 100. Geburtstages von *Carl von Ossietzky* ab, in der er für das Recht auf Diskussion über Sozialismus und Demokratie und für Offenheit in den DDR-Medien eintritt.

Demonstrationen

Versuche einzelner Bürger, sich mit eigenen Transparenten in den Demonstrationszug zum 70. Jahrestag der Ermordung von *Karl Liebknecht* und *Rosa Luxemburg* am 15. 1. in Ost-Berlin einzureihen, werden unterbunden. Am gleichen Tag versammeln sich in Leipzig etwa 200 Bürger, um **für Meinungs-, Presse- und Versammlungsfreiheit zu demonstrieren**. 80 Teilnehmer werden vorläufig festgenommen. – Regelmäßig geht die Staatsmacht gegen die jeweils am 7. des Monats auf dem Ost-Berliner Alexanderplatz stattfindenden **Demonstrationen gegen den Wahlbetrug** bei den Kommunalwahlen vom 7. 5. vor.

Montagsdemonstrationen in Leipzig: Am 4. 9., einem Montag, demonstrieren in Leipzig nach dem Ende eines Friedensgebets in der Nikolaikirche etwa 1200 Menschen für ihre Ausreise. Auch die beiden folgenden Montagsdemonstrationen in der Leipziger Innenstadt (die von Sicherheitskräften schnell unterbunden werden) sind von Bürgern dominiert, die ihre Entlassung aus der DDR-Staatsbürgerschaft anstreben. Bei der Demonstration am 25. 9. zeigt sich erstmals ein anderes Bild. Die fünf- bis achttausend Teilnehmer rufen Losungen wie **»Wir bleiben hier«** und treten offen für Reformen in der DDR ein. Als *Erich Honecker* am 2. 10. im SED-Zentralorgan »Neues Deutschland« einen von ihm selbst redigierten Kommentar zur Massenflucht erscheinen läßt, dem er den Satz, man solle den Flüchtlingen **»keine Träne nachweinen«**, zugefügt hat, finden sich am selben Tag zur erneuten Leipziger Montagsdemonstration schon 25 000 Teilnehmer ein, um ihrer Empörung über die Ignoranz und Arroganz der SED-Spitze Ausdruck zu verleihen.

40. Jahrestag der DDR

Unbeirrt vom anschwellenden Ausreisedruck setzt die DDR-Führung in den Monaten vor dem 7. 10. ihre Vorbereitungen des 40. Gründungstages der DDR fort. Am 19. 1. erklärt *Erich Honecker*, die Mauer in Berlin bliebe auch »in 50 und auch in 100 Jahren noch bestehen«, wenn die Gründe, »die zu ihrer Errichtung geführt haben«, nicht »geändert« werden. – Anfang Juni begrüßt die DDR-Spitze die gewaltsame Niederschlagung der chinesischen Demokratiebewegung auf dem »Platz des Himmlischen Friedens« in Peking (Erklärung der Volkskammer vom 8. 6.; Reise *Egon Krenz'* nach Peking; mehrfache Ausstrahlung eines chinesischen Propagandafilms im DDR-Fernsehen, der durch drastische Aufnahmen verbrannter Leichen die Gewalttätigkeit der Anführer belegen soll). – Am 14. 8. reagiert *Erich Honecker* bei der Übergabe des ersten, angeblich in der DDR gefertigten 32 MB-Chips mit dem *August-Bebel*-Zitat **»Den Sozialismus in seinem Lauf halten weder Ochs noch Esel auf«** auf das »Triumphgeschrei westlicher Medien über das ›Scheitern der sozialistischen Gesellschaftskonzeption‹«. – Am Vorabend des 40. Jahrestags veranstaltet der Staatsjugendverband FDJ in Ost-Berlin einen Fackelzug vor der Partei- und Staatsführung und den in der DDR-Hauptstadt versammelten Gästen, darunter dem sowjetischen KP-Generalsekretär *Michail Gorbatschow*. – Am 7. 10. gibt *Honecker* einen Staatsempfang im Ost-Berliner »Palast der Republik«, dessen Gäste nicht mitbekommen können, daß vor dem Gebäude Tausende Demonstranten von der

Volkspolizei durch die Innenstadt gejagt, festgenommen und Sammelplätzen »zugeführt« werden. Auch in anderen Städten kommt es zu friedlichen Demonstrationen, auf die in der SED-Presse in den kommenden Tagen mit zunächst kurzen Notizen zu »Störungen der Volksfeste zum Republikgeburtstag« verwiesen wird. Im Umfeld des 7. 10. werden in der DDR etwa 3500 Bürger festgenommen. – Der sowjetische Staatschef *Michail Gorbatschow* weist mehrfach, sowohl intern im Gespräch mit den Mitgliedern des SED-Politbüros als auch öffentlich auf den Ernst der Lage in den staatssozialistischen Ländern hin: Sein Satz **»Wer zu spät kommt, den bestraft das Leben«** drückt diese Sorge aus.

9. Oktober: Wende in Leipzig

Für die Montagsdemonstration am 9. 10. bereitet sich die Staatsmacht mit dem Zusammenziehen von Verbänden der Volkspolizei, der Staatssicherheit, der Kampfgruppen und der Nationalen Volksarmee im Raum Leipzig auf eine gewaltsame Auflösung des erwarteten Demonstrationszuges vor. Es wird bekannt, daß das Personal von Krankenhäusern verstärkt, ganze Abteilungen freigeräumt und Blutkonserven bereitgestellt worden sind. – In den späten Nachmittagsstunden sendet der Leipziger Stadtfunk einen von sechs Personen unterzeichneten **»Appell Leipziger Bürger«**, in dem diese versichern, alles in ihrer Macht Stehende für einen friedlichen Verlauf der abendlichen Demonstration tun zu wollen. Er wird auch bei den Friedensandachten verlesen. Die Unterzeichner sind drei Mitglieder der SED-Bezirksleitung Leipzig (*Kurt Meier, Jochen Pommert* und *Roland Wötzel*) auf der einen Seite sowie der Kapellmeister des Gewandhausorchesters *Kurt Masur*, der Kabarettist *Bernd Lange* und der Pfarrer *Peter Zimmermann* auf der anderen. Vor allem die Zusicherung der drei SED-Funktionäre und die Tatsache, daß die sowjetische Führung sich entschlossen hatte, nicht einzugreifen, sorgen für einen friedlichen Verlauf der Demonstration und verhindern ein drohendes Blutvergießen in der Innenstadt.

Die Losung **»Wir sind das Volk«**, die 75 000 Demonstranten hier erstmals rufen, wird zur zentralen Parole der demokratischen Revolution. Der Gewaltverzicht macht die **»Wende«** – ein Begriff, den *Egon Krenz* als Beschreibung der

Ereignisse prägt – unumkehrbar. Am 16. 10. demonstrieren 120 000 Menschen in Leipzig. Erstmals berichtet ein DDR-Medium – »Jugendradio DT64« – live. Eine Woche später (23. 10.) sind es schon 300 000 Menschen, die durch die Leipziger Innenstadt ziehen. Am 30. 10. kommen erneut 200 000 zur Montagsdemonstration, überall in der DDR finden weitere Demonstrationen statt.

Die SED in der Krise

Erklärung des SED-Politbüros: Am 11. 10. bietet das SED-Politbüro in einer Erklärung der eigenen Bevölkerung einen Dialog über die »Entwicklung des Sozialismus in der DDR« an. Anders als noch wenige Tage zuvor räumt die SED-Spitze nun ein, daß ihr der Weggang zehntausender DDR-Bürger in die Bundesrepublik nicht »gleichgültig« sei. Gleichzeitig wiederholt sie frühere Anschuldigungen, mit denen die wahren Ursachen für die Massenflucht in einer »großangelegten Provokation der BRD« gesucht werden.

Machtwechsel von Honecker zu Krenz: In der turnusmäßigen Sitzung des Politbüros am 17. 10. stellt *Willi Stoph* im Auftrag der Politbüromitglieder *Egon Krenz, Günter Schabowski* und *Siegfried Lorenz* den Antrag, *Erich Honecker* als SED-Generalsekretär abzulösen. Noch in den Tagen zuvor hatte *Honecker* versucht, zum einen (am 13. 10.) die Vorsitzenden der Blockparteien und zum anderen (am 16. 10.) die Bezirkschefs der SED mit gemeinsamen Beratungen hinter sich zu bringen. Am 18. 10. wird den Mitgliedern und Kandidaten des zu einer Sondersitzung zusammengerufenen SED-Zentralkomitees das Rücktrittsgesuch *Erich Honeckers* verlesen, in dem dieser seine angeschlagene Gesundheit und sein Alter als Gründe für seinen Rückzug von allen Ämtern in Staat und Partei anführt und *Egon Krenz* als seinen Nachfolger vorschlägt. Das Zentralkomitee bestätigt zudem die Ablösung des für Medienpolitik zuständigen *Joachim Herrmann* sowie des Wirtschaftssekretärs *Günter Mittag. Egon Krenz* wird einstimmig zum neuen (und letzten) SED-Generalsekretär gewählt.

Versuche zur Konsolidierung der Macht: In eilig einberufenen »Parteiaktivistentagungen« soll am späten Nachmittag des 18. 10. die SED-Basis auf *Egon Krenz* eingeschworen werden. Dieser versucht am Abend in einer Rundfunk-

und Fernsehansprache, das Vertrauen der Bevölkerung zu erwerben, indem er einräumt, die DDR-Führung habe in den vergangenen Monaten die Entwicklung »nicht real genug« eingeschätzt und nicht rechtzeitig die richtigen Schlußfolgerungen gezogen. Am 19. 10. sucht *Krenz* einen Ost-Berliner Großbetrieb auf und diskutiert mit Angehörigen der Belegschaft. – Am 24. 10. wird *Krenz* in der Volkskammer mit 26 Gegenstimmen bei 26 Enthaltungen auch zum Vorsitzenden des Staatsrates sowie (mit 8 Gegenstimmen und 17 Enthaltungen) zum Vorsitzenden des Nationalen Verteidigungsrates gewählt. Damit hat es erstmals seit → 1972 in der Volkskammer wieder Gegenstimmen gegeben. Gegen die Wahl *Krenz'* demonstrieren noch am gleichen Tag 12 000 Ost-Berliner vor dem »Palast der Republik«. – Am 27. 10. erläßt der Staatsrat eine **Amnestie** für alle DDR-Bürger, die bis zu diesem Tag in den Westen geflohen sind. Darüber hinaus regelt ein weiterer Beschluß die Entlassung aller wegen Republikflucht Verurteilten bis zum 30. 11. – Ab 29. 10. sollen die sogenannten Sonntagsgespräche in den Rathäusern helfen, den propagierten Dialog zwischen Führung und Volk in geschlossene Räume zu lotsen; das Ansinnen scheitert schon daran, daß allein in Ost-Berlin 20 000 Menschen zum ersten »Gespräch« erscheinen. – Am 30. 10. sendet das DDR-Fernsehen zum letzten Mal und nur für die Dauer einer persönlichen Erklärung des Sendeverantwortlichen die Propagandasendung »**Der Schwarze Kanal**«, die seit fast drei Jahrzehnten von *Karl-Eduard von Schnitzler* unter Zuhilfenahme von Ausschnitten des bundesdeutschen Fernsehens gestaltet worden war. Am 8. 11. wird auch die Rundfunkversion des »Schwarzen Kanals«, die Sendung »Einblicke« auf »Stimme der DDR« abgesetzt. – Ab 30. 10. wird die Hauptnachrichtensendung des DDR-Fernsehens (»Aktuelle Kamera«) in neuer Form und weit offener als bisher ausgestrahlt. – Die Rücknahme der Aufhebung des paß- und visumfreien Reiseverkehrs in die Tschechoslowakei ab 1. 11. soll eine weitere Beruhigung der Lage bringen; sie bewirkt jedoch einen erneuten Flüchtlingsstrom in die Prager Botschaft der Bundesrepublik, für deren neue Insassen am 3. 11. die **vierte Massenausreise** arrangiert werden muß. – Am 2. und 3. 11. treten mit *Margot Honecker, Harry Tisch, Herrmann Axen, Kurt Hager, Erich Mielke, Erich Mückenberger* und *Alfred Neumann* eine Reihe von führenden Politikern der alten DDR-Führung von ihren Posten zurück. – Am 3.11. versucht *Egon Krenz* in einer weiteren Fernsehansprache mit dem Verweis auf seine in Moskau mit *Michail Gorbatschow* geführten Gespräche am 1.11. (→ unten) und mit der Nachricht weiterer Rücktritte aus dem Politbüro besänftigend auf die Teilnehmer der für den nächsten Tag geplanten Demonstration auf dem Ost-Berliner Alexanderplatz (→ unten) einzuwirken. – Ebenfalls am 3.11. veröffentlicht die SED ein »**Aktionsprogramm für die Erneuerung**« in Politik, Wirtschaft und Gesellschaft, in dem sie die Einrichtung eines Verfassungsgerichtshofes, eines Verwaltungsgerichtshofes, die Einführung eines zivilen Wehrersatzdienstes und grundlegende Reformen in der Wirtschafts- und Bildungspolitik anbietet. – Am 7.11. tritt der Ministerrat unter *Willi Stoph* geschlossen zurück.

Politische Emanzipation der DDR-Bürger

Im Oktober festigen die neuen politischen Bewegungen ihre Strukturen, und die alten Blockparteien beginnen, sich von der SED deutlich abzusetzen. Am 9.10. empfängt der Dresdner SED-Oberbürgermeister *Wolfgang Berghofer* die von den 12000 Teilnehmern einer Demonstration vom Vortag gewählten Sprecher (»**Gruppe der 20**«). Sie fordern in einem 9-Punkte-Katalog u.a. die Klärung des gewaltsamen Vorgehens der Sicherheitskräfte am 4.10. vor dem Hauptbahnhof (→ oben) und am 7.10. zum DDR-Jahrestag, die Gewährung der Meinungs-, Demonstrations- und Reisefreiheit, freie Wahlen sowie die Zulassung des Neuen Forums. – Am 11.10. fordert der **Schriftstellerverband** in einer Erklärung eine »revolutionäre Reform« in der DDR und den öffentlichen demokratischen Dialog auf allen gesellschaftlichen Ebenen. Zwei Tage später veröffentlicht das »Neue Deutschland« eine ähnlich lautende Erklärung des Präsidiums der **Akademie der Künste** der DDR sowie eine weitere des **Kulturbundes**, in der die Autoren zwar ihre Sorge um den Weggang von Tausenden junger Menschen ausdrücken, aber den »haßerfüllten psychologischen Krieg, der über die Medien von nationalistischen Kräften der BRD gegen die DDR geführt wird« und die »penetranten Aufforderungen zu Reformen, die uns Gegner des Sozialismus Tag für Tag überreichen«, verurteilen. – Am 15.10. veröffentlicht der thüringische Landesbischof *Werner Leich*

einen **Hirtenbrief**, in dem er die DDR-Führung davor warnt, Kritiker als »Staatsfeinde« zu behandeln. – Das DDR-Fernsehen strahlt am 19.10. erstmals eine Live-Diskussion mit Politikern, Wissenschaftlern und Journalisten aus (»**Donnerstagsgespräch**»). – Am 20.10. stellt der sächsische Landesbischof *Johannes Hempel* vor der Synode der Sächsischen Landeskirche den **Führungsanspruch der SED in Frage**. – Ab 21.10. demonstrieren Zehntausende u.a. in Ost-Berlin, Dresden, Plauen, Potsdam, Karl-Marx-Stadt (Chemnitz), Erfurt, Rostock, Magdeburg, Stralsund, Schwerin, Zwickau und Halle; selbst in kleineren Orten finden nun Demonstrationen statt. – Am 23.10. übergibt der Ost-Berliner Bischof *Gottfried Forck* der Öffentlichkeit eine Sammlung mit Schilderungen zu den Übergriffen der Volkspolizei und der Staatssicherheit am 7. und 8.10. in Ost-Berlin.

4. November, Ost-Berlin

Bei der Vorbereitung der Demonstration am 4.11. gehen die Initiatoren, Mitarbeiter Ost-Berliner Theater, von 15000–20000 Teilnehmern aus; Tatsächlich kommen etwa 700000 (andere Schätzungen gehen bis zu einer Million) Menschen zur **größten Demonstration in der Geschichte der DDR**, die parallel zu weiteren Großdemonstrationen in anderen Städten stattfindet. In den Reden und auf Transparenten artikulieren die Teilnehmer – teilweise ironisch (»Wende statt Wände«; »Rechtssicherheit ist die beste Staatssicherheit!«; »Visafrei bis Hawaii«) – ihre Forderung nach Reise-, Meinungs-, Presse- und Versammlungsfreiheit. 26 Redner (u.a. *Stefan Heym, Christa Wolf, Christoph Hein, Heiner Müller, Steffi Spira, Lothar Bisky* und *Gregor Gysi*) wenden sich an die Menge. Auf Vorbehalte stößt die Rede des LDPD-Vorsitzenden *Manfred Gerlach*, während der ehemalige DDR-Spionagechef *Markus Wolf* und vor allem SED-Politbüromitglied *Günter Schabowski* immer wieder ausgepfiffen werden.

9. November: Fall der Mauer

Am **6.11.** veröffentlicht die DDR-Presse den Entwurf einer neuen Reiseverordnung, der Aufenthalte im westlichen Ausland (einschließlich der Bundesrepublik) für 30 Tage pro Jahr nach einem bürokratischen Genehmigungsverfahren – unter Beibehaltung von Ausschließungsgründen für viele Bürger – vorsieht. Er stößt in der Bevölkerung sofort auf Ablehnung und wird bereits am folgenden Tag im Rechtsausschuß der Volkskammer verworfen. In den kommenden Tagen formulieren vier Obristen (zwei aus dem Innenministerium und zwei aus dem Ministerium für Staatssicherheit) einen weiteren Entwurf, der am **Morgen des 9. 11.**, dem zweiten Tag des 10. Plenums des SED-Zentralkomitees, abschließend beraten wird. Nach dieser Verordnung sollen ständige Ausreisen über alle Grenzübergänge der DDR zur Bundesrepublik und nach West-Berlin abgewickelt und Reisepässe und Ausreisevisa für Besuche und Reisen in westliche Länder kurzfristig durch die Volkspolizei-Kreisämter ausgestellt werden. Ihre Versagung wird nur in Ausnahmefällen vorgesehen. Am **frühen Abend des 9. 11.** verkündet *Günter Schabowski*, der Sprecher der SED, auf einer Pressekonferenz eher beiläufig den Text der Reiseverordnung. Danach herrscht einige Stunden Unklarheit; unwahre Gerüchte über bereits geöffnete Grenzübergänge verbreiten sich und führen in Bonn sogar zur Unterbrechung einer Bundestagsdebatte. Tausende Ost-Berliner strömen zu den Übergängen, so auch an der Bornholmer Straße in Berlin-Prenzlauer Berg, wo gegen **22.30 Uhr** nach einer Entscheidung der diensttuenden Wach- und Personenkontrolleinheiten der DDR-Grenztruppen bzw. der Stasi der erste Übergang für DDR-Bürger geöffnet wird. Bis 24.00 Uhr werden alle innerstädtischen Kontrollpunkte für DDR-Bürger geöffnet, bis 1.00 Uhr am 10. 11. folgen die Übergänge im Berliner Umland. Etwa um diese Zeit überschreiten die ersten DDR-Bürger die Grenze zur Bundesrepublik. Die ganze Nacht über kommen Zehntausende für einen Kurzbesuch nach West-Berlin und in die grenznahen Orte der Bundesrepublik. Allein am **Brandenburger Tor**, wo seit 1961 kein Übergang mehr möglich ist, verhindern Angehörige der Grenztruppen die Maueröffnung, die hier einen Durchbruch erfordert hätte. – Am 12. 11. teilt das DDR-Innenministerium mit, bis zu diesem Zeitpunkt 4,3 Millionen Visa für Privatreisen in die Bundesrepublik und nach West-Berlin erteilt zu haben. Am 13. 11. wird die Sperrzone an der Grenze zur Bundesrepublik sowie in den küstennahen Gewässern aufgehoben. Die Regelungen zum Schußwaffengebrauch (»Schießbefehl«) werden aufgehoben. Ab 27. 11. beginnen Angehörige der DDR-Grenztruppen mit dem Abbau des Schutzstreifenzaunes.

Das Ende der SED

Außerordentlicher Parteitag: Am 8. 11. wird auf der 10. Tagung des SED-Zentralkomitees ein »reformiertes« Politbüro gewählt. Ihm gehören elf Mitglieder (acht alte: *Egon Krenz, Hans-Joachim Böhme, Werner Eberlein, Werner Jarowinsky, Heinz Keßler, Siegfried Lorenz, Günter Schabowski* und *Gerhard Schürer* und drei neue: *Wolfgang Herger, Hans Modrow* und *Wolfgang Rauchfuß*) sowie sechs Kandidaten (*Inge Lange, Margarete Müller* und *Werner Walde* als langjährige Politbürokandidaten, daneben *Johannes Chemnitzer, Günter Sieber* und *Hans-Joachim Willerding*, die neu hinzukommen) an. Die weitgehende personelle Kontinuität, die sich auch im Zentralkomitee widerspiegelt, stößt auf Kritik in großen Teilen der SED-Mitgliedschaft. Innerhalb von nur 24 Stunden müssen die gerade erst in das Politbüro gewählten *Hans-Joachim Böhme, Werner Walde* und *Johannes Chemnitzer* wieder zurücktreten, weil ihre eigenen Bezirksorganisationen – Halle, Cottbus und Neubrandenburg – ihnen das Mißtrauen aussprechen. – Zahlreiche SED-Mitglieder verlangen die Einberufung eines außerordentlichen SED-Parteitages. Mit dem Beschluß der ZK-Tagung, für Mitte Dezember eine Parteikonferenz einzuberufen, unternimmt die SED-Spitze den Versuch, sich von der Basis den Kurs der Wendepolitik bestätigen zu lassen, ohne Gefahr zu laufen, selbst abgewählt zu werden. Nach dem immer noch gültigen SED-Statut kann bei einer Parteikonferenz die Zusammensetzung des Zentralkomitees (und damit auch die des Politbüros) nicht komplett neu bestimmt, also auch keine personelle Wende in der SED-Politik erzwungen werden. Noch am 8. 11. demonstrieren 50 000 Ost-Berliner SED-Mitglieder vor dem Gebäude des Zentralkomitees und fordern die Einberufung eines außerordentlichen Parteitages. Drei Ost-Berliner SED-Gliederungen (die Kreisleitungen Humboldt-Universität und Akademie der Wissenschaften sowie die Betriebsparteiorganisation im Werk für Fernsehelektronik) beginnen eigenständige Vorbereitungen für einen SED-Parteitag, der nach dem Statut einberufen werden kann, wenn mindestens ein Drittel der SED-Mitgliedschaft eine entsprechende Initiative unterstützt. Erstmals verweigern damit SED-Mitglieder ihrer Parteispitze die unbedingte Gefolgschaft. Am 12. 11. lenkt das SED-Politbüro ein und beruft für den 15.–17. 12. einen außerordentlichen Parteitag ein.

Mitgliederschwund: Am 31. 8. zählt die SED 2 296 775 Mitglieder und Kandidaten. Seit Jahresanfang hatte sie bis zu diesem Datum über 95 000 Mitglieder durch Ausscheiden (35 500), Austritte, Streichung von der Mitgliederliste und Ausschlüsse (zusammen 36 534, davon ca. 11 500 Ausschlüsse) sowie durch Tod (23 295 Mitglieder) verloren, jedoch nur 31 216 neue Kandidaten aufgenommen. Von September bis Anfang Januar 1990 sinkt die Mitgliederzahl auf etwa 1,436 Millionen (und bis zum 15. 6. 1990 weiter auf rund 350 000). Damit verliert die SED in den ersten Monaten der Wende rund 860 000 Mitglieder (davon allein eine Viertelmillion nach ihrem außerordentlichen Parteitag im Dezember); in der ersten Jahreshälfte 1990 verlassen noch einmal fast 1,1 Millionen Mitglieder die Partei. Die Mitgliederzahl sinkt damit innerhalb von 10 Monaten um fast 85 %.

Rücktritt des Politbüros: Unter dem Druck der Basis treten am 3. 12. das Politbüro und das Zentralkomitee geschlossen zurück. Zuvor sind prominente Vertreter der früheren ersten Garnitur aus der SED ausgeschlossen worden (so *Erich Honecker, Willi Stoph, Harry Tisch, Horst Sindermann* und *Erich Mielke*). Anstelle des bisherigen Zentralkomitees tritt ein provisorischer Arbeitsausschuß, dem 25 Personen angehören (die bereits zu Delegierten des Sonderparteitages gewählten neuen Bezirkschefs der SED sowie andere Personen mit Ansehen in der SED wie *Gregor Gysi, Wolfgang Berghofer* und *Markus Wolf*).

Außerordentlicher SED-Parteitag: Der Arbeitsausschuß, dem der neue Erfurter SED-Chef *Herbert Kroker* vorsteht, zieht den Beginn des Außerordentlichen Parteitages um eine Woche auf den 8. 12. vor. In einer (geschlossenen) Nachtsitzung wird zunächst der Antrag eines Rostocker Delegierten, die Partei aufzulösen, nach einem Appell *Hans Modrows* abgelehnt. Nach Statutenänderungen werden ein Präsidium sowie ein Vorstand gewählt. 95,3 % der Delegierten bestimmen den Ost-Berliner Rechtsanwalt *Gregor Gysi* zum Vorsitzenden der SED. Seine Stellvertreter werden der neue Ministerpräsident *Hans Modrow* und der Dresdner Oberbürgermeister *Wolfgang Berghofer*. – Nach einwöchiger Unterbrechung wird der Parteitag am 16. und 17. 12. in Ost-Berlin fortgesetzt. *Gregor Gysi* spricht sich für eine tiefgreifende Reform von Staat und Gesellschaft aus. Die SED sei zwar immer noch die stärkste Kraft im Land, Stalinisten dürften aber in Zukunft in der Partei keine politische Heimat mehr haben. Bei 172 Gegenstimmen und 39 Enthaltungen beschließen die 2434 Delegierten eine Ergänzung des Parteinamens; dieser lautet jetzt SED-Partei des demokratischen Sozialismus (SED-PDS). Damit setzt sich die Linie *Gysis* durch, mit einem schrittweisen Wechsel des Namens politisch die Erneuerung der ehemaligen Staatspartei zu meistern und dabei deren Vermögen für die reformierte Partei zu retten.

Regierung Modrow

Am 13. 11. tritt der langjährige Präsident der Volkskammer, *Horst Sindermann* (SED), zurück. In einer Kampfabstimmung setzt sich der Chef der Demokratischen Bauernpartei, *Günter Maleuda*, gegen den Vorsitzenden der Liberal-Demokratischen Partei Deutschlands, *Manfred Gerlach*, mit 246:230 Stimmen als Nachfolger im Amt des Parlamentspräsidenten durch. – Der seit 7. 11. nicht mehr dem Ministerium für Staatssicherheit vorstehende *Erich Mielke* (SED) wird am gleichen Tage von den Abgeordneten zur Rede gestellt. Mit den Worten »**Ich liebe doch alle Menschen**« verteidigt er die jahrzehntelange Überwachung der DDR-Bürger durch das Ministerium für Staatssicherheit (MfS). – Mit einer Gegenstimme wird schließlich *Hans Modrow* (SED) zum Nachfolger *Willi Stophs* im Amt des Ministerpräsidenten gewählt.

Regierungsprogramm: Am 17. 11. stellt *Modrow* das Programm seiner »Regierung des Friedens und des Sozialismus« vor. Er kündigt einschneidende Reformen des politischen Systems, der Wirtschaft, des Bildungswesens und der Verwaltung an. Die beiden deutschen Staaten sollten ihre »Vertrauensgemeinschaft« mit dem Ziel »qualifizierter guter Nachbarschaft« und »kooperativer Koexistenz« zu einer »Vertragsgemeinschaft« ausbauen. In der Aussprache tritt *Lothar de Maizière* (CDU) für die Wiedereinführung der Länder und einen »pluralistischen« statt »diktatorisch verzerrten« Sozialismus ein. – Am 18. 11. bestätigt die Volkskammer en bloc in öffentlicher Abstimmung mit fünf Gegenstimmen und sechs Enthaltungen die von *Modrow* vorgelegte → Kabinettsliste.

Kabinett Modrow (18.11.1989–12.4.1990)

Vorsitzender des Ministerrats	*Hans Modrow* (SED*)
Stellvertretende Vorsitzende und zugleich Minister:	
Wirtschaft	*Christa Luft* (SED*)
Kirchenfragen	*Lothar de Maizière* (CDU), Rücktritt am 25.1., geschäftsführend bis 9.2. 1990
Örtliche Staatsorgane	*Peter Moreth* (LDPD)
Mitglieder des Ministerrats:	
Staatliche Plankommission	*Gehard Schürer* (SED*), ab 11.1. 1990 *Hans-Joachim Lauck* (SED*)
Auswärtige Angelegenheiten	*Oskar Fischer* (SED*)
Außenwirtschaft	*Gerhard Beil* (SED*)
Maschinenbau	*Karl Grünheid* (SED*)
Schwerindustrie	*Kurt Singhuber* (SED*)
Gesundheits- und Sozialwesen	*Klaus Thielmann* (SED*)
Handel und Versorgung	*Manfred Flegel* (NDPD)
Umweltschutz und Wasserwirtschaft	*Hans Reichelt* (DBD), ab 11.1. 1990 *Peter Diederich* (DBD)
Justiz	*Hans-Joachim Heusinger* (LDPD), ab 11.1. 1990 *Kurt Wünsche* (LDPD),
Nationale Verteidigung	*Theodor Hoffmann* (SED*)
Kultur	*Dietmar Keller* (SED*)
Innere Angelegenheiten	*Lothar Ahrendt* (SED*)
Amt für Nationale Sicherheit	*Wolfgang Schwanitz* (SED*), Entlassung am 11.1. 1990
Verkehrswesen	*Heinrich Scholz* (SED*)
Finanzen und Preise	*Uta Nickel* (SED*), Rücktritt am 22.1. 1990
Post- und Fernmeldewesen	*Klaus Wolf* (CDU), Rücktritt am 25.1., geschäftsführend bis 9.2. 1990
Leichtindustrie	*Günter Halm* (NDPD)
Regierungssprecher und Leiter des Presseamtes	*Wolfgang Meyer* (SED*)
Bildung	*Hans-Heinz Emons* (SED*)
Arbeit und Löhne	*Hannelore Mensch* (SED*)
Wissenschaft und Technik	*Peter-Klaus Budig* (LDPD)
Tourismus	*Bruno Benthien* (LDPD)
Bauwesen und Wohnungswirtschaft	*Gehhard Baumgärtel* (CDU), Rücktritt am 25.1., geschäftsführend bis 9.2. 1990
Land-, Forst- und Nahrungsgüterwirtschaft	*Hans Watzek* (DBD)
Generalstaatsanwalt ab 11.1. 1990	*Hans-Jürgen Joseph* (SED*)
Minister ohne Geschäftsbereich	*Tatjana Böhm* (UFV)
	Rainer Eppelmann (DA)
	Sebastian Pflugbeil (NF)
	Mathias Platzeck (Grüne Partei)
	Gerd Poppe (IFM)
	Walter Romberg (SDP*)
	Klaus Schlüter (Grüne Liga)
	Wolfgang Ullmann (Dj)

SED* ab 16./17.12. 1989 SED-PDS, ab 4.2. 1990 PDS – SDP* ab 13.1. 1990 SPD

Das Ende des Demokratischen Blocks

Am 2.11. treten die bisherigen Vorsitzenden von **CDU** und **NDPD**, *Gerald Götting* bzw. *Heinrich Homann*, von ihren Ämtern zurück. – Am 10.11. wählt der **CDU**-Hauptvorstand den Rechtsanwalt *Lothar de Maizière* zum neuen Parteivorsitzenden und beruft einen CDU-Sonderparteitag für den 15. und 16.12. nach Ost-Berlin ein. Hier gibt sich die Partei eine neue Satzung, in der sie sich zur »Einheit der Nation« und zu einer »Marktwirtschaft mit sozialer Bindung in ökologischer Verantwortung« bekennt. – Am 16.11. fordert die **LDPD** die Streichung des in der Verfassung festgeschriebenen Führungsanspruches der SED. – Am 28.11. tagt zum letzten Mal der »**Demokratische Block** der Parteien und Massenorganisationen«. Als erste Partei zieht sich am 4.12. die CDU aus der Mitarbeit im Block zurück, am folgenden Tag folgen die LDPD und die DBD, am 7.12. schließlich die NDPD. – Der

Hauptvorstand der **LDPD** bekennt sich in einer Erklärung am 19.12. zur deutschen Einheit und zur »sozialgerechten Marktwirtschaft«.

Reaktion der katholischen Kirche: – Am 13.11. fordert die katholische **Berliner Bischofskonferenz** in einer Erklärung die Abkehr vom Führungsanspruch der SED in der Gesellschaft, die Aufhebung des marxistisch-leninistischen Ideologiemonopols, die Aufhebung der Bindung zwischen staatlicher bzw. wirtschaftlicher Funktion und Parteimitgliedschaft, wirklich freie Reisemöglichkeiten, die Errichtung des Rechtsstaats und die demokratisch legitimierte Machtausübung.

Am 1.12. wird auf gemeinsamen Antrag aller zehn Volkskammerfraktionen der **Führungsanspruch der SED** aus der DDR-Verfassung **gestrichen**.

Zukunft der DDR

Nachdem bereits am 4.11. bei einer Demonstration in Plauen erstmals ein Transparent mit der Losung »**Deutschland – einig Vaterland**« (eine Liedzeile der DDR-Nationalhymne) getragen worden war, zeigt sich an den mitgeführten Transparenten bei den Leipziger Montagsdemonstrationen ab 20.11. eine »**Zweite Wende**«. Forderungen nach Wiederherstellung der deutschen Einheit beginnen das Geschehen zu dominieren. – Am 28.11. wird schließlich die Alternative für die weitere Entwicklung in der DDR präsentiert. Auf der einen Seite stellt *Stefan Heym* in Ost-Berlin bei einer Pressekonferenz den zwei Tage zuvor von 31 prominenten Intellektuellen (u.a. *Frank Beyer, Volker Braun, Tamara Danz, Dieter Klein, Ulrike Poppe, Friedrich Schorlemmer* und *Konrad Weiß*) unterzeichneten **Aufruf »Für unser Land«** vor, der bis Ende Dezember von mehr als 1,1 Millionen DDR-Bürgern unterschrieben wird. Darin plädieren die Unterzeichner dafür, mit der DDR »eine sozialistische Alternative zur Bundesrepublik zu entwickeln«. Auf der anderen Seite stellt in Bonn Kanzler *Helmut Kohl* am gleichen Tag im Bundestag sein **Zehnpunkteprogramm** zur schrittweisen Überwindung der Teilung Deutschlands und Europas vor, das die Wiedervereinigung Deutschlands als Endpunkt einer mittelfristigen Entwicklung vorsieht (→ BRD 1989). *Kohls* Vorschlag findet in der DDR ein geteiltes Echo, das von vollständiger Ablehnung (bei der Regierung Modrow), vorsichtiger Zustimmung (bei Ost-

CDU und NDPD) bis zur Einschätzung als »verfrüht« (bei SDP und Demokratischem Aufbruch) reicht. – Die Montagsdemonstrationen in Leipzig am 4. und 11.12. sind klar vom Ruf nach Herstellung der deutschen Einheit geprägt. Am 18.12. wird die Demonstration als Schweigemarsch für die Opfer des Stalinismus durchgeführt.

Demokratischer Aufbruch: Auf dem offiziellen Gründungsparteitag des Demokratischen Aufbruchs in Leipzig, bei dem der Rechtsanwalt *Wolfgang Schnur* zu ihrem ersten Vorsitzenden gewählt wird, bekennt sich die Partei zu ihrem Ziel, die staatliche Einheit Deutschlands im Rahmen einer europäischen Friedensordnung herzustellen und hierfür in der DDR eine Wirtschaftsordnung nach dem System der »sozialen Marktwirtschaft mit sozialen und ökologischen Aspekten« zu etablieren.

Runder Tisch

Am 7.12. treten Vertreter von 14 politischen Parteien und Bewegungen unter der Moderation von Kirchenvertretern zu Beratungen am Runden Tisch zusammen. Das Gremium ist paritätisch aus »alten« und »neuen« Kräften zusammengesetzt. Alle neuen Parteien und Organisationen außer dem Neuen Forum (das drei Vertreter entsendet) sind mit zwei Sprechern vertreten (Vereinigte Linke, SDP, Grüne Partei, Initiative Frieden und Menschenrechte, Grüne Liga, Unabhängiger Frauenverband, Demokratischer Aufbruch). Die fünf Parteien des soeben aufgelösten Demokratischen Blocks (SED, CDU, LDPD, NDPD und DBD) entsenden je fünf, der Gewerkschaftsbund FDGB und die Vereinigung der gegenseitigen Bauernhilfe (VdgB) je zwei Vertreter. Die wichtigsten Beschlüsse vom ersten Verhandlungstag betreffen eine Erklärung zum eigenen Selbstverständnis (→ Kasten Sp. 888), die Festlegung des 6.5.1990 als Datum für freie Volkskammerwahlen, die Ausarbeitung einer neuen Verfassung.

Auflösung der »Stasi«: Der Beschluß des Runden Tisches zur Auflösung des aus dem MfS entstandenen **Amtes für Nationale Sicherheit** wird am 14.12. mit einer Verordnung des Ministerrates umgesetzt. Zuvor waren Bezirksdienststellen der Staatssicherheit **von Bürgerkomitees besetzt** worden (so in Suhl und Erfurt am 5.12.). Einen Tag später verordnet der Ministerrat die Auflösung der Kampfgruppen.

Außenpolitik

Warschauer Pakt: Am 22. 4. beenden Polen und die DDR einen jahrelangen Streit um den Verlauf der gemeinsamen Grenze in der Ostsee. – *Erich Honecker* kündigt am 27. 4. an, bis Ende 1990 werde die Nationale Volksarmee 10 000 Mann, 600 Panzer und 50 Flugzeuge abrüsten. – Am 24. 6. teilt die Sowjetunion die Umbenennung der »Gruppe der Sowjetischen Streitkräfte in Deutschland« (GSSD) in »Westgruppe der Streitkräfte« (WGS) mit. Damit ist kein Verzicht auf die Alliiertenrechte der sowjetischen Truppen in der DDR verbunden.

Westeuropa: Am 16. 2. kritisiert das Europäische Parlament in einer Resolution die Menschenrechtsverletzungen in der DDR. – Am 12. 10. teilt das »Neue Deutschland« mit, *Erich Honecker* werde seinen für Ende Oktober vorgesehenen Staatsbesuch in Dänemark »zu einem späteren Zeitpunkt« nachholen.

Selbstverständnis des »Runden Tisches«

»Die Teilnehmer des ›Runden Tisches‹ treffen sich aus tiefer Sorge um unser in eine Krise geratenes Land, seine Eigenständigkeit und seine dauerhafte Entwicklung. Sie fordern die Offenlegung der ökologischen, wirtschaftlichen und finanziellen Situation in unserem Land. Obwohl der ›Runde Tisch‹ keine parlamentarische oder Regierungsfunktion ausüben kann, will er sich mit Vorschlägen zur Überwindung der Krise an die Öffentlichkeit wenden. Er fordert, von der Volkskammer und der Regierung rechtzeitig vor wichtigen Rechts-, Wirtschafts- und finanzpolitischen Entscheidungen informiert und einbezogen zu werden. Er versteht sich als Bestandteil der öffentlichen Kontrolle in unserem Land. Geplant ist, seine Tätigkeit bis zur Durchführung freier, demokratischer und geheimer Wahlen fortzusetzen.«

Reaktion der Alliierten

Auf Einladung des sowjetischen Botschafters in der DDR, *Wjatscheslaw Kotschemassow*, findet am 11. 12. im Gebäude des Alliierten Kontrollrates in West-Berlin ein Treffen mit den Botschaftern der drei westalliierten Siegermächte des Zweiten Weltkrieges (*Vernon Walters* für die USA, *Christopher Mallaby* für Großbritannien und *Serge Boidevaix* für Frankreich) statt, um »die Lage in Deutschland zu beraten«. Sie vereinbaren weitere Expertengespräche. – Am gleichen Tag betont der sowjetische KP-Chef *Michail Gorbatschow* in einem Telefonat mit dem neuen SED-Vorsitzenden *Gregor Gysi* das Interesse der UdSSR am Fortbestand der DDR. Am 12. 12. kommen der amerikanische Außenminister *James Baker* und DDR-Ministerpräsident *Hans Modrow* in Potsdam zu einem Meinungsaustausch zusammen. *Baker* ist der erste

Teilnehmer am Runden Tisch

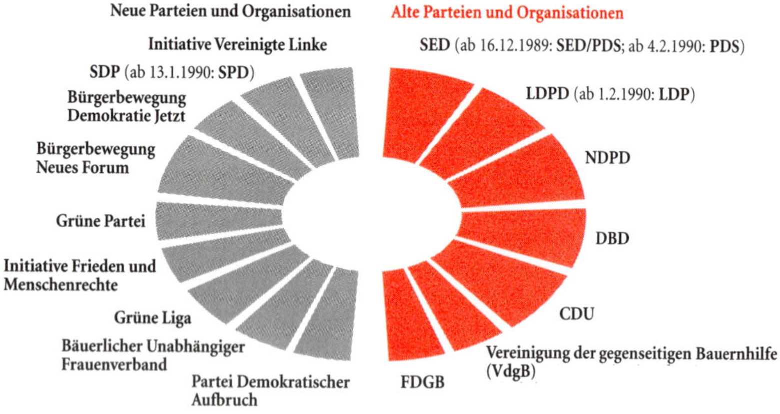

Außenminister der USA, der die DDR besucht. – Vom 20.–22. 12. reist der französische Präsident *François Mitterrand* in Begleitung mehrerer Minister zu einem Staatsbesuch in die DDR. In einer Rede vor Studenten in Leipzig am 21. 12. ruft *Mitterrand* die Deutschen auf, bei der Entscheidung über ihre Einheit die bestehenden Grenzen und Realitäten zu achten. Das Gleichgewicht in Europa dürfe nicht verletzt werden.

Wirtschaftliche Lage

Expertengutachten: Am 27. 10. legen fünf führende Wirtschaftsfachleute der DDR (der Chef der Staatlichen Plankommission, *Gerhard Schürer*, Außenhandelsminister *Gerhard Beil*, der Chef des Bereiches »Kommerzielle Koordinierung«, *Alexander Schalck-Golodkowski*, Finanzminister *Ernst Höfner* und der Leiter der Staatlichen Zentralverwaltung für Statistik, *Arno Donda*) ein vertrauliches Gutachten zur wirtschaftlichen Lage der DDR am Ende der *Honecker*-Ära vor. Sie attestieren der DDR eine im Vergleich zur Bundesrepublik **um 40 % geringere Arbeitsproduktivität**. Angesichts von Auslandsverbindlichkeiten in Höhe von 49 Mrd. Valuta-Mark (etwa 26,5 Mrd. US-$) drohe 1990 die **Zahlungsunfähigkeit**, wenn, wie zu erwarten, 3,5 Mrd. US-$ weitere Verbindlichkeiten auf die DDR zukommen. Die Verfasser stellen fest, daß 1988 fast 54 % aller Ausrüstungen in der Industrie (im Bauwesen 67 %, im Verkehrswesen 52 %, in der Lebensmittelindustrie 61 %) technisch verschlissen sind und beschreiben damit den eingetretenen **Investitionsrückstau**. Die versteckte (aber im Prinzip beherrschbare) **Binnenverschuldung** des Staatshaushaltes geben sie mit 123 Milliarden Mark der DDR an und prognostizieren ihr Anwachsen auf 140 Milliarden Mark für das Ende des Jahres 1990. (In den vergangenen Jahrzehnten war die Staatsverschuldung aus der Haushaltsrechnung ausgebucht worden.) Sie kritisieren die **überzogene Subventionspolitik** zur Sicherung niedriger Endverbraucherpreise in der *Honecker*-Ära und prognostizieren, daß sich allein wegen des notwendigen Schuldendienstes der DDR der Lebensstandard ihrer Bürger um 30 % verringern werde. Die fünf Gutachter schlagen im Hinblick auf die Schuldensituation eine **verstärkte Zusammenarbeit mit der Bundesrepublik** (Lizenz- und Gestattungsproduktion) vor, die schließlich »zum gegebenen Zeitpunkt« einen Finanzierungskredit von 2 bis 3 Milliarden DM gewähren müßte.

Krenz bei Gorbatschow: Mit den Angaben aus dem Gutachten reist *Egon Krenz* zu einem Ge-

Energieträger 1989

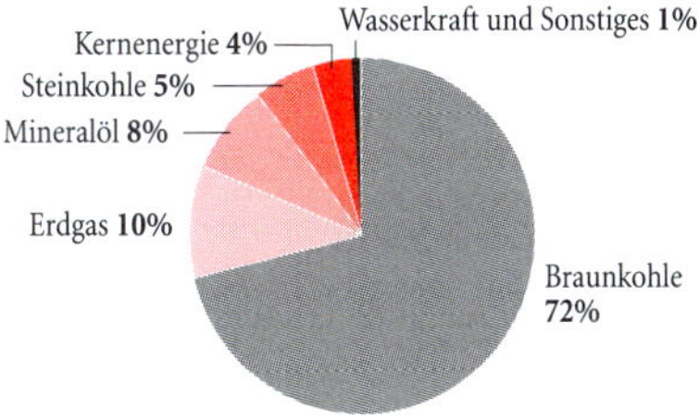

Bergbau und Energieproduktion in der DDR

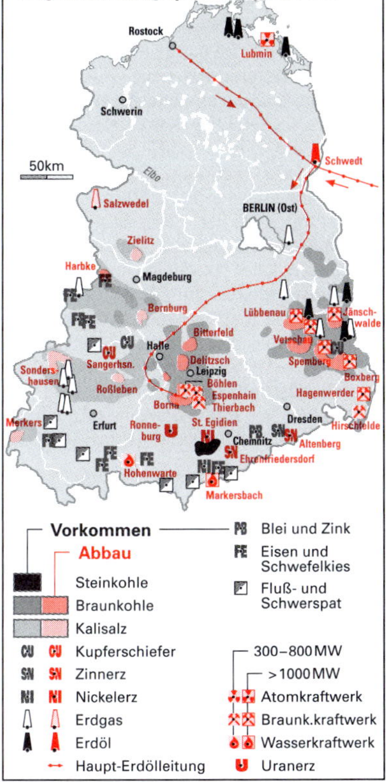

spräch mit *Michail Gorbatschow* am 1. 11. nach Moskau. *Krenz'* Ausführungen rufen das Erstaunen *Gorbatschows* hervor, der annehmen muß, die DDR stehe vor dem wirtschaftlichen Kollaps. Tatsächlich sind einige Verschuldungszahlen des Gutachtens zu hoch angesetzt, weil Guthaben des Bereiches »Kommerzielle Koordinierung«, der bis zu dessen Flucht in den Westen am 3. 12. unter Führung *Alexander Schalck-Golodkowskis* steht, nicht berücksichtigt sind.
Wachstum: Trotz der schwierigen Bedingungen durch den Weggang von mehreren hunderttausend Menschen fällt der Rückgang des **Bruttoinlandsproduktes** um 1 Milliarde auf 194,4 Milliarden DM (in BRD-Preisen von 1989) mit 0,5 % gegenüber dem Vorjahr relativ schwach aus. – Nach Angaben der DDR-Statistik steigt das **Gesellschaftliche Gesamtprodukt** (in DDR-Preisen von 1985) gegenüber dem Vorjahr sogar um 1,9 % auf 827 Milliarden Mark der DDR.

Soziale Daten

Bevölkerung: Im Gebiet der DDR leben am 31. 12. 16,43 Millionen Einwohner, etwa 241 000 weniger als im Vorjahr. Der Frauenüberschuß beträgt nur noch 688 000. Der erhebliche Rückgang in der Bevölkerungszahl ist im wesentlichen auf die Abwanderung in die Bundesrepublik zurückzuführen. Nach westlichen Angaben siedeln ca. 388 400, nach DDR-Angaben 255 756

Personen in die Bundesrepublik über. In umgekehrter Richtung wandern nach DDR-Angaben 1129, nach westlichen Angaben etwa 5 100 Personen.
10,65 Millionen Personen, darunter 5,07 Millionen Frauen, befinden sich im arbeitsfähigen Alter (zwischen 15 und 60 bzw. 65 Jahren). 8,55 Millionen Personen, darunter 4,18 Millionen Frauen, sind berufstätig.
Wohnungsbau: Der Bau neuer und die Modernisierung vorhandener Wohnungen geht 1989 im Vergleich zum Vorjahr um 11,8 % (oder 12 319 Wohnungen) auf 92 347 Einheiten (83 361 Neubauten, 8986 Modernisierungen) zurück.
Einkommen und Lebenshaltung: Das durchschnittliche monatliche Arbeitseinkommen von Arbeitern und Angestellten beträgt in der staatseigenen Wirtschaft 1300 Mark. Die Pro-Kopf-Sparguthaben wachsen auf etwa 9718 Mark an. Diese Angabe berücksichtigt jedoch nicht die in der DDR zurückgelassenen Kontobestände von in den Westen abgewanderten Personen. Die Sparguthaben bei Geld- und Kreditinstituten wachsen gegenüber dem Vorjahr absolut um 5,3 %. Das Volumen der Lebensversicherungen wächst um 0,3 %. – In der **Ausstattung** der privaten Haushalte **mit langlebigen Konsumgütern** kommen auf 1000 Haushalte 571 PKW, 184 Motorräder bzw. Motorroller, 1674 Kühl- und Gefriergeräte, 1102 Waschmaschinen, 2530 Radioapparate und 1293 Fernsehgeräte.

1990

Das Jahr der Einheit

Der rapide ökonomische und politische Zerfall der DDR zwingt die Bundesregierung unter *Helmut Kohl* im Laufe des Jahres, die Pläne zur Vereinigung der beiden deutschen Staaten zu beschleunigen. Wichtige Vorstufe ist die Wirtschafts- und Währungsunion am 1. 7. Gleichzeitig ergreifen *Kohl* und *Genscher* in den 2+4-Gesprächen und bilateralen Verhandlungen die einmalige historische Chance, die Einheit unter westlichem Vorzeichen mit der Zustimmung aller Siegermächte, also auch der Sowjetunion unter *Michail Gorbatschow*, zu verwirklichen.
45 Jahre nach dem Zweiten Weltkrieg endet am 3. Oktober mit dem Beitritt der neuen Länder zur Bundesrepublik die staatliche Teilung: Deutschland ist wiedervereinigt, seine volle Souveränität ist wiederhergestellt.
Die erste gesamtdeutsche Bundestagswahl am 2. 12. bringt für *Kohl* und *Genscher* die »Vereinigungsdividende« in Form eines klaren Sieges.
Außenpolitisch wirft im Zusammenhang mit der irakischen Invasion Kuwaits die »neue Weltordnung« mit klarer globaler Dominanz der USA ihre ersten Schatten.

Deutsch-deutsche Beziehungen

Hunderttausende von Berlinern aus beiden Teilen der Stadt feiern Silvester 1989/90 am Brandenburger Tor. Berlins Regierender Bürgermeister *Walter Momper* (SPD) erklärt in der Neujahrsnacht: »Das Volk trägt die Mauer ab.« – Nach Gesprächen mit dem sowjetischen Staats- und Parteichef *Michail Gorbatschow* in Moskau legt der DDR-Ministerratsvorsitzende *Hans Modrow* am 1. 2. eine »Erklärung über den Weg

zur deutschen Einheit« vor, die einen schrittweisen Übergang von einer Konföderation zur Bildung eines einheitlichen deutschen Staates vorsieht. – Angesichts der desolaten Situation der DDR-Wirtschaft und der damit verbundenen Ausreisewelle von DDR-Bürgern erklärt sich die Bundesregierung am 7. 2. bereit, Gespräche über eine Wirtschafts- und Währungsunion aufzunehmen. Am 23. 4. verständigen sich Bundesregierung und Koalition in Zusammenarbeit mit der Deutschen Bundesbank auf Grundzüge eines entsprechenden Staatsvertrags mit der DDR, der am 18. 5. von Finanzminister *Theo Waigel* und seinem DDR-Amtskollegen *Walter Romberg* in Bonn unterzeichnet wird und die Einführung der DM als offizielles Zahlungsmittel der DDR ab 1. 7. regelt. – Nach Billigung des Staatsvertrages durch die beiden deutschen Parlamente tritt die **Wirtschafts-, Währungs- und Sozialunion am 1. 7. in Kraft**; zugleich entfallen auch die Personenkontrollen an der innerdeutschen Grenze. – Bundestag und DDR-Volkskammer verabschieden am 20. 9. jeweils mit der erforderlichen $^2/_3$-Mehrheit (Bundestag 442:47, Volkskammer 299:80 Stimmen) endgültig den **Einigungsvertrag**, (Auszüge → Sp. 895ff.), der den Beitritt der DDR sowie die rechtlichen und sozialen Fragen im zusammenwachsenden Deutschland regelt. Der Bundesrat stimmt dem Vertrag am 21. 9. zu. Bundespräsident *Richard von Weizsäcker* unterzeichnet am 24. 9. das Dokument, das am 29. 9. rechtskräftig wird.

Beitritt der DDR zur Bundesrepublik

Am 3. 10. treten die fünf neuen Länder Brandenburg, Mecklenburg-Vorpommern, Sachsen, Sachsen-Anhalt und Thüringen, die am 22. 7. auf dem Territorium der DDR (wieder-)gegründet worden sind, der Bundesrepublik Deutschland bei. Bundeskanzler *Helmut Kohl* (CDU) erklärt in einer Botschaft an alle Regierungen der Welt, daß von deutschem Boden in Zukunft Frieden ausgehen werde und daß Deutschland keinerlei Gebietsansprüche gegen irgend jemanden erheben werde. Der gesamtdeutsche Bundestag, zu dem nunmehr 144 neue Abgeordnete aus der früheren DDR gehören, tritt am 4. 10. in Berlin zu seiner ersten Sitzung zusammen. Mit der Vereidigung von fünf bisherigen DDR-Politikern als

Fortsetzung Sp. 899

Einigungsvertrag (Auszug)

Kapitel I Wirkung des Beitritts
Artikel 1 Länder
Mit dem Wirksamwerden des Beitritts der Deutschen Demokratischen Republik zur Bundesrepublik Deutschland gemäß Artikel 23 des Grundgesetzes am 3. Oktober 1990 werden die Länder Brandenburg, Mecklenburg-Vorpommern, Sachsen, Sachsen-Anhalt und Thüringen Länder der Bundesrepublik Deutschland. (...)

Artikel 2 Hauptstadt
Hauptstadt Deutschlands ist Berlin. (...)

Der 3. Oktober ist als Tag der Deutschen Einheit gesetzlicher Feiertag.

Kapitel II Grundgesetz
(...)

Artikel 4 Beitrittsbedingte Änderungen des Grundgesetzes
1. Die Präambel wird wie folgt gefaßt:
»Im Bewußtsein seiner Verantwortung vor Gott und den Menschen, von dem Willen beseelt, als gleichberechtigtes Glied in einem vereinten Europa dem Frieden der Welt zu dienen, hat sich das Deutsche Volk kraft seiner verfassunggebenden Gewalt dieses Grundgesetz gegeben. Die Deutschen in den Ländern Baden-Württemberg, Bayern, Berlin, Brandenburg, Bremen, Hamburg, Hessen, Mecklenburg-Vorpommern, Niedersachsen, Nordrhein-Westfalen, Rheinland-Pfalz, Saarland, Sachsen, Sachsen-Anhalt, Schleswig-Holstein und Thüringen haben in freier Selbstbestimmung die Einheit und Freiheit Deutschlands vollendet. Damit gilt dieses Grundgesetz für das gesamte Deutsche Volk.«
(...)
3. Artikel 51 Absatz 2 des Grundgesetzes wird wie folgt gefaßt: »Jedes Land hat mindestens drei Stimmen, Länder mit mehr als zwei Millionen Einwohnern haben vier, Länder mit mehr als sechs Millionen Einwohnern fünf, Länder mit mehr als sieben Millionen Einwohnern sechs Stimmen.«
(...)
5. In das Grundgesetz wird folgender neuer Artikel 143 eingefügt: »Recht in dem beigetretenen Teil Deutschlands kann längstens bis zum 31. Dezember 1992 von Bestimmungen dieses Grundgesetzes abweichen, soweit und solange infolge der unterschiedlichen Verhältnisse die völlige Anpassung ... noch nicht erreicht werden kann ...«
6. Artikel 146 (Geltungsdauer des Grundgesetzes) wird wie folgt gefaßt: »Dieses Grundgesetz, das nach Vollendung der Einheit und Freiheit Deutschlands für das gesamte deutsche Volk gilt, verliert seine Gültigkeit an dem Tage, an dem eine neue Verfassung im Kraft tritt, die von dem deutschen Volk in freier Entscheidung beschlossen worden ist.«

Artikel 5 Künftige Verfassungsänderungen
Die Regierungen der beiden Vertragsparteien empfehlen den gesetzgebenden Körperschaften des vereinten Deutschlands, sich innerhalb von zwei Jahren mit den im Zusammenhang mit der deutschen Einigung aufgeworfenen Fragen zur Änderung oder Ergänzung des Grundgesetzes zu befassen (...)

(...)

Artikel 7 Finanzverfassung
Die Finanzverfassung der Bundesrepublik Deutschland wird auf das in Artikel 3 genannte Gebiet erstreckt, soweit in diesem Vertrag nichts anderes bestimmt ist.

Kapitel III Rechtsangleichung
Artikel 8 Überleitung von Bundesrecht
Mit dem Wirksamwerden des Beitritts tritt in dem in Artikel 3 genannten Gebiet Bundesrecht in Kraft, soweit es nicht in seinem Geltungsbereich auf bestimmte Länder oder Landesteile der Bundesrepublik Deutschland beschränkt ist und soweit durch diesen Vertrag, insbesondere dessen Anlage I, nichts anderes bestimmt wird.

Artikel 9 Fortgeltendes Recht der Deutschen Demokratischen Republik
Das im Zeitpunkt der Unterzeichnung dieses Vertrags geltende Recht der Deutschen Demokratischen Republik, das nach der Kompetenzordnung des Grundgesetzes Landesrecht ist, bleibt in Kraft, soweit es mit dem Grundgesetz ohne Berücksichtigung des Artikels 143, mit

dem in Kraft gesetzten Bundesrecht sowie mit dem unmittelbar geltenden Recht der Europäischen Gemeinschaften vereinbar ist und soweit in diesem Vertrag nichts anderes bestimmt wird …

Artikel 10 EG-Recht
Mit dem Wirksamwerden des Beitritts gelten in dem in Artikel 3 genannten Gebiet die Verträge über die Europäischen Gemeinschaften nebst Änderungen und Ergänzungen sowie die internationalen Vereinbarungen, Verträge und Beschlüsse, die in Verbindung mit diesen Verträgen in Kraft getreten sind …

Kapitel IV Völkerrechtliche Verträge und Vereinbarungen
Artikel 11 Verträge der Bundesrepublik Deutschland
Die Vertragsparteien gehen davon aus, daß völkerrechtliche Verträge und Vereinbarungen, denen die Bundesrepublik Deutschland als Vertragspartei angehört, einschließlich solcher Verträge, die Mitgliedschaften in internationalen Organisationen oder Institutionen begründen, ihre Gültigkeit behalten und die daraus folgenden Rechte und Verpflichtungen sich mit Ausnahme der in Anlage I genannten Verträge auch auf das in Artikel 3 genannte Gebiet beziehen. (…)

Artikel 12 Verträge der Deutschen Demokratischen Republik
Die Vertragsparteien sind sich einig, daß die völkerrechtlichen Verträge der Deutschen Demokratischen Republik im Zuge der Herstellung der Einheit Deutschlands unter den Gesichtspunkten des Vertrauensschutzes, der Interessenlage der beteiligten Staaten und der vertraglichen Verpflichtungen der Bundesrepublik Deutschland sowie nach den Prinzipien einer freiheitlichen, demokratischen und rechtsstaatlichen Grundordnung und unter Beachtung der Zuständigkeiten der Europäischen Gemeinschaften mit den Vertragspartnern der Deutschen Demokratischen Republik zu erörtern sind, um ihre Fortgeltung, Anpassung oder ihr Erlöschen zu regeln beziehungsweise festzustellen. […]

Artikel 17 Rehabilitierung
Die Vertragsparteien bekräftigen ihre Absicht, daß unverzüglich eine gesetzliche Grundlage dafür geschaffen wird, daß alle Personen rehabilitiert werden können, die Opfer einer politisch motivierten Strafverfolgungsmaßnahme oder sonst einer rechtsstaats- und verfassungswidrigen gerichtlichen Entscheidung geworden sind. Die Rehabilitierung dieser Opfer des SED-Unrechts-Regimes ist mit einer angemessenen Entschädigungsregelung zu verbinden.

2 + 4-Vertrag (Auszug)

Vertrag über die abschließende Regelung in bezug auf Deutschland

Die Bundesrepublik Deutschland, die Deutsche Demokratische Republik, die Französische Republik, die Union der Sozialistischen Sowjetrepubliken, das Vereinigte Königreich von Großbritannien und Nordirland und die Vereinigten Staaten von Amerika sind – […] wie folgt übereingekommen:

Artikel 1
(1) Das vereinte Deutschland wird die Gebiete der Deutschen Demokratischen Republik, der Bundesrepublik Deutschland und ganz Berlins umfassen. Seine Außengrenzen werden die Grenzen der Deutschen Demokratischen Republik und der Bundesrepublik Deutschland sein und werden am Tage des Inkrafttretens dieses Vertrages endgültig sein. Die Bestätigung des endgültigen Charakters der Grenzen des vereinten Deutschlands ist ein wesentlicher Bestandteil der Friedensordnung in Europa.
(2) Das vereinte Deutschland und die Republik Polen bestätigen die zwischen ihnen bestehende Grenze in einem völkerrechtlich verbindlichen Vertrag.
(3) Das vereinte Deutschland hat keinerlei Gebietsansprüche gegen andere Staaten und wird solche auch nicht in Zukunft erheben.
(4) Die Regierungen der Bundesrepublik Deutschland und der Deutschen Demokratischen Republik werden sicherstellen, daß die Verfassung des vereinten Deutschlands keinerlei Bestimmungen enthalten wird, die mit diesen Prinzipien unvereinbar sind. Das gilt dementsprechend für die Bestimmungen, die in der Präambel und in den Artikeln 23 Satz 2 und 146

des Grundgesetzes für die Bundesrepublik Deutschland niedergelegt sind.
(...)

Artikel 2
Die Regierungen der Bundesrepublik Deutschland und der Deutschen Demokratischen Republik bekräftigen ihre Erklärungen, daß von deutschem Boden nur Frieden ausgehen wird. Nach der Verfassung des vereinten Deutschlands sind Handlungen, die geeignet sind und in der Absicht vorgenommen werden, das friedliche Zusammenleben der Völker zu stören, insbesondere die Führung eines Angriffskrieges vorzubereiten, verfassungswidrig und strafbar. Die Regierungen der Bundesrepublik Deutschland und der Deutschen Demokratischen Republik erklären, daß das vereinte Deutschland keine seiner Waffen jemals einsetzen wird, es sei denn in Übereinstimmung mit seiner Verfassung und der Charta der Vereinten Nationen.

Artikel 3
(1) Die Regierungen der Bundesrepublik Deutschland und der Deutschen Demokratischen Republik bekräftigen ihren Verzicht auf Herstellung und Besitz von und auf Verfügungsgewalt über atomare, biologische und chemische Waffen. Sie erklären, daß auch das vereinte Deutschland sich an diese Verpflichtungen halten wird. Insbesondere gelten die Rechte und Verpflichtungen aus dem Vertrag über die Nichtverbreitung von Kernwaffen vom 1. Juli 1968 für das vereinte Deutschland fort.
(...)

Artikel 4
(1) Die Regierungen der Bundesrepublik Deutschland, der Deutschen Demokratischen

Republik und der Union der Sozialistischen Sowjetrepubliken erklären, daß das vereinte Deutschland und die Union der Sozialistischen Sowjetrepubliken in vertraglicher Form die Bedingungen und die Dauer des Aufenthalts der Sowjetischen Streitkräfte auf dem Gebiet der heutigen Deutschen Demokratischen Republik und Berlins sowie die Abwicklung des Abzugs dieser Streitkräfte regeln werden, der bis zum Ende des Jahres 1994 (...) vollzogen sein wird.
(2) Die Regierungen der Französischen Republik, des Vereinigten Königreichs von Großbritannien und Nordirland und der Vereinigten Staaten von Amerika nehmen diese Erklärung zur Kenntnis.

(...)

Artikel 6
Das Recht des vereinten Deutschlands, Bündnissen mit allen sich daraus ergebenden Rechten und Pflichten anzugehören, wird von diesem Vertrag nicht berührt.

Artikel 7
(1) Die Französische Republik, die Union der Sozialistischen Sowjetrepubliken, das Vereinigte Königreich von Großbritannien und Nordirland und die Vereinigten Staaten von Amerika beenden hiermit ihre Rechte und Verantwortlichkeiten in bezug auf Berlin und Deutschland als Ganzes. Als Ergebnis werden die entsprechenden, damit zusammenhängenden vierseitigen Vereinbarungen, Beschlüsse und Praktiken beendet und alle entsprechenden Einrichtungen der vier Mächte aufgelöst.
(2) Das vereinte Deutschland hat demgemäß volle Souveränität über seine inneren und äußeren Angelegenheiten. [...]

neue Bundesminister ist die erste gesamtdeutsche Regierung im Amt. In seiner Regierungserklärung nennt *Kohl* als wichtigste Aufgabe der nächsten Jahre, Deutschland auch wirtschaftlich, kulturell und sozial zu vereinen. Regierung und Opposition appellieren an die Opferbereitschaft der Bürger für die deutsche Einheit. – Am 30. 11. werden die letzten Segmente der Berliner Mauer abgerissen; nur drei Teile sollen als Museumsstücke erhalten bleiben.
Wahlrecht: Das Bundesverfassungsgericht erklärt das **Wahlgesetz** für die gesamtdeutsche Bundestagswahl für **verfassungswidrig**. Die auf das gesamte Wahlgebiet bezogene 5%-Sperrklausel ist demnach ebenso unzulässig wie die nur beschränkte Zulassung von Listenverbindungen nicht konkurrierender Parteien. Am 5. 10. beschließt der Bundestag ein neues Wahlgesetz, das eine getrennte 5%-Klausel in der Ex-DDR und der alten Bundesrepublik vorsieht.
Bundestagswahl: Aus der ersten **gesamtdeutschen Bundestagswahl am 2. 12.** geht die CDU/CSU/FDP-Regierungskoalition mit zusam-

men 54,8 % der Stimmen als klarer Sieger hervor (→ Sonderseiten Sp. 901 ff.).

Außenpolitik und deutsche Einheit

2 + 4-Gespräche: Die in Ottawa am 14. 2. beschlossenen 2 + 4-Gespräche der beiden deutschen Staaten mit den vier Siegermächten des Zweiten Weltkriegs werden am 12. 9. in Moskau abgeschlossen: Außenminister *Hans-Dietrich Genscher*, der DDR-Ministerratsvorsitzende *Lothar de Maizière*, die Außenminister *Eduard Schewardnadse* (UdSSR), *James Baker* (USA), *Douglas Hurd* (GB) und *Roland Dumas* (F) unterzeichnen im Beisein des sowjetischen Präsidenten *Michail Gorbatschow* den »Vertrag über die abschließenden Regelungen in bezug auf Deutschland« (= »2 + 4-Vertrag«; Auszüge → 897 ff.), der einem Friedensvertrag gleichkommt und von Gesamtdeutschland und den Alliierten ratifiziert werden muß. Die Vereinbarung regelt die äußeren Aspekte der deutschen Einheit und **gibt dem vereinten Deutschland nach 45 Jahren die volle Souveränität zurück**. Die Siegermächte verzichten ab dem 3. 10. auf ihre Vorbehaltsrechte für Berlin und Deutschland als Ganzes. Mit der Verabschiedung der westalliierten Stadtkommandanten wird am 2. 10. der **Besatzungsstatus Berlins** beendet. Am selben Tag wird die Ständige Vertretung Bonns in Ost-Berlin geschlossen. – Der Bundestag billigt am 5. 10. in einem »Souveränitätsgesetz« den 2 + 4-Vertrag. Mit der Zustimmung des Bundesrats am 8. 10. schließt die Bundesrepublik als erster Vertragspartner das Ratifizierungsverfahren ab. Als erstes Parlament der Siegermächte ratifiziert am 10. 10. der US-Senat den Deutschland-Vertrag.

Kohl und Gorbatschow: Bundeskanzler *Helmut Kohl*, der in Begleitung von Außenminister *Hans-Dietrich Genscher* in Moskau weilt, wird am 10. 2. vom sowjetischen Staats- und Parteichef *Michail Gorbatschow* zu einem Gespräch empfangen. Im Anschluß daran erklärt *Kohl*, beide Gesprächspartner »stimmten darin überein, daß es das alleinige Recht des deutschen Volkes ist, die Entscheidung zu treffen, ob es in einem Staat zusammenleben will«. *Gorbatschow* habe ihm »unmißverständlich zugesagt, daß die Sowjetunion die Entscheidung der Deutschen, in einem Staat zu leben, respektieren wird und daß es Sache der Deutschen ist, den Zeitpunkt und den Weg der Einigung selbst zu bestimmen.« – Bundeskanzler *Kohl* und der sowjetische Präsident *Gorbatschow* vereinbaren am 16. 7. in Stawropol, daß Deutschland mit der Vereinigung die volle Souveränität erhalten soll und damit frei über seine Bündniszugehörigkeit entscheiden kann.

Polen: Am 8. 3. gibt der Bundestag mit den Stimmen der Koalition eine Garantieerklärung für die polnische Westgrenze ab: Die polnischen Grenzen würden »weder jetzt noch in Zukunft« durch Gebietsansprüche in Frage gestellt. SPD und Grüne verweigern ihre Zustimmung wegen der Haltung von Bundeskanzler *Kohl* zur Grenzfrage. 5 Unions-Abgeordnete enthalten sich, 7 vertreten die Meinung, die Entschließung sei keine rechtsgültige Entscheidung über die Nachkriegsgrenzen. – Am 14. 11. wird in Warschau der deutsch-polnische Grenzvertrag unterzeichnet.

Truppenabzug und Rüstungsabbau

Bundeskanzler *Kohl* und der französische Staatspräsident *François Mitterrand* legen am 17./18. 9. in München die Rahmenbedingungen für die **künftige Präsenz französischer Truppen** in Gesamtdeutschland fest. Frankreich wird innerhalb von zwei Jahren die Hälfte seiner 50 000 Soldaten aus Deutschland abziehen. – Verteidigungsminister *Stoltenberg* teilt am 7. 3. mit, daß die **C-Waffen-Bestände der USA** in der Bundesrepublik bis September **ersatzlos abgezogen** und später auf dem Pazifik-Atoll Johnston vernichtet werden sollen. Die rd. 400 t chemischer Kampfstoffe VX und Sarin lagern in einem US-Depot in Clausen/Rheinland-Pfalz. Die Bayerische Staatskanzlei teilt auf Grundlage US-amerikanischer Pläne am 18. 9. zur **künftigen Truppenpräsenz der USA** mit, daß rd. 60 000 der 245 000 in Deutschland stationierten US-Soldaten in den nächsten Jahren abgezogen würden. – Großbritannien, Kanada, Belgien und die Niederlande wollen ihre Truppenzahl in Deutschland ebenfalls verringern. – Bundesaußenminister *Genscher* und der sowjetische Botschafter *Wladimir Terechow* unterzeichnen am 12. 10. in Bonn den **deutsch-sowjetischen Stationierungsvertrag**, der den Abzug der rd. 380 000 Sowjetsoldaten und ihrer etwa 220 000 Angehörigen aus Deutschland bis Ende 1994 regelt. Dafür werden von der Bundes-

Fortsetzung Sp. 907

Die Wahl zum 12. Deutschen Bundestag am 2. 12. 1990

Bei der Wahl zum 12. Deutschen Bundestag am 2. 12. siegt die amtierende christlich-liberale Regierungskoalition klar mit 54,8 % der Stimmen. Bei einer Wahlbeteiligung von 77,8 % erhalten CDU und CSU zusammen 43,8 % (im Westen: 44,3 %, im Osten: 41,8 %) der Zweitstimmen, die FDP 11,0 % (im Westen: 10,6 %, im Osten: 12,9 %). Die SPD erreicht 33,5 % (im Westen: 35,7 %, im Osten: 24,3 %). Die PDS erreicht im Osten 11,1 % (bundesweit: 2,4 %). Die Grünen (bundesweit 3,8 %) scheitern im Westen mit 4,8 % an der Fünfprozenthürde, ziehen aber dank der 6 % für Bündnis 90/Grüne im Osten mit 8 Abgeordneten in den Bundestag ein.
Der neue Bundestag, dem 662 Abgeordnete angehören, **konstituiert sich am 20. 12.** im Berlin und **wählt** erneut **Rita Süssmuth** (CDU) zu seiner **Präsidentin**.

Wahl zum 12. Deutschen Bundestag am 2.12.1990 (Gesamtdeutschland)

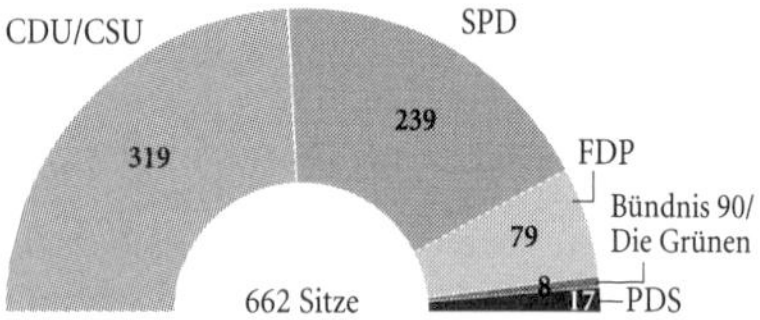

Viertes Kabinett Kohl (18. 1. 1991–17. 11.1994)

Bundeskanzler	*Helmut Kohl* (CDU)
Stellvertreter	*Hans-Dietrich Genscher* (FDP) bis 18. 5.92, *Jürgen W. Möllemann* (FDP) bis 21. 1.93, Nachfolger *Klaus Kinkel* (FDP)
Auswärtiges	*Hans-Dietrich Genscher* (FDP) bis 18. 5.92, Nachfolger *Klaus Kinkel* (FDP)
Inneres	*Wolfgang Schäuble* (CDU) bis 26. 11.91, *Rudolf Seiters* (CDU) bis 7. 7. 93, Nachfolger *Manfred Kanther* (CDU)
Justiz	*Klaus Kinkel* (FDP) bis 18. 5.92, Nachfolgerin *Sabine Leutheusser-Schnarrenberger* (FDP)
Finanzen	*Theo Waigel* (CSU)
Wirtschaft	*Jürgen W. Möllemann* (FDP) bis 21. 1.93, Nachfolger *Günter Rexrodt* (FDP)
Ernährung, Landwirtschaft und Forsten	*Ignaz Kiechle* (CSU) bis 21. 1.93, Nachfolger *Jochen Borchert* (CDU)
Arbeit und Sozialordnung	*Norbert Blüm* (CDU)
Verteidigung	*Gerhard Stoltenberg* (CDU) bis 1. 4.92, Nachfolger *Volker Rühe* (CDU)
Familie und Senioren	*Hannelore Rönsch* (CDU)
Frauen und Jugend	*Angela Merkel* (CDU)
Gesundheit	*Gerda Hasselfeldt* (CSU) bis 6. 5.92, Nachfolger *Horst Seehofer* (CSU)
Verkehr	*Günther Krause* (CDU) bis 13. 5.93, Nachfolger *Matthias Wissmann* (CDU)
Umwelt, Naturschutz und Reaktorsicherheit	*Klaus Töpfer* (CDU)
Post und Telekommunikation	*Christian Schwarz-Schilling* (CDU) bis 17. 12.92, Nachfolger (ab 21. 1.93) *Wolfgang Bötsch* (CSU)
Raumordnung, Bauwesen und Städtebau	*Irmgard (Adam-) Schwaetzer* (FDP)
Forschung und Technologie	*Heinz Riesenhuber* (CDU) bis 21. 1.93, *Matthias Wissmann* (CDU) bis 13. 5.93, Nachfolger *Paul Krüger* (CDU)
Bildung und Wissenschaft	*Rainer Ortleb* (FDP) bis 4. 2.94, Nachfolger *Karl-Heinz Laermann* (FDP)
Wirtschaftliche Zusammenarbeit (ab 22. 1.93: und Entwicklung)	*Carl-Dieter Spranger* (CSU)
Besondere Aufgaben	*Rudolf Seiters* (CDU) bis 26. 11.91, Nachfolger *Friedrich Bohl* (CDU)

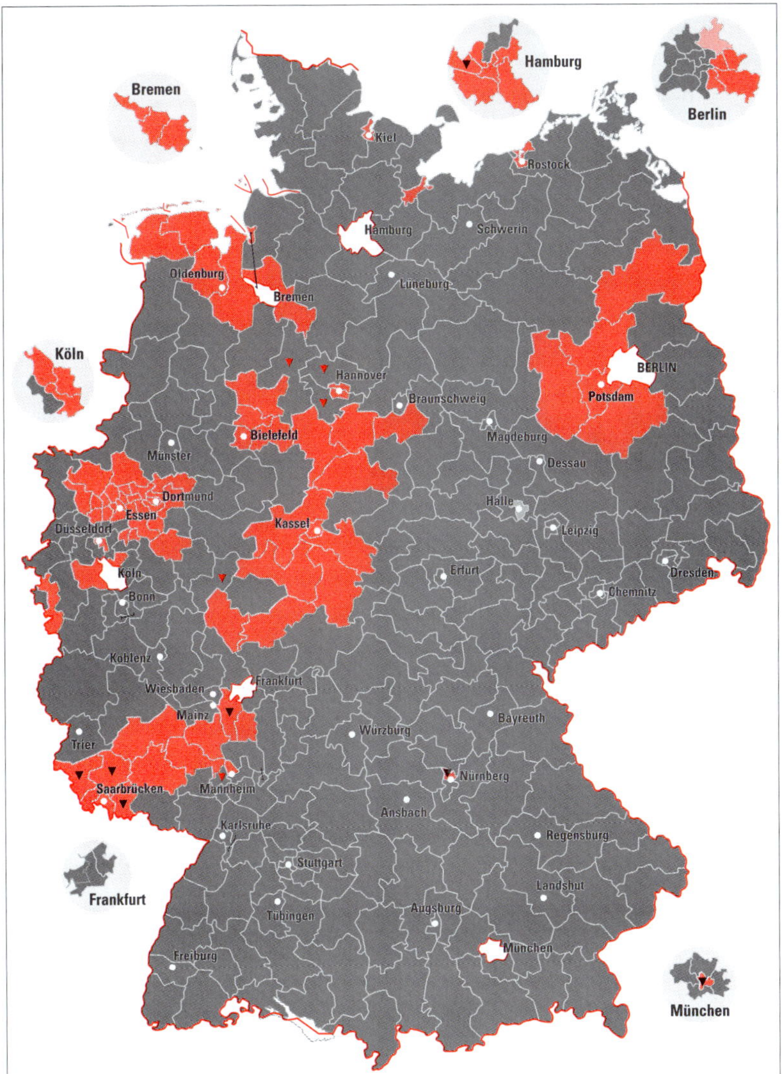

Direktmandate der im 12. Deutschen Bundestag vertretenen Parteien

Mit der Mehrheit der Erststimmen 1990 gewonnene Wahlkreise

- Kandidaten der CDU/CSU (192+43=235)
- Kandidaten der SPD (91)
- Kandidaten der FDP (1)
- Kandidaten der PDS (1)

Wechsel der Erststimmenmehrheit 1987/1990 (in den alten Bundesländern)

- ▼ Wahlkreise, die von der CDU/CSU an die SPD fielen
- ▼ Wahlkreise, die von der SPD an die CDU/CSU fielen

Quelle: Forschungsgruppe Wahlen

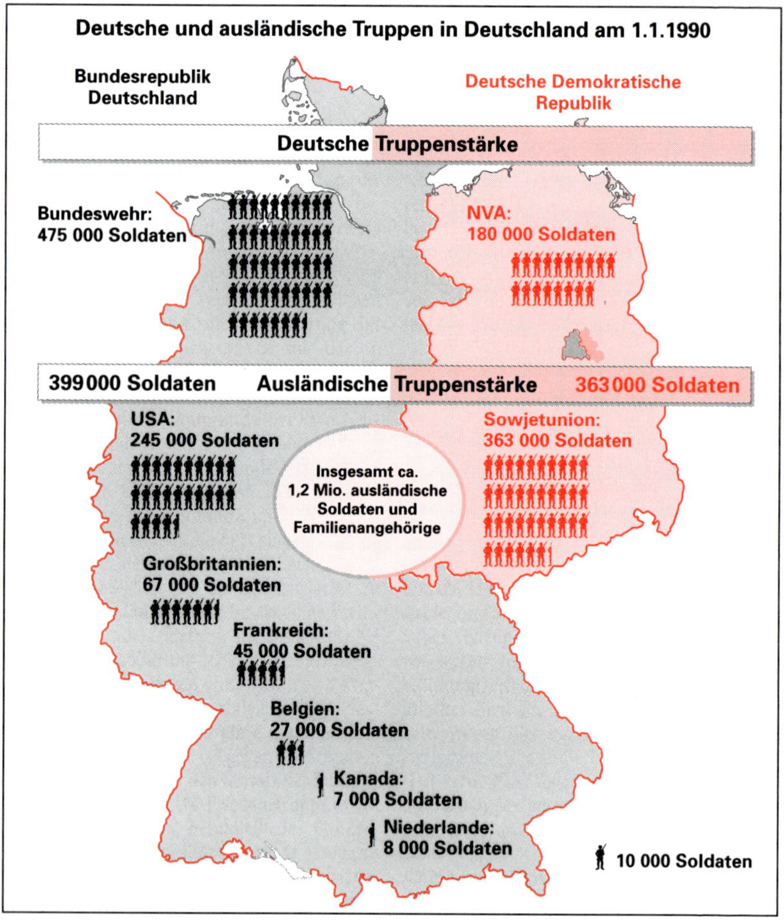

regierung rd. 13,5 Mrd. DM bereitgestellt, mit denen auch der Bau von rd. 36 000 Wohnungen in der UdSSR finanziert werden soll.

Weitere außenpolitische Ereignisse

UdSSR: Bundeskanzler **Kohl und** der sowjetische Präsident **Gorbatschow unterzeichnen** am 9. 11. in Bonn einen 22 Artikel umfassenden **deutsch-sowjetischen »Vertrag über gute Nachbarschaft, Partnerschaft und Zusammenarbeit«**. Er enthält u. a. eine gegenseitige Gewaltsverzichterklärung sowie ein Bekenntnis zur »Verantwortung für die Erhaltung des Friedens in Europa und in der Welt« und sieht regelmäßige, jährlich mindestens einmal stattfindende Konsultationen »auf höchster politischer Ebene« vor. Ein zweiter Vertrag regelt die Entwicklung einer umfassenden Zusammenarbeit in Wirtschaft, Industrie, Wissenschaft und Technik, Umweltschutz, Kultur und Verbrechensbekämpfung. – Bundeskanzler *Kohl* und der sowjetische Präsident *Gorbatschow* vereinbaren am 19. 11. am Rande des KSZE-Gipfels in Paris eine **Hilfsaktion für die sowjetische Bevölkerung** auf privater Basis. Am 7. 12. werden erste Hilfssendungen aus Beständen der Berliner Notvorräte nach Moskau geflogen. Bis zum 19. 2. 1991 werden dem Auswärtigen Amt rd. 150 Mio. DM private Spenden für die UdSSR-Hilfe gemeldet.

Schengener Abkommen: Die Außenminister Frankreichs, der Benelux-Staaten und Deutschlands unterzeichnen am 19. 6. das Schengener Abkommen. Damit wird es zwischen diesen Ländern von 1992 an keine Grenzkontrollen für Personen und Waren geben. Das DDR-Gebiet wird dem Geltungsbereich automatisch angehören.

Golfkrieg: Die Bundesregierung verurteilt am 2. 8. die **Besetzung Kuwaits durch irakische Truppen** und schließt sich der Forderung des UN-Sicherheitsrats nach einem sofortigen Rückzug der irakischen Truppen sowie den EG-Sanktionen an. Am 16. 8. laufen sieben Schiffe des Minenabwehrverbandes der Bundesmarine zur Verstärkung der NATO-Präsenz im östlichen Mittelmeer aus. – Bundeskanzler *Kohl* und US-Außenminister *Baker* einigen sich am 15. 9. auf ein Soforthilfepaket der Bundesrepublik zur Unterstützung des US-Militäreinsatzes am Persischen Golf. – Altbundeskanzler *Willy Brandt* (SPD) reist am 5. 11. in einer Geiselmission nach Bagdad. In Gesprächen mit der irakischen Führung gelingt es ihm, 194 Geiseln – darunter 138 Deutsche – freizubekommen. – Die Bundesregierung beschließt am 28. 11. eine Verschärfung des Irak-Embargos und stellt mit einer Änderung der Außenwirtschaftsordnung fast alle Dienstleistungen Deutscher im Irak und in Kuwait unter Strafe.

Weitere innenpolitische Ereignisse

Gesetze: Die Bundesregierung beschließt am 20. 3. die **Abschaffung des Notaufnahmeverfahrens** für DDR-Übersiedler zum 1. 7.; außerdem werden die Bedingungen für die Anerkennung als Aussiedler verschärft. (→ Graphik) – Am 26. 4. verabschiedet der Bundestag mit den Stimmen von CDU/CSU und FDP ein **neues Ausländerrecht**; Ziel ist die Begrenzung des weiteren Zuzugs aus Nicht-EG-Staaten. Der Bundesrat stimmt der Novelle am 11. 5. zu. – Der Bundestag beschließt am 23. 5. mit den Stimmen der Koalition und der SPD das **Direktwahlrecht für Berliner**. Künftig sollen in West-Berlin 16 Abgeordnete in acht Wahlkreisen gewählt werden. Der Bundesrat stimmt am 1. 6. zu, die drei

Regionale Verteilung und Herkunft der Aus- und Übersiedler 1.1.1989 - 31.5.1990

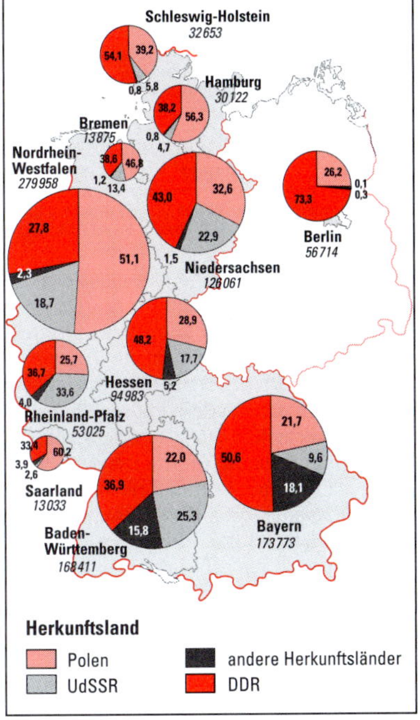

Westalliierten geben später ihre Vorbehaltsrechte auf.

Der der **Stasi-Mitarbeit verdächtige** frühere DDR-Ministerpräsident **Lothar de Maizière** tritt am 17. 12. als Bundesminister für Sonderaufgaben zurück und läßt seine Parteiämter bis zur Veröffentlichung eines Untersuchungsberichts des Bundesinnenministers am 22. 2. 1991 ruhen, in dem festgestellt wird, daß *de Maizière* möglicherweise nicht gewußt habe, daß er von der DDR-Staatssicherheit als Informeller Mitarbeiter geführt wurde. – Der Sonderbeauftragte für die Stasi-Akten, *Joachim Gauck*, legt am 18. 12. die vorläufige **Benutzerordnung** (bis zur Annahme eines Gesetzes) für das Aktenmaterial über 6 Mio. Menschen vor. Betroffene und »zuständige Stellen« haben das Recht auf Auskunft in allen Fällen, wo es um Rehabilitierung, Feststellung von Stasi-Mitarbeit, Verfolgung von Straftaten und den Schutz von Persönlichkeiten geht.

Aus- und Übersiedler[1] nach Herkunftsland 1950 – 30. 6. 1990

	1950–1969	*1970–1979*	*1980–1988*	*1989–30. 6. 1990*	*Gesamtzeitraum*
Polen	402799	202711	382460	353509	1341479
UdSSR	22151	56592	78431	164865	322039
Rumänien	19748	71415	127770	82256	301189
Sonstige[2]	216532	24663	18371	8480	268046
DDR	2821452	148695	203601	582238	3755986
Zusammen	3482682	504076	810633	1191348	5988739

[1] In den früheren Zeitabschnitten auch Vertriebene und Flüchtlinge
[2] Unter Sonstige fallen Aus- und Übersiedler aus der ČSSR, Ungarn, Jugoslawien, Bulgarien, Albanien, China, dem westlichen Europa und Übersee

Justiz: Das Landgericht Mannheim verurteilt am 28. 6. den Chemieunternehmer *Jürgen Hippenstiel-Imhausen* wegen eines Vergehens gegen das Außenwirtschaftsgesetz und wegen fortgesetzter Steuerhinterziehung zu einer Freiheitsstrafe von 5 Jahren; das Gericht sah seine Beteiligung am Bau einer Giftgasfabrik im libyschen Rabta als erwiesen an. – Die Staatsanwaltschaft Darmstadt läßt am 17. 8. sieben Personen festnehmen, die im Verdacht stehen, an der Lieferung von Anlagen zur Giftgasherstellung an den Irak beteiligt gewesen zu sein.

Gewerkschaften

Am 8. 5. verkauft die mit der **Liquidierung der Neuen Heimat** beauftragte Beteiligungsgesellschaft für Gemeinwirtschaft/BGAG in Frankfurt die 33 000 Wohnungen in Bayern an den Münchner Bauunternehmer *Alfons Doblinger* zum Preis von 985 Mio. DM und beendet damit die Sanierung des gewerkschaftseigenen Wohnungsbaukonzerns, der früher 300 000 Wohnungen besessen hatte. – Der 14. ordentliche Bundeskongreß des Deutschen Gewerkschaftsbundes (DGB) wählt am 23. 5. den bisherigen Vorsitzenden der IG Bergbau und Energie, **Heinz-Werner Meyer**, mit 333 (von 525) Stimmen als Nachfolger von *Ernst Breit* **zum neuen DGB-Vorsitzenden**, zu Stellvertretern die Vizepräsidentin der Nürnberger Bundesanstalt für Arbeit *Ursula Engelen-Kefer* und den Vorsitzenden der CDU-Sozialausschüsse *Ulf Fink*.

Parteien

CDU: Am 1. 10. schließen sich in Hamburg die CDU-Verbände aus dem noch geteilten Deutschland zur gesamtdeutschen CDU zusammen. *Helmut Kohl* wird mit 98,5 % der Stimmen zum Vorsitzenden gewählt; einziger Stellvertreter wird mit 97 % der Stimmen der bisherige Vorsitzende der Ost-CDU, *Lothar de Maizière*. – Am 8. 10. wird Innenminister *Wolfgang Schäuble* (CDU) nach einem Wahlkampfauftritt von einem Attentäter niedergeschossen und lebensgefährlich verletzt.
FDP: Auf einem Vereinigungsparteitag in Hannover schließen sich am 11. 8. die FDP und die drei liberalen Parteien der DDR – DP, FDP, DFP – unter dem Namen »Freie Demokratische Partei – Die Liberalen« zu einer Partei zusammen. Zum Vorsitzenden wird *Otto Graf Lambsdorff* gewählt.
Die Grünen verabschieden auf ihrer Bundesversammlung in Dortmund (9./10. 6.) Papiere zur Deutschlandpolitik und zu ökologischen Fragen, die eine breite, flügelübergreifende Mehrheit finden. Neue Parteisprecher der Grünen werden *Christian Ströbele*, *Renate Damus* und *Heide Rühle*. – Am 22. 9. beschließen die Grünen einen Zusammenschluß mit den Bürgergruppen der DDR für die gesamtdeutsche Wahl am 2. 12. und erarbeiten eine Wahlplattform »Die Grünen/Bündnis 90«.
SPD: Der stellvertretende Parteivorsitzende *Oskar Lafontaine* erklärt am 20. 3. seine Bereitschaft, bei der Bundestagswahl im Dezember als Kanzlerkandidat seiner Partei anzutreten. – Am 25. 4. wird *Lafontaine* bei einem Attentat lebensbedrohlich verletzt. – Die SPD-Führungsgremien stimmen am 14. 6. nach längeren internen Auseinandersetzungen dem Staatsvertrag über die Wirtschafts- und Währungsunion mit der DDR zu. *Lafontaine* hatte den Vertrag heftig kritisiert und seine Ablehnung gefordert. – Die Sozialdemokraten beider deutschen Staaten be-

Bundesland	Ministerpräsident (Ernennung)	Regierung
Brandenburg	Manfred Stolpe/SPD (1. 11.)	SPD/FDP/Bündnis 90
Mecklenburg-Vorpommern	Alfred Gomolka/CDU (27. 10.)	CDU/FDP
Sachsen	Kurt Biedenkopf/CDU (27. 10.)	CDU
Sachsen-Anhalt	Gerd Gies/CDU (28. 10.)	CDU/FDP
Thüringen	Josef Duchac/CDU (8. 11.)	CDU/FDP

schließen auf getrennten Parteitagen in Berlin am 26. 9. ihre Wiedervereinigung nach 45 Jahren; auf einem gemeinsamen Parteitag am 27. 9. wird dies mit einem Manifest besiegelt. *Lafontaine* wird als SPD-Kanzlerkandidat für die erste gesamtdeutsche Wahl am 2. 12. bestätigt. – Der ehemalige Vorsitzende der DDR-SPD, *Manfred (»Ibrahim«) Böhme*, gibt wegen des Vorwurfs der Stasi-Mitarbeit seinen Sitz im SPD-Bundesvorstand am 11. 12. vorerst auf.

Bundesländer

Saarland: Bei der Landtagswahl am 28. 1. kann die SPD unter Ministerpräsident *Oskar Lafontaine* ihre Mehrheit von 49,2 auf 54,4% ausbauen.

Nordrhein-Westfalen: Landtagswahl am 13. 5.

Niedersachsen: Landtagswahl am 13. 5.

Am 14. 10. finden Landtagswahlen in den fünf **neuen Bundesländern** und in **Bayern** statt. In Sachsen erzielt die CDU mit ihrem Spitzenkandidaten *Kurt Biedenkopf* die absolute Mehrheit. Auch in Mecklenburg-Vorpommern, Sachsen-Anhalt und Thüringen kann die CDU in Koalitionen den Ministerpräsidenten stellen. Die SPD kann sich nur in Brandenburg durchsetzen. In Bayern verteidigt die CSU bei leichten Verlusten ihre absolute Mehrheit.

Die im März 1989 gebildete rot-grüne Regierungskoalition in (West-)**Berlin** bricht auseinander: Als Konsequenz aus den vorausgegangenen Räumungen besetzter Häuser zieht die Alternative Liste/AL am 15. 11. ihre Beteiligung am Senat von Bürgermeister *Walter Momper* (SPD) zurück. – Bei der am 2. 12. abgehaltenen ersten Gesamtberliner Abgeordnetenhauswahl seit 1946 wird die CDU stärkste Partei (→ Graphik).

Wahl zum 11. Berliner Abgeordnetenhaus am 2.12.1990 (Angaben in %)

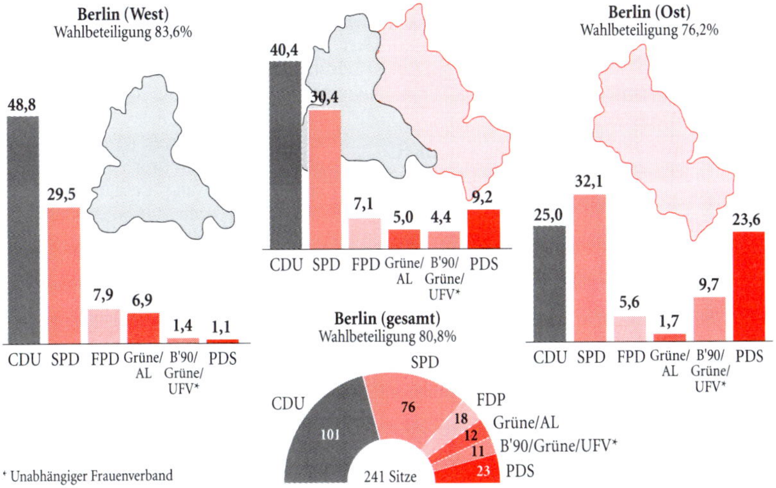

* Unabhängiger Frauenverband

1990

Beitritt zur Bundesrepublik

Nach fast 41 Jahren Existenz geht die DDR am 3. 10. mit ihrem Beitritt zum Geltungsbereich des Grundgesetzes in der Bundesrepublik auf. Das letzte Jahr der DDR ist durch eine Vielzahl von Ereignissen geprägt, von denen wenige Monate zuvor niemand vermutet hatte, sie in naher Zukunft zu erleben. Der letzten SED-geführten DDR-Regierung kommt in den ersten 10 Wochen des Jahres nur noch die Aufgabe der Verwaltung der DDR zu. Am 18. 3. siegt bei den ersten und letzten freien Volkskammerwahlen die konservative »Allianz für Deutschland«; die CDU wird führende Regierungspartei. Diese einzige freigewählte DDR-Regierung unter *Lothar de Maizière* handelt mit der Bundesregierung sowohl den Staatsvertrag zur Währungsunion (die am 1. 7. in Kraft tritt) als auch den Einigungsvertrag aus. Der wirtschaftliche Transformationsprozeß in der DDR bzw. den neuen Bundesländern gestaltet sich gerade in der Anfangszeit schwierig und erfordert in der kommenden Zeit Geduld und Engagement der Deutschen in Ost und West. In den letzten Wochen der DDR schließen sich die politischen Parteien der DDR – schon in Vorbereitung der gesamtdeutschen Wahlen am 2. 12. – mit westdeutschen Schwesterparteien zusammen oder vereinbaren mit ihnen Wahlbündnisse.

Regierung Modrow und Runder Tisch

Spannungen: Das Verhältnis von Regierung und Rundem Tisch ist von wachsenden Spannungen geprägt. Sie entzünden sich vor allem an der Frage der endgültigen Auflösung der ehemaligen Staatssicherheit, jedoch auch daran,

Regierungsumbildung vom 11. Januar 1990

Umweltministerium (von der DBD gehalten): *Peter Diederich* wird Nachfolger von *Hans Reichelt*;
Justizministerium (LDPD): *Kurt Wünsche* wird Nachfolger von *Hans-Joachim Heusinger*;
Staatliche Plankommission (SED): *Hans-Joachim Lauck* folgt *Gerhard Schürer* auf den Posten des Vorsitzenden.
Im Zusammenhang mit dem Verzicht auf den Aufbau eines Nachrichtendienstes tritt auch der Leiter der Nationalen Sicherheit, *Wolfgang Schwanitz* (SED), ab.

welche Machtkompetenzen der Runde Tisch erhält. Die Regierung *Modrow* kann immer weniger gestaltend in die Politik eingreifen; ihr fällt zunehmend allein die Aufgabe zu, die Verwaltung des Landes aufrechtzuerhalten. Der Runde Tisch beharrt für sich auf einem Vetorecht gegenüber Regierung und Volkskammer. In seiner ersten Sitzung im neuen Jahr (3. 1.) protestieren die hier vertretenen neun Oppositionsparteien gegen die Pläne der Regierung, einen Nachrichtendienst noch vor den für den 6. 5. geplanten Wahlen zur Volkskammer zu etablieren. Sie stellen Ministerpräsident *Modrow* ein **Ultimatum**, indem sie einen Nachweis der Entwaffnung der ehemaligen Staatssicherheit bis zum 8. 1. einfordern. Andernfalls drohen sie an, den Runden Tisch zu verlassen. – Am 8. 1. geben der Regierungsbeauftragte für die Auflösung des Amtes für Nationale Sicherheit, *Peter Koch*, und der Staatssekretär im Ministerrat, *Walter Halbritter*, nur unbefriedigende Antworten auf Fragen zum Stand der Auflösung, weshalb ihnen das Mißtrauen ausgesprochen wird. – Am 11. 1. gibt Ministerpräsident *Modrow* in der Volkskammer eine Regierungserklärung ab, in der er den Verzicht auf den weiteren Aufbau eines Nachrichtendienstes bekanntgibt, gleichzeitig aber betont, den Oppositionsparteien kein Vetorecht zubilligen zu wollen.
Besetzung der Stasi-Zentrale: Der Streit in der Geheimdienstfrage liefert auch die Grundlage für den Sturm auf die Stasi-Zentrale im Ost-Berliner Bezirk Lichtenberg durch zehntausende DDR-Bürger, die nicht wissen, daß sich schon seit einigen Tagen Vertreter der Bürgerbewegung im Gebäude aufhalten. Nach der Erstür-

Neue Mitglieder in der »Regierung der nationalen Verantwortung« ab 5. 2. 1990

Tatjana Böhm (Unabhängiger Frauenverband)
Rainer Eppelmann (Demokratischer Aufbruch)
Sebastian Pflugbeil (Neues Forum)
Matthias Platzeck (Grüne Partei)
Walter Romberg (SPD)
Klaus Schlüter (Grüne Liga)
Wolfgang Ullmann (Demokratie Jetzt)

mung entlädt sich der aufgestaute Zorn der Bevölkerung in Verwüstungen; andererseits deutet die Tatsache, daß die Demonstranten von innen hineingelassen und dann zunächst zu unwichtigen Bereichen des Komplexes gelenkt werden und andere Teile überhaupt nicht erreichen, darauf hin, daß die Erstürmung auch von der Stasi selbst und von fremden Geheimdiensten genutzt wird, um Unterlagen beiseite zu schaffen.

Regierungsumbildungen: Die erste Regierungsumbildung vom 11. 1. zielt darauf, langjährige Mitglieder der DDR-Regierung durch neue Personen auszutauschen (→ Kasten).

Rücktritt: Am 21. 1. tritt die von der SED gestellte Finanzministerin *Uta Nickel* zurück, nachdem gegen sie am Vortag von der Staatsanwaltschaft Leipzig ein Ermittlungsverfahren wegen Untreue eingeleitet worden war.

Rückzug der CDU: Am 25. 1. erklären die von der CDU kommenden Kabinettsmitglieder auf Druck führender Parteifreunde (stellvertretender Vorsitzender *Gottfried Müller*, Generalsekretär *Martin Kirchner*) und der West-CDU (Generalsekretär *Volker Rühe*, CSU-Vorsitzender *Theo Waigel*) ihren Austritt aus der Regierung, bleiben aber bis 9. 2. geschäftsführend im Amt.

Vereinbarung: Am 28. 1. vereinbaren die am Runden Tisch vertretenen Parteien und Gruppierungen mit der Regierung ein **Vierpunkteprogramm**: 1. Der Termin der Volkskammerwahlen wird vom 6. 5. auf den 18. 3. vorverlegt. 2. Die Kommunalwahlen finden am 6. 5. statt. 3. Vertreter der neuen Parteien treten (einem Vorschlag *Modrows* vom 22. 1. folgend) als Minister ohne Geschäftsbereich am 5. 2. in eine »Regierung der nationalen Verantwortung« ein (→ Kasten). 4. Ein Regierungsvertreter nimmt ständig an den Beratungen des Runden Tisches teil.

Gesetze und Verordnungen

Abbau von Subventionen: Am 15. 1. treten umfangreiche Preiserhöhungen bei Kinderbekleidung und Kinderschuhen ein, die um teilweise mehr als 150 % teurer werden. Diese Politik folgt im Ansatz den Vorstellungen des damaligen Leiters des Amtes für Preise, *Walter Halbritter*, vom 2. 11. → 1989, die sachbezogenen Subventionen von Konsumgütern durch personenbezogene Zahlungen zu ersetzen. Eltern erhalten als Kompensation für die Preiserhöhungen einen Kindergeldzuschlag von 45 (für Kinder bis zu 12 Jahren) oder 65 Mark (für Kinder ab 12 Jahren) pro Monat.

Joint-Venture-Verordnung: Gegenüber dem Runden Tisch betont die für Wirtschaft zuständige stellvertretende Ministerratsvorsitzende *Christa Luft* am 3. 1., die Regierung halte an ihrem Konzept für Unternehmen mit ausländischer Beteiligung fest, das eine Anteilsmehrheit der DDR-Seite als Regelfall vorsieht. – Am 12. 1. billigen die Abgeordneten der Volkskammer eine Verfassungsänderung, mit der die Gründung gemischter Gesellschaften (zwischen Volkseigenen Betrieben aus der DDR und ausländischen Investoren) erst möglich wird. – Der Ministerrat beschließt am 25. 1. zum einen die volle Gewerbefreiheit (dem spezielle Bestimmungen für einzelne Berufe und Gewerbe in den kommenden Wochen folgen), zum anderen die »Verordnung über die Gründung und Tätigkeit von Unternehmen mit ausländischer Beteiligung«. Die erste Joint-Venture-Vereinbarung vom 20. 2. betrifft die Errichtung einer CD-Fabrik in Thüringen.

Reisegesetz: Seit dem 1. 1. besteht ein sogenannter **Reisefonds** für DDR-Bürger, der von beiden deutschen Staaten getragen wird. Statt des bisherigen »Begrüßungsgeldes« von 100 DM pro Jahr, das die DDR-Bürger in West-Berlin und in der Bundesrepublik in Empfang nehmen konnten, gilt für die ersten 100 Mark Reisemittel ein Umtauschkurs von 1 Mark der DDR für 1 DM, für weitere 100 Mark ein Kurs von 5:1 (für Kinder gilt jeweils eine 50-Mark-Grenze). – Am 1. 2. verabschiedet die Volkskammer das **Reisegesetz**, das in der Realität allerdings längst schon umgesetzt ist. Den DDR-Behörden ist es demnach nur noch erlaubt, Personen, gegen die Ermittlungs- und Strafverfahren laufen oder gegen die eine Strafe noch vollstreckt werden soll, die Ausreise aus der DDR zu verweigern.

Regelungen zur sozialen Sicherung: Am 8. 2.

erläßt der Ministerrat eine Verordnung über die sofortige Gewährung von **Arbeitslosenunterstützung** an »Bürger während der Zeit der Arbeitsvermittlung«. Es sieht ein Arbeitslosengeld in Höhe von 70 % des durchschnittlichen Nettoeinkommens, mindestens jedoch 500 Mark im Monat vor. – Eine weitere Verordnung vom 8. 2. regelt mit denselben Konditionen den Übergang älterer Arbeitnehmer in den **Vorruhestand**. – Am 7. 3. beschließt die Volkskammer eine **Sozialcharta**, die einige Leistungen festschreibt, die es in der Bundesrepublik nicht gibt. Hierzu zählen das Recht auf Arbeit, die Gleichstellung von Mann und Frau im Erwerbs- und Familienleben, das Recht auf Aus- und Weiterbildung sowie das Recht auf Wohnen.

Gewerkschaftsgesetz: Bei ihrer letzten Tagung vor den Wahlen verabschiedet die Volkskammer am 7. 3. das Gesetz über die Gewerkschaften. Es gewährt den Arbeitnehmern ein Recht auf Streik, verbietet jedoch Aussperrungen. Das Gesetz trifft sofort auf die Kritik der Arbeitgeberverbände in der DDR und der Bundesrepublik.

Sozialistisches Eigentum: Am 1. 3. beschließt der Ministerrat die Gründung der »Anstalt zur treuhänderischen Verwaltung des Volkseigentums«. Das Statut der **Treuhandanstalt**, das sich wesentlich vom späteren Treuhandgesetz (→ Sp. 930) unterscheidet, wird auf dem Verordnungswege vom Ministerrat am 15. 3. beschlossen. – Nach einer weiteren Verordnung des Ministerrates vom 1. 3. müssen sich die volkseigenen Betriebe, Kombinate und Einrichtungen in **Kapitalgesellschaften** (in der Regel Aktiengesellschaften und Gesellschaften mit beschränkter Haftung) umwandeln. – Am 6. 3. verabschiedet die Volkskammer zum einen ein neues **Gesetz über die landwirtschaftlichen Produktionsgenossenschaften**, zum anderen das **Gesetz »über die Rechte der Eigentümer von Grundstücken aus der Bodenreform«**. Erst mit diesem Gesetz wird es Empfängern von Bodenreformland bzw. ihren Erben erlaubt, über den Boden frei zu verfügen, d. h. ihn auch zu veräußern. – Am 7. 3. verabschiedet die Volkskammer das Gesetz über die **Gründung und Tätigkeit privater Unternehmen** und über Unternehmensbeteiligung.

Wahlgesetz: Zehn Tage vor der Volkskammerwahl am 18. 3. verabschiedet die Volkskammer das Wahlgesetz. Nicht nur politische Parteien, sondern auch Vereinigungen und Gruppierungen (außer solchen, die militaristische, faschistische und antihumanistische Ziele verfolgen) können zur Wahl zugelassen werden. Wahlbündnisse sind ausdrücklich erlaubt. Eine Sperrklausel ist nicht vorgesehen, so daß etwa 0,25 % der Stimmen genügen, um ein Mandat in der Volkskammer zu erhalten.

Parteien und Bewegungen vor den Wahlen

SED-PDS

Mobilisierung von Anhängern und Gegnern: Nach Nazischmierereien am Sowjetischen Ehrenmal in Berlin-Treptow am 28. 12. 1989 organisiert die SED-PDS am Abend des 3. 1. eine Großdemonstration von 250 000 Menschen (zu der – außer der CDU – auch die ehemaligen Blockparteien sowie einige andere Organisationen aufgerufen haben). – Am 14. 1. nehmen mehr als 100 000 Menschen – im Unterschied zu den Jahren zuvor völlig freiwillig – an der traditionellen *Liebknecht-Luxemburg*-Demonstration (→ 1988, 1989) teil. – Die nach wie vor vorhandene Fähigkeit der SED-PDS, Hunderttausende zu mobilisieren und ihre die Wiedervereinigung ablehnende Politik rufen den heftigen Widerspruch bei Teilen der Bevölkerung hervor. Die erste **Montagsdemonstration** im neuen Jahr in Leipzig, aber auch Protestzüge in Schwerin, Karl-Marx-Stadt (Chemnitz), Cottbus, Frankfurt/Oder, Magdeburg, Halle, Gera und Neubrandenburg am 8. 1. richten sich **gegen die SED**. Vertreter der neuen Parteien und Bewegungen beklagen am gleichen Tag ihre Benachteiligung gegenüber der SED-PDS. – Am 22. 1. kommt es in mehreren Großstädten (Magdeburg, Cottbus, Dresden, Halle, Schwerin, Suhl, Potsdam, Karl-Marx-Stadt) erneut zu Demonstrationen gegen die SED-PDS, allein in Leipzig demonstrieren 100 000 Menschen.

Forderung nach Selbstauflösung: Am 20. 1. fordern verschiedene in der Zwischenzeit entstandene Plattformen in der SED-PDS (»Dritter Weg«, »Werk für Fernsehelektronik«, »Demokratischer Sozialismus«, »Sozialdemokratische Plattform«) sowie die Kreisvorstände an der Ost-Berliner Humboldt-Universität und an der Akademie der Wissenschaften die Selbstauflösung der Partei. Am folgenden Tag lehnt eine Mehrheit des Parteivorstandes diese Forderung ab und schlägt vor, den Namen SED aufzugeben. Dieser Beschluß sowie der Parteiaustritt des stellvertretenden Parteivorsitzenden *Wolfgang Berghofer* und des Dresdner Bezirksvorstandes der Partei am 21.1. lösen eine neue Austrittswelle aus.

Parteiausschluß und Haft: Alle ehemaligen Mitglieder des Politbüros (mit Ausnahme von *Siegfried Lorenz*) werden am 21.1. aus der SED-PDS ausgeschlossen; am 27. bzw. 29.1. werden *Joachim Herrmann* und *Erich Honecker* zudem für kurze Zeit in Haft genommen.

Namenswechsel: Am 4.2. beschließt der Vorstand die endgültige Annahme des Namens »Partei des demokratischen Sozialismus« (PDS). Er erklärt: »Unsere Partei ist nicht mehr die SED. Unser Bruch mit der Vergangenheit, unsere demokratischen Initiativen und Ziele haben uns zu einer neuen Partei gemacht.« Der PDS-Vorstand beschließt, mehr als 3 Mrd. Mark der DDR aus »Reserveguthaben« an den Staatshaushalt abzuführen. – Am 25.2. bestätigt der 1. PDS-Parteitag die Änderung des Parteinamens und beschließt ein Wahlprogramm, in dem die schrittweise und gleichberechtigte Vereinigung beider deutscher Staaten angestrebt wird. *Hans Modrow* wird zum Ehrenvorsitzenden und Spitzenkandidaten der Partei für die kommenden Wahlen gewählt.

Konservative Parteien

CDU: Am 10.1. erklärt der CDU-Vorsitzende *Lothar de Maizière* in einem Interview mit der französischen Zeitung »Le Figaro«, die dramatische Situation, in der sich die DDR befinde, erfordere nach den Wahlen die Bildung einer Koalition auf breiter Basis. – Die CDU durchlebt ab 17.1. heftige **innerparteiliche Auseinandersetzungen** um die Frage des Austritts aus der *Modrow*-Regierung (→ oben). Der Parteivorstand lehnt einen Austritt aus der Regierung am 19.1. mit großer Mehrheit ab, revidiert diese Entscheidung aber am 25.1., nachdem die West-CDU offen über die Aufkündigung ihrer gerade erst beginnenden Zusammenarbeit mit der ehemaligen DDR-Blockpartei debattiert hatte.

DSU: Am 20.1. schließen sich etwa ein Dutzend christlich-konservative Gruppen, darunter die am 6.1. gegründete CSU/FDU (Freie Demokratische Union) zur Deutschen Sozialen Union (DSU) zusammen. Sie versteht sich als Schwesterpartei der bayrischen CSU in der DDR. – Am 18.2. führt die Partei ihren ersten Parteitag durch, bei dem der bereits amtierende Vorsitzende *Hans-Wilhelm Ebeling* die sofortige Einheit Deutschlands und die Übernahme der Verfassungs- und Rechtsordnung der Bundesrepublik in der DDR fordert. Der stellvertretende Parteivorsitzende, *Hansjoachim Walther*, wird zum Spitzenkandidaten der Partei zu den Volkskammerwahlen bestimmt.

DA: Am 3.1. beteiligt sich der Demokratische Aufbruch (DA) zunächst an einem geplanten Wahlbündnis von sechs Parteien (SDP, DA, Neues Forum, Demokratie Jetzt, Vereinigte Linke und Initiative für Menschenrechte) gegen die SED-PDS, das allerdings in den kommenden Tagen wieder zerfällt. – Mit dem Austritt prominenter Vertreter des sozialökologischen Flügels am 3.1. (*Friedrich Schorlemmer*, stellvertretende Vorsitzende *Sonja Schröter*, Parteisprecherin *Christiane Ziller*) setzt sich die Neuorientierung des DA als konservative Partei durch.

»Allianz für Deutschland«: Am 5.2. vereinbaren CDU (DDR), DA und DSU im Beisein von Kanzler *Kohl* in West-Berlin die Bildung einer gemeinsamen »Allianz für Deutschland«, die auf die Unterstützung durch die bundesdeutschen Unionsparteien zählen kann. Zwar treten alle drei Parteien getrennt bei den kommenden Wahlen an, doch im Namen ihres Bündnisses drücken sie ihr wichtigstes politisches Ziel aus: die schnelle Vereinigung Deutschlands. – Am 1.3. einigen sich die drei Parteien nach einer Aussprache mit Kanzler *Kohl* auf einen gemeinsamen Wahlaufruf und veröffentlichen ihn in Bonn.

DBD: Am 27.1. wird *Günter Maleuda* in seiner Funktion als Vorsitzender der Demokratischen Bauernpartei Deutschlands (DBD) bei einem außerordentlichen Parteitag bestätigt. Er ist damit der einzige Vorsitzende einer ehemaligen Blockpartei, der in seinem Amt verbleiben konnte.

Liberale Parteien

LDPD: Am 19.1. lehnt eine Mehrheit des Parteivorstandes den Auszug der LDPD aus der *Modrow*-Regierung ab. – Bei ihrem außerordentlichen Parteitag in Dresden (9./10.2.) wählen die Delegierten *Rainer Ortleb* zum Nachfolger des abgewählten Vorsitzenden *Manfred Gerlach*. Sie beschließen zudem die Rückbenennung der LDPD in LDP, einen Namen, den die Partei in den vierziger Jahren getragen hatte.

DFP: Nachdem eine Mehrheit der Mitstreiter des Neuen Forums die Umwandlung in eine Partei abgelehnt hat, gründen ehemalige Forum-Mitglieder aus dem Raum Karl-Marx-Stadt (Chemnitz) am 27.1. die Deutsche Forum-Partei. Vorsitzender der Partei, die sich als »Volkspartei der politischen Mitte« versteht, wird *Jürgen Schmieder*.

FDP: Am 4.2. findet in Ost-Berlin der Gründungsparteitag der Freien Demokratischen Partei in der DDR (FDP) statt, zu deren Vorsitzenden die Delegierten *Bruno Menzel* wählen.

»Bund Freier Demokraten«: Am 11.2. beschließen die LDP, die DFP und die DDR-FDP in Dresden die Bildung einer gemeinsamen Wahlvereinigung »Bund Freier Demokraten«, die zu den Volkskammerwahlen mit einer Liste antritt.

NDPD: Die National-Demokratische Partei Deutschlands (NDPD) wechselt im Januar und Februar gleich mehrfach den Parteivorsitzenden. Bei einem Parteitag am 21.1. wird *Wolfgang Glaeser* zum Parteivorsitzenden gewählt. Er übernimmt das Amt von *Günter Hartmann*, der die Partei nach dem Rücktritt des langjährigen Parteivorsitzenden *Heinrich Homann* seit November 1989 geführt hatte. Zwei Tage später tritt *Glaeser* nach Intrigen der alten Parteiführung zurück. Bei einem weiteren Parteitag am 11.2. in Ost-Berlin wird schließlich *Wolfgang Rauls* zum neuen Vorsitzenden der Partei gewählt.

Sozialdemokratische Partei

Am 13./14.1. findet in Ost-Berlin die erste Delegiertenkonferenz der SDP statt. Die Teilnehmer beschließen die Änderung ihres Parteinamens in SPD. Mit dem neuen Namen will die Partei sich einerseits zur Tradition mit der 1946 in der SED aufgegangenen SPD im Gebiet der späteren DDR, andererseits als namensgleiche Schwesterpartei der bundesdeutschen SPD bekennen. In einer Erklärung spricht sich die DDR-SPD zudem für die »Einheit der deutschen Nation« und für eine »soziale, ökologisch ausgerichtete Marktwirtschaft« aus. – Vom 22.–25.2. führt die DDR-SPD ihren ersten Landesparteitag in Markkleeberg bei Leipzig durch. Dort wird *Ibrahim Böhme* zu ihrem ersten Vorsitzenden gewählt, *Karl-August Kamilli, Angelika Barbe* und *Markus Meckel* werden zu seinen Stellvertretern bestimmt.

Parteien und Gruppierungen der früheren Bürgerbewegung

Neues Forum: Bei zwei wichtigen Tagungen, dem Landesdelegiertentreffen in Leipzig am 7.1. und der Gründungskonferenz am 27./28.1. in Ost-Berlin, sprechen sich die Teilnehmer dafür aus, das Neue Forum als Bürgerbewegung fortzuführen und es nicht zu einer politischen Partei umzuwandeln. Bei der Gründungskonferenz in Ost-Berlin kommt es zu harten Auseinandersetzungen zwischen Gegnern und Befürwortern der deutschen Einheit, schließlich schlagen die Delegierten einen Volksentscheid über eine »neue Einheit Deutschlands« vor.

»Bündnis 90«: Aus dem am 3.1. noch zusammen mit der SDP, dem DA und der Vereinigten Linken gegründeten »Wahlbündnis 90« entsteht am 7.2. das »Bündnis 90« der verbliebenen Gruppen Neues Forum, Initiative Frieden und Menschenrechte sowie Demokratie Jetzt.

Grüne Partei: Vom 9.–11.2. findet in Halle (Saale) der erste Parteitag der DDR-Grünen statt. – Am 14.2. vereinbaren die Grünen mit dem **Unabhängigen Frauenverband** (UFV), der seinen offiziellen Gründungskongreß jedoch erst am 17.2. in Ost-Berlin durchführt, ein Wahlbündnis. Die Parteien einigen sich auf eine gemeinsame Wahlliste.

Weitere Parteien und Wahlbündnisse

Am 22.1. wird in Ost-Berlin die **Kommunistische Partei Deutschlands** (KPD) wiedergegründet. An der Gründung nehmen ehemalige SED-Mitglieder teil, denen die Entwicklung der PDS als »rechtsrevisionistisch« erscheint. – Am 10.2. tritt eine **Unabhängige Sozialdemokratische Partei Deutschlands** (USPD) in die Öffentlichkeit; sie veranstaltet eine Woche später in Fürstenberg (Brandenburg) ihren Gründungskongreß. – Am 25.2. vereinbaren die **Vereinigte Linke** (VL) und die »marxistische Partei« **Die Nelken** ein Wahlbündnis mit gemeinsamer Liste. – Daneben entstehen noch weitere Parteien, die jedoch weitgehend bedeutungslos bleiben.

Umbruch in der Medienlandschaft

Presse: Im Verlauf von nur wenigen Wochen lösen sich die etablierten Zeitungen und Zeitschriften der DDR von den Parteien oder Massenorganisationen, die bisher als ihre Herausgeber fungiert hatten. Bei der SED-Presse definieren sich die Zeitungen zunächst als »Zeitungen der gesamten Partei« (statt, wie bisher, nur eines Leitungsorgans), dann als »sozialistische Tageszeitungen« und schließlich als »unabhängig«. Wegen ihres starken regionalen Bezuges

Neue Programminhalte, neue Namen

Sender Dresden: ab 1. 2. Sachsenradio
Stimme der DDR: ab 8. 2. Deutschlandsender, ab 6. 5. DS-Kultur
Fernsehen der DDR: ab 12. 3. Deutscher Fernsehfunk, ab Oktober DFF-Länderkette
Sender Cottbus, Frankfurt/Oder und Potsdam: ab 6. 5 Antenne Brandenburg
Sender Weimar: ab 1. 7. Thüringen Eins
Sender Leipzig: ab 1. 7. zu Sachsenradio
Sender Rostock: ab 1. 7. Radio MV
Radio DDR 1: ab 1. 8. Radio Aktuell
Radio DDR 2 wird zugunsten der Landessender aufgelöst.

überleben in den folgenden Jahren – anders als die Zeitungen der ehemaligen Blockparteien und die Neugründungen im Umfeld der Bürgerbewegung – alle SED-Bezirkszeitungen, wobei sechs der 15 Regionalzeitungen neue Namen annehmen (als erste benennt sich am 16. 1. die in Erfurt erscheinende Zeitung »Das Volk« in »Thüringer Allgemeine« um). Am 14. 9. beginnt mit dem Verkauf des Berliner Verlages, in dem die »Berliner Zeitung« und fast alle Illustrierten der DDR erscheinen, durch die PDS die Übernahme der ehemaligen SED-Zeitungen durch westdeutsche Großverlage.
Bei den Regionalzeitungen der Blockparteien werden als erste die Zeitungen der NDPD (ab 19. 12. 1989), dann die der LDPD (ab 21. 12. 1989) unabhängig. Die »Zentralorgane« von CDU (»Neue Zeit«) und LDPD (»Der Morgen«) werden erst am 9. 2. 1990 unabhängig. Ab Ende Februar 1990 betrachten sich alle Tageszeitungen in der DDR als unabhängig. Allein das ehemalige SED-Zentralorgan »Neues Deutschland« bezeichnet sich weiter als »sozialistische Tageszeitung«; es verliert jedoch bis Anfang September 85 % seiner früheren Auflage (im September 1990 rund 235 000 Exemplare). Der Wegfall von Subventionen ab 1. 4. (der Verkaufspreis der täglich erscheinenden Zeitungen steigt von bisher 10–20 Pfennig auf zunächst 50 Pfennig, Wochenzeitungen werden um bis zu 300 % teurer) veranlaßt viele DDR-Bürger, bisher gehaltene Zweit- oder Drittzeitungen abzubestellen. Die Auflagenverluste erzwingen – zusammen mit dem zeitweilig starken Konkurrenzdruck westdeutscher Titel – bereits am 12. 5. eine erste Zeitungsfusion auf regionaler Ebene (»Thüringer Landeszeitung« und »Thüringer Neueste Nachrichten«), am 2. 7. auch bei den überregionalen Zeitungen (die »Berliner Allgemeine«, vormals »Nationalzeitung«, geht in »Der Morgen« auf).
Funk und Fernsehen: Im Februar beginnt zum einen der Ausbau des regionalen Rundfunknetzes als Voraussetzung für die Errichtung von Landesrundfunkanstalten ab 1. 1. 1992; zum anderen werden die zentralen Sender umbenannt (→ Kasten).

Die Wahlen vom 18. März

Wahlkampf: Der Wahlkampf zu den Volkskammerwahlen am 18. 3. ist kurz und wird (bei den Parteien der »Allianz für Deutschland«, dem »Bund Freier Demokraten« und bei der DDR-SPD) von Auftritten westdeutscher Spitzenpolitiker der Unionsparteien, der FDP bzw. der bundesdeutschen SPD begleitet. Zentrale Themen sind zum einen die Frage einer deutsch-deutschen Währungsunion (am 7. 2. erstmals von der Bundesregierung offiziell vorgeschlagen), zum anderen die Form der Wiedervereinigung (PDS: »Einheit unter Vorbehalten«; SPD: »Einheit in Schritten« und mit Volksentscheid; Allianzparteien: »Einheit durch Beitritt«). – Eine am 6. 2. veröffentlichte Meinungsumfrage sagt als mögliches Wahlergebnis für die SPD 54 % der Stimmen, 12 % für die PDS, 11 % für die CDU, 4 % für das Neue Forum und 3 % für die LDP voraus. Für alle anderen Parteien werden Werte unter 3 % erwartet. – Am 12. 3. finden die letzte Sitzung des Runden Tisches und die letzte Leipziger Montagsdemonstration (jedoch mit relativ wenigen Teilnehmern, vor allem Besuchern der Frühjahrsmesse) statt. – Am 14. 3. erhärten sich Vorwürfe gegen den Vorsitzenden des Demokratischen Aufbruchs (DA), *Wolfgang Schnur*, seit 1964 als Informant des MfS tätig gewesen zu

Wahl zur Volkskammer am 18.3.1990

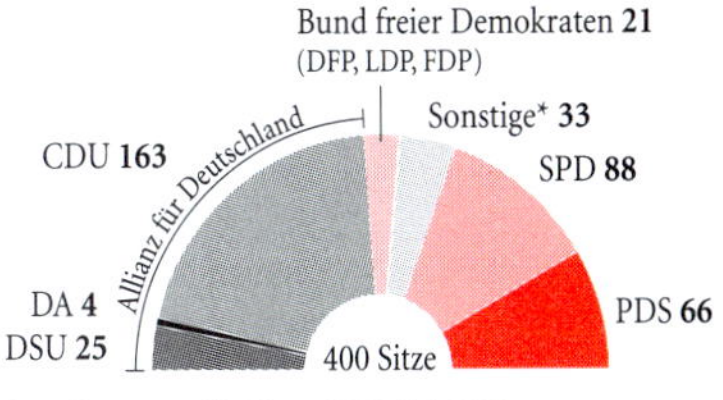

* u.a. Bauernpartei 9, Grüne 8, Bündnis 90 12

Ergebnis der Volkskammerwahlen vom 18. 3. 1990

Partei/Wahlbündnis	*Prozent*	*Sitze*
Allianz für Deutschland		
CDU	40,82	163
DSU	6,31	25
DA	0,92	4
SPD	21,88	88
PDS	16,40	66
Bund Freier Demokraten (LDP, FDP, DFP)	5,28	21
Bündnis 90 (Neues Forum, Demokratie Jetzt, IFM)	2,91	12
DBD	2,18	9
Grüne-UFV	1,97	8
NDPD	0,38	2
Demokratischer Frauenbund Deutschlands	0,33	1
Aktionsbündnis Vereinigte Linke	0,18	1
Sonstige (u. a. Christliche Liga und KPD)	0,44	–

sein. Tags darauf wird er aus der Partei ausgeschlossen und *Rainer Eppelmann* zu seinem Nachfolger bestimmt.

Volkskammerwahl: Am 18. 3. finden in der DDR die ersten (und einzigen) freien, geheimen und gleichen Wahlen zur Volkskammer statt. Entgegen den Voraussagen der Demoskopen geht bei einer Wahlbeteiligung von 93,38 % die Allianz für Deutschland aus DA, DSU und Ost-CDU als Sieger hervor. Die drei Parteien allein verfehlen jedoch (auch wegen des Fehlens einer Sperrklausel) die absolute Mehrheit (→ Tabelle).

Die Regierung de Maizière

Regierungsbildung: Bereits am 22. 3. verständigen sich die konservativen Allianzparteien mit den drei liberalen Parteien (LDP, FDP, DFP) auf die Bildung einer Koalitionsregierung; am 27. 3. erklärt auch die SPD ihre Bereitschaft zur

Regierung de Maizière (12.4. 1990–2.6. 1990)

Ministerpräsident	*Lothar de Maizière* (CDU)
Amt des Ministerpräsidenten	*Klaus Reichenbach* (CDU)
Stellvertreter des Ministerpräsidenten und Innere Angelegenheiten	*Peter-Michael Diestel* (DSU), ab 30.6. 1990 parteilos, ab 3.8. 1990 CDU
Auswärtige Angelegenheiten	*Markus Meckel* (SPD), Rücktitt am 20.8. 1990, ab 22.8. 1990 *Lothar de Maizière* (CDU)
Regionale und Kommunale Angelegenheiten	*Manfred Preiß* (Die Liberalen), Austritttitt am 24.7. 1990, bleibt im Amt
Wirtschaft	*Gerhard Pohl* (CDU), Entlassung am 16.8. 1990*
Finanzen	*Walter Romberg* (SPD), Entlassung am 16.8. 1990*
Handel und Tourismus	*Sybille Reider* (SPD), Rücktritt am 20.8. 1990*
Justiz	*Kurt Wünsche* (Die Liberalen, ab 3.7. parteilos), Entlassung am 16.8. 1990*
Ernährung, Land- und Forstwirtschaft	*Peter Pollack* (parteilos), Entlassung am 16.8. 1990*
Arbeit und Soziales	*Regine Hildebrandt* (SPD), Rücktritt am 20.8. 1990* ab 22.8. 1990 *Jürgen Kleditzsch* (CDU) beauftragt mit der Wahrnehmung der Geschäfte
Abrüstung und Verteidigung	*Rainer Eppelmann* (DA)
Jugend und Sport	*Cordula Schubert* (CDU)
Familie und Frauen	*Christa Schmidt* (CDU)
Gesundheitswesen	*Jürgen Kleditzsch* (CDU)
Verkehr	*Horst Gibtner* (CDU)
Umwelt- Naturschutz, Energie und Reaktorsicherheit	*Karl-Hermann Steinberg* (CDU)
Post- und Fernmeldewesen	*Emil Schnell* (SPD), Rücktritt am 20.8. 1990*
Bauwesen, Städtebau und Wohnungswirtschaft	*Axel Viehweger* (Die Liberalen), Austritt am 24.7. 1990, bleibt im Amt bis 28.9. 1990
Forschung und Technologie	*Frank Terpe* (SPD), Rücktritt am 20.8. 1990, ab 22.8. 1990 *Hans-Joachim Meyer* (parteilos) mit der Wahrnehmung der Geschäfte beauftragt
Bildung und Wissenschaft	*Hans-Joachim Meyer* (parteilos)
Kultur	*Herbert Schirmer* (CDU)
Medienpolitik	*Gottfried Müller* (CDU)
Wirtschaftliche Zusammenarbeit	*Hans-Wilhelm Ebeling* (CSU) ab 2.7. 1990 parteilos

* Anschließend sind mit der Wahrnehmung Staatssekretäre beauftragt worden

Zusammenarbeit. – Bei der konstituierenden Sitzung der Volkskammer am 5.4. wird *Sabine Bergmann-Pohl* (CDU) zur **Parlamentspräsidentin** gewählt, die – bis zur Wahl eines »Präsidenten der Republik« – auch das Amt des Staatsoberhauptes ausüben soll.

Koalitionsgespräche: Am 11.4. verständigen sich die Allianz für Deutschland, die SPD und die liberalen Parteien auf die Bildung einer **Großen Koalition**. Sie verfügt in der Volkskammer, nachdem die NDPD nach der Umbenennung der LDP in Bund Freier Demokraten (27.3.) ihren »korporativen Beitritt« zum BFD erklärt hatte (28.3.), über eine Mehrheit von 307 der 400 Mandate.

Regierung: Am 12.4. wird *Lothar de Maizière* (CDU) mit 265 gegen 108 Stimmen bei 9 Enthaltungen zum letzten Ministerpräsidenten der DDR gewählt. Seiner Regierung gehören 24 Minister an, von denen 11 von der CDU, 7 von der SPD, 3 von den Liberalen, 2 von der DSU und 1 vom DA gestellt werden (→ Kabinettsliste).

Regierungserklärung: Am 19.4. nennt *Lothar de Maizière* in seiner Regierungserklärung als Hauptziel der von ihm geführten Regierung, die **Einigung Deutschlands so »schnell wie möglich, aber so gut wie nötig«** zu erreichen. Die geplante Währungsunion zum 1.7. bilde mit einem Umtauschkurs von 1:1 die Grundlage der Wirtschafts-, Währungs- und Sozialunion zwischen beiden deutschen Staaten. Die Regierung wolle überdies mit ihrer Politik die rechtlichen Voraussetzungen für die Einführung der sozialen Marktwirtschaft mit Beginn der Währungsunion legen.

Gesetze und Verordnungen

Kommunalverfassung: Am 17.5. verabschiedet die Volkskammer das Gesetz über die Selbstverwaltung der Gemeinden und Landkreise und beendet die Legislaturperiode der Bezirkstage mit Wirkung vom 31.5.

Hammer und Sichel: Am gleichen Tag folgt ein Beschluß, der die **Entfernung des Staatswappens** – wo immer technisch möglich – vorsieht.

Parteivermögen: Zudem bildet die Volkskammer eine Kommission zur Überprüfung des Vermögens der Parteien und Massenorganisationen, die den rechtmäßigen Erwerb von Vermögen durch die PDS (als Nachfolgerin der SED), die ehemaligen Blockparteien sowie die Massenorganisationen untersuchen soll.

Treuhand: Am 17.6. verabschiedet die Volkskammer das Treuhandgesetz, das als Hauptaufgabe die Privatisierung der volkseigenen Wirtschaft vorsieht. Erster Präsident der Treuhandanstalt wird *Rainer Gohlke*, der jedoch schon nach fünf Wochen Amtszeit am 20.8. nach Meinungsverschiedenheiten mit dem Verwaltungsrat der Anstalt durch *Detlev Karsten Rohwedder* ersetzt wird.

Wirtschaft: Das Investitionsförderungsgesetz, das am 26.6. verabschiedet wird, baut einerseits steuerliche Hemmnisse zur Förderung privater Investitionen ab und erlaubt überdies, steuerfreie Rücklagen zu bilden.

Strafrecht: Am 29.6. verabschiedet die Volkskammer das 6. Strafrechtsänderungsgesetz, mit dem alle Paragraphen des politischen Strafrechts im Strafgesetzbuch der DDR mit Wirkung vom 1.7. an aufgehoben werden.

Politisch Verfolgte: Die Volkskammer verabschiedet am 6.9. ein Rehabilitierungsgesetz für ehemals politisch Verfolgte.

Verfassung: Im Zusammenhang mit dem Gesetzgebungsprozeß kommt es mehrfach zu umfangreichen Verfassungsänderungen, so am 17.6., als die freiheitlich-demokratische Grundordnung und die soziale Marktwirtschaft als Staatsgrundsätze in der Verfassung festgeschrieben werden. Der von der Arbeitsgruppe »Neue Verfassung der DDR« des Runden Tisches erarbeitete Verfassungsentwurf, der aus Anlaß der konstituierenden Sitzung der Volkskammer der Öffentlichkeit bereits am 5.4. vorgestellt worden war, wird nicht mehr umgesetzt.

Kommunalwahl

Bei den ersten freien Kommunalwahlen der DDR am 6.5. geben die Wähler ein deutliches Votum für die neue Regierung und vor allem die Politik der CDU ab. Trotz erheblicher Stimmenverluste im Vergleich zu den Volkskammerwahlen bleibt die CDU stärkste Partei, in der Wählergunst gefolgt von der SPD, die sich behauptet, und von der PDS, die ebenfalls Stimmenverluste hinnehmen muß (→ Tabelle, Sp. 931).

Währungsunion

Unmittelbar nach den Volkskammerwahlen beginnen die deutsch-deutschen Verhandlungen zur Währungs-, Wirtschafts- und Sozialunion (→ deutsch-deutsche Beziehungen). Immer

Ergebnis der Kommunalwahlen vom 6. 5. 1990

	Prozent	*Gewinn/Verlust seit 18. 3 (%)*
CDU	34,37	− 6,45
SPD	21,27	− 0,51
PDS	14,59	− 1,81
Bund Freier Demokraten (einschl. NDPD)	6,65	+ 0,99
DBD	3,67	+ 1,49
DSU	3,41	− 2,9
Neues Forum	2,41	− 0,5
Bauernverband	1,98	–
Demokratischer Frauenbund Deutschlands	1,23	+ 0,9
Übrige	10,43	–

wieder sind sie (so am 5. 4.) von Demonstrationen in der DDR begleitet, bei denen ein genereller Umtausch der Sparguthaben im Kurs von 1:1 verlangt wird. – Am 23. 4. einigen sich Unterhändler beider deutscher Regierungen auf die Modalitäten des Währungsumtausches. Löhne, Gehälter, Renten und andere Bezüge werden in ihren jeweiligen Bruttobeträgen im Verhältnis 1:1 umgestellt. Für Sparguthaben gilt das gleiche Umtauschverhältnis bis zur Höhe von 4000 DDR-Mark pro Kopf, während alle Beträge darüber hinaus sowie Lebensversicherungen und Kredite im Verhältnis 2:1 umgestellt werden. – Kanzler *Kohl* und Ministerpräsident *de Maizière* benennen am 24. 4. den 1. 7. endgültig als Termin der Währungsunion. Die Verhandlungskommissionen ändern jedoch am 2. 5. noch einmal die Umtauschmodalitäten, indem DDR-Bürger über 60 Jahre mehr (6000 statt 4000 D-Mark) und solche unter 15 Jahren Lebensalter weniger Sparguthaben (2000 statt 4000 D-Mark) im Verhältnis 1:1 umtauschen können. – Am 18. 5. unterzeichnen *Walter Romberg* für die DDR und *Theo Waigel* für die Bundesrepublik den **»Staatsvertrag zur Wirtschafts-, Währungs- und Sozialunion«**, dem die Abgeordneten der Volkskammer am 21. 6. mit 302 gegen 82 Stimmen (aus den Reihen von PDS und Bündnis 90/Grüne) bei einer Enthaltung zustimmen. Mit der Einführung der DM verzichtet die DDR nicht nur auf ihre währungspolitische Hoheit; sie bereitet mit der weitgehenden **Übernahme des westdeutschen Zivil-, Handels- und Gewerberechts** auch die kommende staatliche Vereinigung Deutschlands vor. Das Steuer-

recht wird hierbei zunächst in modifizierter Form übernommen, indem es anfangs nur zwei Steuerklassen und die Besteuerung auch von im Vergleich zur Bundesrepublik niedrigeren Einkommen vorsieht. Dabei werden frühere Steuerprivilegien für Lohnempfänger (deutlich geringere oder keine Besteuerung von wesentlichen Lohnbestandteilen) aufgehoben. Während die Nettoeinkünfte von Gehaltsempfängern in etwa gleich bleiben, sinken die Nettolöhne von Arbeitern zunächst um 10–20 %, weshalb es in mehreren Großbetrieben in der DDR zu spontanen Arbeitsniederlegungen kommt. Die ersten massiven Lohnsteigerungen im Sommer dienen daher vor allem der »Garantie« einer 1:1-Umstellung der Nettolöhne.

Wirtschaftliche Entwicklung nach der Währungsunion

D-Mark-Einführung: Genau um Mitternacht am 1. 7. beginnt eine Großbank in einer eigens eröffneten Filiale am Ost-Berliner Alexanderplatz mit der Auszahlung von D-Mark an etwa 10 000 wartende DDR-Bürger. Der Start der »neuen« Währung wird einerseits euphorisch, andererseits auch tumultartig gefeiert. Im Laufe des ganzen Tages bilden sich bei den etwa 15 000 Postämtern, Banken und Sparkassen lange Schlangen von Menschen, die ihre letzten DDR-Mark auf ihre Konten einzahlen (bis 6. 7.) und sich ihre ersten D-Mark auszahlen lassen wollen. Die eingesammelten Banknoten (16 Milliarden Mark der DDR) werden mit einer Kunstharzflüssigkeit unbrauchbar gemacht und in einem Stollensystem bei Halberstadt eingelagert. 4500 Tonnen Kleingeld (»Alu-Chips«) werden eingeschmolzen. – Die am 30. 6. bei den DDR-Geldinstituten bestehenden Guthaben von insgesamt 184,7 Milliarden DDR-Mark werden in 122,8 Milliarden D-Mark umgestellt. Bei größeren Guthaben erfolgt ihre Freigabe erst nach einer Prüfung, ob diese in der Vergangenheit rechtmäßig erworben worden sind.

Konsumverhalten: In den ersten sechs Monaten nach der Währungsumstellung gehen die Sparguthaben der Ostdeutschen durch Anschaffungen insgesamt um schätzungsweise 10 % zurück. Bei niedrigen Mieten und Tarifen sind die Verbraucher jedoch anfangs mit relativ hohen Preisen in den Läden der staatlichen Handelsorganisation (HO) und der nun wieder re-

Arbeitslosigkeit und Kurzarbeit

	Arbeitslose	*Kurzarbeiter*
Ende Juni	142 000	
Mitte Juli	220 000	ca. 250 000
Ende Juli	272 000	656 000
Ende August	361 300	ca. 1 500 000
IV. Quartal (durchschnittl.)	556 500	ca. 1 740 000*

* darunter 662 300 Kurzarbeiter mit mehr als 50 % Ausfall

gional operierenden Konsumgenossenschaften konfrontiert. Am 9. 7. erklärt das Handelsministerium, bis 30. 9. die HO aufzulösen und im übrigen die vermieteten Verkaufsflächen (damit auch 70 % der von den Konsumgenossenschaften genutzten Geschäfte) neu auszuschreiben.

Arbeitsmarkt: Schon vor dem Abschluß des Staatsvertrages über die Währungsunion ist den Experten klar, daß die DDR-Volkswirtschaft damit einem enormen Aufwertungsschock unterzogen wird. Am 19. 4. schätzt Finanzminister *Walter Romberg* (SPD), daß 20 % aller Unternehmen nicht überlebensfähig seien oder dazu massive Unterstützung benötigten. Weitere 50 % benötigten erhebliche Investitionsmittel. – Am 10. 5. äußert *Romberg* die Befürchtung, in der DDR werde die Arbeitslosenzahl wegen Betriebsstillegungen und Personalabbau schnell auf 1,5 Millionen anwachsen. – In ihrem einzigen D-Mark-Haushalt plant die DDR-Regierung zunächst nur Mittel für 440 000 Arbeitslose und Kurzarbeiter im 2. Halbjahr ein, geht jedoch bereits am 25. 7. von einem doppelt so hohen Bedarf aus (→ Tabelle).

Landwirtschaft: Am 14. 8. demonstrieren 50 000 Bauern in Ost-Berlin. Die von der Regierung angekündigten Beihilfen von 5,3 Milliarden DM reichen ihrer Meinung nach nicht aus, die Liquidität der landwirtschaftlichen Betriebe zu sichern, die akute Absatzschwierigkeiten haben, weil die DDR-Bürger in einer »Probierphase« vor allem westdeutsche Agrarprodukte erwerben oder nur diese im Einzelhandel erhalten können. Gleichzeitig erweist sich der im Vergleich zur westdeutschen Landwirtschaft doppelt so hohe Arbeitskräftebesatz pro Hektar Fläche als ein Kostennachteil für die DDR-Landwirtschaft.

Staatshaushalt: Der einzige DM-Etat der DDR ist von Anfang an hohen finanziellen Belastungen ausgesetzt. Bereits am 10. 8. meldet Finanzminister *Romberg* Bedarf für einen Nachtragshaushalt in Höhe von 10 bis 12 Milliarden DM an. – Am 14. 8. nimmt die DDR bei einem Konsortium von 18 westdeutschen Banken einen Kredit von acht Milliarden D-Mark auf. – Am 27. 9. stellt das Bundesfinanzministerium den Entwurf des dritten Nachtragshaushaltes vor, von dessen Ausgaben in Höhe von 20 Milliarden DM allein 17,7 Milliarden für die Finanzierung von Sozialleistungen (Arbeitslosenunterstützung u. a.) im DDR-Haushalt benötigt werden.

Privatisierung: Die Privatisierungsbemühungen der Treuhandanstalt führen am 22. 8. zu einem schnellen Erfolg mit der DDR-Stromwirtschaft. Die Anstalt schließt mit den westdeutschen Energiekonzernen RWE, Preussen-Elektra und Bayernwerk einen Vertrag über die Übernahme von zunächst 60 % der Vereinigten Energie-AG (VEAG).

Regierungskrise

Am 15. 8. kündigt *Lothar de Maizière* an, er werde wegen der anhaltenden Wirtschaftskrise (die nach dem »Aufwertungsschock« im Zusammenhang mit der DM-Einführung entstanden ist) und der damit zusammenhängenden Meinungsverschiedenheiten die Minister *Walter Romberg* (SPD, Finanzen), *Peter Pollack* (parteilos für SPD, Landwirtschaft) und *Gerhard Pohl* (CDU, Wirtschaft) am folgenden Tag entlassen. Justizminister *Kurt Wünsche* (ehemals LDP, jetzt parteilos) wird wegen seiner Vergangenheit als Blockpolitiker entlassen.

Rückzug der SPD: Am 19. 8. beschließt die SPD-Fraktion, ihre in der Regierung verbliebenen Minister und Staatssekretäre am 20. 8. zurückzuziehen. Das Amt von Außenminister *Markus Meckel* übernimmt am 22. 8. der Ministerpräsident selbst, die Ressorts von *Regine Hildebrandt* (Arbeit und Soziales) bzw. *Frank Terpe* (Forschung) werden von Gesundheitsminister *Kleditzsch* bzw. Bildungsminister *Meyer* zusätzlich übernommen; bei den anderen zurückgetretenen Ministern (Handelsministerin *Sybille Reider*, Postminister *Emil Schnell*) sowie bei den Ressorts der entlassenen Regierungsmitglieder übernehmen Staatssekretäre die Amtsführung.

DDR-Parteien im vereinigten Deutschland

DDR-Herkunft (Blockparteien kursiv)	*Übergangsbezeichnung*	*im vereinigten Deutschland*
DSU (gegr. 20. 1. 1990)	Wahlbündnis **«Allianz für Deutschland«** gegr. 5. 2. 1990	**DSU**
CDU (DDR) (gegr. 26. 6. 1945)		**CDU** (seit 1. 10. 1990)
DA (gegr. 1. 10. 1989)		
DBD (gegr. 29. 4. 1948)	seit 15. 9. 1990 in der **CDU** (DDR)	
SDP (gegr. 7. 10. 1989)	**SPD** (DDR) (Umbenennung am 13. 1. 1990)	**SPD** (seit 27. 9. 1990)
NDPD (gegr. 2. 9. 1948)	am 28. 3. 1990 korporativer Beitritt zum **BFD**	**FDP** (seit 11. 8. 1990)
LDPD bzw. **LDP** (gegr. 5. 7. 1945; Umbenennung in BFD am 27. 3. 1990)	Wahlvereinigung **»Bund Freier Demokraten«** (gegr. 11. 2. 1990)	
FDP (DDR) (gegr. 4. 2. 1990)		
DFP (gegr. 27. 1. 1990)		
Neues Forum(Aufruf v. 10. 9. 1989)	Wahlvereinigung **»Bündnis 90«** (gegr. 7. 2. 1990)	**Neues Forum** (Teil)
Demokratie Jetzt (gegr. 12. 9. 1989)		(Partei) **Bündnis 90/ Grüne** (seit 15. 5. 1993)
Initiative Frieden und Menschenrechte (gegr. 1986)		
Grüne Partei (gegr. 24. 11. 1989)	Wahlbündnis mit Unabhängigem Frauenverband	
Vereinigte Linke (gegr. 4. 9. 1989)	Wahlbündnis mit »Die Nelken«	B'90-naher Teil PDS-naherTeil
SED	SED-PDS (seit 15. 12. 1989)	**PDS** (seit 4. 2. 1990)

Deutsch-deutsche Parteifusionen

Die politischen Parteien suchen im Zusammenhang mit der nahenden staatlichen Einheit den Zusammenschluß oder wenigstens die Zusammenarbeit mit den Parteien in der Bundesrepublik. Dabei kommt es gegenüber den zur Volkskammerwahl am 18. 3. geschlossenen Bündnissen zu einigen Veränderungen (→ Kasten).

Weitere innenpolitische Ereignisse

Verhaftung von RAF-Aussteigern: Nach Hinweisen von Bürgern und ehemaligen Mitarbeitern der Staatssicherheit werden ab 6. 6. Aussteiger der »Rote Armee Fraktion« (RAF), die in der DDR mit falscher Identität gelebt hatten, festgenommen. Als erste wird *Susanne Albrecht* am 6. 6. in Ost-Berlin verhaftet. Danach folgen die Festnahmen von *Inge Viett* (12. 6.) in Magdeburg, *Monika Helbig* und *Ekkehard Freiherr von Seckendorff-Gudent* (14. 6.) in Frankfurt/Oder, *Werner Lotze* (14. 6.) in Senftenberg, *Sigrid Sternebeck* (15. 6.) in Schwedt/Oder sowie von *Silke Maier-Witt* und *Henning Beer* (18. 6.) in Neubrandenburg.

Stasi-Vorwürfe: Gegen verschiedene Politiker der DDR-Parteien werden schon unmittelbar nach den Volkskammerwahlen Vorwürfe laut, sie hätten in der Vergangenheit in unterschiedlichem Maße mit dem Ministerium für Staatssicherheit (MfS) zusammengearbeitet. Am 2. 4. tritt der SPD-Vorsitzende *Ibrahim Böhme* zurück, weil er diese Vorwürfe nicht ausräumen kann. Im August wird CDU-Generalsekretär *Martin Kirchner* abgelöst, nachdem bekanntgeworden ist, daß er bezahlter Inoffizieller Mitarbeiter (IM) des MfS war. – Am 17. 9. werden entsprechende Vorwürfe gegen vier Minister der DDR-Regierung laut (Umweltminister *Steinberg*, Bauminister *Viehweger*, den am 16. 8. entlassenen Wirtschaftsminister *Pohl* sowie den Minister im Amt des Ministerpräsidenten, *Reichenbach*). Am 20. 9. macht der PDS-Abgeordnete *Rainer Börner* als einziger von 15 bei der Überprüfung der Volkskammerabgeordneten als stark belastet eingestuften Mandatsträgern seine Zusammenarbeit mit der Staatssicherheit öffentlich.

Wiedererstehen der Länder: Am 2. 7. schlägt die DDR-Regierung vor, mit Wirkung vom 14. 10. die Länder Mecklenburg-Vorpommern, Brandenburg, Sachsen-Anhalt, Thüringen und Sachsen wiedererstehen zu lassen und am gleichen Tage Wahlen zu den Landtagen durchzuführen. – Am 22. 7. verabschiedet die Volkskammer das »Ländereinführungsgesetz«, mit dem die Vorbereitungen für die Länderbildung geregelt werden. Im wesentlichen soll das Gebiet der DDR wieder so eingeteilt werden, wie es bis zur Auflösung der Länder → 1952 der Fall war. In den Gebieten, in denen die Bevölkerung sich z. B. aus historischen Gründen anderen Ländern anschließen will, sollen Entschlüsse der Kreistage, Referenden und Staatsverträge abweichende Grenzziehungen erlauben.

Auflösung des FDGB: Der Freie Deutsche Gewerkschaftsbund (FDGB) beschließt auf seinem letzten Kongreß am 14. 9. die Selbstauflösung der Organisation zum Ende des Monats und empfiehlt seinen Mitgliedern den individuellen Beitritt in DGB-Gewerkschaften.

Äußere Absicherung der deutschen Einigung

»2+4-Verhandlungen«: Seit Ende Januar ist im Prinzip die Entscheidung für die deutsche Einheit gefallen. Den beiden DDR-Regierungen unter *Hans Modrow* und *Lothar de Maizière* kommt im Hinblick auf die äußere Absicherung des Einigungsprozesses schließlich nur noch eine passive Rolle zu. *Markus Meckel* – bzw. nach dessen Rücktritt *Lothar de Maizière* – nehmen an den am 14. 2. vereinbarten Verhandlungsrunden zwischen den beiden deutschen Staaten und den Siegermächten teil: am 5. 5. in Bonn, am 22. 6. in Ost-Berlin und am 17. 7. in Paris (unter Beteiligung des polnischen Außenministers *Krzysztof Skubiszewski*). Am 12. 9. wird in Moskau die Arbeit am **»Vertrag über die abschließende Regelung in bezug auf Deutschland«** abgeschlossen. Von deutscher Seite wird mit der Annahme einer Entschließung zur Endgültigkeit der Oder-Neiße-Grenze durch Volkskammer und Bundestag am 21. 6. die Voraussetzung für seine Unterzeichnung geschaffen. Wie im Bundestag gibt es auch in der Volkskammer Gegenstimmen (von Abgeordneten der DSU).

Loslösung vom Warschauer Vertrag: Am 17. 3. stimmen die Außenminister des Warschauer Vertrages bei ihrer Tagung in Prag darin überein, daß die Vereinigung von Bundesrepublik und DDR Recht und Angelegenheit der Deutschen sei. – Am 20. 7. gibt die DDR bekannt, künftig nicht mehr an gemeinsamen Übungen des Warschauer Vertrages teilzunehmen. – Am 30. 8. geben *Lothar de Maizière* und Bundesaußenminister *Hans-Dietrich Genscher* bei den Wiener Abrüstungsverhandlungen die Zusage, daß das vereinte Deutschland nur eine Armee mit einer Truppenstärke von höchstens 370 000 Mann unterhalten werde. – Wenige Tage vor der deutschen Einheit unterzeichnen am 24. 9. DDR-Abrüstungsminister *Rainer Eppelmann* und der Oberkommandierende der Warschauer-Pakt-Truppen, *Pjotr Luschew*, ein Protokoll, mit dem der Austritt der DDR aus dem Warschauer Vertrag mit sofortiger Wirkung besiegelt wird. – Bereits am 27. 6. hatte Staatssekretär *Günter Krause* in Moskau eine Vereinbarung über den Unterhalt der zeitweilig weiter in Ostdeutschland stationierten sowjetischen Truppen unterzeichnet.

Beendigung des RGW-Handels: Die jahrzehntelange Einbindung der DDR in das wirtschaftliche Bündnis der Länder Mittel- und Osteuropas erweist sich als nachhaltiges Problem für Deutschland. Die DDR ist zum einen durch langfristige Verträge gebunden, die nach und nach aufgehoben werden müssen. Zum anderen macht die Bedeutung des Osteuropahandels für die DDR-Volkswirtschaft eine auf sechs Monate befristete Fortsetzung des auf der Basis von »Transferrubel« abzurechnenden RGW-Handels notwendig. Für seine DDR-interne Umrechnung in DM werden am 27. 6. vom Ministerrat ein fester Umrechnungskurs und die Zahlung von Exportbeihilfen an DDR-Unternehmen beschlossen.

Weitere außenpolitische Ereignisse: Am 2. 1. besucht der neugewählte Präsident der Tschechoslowakei, *Václav Havel,* die DDR und wird dabei vom amtierenden DDR-Staatsratsvorsitzenden *Manfred Gerlach* (seit 6. 12. 1989 Nachfolger von *Egon Krenz*) empfangen. – Am 8. 5. schließen die DDR und die Europäische Gemeinschaft ein ursprünglich auf zehn Jahre angelegtes Handels- und Kooperationsabkommen und vereinbaren die gegenseitige Visafreiheit ab 1. 7. Beide Vereinbarungen werden binnen weniger Wochen durch die Realität eingeholt.

Herstellung der deutschen Einheit

Streit um Beitrittstermin: Mit dem Koalitionsvertrag verständigen sich die Regierungsparteien im Prinzip auf den Beitritt der DDR zum Grundgesetz als Form der Wiederherstellung der deutschen Einheit. Gleichzeitig bestehen bei den Parteien sehr unterschiedliche Vorstellungen über den Termin. Die DDR-CDU favorisiert zunächst einen Beitritt der DDR nach dem 2. 12., also nach den gesamtdeutschen Wahlen, die daher auch in zwei getrennten Wahlgebieten durchgeführt werden sollen. Die Liberalen und die SPD hingegen treten für einen Beitritt vor den gesamtdeutschen Wahlen ein, die demnach auch nur in einem Wahlgebiet und mit einem Wahlrecht stattfinden sollen. – Am 24. 7. kündigen die Liberalen wegen des Streits um den Beitrittstermin die Große Koalition auf. – Am 8. 8. wird in der Volkskammer der 14. 10., der Tag der Landtagswahlen in den wiedererstehenden fünf Ländern als Beitrittstermin festgelegt.

Kompromißtermin: In der Nacht vom 22. zum 23. 8. diskutiert die Volkskammer diese Frage erneut. Nacheinander werden folgende Beitrittstermine abgelehnt: mit sofortiger Wirkung (DSU-Antrag), am 9. 10. mit Wirkung vom 14. 10. (aus der CDU-Fraktion), mit Wirkung vom 15. 9. (SPD-Antrag), ab 3. 10. zum schnellstmöglichen Zeitpunkt (Antrag der Fraktion Bündnis 90/Grüne). Am frühen Morgen des 23. 8. kommt ein gemeinsamer Kompromißantrag der Fraktionen der CDU/DA, DSU, der Liberalen und der SPD mit 294 zu 62 Stimmen bei 7 Enthaltungen durch, in dem den Beitritt der DDR mit Wirkung vom 3. 10. erklärt wird.

Wahlvertrag: Am 3. 8. unterzeichnen die Unterhändler der beiden deutschen Regierungen, *Wolfgang Schäuble* (CDU) und *Günter Krause* (CDU), den deutsch-deutschen **Wahlvertrag**. Er sieht die Anwendung des bundesdeutschen Wahlrechtes in den Ländern der DDR (also ein einheitliches Wahlgebiet) vor, die Anwendung der 5 %-Sperrklausel und die Erhöhung der Abgeordnetenzahl des Bundestages von 518 auf 656. Die Wahl soll am 2. 12. stattfinden. – Ebenfalls am 3. 8. schlägt DDR-Ministerpräsident *Lothar de Maizière* nach Rücksprache mit Bundeskanzler *Helmut Kohl* die Vorverlegung des Wahltermins auf den 14. 10. vor. Er scheitert jedoch am Widerstand der Sozialdemokraten, die am Wahltermin 2. 12. festhalten. – Am 22. 8. stimmt die Volkskammer mit der erforderlichen Zweidrittelmehrheit dem Wahlvertrag zu. (Nach der deutschen Vereinigung wird der Wahlmodus aufgrund von Urteilen des Bundesverfassungsgerichtes über Klagen u. a. der PDS nochmals geändert. Die ersten gesamtdeutschen Wahlen finden in zwei getrennten Wahlgebieten statt.)

Verhandlungen zum Einigungsvertrag: Am 6. 7. beginnen in Ost-Berlin die über vier Runden laufenden Verhandlungen über den Einigungsvertrag, die von Bundesinnenminister *Wolfgang Schäuble* (CDU) bzw. dem Parlamentarischen Staatssekretär beim DDR-Ministerpräsidenten, *Günter Krause* (CDU), geführt werden. Für die bis zum 30. 8. strittigen Punkte (Regelung des Schwangerschaftsabbruchs, Verbleib der Stasi-Akten, Länderfinanzen, Stimmenzahl im Bundesrat, Treuhandanstalt und soziale Sicherheit) werden am Ende in einer Nachtsitzung Kompromisse gefunden. So wird für den Schwangerschaftsabbruch eine Übergangslösung getroffen, und die Verhandlungsdelegationen beschließen – auch auf Druck erneuter Besetzungen von Stasi-Dienststellen durch Bürgerrechtler – den Verbleib der Stasi-Akten im Gebiet der DDR.

Der Einigungsvertrag

Der Einigungsvertrag regelt in 45 Artikeln und auf rund 1000 Seiten Anlagen umfassend die Modalitäten der deutschen Vereinigung. Zum einen werden die beitrittsbedingten Änderungen des Grundgesetzes bestimmt (neue Präambel; Aufhebung des Artikel 23, der mit dem Beitritt der DDR letztmalig angewendet wird; Übernahme und Schaffung neuer Sonderregelungen in bezug auf Schulden und Vermögen der DDR; Neufassung des Artikel 146). Anlage I enthält die Bestimmungen zur Überleitung des Bundesrechts auf die neuen Bundesländer. Anlage II benennt die Bestimmungen zum fortgeltenden Recht der DDR (z. B. zum Schwangerschaftsabbruch) und regelt den Verbleib der Stasi-Akten. Anlage III bezieht sich auf die Regelung offener Vermögensfragen (Weitere wichtige Auszüge → Sp. 895 ff.).

Unterzeichnung des Einigungsvertrages: Am 31. 8. unterzeichnen *Wolfgang Schäuble* und *Günter Krause* in Ost-Berlin den Einigungsvertrag im Beisein von DDR-Ministerpräsident *Lothar de Maizière* (→ Kasten). Er wird am 20. 9. in der Volkskammer mit 299 gegen 80 Stimmen (aus den Fraktionen von PDS und Bündnis 90/Grüne) bei einer Enthaltung angenommen.

Letzte Ereignisse: Am 12. 9. gewinnt die DDR-Fußballnationalmannschaft gegen Belgien ihr letztes von insgesamt 293 Spielen mit 2:0. – Der Ministerrat hält am 26. 9. seine letzte Sitzung ab. – Am 2. 10. findet in feierlichem Rahmen die letzte Tagung der Volkskammer statt. – Am 2. 10. wird zwei Minuten vor Mitternacht in Leipzig ein Mädchen als letztes in der DDR geborenes Kind zur Welt gebracht.

Einheitsfeier: Am 3. 10., 0.00 Uhr, wird der Beitritt der DDR zum Geltungsbereich des Grundgesetzes wirksam. Vor dem Reichstag findet im Beisein der höchsten Vertreter des Staates vor vielen zehntausend Menschen die offizielle Zeremonie zur Herstellung der deutschen Einheit statt.

1991

Entscheidung für Berlin

Im Jahr eins der deutschen Einheit treten die Schwierigkeiten des Vereinigungsprozesses in den Vordergrund. In den neuen Bundesländern bleibt der angekündigte wirtschaftliche Aufschwung aus; in den alten Bundesländern regt sich Unmut über finanzielle Belastungen im Gefolge der Vereinigung. Die Wirtschaftsmisere führt zu Massenprotesten, bei denen Bundesregierung und Treuhandanstalt Zielscheibe der Kritik sind. Auch der Umzug von Regierung und Parlament nach Berlin wird in einer Art nationaler Standortdebatte quer durch alle Parteien kontrovers diskutiert.

Im Herbst beginnt im gesamten Bundesgebiet ein dramatischer Anstieg fremdenfeindlicher Gewalttaten, bei denen zahlreiche Menschen ums Leben kommen.

Der Überfall des Irak auf Kuwait und die Reaktion der internationalen Staatengemeinschaft findet in der deutschen Öffentlichkeit starke Beachtung. Bei einer Demonstration im Bonner Hofgarten protestieren 200000 Teilnehmer gegen den Krieg am Golf.

Außenpolitik

USA/Irak: Am 17.1. beginnt der Krieg am Golf. Wie in anderen Staaten kommt es auch in Deutschland zu Demonstrationen, die die Einstellung der Kampfhandlungen im Krieg um Kuwait fordern (→ unten). – Bundesfinanzminister *Waigel* beziffert am 27.3. nach Gesprächen in Washington den deutschen Beitrag zum Golfkrieg auf 17,6 Mrd. DM.

Rußland/UdSSR: Der Oberste Sowjet der UdSSR **ratifiziert** am 4.3. als letzter der 4 ehemaligen Siegerstaaten den **2 + 4-Vertrag**. Der

Vertrag über den sowjetischen Truppenabzug und das dazugehörende Überleitungsabkommen werden am 2.4. ratifiziert. – Der Bundestag verabschiedet am 25.4. einstimmig die beiden am 9.11.1990 unterzeichneten Verträge mit der UdSSR über »gute Nachbarschaft« und enge Zusammenarbeit. Der Bundesrat stimmt am 17.5. zu. – Der russische Präsident *Boris Jelzin* weilt vom 21.–23.11. erstmals offiziell in **Bonn**. In einer gemeinsamen Erklärung verpflichtet sich Rußland, an der Rückzahlung der sowjetischen Auslandsschulden mitzuwirken. Eine völkerrechtliche Vereinbarung über die Wiedererrichtung der ehemaligen Wolgarepublik der Rußlanddeutschen wird am 10.7. 1992 in Moskau unterzeichnet. – Der frühere DDR-Staats- und Parteichef *Erich Honecker*, der seit April 1990 im Militärhospital Beelitz bei Potsdam untergebracht war, wird am 13.3. von der sowjetischen Armee »aus humanitären Gründen« nach Moskau gebracht. Die Bundesregierung protestiert beim sowjetischen Botschafter in Bonn gegen dessen Verlegung.

Polen: Bundeskanzler *Helmut Kohl* und der polnische Ministerpräsident *Jan Krzysztof Bielecki* unterzeichnen am 17.6. in Bonn den deutsch-polnischen Vertrag über »gute Nachbarschaft und freundschaftliche Zusammenarbeit«. Er bekräftigt den Gewaltverzicht des ersten bilateralen Vertrags von 1970, garantiert die Anerkennung der gemeinsamen Grenze und sieht eine engere Zusammenarbeit vor. Nach Zustimmung von Bundestag (17.10.) und Bundesrat (8.11.) tritt der Vertrag am 16.1.1992 in Kraft. – Die Bundesregierung stimmt am 16.10. einer »Stiftung deutsch-polnische Aussöhnung« mit 500 Mio. DM zu, die Geschädigten aus der Nazi-Verfolgung in Polen zugute kommen sollen.

Baltikum: Am 28.8. unterzeichnen Außenminister *Genscher* und seine Amtskollegen *Lennart Meri* (Estland), *Janis Jurkans* (Lettland) und *Algirdas Saudargas* (Litauen) Dokumente über die Wiederherstellung der diplomatischen Beziehungen mit den baltischen Staaten.

Abrüstung: Am 7.11. verabschiedet der Bundestag (am 29.11. der Bundesrat) einstimmig den im November 1990 durch die 22 Staaten von NATO und Warschauer Pakt in Paris unterzeichneten Vertrag über die Verringerung der konventionellen Streitkräfte in Europa. – Bundesverteidigungsminister *Stoltenberg* gibt am 24.5. eine Reduzierung der Bundeswehrstandorte von 688 auf 475 bis 1994 bekannt.

Innenpolitik

Am 17. 1. wird der CDU-Vorsitzende *Helmut Kohl* mit 378 gegen 257 Stimmen bei 9 Enthaltungen **zum viertenmal zum Bundeskanzler gewählt**. Tags darauf wird sein aus 19 Ministern bestehendes Kabinett vereidigt (→ Kabinettsliste).

Proteste gegen den Golfkrieg: Über 200 000 Menschen beteiligen sich am 26. 1. in Bonn an einer friedlich verlaufenden Kundgebung gegen den Golfkrieg unter dem Motto »Wir lassen die Zerstörung der Zukunft nicht zu – Stoppt den Krieg am Golf«. Die Zahl der Kriegsdienstverweigerer steigt im Januar unter dem Eindruck des Golfkrieges auf 22 197. 1990 haben insgesamt 74 569 junge Männer den Wehrdienst verweigert.

Rüstungsexporte: Der Bundestag beschließt am 22. 3. mit der Mehrheit der CDU/CSU und FDP **schärfere Maßnahmen gegen illegale Rüstungsexporte**. Danach sollen solche Vergehen mit einer Haftstrafe bis zu 15 Jahren belegt werden. Das Kölner Zollkriminalinstitut darf bei Verdacht auf Planung solcher Straftaten mit richterlicher Genehmigung den Post- und Telefonverkehr überwachen. Einige FDP-Abgeordnete wie auch die Oppositionsparteien stimmten dem Gesetzesentwurf nicht zu, weil ihnen die vorgesehenen Eingriffe in das Post- und Fernmeldegeheimnis zu weitgehend erscheinen.

»Hauptstadtbeschluß«: Der Bundestag beschließt am 20. 6. mit 338 gegen 320 Stimmen die **Verlegung des Sitzes von Bundesregierung und Bundestag nach Berlin**. Bonn soll als Verwaltungssitz erhalten bleiben.

Einigung über Ostrenten: Nach einem Kompromiß zwischen Koalition und SPD verabschie-

Viertes Kabinett Kohl (18. 1. 1991–17. 11. 1994)

Bundeskanzler	*Helmut Kohl* (CDU)
Stellvertreter	*Hans-Dietrich Genscher* (FDP), ab 18. 5. 1992 *Jürgen W. Möllemann* (FDP), ab 21. 1. 1993 *Klaus Kinkel* (FDP)
Auswärtiges	*Hans-Dietrich Genscher* (FDP), ab 18. 5. 1992 *Klaus Kinkel* (FDP)
Inneres	*Wolfgang Schäuble* (CDU) ab 26. 11. 1991 *Rudolf Seiters* (CDU), ab 7. 7. 1993 *Manfred Kanther* (CDU)
Justiz	*Klaus Kinkel* (FDP), ab 18. 5. 1992 *Sabine Leutheusser-Schnarrenberger* (FDP)
Finanzen	*Theo Waigel* (CSU)
Wirtschaft	*Jürgen W. Möllemann* (FDP), ab 21. 1. 1993 *Günter Rexrodt* (FDP)
Ernährung, Landwirtschaft und Forsten	*Ignaz Kiechle* (CSU), ab 21. 1. 1993 *Jochen Borchert* (CDU)
Arbeit und Sozialordnung	*Norbert Blüm* (CDU)
Verteidigung	*Gerhard Stoltenberg* (CDU) ab 1. 4. 1992 *Volker Rühe* (CDU)
Familie und Senioren	*Hannelore Rönsch* (CDU)
Frauen und Jugend	*Angela Merkel* (CDU)
Gesundheit	*Gerda Hasselfeldt* (CSU), ab 6. 5. 1992 *Horst Seehofer* (CSU)
Verkehr	*Günther Krause* (CDU) ab 13. 5. 1993 *Matthias Wissmann* (CDU)
Umwelt, Naturschutz und Reaktorsicherheit	*Klaus Töpfer* (CDU)
Post und Telekommunikation	*Christian Schwarz-Schilling* (CDU) bis 17. 12. 1992, ab 21. 1. 1993 *Wolfgang Bötsch* (CSU)
Raumordnung, Bauwesen und Städtebau	*Irmgard Adam-Schwaetzer* (FDP)
Forschung und Technologie	*Heinz Riesenhuber* (CDU), ab 21. 1. 1993 *Matthias Wissmann* (CDU), ab 13. 5. 1993 *Paul Krüger* (CDU)
Bildung und Wissenschaft	*Rainer Ortleb* (FDP), ab 4. 2. 1994 *Karl-Hans Laermann* (FDP)
Wirtschaftliche Zusammenarbeit (ab 22. 1. 1993: Wirtschaftliche Zusammenarbeit und Entwicklung)	*Carl-Dieter Spranger* (CSU)
Besondere Aufgaben	*Rudolf Seiters* (CDU), ab 26. 11. 1991 *Friedrich Bohl* (CDU)

det der Bundestag am 21. 6. gegen die Stimmen von Bündnis 90/Die Grünen und PDS das Renten-Überleitungsgesetz (RÜG), durch das das **westdeutsche Rentenrecht** vom 1. 1. 1992 an **auf das Gebiet der ehemaligen DDR übertragen** wird. Der Bundesrat stimmt am 5. 7. zu. Das RÜG wird einen Finanzverbund mit der westdeutschen Rentenversicherung herstellen und altes DDR-Rentenrecht ablösen, ohne daß es für die Betroffenen zu finanziellen Einbußen kommt. Für ehemalige Stasi-Angehörge soll die Altersrente auf rd. 800 DM begrenzt werden.

Haushalt: Das Bundeskabinett verabschiedet am 10. 7. den Bundeshaushalt 1992 mit einem Ausgabenzuwachs von 3 % auf 422,6 Mrd. DM

und einer Verringerung der Nettokreditaufnahme von 66,4 auf 49,9 Mrd. DM. 109 Mrd. DM sind für den wirtschaftlichen und sozialen Aufbau Ostdeutschlands bestimmt.

Mietrecht: Der Bundesrat verabschiedet am 17. 5. eine bereits vom Bundestag beschlossene, bis 1993 geltende Wohngeld-Sonderregelung für die neuen Bundesländer, mit der die dort ab 1. 10. 1991 vorgesehenen drastischen Mieterhöhungen abgemildert werden sollen. Der Bundesrat stimmte ferner einer Verordnung über die Anhebung der Beamtenbesoldung in den neuen Bundesländern auf 60 % des Westniveaus zu. Die Verordnung enthält auch Förderungsmaßnahmen zur Gewinnung westlichen Perso-

Einzelne Steuern des Bundes, der Länder und der Gemeinden
(in Mio. DM)

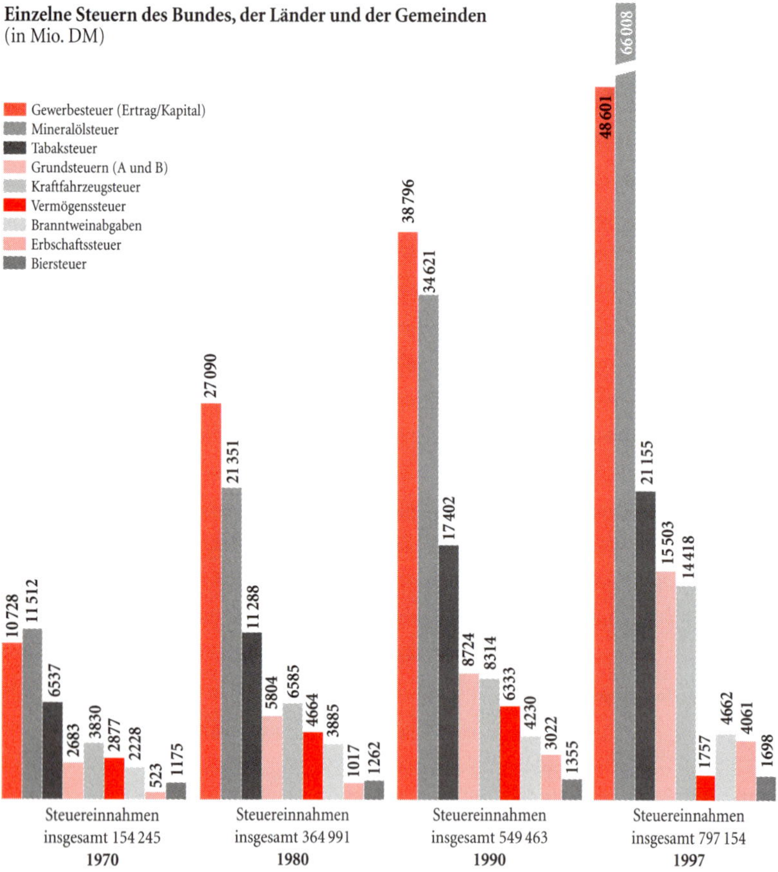

nals für die ostdeutsche Verwaltung; z. B. sollen Beamte aus dem Westen uneingeschränkt nach westlichem Niveau besoldet werden, ihre Verwendungszeiten in Ostdeutschland für das Ruhegehalt doppelt zählen.

Steuerkompromiß: Der Bundesrat stimmt am 21. 6. dem Steuerkompromiß zu. Damit können ein auf 1 Jahr befristeter Zuschlag auf die Lohn- und Einkommensteuer von 7,5% sowie Verbrauchsteuererhöhungen auf Mineralöl und Versicherungen fristgerecht vom 1. 7. an erhoben werden. Die SPD-regierten Länder hatten im Vermittlungsausschuß aus Bundestag und Bundesrat auch dem Vorhaben zugestimmt, 1991 und 1992 in den 5 neuen Ländern auf die Erhebung der Vermögen- und Gewerbekapitalsteuer zu verzichten.

Juristische Aufarbeitung des DDR-Erbes

Die Berliner Staatsanwaltschaft erhebt am 4. 3. Anklage gegen die ehemaligen SED-Politbüromitglieder *Hermann Axen* und *Werner Krolikowski* unter dem Vorwurf, Millionenbeträge aus der DDR-Kasse für den Bau von Privathäusern veruntreut zu haben.

Entschädigungen: Nach einem Urteil des Bundesverfassungsgerichts in Karlsruhe vom 23. 4. muß die entschädigungslose Enteignung von Grund und Betrieben in der Sowjetischen Besatzungszone (SBZ) von 1945 bis 1949 nicht rückgängig gemacht werden. Das Gericht erklärt die Regelung im Einigungsvertrag und in der Änderung des Grundgesetzes für verfassungsgemäß; der Gesetzgeber wird jedoch zu Ausgleichsregelungen verpflichtet.

»Warteschleifen-Regelung«: In einem Urteil zur »Warteschleifen-Regelung« stellt das Bundesverfassungsgericht am 24. 4. fest, daß die im Einigungsvertrag vorgesehene Entlassung von mindestens 100 000 Beschäftigten des öffentlichen Dienstes der DDR im wesentlichen **verfassungsgemäß** sei.

»Todesschüsse«: Die Berliner Justiz erläßt am 21. 5. Haftbefehle im Zusammenhang mit den Todesschüssen an der Mauer gegen den früheren DDR-Ministerpräsidenten *Willi Stoph*, Ex-Verteidigungsminister *Heinz Keßler*, den damaligen Sekretär des Nationalen Verteidigungsrates *Fritz Streletz* und den früheren Suhler SED-Chef *Hans Albrecht*; sie seien **»mitverantwortliche Entscheidungsträger« des Schießbefehls** von 1974 gewesen. Die UdSSR protestiert am 24. 5. offiziell gegen die Verhaftungen.

Prozesse: Als erstes Mitglied der früheren DDR-Führung, das sich wegen Verfehlungen während der DDR-Amtszeit verantworten mußte, wird am 6. 6. vor dem Landgericht Berlin der frühere DDR-Gewerkschaftschef *Harry Tisch* wegen Untreue in 5 Fällen zu 18 Monaten Haft verurteilt. – Am 9. 7. wird der frühere Vorsitzende der Ost-CDU *Gerald Götting* vom Berliner Landgericht wegen Untreue zu einer Haftstrafe von 18 Monaten auf Bewährung verurteilt, da er den Umbau seines privaten Ferienhauses mit Parteigeldern finanziert habe und der Partei über einen Zeitraum von 14 Jahren ein Schaden von 116 000 Ost-Mark entstanden sei.

Wolf-Festnahme: Der ehemalige DDR-Spionagechef *Markus Wolf* stellt sich am 24. 9. den deutschen Behörden und wird in Untersuchungshaft genommen. Der Bundesgerichtshof setzt *Wolf* am 4. 10. jedoch gegen eine Kaution von 250 000 DM auf freien Fuß.

Stasi-Unterlagengesetz: Der Bundestag verabschiedet am 14. 11. (Bundesrat 19. 12.) gegen die Stimmen von Bündnis 90/Die Grünen und PDS/Linke Liste das Stasi-Unterlagengesetz. Das Gesetz sieht u. a. ein Einheitsrecht für Stasi-Opfer vor; die unbefugte Veröffentlichung von Opferakten sowie das Zitieren aus Originaldokumenten ist strafbar; die Geheimdienste bekommen keinen Zugang zu Opferakten, aber Einblick in Unterlagen über Spionage und Terrorismus. Für die unter Leitung des Rostocker Pfarrers *Joachim Gauck* stehende Behörde zur Verwaltung der Akten der rd. 6 Mio. Personen werden 2500 zusätzliche Planstellen mit Personalkosten von jährlich 98 Mio. DM eingerichtet.

Treuhandanstalt

Die Berliner Treuhandanstalt verkauft bis Ende Juni 2583 Unternehmen für insgesamt 10,6 Mrd. DM; mit den Firmenverkäufen werden Investitionen von 65,3 Mrd. DM angeschoben und 525 984 gesicherte Arbeitsplätze geschaffen. Der Vorstand der Treuhandanstalt, Vertreter der Landesregierungen, der Arbeitgeberverbände und der Gewerkschaften einigen sich am 17. 7. in Berlin auf eine Rahmenvereinbarung zur **Gründung von Beschäftigungsanstalten zur Bekämpfung der Arbeitslosigkeit** in den neuen Bundesländern. Die Treuhandanstalt wird sich mit 10% an Dachgesellschaften beteiligen und die Gründung von Untergesellschaften unterstützen. Am 31.7. übernimmt sie alle 768 PDS-Immobilien unter ihre Verwaltung; zuvor hatte sie das Immobilienvermögen der FDP aus der früheren DDR unter ihre Kontrolle genommen.

Arbeitsmarkt- und Tarifpolitik

Tarifeinigung: Die Tarifpartner für den öffentlichen Dienst in Ostdeutschland einigen sich am 5.3. in Bonn auf neue Tarife: Die rd. 1,7 Mio. Beschäftigten erhalten vom 1.7. an 60% der entsprechenden Einkommen in Westdeutschland. Die 2,3 Mio. westdeutschen Arbeitnehmer und Angestellten im öffentlichen Dienst erhalten rückwirkend vom 1.1. an 6% mehr Lohn und Gehalt. – Die Gewerkschaft ÖTV und die Arbeitgeber von Bund, Ländern und Gemeinden einigen sich am 25.9. darauf, die in der ehemaligen DDR geleisteten Dienstzeiten von etwa 1,4 Mio. Beschäftigten im öffentlichen Dienst voll anzuerkennen.

Steinkohle: Der Bundeswirtschaftsminister einigt sich am 11.11. mit den Wirtschaftsministern der Kohleländer Nordrhein-Westfalen und Saarland sowie Spitzenvertretern der Bergbauunternehmen, der Stromwirtschaft und der Gewerkschaft Bergbau und Energie (IGBE) auf eine **Verringerung der jährlichen Steinkohleförderung** von derzeit rd. 70 Mio. t auf 50 Mio. t bis zum Jahr 2000. 30 000 der derzeit 125 000 Bergleute dürften damit bis Ende 1999 ihren Arbeitsplatz verlieren.

Sozialpolitik

Demonstrationen gegen Sozialabbau: Etwa 50 000 Arbeitnehmer demonstrieren am 20.2. in Mecklenburg-Vorpommern für den Erhalt der angeschlagenen Schiffbauindustrie an der Ostsee. In Chemnitz fordern 35 000 Demonstranten die Rettung der Region als Industriestandort. – Zehntausende Arbeitnehmer demonstrieren am 27.2. in Erfurt, Halle und Leipzig gegen drohenden Arbeitsplatzverlust und für höhere Löhne. Vor dem Thüringer Landtag fordern 40 000 Metallarbeiter schnelle Hilfen für den Wirtschaftsaufbau und werfen der Regierung vor, Wahlversprechen gebrochen zu haben. In Halle verlangt die IG Metall vor Demonstranten aus der Metallindustrie von Sachsen-Anhalt eine Anhebung der Löhne und Gehälter auf 65% des westdeutschen Niveaus. – Rd. 800 000 Menschen demonstrieren am 25.3. in Leipzig auf der größten

Montagsdemonstration seit der Vereinigung gegen die Wirtschaftsmisere (Arbeitslosenquote im Juli 12,1%) in den neuen Bundesländern, für die sie die Bundesregierung und die Treuhandanstalt verantwortlich machen. Auch im Ostteil Berlins und in anderen Städten Ostdeutschlands protestieren Zehntausende gegen den Sozialabbau.

Unternehmen

Im Automobilwerk Eisenach (AWE) rollt am 10.4. der letzte Wartburg vom Band. Durch Privatisierung von Betriebsteilen sowie den Aufbau eines Montagewerkes der Adam Opel AG bis Ende 1992 bleibt ein Teil der Arbeitsplätze in Eisenach erhalten. In den Sachsenring-Automobilwerken **in Zwickau rollt** am 30.4. **der letzte Trabant vom Band.** In 34 Jahren wurden 3 690 099 Stück gebaut. Vom Produktionsende betroffen sind fast 50 000 Beschäftigte einschließlich Zuliefererbetriebe. – Am 30.4. findet der letzte Linienflug der »Interflug« statt; die frühere DDR-Fluggesellschaft wird liquidiert.

Umweltschutz, Kernkraft

Das Bezirksgericht Magdeburg ordnet am 25.2. einen Anlieferungsstopp für das Atommüll-Endlager Morsleben (Sachsen-Anhalt) mit der Begründung an, daß die Sicherheitsanforderungen in der ehemaligen DDR weniger streng gewesen seien als in der Bundesrepublik Deutschland. – Forschungsminister *Heinz Riesenhuber* gibt am 21.3. das endgültige **Aus für den Schnellen Brüter** in Kalkar bekannt. – Umweltminister *Klaus Töpfer* (CDU) ordnet am 10.9. den Abriß aller Reaktorblöcke des ostdeutschen Kernkraftwerks Greifswald an. – Das Bundeskabinett billigt am 30.4. (in Kraft 30.10.) abschließend die Verbotsverordnung von Fluorkohlenwasserstoffen (FCKW) und sogenannten Halogenen; sie tritt 3 Monate nach Verkündigung im Sommer in Kraft. Das Gesetz sieht vor, FCKW-haltige Treib-, Schaum-, Kühl- und Kältemittel sowie Reinigungs- und Lösemittel stufenweise bis 1995 endgültig vom Markt zu nehmen. – Nach dem am 14.11. vorgelegten Waldzustandsbericht 1991 sind mehr als 60% der Bäume in Deutschland krank; Hauptursache: Luftverschmutzung.

Rechtsradikalismus, Ausländerfeindlichkeit

Seit Anfang September häufen sich **Überfälle Rechtsradikaler auf Ausländer- und Asylbewohnerheime**: Sie **eskalieren** im sächsischen Hoyerswerda, wo es vom 17.– 22. 9. zu schweren Ausschreitungen Jugendlicher gegen Ausländerwohnheime kommt – oft unter Beifall der Bevölkerung. In Saarlouis zünden unbekannte Täter am 19. 9. ein Asylbewerberwohnheim an; dabei werden ein Ghanaer getötet, zwei Nigerianer verletzt. In Hünxe (Nordrhein-Westfalen) verüben drei »Skinheads« am 3. 10. einen Brandanschlag auf eine Asylbewerberunterkunft, bei dem zwei libanesische Kinder lebensgefährliche Brandverletzungen erleiden. In den folgenden Wochen überfallen Rechtsradikale in der gesamten Bundesrepublik – vorwiegend in Westdeutschland – fast täglich Wohnheime von Asylbewerbern, mißhandeln Flüchtlinge und Gastarbeiter auf der Straße.

Terrorismus

Prozesse: Am 31. 1. verurteilt das Bayerische Oberste Landesgericht den ehemaligen RAF-Terroristen *Werner Lotze* wegen Mordes an einem Polizisten 1978, vierfachen Mordversuchs sowie schwerer räuberischer Erpressung zu 12 Jahren Haft. – Das gleiche Strafmaß verhängt das Stuttgarter Oberlandesgericht am 3. 6. im Prozeß gegen die ebenfalls in der früheren DDR gefaßte RAF-Aussteigerin *Susanne Albrecht*, und zwar wegen Mordes an dem Bankier *Jürgen Ponto* sowie dreifachen Mordversuchs beim Attentat auf NATO-General *Alexander Haig*. Die beiden RAF-Aussteiger profitierten von der 1989 beschlossenen strafmildernden Kronzeugenregelung.

DDR-Unterstützung für RAF: Das Ministerium für Staatssicherheit (MfS) der ehemaligen DDR hat seit Ende der 70er Jahre auch aktive Terroristen der Rote Armee Fraktion (RAF) unterstützt und bei Attentaten Hilfe geleistet: Generalbundesanwalt *Alexander von Stahl* erklärt am 26. 3., er habe gegen den früheren Stasi-Chef *Mielke*, seinen Ex-Stellvertreter *Gerhard Neiber* und 4 weitere ehemalige MfS-Mitarbeiter beim Ermittlungsrichter des Bundesgerichtshofes Haftbefehle wegen Beihilfe zum Mordversuch und zur Herbeiführung einer Sprengstoffexplosion (bei Anschlägen gegen US-General *Frederik Kroesen* in Heidelberg und gegen den US-Stützpunkt Ramstein 1981) erwirkt. *Mielke* sitzt bereits wegen anderer Vorwürfe in Untersuchungshaft.

Mordanschlag gegen Rohwedder: Der Präsident der Treuhandanstalt, *Detlev Karsten Rohwedder*, wird am Abend des 1. 4. in seinem Düsseldorfer Wohnhaus durch mehrere, von einem gegenüberliegenden Grundstück aus abgegebene Gewehrschüsse getötet. Seine Ehefrau wird bei dem Anschlag verletzt. In einem Schreiben bezichtigt sich ein »Kommando Ulrich Wessel« der »Rote Armee Fraktion« (RAF) der Tat. Zur neuen Präsidentin der Treuhandanstalt ernennt der Verwaltungsrat am 13. 4. *Birgit Breuel* (CDU).

Kirche

Die seit 1969 gespaltenen **deutschen evangelischen Kirchen beschließen** am 24. 2. ihre **Wiedervereinigung**: In der konstituierenden Sitzung der gemeinsamen Synode (Parlament) in Coburg (28.–30. 6.) wird der Zusammenschluß der 16 westdeutschen Landeskirchen und der 8 ostdeutschen Landeskirchen offiziell vollzogen. Die 143 Mitglieder wählen den SPD-Bundestagsabgeordneten *Jürgen Schmude* zum Präses (Vorsitzenden) der 29,2 Mio. Mitglieder (in 24 Landeskirchen und 18100 Gemeinden) zählenden EKD.

Parteien

CDU: Die 3. Große Strafkammer des Landgerichts Düsseldorf verurteilt am 8. 5. den CDU-Schatzmeister *Walther Leisler Kiep* wegen fortgesetzter Beihilfe zur Steuerhinterziehung zu einer Geldstrafe von 675000 DM. *Kiep* habe maßgeblich dazu beigetragen, daß dem Staat zwischen 1971 und 1981 7,4 Mio. DM Steuereinnahmen verlorengegangen seien, indem der CDU zugedachte Spenden 15 namhafter deutscher Unternehmen in Gesamthöhe von 17,5 Mio. DM an die »Spendenwaschanlage«, die steuerbegünstigte Staatsbürgerliche Vereinigung Köln/Koblenz (SV) flossen. – Der ehemalige Vorsitzende der Ost-CDU, *Gerald Götting*, wird am 30. 5. aus der Berliner CDU ausgeschlossen. Nach Ansicht des Kreisverbandes hat *Götting* als stellv. Staatsratsvorsitzender »alle Scheußlichkeiten des damaligen Regimes mitzuverantworten«. – *Lothar de Maizière*, 1990 DDR-Ministerpräsident, **legt** am 6. 9. **seine**

Ämter als stellv. CDU-Bundesvorsitzender und brandenburgischer Landesvorsitzender **nieder**, am 11. 9. auch sein Bundestagsmandat. Anlaß sind u. a. Verdächtigungen der Stasi-Zusammenarbeit und ein Streit mit der CDU-Parteiführung über die Behandlung der Landesverbände der Ost-CDU.

PDS: Das Bundesverfassungsgericht (BVG) in Karlsruhe weist am 16. 7. die Forderung der PDS nach Fraktionsstatus im Bundestag ab; die Richter sprechen den 17 PDS-Abgeordneten aber das Recht zu, ihrer Stärke entsprechend in allen Bundestagsausschüssen und -unterausschüssen vertreten zu sein. Am 19. 7. entscheidet das BVG ferner, daß das sog. Altvermögen der PDS weiterhin der im Einigungsvertrag geregelten staatlichen Kontrolle unterliegt.

Bündnis 90: Die Bürgerrechtsgruppen der ehemaligen DDR, Demokratie Jetzt, Inititaive Frieden und Menschenrechte sowie Teile des Neuen Forums, konstituieren sich am 21. 9. in Potsdam unter dem Namen Bündnis 90 (B '90) als bundesweite Partei. Am 2. 5. beschließt das Bündnis 90 auf seiner Delegiertenkonferenz in Berlin den Zusammenschluß mit den Grünen.

Bundesländer

Erhöhung der Ost-Finanzmittel: Bundeskanzler *Kohl* und die Ministerpräsidenten der 16 Bundesländer einigen sich am 28. 2. darauf, die neuen Länder rückwirkend zum 1. 1. 1991 zu 100 % an der Verteilung der Umsatzsteuer zu beteiligen. Gleichzeitig verzichtet der Bund auf seinen Anteil an dem Fonds Deutsche Einheit. Dadurch erhöhen sich die Finanzmittel für die neuen Länder bis 1994 um 30 Mrd. DM.

Baden-Württemberg: Ministerpräsident *Lothar Späth* tritt am 13. 1. zurück. Er zieht die Konsequenz aus gegen ihn erhobenen Vorwürfen, er habe Landespolitik, Wirtschaftsinteressen und

persönliche Vorteile in unzulässiger Weise verknüpft. – Am 22. 1. wählt der Landtag mit 71 gegen 44 Stimmen bei 5 Enthaltungen den bisherigen CDU-Fraktionsvorsitzenden *Erwin Teufel* zum neuen Ministerpräsidenten.

Hessen: Landtagswahl am 20. 1.

Berlin: Mit 164 gegen 68 Stimmen bei 6 Enthaltungen und 2 ungültigen Stimmen wählt das Abgeordnetenhaus am 24. 1. *Eberhard Diepgen* (CDU) zum ersten Regierenden Bürgermeister von ganz Berlin seit Kriegsende. Dem neuen Senat gehören 9 CDU- und 7 SPD-Mitglieder an.

Rheinland-Pfalz: Aus der Landtagswahl am 21. 4. geht die SPD mit dem Spitzenkandidaten *Rudolf Scharping* als Sieger hervor. Die SPD gewinnt zugleich die Mehrheit im Bundesrat.

Hamburg: Bürgerschaftswahl am 2. 6.

Sachsen-Anhalt: Ministerpräsident *Gerd Gies* (CDU) tritt am 2. 7. zurück; mehrere Abgeordnete hatten ihm vorgeworfen, mit zweifelhaften Stasi-Vorwürfen versucht zu haben, Parlamentarier zur Niederlegung ihres Mandats zu drängen, um selbst einen Sitz im Landtag zu erhalten. Am 4. 7. wählt der Landtag den aus Niedersachsen stammenden bisherigen Finanzminister *Werner Münch* (CDU) zum neuen Ministerpräsidenten. Im Kabinett nicht mehr vertreten ist der wegen angeblicher Stasi-Kontakte umstrittene bisherige Innenminister *Wolfgang Braun*. – Der stellv. Ministerpräsident und FDP-Landesvorsitzende, *Gerd Brunner*, legt am 8. 8. wegen seiner Mitarbeit im Ministerium für Staatssicherheit seine Regierungs- und Parteiämter nieder; am 13. 8. scheidet Landwirtschaftsminister *Otto Mintus* (CDU) wegen seiner Stasi-Vergangenheit aus dem Kabinett aus.

Bremen: Bei der Bürgerschaftswahl am 29. 9. verliert die seit 1971 alleinregierende SPD ihre absolute Mehrheit. Wahlgewinner sind die CDU und die rechtsextreme Deutsche Volksunion/ DVU.

1992

Die führungslose Nation

Auch im zweiten Jahr des vereinten Deutschland dominieren die Schwierigkeiten des Zusammenwachsens das politische Geschehen. Vor allem die Parteien geraten in die Kritik. Bundespräsident *Richard von Weizsäcker* rügt Versäumnisse der politischen Führung bei der Vereinigungspolitik und kritisiert den »Parteienstaat« als »machtversessen auf den Wahlsieg« und »machtvergessen bei der Wahrnehmung der inhaltlichen und konzeptionellen Führungsaufgaben«. – Die dramatische Zunahme rechtsextremistischer und ausländerfeindlicher Straftaten löst im Ausland große Besorgnis aus.

Rechtsradikalismus, Ausländerfeindlichkeit

Eine neue Welle von Gewalt gegen Ausländer, Aussiedler und Asylbewerber beginnt am 23. 8. vor der zentralen Aufnahmestelle für Mecklenburg-Vorpommern in **Rostock-Lichtenhagen**: Rechtsradikale Jugendliche bewerfen Ausländerunterkünfte mit Pflastersteinen und Brandbomben, liefern sich Straßenschlachten mit den Polizeikräften und finden anfangs Zustimmung bei Teilen der Bevölkerung. Am 25. 8. werden das Asylbewerberheim und ein benachbartes Quartier vietnamesischer Gastarbeiter in Brand gesetzt; die Bewohner geraten in Lebensgefahr: Der Polizeichef von Rostock wird daraufhin von seinem Amt entbunden. Bis 28. 8. erwirkt die Rostocker Staatsanwaltschaft 32 Haftbefehle gegen Gewalttäter; den meisten wird schwerer Landfriedensbruch, zwei Personen versuchter Mord vorgeworfen. Die ausländerfeindlichen Ausschreitungen breiten sich in der Folge auf zahlreiche Städte in Ost- und Westdeutschland aus. – Neonazis setzen am 26. 9. die Baracke 38 in der Gedenkstätte des ehemaligen **KZ Sachsenhausen** in Brand. Das Gebäude, in dem ein »Museum für die Leiden der jüdischen Kameraden« untergebracht war, wird zerstört. – Der Wehrbeauftragte des Deutschen Bundestages, *Manfred Biehle* (CSU), bestätigt am 11. 11., daß sich **Bundeswehrsoldaten** bei gewalttätigen Auseinandersetzungen mit ausländerfeindlichem Hintergrund am Tod von drei Menschen schuldig gemacht haben. – Bei einem **Brandanschlag** auf zwei von Türken bewohnte Häuser **in Mölln** (Schleswig-Holstein) am 23. 11. kommen drei Bewohnerinnen ums Leben, neun weitere Personen werden zum Teil schwer verletzt. Der Generalbundesanwalt übernimmt die Ermittlungen und damit erstmals ein Verfahren im rechtsradikalen Bereich.

Verbot rechtsextremistischer Organisationen: Innenminister *Seiters* (CDU) verbietet am 27. 11. die Nationalistische Front, am 10. 12. die neonazistischen Vereinigung Deutsche Alternative, am 22. 12. die Nationale Offensive. – Die Innenminister von Bund und Ländern beschließen am 15. 12. einstimmig, die Republikaner von den Verfassungsschutzbehörden beobachten zu lassen, da bei der Partei »Anhaltspunkte für Bestrebungen gegen die freiheitliche demokratische Grundordnung der Bundesrepublik« vorlägen.

Demonstrationen gegen Ausländerfeindlichkeit: In Berlin demonstrieren am 8. 11. rd. 300 000 Menschen unter dem Motto »Die Würde des Menschen ist unantastbar« gegen Ausländerhaß und Rassismus. – Gegen die fremdenfeindlichen Vorfälle gehen in den Wochen vor Weihnachten in mehreren deutschen Großstädten (u. a. Hamburg, Frankfurt, Berlin) Hunderttausende zu Demonstrationen und kilometerlangen Lichterketten auf die Straße. Auch **im Ausland** gibt es **besorgte Reaktionen über ein Wiedererstarken des Rechtsradikalismus** in Deutschland. Im »Quotidien de Paris« heißt es: »Deutschland muß endlich erwachen, bevor der böse Traum zu einem Alptraum wird.«

Asylbewerber, Aussiedler

Unter dem Eindruck der neuerlichen Ausschreitungen und der Zahl von rd. 360 000 unbearbeiteten Asylanträgen verschärft sich der **innenpolitische Streit um die Asylpolitik**. Bundeskanzler *Kohl* und Spitzenpolitiker von CDU, CSU, FDP und SPD einigen sich am 10. 10. auf asylpolitische »Zielvorstellungen« ohne eine Grundgesetzänderung. Dementsprechend beschließt der Bundestag am 5. 6. mit großer Mehrheit (Bundesrat am 26. 6.) eine **Beschleunigung des Asylverfahrens**. Die Gesetzesnovelle, die am 1. 7. in Kraft tritt, sieht die Verkürzung der Verfahren in Fällen offensichtlich unbegründeter Asylanträge auf sechs Wochen vor; abgelehnte Asylbewerber können wesentlich schneller abgeschoben werden. Trotz der Einigung beharren CDU und CSU auf einer Änderung des Paragraphen 16 im Grundgesetz (»Politisch Verfolgte genießen Asylrecht«). – Die Organisation Pro Asyl sieht in der Neuregelung einen »Sieg der Straße« und eine »Niederlage des Rechtsstaats«; der Schriftsteller *Günter Grass*, seit 1982 Mitglied der SPD, tritt aus Protest aus der Partei aus. – Innenminister *Rudolf Seiters* (CDU) unterzeichnet am 24. 9. in Bukarest ein **Abkommen**, das die Rückführung abgelehnter Asylbewerber nach **Rumänien** erleichtert. Darin verpflichten sich beide Staaten, eigene Staatsangehörige wieder aufzunehmen, die sich illegal im Land des Vertragspartners aufhalten. Die Zahl der Antragsteller aus Rumänien betrug in den ersten acht Monaten 57 446, nur in 115 Fällen (0,2 %) wurde dem Asylantrag stattgegeben.

Aussiedler: Die Zahl der Aussiedler weist mit 230 565 (1991: 221 991) eine leichte Zunahme auf, die in erster Linie auf einen Anstieg der Aufnahmeanträge von Rußlanddeutschen aus den Bürgerkriegsgebieten der ehemaligen Sowjetunion zurückzuführen ist. Gegenüber 1990, als insgesamt 397 000 Personen einen Antrag gestellt hatten, ist die Zuwanderung von Aussiedlern jedoch stark rückläufig (→ Graphik).

Außenpolitik

Türkei: Die Bundesregierung stellt am 26. 3. aus Protest gegen Angriffe der türkischen Streitkräfte gegen Kurden in Ost- und Südanatolien und die vertragswidrige Verwendung deutscher Rüstungsgüter die Waffenlieferungen an den NATO-Partner ein. Seit 1991 hatte die Türkei Waffen und Munition aus Beständen der NVA im Wert von über 1,6 Mrd. DM erhalten. Trotz der am 7. 11. 1991 im Bundestag beschlossenenen Haushaltsperre sind darüber hinaus 136 Leopard-Panzer geliefert worden, da die Herstellerfirma über diesen Beschluß nicht informiert wurde. Die Kritik von Außenminister *Hans-Dietrich Genscher* am brutalen Vorgehen gegen die Kurden löst in der Türkei Empörung aus. Laut Staatspräsident *Turgut Özal* liege der »Unterschied zum Deutschland Hitlers darin, daß das heutige Deutschland seine wirtschaftliche Macht mißbraucht und ständig Drohungen vom Stapel läßt«.

Kasachstan: In einer beim Besuch des kasachischen Staatspräsidenten *Nursultan Nasarbajew* (21.–23. 9.) in Bonn veröffentlichten Gemeinsamen Erklärung sagt die kasachische Regierung den Deutschstämmigen in Kasachstan freie Religionsausübung und die Pflege ihrer Sprache und Kultur zu.

Russische Föderation: Bundeskanzler *Kohl* und der russische Präsident *Boris Jelzin* einigen sich am 16. 12. in Moskau auf eine zinslose Stundung russischer Schulden in der Bundesrepublik aus sog. Transfer-Rubel-Geschäften in Höhe von 17,5 Mrd. DM bis zum Jahr 2000. Überdies stellt Bonn zu den schon vereinbarten 7,8 Mrd. DM weitere 500 Mio. DM für heimkehrende Offiziere zur Verfügung.

Aussiedler in Deutschland

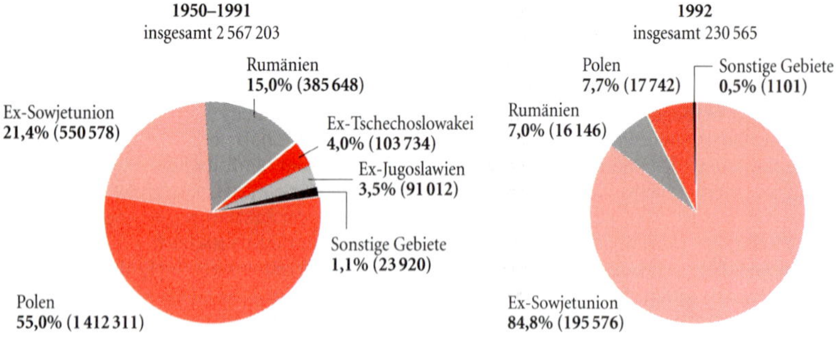

Weitere innenpolitische Ereignisse

Parteienfinanzierung: Das Bundesverfassungsgericht erklärt am 9. 4. Teile der Parteienfinanzierung für **verfassungswidrig** und verlangt vom Bundestag eine Neuregelung bis Ende 1993. Das Gericht gibt damit einer Klage der Grünen gegen das seit 1989 geltende Änderungsgesetz in allen Punkten recht. Verfassungswidrig sind demnach die steuerliche Abzugsfähigkeit von Fremdspenden, die Regelungen des sogenannten Sockelbetrages und des Chancenausgleichs sowie die Publizitätsgrenze für Spenden von 40 000 DM.

Rüstung: Das größte Rüstungsvorhaben der Bundeswehr, die Entwicklung des Jagdflugzeugs **Jäger 90**, wird am 30. 6. gestoppt (Stückpreis 133,9 Mio. DM). Statt dessen soll ein leichterer und billigerer »Eurojäger 2000« mit den bisherigen Partnern Großbritannien, Italien und Spanien gebaut werden.

Steueränderungsgesetz: Der Bundesrat beschließt am 14. 2. mit den Stimmen der CDU/CSU-geführten Länder sowie der beiden mitregierten Länder Berlin und Brandenburg das im Vermittlungsverfahren modifizierte Steueränderungsgesetz 1992. Das Votum der Länderkammer wurde möglich, nachdem Finanzminister *Theo Waigel* (CSU) dem brandenburgischen Ministerpräsidenten *Manfred Stolpe* (SPD) ergänzende Zusagen für eine Aufstockung der Strukturhilfen, weitere Verbesserungen des Familienlastenausgleichs sowie die Neuregelung des Finanzausgleichs nach 1994 gemacht hatte. Damit ist ein monatelanger Streit zwischen Regierung und SPD über die **Erhöhung der Mehrwertsteuer** von 14 auf 15 % ab 1993, die **Verbesserung des Familienlastenausgleichs**, den Einstieg in die **Unternehmensteuerreform** durch Steuerentlastungen ab 1. 1. 1993 sowie die Finanzausstattung der neuen Bundesländer beendet.

Abtreibungsgesetz: Nach jahrelangen Auseinandersetzungen quer durch alle Parteien beschließt der Bundestag am 26. 6. mit den Stimmen von SPD, FDP und Teilen der CDU eine Reform des Paragraphen 218 und damit ein **einheitliches Abtreibungsrecht für ganz Deutschland**: 357 Abgeordnete entscheiden sich für, 284 gegen einen von SPD und FDP initiierten »Gruppenantrag«, der einen Schwangerschaftsabbruch innerhalb von zwölf Wochen nach ärztlicher Beratung zuläßt. Der Bundesrat stimmt der Vorlage am 10. 7. gegen die Stimmen Bayerns bei Stimmenthaltung von Mecklenburg-Vorpommern, Thüringen und Baden-Württemberg zu. Nach Anrufung durch 247 Ab-

Bevölkerungsentwicklung in Deutschland 1950–1994

in Millionen

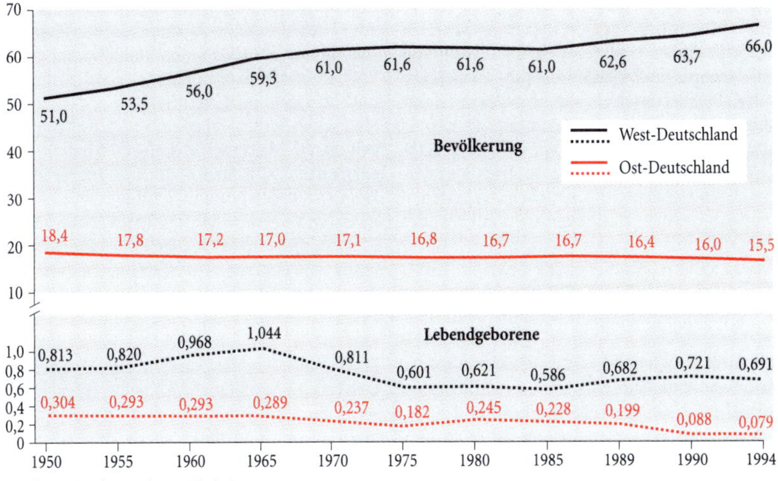

Quelle: Statistisches Bundesamt Wiesbaden

geordnete der CDU/CSU sowie den Freistaat Bayern stoppt das Bundesverfassungsgericht am 4.8. mit einer einstweiligen Anordnung die neue Abtreibungsregelung. Bis zur endgültigen Entscheidung des Gerichts bleibt das alte Gesetz bestehen.

UN-Sanktionen gegen Rest-Jugoslawien: Die Bundesregierung beschließt am 17.7. die **Beteiligung der Bundesmarine** an der Überwachung der UN-Sanktionen gegen Rest-Jugoslawien und entsendet den Zerstörer »Bayern« sowie drei Seeaufklärungsflugzeuge vom Typ »Bréguet-Atlantic« in die Adria. Der Bundestag billigt die Maßnahme am 22.7. mit der Koalitionsmehrheit. Der Vorsitzende der SPD-Bundestagsfraktion, *Hans-Ulrich Klose*, wirft in der von seiner Partei beantragten Bundestagssondersitzung der Bundesregierung vor, am Parlament vorbei eine »scheibchenweise« Veränderung deutscher Außen- und Sicherheitspolitik zu betreiben.

Gesundheitsstrukturgesetz: Das Bundeskabinett billigt am 12.8. die Gesetzesvorlage für eine **Kostendämpfung im Gesundheitswesen** mit einem Sparziel von jährlich 11,4 Mrd. DM; die Lasten der Gesundheitsreform sollen auf die Leistungsbringer (Ärzte, Apotheker, Pharmaindustrie, Krankenhäuser) mit 8,2 Mrd. DM und auf die Versicherten mit 3,2 Mrd. verteilt werden. Am 9.12. billigt der Bundestag mit den Stimmen von Koalition und SPD das Gesundheitsstrukturgesetz, der Bundesrat stimmt am 18.12. zu.

Kabinettsumbildung: Ein Regierungssprecher bestätigt am 27.3. in Bonn die **Lieferung von 150 »Leopard«-Panzern an die Türkei** (→ oben): Dies sei durch ein »Versäumnis im Beamtenapparat« des Verteidigungsministeriums und gegen den ausdrücklichen Willen des Bundestages geschehen. Am 31.3. tritt Verteidigungsminister *Gerhard Stoltenberg* »auf eigenen Wunsch« zurück, Nachfolger wird am 2.4. der bisherige CDU-Generalsekretär *Volker Rühe*. – Außenminister *Hans-Dietrich Genscher* (FDP) erklärt am 27.4. seinen Rücktritt zum 17.5., dem 18. Jahrestag seiner Ernennung zum Außenminister. Der FDP-Vorsitzende *Otto Graf Lambsdorff* gibt noch am Abend des 27.4. bekannt, daß der Parteivorstand Bauministerin *Irmgard Schwaetzer* als neue Außenministerin bestimmt habe. Auf einer gemeinsamen Sitzung von FDP-Bundesvorstand und Fraktion am 28.4. setzt sich jedoch Justizminister *Klaus Kinkel* durch, der am 18.5. zum neuen Außenminister ernannt wird. Nachfolgerin *Kinkels* im Justizressort wird die bislang weitgehend unbekannte FDP-Bundestagsabgeordnete *Sabine Leutheusser-Schnarrenberger*, die am 20.5. vereidigt wird. Nach dem Rücktritt von Gesundheitsministerin *Gerda Hasselfeldt* (CSU) am 27.4. wird am 6.5. der bisherige Parlamentarische Staatssekretär im Bundesministerium für Arbeit und Sozialordnung, *Horst Seehofer* (CSU), als Nachfolger bestimmt.

Justiz

NS-Verbrechen: Der ehemalige SS-Oberscharführer *Josef Schwammberger* wird am 18.5. von einem Schwurgericht des Landgerichts Stuttgart wegen Mordes in 7 Fällen und wegen Beihilfe zum Mord in 32 Fällen im Zwangsarbeiterlager Rozwadow und im Arbeitsghetto Przemysl zu lebenslanger Haft verurteilt.

DDR: Im ersten von mehreren sog. Mauerschützenprozessen gegen frühere DDR-Grenzsoldaten, die auf Flüchtlinge Todesschüsse abgegeben hatten, verurteilt das Landgericht Berlin am 20.1. den ehemaligen DDR-Grenzsoldaten *Ingo Heinrich* zu dreieinhalb Jahren Haft. Er hatte nach Ansicht des Gerichts in der Nacht zum 6.2. 1989 den 20jährigen *Chris Gueffroy* beim Fluchtversuch erschossen; *Gueffroy* war das letzte von rd. 200 Opfern an der innerdeutschen Grenze. – *Wolfgang Berghofer* (CDU), ehemaliger Oberbürgermeister von Dresden, und der frühere SED-Stadtchef *Werner Moke*, werden am 7.2. vom Dresdner Bezirksgericht wegen »Wahlfälschung und Anstiftung zur Wahlfälschung« zu Freiheitsstrafen von einem Jahr auf Bewährung und zu Geldbußen verurteilt. – Die Berliner Staatsanwaltschaft erhebt am 15.5. Anklage gegen den im März 1991 in die UdSSR geflohenen ehemaligen DDR-Staats- und Parteichef *Erich Honecker* wegen gemeinschaftlichen Totschlags in 49 und versuchten Totschlags in 25 Fällen (Todesschüsse an der Mauer). Die Anklage wird später auf Untreue und Vertrauensmißbrauch ausgedehnt. *Honecker* verläßt am 29.7. auf Druck Chiles und Rußlands die chilenische Botschaft in Moskau und kehrt nach Berlin zurück. Er wird nach seiner Ankunft verhaftet und in die Untersuchungshaftanstalt Moabit eingeliefert. – Der Prozeß vor dem Berliner Landgericht gegen *Honecker* und fünf weitere Mitglieder der früheren DDR-Führung – *Erich Mielke* (Minister für Staatssicherheit), *Willi Stoph* (Ministerpräsident), *Heinz Keßler* (Verteidigungsminister), *Fritz Streletz* (stellv. Verteidigungsminister) und *Hans Albrecht* (Erster Sekretär des SED-Bezirks Suhl) – beginnt am 12. 11. Die Anklage lautet auf gemeinschaftlichen Totschlag in 13 Fällen an der innerdeutschen Grenze sowie an der Berliner Mauer. *Honecker* bekennt sich am 3. 12. zu seiner politischen Verantwortung für den Mauerbau, lehnt aber jede persönliche Schuld für die Todesopfer ab.

Kirchen

Der Paderborner Erzbischof *Johannes Joachim Degenhardt* entzieht am 8. 10. 1991 dem Priester und Hochschullehrer *Eugen Drewermann* die kirchliche Lehrbefugnis, nachdem dieser sich geweigert hatte, bestimmte Positionen, die nicht im Einklang mit der katholischen Amtskirche stehen, zu widerrufen. *Drewermann* hatte u. a. von der Kirche Verständnis für schwangere Frauen gefordert, die in Notsituationen abtreiben lassen. Am 13. 1. wird *Drewermann* »bis auf weiteres« die Predigtbefugnis entzogen, am 26. 3. wird er schließlich auch vom Priesteramt suspendiert. – Die 47jährige Pröpstin der ev.-luth. Kirche, *Maria Jepsen*, wird am 4. 4. von der Nordelbischen Landessynode zur Bischöfin der Nordelbischen Kirche und damit zur **ersten Bischöfin in der lutherischen Kirche** überhaupt gewählt.

Tarifpolitik

An dem am 24. 4. begonnenen **ersten Streik im öffentlichen Dienst seit 18 Jahren** beteiligen sich am 29. 4. rund 215 000 Beschäftigte; nach 11 Tagen einigen sich die Tarifparteien am 7. 5. darauf, daß die 2,3 Mio. westdeutschen Arbeiter und Angestellten 5,4 % mehr Lohn und Gehalt erhalten. Obwohl sich die Gewerkschaftsbasis in einer Urabstimmung vom 11.–13. 5. mit 55,9 % der Stimmen gegen den Tarifabschluß ausspricht, erklärt der geschäftsführende ÖTV-Hauptvorstand am 25. 5. den zunächst nur ausgesetzten Arbeitskampf für beendet. – Die Löhne und Gehälter der rd. 1,4. Mio. Beschäftigten des öffentlichen Dienstes der neuen Bundesländer werden gemäß einem am 16. 6. vereinbarten Tarifabschluß stufenweise angehoben: Sie steigen von 60 auf 70 % des westlichen Tarifniveaus; ab 1. 1. 1992 sollen sie 74 %, vom 1. 7. 1993 an 80 % der West-Einkommen betragen.

Bundesländer

Thüringen: Nach 14monatiger Amtszeit tritt der Ministerpräsident *Josef Duchac* (CDU) am 23. 1. zurück, ihm war die Vergangenheit in der ehemaligen CDU-Blockpartei und damit eine Verstrickung in das DDR-System vorgeworfen worden. Zum neuen Ministerpräsidenten wählt der Landtag am 5. 2. den früheren Ministerpräsidenten von Rheinland-Pfalz, *Bernhard Vogel* (CDU).

Mecklenburg-Vorpommern: Ministerpräsident *Alfred Gomolka* (CDU), dem von der eigenen Fraktion Führungsschwäche vorgeworfen wurde, tritt am 16. 3. zurück. Neuer Ministerpräsident wird am 19. 3. der Generalsekretär der Landes-CDU *Berndt Seite*.

Baden-Württemberg und **Schleswig-Holstein:** Landtagswahlen am 5. 4.

Berlin: Bei den ersten Gesamtberliner Kommunalwahlen seit 1946 fallen am 24. 5. CDU und SPD zusammen unter die 60 %-Marke – bei Stimmengewinnen für die radikalen Parteien PDS und Republikaner.

Sachsen: Am 26. 5. verabschiedet der Landtag eine neue Verfassung des Freistaats (in Kraft am 27. 5.). Sie läßt Volksbegehren und Volksentscheid zu, garantiert jedem Bürger den Schutz personenbezogener Daten und nimmt als Staatsziel den Umweltschutz auf.

Saarland: Im Landtag scheitert am 11. 6. mit 29 gegen 21 Stimmen ein Mißtrauensantrag gegen Ministerpräsident *Oskar Lafontaine* (SPD), der wegen Annahme von Ausgleichszahlungen zusätzlich zu seinem Gehalt als Regierungschef und seinen Abgeordnetendiäten kritisiert worden war.

Brandenburg: Eine neue Verfassung, die als Staatsziele u. a. das Recht auf Arbeit, Bildung und Wohnung enthält und Volksbegehren und -entscheide festschreibt, wird am 14. 6. mit 94 % der Stimmen angenommen. – Die Mehrheit der SPD-Bundestagsfraktion stellt sich am 21. 9. bei einer Aussprache hinter den brandenburgischen Ministerpräsidenten *Manfred Stolpe* (SPD), der sich wegen seiner früheren Kontakte zum Ministerium für Staatssicherheit (MfS) rechtfertigen muß. *Stolpe* wird durch zwei Gutachten belastet, die *Joachim Gauck* als Leiter der Stasi-Untersuchungsbehörde am 10. 4. und 14. 10. vorlegt. Danach soll *Stolpe*, der 1959 in den Dienst der Ev. Kirche in Berlin-Brandenburg trat, 1969 das Sekretariat des Bundes der evangelischen Kirchen in der

DDR übernahm und 1982 Konsistorialpräsident wurde, als IM (Informeller Mitarbeiter) »Sekretär« seit 1964 Informationen aus dem Bereich der evangelischen Kirche, unter deren Dach sich der politische Widerstand organisierte, an das MfS weitergegeben haben. Am 5.10. wird bekannt, daß *Stolpe* 1978 auf Anordnung von Stasi-Chef *Erich Mielke* der Verdienstorden der DDR verliehen wurde. Die brandenburgische Bildungsministerin

Marianne Birthler (Bündnis 90) tritt am 29.10. aus Kritik am Verhalten *Stolpes* im Zusammenhang mit dessen ungeklärten Stasi-Kontakten zurück. Die Evangelische Kirche in Deutschland (EKD) stellt sich auf ihrer Synode in Suhl am 1.11. hinter *Stolpe*.

Sachsen-Anhalt: Das Land verabschiedet am 15.7. eine neue Verfassung, die u.a. die Schaffung von Arbeit und Wohnraum als Staatsziel verankert und Volksbegehren zuläßt.

1993

Auf dem Weg zur Europäischen Union

Wichtigstes Ereignis des Jahres ist die Ratifizierung des Vertragswerks von Maastricht: Aus der Europäischen Gemeinschaft wird die Europäische Union, die sich den Aufbau einer gemeinsamen Außen- und Sicherheitspolitik, die Zusammenarbeit bei der Justiz- und Innenpolitik sowie die Schaffung einer Währungsunion zum Ziel gesetzt hat. – Von großer Bedeutung sind die Prozesse gegen Führungsmitglieder der ehemaligen DDR, darunter die Einstellung des Verfahrens gegen den ehemaligen Staatsratsvorsitzenden *Erich Honecker*. – Das innenpolitische Klima ist von einer Zunahme rechtsextremistischer Straftaten gekennzeichnet, darunter ein erneuter Brandanschlag auf ein von Ausländern bewohntes Haus, bei dem fünf Menschen den Tod finden. – Die wirtschaftliche Entwicklung, die von der gravierendsten Rezession der Nachkriegsgeschichte geprägt ist, führt zu einem weiteren Anstieg der Arbeitslosigkeit, bedingt durch Massenentlassungen vor allem in der Stahlindustrie.

Europäische Union

Verträge von Maastricht ratifiziert: Das Bundesverfassungsgericht weist am 20.10. Verfassungsbeschwerden von vier Europa-Abgeordneten der Grünen und des früheren bayerischen FDP-Vorsitzenden und Europa-Beamten *Manfred Brunner* gegen das Vertragswerk als unzulässig zurück. Die Beschwerdeführer vertraten die Ansicht, daß die Verträge in die geltende Ordnung des Grundgesetzes eingreifen. Das BVG stellt dazu fest, die im Vertrag vorgesehene politische Union sei noch kein Staat, sondern ein Staatenverbund, so daß die Mitgliedstaaten

weiterhin in der Lage sind, den Grad der Integration selbst zu bestimmen und im Besitz maßgeblicher Souveränität zu bleiben. Bundespräsident *Richard von Weizsäcker* unterzeichnet noch am 12.10. die Ratifikationsurkunde, die anschließend bei der italienischen Regierung als Verwalterin der Römischen Verträge von 1957 und deren Nachfolgeabkommen hinterlegt wird. Damit tritt der EU-Vertrag am 1.11. in Kraft.

Außenpolitik

VR China: Der chinesische Außenminister *Qian Qichen* macht am 11.5. bei seinem Besuch in Bonn deutlich, daß China an intensiveren wirtschaftlichen Kontakten mit Deutschland interessiert sei. Bereits am 10.12. 1992 hatte sich die Bundesregierung entschlossen, die vom Bundestag 1989 nach der blutigen Niederschlagung der Studentenbewegung in Peking verhängten Sanktionen aufzuheben. – Beim Besuch von Bundeskanzler *Helmut Kohl* (15.–20.11.) werden **Wirtschaftsverträge** im Gesamtumfang von rd. drei Mrd. DM geschlossen sowie Vereinbarungen über Zusammenarbeit im Umweltbereich und beim Kulturaustausch unterzeichnet. *Kohl* übergibt Ministerpräsident *Li Peng* eine Liste mit den Namen von 20 politischen Gefangenen und bittet um Prüfung der Fälle.

Polen: Innenminister *Seiters* (CDU) und sein polnischer Amtskollege unterzeichnen am 7.5. in Bonn ein Abkommen über die Rücknahme von Asylbewerbern, deren Antrag abgelehnt wurde. Polen erhält als Ausgleich für Mehrbelastungen 120 Mio. DM bis Ende 1994.

Türkei: Bundeskanzler *Kohl* macht bei seinem Besuch in der Türkei (19.–21.5.) deutlich, daß an eine EG-Mitgliedschaft des Landes zum gegenwärtigen Zeitpunkt nicht zu denken sei. Bei seinen Gesprächen geht *Kohl* auch auf die ausländerfeindlichen Ausschreitungen ein, die zu einer Belastung des deutsch-türkischen Verhältnisses geführt haben.

Russische Föderation: Bei seinem Besuch in Bonn (14.–17.7.) wirbt Ministerpräsident *Viktor Tschernomyrdin* um deutsche Investitionen und bietet an, die Schulden russischer Staatsunternehmen (rd. zwei Mrd. DM) teilweise durch Überlassen von Grund und Boden zu tilgen. – Am 23.9. unterzeichnen Finanzminister *Theo Waigel* (CSU) und der russische Botschafter in Deutschland, *Wladislaw Terechow*, ein neues bilaterales Umschuldungsabkommen für Verbindlichkeiten in Höhe von acht Mrd. DM; insgesamt betragen die Schulden bei staatlichen Gäubigern rd. 50 Mrd. DM.

Auslandseinsätze der Bundeswehr

Das Bundeskabinett beschließt am 2.4. die deutsche Beteiligung an der von den UN beschlossenen **Überwachung des Flugverbots über Bosnien-Herzegowina** durch den NATO-AWACS-Verband. Die der FDP angehörenden Minister stimmen aus verfassungsrechtlichen Gründen dagegen und rufen zur Klärung das Bundesverfassungsgericht (BVG) an, das in einer vorläufigen Eilentscheidung am 8.4. die Beteiligung deutscher Soldaten an dem NATO-Einsatz autorisiert. – Aufgrund eines Ersuchens des UN-Generalsekretärs *Boutros Boutros-Ghali* vom 12.4. einigt sich das Bundeskabinett am 21.4. auf die Entsendung von 1640 **Bundeswehrsoldaten nach Somalia** im Rahmen der UNOSOM II. Nachdem die SPD einen Eilantrag gestellt hatte, neben dem NATO-Einsatz auch die Rechtmäßigkeit des Somalia-Einsatzes zu prüfen, erläßt das BVG eine Einstweilige Verfügung, daß Bundesregierung und Bundestag bis zur endgültigen Klärung der Verfassungsmäßigkeit von UNO-Einsätzen außerhalb des NATO-Gebiets zusammenwirken sollen. Der Bundestag spricht sich daraufhin am 2.7. in namentlicher Abstimmung mit 337 gegen 185 Stimmen bei 13 Enthaltungen für den Einsatz der Bundeswehr im Rahmen der UN-Friedenstruppe in Somalia aus. Am 20.12. beschließt das Bundeskabinett, den Somalia-Einsatz zum 31.3.1994 zu beenden. – Bereits am 12.11. kehren die letzten an der UNO-Mission in Kambodscha beteiligten Bundeswehrsoldaten (→ 1992) zurück.

Juristische Aufarbeitung des DDR-Erbes

Das Berliner Landgericht beschließt am 7.1., das **Verfahren gegen den ehemaligen Staatsratsvorsitzenden Erich Honecker** unter Hinweis auf dessen schlechten Gesundheitszustand von dem seit 12.11.1992 laufenden Verfahren gegen fünf weitere Mitglieder der früheren DDR-Führung abzutrennen. Am 13.1. wird *Honecker*, der sich wegen Totschlags sowie Untreue und Amtsmißbrauch zu verantworten hat, aus der Untersuchungshaft entlassen. Der Berliner Verfassungsgerichtshof hatte aufgrund der Beschwerde *Honeckers* die beiden Haftbefehle aufgehoben mit der Begründung, eine weitere Haft sei mit dem Gebot der Menschenwürde unvereinbar. Einen Tag später fliegt Honecker in die chilenische Hauptstadt Santiago, wo er am 29.5. im Alter von 81 Jahren stirbt. – Unter Hinweis auf die angegriffene Gesundheit des Angeklagten stellt das Berliner Landgericht das Verfahren wegen Amtsmißbrauch gegen das ehemalige Politbüro-Mitglied *Günter Mittag* ein. – Der PDS-Bundestagsabgeordnete und Ex-Ministerpräsident der DDR **Hans Modrow** wird am 27.5. vor dem Dresdner Landgericht wegen Anstiftung zur Fälschung der DDR-Kommunalwahlen schuldig gesprochen, erhält aber lediglich eine Verwarnung und eine Geldstrafe in Höhe von 20 000 DM auf Bewährung. – Die Mitglieder des DDR-Verteidigungsrates, der frühere DDR-Verteidigungsminister *Heinz Keßler*, dessen Stellvertreter *Fritz Streletz* und der ehemalige Suhler SED-Sekretär *Hans Albrecht*, werden am 16.9. vom Landgericht Berlin wegen Anstiftung und Beihilfe zum Totschlag an der innerdeutschen Grenze zu Freiheitsstrafen von 7½, 5½ und 4½ Jahren verurteilt. Die Haftbefehle gegen *Keßler* und *Streletz* werden unter Meldeauflagen außer Vollzug gesetzt; *Albrecht* hatte bereits zuvor wegen angegriffener Gesundheit Haftverschonung erhalten. – Am 26.10. wird **Erich Mielke**, ehemaliger Minister für Staatssicherheit, wegen Beteiligung an der Ermordung zweier Polizisten in Berlin 1932 zu sechs Jahren Haft verurteilt. Wegen seiner Zuständigkeit für die Stasi in den Jahren 1950–89 hat er noch weitere Strafverfahren, u.a. wegen Freiheitsberaubung, Körperverletzung und der Todesschüse an der innerdeutschen Grenze, zu erwarten. – **Markus Wolf**, Chef der Hauptabteilung Aufklärung (Auslandsspionage) der DDR 1953–86, wird am 6.12. vom Oberlandesgricht Düsseldorf wegen Landesverrats und Bestechung von Amtsträgern zu sechs Jahren Haft verurteilt. Da die Verteidigung Revision einlegt, wird der Haftbefehl bis zur Rechtskraft des Urteils außer Kraft gesetzt. – Am 20.10. wird erstmals ein früherer **DDR-Grenzsoldat wegen Mordes verurteilt**: Der 5. Strafsenat des Bundesgerichtshofs in Berlin hebt ein Urteil des Bezirksgerichts Potsdam vom Dezember 1992 auf, das auf Totschlag erkannt und eine Haftstrafe von sechs Jahren verhängt hatte. Das Gericht verurteilt ihn statt dessen zu einer zehnjährigen Haftstrafe wegen heimtückischen Mordes mit

Tötungsvorsatz. Der Grenzsoldat hatte 1965 einen Flüchtling, der sich bereits ergeben hatte, erschossen.

Weitere innenpolitische Ereignisse

Bundesregierung – Kabinettsumbildung: Bundeskanzler *Helmut Kohl* bildet am 19.1. sein Kabinett um: Nachfolger des am 14.12. 1992 zurückgetretenen Ministers für Post und Telekommunikation *Christian Schwarz-Schilling* (CDU) wird *Wolfgang Bötsch* (CSU); *Jochen Borchert* (CDU) übernimmt das Ressort des einvernehmlich ausgeschiedenen Ministers für Ernährung, Landwirtschaft und Forsten *Ignaz Kiechle* (CSU), *Matthias Wissmann* (CDU) das des Ministers für Forschung und Technologie anstelle von *Heinz Riesenhuber*; bestätigt wird die Ernennung von *Günter Rexrodt* (FDP) zum Wirtschaftsminister als Nachfolger des am 3.1. aufgrund der Briefbogen-Affäre zurückgetretenen *Jürgen W. Möllemann* (FDP). – Nach monatelang anhaltender Kritik, resultierend aus dem Vorwurf, sich wirtschaftliche Vorteile verschafft zu haben, tritt Verkehrsminister *Günther Krause* (CDU) am 6.5. zurück; Nachfolger wird Forschungsminister *Matthias Wissmann*, dessen Amt *Paul Krüger* (CDU) übernimt.

Asylgesetz: Unter Polizeischutz beschließt der Bundestag am 26. 5. 1993 mit 521 gegen 132 Stimmen die Grundgesetzänderung betreffend Asylgewährung (Art. 16 GG) – Zustimmung des Bundesrats am 28.5., in Kraft 1.7. – sowie das Gesetz über Leistungen an Asylbewerber (in Kraft 1.11.). Politisch Verfolgte genießen auch künftig Asylrecht, die Möglichkeiten des Zustroms von Flüchtlingen werden jedoch deutlich eingeschränkt: Ausländer, die über einen EG-Mitgliedstaat oder einen sicheren Drittstaat (Finnland, Norwegen, Österreich, Polen, Schweden, Schweiz, in denen Schutz entsprechend der Genfer Flüchtlingskonvention oder der Europäischen Menschenrechtscharta gewährt wird) einreisen, haben keinen Anspruch mehr auf Asyl. Reisen Ausländer aus sog. sicheren Herkunftsstaaten (Bulgarien, Gambia, Ghana, Polen, Rumänien, Senegal, Slowakei, Tschechische Republik, Ungarn) ein – d.h. aus Staaten, in denen weder politische Verfolgung noch unmenschliche Behandlung stattfinden –, ist der Asylantrag als unbegründet abzulehnen.

Solidarpakt: Nach monatelangem Streit zwischen Bund und Ländern beschließt der Bundestag am 27.5. mit den Stimmen der Koalition und der SPD das Föderale Konsolidisierungsprogramm (Zustimmung des Bundesrats am 28.5.). Es sieht vor, daß von 1995 an jährlich mehr als 100 Mrd. DM vom Westen in den Osten fließen.

Abtreibungsgesetz: Das Bundesverfassungsgericht erklärt am 28.5. die vom Bundestag am 26.6.1992 verabschiedete Reform des Abtreibungsrechts (→ 1992) in entscheidenden Punkten für **verfassungswidrig** und gibt damit einer Klage von 249 CDU/CSU-Abgeordneten des Bundestags und des bayerischen Landtags statt. Bis zum Inkrafttreten eines neuen Gesetzes gilt eine Übergangsregelung.

Wirtschaftsstandort: In einer Regierungserklärung fordert Bundeskanzler *Kohl* am 21.10. zur Zukunftssicherung des Wirtschaftsstandorts Deutschland auf, der auf die mittel- und langfristige Wettbewerbsfähigkeit der deutschen Wirtschaft zielt. Die SPD-Opposition wirft der Regierung vor, kein Konzept zur Bekämpfung der Massenarbeitslosigkeit zu haben. Heftige Kritik löst *Kohls* Äußerung aus, Deutschland sei ein »kollektiver Freizeitpark«.

Parteienfinanzierung (→ auch Tabellen): Gegen die Stimmen von Bündnis 90/Die Grünen und PDS sowie einiger SPD-Abgeordneter billigt der Bundestag am 12.11. (Bundesrat 17.12.) einen gemeinsamen Gesetzentwurf von CDU/CSU, SPD und FDP zur Neuregelung der Parteienfinanzierung. Der staatliche Zuschuß wird an die für die einzelnen Parteien abgegebenen Stimmen gekoppelt und sieht u. a. eine Degressionsregelung vor: Für die ersten fünf Mio. Stimmen erhält eine Partei 1,30 DM pro Wähler, danach 1 DM. Die Obergrenze für staatliche Zuschüsse an die Parteien wird um 30 auf 230 Mio. DM im Jahr gesenkt. Bundespräsident *Richard von Weizsäcker* unterzeichnet das Gesetz am 28.1.1994, äußert aber »schwerwiegende verfassungspolitische und -rechtliche Bedenken« gegen die Vorlage.

Rechtsradikalismus, Ausländerfeindlichkeit

Der am 6.2. vorgelegte Jahresbericht des Bundesamtes für Verfassungsschutz verzeichnet einen deutlichen **Anstieg rechtsextremistischer Straftaten** im Jahr 1992 auf 2285 (1991: 1483); dabei wurden 17 Menschen getötet. 90 % der Anschläge und Übergriffe richteten sich ge-

Einnahmen- und Ausgabenstruktur der im 13. Bundestag vertretenen Parteien 1996 (in Mio. DM)

	Bündnis '90/ Grüne	*CDU*	*CSU*	*FDP*	*PDS*	*SPD*
Einnahmen						
Beiträge	20,30	100,42	19,59	10,99	16,94	153,05
Spenden	9,88	35,99	22,62	14,00	5,54	27,92
Einnahmen aus Vermögen	1,00	3,91	1,41	1,14	0,68	6,64
Einnahmen aus Veranstaltungen, Vertrieb von Drucksachen	0,98	2,60	1,62	0,38	0,48	3,23
Staatliche Mittel	16,56	72,53	16,77	12,36	11,85	90,45
Sonstige Einnahmen	1,41	6,27	0,25	1,71	0,77	1,75
Gesamteinnahmen	50,13	222,72	62,26	40,58	36,26	283,04
Ausgaben						
Personal	14,14	73,40	13,75	11,41	11,97	95,67
Geschäftsbetrieb	8,92	51,43	9,49	11,75	9,03	56,16
Allg. politische Arbeit	14,60	40,59	18,47	10,31	7,08	58,53
Wahlkampfausgaben	8,30	30,47	27,97	10,74	0,31	52,29
Zinsen	0,17	1,23	1,18	1,52	0,02	5,78
Sonstige Ausgaben	2,42	6,90	1,09	1,43	0,21	3,57
Gesamtausgaben	48,55	204,02	71,95	47,16	28,62	272,00

Quelle: Rechenschaftsbericht der Parteien 1998 (Bundesdrucksache 13/8923)

Gesamteinnahmen der im Bundestag vertretenen Parteien sowie prozentualer Anteil der Spenden und Wahlkampfkostenerstattung

	1970	*1975*	*1980*	*1985*	*1986*	*1987*	*1988*	*1989*	*1990*	*1991*
CDU – Gesamteinnahmen (in Mio. DM)	43,7	111,6	159,3	176,7	192,1	193,0	174,0	198,3	330,4	212,8
davon: Spenden (%)	30,7	26,4	30,4	13,0	19,5	16,0	13,6	21,6	21,9	18,1
Wahlkampfkostenerstattung (%)	31,3	32,6	24,5	30,7	25,0	31,0	27,7	25,0	43,0	24,8
CSU – Gesamteinnahmen (in Mio. DM)	11,6	19,8	37,6	39,5	60,2	48,3	43,6	57,1	89,8	51,7
davon: Spenden (%)	48,7	17,5	44,8	22,5	30,0	29,9	28,6	31,1	39,7	28,4
Wahlkampfkostenerstattung (%)	24,1	48,8	20,7	31,1	36,2	32,9	27,7	31,9	36,6	31,6
FDP – Gesamteinnahmen (in Mio. DM)	10,4	22,7	35,0	30,3	33,1	44,7	33,1	42,8	83,8	52,2
davon: Spenden (%)	38,9	37,7	31,7	32,4	43,0	28,8	34,8	35,1	27,5	25,2
Wahlkampfkostenerstattung (%)	18,7	32,6	33,3	29,9	25,0	39,0	26,2	33,7	53,2	30,5
Grüne* – Gesamteinnahmen (in Mio. DM)	..	..	6,7	26,8	30,4	44,2	29,6	41,8	44,5	32,5
davon: Spenden (%)	..	..	7,4	32,2	35,9	26,8	42,4	29,2	23,6	23,7
Wahlkampfkostenerstattung (%)	..	..	68,7	33,9	34,6	42,4	32,7	38,6	45,4	25,3
PDS – Gesamteinnahmen (in Mio. DM)	..	..	..	..	..	..	..	..	72,9	k.Ang.
davon: Spenden (%)	..	..	..	..	..	..	..	..	0,5	k.Ang.
Wahlkampfkostenerstattung (%)	..	..	..	..	..	..	..	..	22,5	k.Ang.
SPD – Gesamteinnahmen (in Mio. DM)	53,2	118,8	156,1	193,7	199,2	214,0	195,8	241,1	338,0	339,6
davon: Spenden (%)	10,3	11,2	8,2	7,9	10,8	9,8	9,8	10,6	11,0	6,8
Wahlkampfkostenerstattung (%)	29,5	33,9	31,7	31,5	27,8	32,6	27,1	30,0	39,6	19,0

* ab 1990: Bündnis '90/Grüne

Quelle: Bundestagsdrucksache 12/4425 vom 19. 2. 1993

gen Ausländer. – Bei einem **Brandanschlag** auf ein von Türken bewohntes Haus **in Solingen** finden am 30. 5. fünf Menschen den Tod. Die mutmaßlichen vier Attentäter gehören alle der rechtsextremen Szene an. In Solingen und in weiteren Städten finden Demonstrationen gegen Ausländerhaß statt. Bei der Trauerfeier in der Kölner Moschee am 3. 6. fordert Bundespräsident *Richard von Weizsäcker*, mitarbeitende Ausländer nicht als Bürger zweiter Klasse zu behandeln und ihnen die doppelte Staatsbürgerschaft zu gewähren. – Wegen gemeinschaftlichen Mordes an drei Türkinnen und versuchten Mordes in 39 Fällen bei dem schweren **Brandanschlag in Mölln** am 23. 11. 1992 verurteilt das Oberlandesgericht in Schleswig die beiden Täter am 8. 12. zu lebenslanger Freiheitsstrafe bzw. zu 10 Jahren Jugendstrafe.

Kurdenproblem

13 Kurden besetzen am 25. 6. das türkische Generalkonsulat und nehmen 23 Geiseln. Deren Freilassung verbinden sie mit der Forderung, Bundeskanzler *Kohl* solle in einer Fernsehansprache auf das Kurdenproblem in der Türkei aufmerksam machen, geben aber am Abend des gleichen Tages auf. In einer offenbar zentral gesteuerten Aktion kommt es auch in anderen Städten zu Angriffen auf türkische Einrichtungen; Büros von Banken, Reisebüros und Fluggesellschaften werden verwüstet. Nach neuerlichen Anschlägen von Mitgliedern kurdischer Organisationen gegen türkische Einrichtungen am 4. 11. spricht Innenminister *Manfred Kanther* am 26. 11. das **Verbot der Kurdischen Arbeiterpartei (PKK)** und 35 anderer kurdischer Vereinigungen in Deutschland aus.

Terrorismus

1992 hatten einzelne Gefangene der Rote Armee-Fraktion (RAF) der Gewalt abgeschworen (→ 1992) – als Reaktion auf die Initiative des damaligen Justizministers *Klaus Kinkel* zur vorzeitigen Haftentlassung von Terroristen, die $^2/_3$ ihrer Strafe abgesessen hatten. Nachdem diese Haftentlassungen offenbar ins Stocken gerieten, änderte sich die Stimmungslage im RAF-Umfeld: Am 27. 3. wird der noch nicht im Betrieb befindliche **Gefängnisneubau** in Weiterstadt (Hessen) **durch einen Bombenanschlag schwer beschädigt.** – Bei einem Einsatz der Anti-Ter-

rorgruppe GSG 9 am 27. 6. werden in Bad Kleinen das **mutmaßliche RAF-Mitglied** *Wolfgang Grams* und ein Beamter der GSG 9 **erschossen**; *Birgit E. Hogefeld*, ein weiteres mutmaßliches RAF-Mitglied, wird verhaftet. Für die zahlreichen Fehler und Ungereimtheiten bei dieser Aktion übernimmt Innenminister *Rudolf Seiters* die politische Verantwortung und tritt am 4. 7. zurück. Als sein Nachfolger wird der bisherige hessische CDU-Vorsitzende *Manfred Kanther* am 12. 7. vereidigt. Generalbundesanwalt *Alexander von Stahl* wird am 8. 7. von Justizministerin *Sabine Leutheusser-Schnarrenberger* (FDP) in den einstweiligen Ruhestand versetzt.

Tarifpolitik

Bei den Tarifverhandlungen im **Öffentlichen Dienst** einigen sich Arbeitgeber und Gewerkschaft am 4. 2. auf eine Erhöhung der Löhne und Gehälter um 3,0 %. – Nach den mit »unzumutbaren Kostenerhöhungen« durch den 1991 vereinbarten Stufentarifvertrag, der zum 1. 4. 1993 Lohnerhöhungen von 25 % und die völlige Anpassung der Ostlöhne an das Westniveau bis 1994 vorsah, begründeten Kündigung der ostdeutschen **Metall-Tarifverträge** seitens der Arbeitgeber beginnt am 3. 5. der **erste Arbeits-**

Durchschnittliche Bruttoverdienste der Arbeiter in der Industrie im Oktober 1994
(in DM)

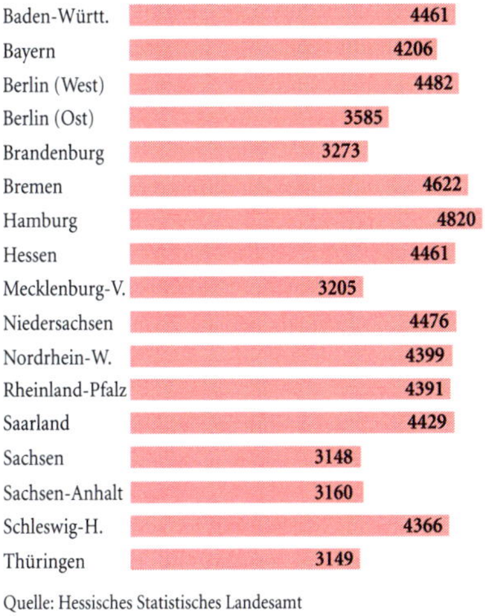

Quelle: Hessisches Statistisches Landesamt

kampf in Ostdeutschland seit mehr als 60 Jahren, an dem sich fast 18 000 Metaller beteiligen. Am 14. 5. einigen sich die Verhandlungsführer in Sachsen auf einen neuen Stufen-Tarifvertrag: Er sieht vor, die Tarife zum 1. 6. auf 75, zum 1. 9. auf 77 und zum 1. 12. auf 80 % des bayerischen Ecklohns zu erhöhen. In weiteren Stufen soll bis 1. 7. 1996 eine Anhebung auf 100 % der bayerischen Tarife erfolgen (zu den Löhnen in der Industrie → Abbildung). – Die westdeutschen Metall-Arbeitgeberverbände beginnen am 28. 9. mit der vorzeitigen Kündigung der Tarifverträge, da die Rezession dringend Kostenentlastungen der Betriebe erfordere. – Die Volkswagen AG und die IG Metall einigen sich am 25. 11. auf die Einführung der **Vier-Tage-Woche bei VW** mit einer Wochenarbeitszeit von 28,8 (bisher 36) Stunden ab 1. 1. 1994. Damit sollen Personalkosten gesenkt und die Entlassung von 30 000 Mitarbeitern verhindert werden.

Unternehmen

Der Aufsichtsrat der **Krupp-Hoesch AG** beschließt am 29. 4. die endgültige Schließung des Stahlwerks Duisburg-Rheinhausen mit 2100 Arbeitnehmern zum 15. 8. Auch die **Saarstahl AG** Völklingen entläßt im August über 2000 Beschäftigte, und **Thyssen** kündigt den Abbau von 8000 Arbeitsplätzen bis Ende 1994 an. Am 17. 2. hatte die Ankündigung dieser Maßnahmen zu Protestaktionen von mehr als 27 000 Stahlarbeitern geführt. – Die **Daimler-Benz AG**, die Ende 1991 in Deutschland noch 305 300 Beschäftigte zählte, kündigt am 17. 9. einen Stellenabbbau von weltweit 40 000 Arbeitsplätzen an. – Die **Ruhrkohle AG** beschließt am 21. 9. die Stillegung drei weiterer Bergwerke mit 6000 Beschäftigten. Insgesamt wird das Unternehmen 1993/94 damit 18 000 Arbeitsplätze abbauen. – Die EU-Wirtschaftsminister stimmen am 17. 12. der Sanierung der **EKO-Stahl AG** zu; mit Subventionen in Höhe von 813 Mio. DM soll das größte ostdeutsche Stahlwerk mit rd. 3000 Arbeitsplätzem erhalten werden. – Nach einjährigem Arbeitskampf mit Demonstrationen und Hungerstreiks wird die thüringische **Kaligrube Bischofferode** am 31. 12. endgültig geschlossen. Die knapp 700 Beschäftigten akzeptieren dies gegen die vertragliche Zusicherung von Anschlußarbeitsplätzern und Abfindungen.

Parteien

Kandidaten für das Amt des Bundespräsidenten: *Johannes Rau*, Ministerpräsident von Nordrhein-Westfalen, wird am 13. 9. von der **SPD** als Kandidat für das Bundespräsidentenamt bestätigt. Da Bundeskanzler *Kohl* als Nachfolger von *Richard von Weizsäcker* eine Persönlichkeit aus Ostdeutschland favorisiert, beschließt der **CDU**-Bundesvorstand am 3. 10. den sächsischen Justizminister *Steffen Heitmann* (CDU) zu nominieren; die CSU-Landesgruppe im Bundestag stimmt wenig später zu. Wegen zunehmender Kritik an seiner Person, u. a. wegen Äußerungen zur Rolle der Frau, der EU und der Vergangenheitsbewältigung, zieht *Heitmann* seine Kandidatur am 25. 11. zurück. Die **FDP**, verärgert über das Versäumnis von *Kohl*, einen gemeinsamen Kandidaten der Koalition zu benennen, nominiert am 15. 10. die ehemalige Staatsministerin *Hildegard Hamm-Brücher*.

Bündnis 90/ Die Grünen: Die in Westdeutschland organisierten Grünen und das aus der ostdeutschen Bürgerbewegung hervorgegangene Bündnis 90 schließen sich auf einem Vereinigungsparteitag in Leipzig (11.–16. 5.) zusammen. *Marianne Birthler* vom Bündnis 90 und *Ludger Vollmer* von den Grünen werden als Sprecher an die Spitze der Partei gewählt.

FDP: Außenminister *Klaus Kinkel* wird auf dem Bundesparteitag in Münster (11.–13. 6.) zum neuen Parteivorsitzenden als Nachfolger von *Otto Graf Lambsdorff* gewählt.

SPD: Auf dem Sonderparteitag in Essen am 25. 6. wird der rheinland-pfälzische Ministerpräsident *Rudolf Scharping* mit 362 gegen 54 Stimmen zum **neuen Parteivorsitzenden** gewählt. Vorausgegangen war eine erstmals in der Parteigeschichte durchgeführte Mitgliederbefragung, bei der sich am 13. 6. 40,3 % für die Nominierung von *Scharping* ausgesprochen hatten. *Scharping* wird auf dem Bundesparteitag in Wiesbaden (16.–19. 11.) mit 83,7 % der Delegiertenstimmen als Vorsitzender bestätigt. Mit knapper Mehrheit wird die Einführung des »großen Lauschangriffs« zur Bekämpfung der organisierten Kriminalität gebilligt.

Ereignisse auf Länderebene:

Bayern: Nach einem internen Machtkampf in der CSU einigen sich Parteivorstand und Fraktionsspitze am 21. 5. auf den bisherigen Innenminister *Edmund Stoiber* (CSU) als Nachfolger

Wahl zur 15. Hamburger Bürgerschaft am 19.9.1993 (1991)

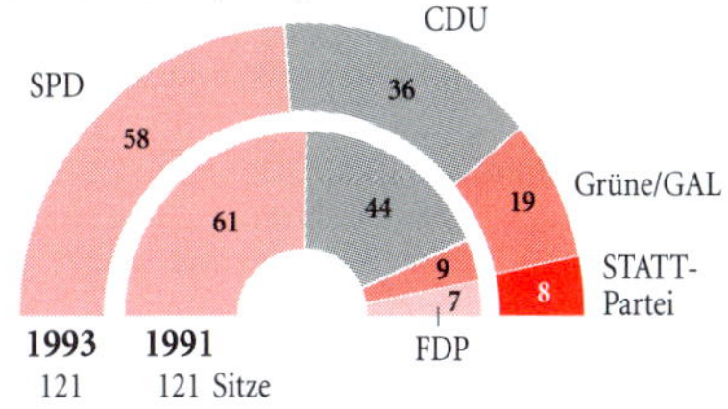

des wegen Gratisreisen (Amigo-Affäre) in die Kritik geratenen Ministerpräsidenten *Max Streibl* (CSU); Finanzminister *Theo Waigel*, der ebenfalls Interesse bekundet hatte, soll in seiner Funktion als CSU-Parteichef gestärkt werden. Nach dem Rücktritt von *Streibl* am 27. 5. wird **Stoiber** am 29. 5. vom Bayerischen Landtag mit 120 Stimmen von 164 anwesenden Abgeordneten **zum neuen Ministerpräsidenten** des Freistaats gewählt.

Hamburg: Das Hamburger Verfassungsgericht entscheidet am 4. 5., daß die **Bürgerschaftswahl** vom 2. 6. 1991, bei der die SPD mit Bürgermeister *Henning Voscherau* knapp die absolute Mehrheit errang, sowie fünf von sieben Bezirksversammlungswahlen wegen schwerwiegender Verstöße der CDU bei der Kandidatenauswahl **ungültig** sind und wiederholt werden müssen. Bei der Wiederholung der Wahl am 19. 9. verliert die bisher alleinregierende SPD mit 40,4 % der Stimmen ihre absolute Mehrheit; die CDU erzielt mit 25,1 % ihr bisher schlechtestes Ergebnis. Gewinner sind die Grünen/GAL (13,5 %) und die neugegründete STATT-Partei (5.6 %) (→ Abbildung), mit der die SPD am 7. 12. eine Regierungskooperation eingeht.

Mecklenburg-Vorpommern: Am 23. 5. verabschiedet der Landtag die neue Verfassung, die per Volksabstimmung 1994 in Kraft tritt; als wichtigste Bestandteile sind darin u. u. der Umweltschutz, die Gleichstellung von Mann und Frau und der besondere Schutz von Kindern und Jugendlichen verankert.

Niedersachsen: Am 1. 6. tritt die neue Verfassung des Landes in Kraft, die das vorläufige Grundgesetz von 1951 ablöst; sie ermöglicht erst-

mals Volksbegehren und -entscheide und verankert den Umweltschutz als Staatsgrundsatz.

Sachsen: Als erstes der neuen Bundesländer richtet der Freistaat Sachsen am 12. 7. ein Verfassungsgericht ein. Am 16. 7. wird ein Landeswahlgesetz verabschiedet: Die Zahl der ab 1994 für fünf Jahre zu wählenden Abgeordneten wird von 160 auf 120 verringert; Kandidaten müssen vor den Wahlen erklären, daß sie nicht für die »Stasi« gearbeitet haben.

Sachsen-Anhalt: Die von Ministerpräsident *Werner Münch* (CDU) geführte CDU/FDP-Regierung tritt am 28. 11. zurück; *Münch* sowie die drei West-Minister *Hartmut Perschau* (CDU), *Werner Schreiber* (CDU) und *Horst Rehberger* (FDP) werden vom Landesrechnungshof beschuldigt, überhöhte Gehälter **(Gehälteraffäre)** bezogen zu haben. Obwohl die FDP – wie auch die SPD – auf Neuwahlen drängen, wird am 2. 12. der CDU-Fraktionschef *Christoph Bergner* in geheimer Wahl mit 60 Stimmen (16 mehr, als die CDU Abgeordnete stellt) zum neuen Ministerpräsidenten gewählt. Nach Verständigung auf vorgezogene Neuwahlen im Sommer 1994 wird die neue CDU/FDP-Regierung am 15. 12. vereidigt.

Schleswig-Holstein: *Björn Engholm* tritt am 3. 5. als Ministerpräsident und SPD-Landesvorsitzender zurück und zieht damit die Konsequenz aus seinem Verhalten vor dem *Barschel*-Untersuchungsausschuß: Er habe verschwiegen, daß er 1987 bereits vor der Landtagswahl über die gegen seine Person gerichteteten Aktivitäten des damaligen Ministerpräsidenten *Uwe Barschel* (CDU) informiert gewesen sei. – Am 19. 5. wählt der Landtag mit 46 gegen 41 Stimmen die bisherige Finanzministerin *Heide Simonis* (SPD) als Nachfolgerin *Engholms* zur Ministerpräsidentin.

Thüringen: Als letztes der neuen Bundesländer erhält es am 25. 10. eine neue Verfassung (3. Freistaat neben Bayern und Sachsen), die 1994 noch per Volksabstimmung bestätigt werden muß. – Außerdem regelt Thüringen am 1. 11. die Beziehungen zur jüdischen Landesgemeinde durch einen Staatsvertrag und stellt jährlich 300 000 DM für kulturelle, religiöse und verwaltungstechnische Belange zur Verfügung.

1994

Im Zeichen neuer weltpolitischer Verantwortung

Von besonderer Bedeutung ist die Entscheidung des Bundesverfassungsgerichts, das Bundeswehreinsätze außerhalb des NATO-Gebiets als mit dem Grundgesetz vereinbar erklärt, wenn solche Einsätze dazu dienen, eine »friedliche und dauerhafte Ordnung in Europa und zwischen den Völkern der Welt herbeizuführen und zu sichern«. – Nach 49 Jahren verlassen die letzten russischen Streitkräfte Deutschland. Im Rahmen der Feierlichkeiten in Berlin würdigt Bundeskanzler *Helmut Kohl* den 31. 8. als »Schlußpunkt der Nachkriegsgeschichte Europas«. – Die Wahl zum 13. Bundestag steht im Zeichen hoher Arbeitslosigkeit – die Zahl der Arbeitslosen überschreitet erstmals seit Kriegsende die 4-Mio.-Marke – und einer angespannten wirtschaftlichen Lage vor allem in den neuen Bundesländern, die weiterhin auf hohe Transferleistungen von West nach Ost angewiesen sind.

Wahl des neuen Bundespräsidenten

Nachdem der zunächst von der CDU nominierte Kandidat, der sächsische Justizminister *Steffen Heitmann*, seine Kandidatur zurückgezogen hat (→ 1993), nominiert der CDU-Bundesvorstand am 15. 1. – am 17. 1. auch der CSU-Vorstand – den Präsidenten des Bundesverfassungsgerichts, *Roman Herzog*, zum neuen Kandidaten für das Amt des Bundespräsidenten. – *Herzog* wird am 23. 5. von den 1324 Mitgliedern der Bundesversammlung im 3. Wahlgang mit 696 der 1319 gültig abgegebenen Stimmen bei sieben Enthaltungen zum neuen Bundespräsidenten gewählt und tritt am 1. 7. sein Amt an.

Außenpolitik

VR China: Beim Besuch des chinesischen Ministerpräsidenten *Li Peng* (4.–9. 7.) werden Verträge (u. a. in den Bereichen Weltraum, Kraftwerke und Omnibusse) im Wert von 1,5 Mrd. und Absichtserklärungen über weitere 4,5 Mrd. unterzeichnet. Wegen Protesten gegen Menschenrechtsverletzungen in China bricht *Li* seinen Besuch vorzeitig ab.

Rußland: Der Besuch des russischen Präsidenten *Boris Jelzin* vom 11. bis 13. 5. steht im Zeichen der deutschen Unterstützung des russischen Wunsches nach Einbeziehung in internationale Strukturen. Vorrangiges Thema ist die europäische und transatlantische Sicherheitspolitik (»Partnerschaft für den Frieden«), die Verabschiedung der russischen Soldaten aus Deutschland am 31. 8. und der Bosnien-Krieg.

USA: US-Präsident *Bill Clinton* führt am 10. 7. in Bonn Gespräche u. a. mit Bundespräsident *Roman Herzog*, Bundeskanzler *Kohl* und dem SPD-Vorsitzenden *Rudolf Scharping*; er fordert dabei indirekt zur Übernahme von mehr weltpolitischer Verantwortung auf. Am 11. 7. besucht *Clinton* Berlin, wo er sich in einer Rede vor dem Brandenburger Tor zu dauerhaftem Beistand für das wiedervereinigte Deutschland verpflichtet, zur Überwindung der Folgen der europäischen Teilung aufruft und davor warnt, neuen Rassenhaß aufkommen zu lassen.

Siegermächte des Zweiten Weltkriegs verlassen Deutschland: Der in Wünsdorf stationierte Teil der Westgruppen der **russischen Streitkräfte** wird am 11. 6. aus Deutschland mit einer Militärparade verabschiedet; am 25. 6. findet das Abschiedszeremoniell für die in Berlin stationierte Brigade in Berlin-Köpenick statt. Bis auf ein 3000 Mann starkes Kommando verlassen die letzten Soldaten der ehem. Sowjetarmee am 30. 7. Deutschland. Insgesamt kehrten etwa 400 000 Soldaten, Zivilbeschäftigte und deren Familienangehörige in die Länder der ehem. Sowjetunion zurück. Am 31. 8. wird in einer Feierstunde vor dem Berliner Schauspielhaus in Anwesenheit des russischen Präsidenten *Boris Jelzin* und von Bundeskanzler *Helmut Kohl* der Abzug der letzten Truppen der Westgruppe der Armee der Russischen Förderation abgeschlossen. – Am 8. 9. werden in Berlin die zuletzt nur noch rd. 6000 Soldaten der Streitkräfte der drei Westalliierten offiziell verabschiedet.

Fortsetzung Sp. 989

Wahl zum 13. Deutschen Bundestag

Bei der zweiten gesamtdeutschen Bundestagswahl am 16. 10. kann sich die Regierungskoalition aus CDU/CSU und FDP trotz eines Stimmenverlusts knapp behaupten. Die Sitzverteilung im 13. Bundestag – 341 für die Regierungskoalition, 331 für die Oppositionsparteien (→ Abbildung) – kommentiert der CDU-Vorsitzende *Helmut Kohl* mit den Worten: »Wir haben eine ausreichende Mehrheit.«

Neuer Bundestag: Der neugewählte Bundestag konstituiert sich am 10. 11. im Berliner Reichstag. Zur Eröffnung hält der Schriftsteller *Stefan Heym*, der – ohne Parteimitglied zu sein – für die PDS ein Bundestagsmandat gewann, als Alterspräsident eine Rede, in der er die Abgeordneten zu einer »großen Koalition der Vernunft« aufruft, um die strukturelle Krise und die Folgen der Einheit zu bewältigen. *Rita Süssmuth* (CDU) wird mit 555 von 669 Stimmen als Bundestagspräsidentin bestätigt; *Antje Vollmer* (Bündnis 90/Die Grünen) wird zur Vizepräsidentin gewählt.

Wahl zum 13. Deutschen Bundestag am 16.10.1994 (1990)

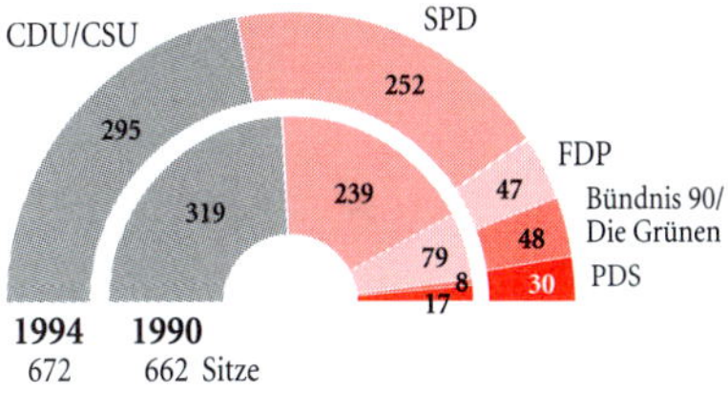

Neue Regierung: Am 15. 11. wählt der Deutsche Bundestag Helmut Kohl zum fünften Mal zum Bundeskanzler. Er erhält mit 338 Ja-Stimmen genau eine Stimme mehr als erforderlich. Das Kabinett wird am 17. 11. vereidigt (→ Kabinettsliste).

Fünftes Kabinett Kohl (17. 11. 1994 – 26. 10. 1998)

Bundeskanzler	*Helmut Kohl* (CDU)
Stellvertreter	*Klaus Kinkel* (FDP)
Auswärtiges	*Klaus Kinkel* (FDP)
Inneres	*Manfred Kanther* (CDU)
Justiz	*Sabine Leutheusser-Schnarrenberger* (FDP) bis 14. 12. 1995, ab 17. 1. 1996 *Edzard Schmidt-Jortzig* (FDP)
Finanzen	*Theo Waigel* (CSU)
Wirtschaft	*Günther Rexrodt* (FDP)
Ernährung, Landwirtschaft und Forsten	*Jochen Borchert* (CDU)
Arbeit und Sozialordnung	*Norbert Blüm* (CDU)
Verteidigung	*Volker Rühe* (CDU)
Familie, Senioren, Frauen und Jugend	*Claudia Nolte* (CDU)
Gesundheit	*Horst Seehofer* (CSU)
Verkehr	*Matthias Wissmann* (CDU)
Umwelt, Naturschutz und Reaktorsicherheit	*Angela Merkel* (CDU)
Post und Telekommunikation	*Wolfgang Bötsch* (CSU) Ministerium zum 31. 12. 1997 aufgelöst
Raumordnung, Bauwesen und Städtebau	*Klaus Töpfer* (CSU) bis 14. 1. 1998, ab 15. 1. 1998 *Eduard Oswald* (CSU)
Bildung, Wissenschaft, Forschung und Technologie	*Jürgen Rüttgers* (CDU)
Wirtschaftliche Zusammenarbeit und Entwicklung	*Carl-Dieter Spranger* (CSU)
Besondere Aufgaben	*Friedrich Bohl* (CDU)

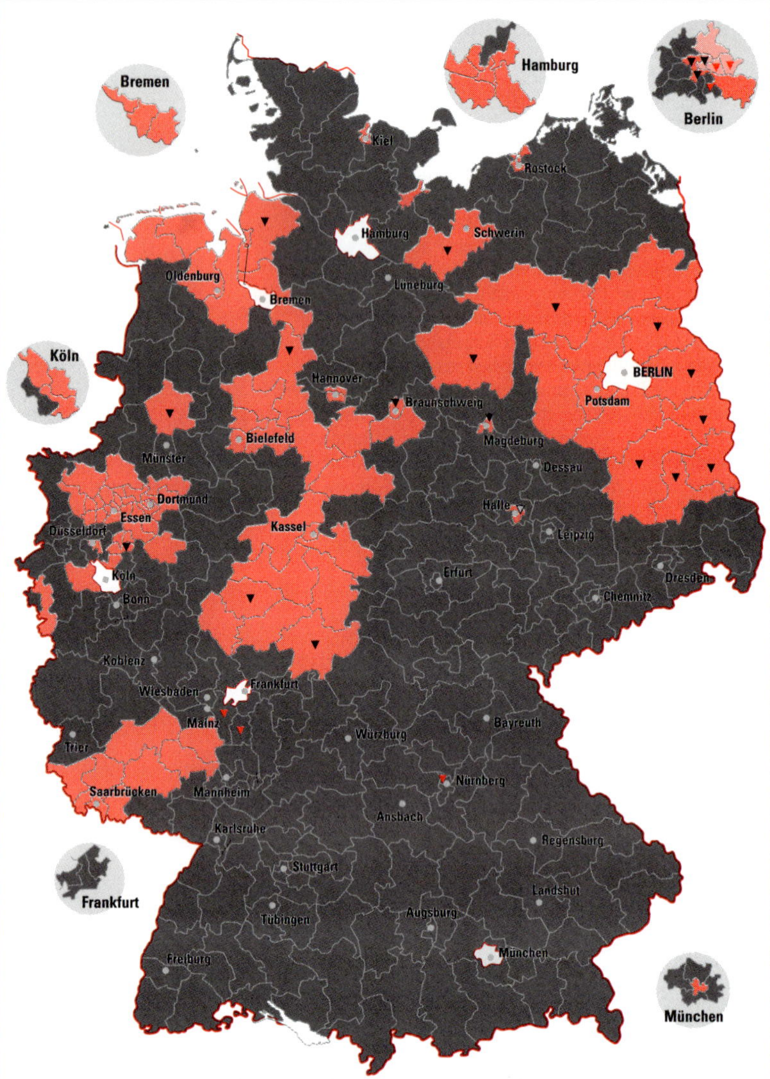

Direktmandate der im 13. Deutschen Bundestag vertretenen Parteien

Mit der Mehrheit der Erststimmen 1994 gewonnene Wahlkreise

- Kandidaten der CDU/CSU (179+44=223)
- Kandidaten der SPD (101)
- Kandidaten der PDS (4)

Wechsel der Erststimmenmehrheit 1990/1994

- ▼ Wahlkreise, die von der CDU/CSU an die SPD fielen
- ▼ Wahlkreise, die von der SPD an die CDU/CSU fielen
- ▽ Wahlkreis, der von der FDP an die SPD fiel

***Quelle:** Statistisches Bundesamt*

Wahlen zum Europäischen Parlament: Bei den Wahlen am 12. 6. (insg. 99 Sitze; Wahlbeteiligung: 60,1%) entfallen auf die Kandidaten der SPD 32,2% der Stimmen (–5,1% gegenüber 1989) und 40 Sitze, der CDU 32,0 (+2,5) % und 39 Sitze, von Bündnis 90/Die Grünen 10,1 (+1,7) % und 12 Sitze, der CSU 6,8 (–1,4) % und 8 Sitze. Durch eine vom Bundestag am 4. 2. und Bundesrat am 25. 2. verabschiedete Änderung zum Europawahlgesetz waren bei der EP-Wahl auch die rd. 1,5 Mio. in Deutschland lebenden Staatsbürger der übrigen EU-Mitgliedstaaten wahlberechtigt.

Bundeswehreinsätze außerhalb des NATO-Gebiets

UNO-Generalsekretär *Boutros Boutros-Ghali* tritt bei einem Arbeitsbesuch in Bonn am 12./13. 4. für einen deutschen Beitrag an einer ständigen UNO-Blauhelm-Eingreiftruppe ein. Bundesaußenminister *Klaus Kinkel* verknüpft diese Frage mit dem deutschen Bestreben nach einem ständigen Sitz im UNO-Sicherheitsrat. – Das Bundesverfassungsgericht (**BVG**) **hält »out-of-area«-Kampfeinsätze der Bundeswehr im Bündnisrahmen als mit dem Grundgesetz vereinbar**, die Bundesregierung muß jedoch vorab die Zustimmung des Bundestags einholen (→ 1993). In Ausnahmesituationen darf sie auch ohne das Parlament entscheiden, muß dessen Zustimmung jedoch später nachholen. Das BVG weist damit am 12. 7. Klagen von SPD und FDP gegen die deutsche Beteiligung an bisherigen Aktionen ab, rügt es aber als Verfassungsverstoß, daß sie von der Regierung ohne Votum des Bundestages verfügt worden war. In dem BVG-Urteil wird auf das Grundgesetz Art. 24 Abs. 2 verwiesen, in dem es heißt, daß der Bund sich zur Wahrung des Friedens Systemen kollektiver Sicherheit einordnen kann und dabei in solche Beschränkungen seiner Hoheitsrechte einwilligt, die eine »friedliche und dauerhafte Ordnung in Europa und zwischen den Völkern der Welt herbeiführen und sichern«. – Der **Bundestag billigt** am 22. 7. in einer Sondersitzung mit den Stimmen der Regierungskoalition und der Mehrzahl der SPD-Abgeordneten nachträglich die **Bundeswehreinsätze in der Adria und auf AWACS-Flugzeugen** der NATO.

Verfassungsreform, Gesetze, BVG-Urteile

Pflegeversicherung: Der Bundestag verabschiedet am 22. 4. mit den Stimmen der Union, SPD und FDP nach jahrelangem Streit den Kompromißvorschlag zur Pflegeversicherung (Bundesrat 29. 4.), die damit zum 1. 1. 1995 eingeführt wird. Als Beitrag wird zunächst 1% (ab 1. 7. 1996 1,7%) des Bruttolohnes erhoben; er wird je zur Hälfte von Arbeitgebern und -nehmern bezahlt. Zur Kompensation der Arbeitgeberkosten sollen die Bundesländer einen Wochenfeiertag streichen.

Verfassungsreform: Der Bundesrat verabschiedet am 23. 9. das vom Bundestag am 6. 9. gebilligte, lange umstrittene Gesetz zur Verfassungsreform. Der Umweltschutz, das Verbot der Benachteiligung Behinderter, eine verbesserte Gleichberechtigung von Mann und Frau sollen als Staatsziele im Grundgesetz verankert werden; die Gesetzgebungskompetenz der Länder sowie das Selbstverwaltungsrecht der Gemeinden werden gestärkt. – Am selben Tag verabschiedet der Bundesrat das vom Bundestag am 21. 9. gebilligte Gesetz zur **Verbrechensbekämpfung**, das sich vor allem gegen die organisierte Kriminalität richtet. Das Gesetz, auf das sich die Regierungskoalition und die SPD-Mehrheit im Bundesrat nach monatelangen Beratungen am 12. 9. geeinigt hatten, kann am 1. 12. in Kraft treten. Vorgesehen ist u. a., daß auch Erkenntnisse des Bundesnachrichtendienstes in bezug auf schwere Verbrechen wie Waffenhandel, Drogenhandel oder Terrorismus in engen Grenzen zur Strafverfolgung genutzt werden können. Ferner soll das Leugnen des Holocaust mit bis zu fünf Jahren Haft bestraft werden können. Auch die Verwendung verfremdeter Nazi-Symbole wird strafbar. – Ebenfalls am 23. 9. stimmt der Bundesrat einem vom Bundestag zuvor gebilligten **Entschädigungs- und Ausgleichsleistungsgesetz**/EALG zu. Danach können zwischen 1945 und 1949 enteignete Personen, Pächter und Nachfolgesellschaften der früheren Landwirtschaftlichen Produktionsgesellschaften/LPG künftig zu verbilligtem Preis Land in den neuen Ländern erwerben. Zudem legt das EALG fest, daß Vertriebene in den neuen Ländern eine Entschädigung von 4000 DM bekommen, sofern sie bisher noch keine Zahlungen erhalten haben.

Entscheidungen des BVG: Das BVG bekräftigt am 26. 4. die **Strafbarkeit der »Auschwitz-Lüge«:** Es sei eine erwiesen unwahre Behauptung und eine schwere Persönlichkeitsverletzung der Überlebenden, die Ermordung von Millionen Juden durch die Nazis zu leugnen. – Das Urteil des Bundesverfassungsgerichts/BVG vom 20. 9., das einen Autoaufkleber mit dem **Tucholsky-Zitat** »Soldaten sind Mörder« als freie Meinungsäußerung bewertet, die keine Verurteilung wegen Volksverhetzung und Beleidigung der Bundeswehr rechtfertige, löst bei der Bonner Regierungskoalition und Teilen der Opposition Empörung aus; Verteidigungsminister *Volker Rühe* spricht von einem »Skandal«. – Am 7. 12. erklärt das BVG den von allen Stromverbrauchern erhobenen sog. **Kohlepfenning** in Höhe von 7,5 % der Stromrechnung für verfassungswidrig: Die Energiesicherheit liege im Allgemeininteresse, und die Förderung des deutschen Steinkohlebergbaus müsse daher aus Steuern finanziert werden. Der Kohlepfennig darf nur noch bis zum 31. 12. erhoben werden.

Asylbewerber

Ein Jahr nach Inkrafttreten der Grundgesetzänderung zur Einschränkung des Asylrechts ist die **Zahl der Asylsuchenden um 66 % gesunken**. Laut Mitteilung des Bundesinnenministeriums (vom 5. 7.) hätten in diesem Zeitraum 161 302 Flüchtlinge Aufnahme beantragt – gegenüber 474 835 im Zeitraum 1. 7. 1992–30. 6. 1993 (→ Abbildung). Die Zahl der Asylbewerber aus. sog.

sicheren Herkunftsländern (Bulgarien, Gambia, Ghana, Polen, Rumänien, Senegal, Slowakei, Tschechien und Ungarn) sei um 88,7 % gesunken. Die **Zahl der Abschiebungen** habe sich 1993 mit 36 358 Fällen gegenüber 1992 (10 798) mehr als **verdreifacht**. – Am 9. 9. wird in Bonn ein **Abkommen mit Bulgarien** über die Rücknahme von Asylbewerbern unterzeichnet. Beide Seiten verpflichten sich, auch solche Staatsangehörige wieder aufzunehmen, die nicht im Besitz eines gültigen Ausweises sind, wenn ihre Staatsangehörigkeit auf andere Weise nachgewiesen oder glaubhaft gemacht wird. – Am 3. 11. wird ein **Asylabkommen mit Tschechien** unterzeichnet, das u. a. die Bestimmung enthält, daß Asylsuchende, die über Tschechien an der deutschen Grenze eintreffen, künftig innerhalb von sechs Monaten nach der Einreise zurückgeschickt werden können. Als Gegenleistung erhält Tschechien, das von Bonn zu den »sicheren Drittstaaten« gezählt wird, eine 60-Mio.-DM-Finanzhilfe zur Verbesserung der Grenzsicherung und der Infrastruktur für Asylsuchende und Flüchtlinge.

Flüchtlinge/Aussiedler

Am 25. 4. vereinbart die Bundesregierung mit Kroatien die **Rückführung von** ca. 70 000 **kroatischen Bürgerkriegsflüchtlingen**. Vom 1. 5. an werden zunächst nur Flüchtlinge aus den

Asylbewerberzugänge und Anerkennungen 1979–1997

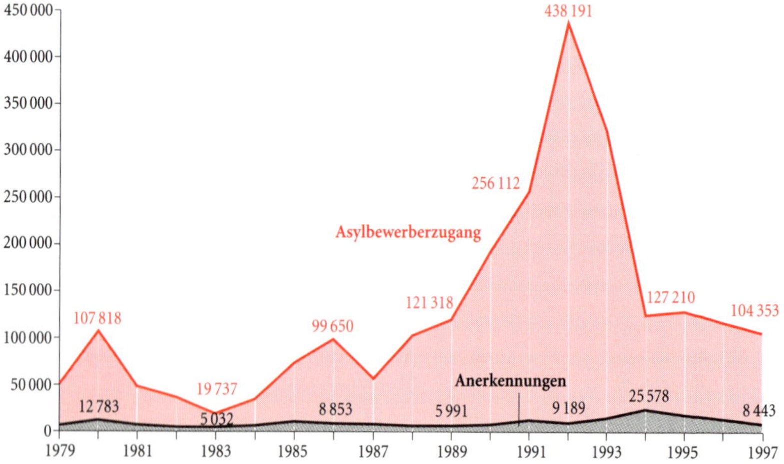

befriedeten Teilen Kroatiens zurückgeschickt; für die übrigen gilt eine Frist bis 1995. – Von Januar bis Juli stellten nur noch 118125 Deutschstämmige aus Osteuropa **Aussiedleranträge** gegenüber 147084 bzw. 225795 im gleichen Zeitraum 1993 und 1992.

Kurdenproblematik

Im März kommt es zu **Protestaktionen militanter Kurden**, die anläßlich des kurdischen Neujahrsfests (Newroz) auf die Unterdrückung ihres Volkes in der Türkei hinweisen. Bei Augsburg kommt es bei **Autobahnblockaden** zu mehreren Fällen von **versuchter Selbstverbrennung**. Gegen 500 Personen nimmt die Staatsanwaltschaft Ermittlungen auf, gegen 16 Personen wird Strafantrag wegen schweren Landfriedensbruchs gestellt. In Wiesbaden setzen militante Kurden am 20. 3. einen S-Bahn-Zug in Brand; am 22. 3. blockieren Kurden bundesweit mehrere Autobahnen. Die Ereignisse entfachen die öffentliche Diskussion über die **Behandlung straffällig gewordener Asylbewerber**. Innenminister *Manfred Kanther* (CDU) fordert am 24. 3. die Ausländerbehörden der Länder und die Justiz auf, diejenigen Kurden sofort auszuweisen, die an den gewalttätigen Ausschreitungen beteiligt waren. – Nach 4 1/2 Jahren Verhandlungsdauer verurteilt das Oberlandesgericht Düsseldorf am 7. 3. vier PKK-Mitglieder wegen Auftragsmordes an Parteigegnern zu lebenslanger Haft und Gefängnisstrafen von 7 und 6 Jahren. – Im Prozeß um die Besetzung des türkischen Generalkonsulats in München im Juni → 1993 verurteilt das Bayerische Oberste Landgericht am 6. 7. die 13 angeklagten Kurden wegen 21facher gemeinschaftlicher Geiselnahme zu Haftstrafen zwischen 4 1/2 und 2 Jahren. – Der Deutsche Bundestag übt in einer am 15. 12. verabschiedeten Entschließung Kritik an den in der Türkei verhängten Urteilen gegen acht kurdische Parlamentarier und appelliert an die türkische Regierung, die Menschenrechte zu achten und die Haftstrafen eingehend zu prüfen. Die Bundesregierung hatte drei Tage zuvor die **Abschiebung von Kurden**, die der Mitgliedschaft in der im November 1993 verbotenen PKK verdächtig sind, zunächst bis zum 20. 1. 1995 **ausgesetzt.**

Rechtsextremismus/Ausländerfeindlichkeit

Der Bundesgerichtshof (BGH) hebt am 15. 12. »wegen rechtsfehlerhafter Erwägungen« das Urteil gegen *Günther Deckert* auf. Der **NPD-Vorsitzende** war am 22. 6. wegen Volksverhetzung und Aufstachelung zum Rassenhaß zu einer Freiheitsstrafe von einem Jahr auf Bewährung **verurteilt** worden. Das Verfahren wurde zur Neuverhandlung an das Landgericht Karlsruhe verwiesen, das am 21. 4. 1995 eine zweijährige Freiheitsstrafe ohne Bewährung verhängt: *Deckert* habe die systematische Vergasung von Juden in NS-Konzentrationslagern geleugnet. – Am 12. 5. ereignen sich **in Magdeburg ausländerfeindliche Ausschreitungen:** Die Verfolgung von fünf Schwarzafrikanern durch Jugendliche eskaliert in Straßenschlachten mit zahlreichen Verletzten. Drei an den Ausschreitungen Beteiligte werden wegen gefährlicher Körperverletzung zu Jugendstrafen zwischen zwei und 3 1/2 Jahren ohne Bewährung verurteilt, drei weitere Beteiligte wegen schweren Landfriedensbruchs zu mehrjährigen Freiheitsstrafen. – 22 Thüringer **Skinheads schänden** am 23. 7. **die Gedenkstätte des KZ Buchenwald**; am 26. 7. ergeht gegen sieben Tatverdächtige Haftbefehl wegen Landfriedensbruch und Sachbeschädigung. – Der Hamburger Innensenator *Werner Hackmann* (SPD) tritt nach **Vorwürfen gegen die Hamburger Polizei**, sie habe sich der Mißhandlung von Ausländern schuldig gemacht, am 12. 9. von seinem Amt zurück; am 13. 9. werden 27 Polizisten vom Dienst suspendiert.

Aufarbeitung des DDR-Erbes

Justiz: In einer Grundsatzentscheidung spricht der 5. Strafsenat des Bundesgerichtshofs/BGH in Berlin am 26. 7. die **Mitglieder des DDR-Verteidigungsrates**, den früheren DDR-Verteidigungsminister *Heinz Keßler*, dessen Stellvertreter *Fritz Streletz* und den ehemaligen Suhler SED-Sekretär *Hans Albrecht* als Mittäter der Mauerschützen **des Totschlags an der innerdeutschen Grenze schuldig** (→ 1993). – Der **Schalck-Untersuchungsausschuß** beendet am 27. 5. nach rd. dreijähriger Arbeit die Beweisaufnahme. Im Abschlußbericht wird festgestellt, daß der Bereich »Kommerzielle Koordinierung/KoKo des DDR-Devisenbeschaffers *Alexander Schalck-Golodkowski* eng mit der SED und der Stasi verflochten war und nicht zum Vorteil der DDR-Bevölkerung gewirkt habe. – Das Düsseldorfer Oberlandesgericht verurteilt am 17. 11. den unter dem Decknamen »Topas« bekannten DDR-Spion *Rainer R.*, der 1977–88 als Referent im Wirtschaftsdirektorat der Brüsseler NATO-Zentrale militärische Geheimnisse an die DDR weiterleitete, zu 12 Jahren Haft.

Privatisierung: Die 1990 gegründete **Treuhandanstalt** in Berlin **beendet** zum 31. 12. 1994 ihre Arbeit. Sie hat rd. 15 000 Unternehmen in Ostdeutschland privatisiert, reprivatisiert und kommunalisiert. Etwa 3600 Betriebe mußten stillgelegt werden. Die neuen Eigentümer der Unternehmen haben 211 Mrd. DM Investitionen und den Erhalt von knapp 1,5 Mio. Arbeitsplätzen zugesichert. Die Gesamtschulden aus der Treuhändertätigkeit betragen 256,4 Mrd. DM. Die Beteiligungs-Management-Gesellschaft Berlin mbH, die Liegenschaftsgesellschaft, die Bodenverwertungs- und Verwaltungsgesellschaft mbH und die Bundesanstalt für vereinigungsbedingte Sonderausfgaben übernehmen ab 1. 1. die Aufgaben der Treuhandanstalt.

Parteien

PDS: Parteichef *Lothar Bisky* und der Vorsitzende der PDS-Bundestagsfraktion, *Gregor Gysi*, beenden am 7. 12. einen einwöchigen Hungerstreik, nachdem das Berliner Verwaltungsgericht entschieden hatte, daß Steuerschulden in Höhe von 67 Mio. DM aus dem Jahr 1990 nicht aus dem gegenwärtigen PDS-Vermögen, sondern aus dem SED-Altvermögen zu zahlen sind.

SPD: Die SPD-Bundestagsfraktion wählt am 18. 10. mit 239 von 243 Stimmen den bisherigen rheinland-pfälzischen Ministerpräsidenten *Rudolf Scharping* zu ihrem Vorsitzenden. – Der SPD-Vorstand beschließt am 5. 12. mit großer Mehrheit eine Abgrenzung von der PDS: Koalitionen auf Landes- oder Bundesebene kämen nicht in Betracht, es gebe auch keine »Koalition in der Opposition«; im parlamentarischen Alltag werde die SPD der PDS jedoch »Mitwirkungsmöglichkeiten nicht versagen«.

Ereignisse auf Länderebene

Bayern: Gerold Tandler tritt am 17. 3. als stellv. CSU-Vorsitzender **zurück**. Er zieht die Konsequenz aus geschäftlichen Verbindungen zu dem Unternehmer und »Bäder-König« *Eduard Zwick*, gegen den wegen Steuerschulden von 64 Mio. DM Haftbefehl vorliegt. Während *Tandlers* Amtszeit als Finanzminister war 1990 die Niederschlagung der Steuerschuld *Zwicks* ausgehandelt worden. – Landtagswahl am 25. 9.

Brandenburg: Im März kommt es zu **neuen Vorwürfen** gegen Ministerpräsident **Manfred Stolpe** (SPD) im Zusammenhang mit den weiterhin gegen ihn erhobenen Beschuldigungen einer früheren Stasi-Zusammenarbeit (→ 1992), die zu einem **Bruch der »Ampelkoalition«** SPD, FDP, Bündnis 90/DieGrünen führen. Am 13. 4. beschließt der Landtag mit 49 gegen 27 Stimmen bei 4 Enthaltungen (8 der 88 Parlamentarier blieben dem Votum fern), daß die Amtsperiode des Landtags ordnungsgemäß zu Ende geführt werde. Vor der Abstimmung war die CDU mit einem Antrag gescheitert, in dem der Rücktritt *Stolpes* gefordert wurde. – Bei den **Landtagswahlen** am 11. 9. kann Ministerpräsident *Stolpe* mit enem Stimmenanteil von 54,1 % (1990: 38,2) seine bisher relative in eine absolute Mehrheit von 52 Mandaten ausbauen .

Sachsen-Anhalt: Bei der **Landtagswahl** am 26. 6. bleibt die CDU trotz Verlusten mit 34,4 % der Stimmen knapp die stärkste politische Kraft, der bisherige Koalitionspartner FDP scheitert an der 5 %-Hürde. Die SPD kommt auf 34,0, die PDS auf 19,9, Bündnis 90/Die Grünen auf 5,1 %. Am 14. 7. einigen sich SPD und Bündnis 90/Die Grünen auf einen Koalitionsvertrag. Der Landtag wählt am 21. 7. im 3. Wahlgang mit 48 von 95 abgegebenen Stimmen den bisherigen SPD-Fraktionsvorsitzenden *Reinhard Höppner* zum Ministerpräsidenten und besiegelt damit die bundesweit **erste rot-grüne Minderheitsregierung**. Diese ist von Fall zu Fall auf die Tolerierung durch die PDS angewiesen.

Landtagswahlen in **Mecklenburg-Vorpommern** am 16. 10., **Niedersachsen** am 13. 3., **Rheinland-Pfalz** am 26. 10., **Saarland** am 16. 10., **Sachsen** am 11. 9. und **Thüringen** am 16. 10.

1995

»Nur wer sich erinnert, kann Gefahren für die Zukunft bannen«

Anläßlich des 50. Jahrestages des Endes des Zweiten Weltkriegs am 8. 5. 1945 finden in Deutschland Gedenkfeiern statt, bei denen vor allem der zahllosen Opfer der Nazi-Diktatur gedacht wird. Bei einer Gedenkfeier im ehemaligen Konzentrationslager Bergen-Belsen, an der auch 500 Überlebende teilnehmen, sagt Bundespräsident *Roman Herzog:* »Nichts darf verdrängt werden, nichts darf vergessen werden. Wir tragen die Verantwortung dafür, daß sich so etwas nie wieder wiederholt.«

50. Jahrestag des Endes des Zweiten Weltkriegs

Im Plenarsaal des Deutschen Bundestags findet am 28. 4. eine gemeinsame **Gedenkstunde von Bundestag und Bundesrat** zum Gedenken an das Ende des Zweiten Weltkriegs und der nationalsozialistischen Gewaltherrschaft am 8. 5. 1945 statt. Mit einem Staatsakt im Berliner Schauspielhaus gedenken am 8. 5. politische Repräsentanten Deutschlands gemeinsam mit Vertretern der Siegermächte (US-Vizepräsident *Al Gore*, der britische Premierminister *John Major*, der französische Präsident *François Mitterrand* und der russische Ministerpräsident *Viktor Tschernomyrdin*) des Kriegsendes in Europa vor 50 Jahren. – Gedenkfeiern finden auch am 8./9. 4. auf dem Gelände des **KZ Buchenwald** bei Weimar, am 27. 4. im niedersächsischen **Bergen-Belsen**, an der neben 500 früheren Insassen u. a. auch Bundespräsident *Roman Herzog*, Bundeskanzler *Helmut Kohl* und der frühere israelische Staatspräsident *Chaim Herzog* teilnehmen, und am 30. 4. auf dem Gelände des ehemaligen **KZ Dachau** bei München statt.

Juristische Aufarbeitung des DDR-Erbes

Das Berliner Landgericht hat zwar am 3. 11. 1994 das Verfahren gegen den langjährigen Minister für Staatssicherheit der DDR, **Erich Mielke**, wegen der Erschießung von DDR-Flüchtlingen an der innerdeutschen Grenze wegen Verhandlungsunfähigkeit des 86jährigen eingestellt. Das Urteil wegen der Erschießung zweier Polizisten 1931 auf dem Berliner Bülowplatz (→ 1993) wird jedoch am 10. 3. nach Ablehnung der Revisionsanträge rechtskräftig. *Mielke* wird am 1. 8. nach Verbüßung von ⅔ seiner Strafe als letzter aus den Reihen der ehem. SED-Führung aus der Haft entlassen. – Nachdem der Bundesgerichtshof in Karlsruhe am 3. 11. 1994 das im Mai 1993 ergangene Urteil (→ 1993) gegen den ehemaligen SED-Spitzenfunktionär und DDR-Ministerpräsidenten sowie heutigen PDS-Politiker **Hans Modrow** wegen Verfälschung der DDR-Wahlergebnisse vom Mai 1989 in wesentlichen Punkten aufgehoben hat, verurteilt das Landgericht Dresden ihn am 9. 8. wegen Anstiftung zur Wahlfälschung zu einer Bewährungsstrafe von neun Monaten und einer Geldstrafe von 5000 DM. Nach einem vom Bundesverfassungsgericht/BVG nach fast vier Jahren Verfahrensdauer am 23. 5. veröffentlichten Urteil dürfen Personen, die »ihren Lebensmittelpunkt in der ehemaligen DDR« hatten und **Spionage zu Lasten der Bundesrepublik** (oder eines ihr verbündeten Staates) getrieben haben, seit der deutschen Vereinigung nur noch eingeschränkt wegen Landesverrats oder geheimdienstlicher Agententätigkeit strafrechtlich verfolgt werden. Ausgenommen sind Straftaten, wie z. B. Bestechung oder Urkundenfälschung, die im Zusammenhang mit der Spionage begangen worden sind. Voll strafrechtlich verantworten müssen sich weiterhin Bürger der Bundesrepublik wegen Spionage zugunsten der DDR. Nach dem Urteil müssen mehrere hundert Verfahren eingestellt oder Urteile aufgehoben werden – z. B. auch das Urteil gegen den vorletzten Leiter der Hauptverwaltung Aufklärung (HVA) im DDR-Ministerium für Staatssicherheit (MfS), *Markus Wolf* (→ 1993). – Das Berliner Landgericht nimmt am 13. 11. den **Prozeß gegen die Mitglieder des SED-Polibüros** *Horst Dohlus, Kurt Hager* (der später aus dem Verfahren ausscheidet), *Günther Kleiber, Egon Krenz, Erich Mückenberger* und *Günter Schabowski* auf. *Harry Tisch*, ehem. Vorsitzender des DDR-Gewerkschaftsbundes FDGB, gegen den ebenfalls am 9. 1. Anklage erhoben worden ist, ist am 18. 6. verstorben. Ihnen wird Totschlag oder versuchter Totschlag in 71 Fällen zur Last gelegt, in denen Flüchtlinge an der früheren zwischenstaatlichen Grenze in Deutschland getötet oder schwer verletzt wurden.

Weitere innenpolitische Ereignisse

Novellierung des Abtreibungsrechts: Der Bundestag stimmt am 29. 6. in namentlicher Abstimmung mit 486 gegen 145 Stimmen bei 21 Enthaltungen einem Gesetzentwurf der Fraktionen von CD/CSU, SPD und FDP zur Novellierung des Abtreibungsrechts zu. Der Bundesrat stimmt am 14. 7. mehrheitlich zu; nur Nordrhein-Westfalen, Sachsen-Anhalt und Bayern wenden sich gegen die neue Abtreibungsregelung, die aber am 1. 9. in Kraft treten kann. Nach dem Gesetz, das sich an dem Urteil des Bundesverfassungsgerichts vom Mai 1993 orientiert, bleiben Abtreibungen rechtswidrig, sind aber straffrei, wenn die betroffene Frau eine Beratung bei einer staatlich anerkannten Stelle nachweist und seit der Empfängnis weniger als zwölf Wochen vergangen sind. Erlaubt ist eine Abtreibung bei schwerer Gefahr für die seelische und körperliche Gesundheit der Mutter (medizinische Indikation) und nach einer Vergewaltigung.

Neue Diätenregelung: Mit großer Mehrheit lehnt der Bundesrat am 13. 10. die umstrittene Grundgesetzänderung zur Neuregelung der Abgeordnetendiäten ab. Der Bundestag hatte sie am 21. 9. mit 507 Stimmen von Abgeordneten der CDU/CSU und der SPD gegen 139 Stimmen von FDP, Bündnis 90/Die Grünen und der PDS beschlossen. Vorgesehen war, die Bezüge rückwirkend zum 1. 1. schrittweise an die Besoldungsgruppe R6 von Richtern an Obersten Bundesgerichten anzugleichen und die Erhöhung der Kostenpauschale an die Inflationsrate zu koppeln. Am 8. 12. beschließt der Bundestag mit den Stimmen von CDU/CSU und SPD gegen 146 Abgeordnete von FDP, Bündnis 90/Die Grünen und PDS bei 19 Enthaltungen statt dessen rückwirkend zum 1. 10. eine stufenweise Erhöhung der Diäten von derzeit 10 366 DM auf 12 875 DM 1998. Gekürzt werden die Zahlung von Übergangsgeld für ausscheidende Abgeordnete (von drei Jahren auf 18 Monate) und der Höchstsatz für die Altersentschädigung von 75 auf 69 % der künftig an der Bezahlung von Obersten Richtern orientierten Bezüge. Die von der SPD geforderte Offenlegung der Nebeneinkünfte von Abgeordneten wird von der Parlamentsmehrheit abgelehnt.

Plutoniumschmuggel-Affäre: Vor dem am 11. 5. eingesetzten **Untersuchungsausschuß** rücken die Rolle des Bundesnachrichtendienstes (BND) und des Geheimdienstkoordinators, Staatsminister *Bernd Schmidbauer* (CDU), ins Zentrum der Kritik. Eine im Dezember 1995 auftauchende Aktennotiz belegt, daß der am 10. 8. 1994 auf dem Flughafen München II aufgedeckte Schmuggel von 363,4 Gramm waffenfähigen Plutoniums 239 aus Rußland vom BND offenbar **»nicht nur aufgedeckt, sondern weitgehend herbeigeführt«** wurde. *Schmidbauer* weist am 15. 12. und in der Folge alle Vorwürfe zurück, von der Aktion im voraus gewußt oder an ihr mitgewirkt zu haben und lehnt einen Rücktritt ab. Auch BND-Präsident *Konrad Porzner* (SPD) bestreitet am 19. 1. 1996 alle gegen den Geheimdienst vorgebrachten Anschuldigungen, ersucht aber Ende Februar um seine Versetzung in den einstweiligen Ruhestand; Nachfolger wird der parteilose *Hansjörg Geiger*.

Bosnien-Einsatz der Bundeswehr und Flüchtlinge: Der Deutsche Bundestag stimmt am 30. 6. mit 386 gegen 258 Stimmen bei 11 Enthaltungen dem Antrag der Bundesregierung zu, Bundeswehreinheiten zum Schutz der Schnellen Eingreiftruppe in das ehemalige Jugoslawien zu entsenden und ermöglicht damit erstmals in der deutschen Nachkriegsgeschichte einen Kampfeinsatz deutscher Soldaten in einem Gebiet außerhalb der NATO. Nach Paraphierung der Friedensabkommens in Dayton am 22. 11. durch die Kriegsparteien billigt der Bundestag am 6. 12. in namentlicher Abstimmung mit 543 gegen 107 Stimmen die Stationierung von 4000 Soldaten in Kroatien. – Angesichts der erneuten Kriegsgefahr in Kroatien stimmt Bundesinnenminister *Kanther*/CDU am 3. 8. einem auf einen Monat befristeten **Abschiebestopp für kroatische Flüchtlinge** zu. Deutschland hat nach Angaben der Bundesregierung seit Ausbruch des Balkankonflikts etwa 400 000 Flüchtlinge, davon etwa 320 000 aus Bosnien-Herzegowina, aufgenommen. Dafür wurden seit Mitte 1991 rd. 11 Mrd. DM aufgewandt.

Verfassungsschutzbericht, Ausländerfeindlichkeit

Laut Verfassungsschutzbericht vom 6. 7. wurden 1994 insgesamt 7952 (1993: 10 561) Gesetzesverletzungen mit rechtsextremistischem Hintergrund bekannt; davon waren 1489 (2232) Gewalttaten – 860 fremdenfeindliche, 41 antisemitische, 95 gegen politische Gegner und 493 gegen Minderheiten. Demgegenüber gingen linksextremistische Gewalttaten von 1410 (1993) auf 879 (1994) zurück. 1994 gab es 82 (1993: 78) Organisationen mit rechtsextremistischen Bestrebungen; ihre Mitgliederzahl ging mit 56600 gegenüber dem Vorjahr um 7900 zurück. Das Neonazi-Potential beträgt rd. 3000 Personen. – Bundesinnenminister *Kanther* erläßt am 24. 2. das Verbot der rechtsradikalen Freiheitlichen Arbeiterpartei Deutschlands/FAP, da sie der NSDAP wesensverwandt sei. In Hamburg wird am selben Tag die neonazistische Nationale Liste/NL verboten. – Wegen eines **Brandanschlags auf die Synagoge** in Lübeck am 25. 3. 1994 verurteilt der 2. Strafsenat des Oberlandesgerichts Schleswig am 13. 4. vier Angeklagte wegen Brandstiftung zu Freiheitsstrafen zwischen 30 und 54 Monaten (→ 1994). Vom Vorwurf des versuchten Mordes wurden die Angeklagten freigesprochen. Am 7. 5. wird ein weiterer Brandanschlag auf die Synagoge verübt. Ein Anbau des Gebetshauses brennt völlig aus; Personen kommen nicht zu Schaden.

Kurden

Am 10. 3. gibt das Innenministerium den Abschluß einer **Vereinbarung mit der Türkei** über die Behandlung abgeschobener türkischer Staatsangehöriger bekannt; danach können deutsche Behörden vor Abschiebungen Auskunft aus der Türkei erhalten, ob Strafverfolgung und Bestrafung drohen. Am 15. 3. entscheidet Innenminister *Kanther* (CDU), den Abschiebestopp für Kurden nicht mehr zu verlängern. Er bezieht sich dabei im wesentlichen auf einen Lagebericht des Auswärtigen Amtes, wonach Kurden als Gruppe in der Türkei nicht verfolgt würden und innerhalb des Landes Zuflucht vor den Kämpfen in ihrer Heimatregion finden könnten. – Im Februar und März und erneut im Juli kommt es zu einer **Serie von Brandanschlägen** auf türkische Einrichtungen in mehreren deutschen Städten: In deren Folge werden mehrere Kurdenvereine verboten. Ein am 21. 7. begonnener Hungerstreik von Kurden in Frankfurt und Berlin wird am 15. 8. beendet; in Berlin stirbt am 26. 7. eine am Hungerstreik beteiligte Frau an Herzversagen. In Frankfurt am Main

kommt es am 27. 7. bei der Auflösung einer Kurdenversammlung durch die Polizei zu schweren Ausschreitungen.

Außenpolitik

Türkei: Nach der Intervention der Türkei gegen PKK-Stellungen im Nordirak stoppt die Bundesregierung am 29. 3. die letzte fällige Teillieferung von Rüstungsgütern im Wert von 153 Mio. DM, nachdem zuvor schon 150 Mio. DM für den Bau türkischer Fregatten gesperrt worden waren. Beim Besuch des türkischen Außenministers *Erdal Inönü* in Bonn am 3. 4. trägt Außenminister *Klaus Kinkel*/FDP die – innerhalb der EU abgestimmte – Auffassung vor, die PKK habe von Nordirak aus terroristische Anschläge in der Türkei verübt, weshalb die türkische Regierung ein »berechtigtes Selbstinteresse« in der Region habe. Die Militärintervention müsse aber »möglichst schnell, möglichst morgen« beendet werden, und es seien der Grundsatz der Verhältnismäßigkeit der Mittel und die Menschenrechte einzuhalten.

Israel: Während seiner Nahostreise (2.–6. 6.) besucht Bundeskanzler *Kohl* Ägypten, Jordanien und Israel, wo er mit Regierungschef *Yitzhak Rabin* zusammentrifft und zusagt, über die bilaterale Unterstützung Israels hinaus einen aktiven Beitrag zur Entwicklung des Friedens in der Region zu leisten. Bei einem Treffen mit PLO-Chef *Yassir Arafat* in Jericho am 7. 6. stellt Kohl eine einmalige Finanzhilfe von 10 Mio. DM für die geplanten Wahlen in den Autonomiegebieten in Aussicht.

VR China: Staatspräsident *Jiang Zemin* beginnt am 11. 7. einen mehrtägigen Deutschlandbesuch. Obwohl Menschenrechtsgruppen Bundespräsident *Roman Herzog* und Bundeskanzler *Kohl* aufgefordert hatten, den Gast auf die Verletzung der Menschenrechte in China hinzuweisen, werden vornehmlich Wirtschaftsfragen besprochen und mehrere Verträge über deutsch-chinesische Gemeinschaftsprojekte in Milliardenhöhe geschlossen, an denen Daimler-Benz, Bosch und Siemens beteiligt sind.

Vietnam: Nach einjährigen Verhandlungen wird am 21. 7. mit Vietnam ein Regierungsabkommen über die **Rückführung** der rd. 40 000 illegal in Deutschland lebenden **Vietnamesen** – überwiegend ehem. DDR-Vertragsarbeiter – bis zum Jahr 2000 unterzeichnet. Deutschland begleitet die Rückkehr mit einer Finanzhilfe von

25 Mio. DM; außerdem wird eine im November 1994 eingefrorene Wirtschaftshilfe von 75 Mio. DM freigegeben.

Parteien

SPD: In einer Kampfabstimmung stürzt der Bundesparteitag am 16.11. in Mannheim den Parteivorsitzenden *Rudolf Scharping* und wählt den bisherigen stellv. Vorsitzenden *Oskar Lafontaine* an die Parteispitze (190:321 von 513 abgegebenen Stimmen bei 2 Enthaltungen). – Eine am 24.11. veröffentlichte neue Grundsatzerklärung über das **Verhältnis zur PDS modifiziert** die Dresdner Erklärung vom August 1994, die eine Zusammenarbeit mit der PDS prinzipiell ausschloß, zugunsten eines »fairen, demokratischen Umgangs«.

CDU: Auf dem »Zukunftsparteitag« am 17./18.10. in Karlsruhe verfehlt der Antrag auf Einführung des geforderten »Frauenquorums« mit 496 Stimmen knapp die erforderliche Mehrheit der 1000 Delegierten. Mit ihm sollte der Anteil von Frauen in Führungsgremien und bei der der Aufstellung von Wahllisten bis 1990 auf ein Drittel erreicht werden.

FDP: Nach weiteren Landtagswahlniederlagen der FDP, die nur noch in fünf von 16 Länderparlamenten vertreten ist, gibt *Klaus Kinkel* am 18.5. seinen Rücktritt als Bundesvorsitzender bekannt; Nachfolger wird der hessische Landesvorsitzende *Wolfgang Gerhardt*. – Bei der **Mitgliederbefragung** über ein Gesetzesvorhaben zur elektronischen Abhörmöglichkeit von Privatwohnungen im Fall organisierter Kriminalität (**»Großer Lauschangriff«**) ergibt die Auszählung am 12.12. eine Mehrheit von 63,7 % der ca. 30000 FDP-Mitglieder. Als dessen erklärte Gegnerin tritt *Sabine Leutheusser-Schnarrenberger* am 17 1.1996 als Justizministerin zurück; Nachfolger wird der Verfassungsrechtler *Edzard Schmidt-Jortzig*.

Bündnis 90/Die Grünen: Auf dem Bundesparteitag in Bremen lehnt die Partei am 2./3.12. mit 371 gegen 212 Stimmen weiterhin militärische **Auslandseinsätze der Bundeswehr** grundsätzlich ab, befürwortet jedoch friedenserhaltende UN-Missionen mit Entsendung ziviler Kontingente.

PDS: Der Bundesparteitag in Berlin vom 27.–29.1. bestätigt *Lothar Bisky* mit einem Stimmenanteil von 82,8 % als Parteivorsitzenden und distanziert sich von stalinistischen Auffassungen: Die Wortführerin der Kommunistischen Plattform/KPF, *Sarah Wagenknecht*, wird nicht wieder in den Vorstand gewählt. *Bisky* sieht die PDS weiter als Oppositionspartei, an der rot-grüne Politik aber nicht scheitern solle. – Innenminister *Kanther* (CDU) bezeichnet bei der Vorlage des Verfassungsschutzberichts 1994 am 6.7. die PDS erstmalig als »in Teilgruppen« linksextremistisch, also verfassungsfeindlich; künftig würden Informationen über diese Teilgruppen vom Bundesamt für Verfassungsschutz gezielt gesammelt und ausgewertet. – Die Behörde des Bundesbeauftragten für die Unterlagen des Staatssicherheitsdienstes der DDR (*Gauck-Behörde*) teilt Ende November mit, Hinweise zu besitzen, daß *Bisky* inoffizieller Stasi-Mitarbeiter war. Wie schon der früher beschuldigte *Gregor Gysi* streitet *Bisky* die Stasi-Mitarbeit ab.

Ereignisse auf Länderebene

Die **Wirtschaftsentwicklung** in den neuen und alten Bundesländern weist noch immer erhebliche Unterschiede auf (→ Tabelle), die sich u. a. an der Zuwachsrate des Bruttoinlandsprodukts (BIP) ablesen läßt. Neben der Anhebung der Löhne ist im Osten vor allem beachtenswert, wie stark dort immer noch modernisiert und investiert wird. Der Anstieg des Produktivvermögens, laut Bundesbank mittlerweile 885 Mrd. DM, lag im Zeitraum 1999–1995 dreimal höher als im Westen; dabei ist allerdings zu bedenken, daß viele Altanlagen nicht mehr zu gebrauchen waren und durch Neuanlagen ersetzt wurden. – Die Ministerpräsidenten der Bundesländer beschließen am 14.12. eine abgemilderte **Reform der Rechtschreibung,** die am 1.8.1998 an den Schulen eingeführt und ab 2005 verbindlich gelten soll.

Baden-Württemberg: Der Landtag billigt am 15.2. mehrere **Verfassungsänderungen**. Danach wird die Legislaturperiode des Landtags von 4 auf 5 Jahre verlängert, und das Parlament kann mit $^2/_3$-Mehrheit seine Selbstauflösung beschließen. Staatsziele sind u.a. der Schutz von Behinderten vor Benachteiligung sowie der Umweltschutz. Bürger aus EU-Staaten erhalten in Baden-Württemberg das aktive und passive Wahlrecht auf Kommunalebene.

Bayern: Am 10.8. erklärt das Bundesverfassungsgericht eine Vorschrift der bayerischen Schulordnung, die ein Kreuz oder **Kruzifix** für jedes Klassenzimmer staatlicher Pflichtschulen

Vergleich der Bundesländer nach ihrer Wirtschaftskraft

Bundesland	*Bruttoinlandsprodukt 1993*			*Bruttoinlandsprodukt 1995*			*Bruttoinlandsprodukt 1997*		
	in Mrd. DM	*reale Veränd. gg. 1992 in %*	*Anteil am Bundes-BIP in %*	*in Mrd. DM*	*reale Veränd. gg. 1994 in %*	*Anteil am Bundes-BIP in %*	*in Mrd. DM*	*reale Veränd. gg. 1996 in %*	*Anteil am Bundes-BIP in %*
Baden-Württemberg	466,1	+0,5	15,0	494,0	+3,5	14,3	523,1	+3,2	14,4
Bayern	526,6	+2,1	16,9	581,3	+3,7	16,8	615,4	+3,3	16,9
Berlin (West)	105,6	+1,4	{4,2	147,8	+2,5	4,3	156,2	+1,5	4,3
Berlin (Ost)	25,8	+14,1							
Brandenburg	45,1	+15,7	1,5	63,0	+7,5	1,8	74,1	+3,2	2,0
Bremen	36,8	+0,9	1,2	39,8	+3,3	1,2	40,3	+3,5	1,1
Hamburg	123,9	+3,3	4,0	134,6	+3,9	3,9	142,6	+3,6	3,9
Hessen	370,0	+2,3	9,9	341,1	+4,3	9,9	353,2	+3,3	9,7
Mecklenburg-Vorpommern	31,5	+16,9	1,0	41,2	+8,8	1,2	49,1	+3,0	1,3
Niedersachsen	277,6	+0,9	8,9	307,9	+4,3	8,9	315,6	+2,3	8,7
Nordrhein-Westfalen	709,2	+0,8	22,8	772,7	+3,6	22,3	799,1	+2,4	21,9
Rheinland-Pfalz	140,5	+0,9	4,5	151,3	+3,4	4,4	156,5	+3,3	4,3
Saarland	40,1	+0,2	1,3	43,0	+3,9	1,2	45,1	+2,7	1,2
Sachsen	81,5	+19,1	2,6	109,3	+10,0	3,2	123,3	+2,2	3,4
Sachsen-Anhalt	49,9	+17,1	1,6	64,7	+7,0	1,9	70,2	+1,2	1,9
Schleswig-Holstein	98,7	+2,5	3,2	109,3	+4,3	3,2	112,5	+2,9	3,1
Thüringen	41,7	+23,3	1,3	58,7	+7,6	1,7	65,4	+2,8	1,8

Quellen: Arbeitskreis Volkswirtschaftliche Gesamtrechnungen der Länder

vorschreibt, für nichtig. Am 21. 8. präzisiert das BVG seinen Beschluß: Im ersten Leitsatz müsse es heißen, »daß die staatlich angeordnete Anbringung eines Kreuzes oder Kruzifixes in den Unterrichtsräumen einer staatlichen Pflichtschule, die keine Bekenntnisschule ist, gegen Art. 4 Abs. 1 des Grundgesetzes verstößt«. – Rund 25000 Demonstranten, angeführt vom Münchner Erzbischof Kardinal *Friedrich Wetter* und der Landesregierung, protestieren am 23. 9. in München gegen das **»Kruzifix-Urteil«.** Am 13. 12. beschließt der Landtag ein Gesetz, mit dem das Anbringen von Kreuzen in Klassenzimmern zur Pflicht gemacht wird. Bei Widerspruch von Schülern oder ihrer Erziehungsberechtigten aufgrund »ernsthafter Gründe des Glaubens oder der Weltanschauung« entscheidet im Einzelfall der Schulleiter.

Berlin/Brandenburg: Das Berliner Abgeordnetenhaus und der brandenburgische Landtag stimmen am 22. 6. mit der erforderlichen Zweidrittelmehrheit dem Staatsvertrag über den Zusammenschluß der beiden Länder zum Land **Berlin-Brandenburg** zu. Der Vertrag war am 27. 4. vom Berliner Regierenden Bürgermeister *Eberhard Diepgen*/CDU und dem brandenburgischen Ministerpräsidenten *Manfred Stolpe*/SPD unterzeichnet worden.

Bremen: Die erste und derzeit einzige **Ampel-Koalition** in Deutschland zwischen SPD, Bündnis 90/Die Grünen und FDP **zerbricht** am 7. 2.. Ein Streit um Umweltsenator *Ralf Fücks* (Bündnis 90/Die Grünen) wegen Nichteinhaltung von Genehmigungsbestimmungen für Naturschutz- und Gewerbegebiete war nur letzter Anlaß für den Bruch.

Niedersachsen: Rd. 1700 Punks randalieren zwischen dem 4. und 6. 8. bei ihren **»Chaos-Tagen«** in der Nordstadt von Hannover. Bei Straßenschlachten mit bis zu 3000 Polizisten und Bundesgrenzschutzbeamten werden 179 Polizisten und Randalierer verletzt, rd. 1200 Punks werden vorübergehend in Gewahrsam genommen, gegen 220 von ihnen wird Anklage wegen verschiedener Delikte erhoben.

Nordrhein-Westfalen: Bei der **Landtagswahl** am 14. 5. (Wahlbeteiligung: 64,1 %) verliert die SPD mit einem Stimmenanteil von 46,0 (1990: 50,0) % die absolute Mehrheit, die sie seit 15 Jahren innehatte (→ Abbildung), und bildet eine Koalition mit dem Bündnis 90/Die Grünen. Nach dem Koalitionskompromiß zum umstrittenen Braunkohletagebau Garzweiler II soll zunächst nur ein Teil des Abbaus genehmigt werden; etwas mehr als 3000 Menschen müssen dann umgesiedelt werden.

Wahl zum 12. Landtag von Nordrhein-Westfalen am 14.5.1995 (1990)

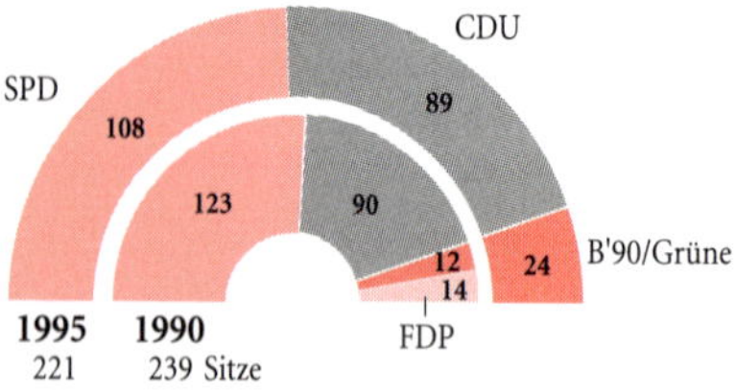

Rheinland-Pfalz: In einem Urteil des 1. Zivilsenats des Oberlandesgerichts Koblenz vom 19. 4. heißt es, das Land habe 1975 die erste Teilgenehmigung für den Bau des 1988 nach zweijährigem Betrieb abgeschalteten **Atomkraftwerks Mülheim-Kärlich** (→ Farbkarte VI) »fahrlässig« erteilt und damit »schuldhaft« seine Amtspflichten verletzt. Die Landesregierung, die gegen das Urteil Revision einlegt, muß damit der Betreibergesellschaft RWE Energie AG möglicherweise die Hälfte der von der RWE auf 7 Mrd. DM bezifferten Investitionskosten erstatten.

Schleswig-Holstein: Der Untersuchungsausschuß des Landtags zur **Barschel-Pfeiffer-Affäre** (»Schubladenausschuß«) im Jahre 1987 beschließt am 17. 11. seinen Abschlußbericht mit den Stimmen von SPD, FDP und CDU bei drei Gegenstimmen. Er stellt fest, Schuld oder Unschuld des damaligen Ministerpräsidenten *Uwe Barschel* (CDU) an den kriminellen Machenschaften aus seiner Staatskanzlei gegen *Björn Engholm* (SPD) im Vorfeld des schleswig-holsteinischen Wahlkampfs ließen sich nicht beweisen; kein Zweifel bestehe jedoch an seiner politischen Verantwortung und daran, daß er beim Versuch, sich zu verteidigen, die Unwahrheit gesagt habe.

1996

»Angriff auf den Sozialstaat«

Das von der Bundesregierung geplante »Aktionsprogramm für Investitionen und Arbeitsplätze«, auch Sparpaket genannt, das bei Opposition wie Gewerkschaften auf Ablehnung stößt, ist das beherrschende innenpolitische Thema. An der vom DGB inititiierten Protestveranstaltung am 15. 6. in Bonn nehmen rd. 350 000 Menschen teil. Der DGB-Vorsitzende *Dieter Schulte* bezeichnet das Bonner Sparpaket, das Einschnitte in das Sozialsystem vorsieht, als einen »Angriff auf unseren Sozialstaat« und hält der Regierung vor, den inneren Frieden zu gefährden. In einer Stellungnahme von Bundeskanzler *Helmut Kohl* zur Großveranstaltung heißt es: »Der Sozialstaat läßt sich nicht durch markige Sprüche und lautstarke Proteste sichern.«

Sparpaket

Umstrittene Sozialgesetze verabschiedet: Das am 30. 1. vom Bundeskabinett vorgelegte **»Aktionsprogramm für Investitionen und Arbeitsplätze«** wird nach massiven Protesten in einigen Punkten abgeschwächt, in anderen vertagt. Nach dem der Bundesrat das sog. **Sparpaket** am 19. 7. und erneut am 12. 9. abgelehnt hat, verabschiedet der Bundestag am 13. 9. mit der sog. Kanzlermehrheit vier der im Bundesrat nicht zustimmungspflichtigen Gesetze mit Wirkung zum 1. 10. bzw. 1. 1. 1997: Die **Lohnfortzahlung im Krankheitsfall** (ausgenommen Berufskrankheiten und Arbeitsunfälle) wird um 20 % gesenkt; statt dessen kann der Arbeitnehmer für jeweils fünf Krankheitstage einen Urlaubstag anrechnen lassen. Die Beiträge in der gesetzlichen Krankenversicherung werden 1996 eingefroren, zum 1. 1. 1997 um 0,4 % gesenkt. Für Betriebe mit höchstens zehn (bisher fünf)

Mitarbeitern wird das **Kündigungsschutzgesetz** aufgehoben (dreijähriger Vertrauensschutz für bestehende Arbeitsverhältnisse). Befristete Arbeitsverträge sind künftig bis zu einer Dauer von zwei Jahren erlaubt (bisher: 18 Monate). **Lohnersatzleistungen** (Arbeitslosengeld, Unterhaltsgeld, Altersübergangsgeld) werden nicht mehr entsprechend der Lohnentwicklung erhöht. Regelungen zum **Rentenrecht**: Die Rentenaltersgrenze für Frauen wird von derzeit 60 Jahren ab dem Jahr 2000 stufenweise bis zum Jahr 2005 auf 65 Jahre angehoben, die der Männer von 63 bis zum Jahr 2001 auf 65 Jahre. Vorzeitiger Ruhestand führt pro Jahr zur Minderung des Rentenanspruchs (→ Abbildung). Ausbildungszeiten werden nur noch mit bis zu drei (bisher sieben) Jahren bei der Rentenbemessung berücksichtigt.

Proteste gegen das Sparpaket: Bei der Opposition, Gewerkschaften, Kirchen und Sozialverbänden stößt das Kürzungsprogramm auf eine breite Ablehnungsfront, die sich auf dem **»Sozialgipfel«** am 7./8. 5. artikuliert. – Einem Aufruf des DGB zur größten Protestdemonstration der Gewerkschaften in der Nachkriegszeit gegen die geplanten Einschnitte ins Sozialsystem folgen am 15. 6. rd. 350 000 Menschen. DGB-Vorsitzender *Dieter Schulte* sieht den inneren Frieden der Republik durch den »sozialen Kahlschlag« der Bundesregierung vor die Zerreißprobe gestellt, erklärt aber auch die

Höhe der Renten in Deutschland 1996
(Rentenbezieher in %)

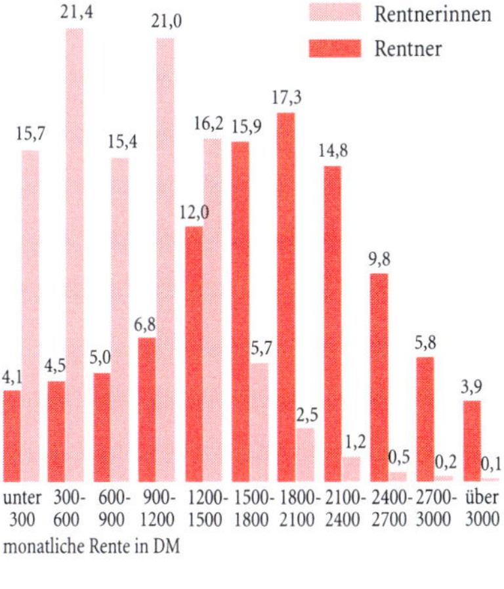

Bereitschaft der Gewerkschaften, an notwendigen und vernünftigen Reformen mitzuwirken. – Unter dem Motto »Eine Mehrheit für Arbeit und soziale Gerechtigkeit« demonstrieren am 8. 9. in sechs Städten die Gewerkschaften mit rd. 250 000 Menschen gegen das Bonner Sparpaket. Kritisiert wird vor allem die Absicht, die Lohnfortzahlung im Krankheitsfall zu kürzen, den Kündigungsschutz in Kleinbetrieben abzubauen und das Rentenalter für Frauen zu erhöhen. – Die Anwendung des am 1. 10. in Kraft getretenen Gesetzes zur Lohn- und Gehaltsfortzahlung im Krankheitsfall beantworten die 80 000 Beschäftigten der Daimler-Benz AG am selben Tag mit einer Arbeitsniederlegung. Nach massiven Protesten der IG Metall und Arbeitsniederlegungen auch in anderen Metallbetrieben erzielen die Tarifpartner im Bezirk Niedersachsen am 5. 10. einen Pilotabschluß, der es bis zum Jahr 2001 bei der Auszahlung von 100 % Lohn und Gehalt bei Krankheit beläßt. Der Arbeitgeberverband Gesamtmetall empfiehlt am 7. 10. seinen Mitgliedern, auf die Kürzungen zunächst zu verzichten. Daimler-Benz nimmt sie am 23. 10. zurück. Auch in anderen Branchen scheitern die Arbeitgeber, das Gesetz anzuwenden, erreichen in Tarifverhandlungen jedoch zumeist Abstriche bei anderen tariflichen Leistungen (z. B. Kürzungen des Weihnachtsgeldes).

Tarifpolitik

Bündnis für Arbeit: Gespräche über das vom IG-Metall-Vorsitzenden *Klaus Zwickel* vorgeschlagene **Bündnis für Arbeit**, an dem Bundesregierung, Arbeitgeber und Gewerkschaften teilnehmen, **scheitern** nach mehreren Gesprächsrunden am 15. 2. wegen Uneinigkeit im Arbeitgeberlager über den Abbau von Überstunden. *Werner Stumpfe*, Bundesgeschäftsführer von Gesamtmetall, erklärt das Bündnis für Arbeit am 20. 3. für »tot«, weil damit die erforderliche Verminderung der Arbeitskosten um 20 % nicht zu erzielen sei, stößt mit dieser Aussage aber bei der Bundesregierung und bei Arbeitgeberverbänden auf Widerspruch. – Im Textilbereich vereinbaren die Tarifpartner am 20. 3. das erste branchenweite Bündnis: Bei einer Tariferhöhung von 1,5 % mit der Möglichkeit, diese bei schwieriger wirtschaftlicher Lage für bis zu ein Jahr auszusetzen und die Jahresarbeitszeit flexibler zu gestalten, verzichten die

Arbeitgeber auf Kündigungen. – Am 23./24. 3. wird in der Stahlindustrie ein Tarifvertrag zur Beschäftigungssicherung geschlossen, die NRW-Landesregierung, IG Metall und Arbeitgeber vereinbaren in der Metall- und Elektroindustrie einen Maßnahmenkatalog zur Sicherung von 40 000 Arbeitsplätzen. – Am 14. 5. erklärt IG-Metall-Chef *Zwickel* das Projekt Bündnis für Arbeit für **faktisch beendet**. – In Bayern kommt am 11. 6. ein »Beschäftigungspakt« zustande, der auf die Verbesserung der Beschäftigungsmöglichkeiten und Wettbewerbsfähigkeit bayerischer Unternehmen zielt. – In der Tarifgeschichte der Bundesrepublik einmalig, lehnt die Bundesvereinigung der deutschen Arbeitgeberverbände (BDA) am 28. 5. im Tarifausschuß beim Bundesarbeitsminister die Allgemeinverbindlichkeit der von den Tarifparteien in der **Bauwirtschaft** im Schlichtungsverfahren vereinbarten Mindeststundensätze (Westdeutschland DM 18,60, Ostdeutschland DM 17,10) als zu hoch ab. Damit blockiert sie zugleich das Wirksamwerden des am 1. 3. in Kraft getretenen **Entsendegesetzes**, das für ausländische Arbeitnehmer der untersten Lohngruppen im Bauhaupt- und Ausbaugewerbe sowie in der Montage die Geltung der deutschen Entgelt- und Urlaubstarifverträge vorsieht, soweit sie allgemeinverbindlich sind. Am 12. 6. erklären die beiden Arbeitgeberverbände der Baubranche ihren Austritt aus dem BDA. – Mit einem am 13. 6. akzeptierten Schlichterspruch wird ein Streik im **öffentlichen Dienst** abgewendet. Bei 20monatiger Laufzeit bis 31. 12. 1997 sollen die rd. 3,2 Mio. Beschäftigten für die Zeit vom 1. 5.–31. 12. 1996 eine einmalige Zahlung von 300,00 DM erhalten (= 0,8 %); für 1997 werden die Entgelte um 1,3 % angehoben, zum 1. 9. 1997 steigt der Bemessungssatz für das Tarifgebiet Ost um 1 % auf 85 % des Westniveaus. An diesem Abschluß orientiert sich auch die Tarifvereinbarung für Post, Postbank und Telekom am 21. 6.

Unternehmen

Daimler-Benz AG: Am 22. 1. gibt der Vorstandsvorsitzende des Unternehmens einen Konzernverlust 1995 in Höhe von rd. 6 Mrd. DM bekannt. Gleichzeitig teilt er die Entscheidung zur Abkoppelung der Konzerntochter DASA von dem erst 1993 mehrheitlich erworbenen niederländischen Flugzeugbauer Fokker mit, der daraufhin mit 3,2 Mrd. Gulden Schulden und 8000 Arbeitsplätzen im April in Konkurs geht.

Bremer Vulkan Verbund AG: Mit Schulden von rd. 1,6 Mrd. DM und einem aktuellen Liquiditätsbedarf von rd. 2,6 Mrd DM meldet der größte europäische Werftenkonzern, die **Bremer Vulkan Verbund AG**, am 21. 2. beim Bremer Amtsgericht Vergleich an; am 28. 4. vereinbaren der Vergleichsverwalter, die Landesregierung und die Bundesanstalt für Arbeit die Gründung einer Beschäftigungsgesellschaft, in die etwa die Hälfte der bisherigen Vulkan-Stammbelegschaft (rd. 4500 Arbeitnehmer) überführt wird. Die Werften in Wismar und Stralsund sowie das Dieselmotorenwerk Rostock werden aus dem Vulkan-Verbund vor dessen Anschluß-Konkursverfahren ab 1. 5. herausgelöst und durch ein zweites Privatisierungsprogramm gerettet, das 1,1 Mrd. DM kostet und von Bund und Land Mecklenburg-Vorpommern mit je einem Drittel mitfinanziert wird. Mitte Juni wirft der Bundesrechnungshof in einem Sonderprüfbericht zur Werften-Privatisierung in Ostdeutschland der Treuhandanstalt und ihrer Nachfolgerin Bundesanstalt fürvereinigungsbedingte Sonderaufgaben (BvS) schwere Kontrollmängel vor, die den Mißbrauch von rd. 700 Mio. DM EU-Subventionen zur Kaschierung der Konzerndefizite in den West-Unternehmen erst möglich machten.

Telekom: Mit der größten Aktienemission in der europäischen Wirtschaftsgeschichte, der zweitgrößten weltweit, geht die **Deutsche Telekom** am 18. 11. in Deutschland und den USA an die Börse. Veräußert werden 713,7 Mio. 5-DM-Aktien zum Ausgabepreis von 28,50 DM (Gesamtvolumen 20,18 Mrd. DM). Am ersten Börsentag steigt der Kurs auf 33,90 DM. Der Bund behält 74% der Anteile, die stufenweise zunächst ab 1999 privatisiert werden sollen. Mitte 1997 überträgt die Bundesregierung 25% der Anteile in zwei Tranchen an die bundeseigene Kreditanstalt für Wiederaufbau (KfW) gegen einen Verkaufserlös 1997 und 1998 jeweils zwischen 10 und 15 Mrd. DM, um ihn zur Reduzierung des Haushaltsdefizits einzusetzen. Die bei der KfW »geparkten« Anteile dürfen vor dem Jahr 2000 nicht an die Börse gebracht werden.

Weitere innenpolitische Ereignisse

Sozial- und Arbeitsmarktpolitik (→ auch oben Sparpaket): Am 9. 2. beschließt der Bundestag die **Kürzung der Arbeitslosenhilfe** für Langzeitarbeitslose um 3% jährlich, bis der Stand des Tariflohns der untersten jeweiligen Entgeltgruppe erreicht ist. – Der Bundestag billigt am 1. 3. in dritter Lesung die Förderung von Teilnehmern beruflicher Weiterbildungsmaßnahmen etwa entsprechend den Beihilfen für Schüler und Studenten (**»Meister-Bafög«**). – Am 10. 5. beschließt der Bundestag die Einführung der **2. Stufe der Pflegeversicherung** zum 1. 7. Sie regelt die Pflegeleistungen bei stationärer Betreuung, zugleich wird der Beitragssatz zur Pflegeversicherung von 1,0% auf 1,7% erhöht.

Asylrecht: Am 14. 5. bestätigt das Bundesverfassungsgericht (BVG) in drei Urteilen zur Drittstaatenregelung, der Definition sicherer Herkunftsländer und zum Flughafenverfahren im wesentlichen die Verfassungsmäßigkeit des Asylrechts.

Jahressteuergesetz: Gegen die Stimmen der Opposition verabschiedet der Bundestag am 12. 12. in 3. Lesung das Jahressteuergesetz, das die **Abschaffung der Vermögensteuer** ab 1. 1. 1997 vorsieht. Der Bundesrat billigte das zustimmungspflichtige Gesetz zuvor (9. 12.), nachdem die Bundesländer eine Entschädigung für den Ausfall ihrer Einnahmen aus der Vermögensteuer (9,3 Mrd. DM) durchsetzen konnten. Aus Anhebungen der Erbschaft- und Schenkungsteuer sowie der Grunderwerbssteuer (von 2 auf 3,5%) sollen sie 8,2 Mrd. DM erhalten.

Auslandseinsatz der Bundeswehr: Mit 499 Ja-, 93 Neinstimmen und 21 Enthaltungen billigt der Bundestag am 13. 12. die Beteiligung von bis zu 3300 deutschen Soldaten an der unter NATO-Kommando stehenden **Stabilization Force (SFOR)** zur Friedenssicherung in Bosnien-Herzegowina. Erstmals werden deutsche Kampftruppen direkt in das Krisengebiet entsandt. Das am 20. 12. beginnende SFOR-Mandat gilt für 18 Monate.

Aufarbeitung des DDR-Erbes

Justiz: Die für die juristische Aufarbeitung des Unrechts in der ehem. DDR zuständige Staatsanwaltschaftschaft am Berliner Landgericht teilt am 22. 1. mit, es habe seit der deutschen Vereinigung **15 000 Verfahren** bearbeitet, von denen noch 8000 anhängig seien. 300 »Funktionsträger der DDR«, von denen ein Drittel Spitzenfunktionen bekleideten, seien inzwischen angeklagt. – Der ehem. **DDR-Unterhändler Wolfgang Vogel** wird am 9.1. der Erpressung, des Meineids und der Falschbeurkundung für schuldig befunden und zu zwei Jahren Haftstrafe auf Bewährung und 92000 DM Geldstrafe verurteilt. *Vogel* hatte zwischen 1964 und 1989 ausreisewilligen DDR-Bürgern Ausreisegenehmigungen vermittelt und soll dabei seine Machtstellung in Einzelfällen mißbraucht haben. Im Revisionsverfahren wird *Vogel* am 29.11. vom Vorwurf der **Erpressung Ausreisewilliger** freigesprochen; er habe keine Entscheidungsgewalt über die Ausreisepraxis der DDR gehabt. Die Staatsanwaltschaft legt Revision ein. – Wegen Verstoßes gegen das 1949 von den westlichen Alliierten erlassene Militärregierungsgesetz Nr. 53 verurteilt das Berliner Landgericht am 31.1. den ehem. Staatssekretär im DDR-Ministerium für Außenhandel, Leiter der Abteilung Kommerzielle Koordinierung (KoKo) und **Devisenbeschaffer Alexander Schalck-Golodkowski** zu einem Jahr Haft auf Bewährung. Zur Last gelegt wird ihm der Schmuggel von Waffen und Nachtsichtgeräten aus der Bundesrepublik in die DDR in 36 Fällen zwischen 1986 und 1989. – Zur Neuverhandlung des vom Bundesgerichtshof am 18.10.1995 aufgehobenen Urteils gegen den früheren Leiter der Hauptverwaltung Aufklärung (HVA) im Ministerium für Staatssicherheit (MfS), **Markus Wolf**, erhebt die Bundesanwaltschaft vor dem Oberlandesgericht Düsseldorf am 15.3. erneut Anklage (→ 1993, 1995). – Nach vierjährigen Ermittlungen stellt die Staatsanwaltschaft am 23.10. die **Ermittlungen gegen den brandenburgischen Ministerpräsidenten** *Manfred Stolpe* (SPD) und zwei ehemalige Stasi-Offiziere wegen *Stolpes* angeblicher Stasi-Tätigkeit in der früheren DDR ein. – Am 16.12. verurteilt das Landgericht Dresden den früheren DDR-Ministerpräsidenten *Hans Modrow* zu zehn Monaten Haft auf Bewährung (→ 1995). – Das Landgericht Berlin verurteilt am 10.9. sechs frühere Kommandeure der DDR-Grenztruppen, unter ihnen den ehemaligen stellv. Verteidigungsminister und Grenztruppenchef, Generaloberst *Klaus Dieter Baumgarten,* wegen ihrer Verantwortlichkeit für die **Erschießung von Flüchtlingen an der innerdeutschen Grenze** zu Haftstrafen von bis zu 6½ Jahren. Ihre Verfassungsbeschwerde verwirft das Bundesverfassungsgericht am 24.7. 1997, nachdem es am 12.11. schon die strafrechtliche Verantwortlichkeit von Politikern und Grenzsoldaten der DDR für Todesschüsse an der innerdeutschen Grenze für zulässig erklärt hatte.

Privatisierung: Am 2.1. passiert die **Flächenerwerbsverordnung** den Bundesrat. Damit kann die Privatisierung von rd einer Mio. ha Acker- und Grünland und 620000 ha Wald in den neuen Bundesländern beginnen, die zwischen 1945 und 1949 als Großgrundbesitz von den sowjetischen Besatzungsbehörden enteignet wurden. Die von der Berliner Bodenverwertungs- und Verwaltungs-GmbH/BVVG organisierte Privatisierung kommt vor allem den mit Vorkaufsrecht ausgestatteten Nachfolgern der Landwirtschaftlichen Produktionsgenossenschaften/LPG der ehem. DDR zugute, die das Land schon bewirtschaften. – Das Bundesverfassungsgericht lehnt am 21.5. den Antrag von 42 seinerzeit enteigneten Alteigentümern auf eine einstweilige Anordnung ab, den Verkauf dieser Flächen einzustellen.

Asylbewerber/Flüchtlinge/Ausländer

Bei einem **Feuer in einem Asylbewerberheim** in Lübeck am 17.1. kommen zehn Menschen ums Leben, 38 werden verletzt. Am 19.1. wird ein 21jähriger libanesischer Hausbewohner verhaftet, gegen den die Staatsanwaltschaft am 7.6. Anklage wegen besonders schwerer Brandstiftung und fahrlässiger Körperverletzung erhebt. Der Prozeß vor dem Landgericht Lübeck endet am 30.6. 1997 mit dem Freispruch des Angeklagten.

Kurdenproblematik: Mit Autobahnblockaden und einer verbotenen Demonstration in Dortmund protestieren mehrere tausend Kurden am 17.3. gegen das **Verbot einer Großkundgebung;** rund 700 Personen werden verletzt; die Polizei nimmt rd. 1900 Kurden in Gewahrsam, 570 werden festgenommen. – Eine Demonstration von mehr als 40000 Kurden am 15.6. in Hamburg für eine »politische Lösung« der Kurdistanfrage und gegen die Türkei-Politik der Bundesregierung verläuft friedlich. – In ihrem am 14.2. veröffentlichten Bericht »Deutschland im Blickpunkt extremistischer und terroristischer Ausländergruppierungen« weist die Bundesregierung darauf hin, in den vergangenen drei Jahren seien die **Gewalttaten mutmaßlich ausländischer Extremisten** (im ersten Halbjahr 1995: 166) jährlich um etwa 36% gestiegen; die Mitgliederzahl extremistischer Ausländerorganisationen sei von 38 950 im Jahr 1993 auf 55 100 1995 gestiegen; die größte Bedrohung gehe von türkischen und kurdischen Terrorgruppen aus.

Flüchtlinge aus Ex-Jugoslawien (→ Karte): Am 15. 12. 1995 einigen sich die Ministerpräsidenten der Bundesländer auf ein Ende des Abschiebestopps für rd. 340 000 Flüchtlinge aus dem früheren Kriegsgebiet Bosnien-Herzegowina zum 31. 3. Mit Rücksicht auf die angespannte Situation im Heimatland wird die Duldungsfrist am 26. 1. verlängert mit dem Ziel, die Rückführung bis Ende August 1997 abgeschlossen zu haben. – Nach dem Stichtag 1. 10. beginnt der Freistaat Bayern am 9. 10. mit der **Rückführung der ersten bosnischen Flüchtlinge** in ihre Heimat. Nach einem flexiblen Stufenplan erwartet 320 000 Bosnier die Abschiebung, soweit sie nicht freiwillig zurückkehren.

Außenpolitik

VR China: Die Kritik Außenminister *Klaus Kinkels* an **Chinas Umgang mit den Menschenrechten** vor der UN-Menschenrechtskommission in Genf am 16. 4. weist der Sprecher der chinesischen Delegation scharf zurück. Eine Veranstaltung der Friedrich-Naumann-Stiftung über das **Schicksal Tibets** unter Teilnahme des *Dalai Lama* am 14. – 17. 6. nimmt die chinesische Führung im Vorfeld zum Anlaß, das Büro der Stiftung in Peking zu schließen. Am 20. 6. nimmt der Bundestag mit der großen Mehrheit aller Fraktionen eine Resolution an, in der die andauernden Menschenrechtsverletzungen Chinas in Tibet scharf kritisiert werden und die auch einen Hinweis auf den umstrittenen völkerrechtlichen Status Tibets enthält. Zu einer Normalisierung der Beziehungen kommt es

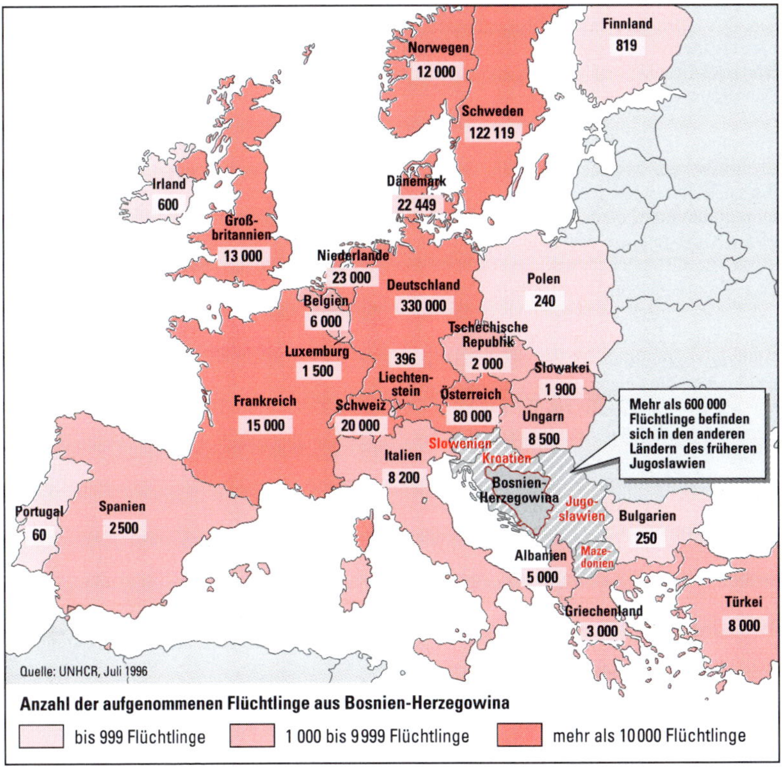

Aufnahmeländer der Flüchtlinge aus Bosnien-Herzegowina

nach den Besuchen von *Kinkel* (21.–24. 10.) und Bundespräsident *Roman Herzog* (18.–25. 11.) in der VR China.

Tschechische Republik: Die Forderung der Bundesregierung, die tschechische Regierung möge sich moralisch von der Vertreibung von über drei Millionen Sudentendeutschen nach dem Zweiten Weltkrieg distanzieren, die Frage der Entschädigung tschechischer Opfer des Naziregimes sowie des Verzichts auf Vermögensansprüche seitens der Vertriebenen blockieren die Verhandlungen über eine deutsch-tschechische **Erklärung zur Aussöhnung** beider Völker Mitte Januar.

Vatikan: Auf seiner 72. Auslandsreise besucht Papst *Johannes Paul II.* vom 21.–23. 6. Deutschland. In Paderborn verurteilt er die Auswüchse des Kapitalismus; in Berlin spricht er die Priester *Bernhard Lichtenberg* und *Karl Leisner* als Märtyrer im Widerstand gegen die Nazis selig. Am 17. 6. hatte das Berliner Landgericht das 1942 ergangene, auf zweijährige Haftstrafe lautende NS-Urteil gegen den früheren Berliner Dompropst *Lichtenberg* aufgehoben.

Ereignisse auf Länderebene

Baden-Württemberg: Am 31. 1. stellt der Untersuchungsausschuß des Landtags zur **Steueraffäre Graf** mit der Mehrheit der Stimmen gegen die CDU-Ausschußminderheit fest, die Profi-Tennisspielerin *Stefanie Graf* und ihre Familie seien steuerlich bevorzugt behandelt worden, wenn auch keine Einflußnahme führender Politiker nachweisbar sei und pauschale Vorwürfe gegen die Finanzbehörden ungerechtfertigt seien. – Die **Landtagswahl** am 24. 3. (→ Abbildung) führt zur Beendigung der großen Koalition.

Berlin/Brandenburg: Die für 1999, spätestens 2002 geplante **Fusion zum Land Berlin-Brandenburg scheitert** am negativen Votum der Bevölkerung Brandenburgs in der Volksabstimmung am 5. 5. Bei einer Beteiligung von 64,4 % der Wahlberechtigten entscheiden sich 63 % der Abstimmenden gegen, 36,3 % für ein Zusammengehen mit Berlin. In Gesamtberlin wird das Projekt dagegen von 53,4 % befürwortet, von 45,7 % abgelehnt (Beteiligung: 57,8 %).

Wahl zum 12. Landtag von Baden-Württemberg am 24.3.1996 (1992)

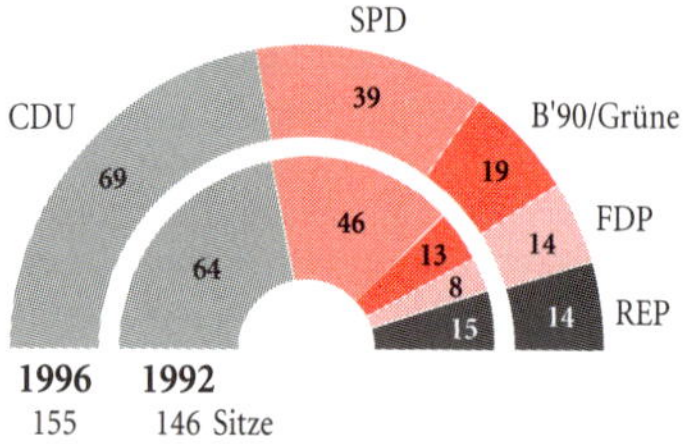

Niedersachsen/Hessen: Der **Transport abgebrannter Brennstäbe** aus der Wiederaufbereitungsanlage im französischen La Hague in einem Castor-Spezialbehälter zum atomaren Zwischenlager in Gorleben (→ Farbkarte VI) trifft am 8. 5. vor allem im Wendland auf massiven, teils gewalttätigen Protest Tausender von Menschen. Zur Sicherung des Transports setzt der niedersächsische Innenminister im Wendland rd. 9000 Polizeibeamte ein. – Der hessische Innenminister teilt dem niedersächsischen Amtskollegen am 14. 6. mit, Hessen sehe sich aus finanziellen und personellen Gründen nicht länger in der Lage, die erforderlichen Polizeikräfte für die Sicherung weiterer **Castor-Transporte** mit radioaktivem Material nach Gorleben auf ihrer Bahnstrecke durch Hessen zur Verfügung zu stellen. Der Schutz des Transports hatte insgesamt 10 Mio. DM gekostet.

Sachsen-Anhalt: Die Staatsanwaltschaft Magdeburg erhebt Ende April Anklage gegen den ehem. Ministerpräsidenten *Werner Münch* (CDU) und den ehem. Sozialminister *Werner Schreiber* (CDU) wegen Betrugs (Gehälteraffäre → 1993). Das Verfahren endet am 5. 9. mit einem Freispruch der beiden Angeklagten. – Nach Vorwürfen persönlicher Vorteilsnahme am 8. 2. tritt Landwirtschaftsminister *Helmut Rehhahn* (SPD) am 25. 5. zurück. Umweltministerin *Heidrun Heidecke* (Bündnis 90/Die Grünen) übernimmt daraufhin die Leitung der zusammengelegten Ressorts für Landwirtschaft und Umwelt.

Schleswig-Holstein: Landtagswahl am 24. 3.

1997

Reformstau und Euro-Streit

Über die Notwendigkeit einer Steuerreform herrscht zwar bei der Bundesregierung und Opposition Einigkeit; dennoch scheitert das vom Kabinett vorgelegte Reformpaket trotz langwieriger Verhandlungen am Widerstand des Bundesrats. Die Rentenreform – im Bundesrat nicht zustimmungspflichtig –, die eine sukzessive Absenkung des Rentenniveaus vorsieht, wird dagegen verabschiedet. – Zu Kontroversen führt auch die Einhaltung der Konvergenzkriterien für die geplante Europäische Wirtschafts- und Währungsunion, da sich Finanzminister *Theo Waigel* angesichts zu erwartender Steuerausfälle zu einer von der Bundesbank abgelehnten »kreativen Buchführung« genötigt sieht.

Außenpolitik

Tschechische Republik: Am 21. 1. unterzeichnen die deutschen und tschechischen Regierungschefs und Außenminister in Prag die **Erklärung zur deutsch-tschechischen Versöhnung** (→ 1996), die am 30. 1. in Bonn (578:20 Stimmen bei 23 Enthaltungen, 51 Abgeordnete nehmen an der Abstimmung nicht teil) und am 14. 2. in Prag (131:59:7) ratifiziert wird. In ihr bekennt sich Deutschland zu seiner Verantwortung für das an der Tschechoslowakei begangene Unrecht vor und während des Zweiten Weltkriegs und bedauert das durch die nationalsozialistischen Verbrechen den Tschechen und Slowaken zugefügte Leid. Die tschechische Seite bekennt sich erstmals offiziell zur Vertreibung und bedauert die dabei Deutschen zugefügten Grausamkeiten. Staatspräsident *Václav Havel* und Bundespräsident *Roman Herzog* würdigen die Deklaration vor den Parlamenten des jeweils anderen Staates als Grundlage für die Entwickung einer freundschaftlichen Partnerschaft

im Rahmen des zusammenwachsenden Europa (24. 4. bzw. 29. 4.). Die deutschen Vertriebenenverbände lehnen die Deutsch-Tschechische Erklärung als Ausverkauf von Heimat- und Güterrechten der vertriebenen bzw. zwangsausgesiedelten Sudetendeutschen entschieden ab. – Am 29. 12. verständigen sich Deutschland und die Tschechische Republik auf die vereinbarte Einrichtung eines Zukunftsfonds, in den von deutscher Seite 140 Mio. DM und von tschechischer Seite 25 Mio. DM eingezahlt werden und der vor allem rd. 8000 noch lebenden tschechischen Opfern der Nazi-Besetzung zugute kommen soll. Über die Besetzung des paritätisch zu besetzenden achtköpfigen Leitungsgremiums hatte es im Vorfeld Probleme gegeben, als bekannt wurde, daß Deutschland beabsichtigt, zwei prominente Vertreter der Sudetendeutschen in den Verwaltungsrat zu entsenden.

Iran: Die Feststellung eines von der iranischen politischen Führung zu verantwortenden Auftragsmordes in Deutschland im »Mykonos-Urteil« des Berliner Kammergerichts am 9. 4. (→ unten) veranlaßt die Bundesregierung noch am gleichen Tag zum **Abbruch des »kritischen Dialogs« mit dem Iran** und zum Rückruf ihres Botschafters in Teheran. Die übrigen EU-Staaten schließen sich diesem Schritt an. Der Iran bestreitet die Beschuldigungen, droht Gegenmaßnahmen an, ruft seinerseits seine Botschafter aus den EU-Staaten zurück und erklärt die Rückkehr des deutschen und des dänischen Botschafters für unerwünscht.

Türkei: Der Ablehnung von Beitrittsverhandlungen der Europäischen Union (EU) mit der Türkei durch die EU-Außenminister am 8. 12. und den Deutschen Bundestag am 11. 12. folgt eine drastische Verschlechterung der deutsch-türkischen Beziehungen. Sie gipfeln in dem Vorwurf des türkischen Ministerpräsidenten *Mesut Yilmaz* am 6. 3. 1998, die von Deutschland betriebene Erweiterungspolitik der EU sei mit der Lebensraum-Expansion der Nazis zu vergleichen.

EU-Konvergenzkriterien, Haushalt

Mit zunehmender Ungewißheit über die deutsche Beitrittsfähigkeit zur Europäischen Wirtschafts- und Währungsunion (bezogen auf die Erfüllung der Maastricht-Referenzwerte) – vorrangig das Defizitkriterium: maximal 3 % des BIP, und das Schuldenkriterium: öffentlicher Schuldenstand 60 % des BIP, (→ Abbildung) ge-

Verschuldung der öffentlichen Haushalte Dez. 1997
insgesamt 2 220 940 (in Mio. DM)

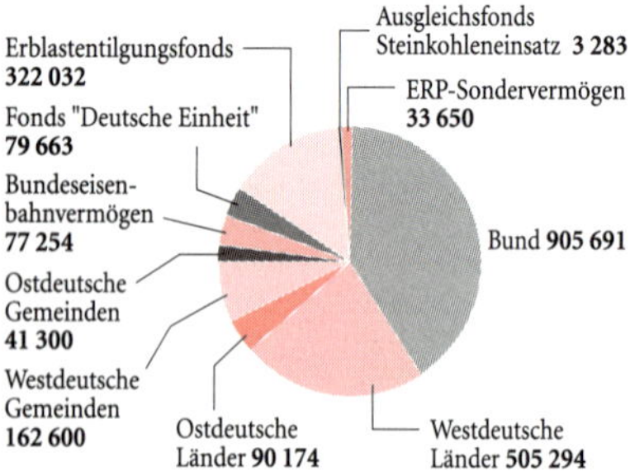

Quelle: Deutsche Bundesbank

winnt die Auseinandersetzung über »Punktgenauigkeit«, Terminsicherheit und den Kreis der Gründungsmitglieder an Intensität und innenpolitischer Brisanz. Während das Haushaltsdefizit 1996 bei 3,9 % vom BIP liegt und Bundesfinanzminister *Theo Waigel* (CSU) noch im Herbst 1996 von erreichbaren 2,5 % 1997 ausgeht, legt er den EU-Finanzministern in Brüssel Mitte März einen Konvergenzplan vor, nach dem es in dem entscheidenden Bezugsjahr 1997 auf 2,9 % sinken wird. Gegen Tendenzen im In- und Ausland (v. a. Frankreich), das Defizitkriterium großzügig zu interpretieren, beharrt er auf strikter Erfüllung des »Dreikommanull«-Wertes. Am 8. 6. mündet die Debatte in eine offene Kontroverse zwischen Bundeskanzler *Helmut Kohl* (CDU) und dem bayerischen Ministerpräsidenten *Edmund Stoiber* (CSU), der einer Verschiebung der Währungsunion den Vorzug vor einer Aufweichung der Stabilitätskriterien gibt.
Bundeshaushalt 1997: Gegen die Stimmen der Opposition billigt der Bundestag den Haushalt am 29. 11. 1996 in 3. Lesung. Bei einem Volumen von 439,9 Mrd. DM fällt er um 2,5 % niedriger aus als im Vorjahr. Die Neuverschuldung wird auf 53,3 Mrd. DM angesetzt. Am 15. 5. ermittelt der Arbeitskreis Steuerschätzung Mindereinnahmen der öffentlichen Hand für 1997 von ca. 18 Mrd. DM; auf den Bund entfallen dabei 9,1 Mrd. DM. Um die Deckungslücke für 1997 zu schließen, ohne die deutsche Staatsschuldquote am Maastricht-Kriterium von 3 % des BIP zu überschreiten, favorisiert Finanzminister *Waigel* (CSU) neben Sparmaßnahmen die **Höherbewertung der Goldreserven** der Deutschen Bun-

desbank. In ihren Büchern führt sie diese nach dem Niederstwertprinzip mit einem Gesamtwert von rd. 13,7 Mrd. DM, während ihr Marktpreis Mitte Mai 1997 bei 55,7 Mrd. DM liegt. Diesen Versuch »kreativer Buchführung« lehnt die Deutsche Bundesbank entschieden ab. Am 12. 6. einigen sich Finanzminister *Waigel* und Bundesbank auf eine **Höherbewertung der Devisenbestände der Bundesbank** noch im Jahr 1997. Die erzielten Gewinne, die 1998 in den DDR-Erblastentilgungsfonds fließen sollen, können den Bundeshaushalt 1998 um 10 bis 15 Mrd. DM entlasten.

Steuerreform

Am 23. 1. präsentiert Finanzminister *Theo Waigel* (CSU) den Entwurf der Regierungskoalition

Gemeinschaftliche Steuern des Bundes, der Länder und der Gemeinden
(in Mio. DM)

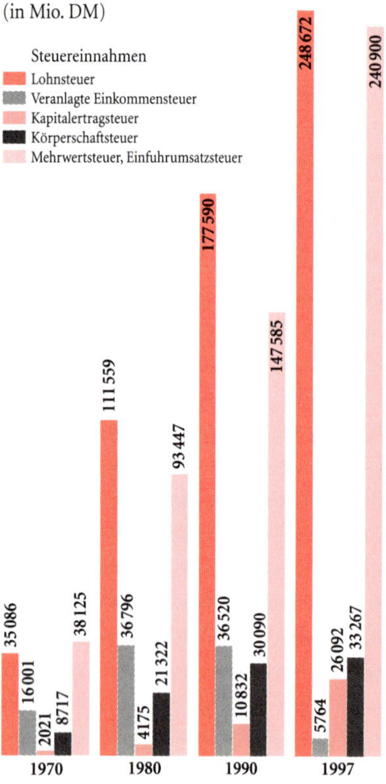

Truppenabbau (Bundeswehr, NVA, ausländische Truppen)

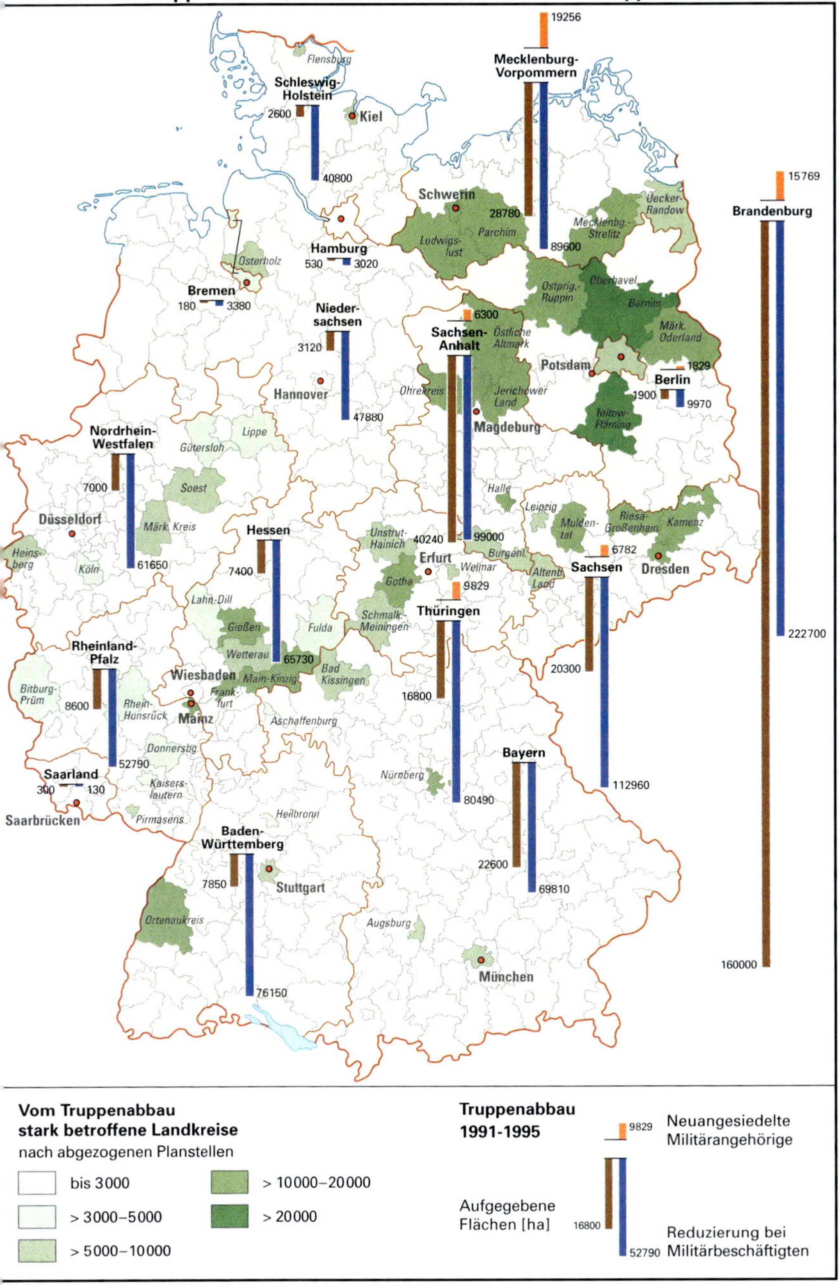

Bevölkerungsentwicklung der DDR 1950 bis 1970

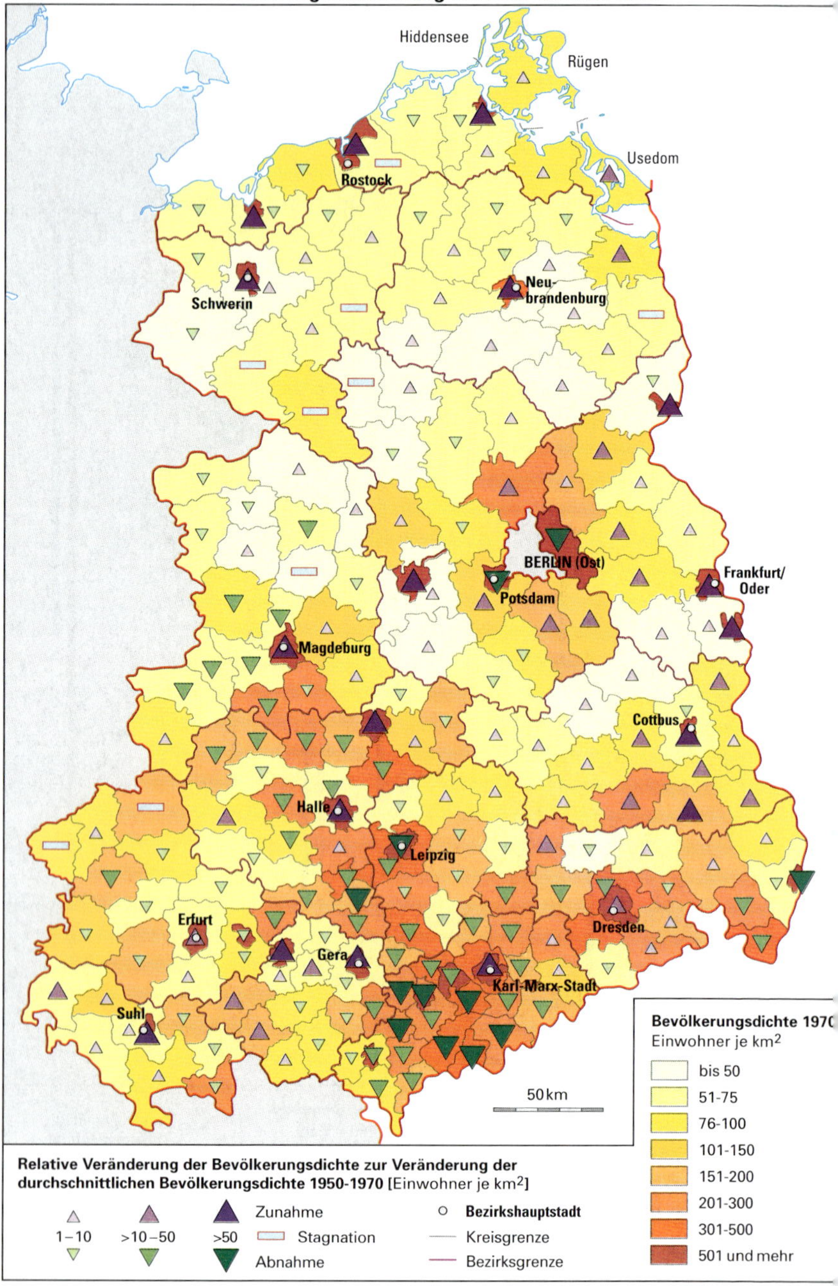

Wirtschaftsentwicklung der DDR 1950 bis 1970

Wanderung zwischen den Bundesländern 1991–1994

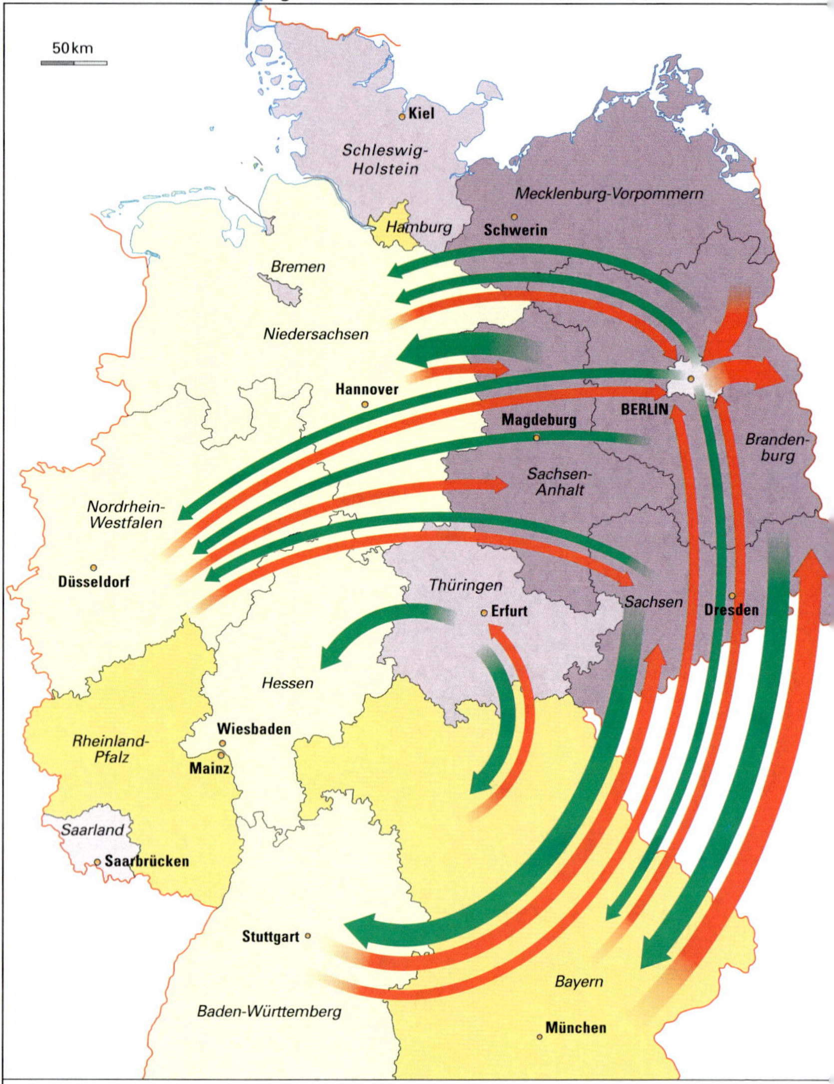

Wanderungssaldo der Bundesländer in ‰

- ≥ 2,5
- 0,0 bis < 2,5
- −2,5 bis < 0,0
- −5,0 bis < −2,5
- > −5,0

Hauptwanderungsströme zwischen den neuen und alten Bundesländern
bezogen auf die Bevölkerung der neuen Bundesländer

Zuwanderung in % der Zugänge	Abwanderung in % der Fortzüge
2 bis <3	2 bis <3
3 bis <4	3 bis <4
>4	>4

zur Reform des Steuerrechts, die mehr komsumptive Nachfrage und Wirtschaftswachstum stimulieren, die Einkommen breiter erfassen und mehr Steuergerechtigkeit gewährleisten soll: u. a. Senkung des Eingangssteuersatzes für Löhne und Einkommen auf 15 (bisher 25,9) %, des Spitzensteuersatzes auf 39 (bisher 53) %. Bei einem Gesamtvolumen von 82 Mrd. DM will die Bundesregierung eine Nettoentlastung von 30 Mrd. DM erreichen. Der Finanzierungsbedarf von 15 Mrd. DM soll durch eine Anhebung der Mehrwertsteuer gedeckt werden. **Die SPD lehnt das Modell als sozial ungerecht ab,** so daß die Verhandlungen zwischen den Regierungsparteien und der SPD am 23. 4. scheitern. Am 4. 7. lehnt der Bundesrat den am 26. 6. vom Bundestag mit der Regierungsmehrheit verabschiedeten Entwurf ab. Auch im Vermittlungsausschuß kommt am 30. 7. keine Einigung zustande, so daß die Steuerreformpläne im Bundestag am 5. 8. vorerst scheitern. Der Bundestag beschließt lediglich die Abschaffung der Gewerbekapitalsteuer zum 1. 1. 1998. Nachdem der Bundesrat am 5. 9. die Gesetzesvorlage erneut ablehnt und der zweite Vorschlag des Vermittlungsausschusses vom Bundestag zurückgewiesen wird, ist die **Steuerreform** am 17. 10. **endgültig gescheitert**.

Rentenreform, Altersversorgung

Am 27. 1. stellt der Bundesminister für Arbeit und Sozialordnung *Norbert Blüm* (CDU) den Bericht der von ihm geleiteten **Regierungskommission zur Fortentwicklung der Rentenversicherung** vor. Sie schlägt vor, bis zum Jahr 2030 das Rentenniveau von gegenwärtig rd. 70 auf etwa 64 % der durchschnittlichen Nettolöhne und -gehälter zu senken und zielt dabei eine Beitragserhöhung von 20,3 auf 22,9 % an. Neben der deutlichen Absenkung von Berufs- und Erwerbsunfähigkeitsrenten und weiteren Sparmaßnahmen durch die Anhebung der Zuschüsse des Bundes an die Rentenversicherung um rd. 17 Mrd. DM sowie durch die Einbeziehung von Neben- und arbeitnehmerähnlichen Tätigkeiten in die Rentenversicherung soll dies gewährleistet werden. – Um eine Anhebung der Rentenbeiträge von 20,3 auf 21 % für 1998 zu vermeiden, beschließt der Bundestag am 31. 10. (Zustimmung des Bundesrats am 11. 12.) eine **Erhöhung der Mehrwertsteuer** ab 1. 4. 1998 von 15 auf 16 %. Bereits am 10. 10. hatte die Koalition das im Bundesrat nicht zustimmungspflichtige **Rentenreformgesetz verabschiedet**.

Weitere innenpolitische Ereignisse

Gegen Kürzung der Kohlesubventionen: Die Absicht der Bundesregierung, die Subventionen für den Steinkohleabbau bis zum Jahr 2005 von derzeit jährlich rd. 10 Mrd. DM auf 3,8 Mrd. DM zu reduzieren, bringt Anfang März die Bergarbeiter im Ruhrgebiet und im Saarland auf die Straße. Tausende demonstrieren in Bonn, wo sie die FDP-Parteizentrale belagern. Andere besetzen Zechen und Autobahnabschnitte im Ruhrgebiet. Die Kumpel befürchten die Schließung von Zechen und den Abbau von 60 000 der bestehenden 85 000 Arbeitsplätze. Am 13. 3. vereinbart die IG Bergbau und Energie mit der Bundesregierung und den Landesregierungen von Nordrhein-Westfalen und dem Saarland als Kompromiß die Kürzung der Subventionen auf 5,5 Mrd. DM bis zum Jahr 2005 und den Abbau der Arbeitsplätze um rd. die Hälfte ohne betriebsbedingte Kündigungen.

Gegen »Atommüll-Tourismus«: Am 5. 3. treffen sechs **Castor-Behälter mit abgebrannten atomaren Brennstäben** im Zwischenlager Gorleben ein. Sie kommen aus Atomkraftwerken in Baden-Württemberg und Bayern sowie aus der Wiederaufarbeitungsanlage La Hague. Der Schutz des Transports gegen Zehntausende von Demonstranten erfordert mit 30 000 Polizisten den größten Polizeieinsatz in der Geschichte der Bundesrepublik und soll rd. 100 Mio. DM kosten.

Justiz: Im sog. **Mykonos-Prozeß** um den Mord an vier iranisch-kurdischen Oppositionspolitikern in Berlin am 17. 2. 1992 verurteilt das Berliner Kammergericht am 9. 4. vier Libanesen und einen Iraner zu Haftstrafen (in zwei Fällen zu lebenslang). Indem es die politische Führung des Iran als direkte Auftraggeber des Verbrechens bezeichnet, löst das Gericht eine schwere Krise in den Beziehungen zwischen dem Iran und Deutschland samt seinen EU-Partnerstaaten aus (→ oben). – Der erste **Prozeß wegen eines Kriegsverbrechens** vor einem bundesdeutschen Gericht endet am 23. 5. mit der Verurteilung eines bosnischen Serben durch den Staatsschutzsenat des Obersten Landgerichts München zu fünf Jahren Haft wegen Beihilfe zum Mord in 14 Fällen und einem Mordversuch. Das

Internationale Tribunal für die Verfolgung von Kriegsverbrechen im ehemaligen Jugoslawien (ITCY) in Den Haag hatte den Fall nach München abgegeben. Die Verteidigung kündigt Revision an, u. a. weil sie das Gericht für nicht zuständig hält. – Das Landgericht Frankfurt am Main verurteilt am 21. 12. den **Bauunternehmer** *Jürgen Schneider* u. a. wegen besonders schweren Betrugs und Urkundenfälschung zu einer Freiheitsstrafe von sechs Jahren und neun Monaten. Der Konzern des größten deutschen Immobilienbesitzers war im April 1994 mit mehr als 5 Mrd. DM Schulden in Konkurs gegangen. Das Gericht wirft den kreditgebenden Banken vor, durch ihr Verhalten die Betrügereien grob fahrlässig provoziert zu haben.

Ausländer, Flüchtlinge

Am 5. 7. stimmt der Bundesrat einem Kompromiß zu umfangreichen **Änderungen des Ausländerrechts** zu. U. a. werden die Möglichkeiten erleichtert, straffällig gewordene Ausländer auszuweisen, in Einzelfällen auch ohne Gerichtsurteil. – Mit Hinweis auf die im Vergleich zu anderen europäischen Staaten mit Abstand höchste Zahl in Deutschland aufgenommener Flüchtlinge setzt Bundeskanzler *Kohl* auf dem EU-Gipfel in Amsterdam (16.–18. 6.) ein nationales Vetorecht gegen die geplante Freizügigkeit für Ausländer, die in einem EU-Staat Aufenthaltsrecht genießen, im Vertrag von Amsterdam durch. Laut dem am 18. 7. in Paris veröffentlichten Jahresbericht 1996 der OECD über internationale Wanderbewegungen nahm Deutschland 1995 insgesamt 800 000 Menschen auf; es folgen die Schweiz mit 88 000, die Niederlande mit 67 000 und Frankreich mit 56 000.

Flüchtlinge aus Ex-Jugoslawien: Die rigide Durchführung und die Eile der Ausweisungen der Flüchtlinge ab Frühjahr rufen in etlichen Fällen Proteste in der Öffentlichkeit hervor. Am 21. 5. fordert das US-Außenministerium die deutschen Behörden auf, bosnische Kriegsflüchtlinge nicht zur Rückkehr zu zwingen. Nach Berichten des Auswärtigen Amts und von Hilfsorganisationen, die Abschiebungen in den serbischen Landesteil für lebensgefährlich halten, sowie einem Appell namhafter Politiker, unter ihnen auch Abgeordnete der Koalitionsparteien, die von ihnen als teilweise »völlig unverantwortlich« bezeichnete Rückführungspolitik zu ändern, beschließt die Innenministerkonferenz des Bundes und der Länder am 6. 6., die etwa 150 000 bosnischen und kroatischen Flüchtlinge aus dem Gebiet der jetzigen Republik Srpska zunächst nicht abzuschieben. – Nach Angaben der Internationalen Organisation für Wanderung (IOM) kehrten 31 523 Flüchtlinge aus Bosnien-Herzegowina im ersten Halbjahr aus Deutschland freiwillig in ihre Heimat zurück.

Aufarbeitung des DDR-Erbes

Entlastung/Förderung der neuen Länder: Am 29. 1. einigen sich die Bundesregierung und die neuen Länder auf die Übernahme von jeweils der Hälfte der insgesamt 8,4 Mrd. Altschulden der Kommunen aus DDR-Zeiten. Mit Ausnahme Berlins, dessen Anteil der Bund zusätzlich übernimmt, zahlt jedes der Länder bis zum Jahr 2004 den rechnerischen Anteil von 35 Mio. DM jährlich. – Am 22. 5. stellen die Bundesregierung, der Deutsche Gewerkschaftsbund (DGB) und die Deutsche Angestellten-Gewerkschaft (DAG) sowie die Verbände der Arbeitgeber und des Kreditgewerbes in Berlin überraschend eine **»Gemeinsame Initiative für mehr Arbeitsplätze in Ostdeutschland«** vor mit dem Ziel, die Beschäftigung in den neuen Ländern zu stabilisieren und von 1998 an 100 000 neue Arbeitsplätze zu schaffen. Während von Gewerkschaftsseite zur Senkung der Lohnstückkosten (die gegenüber Westdeutschland um rd. 50 % höher liegen) die Bereitschaft zur Öffnung von Flächentarifverträgen erklärt wird, um im Rahmen betrieblicher Vereinbarungen auch die Möglichkeit der Lohnsenkung, der Flexibilisierung von Arbeitszeiten und der Erleichterung befristeter Einstellungen zu eröffnen, sichert die Unternehmerseite zu, mehr Produkte aus Ostdeutschland zu beziehen und die dort angesiedelten Unternehmensteile zu stärken. Die Bundesregierung verweist auf die am Tag zuvor beschlossene Fortsetzung der steuerlichen Ostförderung bis zum Jahr 2004 und will zur Verbesserung der Beschäftigungslage in kleineren und mittleren Betrieben beitragen. – Die Bundesregierung legt am 23. 7. erstmals **einen »Bericht zum Stand der Deutschen Einheit«** vor. Für die vergangenen sieben Jahre verzeichnet er öffentliche Transferleistungen in die neuen Bundesländer von insgesamt fast 1 Billion DM, von denen der Bund 1995 rd. 135 Mrd. DM, 1996 rd. 138 Mrd. DM aufgebracht habe. Für »aktive Arbeitsmarktpolitik«, die bis zu zwei Mio. Arbeitnehmer vor der Arbeitslosigkeit bewahrt habe, seien 1995 rd. 30 Mrd. DM, 1996 rd. 25 Mrd. gezahlt worden.

Justiz: Wegen ihrer Verantwortlichkeit für die **Erschießung von Flüchtlingen an der innerdeutschen Grenze** verurteilt das Landgericht Berlin am 31. 5. vier weitere frühere ranghohe DDR-Militärs, darunter den früheren stellv. Verteidigungsminister *Joachim Goldbach,* zu Haftstrafen von bis zu drei Jahren und drei Monaten. – Wegen ihrer Verantwortlichkeit im Sinne von Totschlagshandlungen verurteilt das Berliner Landgericht am 25. 8. im »Politbüro-Prozeß« den letzten Staatschef der DDR, *Egon Krenz,* zu 6 1/2 Jahren Haft sowie den ehem. Ostberliner SED-Bezirkschef *Günter Schabowski* und den Wirtschaftsexperten im ZK der SED, *Günther Kleiber,* zu jeweils drei Jahren Haft. *Krenz* wird noch im Gerichtssaal verhaftet, die beiden anderen bleiben auf freiem Fuß. Die drei Angeklagten und die Staatsanwaltschaft legen gegen das Urteil Revision beim Bundesgerichtshof ein. – Am 30. 9. spricht das Landgericht Frankfurt/Oder sieben ehem. Richter und Staatsanwälte vom Vorwurf der Rechtsbeugung bzw. Freiheitsberaubung frei. Sie wurden beschuldigt, in zwei Verfahren 1976 und 1979 im Zuge der Repressionsmaßnahmen der DDR-Staatssicherheit gegen den 1982 verstorbenen prominenten DDR-Oppositionellen *Robert Havemann* Unrechtsurteile herbeigeführt zu haben.

Unternehmen

Stahlfusion Krupp/Thyssen: Mitte März versucht der Krupp-Hoesch-Konzern in Essen, den wesentlich größeren Thyssen-Konzern in Düsseldorf im Zuge der **ersten feindlichen Übernahme** in der bundesdeutschen Wirtschaftsgeschichte an sich zu binden. Nach massiven Protesten der Thyssen-Belegschaften, u. a. von rd. 30 000 Arbeitnehmern in Frankfurt am Main vor dem Hauptgebäude der Deutschen Bank, führen Krupp-Hoesch und Thyssen Verhandlungen über eine gemeinsamen Stahlgesellschaft; zu betriebsbedingten Kündigungen soll es nicht kommen, wohl aber zum Abbau von 6600 der 23 600 bestehenden Arbeitsplätze bis zum Jahr 2001. Nach der Zusammenlegung ihrer Stahlbereiche in der Thyssen Krupp Stahl AG zum 1. 4. und 1. 9. kündigen Vorstände und Aufsichtsräte beider Industriekonzerne am 4. 11. ihre Gesamtfusion an.

Ereignisse auf Länderebene

Bayern: Mit einer Einstweiligen Anordnung setzt das Bundesverfassungsgericht am 24. 6. das für den 1. 7. geplante Inkrafttreten des **bayerischen »Sonderweg«-Gesetzes zur Abtreibung** in wesentlichen Teilen aus. Mit dem am 9. 8. 1996 verabschiedeten Landesgesetz versuchte Bayern, das am 1. 10. 1995 in Kraft getretene Bundes-Abtreibungsrecht zu verschärfen.

Brandenburg: Durch außergewöhnlich starke Regenfälle im Einzugsbereich von Oder, Neiße und Weichsel im südlichen Polen und im westlichen Tschechien werden im Juli 1997 weite Landstriche überflutet: In Brandenburg ist das nördlich von Frankfurt/Oder gelegene Oderbruch (→ Karte) betroffen. Nach Deichbrüchen am 23. 7. bei Brieskow-Finkenheerd und am 24./25. 7. bei Aurith wird die Ziltendorfer Niederung mit rd. 7000 ha landwirtschaftlicher Nutzfläche weitgehend überflutet.

Hamburg: Bürgerschaftswahl am 21. 9.

1998

Machtwechsel

Im 17. Jahr ihres Bestehens zeigt die bürgerlich-liberale Koalition deutliche Erosionserscheinungen; aber auch gesamtgesellschaftlich herrschen Stagnation und Ratlosigkeit angesichts unverändert hoher Arbeitslosigkeit und zunehmenden Globalisierungsdrucks. Ein vielbeklagter »Reformstau«, Entscheidungsblockaden durch eine auf den Wechsel setzende Opposition und verbreitete »Kanzlermüdigkeit« sind die Antriebe, die bei der Bundestagswahl im September dazu führen, daß erstmals in der Geschichte der Bundesrepublik eine Regierung abgewählt wird. Die neue rot-grüne Koalitionsregierung vermag in der öffentlichen Wahrnehmung jedoch in den ersten drei Monaten weder die in sie gesetzten Hoffnungen noch ihre eigenen ehrgeizigen Reformziele zu erfüllen. Die »Politik der neuen Mitte« muß ihre Konturen noch gewinnen.

Neue Bundesregierung

Wahlkampf: Die Wahl zum 14. Deutschen Bundestag am 27. 9. 1998 ist dominiert vom Wunsch nach personeller wie politischer Veränderung. Erstmals in der Geschichte der Bundesrepublik wird eine amtierende Regierung abgewählt; zum zweiten Mal nach 1972 wird die SPD im Bund stärkste Partei (→ Abb.). Meinungsforschungsinstitute hatten bereits vor der Wahl einen deutlichen Sympathievorsprung für den Herausforderer *Gerhard Schröder* festgestellt; das Ergebnis zeige, daß die Wähler nach 16 Jahren Kanzlerschaft *Helmut Kohls* »kanzlermüde« gewesen seien.

Ergebnis der Bundestagswahl → Sp. 1033ff.

Neue Regierung: Bis zum 20. 10. verständigen sich SPD und Bündnis 90/Die Grünen auf eine Koalitionsvereinbarung, die u. a. ein »Bündnis

Bundestagswahl in den Ländern 1998

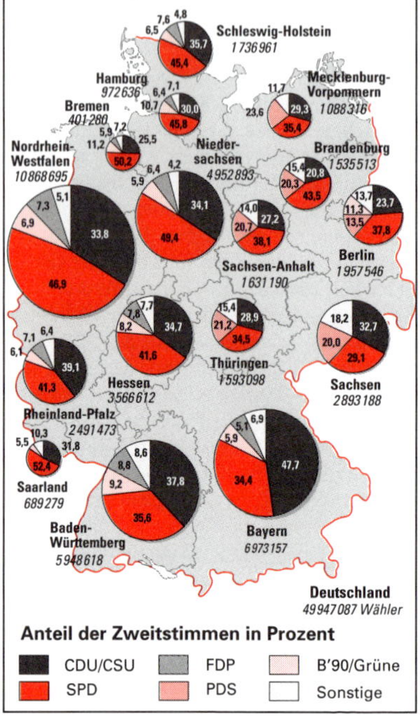

für Arbeit und Ausbildung«, eine Steuerreform sowie den sukzessiven Ausstieg aus der Atomenergie vorsieht.

Regierungserklärung: In seiner Regierungserklärung am 10. November umreißt der neue Bundeskanzler *Gerhard Schröder* seine »Politik der neuen Mitte«. – Bereits in den ersten Wochen muß die neue Regierung allerdings zahlreiche Abstriche an den hier skizzierten Reformvorhaben vornehmen (→ unten).

Innenpolitik bis zur Wahl

Altersversorgung: Am 3. 4. beschließt der Bundestag mit Regierungsmehrheit das **Versorgungsreformgesetz**: Von 1999 bis 2013 werden 0,2 % der Besoldungs- und Pensionserhöhungen der Beamten in einen **Pensionsfonds** eingezahlt; die Rücklage von rund 60 Mrd. DM soll zur Altersversorgung der Beamten herangezogen werden.

Fortsetzung Sp. 1037

Die Wahlen zum 14. Deutschen Bundestag vom 27. 9. 1998

Eindeutiger Sieger der Wahl ist die **SPD**, die mit 40,9 % der Stimmen (einem Zugewinn von 4,5 % gegenüber 1994) zum zweiten Mal – nach 1972 mit *Willy Brandt* – wieder stärkste Partei im Bundestag wird. Die **CDU/CSU** erzielt mit 35,2 % der Stimmen und einem Verlust von 6,2 % gegenüber 1994 ihr schlechtestes Ergebnis seit 1953. Sie verliert flächendeckend, besonders aber in den neuen Bundesländern. Die **Grünen** ziehen bei leichten Einbußen (–0,7 %) mit 6,7 % wieder als drittstärkste Kraft in den Bundestag ein. Die **FDP** verliert ebenfalls leicht (–0,6 %) und erhält 6,2 % aller abgegebenen Stimmen. Die **PDS** kann im dritten Anlauf erstmals die 5-Prozent-Hürde überspringen und ihre Position in den neuen Bundesländern weiter ausbauen. Dort erhält sie 19,5 % der Stimmen, während sie im Westen nur gut ein Prozent erreicht. Die **rechtsextremen Parteien** spielen bei dieser Bundestagswahl keine Rolle.

Neuer Bundestag: Am 26. 10. konstituiert sich – zum letzten Mal in Bonn – der neue Bundestag. Er wählt *Wolfgang Thierse* (SPD) zu seinem Präsidenten; zu Vizepräsidenten werden *Anke Fuchs* (SPD), *Rudolf Seiters* (CDU), *Antje Vollmer* (B '90/Grüne), *Hermann Otto Solms* (FDP) und *Petra Bläss* (PDS) gewählt.

Wahl zum 14. Deutschen Bundestag am 27.9.1998 (1994)

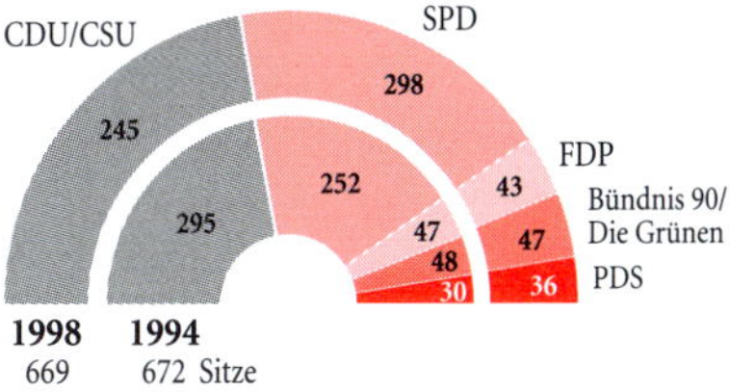

Neue Regierung: Am 27.10. wird *Gerhard Schröder* (SPD) als siebter Bundeskanzler seit 1949 vereidigt; Vizekanzler und Außenminister wird *Joschka Fischer* (Bündnis 90/Die Grünen). (Regierung → Kabinettsliste)

Erstes Kabinett Schröder (ab 27. 10. 1998)

Bundeskanzler	*Gerhard Schröder* (SPD)
Stellvertreter	*Joseph (Joschka) Fischer* (B '90/Grüne)
Auswärtiges	*Joseph (Joschka) Fischer* (B '90/Grüne)
Inneres	*Otto Schily* (SPD)
Justiz	*Herta Däubler-Gmelin* (SPD)
Finanzen	*Oskar Lafontaine* (SPD) bis 11. 3. 1999, ab 12. 4. *Hans Eichel* (SPD)
Wirtschaft und Technologie	*Werner Müller* (parteilos)
Ernährung, Landwirtschaft und Forsten (ab 12. 1. 2001 Verbraucherschutz, Ernährung und Landwirtschaft)	*Karl-Heinz Funke* (SPD) bis 9. 1. 2001, ab 12. 1. *Renate Künast* (B '90/Grüne)
Arbeit und Sozialordnung	*Walter Riester* (SPD)
Verteidigung	*Rudolf Scharping* (SPD)
Familie. Senioren, Frauen und Jugend	*Christine Bergmann* (SPD)
Gesundheit	*Andrea Fischer* (B '90/Grüne) bis 9. 1. 2001, ab 18. 1. *Ulla Schmidt* (SPD)
Verkehr, Bau- und Wohnungswesen	*Franz Müntefering* (SPD) bis 17. 9. 1999, 29. 9. 1999 bis 16. 11. 2000 *Reinhard Klimmt* (SPD), ab 20. 11. *Kurt Bodewig* (SPD)
Umwelt, Naturschutz und Reaktorsicherheit	*Jürgen Trittin* (B '90/Grüne)
Bildung und Forschung	*Edelgard Bulmahn* (SPD)
Wirtschaftliche Zusammenarbeit und Entwicklung	*Heidemarie Wieczorek-Zeul* (SPD)
Bundeskanzleramt	*Bodo Hombach* (SPD) bis 24. 6. 1999, ab 1. 8. *Franz-Walter Steinmeier* (SPD)

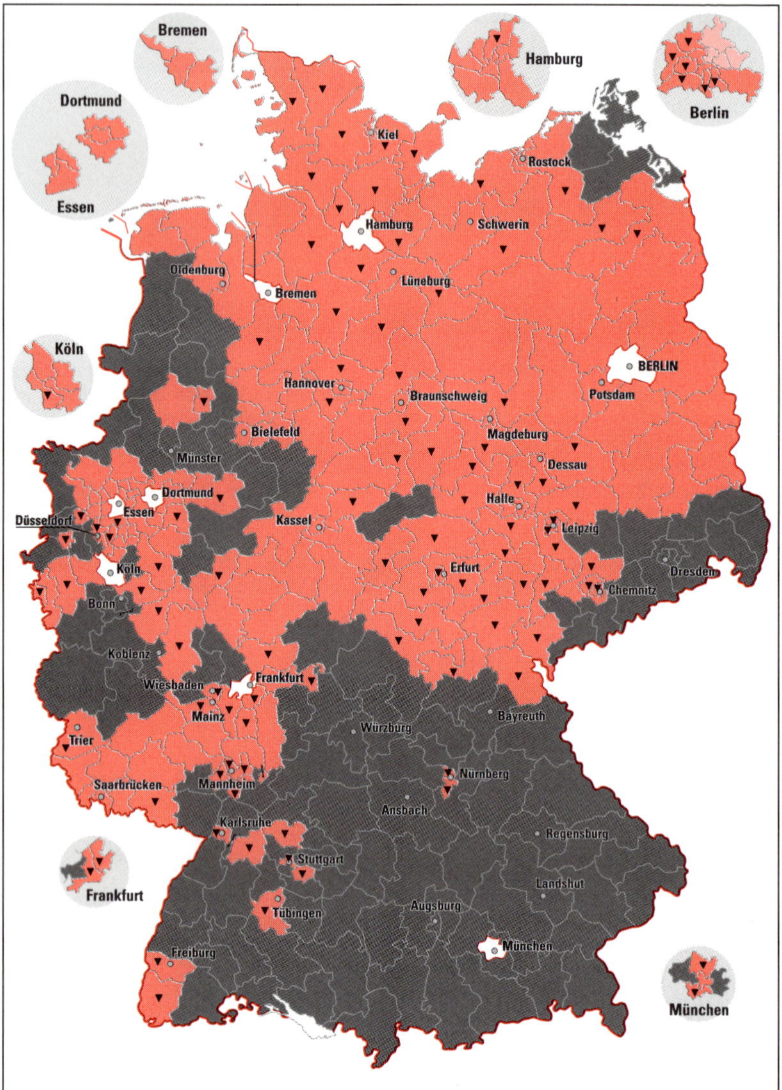

Direktmandate der im 14. Deutschen Bundestag vertretenen Parteien

Mit der Mehrheit der Erststimmen 1998 gewonnene Wahlkreise

- Kandidaten der CDU/CSU (74+38=112)
- Kandidaten der SPD (212)
- Kandidaten der PDS (4)

Wechsel der Erststimmenmehrheit 1994/1998

▼ Wahlkreise, die von der CDU/CSU an die SPD fielen

***Quelle:** Statistisches Bundesamt*

Kriminalitätsbekämpfung: Mit den Stimmen von Koalition und SPD erweitert der Bundestag am 24. 6. die gesetzlichen Grundlagen für die Abnahme und Speicherung des sog. **genetischen Fingerabdrucks** zur Verfolgung von Sexualstraftaten, aber auch sonstigen Straftaten von erheblicher Bedeutung.

Großer Lauschangriff: Mit der erforderlichen Zweidrittelmehrheit (422 Ja-, 184 Neinstimmen, 5 Enthaltungen) beschließt der Bundestag am 16. 1. eine **Grundgesetzänderung** (§ 13 Unverletzlichkeit der Wohnung). Sie erlaubt unter bestimmten Bedingungen die elektronische Überwachung zur Verhinderung schwerer Verbrechen, insbesondere der organisierten Kriminalität. Die Mehrheit der Abgeordneten der SPD, zehn der FDP sowie die Abgeordneten der Grünen und der PDS stimmen der Verfassungsänderung nicht zu. Den Bundesrat passiert die Vorlage am 6. 2.

Wahlkreiseinteilung: Am 13. 2. billigt der Bundestag eine Neuordnung der Wahlkreise. Ihre Zahl wird um 29 auf 299 verringert, der Bundestag entsprechend auf 598 Sitze verkleinert. Die neue Einteilung gilt erstmals für die Bundestagswahl im Jahr 2002.

Aufhebung von NS-Unrechtsurteilen: Der Bundestag beschließt am 28. 5. ein Gesetz, das Gerichtsurteile annulliert, die unter dem NS-Regime gefällt wurden und gegen elementare Grundsätze der Gerechtigkeit verstießen; zu ihnen gehören die Urteile des Volksgerichtshofs und der Standgerichte. Gleichzeitig hebt der Bundestag die rund 350 000 Urteile der NS-Erbgesundheitsgerichte zur Zwangssterilisierung auf. Damit werden 53 Jahre nach Kriegsende mehrere hunderttausend Opfer der NS-Gewaltherrschaft rehabilitiert.

Kindschaftsrecht: Mit der am 1. 7. in Kraft tretenden Neuregelung des Kindschaftsrechts werden alle Unterschiede zwischen ehelichen und unehelichen Kindern abgeschafft; das gemeinsame Sorgerecht der Eltern wird zum Regelfall.

RAF-Auflösung: In einem am 20. 4. bekanntgewordenen Schreiben an eine Nachrichtenagentur erklärt sich die »Rote Armee Fraktion« für aufgelöst. Den Anschlägen der → 1970 gegründeten Terrorgruppe fielen fast 60 Menschen zum Opfer. – Am 8. 9. wird in Sainte-Honorine-la-Guillaume (Frankreich) das ehemalige RAF-Mitglied *Hans-Joachim Klein* festgenommen. *Klein* war am Überfall auf die OPEC-Konferenz in Wien → 1975 beteiligt gewesen.

Atomtransporte

Castor-Skandal: Nach Informationen durch französische Behörden, die eine Kobalt-60- und Caesium-137-Kontaminierung von Eisenbahnwaggons mit Brennelemente-Containern vom Typ Castor feststellten, die für den Transport aus 19 französischen, deutschen und schweizerischen Atomkraftwerken zur Wiederaufbereitungsanlage La Hague eingesetzt wurden, untersagt Umweltministerin *Angela Merkel* am 13. 5. vorerst weitere Transporte aus deutschen Atomkraftwerken. Am 25. 5. legt *Merkel* einen Zehn-Punkte-Plan zur Ursachenfeststellung vor, dessen Erfüllung durch die Atomwirtschaft die Voraussetzung für die Wiederaufnahme der Transporte sein soll. Am 29. 5. geben deutsche AKW-Betreiber erstmals zu, **seit Jahren vielfach Kontaminationen gemessen** zu haben, ohne das Eisenbahn-Bundesamt oder das Bundesumweltministerium zu informieren.

Rechtsextremismus

Verfassungsschutzbericht: Nach dem am 6. 5. von Innenminister *Manfred Kanther* vorgelegten Verfassungsschutzbericht stieg die Zahl der Gewalt- und Straftaten durch **Rechtsextreme** im Jahr 1997 erstmals seit fünf Jahren wieder drastisch an, und zwar um 27 % auf 790 Straftaten. Die Anhängerschaft schätzt der Verfassungsschutz auf 48 500 Personen. Ein Verbot rechtsextremer Parteien wie der Deutschen Volksunion (DVU) oder der Republikaner lehnt *Kanther* jedoch ab. – Die Gewalttaten durch **Linksextreme** nahmen um 16 % von 716 auf 833 zu; mehr als ein Viertel davon waren Aktionen gegen Atommülltransporte.

Rechtsextremismus in der Bundeswehr: In ihrem am 3. 3. vorgelegten Jahresbericht 1997 verzeichnet die Wehrbeauftragte des Deutschen Bundestags, *Claire Marienfeld*, eine **starke Zunahme rechtsextremistischer und fremdenfeindlicher Vorfälle**, insgesamt 177 – viermal mehr als im Vorjahr – wurden aktenkundig. – In ihrem am 18. 6. vorgelegten Bewertungsbericht über die Arbeit des parlamentarischen Untersuchungsausschusses, der sich von Januar bis April mit rechtsextremistischen Vorfällen in der Bundeswehr beschäftigte, kommen die Koalitionsparteien und die SPD zu dem Schluß, daß es keine rechtsextremistischen Strukturen in der Bundeswehr gibt. – Verteidigungsminister *Volker Rühe* hatte am 7. 12. 1997 bestätigt, daß mit dem einschlägig vorbestraften ehemaligen Rechtsanwalt *Manfred Roeder* eine Schlüsselfigur der Rechtsextremen im Januar 1995 vor der Führungsakademie der Bundeswehr einen Vortrag gehalten hat. *Roeder* war 1982 zu 13 Jahren Haft verurteilt worden, weil er u. a. für schuldig befunden wurde, Sprengstoffanschläge auf Ausländerheime durchgeführt zu haben. Gegen die Verantwortlichen für die Einladung *Roeders* leitet der Verteidigungsminister disziplinarrechtliche Maßnahmen ein.

Ausländer-, Flüchtlings-, Asylpolitik

Staatsbürgerschaftsrecht: Mit der Ablehnung des vom Bundesrat eingebrachten Reformgesetzentwurfs am 27. 3. scheitert vorläufig der Plan, Kindern ausländischer Eltern die Einbürgerung zu erleichtern.

Asylbewerber: Nach Angaben des Bundesinnenministeriums vom 7. 7. wurden im ersten Halbjahr 1998 insgesamt 3248 Personen (4,2 % aller Antragsteller) als Asylberechtigte anerkannt. 42 569 Asylbewerber kamen nach Deutschland, 19 % weniger als im Vorjahreszeitraum – die niedrigste Zahl seit der Asylrechtsreform 1992; unter ihnen befanden sich 11 333 Asylbewerber aus Jugoslawien (38 %), ein großer Teil von ihnen **Flüchtlinge aus dem Kosovo** (Jugoslawien). – Am 25. 6. billigt der Bundestag mit Zustimmung der SPD-Fraktion (Bundesrat 10. 7.) die **Änderung des Asylbewerberleistungsgesetzes**. Ausländer, die in die Bundesrepublik eingereist sind, bekommen in Zukunft nur noch das »unabweisbar Gebotene«.

Ausländer: Am 10. 7. bringt Bayern eine Gesetzesinitiative in den Bundesrat ein, die es erlauben soll, kriminell gewordene ausländische Kinder samt ihrer Eltern abzuschieben. – Das Verwaltungsgericht München erklärt am 28. 7. die Ausweisung eines in Deutschland geborenen 14jährigen türkischen Serienstraftäters (»*Mehmet*«) für rechtens; der bayerische Verwaltungsgerichtshof hebt am 12. 8. die Entscheidung zur Abschiebung des türkischen Jungen und seiner Eltern auf. Seiner Ansicht nach ist der Vorwurf, die Eltern hätten bei der Erziehung versagt, kein Grund für die Ausweisung der Eltern. Der 14jährige Junge, der bereits als Strafunmündiger 61 Straftaten begangen haben soll, wird nach seiner Verurteilung für die 62. Tat von den deutschen Behörden am 14. 11. ohne seine Eltern in die Türkei abgeschoben.

Urteile des Bundesverfassungsgerichts

Rechtschreibreform: Den juristischen Streit über die Zulässigkeit der heftig umstrittenen Rechtschreibreform beendet das Bundesverfassungsgericht (BVG) am 14. 7. mit der **Abweisung einer Verfassungsbeschwerde**. Grundrechte von Eltern würden durch die Reform nicht verletzt. Die Rechtschreibreform wurde am 1. 7. 1997 mit einer für den gesamten deutschen Sprachraum geltenden Konvention beschlossen.

Bundestagsmandate: Am 7. 4. erklärt das BVG das **Nachrückverfahren** nach dem Tod eines direkt gewählten Bundestagsabgeordneten für verfassungswidrig, wenn seine Partei über Überhangmandate verfügt. Da Direktkandidaten mit der Erststimme gewählt werden, ist ein Nachrücker aus der Landesliste nicht demokratisch legitimiert.

Juristische Aufarbeitung des DDR-Erbes

Stasi-Mitarbeit: Im Rechtsstreit über die Äußerung eines Berliner CDU-Abgeordneten entscheidet der Bundesgerichtshof am 16. 6., die Tatsachenbehauptung, der brandenburgische Ministerpräsident *Manfred Stolpe* (SPD) sei als »**IM Sekretär** über zwanzig Jahre im Dienste der Staatssicherheit« tätig gewesen, sei vom Grundrecht auf freie Meinungsäußerung gedeckt. – Am 20. 7. weist das Bundesverfassungsgericht die **Organklage** des Vorsitzenden der Parlamentsgruppe der PDS im Deutschen Bundestag, *Gregor Gysi*, gegen den Immunitätsausschuß zurück. *Gysi* hatte geltend gemacht, der Bericht verletze seinen verfassungsrechtlich geschützten Abgeordnetenstatus. Seinem am 8. 5. mit 15 von 17 Stimmen verabschiedeten Untersuchungsbericht zufolge hält es der Immunitätsausschuß des Bundestages für erwiesen, *Gysi* habe sich als Rechtsanwalt bei der Vertretung prominenter Regimekritiker der DDR von 1977 bis 1986 »in die Strategien des Ministeriums für Staatssicherheit einbinden lassen« mit dem Ziel der möglichst wirksamen Unterdrückung der demokratischen Opposition in der DDR.

Vereinigungsfolgen: Am 16. 6. legt der Bundestags-Untersuchungsausschuß zum »DDR-Vermögen« seinen Abschlußbericht vor. Danach entstand bei der Privatisierung der DDR-Wirtschaft durch kriminelle Aktivitäten ein finanzieller Schaden in Höhe von 3–10 Mrd. DM.

Außenpolitik

Bosnien-Herzegowina: Mit großer Mehrheit billigt der Bundestag am 17. 4. die unbefristete Fortsetzung der **SFOR-Mission** der Bundeswehr in Bosnien-Herzegowina mit einem bis zu 3000 Soldaten umfassenden Kontingent.

Jugoslawien: Ebenfalls mit großer Mehrheit stimmt der Bundestag am 18. 11. für eine deutsche Beteiligung an der NATO-Sondertruppe zum Schutz der OSZE-Beobachter im **Kosovo**. Bereits am 13. 11. war im Parlament die Beteiligung an der NATO-Luftüberwachungstruppe beschlossen worden.

Reformvorhaben der neuen Regierung

Steuerreform: Als erste Maßnahmen des geplanten dreistufigen Steuerentlastungsgesetzes 1999/2000/2002 werden zwei Vorläufergesetze am 18. 12. vom Bundesrat gebilligt. Sie sehen die Erhöhung des Kindergeldes für das 1. und 2. Kind um 30 auf 250 DM sowie die Senkung des Einkommensteuersatzes von 25,9 auf 23,9 % vor. Außerdem werden die Einschränkungen bei der Lohnfortzahlung im Krankheitsfall und beim Kündigungsschutzgesetz aufgehoben.

Ökosteuer: Die Koalition vereinbart zur »Gegenfinanzierung« der Steuerentlastungen und zur Senkung der gesetzlichen Lohnnebenkosten (v. a. der Rentenversicherungsgsbeiträge von 20,3 auf 19,5 %) eine Erhöhung der Energiesteuern und die Einführung einer Stromsteuer, mit denen Energiesparmaßnahmen gefördert werden sollen. Heftiger Protest der Energieversorger und der Industrie führt allerdings zur Abschwächung der Regelungen; energieintensive Industrien werden von der »Ökosteuer« befreit.

Gesundheitsreform: Gegen die geplante Budgetierung von Honoraren und Medikamenten demonstrieren in Bonn und anderen Städten am 18. 12. Tausende von Kassenärzten; ihrer Ansicht nach ist mit der Realisierung dieser Pläne die ambulante Versorgung der Patienten gefährdet.

Atomausstieg: Die rot-grüne Bundesregierung vereinbart im Koalitionsvertrag den schrittweisen Ausstieg aus der Atomenergie. Zwar soll es nicht zu sofortigen Stillegungen kommen, doch werden die Konsensgespräche mit den Energieversorgern mit der Ankündigung geführt, daß der **Ausstieg binnen eines Jahres** gesetzlich verbindlich geregelt werden soll, falls die Gespräche zu keinem Ergebnis führen.

Unternehmen

Daimler und Chrysler: Am 7. 5. vereinbaren der deutsche und der US-amerikanische Konzern ihren Zusammenschluß – mit einem Börsenwert von rd. 170 Mrd. DM den größten der Industriegeschichte. Als drittgrößter Autohersteller der Welt wird Daimler-Chrysler mit 421 000 Mitarbeitern und einem Umsatz von 234 Mrd. DM starten.

VW: Nach einem Übernahmepoker zwischen der Volkswagen AG und BMW um den britischen Luxuswagenhersteller entscheiden sich die Aktionäre des **Rolls-Royce**-Mutterkonzerns Vickers am 5. 6. für das 1,3-Mrd.-DM-Angebot des VW-Konzerns. Am 28. 7. gibt VW die Namensrechte an Rolls-Royce ab dem Jahr 2002 an BMW ab, um sich danach auf die Produktion des Luxuswagens Bentley zu konzentrieren.

Entschädigung: Am 7. 7. teilt VW mit, daß ein privater **Hilfsfonds** in Höhe von 20 Mio. DM mit dem Zweck eingerichtet werden soll, humanitäre Hilfe an in den Jahren 1944–45 im Volkswagenwerk tätige **Zwangsarbeiter** zu leisten. Das Unternehmen sei sich seiner historischen und moralischen Verpflichtungen bewußt, vertrete aber nach wie vor den Standpunkt, daß die Bundesrepublik Rechtsnachfolgerin des früheren Volkswagenwerks sei und Forderungen an diese zu richten seien. – Am 23. 9. richtet auch der **Siemens-Konzern** einen solchen Entschädigungsfonds ein. – Am 12. 11. vereinbaren sechs Versicherungskonzerne unter Führung der **Allianz AG** die Schaffung eines Fonds für jüdische Opfer der nationalsozialistischen Verfolgung, nachdem in den USA erste Sammelklagen von Betroffenen und ihren Nachkommen erhoben werden. – Nach Gesprächen mit Opferorganisationen, die der Kanzleramtsminister *Hombach* (SPD) in den USA führt, verständigen sich zahlreiche deutsche Großunternehmen auf einen von der Industrie finanzierten und der Bundesregierung verwalteten Hilfsfonds.

Deutsche Bank: Dem am 31. 7. veröffentlichten Bericht einer von der Deutschen Bank beauftragten Untersuchungskommission zufolge kaufte die Bank während des Zweiten Weltkriegs von der Reichsbank 4446 kg **Gold** an, das aus den besetzten Gebieten und – mindestens 747 kg – **von Opfern des Holocaust** stammte. Am 3. 6. reichten Überlebende in New York eine Sammelklage gegen die Deutsche Bank und die Dresdner Bank mit Forderungen in Höhe von 18 Mrd. US-Dollar ein. – Am 2. 12. kauft die

Deutsche Bank das Bankhaus **Credit Lyonnais Belgium** (Kaufpreis 1 Mrd. DM), im selben Monat erwirbt sie 10 % der Anteile an der **EFG Eurobank**, der zweitgrößten Privatbank Griechenlands (Bilanzsumme 10 Mrd. DM). – Das Geschäftsjahr 1998 beendet die Deutsche Bank mit einem **Gewinn** (vor Steuern) **von 7,9 Mrd. DM** (eine Steigerung gegenüber 1997 um 5,8 Mrd. DM).

Parteien

Parteivermögen: Am 24. 9. legt die unabhängige Untersuchungskommission zum DDR-Parteivermögen in Bonn ihren Abschlußbericht vor. Vom gesamten Parteivermögen der Staats- und Blockparteien sowie der Massenorganisationen in Höhe von 3,4 Mrd. Mark (SED: rd. 2 Mrd. Mark) wurden 2,64 Mrd. Mark sichergestellt; 500 Mio. Mark sind weiter umstritten. Die PDS darf aufgrund eines Vergleichs aus dem Jahr → 1995 nur so viel Vermögen behalten, wie die KPD vor 1933 besaß.

CDU: *Wolfgang Schäuble* wird auf dem 11. Bundesparteitag in Bonn am 7. 11. mit 93 % der Stimmen zum neuen Parteivorsitzenden gewählt; *Helmut Kohl*, der nach seiner Niederlage bei der Bundestagswahl auf dieses Amt verzichtet hatte, wird zum Ehrenvorsitzenden der Partei gewählt, neue Generalsekretätin wird die ehemalige Umweltministerin *Angela Merkel*.

SPD: Auf einem außerordentlichen Parteitag in Leipzig nominiert die SPD am 17. 4. in einer Politshow den niedersächsischen Ministerpräsidenten *Gerhard Schröder* mit 93,4 % der Stimmen zum Kanzlerkandidaten für die Bundestagswahlen am 27. 9. – Am 1. 11. nominiert der SPD-Parteivorstand mit 26 Stimmen bei 4 Enthaltungen den nordrhein-westfälischen Ministerpräsidenten *Johannes Rau* als Kandidaten für das Amt des Bundespräsidenten bei der Wahl am 23. 5. 1999 in Berlin.

Bündnis 90/Die Grünen: Auf der Bundesdelegiertenversammlung in Leipzig wird *Gunda Röstel* am 12. 12. als Vorstandssprecherin wiedergewählt; Nachfolgerin von *Jürgen Trittin* als zweite Sprecherin wird *Antje Radcke*.

Ereignisse auf Länderebene

Bayern: Am 8. 2. votiert die Mehrheit der Stimmberechtigten für **die Abschaffung des Bayerischen Senats**. Vorausgegangen waren eine Reform des Parlaments und der Staatsregierung, die eine Verlängerung der Legislaturperiode auf fünf Jahre und die Verkleinerung von Landtag wie Kabinett vorsieht, sowie eine Senatsreform, die der Landtag mit Zweidrittelmehrheit am 14. 11. 1997 beschloß. **Landtagswahl** am 13. 9.

Mecklenburg-Vorpommern: Bei der Wahl zum 3. Landtag am 27. 9. kann die SPD mit einem klaren Wahlsieg erstmals die Mehrheit der Sitze im Schweriner Schloß erringen. Am 3. 11. bildet der neue Ministerpräsident *Harald Ringstorff* (SPD) die erste Koalitionsregierung mit der PDS in einem Bundesland.

Niedersachsen: Nach einem klaren Sieg bei der Landtagswahl vom 1. 3. wird Ministerpräsident *Schröder* noch am Wahlabend vom SPD-Parteivorsitzenden *Lafontaine* für die Kanzlerkandidatur nominiert. – Nach *Schröders* Wahl zum Bundeskanzler wählt der Landtag am 28. 10. den bisherigen Innenminister *Gerhard Glogowski* (SPD) zu seinem Nachfolger.

Nordrhein-Westfalen: *Johannes Rau* (SPD) tritt am 27. 5. vom Amt des Ministerpräsidenten zurück, das er seit 20. 9. 1978 innehatte. Zu seinem Nachfolger wählt der Landtag am selben Tag den bisherigen Wirtschafts- und Finanzminister *Wolfgang Clement* (SPD).

Saarland: Nachfolger des zum Bundesfinanzminister bestellten ehemaligen Ministerpräsidenten des Saarlands, *Oskar Lafontaine*, wird am 10. 11. der bisherige SPD-Fraktionschef *Reinhard Klimmt* (SPD).

Sachsen-Anhalt: Bei der **Landtagswahl** am 26. 4. erhält die SPD 35,9 % (+1,9 % gegenüber 1994) der Stimmen. Die CDU kommt auf nur 22 % (−12,4 %), gefolgt von der PDS mit 19,6 % (−0,3 %) und der rechtsextremen Deutschen Volksunion (DVU), die 12,9 % erzielt und damit erstmals in einen Landtag eines neuen Bundeslandes einzieht. Am 26. 5. wird *Reinhard Höppner* (SPD) erneut zum Ministerpräsidenten einer SPD-Minderheitsregierung gewählt, die von der PDS toleriert wird.

1999

Berlin wird Regierungssitz; deutsche Soldaten im Kosovo

Mit dem Umzug des Parlaments von Bonn in den Berliner Reichstag wird die Hauptstadt auch Regierungssitz. – Knapp 54 Jahre nach Ende des Zweiten Weltkriegs nehmen deutsche Soldaten unter dem Oberbefehl der NATO am Militäreinsatz im Kosovo teil. Der Entschluß zur Entsendung von Truppen und Militärjets der Bundeswehr wird von einer rot-grünen Koalition getragen, deren Wurzeln teilweise in der Friedensbewegung liegen. – Die Reformvorhaben der neuen Bundesregierung beim Staatsbürgerschafts- und beim Steuerrecht finden ein geteiltes Echo in der Öffentlichkeit. Während die Unionsparteien mit einer Unterschriftenaktion die doppelte Staatsbürgerschaft zu verhindern suchen, erhebt sich in der Wirtschaft massiver Widerstand gegen die Politik der Regierung.

Einweihung des Berliner Reichstags: Knapp acht Jahre nach dem Beschluß des Bundestages, Bundesregierung und Parlament nach Berlin zu verlegen, wird mit einem Festakt am 19. 4. der Reichstag als neuer Sitz des Deutschen Bundestages feierlich eingeweiht.
Neuer Bundespräsident: Die Bundesversammlung wählt am 24. 5. in Berlin den ehem. Ministerpräsidenten von Nordrhein-Westfalen und stellvertretenden SPD-Vorsitzenden *Johannes Rau* zum achten Bundespräsidenten. Er erhält im zweiten Wahlgang mit 690 von 1338 Stimmen die notwendige absolute Mehrheit. Zuvor gab die FDP, die ihren Wahlpersonen für den ersten Wahlgang, bei dem *Rau* 657 Stimmen erhielt, die Enthaltung empfohlen hatte, die Abstimmung frei. Auf *Raus* Gegenkandidatinnen,

die von der CDU aufgestellte ostdeutsche Naturwissenschaftlerin *Dagmar Schipanski* und die von der PDS aufgestellte Professorin *Uta Ranke-Heinemann*, entfallen im ersten Wahlgang 588 bzw. 69 Stimmen, im zweiten 572 bzw. 62. *Rau* wird am 1. 7. – während der letzten Sitzung des Bundestags in Bonn vor dessen Umzug nach Berlin – vereidigt.

Kosovo-Krieg

Unter Beteiligung von vier ECR-Tornados der Bundeswehr beginnt am 24. 3. der angekündigte NATO-Militärschlag gegen die Bundesrepublik Jugoslawien. Zuvor waren mehrere Vermittlungsversuche – u. a. am 8. 3. von Bundesaußenminister *Joschka Fischer* (Bündnis '90/Die Grünen), den jugoslawischen Staatspräsidenten *Slobodan Milošević* zur Unterzeichnung des **Friedensabkommens von Rambouillet** zu bewegen, gescheitert. Das Abkommen sieht u. a. vor, daß eine NATO-Friedenstruppe die Umsetzung des Abkommens im Kosovo überwacht.
Reaktionen: Während im Bundestag – mit Ausnahme der PDS und Teilen von Bündnis '90/Die Grünen – ein parteiübergreifender Konsens über die Legitimität der Aktion gegen Belgrad als **humanitäre Intervention** zur Verhinderung von Völkermord, Vertreibung und »ethnischer Säuberung« und als Beitrag zur Bündnissolidarität herrscht, bleibt der erste Kampfeinsatz der Bundeswehr gegen einen anderen Staat in der Öffentlichkeit umstritten; im Zentrum stehen dabei Zweifel an der völkerrechtlichen Grundlage wegen des Verzichts der NATO auf ein Mandat der Vereinten Nationen (UN) – und Kritik an der NATO-Strategie gegenüber Jugoslawien.
KFOR-Beteiligung: Nach der Einigung des UN-Sicherheitsrats auf eine Kosovo-Resolution am 10. 6. stimmt der Bundestag mit großer Mehrheit (505 Ja-, 24 Nein-Stimmen, 11 Enthaltungen) der Beteilung der Bundeswehr an der KFOR (Kosovo Force) mit bis 8500 Soldaten zu. Am 13. 6. rücken erste Einheiten in den der Bundeswehr zugeordneten **Sektor mit Prizren als Zentrum** ein. Am gleichen Tag werden zwei deutsche Journalisten des »stern« und ihr Dolmetscher nahe Priština erschossen aufgefunden. – Am 10. 8. nominiert die NATO General *Klaus Reinhard* als Kommandeur der internationalen KFOR-Truppen; er soll am 1. 10. die Nachfolge des Briten *Wesley Clark* antreten.

Flüchtlinge: In Mazedonien und Albanien errichtet die Bundeswehr im April Zeltlager für mehrere zehntausend Menschen. – Gegenüber der UN-Flüchtlingshilfsorganisation UNHCR erklärt sich Deutschland Anfang April bereit, zunächst 10 000 Flüchtlinge aus dem Kosovo aufzunehmen, insgesamt werden bis Anfang Juni knapp 14 000 Flüchtlinge aus Transitlagern in Mazedonien und Albanien nach Deutschland gebracht, das mit Abstand größte Kontingent aller Helfer-Staaten.

Kosten: Statt im Bundeshaushalt 1999 eingeplanter 441 Mio. DM beziffert das Bundesverteidigungsministerium die Kosten der Balkan-Mission der Bundeswehr Mitte Juni für 1999 auf 816 Mio. DM, für 2000 auf 2 Mrd. DM. Sie belasten nicht den Verteidigungsetat, sondern werden aus dem Einzelplan »Allgemeine Finanzverwaltung« zur Verfügung gestellt. Für humanitäre Kosovo-Hilfe sind im Haushalt des kommenden Jahres 300 Mio. DM angesetzt. Die Deutsche Bank schätzt die Gesamtkosten für den Militäreinsatz sowie für die Versorgungs- und Wiederaufbauleistungen auf rd. 12 Mrd. DM.

Weitere außenpolitische Ereignisse

Türkei: Nach der Festnahme des Führers der kurdischen Arbeiterpartei PKK, *Abdullah Öcalan*, durch den türkischen Geheimdienst in Nairobi (Kenia) am 15. 2. kommt es in mehreren deutschen Städten zu gewaltsamen Kurdenprotesten. Bei der versuchten **Erstürmung des israelischen Konsulats** in Berlin werden am 17. 2. drei Kurden erschossen, ein weiterer Kurde stirbt wenige Tage später im Krankenhaus. Dem israelischen Geheimdienst Mossad wird eine Beteiligung an der Entführung *Öcalans* nachgesagt. In Hamburg kommt es am 17. 2. zur Besetzung der SPD-Landeszentrale und zur Geiselnahme eines Mitarbeiters.

Bosnien-Herzegowina: Der ehem. EU-Administrator für Mostar in Bosnien-Herzegowina, *Hans Koschnick* (SPD), tritt am 29. 1. als Nachfolger von *Dietmar Schlee* (CDU) das Amt des »Beauftragten für Flüchtlingsrückkehr und rückkehrbegleitende Maßnahmen« in Sarajevo an.

VR China: Einen Tag, nachdem die EU-Außenminister sich darauf verständigten, einer kritischen Resolution zur Menschenrechtslage in der VR China der in Genf tagenden UN-Menschenrechtskommission die Zustimmung zu verweigern, kritisiert Außenminister *Fischer* vor diesem Gremium am 23. 3. die chinesische Politik ungewöhnlich scharf. Bei seinem auf einen Tag verkürzten Arbeitsbesuch in Peking am 12. 5. überbringt Bundeskanzler *Schröder* die offizielle Entschuldigung der NATO-Staaten für die Bombardierung der chinesischen Botschaft in Belgrad am 7. 5.

Innenpolitik

Doppelpaß: Nach der Vorstellung des Gesetzentwurfs zum neuen **Staatsbürgerschaftsrecht** am 12.1 durch Bundesinnenminister *Otto Schily* (SPD) beginnt die CDU am 16. 1. im hessischen Landtagswahlkampf mit einer Unterschriftenaktion gegen die doppelte Staatsbürgerschaft. – Nach dem Verlust der Bundesratsmehrheit, ausgelöst durch die Niederlage der rot-grünen Koalition in Hessen (→ unten), kommt es am 19. 3. zur Einigung auf einen gemeinsamen Gesetzentwurf von SPD, Bündnis 90/Die Grünen und FDP. Danach erhalten in Deutschland geborene Kinder mit der Geburt die deutsche Staatsbürgerschaft, wenn ein Elternteil seit acht Jahren seinen gewöhnlichen Aufenthalt in der Bundesrepublik hat und eine Aufenthaltsgenehmigung besitzt oder seit drei Jahren eine unbefristete Aufenthaltserlaubnis vorweisen kann. Bis zu ihrem 23. Lebensjahr müssen sie sich zwischen der deutschen und der ausländischen Staatsangehörigkeit entscheiden.

Atompolitik: Am 13. 1. einigt sich die Bundesregierung auf eine entschärfte Fassung der Atomrechtsnovelle. Das von Bundesumweltminister *Trittin* zum 1. 1. 2000 geplante Verbot der Wiederaufbereitung – abgebrannte radioaktive Brennelemente sollen direkt endgelagert werden – soll nun ein Jahr später wirksam werden. Nach dem erneuten Protest der Energieversorger und der Ankündigung Frankreichs, Entschädigungszahlungen für den Ausfall der Aufträge der Wiederaufbereitungsanlage in La Hague zu verlangen, läßt *Schröder* am 25. 1. die Novelle erneut zurückziehen. Am folgenden Tag findet das erste **Konsensgespräch** zwischen Regierung und Vertretern der Energiewirtschaft statt. Die Bundesregierung verzichtet nun auf eine Frist für das Verbot der Wiederaufbereitung, solange an den deutschen AKWs keine ausreichenden Zwischenlagerkapazitäten zur Verfügung stehen. Zur weiteren Entwicklung → 2000.

Wirtschafts- und Sozialpolitik

Steuerreform: Das dreistufige Steuerentlastungsgesetz 1999/2000/2002, das der Bundestag am 4. 3. und der Bundesrat am 18. 3. gegen die Stimmen der Opposition bzw. oppositionsregierten Bundesländer beschließen und das am 1. 4. (bzw. teilweise rückwirkend am 1. 1.) in Kraft tritt, sieht eine Senkung der Einkommen- und Körperschaftsteuer vor, die durch die Streichung von Steuervorteilen gegenfinanziert werden soll. Geringfügige Beschäftigungen (Entgelt unter 630 DM und wöchentliche Arbeitszeit unter 15 Stunden) sind ab dem 1. 4. sozialversicherungspflichtig (Zustimmung des Bundesrats am 19. 3.). Das Gesetz bleibt umstritten, da es nach Ansicht seiner Kritiker seinen Zweck verfehlt und einige Branchen, die auf Mini-Jobs eingestellt sind (u. a. Handel und Gastgewerbe), besonders belastet erscheinen. – Heftige Proteste der Berufs- und Wirtschaftsverbände ruft auch das am 1. 1. in Kraft getretene **Gesetz zur Scheinselbständigkeit** hervor, durch das scheinselbständige Arbeitnehmer ganz in die Sozialversicherung und arbeitnehmerähnliche Selbständige in die Rentenversicherung einbezogen werden. Weil die Kriterien zur Erkennung auf Scheinselbständigkeit geeignet erscheinen, neue Existenzgründungen zu behindern und für bestimmte Berufsgruppen negative Folgen mit sich bringen können, verständigt sich die Koalition im Juli auf eine Revision des Gesetzes.

Ökosteuer: Am 1. 4. tritt in Deutschland das »Gesetz zum Einstieg in die ökologische Steuerreform« in Kraft. Mit der sog. Ökosteuer steigt die Mineralölsteuer auf Kraftstoffe um 6 Pfennig, auf Heizöl um 4 Pfennig je Liter und auf Gas um 0,32 Pfennig je Kilowattstunde. Zudem wird eine Stromsteuer von 2 Pfennig je Kilowattstunde eingeführt; für das Produzierende Gewerbe gelten ermäßigte Sätze. Gleichzeitig werden die Rentenbeiträge ab dem 1. 4. um 0,8 % gesenkt. Weitere Stufen der Ökosteuer (Bundestagsbeschluß vom 11. 11.) sind: jährliche Erhöhung der Mineralölsteuer bis 2003 um 6 Pfennig pro Liter, der Stromsteuer um 0,5 Pfennig pro Kilowattstunde; mit den zusätzlichen Einnahmen (im Jahr 2000 rd. 2,6 Mrd. DM) werden Einnahmeausfälle ausgeglichen, die durch die Senkung des Rentenversicherungsbeitrags (zum 1. 4. 1999 von 20,3 auf 19,5 %, zum 1. 1. 2000 auf 19,3 %) entstehen.

Bundeshaushalt, Sparpaket: Der Bundestag verabschiedet am 26. 11. gegen die Stimmen der Opposition den **Bundeshaushalt 2000.** In ihn gehen wesentliche Teile des von Bundesfinanzminister *Hans Eichel* geschnürten »Sparpakets« im so genannten Zukunftsprogramm 2000 ein. Nach Kompromissen im Vermittlungsausschuß über die zustimmungspflichtigen Teile der umstrittenen Spar- und Steuergesetze billigt der Bundesrat den Haushalt und das Sparpaket am 17. 12.: **Wichtigste Spar- und Steuerbeschlüsse** (in Kraft 1. 1. 2000) sind: Beschränkung der Rentenerhöhung auf einen Inflationsausgleich für die Jahre 2000 und 2001 (zu den Durchschnittsrenten → Abbildung); geringerer Bundeszuschuß zur Rentenversicherung (→ Abbildung, Sp. 1051); niedrigere Beiträge für Arbeitslose und bestimmte Berufsgruppen an die Sozialversicherungen; Verkürzung des Zivildienstes von 13 auf elf Monate; Anhebung des Kindergelds für das erste und zweite Kind um 20 auf 270 DM, Nichtanrechnung des Kindergeldes auf die Sozialhilfe, Ergänzung des Kinderfreibetrags von 6912 DM für jedes Kind um einen Betreuungsfreibetrag für Kinder unter 16 Jahren von rd. 3024 DM; Erhöhung der Einkommensgrenzen für die Eigenheimzulage um 30 000 DM je Kind.

Kleine Gesundheitsreform: Nach Scheitern der von Bundesgesundheitsministerin *Andrea*

Durchschnittsrenten in Ost- und Westdeutschland
(monatlich verfügbar in DM)

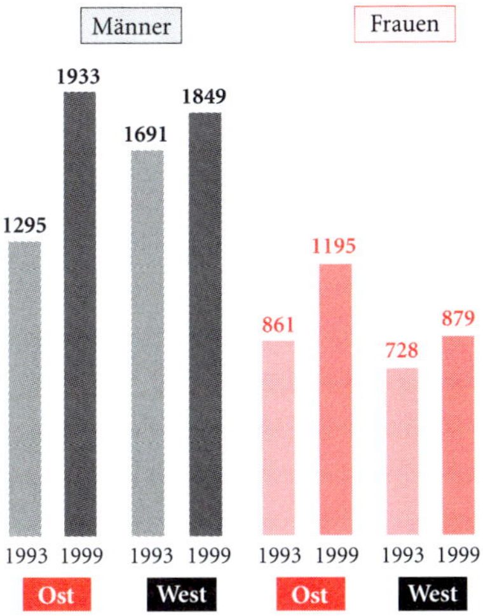

Quelle: Verband Deutscher Rentenversicherungsträger, 2000

Rentenversicherung: Bundeszuschüsse und Leistungen aus dem Bundeshaushalt
in Mrd. DM

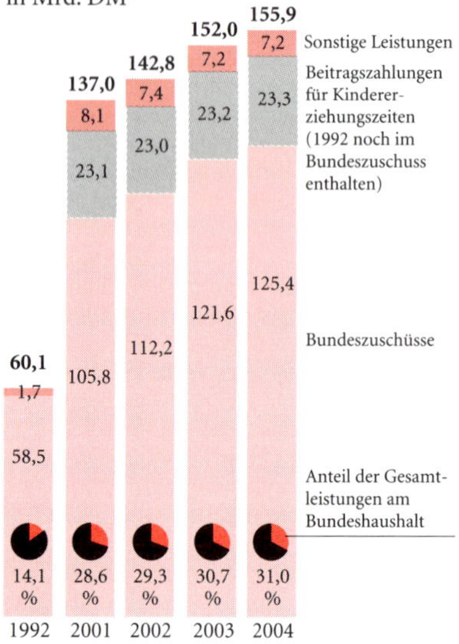

Quelle: VDR, Bundesministerium der Finanzen, FAZ

Fischer (Bündnis 90/Die Grünen) ausgearbeiteten Gesundheitsreform am Widerstand des Bundesrats (26.11.) beschließt der Bundestag am 16.12. ein substanziell abgespecktes Gesetz. Diese im Bundesrat nicht zustimmungspflichtigen Neuregelungen treten am 1.1.2000 in Kraft. – **Wichtigste Neuerungen:** Statt der vorgesehenen Globalbudgetierung werden die zwischen Krankenversicherungen und Ärzten auszuhandelnden Einzelbudgets für Ärzte, Zahnärzte, Arzneien und Krankenhäuser verlängert. Die Ausgaben dürfen nur im Rahmen der Lohnsteigerungen wachsen. – Anstelle des bisherigen Finanzausgleichs zwischen »armen« Krankenkassen in Ostdeutschland und »reichen« im Westen tritt ab 2001 ein bundesweiter Risikostrukturausgleich. Daneben laufen die beschlossenen Finanzhilfen für die Ost-Kassen weiter.

Aufarbeitung des DDR-Erbes

Am 30.9. wird die Staatsanwaltschaft II des Berliner Landgerichts, zuständig für die Aufarbeitung des DDR-Unrechts, aufgelöst. Von 22854

Ermittlungsverfahren wurden bis zu diesem Zeitpunkt 99,4% abgeschlossen, 1065 Personen wurden angeklagt, **335 bislang rechtskräftig** verurteilt. – Das Bundesverfassungsgericht erklärt am 28.4. die Kürzung von **Sonderrenten** für privilegierte Berufsgruppen in der DDR in wesentlichen Punkten für verfassungswidrig.

Aufarbeitung der NS-Vergangenheit

Beteiligung: Das Historische Institut der Deutschen Bank veröffentlicht am 4.2. Forschungsergebnisse, die eine Beteiligung des Geldinstitutes bei der Finanzierung des Baus des Konzentrationslagers Auschwitz nachweisen.
Entschädigung von Zwangsarbeitern:
→ 2000, → 2001

Katholische Kirche

Im Konflikt über die Haltung der katholischen Kirche zum gesetzlich geregelten System der **Schwangerschaftskonfliktberatung** weist Papst *Johannes Paul II.* die Deutsche Bischofskonferenz in Fulda (20.–23.9.) an, dafür Sorge zu tragen, daß die kirchlichen Beratungsstellen keine Bescheinigungen mehr ausstellen, die zur Durchführung straffreier Abtreibungen verwendet werden können. Um die katholische Schwangerschaftskonfliktberatung unabhängig von der kirchlichen Verantwortung fortzusetzen, gründet das Zentralkomitee der deutschen Katholiken am 24.9. den von Laien getragenen Verein »Donum vitae« zur Förderung des Schutzes menschlichen Lebens.

Unternehmen

Die **Deutsche Bank** übernimmt zum 4.6. die achtgrößte Bank der USA, **Bankers Trust**, und macht sich damit, gemessen an der gemeinsamen Bilanzsumme von rd. 1,3 Bill. DM zum größten Kreditinstitut der Welt; der Kaufpreis beträgt 10,1 Mrd. US-$. – Die Aufsichtsräte der Chemieunternehmen **Rhône-Poulenc** (Straßburg) und **Hoechst** (Frankfurt am Main) stimmen am 13. bzw. 15./16.7. dem schrittweisen Zusammenschluß beider Unternehmen durch Aktientausch zu. Der neue Konzern mit dem Namen **»Aventis«** und Sitz in Straßburg soll bis 2001 zum weltgrößten Pharma- und Agrar- bzw. Biochemieproduzenten (»Life Sciences«) der Welt aufrücken.

Parteien

SPD: Am 11. 3. erklärt der Bundesfinanzminister und SPD-Vorsitzende *Oskar Lafontaine* völlig überraschend seinen Rücktritt von allen Ämtern. Als Grund nennt der saarländische Politiker am 14. 3. gegenüber Journalisten das »schlechte Mannschaftsspiel« der Regierung. Nachfolger im Amt des Finanzministers wird am 15. 4. der ehemalige hessische Ministerpräsident *Hans Eichel* (SPD). Auf einem Sonderparteitag der SPD am 13. 4. in Bonn wird Bundeskanzler **Schröder zum neuen Bundesvorsitzenden** gewählt. – Auf dem ordentlichen **Bundesparteitag** in Berlin (7.–9. 12.) bestätigen die Delegierten *Gerhard Schröder* mit 86,3 % der Stimmen als Parteivorsitzenden. Der bisherige Bundesgeschäftsführer *Franz Müntefering* erhält das neu geschaffene **Amt des Generalsekretärs**.

CDU: Am 24. 1. wird in Bonn die parteilose Physikerin *Dagmar Schipanski*, Professorin für Festkörperelektronik an der Universität Ilmenau, als Kandidatin der Unionsparteien für die Bundespräsidentenwahl (→ oben) am 23. 5. nominiert. – Zur Parteispendenaffäre → 2000.

CSU: Auf dem CSU-Sonderparteitag in München wird der bayerische Ministerpräsident *Edmund Stoiber* am 17. 1. zum neuen Parteivorsitzenden gewählt. Nach der Wahlniederlage der Koalition im September 1998 hatte sein Vorgänger, der ehemalige Bundesfinanzminister *Theo Waigel*, seinen Rücktritt angekündigt.

Europawahl: Aus der Wahl zum Europäischen Parlament am 13. 6. (Wahlbeteiligung 45,2 %; insg. 99 Sitze) gehen die **Unionsparteien als klare Sieger** hervor. Auf sie entfallen 48,7 % der Stimmen (+9,9 % gegenüber 1994) und 53 Sitze (+6), auf die SPD 30,7 % (–1,5) und 33 Sitze (–7), auf Bündnis 90/Die Grünen 6,4 % (–3,7) und sieben Sitze (–5); die PDS erhält 5,8 % (+1,1) und entsendet erstmals sechs Abgeordnete nach Straßburg. Die FDP scheitert mit 3 % (–1,1) erneut an der 5 %-Hürde.

Bundesländer

Länderfinanzausgleich: Das Bundesverfassungsgericht (BVerfG) erklärt in seinem Urteil vom 11. 11. den Finanzausgleich für teilweise verfassungswidrig und verpflichtet den Gesetzgeber, bis Ende 2002 ein Maßstäbegesetz zu beschließen, in dem die Grundsätze für das finanzielle Ausgleichssystem zwischen den Bundesländern und die Verteilung des Umsatzsteu-

Hessen: Wahlen zum Landtag am 7.2.1999 (1995)

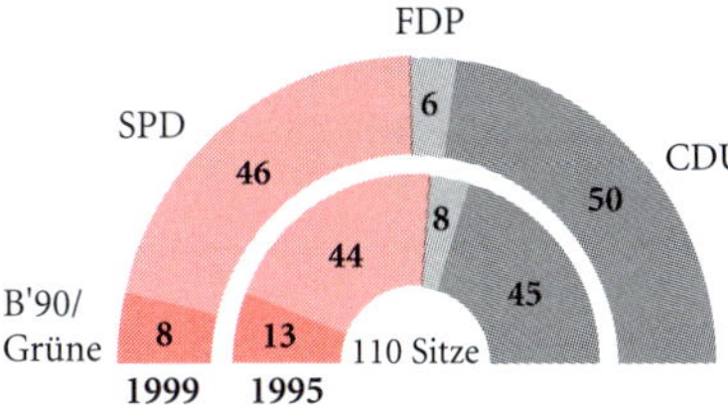

eraufkommens neu gefaßt werden (→ Chronik 2001).

Berlin: Wahlen zum Abgeordnetenhaus am 10. 10.

Brandenburg: Landtagswahl am 5. 9.

Bremen: Bürgerschaftswahl am 6. 6.

Hessen: Nach der **Landtagswahl** am 7. 2. (→ Abbildung) kommt es in Wiesbaden zum Machtwechsel. Zwar gewinnen SPD wie CDU Stimmen hinzu, doch führen die Verluste bei B'90/Die Grünen zur Ablösung der rot-grünen Koalition unter *Hans Eichel* (SPD). Neuer Ministerpräsident wird *Roland Koch* (CDU), er führt eine CDU/FDP-Koalition.

Niedersachsen: Ministerpräsident *Gerhard Glogowski* (SPD) tritt am 26. 11. nach Anschuldigungen privater Vorteilsnahme zurück. Der Landtag wählt am 15. 12. den bisherigen SPD-Fraktionsvorsitzenden *Sigmar Gabriel* zum neuen Regierungschef.

Nordrhein-Westfalen: Unter der Anschuldigung privater Vorteilsnahme tritt Finanzminister *Heinz Schleußer* (SPD) am 26. 1. zurück. In die sog. Flugaffäre, in der es um die Nutzung der Flugbereitschaft der Westdeutschen Landesbank (WestLB) durch Mitglieder der Landesregierung geht, ist auch der frühere Ministerpräsident und derzeitige Bundespräsident *Johannes Rau* verwickelt.

Saarland: Die **Landtagswahl** am 5. 9. führt nach 15 Jahren SPD-Alleinregierung zum Machtwechsel: Die CDU wird mit 45,5 % der Stimmen stärkste Kraft im Landtag; die SPD erhält 44,4 %. Bündnis 90/Die Grünen scheitern an der Sperrklausel. Der CDU-Landesvorsitzende *Peter Müller* wird am 29. 9. als Nachfolger von *Reinhard Klimmt* (SPD) zum neuen Ministerpräsidenten gewählt.

Sachsen: Landtagswahl am 19. 9.

Thüringen: Landtagswahl am 12. 9.

2000

10 Jahre deutsche Einheit, CDU-Parteispendenaffäre

Den 10. Jahrestag der Wiedervereinigung nehmen ostdeutsche Politiker zum Anlaß, vor einer zu optimistischen Einschätzung des Prozesses der »inneren Einheit« zu warnen. – Die innenpolitische Diskussion wird durch die Parteispendenaffäre der CDU sowie durch die Zunahme rechtsextremistischer Straftaten beherrscht. – Die Regierung aus SPD und Bündnis 90/Die Grünen kann wichtige Vorhaben ihrer Koalitionsvereinbarung realisieren (Steuerreform, Rentenreform). – 55 Jahre nach Ende des nationalsozialistischen Regimes wird eine Einigung über die Entschädigung von ehemaligen NS-Zwangsarbeitern erzielt.

Zehn Jahre deutsche Einheit: Anläßlich des 10. Jahrestags legt der für den Aufbau Ost zuständige Staatsminister im Kanzleramt *Rolf Schwanitz* (SPD) eine Bilanz vor, in der er den Beitrag der Ostdeutschen für den Einigungsprozeß hervorhebt und den »Durchbruch« bei der Entwicklung der ostdeutschen Wirtschaft würdigt, zugleich jedoch einräumt, trotz ausgiebiger wirtschaftlicher Förderung hätten die neuen Länder »bislang noch keinen selbsttragenden Aufschwung erreicht«. Bundestagspräsident *Wolfgang Thierse* (SPD) verweist in einem am 3. 1. 2001 veröffentlichten Thesenpapier darauf, daß »die wirtschaftliche und soziale Lage in Ostdeutschland auf der Kippe steht«, und forderte die Schaffung verläßlicher Rahmenbedingungen für den Aufbau einer eigenständigen wirtschaftlichen Basis in Ostdeutschland, um einem wachsenden Vertrauensverlust und der Bildung einer Zweidrittelgesellschaft entgegenzuwirken.

Bevölkerungsentwicklung bis 2050
(in Mio.)

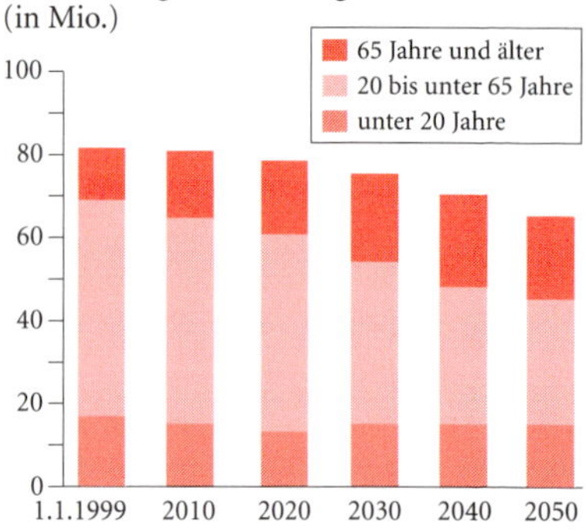

Quelle: Statistisches Bundesamt, Wiesbaden

Reformen

Steuerreform: Der Bundestag billigt am 18. 5. die Steuerreform gegen den Widerstand der Opposition; der Bundesrat stimmt am 14. 7. überraschend zu. Unmittelbar vor der Abstimmung sichert sich Bundesfinanzminister *Hans Eichel* die Zustimmung der von CDU, FDP und PDS mitregierten Bundesländer (Brandenburg, Bremen, Berlin, Mecklenburg-Vorpommern, Rheinland-Pfalz) durch länderspezifische Zugeständnisse. – **Schwerpunkte:** Bei der Einkommensteuer sinkt der Eingangssteuersatz zum 1. 1. 2001 von derzeit 22,9 auf 19,9 %, der Spitzensteuersatz von 51 auf 48,5 %. Bis 2005 fallen die Sätze auf 15 bzw. 43 % (bei Umsetzung eines Entschließungsantrags des Bundesrats auf 42 %). Der Spitzensteuersatz wird im Jahr 2005 ab einem Jahreseinkommen von 102 000 DM erhoben (bisher 115 000 DM), das steuerfreie Existenzminimum steigt von derzeit 13 499 auf 15 000 DM im Jahr 2005. Kapitalgesellschaften müssen Gewinne nicht mehr nach unterschiedlichen Sätzen versteuern; der Satz beträgt einheitlich 25 %, zusammen mit Gewerbesteuer und Solidarzuschlag entsteht eine Belastung von rd. 39 %. Anteilseigner von Kapitalgesellschaften müssen nur noch die Hälfte der Ausschüttungen bei der Einkommensteuer versteuern (Halbeinkünfteverfahren). Gewinne aus dem Verkauf von Beteiligungen deutscher Kapitalgesellschaften an anderen Kapitalgesellschaften sind nach einer Haltefrist von einem Jahr ab 2002 steuerfrei.

Rentenreform: Mit dem Ziel, den Beitragssatz zur Rentenversicherung (2001: 19,1 % des Bruttoarbeitsentgelts) langfristig zu stabilisieren und die Generationengerechtigkeit zwischen Rentnern und Beitragszahlern (zur Bevölkerungsentwicklung → Abbildung) zu gewährleisten, erneuert die rot-grüne Koalition das Rentensystem in mehreren Etappen. Dabei nimmt sie, nicht zuletzt im gescheiterten Bemühen, die Oppositionsparteien zu einer gemeinsamen Verabschiedung der Reform zu bewegen, erhebliche Abstriche gegenüber ihrem ursprünglichen Konzept in Kauf. Am 17. 11. beschließt der Bundestag die Einführung der Erwerbsminderungsrente anstelle der bisherigen Invalidenrente. Deren Empfängerkreis (1999: 1,9 Mio. Menschen) und Höhe wird reduziert, indem sie enger an den Anteil der verbliebenen Arbeitsfähigkeit und die Möglichkeit, eine Teilzeitarbeitsstelle zu finden, gekoppelt werden und die Grenze zum Übertritt in die Altersrente schrittweise von 60 auf 63 erhöht wird (in Kraft am 1. 1. 2001).

Bundeswehr-Strukturreform: Am 23. 5. präsentiert die von Verteidigungsminister *Rudolf Scharping* im Mai 1999 eingesetzte Kommission »Gemeinsame Sicherheit und Zukunft der Bundeswehr« unter Vorsitz des Altbundespräsidenten *Richard von Weizsäcker* umfassende Vorschläge zur Strukturreform der Bundeswehr. – Nach einem Beschluß des Kabinetts vom 14. 6. soll die Truppenstärke auf 277 000 Soldaten reduziert werden; für Auslandseinsätze sollen 150 000 Mann bereitgehalten werden. Der Anteil der Berufs- und Zeitsoldaten soll auf 200 000 Mann ansteigen. Der Wehrdienst wird auf neun Monate verkürzt. Die Zivilverwaltung soll von 120 000 Beschäftigten auf rd. 80 000 verkleinert werden. – Entsprechend einer Entscheidung des Europäischen Gerichtshofs (EuGH) in Luxemburg vom 11. 1. ändert der Bundestag am 27. 10. Artikel 12 a Abs. 4, der bislang den **Dienst von Frauen an der Waffe** ausschloß. Mit der Änderung erhalten Frauen das Recht zum freiwilligen Dienst in allen Laufbahnen der Bundeswehr.

Weitere innenpolitische Ereignisse

Atomenergie: Nachdem am 21. 2. das Management der umstrittenen Wiederaufbereitungsanlage Sellafield in Großbritannien zugab, daß Sicherheitsdokumente von vier Brennelementen, die im AKW Unterweser eingesetzt wurden, manipuliert worden sind, erläßt Bundesumweltminister *Jürgen Trittin* (Bündnis 90/Die Grünen) ein **Verbot für den weiteren Bezug von Plutonium aus Sellafield** und stellt auch alle weiteren Verträge mit Sellafield in Frage. – Nach mehreren Konsensrunden schließen die Bundesregierung und die Energieversorgungsunternehmen am 15. 6. einen Kompromiß über die Beendigung der Nutzung der Atomenergie. Die **Regellaufzeit** der am Netz befindlichen Atomkraftwerke (→ Farbkarte XII) wird auf **32 Jahre pro Reaktor** begrenzt.

BSE-Krise: Fünf Jahre nach dem Ausbruch der Rinderseuche BSE in Großbritannien wird am 24. 11. der erste BSE-Fall in Deutschland festgestellt. Nach der Einführung flächendeckender BSE-Tests für alle geschlachteten Rinder im Alter von mehr als 30 Monaten auf der Grundlage eines am 1. 12. von Bundestag und Bundesrat verabschiedeten Eilgesetzes stieg die Zahl der in Deutschland diagnostizierten BSE-Fälle bis Anfang August → 2001 auf 94 an.

Parteien

CDU: Die Parteispendenaffäre der Bundes-CDU (→ Kasten) und der Landes-CDU Hessen (→ Bundesländer/Hessen) stürzt die Partei in die schwerste Krise ihrer Geschichte, beeinträchtigt über Monate ihre politische Handlungsfähigkeit und führt zu einer Erneuerung der Führung. – Nachdem sich der frühere Bundeskanzler und CDU-Vorsitzende *Helmut Kohl* beharrlich weigert, die Namen der Spender zu nennen, von denen er insgesamt bis zu 2 Mio. DM empfangen haben will, fordert Generalsekretärin *Angela Merkel* am 21. 12. 1999 ihre Partei in einem Offenen Brief auf, sich von *Kohl* zu lösen. Am 18. 1. fordern Präsidium und Bundesvorstand der CDU *Kohl* auf, seinen Ehrenvorsitz vorläufig ruhen zu lassen; **Kohl legt den Ehrenvorsitz nieder**. – Im Zusammenhang mit einer 100 000-DM-Spende des Waffenhändlers und Lobbyisten *Karlheinz Schreiber* erklärt *Wolfgang Schäuble* am 16. 2. seinen Verzicht auf die Ämter des Fraktions- und Parteivorsitzenden, um den Weg für einen »personellen Neuanfang« freizumachen. Am 29. 2. wählt die CDU/CSU-Fraktion dessen bisherigen Stellvertreter *Friedrich Merz* zum Fraktionsvorsitzenden. Auf dem Bundesparteitag in Essen wird **Merkel** am 10. 4. mit 95,9% der Delegiertenstimmen **zur neuen Bundesvorsitzenden** der CDU gewählt, ihre Nachfolge als Generalsekretär tritt der Bundestagsabgeordnete *Ruprecht*

Parteispendenaffäre der CDU

Ausgangspunkt der Parteispendenaffäre ist ein Ermittlungsverfahren der Staatsanwaltschaft Augsburg gegen den früheren CDU-Schatzmeister (1971–92) *Walther Leisler Kiep* wegen des Verdachts der Steuerhinterziehung im Zusammenhang mit dem Verkauf von 36 Spürpanzern an Saudi-Arabien 1991. *Kiep* gibt am 5.11. 1999 zu, gemeinsam mit dem langjährigen CDU-Steuerberater und Wirtschaftsprüfer *Horst Weyrauch* 1991 vom Waffenhändler und Lobbyisten *Karlheinz Schreiber* in der Schweiz eine Barspende von 1 Mio. DM entgegengenommen zu haben; diese sei auf ein Treuhandkonto der CDU eingezahlt worden. Der ehemalige CDU-Vorsitzende, Altbundeskanzler **Helmut Kohl**, versichert am 6.11., er habe keine Kenntnis von der Spende. *Kiep* erklärt am 17.11. vor der Staatsanwaltschaft Augsburg, *Kohl* habe von dem System von Treuhandkonten gewußt und persönlich über sie mitverfügt. Im CDU-Präsidium räumt *Kohl* am 30.11. ein, während seiner Amtszeit von der offiziellen Finanzstruktur der Partei getrennte Konten für Sonderzahlungen an Parteigliederungen genutzt zu haben. *Kohl* erklärt in einem Interview (16.12.), von 1993 bis 1998 Spenden in einer Gesamthöhe zwischen 1,5 und 2 Mio. DM entgegengenommen zu haben, die im Rechenschaftsbericht nicht als Spenden ausgewiesen worden seien, lehnt es aber ab, die Namen der Geldgeber zu nennen, da er ihnen sein Wort gegeben habe. Das am 3.1. 2000 von der Bonner Staatsanwaltschaft eingeleitete Ermittlungsverfahren gegen *Kohl* wegen des Anfangsverdachts der Untreue zum Nachteil der CDU wird am 8.6. 2001 eingestellt, nachdem *Kohl* zuvor eine Geldbuße von 300 000 DM bezahlt hat. Der CDU-Vorsitzende **Wolfgang Schäuble** räumt am 10.1. ein, 1994 von *Schreiber* eine Bargeldspende in Höhe von 100 000 DM entgegengenommen und an die Schatzmeisterin **Brigitte Baumeister** weitergegeben zu haben. Nach einer Gegenüberstellung von *Schäuble* und Frau *Baumeister*, die selbst die Spende in Empfang genommen haben will, am 29.8. bleiben beide bei ihren widersprüchlichen eidesstattlichen Erklärungen. *Weyrauch* erklärt am 13.7. 2001, die 100 000-DM-Spende an *Kiep* überwiesen und anschließend auf ein Treuhandkonto der CDU eingezahlt zu haben, was Kiep noch kurz zuvor bestritten hat.

Hessen: Der frühere CDU-Vorsitzende *Manfred Kanther* berichtet am 14.1. 2000, daß er 1983 als damaliger Generalsekretär für die Landespartei mit angeblich legalen Parteigeldern ein geheimes Konto in der Schweiz eröffnet habe. Ministerpräsident *Roland Koch* berichtet am 8.2., daß insgesamt 20,8 Mio. DM in die Schweiz transferiert wurden. Von der durch Zinserträge vermehrten Summe flossen – größtenteils als anonyme Erbschaften jüdischer Emigranten getarnt – seit 1985 24,3 Mio. DM an den hessischen Landesverband zurück. Gleichzeitig gibt *Koch* zu, Schwarzgeld verschleiert und bei der Aufklärung der CDU-Finanzaffäre die Unwahrheit gesagt zu haben. Bei seiner Vernehmung vor dem Untersuchungsausschuß des Bundestages am 15.2. 2001 erklärt Ministerpräsident *Koch*, die Finanzaffäre in Hessen »ist vollständig aufgeklärt«.

Maßnahmen: In dem am 23.1. vorgelegten Bericht einer unabhängigen Wirtschaftsprüfungsgesellschaft über die Finanzpraktiken der CDU unter *Kohl* bleiben Herkunft und Verwendung von Geldern bis zu 12 Mio. DM ungeklärt. Bundestagspräsident *Wolfgang Thierse* (SPD) entscheidet am 15.2., daß die CDU wegen Verstoßes gegen das Parteienfinanzierungsgesetz 41,347 Mio. DM aus der staatlichen Parteienfinanzierung zurückzahlen muß. Der Rechenschaftsbericht für 1998 sei ungültig, weil die im Ausland befindlichen 18 Mio. DM des Landes Hessen in ihm nicht aufgeführt sind. Am 6.3. reicht die CDU in Berlin Klage vor dem Berliner Verwaltungsgericht gegen den Bescheid ein; das Gericht hebt am 31.1. 2001 den Strafbescheid auf, da die Bestimmungen des Parteiengesetzes nicht verletzt worden seien. – Als Sanktion für die von *Kohl* illegal angenommenen und nicht ausgewiesenen Spenden in Höhe von 2,2 Mio. DM verhängt *Thierse* am 19.7. 2000 eine zweite Bußgeldzahlung in Höhe von 6,5 Mio. DM. Um den materiellen Schaden auszugleichen, hat *Kohl* den Betrag bereits durch eine private Spendensammlung zusammengebracht und bis Anfang Juni 8 Mio. DM an die Parteikasse der CDU überwiesen. – Am 1.12. stornierte Bundestagspräsident *Thierse* 3,4 Mio. DM ihres staatlichen Zuschusses. Damit bestrafte er u. a. die undeklarierte Spende in Höhe von 1 Mio. DM *Schreibers* 1991 an *Leisler Kiep*.

Polenz an. Nach dessen Rücktritt bestätigte der Kleine Parteitag am 20. 11. den bisherigen Landtagsvizepräsidenten von Nordrhein-Westfalen, *Laurenz Meyer*, als **neuen Generalsekretär**. **Bündnis 90/Die Grünen:** Auf dem Parteitag in Münster am 23./24. 6. werden *Fritz Kuhn* und *Renate Künast* mit 73,7 bzw. 82,6 % der Delegiertenstimmen zu neuen Vorstandssprechern gewählt. **PDS:** Nach dem Verzicht von *Lothar Bisky*, erneut für den Parteivorsitz zu kandidieren, wählt der Parteitag in Cottbus am 14. 10. die bisherige stellvertretende Bundesvorsitzende und Thüringer Fraktionschefin *Gabriele Zimmer* mit 93 % der Delegiertenstimmen an die Spitze der Partei.

Rechtsextremismus

Eine neuerliche öffentliche Debatte über eine intensivere Bekämpfung des Rechtsextremismus wird durch einen **Sprengstoffanschlag in Düsseldorf** am 27. 7. entfacht, bei dem zehn Zuwanderer aus Osteuropa teilweise schwer verletzt wurden; die Mehrzahl von ihnen ist jüdischen Glaubens. Das Bundesamt für Verfassungsschutz meldet im April in seinem **Verfassungsschutzbericht 1999** einen verstärkten Zulauf zu Neonazi- und Skinheadgruppen und einen drastischen Anstieg gewalttätiger Ausschreitungen in den neuen Bundesländern; hier registrierte es etwa die Hälfte von insgesamt 746 Gewaltdelikten mit rechtsextremistischem Hintergrund. Am 2. 8. verabreden die Innenminister von Bund und Ländern einen Katalog von Maßnahmen zur Bekämpfung von Rechtsextremismus und Fremdenfeindlichkeit. – **Gegen rechtsextremistische Aktivitäten** kam es zu zahlreichen öffentlichen Protesten. An einer Großkundgebung in Berlin am 9. 11., dem Jahrestag der antijüdischen Pogrome 1938, beteiligten sich rd. 200 000 Menschen.

Entschädigungsfonds für Zwangsarbeiter

Mit der Unterzeichnung einer gemeinsamen Schlußerklärung aller Beteiligten enden am 17. 7. in Berlin die mehr als eineinhalb Jahre dauernden Verhandlungen über deutsche Entschädigungszahlungen an einstige NS-Zwangsarbeiter. Damit kann die Stiftung »Erinnerung, Verantwortung und Zukunft«, deren Errichtung am 6. 7. vom Bundestag (14. 7. Bundesrat) gebilligt worden ist, ihre Tätigkeit aufnehmen. Kontroversen gibt es über die **Höhe der Entschädigung:** Nachdem ein erstes deutsches Angebot über eine Gesamtsumme von 6 Mrd. DM am 7. 10. 1999 in Washington von der Gegenseite zurückgewiesen wird, kommt es am 17. 12. zu einer Einigung auf 10 Mrd. DM, die je zur Häfte von der öffentlichen Hand und der deutschen Wirtschaft aufgebracht werden sollen. Am 23. 3. einigen sich die beteiligten Parteien auf die **Verteilung:** 8,25 Mrd. DM werden für einmalige Zahlungen an ehemalige Zwangsarbeiter (rd. 1,5 Mio. Anspruchsberechtigte) bereitgestellt, die 5000 DM bzw. 15 000 DM (im Fall von sog. Sklavenarbeitern in Konzentrationslagern) erhalten sollen; 1 Mrd. DM sind für den Ausgleich von Vermögensschäden (Enteignungen und Arisierungen) bestimmt; 700 Mio. DM werden in einen Zukunftsfonds für Projekte der Generationen- und Völkerverständigung eingebracht. Als größtes Problem erweist sich die von den Unternehmen geforderte **Rechtssicherheit:** Am 17. 7. unterzeichnen Regierungsvertreter der USA und Deutschlands in Berlin zwar ein Abkommen, in dem sich die US-Regierung verpflichtet, den Gerichten im Fall von Sammelklagen gegen deutsche Firmen eine Abweisung zu empfehlen. Dennoch wird die letzte Sammelklage in den USA erst am 10. 5. → 2001 abgewiesen.

Aufarbeitung des DDR-Erbes

Das Bundesverfassungsgericht (BVerfG) weist am 12. 1. die Beschwerde des früheren Partei- und Staatschefs der DDR, *Egon Krenz*, gegen das Urteil des Bundesgerichtshofs (BGH) vom 8. 11. 1999 zurück. Wegen Mitverantwortlichkeit für die Todesschüsse an der innerdeutschen Grenze war *Krenz* zu sechseinhalb Jahren Haft verurteilt worden. Er tritt sie am 13. 1. an. – Am 3. 4. gibt das Bundesinnenministerium bekannt, daß die Regierung *Kohl* im Frühjahr 1990 die aufgefundenen **Abhörprotokolle von Stasi-Lauschangriffen** auf westdeutsche Politiker ohne vorherige Auswertung vernichten ließ. – Anfang April übergeben die USA der Bundesregierung den ersten von etwa 1000 Datenträgern, die Aufschluß über das **DDR-Spionagenetz im Westen** geben sollen. Die Zentralkartei der Hauptverwaltung Aufklärung des Ministeriums für Staatssicherheit (Stasi) mit mehr als 300 000 Personeneinträgen und Klarnamen von Agenten und Kontaktpersonen gelangte nach der Wende 1989 in den Besitz des US-Geheimdienstes CIA.

Unternehmen, Wirtschaft

Unternehmen: Die Deutsche Telekom bringt am 17. 4. **T-Online**, den nach AOL zweitgrößten Online-Dienst der Welt, an die Börse. 106 Mio. Aktien (von 1,2 Mrd.) werden zu einem Emissionspreis von 27 Euro ausgegeben. Beim Börsengang der dritten Aktientranche der **Deutsche Telekom** kommen am 19. 6. 230 Mio. Aktien zu einem Ausgabekurs von 66,45 Euro auf den Markt. – Am 1. 1. schließen sich die Konzerne Veba AG (Düsseldorf) und Viag AG (München) zum neuen Unternehmen **E.ON** zusammen. Aus der bislang größten Fusion der deutschen Industriegeschichte geht das größte deutsche Stromunternehmen mit rd. 200 000 Beschäftigten und einem Umsatz von 133 Mrd. DM hervor. – Der Aufsichtsrat der **Mannesmann AG** akzeptiert am 4. 2. das Übernahmeangebot des britischen Mobilfunkbetreibers **Vodafone Airtouch**. Der gütlichen Einigung über die bislang teuerste Transaktion der Wirtschaftsgeschichte (rd. 370 Mrd. DM) ging der spektakuläre Versuch einer feindlichen Übernahme voraus. – Die **Deutsche Telekom** übernimmt am 24. 7. das US-amerikanische Mobilfunkunternehmen **VoiceStream** für rd. 50 Mrd. US-$, die durch Aktien und in bar abgegolten werden.

UMTS: Die dem Bundeswirtschaftsministerium angeschlossene Regulierungsbehörde zur Überwachung und Förderung des Wettbewerbs für Telekommunikation und Post versteigert vom 31. 7.–17. 8. Lizenzen für den europäischen Standard für schnelle mobile Datenübertragung der dritten Mobilfunk-Generation UMTS (Universal Mobile Telecommunication System) im Gesamtwert von 98,8 Mrd. DM an sechs Mobilfunkbetreiber bzw. -konsortien.

Außenpolitik

Iran: Nach der Freilassung des 1998 in Teheran zum Tode verurteilten deutschen Geschäftsmanns *Helmut Hofer* am 20. 1. normalisieren sich die Beziehungen zum Iran. Am 6. 3. besucht *Joschka Fischer* als erster deutscher Außenminister seit 1992 das Land. Der iranische Präsident *Sayed Mohammed Khatami* stattet Deutschland vom 10.–13. 7. einen Staatsbesuch ab.

Österreich: Die Beteiligung der rechtsgerichteten Freiheitlichen Partei Österreich (**FPÖ**) an der Regierung Anfang Februar wird von der Bundesregierung in außergewöhnlich scharfer

Form verurteilt. Bundesaußenminister *Fischer* warnt vor einer europafeindlichen Politik Österreichs unter dem Druck der FPÖ und vor einer »Renationalisierung des europäischen Konservativismus«.

Israel: Im Rahmen seiner Nahostreise (15.–25. 2.) stattet Bundespräsident *Johannes Rau* Israel einen Staatsbesuch ab. In der ersten Rede eines deutschen Staatsoberhaupts vor der Knesset, in deutscher Sprache gehalten, bittet er am 16. 2. das jüdische Volk und Israel um Vergebung für die von Deutschen an Juden begangenen Verbrechen.

Rußland: Der Besuch des neuen russischen Präsidenten *Wladimir Putin* in Berlin (14.–16. 6.) dient einem sachlichen Neubeginn der Zusammenarbeit trotz der deutschen Vorbehalte am Vorgehen Rußlands in Tschetschenien. Die Bundesregierung lehnt einen von *Putin* vorgeschlagenen Erlaß von russischen Schulden in Höhe von 60 Mrd. DM ab, erklärt sich jedoch zu einer Umschuldung bereit.

Ereignisse auf Länderebene

Hessen: Mit der Erklärung des früheren hessischen CDU-Landesvorsitzenden *Manfred Kanther* vom 14. 1. über die Einrichtung schwarzer Parteikonten im Ausland gerät die hessische CDU in den Strudel der **Parteispendenaffäre** (→ Kasten). Am 8. 2. gibt der hessische Ministerpräsident *Roland Koch* zu, bei der Aufklärung der CDU-Finanzaffäre die Unwahrheit gesagt zu haben. Ein **Sonderparteitag** der FDP am 4. 3. in Rotenburg an der Fulda lehnt es entgegen der Empfehlung des Bundesvorstands ab, ein Mißtrauensvotum der Opposition im Landesparlament gegen *Koch* mitzutragen. Am 3. 3. entschließt sich das **Wahlprüfungsgericht**, die Landtagswahl 1998 zu überprüfen, weil rd. 1,5 Mio. DM von den schwarzen Kassen der CDU in den Wahlkampf geflossen seien. Das Verfahren wird im Februar 2001 eingestellt.

Nordrhein-Westfalen: Landtagswahl am 14. 5.

Saarland: Nach dem Rücktritt des früheren Ministerpräsidenten *Reinhard Klimmt* als Bundesbau- und Verkehrsminister (SPD) am 16. 11. zieht auch der saarländische Innenminister *Klaus Meiser* (CDU) die Konsequenzen aus der Finanzaffäre um den 1. FC Saarbrücken, dessen Vizepräsident er war.

Schleswig-Holstein: Landtagswahl am 27. 2.

2001

»Politik der ruhigen Hand«; Solidarität mit den USA

Obwohl durch den stärker als erwartet ausfallenden Konjunkturabschwung unter Druck geraten und ohne kurzfristige Aussicht auf eine spürbare Verringerung der Arbeitslosenzahlen beharrt Bundeskanzler *Schröder* gegenüber Forderungen der Opposition, zugunsten von Konjunkturprogrammen vom stabilitätsorientierten Kurs abzurücken, auf einer »Politik der ruhigen Hand«. Um dem zunehmenden Rechtsextremismus Einhalt zu gebieten, wird ein Aktionsprogramm mit Initiativen gegen Antisemitismus und Fremdenfeindlichkeit gestartet. Die Terroranschläge von New York und Washington lösen eine Welle der Solidarität aus und führen zu einer Diskussion über innere Sicherheit.

Kabinett: *Michael Naumann* (SPD), der als Mitherausgeber zur Wochenzeitung »Die Zeit« wechselt, folgt der bisherige Münchener Kulturreferent *Julian Nida-Rümelin* (SPD) am 10. 1. ins Amt des Staatsministers für Kultur und Medien im Kanzleramt nach. – Im Zuge der BSE-Krise (→ unten) treten am 9. 1. Gesundheitsministerin *Andrea Fischer* (Bündnis 90/Die Grünen) und Landwirtschaftsminister *Karl-Heinz Funke* (SPD) zurück. An ihre Stelle beruft *Schröder* schon am nächsten Tag *Ulla Schmidt* (SPD) bzw. *Renate Künast* (Co-Vorsitzende von Bündnis 90/Die Grünen), die mit einem neuen Zuschnitt des Ministeriums eine Neuorientierung der Agrarpolitik einleitet. – Im Januar gerät Außenminister *Joschka Fischer* (Bündnis 90/Die Grünen) unter Druck, nachdem die Journalistin *Bettina Röhl*, Tochter der Führungsfigur der Rote Armee Fraktion (RAF), *Ulrike Meinhof*, Fotos veröffentlicht hat, die ihn als Aktivisten der gewaltbereiten Hausbesetzerszene 1973 in Frank-

furt am Main zeigen. In der Debatte über das »politische Erbe« der »68er-Generation«, in der die CDU/CSU-Opposition *Fischers* Vergangenheit als Belastung für das Amt des Außenministers darstellt, distanziert sich dieser von seiner früheren Gewaltbereitschaft, bekennt sich jedoch zu den »Brüchen« in seiner Biographie.

Sozialpolitik

Rentenreform: Am 11. 5. billigen Bundestag und Bundesrat einen zweiten Teil der Rentenreform; darunter die Einführung einer kapitalgedeckten Zusatzrente (Altersvermögensgesetz, in Kraft ab 1. 1. 2002) als Ergänzung zum bisherigen reinen Umlageverfahren sowie eine Grundsicherung für bedürftige Rentner (in Kraft 1. 1. 2003). Nach dem Altersvermögensgesetz fördert der Staat den stufenweisen Aufbau eines privaten Altersvorsorgesystems durch direkte Zuschüsse und Steuervorteile. Gefördert werden alle Einzahler von Pflichtbeiträgen zur gesetzlichen Krankenversicherung, die Spar- und Versicherungsanlagen einrichten, aus denen sie vom 60. Lebensjahr oder vom Beginn ihrer Altersrente an eine lebenslange monatliche Rente erwirtschaften. Der Anleger kann den jeweiligen Höchstsatz in Anspruch nehmen, wenn seine Eigenleistung und die Förderung zusammen einen bestimmten Mindestanteil des Einkommens ausmachen (1% 2002 bis 4% ab 2008). – Als weiteres Kernstück der Rentenreform nimmt der Bundestag am 1. 6. die Reform des Hinterbliebenenrechts an. Für Witwen und Witwer, die bei Inkrafttreten des Gesetzes (1. 1. 2002) noch keine 40 Jahre alt sind oder erst danach geheiratet haben, wurde die Hinterbliebenenrente von 60 auf 55% gesenkt. Hinzu kommt ein Kinderzuschlag, Einkommen u. a. aus Kapitalvermögen wird angerechnet. Neu eingeführt wurde das Rentensplitting, das die Ehepartner anstelle der Hinterbliebenenrente wählen können.

Familienentlastung: Nach dem Bundestag (7. 7.) passiert am 13. 7. ein Paket von sozialpolitischen Maßnahmen den Bundesrat (in Kraft 1. 1. 2002). Das Kindergeld für das erste und zweite Kind wurde erhöht; neu eingeführt wird ein Erziehungsfreibetrag, basierend auf dem bisherigen Betreuungsfreibetrag; allein Erziehende und Eltern, die beide berufstätig sind, erhalten darüber hinaus Anspruch auf einen Freibetrag für die Betreuung von Kindern bis 14 Jahren.

Bafög: Am 15. 2. verabschiedet der Bundestag eine Novellierung des Bundesausbildungsförderungsgesetzes (Bafög; in Kraft am 1. 4.); u. a. wird der Höchstförderungssatz sowie der monatliche Fördersatz angehoben. Zusätzlich wird ein Bildungskredit für studienbedingte Sonderausgaben eingeführt. Eine Reform des sog. Meister-Bafög wird am 18. 7. beschlossen (in Kraft 1. 1. 2002).

Betriebsverfassungsgesetz: Nach dem Bundestag am 22. 6. billigt der Bundesrat am 13. 7. die umstrittene Reform des zuletzt 1972 novellierten Betriebsverfassungsgesetzes (in Kraft am 28. 7.). Es erweitert den Aufgabenkatalog des Betriebsrats und gibt ihm mehr Mitbestimmungsrechte bei der beruflichen Qualifizierung, Festlegung von Grundsätzen für die Gruppenarbeit, beim betrieblichen Umweltschutz und bei der Förderung von Frauen.

Eingetragene Lebenspartnerschaft: Mit dem gegen den Widerstand von CDU/CSU und FDP beschlossenen und am 1. 8. in Kraft getretenen Gesetz zur Beendigung der Diskriminierung gleichgeschlechtlicher Lebenspartnerschaften wird das neue Rechtsinstitut der Eingetragenen Lebenspartnerschaft (EL) eingeführt, das gleichgeschlechtlichen Paaren ermöglicht, eine Bindung mit eheähnlichen Rechten und Pflichten einzugehen. Die Bundesländer Bayern, Sachsen und Thüringen reichen Mitte Juni eine Verfassungsklage gegen das Gesetz ein, das ihrer Ansicht nach die im Grundgesetz verankerte Höherrangigkeit von Ehe und Familie aufhebe. Den von Bayern und Sachsen beantragten Erlaß einer einstweiligen Anordnung, das Gesetz am 1. 8. nicht in Kraft treten zu lassen, lehnt das Bundesverfassungsgericht am 18. 7. ab.

Weitere innenpolitsche Ereignisse

Länderfinanzausgleich: Nach der Einigung der Ministerpräsidenten der Länder und des Bundesfinanzministers billigen der Bundestag (5. 7.) und der Bundesrat (13. 7.) das sog. Maßstäbegesetz als Basis für die Neuregelung des Finanzausgleichs zwischen Bund und Ländern, wozu sie das Bundesverfassungsgericht 1999 verpflichtet hat. Nach den Vorgaben des höchstrichterlichen Urteils schafft der Finanzausgleich (→ Abbildung), der im Jahr 2000 ein Volumen von 64,4 Mrd. DM umfaßt hat, neue Anreizstrukturen, damit die finanzstarken Länder mehr von ihren eigenen Steuern behalten (12 %)

können. Außerdem müssen sie nur noch maximal 72,5 (bisher 80) % ihres Mehrwertsteuereinkommens einbringen. Im Gegenzug wird die Finanzkraft der Kommunen bei der Ermittlung der Finanzkraft eines Bundeslandes nicht mehr zu 50 %, sondern zu 64 % angesetzt. Der Bund speist jährlich indirekt rd. 2,5 Mrd. DM in das Ausgleichssystem ein. – Verbunden mit dem Maßstäbegesetz wird der **Solidarpakt II** beschlossen. Um die Infrastruktur zwischen Ost und West anzugleichen, sollen den ostdeutschen Bundesländern von 2005–2020 Finanzmittel im Volumen von insgesamt 306 Mrd. DM zufließen. Von 1990 bis 2000 wurde der Aufbau Ost mit Unterstützungsgeldern in einer Gesamthöhe von rd. 1 Bill. DM finanziert.

BSE: Bis August steigt die Zahl der diagnostizierten BSE-Fälle auf 94 an. Angesichts der Verunsicherung in der Bevölkerung über die Infektionsgefährdung durch BSE-Erreger, die beim Menschen neueren Forschungen zufolge die variante Creutzfeldt-Jakob-Krankheit (vCJK) auslösen können, sinkt im Winter und Frühjahr der Rindfleischverbrauch gegenüber dem Vor-

Länderfinanzausgleich 2000 (1999)
(in Mio. DM)

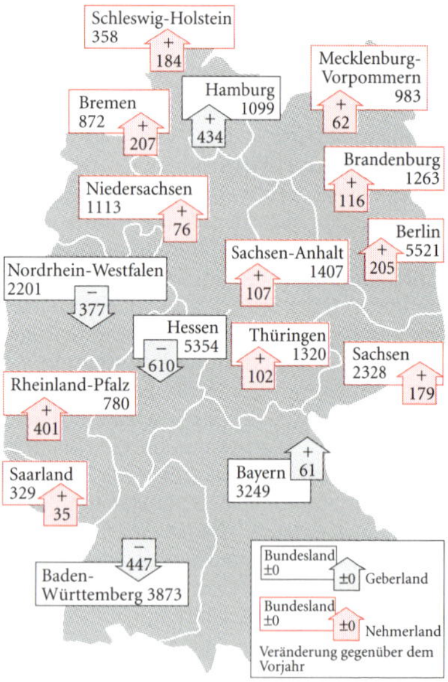

Quelle: Bundesministerium für Finanzen, 2001

jahreszeitraum 1999/2000 um zeitweise mehr als 50 %. Nach dem Rücktritt von Gesundheitsministerin *Fischer* und Agrarminister *Funke* kündigt Bundeskanzler *Schröder* eine Neuorientierung der Agrarpolitik an, die er dem Konsumenteninteresse unterordnen wolle. In ihrer ersten Regierungserklärung spricht sich die neue Ressortchefin des programmatisch umbenannten Ressorts für Verbraucherschutz, Ernährung und Landwirtschaft, *Renate Künast*, für eine »gläserne Produktion«, eine Stärkung regionaler Strukturen und eine veränderte Tierhaltung aus. – **Maul und Klauenseuche (MKS):** Trotz des Übergreifens der im Februar in Großbritannien ausgebrochenen MKS nach Frankreich und den Niederlanden bleibt Deutschland von der Seuche verschont.

Atomausstieg: Ein Jahr nach der Einigung der Bundesregierung mit den Energieversorgungsunternehmen über die Beendigung der Nutzung der Atomenergie (→ 2000) unterzeichnen am 11. 6. beide Seiten den Vertrag zum sog. Atomkonsens über die Restlaufzeit der 19 Kernkraftwerke in Deutschland, die über die nächsten 20 Jahre schrittweise vom Netz genommen werden sollen.

Wende in der Zuwanderungspolitik: Bundesinnenminister *Otto Schily* (SPD) präsentiert am 3. 8. den Referentenentwurf für ein Zuwanderungsgesetz. Der Entwurf nimmt wesentliche Elemente der Vorschläge auf, die eine Zuwanderungskommission unter Leitung der ehemaligen Bundestagspräsidentin *Rita Süssmuth* (CDU) erarbeitet hat: Es soll nur noch zwischen befristeter und unbefristeter Aufenthaltserlaubnis unterschieden werden; die Arbeitsmigration soll sich weitgehend an den Bedürfnissen des Arbeitsmarkts orientieren; bei der humanitären Aufnahme sollen Menschen, die nicht zurückkehren können, ein befristetes Aufenthaltsrecht erhalten, für die anderen soll die Ausreisepflicht »strikter durchgesetzt werden«. Anerkannte Asylbewerber gemäß Art. 16 a GG und Flüchtlinge nach der Genfer Flüchtlingskonvention erhalten eine befristete Aufenthaltserlaubnis; vorgesehen ist ein Integrationsprogramm, das für Zuwanderer ohne Deutschkenntnisse Pflicht ist.

Stasiakten-Streit: Auf Antrag des ehemaligen Bundeskanzlers *Helmut Kohl* verpflichtet das Verwaltungsgericht Berlin am 4. 7. die Bundesbeauftragte für die Stasi-Unterlagen, *Marianne Birthler*, ca. 2500 Seiten Aktenvermerke, die der DDR-Staatssicherheitsdienst über ihn angelegt

hatte, weiterhin unter Verschluß zu halten, da die Freigabe des Materials schutzwürdige Interessen *Kohls* beeinträchtigen können. Bundesinnenminister *Schily*, der *Kohls* Rechtsauffassung teilt, verlangt nach dem Urteil, auch die Akten anderer Prominenter zurückzuhalten.

Bundeswehr: Im Zuge der Bundeswehrreform (→ 2000) stellt Bundesverteidigungsminister *Rudolf Scharping* am 29. 1. seinen Plan vor, von den insgesamt 605 Standorten der Bundeswehr 39 größere und 20 kleinere Standorte aufzulösen. In der Auseinandersetzung über die Deckung einer dramatischen Finanzierungslücke der Bundeswehr vermittelt Bundeskanzler *Schröder* im Mai einen Kompromiß.

Entschädigungsfonds für Zwangsarbeiter

Nach monatelangen Verzögerungen macht der Bundestag am 30. 5. durch eine Entschließung den Weg für die Auszahlung von Entschädigungen an ehemalige Zwangsarbeiter aus dem Fonds der im Juli 2000 gegründeten Bundesstiftung Erinnerung, Verantwortung, Zukunft frei (→ 2000). Die vom Gesetz geforderte Feststellung der Rechtssicherheit für die deutsche Industrie kommt erst zustande, nachdem ein New Yorker Gericht am 10. 5. seine Bedingung für die Abweisung einer letzten Sammelklage gegen deutsche Banken erfüllt sieht, daß die deutsche Wirtschaft ihren Anteil von 5 Mrd. DM am Entschädigungsfonds tatsächlich aufbringt. Bis zum 10. 8. beteiligen sich insgesamt 6485 Unternehmen inkl. Tochtergesellschaften mit Einzahlungen in den Fonds, der mit dem Staatsanteil von 5 Mrd. DM über Mittel in Höhe von 10 Mrd. DM verfügt. Mit ersten Auszahlungen an die Partnerstiftungen im Ausland wird im Juni begonnen. Mitte Juni rechnet das Kuratorium der Bundesstiftung mit 1,5 Mio. Entschädigungsanträgen, 300 000 mehr als ursprünglich angenommen.

Rechtsextremismus

Nach dem am 29. 3. von Bundesinnenminister *Schily* vorgelegten Verfassungsschutzbericht stieg im Jahr 2000 die **Zahl der rechtsextrem motivierten Straftaten** gegenüber 1999 um 59 % auf knapp 15 951 an, die der Gewalttaten (unter ihnen drei Morde), von denen zwei Drittel als fremdenfeindlich motiviert galten, um 34 % auf 998. Einen antisemitischen Hintergrund hatten

1378 Straftaten (+69%). Die Zahl gewaltbereiter Rechtsradikaler schätzt der Bundesverfassungsschutz auf 9700. Anfang Mai verständigen sich die Innenminister von Bund und Ländern darauf, die Kategorie »politisch motivierte Kriminalität« in die Polizeistatistik aufzunehmen. – Bundesfamilienministerin *Christine Bergmann* stellt am 27. 2. ein mit insgesamt 65 Mio. DM ausgestattetes **Aktionsprogramm** vor, mit dem Initiativen im Kampf gegen Rechtsextremismus, Antisemitismus und Fremdenfeindlichkeit vorzugsweise in Ostdeutschland gefördert werden sollen. Am 17. 4. startet das Bundesamt für Verfassungsschutz ein **Aussteigerprogramm** für Rechtsextremisten. – Am 31. 1. reicht die Bundesregierung beim Bundesverfassungsgericht in Karlsruhe einen **Antrag auf Verbot der Nationaldemokratischen Partei Deutschlands** (NPD) ein, mit rd. 6000 Mitgliedern nach der Deutschen Volksunion (DVU) und den Republikanern (14 000) die drittgrößte rechtsradikale Partei. Am 29. 3. folgen der Bundesrat und der Bundestag mit eigenen Verbotsanträgen.

Parteien

Bündnis 90/Die Grünen: Nach dem Eintritt von *Renate Künast* in die Bundesregierung im Januar (→ oben) wählt der Parteitag in Stuttgart am 10. 3. *Claudia Roth* zur neuen Bundesvorsitzenden neben *Fritz Kuhn*.

FDP: Der bisherige Bundesgeschäftsführer *Guido Westerwelle* wird am 5. 5. als Nachfolger von *Wolfgang Gerhardt* zum neuen Parteivorsitzenden gewählt.

PDS: Anläßlich des 55. Jahrestags des Zusammenschlusses von SPD und KPD zur SED 1946 entschuldigt sich die Bundesvorsitzende *Gabriele Zimmer* für die PDS als Nachfolgepartei der SED am 18. 4. bei der SPD für »die mit Zwang einhergehende Vereinigung sowie die Verfolgung von Sozialdemokraten durch die SED«.

Organisationen

Am 19. 3. konstituiert sich in Berlin die Vereinte Dienstleistungsgewerkschaft ver.di. Die größte Einzelgewerkschaft des Deutschen Gewerkschaftsbundes (DGB) und der Welt organisiert 2,9 Mio. Mitglieder in rd. 1000 Berufen, zusammengefaßt in 13 Fachbereichen) und geht aus der Fusion der vier im Dienstleistungssektor aktiven Gewerkschaften sowie der nicht dem DGB angehörenden Deutschen Angestellten-Gewerkschaft (DAG) hervor. Auf dem Gründungskongreß von ver.di wird der bisherige ÖTV-Vorsitzende *Frank Bsirske* (Bündnis 90/Die Grünen) zum ersten Vorsitzenden der neuen Multibranchengewerkschaft gewählt.

Außenpolitik

Auslandseinsätze der Bundeswehr: Am 1. 6. verlängert der Bundestag mit großer Mehrheit das **Kosovo-Mandat** der Bundeswehr; am 29. 8. erteilt der Bundestag dem Einsatz der Bundeswehr im Rahmen der NATO-Mission »Essential Harvest« in **Mazedonien** seine Zustimmung. Die Nachfolgemission »Amber Fox« billigt das Parlament am 27. 9.

USA: Während des Antrittsbesuchs von Bundeskanzler *Schröder* in Washington am 29. 3. kommt es zwischen ihm und Präsident *George W. Bush* zu einer offenen Kontroverse über die Entscheidung der USA, aus dem Kyoto-Prozeß zur Eindämmung der Klimaerwärmung auszusteigen. – Nach den **Terroranschlägen** in den USA am 11. 9. stimmen 565 von 611 Abgeordneten am 19. 9. im Deutschen Bundestag dafür, »den Bekundungen der uneingeschränkten Solidarität mit den USA konkrete Maßnahmen des Beistands folgen zu lassen. Dazu zählen politische und wirtschaftliche Unterstützung sowie die Bereitstellung geeigneter militärischer Fähigkeiten zur Bekämpfung des internationalen Terrorismus.«

Israel: Bundesaußenminister *Joschka Fischer* gelingt es während seiner Visite vom 1.–4. 6., die mit einem schweren Terroranschlag in Tel Aviv zusammenfiel, die israelische und palästinensische Führung zu einer sofortigen Waffenruhe zu bewegen.

Ereignisse auf Länderebene

Baden-Württemberg: Landtagswahl am 25. 3.

Berlin: Zum 1. 1. tritt die 1998 beschlossene Bezirksreform in Kraft (→ Karte). Eine Parteispendenaffäre des Bankmanagers und langjährigen CDU-Fraktionschefs *Klaus Landowsky* und eine Liquiditätskrise der Bankgesellschaft Berlin (BGB) münden im Juni in den **Sturz des Regierenden Bürgermeisters** *Eberhard Diepgen* (CDU) und die Bildung einer **Übergangsregierung** unter *Klaus Wowereit* (SPD). Nach Enthüllungen über Unregelmäßigkeiten bei der

Bezirksreform in Berlin

Quelle: *Statistisches Landesamt Berlin 2000; die neuen Bezirksämter der zusammengelegten Bezirke nahmen am 1.1.2001 ihre Arbeit auf*

Buchführung der CDU-Fraktion in den 1990er Jahren und die Annahme von nicht ordnungsgemäß verbuchten Parteispenden (40 000 DM) im Zusammenhang mit Kreditgeschäften der BerlinHyp 1995 tritt *Landowsky* am 7. 3. als Vorstandssprecher der BerlinHyp, einer Tochter der zu 56,6% dem Land Berlin gehörenden BGB, zurück. Um einen Konkurs der BGB zu vermeiden, die aufgrund riskanter Immobiliengeschäfte in den 1990er Jahren eine erst jetzt festgestellte Kapitallücke von 3,9 Mrd. DM aufweist, muß der Senat am 22. 5. eine förmliche Garantie abgeben. Die Neuverschuldung des Landes stieg u. a. dadurch auf 9,5 Mrd. DM. In der Auseinandersetzung über die politische Verantwortung kündigt die SPD am 7. 6. die Koalition auf, am 16. 6. wird im Abgeordnetenhaus (169 Sitze) mit den Stimmen von SPD, Grünen und PDS *Diepgen* das Mißtrauen ausgesprochen und der bisherige SPD-Fraktionschef *Wowereit* zum Regierenden Bürgermeister gewählt.

Hamburg: Bei der **Bürgerschaftswahl** am 23. 9. können die bürgerlichen Parteien eine Mehrheit erringen. Amtsrichter *Ronald Schill* gelingt mit seiner »Partei Rechtsstaatlicher Offensive« (PRO), die auf 19,4% kommt, ein Überraschungserfolg.

Rheinland-Pfalz: Landtagswahl am 25. 3.

Sachsen: Nach Auseinandersetzungen in der Landespartei über personalpolitische Fragen entläßt der Parteivorsitzende und Ministerpräsident *Kurt Biedenkopf* am 30. 1. Finanzminister *Georg Milbradt*, der als Nachfolgekandidat für den 71jährigen Regierungschef galt. Nach Vorwürfen, in einer Reihe von Fällen private Interessen mit dienstlichen Angelegenheiten verquickt zu haben, übersteht *Biedenkopf* am 16. 5. einen Abwahlantrag der Opposition.

Wahlen zum Deutschen Bundestag 1953–1998

Bundestagswahl in den Ländern 1953

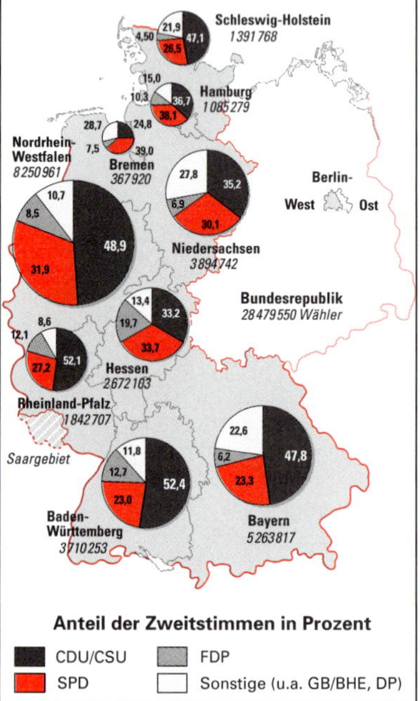

Bundestagswahl in den Ländern 1957

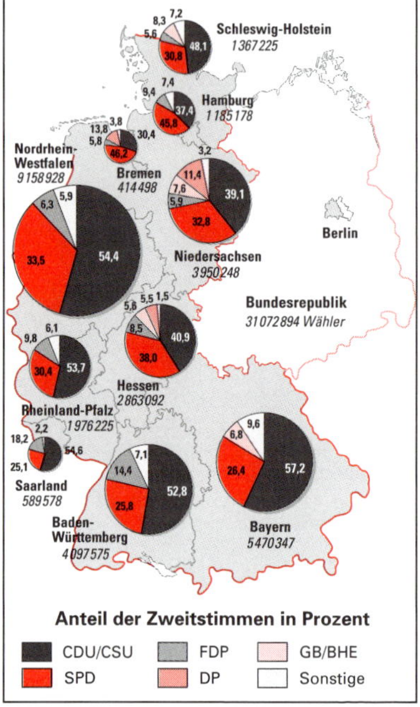

Wahl zum 2. Deutschen Bundestag am 6.9.1953 (1949)

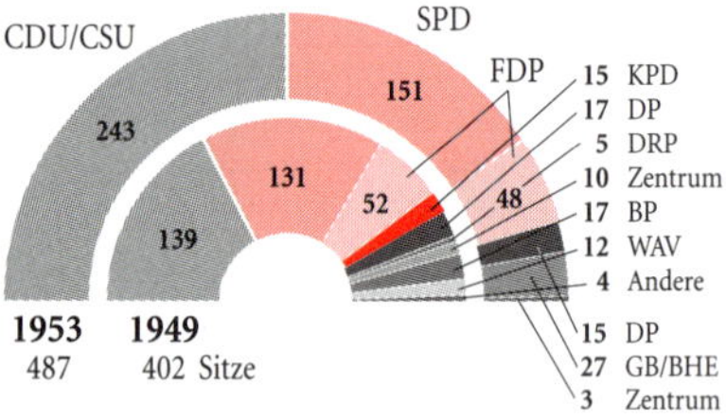

Wahl zum 3. Deutschen Bundestag am 15.9.1957 (1953)

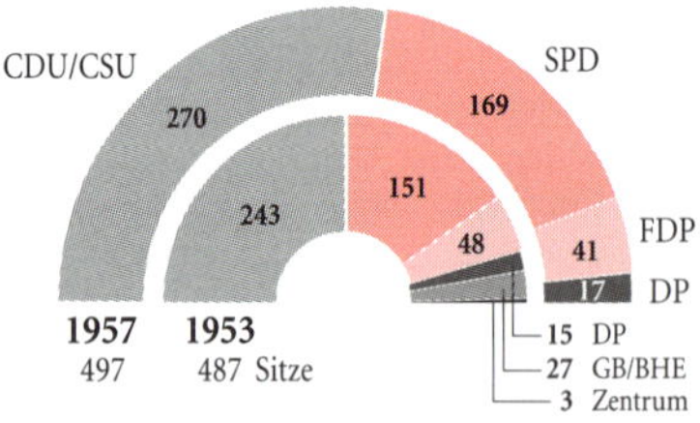

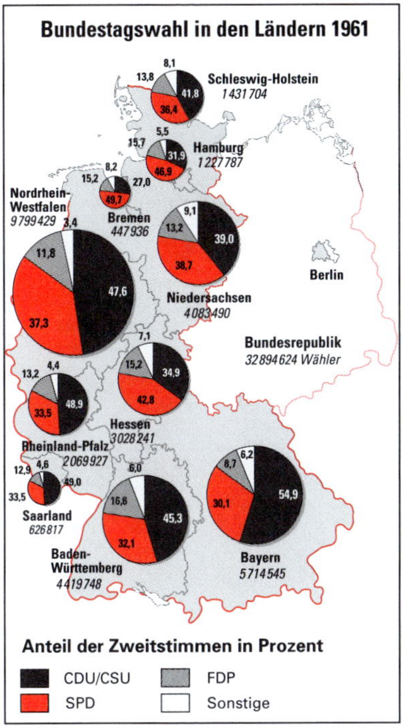

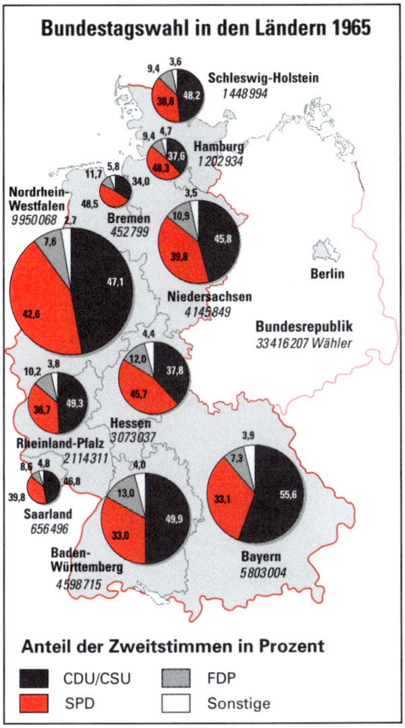

Wahl zum 4. Deutschen Bundestag am 17.9.1961 (1957)

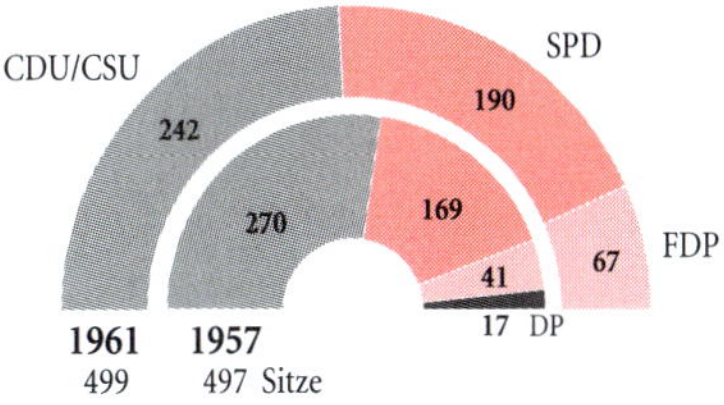

Wahl zum 5. Deutschen Bundestag am 19.9.1965 (1961)

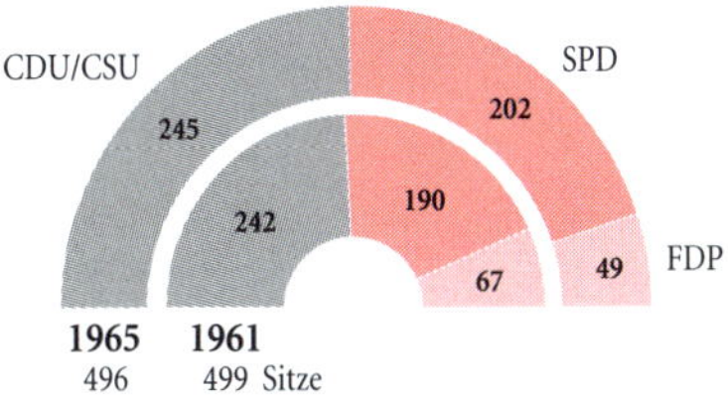

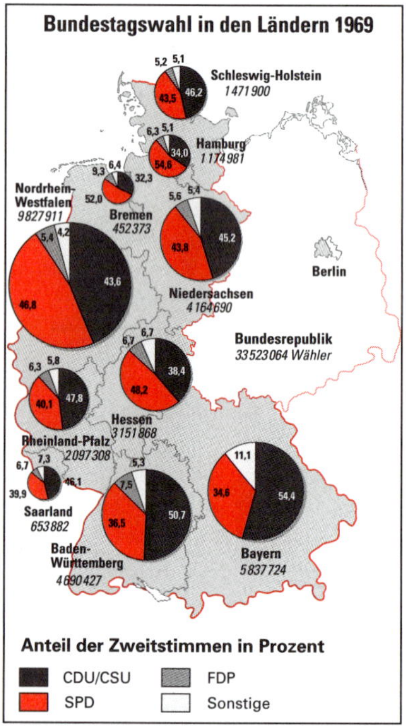

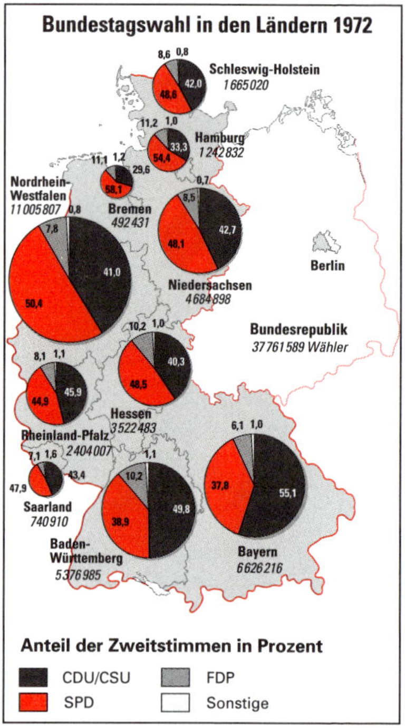

Wahl zum 6. Deutschen Bundestag am 28.9.1969 (1965)

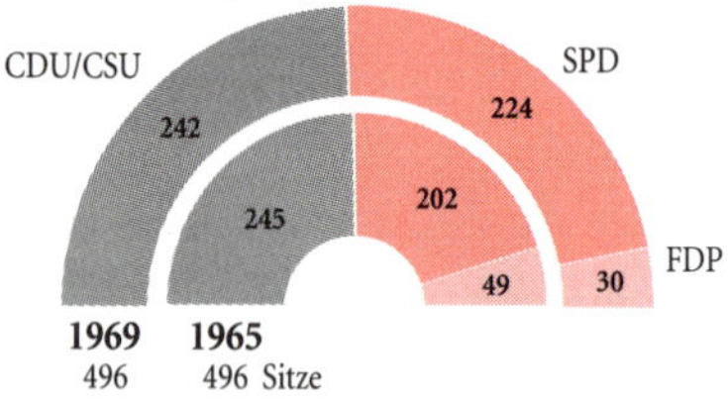

Wahl zum 7. Deutschen Bundestag am 19.11.1972 (1969)

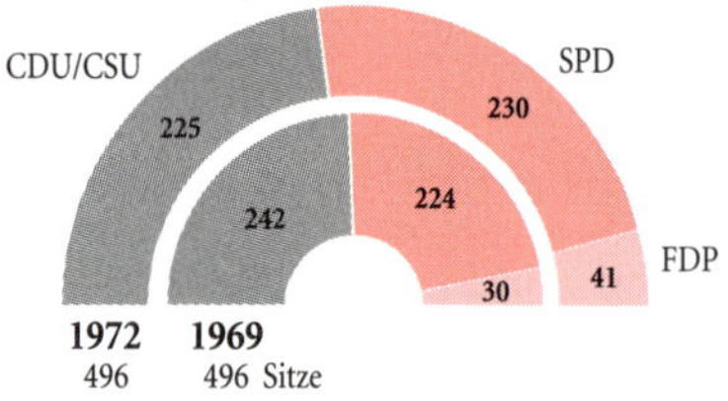

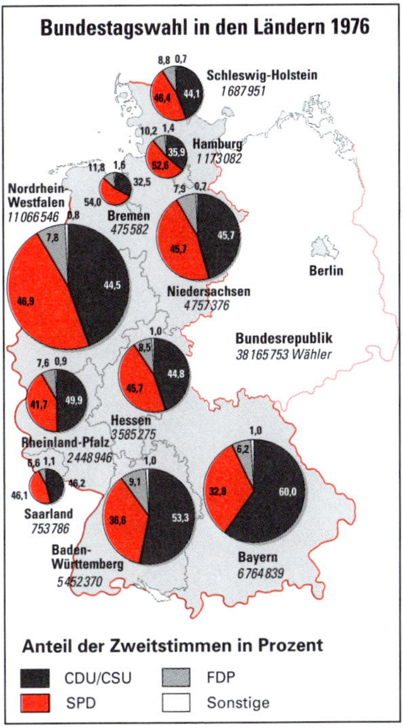

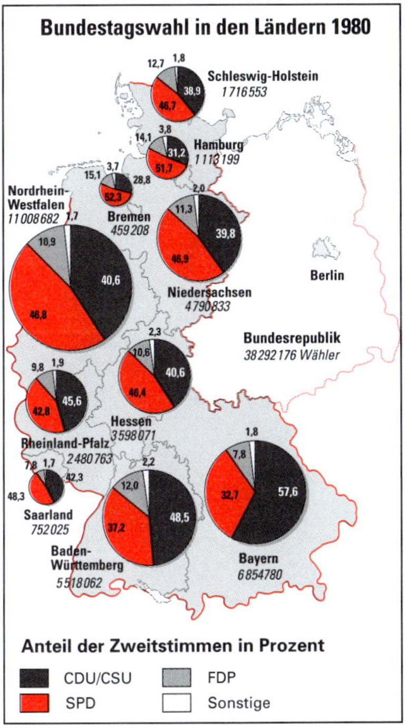

Wahl zum 8. Deutschen Bundestag am 3.10.1976 (1972)

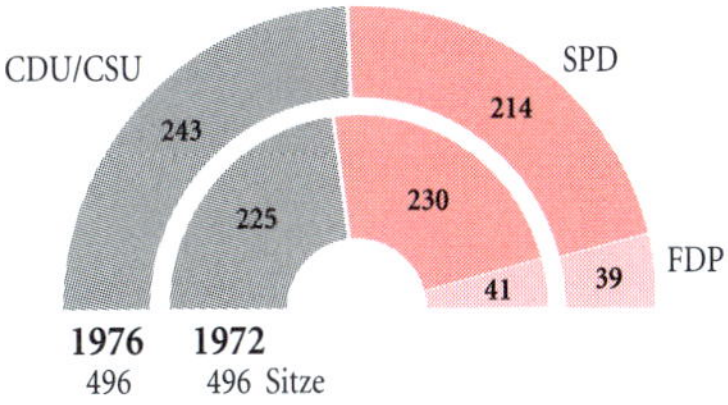

Wahl zum 9. Deutschen Bundestag am 5.10.1980 (1976)

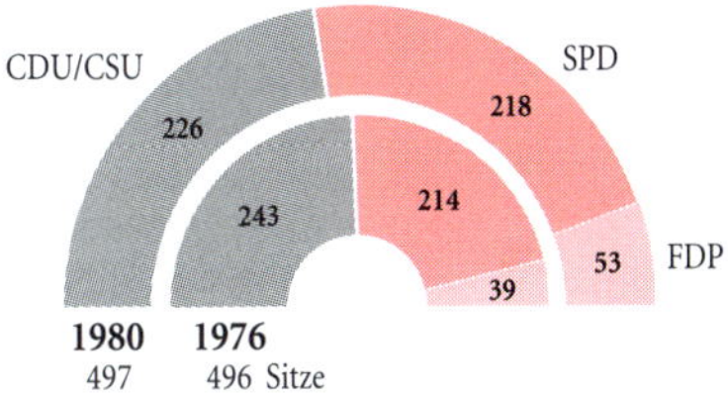

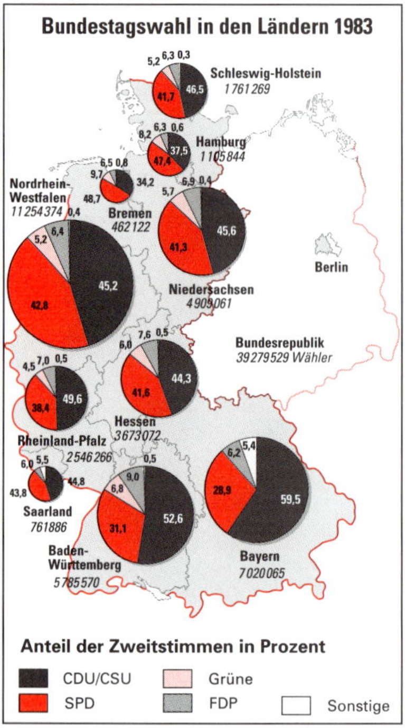

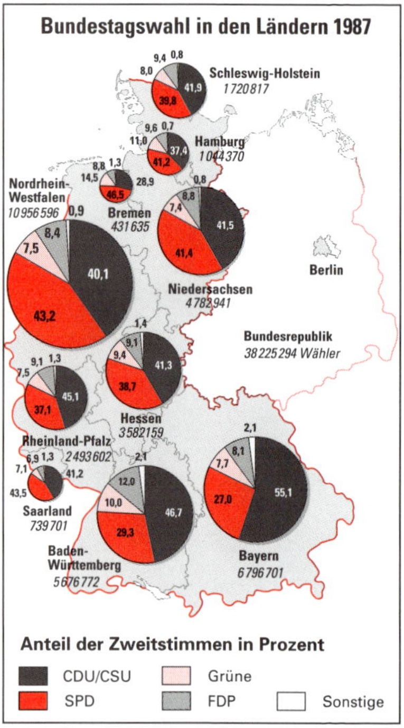

Wahl zum 10. Deutschen Bundestag am 6.3.1983 (1980)

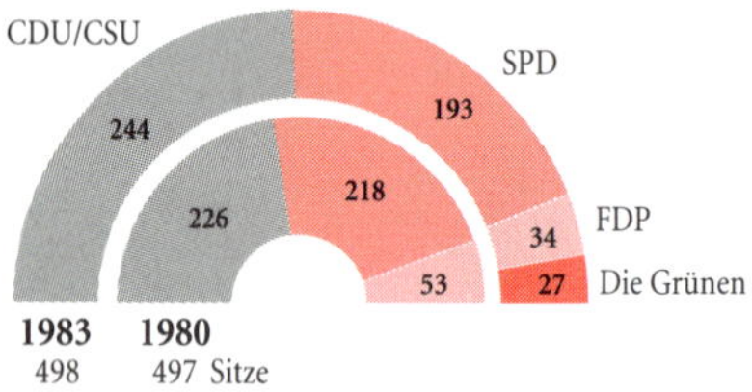

Wahl zum 11. Deutschen Bundestag am 25.1.1987 (1983)

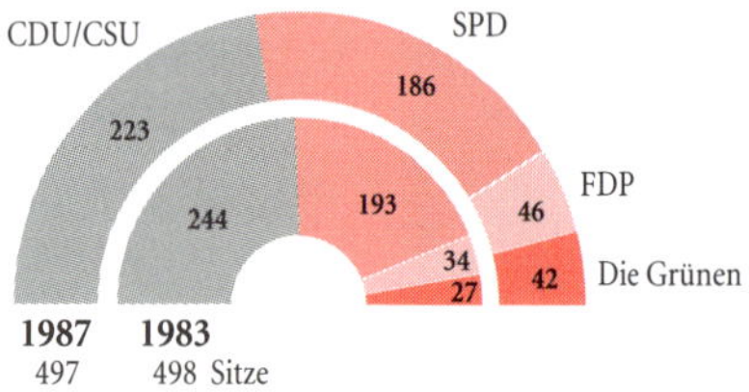

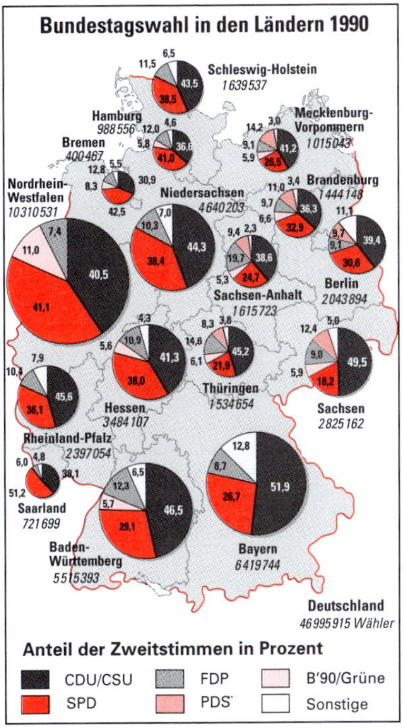

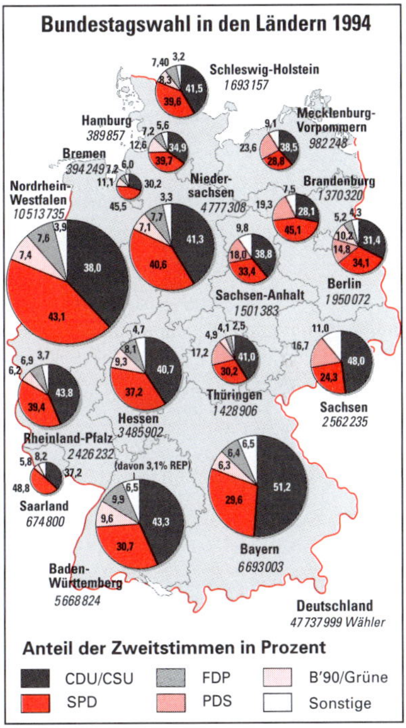

Wahl zum 12. Deutschen Bundestag am 2.12.1990 (Gesamtdeutschland)

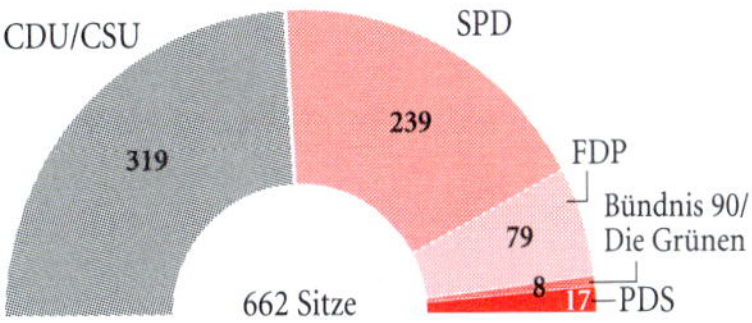

Wahl zum 13. Deutschen Bundestag am 16.10.1994 (1990)

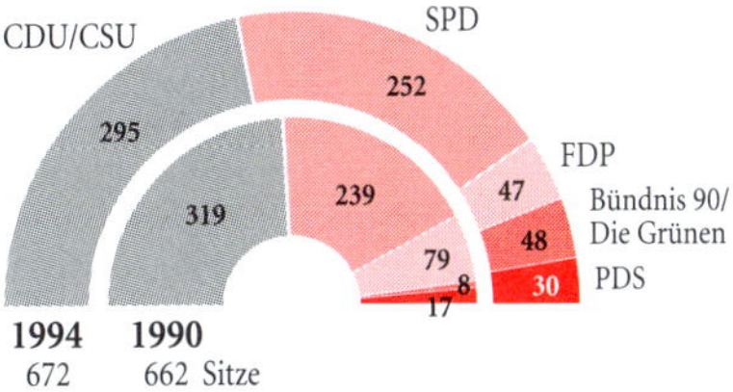

Bundestagswahl 1998 → Chronik 1998, Sp. 1031 ff.

Wahlen in den Bundesländern 1949–2001

Landtagswahlen in Baden-Württemberg
Anteil der Stimmen in % und Mandate

	9.3.1952	4.3.1956	15.5.1960	26.4.1964	28.4.1968	23.4.1972	4.4.1976	16.3.1980	25.3.1984	20.3.1988	5.4.1992	24.3.1996	25.3.2001
CDU	35,9 (50)	42,6 (56)	39,5 (51)	46,2 (59)	44,2 (60)	52,9 (65)	56,7 (71)	53,4 (68)	51,9 (68)	49,0 (66)	39,6 (64)	41,3 (69)	44,8 (63)
SPD	28,0 (38)	28,9 (36)	35,4 (44)	37,3 (47)	29,0 (37)	37,6 (45)	33,3 (41)	32,5 (40)	32,4 (41)	32,0 (42)	29,4 (46)	25,1 (39)	33.3 (45)
FDP			15,6 (18)	13,1 (14)	14,4 (18)	8,9 (10)	7,8 (9)	8,3 (10)	7,2 (8)	5,9 (7)	5,9 (8)	9,6 (14)	8,1 (10)
Grüne								5,3 (6)	8,0 (9)	7,9 (10)	9,5 (13)	12,1 (19)	7,7 (10)
DVP[1]	18,0 (23)	16,6 (21)											
BHE[2]	6,3 (6)												
GB/BHE[3]		6,3 (7)	6,7 (7)										
KPD	4,4 (4)												
NPD					9,8 (12)								
REP											10,9 (15)	9,1 (14)	

1 Deutsche Volkspartei – 2 Bund der Heimatvertriebenen und Entrechteten – 3 Gesamtdeutscher Block/Bund der Heimatvertriebenen und Entrechteten

Landtagswahlen in Bayern
Anteil der Stimmen in % und Mandate

	26.11.1950	28.11.1954	23.11.1958	25.11.1962	20.11.1966	22.11.1970	27.10.1974	15.10.1978	10.10.1982	12.10.1986	14.10.1990	25.9.1994	13.9.1998
CSU	27,4 (64)	38,0 (83)	45,6 (101)	47,5 (108)	48,1 (110)	56,4 (124)	62,1 (132)	59,1 (129)	58,3 (133)	55,8 (128)	54,9 (127)	52,8 (120)	52,9 (123)
SPD	28,0 (63)	28,1 (61)	30,8 (64)	35,3 (79)	35,8 (79)	33,3 (70)	30,2 (64)	31,4 (65)	31,9 (71)	27,5 (61)	26,0 (58)	30,0 (70)	28,7 (67)
FDP	7,1 (12)	7,2 (13)	5,6 (8)	5,9 (9)		5,5 (10)	5,2 (8)	6,2 (10)			5,2 (7)		
Grüne										7,5 (15)	6,4 (12)	6,1 (14)	5,7 (14)
BP[1]	17,9 (39)	13,2 (28)	8,1 (14)	4,8 (8)									
BHE/DG[2]	12,3 (26)												
GB/BHE[3]		10,2 (19)	8,6 (17)										
NPD					7,4 (15)								

1 Bayernpartei – 2 Bund der Heimatvertriebenen und Entrechteten/Deutsche Gemeinschaft – 3 Gesamtdeutscher Block/Bund der Heimatvertriebenen und Entrechteten

Abgeordnetenhauswahlen in Berlin

Anteil der Stimmen in % und Mandate

	3.12.1950	5.12.1954	7.12.1958	17.2.1963	12.3.1967	14.3.1971	2.3.1975	18.3.1979	10.5.1981	10.3.1985	29.1.1989	2.12.1990	22.10.1995	10.10.1999
SPD ..	44,7 (61)	44,6 (64)	52,6 (78)	61,9 (89)	56,9 (81)	50,4 (73)	42,6 (67)	42,7 (61)	38,3 (51)	32,4 (48)	37,3 (55)	30,4 (76)	23,6 (55)	22,4 (42)
CDU ..	24,6 (34)	30,4 (44)	37,7 (55)	28,8 (41)	32,9 (47)	38,2 (54)	43,9 (69)	44,4 (63)	48,0 (65)	46,4 (69)	37,7 (55)	40,4 (101)	37,4 (87)	40,8 (76)
FDP ..	23,0 (32)	12,8 (19)		7,9 (10)	7,1 (9)	8,5 (11)	7,1 (11)	8,1 (11)	5,6 (7)	8,5 (12)		7,1 (18)		
AL[1] ..									7,2 (9)	10,6 (15)	11,8 (17)	5,0 (12)		
B'90/ Grüne												4,4 (11)	13,2 (30)	9,9 (18)
PDS ..												9,2 (23)	14,6 (34)	17,7 (33)
REP ..											9,2 (11)			

1 Alternative Liste – Für Demokratie und Umweltschutz

Bürgerschaftswahlen in Bremen

Anteil der Stimmen in % und Mandate

	7.10.1951	9.10.1955	11.10.1959	29.9.1963	1.10.1967	10.10.1971	28.9.1975	7.10.1979	25.9.1983	13.9.1987	29.9.1991	14.5.1995	6.6.1999
CDU	9,1 (9)	18,0 (18)	14,8 (16)	28,9 (31)	29,5 (32)	31,6 (34)	33,8 (35)	31,9 (33)	33,3 (37)	23,4 (25)	30,7 (32)	32,6 (37)	37,1 (42)
SPD	39,1 (43)	47,8 (52)	54,9 (61)	54,7 (57)	46,0 (50)	55,3 (59)	48,7 (52)	49,4 (52)	51,3 (58)	50,5 (54)	38,8 (41)	33,4 (37)	42,6 (47)
FDP		8,6 (8)	7,2 (7)	8,4 (8)	10,5 (10)	7,1 (7)	13,0 (13)	10,8 (11)		10,0 (10)	9,5 (10)		
Grüne									5,4 (5)	10,2 (10)	11,4 (11)	13,1 (14)	8,9 (10)
DP[1]	14,7 (16)	16,6 (18)	14,5 (16)	5,2 (4)									
FDP/ BDV[2]	11,8 (12)												
BGL[3]								5,1 (4)					
SRP[4]	7,7 (8)												
KPD	6,4 (6)	5,0 (4)											
BHE[5]	5,6 (2)												
WDF[6]	4,3 (4)												
NPD					8,8 (8)								
DVU										(1)	6,2 (6)		3,0 (1)
AfB[7]												10,7 (12)	

1 Deutsche Partei – 2 Bremer Demokratische Volkspartei – 3 Bremer Grüne Liste – 4 Sozialistische Reichspartei – 5 Bund der Heimatvertriebenen und Entrechteten – 6 Wählergemeinschaft der Fliegergeschädigten, Vertriebenen und Währungsgeschädigten – 7 Arbeit für Bremen und Bremerhaven

Bürgerschaftswahlen in Hamburg

Anteil der Stimmen in % und Mandate

	16.10.1949	*1.11.1953*	*10.11.1957*	*12.11.1961*	*27.3.1966*	*22.3.1970*	*3.3.1974*	*4.6.1978*	*6.6.1982*	*19.12.1982*	*9.11.1986*	*17.5.1987*	*2.6.1991*	*19.9.1993*	*21.9.1997*	*23.9.2001*
CDU ..			32,2 (41)	29,1 (36)	30,0 (38)	32,8 (41)	40,6 (51)	37,6 (51)	43,2 (56)	38,6 (48)	41,9 (54)	40,5 (49)	35,1 (44)	25,1 (36)	30,7 (46)	26,2 (33)
SPD ..	42,8 (65)	45,2 (58)	53,9 (69)	57,4 (72)	59,0 (74)	55,3 (70)	44,9 (56)	51,5 (69)	42,7 (55)	51,3 (64)	41,7 (53)	45,0 (55)	48,0 (61)	40,4 (58)	36,2 (54)	36,5 (46)
FDP ..			8,6 (10)	9,6 (12)	6,8 (8)	7,1 (9)	10,9 (13)					6,5 (8)	5,4 (7)			5,1 (6)
Grüne/ GAL ..									7,7 (9)	6,8 (8)	10,4 (13)	7,0 (8)	7,2 (9)	13,5 (19)	13,9 (21)	8,5 (11)
STATT-Partei														5,6 (8)		
HB[1] ..		50,0 (62)														
VBH[2] ..	34,5 (40)															
DP ..	13,3 (9)															
KPD ..	7,4 (5)															
RSF[3] ..	2 (1)															
PRO[4] ..																19,4 (25)

1 Hamburger Block (CDU, FDP, DP) – 2 Vaterländischer Bund Hamburg (CDU, FDP, Deutsch-Konservative Partei) – 3 Radikal-Soziale Freiheitspartei – 4 Partei Rechtsstaatlicher Offensive

Landtagswahlen in Hessen

Anteil der Stimmen in % und Mandate

	19.11.1950	*28.11.1954*	*23.11.1958*	*11.11.1962*	*6.11.1966*	*8.11.1970*	*27.10.1974*	*8.10.1978*	*26.9.1982*	*25.9.1983*	*5.4.1987*	*20.1.1991*	*19.2.1995*	*7.2.1999*
CDU ..	18,8 (12)	24,1 (24)	32,0 (32)	28,8 (28)	26,4 (26)	39,7 (46)	47,3 (53)	46,0 (53)	45,6 (52)	39,4 (44)	42,1 (47)	40,2 (46)	39,2 (45)	43,4 (50)
SPD ..	44,6 (47)	42,6 (44)	46,9 (48)	50,8 (51)	51,0 (52)	45,9 (53)	43,2 (49)	44,3 (50)	42,8 (49)	46,2 (51)	40,2 (44)	40,8 (46)	38,0 (44)	39,4 (46)
FDP ..	31,8 (21)	20,5 (21)	9,5 (9)	11,5 (11)	10,4 (10)	10,1 (11)	7,4 (8)	6,6 (7)		7,6 (8)	7,8 (9)	7,4 (8)	7,4 (8)	5,1 (6)
Grüne									8,0 (9)	5,9 (7)	9,4 (10)	8,8 (10)	11,2 (13)	7,2 (8)
GB/BHE[1]		7,7 (7)	7,4 (7)	6,3 (6)										
NPD ..					7,9 (8)									

1 Gesamtdeutscher Block/Bund der Heimatvertriebenen und Entrechteten

Landtagswahlen in Niedersachsen
Anteil der Stimmen in % und Mandate

	6.5.1951	*24.4.1955*	*19.4.1959*	*19.5.1963*	*4.6.1967*	*14.6.1970*	*9.6.1974*	*4.6.1978*	*21.3.1982*	*15.6.1986*	*13.5.1990*	*13.3.1994*	*1.3.1998*
CDU		26,6 (43)	30,8 (51)	37,7 (62)	41,7 (63)	45,7 (74)	48,8 (77)	48,7 (83)	50,7 (87)	44,3 (69)	42,0 (67)	36,4 (67)	35,9 (62)
SPD	33,7 (64)	35,2 (59)	39,5 (65)	44,9 (73)	43,1 (66)	46,3 (75)	43,1 (67)	42,2 (72)	36,5 (63)	42,1 (66)	44,2 (71)	44,3 (81)	47,9 (83)
FDP	8,4 (12)	7,9 (12)	5,2 (8)	8,8 (14)	6,9 (10)		7,0 (11)		5,9 (10)	6,0 (9)	6,0 (9)		
Grüne									6,5 (11)	7,1 (11)	5,5 (8)	7,4 (13)	7,0 (12)
NU[1]	23,8 (35)												
BHE[2]	14,9 (21)												
GB/BHE[3]		11,0 (17)	8,3 (13)										
DP[4]		12,4 (19)	12,4 (20)										
SRP[5]	11,0 (16)												
Zentrum	3,3 (4)	1,1 (1)											
DRP[6]	2,2 (3)	3,8 (6)											
KPD	1,8 (2)	1,3 (2)											
DSP[7]	0,8 (1)												
NPD					7,0 (10)								

1 Niederdeutsche Union – 2 Bund der Heimatvertriebenen und Entrechteten – 3 Gesamtdeutscher Bund/Bund der Heimatvertriebenen und Entrechteten – 4 Deutsche Partei – 5 Sozialistische Reichspartei – 6 Deutsche Reichs-Partei – 7 Deutsche Soziale Partei

Landtagswahlen in Nordrhein-Westfalen
Anteil der Stimmen in % und Mandate

	18.6.1950	*27.6.1954*	*6.7.1958*	*8.7.1962*	*10.7.1966*	*14.6.1970*	*4.5.1975*	*11.5.1980*	*12.5.1985*	*13.5.1990*	*14.5.1995*	*14.5.2000*
CDU	36,9 (93)	41,3 (90)	50,5 (104)	46,4 (96)	42,8 (86)	46,3 (95)	47,1 (95)	43,2 (95)	36,5 (88)	36,7 (89)	37,7 (89)	37,0 (88)
SPD	32,3 (68)	34,5 (76)	39,2 (81)	43,3 (90)	49,5 (99)	46,1 (94)	45,1 (91)	48,4 (106)	52,1 (125)	50,0 (122)	46,0 (108)	42,8 (102)
FDP	12,1 (26)	11,5 (25)	7,1 (15)	6,9 (14)	7,4 (15)	5,5 (11)	6,7 (14)		6,0 (14)	5,8 (14)		9,8 (24)
Grüne										5,0 (12)	10,0 (24)	7,1 (17)
Zentrum	7,5 (16)	4,0 (9)										
KPD	5,5 (12)											

Landtagswahlen in Rheinland-Pfalz

Anteil der Stimmen in % und Mandate

	29.4.1951	15.5.1955	19.4.1959	31.3.1963	23.4.1967	21.3.1971	9.3.1975	18.3.1979	6.3.1983	17.5.1987	21.4.1991	24.3.1996	25.3.2001
CDU	39,2 (43)	46,8 (51)	48,4 (52)	44,4 (46)	46,7 (49)	50,0 (53/52*)	53,9 (55)	50,1 (51)	51,9 (57)	45,1 (48)	38,7 (40)	38,7 (41)	35,3 (38)
SPD	34,0 (38)	31,7 (36)	34,9 (37)	40,7 (43)	36,8 (39)	40,5 (44/42*)	38,5 (40)	42,3 (43)	39,6 (43)	38,8 (40)	44,8 (47)	39,8 (43)	44,7 (49)
FDP	16,7 (19)	12,7 (13)	9,7 (10)	10,1 (11)	8,3 (8)	5,9 (3/6*)	5,6 (5)	6,4 (6)		7,3 (7)	6,9 (7)	8,9 (10)	7,8 (8)
Grüne										5,9 (5)	6,5 (7)	6,9 (7)	5,2 (6)
DRP[1]			5,1 (1)										
NPD					6,9 (4)								

1 Deutsche Reichs-Partei – * bis 11.12.1972/ab 12.12.1972 Änderungen aufgrund des Wahlprüfungsgerichtsurteils vom 12.12.1972

Landtagswahlen im Saarland

Anteil der Stimmen in % und Mandate

	30.11.1952	18.12.1955	4.12.1960	27.6.1965	14.6.1970	4.5.1975	27.4.1980	10.3.1985	28.1.1990	16.10.1994	5.9.1999
CDU		25,4 (14)	36,6 (19)	42,7 (23)	47,8 (27)	49,1 (25)	44,0 (23)	37,3 (20)	33,4 (18)	38,6 (21)	45,5 (26)
SPD		14,3 (7)	30,0 (16)	40,7 (21)	40,8 (23)	41,8 (22)	45,4 (24)	49,2 (26)	54,4 (30)	49,4 (27)	44,4 (25)
FDP				8,3 (4)		7,4 (3)	6,9 (4)	10,0 (5)	5,6 (3)		
Grüne										5,5 (3)	
CVP[1]	54,7 (29)	21,8 (12)									
DPS[2]		24,2 (13)	13,8 (7)								
SPS[3]	32,4 (17)	5,8 (2)									
KP	9,5 (4)	6,6 (2)									
SVP[4]			11,4 (6)								
SVP/CVP				5,2 (2)							
DDU[5]			5,0 (2)								

1 Christliche Volkspartei des Saarlandes – 2 Deutsche Partei Saar – 3 Sozialdemokratische Partei Saar – 4 Saarländische Volkspartei – 5 Deutsche Demokratische Union

Landtagswahlen in Schleswig-Holstein
Anteil der Stimmen in % und Mandate

	9.7.1950	12.9.1954	28.9.1958	23.9.1962	23.4.1967	25.4.1971	13.4.1975	29.4.1979	13.3.1983	13.9.1987	8.5.1988	5.4.1992	24.3.1996	27.2.2000
CDU ..	19,7 (16)	32,2 (25)	44,4 (33)	45,0 (34)	46,0 (34)	51,9 (40)	50,4 (37)	48,3 (37)	49,0 (39)	42,6 (33)	33,3 (27)	33,8 (32)	37,2 (30)	35,2 (33)
SPD ..	27,5 (19)	33,2 (25)	35,9 (26)	39,2 (29)	39,4 (30)	41,0 (32)	40,1 (30)	41,7 (31)	43,7 (34)	45,2 (36)	54,8 (46)	46,2 (45)	39,8 (33)	43,1 (41)
FDP ..	7,1 (8)	7,5 (5)	5,4 (3)	7,9 (5)	5,9 (4)		7,1 (5)	5,7 (4)		5,2 (4)		5,6 (5)	5,7 (4)	7,6 (7)
Grüne													8,1 (6)	6,2 (5)
SSW[1] ..	5,5 (4)	2,8 (2)	2,3 (1)	1,9 (1)	1,4 (1)	1,4 (1)	1,4 (1)	1,4 (1)	1,3 (1)	1,5 (1)	1,7 (1)	1,9 (1)	2,5 (2)	4,1 (3)
SHB[2] ..		5,1 (4)												
BHE[3] ..	23,4 (15)													
GB/BHE[4]		14,0 (10)	6,9 (5)											
DP[5] ..	9,6 (7)													
NPD ..					5,8 (4)									
DVU ..												6,3 (6)		

1 Südschleswigscher Wählerverband – 2 Schleswig-Holstein-Block – 3 Bund der Heimatvertriebenen und Entrechteten – 4 Gesamtdeutscher Block/Bund der Heimatvertriebenen und Entrechteten – 5 Deutsche Partei

Landtagswahlen in Brandenburg
Anteil der Stimmen in % und Mandate

	14.10.1990	11.9.1994	5.9.1999
CDU	29,4 (27)	18,7 (18)	26,6 (25)
SPD	38,2 (36)	54,1 (52)	39,3 (37)
PDS	13,4 (13)	18,7 (18)	23,3 (22)
FDP	6,6 (6)		
B'90/Grüne ..	6,4 (6)		
DVU			5,3 (5)

Landtagswahlen in Mecklenburg-Vorpommern
Anteil der Stimmen in % und Mandate

	14.10.1990	16.10.1994	27.9.1998
CDU	38,3 (29)	37,7 (30)	30,2 (24)
SPD	27,0 (21)	29,5 (23)	34,3 (27)
PDS	15,7 (12)	22,7 (18)	24,4 (20)
FDP	5,5 (4)		

Landtagswahlen in Sachsen
Anteil der Stimmen in % und Mandate

	14.10.1990	11.9.1994	19.9.1999
CDU.......	53,8 (92)	58,1 (77)	56,9 (76)
SPD.......	19,1 (32)	16,6 (22)	10,7 (14)
PDS.......	10,2 (17)	16,5 (21)	22,2 (30)
B '90/Grüne ..	5,6 (10)		
FDP.......	5,3 (9)		

Landtagswahlen in Sachsen-Anhalt
Anteil der Stimmen in % und Mandate

	14.10.1990	26.6.1994	26.4.1998
CDU	39,0 (48)	34,4 (37)	22,0 (28)
SPD	26,0 (27)	34,0 (36)	35,9 (47)
PDS	12,0 (12)	19,9 (21)	19,6 (25)
FDP	13,5 (14)		
B'90/Grüne ..	5,3 (5)[1]	5,1 (5)	
DVU			12,9 (16)

1 Grüne/Neues Forum

Landtagswahlen in Thüringen
Anteil der Stimmen in % und Mandate

	14.10.1990	16.10.1994	12.9.1999
CDU.......	45,4 (44)	42,6 (42)	51,0 (49)
SPD.......	22,8 (21)	29,6 (29)	18,5 (18)
PDS.......	9,7 (9)	16,6 (17)	21,3 (21)
FDP.......	9,3 (9)		
Grüne/ Neues Forum/ Demokratie Jetzt	6,5 (6)		

Biographien wichtiger Persönlichkeiten

Vorbemerkung: In diesem Kapitel sind in Auswahl Persönlichkeiten berücksichtigt, die das politische Leben in Deutschland in den letzten 50 Jahren geprägt und mitbestimmt haben.

Abs, *Hermann Josef*, * Bonn 15. 10. 1901, † Bad Soden 5. 2. 1994; 1957–67 Vorstandssprecher der Deutschen Bank

Nach Banklehre Tätigkeit bei der Deutschen Bank, in deren Vorstand er 1938 in Berlin eintrat. Er gehörte dem Beirat der Reichsbank an und ab 1944 auch dem Arbeitskreis für Außenwirtschaftsfragen beim Planungsamt des Generalbevollmächtigten für Rüstungsaufgaben. Nach dem Krieg wurde er in der brit. Zone als Finanzberater herangezogen. Seit Jan. 1949 Vorstandsvorsitzender der Kreditanstalt für Wiederaufbau in Frankfurt a. M. Ab 1952 Vorstandsmitglied der Deutschen Bank, Berlin–Düsseldorf, und Vorstandsvorsitzender der Süddeutschen Bank AG, München, bevor er 1957 Vorstandssprecher der rekonzernierten Deutschen Bank AG, Frankfurt a. M. (1967 Aufsichtsratsvors., 1976 Ehrenvors.) wurde. *A.*, der nie öffentlich politisch hervortrat, stellte seine ausgezeichneten Kenntnisse als Finanzexperte auch der Regierung → *Adenauer* zur Verfügung. 1949 verhandelte er in den USA über die kurzfristigen, seit 1931 eingefrorenen Deutschlandkredite, 1952 leitete er die Delegation auf der Londoner Schuldenkonferenz, und 1955 erreichte er in den USA die Freigabe des beschlagnahmten deutschen Vermögens.

Adenauer, *Konrad*, * Köln 5. 1. 1876, † Rhöndorf 19. 4. 1967; 1949–63 Bundeskanzler

Nach Jurastudium zunächst Rechtsanwalt. Ab 1906 Mitglied des Zentrums; 1917–33 Oberbürgermeister von Köln. 1924–33 Präsident des preußischen Staatsrats, 1933 aus allen Ämtern entlassen und vorübergehend inhaftiert (1934 u. 1944). Nach Kriegsende von Mai bis Okt. 1945 erneut Kölner Oberbürgermeister (von den US-Militärbehörden ein-, von den brit. wieder abgesetzt). Gründungsmitglied der CDU, 1946 deren Vorsitzender in der brit. Zone, 1950–66 Bundesvorsitzender. 1948/49 Mitglied des Parlamentarischen Rats und von 1949–67 MdB. Am 15. 9. 1949 wurde er zum ersten Bundeskanzler der neu gegründeten BR Deutschland gewählt (bis 15. 10. 1963). *A.* setzte gemeinsam mit → *Erhard* gegen den Widerstand der Opposition, aber auch von Teilen der eigenen Partei, die noch dem Ahlener Programm anhingen, die Soziale Marktwirtschaft durch. 1951–55 zugleich Außenminister (Nachf. → *von Brentano*), betrieb *A.* unter dem Eindruck der Isolierung und überzeugt von einer Bedrohung durch die Sowjetunion konsequent eine Politik der Westintegration. Er verfocht 1954 erfolglos die Gründung einer Europäischen Verteidigungsgemeinschaft (EVG), führte die Bundesrepublik 1955 in die NATO und veranlaßte den Aufbau der Bundeswehr. Er erreichte 1949 den Eintritt in die OEEC, 1950 in den Europarat, 1951 in die Montanunion, 1954 in die WEU und 1957/58 in EWG und Euratom. Auf der Grundlage der Einbindung in das westliche Bündnis und einer »Politik der Stärke« strebte er eine Wiedervereinigung Deutschlands an. Bis zur »Einheit in Freiheit« erhob er für die Bundesrepublik den »Alleinvertretungsanspruch« für ganz Deutschland, den er durch die »Hallstein-Doktrin« praktizierte. Mit der Sowjetunion vereinbarte er 1955 in Moskau die Aufnahme diplomat. Beziehungen und erzielte die Freilassung von 10 000 dt. Kriegsgefangenen. Besondere außenpolit. Akzente der Ära *A.* waren 1952 die Wiedergutmachung an Israel und die Aussöhnung mit Frankreich, die 1963 zur Unterzeichnung des dt.-franz. Freundschaftsvertrages führte. Innenpolitisch war die Arbeit der Regierung *A.*, der dreimal als Kanzler wiedergewählt wurde (1953, 1957 und 1961), gekennzeichnet durch die Errichtung eines demokrat. Staates und den Wiederaufbau auf der Basis einer kapitalistischen Wirtschaftsordnung. Schlaglichter waren das KPD-Verbot 1956 und die Berlinkrise 1958. Sein Schwanken in der Frage der Präsidentschaft (1959) und seine Machtlosigkeit beim Bau der Berliner Mauer (1961), sein Kampf gegen die Kanzlerschaftskandidatur *Erhards* und die »Spiegel-Affäre«

(1962) zeigten einen Autoritätsschwund an. Auf Drängen der FDP, aber auch starker Kräfte in der CDU, trat *A.* am 15. 10. 1963 als Bundeskanzler und im März 1966 auch als CDU-Vorsitzender zurück.

Albertz, *Heinrich,* * Breslau 22. 1. 1915, †Bremen 17. 5. 1993; 1966/67 Regierender Bürgermeister von Berlin

Ev. Pfarrer, Mitglied der Bekennenden Kirche; zeitweise politischer Häftling; 1941–1945 Wehrdienst. Nach 1945 Leiter kirchl. und staatl. Flüchtlingsfürsorgestellen; Sozialdemokrat, ab 1947 als erster Flüchtlingsabg. MdL in Niedersachsen, 1948–55 niedersächsischer Minister (Flüchtlingswesen u. Soziales). Seit 1955 in Berlin, bis 1961 Senatsdirektor, dann bis 1963 Innensenator und 1963–66 Bürgermeister und Senator für Polizei, Sicherheit und Ordnung. 1966/67 Regierender Bürgermeister. Nach parteiinternen Auseinandersetzungen im Anschluß an die Studentenunruhen trat *A.* zurück und legte 1970 auch sein Mandat im Abgeordnetenhaus nieder; danach als Pfarrer in Berlin tätig (1971–79). 1975 fand er sich bereit, im Austausch gegen den Berliner CDU-Vorsitzenden *Peter Lorenz* freigelassene Terroristen bei ihrem Flug in den Nahen Osten zu begleiten. Er engagierte sich u. a. in der Friedensbewegung.

Albrecht, *Ernst,* * Heidelberg 29. 6. 1930; 1976–90 Ministerpräsident von Niedersachsen

Studium der Philosophie, Rechts- und Wirtschaftswissenschaften, Dr. rer. pol. 1954 Attaché beim Ministerrat der Montanunion, 1958–70 hoher Beamter bei EWG und EG. Seit 1970 für die CDU MdL in Niedersachsen und gleichzeitig im Management von Bahlsen tätig. Im Feb. 1976 mit Stimmen der SPD/FDP-Koalition als Nachfolger des zurückgetretenen *Alfred Kubel* zum Ministerpräsidenten gewählt (Wiederwahl 1982, 1986). 1979 bei der Aufstellung eines gemeinsamen CDU/CSU-Kanzlerkandidaten gegen → *Strauß* unterlegen. 1990 – nach 14 Jahren Amtszeit als Ministerpräsident – seinem Herausforderer → *Schröder* unterlegen.

Altmeier, *Peter,* * Saarbrücken 12. 8. 1899, †Koblenz 28. 8. 1977; 1947–69 Ministerpräsident von Rheinland-Pfalz

Kaufmännische Lehre; 1922/23 und 1927–33 Stadtverordneter für das Zentrum in Koblenz; 1945 Mitbegründer und bis 1966 Landesvors. der CDU. 1946 Regierungspräsident in Montabaur; 1947–69 Ministerpräsident von Rheinland-Pfalz (Nachf. → *Kohl*). *A.* machte sich verdient um eine Art »Landesbewußtsein« in dem künstlich gebildeten Bundesland.

Arnold, *Karl,* * Herrlishöfen (Württemb.) 21. 3. 1901, †Düsseldorf 29. 6. 1958; 1947–56 Ministerpräsident von Nordrhein-Westfalen

Lederfacharbeiter; seit 1920 in der christlichen Gewerkschaftsbewegung und ab 1925 stellv. Vorsitzender der Zentrumspartei in Düsseldorf. Nach 1933 Kaufmann; nach dem 20. Juli 1944 verhaftet. 1945 Mitbegründer der CDU, Leiter der Sozialausschüsse und stellv. Parteivorsitzender. 1946 Oberbürgermeister von Düsseldorf und 1947–56 Ministerpräsident von Nordrhein-Westfalen. Überzeugter Verfechter sozialer Reformen. Am 20. 2. 1956 wurde er durch ein konstruktives Mißtrauensvotum von SPD, FDP und Zentrum gestürzt.

Augstein, *Rudolf,* * Hannover 5. 11. 1923; Journalist und Herausgeber

Arbeits- und Wehrdienst (zuletzt Leutnant). Mitherausgeber des Nachrichtenmagazins »Der Spiegel«, das 1946 von brit. Presseoffizieren in Hannover als »Diese Woche« gegründet worden war. Wegen der »Spiegel-Affäre«, ausgelöst durch eine Polizei-Aktion gegen das Magazin unter dem Vorwurf des publizistischen Landesverrats (Bericht über die NATO-Übung »Fallex 62«), bei der *A.* und der Redakteur *Conrad Ahlers* verhaftet wurden, mußte → *Strauß* 1962 aufgrund heftiger öffentlicher Reaktion zurücktreten. 1972/1973 war *A.* MdB für die FDP.

Axen, *Hermann,* * Leipzig 6. 3. 1916, †Berlin 16. 2. 1992; SED-Politiker

Als 16jähriger 1932 Eintritt in den Kommunistischen Jugendverband (KJVD), nach 1933 illegale Arbeit für die KPD. Den größten Teil der NS-Zeit im Zuchthaus und in Konzentrationslagern.

Nach dem Krieg Sekretär des Zentralrates der FDJ und zweiter Mann nach → *Honecker*. Seit 1950 Mitglied des ZK der SED, 1949–53 Leiter der Abteilung Agitation. 1953–56 Zweiter Sekretär der SED-Bezirksleitung Ost-Berlin, dann bis 1966 Chefredakteur des SED-Zentralorgans »Neues Deutschland«. Seitdem ZK-Sekretär für internationale Verbindungen und seit 1971 auch Leiter des Ausschusses für auswärtige Angelegenheiten der Volkskammer, der er seit 1950 angehörte. Lange Zeit eines der einflußreichsten Mitglieder der Partei- und Staatsführung der DDR. Nach dem Sturz von *Honecker* wurde *A.* am 8. 11. 1989 aus dem Politbüro entlassen, dem er seit 1963 als Kandidat und seit 1970 als Vollmitglied angehörte, im Dez. 1989 aus der SED ausgeschlossen; 1990 zeitweilig inhaftiert.

Bahr, *Egon*, * Treffurt a. d. Werra 18. 3. 1922; 1972–76 Bundesminister

Nach dem Abitur Ausbildung als Industriekaufmann; 1942–44 Soldat. Seit 1945 Journalist; 1950–60 Chefkommentator von RIAS und Leiter des Bonner Büros. Seit 1956 Mitglied der SPD; Berater vom Regierenden Bürgermeister von Berlin → *Brandt*. Mitwirkung an der Neukonzeption der deutschen Ostpolitik (»Wandel durch Annäherung«). Ab 1967 unter Außenminister *Brandt* dessen Berater im Rang eines Sonderbotschafters, in der sozialliberalen Koalition ab 1969 Staatssekretär im Bundeskanzleramt, zugleich Bundesbevollmächtigter für Berlin. Entscheidend am Zustandekommen des Moskauer Vertrages zwischen der BR Deutschland und der Sowjetunion (1970) beteiligt. 1972–90 MdB. 1972–74 Bundesminister für besondere Aufgaben beim Bundeskanzler, 1974–76 für wirtschaftliche Zusammenarbeit. 1976–81 Bundesgeschäftsführer der SPD. Als Nachfolger von → *Baudissin* 1984–94 Leiter des Instituts für Friedensforschung und Sicherheitspolitik an der Universität Hamburg. 1990 Berater des DDR-Abrüstungs- und Verteidigungsministers → *Eppelmann*.

Bahro, *Rudolf*, * Bad Flinsberg (Schlesien) 18. 11. 1935, †Berlin 5. 12. 1997; Sozialwissenschaftler und Publizist

Nach dem Studium der Philosophie in Ost-Berlin ab 1959 als Partei-, Gewerkschafts- und Wirtschaftsfunktionär tätig. 1965 stellv. Chef-

redakteur des FDJ-Organs »Forum«, 1967 wiss. Arbeitsorganisator in einem Gummikombinat. In seinem Buch »Die Alternative. Zur Kritik des real existierenden Sozialismus« kritisierte er vom marxistischen Standpunkt aus das politische und wirtschaftliche System der DDR. Nach dessen 1977 in der Bundesrepublik erfolgten Veröffentlichung wurde er verhaftet und 1978 wegen Geheimnis- und Landesverrats zu 8 Jahren Freiheitsentzug verurteilt und in Bautzen inhaftiert. Ende 1979 amnestiert, übersiedelte er in den Westen. 1980 Gründungsmitglied von »Die Grünen«, deren Bundesvorstand er 1982–84 angehörte, die er jedoch 1985 wieder verließ. Er holte die in der DDR verwehrte Promotion nach und habilitierte sich. Nach dem Mauerfall 1989 kehrte er in die DDR zurück und wurde 1990 rehabilitiert. 1990–97 a.o. Professor für Sozialökologie an der Humboldt-Universität in Berlin.

Bangemann, *Martin*, * Wanzleben 15. 11. 1934; 1984–88 Bundeswirtschaftsminister, 1989–99 EU-Kommissar

Nach Jurastudium Rechtsanwalt im württembergischen Metzingen. Seit 1963 Mitglied der FDP; einer der Wegbereiter des »Freiburger Programms«, 1969–74 stellv., 1974–78 Landesvorsitzender in Baden-Württemberg und 1972–80 sowie 1984–89 MdB. 1974 als Nachfolger des verstorbenen *Karl-Hermann Flach* Generalsekretär der FDP, aber bereits 1975 nach ständigen Konflikten mit dem Koalitionspartner SPD und Befürwortung eines Zusammengehens mit den Unionsparteien, zurückgetreten. Danach als Europapolitiker aktiv (1973–84 MdEP). Als Nachfolger von Graf → *Lambsdorff* 1984–88 Bundeswirtschaftsminister. Beim Bundesparteitag der FDP Ende Feb. 1985 in Saarbrücken zum Nachfolger von → *Genscher* als Parteivorsitzender gewählt (bis 1988). 1989–99 EU-Kommissar für Industriepolitik, Informationstechnologien und Telekommunikation.

Barschel, *Uwe*, * Glienicke (b. Berlin) 13. 5. 1944, †Genf 11. 10. 1987; 1982–87 Ministerpräsident von Schleswig-Holstein

Doppelt promovierter Jurist und Politologe; früh Mitglied der CDU mit steiler politischer Karriere: 1967–71 Landesvorsitzender der Jungen Union Schleswig-Holsteins, 1969 stellv. CDU-Landesvorsitzender, seit 1971 MdL. 1973–79 Fraktionsvorsitzender. Ab Jan. 1979 Finanzminister, ab Mai 1979 Innenminister, profiliert sich als Vors. der Innenministerkonferenz vor allem als Kontrahent von Bundesinnenminister *Gerhart Baum. B.* wurde im Okt. 1982 Nachfolger von → *Stoltenberg* als Ministerpräsident von Schleswig-Holstein und errang mit der CDU bei den Landtagswahlen vom 13. 3. 1983 die absolute Mehrheit. Nachdem im »Spiegel« Vorwürfe seines zwielichtigen Medienreferenten *Rainer Pfeiffer* veröffentlicht wurden, wonach *B.* gegen den SPD-Politiker → *Engholm* eine Verleumdungskampagne geplant und durchgeführt haben soll, trat er am 25. 9. 1987 zurück. Unter ungeklärten Umständen kam er am 11. 10. 1987 in Genf ums Leben.

Barzel, *Rainer,* * Braunsberg (Ostpreußen) 20. 6. 1924; 1983/84 Bundestagspräsident

1941–45 Kriegsteilnehmer; 1945–48 Studium der Rechtswissenschaft und der Volkswirtschaft. Promotion zum Dr. jur. Nach Anfängen beim Zentrum in der CDU aktiv; 1957–87 MdB. Im letzten Kabinett → *Adenauers* von Dez. 1962 bis Okt. 1963 Bundesminister für gesamtdeutsche Fragen. Ab 1964 Vorsitzender der CDU/CSU-Bundestagsfraktion und 1971 als Nachfolger von → *Kiesinger* CDU-Vorsitzender. Am 27. 4. 1972 mit einem konstruktiven Mißtrauensvotum gegen → *Brandt* im Bundestag und am 19. 11. 1972 als Kanzlerkandidat bei der Wahl zum Bundestag gescheitert, 1973 wegen Differenzen über die Deutschland- und Ostpolitik als Fraktions- und Parteivorsitzender zurückgetreten. Anschließend Tätigkeit als Rechtsanwalt. Nach der Ablösung der sozialliberalen Koalition am 1. 10. 1982 im Kabinett → *Kohl* Bundesminister für innerdeutsche Beziehungen und seit 29. 3. 1983 als Nachfolger von → *Stücklen* Bundestagspräsident. Am 25. 10. 1984 im Zusammenhang mit Vorwürfen wegen seiner Beratertätigkeit für eine Anwaltskanzlei und deren Verbindungen zum → *Flick*-Konzern zurückgetreten.

Baudissin, *Wolf* Graf *von,* * Trier 8. 5. 1907, † Hamburg 5. 6. 1993; General und Friedensforscher

Ab 1930 Berufssoldat; im 2. Weltkrieg Generalstabsoffizier (zuletzt Major) bei Generalfeldmarschall *Erwin Rommel,* geriet er 1941 in Afrika früh in brit. Kriegsgefangenschaft, aus der er erst 1947 entlassen wurde. 1951 trat er in die Dienststelle → *Blank* ein. Bei der Vorarbeit für einen dt. Verteidigungsbeitrag prägte er den Begriff »Staatsbürger in Uniform« und gestaltete im wesentlichen das Konzept der »Inneren Führung«, das von der Notwendigkeit der gesellschaftlichen Integration der Streitkräfte in einer freiheitlichen Demokratie ausgeht. 1955–58 Abt.-Leiter im neuen Bundesverteidigungsministerium, anschließend Truppendienst bei der Bundeswehr. 1961–67 in versch. hohen Generalstabsfunktionen der NATO, zuletzt Generalleutnant. Ab 1968 Lehrbeauftragter für moderne Strategie, war er 1971–84 Direktor des Instituts für Friedensforschung und Sicherheitspolitik an der Universität Hamburg.

Bauer, *Fritz,* * Stuttgart 16. 7. 1903, † Frankfurt a. M. 30. 6. 1968; 1956–68 Generalstaatsanwalt von Hessen

Studium der Rechtswissenschaften und Volkswirtschaft; ab 1930 Amtsrichter. 1933 wurde er entlassen und kurzzeitig im KZ inhaftiert. 1936 Emigration nach Skandinavien, 1949 Rückkehr nach Deutschland. 1949–56 Landgerichtsdirektor und ab 1950 Generalstaatsanwalt in Braunschweig. 1960 hatte er wesentlichen Anteil an der Ergreifung *Adolf Eichmanns* und damit am Zustandekommen des Eichmann-Prozesses in Jerusalem. Als hessischer Generalstaatsanwalt (ab 1956) war *B.* verantwortlich für die Anklageerhebung im Frankfurter Auschwitz-Prozeß (1963–65) und verhalf so zur ersten öffentlichen Auseinandersetzung mit dem Holocaust im Nachkriegsdeutschland.

Becher, *Johannes R.,* * München 22. 5. 1891, † Berlin (Ost) 11. 10. 1958; Schriftsteller und Politiker

B. wurde berühmt mit der Veröffentlichung des Doppelbandes mit Gedichten und Prosa »Verfall und Triumph« (1914), der ihn in die Reihe der führenden expressionistischen Lyriker stellte. Nach seinem Eintritt in die KPD (1919) schrieb er politische Zweckdichtung wie »Am Grabe Lenins« (1924). 1933 emigrierte er in die Sowjetunion; dort ab 1935 Chefredakteur der Zeitschrift »Internationale Literatur. Deutsche Blätter«. 1945 kehrte er nach Deutschland zurück und wurde in Ost-Berlin Präsident des Kulturbundes zur demokratischen Erneuerung

Deutschlands. Er schrieb den Text für die Nationalhymne der DDR und war 1949 Mitbegründer der Zeitschrift »Sinn und Form«. 1954–58 Kulturminister der DDR.

Beck, *Kurt*, * Bad Bergzabern 5.2. 1949; seit 1994 Ministerpräsident von Rheinland-Pfalz

Nach der Ausbildung zum Elektromechaniker war er ab 1967 als Funkelektroniker bei der Bundeswehr tätig. Anschließend wurde *B.*, seit 1972 SPD-Mitglied, Personalrats- und Bezirkspersonalratsvorsitzender. 1979 zog er für die SPD in den Landtag von Rheinland-Pfalz ein; 1985–91 war er Parlamentarischer Geschäftsführer der Landtagsfraktion, anschließend deren Vorsitzender. Nach dem Ausscheiden von →*Scharping* übernahm *B.*, der seit Ende 1993 auch SPD-Landesvorsitzender ist, am 26.10.1994 den Posten des Ministerpräsidenten.

Becker, *Jurek*, * Lódz 30.9. 1937, †Berlin 14.3. 1997; Schriftsteller

Als Kind im Ghetto und im KZ. Nach 1945 in Berlin (Ost). Einer der wichtigsten Repräsentanten der DDR-Literatur. Im Herbst 1976 protestierte er gegen den Ausschluß von *Reiner Kunze* aus dem DDR-Schriftstellerverband, im Nov. 1976 gehörte er zu den Initiatoren eines Protestbriefes gegen die Ausbürgerung → *Biermanns.* Seit 1977 in Berlin (West). Zu seinen Werken gehören der preisgekrönte Roman »Jakob der Lügner« (1969) sowie die Drehbücher zur erfolgreichen ARD-Serie »Liebling Kreuzberg«.

Behrens, *Friedrich [Fritz]*, * Rostock 20.9. 1909, †Berlin (Ost) 16.7. 1980; Wirtschaftswissenschaftler

Maschinenbauerlehre; Maschinist in der Handelsmarine. Danach über Heimvolkshochschule und Begabtenprüfung zum Studium (1931–35) der Volkswirtschaftslehre und Statistik in Leipzig (Promotion) gelangt. Politisch kam er von der SPD (ab 1926) über die SAP (1931) zur KPD (1932). Ab 1935 Hilfsreferent im Stat. Reichsamt in Berlin, wurde er 1939 Statistiker für Preis- und Vertragsprüfung. Im selben Jahr dienstverpflichtet und 1941 als Referent ins Stat. Zentralamt nach Prag abkommandiert, wo er bis 1944 zugleich einen Lehrauftrag für Statistik an der Karls-Universität ausübte. Nach Ende des Krieges trat er erneut der KPD bei, dann der SED. 1946 auf den Lehrstuhl für Statistik und Politische Ökonomie der Universität Leipzig berufen. Nach seiner Habilitation 1947 Professor für Politische Ökonomie und Direktor des Instituts für Wirtschaftswissenschaften und Statistik. Maßgeblich an der Formierung des »Politischen Ökonomischen Sozialismus« als Lehr- und Forschungsdisziplin in der DDR beteiligt und einer der Vordenker des »Neuen Ökonomischen Systems« (NÖS), wurde er 1955 Leiter des Staatl. Zentralamtes für Statistik, stellv. Vorsitzender der Staatlichen Planungskommission und Mitgl. des Ministerrats. Nach Abgabe eines Buchmanuskripts (mit *Arne Benary*), in dem das bürokratisch-zentralistische Wirtschaftssystem kritisiert und ein Konzept einer demokratischen sozialistischen Selbstverwaltung vorgelegt wurde, Auslieferungssperre für das Buch. Wegen »revisionistischer Tendenzen« 1957 gemaßregelt und von seinen staatl. Funktionen weitgehend entbunden. 1961 übte er Selbstkritik, wurde aber 1967 nach erneuten Zweifeln am Staatssozialismus vorzeitig emeritiert.

Beitz, *Berthold*, * Demmin (Pommern) 26.9. 1913; Unternehmer

Nach kaufmännischer Ausbildung ab 1939 bei der Shell AG in Hamburg, 1941 bei der Karpaten-Öl AG in Borislaw (Polen). In dieser Position rettete er viele jüdische Arbeiter vor der Deportation ins KZ. 1944/45 Wehrdienst. 1946 Vizepräsident Zonenamt des Reichsaufsichtsamtes für das Versicherungswesen in Hamburg. 1949 Generaldirektor der Iduna-Germania Versicherungsgesellschaft. 1953–67 Generalbevollmächtigter der Firma Friedrich Krupp. Ab 1967 Vorsitzender des Kuratoriums der Alfried-Krupp-von Bohlen-und-Halbach-Stiftung. 1970–89 Aufsichtsratsvors. der Friedrich Krupp GmbH. *B.*, der sich um den Ausbau des Osthandels verdient gemacht hat, wurde 1973 in Israel mit dem Ehrentitel »Gerechter der Völker« ausgezeichnet und ist Ehrenmitglied des IOC. Gemeinsam mit seiner Frau erhielt *B.* 1999 den Leo-Baeck-Preis des Zentralrats der Juden in Deutschland.

Benda, *Ernst*, * Berlin 15.1. 1925; 1971–84 Präsident des Bundesverfassungsgerichts

Nach Kriegsdienst und Gefangenschaft studierte *B.* Jura in Berlin und Madison (USA) und war anschließend als Rechtsanwalt tätig. Bereits 1946 schloß er sich in Berlin der CDU an; 1957–71 MdB; 1966 im CDU-Bundesvorstand. 1967 Parl. Staatssekretär, 1968/69 Bundesminister des Innern. 1967–70 Präsident der Deutsch-Israelischen Gesellschaft. 1971–84 Präsident des Bundesverfassungsgerichts, danach Professor für öffentliches Recht an der Universität Freiburg.

Benjamin, *Hilde*, * Bernburg 5. 2. 1902, †Berlin (Ost) 18. 4. 1989; 1953–67 DDR-Justizministerin

Nach dem Jurastudium Rechtsanwältin in Berlin (ab 1933 Berufsverbot). 1926 heiratete sie den Arzt und Kommunisten *Georg Benjamin*, der 1942 im KZ Mauthausen ums Leben kam. 1927 wurde sie Mitglied der KPD, für die sie nach 1933 illegal tätig war. 1936 verhaftet und zu 6 Jahren Zuchthaus verurteilt. Nach dem Krieg wieder für die KPD, dann die SED aktiv. 1945 Staatsanwältin. Als Vizepräsidentin des Obersten Gerichtshofes der DDR (1949–53) war sie Vorsitzende in zahlreichen politischen Schauprozessen, bei denen sie drastische Strafen verhängte. 1953 als Nachfolgerin von *Max Fechner* Justizministerin. Maßgeblich beteiligt an der Neufassung des Strafrechts in der DDR, das die Gerichte zum Machtinstrument der SED machte. 1950–67 Abgeordnete der Volkskammer, 1954–89 Mitglied des ZK der SED. 1967 Rücktritt als Justizministerin, danach Professorin an der Akademie für Staats- und Rechtswissenschaften.

Biedenkopf, *Kurt Hans*, * Ludwigshafen 28. 1. 1930; seit 1990 Ministerpräsident von Sachsen

Politik-, Volkswirtschafts- und Jurastudium (Promotion). 1964–70 Professor für Handels-, Wirtschafts- und Arbeitsrecht an der Universität Bochum, 1967–69 auch deren Rektor. In der von → *Kiesinger* eingesetzten Mitbestimmungskommission 1968–70 Vors. 1971–73 Geschäftsführer der Fa. Henkel. 1973 holte ihn → *Kohl* als Seiteneinsteiger in die Politik und schlug ihn als CDU-Generalsekretär vor (bis 1977). 1976–80 MdB, 1977–86 Vors. des CDU-Landesverbandes Westfalen-Lippe, danach Vors. des neu gegründeten CDU-Landesverbandes Nordrhein-Westfalen. 1987 wechselte er erneut in den Bundestag und gab sein Amt in NRW an → *Blüm* ab. 1990 Gastdozentur an der Universität Leipzig. Seit 27. 10. 1990 Ministerpräsident von Sachsen (Wiederwahl 1994).

Biermann, *Wolf*, * Hamburg 15. 11. 1936; Schriftsteller und Liedermacher

Sein Vater war im kommunistischen Widerstand und wurde im KZ ermordet. 1953 Übersiedelung in die DDR; 1957–59 Regieassistenz am Berliner Ensemble, danach Studium der Philosophie und Mathematik. 1960 Bekanntschaft mit → *Eisler* und erste eigene Lieder und Texte. 1961–63 Aufbau des Berliner Arbeiter- und Studententheaters, Verbot noch vor der Eröffnung; 1963 Beginn der Freundschaft mit → *Havemann*. Nach der Veröffentlichung des Gedichtbandes »Die Drahtharfe« erhielt er 1965 totales Auftritts- und Publikationsverbot. Erst im Herbst 1976 durfte *B.* in der DDR wieder öffentlich auftreten und auch in die BRD reisen. Nach seinem Auftritt am 13. 11. in Köln erfolgte jedoch seine Ausbürgerung; dagegen Proteste in Ost (u. a. → *Wolf*, → *Becker*) und West. Seitdem in Hamburg wohnhaft, meldet sich der Liedermacher immer wieder mit Aufsätzen und Aktionen zu Wort; 1991 erhielt er den Büchner-Preis. Im Herbst 2000 sorgte sein Wechsel zur Springer-Zeitung »Die Welt« für Aufsehen, bei der *B.* als »Chef-Kulturkorrespondent« arbeitet.

Blank, *Theodor*, * Elz a.d. Lahn 19. 9. 1905, †Bonn 14. 5. 1972; 1955/56 Bundesverteidigungsminister

Mitglied des Zentrums und von 1930–33 in der christl. Gewerkschaftsbewegung aktiv. Während des Krieges Soldat (Reserve-Offizier). 1945 trat er in Dortmund der CDU bei und wurde Vorsitzender des Bergarbeiter-Verbandes. 1949 in den Bundestag gewählt (bis 1972), wurde er 1950 Beauftragter → *Adenauers* für Fragen der alliierten Besatzungstruppen (»Dienststelle Blank«). Ab 1951 »Sicherheitsbeauftragter«, wurde er ab 1955 – nach Inkrafttreten der Pariser Verträge – Bundesminister für Verteidigung. *B.*, der im Okt. 1956 durch → *Strauß* abgelöst wurde, brachte Wehrpflicht- und Soldatengesetz unter Dach und Fach und erreichte den Aufbau der Bundeswehr auf 65 000 Mann. Danach war er Bundesminister für Arbeit und Sozialordnung (1957–65).

Blessing, *Karl,* * Enzweihingen 5. 2. 1900, †Rasteau (Provence) 25. 4. 1971; 1958–69 Bundesbankpräsident

1920 trat er in den Dienst der Reichsbank; 1925 legte er das Examen als Diplomkaufmann an der Handelshochschule in Berlin ab. Als Assistent von *Hjalmar Schacht* nahm er 1929 an der Pariser Young-Konferenz, an den Haager Reparationskonferenzen und an der Konferenz über die Gründung der Bank für Internationalen Zahlungsausgleich in Basel (BIZ) teil. 1930 Abteilungsleiter bei der BIZ. 1934 Rückkehr nach Berlin; zuerst als Generalreferent im Reichswirtschaftsministerium, ab 1937 Mitglied des Reichsbankdirektoriums. Nachdem er 1939 eine Denkschrift »gegen die hemmungslose Ausgabenwirtschaft der öffentlichen Hand« mitunterzeichnet hatte, wurde er abberufen. Ab 1939 Vorstandsmitglied bei der Margarine-Union AG (Tochtergesellschaft von Unilever), wurde er 1941 in der Mineralölwirtschaft kriegsdienstverpflichtet. 1948 kehrte er in die Hamburger Zentrale der Unilever zurück. Ab 1958 Präsident der Deutschen Bundesbank, sah *B.* in der Erhaltung der Kaufkraft der Währung im Kampf gegen die schleichende Geldentwertung seine wichtigste Aufgabe (bis 1969).

Bloch, *Ernst,* * Ludwigshafen 8. 7. 1885, †Tübingen 4. 8. 1977; Philosoph

1933 emigriert, kehrte *B.* 1948 nach Deutschland zurück und wurde Professor in Leipzig. Sein Hauptwerk »Das Prinzip Hoffnung« enthält eine im Anschluß an *Marx* und in Auseinandersetzung vor allem mit *Hegel* entwickelte Philosophie des »Noch-Nicht«. 1955 noch mit dem Nationalpreis der DDR ausgezeichnet, wurde wegen zunehmender politischer Divergenzen zunächst seine Publikations- und Lehrtätigkeit beschränkt, 1957 folgte die Zwangspensionierung, seine Schüler waren Verfolgungen ausgesetzt. Von einem Aufenthalt in der Bundesrepublik kehrte *B.* 1961 nicht in die DDR zurück. Er lebte und lehrte seitdem in Tübingen. 1967 wurde er mit dem Friedenspreis des Deutschen Buchhandels ausgezeichnet.

Blüm, *Norbert,* * Rüsselsheim 21. 7. 1935; 1982–98 Bundesarbeitsminister

1949–57 als Werkzeugmacher bei der Adam Opel AG beschäftigt. Nach Besuch des Abendgymnasiums 1961–67 Stipendiat der VW-Stiftung (Promotion 1967). Seit 1950 Mitglied der CDU, arbeitete *B.* 1966–68 bei *Hans Katzer* als Redakteur der Zeitschrift »Soziale Ordnung« und engagierte sich in den Sozialausschüssen der Christlich-Demokratischen Arbeitnehmerschaft (CDA), 1968–75 als deren Hauptgeschäftsführer. 1972 erstmals in den Bundestag gewählt, dem er zunächst bis 1981 angehört. 1977–87 Bundesvorsitzender der CDA. Ab 1980 einer der stellv. Vorsitzenden der CDU/CSU-Bundestagsfraktion, bis er 1981 unter → *von Weizsäcker* in Berlin Senator für Bundesangelegenheiten Berlins in Bonn wurde. In der unter → *Kohl* im Okt. 1982 gebildeten Regierung Bundesminister für Arbeit und Sozialordnung (seit März 1983 auch wieder MdB). Nach der Niederlage der Koalition bei der Bundestagswahl vom 27. 9. 1998 gab *B.* den Landesvorsitz der CDU in NRW (seit 1987) auf, blieb aber MdB.

Böckler, *Hans,* * Trautskirchen 26. 2. 1875, †Köln 16. 2. 1951; 1949–51 DGB-Vorsitzender

Seit 1904 in der Gewerkschaftsbewegung aktiv. Mitglied der SPD, für die er 1928 in den Reichstag einzog. Als führender Kopf der illegalen Gewerkschaftsbewegung in der NS-Zeit verfolgt und zeitweise inhaftiert. Nach 1945 organisierte er den Wiederaufbau der Gewerkschaften (ab 1947 erster Vorsitzender des DGB in der brit. Besatzungszone) und deren einheitliche Zusammenfassung im DGB, dessen 1. Vorsitzender er 1949–51 war. *B.*, der auch Vizepräsident des Internationalen Bundes Freier Gewerkschaften war, kämpfte erfolgreich v. a. um die Ausgestaltung der Mitbestimmung in der Montanindustrie.

Bohley, *Bärbel,* * Berlin 24. 5. 1945; Bürgerrechtlerin

Nach einem Studium an der Ost-Berliner Kunsthochschule seit 1974 freischaffende Malerin und Graphikerin sowie einflußreiche Wortführerin in der Friedensbewegung der DDR; Mitbegründerin der Gruppe »Frauen für den Frieden«. Wegen Gesprächen mit einer Politikerin der »Grünen« über Friedensaktivitäten in der DDR von Dez. 1983 bis Jan. 1984 in Untersuchungshaft. Als führendes Mitglied der Initiative »Frieden und Menschenrechte« nach dem Luxemburg-Liebknecht-Gedenkmarsch am 17. 1. 1988 wegen »landesverräterischer Beziehungen« verhaftet. Einer Ausbürgerung aus der DDR widersetzte sie sich erfolgreich und erreichte mit der Hilfe der ev. Kirche, nach sechs Monaten in die DDR zurückkehren zu können. Die christlich geprägte Künstlerin war 1989 Mitbegründerin der Oppositionsgruppe »Neues Forum«.

Böll, *Heinrich*, * Köln 21. 12. 1917, †Kreuzau 16. 7. 1985; Schriftsteller

Nahm als Infanterist am 2. Weltkrieg teil, dessen Grauen und Folgen er in seinen frühen Werken darstellte. Seine späteren Werke schildern – mitunter satirisch – Nachkriegsjahre, Wirtschaftswunder und Staats- und Kircheninstitutionen, wobei er kritisch politische und gesellschaftliche Gegebenheiten durchleuchtete. *B.*, Verfasser zahlreicher in Ost und West sehr erfolgreicher Erzählungen (z. B. »Wanderer kommst du nach Spa …«, 1950) und Romane (z. B. »Ansichten eines Clowns«, 1963), engagierte sich auch in gesellschaftspolitischen Fragen und ergriff Partei (u. a. gegen die Nachrüstung). 1970–72 war er Präsident des PEN-Zentrums der BR Deutschland, 1971–74 Präsident des internationalen PEN-Clubs. 1972 wurde er mit dem Nobelpreis für Literatur ausgezeichnet.

Börner, *Holger*, * Kassel 7. 2. 1931; 1976–87 Ministerpräsident von Hessen

Betonfacharbeiter; seit 1948 Mitglied der SPD; 1961–64 Bundesvorsitzender der Jungsozialisten. 1957 wird er mit 26 Jahren jüngstes MdB. Ab 1967 Parl. Staatssekretär beim Bundesministerium für Verkehr, ab 1969 für Verkehr und für das Postwesen. 1972–76 Bundesgeschäftsführer der SPD. Nach dem Rücktritt → *Osswalds* wurde *B.* am 12. 10. 1976 hessischer Ministerpräsident, ab 1977 auch Landesvorsitzender. In seine Amtszeit fielen die Auseinandersetzungen um den Ausbau des Frankfurter Flughafens und die Nutzung der Kernenergie. Nach den Landtagswahlen 1982 und 1983, die keiner Partei eine regierungsfähige Mehrheit brachten, ging *B.* zunächst eine rot-grüne Kooperation, im Dez. 1985 die erste rot-grüne Koalition in einem Bundesland ein.

Nach Auseinandersetzungen mit den Grünen über die Kernenergie entließ er im Feb. 1987 Umweltminister → *Fischer* und verzichtete auf den Landesvorsitz sowie auf eine erneute Spitzenkandidatur. *B.*, der 1987 auch sein Mandat als MdL in Hessen aufgab (ab 1978), ist seit Dez. 1987 Vorsitzender der Friedrich-Ebert-Stiftung.

Brandt, *Willy [*eigentlich *Herbert Ernst Karl Frahm]*, * Lübeck 18. 12. 1913, †Unkel 8. 10. 1992; 1969–74 Bundeskanzler

1930 Mitglied der SPD und dann in der abgesplitterten linken SAP (1931); 1933 Emigration nach Norwegen; 1937 Korrespondent im Spanischen Bürgerkrieg auf republikanischer Seite. Nahm 1938 nach Ausbürgerung die norwegische Staatsbürgerschaft an und floh 1940 nach der deutschen Eroberung Norwegens nach Schweden. Kehrte 1945 als Korrespondent für skandinavische Zeitungen nach Deutschland zurück und wurde 1947 unter seinem Pseudonym *B.* wieder eingebürgert; erneut Eintritt in die SPD. 1948 wurde er Vertreter des SPD-Parteivorstands in Berlin (West) und zog 1951 ins Berliner Abgeordnetenhaus ein, dem er von 1955–57 als Präsident vorstand. Als Nachfolger von → *Suhr* von 1957–66 Regierender Bürgermeister von Berlin (West). Von 1949–57 und 1969–1992 MdB, seit 1964 als Nachfolger von → *Ollenhauer* Vorsitzender der SPD und Befürworter des Godesberger Programms. 1966 Außenminister und Vizekanzler in der Großen Koalition unter → *Kiesinger* sowie nach knappem Wahlsieg von SPD und FDP am 28. 9. 1969 Bundeskanzler einer sozialliberalen Koalition. Durch die Entspannungspolitik, als deren Bestandteil die Ostverträge gelten (1970 dt.-sowjet. und Warschauer Vertrag, 1972 Grundlagenvertrag mit der DDR, 1973 Prager Vertrag), sollte die BR Deutschland der außenpolitischen Isolation gegenüber dem Osten entzogen und die Kluft zwischen dem geteilten Deutschland verringert werden. In Würdigung seiner Politik, die im Ausland auf breite Anerkennung stieß, in der BRD jedoch Gegenstand heftiger politischer Auseinandersetzungen blieb, erhielt er im Okt. 1971 den Friedensnobelpreis. Nach einem gescheiterten Mißtrauensvotum der CDU/CSU vom 27. 4. 1972 (→ *Barzel*) gewann *B.* am 19. 11. die Bundestagswahl. Im Zusammenhang mit der Affäre um seinen persönlichen Referenten *Günter Guillaume* (DDR-Spion) trat *B.* am 7. 5. 1974 als Bundeskanzler zurück (Nachf. → *Schmidt*); blieb aber weiterhin Parteivorsitzender (bis 1987). 1976–92 war er Präsident der Sozialistischen Internationale und 1979–83 auch MdEP.

Brauchitsch, *Eberhard von,* *Berlin 28.11. 1926; Unternehmer

1943 als Flakhelfer eingesetzt, wurde *B.* 1944 noch zum Wehrdienst eingezogen. Nach Jura- und Politikstudium Rechtsanwalt in Berlin. Ab 1955 bei der Lufthansa, wurde er 1957 Geschäftsführer der Deutschen Flugdienst GmbH (spätere Lufthansa-Tochter Condor-Flugdienst). 1960 persönl. Berater von → *Flick,* dann Prokurist der Holding Friedrich Flick KG in Düsseldorf, die mit Tochtergesellschaften über 100 versch. Unternehmen kontrollierte. Ab 1965 geschäftsführender Gesellschafter des Unternehmens, verließ er Ende 1970 den Konzern und wurde 1971 Generalbevollmächtigter → *Springers* sowie stellv. Aufsichtsratsvors. in dessen Verlag. 1973 Rückkehr zum Flick-Konzern, dem größten dt. Familienunternehmen, erneut als persönlich haftender Gesellschafter. *B.,* in den 70er Jahren einer der mächtigsten Unternehmer in der Bundesrepublik, stürzte über die sog. Parteispenden-Affäre, die durch den Verdacht ausgelöst worden war, daß Steuerbegünstigungen für die Anlage der Verkaufserlöse eines Daimler-Aktienpakets aus dem Flick-Besitz durch Spenden an Politiker (u. a. Graf → *Lambsdorff*) erkauft worden waren. Im Feb. 1982 verzichtete er auf seine Ämter im BDI, 1983 schied er aus der Flick-Konzernspitze aus; seitdem als Unternehmensberater tätig. Im Parteispenden-Prozeß 1987 wurde *B.* zwar vom Vorwurf der Bestechung bzw. Bestechlichkeit und der Vorteilsgewährung freigesprochen, aber wegen Steuerhinterziehung zu einer zweijährigen Bewährungsstrafe verurteilt.

Brauer, *Max,* *Ottensen (Hamburg) 3.9. 1887, †Hamburg 2.2.1973; 1946–53 und 1957–61 Erster Bürgermeister von Hamburg

Glasbläser; 1919–24 in Altona Zweiter, dann Erster Bürgermeister. 1933 von den Nationalsozialisten abgesetzt und verhaftet. In der Emigration, im Auftrag des Völkerbundes Berater von *Chiang Kai-shek* in kommunalen und genossenschaftlichen Fragen, später in den USA Dozent an Colleges. Nach seiner Rückkehr ab 1946 auf Vorschlag der SPD und erneut 1957–61 Erster

Bürgermeister von Hamburg (Nachf. *Paul Nevermann*); 1961–65 MdB.

Brentano, *Heinrich von,* *Offenbach 20.6. 1904, †Darmstadt 14.11. 1964; 1955–61 Bundesaußenminister

Studium der Rechtswissenschaften, danach als Rechtsanwalt tätig. Mitbegründer der hessischen CDU und einer der Väter der hessischen Landesverfassung. 1946–49 MdL, ab 1947 Fraktionsvorsitzender, im Parlamentarischen Rat an der Ausarbeitung des Grundgesetzes beteiligt. 1949–64 MdB, 1949–55 und 1961–64 Vors. der CDU/CSU-Fraktion. 1950 Mitglied und Vizepräsident der Beratenden Versammlung des Europarates; 1952 Mitglied der Gemeinsamen Versammlung der Montanunion; 1952–54 Vors. des Europäischen Verfassungsausschusses. Unter → *Adenauer* 1955–61 Außenminister (Nachf. → *Schröder*), eigentlicher Autor der sog. Hallstein-Doktrin. Sein Rücktritt 1961 galt als Zugeständnis an die FDP. Das Denken und Handeln des Europa- und Außenpolitikers *B.* war geprägt von einem festen Begriff des christlich-europäischen Kulturerbes.

Bubis, *Ignatz,* *Breslau 12.1. 1927, †Frankfurt a. M. 13.8. 1999; 1992–99 Präsident des Zentralrates der Juden

Während des Krieges im Arbeitslager einer Munitionsfabrik bei Tschenstochau, entkam er durch Zufall der Deportation in ein Vernichtungslager, während fast seine ganze Familie darin umkam. Nach Kriegsende kehrte er nach Deutschland zurück, wo er in Pforzheim mit Edelmetall zu handeln begann. In Frankfurt a. M. eröffnete er 1956 einen Schmuck- und Edelmetall-Großhandel, bis er schließlich ins Immobiliengeschäft einstieg. In den späten 60er und frühen 70er Jahren wurde er in Frankfurt als »Spekulant« angefeindet. 1985 besetzte *B.* mit anderen das Frankfurter Schauspiel und verhinderte die Aufführung des als antisemitisch angesehenen Stückes »Der Müll, die Stadt und der Tod« von → *Fassbinder.* Seit 1983 Vorsitzender der Jüdischen Gemeinde in Frankfurt, seit 1992 als Nachfolger des verstorbenen → *Galinski* auch Präsident des Zentralrats der Juden in Deutschland. Seit 1969 Mitglied der FDP, verhalf er ihr als Spitzenkandidat bei der Kommunalwahl 1997 nach 16 Jahren zum Wiedereinzug in den Frankfurter Römer. Im Herbst 1998 eröffnete *B.* mit seiner Antwort auf die Friedenspreisrede von → *Walser*, der die »Instrumentalisierung des Holocaust« kritisierte, eine öffentliche Kontroverse, in der er dem Schriftsteller u. a. »geistige Brandstiftung« und »latenten Antisemitismus« vorwarf.

Bucerius, *Gerd*, * Hamm 19. 5. 1906, †Hamburg 29. 9. 1995; Verleger

Nach Jurastudium zunächst als Richter in Kiel und Flensburg, danach Rechtsanwalt in Hamburg. Wegen seiner ersten Ehe mit einer Jüdin und seines Engagements als Verteidiger von Juden und anderen Verfolgten des NS-Regimes wurde er in der Wirtschaft dienstverpflichtet. Nach Kriegsende als Bausenator in den von der Besatzungsmacht eingesetzten Senat berufen; außerdem im Zonenbeirat und 1947–49 Vertreter Hamburgs im Frankfurter Wirtschaftsrat. 1949–62 MdB für die CDU. Wegen unüberbrückbarer politischer Differenzen erklärte er im Feb. 1962 seinen Austritt aus der Partei. Neben seinem polit. Engagement machte sich *B.* einen Namen als Verleger der Hamburger Wochenzeitung »Die Zeit«, die er 1946 mitbegründet hatte. 1957 wurde er alleiniger Verleger des Blattes, in dem er sich immer wieder auch als streitbarer Publizist zu Wort meldete. Die publizistische Leitung des Verlags übertrug *B.* 1985 dem fr. Bundeskanzler → *Schmidt*, der später auf die Herausgeberseite wechselte.

Carstens, *Karl*, * Bremen 14. 12. 1914, †Meckenheim 30. 5. 1992; 1979–84 Bundespräsident

Jura- und Politikstudium in Deutschland, Frankreich und den USA (Dr. jur.), Master of Law; 1939–45 Wehrdienst, zuletzt Flakartillerie-Leutnant. Nach dem Krieg 1945/46 Rechtsanwalt und Landesanwalt beim Bremer Senat unter Bürgermeister *Wilhelm Kaisen* und 1949–54 Bevollmächtigter des Landes Bremen in Bonn. 1952 Habilitation für Staats- und Völkerrecht und Privatdozent, 1960–73 Ordentl. Professor, ab 1970 Direktor des Instituts für das Recht der Europäischen Gemeinschaften. Daneben 1954–66 Tätigkeit im Auswärtigen Dienst, 1954/55 als Ständiger Vertreter der BRD beim Europarat in Straßburg; seit 1955 im Auswärtigen Amt, zunächst als Stellv. Leiter der politischen Abteilung. 1958–60 als Leiter der Europaabteilung

und sodann als Staatssekretär; ab 1961 Stellvertreter des Außenministers. 1967/68 zunächst Staatssekretär im Verteidigungsministerium, dann (1968/69) der Bundesregierung und Chef des Bundeskanzleramtes unter → *Kiesinger*. 1969–72 Leiter des Forschungsinstituts der Deutschen Gesellschaft für Auswärtige Politik in Bonn. 1972–79 MdB für die CDU und 1973–76 Vors. der CDU/CSU-Fraktion im Bundestag; 1976–79 Bundestagspräsident. Am 23. 5. 1979 gegen die Kandidatin der SPD, → *Renger*, als Nachfolger von → *Scheel* zum Bundespräsidenten gewählt. Nach Ablauf der Amtszeit (30. 6. 1984) folgte ihm → *Weizsäcker* im Amt des Bundespräsidenten nach.

Cohn-Bendit, *Daniel*, * Montauban 4. 4. 1945; Publizist und Grünen-Politiker

1933 Emigration des Vaters aus Berlin. Aufgewachsen in Frankreich, kehrte *C.-B.* 1958 in die Bundesrepublik Deutschland zurück. Studium der Soziologie an den Universitäten Nanterre, Paris und Frankfurt a. M. Ende der 60er Jahre galt er als einer der Führer der Pariser Mairevolution 1968, woraufhin ihn die französische Regierung des Landes verwies (Aufenthaltsverbot erst 1978 aufgehoben). Nach 1968 arbeitete *C.-B.* in einer Frankfurter Buchhandlung und zählte mit → *Fischer* zur Frankfurter »Sponti-Szene«. Seit 1978 verantwortlicher Redakteur und Herausgeber des Magazins »Pflasterstrand« (1990 eingestellt). *C.-B.* gehörte zu den Wortführern, als sich die »Szene« 1978 zum parlamentarischen System bekannte und die Partei der Grünen unterstützte. 1984 wurde er Parteimitglied und zählte dort neben *Fischer* zu den entschiedensten Gegnern des »fundamentalistischen« Flügels (*Jutta Ditfurth*). 1989–97 Stadtrat in Frankfurt a. M. und ehrenamtl. Dezernent für multikulturelle Angelegenheiten. Seit 1994 MdEP, zog er als Spitzenkandidat der französischen Grünen 1999 erneut ins Europäische Parlament ein.

Dahrendorf, Lord *Ralf*, * Hamburg 1. 5. 1929; Soziologe und Publizist

Seit 1958 Professor in Hamburg, 1960 in Tübingen, ab 1966 in Konstanz, arbeitete *D.* besonders auf dem Gebiet der soziologischen Theorie sowie der Industrie- und Bildungssoziologie. Bis 1960 Mitglied der SPD, trat er 1967 in die FDP ein und gehörte 1968–74 deren Bundesvorstand an. 1969–70 MdB und Parl. Staatssekretär im Auswärtigen Amt. 1970–74 Mitglied der EG-Kommission, zuständig für die auswärtigen Beziehungen. 1974–84 Direktor der London School of Economics, zugleich ab 1982 Vorsitzender der Friedrich-Naumann-Stiftung in Bonn. 1987–97 Rektor am St. Anthonys College in Oxford, wurde er 1993 zum »Baron« ernannt und gehört seither dem House of Lords an.

Dehler, *Thomas*, * Lichtenfels 14. 12. 1897, †Streitberg 21. 7. 1967; 1949–53 Bundesjustizminister

Jurastudium, Anwalt; 1924 Mitbegründer des »Reichsbanners Schwarz-Rot-Gold«. 1926–33 tätig in der DDP, der späteren Dt. Staatspartei. Gegner des Nationalsozialismus, 1944 in ein Zwangsarbeitslager eingewiesen. 1945 Landrat, 1946 Generalstaatsanwalt und Generalankläger für Entnazifizierung in Bayern. 1947–49 Oberlandesgerichtspräsident, gleichzeitig 1946–49 Chef der bayerischen FDP und Mitglied des Parlamentarischen Rats. 1949–67 MdB, 1953–56 Fraktionsvorsitzender und 1954–57 Parteivorsitzender. 1949–53 Bundesjustizminister, Rücktritt nach Konflikten mit → *Adenauer. D.*, ein überzeugter Verfechter eines national betonten Liberalismus, war 1960–67 auch Bundestagsvizepräsident.

Dibelius, *Otto;* * Berlin 15. 5. 1880, †Berlin (West) 31. 1. 1967; 1949–61 Ratsvorsitzender der EKD

Ev. Theologe; 1921 Mitglied des Oberkirchenrates, 1925 Generalsuperintendent der Kurmark. 1933 wurde er als führendes Mitglied der Bekennenden Kirche suspendiert. 1945–66 Bischof der Ev. Kirche von Berlin-Brandenburg, war *D.* zugleich 1949–61 Vorsitzender des Rats der EKD und 1954–61 einer der Präsidenten des Weltkirchenrates.

Diepgen, *Eberhard*, * Berlin 13. 11. 1941; 1983–89 und 1991–2001 Regierender Bürgermeister von Berlin

Jurastudium an der FU Berlin; seit 1972 Rechtsanwalt. 1962 Eintritt in die CDU, seit 1971 Abgeordneter und Mitglied des Berliner CDU-Landesvorstandes. 1975–81 geschäftsführender Landesvorsitzender, 1980–84 sowie 1989–91 Fraktionsvorsitzender. Als Nachfolger von → *Weizsäcker* seit 2. 12. 1983 Landesvorsitzender der Berliner CDU und auch Mitglied des Bundesvorstandes. 1984–89 Regierender Bürgermeister von Berlin (West). Ab Jan. 1991 war er erneut an der Spitze einer Großen Koalition Oberhaupt der nun wiedervereinigten Stadt; am 16. 6. 2001 wurde *D.* mit den Stimmen von SPD, Bündnis 90/Die Grünen und PDS im Zusammenhang mit der Affäre um die Bankgesellschaft Berlin durch ein konstruktives Mißtrauensvotum gestürzt.

Dohnanyi, *Klaus von*, * Hamburg 23. 6. 1928; 1981–88 Erster Bürgermeister von Hamburg

Sein Vater *Hans von D.* wurde als Mann des Widerstandes gegen das NS-Regime hingerichtet. Als 21jähriger promovierte er zum Dr. jur., ging in die USA und erwarb in Yale den »Bachelor of Law«. Danach Anwaltstätigkeit in New York; dann bei Ford in Detroit und in Köln. 1960–67 geschäftsführender Gesellschafter des von ihm mitbegründeten Marktforschungsinstituts Infratest. Seit 1957 Mitglied der SPD, wurde er im März 1968 von → *Schiller* zum beamteten Staatssekretär im Bundeswirtschaftsministerium berufen. 1969–81 MdB, 1969–72 Parl. Staatssekretär im Bildungsministerium unter *Hans Leussink*, nach dessen Rücktritt selbst Bundesminister für Bildung und Wissenschaft (bis Mai 1974). Legte ersten Entwurf für ein Hochschulrahmengesetz vor. 1976–81 Staatsminister im Außenministerium. Ab 1979 SPD-Landesvorsitzender in Rheinland-Pfalz, übernahm er 1981 als Nachfolger von *Hans-Ulrich Klose* das Amt des Ersten Bürgermeisters von Hamburg (bis Mai 1988). Seitdem Publizist und Wirtschaftsberater.

Dönhoff, Gräfin *Marion*, * Schloß Friedrichstein (Ostpreußen) 2. 12. 1909; Journalistin

Studium in Frankfurt a. M. und Basel (Promotion). 1949 ging sie als Redakteurin zur Hamburger Wochenzeitung »Die Zeit«; deren politischen Teil sie seit 1955 leitete. 1968–72 Chefredakteurin, seitdem Herausgeberin des liberalen, auf Ausgleich und Aussöhnung nach innen und außen bedachten Blattes. 1971 wurde sie mit dem Friedenspreis des Deutschen Buchhandels ausgezeichnet.

Döpfner, *Julius,* * Hausen 26. 8. 1913, †München 24. 7. 1976; 1961–76 Erzbischof von München und Freising

Kath. Theologe; 1948 Bischof von Würzburg, 1957 von Berlin. 1958 Kardinal, ab 1961 Erzbischof von München und Freising. *D.* war auch Vorsitzender der bayerischen und der Deutschen Bischofskonferenz.

Dregger, *Alfred,* * Münster 10. 12. 1920; 1982–91 CDU/CSU-Fraktionsvorsitzender

Während des 2. Weltkriegs Hauptmann und Bataillonskommandeur. 1946–53 Studium der Rechts- und Staatswissenschaften (Dr. jur.). Ab 1954 Referent im Bundesverband der Deutschen Industrie und beim Deutschen Städtetag. 1956–70 Oberbürgermeister von Fulda und 1965–70 zugleich Präsident bzw. Vizepräsident des Städtetages. 1962–72 und kurzzeitig 1974 und 1978 MdL für die CDU in Hessen, wo er 1969–72 Fraktions-, 1967–82 auch Parteivorsitzender war. Als Oppositionsführer viermalige erfolglose Kandidatur um das Amt des hessischen Ministerpräsidenten, führte er die CDU von einer Minderheits- zur stärksten Wählerpartei. Seit 1969 Mitglied des CDU-Bundesvorstandes und seit 1977 stellv. Bundesvorsitzender. *D.*, 1972–97 MdB und seit 1976 stellv. Vorsitzender, war 1982–91 Vorsitzender der CDU/CSU-Bundestagsfraktion.

Dutschke, *Rudi [Rudolf],* * Schönfeld (Brandenb.) 7. 3. 1940, †Århus 24. 12. 1979; Soziologe

In der DDR aufgewachsen, wo er wegen Wehrdienstverweigerung nicht studieren durfte, blieb er nach dem Mauerbau in West-Berlin, wiederholte sein Abitur und studierte Soziologie (Promotion). Mitglied des Sozialistischen Deutschen Studentenbundes (SDS) und führender Kopf der antiautoritären Studentenbewegung 1965–68. Seit 1966 an der Organisierung studentischer Opposition bzw. der außerparlamentarischen Opposition (APO) führend beteiligt. Durch ein Attentat am 11. 4. 1968 schwer verletzt, ging er zur Fortsetzung seiner Studien ins Ausland und lebte in Großbritannien und Dänemark. 1974 verfaßte er »Versuch, Lenin auf die Füße zu stellen«. *D.*, der zuletzt mit der »Öko-Bewegung« sympathisierte, starb 1979 an den

Spätfolgen des Attentats. Er gilt bis heute als eine Symbolfigur der 68er-Bewegung.

Ehlers, *Hermann,* * Berlin 1. 10. 1904, †Oldenburg 29. 10. 1954; 1950–54 Bundestagspräsident

Studium der Rechtswissenschaften; ab 1933 Justitiar der preußischen Bekennenden Kirche, 1939 aus dem Staatsdienst entlassen. Nach 1945 Mitglied des ev. Oberkirchenrats in Oldenburg; seit 1949 für die CDU MdB. Als Präsident des Bundestages (1950–54) trachtete er danach, die Bürger der jungen Bundesrepublik für die repräsentative Demokratie zu gewinnen.

Eichel, *Hans,* * Kassel 24. 12. 1941; seit 1999 Bundesfinanzminister

Nach dem Studium zunächst Lehrer. 1975–91 amtierte *E.*, seit 1964 Mitglied der SPD, als Oberbürgermeister von Kassel. 1991 wurde er Ministerpräsident von Hessen. Nach der Niederlage bei der Landtagswahl vom 7. 2. 1999 gegen die CDU unter → *Koch* und dem Rücktritt von → *Lafontaine* übernahm *E.* im April den Posten des Bundesministers der Finanzen. Seine Steuer- und Finanzpolitik, insbesondere der harte Sparkurs, trugen dem Sozialdemokraten auch das Lob der Wirtschaft ein. Größter Erfolg seiner bisherigen Amtszeit war die Verabschiedung der Steuerreform durch den Bundesrat am 14. Juni 2000.

Eisler, *Hanns,* * Leipzig 6. 7. 1898, †Berlin (Ost) 6. 9. 1962; Komponist

Soldat im 1. Weltkrieg. Danach Schüler von *Arnold Schönberg* (1919–23). 1924 siedelte er von Wien nach Berlin über, wo er 1926 der KPD beitrat. Radikal avantgardistisch begonnen, engagierte er sich in der Folge immer mehr politisch und widmete sich v. a. dem revolutionären Arbeiterlied. In Zusammenarbeit mit *Bertolt Brecht* vertonte er zahlreiche von dessen Texten. 1933 ging er in die Emigration, ab 1938 in den USA, wo er 1947 wegen »unamerikanischer Tätigkeit« verhaftet und ausgewiesen wurde. Zunächst in Wien, lebte er seit 1950 in Ost-Berlin. *E.* komponierte die Nationalhymne der DDR (Text von → *Becher*). Er lehrte als Professor an der Hochschule für Musik in Ost-Berlin, war Präsident des Musikrates der DDR und Mitglied der Akademie der Künste.

Engholm, *Björn*, * Lübeck 9. 11. 1939; 1987–93 Ministerpräsident von Schleswig-Holstein

Nach einer Schriftsetzerlehre holte er im Rahmen gewerkschaftlicher Weiterbildung das Abitur nach und studierte Politikwissenschaft. 1962 trat er der SPD bei, 1969 wurde er in seinem Lübecker Wahlkreis direkt in den Bundestag gewählt. Ab 1977 Parl. Staatssekretär im Bundesministerium für Bildung und Wissenschaft, führte *E.* dieses Ministerium von 1981 bis zum Fall der sozialliberalen Koalition im Herbst 1982. Danach Oppositionsführer in Kiel, wo er 1983 trotz deutlicher Gewinne für die SPD → *Barschel* unterlag. Im Patt endete die Landtagswahl in Schleswig-Holstein von 1987, die überschattet wurde von den im »Spiegel« veröffentlichten angeblichen Machenschaften *Barschels.* Bei den daraufhin vorgezogenen Neuwahlen im Mai 1988 errang die SPD die absolute Mehrheit; am 31. 5. wurde er Ministerpräsident der ersten SPD-Regierung in diesem Bundesland. Am 29. 5. 1991 wurde *E.* nach dem Verzicht *Hans-Jochen* → *Vogels* zum neuen Vorsitzenden der SPD gewählt, im Jan. 1992 erklärte er seine Bereitschaft zur Kanzlerkandidatur. Zunehmend unter öffentlichem Druck gestand er, nicht die Wahrheit über den Zeitpunkt seiner Unterrichtung über die Machenschaften des Medienreferenten *Pfeiffer* gesagt zu haben und erklärte am 3. 5. 1993 den Rücktritt aus allen Ämtern und den Abschied von der Politik.

Enzensberger, *Hans Magnus*, * Kaufbeuren 11. 11. 1929; Schriftsteller und Essyaist

Studium der Germanistik und Philosophie. Der promovierte Literaturwissenschaftler lebte u. a. in Hamburg, Berlin und München, aber auch in den USA, Mexiko und Kuba. In den 50er und 60er Jahren verfaßte er zunächst hauptsächlich zeitkritische Lyrik, später vor allem politische Essays, Erzählungen, Theaterstücke, Hörspiele, aber auch Kinderbücher. Zudem arbeitete er als Herausgeber (»Die Andere Bibliothek«), Verlagslektor, Hochschullehrer und Übersetzer. Er war Mitglied der Gruppe 47 und gründete 1965 die Zeitschrift »Kursbuch«, die insbesondere die linken Intellektuellen maßgeblich beeinflußte. Seine schriftstellerische Popularität resultiert in besonderem Maße aus seinen dokumentarisch-literarischen Schriften und Romanen, die gesellschaftskritische Betrachtungen akzentuieren. In

den 80er und 90er Jahren veröffentlichte *E.* vor allem politische Essays, in denen er immer wieder öffentlich Stellung zum aktuellen Zeitgeschehen bezog und zudem eine kritische Auseinandersetzung mit der Linken entwickelte.

Eppelmann, *Rainer*, * Berlin 12. 2. 1943; 1990 DDR-Minister für Abrüstung und Verteidigung

Bis zum Bau der Mauer Besuch der Oberschule in West-Berlin. Nach einer Maurerlehre verweigerte er den Wehrdienst und wurde als Bausoldat (Ersatzdienst) eingezogen. Nach acht Monaten Haft, weil er das Gelöbnis ablehnte, studierte er von 1969 an Theologie. Seit 1974 protestantischer Pfarrer, wirkte er Anfang der 80er Jahre aktiv in der Friedensbewegung »Schwerter zu Pflugscharen« mit. Mit dem Regimekritiker → *Havemann* befreundet. Erregte im Frühjahr 1982 erstmals die Aufmerksamkeit des Ministeriums für Staatssicherheit als Initiator des Berliner Appells »Frieden schaffen ohne Waffen«. Gründungsmitglied der Initiative »Demokratischer Aufbruch« und zunächst deren Sprecher ab 30. 10. 1989, war er deren Vertreter am »Runden Tisch«. Seit 5. 2. 1990 in der »Regierung der nationalen Verantwortung« Minister ohne Ressort. Spitzenkandidat des DA für die Volkskammerwahl am 18. 3. 1990, nach dem Rücktritt von *Wolfgang Schnur* am 14. 4. auch Parteivorsitzender. Seit dem 12. 4. in der Regierung → *de Maizière* Minister für Abrüstung und Verteidigung. Zu seinen wichtigsten Aufgaben in diesem Amt gehörte die Beteiligung an der Auflösung des Warschauer Paktes am 24. 9. 1990. Seit 1990 MdB, 1994–2001 Bundesvorsitzender der CDU-Sozialausschüsse CDA.

Eppler, *Erhard*, * Ulm 9. 12. 1926; 1968–74 Bundesminister für wirtschaftliche Zusammenarbeit

Studienrat; 1952–55 in der Gesamtdeutschen Volkspartei (GVP), zu deren Mitbegründern er gehörte; seit 1956 Mitglied der SPD. 1961–76 MdB. Ab 1968 Bundesminister für wirtschaftliche Zusammenarbeit (bis 1974), 1973–81 Landesvorsitzender der SPD in Baden-Württemberg. *E.*, der sich auch in der Friedens- und Ökologiebewegung engagierte, war 1981–83 und 1989–91 Präsident des Evangelischen Kirchentages.

Erhard, *Ludwig*, * Fürth 4. 2. 1897, †Bonn 5. 5. 1977; 1963–66 Bundeskanzler

Kaufmännische Lehre; als Soldat im 1. Weltkrieg verwundet; danach Studium der Betriebswirtschaft, der Nationalökonomie und der Soziologie (Dr. rer. pol.). Ab 1928 wiss. Assistent, später stellv. Leiter des Instituts für Wirtschaftsbeobachtung der deutschen Fertigwaren in Nürnberg und ab 1942 ebendort Leiter des Instituts für Industrieforschung. Nach dem Krieg zunächst Wirtschaftsberater der US-Militärregierung. 1945/46 Wirtschaftsminister in Bayern und im Winter 1946/47 Honorarprofessor an der Universität München. 1947 zur Vorbereitung der Währungsreform Bestellung zum Leiter der »Sonderstelle Geld und Kredit«, die unter alliierter Oberaufsicht Geldreformpläne ausarbeitete. Im März 1948 wurde er Direktor der Verwaltung für Wirtschaft des Vereinigten Wirtschaftsgebietes der Bizone (ab 1949 der Trizone). Gegen den Widerstand der westlichen Besatzungsmächte erklärte *E.* am Tage der Währungsreform (20. 6. 1948) die Aufhebung der Plan- und Zwangswirtschaft und den Übergang zur Wirtschaftsordnung der Sozialen Marktwirtschaft. Seit 1949 Mitglied der CDU und MdB, war er (ab 20. 9. 1949) in allen fünf Kabinetten → *Adenauers* bis Okt. 1963 Bundeswirtschaftsminister. 1950–63 auch Mitglied des Ministerrats der Montanunion und dt. Gouverneur der Weltbank. Im April 1963 von der CDU/CSU-Fraktion gegen den Widerstand *Adenauers* zum Kanzlerkandidaten ernannt und nach dessen Rücktritt am 16. 10. 1963 zum Bundeskanzler gewählt; im Okt. 1965 wiedergewählt. Ab März 1966 auch Vorsitzender der CDU, trat er am 1. 12. 1966 – nach dem Austritt der FDP-Minister aus der Koalition – als Bundeskanzler zurück (Nachf. → *Kiesinger*), blieb aber weiterhin im Bundestag, seit 1972 als dessen Alterspräsident. *E.* gilt neben *Alfred Müller-Armack* als geistiger Vater der Sozialen Marktwirtschaft, durch deren politische Durchsetzung er ein Wachstum einleitete, das historisch ohne Beispiel in Deutschland blieb; er wurde zur Symbolfigur des »Wirtschaftswunders«.

Erler, *Fritz Karl Gustav*, * Berlin 14. 7. 1913, †Pforzheim 22. 2. 1967; SPD-Politiker

Kommunalbeamter; wegen illegaler sozialdemokratischer Aktivitäten 1938 verhaftet und

1939 zu 10 Jahren Zuchthaus verurteilt. 1947–49 Landrat in Tuttlingen (vorübergehend 1946/47 von den franz. Besatzungsbehörden interniert). 1946 MdL von Württemberg-Hohenzollern, seit 1949 MdB, ab 1955 in der Versammlung der Westeuropäischen Union; außen- und militärpolitischer Sprecher der SPD. Als Vertreter eines Reformkurses an der Durchsetzung des Godesberger Programms führend beteiligt. 1964–67 stellv. Vorsitzender der SPD und Fraktionsvorsitzender im Bundestag.

Eschenburg, *Theodor*, * Kiel 24. 10. 1904, †Tübingen 10. 7. 1999; Politologe und Publizist

Nach dem Studium (mit Promotion) zunächst wiss. Mitarbeiter beim VDMA; 1933–45 Geschäftsführer industrieller Verbände. 1945–47 Staatskommissar für das Flüchtlingswesen in Württemberg-Hohenzollern, 1947–52 dort Ministerial- und Staatsrat. 1952–73 Professor an der Universität Tübingen. *E.* befaßte sich in seinen wiss. und publizistischen Werken vor allem mit dem demokratischen System der Bundesrepublik Deutschland. Zu seinen Werken gehören »Staat und Gesellschaft in Deutschland« sowie »Herrschaft der Verbände« (1955).

Fassbinder, *Rainer Werner*, * Bad Wörishofen 31. 5. 1945, †München 10. 6. 1982; Regisseur, Schriftsteller und Schauspieler

Zunächst im Theaterbereich tätig, gründete er 1968 das »antitheater« in München. Die Theaterarbeit des Projekts speiste sich aus dem antikonservativen Geist der 60er Jahre und zeichnete sich durch Modifikation herkömmlicher Bühnenästhetik aus. Nach der Auflösung (1971) und kurzzeitiger Leitung des Frankfurter Theaters am Turm (1974/75), widmete sich *F.* in der folgenden Zeit hauptsächlich dem Filmemachen. Bis zu seinem Tod drehte er über 40 Filme, u. a. »Katzelmacher« (1969), »Angst essen Seele auf« (1973) und »Die Ehe der Maria Braun« (1978), die sich in der Mehrzahl durch ihren sozialkritischen Blick und die realistische, desillusionierende Darstellung gesellschaftlicher Randexistenzen auszeichnen. *F.* arbeitete zudem für das Fernsehen, größte Beachtung fand die 13teilige Serie »Berlin-Alexanderplatz«, die 1980 ausgestrahlt wurde. Über seinen Tod hinaus sorgte sein Werk für Aufsehen und öffentliche Auseinandersetzung (z. B. Streit um die Aufführung seines Stücks »Der Müll, die Stadt und der Tod« in Frankfurt a. M.).

Filbinger, *Hans,* * Mannheim 15. 9. 1913; 1966–78 Ministerpräsident von Baden-Württemberg

Jurastudium; während des Kriegs Marinerichter. Danach Rechtsanwalt in Freiburg; seit 1951 Mitglied der CDU. Ab 1958 ehrenamtl. Staatsrat in der Landesregierung von Baden-Württemberg und seit 1960 MdL für die CDU. Unter → *Kiesinger* 1960–66 Innenminister und dann ab 1966 dessen Nachfolger als Ministerpräsident einer Großen Koalition (1972 und 1976 mit absoluter Mehrheit wiedergewählt). Trat im Aug. 1978 unter öffentlichem Druck wegen seiner umstrittenen Tätigkeit als Marinerichter als Ministerpräsident zurück und legte im April 1979 auch den Landesvorsitz der CDU nieder (Nachf. → *Späth*).

Fischer, *Andrea,* * Arnsberg 14. 1. 1960; 1998–2001 Bundesgesundheitsministerin

Nach Tätigkeit als Druckerin und Korrektorin studierte sie ab 1985 Volkswirtschaftslehre. Wissenschaftl. Mitarbeiterin beim EP, danach am Wissenschaftszentrum Berlin. Anschließend Tätigkeit bei der Bundesversicherungsanstalt für Angestellte. Nach ihrer Wahl in den Bundestag 1994 für Bündnis 90/Die Grünen profilierte sich *F.* in der Sozialpolitik. Nach der Bundestagswahl vom 27. 9. 1998 wurde sie als Ministerin in der rot-grünen Koalition unter Bundeskanzler → *Schröder* mit dem Gesundheitsressort betraut. Im Zuge der BSE-Krise übernahm *F.* am 9. 1. 2001 die politische Verantwortung und erklärte ihren Rücktritt. *F.* gilt als eine der profiliertesten Kritikerinnen in der Bioethik-Debatte.

Fischer, *Joseph [»Joschka«],* * Gerabronn 12. 4. 1948; seit 1998 Bundesaußenminister

Nach vorzeitigem Verlassen des Gymnasiums Anschluß an die Studentenbewegung; Vorstandsmitglied im SDS. Ohne Einschreibung an der Frankfurter Universität hörte er dort u. a. Adorno, Habermas und Negt. Bald im Zentrum der Frankfurter »Sponti-Szene«. 1971 Arbeiter bei Opel in Rüsselsheim, aber wegen Streikaufrufs entlassen. Anschließend Taxifahrer und

Mitarbeiter bei der Frankfurter Stadtzeitung »Pflasterstrand«. 1983–85 für »Die Grünen« MdB. In der ersten rot-grünen Regierung in einem Bundesland wurde er 1985 in Hessen erster grüner Minister, zuständig für Umwelt und Energie, nach 15 Monaten aber von Ministerpräsident → *Börner* entlassen. 1987–91 MdL und Fraktionsvorsitzender, wurde er 1991 wieder Minister für Umwelt, Energie und Bundesangelegenheiten. Seit 1994 wieder MdB, 1994–98 Fraktionsvors. von Bündnis 90/Die Grünen. Nach der Bundestagswahl vom 27. 9. 1998 in der rot-grünen Koalition unter Bundeskanzler → *Schröder* Außenminister. *F.*, der zu den »Pragmatikern« bzw. »Realpolitikern« innerhalb der Grünen gehört, trat früh dafür ein, politische »Verantwortung« zu übernehmen. Im Zuge seiner Zeugenvernehmung im Prozeß gegen einen früheren Gesinnungsgenossen entwickelt sich Anfang 2001 eine breite Debatte um die Vergangenheit von *F.* und die Generation der 68er.

Fischer, *Oskar,* * Asch (Böhmen) 19. 3. 1923; 1975–89 DDR-Außenminister

Schneiderlehre; Soldat im 2. Weltkrieg; 1944–46 sowjet. Kriegsgefangenschaft; ab 1946 Mitglied der SED. Seit 1949 im Zentralrat der FDJ, 1951–55 dessen Sekretär und gleichzeitig Sekretär des Weltbundes der demokratischen Jugend. Seit 1955 im diplomatischen Dienst; 1955–59 Botschafter in Bulgarien, 1965–73 stellv. Minister für Auswärtige Angelegenheiten; 1971 Mitglied des ZK der SED (bis 1989). 1973–75 Staatssekretär im Außenministerium und 1. Stellv. Minister, nach dem Rücktritt von → *Winzer* 1975–89 Minister für Auswärtige Angelegenheiten der DDR.

Flick, *Friedrich Karl,* * Berlin 3. 2. 1927; Unternehmer

Sohn des Konzerngründers *Friedrich F.*, trat er nach dem Studium der Betriebswissenschaften (Promotion) bald in die Familienholding ein. Im Nov. 1961 zum alleinigen persönlich haftenden Gesellschafter ernannt, übernahm er nach dem Tod des Vaters (1972) und dem Ausscheiden weiterer Familienmitglieder 1975 die alleinige Leitung der Holding Friedrich Flick KG. Auf heftige öffentliche Kritik stieß *F.*, als er nach Veräußerung von Daimler-Aktien einen großen Teil des Gewinns wegen »besonderer volkswirtschaftlicher Förderung« weitgehend steuerfrei reinvestieren konnte. In die Schlagzeilen geriet *F.* erneut, als 1982 die Spendenpraxis des Konzerns an Parteien öffentlich wurde. Im Zusammenhang mit der »Flick-Affäre«, in deren Gefolge der Manager → *von Brauchitsch* aus dem Unternehmen ausschied und Bundeswirtschaftsminister Graf → *Lambsdorff* zurücktrat – sie wurden später wegen Steuerhinterziehung verurteilt –, verkaufte *F.* den Konzern Ende 1985 an die Deutsche Bank.

Forck, *Gottfried*, * Ilmenau 6. 10. 1923, †Rheinsberg 24. 12. 1996; 1981–91 Bischof von Berlin-Brandenburg

Ab 1942 bei der Kriegsmarine, 1944 Leutnant zur See, geriet er in amerikan. Kriegsgefangenschaft. Ab 1947 Studium der Ev. Theologie in Bethel, Heidelberg und West-Berlin. 1954 ging er als Studentenpfarrer an die Humboldt-Universität nach Ost-Berlin (bis 1959) und blieb in der DDR. 1972 Generalsuperintendent des Sprengels Cottbus; 1981 als Nachfolger von *Albrecht Schönherr* zum Bischof der Ev. Kirche Berlin-Brandenburg gewählt (bis 1991). Bis zur friedlichen Revolution in der DDR bemühte er sich um eine Kirchenpolitik im Interesse menschlicher Lösungen. 1989/90 Mitarbeit bei der Stasi-Auflösung.

Frings, *Josef*, * Neuss 6. 2. 1887, †Köln 17. 12. 1978; 1942–69 Erzbischof von Köln

Ab 1910 Priester, wurde er 1942 Erzbischof von Köln (bis 1969) und 1945 Vorsitzender der Fuldaer Bischofskonferenz (bis 1965); seit 1946 Kardinal. *F.*, lange Wortführer des dt. Katholizismus, war maßgeblich beteiligt am 2. Vatikanischen Konzil.

Galinski, *Heinz*, * Marienburg (Westpreußen) 28. 11. 1912, †Berlin 19. 7. 1992; 1988–92 Präsident des Zentralrates der Juden

Nach kaufm. Lehre Textilverkäufer in Rathenow. Nach dem Umzug nach Berlin 1940 zunächst zur Zwangsarbeit verpflichtet, wurde er mit seiner ganzen Familie 1943 verhaftet und nach Auschwitz deportiert, wo seine Eltern und Ehefrau ums Leben kamen. *G.* selbst wurde zur Zwangsarbeit für die IG Farben in Buna abgeordnet, von wo er Anfang 1945 in ein Außenlager des KZ Buchenwald kam; im April von brit. Soldaten befreit. Nach dem Krieg widmete er sich dem Wiederaufbau der Jüdischen Gemeinde in Berlin, deren Vorsitzender er seit 1949 war. Wiederholt sprach er sich gegen eine Amnestie nationalsozialistischen Unrechts aus. Nach dem Tod → *Nachmanns* wurde *G.* 1988 Präsident des Zentralrates und damit oberster Repräsentant der Juden in Deutschland. Nach dem Fall der Mauer und der Vereinigung der jüdischen Gemeinden in Ost und West bemühte sich *G.* besonders um die Integration der jüdischen Einwanderer aus der Sowjetunion.

Gaus, *Günter*, * Braunschweig 23. 11. 1929; Journalist und Publizist

Nach dem Studium der Geschichte und Germanistik 1953–65 journalistische Tätigkeit. 1965–69 Programmdirektor des SWF, 1969–73 Chefredakteur beim Nachrichtenmagazin »Der Spiegel«. *G.*, der auch als Fernsehkommentator und Autor politischer Sendungen hervortrat, wurde 1973 Staatssekretär im Bundeskanzleramt, 1974–81 Leiter der Ständigen Vertretung der BR Deutschland bei der DDR. 1981 Senator für Wissenschaft und Forschung in Berlin; seitdem wieder publizistisch tätig.

Gehlen, *Reinhard*, * Erfurt 3. 4. 1902, †Berg 8. 6. 1979; 1955–68 Präsident des Bundesnachrichtendienstes

1942–45 Leiter der Abteilung Fremde Heere Ost im Generalstab des Heeres; 1944 Generalmajor. Nach dem Krieg stellte *G.* der amerikan. Besatzungsmacht das von ihm eingerichtete Geheimdienstarchiv zur Verfügung. Er organisierte im Auftrag der USA einen besonders gegen die Ostblockstaaten gerichteten Geheimdienst (»Organisation Gehlen«), der 1955 von der BR Deutschland mit *G.* als Präsident (bis 1968) übernommen und 1956 in Bundesnachrichtendienst (BND) umbenannt wurde.

Geißler, *Heiner*, * Oberndorf/Neckar 3. 3. 1930; 1982–85 Bundesgesundheitsminister

Zunächst am Jesuitenkolleg in St. Blasien, dann Studium der Philosophie und der Rechtswissenschaften (Dr. jur.); 1962 Richter, 1962–65 Leiter des Büros des Arbeitsministers von Baden-Württemberg und 1965–67 MdB für die CDU.

1967–77 in Rheinland-Pfalz Minister für Soziales, Gesundheit und Sport, 1971–79 auch MdL. Seit März 1977 als Nachfolger von → *Biedenkopf* Generalsekretär der CDU, verstand es *G.* der Partei mehr politische und programmatische Konturen zu verleihen. Ab 1980 wieder MdB, wurde er 1982–85 in der Regierung → *Kohl* Bundesminister für Jugend, Familie und Gesundheit. 1989 infolge des Zerwürfnisses mit *Kohl* als Generalsekretär der CDU entmachtet, aber 1989–94 Mitglied des Präsidiums, dann des Bundesvorstands und 1991–1998 auch stellv. Vors. der CDU/CSU-Bundestagsfraktion.

Genscher, *Hans-Dietrich*, * Reideburg (b. Halle) 21. 3. 1927; 1974–92 Bundesaußenminister

1944 Reichsarbeitsdienst, 1945 Wehrdienst, dann in amerikan. und engl. Kriegsgefangenschaft; ab 1946 Studium der Rechtswissenschaften in Halle und Leipzig und 1946–52 Mitglied der LDPD, seit 1952, nach Wechsel in die Bundesrepublik, Mitglied der FDP. 1954 Rechtsanwalt, 1956 wiss. Assistent der FDP-Bundestagsfraktion, 1959–65 deren Geschäftsführer, daneben 1962–64 Bundesgeschäftsführer. 1965–98 MdB, ab 1968 stellv. Parteivorsitzender. Treibende Kraft beim Votum der FDP für → *Heinemann* als Bundespräsident, seit 1969 Bundesminister des Innern. Im Anschluß an die Wahl von → *Scheel* zum Bundespräsidenten übernahm *G.* in der nach dem Rücktritt von → *Brandt* im Mai 1974 gebildeten Regierung das Außenministerium und den Parteivorsitz. *G.*, ein Verfechter der Ostpolitik der sozialliberalen Koalition, wie auch der engen Bindung an die EG- und NATO-Partner, zog sich nach – vor allem in der Wirtschaftspolitik – unüberbrückbar gewordenen Gegensätzen am 17. 9. 1982 aus der Regierung → *Schmidt* zurück, trat in Koalitionsverhandlungen mit der CDU ein, »um eine marktwirtschaftliche Politik durchzusetzen«, und löste damit eine schwere Krise in der FDP aus. Nach dem Sturz von *Schmidt* ab 1. 10. 1982 auch Außenminister in der neuen Koalition mit den Unionsparteien unter der Führung von → *Kohl.* Im Feb. 1985 wurde er von → *Bangemann* als Parteivorsitzender abgelöst, 1992 trat er als Außenminister zurück (Nachf. → *Kinkel*). *G.* war 1989/90 maßgeblich am Erfolg der Verhandlungen zur deutschen Einheit und deren europäische Einbindung beteiligt.

Gerlach, *Manfred*, * Leipzig 8. 5. 1928; 1989/90 Vorsitzender des DDR-Staatsrats

1945/46 Justizangestellter; seit 1945 Mitglied der LDPD und 1946 Mitbegründer der FDJ, zu deren Spitze er von 1949–59 gehörte. Seitdem galt er als Vertrauter von → *Honecker*, der bis 1955 der FDJ vorstand. 1951–53 stellv. Vorsitzender und 1954–67 Generalsekretär, danach Vors. der Partei. Seit 1960 einer der stellv. Vorsitzenden des Staatsrates der DDR. Fernstudium der Staats- und Rechtswissenschaften (1964 Dr. jur.), 1984 Professor. Als erster führender Politiker in der DDR forderte er unumwunden Reformen; auf dem Höhepunkt der Ausreisewelle im Jahr 1989 setzte er sich für Informationsfreiheit, die wahrheitsgetreue Darstellung der gesellschaftlichen Zustände in der DDR und die Aufarbeitung von Irrtümern in der Geschichte ein. Bei der Wahl zum Präsidenten der Volkskammer, der er seit 1949 angehörte, unterlag er am 13. 11. 1989 überraschend dem Chef der Bauernpartei → *Maleuda.* Nach dem Rücktritt von → *Krenz* am 6. 12. 1989 von der Volkskammer der DDR zum letzten amtierenden Vorsitzenden des Staatsrates der DDR gewählt.

Gerstenmaier, *Eugen*, * Kirchheim/Teck 25. 8. 1906, †Remagen 13. 3. 1986; 1954–69 Bundestagspräsident

1936–44 hauptamtlicher Mitarbeiter im Kirchlichen Außenamt der ev. Kirche. Mitglied der Bekennenden Kirche und des Widerstandes gegen *Hitler* im Kreisauer Kreis; nach dem 20. Juli 1944 vom Volksgerichtshof zu 7 Jahren Zuchthaus verurteilt. 1945 Mitbegründer des Hilfswerks der EKD, das er bis 1951 leitete; 1948 Mitglied der Synode der EKD. 1949–69 MdB, ab 1954 dessen Präsident. 1956–69 stellv. Vorsitzender, seit 1962 auch im CDU-Präsidium. Am 31. 1. 1969 wegen öffentlicher Kritik an seinen Wiedergutmachungsansprüchen vom Amt des Bundestagspräsidenten zurückgetreten (Nachf. *Kai-Uwe von Hassel).*

Globke, *Hans*, * Düsseldorf 10. 9. 1898, †Bonn 13. 2. 1973; 1953–63 Staatssekretär im Bundeskanzleramt

1932–45 als Ministerialrat im Reichsinnenministerium tätig. 1949 trat er in das Bundeskanzleramt ein, das er zu einem Regierungsinstrument

→ *Adenauers* ausbaute, ab 1950 auch Ministerialdirektor. Von 1953 bis zu *Adenauers* Rücktritt 1963 dessen Staatssekretär. Wiederholt wurde *G.* wegen seiner Mitwirkung an einem Kommentar zu den Nürnberger Rassegesetzen von 1935 angegriffen.

Gollwitzer, *Helmut,* * Pappenheim (Altmühltal) 29. 12. 1908, †Berlin 17. 10. 1993; Theologe

1936 trat *G.* als Referent in die Leitung der Bekennenden Kirche ein, 1938 folgte er dem inhaftierten → *Niemöller* als Pfarrer in Berlin-Dahlem. Da er sich öffentlich gegen die kirchengemeindliche Politik des NS-Regimes wandte, waren Verhaftungen und Redeverbot die Folgen. 1940 zur Wehrmacht eingezogen, als Sanitäter an der Ostfront und bis 1949 in sowjet. Kriegsgefangenschaft. Seit 1957 Professor für systematische Theologie in Berlin (West), wurde seine wissenschaftliche Arbeit stark durch seine seelsorgerische Tätigkeit, sein Bemühen um den christlich-jüdischen Dialog und sein politisches Interesse bestimmt. Sein Name ist verbunden mit der Studentenbewegung von 1968, den Ostermärschen und der Auseinandersetzung mit der NATO-Nachrüstung.

Goppel, *Alfons,* * Regensburg 1. 10. 1905, †Johannesberg 24. 12. 1991; 1962–78 Ministerpräsident von Bayern

Studium der Rechtswissenschaften; nach Tätigkeit als Rechtsanwalt seit 1934 Staatsanwalt in Kaiserslautern, ab 1938 bis zum Ausbruch des 2. Weltkrieges Amtsgerichtsrat in Aschaffenburg. 1930–33 Mitglied der Bayer. Volkspartei, 1945 Mitbegründer der CSU. Seit 1946 erneut in Aschaffenburg Rechtsrat, ab 1952 Stadtrat und Bürgermeister. Seit 1954 für die CSU MdL in Bayern. 1957 Staatssekretär im Jusitzministerium, 1958 Innenminister und ab 1962 Ministerpräsident von Bayern (bis Nov. 1978, Nachf. → *Strauß*). *G.* vertrat vor dem Bundesverfassungsgericht die bayer. Klage gegen den Grundlagenvertrag. 1979–84 MdEP.

Götting, *Gerald,* * Halle, 9. 6. 1923; 1969–76 Präsident der DDR-Volkskammer

Studium der Philologie. Seit 1945 Mitglied der Ost-CDU, bereits 1948 in deren Hauptvorstand, ab 1949 Generalsekretär und seit 1966 Parteivorsitzender. Er gewann maßgeblichen Einfluß auf den Kurs der Partei, die sich seit den fünfziger Jahren als »einschränkungslos sozialistische Partei« begreift. Seit 1950 Mitglied der Volkskammer; 1950–58 stellv., 1969–1976 Präsident der Volkskammer und 1980–89 erneut Stellvertreter des Präs. 1960–89 auch einer der Stellv. des Staatsratsvorsitzenden → *Honecker.* Erklärte am 2. 11. 1989 auf Druck der Partei seinen Rücktritt als Vorsitzender der Ost-CDU (Nachf. → *de Maizière*). 1991 wurde er aus der CDU ausgeschlossen und wegen Veruntreuung von Parteigeldern zu 18 Monaten Haft auf Bewährung verurteilt.

Grass, *Günter,* * Danzig 16. 10. 1927; Schriftsteller und Graphiker

1945 noch zum Wehrdienst gezogen, wurde er verwundet und war bis 1946 in amerikan. Kriegsgefangenschaft. Anschließend Steinmetzlehre und Kunststudium in Düsseldorf und Berlin. 1956–60 lebte er in Paris, dann in West-Berlin, heute in Lübeck. Grass war Mitglied der »Gruppe 47«. Er hat sich stets politisch engagiert (u. a. gegen die Notstandsgesetze und die NATO-Nachrüstung) und war 1982–93 SPD-Mitglied. Zu seinen wichtigsten Werken gehören »Die Blechtrommel« (1959), »Hundejahre« (1963) und zuletzt »Ein weites Feld« (1995). Grass, der auch Mitglied des dt. PEN-Zentrums ist, arbeitet seit den 80er Jahren verstärkt als Zeichner. 1999 wurde er mit dem Literaturnobelpreis ausgezeichnet.

Grotewohl, *Otto,* * Braunschweig 11. 3. 1894, †Berlin (Ost) 21. 9. 1964; 1949–64 DDR-Ministerpräsident

Buchdruckerlehre, ab 1912 Mitglied der SPD, 1919 Wechsel zur USPD und 1922 nach deren Spaltung wieder in der SPD. 1920–25 MdL von Braunschweig und Minister in der Landesregierung; 1925–33 Mitglied des Reichstages und ab 1938/39 sieben Monate inhaftiert. 1945 Vorsitzender des Zentralausschusses der SPD in Berlin. Führte gegen den Widerstand von → *Schumacher* 1945 die SPD in der SBZ in die Fusion mit der KPD zur SED und wurde neben → *Pieck* von 1946–54 deren Vorsitzender. Seit 1949 Abgeordneter der Volkskammer und 1949–64 Ministerpräsident. *G.*, ab 1960 auch stellv. Vors. des Staatsrates, war seit 1962 schwer krank und übte im Schatten von → *Stoph* seine Funktionen bis zu seinem Tod nur noch formell aus.

Gysi, *Gregor*, * Berlin 16. 1. 1948; 1990–2000 PDS-Fraktionsvorsitzender

Sohn des langjährigen Verlegers, Kulturministers, Botschafters und Staatssekretärs für Kirchenfragen in der DDR, *Klaus* G. Nach dem Abitur 1966 zunächst Praktikum als Rinderzüchter, danach Jurastudium in Berlin; seitdem als Rechtsanwalt tätig. Neben *de* →*Maizière* und *Wolfgang Schnur* einer der wenigen DDR-Anwälte, die Bürgerrechtler und Systemkritiker verteidigten, u. a. → *Bahro* und *Jürgen Fuchs*. Vertrat 1989 zuletzt das zunächst als »staatsfeindlich« bezeichnete »Neue Forum« als Anwalt. Verlangte am 2. 12. 1989 vor mehreren tausend SED-Anhängern den Abgang des Politbüros und des ZK und wurde nach dem Rücktritt der →*Krenz*-Führung am 3. 12. in den Arbeitsausschuß zur Vorbereitung des Sonderparteitages und zum Vorsitzenden eines parteiinternen Untersuchungsausschusses gewählt. Auf dem Sonderparteitag am 8. 12. mit 95,3 % der Delegiertenstimmen zum neuen Vorsitzenden der SED gewählt, die sich bei der Fortsetzung des Parteitages am 15. 12. den Namen SED/PDS (Partei des demokratischen Sozialismus) gab und diesen am 25. 2. 1990 auf PDS beschränkte. Ab 1990 MdB, übernahm er zugleich den Vorsitz der PDS-Abgeordnetengruppe (seit 1998 Fraktion), den er 2000 niederlegte. *G.* kandidierte als Spitzenkandidat der PDS bei der Abgeordnetenhauswahl in Berlin am 21. 10. 2001.

Habermas, *Jürgen*, * Düsseldorf 18. 6. 1929; Soziologe und Philosoph

Nach dem Studium der Philosophie, Geschichte, Psychologie, dt. Literatur und Ökonomie (Promotion 1954) arbeitete er zunächst als Assistent am von *Theodor Adorno* und *Max Horkheimer* geleiteten Frankfurter Institut für Sozialforschung. 1961 zunächst Professor für Philosophie in Heidelberg, ab 1964 lehrte *H.* in Frankfurt Soziologie und Philosophie. 1971–1981 Direktor am neugegründeten Max-Planck-Institut zur Erforschung der Lebensbedingungen der wissenschaftlich-technischen Welt. 1983 wechselte er wieder auf den Lehrstuhl für Philosophie in Frankfurt a. M. und blieb dort bis zu seiner Emeritierung. Bereits zu den Studentenunruhen

gewannen seine gesellschafts- und wissenschaftskritischen Theorien an öffentlicher Relevanz, allerdings standen sich der Philosoph und die Studierenden gleichfalls kritisierend gegenüber. 1981 veröffentlichte er sein Hauptwerk »Theorie des kommunikativen Handelns«. Er meldete sich bei zahlreichen theoretischen Debatten zu Wort (u. a. Positivismusstreit und Systemtheorie) und stand gleichzeitig im Zentrum heftiger politischer Kontroversen, so zuletzt in den 80er Jahren beim sog. Historikerstreit. 2001 wurde er mit dem Friedenspreis des Deutschen Buchhandels ausgezeichnet.

Hager, *Kurt*, * Bietigheim 24. 7. 1912, †Berlin 18. 9. 1998; 1976–89 Mitglied des DDR-Staatsrats

Nach dem Abitur als Journalist tätig. Bereits als Schüler Mitglied des Kommunistischen Jugendverbandes (KJV) und der KPD (ab 1930). Nach 1933 vorübergehend inhaftiert; danach Emigration. 1937–39 Teilnehmer am Spanischen Bürgerkrieg. Anschließend in Frankreich und Großbritannien ansässig, teilweise interniert. Journalistische Tätigkeit in England unter dem Decknamen »*Felix Albin*«. Nach 1945 Parteikarriere in der SED. Seit 1949 Professor für Philosophie an der Humboldt-Universität. Seit 1955 verantwortlicher Sekretär des SED-ZK für Kultur und Wissenschaft und damit auch führender Ideologe der Partei. 1958–63 Kandidat, seit 1963 Vollmitglied des Politbüros des ZK, ab 1976 Mitglied des Staatsrates. Der Reformpolitik *Gorbatschows* stand er ablehnend gegenüber. Nach dem Sturz → *Honeckers* am 3. 11. 1989 aus dem Politbüro entfernt, verlor *H.* noch unter dem neuen Generalsekretär → *Krenz* am 17. 11. auch seine Funktion als DDR-Staatsrat. Im Politbüro-Prozeß 1995 mit angeklagt, bis er im Mai 1996 wegen seines schlechten Gesundheitszustandes ausschied, wies er eine Mitverantwortung und Schuld von sich und sprach von »Siegerjustiz«.

Hallstein, *Walter*, * Mainz 17. 11. 1901, †Stuttgart 29. 3. 1982; 1958–67 Präsident der EWG-Kommission

Nach Jurastudium (Promotion), Professor für Privat- und Gesellschaftsrecht in Rostock, 1941–48 in Frankfurt a. M. und 1948/49 in Georgetown (Texas). 1949/50 Leiter der UNESCO-Kommission der Bundesrepublik Deutschland und 1950/51 Führer der Verhandlungen zur Bildung der Montan-Union. Unter → *Adenauer* 1950 Staatssekretär im Bundeskanzleramt und 1951–57 Staatssekretär im Auswärtigen Amt, gehörte er 1955 zu den Initiatoren des Alleinvertretungsanspruches, der sog. Hallstein-Doktrin, die im Okt. 1957 im Fall Jugoslawiens erstmals angewandt wurde. *H.*, seit 1958 Präsident der EWG-Kommission in Brüssel, verzichtete nach französischem Widerstand 1967 auf eine Kandidatur für ein Amt in der fusionierten Kommission der Europäischen Gemeinschaften. 1968–74 war er Präsident der Europäischen Bewegung und 1969–72 für die CDU MdB.

Harich, *Wolfgang*, *Königsberg 9.12. 1923, †Berlin 15.3.1995; Philosoph und Publizist

Philosophiestudium in Berlin. Ab 1943 Wehrdienst. Nach dem 2. Weltkrieg journalistische Betätigung in Berlin (u. a. Leitartikler der »Weltbühne«). 1945 Mitglied der KPD, ab 1946 der SED, erhielt *H.* 1948 einen Lehrauftrag für marxistische Philosophie an der Humboldt-Universität. 1949 besuchte er die Parteihochschule der SED und wurde zum Professor für Gesellschaftswissenschaften und Geschichte der Philosophie an der Humboldt-Universität in Ost-Berlin ernannt. 1953–56 Mitherausgeber und Chefredakteur der »Deutschen Zeitschrift für Philosophie«. Er kritisierte die Kulturpolitik der DDR und stellte durch die Publikation der Arbeiten *G. Lukács'* dessen marxistische Literaturtheorie zur Diskussion. Im Nov. 1956 wurde er wegen »Bildung einer konspirativen staatsfeindlichen Gruppe« verhaftet, im März 1957 zu 10 Jahren Zuchthaus verurteilt. Im Dez. 1964 aus der Haft entlassen und amnestiert, anschließend u. a. für den Akademie-Verlag tätig. 1979–81 lebte er mit einem befristeten DDR-Visum in der BR Deutschland und in Österreich. 1990 vollständige Rehabilitierung.

Havemann, *Robert*, *München 11.3. 1910, †Grünheide 9.4.1982; Chemiker und Regimekritiker

Studium der Chemie an den Universitäten München und Berlin (1935 Promotion). Ab 1937 wiss. Assistent am Pharmakologischen Institut der Universität Berlin (1943 Habilitation). Als Mitbegründer und Leiter der Widerstandsgruppe »Europäische Union« wurde er 1943 verhaftet und vom Volksgerichtshof zum Tode verurteilt.

Aufgrund zweimaliger Vollstreckungsaufschübe (kriegswichtige Forschungsaufgaben) bis 1945 im Zuchthaus Brandenburg. 1945–48 Leiter (dann bis 1950 Mitarbeiter) des Kaiser-Wilhelm-Instituts in Berlin-Dahlem. Ab 1946 Mitglied der SED und Professor für physikalische Chemie an der Humboldt-Universität. 1950–63 auch Abgeordneter der Volkskammer. Aufgrund kritischer reformkommunistischer Äußerungen (»fortgesetztes parteischädigendes und parteifeindliches Verhalten«) wurde *H.*, der einen »demokratischen Sozialismus« anstrebte, 1964 aus dem Lehrkörper und der SED, 1966 auch aus der Ost-Berliner Akademie der Wissenschaften ausgeschlossen. Wegen seiner regimekritischen Aktivitäten Repressalien ausgesetzt und 1977–79 unter Hausarrest.

Heinemann, *Gustav*, *Schwelm 23.7.1899, †Essen 7.7.1976; 1969–74 Bundespräsident

Studium der Rechtswissenschaften und der Nationalökonomie, Rechtsanwalt und 1928–36 Justitiar bei den Rheinischen Stahlwerken, 1936–49 als Bergwerksdirektor; 1933–39 zugleich Dozent für Berg- und Wirtschaftsrecht an der Universität Köln. In der Weimarer Republik politisch für die DDP und 1930 für den Christlich Sozialen Volksdienst aktiv, 1934–45 an führender Stelle in der Bekennenden Kirche tätig. 1945 Mitbegründer der CDU, 1946–49 Oberbürgermeister in Essen, zugleich 1947–50 MdL in Nordrhein-Westfalen und 1947/48 Justizminister. Im ersten Kabinett → *Adenauer* Bundesinnenminister, aber am 9.10. 1950 aus Protest gegen die Wiederbewaffnungs- und Deutschlandpolitik zurückgetreten. 1949–55 Präses der Synode der EKD. 1952 Austritt aus der CDU und Mitbegründer der Gesamtdeutschen Volkspartei (GVP), die bereits 1953 wieder aufgelöst wurde, einer der Führer der Bewegung »Gegen den Atomtod«. 1957 Eintritt in die SPD und 1957–1969 MdB; seit 1965 im Fraktionsvorstand. 1966–69 Justizminister in der Großen Koalition. Am 5. März 1969 – auch mit den Stimmen der FDP – zum Bundespräsidenten gewählt. *H.*, der sich als »Bürgerpräsident« mit Betonung der liberalen und demokratischen Traditionen in Deutschland verstand, verzichtete 1974 auf eine erneute Kandidatur (Nachf. → *Scheel*).

Hellwege, *Heinrich*, *Neuenkirchen 18.8. 1908, †Neuenkirchen 4.10. 1991; 1955–59 Ministerpräsident von Niedersachsen

Außenhandelskaufmann; vor 1933 Vorsitzender der Deutsch-Hannoverschen Partei für Hamburg und Jork. Während der NS-Herrschaft engagierte er sich in der illegalen »Niedersächsischen Freiheitsbewegung« und schloß sich der Bekennenden Kirche an. Nach dem Krieg, in dem er bei der Luftwaffe diente, 1945 Mitbegründer der Niedersächsischen Landespartei, die sich 1947 zur Deutschen Partei (DP) erweiterte, 1947–61 deren Vorsitzender. 1946–50 MdL in Niedesachsen, dann 1949–55 MdB und unter → *Adenauer* Bundesminister für Angelegenheiten des Bundesrates und der Länder. Verfechter der Einigung Europas. *H.*, 1955–59 Ministerpräsident von Niedersachsen (Nachf. → *Kopf*), trat Ende 1961 zur CDU über, die er 1979 verließ.

Hennecke, *Adolf*, *Meggen (Westfalen) 25.3. 1905, †Berlin (Ost) 22.2.1975; SED-Politiker

Bergmann; seit 1946 Mitglied der SED. 1947 besuchte er die SED-Parteischule. Am 13.10. 1948 förderte *H.* als Hauer unter Tage 287 % seiner Tagesnorm und wurde nach dem Vorbild des sowjet. Stachanow-Systems zum Begründer der Aktivistenbewegung (auch *H.*-Bewegung) in der DDR gemacht. *H.*, der den Titel »Verdienter Bergmann« trug, war 1949–67 Abgeordneter der Volkskammer und ab 1954 Mitglied des ZK der SED.

Herold, *Horst*, *Sonneberg (Thüringen) 21.10. 1923; 1971–80 Präsident des Bundeskriminalamtes

Studium der Rechts- und Staatswissenschaften (Dr. jur.); Nach Tätigkeit als Staatsanwalt, Amtsgerichtsrat und Landgerichtsrat, 1967–71 Polizeipräsident von Nürnberg. Ab 1971 Präsident des Bundeskriminalamtes (BKA) in Wiesbaden (bis 1980). Unter der Führung von *H.*, der früh die Chancen der elektronischen Datenverarbeitung bei der Verbrechensbekämpfung erkannte, gelang dem BKA u. a. 1972 die Zerschlagung der Baader-Meinhof-Gruppe. Bei der Fahndung nach dem im Sep. 1977 von der RAF entführten → *Schleyer* mußte er jedoch einen Fehlschlag hinnehmen. Als Erfinder der sog. Rasterfahndung stand *H.* wegen der vermeintlichen Einschränkung des bürgerlichen Freiheitsraumes zunehmend in der öffentlichen Kritik.

Herrhausen, *Alfred*, *Essen 30.1. 1930, †Bad Homburg 30.11. 1989; 1985–89 Vorstandssprecher der Deutschen Bank

Studium der Wirtschaftswissenschaften; mit 22 war er Diplomkaufmann, mit 25 hatte er – neben Tätigkeiten als Direktionsassistent bei der Ruhrgas und den Vereinigten Elektrizitätswerken Westfalen (VEW) – promoviert. 1956 wurde er beim VEW Handlungsbevollmächtigter und 1967 Vorstandsmitglied, zuständig für Finanzen. 1970 holte ihn *F. Wilhelm Christians* als stellv. Vorstandsmitglied zur Deutschen Bank; 1971 rückte er zum ordentlichen Mitglied auf. 1985–88 war er einer der beiden, ab 1988 alleiniger Vorstandssprecher; wirtschaftspolitischer Berater von Bundeskanzler → *Kohl.* Bei einem Terroranschlag der RAF wurde *H.* am 30.11. 1989 an seinem Wohnort Bad Homburg ermordet.

Herzog, *Roman*, *Landshut 5.4. 1934; 1994–99 Bundespräsident

Jurastudium an der Universität München; nach der Promotion dort wiss. Assistent und Habilitation. Seit 1968 Mitverfasser des staatsrechtlichen Kommentars zum Grundgesetz, des renommierten »Maunz-Dürig-Herzog«. 1966–73 Ordinarius an der juristischen Fakultät der FU Berlin, ab 1969 auch Professor für Staatslehre und Politik an der Hochschule für Verwaltungswissenschaften in Speyer. 1970 Eintritt in die CDU; 1973–78 Leiter der Landesvertretung von Rheinland-Pfalz in Bonn. 1978 Vorsitz des Evangelischen Arbeitskreises (EAK) der CDU/CSU, ab 1979 im Bundesvorstand der CDU. In Baden-Württemberg ab 1978 zunächst Kultus-, 1980–83 Innenminister. Ab 1983 Vorsitzender des 1. Senats und Vizepräsident beim Bundesverfassungsgericht, rückte er 1987 zum Präsidenten auf. Als Nachfolger von → *von Weizsäcker* am 23.5. 1994 von der Bundesversammlung zum neuen Bundespräsidenten gewählt. In seiner Amtszeit machte er die dringendsten Zukunftsfragen zum Gegenstand einer lebhaften Debatte, verzichtete aber 1999 auf eine Wiederwahl (Nachf. → *Rau*).

Heuss, *Theodor,* * Brackenheim (Württemberg) 31. 1. 1884, †Stuttgart 12. 12. 1963; 1949–59 Bundespräsident

Studium der Kunstgeschichte und Nationalökonomie (Promotion); 1905 Redakteur der »Hilfe«, 1912 Chefredakteur der »Neckarzeitung« und 1918 der »Deutschen Politik« in Berlin. 1920–24 Studienleiter, dann bis 1933 Dozent an der Hochschule für Politik in Berlin. Nach Zugehörigkeiten in der Freisinnigen Vereinigung (1903), Fortschrittlichen Volkspartei (1910) und DDP (1918, ab 1930 Mitglied der Dt. Staatspartei). 1924–28 und 1930–33 Abgeordneter im Reichstag. Nach 1933 Publikationsverbot, widmete er sich ganz der schriftstellerischen Tätigkeit, u. a. als Autor verschiedener Biographien. Nach dem Krieg wurde *H.* 1945/46 Kultusminister von Württemberg-Baden und 1946 Vorsitzender der von ihm in der US-Zone gegründeten Demokratischen Volkspartei. Er setzte sich für den Zusammenschluß aller liberalen Parteien in den westlichen Besatzungszonen ein und wurde im Dez. 1948 der erste Vorsitzende der FDP. 1948/49 im Parlamentarischen Rat, hatte er entscheidenden Einfluß auf die Abfassung des Grundgesetzes. *H.*, seit 1948 zugleich Professor für Neuere Geschichte und Politische Wissenschaften an der TH Stuttgart, wurde am 12. 9. 1949 gegen → *Schumacher* zum ersten Bundespräsidenten gewählt. Im Juli 1954 wiedergewählt, bekleidete er das Amt bis zum Sep. 1959 (Nachf. → *Lübke).* Er erwarb sich große Verdienste bei der Wiedergewinnung des Vertrauens des Auslands in die BR Deutschland und wurde 1959 mit dem Friedenspreis des Deutschen Buchhandels geehrt.

Höcherl, *Hermann,* * Brennberg 31. 3. 1912, †Regensburg 18. 5. 1989; 1961–69 Bundesminister

Nach dem Jurastudium kurz als Staatsanwalt in Regensburg und Amberg tätig. Ab 1940 bei der Wehrmacht (zuletzt Leutnant), kam er 1945 in US-Kriegsgefangenschaft. Ab 1947 als Rechtsanwalt, dann wieder als Staatsanwalt tätig. *H.* wurde Mitglied der CSU, für die er 1953 in den Bundestag einzog. Dort als Nachfolger → *Stücklens* 1957–61 Vors. der CSU-Landesgruppe. 1961 wurde er Bundesminister des Innern, 1965 für Ernährung, Landwirtschaft und Forsten (bis 1969). *H.*, bis 1976 MdB, war danach wiederholt als Vermittler gefragt u. a. in Tarifverhandlungen. Sein Bericht über die Fahndungspannen im Entführungsfall → *Schleyer* führte im Juni 1978 zum Rücktritt von Innenminister → *Maihofer.*

Hoffmann, *Heinz [eigentlich Karl-Heinz],* * Mannheim 28. 11. 1910, †Berlin (Ost) 2. 12. 1985; 1960–85 DDR-Verteidigungsminister

Maschinenschlosser; nach Leitungstätigkeit im Kommunistischen Jugendverband (KJV) ab 1930 Mitglied der KPD, für die er auch nach 1933 als Politischer Leiter für Baden-Mannheim illegal tätig war. 1935 Emigration in die UdSSR, dort zunächst Besuch der Leninschule und 1936/37 der Frunse-Akademie in Rjasan. Ab März 1937 Einsatz im Spanischen Bürgerkrieg und Politkommissar in der XI. Internationalen Brigade, dann Flucht nach Frankreich. Ab 1939 erneut in der Sowjetunion und nach Besuch der Kominternschule 1941–43 zeitweise Oberleutnant der Roten Armee. Nach Rückkehr nach Deutschland 1946–50 Funktionär der SED und ab 1949 Generalinspekteur der Volkspolizei. 1952–55 Generalleutnant und Chef der Kasernierten Volkspolizei sowie stellv. Minister des Innern. 1956–59 Chef des Heeres der Nationalen Volksarmee und 1958–60 Chef des Stabes. Seit 1956 erster Stellv. Minister und ab Juli 1960 als Nachfolger von → *Stoph* Minister für Nationale Verteidigung. *H.*, 1961 zum Armeegeneral befördert, war seit 1950 auch Abgeordneter der Volkskammer, ab 1952 Mitglied des ZK und seit 1973 im Politbüro.

Hoffmann, *Johannes,* * Landsweiler-Reden 23. 12. 1890, †Völklingen 21. 9. 1967; 1947–55 Ministerpräsident des Saarlandes

Studium der Philosophie und Volkswirtschaft in Innsbruck und Freiburg i. Br., Teilnahme am 1. Weltkrieg als Kriegsfreiwilliger. 1920 Journalist in Berlin; ab 1929 Chefredakteur der »Saarbrücker Landeszeitung«. Mitglied der Zentrumspartei; nach 1933 in der Kath. Saaropposition gegen *Hitler.* Nach der Volksabstimmung am 13. 1. 1935, bei der sich über 90 % für eine Wiedervereinigung des Saargebietes mit Deutschland entschieden, in der Emigration in Frankreich, Portugal und Brasilien. Im Herbst 1945 Rückkehr und Gründer sowie Vorsitzender der Christl. Volkspartei (CVP) des Saargebiets; ab 1947 Ministerpräsident und MdL. *H.* galt als die Verkörperung des saarländischen Sonderweges; er befürwortete die politische Trennung des Saargebietes von Deutschland bei wirtschaftlichem Anschluß an Frankreich und trat für das Saarstatut ein. Nach dessen Ablehnung durch die Bevölkerung in der 2. Saar-Abstimmung trat er am 23. 10. 1955 als Ministerpräsident und 1956 als Parteivorsitzender zurück.

Honecker, *Erich*, * Wiebelskirchen (Saarland) 25. 8. 1912, †Santiago de Chile 29. 5. 1994; 1976–1989 Vorsitzender des DDR-Staatsrats

Dachdeckerlehre; Kommunist von Kindheit an; bereits 1926 im Kommunistischen Jugendverband (KJV) und ab 1929 in der KPD; nach Besuch der Lenin-Schule in Moskau ab 1930 hauptamtlicher KPD-Funktionär. Nach 1933 Untergrundarbeit im südlichen Deutschland gegen das NS-Regime. 1935 verhaftet und 1937 vom Volksgerichtshof wegen »schweren Hochverrats« zu zehn Jahren Zuchthaus verurteilt (bis 1945 inhaftiert). Nach seiner Befreiung durch die Rote Armee stieß er zu der aus Moskau eingeflogenen »Gruppe Ulbricht« und baute als Jugendsekretär beim ZK der KPD die antifaschistischen Jugendausschüsse auf, aus denen 1946 die FDJ hervorging (1946–55 deren Vors.). Nach der Gründung der SED im April 1946 wurde er Mitglied des Parteivorstands, später des ZK, und ab 1950 dessen Kandidat. Vollmitglied des Politbüros, des eigentlichen Machtzentrums der DDR, wurde er 1958. Als Sekretär des ZK der SED (1958–71) mit Fragen der Staatssicherheit und seit 1963 auch mit der Parteikontrolle betraut. Im Auftrag von → *Ulbricht* organisierte er den Bau der Berliner Mauer im Aug. 1961. Nach dessen Rücktritt am 3. 5. 1971, dessen Nachfolger als 1. Sekretär des ZK der SED (ab Mai 1976 Generalsekretär). Seit Juni 1971 Vorsitzender des Nationalen Verteidigungsrates und ab Okt. 1976 auch Vorsitzender des Staatsrates der DDR. *H.* betrieb seit seiner Regierungszeit konsequent die stärkere Bindung der DDR an die UdSSR und ließ in der revidierten Verfassung von 1974 die Treue zur Sowjetunion in den Rang eines Verfassungsgebotes heben sowie alle Hinweise auf die »deutsche Nation« streichen. Die von ihm geförderte »Entspannungsphase« Anfang der 70er Jahre brachte das Viermächteabkommen, den Grundlagenvertrag zwischen beiden dt. Staaten und die weltweite Anerkennung der DDR. Am 18. 10. 1989 wurde *H.* durch das ZK der SED »aus gesundheitlichen Gründen« von allen Funktionen

in Partei und Staat entbunden (Nachf. → *Krenz*), am 3. 12. wurde er förmlich aus der SED ausgeschlossen. 1991/92 in Moskau (zuletzt in der chilenischen Botschaft), wurde *H.* nach seiner Rückkehr nach Berlin festgenommen. Im Mauerschützenprozeß übernahm er vor Gericht die Verantwortung für den Bau der Mauer und die Todesopfer, wies jedoch jede politische und moralische Schuld von sich. Wegen des schlechten Gesundheitszustandes stellte das Gericht die Verfahren im Jan. 1993 ein. Nach langer Krankheit starb *H.* am 29. 5. 1994 im chilenischen Exil.

Hupka, *Herbert*, * Diyatalawa (Ceylon) 15. 8. 1915; Journalist und Politiker

Geboren im heutigen Sri Lanka nach Internierung der Familie durch die Briten. 1919 Rückkehr nach Deutschland, verbrachte *H.* seine Kindheit und Jugend in Ratibor (Oberschlesien). Germanistikstudium in Halle und Leipzig. 1939 vollendete er seine Dissertation, durfte ein Staatsexamen aber nicht ablegen, da er nach den Nürnberger Gesetzen als »Mischling« galt. Im 2. Weltkrieg Soldat, zuletzt Leutnant, aber 1944 aus der Wehrmacht ausgeschlossen und wegen »Verschweigens seiner halbjüdischen Herkunft« zu einem Jahr Gefängnis verurteilt. Seine Mutter war bis 1945 im KZ Theresienstadt. Nach dem Krieg bei Radio München bzw. dem Bayer. Rundfunk; 1957 Programmdirektor bei Radio Bremen. 1959–64 Pressechef des Kuratoriums »Unteilbares Deutschland«; seit 1964 freier Journalist. 1948 Mitbegründer der Landsmannschaft der Schlesier, wurde er 1954 stellv. und ist seit 1968 deren Vors. Seit 1955 Mitglied der SPD, ab 1961 MdB. Als entschiedener Gegner der Ostverträge verließ er nach deren Abschluß 1972 die SPD und wurde Mitglied der CDU. 1985 stieß *H.* mit dem Motto für das Schlesiertreffen »Schlesien bleibt unser« auch bei der CDU auf Widerspruch. 1986 nicht mehr für den Bundestag aufgestellt, war *H.* bis 1994 auch Vizepräsident des Bundes der Vertriebenen (BdV).

Janka, *Walter*, * Chemnitz 29. 4. 1914, † Potsdam 17. 3. 1994; Verleger und Publizist

Bereits in jungen Jahren trat *J.* der KPD bei. 1936–39 kämpfte er im Spanischen Bürgerkrieg. In Frankreich interniert, floh er 1941 nach Mexiko; dort Verlagsleiter. 1947 kehrte er nach Deutschland zurück und wurde 1948 Generaldirektor der DEFA, ab 1952 Leiter des Aufbau-Verlages in Berlin (Ost). Nach der Verhaftung des Aufbau-Lektors → *Harich* 1956 wurde auch *J.* inhaftiert und 1957 in einem Schauprozeß wegen »konterrevolutionärer Verschwörung« zu 5 Jahren Zuchthaus verurteilt; 1960 entlassen. 1962–72 wirkte er als Dramaturg bei der DEFA. Im Jan. 1990 vom Obersten Gericht der DDR rehabilitiert.

Kaiser, *Jakob,* * Hammelburg 18. 2. 1888, † Berlin (West) 7. 5. 1961; 1949–57 Bundesminister für gesamtdeutsche Fragen

Buchbinderlehre; ab 1912 in der Christlichen Gewerkschaftsbewegung aktiv, 1924–33 deren Landesgeschäftsführer für Rheinland-Westfalen. 1932 für das Zentrum im Reichstag. Vom NS-Regime verfolgt und zeitweise inhaftiert, war er in der Widerstandsbewegung tätig und gehörte zum Gewerkschaftsflügel der Männer des 20. Juli 1944; danach verborgen gehalten. 1945 Mitbegründer und erster Vorsitzender der CDU für Berlin und die SBZ. 1947 von der sowjet. Militärverwaltung abgesetzt, weil er sich u. a. gegen die »Blockpolitik« und die Teilnahme der Ost-CDU am »Volkskongreß« aussprach. Er siedelte nach West-Berlin über und war dort Stadtverordneter. Vorsitzender der Exil-CDU. 1948/49 Mitglied des Parlamentarischen Rates, 1949–57 MdB und Minister für gesamtdeutsche Fragen. *K.*, als Vorsitzender der Sozialausschüsse Hauptrepräsentant des linken Flügels in der CDU, war bis 1958 stellv. Vorsitzender der CDU, danach Ehrenvorsitzender.

Kelly, *Petra,* * Günzburg 29. 11. 1947; † Bonn 1. 10. 1992; 1980–82 Grünen-Sprecherin

1961–70 in den USA, Studium der Politischen Wissenschaften in Washington und im Wahlkampfstab des demokratischen Präsidentschaftskandidaten *Humphrey*, dann in Holland. Anschließend Tätigkeit als Verwaltungsrätin bei der EG in Brüssel. 1979 Austritt aus der SPD und Anschluß an »Die Grünen«, an deren Konstitution als Partei beteiligt. 1980–82 in der Parteispitze. 1983–90 MdB und eine der drei Fraktionssprecher (bis April 1984). *K.*, die sich besonders in der Friedens- und Ökologiebewegung engagierte, wurde am 19. 10. 1992 mit ihrem Lebensgefährten, dem Generalleutnant a. D. und Politiker *Gert Bastian*, tot aufgefunden.

Keßler, *Heinz,* * Lauban (Schlesien) 26. 1. 1920; 1985–89 DDR-Verteidigungsminister

Maschinenschlosser; 1940 zur Wehrmacht eingezogen, 1941 Übertritt zur Roten Armee. Mitbegründer und Frontbevollmächtigter des Nationalkomitees Freies Deutschland (NKFD). Nach der Rückkehr nach Deutschland 1945 Mitglied der KPD bzw. SED, seit 1946 ununterbrochen Mitglied des Parteivorstandes bzw. des ZK der SED. Mitbegründer der FDJ, deren Vors. (1947/48) in Berlin und bis 1950 Sekretär des Zentralrates der FDJ. Ab 1949 gehörte *K.* der DDR-Volkskammer an. Ab 1950 Chefinspektor der Volkspolizei, ab 1952 auch Chef der Kasernierten Volkspolizei-Luft, wurde *K.* 1957 stellv. Minister für Nationale Verteidigung; 1956–67 auch Chef der Luftstreitkräfte. 1976–79 stellv. Oberkommandierender der Vereinigten Streitkräfte des Warschauer Paktes. Nach dem Tod von → *Hoffmann* im Dez. 1985 zum Minister für Nationale Verteidigung und zum Armeegeneral ernannt. Ab 1986 Mitglied des Politbüros des ZK der SED. Im Nov./Dez. 1989 von allen Ämtern zurückgetreten, am 21. 1. 1990 aus der SED/PDS ausgeschlossen. Im sog. Schießbefehl-Prozeß im Sept. 1993 zu siebeneinhalb Jahren Haft verurteilt.

Kiep, *Walther Leisler,* * Hamburg 5. 1. 1926; 1971–92 CDU-Schatzmeister

Studium der Geschichte und Volkswirtschaft, danach kfm. Lehre bei der Metallgesellschaft AG, ging zu einem Versicherungskonzern in die USA und wurde 1955 geschäftsführender Gesellschafter des Versicherungsmaklers Gradmann & Haller in Frankfurt a. M. Seit 1961 in der CDU, 1967–76 im Präsidium der CDU Hessen und Landesschatzmeister, 1971–92 Mitglied des Bundespräsidiums der CDU und Bundesschatzmeister. 1965–76 und 1980–82 MdB trat er für einen Ausgleich mit dem Osten ein, stimmte 1973 für den Grundlagenvertrag mit der DDR (gegen die Mehrheit seiner Fraktion). 1976–80 Finanzminister im Kabinett des niedersächsischen Ministerpräsidenten → *Albrecht.* 1980 Mitglied im Schattenkabinett von → *Strauß.* Bei den Wahlen zur Hamburger Bürgerschaft im Juni 1982 konnte er mit der CDU erstmals nach dem Krieg die SPD auf den 2. Platz verweisen, wegen eines Patts aber keine Regierung bilden. Als Bundesschatzmeister seiner Partei wurde *K.*

im Parteispendenprozeß angeklagt und verurteilt; das Urteil wurde jedoch vom BGH im Okt. 1992 aufgehoben. Im Zuge der CDU-Spendenaffäre brachte die Arbeit von *K.* seine Partei ab 1999 wiederholt in Bedrängnis. Als Vorsitzender der Atlantik-Brücke erwarb sich *K.* v. a. als Verbindungsmann zwischen Deutschland und Amerika Verdienste.

Kiesinger, *Kurt Georg,* * Ebingen (Württemberg) 6. 4. 1904, †Tübingen 9. 3. 1988; 1966–69 Bundeskanzler

Studium der Geschichte, Philosophie und Rechtswissenschaften, 1935–39 Rechtsanwalt beim Kammergericht Berlin, 1935–45 wiss. Mitarbeiter und stellv. Leiter der Rundfunkabteilung im Auswärtigen Amt, ab 1942 Leiter des Referats Allgemeine Propaganda. Nach dem Krieg 1945–47 interniert; 1948 Landesgeschäftsführer der CDU Württemberg-Hohenzollern und 1950 Mitglied des geschäftsführenden Vorstandes der CDU. 1949–58 und wieder 1969–80 MdB, 1954–58 Vorsitzender des Auswärtigen Ausschusses; er gehörte zu den Europapolitikern der ersten Stunde und betrieb die Westintegration der BR Deutschland mit. 1958–66 Ministerpräsident von Baden-Württemberg (Nachf. → *Filbinger*). 1966–69 als Nachfolger von → *Erhard* Bundeskanzler einer Großen Koalition aus CDU/CSU und SPD. In seiner Amtszeit wurden neue Akzente in der Ost- und Deutschlandpolitik gesetzt, Reformen in der Sozialpolitik und im Strafrecht vorangetrieben. Nach Verabschiedung der Notstandsgesetze 1969 geriet die Regierung *K.* unter zunehmenden Druck der APO (→ *Dutschke*). Nach der Bundestagswahl vom Sept. 1969 von → *Brandt* als Kanzler abgelöst; 1969–71 Oppositionsführer und zugleich Vorsitzender der CDU (1967–71), danach deren Ehrenvorsitzender.

Kinkel, *Klaus,* * Metzingen 17. 12. 1936; 1992–98 Bundesaußenminister

Jurastudium (Promotion). 1965–68 beim Landratsamt Balingen, dann Eintritt in das Bundesinnenministerium; persönlicher Referent des Ministers und Leiter des Ministerbüros. 1974–79 Leiter des Leitungsstabes und des Planungsstabes im Auswärtigen Amt. 1979–82 Präsident des Bundesnachrichtendienstes (BND). 1982–91 Staatssekretär im Bundesjustizministerium, von Jan. 1991 bis Mai 1992 Bundesjustizminister. Nach dem Rücktritt von → *Genscher* ab 18. 5. 1992 dessen Nachfolger im Amt des Außenministers. 1991 Eintritt in die FDP und 1993–95 als Nachfolger von Graf → *Lambsdorff* Parteivorsitzender. Seit 1994 auch MdB, wurde *K.* nach der Wahlniederlage der Koalition aus CDU/CSU und FDP im Herbst 1998 von → *Fischer* im Amt des Außenministers und Vizekanzlers abgelöst.

Kleiber, *Günther,* * Eula (Kr. Borna) 16. 9. 1931; 1971–1989 DDR-Minister

Elektriker, der in den 50er Jahren die Hochschulreife an einer Arbeiter- und Bauernfakultät nachholt und anschließend Schwachstromtechnik in Rostock und Dresden studiert. Anschließend wiss. Assistent und Parteisekretär an der TU Dresden. Ab 1966 Staatssekretär für die Koordinierung und Leitung des Einsatzes und der Nutzung der elektronischen Datenverarbeitung. Noch unter → *Ulbricht* wurde er 1967 Mitglied des ZK der SED und zugleich Kandidat des Politbüros. Seit dieser Zeit gehört er auch der DDR-Volkskammer an. Ab 1971 *K.* stellv. Vorsitzender des Ministerrats, 1973 zusätzlich Minister für allgemeinen Maschinen-, Landmaschinen- und Fahrzeugbau. 1984 zum Vollmitglied des Politbüros befördert. Nach dem Fall der Mauer Rücktritt von allen Ämtern und Anklageerhebung gegen ihn wegen Amtsmißbrauch, Korruption und persönlicher Bereicherung. 1997 wurde er im Politbüroprozeß wegen der Mauerschüsse zu einer Haftstrafe verurteilt.

Kluncker, Heinz, * Wuppertal 20. 2. 1925; 1964–82 ÖTV-Vorsitzender

Nach kaufm. Lehre als Industrieangestellter tätig. Im 2. Weltkrieg Arbeits- und Wehrdienst; danach 2 Jahre in amerikan. Kriegsgefangenschaft. Seit 1952 Angestellter der Gewerkschaft Öffentliche Dienste, Transport und Verkehr (ÖTV), seit 1964 deren Vorsitzender; 1964 auch Mitglied des DGB-Bundesvorstandes. 1982 trat er aus gesundheitlichen Gründen als Vorsitzender der ÖTV zurück und schied auch aus dem DGB-Bundesvorstand aus. *K.* setzte sich früh für Kontakte in den Osten ein und focht viele überwiegend erfolgreiche Tarifkämpfe aus.

Koch, *Roland,* * Frankfurt a. M. 24. 3. 1958; seit 1999 Ministerpräsident von Hessen

Nach dem Jurastudium Tätigkeit als selbständiger Anwalt. Früh engagierte sich *K.* auf kommunalpolitischer Ebene für die CDU, in deren Jugendorganisation er bereits als Schüler eintrat und für die er 1983–1987 stellv. Bundesvorsitzender war. 1987 zog er in den Hessischen Landtag ein, 1993 wurde er dort CDU-Fraktionsvorsitzender. Nach seiner Wahl zum Landesvorsitzenden 1998 trat er ein Jahr später als Spitzenkandidat bei der Landtagswahl gegen Amtsinhaber → *Eichel* an und konnte diesen am 7. 4. im Amt des Ministerpräsidenten ablösen. Trotz seiner Verwicklung in die Parteispendenaffäre gilt *K.* als einer der Hoffnungsträger der Christdemokraten.

Kohl, *Helmut,* * Ludwigshafen 3. 4. 1930; 1982–1998 Bundeskanzler

Studium der Geschichte und der Rechts- und Staatswissenschaften (Dr. phil.); Referent beim Verband der chemischen Industrie. Seit 1947 Mitglied der CDU, 1959–76 MdL, 1963–69 Fraktionvors. und 1966–73 Landesvorsitzender der CDU, ab 1969 auch Ministerpräsident. Seit 1966 Mitglied des Bundesvorstandes wurde er im Mai 1973 als Nachfolger von → *Barzel* CDU-Bundesvorsitzender (bis Nov. 1998). Bei der Bundestagswahl 1976 verfehlte er als Kandidat der Unionsparteien nur knapp die absolute Mehrheit, trat vom Amt des rheinland-pfälzischen Ministerpräsidenten zurück und wurde als MdB Fraktionsvors. der CDU/CSU. Nach dem Bruch der sozialliberalen Koalition am 1. 9. 1982 und dem Sturz der Regierung → *Schmidt* durch ein konstruktives Mißtrauensvotum (1. 10. 1982) zum Regierungschef einer Koalition aus CDU/CSU und FDP gewählt. Aus den vorgezogenen Neuwahlen am 6. 3. 1983 ging die Koalition als Gewinner hervor (Wiederwahl 1987). Entschieden setzte er sich für den NATO-Doppelbeschluß ein. *K.* erkannte nach dem Umbruch in der DDR Ende 1989 die Chancen für eine Vereinigung beider deutscher Staaten und wurde nach der Wiedervereinigung am 3. 10. 1990 erster Kanzler des geeinten Deutschland. Durch die Bundestagswahlen vom 2. 12. 1990 und 16. 10. 1994 jeweils im Amt bestätigt, unterlag er am 27. 9. 1998 dem Kandidaten der SPD → *Schröder* und wurde von diesem am 27. 10. im Amt des Bundeskanzlers abgelöst. Im Zusammenhang mit der CDU-Spendenaffäre wurden Ende 1999 auch Vorwürfe gegen seine Regierung laut; zudem leitete die Staatsanwaltschaft ein Verfahren gegen *K.* ein, das gegen Zahlung einer Geldbuße 2001 eingestellt wurde. *K.* legte seinen Ehrenvorsitz nieder und gilt seitdem in der Partei als umstritten. Neben seinen Erfolgen bei der deutschen Wiedervereinigung hat sich der Ex-Kanzler v. a. auch um die europäische Integration verdient gemacht.

Kohl, *Michael,* * Sondershausen 28. 9. 1929, †Berlin (Ost) 4. 7. 1981; SED-Politiker und Diplomat

1948 Eintritt in die SED und Aufnahme eines Jurastudiums in Jena (Dr. jur.); dort ab 1956 Dozent für Völker- und Staatsrecht. 1961 wechselte er als Leiter der Rechtsabteilung in das Ministerium für Auswärtige Angelegenheiten nach Ost-Berlin, ab 1964 dort Leiter der Abt. Grundsatzfragen. Seit 1973 Staatssekretär beim Ministerrat, war *K.* Verhandlungsführer der DDR bei innerdeutschen Verhandlungen (Passierscheinabkommen mit dem West-Berliner Senat 1965/66, Transitabkommen mit der BRD 1971, Verkehrsvertrag und Grundlagenvertrag 1972). 1973 Minister und Bevollmächtigter Botschafter, 1974–78 Leiter der Ständigen Vertretung der DDR in der Bundesrepublik Deutschland. Ab 1976 Kandidat des ZK der SED und ab 1978 Stellv. Minister für Auswärtige Angelegenheiten.

Kopf, *Hinrich Wilhelm,* * Neuenkirchen (Land Hadeln) 6. 5. 1893, †Göttingen 21. 12. 1961; 1946–55 und 1959–61 Ministerpräsident von Niedersachsen

Studium der Rechtswissenschaften; seit 1919 Mitglied der SPD. 1928–32 Landrat des Landes Hadeln; 1933 aus der Verwaltung entfernt. Nach Krieg 1945 Oberpräsident der Provinz Hannover und nach der Bildung des Landes Niedersachsen 1946–55 dessen erster Ministerpräsident, 1957–59 Innenminister. Seinen Nachfolger → *Hellwege* löste *K.* 1959 wieder im Amt ab (Nachf. 1961 *Georg Diederichs*).

Koschnick, *Hans,* * Bremen 2. 4. 1929; 1967–85 Bürgermeister von Bremen

Noch vor Ende des 2. Weltkrieges eingezogen, wurde er im Sept. 1945 aus brit. Gefangenschaft entlassen. 1945–51 und 1954–63 als Verwaltungsbeamter tätig, dazwischen 1951–54 Gewerkschaftssekretär, seit 1950 in der SPD; 1955–63 Mitglied der Bremer Bürgerschaft, 1963–67 Innensenator und 1965–67 zugleich zweiter Bürgermeister. Seit 1967 als Nachfolger von *Dehnkamp* Bremer Bürgermeister und Präsident des Senats (bis Sept. 1985). 1970–91 Mitglied des Parteivorstands der SPD, 1975–79 auch stellv. Bundesvorsitzender und 1987–94 MdB. 1994–96 organisierte *K.* als EU-Administrator in der herzegowinischen Stadt Mostar den Wiederaufbau der Verwaltung der schwer zerstörten Stadt. Von Nov. 1998 bis Ende 1999 war er Bosnienbeauftragter der neuen Bundesregierung.

Krenz, *Egon,* * Kolberg (Pommern) 19. 3. 1937; 1989 Vorsitzender des DDR-Staatsrats

Studium am Institut für Lehrerbildung. Nach dem Staatsexamen zwei Jahre freiwilliger Militärdienst; Leutnant. Anschließend politische Karriere in der FDJ, der er seit 1953 angehört. Innerhalb kurzer Zeit in der Zentrale als Sekretär des Zentralrates der FDJ, seit 1955 auch Mitglied der SED. 1964–67 Zweitstudium in Moskau. Dann erneut Sekretär des FDJ-Zentralrates, von 1971–74 in dieser Eigenschaft Vorsitzender der Pionierorganisation »Ernst Thälmann«, und schließlich 1974–83 1. Sekretär des FDJ-Zentralrates. Seit Juni 1971 Kandidat des ZK, seit 1983 Vollmitglied des Politbüros und als Sekretär des Zentralkomitees verantwortlich für die Sicherheit, für Jugend und Sport und für Kaderfragen. Bald galt *K.* als »Kronprinz« und potentieller Nachfolger → *Honeckers*, den er mehrfach bei offiziellen Anlässen im In- und Ausland vertrat. Nach dessen Ablösung wurde er zum Machtverwalter des Übergangs. Zwar wählte ihn das ZK der SED am 18. 10. 1989 zum Generalsekretär und die Volkskammer zum Staatsratsvorsitzenden und zum Vorsitzenden des Nationalen Verteidigungsrates, doch wurden ihm in der Bevölkerung die Manipulationen bei der Kommunalwahl, das umstrittene Vorgehen der Sicherheitskräfte und seine Billigung der blutigen Niederschlagung der Demokratiebewegung 1985 in China angelastet. Nach Enthüllungen über Amtsmißbrauch und Korruption der alten SED-Führung trat er mit dem gesamten ZK und dem Politbüro der SED am 3. 12. zurück. Am 6. 12. legte *K.* auch seine Staatsämter nieder, am 21. 1. 1990 wurde er aus der SED ausgeschlossen. Im »Politbüroprozeß« wurde er 1997 zu sechseinhalb Jahren Haftstrafe verurteilt.

Kühn, *Heinz,* * Köln 18. 2. 1912, †Köln 12. 3. 1992; 1966–78 Ministerpräsident von Nordrhein-Westfalen

Studium der Staatswissenschaften und Nationalökonomie, Journalist; bereits während seiner Schulzeit Wechsel von der Kath. Gymnasiumsbewegung »Neudeutschland« zur sozialistischen Arbeiterjugend. 1930 Beitritt in SPD und Reichsbanner und als Student Vors. der Sozialistischen Studentengruppe in Köln. 1933 Emigration zunächst nach Prag, danach Redakteur der Wochenzeitung »Das freie Deutschland« in Brüssel. Während der deutschen Besatzung mit der Familie in Gent von belgischen Freunden vor der Gestapo versteckt gehalten. Nach Rückkehr nach Deutschland 1945 Chefredakteur der »Rheinischen Zeitung«. Für die SPD 1948–54 und seit 1962 MdL in Nordrhein-Westfalen, 1962–66 Fraktions-, 1963–73 Landesvorsitzender. 1966 als Nachfolger von → *Meyers* Ministerpräsident von Nordrhein-Westfalen, trat *K.* 1978 vorzeitig als Ministerpräsident zurück (Nachf. → *Rau*). 1979–84 MdEP. 1983–87 Vorsitzender der SPD-nahen Friedrich-Ebert-Stiftung in Bonn.

Künast, *Renate,* * Recklinghausen 15. 12. 1955; seit 2001 Bundesverbraucherschutzministerin

Ausbildung zur Sozialarbeiterin; anschließend Studium der Rechtswissenschaften und Tätigkeit als Rechtsanwältin. *K.* gehörte 1978/79 zu den Gründern der Berliner Alternativen Liste und zog 1985 erstmals ins Berliner Abgeordnetenhaus ein; 1990 hatte sie den Fraktionsvorsitz inne. Nach der rot-grünen Mehrheit bei der Bundestagswahl 1998 wurde die Rechtsexpertin in die Kommission der Grünen für die Koalitionsverhandlungen mit der SPD berufen. Als Spitzenkandidatin zog sie in die Abgeordnetenhauswahl 1999, konnte aber den anhaltenden Negativtrend von Bündnis 90/Grünen nicht aufhalten. Im Juni 2000 wurde sie gemeinsam mit *Fritz Kuhn* an die Spitze der Bundespartei gewählt. Nur wenige Monate später übernahm sie am 12. 1. 2001 von *Karl-Heinz Funke* das im Zusammenhang mit der BSE-Krise umstrukturierte Ministerium für Verbraucherschutz, Ernährung und Landwirtschaft.

Lafontaine, *Oskar,* * Saarlouis 16. 9. 1943; 1998/99 Bundesfinanzminister

Physikstudium; Mitglied der SPD seit 1966, bereits mit 25 Jahren im Landesvorstand der Saar-SPD, mit 29 Jahren Bürgermeister von Saarbrücken und mit 33 Jahren Oberbürgermeister (1976–85). Dazwischen 1970–75 MdL im Saarland, 1977–96 Landesvorsitzender. Kandidat für das Amt des Ministerpräsidenten bei den Landtagswahlen im April 1980, bei denen die SPD zwar stärkste Partei, die CDU/FDP-Koalition unter *Werner Zeyer* aber bestätigt wurde. *L.*, der als ein Vertrauter von Parteichef → *Brandt* galt, machte sich – wie → *Eppler* – seit Anfang der 80er Jahre mit innerparteilichem Widerstand gegen die Sicherheitspolitik des Kanzlers → *Schmidt* zum Träger eines anderen politischen Konzepts in der SPD (entschiedener Gegner der NATO-Nachrüstung). Bei der Landtagswahl am 10. 3. 1985 erreichte er mit der SPD aus jahrzehntelanger Opposition heraus die absolute Mehrheit der Mandate und wurde am 9. 4. neuer saarländischer Ministerpräsident. Trotz eines schweren Attentats im April 1990 trat er als SPD-Spitzenkandidat bei der ersten gesamtdeutschen Bundestagswahl an. Nachdem er im Wahlkampf v. a. das Tempo und die sozialen Begleiterscheinungen des Einigungsprozesses kritisierte, unterlag er am 2. 12. 1990 Amtsinhaber → *Kohl* mit dem schlechtesten Ergebnis für die SPD seit 1957. Auf dem Parteitag am 16. 11. 1995 kandidierte er überraschend gegen den amtierenden Vors. → *Scharping* und setzte sich bei der Wahl zum neuen SPD-Vorsitzenden durch. Nach dem Sieg → *Schröders* bei der Landtagswahl in Niedersachsen im März 1998 verzichtete er auf eine erneute Kanzlerkandidatur, wurde nach dem Erfolg der SPD bei der Bundestagswahl am 27. 9. 1998 jedoch Bundesfinanzminister in der Regierung *Schröder*. Überraschend trat *L.* am 11. 3. 1999 als Minister und SPD-Vorsitzender zurück; gleichzeitig legte er sein Bundestagsmandat nieder.

Lambsdorff, Graf *Otto,* * Aachen 20. 12. 1926; 1977–84 Bundeswirtschaftsminister

Nach Kriegsdienst und -gefangenschaft (1944–46) Abitur und Studium der Rechtswissenschaften (Promotion), machte er im Kredit- und Versicherungswesen Karriere. Seit 1951 Mitglied der FDP, wurde er in Nordrhein-Westfalen 1978 stellv. Landesvorsitzender. Sein Aufstieg in der Bundespolitik begann 1972, als er in den FDP-Bundesvorstand, als Beisitzer in das Parteipräsidium sowie MdB gewählt wurde (bis 1998). Als Nachfolger von *Hans Friderichs* wurde er 1977 Bundeswirtschaftsminister in der Regierung → *Schmidt.* Durch die Vorlage eines Konzepts zur Stabilisierung des Haushalts und zur Überwindung der Wachstumsschwäche trug er 1982 zum Zusammenbruch der sozialliberalen Koalition bei. Auch in der neuen von → *Kohl* gebildeten Regierung bekleidete *L.* das Amt des Wirtschaftsministers. Wegen Vorwürfen im Zusammenhang mit der Parteispendenaffäre trat er 1984 zurück. Vom Vorwurf der Bestechlichkeit freigesprochen, wurde er 1987 wegen Steuerhinterziehung bzw. Beihilfe zur Steuerhinterziehung verurteilt. 1988 zum Bundesvorsitzenden der FDP und im Aug. 1990 auch zum ersten Vorsitzenden der gesamtdeutschen FDP gewählt (bis 1993), danach Ehrenvorsitzender. 1995 wurde *L.*, der in der Wirtschaftspolitik als ein Verfechter ordnungspolitischer Grundsätze gilt, Vorstandsvorsitzender der FDP-nahen Friedrich-Naumann-Stiftung. Im Sommer 1999 übernahm L. im Auftrag der Bundesregierung die Verhandlungen über die Entschädigung der NS-Zwangsarbeiter, die er zwei Jahre später erfolgreich zum Abschluß brachte.

Leber, *Georg,* * Obertiefenbach 7. 10. 1920; 1966–72 Bundesminister für Verkehr, 1972–78 für Verteidigung

Im Krieg Soldat bei der Luftwaffe. Danach Maurerlehre und Tätigkeit im Baugewerbe. Ab 1949 diverse Tätigkeiten bei der Baugewerkschaft; 1957–66 1. Vorsitzender der IG Bau, Steine, Erden. Seit 1957 für die SPD MdB, wurde er 1966 Bundesminister für Verkehr, 1969 zusätzlich auch für das Post- und Fernmeldewesen. 1972–78 Verteidigungsminister. *L.*, seit 1947 SPD-Mitglied, kam 1961 in den Parteivorstand und 1968 in das Parteipräsidium (bis 1973); 1978–82 auch im Fraktionsvorstand. 1979–83

Bundestagsvizepräsident. Als Verkehrsminister unternahm er den Versuch, mit dem sog. Leber-Plan das dt. Verkehrswesen zu sanieren; als Verteidigungsminister wurde er »Vater der Soldaten« genannt.

Lehmann, *Karl,* *Sigmaringen 16.5. 1936; seit 1983 Erzbischof von Mainz

Nach dem Studium der Philosophie und der Theologie (in beiden Fächern promoviert) wurde *L.* 1963 zum Priester geweiht. 1968 übernahm er eine Professur in Mainz und wechselte 1971 auf einen Lehrstuhl in Freiburg/Br. Seit seiner Ernenung zum Erzbischof von Mainz 1983 nimmt er in beiden Städten Honorarprofessuren wahr. Seit 1987 ist *L.* zudem Vorsitzender der Deutschen Bischofskonferenz. Dabei zeichnet er sich durch eine besonnene Amtsführung aus, auch wenn er im Konflikt um die Schwangerenberatung Mißtöne zwischen den dt. Katholiken und dem Heiligen Stuhl nicht verhindern konnte. 2001 wurde er von Papst *Johannes Paul II.* in den Kardinalsstand erhoben.

Loderer, *Eugen,* *Heidenheim 28.5. 1920, †München 9.2. 1995; 1972–83 IG-Metall-Vorsitzender

Schlosserlehre; 6 Jahre Kriegsdienst. Seit 1951 Mitglied der SPD. 1963–68 Landesbezirksvorsitzender des DGB Baden-Württemberg. Seit 1969 stellv., ab 1972 Vorsitzender der IG Metall (bis 1983). 1973–83 auch Präsident des Internat. Metallgewerkschaftsbundes. Ab 1967 stellv. Landesvorsitzender der SPD. 1979 kurz MdEP, 1982 auch in die Affäre um die »Neue Heimat« verwickelt, galt *L.* als einer der letzten großen Gewerkschaftsführer aus dem klassischen Arbeitermilieu.

Lübke, *Heinrich,* *Enkhausen 14.10. 1894, †Bonn 6.4. 1972; 1959–69 Bundespräsident

Studium der Landwirtschaft. Aus dem 1. Weltkrieg als Leutnant der Reserve zurückgekehrt. Vermessungs- und Kulturingenieur; 1926–33 Direktor der von ihm gegründeten Deutschen Bauernschaft, 1931–33 für das Zentrum im Preußischen Landtag. 1933 aus allen Ämtern entlassen und inhaftiert; seit 1937 im Bau- und Siedlungswesen tätig, während des 2. Weltkrieges stellv. Leiter eines dienstverpflichteten Ingenieurbüros. Seit 1945 Mitglied der CDU und 1946–49 MdL in Nordrhein-Westfalen; 1947–52 Ernährungs- und Landwirtschaftsminister in NRW. 1949/50 und 1953–59 MdB sowie Bundesminister für Ernährung, Landwirtschaft und Forsten; führte den »Grünen Bericht« und die »Grünen Pläne« für die Landwirtschaft ein. Mit den Stimmen der CDU/CSU 1959 als Nachfolger von → *Heuss* zum Bundespräsidenten gewählt und 1964, diesmal auch mit den Stimmen der SPD, wiedergewählt.

Maier, *Reinhold,* *Schorndorf 16.10. 1889, †Stuttgart 19.8. 1971; 1945–52 Ministerpräsident von Württemberg-Baden, 1952/53 von Baden-Württemberg

Studium der Rechtswissenschaften; Rechtsanwalt. Mitglied der DDP, 1930–32 württ. Wirtschaftsminister und ab Nov. 1932 im Reichstag. Während der NS-Diktatur wieder Rechtsanwalt. 1945 maßgeblich an der Gründung der Demokratischen Volkspartei beteiligt. 1945–52 Ministerpräsident von Württemberg-Baden, 1952/53 von Baden-Württemberg, an dessen Gründung er entscheidenden Anteil hatte. 1953–56 und 1957–59 MdB, 1957–60 Bundesvorsitzender (Nachf. → *Mende*), danach Ehrenvorsitzender der FDP und nochmals im Stuttgarter Landtag, aus dem er 1964 endgültig ausschied.

Maihofer, *Werner,* *Konstanz 20.10. 1918; 1974–78 Bundesinnenminister

Studium der Rechtswissenschaften (Promotion), 1953 Habilitation und Privatdozent in Freiburg. 1955–70 Professor für Strafrecht und Strafprozeßrecht an der Universität des Saarlandes, 1957–69 zugleich Rektor, 1970–72 Rektor an der Universität Bielefeld und außerdem 1971/72 Direktor des Zentrums für interdisziplinäre Forschung. Sein politisches Wirken begann 1969 mit dem Eintritt in die FDP, in der er bereits ein Jahr später Mitglied im Parteipräsidium wurde. *M.* war Mitverfasser des Alternativ-Entwurfs eines neuen Strafgesetzbuches, der als Grundlage für die Strafrechtsreform diente. 1971 Vorsitzender der Programmkommission der FDP für die Freiburger Thesen zur Gesellschaftspolitik, die auch eng mit dem Namen von *Karl-Hermann Flach* verbunden sind, wurde er im selben Jahr mit einer Mitgliedschaft im PEN-Zentrum der BR Deutschland geehrt. Ab

1972 MdB, wurde er im selben Jahr Bundesminister für besondere Aufgaben in der Regierung → *Brandt* und übernahm 1974 unter → *Schmidt* das Amt des Innenministers. Aufgrund der im → *Höcherl*-Bericht festgestellten Führungs- und Koordinierungsmängel im Innenministerium während der → *Schleyer*-Fahndung trat *M.* im Juni 1978 zurück. Danach wieder als Wissenschaftler tätig, war er 1982–88 Präsident des Europäischen Hochschulinstituts in Florenz.

Maizière, *Lothar de,* * Nordhausen 2. 3. 1940; 1990 DDR-Ministerpräsident

Nach dem Abitur Studium im Fach Viola an der Ost-Berliner Musikhochschule, nach dessen Abschluß bis 1975 in verschiedenen Theater- und Kulturorchestern, u. a. im Ost-Berliner Rundfunk-Sinfonieorchester tätig. Wegen einer Nervenerkrankung im Arm Berufswechsel; von 1969–75 Fernstudium der Rechtswissenschaft. Nach kurzer Assistenzzeit 1976 Aufnahme in das Ost-Berliner Kollegium der Rechtsanwälte; seit 1982 Vorstandsmitglied und seit 1987 stellv. Vorsitzender des Kollegiums, dessen Vorsitzender bis 1989 → *Gysi* war. Als Rechtsanwalt vertrat er vor Gericht vornehmlich Jugendliche, die sich wegen Wehrdienstverweigerung oder Teilnahme an pazifistischen Aktivitäten zu verantworten hatten. Seit 1985 gehört er der Synode des Bundes der Evangelischen Kirchen an und ist seit 1986 einer ihrer beiden Vizepräsides. *M.*, seit 1956 Mitglied der Ost-CDU, wurde nach dem Rücktritt von → *Götting* vom Hauptausschuß der Partei am 10. 11. 1989 zum amtierenden Vorsitzenden der CDU gewählt; auf einem Sonderparteitag am 15./16. 12. eindrucksvoll bestätigt. In der Übergangsregierung → *Modrow* ab Feb. 1990 als Vizepremier für Kirchenfragen zuständig. Am 18. 3. gewann er mit seiner Partei die ersten freien Wahlen zur Volkskammer und wurde am 12. 4. als Ministerpräsident vereidigt; seit Aug. auch Außenminister. Auf dem ersten gesamtdeutschen Parteitag der CDU am 1./2. 10. wurde er zum Stellvertreter → *Kohls* als Parteivorsitzender gewählt. Nach der Wiedervereinigung Bundesminister für besondere Aufgaben, bat *M.* wegen Veröffentlichungen über seine angebliche Stasi-Tätigkeit am 17. 12. um Entlassung aus dem Ministeramt; im Sept. 1991 zog er sich endgültig aus der Politik zurück und legte neben seinen Parteiämtern auch sein Bundestagsmandat nieder. Er machte sich um die Neuprofilierung der CDU verdient, die sich nach der Wende in der DDR für die Einheit Deutschlands und die Einführung der Sozialen Marktwirtschaft einsetzte.

Maleuda, *Günther,* * Altbeelitz 20. 1. 1931; 1989/90 Präsident der DDR-Volkskammer

1948–52 Besuch verschiedener Landwirtschaftsschulen, staatlich geprüfter Landwirt. Nach einem Studium an der Akademie für Staats- und Rechtswissenschaften in Potsdam-Babelsberg von 1952–55 Diplomwirtschaftler und nach einer Aspirantur an der Berliner Humboldt-Universität 1965–67 Doktor der Agrarwissenschaften. Der 1948 von Kommunisten gegründeten Demokratischen Bauernpartei (DBD) gehörte er seit 1950 an; seit 1987 deren Vorsitzender, rückte er damit zugleich zu einem der stellv. Vorsitzenden des DDR-Staatsrates auf. Nach dem Rücktritt → *Sindermanns* am 13. 11. 1989 von der DDR-Volkskammer gegen den LDPD-Vorsitzenden → *Gerlach* zu ihrem neuen Präsidenten gewählt, amtierte er bis zum Ende der alten Volkskammer am 7. 3. 1990. 1994 zog er als Parteiloser auf der Liste der PDS in den Bundestag ein (bis 1998).

Masur, *Kurt,* * Brieg (Schlesien) 18. 7. 1927; Dirigent

1960–64 musikalischer Oberleiter an der Komischen Oper in Berlin, 1967–72 Chefdirigent der Dresdner Philharmonie, seit 1970 Gewandhauskapellmeister in Leipzig sowie seit 1991 Chefdirigent des New York Philharmonic Orchestra. Als Mitinitiator des Aufrufs Leipziger Bürger vom 9. 10. 1989 trug *M.* wesentlich zum friedlichen Verlauf der Leipziger Montagsdemonstrationen bei.

Matern, *Hermann,* * Burg 17. 6. 1893, †24. 1. 1971 Berlin (Ost); SED-Politbüromitglied

Nach entsprechender Lehre bis 1926 als Gerber tätig. Politisch engagierte er sich zunächst in der SPD, der er 1911 beitrat, die er aber bereits 1914 aus Protest gegen die Bewilligung der Kriegskredite verließ. 1918 Mitglied der USPD, 1919 der KPD. Ab 1926 war er Sekretär verschiedener KPD-Bezirksleitungen (Magdeburg, Ostpreußen). 1933 verhaftet, floh er 1934 aus dem Gefängnis und emigrierte u. a. nach Frankreich und Schweden, 1941 nach Moskau; Mitbegründer des Nationalkomitees Freies Deutschland (NKFD). Anfang Mai 1945 kehrte er nach Deutschland zurück, als Vorsitzender der KPD in Sachsen, ab 1946 Vorsitzender der SED in Berlin. Mitglied des Parteivorstandes, dann des ZK der SED. Ab 1946 war *M.* ununterbrochen Mitglied des ZK bzw. des Politbüros der SED, seit 1949 Abgeordneter der Volkskammer.

Meinhof, *Ulrike,* * Oldenburg 14. 5. 1934, †Stuttgart-Stammheim 9. 5. 1976; Publizistin

Nach dem Studium organisierte sie Anti-Atomtod-Märsche und Demonstrationen gegen die Aufrüstung der Bundeswehr. 1960–64 Chefredakteurin, dann bis 1969 Kolumnistin der Zeitschrift »Konkret«. 1969/70 Lehrbeauftragte am Institut für Publizistik der FU Berlin. Am 14. 5. 1970 nahm sie an der gewaltsamen Befreiung des wegen Brandstiftung in einem Kaufhaus zu drei Jahren Gefängnis verurteilten Anarchisten *Andreas Baader* teil und tauchte mit ihm unter. Banküberfälle und Bombenanschläge lösten eine umfangreiche Fahndungsaktion gegen die »Baader-Meinhof-Bande« – inzwischen auch »Rote Armee Fraktion« genannt – aus. Im Juni 1972 wurden *M.* und die meisten anderen Mitglieder der Gruppe verhaftet und nach langwierigen Prozessen wegen Mordes, Bildung bzw. Mitgliedschaft in einer kriminellen Vereinigung und anderer Delikte zu lebenslangen bzw. langjährigen Freiheitsstrafen verurteilt. 1976 verübte sie in ihrer Zelle im Hochsicherheitstrakt des Stammheimer Gefängnisses Selbstmord.

Mende, *Erich,* * Groß Strehlitz (Oberschlesien) 28. 10. 1916, †Bonn 6. 5. 1998; 1963–66 Bundesminister für gesamtdeutsche Fragen

Nach Abitur Arbeitsdienst und 1936–45 Berufssoldat, zuletzt Major und Regimentskommandeur. Nach dem Krieg Jurastudium (Promotion). 1945 Mitbegründer der FDP, kam er bereits 1949 in deren Bundesvorstand. Ab 1957 leitete er die FDP-Bundestagsfraktion, 1960 trat er zudem als Nachfolger von *Reinhold* → *Maier* an die Spitze der Partei und erreichte bei der Bundestagswahl 1961 mit 12,8 % das beste Resultat ihrer Geschichte. Nachdem *M.* vor der Wahl Kanzler → *Adenauer* abgelehnt hatte, nach anfänglichem Widerstand aber doch für eine Koalition mit der CDU eintrat, bekam die FDP das

Image einer »Umfaller-Partei«. Im Okt. 1963 trat *M.* nach dem von der FDP erzwungenen Rücktritt *Adenauers* als Minister für gesamtdeutsche Fragen und Vizekanzler in die Regierung → *Erhard* (bis 1966) ein. In diesen Jahren verfolgte er in der Deutschlandfrage eine »Politik der kleinen Schritte« und brachte u. a. in West-Berlin die ersten Passierscheinabkommen mit der DDR zustande. Mit dem Rücktritt *Erhards* und der Bildung der Großen Koalition unter Kiesinger begann der politische Abstieg von *M.*: 1968 wurde er von → *Scheel* als Parteivorsitzender abgelöst und trat aus Protest gegen die Ostpolitik der Regierung → *Brandt* und den Kurswechsel seiner Partei am 9. 10. 1970 zur CDU über. Seit 1949 MdB, blieb er auch als CDU-Mitglied Abgeordneter (bis 1980).

Merkel, *Angela,* * Hamburg 17. 7. 1954; seit 2000 CDU-Vorsitzende

Physikerin; Tätigkeit an der Akademie der Wissenschaften in Berlin (Ost). Vor der Wende keiner Partei zugehörig, war sie im Herbst 1989 Mitbegründerin und Vorstandsmitglied des Demokratischen Aufbruch (DA), der sich 1990 mit der Ost-CDU vereinigte. In der Regierung → *de Maizière* stellv. Regierungssprecherin der DDR, übernahm sie in der ersten gesamtdeutschen Regierung unter Kanzler → *Kohl* 1991 das Amt der Bundesministerin für Frauen und Jugend, 1994 das Ressort Umwelt, Naturschutz und Reaktorsicherheit. Seit 1991 stellv. Bundesvorsitzende und seit 1992 Vors. der CDU in Mecklenburg-Vorpommern, wurde *M.* nach der Niederlage der CDU bei der Bundestagswahl 1998 auf Vorschlag des neuen Parteivorsitzenden → *Schäuble* am 7. 11. zur Generalsekretärin der CDU gewählt. Im Zuge der CDU-Finanzaffäre übernahm *M.* am 7. 3. 2000 den Posten der Parteivorsitzenden. Sie ist die erste Frau an der Spitze der Christdemokraten.

Merz, *Friedrich,* * Brilon 11. 11. 1955; seit 2000 Vorsitzender der CDU/CSU-Bundestagsfraktion

Nach dem Abitur und dem Wehrdienst absolvierte *M.* ab 1976 ein Studium der Rechtswissenschaften in Bonn; nach Staatsexamen in Düsseldorf und Saarbrücken arbeitete er 1985/86 am Amtsgericht in Saarbrücken als Richter. 1986 nahm er eine Anwaltstätigkeit auf und wechselte schließlich 1989, nach der Wahl zum

Europäischen Parlament, für die CDU in die Politik. 1994 zog er als Abgeordneter des Hochsauerlandkreises in den Deutschen Bundestag. Nach seinem erneuten Einzug ins Parlament wurde er 1998 stellv. Vorsitzender der CDU/CSU-Bundestagsfraktion. Nach dem Rücktritt → *Schäubles* von beiden Spitzenämtern im Zuge der CDU-Spendenaffäre übernahm *M.* am 29. 2. 2000 den Posten des Fraktionsvorsitzenden von CDU/CSU im Bundestag.

Meyers, *Franz,* * Mönchengladbach 31. 7. 1908; 1958–1966 Ministerpräsident von Nordrhein-Westfalen

Nach Jurastudium in Freiburg und Köln (Promotion) ab 1935 als Rechtsanwalt tätig. 1940 zum Kriegsdienst nach Rußland eingezogen; zuletzt Hauptmann. 1948 in die CDU eingetreten; seit 1950 im Düsseldorfer Landtag. Von Febr. bis Okt. 1952 Oberbürgermeister seiner Heimatstadt, holte ihn noch im gleichen Jahr *Karl* → *Arnold* 1956 als Innenminister in sein Kabinett. Als dieser 1956 abgewählt wurde, nahm *M.* seine anwaltliche Tätigkeit wieder auf. 1956 in den geschäftsführenden CDU-Bundesvorstand gekommen, organisierte er 1957 als → *Adenauers* Wahlkampfmanager die einzige absolute Mehrheit der Union auf Bundesebene und wurde selbst MdB. 1958 holte die CDU auch in NRW die absolute Mehrheit und *M.* trat das Erbe von *Arnold* an. 1962 verlor die CDU die absolute Mehrheit und ging mit der FDP eine Koalition ein. Nach der Wahl 1966 scheiterte das Bündnis nach wenigen Monaten, als öffentlich wurde, daß die CDU hinter dem Rücken von *M.* Bündnisverhandlungen mit der SPD führte. Am 8. 12. 1966 wurde *M.* durch ein sozialliberales Bündnis mit einem konstruktiven Mißtrauensvotum gestürzt (Nachf. → *Kühn*). Nach seiner Abwahl wieder als Rechtsanwalt tätig, verzichtete er 1970 auf eine erneute Kandidatur für den Landtag.

Mielke, *Erich,* * Berlin 28. 12. 1907, †Berlin 21. 5. 2000; 1957–89 DDR-Minister für Staatssicherheit

Lehre als Speditionskaufmann. Schon als Gymnasiast mit 14 Jahren Mitglied des Kommunistischen Jugendverbandes (KJV) und mit 18 Jahren Mitglied der KPD, in der er anschließend verschiedene Funktionen im Parteiapparat wahrnahm. Zwischen 1928 und 1931 Reporter der »Roten Fahne«. Anfang der 30er Jahre Angehöriger des »Ordnerdienstes« der KPD in Berlin. Nach der Ermordung von zwei Polizisten auf dem Berliner Bülowplatz am 9. August 1931 flüchtete er nach Belgien. In der Sowjetunion 1934/35 Besuch der Lenin-Schule in Moskau. 1936–39 nahm er in den Internat. Brigaden am Spanischen Bürgerkrieg teil. Unmittelbar nach Kriegsende tauchte er wieder in Berlin auf, wo er sich um den Aufbau einer deutschen »Tscheka« in der SBZ kümmerte. Ab Juni 1946 Vizepräsident der Zentralverwaltung für Inneres in Berlin-Wilhelmsruh, Mitorganisator der politischen Polizei. 1950–57 Staatssekretär, dann Minister für Staatssicherheit (bis 1989). Seit 1950 Mitglied des SED-Zentralkomitees, seit 1958 Abgeordneter der Volkskammer. Nach der Wahl von → *Honecker* zum SED-Chef 1971 zum Kandidaten und 1976 zum Vollmitglied des Politbüros des ZK der SED berufen. Nach dessen Sturz wurde auch *M.* seiner Ämter enthoben. Nach der Wende mußte er sich in mehreren Verfahren u. a. wegen Amtsanmaßung, Vertrauensmißbrauch, Untreue und der Todesschüsse vor Gericht verantworten. Im Prozeß in der »Mordsache Bülowplatz« am 26. 10. 1993 zu einer Haftstrafe von sechs Jahren verurteilt, wurde er am 30. 7. 1995 vorzeitig aus der Haft entlassen.

Mischnick, *Wolfgang,* * Dresden 29. 9. 1921; 1968–91 Vorsitzender der FDP-Bundestagsfraktion

Nach Abitur Soldat im 2. Weltkrieg, zuletzt als Leutnant d. R. 1945 Mitbegründer der LDP in Dresden, 1946 dort Stadtverordneter. Mitglied des geschäftsführenden Zentralvorstandes der LDP in der SBZ und nach Wahl (1947) zum stellv. Landesvorsitzenden der LDP Sachsen auf Befehl der Besatzungsmacht politisch ausgeschaltet. Nach Übersiedlung nach Hessen ab 1948 in der FDP. 1954–57 im hess. Landtag parl. Fraktionsgeschäftsführer. 1956–61 und 1964–68 Fraktionsvorsitzender in der Frankfurter Stadtverordnetenversammlung sowie 1967–77 Landesvorsitzender. Seit 1957 MdB und seit 1964 stellv. Parteivorsitzender. 1961–63 Bundesminister für Vertriebene, Flüchtlinge und Kriegsgeschädigte, 1968–91 Vorsitzender der FDP-Bundestagsfraktion. Er befürwortete 1982 zunächst die Fortsetzung der sozialliberalen Koalition, trug dann aber die Entscheidung für den Wechsel zur Union seit Okt. 1982 mit, um die Einheit der Partei zu wahren. *M.*, der sich nach der Wende und seit der Wiedervereinigung besonders um den Aufbau in den neuen Bundesländern kümmerte, verzichtete 1994 auf eine erneute Kandidatur für den Bundestag und gab 1995 auch den Vorsitz der Friedrich-Naumann-Stiftung ab.

Mitscherlich, *Alexander,* *München 20.9. 1908, †Frankfurt a. M. 26. 6. 1982; Psychoanalytiker

Ab 1966 Professor in Frankfurt a. M., wo er das von ihm begründete Sigmund-Freud-Institut leitete. *M.*, der sich um die Anwendung psychoanalytischer Methoden und Erkenntnisse auf soziale Phänomene bemühte, machte sich auch durch sozialkritische Arbeiten und als einer der Initiatoren der Friedensbewegung einen Namen. Zusammen mit seiner Frau → *Margarete M.* erhielt er 1969 den Friedenspreis des Deutschen Buchhandels. Zu den Hauptwerken gehören »Auf dem Wege zur vaterlosen Gesellschaft« (1963), »Die Unfähigkeit zu trauern« (1967) und »Die Idee des Friedens und die menschliche Aggressivität« (1969).

Mitscherlich, *Margarete,* *Graasten (Dänemark) 17. 7. 1917; Psychoanalytikerin

Studium der Medizin und Literatur (Promotion zur Dr. med.), anschließend psychoanalytische Ausbildung. Praktizierte und lehrte an dem von ihrem Ehemann *Alexander* → *M.* gegründeten Sigmund-Freud-Institut in Frankfurt a. M. In der Folge setzte sich die renommierte Psychoanalytikerin und engagierte Frauenrechtlerin u. a. mit der Idealisierung der Geschlechterbeziehungen und dem Rollenverhalten der Frau in der Politik auseinander. Zu ihren wichtigsten Werken gehören »Die Unfähigkeit zu trauern« (1967, zus. mit *Alexander M.*), »Das Ende der Vorbilder« (1978) und »Die friedfertige Frau« (1985).

Mittag, *Günter,* *Stettin 8.10. 1926, †Berlin 18.3. 1994; 1984–89 stellv. Vorsitzender des DDR-Staatsrats

Ende des 2. Weltkriegs Luftwaffenhelfer, dann Eisenbahnbeamter und Studium an der Hochschule für Verkehrswissenschaften in Dresden, 1958 Promotion zum Dr. rer. oec. Seit 1946 Mitglied der SED und ab 1951 in verschiedenen Abteilungen des ZK tätig; Parteikarriere. Unter →

Ulbricht maßgeblicher Wirtschaftsfunktionär, mitverantwortlich für das »Neue Ökonomische System«. 1963 Kandidat, 1966 Mitglied des Politbüros der SED. Seit 1963 Abgeordneter der Volkskammer und seitdem Vorsitzender des Ausschusses für Industrie, Bauwesen und Verkehr. 1963–71 Mitglied des Staatsrates und 1973–76 1. Stellv. Vorsitzender des Ministerrates. Ab 1979 erneut Mitglied des Staatsrates und seit Juni 1984 Stellv. des Staatsratsvorsitzenden → *Honecker.* Nach dessen Sturz verlor *M.* alle Ämter und wurde bereits am 23.11. 1989 aus der SED ausgeschlossen. In der DDR vom 3.12. 1989 bis 2. 8. 1990 unter dem Verdacht des Hochverrats in Untersuchungshaft. Nach der Wende angeklagt, wegen seines schlechten Gesundheitszustandes wurden die Verfahren jedoch eingestellt.

Modrow, *Hans,* *Jasenitz 27.1. 1928; 1989/90 Vorsitzender des DDR-Ministerrats

Gelernter Maschinenschlosser; bei Kriegsende zum Volkssturm eingezogen, war er bis 1949 in sowjet. Kriegsgefangenschaft. Nach Rückkehr Eintritt in die SED und in die FDJ. Dort machte er Karriere und absolvierte daneben ein Fernstudium zum Diplomgesellschaftswissenschaftler an der Parteihochschule der SED, zum Diplomwirtschaftler an der Hochschule für Ökonomie in Ost-Berlin und Doktor der Wirtschaftswissenschaften an der Humboldt-Universität. Nach Honeckers Amtsantritt als SED-Chef übernahm er 1971 die Leitung der Abteilung Agitation im SED-Zentralkomitee. Ab Herbst 1973 1. Sekretär der SED-Bezirksleitung Dresden. Seitdem in der SED stets umstritten und im Gegensatz zu anderen Bezirkschefs weder Kandidat noch Mitglied in der Machtzentrale Politbüro. In den 80er Jahren galt er als Hoffnungsträger in der DDR. Nach dem Sturz → *Honeckers* wurde *M.*, der sich durch persönliche Bescheidenheit, Aufgeschlossenheit gegenüber Reformen und Ablehnung stalinistischer Methoden im Umgang mit Andersdenkenden weit über Dresden hinaus in der DDR Sympathien erworben hat, am 13. 11. 1989 als Nachfolger von → *Stoph* Vorsitzender des DDR-Ministerrates (bis zur ersten freien Volkskammerwahl im März 1990). Als Abgeordneter der PDS, die ihn im Feb. 1990 zum Ehrenvorsitzenden ernannte, gehörte er 1990–94 dem Bundestag an.

Möller, *Alex*, * Dortmund 26. 4. 1903, †Karlsruhe 2. 10. 1985; 1969–71 Bundesfinanzminister

Seit 1922 SPD-Mitglied, war *M.* 1928–33 (jüngster) Abgeordneter im Preußischen Landtag. 1945 wurde er Generaldirektor der Karlsruher Lebensversicherungs AG, ein Posten, den er bis 1969 innehatte. 1946–61 MdL in Württemberg-Baden bzw. Baden-Württemberg, danach bis 1976 MdB. 1969 wurde er Bundesminister für Finanzen, trat aber 1971, um seinen Ruf als »Anwalt finanzieller Solidität« zu bewahren, von seinem Posten zurück. 1958–73 gehörte er dem Präsidium und Parteivorstand der SPD an. *M.*, der auch »Genosse Generaldirektor« genannt wurde, galt als väterlicher Mentor *Helmut* → *Schmidts.*

Müller, *Gebhard*, * Füramoos 17. 4. 1900, †Stuttgart 7. 8. 1990; 1953–58 Ministerpräsident von Baden-Württemberg und 1959–71 Präsident des Bundesverfassungsgerichts

Teilnehmer an beiden Weltkriegen; Studium der Philosophie und Geschichte, dann der Rechtswissenschaften (Promotion). Amts- und Landgerichtsrat, 1945 Ministerialrat. 1947–52 Landesvorsitzender der CDU und 1948–52 Staatspräsident von Südwürttemberg-Hohenzollern. Maßgeblicher Verfechter eines Südweststaats und ab 1952 in der verfassunggebenden Landesversammlung bzw. im Landtag von Baden-Württemberg. 1953–58 Ministerpräsident (Nachf. → *Kiesinger*) und 1959–71 Präsident des Bundesverfassungsgerichts.

Nachmann, *Werner*, * Karlsruhe 12. 8. 1925, †Karlsruhe 21. 1. 1988; 1965–88 Präsident des Zentralrates der Juden

Kaufmann; Vorsitzender des Rohstoff-Verbandes des Baden-Württemberg. Mitglied des Direktoriums des Zentralrats der Juden in Deutschland und ab 1965 dessen Präsident. Zudem Vizepräsident der Europäischen Sektion des Jüdischen Weltkongresses. 1971 erfolgte durch sein Mitwirken in Karlsruhe der erste Neubau einer Synagoge im Nachkriegsdeutschland. Nach seinem Tod wurde bekannt, daß er offenbar seit 1980 Zinsgelder in zweistelliger Millionenhöhe aus Wiedergutmachungszuwendungen an jüdische Naziopfer unterschlagen und zur Sanierung seines maroden Unternehmens verwendet

hat. Sein Nachfolger → *Galinski* stufte die Nachmann-Affäre »als größten Schaden seit 1945« für die jüdische Gemeinschaft in Deutschland ein.

Nannen, *Henri*, * Emden 25. 12. 1913, †Hannover 13. 10. 1996; Journalist

Nach dem Studium der Kunstgeschichte in München dort 1937 Schriftleiter der Zeitschrift »Kunst«. 1940–45 Kriegsberichterstatter bei der Luftwaffe. 1946/47 Herausgeber und Chefredakteur der »Hannoversche Neueste Nachrichten« und »Abendpost« in Hannover. 1948 gründete er die Illustrierte »stern«, deren Chefredakteur er bis 1980 war; bis 1983 auch Herausgeber und Vorstandsmitglied des Verlags Gruner + Jahr. *N.*, gleichzeitig bedeutender Kunstsammler und Mäzen, begründete die »Stiftung Henri Nannen« mit Werken des 20. Jahrhunderts, die in der von ihm gestifteten Kunsthalle in seiner Heimatstadt Emden ausgestellt sind.

Nell-Breuning, *Oswald von*, * Trier 8. 3. 1890, † Frankfurt a. M. 21. 8. 1991; Theologe

Seit 1921 Priester; Jesuit. Ab 1928 Professor für Ethik und christl. Soziallehre in Frankfurt a. M. 1936–45 Schreib- und Publikationsverbot. Führender Vertreter der modernen kath. Soziallehre. Seine Arbeiten zum Eigentumsrecht, zur Mitbestimmung und zu Problemen wirtschaftlich-sozialer Gerechtigkeit übten u. a. großen Einfluß auf das Godesberger Programm der SPD aus.

Ney, *Hubert*, * Saarlouis 12. 10. 1892, †Saarlouis 3. 2. 1984; 1956/57 Ministerpräsident des Saarlandes

Studium der Rechtswissenschaften (Promotion); Rechtsanwalt. Wirkte als Zentrumspolitiker 1935 für die Rückkehr des Saargebietes zu Deutschland. Nach dem Krieg gehörte er mit dem saarländischen Ministerpräsidenten → *Hoffmann* zu den Mitbegründern der Christlichen Volkspartei. Nach Distanzierung von dessen Separationspolitik gründete er die zunächst illegale CDU, deren Vorsitzender er 1952 wurde. Das Saar-Abkommen von 1955 gab ihm und seiner Partei die Möglichkeit politischen Wirkens; 1955–60 war er MdL, vom 10. 1. 1956 bis 4. 6. 1957 erster gewählter Ministerpräsident des Saarlandes nach dem Referendum. Von *Hans Egon Rei-*

nert als CDU-Vorsitzender und Ministerpräsident abgelöst, blieb er in dessen Kabinett bis 1959 Justizminister. Schied danach aufgrund zu großer Meinungsverschiedenheiten aus der CDU aus. Der Versuch, eine eigene Partei zu gründen, scheiterte 1960. 1979 kam es zur Aussöhnung mit der CDU.

Niemöller, *Martin,* *Lippstadt 14. 1. 1892, †Wiesbaden 6. 3. 1984; Theologe

Im 1. Weltkrieg U-Boot-Kommandant. Seit 1924 arbeitete er in der Inneren Mission und wurde 1931 Pfarrer in Berlin-Dahlem. Während der NS-Zeit gehörte er der Bekennenden Kirche an, zu deren Konstituierung er durch die Gründung des Pfarrernotbundes 1933 beitrug. Nach 1934 war *N.* ein führender Kopf des kirchlichen Widerstandes gegen die Nazis und Mitherausgeber der Denkschrift vom Mai 1936, die die Rechtsbrüche der Regierung sowie die Verfolgung der Kirchen zum Inhalt hatte. 1937 verhaftet, wurde er 1938–45 in Konzentrationslagern inhaftiert. Ab 1945 Präsident des Kirchlichen Außenamts, führten seine engagierten Stellungnahmen zu politischen Fragen 1956 zu seiner Entlassung und zum Rücktritt aus dem Rat der EKD. 1947–64 war *N.* erster Kirchenpräsident der Evangelischen Kirche in Hessen und Nassau; 1961–68 einer der sechs Präses des Weltkirchenrates. *N.* war überzeugter Pazifist, Gegner der Wiederbewaffnung und bis zu seinem Tode aktiver Anhänger der Friedensbewegung.

Norden, *Albert,* *Myslowitz (Oberschlesien) 4. 12. 1904, †Berlin (Ost) 30. 5. 1982; Journalist und SED-Politiker

Seit 1921 Mitglied der KPD, ab 1925 Redakteur bei Parteizeitungen, 1931/32 beim Zentralorgan »Rote Fahne«. 1933 Emigration zunächst nach Frankreich, ab 1941 in den USA. In New York Mitorganisator vom »Council for a Democratic Germany«. Nach seiner Rückkehr nach Deutschland 1946 Mitglied der SED. 1949–52 Leiter der Presseabteilung im Informationsamt der DDR; 1953 als Westemigrant, Jude und früherer »Linksabweichler« gefährdet. Seit 1953 Professor für Neueste Geschichte an der Berliner Humboldt-Universität, 1954 Sekretär des »Ausschusses für Deutsche Einheit«, im Rang eines Staatssekretärs. Ab 1955 Mitglied des ZK der SED und dessen Sekretariats (für Agitation), seit 1958 des Politbüros und ab 1963 Leiter der Agitationskommission beim Politbüro. Seit 1958 auch Abgeordneter der Volkskammer, war *N.* so Herr des ganzen DDR-Medienapparats. Ab 1976 Mitglied des Staatsrats der DDR und ab 1977 Vizepräsident des Weltfriedensrates. 1981 wurde er nicht mehr ins ZK und ins Politbüro gewählt. Gleichzeitig schied er aus der Volkskammer und dem Staatsrat aus.

Ollenhauer, *Erich,* *Magdeburg 27. 3. 1901, †Bonn 14. 12. 1963; 1952–1963 SPD-Vorsitzender

Kaufmännische Lehre. Seit 1916 in der Sozialistischen Arbeiterjugend. 1928–33 deren Vorsitzender; 1921–46 Sekretär der sozialistischen Jugendinternationale. Als Mitglied des Parteivorstandes gegen Ende der Weimarer Republik rechte Hand des Parteivorsitzenden *Otto Wels*. 1933–56 als Mitglied des SPD-Parteivorstandes in der Emigration in Prag, Paris und London. Nach seiner Rückkehr nach Deutschland ab Mai 1946 stellv. Parteivors. in den Westzonen. Seit 1949 MdB und stellv. Fraktionsvors. Nach dem Tod von → *Schumacher* als dessen Nachfolger ab 1952 Partei- und Fraktionsvorsitzender sowie Oppositionsführer. Er wandte sich gegen die Wiederbewaffnung und trat für die Umwandlung der SPD in eine Volkspartei durch die Annahme des Godesberger Programms (1959) ein. 1953 und 1957 zweimal erfolglos Kanzlerkandidat gegen → *Adenauer*. Ab 1951 Vizepräsident und 1963 Präsident der Sozialistischen Internationale.

Osswald, *Albert,* *Gießen 16. 5. 1919, †Schongau 16. 8. 1996; 1969–76 Ministerpräsident

Steuerfachmann, seit 1945 Mitglied der SPD; 1949 Stadtverordneter, 1954 Bürgermeister und 1957 Oberbürgermeister von Gießen. 1954–78 MdL in Hessen, 1962–64 Wirtschafts-, dann bis 1969 Finanzminister. Als Nachfolger von → *Zinn* wurde er im Okt. 1969 hessischer Ministerpräsident und noch im selben Jahr SPD-Landesvorsitzender. 1974 trotz Wahlverlusten Erneuerung der Koalition aus SPD und FDP. Im Okt. 1976 trat er – vor allem wegen der Affäre um die Hessische Landesbank (Helaba), deren Verwaltungsratsvorsitzender er war – zurück (Nachf. → *Börner*).

Pieck, *Wilhelm,* * Guben 3. 1. 1876, †Berlin (Ost) 7. 9. 1960; 1949–60 Präsident der DDR

Tischler; seit 1895 Mitglied der SPD, ab 1906 hauptamtlicher Sekretär und Mitglied der Bremischen Bürgerschaft. In Berlin ab 1910 Sekretär des Bildungsausschusses der SPD und Mitglied im Parteivorstand. Nach Ausbruch des 1. Weltkriegs innerparteilich in Opposition und ab 1915 bei der Spartakusgruppe; 1915–17 Militärdienst. Am 31. 12. 1918 Mitbegründer der KPD, deren Zentraler Leitung bzw. ZK er 1919–46 angehörte. Beim Spartakusaufstand 1919 in Berlin mit *Rosa Luxemburg* und *Karl Liebknecht* vorübergehend verhaftet. 1921–28 und 1932–33 Abgeordneter im Preußischen Landtag und 1928–33 im Exekutivkomitee der Komintern und Vorsitzender der »Roten Hilfe«. Ab 1933 im Exil, zunächst in Paris, dann in Moskau, von wo er als Vorsitzender der Exil-KPD die illegale kommunistische Tätigkeit in Deutschland organisierte. 1943 Mitbegründer des Nationalkomitees Freies Deutschland. Nach seiner Rückkehr nach Deutschland 1945 Vorsitzender der KPD und nach der Zwangsvereinigung mit der SPD, an der er maßgeblich beteiligt war, 1946–54 gemeinsam mit → *Grotewohl* Vorsitzender der SED. Von 1949 bis zu seinem Tode im Jahre 1960 war *P.* Präsident der DDR, besaß jedoch – im Schatten von → *Ulbricht* – nur geringen politischen Einfluß.

Ratzinger, *Joseph,* * Marktl am Inn 16. 4. 1927; seit 1977 Erzbischof von München und Freising

Kath. Theologe; 1959 Professor für systematische Theologie und Dogmengeschichte in Bonn, 1963 in Münster, 1966 in Tübingen, 1969 in Regensburg. Einflußreicher Berater von Kardinal → *Frings* auf dem 2. Vatikanischen Konzil. Seit 1977 Kardinal und Erzbischof von München und Freising, wurde *R.* 1982 Präfekt der Glaubenskongregation der Römischen Kurie. Er ist Mitglied mehrerer päpstlicher Kommissionen.

Rau, *Johannes,* * Wuppertal 16. 1. 1931; seit 1999 Bundespräsident

Verlagsbuchhändler; 1952 Mitbegründer der Gesamtdeutschen Volkspartei, nach deren Selbstauflösung (1957) seit 1958 Mitglied der SPD. Seitdem MdL in Nordrhein-Westfalen und 1967–70

Vors. der SPD-Fraktion. 1969/70 Oberbürgermeister von Wuppertal und 1970–78 Minister für Wissenschaft und Forschung. Seit 1968 im Bundesvorstand der SPD, seit 1977 Landesvorsitzender und seit Sept. 1978 Ministerpräsident von Nordrhein-Westfalen. Im Frühjahr 1982 zu einem der beiden stellv. Vorsitzenden der SPD gewählt. Nach fast 30 Jahren als Minister und Ministerpräsident in NRW übergab er 1998 sein Amt an *Wolfgang Clement.* Bei der Wahl zum Bundespräsidenten setzte sich *R.* am 23. 5. 1999 gegen die CDU-Kandidatin *Dagmar Schipanski* durch.

Reich, *Jens,* * Göttingen 26. 3. 1939; Molekularbiologe und Bürgerrechtler

Nach dem Studium der Medizin am Zentralinstitut für Molekularbiologie der Akademie der Wissenschaften in Berlin (Ost) tätig. Führte wie andere eine DDR-Nischenexistenz, abgestützt im Ost-Berliner Wissenschaftler- und Intellektuellenmilieu und in seiner kirchlichen Bindung. Erst der Protest seiner Kinder gegen dieses »Schneckenhausleben« hat ihn nach eigenen Angaben in die Opposition ausbrechen lassen. Im Sept. 1989 gehörte er zu den Unterzeichnern der Gründungserklärung des Neuen Forum, das ihn als Spitzenkandidat für die Volkskammerwahl am 18. März aufstellte. Von März bis Okt. 1990 Abgeordneter der Volkskammer, widmete er sich danach wieder der Forschung. Von einer parteiübergreifenden Gruppe von Wissenschaftlern, Publizisten und Politikern vorgeschlagen, war er 1994 Kandidat für das Amt des Bundespräsidenten

Renger, *Annemarie,* * Leipzig 7. 10. 1919; 1972–76 Bundestagspräsidentin

Verlagskauffrau; seit 1945 Mitglied der SPD und 1945–52 enge Mitarbeiterin des SPD-Vorsitzenden → *Schumacher*; 1946 Leiterin des Büros des Parteivorstandes in Berlin und ab 1953 MdB. 1961–73 Mitglied des Parteivorstands, 1969–72 Parl. Geschäftsführerin der SPD-Fraktion und 1969–73 Vorsitzende des Bundesfrauenausschusses. Nach dem Wahlsieg der SPD unter → *Brandt* wurde sie 1972 Bundestagspräsidentin, und damit erste Frau im zweithöchsten Staatsamt. Frau *R.*, die sich stets für eine Besserstellung der Frau in Politik und Gesellschaft einsetzte, war bis 1976 auch Vizepräsidentin des Internationalen Rates Sozialdemokratischer Frauen in der Sozialistischen Internationale. Am 23. 5. 1979 unterlag sie bei den Wahlen zur Bundespräsidentschaft dem Kandidaten der CDU, → *Carstens*. Bis zu ihrem Ausscheiden aus dem Bundestag 1990 war sie dessen Vizepräsidentin.

Reuter, *Ernst*, * Apenrade (Schleswig) 29.7. 1889, †Berlin (West) 29. 9. 1953; 1950–53 Regierender Bürgermeister von Berlin

Studium der Philosophie; seit 1912 Mitglied der SPD. Im 1. Weltkrieg 1916 in russ. Kriegsgefangenschaft, Anschluß an *Lenin* und Volkskommissar in der Wolgadeutschen Republik. Nach seiner Rückkehr nach Berlin 1918–22 in der KPD und 1921 deren Generalsekretär; nach Parteiausschluß 1922 wieder in der SPD. 1926–31 Stadtrat und Verkehrsdezernent in Berlin, 1931–33 Oberbürgermeister von Magdeburg und 1932/33 Mitglied des Reichstages. Nach der Machtübernahme der Nazis bis 1935 zweimal im KZ, dann in die Türkei emigriert und dort Regierungsberater sowie 1939–45 Professor für Kommunalwissenschaften in Ankara. 1946 in Berlin erneut Stadtrat und Verkehrsdezernent, 1947 zum Oberbürgermeister gewählt, wegen sowjet. Vetos Amtsantritt erst 1948 nach der Spaltung der Stadt. 1950–53 Regierender Bürgermeister von Berlin (West). Während der Berlin-Blockade 1948/49 demonstrierte *R.* an der Spitze der Bevölkerung den Durchhaltewillen der Berliner und verstand es auch bei späteren Anlässen, die Belange Berlins in der Bundesrepublik und anderswo zu vertreten.

Röder, *Franz-Josef*, * Merzig 22. 7. 1909, †Saarbrücken 26. 6. 1979; 1959–79 Ministerpräsident des Saarlandes

Studium der Romanistik und Geographie; Oberstudiendirektor, 1937–45 im Auslandsschuldienst; 1945–48 Dolmetscher und danach bis 1955 erneut im Schuldienst. Seit 1955 für die CDU Abgeordneter im Saarländischen Landtag und 1957 MdB. 1957–65 Kultusminister und dann 20 Jahre ab 1959 Ministerpräsident des Saarlandes (Nachf. *Werner Zeyer*); 1959–73 auch Landesvorsitzender, danach Ehrenvorsitzender.

Roth, *Claudia*, * Ulm 15. 5. 1955; seit 2001 Vorsitzende von Bündnis 90/Die Grünen

Nach einer Ausbildung zur Dramaturgin arbeitete sie an den Städtischen Bühnen in Dortmund, später wurde sie Managerin der Polit-Rock-Gruppe »Ton Steine Scherben«. Ab 1971 bei den Jungdemokraten tätig, schloß sie sich 1987 den Grünen an und wurde Pressesprecherin der Bundestagsfraktion. 1989 zog sie für ihre Partei ins EP ein, wo sie stellv. Fraktionsvorsitzende wurde. 1994 gewann sie erneut – diesmal als Spitzenkandidatin – einen Sitz im EP und setzte in der Folge als Fraktionschefin vor allem in der Einwanderungspolitik sowie im Bereich Menschen- und Minderheitenrechte Akzente. Nach ihrem Einzug in den Bundestag 1998 erhielt sie den Vorsitz im neugeschaffenen Menschenrechtsausschuß. Am 9. 3. 2001 wurde sie als Nachfolgerin von → *Künast* an die Spitze der Grünen neben *Fritz Kuhn* gewählt.

Schabowski, *Günter*, * Anklam 4. 1. 1929; Journalist und SED-Politiker

Nach dem Abitur als Journalist tätig; 1948–67 beim Zentralorgan des FDGB »Tribüne«, zuletzt stellv. Chefredakteur. Nach dem Besuch der Parteihochschule der KPdSU in Moskau wechselte er 1968 in gleicher Funktion zum SED-Zentralorgan »Neues Deutschland«, dessen Chefredakteur er 1978 als Nachfolger von *Joachim Herrmann* wurde. Seit 1952 Mitglied der SED, wurde er 1981 Mitglied des ZK und Kandidat, ab 1984 Vollmitglied des Politbüros. Seit 1985 auch 1. Sekretär der SED-Bezirksleitung von Ost-Berlin. Auf einer Pressekonferenz am 9. 11. 1989 gab er, offensichtlich verfrüht, die überraschende Öffnung der Grenze bekannt. *S.*, der wenig später als ZK-Sekretär und Politbüromitglied abgelöst und am 21. 1. 1990 aus der SED/PDS ausgeschlossen wurde, gehört zu den wenigen ehemaligen Führern des Regimes, die entschieden mit der SED-Diktatur abrechneten. Im »Politbüroprozeß« wurde er 1997 zu drei Jahren Haftstrafe verurteilt, von denen er jedoch nur neun Monate im offenen Vollzug verbüßen mußte.

Schalck-Golodkowski, *Alexander*, * Berlin 3. 7. 1932; SED-Politiker

Gelernter Feinmechaniker; Diplom-Wirtschaftler. Seit den 50er Jahren im Außenhandelsapparat der DDR tätig. 1967–75 stellv. Minister, seit 1975 Staatssekretär im Ost-Berliner Ministerium für Außenhandel. In der Ära → *Honecker* einer der wichtigsten Männer in der DDR, verantwortete er praktisch unkontrolliert die internationalen Geschäftskooperationen der DDR, aus denen Devisen erwirtschaftet wurden. Das ihm unterstellte Firmenimperium soll zeitweise nahezu die Hälfte aller DDR-Deviseneinnahmen besorgt haben. Als Machtzentrale dieser Maschinerie fungierte seit 1963 die geheimnisumwitterte Abteilung »Kommerzielle Koordinierung« (KoKo) im DDR-Außenhandelsministerium, deren Chef er war. 1983 handelte er mit Ministerpräsident → *Strauß* einen Milliardenkredit für die DDR aus. Ende Nov. 1989 wurde er vom DDR-Ministerratsvorsitzenden → *Modrow* beauftragt, das Finanzgebaren offenzulegen. Diesem Auftrag und einer gegen ihn laufenden Anzeige wegen Waffenhandel und Währungsschieberei entzog er sich durch Flucht. *Sch.*, dem »Untreue zum Nachteil sozialistischen Eigentums im schweren Fall« vorgeworfen wurde, war auch Oberst des Staatssicherheitsdienstes der DDR. Nach der Wiedervereinigung wurde er zu zwei Bewährungsstrafen verurteilt.

Scharping, *Rudolf,* *Niederelbert 2.12. 1947; seit 1998 Bundesverteidigungsminister

Nach dem Studium von Jura, Politik und Soziologie übte er verschiedene Funktionen in der SPD Rheinland-Pfalz, der er seit 1966 angehört, aus; 1976–77 nebenberuflich Landesgeschäftsführer. Ab 1975 MdL, rückte er bereits 1979 zum Parl. Geschäftsführer auf. 1985 wurde er Vorsitzender der SPD-Landtagsfraktion (bis 1991), 1985–93 auch Vorsitzender der Landespartei. Als erster sozialdemokratischer Ministerpräsident in Rheinland-Pfalz löste er 1991 nach 44 Jahren die CDU an der Regierung in Mainz ab. Nach dem Rücktritt → *Engholms* (3.5. 1993) setzte sich *Sch.* am 13.6. in einer Urwahl gegen → *Schröder* und *Heidemarie Wieczorek-Zeul* durch und wurde am 25.6. zum neuen Bundesvorsitzenden der SPD gewählt sowie zum Kanzlerkandidaten nominiert. 1994 übergab er sein Ministerpräsidentenamt an → *Beck*, wechselte als Vorsitzender der SPD-Bundestagsfraktion und Oppositionschef nach Bonn, unterlag aber bei der Bundestagswahl am 16.10. mit der SPD gegen die CDU unter Kanzler → *Kohl.* Auf dem Mannheimer SPD-Parteitag am 16.11. 1995 wurde er von → *Lafontaine* als Parteivorsitzender gestürzt, blieb aber Vorsitzender der Bundestagsfraktion. Nach dem Sieg der SPD bei der Bundestagswahl am 27.9. 1998 wurde *Sch.* Verteidigungsminister und damit Nachfolger von *Volker Rühe.* In seiner bisherigen Amtszeit setzte er sich für den Einsatz von Bundeswehr-Truppen auf dem Balkan ein, sein Widerstand gegen die Sparpläne von Finanzminister → *Eichel* beim Verteidigungsetat war nur teilweise erfolgreich.

Schäuble, *Wolfgang,* *Freiburg/Br. 18.9. 1942; 1989–1991 Bundesinnenminister und 1998–2000 CDU-Vorsitzender

Nach dem Studium der Rechts- und Wirtschaftswissenschaften (Promotion zum Dr. jur.), zunächst in der Steuerverwaltung Baden-Württemberg, dann als Rechtsanwalt tätig. Mit 19 trat er in die Junge Union, mit 23 in die CDU ein. In Südbaden wurde er 1969 Bezirksvorsitzender der JU. Ab 1972 MdB, wurde *Sch.* auf Vorschlag → *Kohls* 1981 Parl. Geschäftsführer der CDU/CSU-Bundestagsfraktion, 1984 Bundesminister und Chef des Bundeskanzleramtes, 1989 Bundesminister des Innern und Mitglied des CDU-Bundesvorstandes. Als Verhandlungsführer der Bundesrepublik Deutschland bei den dt.-dt. Einigungsverhandlungen oblag ihm die Federführung im Einigungsvertrag. Obwohl er nach einem Attentat im Okt. 1990 schwer verletzt wurde und seitdem querschnittsgelähmt ist, nahm er kurze Zeit später die politische Arbeit wieder auf und wurde im Nov. 1991 als Nachfolger → *Dreggers* Vorsitzender der CDU/CSU-Bundestagsfraktion. In der Partei als Kronprinz für das Amt des Bundeskanzlers angesehen und auch von *Kohl* öffentlich zu seinem Nachfolger erkoren, blieb er loyal, als dieser nicht vorzeitig abtrat, sondern bei der Bundestagswahl 1998 erneut kandidierte. Nach der Niederlage *Kohls* und der CDU gegen die SPD unter → *Schröder* am 27.9. 1998 folgte ihm *Sch.* am 7.11. im Amt des Parteivorsitzenden. Zugleich als Fraktionsvorsitzender bestätigt, vereinte er für kurze Zeit beide Spitzenämter in seiner Hand. Im Zusammenhang mit der Parteispendenaffäre trat *Sch.* am 16.2. 2000 wegen einer umstrittenen Spende des Waffenhändlers *Schreiber* von seinen Posten zurück und vollzog öffentlich den Bruch mit dem Ex-Kanzler und früheren CDU-Vorsitzenden *Kohl.*

Scheel, *Walter,* * Solingen-Höhscheid 8. 7. 1919; 1974–79 Bundespräsident

Nach Banklehre und Teilnahme am 2. Weltkrieg, zuletzt als Fliegeroffizier, ab 1945 in der Industrie und in Wirtschaftsverbänden tätig. Seit 1946 Mitglied der FDP, 1950–53 MdL in Nordrhein-Westfalen, ab 1953 im Landesvorstand der FDP sowie von 1953–74 MdB. Innerhalb der FDP-Fraktion einer der Gegner der einseitigen West-Politik → *Adenauers;* in dessen letztem Kabinett ab 1961 Bundesminister für wirtschaftliche Zusammenarbeit und unter → *Erhard* ab 1963 zusätzlich stellv. Außenminister. 1966 wegen vorgesehener massiver Steuererhöhungen Rücktritt und damit Auslösung des Sturzes *Erhards.* Seit 1968 Nachfolger von → *Mende* als Parteivorsitzender; Lockerung der Zusammenarbeit mit der CDU und bei der Bundespräsidentenwahl 1969 Durchsetzung der Stimmabgabe der FDP zugunsten des SPD-Kandidaten → *Heinemann.* Unter seiner Führung wurde mit den Freiburger Thesen (1971) der liberale Reformkurs in der FDP eingeleitet. 1969–74 in der sozialliberalen Regierung unter → *Brandt* Außenminister (Nachf. → *Genscher*) und Vizekanzler; Hauptvertreter der neuen Deutschland- und Ostpolitik. Im Mai 1974 mit den Stimmen von SPD und FDP zum Bundespräsidenten gewählt, 1979 in diesem Amt von → *Carstens* abgelöst. Seit Juli 1979 Ehrenvorsitzender der FDP.

Schiller, *Karl,* * Breslau 24. 4. 1911, †Hamburg 26. 12. 1994; 1966–72 Bundeswirtschaftsminister, ab 1971 auch der Finanzen

Studium der Nationalökonomie. Promotion; seit 1944 Professor in Rostock, 1946 in Kiel und ab 1947 in Hamburg. 1946–72 Mitglied der SPD; 1948–53 Senator für Wirtschaft und Verkehr in Hamburg. 1961–65 Wirtschaftssenator in Berlin (West). 1965–72 MdB, seit 1964 im Parteivorstand und ab 1966 im Präsidium der SPD. Ab 1966 war *Sch.* Bundeswirtschaftsminister in der Großen Koalition von CDU/CSU und SPD. In seiner Wirtschaftspolitik stützte er sich auf die konzertierte Aktion und auf Versuche zur Globalsteuerung der Konjunktur. In der sozialliberalen Koalition unter → *Brandt* blieb er im Amt, 1971/72 als »Superminister« für Wirtschaft und Finanzen (Nachf. → *Schmidt*). 1972 Rücktritt von seinen Ministerposten und Parteiaustritt; ab Sept. 1980 wieder SPD-Mitglied.

Schily, *Otto,* * Bochum 20. 7. 1932; seit 1998 Bundesinnenminister

Nach Jurastudium in München, Hamburg und Berlin als Rechtsanwalt tätig, erlangte er als Verteidiger inhaftierter RAF-Terroristen Bekanntheit. Für die Grünen zog er 1983 in den Bundestag ein. Fortschreitende Entfremdung von der Partei führte 1989 zu seinem Eintritt in die SPD, für die er 1990 in den Bundestag einzog. 1994 zum stellv. Vorsitzenden der SPD-Fraktion gewählt, wurde *Sch.* nach dem SPD-Sieg bei der Bundestagswahl am 27. 9. 1998 Innenminister in der Regierung → *Schröder.* Er initiierte ein neues Staatsbürgerschafts- und Zuwanderungsrecht und geriet damit zusehends in Konflikt mit dem grünen Koalitionspartner. Nach den Terrorakten in den USA trat er für einen schärferen Kurs bei der inneren Sicherheit ein.

Schirdewan, *Karl,* *Königsberg 14. 5. 1907, †Potsdam 14. 7. 1998; SED-Politiker

Transportarbeiter; ab 1925 KPD-Mitglied und kommunistischer Jugendfunktionär. Nach 1933 führte er die Parteiarbeit illegal fort, wurde 1934 verhaftet, verurteilt und überlebte die Jahre bis 1945 in Zuchthäusern und KZ. 1946 im SED-Parteivorstand mit der Überprüfung der Tätigkeit von SED-Mitgliedern in der NS-Zeit beauftragt. 1952 zunächst 1. Sekretär der SED-Landesleitung Sachsen, dann der SED-Bezirksleitung Leipzig. Ab 1952 Mitglied der Volkskammer. 1953 wurde er ins Politbüro gewählt, zugleich hatte er als »Kaderchef« der Partei im Sekretariat des ZK eine Schlüsselstellung inne und galt als »zweiter Mann« der SED hinter → *Ulbricht.* Im Zuge der Entstalinisierung wagte er 1958 eine Konfrontation mit dem Parteichef und forderte einen eigenen dt. Weg zum Kommunismus. Er unterlag im Machtkampf und wurde mit einigen Mitstreitern – u. a. Staatssicherheitsminister *Ernst Wollweber* - wegen »Fraktionstätigkeit« und Opposition gegen *Ulbricht* aller Ämter in Staat und Partei enthoben. Danach Leiter der Staatlichen Archivverwaltung der DDR. Im Jan. 1990 wurde er von der SED/PDS rehabilitiert.

Schleyer, *Hanns-Martin,* * Offenburg 1. 5. 1915, †18. 10. 1977; 1973–1977 Arbeitgeberpräsident

Jurist; ab 1963 Vorstandsmitglied der Daimler-Benz AG. Ab 1973 Präsident der Bundesvereinigung der Deutschen Arbeitgeberverbände (BDA) und seit 1977 auch des Bundesverbandes der Deutschen Industrie (BDI). Am 5. 9. 1977 wurde *Sch.* von einem Terrorkommando der RAF mit dem Ziel, die Freilassung inhaftierter Gesinnungsgenossen zu erpressen, entführt. Nach der Befreiung der Lufthansa-Maschine »Landshut« durch Einsatzkräfte der GSG 9 am 18. 10. in Mogadischu wurde *Sch.* am selben Tag ermordet und am 19. 10. in Mülhausen/Elsaß aufgefunden.

Schmid, *Carlo,* * Perpignan 3. 12. 1896, †Bad Honnef 11. 12. 1979; 1966–69 Bundesminister

Studium der Rechtswissenschaften, zunächst Rechtsanwalt, dann Richter; 1940 Kriegsverwaltungsrat in Lille; Professor für Völkerrecht 1946–53 in Tübingen und für politische Wissenschaft 1953–68 in Frankfurt a. M. 1947–50 Justizminister von Württemberg-Hohenzollern. 1947–70 im Präsidium und 1947–73 im Vorstand der SPD; maßgeblicher Einfluß auf das Godesberger Programm. 1948/49 Mitglied des Parlamentarischen Rates und Vorsitzender des Hauptausschusses sowie Vorsitzender der SPD-Fraktion. 1949–72 MdB, 1949–66 sowie 1969–72 dessen Vizepräsident, 1966–69 Bundesminister für Angelegenheiten des Bundesrates und der Länder in der Regierung → *Kiesinger.* Seit Nov. 1969 Koordinator der deutsch-französischen Beziehungen, ab 1973 im Rang eines Botschafters.

Schmidt, *Helmut,* * Hamburg 23. 12. 1918; 1974–1982 Bundeskanzler

Nach Abitur 1937 Reichsarbeitsdienst und Wehrdienst; Teilnahme am 2. Weltkrieg, zuletzt Oberleutnant d. R. und Batteriechef. Nach Kriegsgefangenschaft 1946–49 Studium der Wirtschafts- und Staatswissenschaften, Diplomvolkswirt. 1949–53 bei der Behörde für Wirtschaft und Verkehr in Hamburg, ab 1952 Verkehrsdezernent. Seit 1946 SPD-Mitglied, 1953–62 MdB, ab 1957 Mitglied des Fraktionsvorstandes, seit 1958 auch des Bundesvorstandes der SPD. Als Senator für Inneres in Hamburg (1961–65) erwarb er sich während der großen Sturmflut im Feb. 1962 den Ruf, ein »Mann der Tat« zu sein. Ab 1965 erneut MdB, zunächst Stellv., 1967–69 Vorsitzender der SPD-Fraktion; zugleich ab 1967 im Parteipräsidium und seit 1968 stellv. Vorsitzender der SPD, 1969–72 Bundesminister für Verteidigung (Nachf. → *Leber*). Ab Juli 1972 als Nachfolger von → *Schiller* im Doppelministerium für Wirtschaft und Finanzen und ab Dez. 1972 mit erweiterten Kompetenzen Finanzminister. Seit 16. 5. 1974 als Nachfolger von → *Brandt* Bundeskanzler einer sozialliberalen Koalition (Wiederwahl 1976 und 1980). *Sch.* führte die Entspannungs- und Reformpolitik fort, doch mußten angesichts der internationalen Wirtschaftskrise einige Reformvorhaben zurückgestellt werden. Sein politischer Kurs der marktwirtschaftlichen Orientierung und der politischen Verantwortung im Westen und besonders die manifeste Treue zu dem wesentlich von ihm herbeigeführten NATO-Doppelbeschluß wurde zuletzt auch von Teilen seiner Partei mehr toleriert als getragen. Nach einer sich verschärfenden Kontroverse mit dem Koalitionspartner, die am 17. 9. 1982 zur Entlassung der FDP-Minister durch den Bundeskanzler führten, wurde er am 1. 10. durch ein konstruktives Mißtrauensvotum im Bundestag gestürzt (Nachf. → *Kohl*) und verzichtete darauf auf eine erneute Kanzlerkandidatur. Seit 1983 Mitherausgeber und ab 1985 mit *Hilde von Lang* als Nachfolger von → *Bucerius* Verleger der Hamburger Wochenzeitung »Die Zeit«.

Schröder, *Gerhard,* * Saarbrücken 11. 9. 1910, †Kampen 31. 12. 1989; 1953–69 Bundesminister

Studium der Rechtswissenschaften, Rechtsanwalt; ab 1949 MdB für die CDU. Als Bundesinnenminister 1953–61 scheiterte er mit seinen Plänen für eine Notstandsgesetzgebung. Als Außenminister 1961–66 gehörte er zu den Mitunterzeichnern des dt.-franz. Vertrages und setzte sich für den Ausbau der EWG und für die NATO ein (Nachf. → *Brandt*). 1966–69 Verteidigungsminister in der Großen Koalition unter → *Kiesinger.* Bei der Wahl zum Bundespräsidenten unterlag er 1969 gegen → *Heinemann.* Bereits als Außenminister um eine vorsichtige Neuorientierung der Ostpolitik bemüht (u. a. Einrichtung von Handelsmissionen in osteuropäischen Ländern), besuchte *Sch.* 1972 als erster Politiker der Bundesrepublik die VR China.

Schröder, *Gerhard,* * Mossenberg 7. 4. 1944; seit 1998 Bundeskanzler

Nach einer Lehre als Einzelhandelskaufmann machte er über den zweiten Bildungsweg Abitur, studierte Jura in Göttingen und wurde Rechtsanwalt. Seit 1963 in der SPD; 1977 Vorstandsmitglied und 1978–80 Bundesvorsitzender der Jungsozialisten. 1980 zog er in den Bundestag ein und trat 1986 bei der niedersächsischen Landtagswahl gegen → *Albrecht* an. Trotz des Scheiterns wurde er zum Vorsitzenden der SPD-Landtagsfraktion gewählt und rückte zugleich in den SPD-Parteivorstand auf. 1990 gewann er die Landtagswahl und wurde Ministerpräsident einer Koalition von SPD und Grünen. Noch vor dem Rücktritt → *Engholms* meldete *Sch.* seine Kandidatur auf den Parteivorsitz an, unterlag aber 1993 → *Scharping* in der Mitgliederbefragung. 1994 übernahm er den SPD-Landesvorsitz in Niedersachsen und führte seine Partei zu einer absoluten Mehrheit der Mandate. Nach seinem erneuten Erfolg bei der niedersächsischen Landtagswahl im März 1998 wurde *Sch.* im Einvernehmen mit → *Lafontaine* SPD-Kanzlerkandidat für die Bundestagswahl am 27. 9. 1998, aus der seine Partei erstmals seit 1972 wieder als stärkste Kraft hervorging. Seit 27. 10. ist er als Nachfolger von → *Kohl* der erste Bundeskanzler einer rot-grünen Bundesregierung. In die ersten Jahre seiner Amtszeit fielen der Einsatz deutscher Truppen auf dem Balkan sowie die Entschädigung der NS-Zwangsarbeiter, innenpolitisch setzte *Sch.* die Steuer- und Rentenreform und den Atomkonsens durch.

Schröder, *Richard*, *Frohberg 26. 12. 1944; Theologe und Politiker

Durch seine christliche Erziehung und seine Weigerung, an der Jugendweihe teilzunehmen, wurde ihm der Zugang zur Oberschule und zur Universität verwehrt. Nach dem Besuch von kirchlichen Ausbildungsstätten 1969–73 Assistent für Systematische Theologie am Sprachenkonvikt in Ost-Berlin. Nach einigen Jahren als Pfarrer bei Hettstedt wurde er 1977 als Dozent für Philosophie ans Sprachenkonvikt berufen und war damit der einzige nichtmarxistische Philosoph in der DDR. Über den »Arbeitskreis Theologie und Philosophie«, zu dem seit Mitte der 80er Jahre auch *Ibrahim Böhme* und *Markus Meckel* gehörten, kam er im Herbst 1989 zur SDP, die kurze Zeit später in SPD umbenannt wurde. Im Dez. trat auch *Sch.* dieser Partei bei und vertrat sie in der Verfassungskommission des »Runden Tisches«. Bei den ersten freien

Wahlen zur Volkskammer am 18. 3. 1990 zog er ins Parlament ein und übernahm nach dem Rückzug *Böhmes* vom Amt des Fraktionsvorsitzenden die Führung der zweitgrößte Volkskammerfraktion (bis 3. 10.); danach bis Dez. 1990 MdB. 1991–97 im Rat der Evangelischen Kirche in Deutschland. Seit 1992 Professor an der Humboldt-Universität in Berlin, seit 1993 zudem Verfassungsrichter in Brandenburg.

Schumacher, *Kurt*, *Kulm (Westpreußen) 13. 10. 1895, †Bonn 20. 8. 1952; 1946–1952 SPD-Vorsitzender

Sohn einer Kaufmannsfamilie; im 1. Weltkrieg Kriegsfreiwilliger. Studium der Rechtswissenschaften und der Nationalökonomie (Promotion). 1918 Mitglied des Berliner Arbeiter- und Soldatenrats, 1920–24 Redakteur der SPD-Zeitung »Schwäbische Tageswacht« in Stuttgart. 1924 Mitbegründer des Reichsbanners »Schwarz-Rot-Gold«, 1924–31 Abgeordneter im württembergischen Landtag, 1930–33 im Reichstag. 1933–44 mit kurzer Unterbrechung in KZ-Haft. Nach dem Krieg von Hannover aus maßgeblich beteiligt an der Reorganisation der SPD, verhinderte er die von den Kommunisten erstrebte Vereinigung mit der KPD. Seit 1946 Vorsitzender der SPD und 1948 im Parlamentarischen Rat, überzeugter Verfechter eines demokratischen Sozialismus. 1949 bei der Wahl zum Bundespräsidenten gegen → *Heuss* unterlegen und danach im Bundestag Vorsitzender der SPD-Fraktion. Er lehnte das Ruhrstatut, die Demontagen und die Saarkonvention ab und bekämpfte den Eintritt der BR Deutschland in den Europarat sowie die Gründung der Montanunion. *Sch.* stand in scharfer Opposition gegen → *Adenauers* Politik der Westintegration, die er als Hemmnis für die Wiedervereinigung Deutschlands ansah.

Schwarzer, *Alice*, *Wuppertal-Elberfeld 3. 12. 1942; Publizistin und Autorin

Nach Handelsschule und kaufmännischer Lehre 1964/65 Studium der Sprachen in Paris. 1966 kehrte sie nach Deutschland zurück und absolvierte ein journalistisches Volontariat. Bereits zu dieser Zeit beschäftigte sich *Sch.* mit dem Feminismus, dieses Engagement intensivierte sie im Rahmen ihres Rückzugs nach Frankreich und engagierte sich aktiv in der französischen Frauenbewegung. 1970–74 studierte sie Psychologie und Soziologie in Paris und arbeitete parallel als freie Korrespondentin. In Deutschland sorgte ihre Kampagne gegen den § 218 für großes öffentliches Aufsehen. Vor allem in den 70er und 80er Jahren löste sie mit ihren Publikationen, die sich explizit mit der Problematik der gesellschaftlich unterdrückten Frau befassen, heftige Kontroversen aus. Neben Arbeiten für das Fernsehen, Funk, Zeitungen und eigenen Buchveröffentlichungen gründete die erklärte Feministin 1977 die Zeitschrift »Emma«, die als letzte autonome feministische Bastion auf diesem Gebiet gilt. Im Rahmen ihrer Auseinandersetzung mit der Frage nach der gesellschaftlichen Positionierung der Frau engagierte sich *Sch.* zudem im Kampf gegen die Pornographie.

Schwarzkopf, *Elisabeth,* * Frankfurt a. M. 7. 1. 1901, †Frankfurt a. M. 29. 12. 1986; 1961–66 Bundesgesundheitsministerin

Nach dem Studium der Rechtswissenschaften promovierte sie zum Dr. jur. und arbeitete von 1930–32 als Juristin bei der Stadt Frankfurt am Main. 1932/33 war sie Hilfsrichterin am dortigen Amts- und Landgericht, später war sie in Dortmund tätig. Politisch betätigte sie sich in der DVP und stand dem Nationalsozialismus kritisch gegenüber. Nach ihrem erzwungenen Ausscheiden aus dem Staatsdienst arbeitete sie in der Verwaltung der Deutschen Evangelischen Kirche in Berlin. Auch nach dem Krieg wirkte sie beim EKD, zuletzt als Oberkirchenrätin beim kirchlichen Außenamt. 1953 zog sie für die CDU in den Bundestag ein, nur vier Jahre später wurde sie in den CDU/CSU-Fraktionsvorstand gewählt. Im 4. Kabinett → *Adenauer* wurde sie auf Drängen der weiblichen CDU-Abgeordneten im Herbst 1961 zur ersten deutschen Ministerin: sie wurde mit der Leitung des neugeschaffenen Ministeriums für Gesundheitswesen betraut (bis 1966). Auch nach ihrem Ausscheiden aus dem Bundestag 1969 meldete sie sich wiederholt zu Wort, so in der Diskussion um die Eherechtsreform. 1970–72 war sie Erste Vorsitzende des Deutschen Frauenrates.

Seebohm, *Hans-Christoph,* * Emanuelssegen (Oberschlesien) 4. 8. 1903, †Bonn 17. 9. 1967; 1949–66 Bundesverkehrsminister

Bergbauingenieur. Nach 1945 der Deutschen Partei (DP) beigetreten und 1947–56 deren

2. Vorsitzender. Ab 1946 MdL in Niedersachsen (bis 1951) und Arbeitsminister (bis 1948). 1948/49 vertrat er die DP im Parlamentarischen Rat. 1949 wurde er MdB und zugleich im 1. Kabinett → *Adenauer* Bundesminister für Verkehr (bis 1966). Ab 1959 war *S.* Sprecher der Sudetendeutschen Landsmannschaft, 1960 trat er der CDU bei.

Selbert, *Elisabeth,* * Kassel 22. 9. 1896, †Kassel 9. 6. 1986; 1948/49 Mitglied des Parlamentarischen Rates

Nach der Ausbildung an der Gewerbe- und Handelsschule arbeitete sie als Auslandskorrespondentin und später als Post- und Telegraphenbeamtin. Ab 1918 Mitglied der SPD, in der sie sich für das Frauenwahlrecht einsetzte, holte sie 1926 das Abitur nach und studierte Rechts- und Staatswissenschaften (Promotion 1930). Nach 1933 arbeitete sie als Anwältin und Notarin. 1946 wurde sie in die verfassungsgebende Landesversammlung in Hessen berufen. 1948 gehörte sie zu den vier Frauen, die Mitglieder des Parlamentarischen Rates waren. S. ist es zu verdanken, daß der Gleichberechtigungsartikel (Männer und Frauen sind gleichberechtigt) im Grundgesetz seinen Niederschlag fand. Für die SPD saß sie als Abgeordnete im Landtag, schied aber in den 50er Jahren aus und widmete sich weiter ihrer Arbeit als Anwältin. 1983 stiftete die Hessische Landesregierung einen nach ihr benannten Preis für wissenschaftliche und journalistische Arbeiten.

Simonis, *Heide,* * Bonn 4. 7. 1943; seit 1993 Ministerpräsidentin von Schleswig-Holstein

Nach dem Studium der Ökonomie und Soziologie ging sie 1967 mit ihrem Mann zunächst nach Sambia, später nach Japan. Nach der Rückkehr arbeitete die Diplom-Volkswirtin von 1972–76 als Berufsberaterin beim Arbeitsamt in Kiel. Seit 1969 SPD-Mitglied, war sie zunächst Abgeordnete in der Kieler Ratsversammlung, dann 1976–88 MdB. 1988 berief sie Ministerpräsident → *Engholm* zur Finanzministerin von Schleswig-Holstein. Im Mai 1993 löste sie diesen ab und wurde als erste deutsche Frau zur Ministerpräsidentin gewählt. Seitdem wurde *S.* 1996 und 2000 im Amt bestätigt.

Sindermann, *Horst,* *Dresden 5. 9. 1915, †Berlin (Ost) 20. 4. 1990; 1976–1989 Präsident der DDR-Volkskammer

Besuch eines Realgymnasiums in Dresden. Seit 1929 im Kommunistischen Jugendverband Deutschlands (KJV), 1932/33 dessen Unterbezirksleiter in Dresden. Unter den Nationalsozialisten 1934–45 fast ständig im Zuchthaus und in den KZ Sachsenhausen und Mauthausen. Nach Kriegsende schloß er sich erneut der KPD an und wurde Chefredakteur verschiedener Zeitungen und des SED-Pressedienstes. 1953–63 Mitarbeiter des ZK der SED, ab 1957 als Leiter der Abteilung Agitation und Propaganda. Ab 1963 Mitglied des ZK der SED und Kandidat, ab 1967 Vollmitglied des Politbüros und seit 1963 auch in der Volkskammer. 1971–73 erster stellv. Vorsitzender des Ministerrats und Mitglied des Präsidiums und 1973–76 als Nachfolger von → *Stoph* Vorsitzender des DDR-Ministerrats; seit Okt. 1976 Präsident der Volkskammer und stellv. Vorsitzender des Staatsrates. Nach der friedlichen Revolution in der DDR und dem Sturz → *Honeckers* verlor *S.* seine Ämter in Politbüro und ZK der SED und trat am 13. 11. 1989 als Präsident der Volkskammer zurück. Vorübergehend in Haft wurde er wegen seiner schlechten Gesundheit bald wieder freigelassen.

Späth, *Lothar,* *Sigmaringen 16. 11. 1937; 1978–1991 Ministerpräsident von Baden-Württemberg

Ausbildung zum Verwaltungsfachmann, Tätigkeit in der Kommunalverwaltung, 1967–70 Bürgermeister von Bietigheim; 1971–73 Vorsitzender der Geschäftsführung der »Neuen Heimat Baden-Württemberg«, danach im Aufsichtsrat. Seit 1967 Mitglied der CDU und für sie ab 1968 MdL in Baden-Württemberg; 1972–78 Fraktionsvorsitzender und 1978 Innenminister. Als Nachfolger von → *Filbinger* ab Aug. 1978 Ministerpräsident (1984 u. 1988 bestätigt), seit Juni 1979 auch Landesvorsitzender der CDU. 1989 zeitweise als Herausforderer → *Kohls* im Gespräch, mußte er im Jan. 1991 wegen des Verdachts, er habe sich durch zu große Nähe zur Wirtschaft um seine politische Unabhängigkeit gebracht, zurücktreten. Im April übernahm er das fast konkursreife Jenaer Kombinat Carl Zeiss und formte es zur Jenoptik AG um, deren Vorstandsvorsitzender er seitdem ist.

Speidel, *Hans,* *Metzingen 28. 10. 1897, †Bad Honnef 28. 11. 1984; 1957–63 Oberbefehlshaber der NATO-Landstreitkräfte

Teilnahme am 1. Weltkrieg; danach Übernahme in die Reichswehr. Im 2. Weltkrieg in hohen Stabsstellungen, zuletzt bei *Erwin Rommel.* Als Vertrauter *Ludwig Becks* nach dem 20. Juli 1944 verhaftet. Nach 1949 militärischer Berater Bundeskanzler → *Adenauers.* Führend an den Verhandlungen um die EVG und um den Beitritt der BRD zur NATO beteiligt. 1955–57 Leiter der Abteilung Streitkräfte im Bundesministerium der Verteidigung. 1957–63 Oberbefehlshaber der NATO-Landstreitkräfte in Mitteleuropa.

Spiegel, *Paul,* *Warendorf 31. 12. 1937; seit 2000 Präsident des Zentralrates der Juden

Nach dem Abitur begann *Sp.* eine Ausbildung bei der »Allgemeinen Jüdischen Wochenzeitung« und wurde dort Redakteur. Anschließend arbeitete er als Korrespondent für mehrere Zeitungen und als Pressechef des Rheinischen Sparkassen- und Giroverbands. 1986 gründete er eine Künstleragentur. In der Jüdischen Gemeinde Düsseldorf war *Sp.* lange Jahre Gemeinderat (ab 1967), zuletzt Ratsvorsitzender. Ab 1993 war er einer der zwei stellv. Präsidenten des Zentralrats der Juden in Deutschland. Nach dem Tod des Präsidenten → *Bubis* im Jahr 1999 wurde *Sp.* im Januar 2000 als Kompromißkandidat zum Nachfolger gewählt.

Springer, *Axel Cäsar,* *Altona 2. 5. 1912, †Berlin (West) 22. 9. 1985; Journalist und Verleger

Journalist; baute nach 1945 seinen Pressekonzern, den Axel Springer Verlag, auf, in dem sowohl überregionale Tageszeitungen wie die »Bild-Zeitung« und »Die Welt« als auch regional verbreitete Tageszeitungen erschienen. Seine Zeitungen – v. a. die »Bild« –, die er als »Bollwerk« gegen den Kommunismus verstand, waren Ende der 60er Jahre Zielscheibe der Studentenbewegung (→ *Dutschke*).

Stoiber, *Edmund,* *Oberaudorf 28. 9. 1941; seit 1993 Ministerpräsident von Bayern

Studium der Rechtswissenschaften (Promotion) in München; bereits als 17jähriger der CSU beigetreten. Seine politische Karriere begann er 1971 als persönlicher Referent des Umweltministers → *Streibl.* Seit 1974 MdL, wurde *St.* 1978 von → *Strauß* zum Generalsekretär der CSU berufen (bis 1983). Ab 1982 auch Staatssekretär in der Bayer. Staatskanzlei, wurde er 1986 Staatsminister für Sonderaufgaben. Nach dem Tod von *Strauß* 1989–92 im neuen Kabinett unter *Streibl* Innenminister. Als dieser über die »Amigo-Affäre« stürzte, setzte er sich im parteiinternen Machtkampf gegen → *Waigel* durch und steht seit Mai 1993 als Ministerpräsident an der Spitze der Bayerischen Staatsregierung. Seit Jan. 1999, nach dem freiwilligen Verzicht *Waigels*, auch dessen Nachfolger als CSU-Parteivorsitzender. St. gilt inzwischen auf bundespolitischer Ebene als großer Widersacher von Bundeskanzler → *Schröder.*

Stolpe, *Manfred*, * Stettin 15. 5. 1936; seit 1990 Ministerpräsident von Brandenburg

Nach dem Studium der Rechtswissenschaften an der Universität Jena als Jurist im Dienst der Ev. Kirche Berlin-Brandenburg tätig. Nach der vom SED-Regime erzwungenen Spaltung der Ev. Kirche in Deutschland maßgeblich beteiligt an der Gründung (1969) und Profilierung des Bunds der Ev. Kirchen (BEK) in der DDR, zunächst Oberkonsistorialrat und ab 1970 Leiter des Sekretariats des BEK. Ab 1982 Konsistorialpräsident der Ostregion und stellv. Vorsitzender des Ev. Kirchenbundes der DDR. Nach der friedlichen Revolution in der DDR schloß er sich der SPD an und wurde deren Spitzenkandidat für die Landtagswahl 1990 in Brandenburg. Am 1. 11. zum Ministerpräsidenten einer sog. Ampelkoalition gewählt, regierte *St.* nach dem Wahlerfolg der SPD im Sept. 1994 mit einer absoluten Mehrheit. Nach der Landtagswahl 1999 steht er an der Spitze einer Großen Koalition mit der CDU. Nach der Wende eingeleitete Ermittlungen gegen *St.* wegen einer angeblichen Stasi-Tätigkeit blieben folgenlos.

Stoltenberg, *Gerhard*, * Kiel 29. 9. 1928; 1965–69 und 1982–92 Bundesminister sowie 1971–82 Ministerpräsident von Schleswig-Holstein

1944 als Oberschüler noch als Helfer zur Flak eingezogen. 1945 für einige Monate in brit. Gefangenschaft. Studium der Geschichte, Sozialwissenschaften und Philosophie (Promotion); 1954–60 Assistent, dann Habilitation und Dozent für Neuere Geschichte in Kiel; 1965 und 1969/70 Direktor im Krupp-Konzern. Seit 1947 Mitglied der CDU, 1955–61 Bundesvorsitzender der Jungen Union und für die CDU 1957–71 sowie seit 1983 MdB. 1965–69 Bundesminister für Wissenschaft und Forschung, seit 1969 stellv. Bundesvors. der CDU. In Schleswig-Holstein 1954–57 und 1971–82 MdL und seit 1971 als Nachfolger von *Helmut Lemke* Ministerpräsident und CDU-Landesvorsitzender. Nach dem Regierungswechsel in Bonn im Okt. 1982 übergab er sein Amt an → *Barschel* und wurde im Kabinett → *Kohl* Bundesfinanzminister. Durch die »Barschel-Affäre« 1987 Ansehensverlust, räumte er seinen Ministerposten für → *Waigel* und wechselte im April 1989 als Verteidigungsminister auf die Hardthöhe. Zu seinen schwierigsten Aufgaben gehörten die Integration der Soldaten der Nationalen Volksarmee und einschneidende Sparmaßnahmen im Zusammenhang mit der Auflösung des Warschauer Paktes und der dt. Wiedervereinigung. 1992 von *Volker Rühe* im Amt abgelöst, blieb er MdB, verzichtete jedoch 1998 auf eine erneute Kandidatur.

Stoph, *Willi*, * Berlin 9. 7. 1914, †Berlin 13. 4. 1999; 1973–76 Vorsitzender des Staatsrats der DDR

Nach Abschluß einer Maurerlehre Polier und Bautechniker. Seit 1928 im Kommunistischen Jugendverband (KJV) und seit 1931 in der KPD. 1935–37 Ableistung des Wehrdienstes und im 2. Weltkrieg als Stabsgefreiter bei einer Artillerieeinheit. Nach dem Krieg widmete er sich als KPD-Funktionär dem Aufbau der Industrie und des Bauwesens in der SBZ. Seit 1950 Abgeordneter der Volkskammer und zugleich Mitglied und Sekretär des ZK der SED, seit 1953 im Politbüro. 1951/52 Leiter des Büros für Wirtschaftsfragen beim Ministerpräsidenten der DDR, zuständig für die Wiederbewaffnung; 1952–55 Innenminister, betreibt er den Aufbau der »kasernierten Volkspolizei« als Vorstufe der DDR-Armee, seit 1953 auch zuständig für den Staatssicherheitsdienst, 1956–60 als Verteidigungsminister Organisation der Nationalen Volksarmee; seit Okt. 1959 Armeegeneral. 1962/63 erster stellv. Vorsitzender des Ministerrates, führte er faktisch die Geschäfte des kranken Ministerpräsidenten → *Grotewohl* und wurde 1964 dessen Nachfolger (bis 1973); gleichzeitig (ab Okt. 1963) stellv. Vorsitzender des Staatsrates. Als Nachfolger von *Walter* → *Ulbricht* 1973–76 Staatsratsvorsitzender, dann von → *Honecker* in diesem Amt abgelöst und als Nachfolger von → *Sindermann* seit Okt. 1976 erneut Vorsitzender des Ministerrats und stellv. Vors. des Staatsrats. Nach dem Sturz *Honeckers* im Okt. 1989 Rücktritt von seinen Funktionen im Politbüro und ZK der SED und am 13. 11. von → *Modrow* im Amt des Vorsitzenden des DDR-Ministerrates abgelöst. Auf Antrag der DDR-Staatsanwaltschaft bis Feb. 1990 in Untersuchungshaft, wurde er nach der Wiedervereinigung wegen der Todesfälle an Mauer und Grenze angeklagt; Einstellung das Verfahrens 1993 wegen »dauernder Verhandlungsunfähigkeit«.

Strauß, *Franz Josef,* * München 6. 9. 1915, †Regensburg 3. 10. 1988; 1953–62 Bundesminister und 1978–88 Ministerpräsident von Bayern

Studium der Geschichte, der klassischen Philologie und der Volkswirtschaft, ab 1943 Studienrat; dann Soldat im 2. Weltkrieg. Mitbegründer der CSU, seit 1946 in deren Landesvorstand, 1949–52 Generalsekretär, 1952–61 stellv. Vorsitzender und seit 1961, als Nachfolger von *Hanns Seidel*, CSU-Landesvorsitzender. 1948 gehörte er dem Bizonen-Wirtschaftsrat in Frankfurt an und sprach sich am 21. 8. 1949 als Vertreter der CSU für eine kleine Koalition aus. Als Militärexperte der CSU plädierte er nach Ausbruch des Korea-Krieges 1950 für eine Wiederbewaffnung der Bundesrepublik im Rahmen eines westlichen Bündnisses. Unter → *Adenauer* 1953–55 Bundesminister für besondere Aufgaben, 1955/56 für Atomfragen und 1956–62 – während der entscheidenden Phase des Aufbaus der Bundeswehr – der Verteidigung. Rücktritt wegen der »Spiegel-Affäre« (→ *Augstein*). 1963–86 Vorsitzender der CSU-Landesgruppe im Bundestag und stellv. Vorsitzender der CDU/CSU-Fraktion. Nach dem Sturz → *Erhards,* dessen Koalitionspartner FDP sich 1965 einer Rückkehr von *Strauß* ins Kabinett widersetzte, in der Großen Koalition unter → *Kiesinger* 1966–69 Bundesfinanzminister mit Verdiensten um die Verabschiedung des Stabilitätsgesetzes. Innerhalb der Opposition ab 1971 Profilierung als finanz- und wirtschaftspolitischer Sprecher; einer der schärfsten Gegner der Ost- und Deutschlandpolitik der sozialliberalen Koalition. Weltweites Aufsehen erregte 1972 sein Treffen mit *Mao Zedong* in Peking. Seit

Nov. 1978 Nachfolger von → *Goppel* als bayerischer Ministerpräsident. Im Juli 1979 von der CDU/CSU-Bundestagsfraktion zum gemeinsamen Kanzlerkandidaten der Union nominiert, aber 1980 bei der Bundestagswahl gegen → *Schmidt* unterlegen. Nach der Wahl vom 6. 3. 1983, aus der CDU/CSU und FDP erfolgreich hervorgingen, Verzicht auf einen Kabinettsposten und Rückgabe seines soeben errungenen Bundestagsmandates. Über die fünf Vertreter der CSU im Kabinett dennoch maßgeblicher Einfluß auf die Regierungspolitik. Löste mit der »Einfädelung« des Milliardenkredits an die DDR 1983 (→ *Schalck-Golodkowski*) Unruhe in Teilen der CSU aus; am 24. 7. traf er zu einem vielbeachteten Meinungsaustausch mit dem DDR-Staatsratsvorsitzenden → *Honecker* zusammen.

Streibl, *Max,* * Oberammergau 6. 1. 1932, †München 11. 12. 1998; 1988–93 Ministerpräsident von Bayern

Nach dem Studium der Rechtswissenschaften und der Volkswirtschaftslehre in München trat er 1960 in den Staatsdienst ein und wurde ab 1961 – zuletzt als Ministerialrat in der Staatskanzlei – Mitarbeiter der Ministerpräsidenten → *Ehard* und → *Goppel.* Parallel dazu verlief seine Politiker-Karriere: Gemeinderat, 1957 Mitbegründer der Jungen Union, später deren Landesvorsitzender, 1962–94 MdL und 1966–71 CSU-Generalsekretär. Mit seiner Berufung zum bayerischen Minister für Landesentwicklung und Umweltschutz wurde er 1970 erster dt. Umweltminister (bis 1977); anschließend mit großem Erfolg Finanzminister. Als Stellv. Regierungschef übernahm er 1988 nach dem Tod von → *Strauß* das Amt des Ministerpräsidenten, während → *Waigel* CSU-Parteichef wurde. Nach einer Reihe von Vorwürfen wegen Vermischung von Amts- und Privatinteresse (»Amigo-Affäre«) trat *St.* auf Druck der CSU-Landtagsfraktion im Mai 1993 zurück.

Stücklen, *Richard,* * Heideck (Mittelfranken) 20. 8. 1916; 1979–83 Bundestagspräsident

Nach Ausbildung im Elektrohandwerk Studium an der Ingenieurschule in Mittweida und Abschluß als Elektroingenieur. 1940–44 Wehrdienst, danach leitete er den elterlichen Betrieb. 1945 Mitbegründer der CSU und seit 1949 MdB. 1953–57 geschäftsführender Vorsitzender

der CSU-Landesgruppe und stellv. Vorsitzender der CDU/CSU-Fraktion. 1957 wurde er unter → *Adenauer* Bundesminister für Post- und Fernmeldewesen (bis 1966) und initiierte eine Reihe technischer Neuerungen, u. a. 1962 die Einführung der Postleitzahlen. 1967–76 Nachfolger von → *Strauß* als Vorsitzender der CSU-Landesgruppe im Bundestag sowie stellv. Vorsitzender der CDU/CSU-Fraktion. Ab 1976 Vizepräsident und ab 1979 als Nachfolger von → *Carstens* Bundestagspräsident (bis 1983). Nach der Bundestagswahl vom 6. 3. 1983 von → *Barzel* abgelöst und seitdem wieder Vizepräsident. 1990 schied er aus dem Bundestag aus – nach mehr als 40 Jahren Zugehörigkeit und als letzter Abgeordneter, der dem Parlament seit 1949 angehörte.

Suhr, *Otto,* * Oldenburg 17. 8. 1894, † Berlin (West) 30. 8. 1957; 1955–57 Regierender Bürgermeister von Berlin

Studium der Nationalökonomie; Lehrtätigkeit an der Berliner Hochschule für Politik; in der sozialdemokratischen Gewerkschaftsbewegung aktiv. 1945 Mitbegründer des DGB in Berlin und in der Zentralverwaltung der Industrie der SBZ tätig; widersetzte sich dem Zusammenschluß von SPD und KPD zur SED. 1946–48 Stadtverordneter von Groß-Berlin, 1948–50 von Berlin (West). 1948/49 Mitglied des Parlamentarischen Rats, 1949–51 MdB und 1949–55 Direktor der Deutschen Hochschule für Politik (seit 1958 Otto-Suhr-Institut der FU Berlin). 1951–55 Präsident des Berliner Abgeordnetenhauses, seit 1955 Regierender Bürgermeister (Nachf. → *Brandt*).

Süssmuth, *Rita,* * Wuppertal 17. 2. 1937; 1985–88 Bundesgesundheitsministerin, 1988–98 Bundestagspräsidentin

Studium der Romanistik, Geschichte und Erziehungswissenschaften. Später Professorin für Erziehungswissenschaften an der Universität Dortmund (beurlaubt). 1971 wurde sie in den wissenschaftlichen Beirat Familienfragen beim Bundesfamilienministerium berufen. 1982–85 Direktorin des Forschungsinstituts »Frau und Gesellschaft« in Hannover. Nach relativ kurzer politischer Laufbahn – erst 1981 trat sie der CDU bei – machte sie sodann schnell Karriere. Von Generalsekretär → *Geißler* gefördert, wurde sie 1985 dessen Nachfolgerin als Bundesministerin für Familie, Jugend, Frauen und Gesundheit.

Ein Jahr später wurde sie Bundesvorsitzende der Frauen-Union der CDU und rückte ins Parteipräsidium auf. 1987 erstmals in den Bundestag gewählt, wurde sie 1988, nach dem Rücktritt *Jenningers,* Bundestagspräsidentin (Wiederwahl 1990 und 1994). Nach der Bundestagswahl vom 27. 9. 1998, bei der die SPD stärkte Partei wurde, von *Wolfgang Thierse* im Amt abgelöst. Im Auftrag von Bundeskanzler → *Schröder* übernahm S. 2000/2001 den Vorsitz der Zuwanderungskommission der Bundesregierung.

Teufel, *Erwin,* * Rottweil 4. 9. 1939; seit 1991 Ministerpräsident von Baden-Württemberg

Ausbildung zum Diplom-Verwaltungswirt (FH). 1964–72 Bürgermeister von Spaichingen. Seit 1972 MdL von Baden-Württemberg. 1972–78 Polit. Staatssekretär im Innenministerium sowie Staatssekretär für Umweltschutz. 1978–91 Vorsitzender der CDU-Landtagsfraktion. Am 22. 1. 1991 als Nachfolger von → *Späth* zum Ministerpräsidenten gewählt. Nach den Wahlen zum Landtag von 1992, 1996 und 2001 im Amt bestätigt.

Thierse, *Wolfgang,* * Breslau 22. 10. 1943; seit 1998 Bundestagspräsident

Nach dem Abitur Lehre und Arbeit als Schriftsetzer in Weimar. Ab 1964 Studium an der Humboldt-Universität in Berlin, anschließend wissenschaftl. Assistent im Bereich Kulturtheorie/Ästhetik bis 1975. 1975/76 Mitarbeiter im Ministerium für Kultur der DDR. 1977–90 wissenschaftl. Mitarbeiter an der Akademie der Wissenschaften der DDR. Bis Ende 1989 parteilos, dann zunächst beim Neuen Forum. Jan. 1990 Eintritt in die SPD/DDR; Juni bis Sept. 1990 Vorsitzender der SPD/DDR; Mitglied der letzten Volkskammer, zuletzt als Fraktionsvorsitzender der SPD/DDR. Seit 3. 10. 1990 MdB, bis 1998 als stellv. SPD-Fraktionsvorsitzender. Seit dem 26. 10. 1998 Präsident des Deutschen Bundestages.

Tisch, *Harry,* * Heinrichswalde 28. 3. 1927, † Berlin 18. 6. 1995; 1975–89 FDGB-Vorsitzender

Nach der Lehre bis 1948 als Bauschlosser tätig. 1945 der KPD beigetreten, die 1946 in die SED aufgeht. 1948–53 hauptamtlicher Gewerkschaftsfunktionär. Vorsitzender der IG Metall in

Mecklenburg und 1950–52 Mitglied des Landtages. Nach dem Studium an der Parteihochschule der SED Parteikarriere. Seit 1963 Mitglied des ZK der SED und Mitglied der Volkskammer. 1971 Kandidat, ab 1975 Vollmitglied des Politbüros der SED und als Nachfolger *Herbert Warnkes* zugleich Vorsitzender des Freien Deutschen Gewerkschaftsbundes (FDGB). Nach der friedlichen Revolution in der DDR und dem Sturz → *Honeckers* wurde er am 2. 11. 1989 als FDGB-Vorsitzender von *Annelies Kimmel* abgelöst, verlor in der Folge alle politischen Ämter und wurde unter dem Vorwurf der Veruntreuung von Volksvermögen vorübergehend inhaftiert.

Trittin, *Jürgen,* *Bremen 25. 7. 1954; seit 1998 Bundesumweltminister

Studium der Sozialwissenschaften. 1980 trat er den Grünen bei und wurde Pressesprecher der Fraktion im Niedersächsischen Landtag. 1985–90 MdL, war er 1985/86 und 1988–90 Fraktionsvorsitzender der Grünen. 1990–94 Minister für Bundes- und Europaangelegenheiten in der Regierung → *Schröder* in Niedersachsen, löste er 1994 *Ludger Volmer* als Vorstandssprecher seiner Partei in Bonn ab. *T.*, der dem »fundamentalistischen« Flügel seiner Partei zugerechnet wird, ist seit dem 27. 10. 1998 Umweltminister in einer rot-grünen Bundesregierung unter Kanzler *Schröder.* Gemeinsam mit diesem erreichte er 2000/2001 – auch gegen Widerstände aus den eigenen Reihen – den Atomkonsens, in dem der Ausstieg aus der Kernenergie festgeschrieben wurde.

Ulbricht, *Walter,* *Leipzig 30. 6. 1893, †Berlin (Ost) 1. 8. 1973; 1960–73 Vorsitzender des DDR-Staatsrats

Gelernter Möbeltischler; im 1. Weltkrieg Soldat; 1918 wegen Desertation und revolutionärer Propaganda zweimal verhaftet, Wechsel von der SPD zum Spartakusbund; seit 1919 in der KPD. Seit 1923 Mitglied des ZK der KPD sowie des Militärrates der Partei und ZK-Sekretär. 1926–28 Abgeordneter des Sächsischen Landtages, 1928–33 des Reichstages. Seit 1929 im Politbüro, 1929–32 Leiter der Bezirksleitung von Berlin-Brandenburg, 1930 wegen Hochverrats zu zwei Jahren Festung verurteilt. Nach 1933 im Exil in Prag, Brüssel und Paris, seit 1938 in Moskau. Ab 1934 Sekretär des Politbüros der Exil-KPD;

1936–38 Politkommissar im Spanischen Bürgerkrieg. 1939 Befürworter des Hitler-Stalin-Paktes. In der Sowjetunion 1943 Mitbegründer des Nationalkomitees Freies Deutschland (NKFD). Im April 1945 nach Deutschland zurückgekehrt und maßgeblich am Wiederaufbau der KPD beteiligt. Seit 1946 ununterbrochen Mitglied des Parteivorstandes bzw. des ZK sowie des Zentralsekretariats der SED und mit sowjet. Rückendeckung ihr führender Politiker. Seit 1949 Mitglied des Politbüros und 1946–50 stellv. Vorsitzender, seit 1950 Generalsekretär bzw. 1. Sekretär (1953) des ZK der SED. Maßgeblich verantwortlich für den Zwangszusammenschluß von SPD und KPD zur SED. Seit 1949 Abgeordneter der Volkskammer und 1949–69 stellv. Vorsitzender des Ministerrats; trat 1960 nach dem Tod von → *Pieck* als Vorsitzender des neugeschaffenen Staatsrates und zugleich des Nationalen Verteidigungsrates auch formell an die Spitze des Staates. Mit Zustimmung der Staaten des Warschauer Paktes ordnete er 1961 die Errichtung der Berliner Mauer an. Geschickt in der Anpassung an die jeweilige politische Linie der Sowjetunion, entschiedener Verfechter der sozialistischen Umwandlung von Wirtschaft und Gesellschaft und der »Zweistaatentheorie«. 1971 Übergabe seiner Ämter als 1. Sekretär der SED an → *Honecker*, 1972 Rücktritt als Vorsitzender des Verteidigungsrates, aber nun SED-Ehrenvorsitzender und bis zu seinem Tod weiterhin Vorsitzender des – in seinen Befugnissen eingeschränkten – Staatsrates (Nachf. → *Stoph*).

Vetter, *Heinz Oskar,* *Bochum 21. 10. 1917, †Mülheim a.d. Ruhr 18. 10. 1990; 1969–82 DGB-Vorsitzender

Maschinenschlosserlehre; holte das Abitur nach. Kriegsdienst. Nach dem Krieg zunächst als Grubenschlosser tätig, besuchte er von 1949–52 die Akademie für Wirtschaft und Politik. 1951 der SPD beigetreten, war er ab 1952 als Gewerkschafter tätig. 1960 wurde er Mitglied des geschäftsführenden Vorstands, 1964 2. Vorsitzender der IG Bergbau und Energie. 1969 zum Vorsitzenden des Deutschen Gewerkschaftsbundes (DGB), der Dachorganisation der deutschen Gewerkschaften, gewählt, war er ein Verfechter der paritätischen Mitbestimmung und der Beteiligung der Arbeitnehmer am Produktivvermögen. 1979–89 MdEP, verzichtete *V.* 1982 aus Altersgründen auf eine weitere Kandidatur als DGB-Vorsitzender. Sein Rücktritt wurde überschattet vom Skandal um die gewerkschaftseigene Bauträgergesellschaft »Neue Heimat«.

Vogel, *Bernhard,* * Göttingen 19.12.1932; 1976–88 Ministerpräsident von Rheinland-Pfalz, seit 1992 von Thüringen

Studium der Geschichte und Politischen Wissenschaften (Promotion). Seit 1961 Lehrbeauftragter für Politische Wissenschaften in Heidelberg. 1965–67 MdB, 1967–74 Vorsitzender des CDU-Bezirks Pfalz und 1967–76 in Rheinland-Pfalz Kultusminister. Seit 1971 MdL und als Nachfolger von → *Kohl* 1974 CDU-Landesvorsitzender, ab 1976 auch Ministerpräsident. 1972–76 Vorsitzender des Zentralkomitees der deutschen Katholiken (ZdK). Nachdem er Ende 1988 von *Hans-Otto Wilhelm* vom CDU-Landesvorsitz verdrängt wurde, legte er auch sein Amt als Ministerpräsident nieder. 1989–95 Vorsitzender der Konrad-Adenauer-Stiftung. Seit 5.2.1992 ist *V.* als Nachfolger von *Josef Duchac* Ministerpräsident von Thüringen.

Vogel, *Hans-Jochen,* * Göttingen 3.2. 1926; 1972–81 Bundesminister, 1987–91 SPD-Vorsitzender

1943–45 Soldat im 2. Weltkrieg; ab 1946 Studium der Rechtswissenschaften in München und Marburg (Promotion). Seit 1950 Mitglied der SPD, 1952 Assessor, dann Regierungsrat im Bayerischen Justizministerium. Ab 1955 an der Bayer. Staatskanzlei und ab 1958 Stadtrat und Leiter des Rechtsreferates der Landeshauptstadt München. 1960–72 Oberbürgermeister von München u.a. Verdienste um die Durchführung der Olympischen Sommerspiele. Seit 1970 im SPD-Bundesvorstand und 1972–77 Landesvorsitzender der bayerischen SPD. 1972–74 Bundesminister für Raumordnung, Bauwesen und Städtebau und unter → *Schmidt* seit 1974 Bundesjustizminister. Wesentliche Initiative zur Aufhebung der Verjährungsfrist für NS-Morde. Im Jan. 1981 Nachfolger von *Dietrich Stobbe* als Regierender Bürgermeister von Berlin (West), aber bereits kurz darauf nach der Wahlniederlage der SPD/FDP-Koalition vom Mai 1981 durch → *von Weizsäcker* im Amt abgelöst und danach Fraktionsführer der SPD im

Berliner Abgeordnetenhaus. Nach dem Sturz von Bundeskanzler *Schmidt* und dessen Verzicht auf eine neue Kanzlerkandidatur im Okt. 1982 zum Spitzenkandidaten der SPD nominiert; bei der Bundestagswahl vom 6.3.1983 jedoch gegen → *Kohl* unterlegen. Auf Vorschlag von → *Wehner* zu dessen Nachfolger als SPD-Fraktionsvorsitzender gewählt. *V.*, 1987 als Nachfolger von → *Brandt* zum Parteivorsitzender gewählt, legte 1991 den Vorsitz von Partei und Fraktion nieder; 1994 kandidierte er nicht mehr für den Bundestag, dem er mit kurzer Unterbrechung seit 1972 angehört hatte.

Vollmer, *Antje,* * Lübbecke 31.5.1943, seit 1994 Bundestagsvizepräsidentin

Theologiestudium; 1968 Vikarin in der Berliner Kirche; 1969–71 Assistentin an der kirchlichen Hochschule Berlin; nach dem 2. theologischen Examen 1973 Promotion (Dr. phil.). 1971–74 Pastorin in einem Teampfarramt in Berlin-Wedding. 1971–75 Zweitstudium in Erwachsenenbildung; 1976–83 Dozentin an der Evangelischen Heimvolksschule in Bethel. Seit der Bundestagswahl vom 6.3.1983 für die Grünen MdB, trat sie erst im April 1985 in die Partei ein. Anfangs Befürworterin der Rotation, gehörte sie dem Bundestag bis 1985, erneut 1987–90 und seit 1994 an. Seitdem ist *V.* Vizepräsidentin des Bundestages.

Waigel, *Theo,* * Oberrohr, 22.4.1939; 1989–1998 Bundesfinanzminister, 1988–99 CSU-Vorsitzender

Studium der Rechtswissenschaften (Promotion). Seit 1960 Mitglied der CSU. 1968 Gerichtsassessor bei der Staatsanwaltschaft in München, 1969/70 persönlicher Referent des Finanzstaatssekretärs und späteren (ab 1970) bayerischen Wirtschaftsministers *Anton Jaumann*. 1971–75 Landesvorsitzender der Jungen Union Bayern. Seit 1972 MdB, war er Gegner des »Beschlusses von Kreuth«, der 1976 eine Trennung von CDU und CSU in Erwägung zog. Als Nachfolger von → *Zimmermann* 1982–89 Vorsitzender der CSU-Landesgruppe im Bundestag und erster stellv. Fraktionsvorsitzender der Union. Nach dem Tod von → *Strauß* wurde *W.* 1988 Parteivorsitzender. 1989 holte ihn Bundeskanzler → *Kohl* als Nachfolger des scheidenden Finanzministers → *Stoltenberg* in sein Kabinett. Nach der Wahlniederlage der Union im Herbst

1998 und der Ablösung durch → *Lafontaine* kündigte er den Rücktritt vom Parteivorsitz an, den er im Jan. 1999 an → *Stoiber* übergab.

Walser, *Martin,* * Wasserburg am Bodensee 24. 3. 1927; Schriftsteller

1944 noch zum Wehrdienst eingezogen, studierte er nach dem Krieg in Tübingen Literaturwissenschaften, Philosophie und Geschichte. 1949–57 als Rundfunk- und Fernsehregisseur beim Süddeutschen Rundfunk; seitdem freier Schriftsteller. In seinen Werken bevorzugt er zeitkritische und sozialkritische Themen. Er veröffentlichte Romane, Novellen, auch politische Essays und verfaßte Hörspiele sowie zahlreiche Theaterstücke. Zu seinen wichtigsten Werken gehören u. a. »Ehen in Philippsburg« (1957), »Ein fliehendes Pferd« (1978) und »Die Verteidigung der Kindheit« (1991). *W.* wurde mit zahlreichen Preisen ausgezeichnet, u. a. 1981 dem Georg-Büchner-Preis und dem Friedenspreis des Deutschen Buchhandels 1998. Anläßlich der Verleihung des Friedenspreises kritisierte *W.* die »Instrumentalisierung des Holocaust« und löste damit eine öffentliche Kontroverse mit → *Bubis* aus, die erst im Dez. 1998 beigelegt wurde.

Wehner, *Herbert,* * Dresden 11. 7. 1906, †Bonn 19. 1. 1990; 1966–69 Bundesminister für gesamtdeutsche Fragen, 1969–83 SPD-Fraktionsvorsitzender im Bundestag

Ausbildung als Industriekaufmann, kaufmännische Tätigkeit; seit 1925 Journalist. Nach kurzer Mitgliedschaft in der Sozialistischen Arbeiterjugend seit 1927 in der KPD. Seit 1929 Sekretär der Revolutionären Gewerkschaftsopposition (RGO) und ab 1932 als »Technischer Sekretär« des Politbüros enger Mitarbeiter von *Ernst Thälmann.* 1930/31 Mitglied des Landtages von Sachsen und stellv. Fraktionsvorsitzender. Nach 1933 für die illegale KPD in der Widerstandsbewegung aktiv, politisch verfolgt und 1935 emigriert. Zunächst im westlichen Ausland, ab 1937 in Moskau bei der Komintern tätig. Während eines Parteiauftrages 1941 in Schweden verhaftet und 1942 wegen »Gefährdung der schwedischen Freiheit und Neutralität« zu einem Jahr Haft verurteilt. In dieser Zeit Abwendung vom Kommunismus. 1946 Rückkehr nach Deutschland, in Hamburg Beitritt zur SPD und seit 1949

MdB. 1950 dt. Berater in Kriegsgefangenenfragen bei der Generalversammlung der UN und 1952 Mitglied der dt. Delegation bei den Tagungen der Kriegsgefangenenkommission der UN. 1958–73 stellv. Vorsitzender der SPD mit maßgeblichem Anteil an der Durchsetzung des Godesberger Programms von 1959 sowie an der außenpolitischen Kursänderung der Sozialdemokratie mit einem Bekenntnis zu der lange bekämpften westlichen Einbindung der BRD. Damit Schaffung der Voraussetzungen für die Regierungsfähigkeit der SPD, die sie in der Großen Koalition mit der CDU/CSU (1966–69) erstmals verwirklichte. 1966–69 Bundesminister für gesamtdeutsche Fragen, seit 1969 Vorsitzender der SPD-Bundestagsfraktion und in dieser Funktion zusammen mit → *Mischnick* parlamentarische Klammer der sozialliberalen Koalition, der er anfangs mit Skepsis gegenübergestanden hatte. Nach dem Sturz von Bundeskanzler → *Schmidt* im Okt. 1982 aus gesundheitlichen Gründen Verzicht auf eine Kandidatur bei der Bundestagswahl am 6. 3. 1983; von → *Vogel* als Fraktionsvorsitzender der SPD abgelöst.

Weizsäcker, *Richard Freiherr von,* * Stuttgart 15. 4. 1920; 1984–94 Bundespräsident

Studium der Rechtswissenschaften und Geschichte – unterbrochen durch Teilnahme am 2. Weltkrieg – in Oxford, Grenoble und Göttingen (Promotion zum Dr. jur.). Nach Tätigkeit in der Industrie ab 1967 Rechtsanwalt und Wirtschaftsprüfer in Bonn. 1964–70 und 1979–81 Präsident des Ev. Kirchentags und seit 1969 Mitglied des Rates der Ev. Kirche in Deutschland und des Zentral- und Exekutivausschusses des Weltkirchenrates. Seit 1966 im Bundesvorstand der CDU, der er seit 1954 angehört; 1969–81 MdB, 1973–79 stellv. Vorsitzender der CDU/CSU-Fraktion und 1979–81 Bundestagsvizepräsident. Gegenüber der Ostpolitik der sozialliberalen Koalition nahm er eine kritisch-konstruktive Haltung ein. 1974 als Kandidat der CDU für das Amt des Bundespräsidenten → *Scheel* unterlegen. Seit März 1981 Landesvorsitzender der Berliner CDU, wurde Weizsäcker am 11. 6. als Nachfolger von → *Vogel* zum Regierenden Bürgermeister gewählt, zunächst mit einem Minderheitssenat, seit März 1983 mit einer Koalition aus CDU und FDP. Im Dez. 1983 als Landesvorsitzender und im Feb. 1984 als Regierender Bürgermeister

(Nachf. → *Diepgen*) zurückgetreten, wurde *W.* am 23.5. als Nachfolger von → *Carstens* – mit der Unterstützung von Union, SPD und FDP – zum neuen Bundespräsidenten gewählt (Wiederwahl 1989).

Westerwelle, *Guido,* * Bad Honnef 27. 12. 1961; seit 2001 FDP-Vorsitzender

Nach dem Abitur studierte *W.* ab 1980 Rechtswissenschaften in Bonn. Sein erstes juristisches Staatsexamen machte er 1987 in Köln, das zweite folgte 1991 in Düsseldorf. Seitdem ist der Jurist selbständiger Rechtsanwalt in Bonn. 1994 promovierte er zum Dr. jur. Seine Parteilaufbahn begann 1980 mit dem Eintritt in die FDP, in der er zugleich Gründungsmitglied der Jungen Liberalen wurde. 1983–88 Bundesvorsitzender der Jungen Liberalen; seit 1988 Miglied des FDP-Bundesvorstandes und von 1994 bis zu seiner Wahl zum Parteivorsitzenden Generalsekretär der FDP. *W.*, seit Feb. 1996 MdB, wurde am 4. 5. 2001 als Nachfolger von *Wolfgang Gerhardt* zum neuen Parteivorsitzenden gewählt.

Winzer, *Otto,* * Berlin 3. 4. 1902, †Berlin (Ost) 3. 3. 1975; 1965–75 DDR-Außenminister

Schriftsetzer; seit 1925 Mitglied der KPD. Ab 1935 im Exil in Frankreich, den Niederlanden und der UdSSR; 1945 mit → *Ulbricht* Rückkehr nach Berlin. Seit 1947 Mitglied des Parteivorstands bzw. des ZK der SED, 1949–56 Staatssekretär und Chef der Privatkanzlei des DDR-Präsidenten. Ab 1950 Abgeordneter der Volkskammer, 1956–65 1. Stellv. des Außenministers, 1965–75 Minister für Auswärtige Angelegenheiten und bestrebt, besonders die Entwicklungsländer für die Anerkennung der DDR zu gewinnen (Nachf. *Oskar* → *Fischer*).

Wischnewski, *Hans-Jürgen,* * Allenstein (Ostpreußen) 24. 7. 1922; 1976–79 und 1982 Staatsminister im Bundeskanzleramt

Nach dem 2. Weltkrieg IG-Metall-Funktionär. Ab 1957 Vorsitzender des SPD-Unterbezirks Köln (bis 1968) und MdB, 1959–61 Bundesvorsitzender der Jungsozialisten. Schon zu jener Zeit erhielt er den populären Spitznamen »Ben Wisch«, weil er nützliche, persönliche Kontakte zur Dritten Welt, besonders zu arab. Staaten knüpfte. 1965 entsandte ihn der CDU-Außenminister *Gerhard* → *Schröder* nach Algier, um den Abbruch der diplomatischen Beziehungen zu verhindern, nachdem Bonn Botschafter mit Israel ausgetauscht hatte. In der Großen Koalition Bundesminister für wirtschaftliche Zusammenarbeit (1966–68). Dann bis 1971 Bundesgeschäftsführer der SPD. 1974–76 Parl. Staatssekretär und Staatsminister im Auswärtigen Amt, 1976–79 und erneut 1982 (bis zur Abwahl → *Schmidts* am 1. 10.) Staatsminister im Bundeskanzleramt. In dieser Zeit in zahlreichen Sondereinsätzen für die Regierung erfolgreich unterwegs: 1970 gelang ihm in Amman die Freilassung von Geiseln aus Palästinenser-Haft, 1977 die Befreiung der Lufthansa-Passagiere in Mogadischu. 1970–85 Mitglied des SPD-Parteipräsidiums, 1979–82 Stellv. Parteivorsitzender und von Mai 1984 bis Sept. 1985 Schatzmeister seiner Partei.

Wolf, *Christa,* * Landsberg a. d. Warthe 18. 3. 1929; Schriftstellerin

1945 kam sie als Heimatvertriebene nach Mecklenburg. Nach dem Studium der Germanistik, ab 1954 Mitarbeiterin im Deutschen Schriftstellerverband (DSV) der DDR. Danach als Redakteurin und Cheflektorin tätig. Seit 1962 freie Schriftstellerin. 1963–67 Kandidatin des ZK der SED, der sie seit 1949 (und bis Juni 1989) angehörte. Im Nov. 1976 Mitunterzeichnerin der Protestresolution gegen die Ausbürgerung → *Biermanns. W.*, die auch Mitglied des Präsidiums des PEN-Zentrums der DDR war, gehört zu den Vertretern der deutschen Gegenwartsliteratur. Zu ihren Hauptwerken gehören u. a. die Romane »Der geteilte Himmel« (1963), »Nachdenken über Christa T.« (1968) und »Kindheitsmuster« (1976). 1980 wurde sie mit dem Georg-Büchner-Preis ausgezeichnet.

Wolf, *Markus [»Mischa«],* * Hechingen 19. 1. 1923; 1956–86 DDR-Geheimdienstchef

Sohn des Arztes, Schriftstellers und Kommunisten *Friedrich W.*; 1933 mit seinen Eltern Emigration über die Schweiz und Frankreich 1934 in die Sowjetunion. In Moskau Besuch der Emigrantenschule Karl Liebknecht, während des Krieges der Kominternschule. 1945 kehrte er mit der »Gruppe → *Ulbricht*« nach Deutschland zurück, wurde Chef der Polit. Abteilung am Berliner Rundfunk und berichtete u. a. von den

Nürnberger Prozessen. Nach Probejahren in Moskau – 1949–51 l. Rat der DDR-Mission – mit dem Aufbau und der Leitung des Spionageapparats beauftragt und zunächst als stellv. Abt.-Leiter des Instituts für wirtschaftswiss. Forschung, der Keimzelle des DDR-Spionagedienstes, dann beim Außenpol. Nachrichtendienst der DDR. Trotz seiner Position überstand er den Sturz der Minister *Zaisser* (1953) bzw. *Wollweber* (1958) und stieg 1956 zum Leiter der Hauptverwaltung Aufklärung (HVA) und Stellv. → *Mielkes* im Ministerium für Staatssicherheit auf. Im Nov. 1986 schied *W.* aus dem aktiven Dienst aus und wurde schriftstellerisch tätig. Nach der Entscheidung des Bundesverfassungsgerichts vom Mai 1995, daß eine Verurteilung von DDR-Spionen, die von der DDR aus tätig waren, nicht in Frage komme, hob der Bundesgerichtshof ein Urteil von 1993, das *W.* wegen Landesverrats zu sechs Jahren Haft verurteilt hatte, wieder auf. In einem 2. Prozeß wurde er im Mai 1997 wegen Freiheitsberaubung zu einer dreijährigen Bewährungsstrafe verurteilt.

Wolff von Amerongen, *Otto*, * Köln 6. 8. 1918; 1969–88 Präsident des Deutschen Industrie- und Handelstages

Bereits zum Wehrdienst eingezogen, übernahm er 1940, nach dem frühen Tod des Vaters, das in der Eisenindustrie angesiedelte Familienunternehmen. Nach Ende des Krieges Aufbau der zunächst unter alliierter Kontrolle stehenden Firmen. 1957 war *W.* wie *Berthold* → *Beitz* einer der Wegbereiter des Osthandels, Vorsitzender des Ostausschusses der dt. Wirtschaft. In dieser Funktion führte er 1957 vorbereitende Gespräche über den dt.-sowjet. Handelsvertrag und schloß im selben Jahr einen Handelsvertrag mit der VR China. Ab 1967 Präsident der Industrie- und Handelskammer Köln und ab 1969 Präsident des Deutschen Industrie- und Handelstages in Bonn, stand er 19 Jahre an der Spitze des DIHT.

Wörner, *Manfred*, * Stuttgart 24. 9. 1934, †Brüssel 13. 8. 1994; 1982–88 Bundesverteidigungsminister, 1988–94 NATO-Generalsekretär

Studium der Rechtswissenschaften (Promotion). 1962–64 parl. Berater beim Landtag Baden-Württemberg. Seit 1965 MdB. 1969–72 und ab 1980 stellv. Vorsitzender der CDU/CSU-Bundestagsfraktion. Seit dem Regierungswechsel im Okt. 1982 als Nachfolger von *Hans Apel* Bundesminister für Verteidigung. Sein politisches Ende nahte 1983/84, als er den stellv. Obersten Alliierten Befehlshaber Europas, General *Günter Kießling*, wegen angeblicher homosexueller Tendenzen öffentlich an den Pranger stellte, ihn dann aber voll rehabilitieren mußte. Seinen daraufhin angebotenen Rücktritt lehnte Bundeskanzler → *Kohl* ab. Am 11. 12. 1987 zum neuen NATO-Generalsekretär berufen, wurde *Wörner* am 1. 7. 1988 als erster Deutscher auf dem höchsten NATO-Posten Nachfolger von Lord *Carrington.*

Zimmermann, *Friedrich*, * München 18. 7. 1925; 1982–1989 Bundesminister des Innern, 1989–91 für Verkehr

1943–45 Soldat im 2. Weltkrieg. Anschließend Studium der Rechtswissenschaften und Volkswirtschaft (Promotion zum Dr. jur.). 1951–54 Assessor im Bayerischen Staatsdienst, Regierungsrat. Seit 1948 Mitglied der CSU; 1955–65 Hauptgeschäftsführer, Generalsekretär (1956) und 1963–67 Landesschatzmeister der CSU. Seit 1957 MdB, ab 1961 im Fraktionsvorstand von CDU/CSU und seit Nov. 1976 als Nachfolger von → *Stücklen* Vorsitzender der CSU-Landesgruppe und 1. stellv. Vorsitzender der CDU/CSU-Fraktion. Seit Sept. 1979 stellv. CSU-Vorsitzender. Als Nachfolger von *Gerhart Baum* in der am 1. 10. 1982 gebildeten Bundesregierung aus CDU/CSU und FDP unter Kanzler → *Kohl* Innenminister. 1989 wechselte er aus dem Innen- in das Verkehrsressort. 1991 schied er aus dem Bundesverkehrsministerium und aus dem Bundestag aus.

Zinn, *Georg August*, * Frankfurt a. M. 27. 5. 1901, †Frankfurt a. M. 27. 3. 1976; 1950–69 Ministerpräsident von Hessen

Studium der Rechtswissenschaften; Rechtsanwalt. Seit 1920 Mitglied der SPD. 1929–33 Stadtverordneter in Kassel, während des Nationalsozialismus mehrfach in Haft. 1945 Eintritt in den hessischen Justizdienst. 1946–70 MdL in Hessen. 1948/49 Mitglied des Parlamentarischen Rates, 1949–51 und 1961 MdB. 1946–49 und 1950–62 hessischer Justizminister. 1950–69 war *Z.*, ein entschiedener Verfechter des Föderalismus, Ministerpräsident von Hessen.

Wirtschaft und Bevölkerung 1949–2001

Bevölkerung – Grunddaten zu Struktur und Entwicklung

1939, vor Beginn des Zweiten Weltkriegs, lebten auf dem Gebiet der späteren westlichen Besatzungszonen (ohne das Saarland, aber mit den westlichen Sektoren von Berlin) 42,089 Mio. Menschen; auf dem Gebiet der späteren Sowjetischen Besatzungszone waren es 16,745 Mio. Einwohner. 1946, im ersten Friedensjahr, lagen die Einwohnerzahlen der beiden Gebiete bei 45,707 bzw. 18,355 Mio. Trotz der hohen Verluste an Menschenleben durch den Krieg und die Nazi-Herrschaft stiegen die Einwohnerzahlen also stark an. Durch Flucht (während des Krieges) und Vertreibung (nach Kriegsende) der deutschen Bevölkerung aus den Ostgebieten des Deutschen Reiches sowie aus der Tschechoslowakei, aus Ungarn, Jugoslawien und anderen Ländern mit deutschen Minderheiten kamen insgesamt rund 10 Mio. Menschen zusätzlich in das verbliebene Gebiet des ehemaligen Deutschen Reiches und wurden dort ansässig. Besonders die westlichen Besatzungszonen, d. h. die spätere Bundesrepublik Deutschland, wurde durch diese räumliche Konzentration der deutschen Bevölkerung zu einem der dichtest besiedelten Flächenstaaten der Erde.

Bis Ende der 40er Jahre setzten sich die starken Bevölkerungsverschiebungen fort (durch Vertreibung, Rückkehr von Kriegsgefangenen, Rückkehr des größten Teils der in ländliche Gebiete evakuierten Großstadtbevölkerung, Umverteilung der Flüchtlinge und Heimatvertriebenen innerhalb Deutschlands und Übersiedlung vieler Flüchtlinge aus der Sowjetzone in die US-amerikanische und britische Besatzungszone, Rückführung der verbliebenen ausländischen Zwangsarbeiter in ihre Heimatländer). 1950 ist mit 50,003 Mio. Einwohnern in der BRD und 18,388 Mio. in der DDR eine gewisse Konsolidierung erreicht.

In den folgenden Jahren verlief die Bevölkerungsentwicklung in den beiden deutschen Staaten sehr unterschiedlich. In den Westzonen bzw. der BRD stieg die Einwohnerzahl zunächst in den 50er und 60er Jahren stark und in den 70er und 80er Jahren mäßig an. Ab Ende der 80er Jahre erlebte die BRD bis Ende der 90er Jahre wieder relativ starke Bevölkerungszuwächse, vor allem nach der Wiedervereinigung. Für die DDR dagegen zeigt die Statistik seit 1950 bis zu ihrem Ende 1990 fast durchweg stagnierende bis abnehmende Einwohnerzahlen. Insgesamt stieg die Einwohnerzahl der BRD von 1950 bis 1990 von 49,989 auf 63,254 Mio. (jeweils im Jahresdurchschnitt), während die Bevölkerungszahl der DDR im gleichen Zeitraum von 18,388 auf 16,111 Mio. zurückging.

Zur Erklärung dieser unterschiedlichen Entwicklung sind die beiden Komponenten heranzuziehen, die die zahlenmäßige Bevölkerungsentwicklung bestimmen: die natürliche Entwicklung (Verhältnis von Geburten zu Sterbefällen) und die Wanderungen, d. h. in diesem Fall die Umzüge über die Grenzen hinweg (Ein- und Auswanderung).

Natürliche Bevölkerungsentwicklung der BRD

Da die Sterbeziffer (Gestorbene pro Jahr und 1000 Einwohner) sich in den Jahrzehnten nur geringfügig veränderte (→ Tabelle, Sp. 1203 f.), richtet sich das Interesse vor allem auf die Geburtenziffer (Lebendgeborene auf 1000 Einwohner und Jahr), die sich dramatisch veränderte.

Von 1950 bis Mitte der 60er Jahre sorgte

Einwohnerzahl und Bevölkerungsdichte 1950–1999

Einwohner in 1000; Bevölkerungsdichte in Einw. pro km²

	BRD		DDR	
1950	50 002,7	203	18 388,2	171
1955	52 521,4	211	17 832,2	166
1960	55 958,3	223	17 188,5	159
1965	59 296,6	236	17 039,7	157
1970	61 001,2	244	17 068,3	158
1975	61 644,6	248	16 820,2	156
1980	61 657,9	248	16 739,5	154
1985	61 020,5	245	16 640,1	154
1990	63 725,7	254	16 027,6	149
1995	81 817,5	229	–	–
1999	82 163,5	230	–	–

Einwohnerzahlen zum Jahresende
BRD ab 1950 mit Berlin (West), ab 1960 mit Saarland, ab 1995 mit ehem. DDR
Quelle: Statist. Bundesamt

zunächst eine Geburtenzahl von jährlich knapp über oder unter einer Million für einen Geburtenüberschuß, der pro Jahr um 350 000 bis 400 000 pendelte (d. h. mehr Geburten als Sterbefälle). Die Geburtenquote bewegte sich dabei zwischen 16 und 18, wobei sich relativ niedrige Quoten in den Großstädten und hohe Quoten (z. T. über 25) in ländlichen Gebieten gegenüberstanden.

1967/68 begann ein selbst von Demographen nicht vorhergesehener Prozeß, dessen komplexe Ursachen bis heute nicht völlig erforscht sind: Die Geburtenziffer sank innerhalb weniger Jahre von knapp 18 auf weniger als 10 (1977: 9,5), was einem absoluten Rückgang auf nur noch 582 000 Geburten pro Jahr (1977) entsprach. Dieser Geburtenrückgang wurde wegen der abknickenden Linie in der graphischen Darstellung häufig als »Pillenknick« bezeichnet, was insofern falsch war, als ein ursächlicher Zusammenhang mit dem Aufkommen der »Anti-Baby-Pille« nie belegt werden konnte. Außerdem fand ein ähnlicher Rückgang der Geburtenzahlen in anderen Ländern erst viele Jahre später statt, obwohl die »Pille« z. T. sogar schon früher eingeführt worden war. Es handelte sich vor allem um eine Angleichung der Lebensverhältnisse und Verhaltensweisen von Stadt und Land, denn während die Geburtenquoten in den städtischen Ballungsräumen schon vorher sehr niedrig gewesen waren und nur noch wenig absanken, gingen die Werte der ländlich geprägten Regionen fast auf die Hälfte zurück. Da sich die Sterbequoten kaum änderten, sank der Geburtenüberschuß aufgrund der geringeren »Geburtenfreudigkeit« innerhalb weniger Jahre auf geringfügige Werte ab und schlug von 1971 (+47 856) auf 1972 (–30 050) in einen Sterbeüberschuß um. Die BRD war damit Vorreiter einer Entwicklung, die in den meisten anderen europäischen Staaten erst sehr viel später, etwa ab Mitte der 80er Jahre, einsetzte und inzwischen dazu führte, daß um 2000 fast alle Staaten Europas Sterbeüberschüsse aufweisen oder für die nahe Zukunft erwarten lassen.

Die Geburtenziffer blieb über ein Jahrzehnt lang sehr niedrig und stieg erst ab Mitte der 80er Jahre wieder deutlich an, vor allem aus Altersstrukturgründen (höherer Anteil junger Familien der starken Geburtenjahrgänge der 50er und 60er Jahre) und wegen des steigenden Ausländeranteils an der Bevölkerung (höhere Kinderzahlen ausländischer Familien). 1990 hatten die westlichen Bundesländer erstmals wieder einen leichten Geburtenüberschuß, doch bei gesamtdeutscher Rechnung ergab sich auch im Jahr der Wiedervereinigung ein Sterbeüberschuß, der bis in die Gegenwart Bestand hat.

In der DDR lagen die Geburtenziffern in den meisten Jahren seit 1950 höher als in der BRD; trotzdem ergab sich ein ungünstigerer Saldo der Bevölkerungsentwicklung wegen der deutlich

Natürliche Bevölkerungsentwicklung 1950–1999

Geburten und Sterbefälle absolut und relativ (je 1000 Einw.), Saldo

	BRD					*DDR*				
	Geburtenzahl	*Geburtenquote (je 1000 Einw.)*	*Sterbefälle*	*Sterbequote (je 1000 Einw.)*	*Saldo (Geb.-Qu. ./.Sterbequ.)*	*Geburtenzahl*	*Geburtenquote (je 1000 Einw.)*	*Sterbefälle*	*Sterbequote (je 1000 Einw.)*	*Saldo (Geb.-Qu. ./.Sterbequ.)*
1950	812 835	16,2	528 747	10,5	5,7	303 866	16,5	219 582	11,9	4,6
1955	820 128	15,7	581 872	11,1	4,5	293 280	16,4	214 066	12,0	4,4
1960	968 629	17,4	642 962	11,6	5,9	292 985	17,0	233 759	13,6	3,4
1965	1 044 328	17,7	677 628	11,5	6,2	281 058	16,5	230 254	13,5	3,0
1970	810 808	13,4	734 843	12,1	1,3	236 929	13,9	240 821	14,1	–0,2
1975	600 512	9,7	749 260	12,1	–2,4	181 798	10,8	240 389	14,3	–3,5
1980	620 657	10,1	714 117	11,6	–1,5	245 132	14,6	238 254	14,2	0,4
1985	586 155	9,6	704 296	11,5	–1,9	227 648	13,7	225 353	13,5	0,2
1990	727 199	11,5	713 335	11,3	0,2	178 476	11,1	208 110	12,9	–1,8
1995	765 221	9,4	884 588	10,8	–1,5	–	–	–	–	–
1999	770 744	9,4	846 330	10,3	–0,9	–	–	–	–	–

BRD ab 1950 mit Berlin (West), ab 1960 mit Saarland, ab 1995 mit ehem. DDR

Quelle: Statist. Bundesamt

höheren Sterbeziffern aufgrund der Altersstruktur (höherer Anteil älterer Menschen wegen der starken Abwanderung jüngerer Leute bis 1961). Insgesamt war der Trend nicht so eindeutig wie in der BRD; in den 70er und 80er Jahren wechselten sich Perioden mit Geburtenüberschüssen und -defiziten mehrfach ab. Erst in den 90er Jahren ergaben sich in den Ländern der ehemaligen DDR kontinuierlich Sterbeüberschüsse, wiederum vor allem wegen der zunehmenden Überalterung der Bevölkerung durch die Abwanderung jüngerer Leute.

Die Analyse der **Altersstruktur** ist für die Beurteilung der Geburten- und Sterbefälle, aber auch für Arbeitsmarktfragen, wichtig. Zur Kennzeichnung der unterschiedlichen Altersstrukturen sind vor allem die Anteile der Bevölkerung unter 15 bzw. ab 65 Jahren gute Indikatoren. Der Anteil der Kinder und Jugendlichen hielt sich in der BRD zunächst von 1950 bis 1975 auf annähernd gleicher Höhe und sank dann entsprechend der sinkenden Geburtenquote rasch ab (1950–1990 von 23,3 auf 15,4%). In der DDR sank der Anteil zwar ebenfalls, aber wegen der weniger trendhaften Geburtenentwicklung wesentlich weniger stark und weniger eindeutig (1950–1990 von 22,8 auf 19,6%). Im wiedervereinigten Deutschland stieg der Anteil gegenüber der alten Bundesrepublik leicht an, nicht nur wegen der höheren Quote der neuen Bundesländer, sondern auch wegen der zunehmenden Anzahl deutscher Aussiedler aus Osteuropa und den GUS-Staaten sowie ausländischer Einwanderer mit jeweils überdurchschnittlichen Kinderzahlen pro Familie.

Der Anteil der Senioren an der Bevölkerung (ab 65 Jahren) stieg in der BRD von 1950 (9,4%) bis 1990 (15,3%) wegen der steigenden Lebenserwartung und der geringer werdenden Anteile von Kindern relativ stark an, wobei andererseits die wachsende Anzahl ausländischer Zuwanderer (Überwiegen jüngerer Altersgruppen) den Trend zur »Überalterung« verlangsamte.

Die DDR hatte von Beginn an bis in die 80er Jahre merklich höhere Anteile der Bevölkerung im Rentenalter, da in den 50er Jahren jährlich eine große Zahl jüngerer Leute in die BRD abgewandert war. In den 80er Jahren lag daher der Anteil der über 65jährigen niedriger als in der BRD, während in den 90er Jahren wieder der Wanderungseffekt zum Tragen kommt: Durch die starke Ost-West-Wanderung (Umzüge aus den neuen in die alten Bundesländer) junger

Altersstruktur der Bevölkerung in Deutschland 1950–2000

Einwohner unter 15 Jahre – Einwohner ab 65 Jahre in %

	BRD	*DDR*	*BRD*	*DDR*
1950	23,3	22,8	9,4	10,6
1955	21,0	20,9	10,2	12,4
1960	21,6	21,4	10,9	13,8
1965	22,6	23,9	12,0	14,7
1970	23,1	23,3	13,3	15,6
1975	21,2	21,3	14,6	16,3
1980	17,8	19,5	15,5	15,7
1985	15,0	19,2	15,0	13,6
1990	15,4	19,6	15,3	13,5
1995	16,2	–	15,6	–
2000	15,3	–	17,2	–

Quelle: Statist. Bundesamt

und wirtschaftlich aktiver Bevölkerungsgruppen erhöhte sich in der ehem. DDR der Seniorenanteil. In Deutschland als Ganzem scheint sich der Anteil für einige Jahre auf Werte zwischen 15 und 16% einzupendeln. Der für die Zukunft absehbare weitere starke prozentuale Anstieg der Altersgruppe ab 65 Jahren, der vor allem in der gegenwärtigen Diskussion um die künftige Rentenhöhe eine große Rolle spielt, wird zunächst dadurch gebremst, daß in den nächsten Jahren die eher schwächer vertretenen Jahrgänge in das Rentenalter eintreten, die während des Zweiten Weltkrieges und in den ersten Nachkriegsjahren geboren wurden (vgl. die → Alterspyramide 1998, Sp. 1212).

Neben der natürlichen Bevölkerungsentwicklung sind es die grenzüberschreitenden **Wanderungen** (Ein- und Auswanderung), die Anzahl und Zusammensetzung der Bevölkerung beeinflussen.

Hierbei ist entgegen weit verbreiteter Meinung nicht nur die Migration von Ausländern zu berücksichtigen, sondern im Fall Deutschlands ebenso die Wanderungsbewegung von deutschen Staatsangehörigen zwischen BRD und DDR (bis 1990) und die Zuwanderung von deutschstämmigen Aussiedlern aus Ost- und Südosteuropa und der Sowjetunion (bzw. den Ländern der GUS) in die »alte« BRD bzw. nach Deutschland.

Im ersten Jahrzehnt des Bestehens der Bundesrepublik betrafen die Zuzüge über die Grenzen des Bundesgebiets weitestgehend Zuwanderer aus der DDR, die aus wirtschaftlichen und/oder politischen Gründen überwechselten. Außerdem waren Anfang der 50er Jahre auch noch in

Grenzüberschreitende Wanderungen 1955–1999
Zuzüge in die BRD und Fortzüge aus der BRD

	Zuzüge	Fortzüge	Wanderungssaldo
1955	501 688	190 832	310 856
1960	528 758	235 340	293 418
1965	839 950	496 212	343 738
1970	1 072 442	498 397	574 045
1975	456 112	655 290	–199 178
1980	753 436	441 489	311 947
1985	512 108	428 717	83 391
1990	1 651 593	610 595	1 040 998
1995	1 096 048	698 113	397 935
1998	802 500	755 400	47 100
1999	874 000	672 000	202 000

Bis 1990 einschl. Wanderungen zwischen BRD und DDR, ab 1995 nur Wanderungen über die deutsche Außengrenze
Quelle: Statist. Bundesamt

größerer Zahl Aussiedler aus Polen und anderen Ländern des Ostblocks vertreten, die von ihrem grundgesetzlich garantierten Recht auf Einbürgerung Gebrauch machten. Nach dem Bau der Berliner Mauer 1961 endete die erste Ost-West-Wanderung abrupt. Zuzüge aus der DDR waren seitdem legal nur noch in sehr beschränktem Maße möglich (z. B. Rentner), illegal mit Lebensgefahr verbunden und mit hohen Strafen bedroht.

Da der boomenden westdeutschen Wirtschaft (»Wirtschaftswunder«) der dringend benötigte Zustrom neuer Arbeitskräfte durch die Abschottung der DDR abgeschnitten worden war, wurde die Anwerbung von Arbeitskräften aus dem Ausland verstärkt (zunächst vor allem Italien, dann Jugoslawien und die Türkei, daneben auch Spanien und Portugal). Die Zuzüge der 60er und der ersten Hälfte der 70er Jahre gehen fast ausschließlich auf diese sog. »Gastarbeiter«-Wanderungen zurück, wobei anfangs eine starke Fluktuation herrschte (»Rotationsprinzip«), wie die Zahlen über Fortzüge zeigen. Eine Wende brachte der »Anwerbestopp« des Bundesarbeitsministeriums vom 23. 11. 1973, mit dem aus wirtschaftlich-konjunkturellen Gründen die Anwerbung von Gastarbeitern aus Ländern außerhalb der EG eingestellt wurde. Gleichzeitig setzte wegen wirtschaftlicher Probleme in verschiedenen Branchen (Bauwirtschaft, Automobilindustrie) eine verstärkte Rückwanderung ein (Überwiegen der Fortzüge Mitte der 70er Jahre). Allerdings wurde die Abwanderung bald überlagert durch den Zuzug von Nicht-Erwerbstätigen (»Familienzusammenführung«), der Ende der 70er Jahre bereits rund 60 % aller Zuwanderer ausmachte. Damit wurde das Rotationsprinzip de facto aufgegeben und aus der Gastarbeiterwanderung wurde in vielen Fällen eine Familien-Einwanderung. In den 80er Jahren setzten sich die Zuzüge (bzw. der Zuwanderungsüberschuß) mehrheitlich nicht mehr aus alleinstehenden Ausländern zusammen, sondern meist aus Familien, die aus EG- bzw. EU-Ländern im Rahmen der inzwischen eingeführten Freizügigkeit der Wahl des Wohnortes und aus anderen Ländern als Familiennachzug kamen. Hinzu traten, vor allem um 1990 und in den frühen 90er Jahren, verstärkt Aussiedler aus der zerfallenden Sowjetunion sowie Asylbewerber und Bürgerkriegsflüchtlinge, letztere meist aus dem ehemaligen Jugoslawien. Die Wanderungsbewegung aus der DDR spielte bei der hohen Zuwandererzahl von 1990 die Hauptrolle, läuft aber seitdem unter der Rubrik »Binnenwanderung«.

Für die DDR liegen vergleichbare Außenwanderungsstatistiken nicht vor. Die Wanderung von West nach Ost, also aus der BRD in die DDR, war immer zahlenmäßig sehr gering.

Der wachsende Anteil der **Ausländer** an der Gesamtbevölkerung ist das Ergebnis der jahrzehntelangen Zuwanderung.

In der BRD stieg der Ausländeranteil von weniger als 1 % in den Anfangsjahren der Republik vor allem in den 60er Jahren stark an und erreichte 1971 5 % der Gesamtbevölkerung. In den 80er Jahren bremste die wirtschaftliche Rezession zeitweise den Zuwachs, so daß der Anteil jahrelang zwischen 7 und 7,5 % stagnierte. Dagegen ließ die stark gestiegene Ausländerzuwanderung seit Ende der 80er Jahre den Anteil auf 9,0 % (1999) steigen. Die Verteilung der Ausländer ist sehr ungleich; es unterscheiden sich nicht nur die Großstädte mit z. T. sehr hohen Anteilen bis 20 % von den ländlichen Räumen mit geringen Anteilen, sondern es stehen sich auch die alten Bundesländer mit relativ hohen Quoten und die neuen Bundesländer gegenüber, die bis heute kaum höhere Anteile aufweisen als in der Schlußphase der DDR (1990: 1,2 %).

Die Zusammensetzung der Ausländerbevölkerung veränderte sich im Zeitablauf. 1970 lagen noch die ersten Anwerbeländer für Gastarbeiter an der Spitze (Italien, Jugoslawien, Türkei, Griechenland und Spanien), auf die zusammen über 70 % aller in Deutschland wohnhaften Auslän-

Ausländische Bevölkerung in der BR Deutschland 1970–1999

Einwohner ausländischer Staatsangehörigkeit

	Anzahl	*Anteil der Gesamtbevölkerung*
1970	2976,5	4,8%
1975	4089,6	6,6%
1980	4453,3	7,2%
1985	4378,9	7,2%
1990	5241,8	8,2%
1995	7173,9	8,8%
1998	7319,6	8,9%
1999	7343,6	9,0%

Ab 1995 einschl. der neuen Bundesländer; Stichtag meist 30. 9.; ohne ausländische Diplomaten und Angehörige ausländischer Streitkräfte

Quelle: Statist. Bundesamt

der entfielen. 1999 waren nicht nur die absoluten Zahlen stark angewachsen, sondern auch das Spektrum der Herkunftsländer hatte sich sehr stark aufgefächert. Mit 28,0% aller Ausländer dominierten die Türken; es folgten mit großem Abstand Jugoslawen (meist noch die alte Staatsangehörigkeit), Italiener, Griechen, Polen, Kroaten, Österreicher und Bosnier (meist Bürgerkriegsflüchtlinge). Die Liste der weiteren Herkunftsländer ist sehr umfangreich. So entstammen 11,2% aller Ausländer (823 100) asiatischen und 4,1% (300 600) afrikanischen Heimatländern.

Bei Zahlenvergleichen ist im übrigen zu beachten, daß sich die Zahl der Ausländer nicht nur durch Geburten und Sterbefälle, Ein- und Auswanderung verändert, sondern zunehmend auch durch Einbürgerungen. 1998 erwarben 291 331 Personen die deutsche Staatsbürgerschaft, darunter als größte Gruppen deutsch-

stämmige Aussiedler. Als sog. »Ermessenseinbürgerungen« wurden 49 909 Personen eingebürgert, darunter 22 639 Türken.

Einen Gesamtüberblick über Zahl, Alters- und Geschlechtszusammensetzung der Bevölkerung der BR Deutschland geben im Vergleich 1972 und 1998 die sog. **»Alterspyramiden«** (→ Abb., Sp. 1211 f.), die allerdings für 1998 keineswegs mehr Pyramidenform aufweist.

Auf der horizontalen Koordinate ist jeweils die Anzahl der Einwohner in 1000 je Altersjahr aufgetragen, in der Vertikalen sind die Altersjahre von 0 bis 100 abzulesen. Die Darstellungen zeigen deutlich die Unterschiede zwischen starken und schwachen Geburtsjahrgängen. 1972 ist der Beginn des Geburtenrückganges Ende der 60er Jahre durch stark verminderte Jahrgänge im Kindesalter zu erkennen. 1998 ist diese inzwischen über 30 Jahre anhaltende Entwicklung an der schmalen Basis abzulesen, die sich deutlich von den starken Jahrgängen im Alter zwischen 30 und 40 Jahren abhebt. Bei den über 50jährigen lassen sich auch nach wie vor die Auswirkungen der Weltkriege auf den Bevölkerungsaufbau erkennen.

Auch das zahlenmäßige Verhältnis der Geschlechter ist in aussagekräftiger Weise dargestellt. Aufgrund der Tatsache, daß generell mehr männliche als weibliche Kinder geboren werden, zeigt sich bei den Kindern und Jugendlichen ein deutlicher Männerüberschuß, der bei den 25–50jährigen noch durch ausländische Arbeitskräfte verstärkt wird (obwohl der Männerüberschuß bei den Ausländern längst nicht mehr so ausgeprägt ist wie zu Zeiten der »Gastarbeiter«-Wanderungen. Wegen der starken Kriegsverluste der Männer, aber auch durch

Ausländische Bevölkerung 1970 und 1999

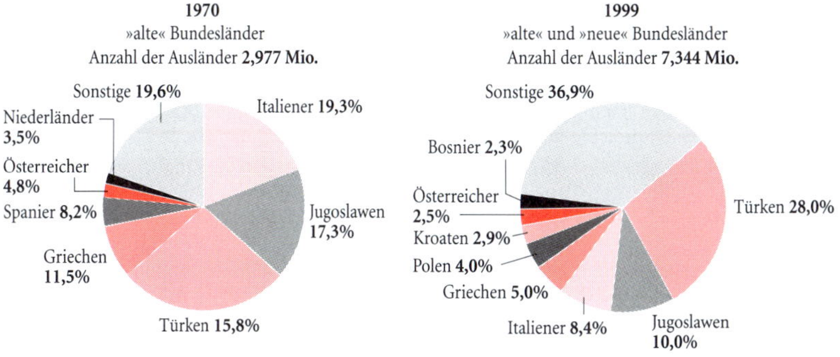

Die Alterstruktur der Bevölkerung 1972 und 1998

»Alterspyramiden« der Bundesrepublik Deutschland

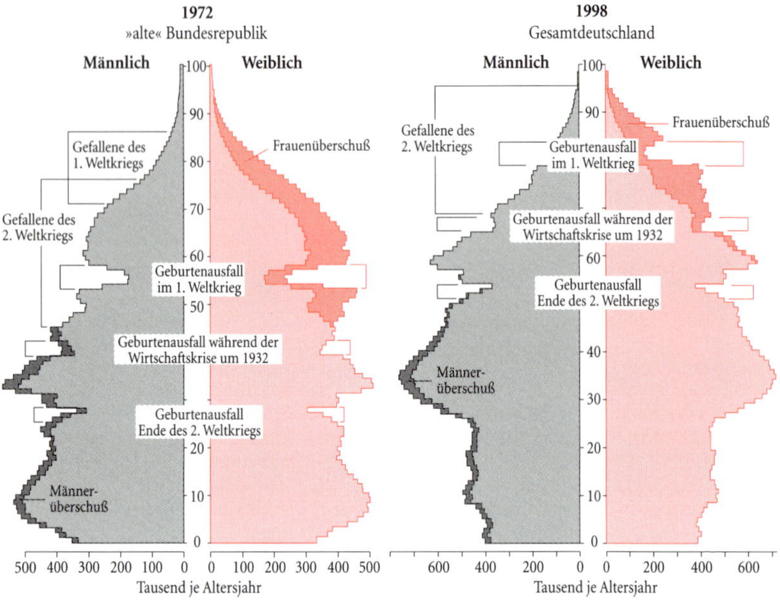

ihre generell höhere Sterblichkeit überwiegen ab einem Alter von etwa 60 Jahren die Frauen, und dieser Frauenüberschuß ist insbesondere bei den über 70jährigen sehr deutlich und nimmt mit höherem Lebensalter immer stärker zu. Insgesamt liegt zur Zeit die durchschnittliche Lebenserwartung der Frauen bei 81 Jahren, der Männer nur bei 74 Jahren.

Erwerbstätigkeit, Berufsstruktur, Arbeitsmarkt

In der Bevölkerungsstatistik werden als **Erwerbspersonen** alle in einem Land wohnhaften Personen bezeichnet, die eine auf Gelderwerb gerichtete Tätigkeit ausüben oder suchen, also für den Arbeitsmarkt zur Verfügung stehen. Erwerbspersonen setzen sich aus den **Erwerbstätigen** und den **Erwerbslosen** zusammen. Letztere können begrifflich ungefähr mit den Arbeitslosen gleichgesetzt werden.

Nach dieser Definition ist klar, daß Zahl und Anteil der **Erwerbspersonen** in einem Land hauptsächlich von drei Faktoren abhängen: von der Altersstruktur, d. h. vom Anteil derjenigen Menschen an der Gesamtbevölkerung, die im erwerbsfähigen Alter stehen, vom durchschnittlichen Berufseintritts- und Austrittsalter, d. h. von der Länge des Schulbesuchs, des Studiums und dem Ruhestandsalter, schließlich vom Anteil der Hausfrauen (und -männer), die mit ihrer Arbeit im Haushalt nach der Definition keine Erwerbstätigkeit ausüben.

Für die **Bundesrepublik bis 1990** zeigt die Statistik eine Entwicklung, die keinen eindeutigen Trend aufweist, da sich mehrere der genannten Faktoren überlagerten. Insgesamt erhöhte sich die Zahl der Erwerbspersonen – entsprechend der Zunahme der Bevölkerungszahl – 1950–1990 von 23,079 auf 31,305 Mio. Die Erwerbsquote, d. h. der Anteil der Erwerbspersonen an der Gesamtbevölkerung, stieg von 46,3 auf 49,6 % an, jedoch nicht in einer geradlinigen Entwicklung. Zum Anstieg der Erwerbsquote trug der Altersstruktureffekt bei. Durch die Abnahme der Geburtenzahl und damit die geringere Zahl von Kindern und Jugendlichen unter dem erwerbsfähigen Alter erhöhte sich zunächst der Anteil der mittleren Jahrgänge. Erst in einem zweiten Schritt wird in Zukunft die Quote wieder stark zurückgehen, weil in den ersten Jahrzehnten des 21. Jahrhunderts die Rentnerquote erheblich ansteigen wird.

Weiterhin trug die zunehmende Erwerbstätigkeit der Frauen wesentlich zur Erhöhung der Erwerbsquote bei. 1970 waren lediglich 30,2% der weiblichen Bevölkerung erwerbstätig (gegenüber 59,1% der männlichen). 1980 betrugen die entsprechenden Quoten 32,6% und 58,4%, und 1990 lag die weibliche Erwerbsquote bereits bei 39,2% (männlich 60,7%). Für 1999 ergab eine Auswertung für Gesamtdeutschland einen Anstieg der weiblichen Erwerbsquote auf 42,0% (Männer: 57,2%).

Gemindert wurde die Erwerbsquote insgesamt durch die starke Zunahme der höheren Schulbildung und des Hochschulstudiums vor allem seit Ende der 60er Jahre. Dadurch erhöhte sich das Alter des Berufseintritts bzw. verringerte sich die Erwerbsquote. Seit den 80er Jahren kommen die verstärkt in Anspruch genommenen Vorruhestandsregelungen hinzu, die das durchschnittliche Alter des Ausscheidens aus der Erwerbstätigkeit und damit wiederum die Erwerbsquote senkten.

In der **DDR** lag die Erwerbsquote Anfang der 50er Jahre auf ähnlicher Höhe wie in der BRD. Die Zahl der Erwerbspersonen sank aber dann seit Mitte der 50er Jahre bis um 1970 ab, zunächst durch die starke Fluchtbewegung aus der DDR bis zum Bau der Mauer, dann auch durch die im Vergleich ungünstigere Altersstruktur (wesentlich höherer Anteil älterer Jahrgänge). Trotz dieses zeitweiligen Rückgangs der absoluten Zahlen stieg die Erwerbsquote kontinuierlich an und lag 1990 mit rund 53% beträchtlich über derjenigen der BRD (49,6%) und international gesehen auf sehr hohem Niveau. Die Ursache ist hauptsächlich in der Frauenerwerbstätigkeit zu sehen, die – im Gegensatz zur BRD – kaum unter derjenigen der Männer lag. Die nicht erwerbstätige Hausfrau existierte in der DDR ab etwa Mitte der 60er Jahre praktisch nicht mehr. Hinzu kam der stärker vom Staat geregelte Schul- und Hochschulbesuch. Starke Reglementierung wirkte sich verkürzend auf die Studienzeit und damit steigernd auf die Erwerbsquote aus. Seit der Wiedervereinigung hat sich die Erwerbsquote für Deutschland auf einem Niveau um 49% eingependelt, wobei aber bei den Frauen immer noch größere Unterschiede zwischen den alten und den neuen Bundesländern bestehen.

Arbeitslosigkeit wird in der → Tabelle statistisch nur für die BRD nachgewiesen.

In der DDR wurden ab Anfang der 50er Jahre Arbeitslose sehr rasch in den Produktionsprozeß eingegliedert. Zuletzt wurden für 1958 noch rund 20 000 Arbeitslose im Jahresdurchschnitt angegeben. Danach existierten offiziell keine Arbeitslosen mehr; am 1. 1. 1978 entfiel mit dem

Erwerbspersonen und Arbeitslose 1950–1999

	BRD				*DDR*	
	*Erwerbspersonen**		*Arbeitslose*		*Erwerbspersonen*	
	in 1000	*in % der Bevölkerung (Erwerbsquote)*	*in 1000*	*in % der abhängigen Erwerbspersonen*	*in 1000*	*in % der Bevölkerung (Erwerbsquote)*
1950	23079	46,3	1538,1	11,3	7923	46,1
1955	24524	49,0	935,0	5,4	8275	46,4
1960	26518	47,8	271,0	1,3	8103	47,1
1965	27300	46,3	147,4	0,6	8072	47,4
1970	27011	44,0	148,8	0,7	8218	48,2
1975	26878	43,4	1074,2	4,8	8402	50,0
1980	27640	44,9	888,9	3,8	8717	52,1
1985	29012	47,6	2304,0	9,3	8937	53,7
1990	31305	49,6	1883,1	7,2	8436 (1991)	52,6
1995	40236	49,4 (1994)	3611,9	10,4		
1998	40262	49,1	4279,3	12,3		
1999	40508	49,3	4099,2	11,7		

* Erwerbspersonen = Erwerbstätige + Erwerbslose (Arbeitslose); (Jahresdurchschnittswerte); ab 1960 einschl. Saarland, ab 1995 Werte für Gesamtdeutschland,
Quelle: Statist. Bundesamt

Inkrafttreten des neuen Arbeitsgesetzbuches auch die staatliche Arbeitslosenunterstützung. Dies entsprach der Verfassung der DDR, in der neben der Pflicht zur Arbeit das Recht auf Arbeit verankert war. Konjunkturelle Arbeitslosigkeit konnte es im planwirtschaftlichen System der DDR nicht geben. Im Fall drohender struktureller oder Fluktuationsarbeitslosigkeit (d. h. beim Arbeitsplatzwechsel) bestand ein Anspruch darauf, eine Arbeit zugewiesen zu bekommen bzw. bis zur Wiedereinstellung weiterbeschäftigt zu werden. Das Ergebnis waren einerseits überhöhte Personalbestände in den meisten Betrieben (sog. »versteckte Arbeitslosigkeit«), die sich in niedriger Arbeitsproduktivität in der Industrie äußerten, andererseits Einschränkungen bei der Berufswahl und bei der freien Wahl des Arbeitsplatzes.

In der **BRD** ging die zunächst hohe Arbeitslosigkeit (1950: 11,3 % der abhängigen Erwerbspersonen) in den 50er Jahren rasch zurück. Das boomartige Wirtschaftswachstum bis Mitte der 60er Jahre (»deutsches Wirtschaftswunder«) sorgte mit seinem enormen Arbeitskräftebedarf dafür, daß nicht nur die einheimische Bevölkerung, sondern auch die Millionen von Flüchtlingen und Heimatvertriebenen aus den Ostgebieten und später die DDR-Flüchtlinge (bis 1961) ohne Probleme integriert werden konnten und adäquate Arbeitsplätze fanden. Ab etwa 1960 konnte von Vollbeschäftigung gesprochen werden; die Arbeitslosenquote betrug viele Jahre hintereinander weniger als 1 % (z. B. 1965 nur 0,6 %), viele Branchen klagten über Arbeitskräftemangel, und zur Deckung des Bedarfs wurden ausländische »Gastarbeiter« angeworben.

Die Situation auf dem Arbeitsmarkt änderte sich in den 70er Jahren grundlegend. Der »Anwerbestopp für Gastarbeiter« 1973 ist ein Beleg dafür, daß nun nicht mehr Arbeitskräfte, sondern Arbeitsplätze gesucht wurden. 1975 betrug die Arbeitslosenquote bereits 4,8 %, und sie konnte seitdem kaum mehr auf niedrigere Werte gekürzt werden. Mit jeder Schwächeperiode der Wirtschaftskonjunktur stieg seitdem die Arbeitslosigkeit höher als beim vorhergehenden »Konjunkturtal«, und in jeder Aufschwungphase gelang es weniger, die Arbeitslosigkeit wieder auf das vorherige Niveau zu drücken.

Neben die konjunkturelle Arbeitslosigkeit ist seit den 70er Jahren (1973/74 Ende der Phase der Vollbeschäftigung) eine **strukturelle Arbeitslosigkeit** getreten, die bis in die Gegenwart anhält und die Deutschland mit den meisten europäischen Staaten gemeinsam hat. In den 70er und 80er Jahren konnten die Ursachen regionaler Arbeitsmarktprobleme meistens noch eindeutig bestimmten Branchen zugerechnet werden. Es bestanden große Strukturprobleme besonders in solchen Industrien, die unter stärkstem internationalen Konkurrenzdruck standen, wie Steinkohlebergbau, Eisen- und Stahlindustrie, Schiffbau (Werften), Textil-, Bekleidungs- und Lederindustrie. Durch Verlagerungen und Schließungen unrentabel gewordener Betriebe gingen Zehntausende von Arbeitsplätzen verloren, die durch Neugründungen in anderen Branchen (z. B. Elektronik) oder durch den wachsenden Dienstleistungsbereich nicht kompensiert werden konnten.

Um 1990 führte der durch die deutsche Wiedervereinigung entfachte Wirtschaftsboom zum vorerst letzten Mal zu einem merklichen Rückgang der Arbeitslosigkeit. Aber bereits 1992 stieg sie wieder an, um seit Mitte der 90er Jahre auf relativ hohem Niveau zu verharren. In Westdeutschland (alte Bundesländer) sind die Arbeitsmarktprobleme längst nicht mehr an eine eindeutige Ursache geknüpft; aus dem sehr komplexen Ursachenbündel sind vor allem drei Aspekte hervorzuheben:

▶ Der Ersatz von Arbeit durch Kapital, d. h. die Verringerung der Zahl der Arbeitsplätze durch **Rationalisierung und Automatisierung** bis hin zur Roboterisierung.

Der seit Beginn der Industrialisierung im 19. Jahrhundert zu beobachtende Prozeß, Arbeitskräfte durch Maschinen zu ersetzen, hat sich in den letzten Jahrzehnten sehr beschleunigt, da in Deutschland besonders hohe Arbeitskosten bzw. Lohnstückkosten anfallen. Vor allem wegen der überproportionalen Steigerung der Lohnnebenkosten (z. B. Sozialversicherungsbeiträge) sind seit Jahren die Arbeitskosten stärker gestiegen als die Arbeitsproduktivität. Daher ist der Anreiz, kostenträchtige Arbeitsplätze abzubauen und durch Automaten und Roboter zu ersetzen, sehr groß. In allen Branchen und Wirtschaftssektoren ist menschliche Arbeitskraft inzwischen so wertvoll geworden, daß versucht wird, sie zu reduzieren und Arbeitsvorgänge zu automatisieren. Dies betrifft nicht nur die Industrieproduktion, sondern zunehmend auch den Dienstleistungsbereich.

Insbesondere einfachere Tätigkeiten für ungelernte oder angelernte Arbeitskräfte im produzierenden und im Dienstleistungsbereich wurden auf diese Weise zunehmend entbehrlich. Infolgedessen sind auch Personen mit geringer Schulbildung oder fehlender Berufsausbildung überdurchschnittlich von Arbeitslosigkeit betroffen. Die Probleme älterer Arbeitnehmer ab etwa 50 Jahren, bei einem Arbeitsplatzverlust eine neue Stelle zu finden, hängen sehr stark mit dem in diesem Alter normalerweise erreichten hohen Lohn- und Gehaltsniveau und den Ansprüchen auf Sozialleistungen zusammen. Jüngere Arbeitnehmer sind in der Regel billiger. Aus diesen Gründen konzentriert sich auch die Problematik der Langzeitarbeitslosigkeit in hohem Maße auf ältere und/oder schlecht ausgebildete Erwerbspersonen.

▸ Die gerade in den 90er Jahren rasch **zunehmende Globalisierung der Wirtschaft** mit der Möglichkeit, Arbeitsplätze weltweit am kostengünstigsten Standort anzusiedeln.

In den ersten zwei bis drei Jahrzehnten der Bundesrepublik gab es nicht selten Verlagerungen von Arbeitsplätzen (beispielsweise in der personalkostenintensiven Bekleidungsindustrie) aus Regionen mit hohem Lohnniveau in solche mit merklich niedrigeren Löhnen (ländliche Räume). Seit den 70er Jahren finden solche Verlagerungen häufiger auch über die Grenzen hinweg in andere europäische Länder statt (z. B. in die damaligen Billiglohnländer Irland und Portugal). Mit der zunehmenden Globalisierung der Wirtschaft kam es zum Zusammenwachsen der Märkte nicht nur für Güter (Warenaußenhandel), sondern auch für Dienstleistungen und Arbeitsplätze über die Grenzen einzelner Staaten in Richtung auf weltweite Vernetzung und das Entstehen globaler Märkte. In der Praxis bedeutet dies, daß es laufend schwieriger wird, in Deutschland Arbeitsplätze zu schaffen, wenn die entsprechende Arbeit in anderen Ländern bei zumindest vergleichbarer Qualität kostengünstiger auszuführen ist. Nicht nur die »Schwellenländer« (fortgeschrittene Entwicklungsländer, z. B. in Südostasien) und die Billiglohnländer Osteuropas sind daher zu Konkurrenten auf dem Arbeitsmarkt geworden, sondern auch EU-Partnerländer, die USA und Japan.

Neben den hohen deutschen Arbeitskosten spielen auch weitere Gründe eine Rolle bei der Verlagerung von Arbeitsplätzen in das Ausland, wie hohe Energiekosten, strenge Umweltschutzauflagen und die starke Steuerbelastung.

▸ Die im internationalen Vergleich relativ **geringe Mobilität und Flexibilität** der deutschen Arbeitskräfte.

Als Gründe für die hohe Arbeitslosigkeit der Gegenwart in Deutschland werden häufig auch – vor allem im Vergleich mit anderen Industriestaaten – die Arbeits- und Sozialgesetzgebung (das »soziale Netz«) und die dadurch hervorgerufenen angeblich zu geringen Anstrengungen der Arbeitslosen selbst bei der Arbeitsuche genannt. Tatsache ist eine relativ geringe Mobilitätsbereitschaft (Wohnortwechsel wegen eines Arbeitsplatzes), und häufig wird geringe Flexibilität bei der Arbeitsuche aufgrund eng gefaßter Zumutbarkeitsregelungen beklagt (mangelnde Bereitschaft, die Art der Erwerbstätigkeit zu wechseln und auch geringwertigere Beschäftigungen anzunehmen).

In den **neuen Bundesländern** wäre die Arbeitslosigkeit noch wesentlich höher als in der Statistik ausgewiesen, wenn nicht mit hohem Kostenaufwand seit Jahren staatliche Arbeitsbeschaffungsmaßnahmen durchgeführt würden. Hier kommen – zusätzlich zu den angeführten Gründen – spezifische Ursachen für die Arbeitsmarktprobleme seit der Wiedervereinigung hinzu. Die Systemtransformation führte innerhalb weniger Jahre zu einem weitgehenden Zusammenbruch der Industriestruktur, da die vorhandene Industrie mit vielfach veralteten Produktionsmethoden gegenüber der westdeutschen nicht konkurrenzfähig war, die wichtigsten Absatzmärkte in den Ostblockstaaten wegbrachen und das Angebotsspektrum auf dem westdeutschen Markt und im Export nur geringe Absatzchancen hatte. Hinzu kam in der Industrie wie in der Landwirtschaft ein starker personeller Überbesatz (»versteckte Arbeitslosigkeit«), der zu Massenentlassungen führte. Der zu DDR-Zeiten unterbesetzte Dienstleistungssektor wurde zwar rasch ausgebaut, konnte aber nur einen Teil der entlassenen Arbeitskräfte aufnehmen. Ein rasches Absinken der Arbeitslosigkeit in den östlichen Bundesländern ist nicht zu erwarten, solange kein »selbsttragender« wirtschaftlicher Aufschwung erfolgt.

Die Übersicht der **Erwerbstätigen nach Wirtschaftsbereichen** (Erwerbsstruktur) zeigt den säkularen Wandlungsprozeß, der in Deutschland wie in allen europäischen Industrieländern in der zweiten Hälfte des 20. Jahrhunderts statt-

Erwerbstätige nach Wirtschaftsbereichen 1950–1999
Anzahl und Anteil der Erwerbstätigen im primären (Landwirtschaft), sekundären (Industrie und Handwerk) und tertiären (Dienstleistungen) Sektor der Wirtschaft

	Erwerbstätige insges.	*Sektor I Anzahl in 1000*	*Sektor I Anteil in %*	*Sektor II Anzahl in 1000*	*Sektor II Anteil in %*	*Sektor III Anzahl in 1000*	*Sektor III Anteil in %*
				BRD			
1950	20376	5020	24,6	8689	42,6	6667	32,7
1955	23230	4285	18,4	10824	46,6	8121	35,0
1960	26063	3581	13,7	12497	47,9	9985	38,3
1965	27153	2966	10,9	13218	48,7	10969	40,4
1970	26560	2262	8,5	12987	48,9	11311	42,6
1975	25810	1773	6,9	11686	45,3	12351	47,9
1980	26980	1403	5,2	11721	43,4	13856	51,4
1985	25534	1360	5,3	10468	41,0	13706	53,7
1990	28433	961	3,4	11321	39,8	16151	56,8
1995	36428	1094	3,0	12074	33,1	23260	63,9
1998	35999	972	2,7	11250	31,3	23777	66,0
1999	36106	968	2,7	11134	30,8	24004	66,5
				DDR			
1950	7886	1972	25,0	3627	46,0	2287	29,0
1955	8232	1775	21,6	3828	46,5	2629	31,9
1960	8097	1402	17,3	3865	47,7	2830	35,0
1965	8072	1243	15,4	3971	49,2	2858	35,4
1970	8218	1023	13,5	4116	50,1	3079	37,5
1975	8401	923	11,0	4157	49,5	3323	39,6
1980	8717	912	10,5	4295	49,3	3512	40,3
1985	8937	963	10,8	4326	48,4	3648	40,8
1989	8886	960	10,8	4221	47,5	3705	41,7

BRD: Jahresdurchschnittswerte; ab 1960 einschl. Saarland; ab 1995 Gesamtdeutschland; DDR: Stichtagswerte (wechselnd)
Quelle: Statistisches Bundesamt

fand. Sie zeigt aber auch die durch die unterschiedlichen politischen Systeme bedingten Unterschiede zwischen BRD und DDR. Die Erwerbstätigen werden in der Statistik in die drei Wirtschaftsbereiche bzw. -sektoren unterteilt: Der primäre Sektor umfaßt Land- und Forstwirtschaft und Fischerei, der sekundäre Sektor das produzierende Gewerbe (Industrie und Handwerk), der tertiäre Sektor alle Dienstleistungen im weitesten Sinn, von Handel und Verkehr über medizinische und soziale Dienste, Unterricht und Forschung bis zur öffentlichen Verwaltung.

In der **BRD** beschäftigte die **Landwirtschaft** 1950 noch fast ein Viertel aller Arbeitskräfte. Die Zahl sank dann aber besonders in den 50er und 60er Jahren sehr rasch (von 5,020 Mio. 1950 auf 2,262 Mio. 1970), und dementsprechend ging der Anteil auf nur noch 8,5 % (1970) zurück. Die Abnahme der landwirtschaftlichen Beschäftigung verlangsamte sich nun, ging aber kontinuierlich weiter, so daß 1990 weniger als eine Million Beschäftigte, d.h. nur noch 3,4 %, im primären Sektor tätig waren.

In der **DDR** lag der Anteil der Beschäftigten in der **Landwirtschaft** von Anfang an höher als in der BRD und verringerte sich in den 60er und 70er Jahren weniger stark, so daß ihr Anteil 1989, zur letzten Zählung vor der Wiedervereinigung, mit 10,8 % fast dreimal so hoch war wie in der BRD. Der Grund liegt in den durch die Kollektivierung geschaffenen Betriebsstrukturen. Die Landwirtschaftlichen Produktionsgenossenschaften (LPG) und Volkseigenen Güter (VEG; → Kap. Landwirtschaft) arbeiteten – nach marktwirtschaftlichen Maßstäben – relativ ineffektiv und personalaufwendig. Allerdings muß auch berücksichtigt werden, daß in den Zahlen für den primären Sektor auch nichtlandwirtschaftliche Beschäftigte der landwirtschaftlichen Großbetriebe enthalten waren, wie z. B. Bürokräfte, Fahrzeugmechaniker, Kindergärtnerinnen usw. Nach der Wiedervereinigung ging durch den radikalen Umbau der Eigentums- und Betriebsstrukturen die Zahl der in der Landwirtschaft Beschäftigten sehr schnell zurück, so daß die gesamtdeutschen Zahlen um das Jahr 2000 bei weniger als 3 % liegen.

Im **produzierenden Gewerbe** (sekundärer Sektor der Wirtschaft, d. h. Industrie und produzierendes Handwerk) erlebte die **BRD** in den 50er und 60er Jahren eine stürmische Aufwärtsentwicklung durch den Wiederaufbau der kriegszerstörten Industrie und eine Vielzahl von Betriebsneugründungen (→ Kap. Industrie). Allerdings machte sich ab Mitte der 60er Jahre die zunehmende Automatisierung von Betriebsabläufen mit damit verbundener Einsparung von Arbeitskräften bemerkbar. Ab etwa 1965 zeigte die Zahl der Industriebeschäftigten Stagnations- bis Abnahmetendenzen, was sich ab Mitte der 70er Jahre auch in den rückläufigen Anteilswerten bemerkbar machte.
Mit gewisser Verspätung gegenüber anderen westeuropäischen Staaten war auch in der BRD der typische Entwicklungsprozeß aller Industriestaaten zu beobachten, daß ab einem gewissen Höhepunkt der Industrialisierung der Personalabbau durch Rationalisierung und Automatisierung bis hin zum Robotereinsatz, aber auch durch das Schrumpfen »alter« Industrien, zu einem absoluten und prozentualen Rückgang der Industriebeschäftigung führt. In der BRD waren es vor allem der Bergbau, die Eisen- und Stahlindustrie, der Schiffbau, die Textil- und Bekleidungsindustrie, aber auch Teile der Elektroindustrie. Auf diese Weise ging der Anteil der Beschäftigten im produzierenden Sektor von fast 50% Ende der 60er Jahre auf weniger als 40% 1990 zurück.

In der **DDR** stieg der Industriebeschäftigtenanteil zunächst an, um 1970 sogar 50,1% zu erreichen. Der dann erfolgende Rückgang verlief wesentlich moderater als in der BRD, da das sozialistische System der Volkseigenen Betriebe (VEB) strukturkonservierend wirkte. Der Anteil der Industriebeschäftigten lag daher 1989 noch bei 47,5%. Nach der Wiedervereinigung führte die Systemtransformation zu einem weitgehenden Zusammenbruch der Industriestrukturen mit der Folge von Massenentlassungen. Der Anteil der Industriebeschäftigten in den neuen Bundesländern sank daher in wenigen Jahren auf rd. ein Drittel (1997: 33%). Für Gesamtdeutschland ergab sich in den 90er Jahren eine Beschleunigung des Schrumpfungsprozesses bei der Erwerbstätigkeit im produzierenden Sektor. Durch den starken Abbau industrieller Arbeitsplätze sank der Anteil inzwischen auf nur noch 29,3% (2000).

Der tertiäre Sektor der Wirtschaft **(Dienstleistungen)** war in beiden deutschen Staaten der einzige Bereich, dessen Anteil an der Erwerbstätigkeit kontinuierlich anstieg, allerdings mit beträchtlichen Unterschieden in der Größenordnung zwischen BRD und DDR. Im sozialistischen Wirtschaftssystem der **DDR** erhöhte sich der Anteil zwar von 29,0 (1950) auf 41,7% (1989), doch standen die Dienstleistungen damit immer noch an zweiter Stelle mit beträchtlichem Abstand zum produzierenden Gewerbe. Hierin zeigen sich deutlich das weitgehende Fehlen privater Dienstleistungsbetriebe und die geringe Wertschätzung, die Dienstleistungen im sozialistischen Planwirtschaftssystem gegenüber der Industrie genossen. Selbst wenn man berücksichtigt, daß auch in den Beschäftigtenzahlen der Landwirtschaft und der Industrie Dienstleister enthalten sind (z. B. Verwaltungsangestellte in Agrar- und Industriebetrieben), war doch zum Zeitpunkt der Wiedervereinigung der Abstand zwischen DDR und BRD gravierend.
In der **BRD** wuchs der Anteil der Erwerbstätigen im tertiären Sektor sehr rasch von 32,7 (1950) auf 56,8% (1990) und nach der Wiedervereinigung bis auf 68,1% (2000) in Gesamtdeutschland. Das Spektrum der Dienstleistungsberufe ist sehr heterogen und reicht von gering bezahlten Hilfskrafttätigkeiten bis zu höchst dotierten Posten in Wirtschaft und Staat. Gemeinsam ist diesen Tätigkeiten, daß sie überwiegend weniger leicht durch Maschinen zu ersetzen sind als

Entwicklung der Wirtschaftssektoren 1950 – 2000

Erwerbstätige in Landwirtschaft, Industrie und Dienstleistungen in Mio.

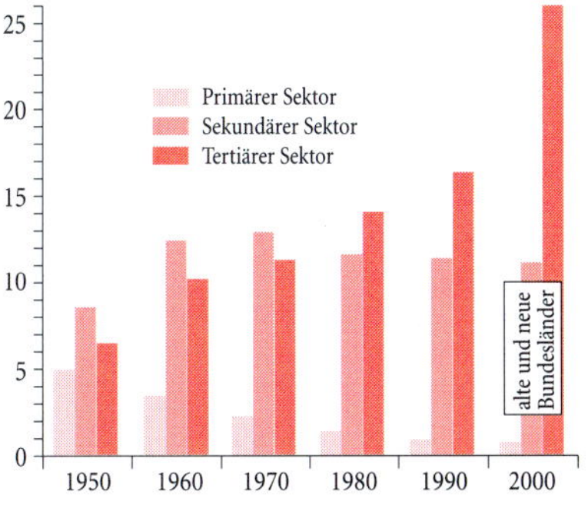

Quelle: Statistisches Bundesamt

Handarbeit in der Industrie, auch wenn in den letzten Jahren im Bankwesen, in Handel und Verkehr nicht wenige Stellen durch EDV-gesteuerte Abläufe ersetzt wurden. Insgesamt wird jedoch der Dienstleistungsbereich, wie das Beispiel anderer Länder zeigt, auch in den nächsten Jahren der einzige Sektor mit zunehmendem Beschäftigungsanteil sein.

Wirtschaft – Entwicklung, Wirtschaftsleistung, Währung

Als wichtigstes Kriterium für die wirtschaftliche Entwicklung in den 50 Jahren des Bestehens der **Bundesrepublik Deutschland** dienen das Bruttoinlandsprodukt und das Bruttosozialprodukt (→ Tabelle, Sp. 1227, und Abbildungen).
Das Inlandsprodukt gibt als volkswirtschaftlicher Indikator ein Bild der wirtschaftlichen Leistung eines Landes in einem Jahr. Es drückt die Produktion von Waren und Dienstleistungen im Inland nach Abzug der Vorleistungen (z. B. Rohstoffe) in Geldwert aus. Das Sozialprodukt ist demgegenüber hauptsächlich ein Einkommensindikator. Man erhält es, wenn man vom Inlandsprodukt die Erwerbs- und Vermögenseinkommen abzieht, die in das Ausland abgeflossen sind, und diejenigen hinzuzählt, die von inländischen Personen aus dem Ausland bezogen worden sind. Im Fall der BRD sind die Unterschiede zwischen beiden Kenngrößen nicht bedeutend. So wurde z. B. 1999 nach vorläufigen Berechnungen ein Bruttoinlandsprodukt von 3,877 Bill. DM und ein Bruttosozialprodukt von 3,840 Bill. DM erwirtschaftet.

Westzonen und BRD

Der Zweite Weltkrieg hatte große Verluste an Menschen und Sachgütern mit sich gebracht und 1945 ein in vielen Regionen verwüstetes und wirtschaftlich zusammengebrochenes Land hinterlassen. Dazu kam als weitere Hypothek der Zustrom von Millionen von Flüchtlingen und Heimatvertriebenen (→ Kap. Bevölkerung), für die Unterkünfte und Nahrungsmittel bereitgestellt werden mußten. Durch die bald nach Kriegsende eintretende Entfremdung und den Beginn der Konfrontation zwischen den drei Westalliierten und der Sowjetunion trat die zunächst beabsichtigte gemeinsame Verwaltung Deutschlands durch die vier Siegermächte des Krieges de facto nie in Kraft, und in den drei Westzonen, dem Gebiet der späteren Bundesrepublik Deutschland, wurde bereits ab 1946 durch US-Amerikaner, Briten und Franzosen eine deutlich andere Wirtschaftspolitik betrieben als in der Sowjetzone, der späteren DDR.
Die Pläne, das deutsche Wirtschaftspotential, insbesondere die Industrie, durch Demontagen und hohe Reparationsleistungen entscheidend und dauerhaft zu schwächen (→ Chronik 1945–48), hemmten zwar zunächst den Wiederaufbau auch in den Westzonen, wurden aber hier bald aufgegeben und durch die Idee einer Integration Westdeutschlands in das westliche politische und Wirtschaftssystem ersetzt. In der Bizone (→ Chronik 1945–48) wurden bereits am 1. 1. 1947 durch die Bildung des »Vereinigten Wirtschaftsgebietes« die Weichen in Richtung auf Drosselung und baldige Beendigung der Demontagen, Wiederaufbau und Einbeziehung Westdeutschlands in das nordamerikanisch-westeuropäische Wirtschaftssystem gestellt. Es folgten die Einbeziehung Westdeutschlands in die US-amerikanische Marshall-Plan-Hilfe für Europa im April 1948, die Gründung der Bank deutscher Länder (1. 3. 1948) als Vorgängerin der Deutschen Bundesbank, die Währungsreform am 20. 6. 1948 und der Übergang von einer staatlich gelenkten Wirtschaft zu einer marktwirtschaftlichen Ordnung.
Kennzeichen der **sozialen Marktwirtschaft**, die vor allem auf Initiative des Bundeswirtschaftsministers *Ludwig Erhard* konzipiert und umgesetzt wurde, waren freier Wettbewerb und freie Preisbildung auf der Grundlage von Privateigentum und Privatinitiative mit dem Ziel des »Wohlstands für alle«. Der Staat sorgt für die Einhaltung der Wettbewerbsregeln und greift dann (und nur dann) ein, wenn eines der gleichzeitig anzustrebenden Hauptziele der Wirtschaftspolitik in Gefahr ist, nicht genügend berücksichtigt zu werden: Wirtschaftswachstum, Vollbeschäftigung, Preisstabilität, Zahlungsbilanzausgleich, gerechte Einkommens- und Vermögensverteilung, wirtschaftliche Freiheit. Vor allem die Erreichung des Hauptziels **Wirtschaftswachstum bei Vollbeschäftigung und gleichzeitiger Preisstabilität** (niedrige Inflationsrate) stand in den ersten Jahrzehnten der Bundesrepublik stark im Vordergrund der Wirtschaftspolitik.
Das **Wirtschaftsleben** kam nach der Währungsreform rasch in Gang, so daß bereits 1950/51 wieder das Wirtschaftsergebnis (Wertschöpfung)

Entstehung des Bruttoinlandsprodukts 1960 – 2000

Bruttoinlandsprodukt in jeweiligen Preisen

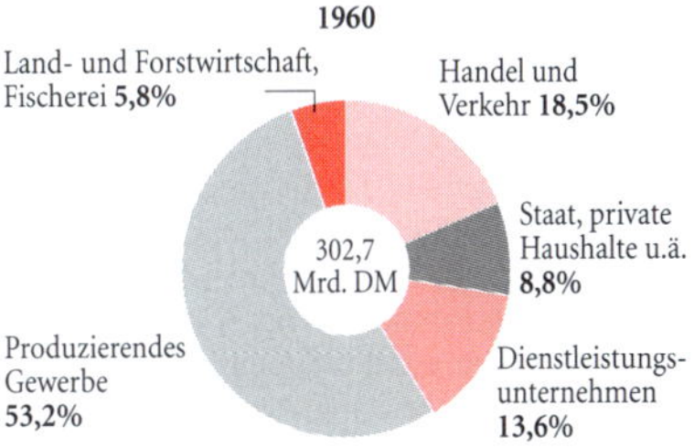

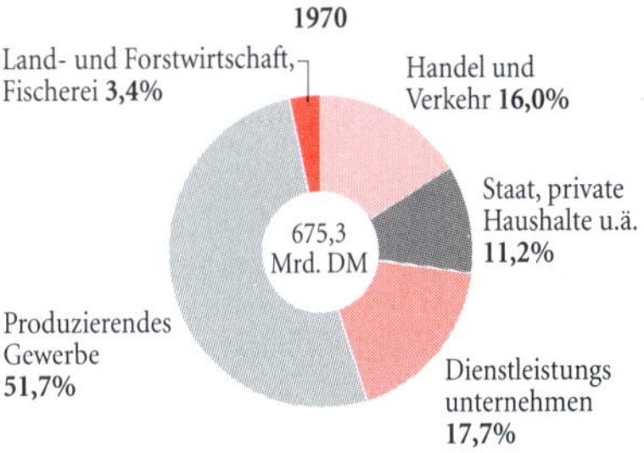

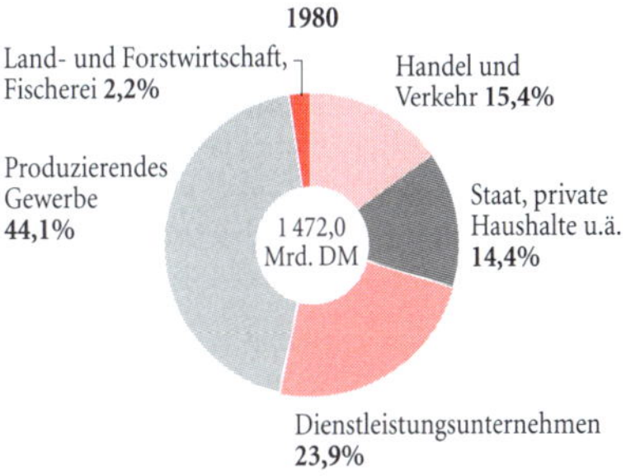

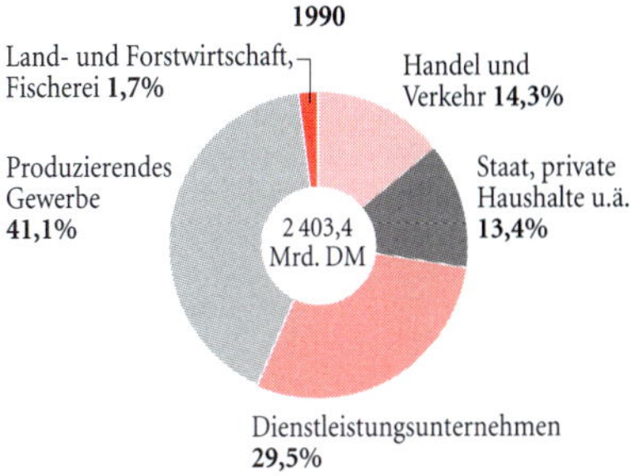

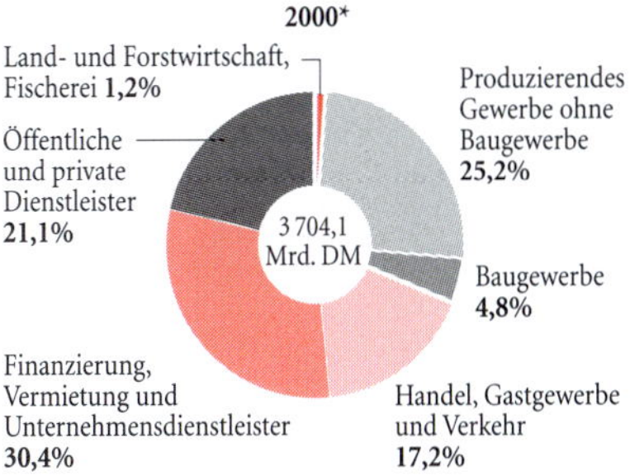

des letzten Vorkriegsjahres erreicht war. Der Beginn der sozialen Marktwirtschaft verlief durchaus nicht harmonisch. Die Währungsreform und die ebenfalls noch 1948 erfolgte Aufhebung des allgemeinen Preis- und Lohnstopps führten zunächst zu **starken Preissteigerungen**. Obwohl für wichtige Bereiche zunächst noch Preiskontrollen bestehen blieben (Lebensmittel, Mieten, Pachten, Kraftstoffe, Verkehrstarife u. a.), die z. T. erst in den 60er und 70er Jahren vollständig aufgehoben wurden, erhöhten sich die Lebenshaltungskosten sehr stark (Preissteigerungen 1948–49 über 15%). Da die Löhne wesentlich schwächer anstiegen, kam es zu größeren Streiks und Protestaktionen, und 1949 führte die Bekämpfung der Inflation zu vermehrter Arbeitslosigkeit.

Die fünfziger Jahre: Durch den forcierten Wiederaufbau der kriegszerstörten Städte und Industrien, die Hilfe durch den Marshall-Plan (European Recovery Program/ERP), nicht zuletzt gefördert durch die weltwirtschaftliche Hochkonjunktur als Folge des Korea-Krieges, setzte ein **enormer Wirtschaftsboom** ein. In den 50er Jahren ergaben sich durchschnittliche jährliche Wachstumsraten des Sozialprodukts von über 8%, in einigen Jahren sogar um bzw. über 10%. Der Arbeitskräftebedarf der expandierenden Wirtschaft war so groß, daß die Millionen von Flüchtlingen und Heimatvertriebenen, die jährlich zuwandernden DDR-Bewohner und die aus der Landwirtschaft abwandernden Arbeitskräfte ohne Probleme absorbiert wurden und darüber hinaus Ende der 50er Jahre die Anwerbung von Gastarbeitern aus Südeuropa begann. Die Arbeitslosenquote sank von 11,3% (1950) über 5,4 (1955) auf nur noch 1,3% (1960), d. h. es bestand Vollbeschäftigung. Da auch die Inflationsrate in fast allen Jahren auf Werte unter 2% gedrückt werden konnte und die deutschen Devisenreserven dank steigender Export-

Wirtschaftsleistung 1950–1999

Entwicklung des Bruttosozialprodukts insgesamt und je Einwohner

	in Mrd. DM	*in DM je Einwohner*	*Wachstum in %*
	in jeweiligen Preisen		*in konstanten Preisen*
1950	97,9	2100	–
1951	119,5	2500	10,9
1952	136,6	2900	9,0
1953	147,1	3100	7,9
1954	157,9	3200	7,2
1955	180,4	3700	12,0
1956	198,8	4000	7,0
1957	216,3	4300	5,8
1958	231,5	4500	3,3
1959	250,9	4900	6,9
1960	279,8	5400	8,8
1961	331,4	5900	4,3
1962	360,5	6300	4,7
1963	382,1	6700	2,8
1964	419,6	7200	6,6
1965	458,2	7800	5,2
1966	487,4	8200	2,8
1967	493,7	8300	-0,3
1968	533,7	9000	5,7
1969	597,8	10000	7,4
1970	675,7	11100	5,4
1971	750,4	12200	3,1
1972	824,6	13400	4,3
1973	918,8	14800	4,7
1974	983,7	15900	0,0
1975	1027,7	16600	-1,1
1976	1123,8	18300	5,5
1977	1195,6	19500	2,6
1978	1289,4	21000	3,4
1979	1393,8	22700	4,1
1980	1477,4	24000	0,9
1981	1539,6	25000	0,0
1982	1590,3	25800	-1,1
1983	1675,7	27300	2,1
1984	1763,3	28800	3,1
1985	1834,5	30100	1,9
1986	1936,1	31700	2,3
1987	2003,0	32800	1,5
1988	2108,0	34300	3,7
1989	2249,1	36200	4,2
1990	2448,6	38700	5,5
1991	2668,1	41600	4,9
1992	3170,6	39300	2,1
1993	3248,9	40000	-1,2
1994	3380,6	41500	1,5
1995	3504,4	42900	1,6
1996	3570,1*	43600*	0,8
1997	3649,4*	44500*	1,4
1998	3754,1*	45800*	1,8
1999	3839,5*	46800*	1,3

1950–1960 ohne Saarland und Berlin (West), ab 1961 alte Bundesländer, ab 1992 Gesamtdeutschland (alte und neue Bundesländer)
* vorläufiges Ergebnis
Quelle: Statist. Bundesamt

überschüsse noch anwuchsen, kam im In- und Ausland angesichts dieser allseits positiven Entwicklung das Wort vom **»deutschen Wirtschaftswunder«** auf. Gefördert wurde das Wirtschaftswachstum der 50er Jahre durch die starke Aufbruchstimmung und Leistungsbereitschaft der Bevölkerung, durch die in aller Regel gut ausgebildeten und hochmotivierten Flüchtlinge, die überraschend schnell integriert werden konnten; aber auch durch die Tatsache, daß viele Unternehmen aus der Sowjetzone bzw. der DDR in die Bundesrepublik abwanderten und hier zum wirtschaftlichen Aufbau beitrugen. Die Konkurrenzfähigkeit gegenüber der ausländischen Industrie erhöhte sich rasch aufgrund hoher Arbeitsproduktivität und wegen der in aller Regel sehr modernen Maschinenausrüstung der wieder aufgebauten deutschen Unternehmen. Dadurch konnte sich die Bundesrepublik in wenigen Jahren eine starke Stellung in der Exportwirtschaft aufbauen.

Die wichtigsten **Wachstumsregionen** im ersten Jahrzehnt der Bundesrepublik waren die traditionell durch Industrie und leistungsfähige Dienstleistungsunternehmen geprägten Wirtschaftsräume: Rhein-Ruhr-Gebiet, Rhein-Main-Gebiet, Rhein-Neckar-Raum, die Ballungsräume von Hamburg, München, Hannover-Braunschweig, Bremen, Stuttgart und Nürnberg-Fürth-Erlangen. Besonders das Ruhrgebiet erlebte eine Hochkonjunktur wegen des starken Bedarfs an Steinkohle, Eisen und Stahl.

Die sechziger Jahre: Ende der 50er Jahre verlangsamte sich das Wirtschaftswachstum deutlich. In der Phase 1957/58–1964 nahm das Sozialprodukt nur noch um durchschnittlich 5,5 % pro Jahr zu; vor allem die Knappheit an qualifizierten Arbeitskräften wirkte sich wachstumshemmend aus. Die Vollbeschäftigung führte zu starken Lohnsteigerungen mit der Folge ebenfalls steigender Inflationsraten. Auch die Arbeitszeitverkürzungen (z. B. Einführung des arbeitsfreien Samstags in vielen Branchen) trotz Arbeitskräftemangel wirkten preistreibend. Die Industrie verstärkte die Umstellung von einem personalintensiven Wachstum zu kapitalintensiver Expansion mit Hilfe von Rationalisierung der Betriebsabläufe und Automatisierung. Ein weiterer Effekt des angespannten Arbeitsmarktes in den großstädtischen Ballungsgebieten war – neben der zunehmenden Anwerbung von ausländischen Arbeitskräften – das Ausweichen in die ländlichen Gebiete, in denen noch Arbeitskräftereserven bestanden. Vielfach wurden Zweigbetriebe in kleinen Zentren im ländlichen Raum gegründet. Eine wichtige Folge waren überdurchschnittliche Wachstumsraten in den bisher schwächer industrialisierten Ländern (z. B. Bayern, Baden-Württemberg, Hessen, Niedersachsen); im Ruhrgebiet begann dagegen die Krise des Kohlebergbaus (Verdrängung der Steinkohle durch das damals weit billigere Heizöl).

Mitte der 60er Jahre kam es durch verstärkte Ungleichgewichte innerhalb der Wirtschaft zu einer ersten **Wachstumskrise**. Die Forderung »Maßhalten!« von Bundeskanzler *Erhard* als Antwort auf eine zunehmende Anspruchshaltung weiter Bevölkerungskreise wurde zum geflügelten Wort. Das Sozialprodukt erhöhte sich 1966 nur noch um 2,8% und nahm 1967 sogar um 0,3% ab, während gleichzeitig die Geldwertstabilität stark nachließ (Inflationsraten bis 4% jährlich). Außerdem verursachten stagnierende Steuereinnahmen bei unvermindert steigenden Ausgaben des Staates Haushaltsprobleme, die schließlich zur Auflösung der Koalition aus CDU/CSU und FDP, zum Rücktritt von Bundeskanzler *Erhard* und zur Bildung der Großen Koalition aus CDU/CSU und SPD unter Bundeskanzler *Kiesinger* führten (1. 12. 1966).

Eine zentrale Bedeutung im Programm der neuen Bundesregierung nahmen Schritte zur Überwindung der wirtschaftlichen Rezession, zur Beseitigung der Defizite im Bundeshaushalt und zur dauerhaften Gesundung der Bundesfinanzen ein, die mit dem »Gesetz zur Förderung der Stabilität und des Wachstums der Wirtschaft« vom 14. 6. 1967 vereinbart wurden. An konkreten Maßnahmen wurden u. a. beschlossen: die sog. **konzertierte Aktion**, eine Art »runder Tisch« aus Vertretern des Staates, der Wirtschaft und der Gewerkschaften mit dem Ziel eines gemeinsamen und abgestimmten wirtschaftspolitischen Handelns, z. B. bei zins- und kreditpolitischen Maßnahmen des Staates und bei Tarifverhandlungen in der Wirtschaft; das **Stabilitätsgesetz**, das der Regierung zusätzliche Instrumentarien zur Konjunktursteuerung gab; die **mittelfristige Finanzplanung** mit Steuererhöhungen und Ausgabensenkungen; Einschränkungen von Sozialleistungen und Subventionen bei gleichzeitiger Erweiterung anderer Leistungen (z. B. Gleichstellung von Arbeitern und Angestellten bei der

Lohnfortzahlung im Krankheitsfall, Arbeitsförderungsgesetz vom 25. 6. 1969); schließlich Änderungen der Finanzverfassung, u. a. durch die Einführung von »Bund-Länder-Gemeinschaftsaufgaben« in das Grundgesetz.

Die verschiedenen Maßnahmen der Jahre 1967/68 zeigten bald ihre Wirkung. So sank die Arbeitslosigkeit, die Anfang 1967 auf 680 000 angestiegen war, 1970 wieder auf nur noch rd. 150 000. Das Wirtschaftswachstum erreichte bereits 1968 wieder 5,7% und 1969 sogar 7,4%. Die Löhne stiegen ab 1968 wieder stärker als die Lebenshaltungskosten, und die Anlageinvestitionen der Wirtschaft, die 1966–67 um 8,4% zurückgegangen waren, verzeichneten 1968–69 wieder eine Zunahme von 12,1%. Sowohl die Inlandsnachfrage als auch der Außenhandel erhöhten sich deutlich, so daß von einer **neuen Phase der Hochkonjunktur** gesprochen werden konnte.

Die siebziger Jahre: Die Hochkonjunktur hielt auch in den ersten Jahren der SPD/FDP-Regierung unter Bundeskanzler *Brandt* (ab 1969) an, ohne daß jedoch das Postulat der Geldwertstabilität erfüllt worden wäre. Die Inflationsrate stieg auf bisher nicht erreichte Werte und erreichte 1973 und 1974 jeweils mehr als 6%. Eine Hauptursache lag in der Schwäche des US-Dollar sowie in den starken Kapitalzuflüssen nach Deutschland wegen der unterbewerteten DM. 1973 wurde daher das feste Wechselkurssystem mit dem US-Dollar als Leitwährung aufgegeben und zum »Floating-System« übergegangen (freie Preisbildung der Währungen auf den Devisenmärkten).

Der Grund für die nächste Wirtschaftskrise lag nicht in Deutschland. Im Zusammenhang mit dem Jom-Kippur-Krieg zwischen Israel und seinen arabischen Nachbarstaaten im Oktober/November 1973 setzten die erdölexportierenden Staaten des Nahen Ostens das Öl als politische Waffe ein. Die Förderung wurde gedrosselt und der Preis stark erhöht, um die westlichen Industriestaaten zu erpressen und zu einer Änderung ihrer pro-israelischen Haltung zu bewegen (»**Ölkrise**«). Die Verteuerung und Verknappung des Erdöls führte in der BR Deutschland zu kurzfristigen Einsparmaßnahmen von eher symbolischem Charakter (Sonntagsfahrverbote, Geschwindigkeitsbegrenzungen), einer Bewußtwerdung der deutschen Energieabhängigkeit (Forderung nach Diversifizierung), vor allem aber zur bis dahin längsten wirtschaftlichen Rezession der Nachkriegsgeschichte. Das Bruttosozialprodukt stagnierte 1974 und ging 1975 real um 1,1% zurück. Die Arbeitslosenzahl verdoppelte sich 1973–74 auf 582 000 und stieg auch in den Folgejahren weiter an (**Ende der Vollbeschäftigung**). Positiv entwickelte sich – lediglich aufgrund der währungspolitischen Maßnahmen – die deutsche Zahlungsbilanz. Trotz der drastisch verteuerten Erdöleinfuhren stieg der Außenhandelsüberschuß von 1973 (33,0 Mrd. DM) bis 1974 (50,8 Mrd. DM) stark an. Um die Wirtschaft wieder zu beleben, initiierte der neue Bundeskanzler *Schmidt* 1974 ein **staatliches Konjunkturprogramm** im Umfang von zunächst 1,8 Mrd. DM für Bauinvestitionen und arbeitsmarktpolitische Maßnahmen. Trotzdem stieg die Arbeitslosenzahl weiter an (1975 4,8%, d. h. mehr als 1 Mio. Arbeitslose), da vor allem die Verbrauchsgüterindustrie ihre Produktion nach massiven Absatzrückgängen drosseln mußte. Trotz weiterer Konjunkturprogramme im Umfang von insgesamt über 10 Mrd. DM mit dem Ziel, die Wirtschaft durch verstärkte Nachfrage zu stimulieren, gelang es nicht mehr, dauerhaft an die frühere Konjunktursituation und Arbeitsmarktlage anzuknüpfen. Zwar ergaben sich in der zweiten Hälfte der 70er Jahre wieder stärkere Wachstumsraten des Sozialprodukts (1976: 5,5%, 1979: 4,1%), doch konnte die Arbeitslosigkeit nicht mehr auf die früheren günstigen Werte heruntergedrückt werden; sie pendelte zwischen 4–5%. Auch war die Zeit der jährlichen hohen Reallohnsteigerungen vorbei. Bei Preissteigerungsraten von 3–5% jährlich stiegen die Realeinkommen kaum noch an. Vor allem konnte die hohe Staatsverschuldung, die u. a. auf die kostspieligen Konjunkturprogramme zurückging, nicht mehr wesentlich zurückgeschraubt werden.

Die Ursachen für die gründlich veränderte wirtschaftliche Lage waren vielfältig: stagnierende Nachfrage der Bevölkerung nach Konsumgütern aufgrund von Bedarfsdeckung und stagnierenden Einwohnerzahlen; geringere Investitionsbereitschaft der Wirtschaft wegen geringerer Gewinnerwartungen und zunehmender Konkurrenz aus Niedriglohnländern; stark gestiegene Preise für Energie- und andere Rohstoffe (u. a. durch den zweiten »Ölschock« mit Verknappungen und Preissteigerungen nach der iranischen Revolution 1979); zunehmende Steuerbelastung der Bürger und der Wirtschaft durch überproportional steigende Staatsausgaben; nicht zuletzt die Fortdauer von Strukturkrisen in einzelnen Industriezweigen, wie Steinkohlebergbau, Stahlindustrie, Schiffbau, Textil- und Bekleidungsindustrie.

Die achtziger Jahre: Um 1980 verschlechterte sich die wirtschaftliche Lage und mündete in eine deutliche Rezession (1982 Rückgang des Sozialprodukts um 1,1% bei gleichzeitigem Anstieg der Arbeitslosenquote auf 7,5% und einer Inflationsrate von ca. 5%). Die Finanzlage der öffentlichen Haushalte hatte sich inzwischen soweit verschlechtert, daß das bisher praktizierte Verfahren, eine kurzfristige Konjunkturbelebung durch massive staatliche »Finanzspritzen« zu erzielen, nicht mehr praktikabel war. Durch rigorose Sparmaßnahmen bei Steuervergünstigungen und Subventionen, durch Kürzungen bei Sozialleistungen und durch Steuererhöhungen wurde versucht, den Bundeshaushalt zu sanieren. Letztlich war jedoch die **Krise der Wirtschafts- und Sozialpolitik** der Hauptauslöser für den Sturz der SPD-FDP-Regierung *Schmidt* (1. 10. 1982) und die Bildung der neuen Regierung *Kohl* durch eine Koalition aus CDU/CSU und FDP (4. 10. 1982).

Die Jahre der Regierung Kohl in der »alten« Bundesrepublik, d. h. bis zur deutschen Wiedervereinigung, waren geprägt durch eine **partielle wirtschaftliche Stabilisierung**, ohne daß es jedoch gelungen wäre, alle Ziele zu erreichen. Das Wirtschaftswachstum kam bei weitem nicht mehr an die früheren Werte heran, sondern schwankte zwischen 1,5 (1987) und 4,2% (1989); die Inflationstendenzen konnten praktisch eliminiert werden, die Preissteigerungsrate überstieg in den meisten Jahren nicht 1,5%; die außenwirtschaftliche Situation stellte sich glänzend dar, hohe Exportüberschüsse sorgten für positive Salden der Zahlungsbilanz.

Diesen positiven Aspekten standen allerdings auch gravierende negative Erscheinungen gegenüber, die nicht in den Griff zu bekommen waren, allen voran die **hohe Arbeitslosigkeit**. Sie verharrte bis Mitte der 80er Jahre auf Werten um 9% und ging erst 1989 auf 7,9% zurück. Trotz einer – wenn auch mäßig – wachsenden Wirtschaft gab es keine Erfolge bei den Bestrebungen, die Zahl der Arbeitslosen entscheidend zu verringern.

Weitere ökonomische Problembereiche waren in den 80er Jahren die anhaltenden Strukturkrisen in einigen Branchen der Industrie (Montanindustrie, Schiffbau, Hoch- und Tiefbau, Teilbereiche

Staatsschulden 1950–1999

Öffentliche Schulden des Bundes in Mrd. DM

1950	6,704	1989	490,539
1955	10,699	1990	542,189
1960	26,214	1991	585,983
1965	34,371	1992	606,745
1970	47,771	1993	685,282
1975	107,094	1994	712,488
1980	299,988	1995	754,332
1985	392,361	1996	833,232
1986	413,378	1997	899,067
1987	440,477	1998	954,428
1988	475,167	1999[1]	1385,341

[1] einschließlich der am 1. 7. 1999 mitübernommenen Schulden des Bundeseisenbahnvermögens, des Ausgleichsfonds Steinkohle und des Erblastentilgungsfonds
Bis 1990: früheres Bundesgebiet
Quelle: Statist. Bundesamt/Deutsche Bundesbank

der Elektroindustrie), die unter der wesentlich billiger produzierenden ausländischen Konkurrenz litten und verschiedene Standorte völlig abbauten. Außerdem wurde immer deutlicher, daß die in die EU-Marktordnungen eingebundene Agrarpolitik dringend reformbedürftig war und daß Teile des Sozialversicherungssystems reformiert werden mußten.
Schließlich konnte die Regierung Kohl die hohe öffentliche Verschuldung nicht vermindern. Die Schulden des Bundes, die 1980 bei 229,988 Mrd. DM lagen und 1983 bereits auf 341,645 Mrd. DM angestiegen waren, erhöhten sich 1990 auf 542,189 Mrd. DM (→ Tabelle). Für alle öffentlichen Haushalte zusammen (Bund, Länder, Gemeinden, Sondervermögen, Bahn, Post u. a.) überschritten die Schulden 1990 sogar die Billionengrenze (1048,761 Mrd. DM).

SBZ und DDR

Die wirtschaftliche Entwicklung in der **Sowjetischen Besatzungszone und der DDR** verlief nach dem Zweiten Weltkrieg von Anfang an völlig anders als in den Westzonen Deutschlands. In einer ersten Phase von 1945–49 wurde durch die Bodenreform und durch entschädigungslose Enteignungen von Industrie- und Handwerksbetrieben relativ rasch ein großer Teil des Produktivvermögens in andere Eigentumsverhältnisse überführt. Auch alle Bodenschätze gingen in Volks-, d. h. Staatseigentum über. Gleichzeitig wurde die Wirtschaft durch hohe **Reparationsleistungen** an die Sowjetunion stark geschwächt.
1948 wurde mit dem ersten Halbjahrplan die **zentrale Planung und Lenkung der Wirtschaft** eingeführt. 1949 wurden ein Zweijahrplan und ab 1951 Fünfjahrpläne aufgestellt, die die zu erreichenden Produktionsziele vorgaben. Dadurch wurde ein wichtiger Unterschied des sozialistischen Wirtschaftssystems zum marktwirtschaftlichen System institutionalisiert: Während in der BRD in der Regel die Nachfrage über Art und Ausmaß der Produktion entschied, wurde in der DDR das Angebot durch staatliche Planung vorgegeben; die Nachfrage wurde häufig nicht oder unzureichend berücksichtigt. 1950 wurde die DDR in den 1949 gegründeten »Rat für gegenseitige Wirtschaftshilfe« (RGW, engl. COMECON) aufgenommen, womit die intensive Verflechtung der Wirtschaft mit den Ostblockländern, insbesondere mit der Sowjetunion begann. Die 50er Jahre waren darüber hinaus gekennzeichnet durch die fast vollkommene **Zwangskollektivierung** der Landwirtschaft (»Landwirtschaftliche Produktionsgenossenschaft«/LPG), des Handwerks und der Industrie (»Volkseigener Betrieb«/VEB).
Eine dritte Phase von 1958–63 brachte verschiedene Reorganisationen der staatlich geleiteten Wirtschaft, vor allem mit dem Ziel, die Produktivität zu erhöhen und durch eine noch stärkere Anlehnung an die sowjetische Wirtschaft die ökonomischen Beziehungen zur Bundesrepublik und zu Westeuropa weiter zu verringern. Für 1959–65 wurde ein Siebenjahrplan aufgestellt mit dem ausdrücklichen Ziel, als »ökonomische Hauptaufgabe« das Versorgungsniveau an die westdeutschen Verhältnisse anzugleichen. Der Rückstand bei Produktion und privatem Verbrauch von rund 25–30 % je Einwohner gegenüber der BRD konnte jedoch nicht verringert werden. Der Siebenjahrplan wurde 1962 wegen Unerfüllbarkeit abgebrochen, zumal sich die wirtschaftliche Lage um 1960–62 krisenhaft zugespitzt hatte (Versorgungsengpässe, Schlußphase der Kollektivierung der Landwirtschaft gegen starken Widerstand der bäuerlichen Bevölkerung, Bau der Berliner Mauer zur Eindämmung der Fluchtbewegung nach Westdeutschland, Unruhe in der Bevölkerung wegen der schlechten Arbeitsbedingungen und der mangelhaften Versorgungslage).
Auf die politisch-wirtschaftliche Krise der Jahre 1961/62 reagierte die Partei- und Staatsführung mit einem wirtschaftspolitischen Reformprogramm, dem sog. »**Neuen Ökonomischen Sy-**

Der Prozeß der Vergesellschaftung der Wirtschaft in der DDR 1950–1980

Anteil der Betriebsformen am Nettoprodukt nach Industrie und Landwirtschaft in Prozent nach jeweiligen Preisen

	Insgesamt	*Industrie und produzierendes Handwerk (ohne Bauhandwerk)*	*Land- und Forst-wirtschaft*
1. Sozialistische Betriebe			
1950	56,8	68,2	3,4
1970	85,6	82,8	95,2
1976	95,8	96,8	96,4
1980	96,5	97,7	96,1
a) Volkseigene Betriebe			
1950	50,5	66,9	3,4
1970	68,9	79,7	16,1
1976	.	95,6	.
1980	.	96,3	.
b) Genossenschaftliche Betriebe			
1950	6,3	1,4	–
1970	16,8	3,2	79,2
1976	.	1,2	.
1980	.	1,5	.
2. Betriebe mit staatlicher Beteiligung oder Kommissionsvertrag			
1950	–	–	–
1970	8,8	11,6	0,1
1976	0,7	0,0	–
1980	0,6	–	–
3. Private Betriebe			
1950	43,2	31,8	96,6
1970	5,6	5,6	4,6
1976	3,4	3,1	3,7
1980	2,9	2,3	3,9

ohne Nettoprodukt der Haus- und Kleingärten
Quelle: Statistisches Jahrbuch der DDR 1978, S. 73; 1982, S. 89, entnommen aus: Zimmermann, DDR-Handbuch, Bd. 2, [3]1985

Das Wirtschaftsergebnis der DDR und seine Entstehung 1960–1989

Bruttoprodukt in jeweiligen Preisen in Mrd. Mark (Anteil der Industrie und Landwirtschaft in Prozent)

	Insgesamt	*Industrie und produzierendes Handwerk (ohne Bauhandwerk)*	*Land- und Forstwirt-schaft*
1960	153,080	96,989 (63,4)	23,193 (15,2)
1970	271,562	171,596 (63,2)	34,418 (12,7)
1975	361,053	231,804 (64,2)	44,031 (12,2)
1980	521,629	370,054 (70,9)	48,905 (9,4)
1985	748,613	531,976 (71,1)	84,300 (11,3)
1986	779,850	553,313 (71,0)	88,427 (11,3)
1987	801,166	568,153 (70,9)	88,561 (11,3)
1988	819,829	580,961 (70,9)	88,505 (11,1)
1989	816,547	574,100 (70,3)	90,229 (10,8)

Quelle: Statistisches Jahrbuch der DDR 1990

stem der Planung und Leitung der Volkswirtschaft« (NÖSPL, vielfach auch nur NÖS) für die Jahre 1963–67. Es sollte das Wirtschaftssystem rationalisieren und modernisieren und vor allem die Produktivität steigern. Neben das bestehende Leitungssystem, das fast ausschließlich auf Mengenplanung und zentraler Befehlsgewalt und Steuerung beruhte, sollte ein ergänzendes System der Steuerung und Lenkung der Wirtschaft treten, in dem neben der Planfestlegung »von oben« indirekte Steuerungsmechanismen wie z. B. Zinsen, Prämien, flexible Preisbildung und die Zulassung einer begrenzten Selbstregulierung der Wirtschaft mit Hilfe einer betrieblichen Kostenrechnung ihre Wirkung entfalten sollten.

In der Praxis führte das NÖSPL zu einer gewissen Öffnung der Wirtschaft für Innovationen, zu verstärkter Kooperation der Industrie mit der Forschung, zu Konzentrationstendenzen in Industrie und Landwirtschaft durch Kooperationen und Zusammenschlüsse von Betrieben (z. B. die Bildung von relativ selbständigen »sozialistischen Konzernen« in Form der »Vereinigung Volkseigener Betriebe«/VVB) und zu einer gewissen Abkehr von ausgesprochen extensiver, rein quantitativ ausgerichteter Produktion zu einer intensiveren Produktion unter stärkerer Berücksichtigung von Qualitätsmerkmalen. Schließlich bedeutete das NÖS die Anerkennung eines »materiellen Interesses« der arbeitenden Bevölkerung, die zu höherer Arbeitsleistung führen sollte.

Das NÖS führte zweifellos nach Jahren wirtschaftlicher Stagnation zu Beginn der 60er Jahre zu einem gewissen Aufschwung mit einer spürbaren **Verbesserung der Versorgungslage** für die Bevölkerung. Viele Reformen wurden jedoch gegen Ende der 60er Jahre zugunsten stärkerer Zentralisierung der Entscheidungsstrukturen und größerer Bedeutung ideologischer Vorgaben wieder rückgängig gemacht. Das Stichwort hierfür lautete ÖSS (»Ökonomisches System des Sozialismus«), das in der Neufassung der DDR-Verfassung von 1968 definiert wurde.

Zwischen diesen beiden Polen – staatliche Planung der gesamten Wirtschaft bis hinunter zur Produktion des einzelnen Betriebes und Eigenverantwortung der Betriebe (auch in der Preispolitik und Rechnungsführung) – pendelte die Wirtschaftspolitik in den letzten Jahren der Ära *Ulbricht*. Negativ wirkte sich dabei vor allem die gezielte Förderung einzelner Wachstumsbranchen aus (Chemie, Elektrotechnik, Werkzeugmaschinenbau u. a.), da sie zu starken Ungleichgewichten und zu Engpässen in anderen Bereichen und besonders bei der Infrastruktur, der Energieerzeugung und im Verkehrswesen führte. Die daraus folgende Krise der gesamten Wirtschaftspolitik und -entwicklung war ein Grund für die Ablösung *Walter Ulbrichts* als 1. Sekretär der SED am 3. 5. 1971 und seine Ersetzung durch *Erich Honecker*.

Honecker stellte seine Politik unter das Motto des 8. Parteitags der SED 1971 »Einheit von Wirtschafts- und Sozialpolitik«. Der Bevölkerung wurde eine Verbesserung der wirtschaftlichen Situation und der Sozialleistungen in Aussicht gestellt, der strikte Vorrang des industriellen Aufbaus wurde aufgegeben zugunsten einer stärkeren Berücksichtigung der Belange der »Werktätigen« (z. B. Lohn- und Rentenerhöhungen, verstärkter Wohnungsbau, Verbesserung der Versorgungslage). Tatsächlich erhöhte sich der Lebensstandard der DDR-Bewohner zu Beginn der 70er Jahre deutlich stärker als in den Vorjahren, und die Wirtschaft der DDR nahm innerhalb des Ostblocks immer mehr eine Vorrangstellung ein, da sie effektiver funktionierte als in den »sozialistischen Bruderstaaten«. Im Vergleich zur BRD nahm dagegen der Rückstand der DDR weiterhin zu, soweit es Werte des materiellen Lebensstandards betraf.

Neben den genannten Verbesserungen für die Bevölkerung wurden gleichzeitig die Verstaatlichung der Wirtschaft und die Eingliederung der DDR in das sowjetische System energisch vorangetrieben, so daß entstehende Hoffnungen auf eine Liberalisierung des Wirtschaftssystems rasch unterdrückt wurden. Durch eine rigorose Enteignungspolitik und Zwangsmaßnahmen wurden ab 1972 fast alle restlichen Privatbetriebe von Industrie, Handel und Handwerk verstaatlicht oder in genossenschaftliche Formen überführt. Bis 1976 stieg der Anteil der in »Volkseigenen Betrieben« produzierten Industriegüter auf über 99%. Wie die Tabelle (Sp. 1235) zeigt, existierten nun Privatbetriebe in allen Wirtschaftsbereichen nur noch als Randerscheinungen. Zugleich wurden die Betriebsvergrößerungen weitergeführt, in der Industrie durch die Bildung von VVB, in der Landwirtschaft durch Groß-LPG, die auf Pflanzen- oder Tierproduktion spezialisiert waren (LPG-P bzw. LPG-T).

Das Wirtschaftsergebnis der DDR 1949–1989

Gesellschaftliches Gesamtprodukt und produziertes Nationaleinkommen in vergleichbaren (konstanten) Preisen (Stand 1985) in Mrd. Mark

	Gesellschaftliches Gesamtprodukt	*Produktionsverbrauch*	*Produziertes Nationaleinkommen*
1949	82,343	57,426	24,917
1950	98,186	67,834	30,352
1955	166,641	110,420	56,221
1960	240,271	160,892	79,379
1965	305,153	210,971	94,182
1970	405,477	283,914	121,563
1975	532,419	374,262	158,157
1980	655,212	461,568	193,644
1985	748,613	506,750	241,863
1989	826,978	553,308	273,670

Quelle: Statistisches Jahrbuch der DDR 1990

Die weitere Integration in den Sowjetblock und die daraus folgende wirtschaftliche Abhängigkeit von der UdSSR wurde 1974 durch einen neuen Freundschafts- und Beistandspakt zwischen *Honecker* und *Breschnew* besiegelt. Im Rahmen der »sozialistischen ökonomischen Integration« innerhalb des RGW mußte die DDR den »Westhandel« mit der BRD und mit den westlichen Industriestaaten stark einschränken (wodurch wichtige Deviseneinnahmen verlorengingen) und den Intra-Block-Handel entsprechend ausdehnen. 1970–75 stieg der Warenaustausch allein mit der Sowjetunion dadurch um 50% an.

Zu einem weiteren wichtigen Kennzeichen der Wirtschaftspolitik der 70er Jahre wurde die **Rezentralisierung der Wirtschaftssteuerung**. Das bisherige System von zentraler Planung und indirekter Steuerung mittels Prämien und anderer materieller Anreize hatte sich als unzulänglich erwiesen, um die gesamtstaatlich-volkswirtschaftlichen Ziele mit den betrieblichen Interessen in Einklang zu bringen. Daher wurden alle wichtigen Vorgaben bezüglich Produktionszielen und -mengen wieder nach »oben« zur staatlichen Plankommission verlagert. Zu einem großen Problem dieser strikten Planwirtschaft wurden die wechselnden internationalen Rahmenbedingungen, auf die naturgemäß nur sehr schwerfällig reagiert werden konnte.

Auch in den 80er Jahren wurde auf die schwerwiegenden Probleme bei der Realisierung einer sozialistischen Planwirtschaft mehrfach durch Reformversuche und Kurskorrekturen geantwortet, z. B. durch Umwandlung von VVB in

Das Wirtschaftsergebnis der DDR nach seiner Entstehung zu jeweiligen Preisen 1980–1989
in Mrd. Mark

	1980	*1989*
Produktionswert	*589,724*	*920,283*
Gesellschaftliches Gesamtprodukt	521,629	816,547
Produktionswert des nichtproduzierenden Bereichs	68,095	103,736
Wohnungs- und Kommunalwirtschaft, Geld- und Kreditwesen	14,734	24,900
Wissenschaft, Bildung, Kultur, Gesundheits- und Sozialwesen	24,053	36,537
Staatliche Verwaltung, Gesellschaftliche Organisationen	29,308	42,299
Vorleistungen	*344,913*	*566,945*
Verbrauch von Material und produktiven Leistungen (ohne Abschreibungen)	335,385	554,772
Produzierender Bereich	310,374	514,257
Nichtproduzierender Bereich	25,011	40,515
Verbrauch nichtproduktiver Leistungen	9,528	12,173
Produzierender Bereich	5,060	7,958
Nichtproduzierender Bereich	4,468	4,215
Bruttoinlandsprodukt	*244,811*	*353,338*
Produzierender Bereich	206,195	294,332
Nichtproduzierender Bereich	38,616	59,006
Abschreibungen für Grundmittel, Nutzungsentgelte, Mieten und Pachten	32,480	54,992
Produzierender Bereich	22,928	41,920
Nichtproduzierender Bereich	9,552	13,072
Nettoinlandsprodukt	212,331	298,346
Produzierender Bereich	183,267	252,412
Nichtproduzierender Bereich	29,064	45,934
Nationaleinkommen	*188,327*	*260,370*

Quelle: Statistisches Jahrbuch der DDR 1990

Kombinate, bei denen Zulieferung, Produktion und Absatz in einem Betrieb vereinigt waren; durch mehrfache Preiskorrekturen im Produktionsbereich, die jedoch aufgrund hoher Subventionen aus dem Staatshaushalt kaum auf die Verbraucherpreise durchschlugen; durch den Ausbau der staatlichen Sozialleistungen, um die Zustimmung der Bevölkerung und die Leistungsbereitschaft der Beschäftigten zu erhöhen. Eine deutliche Verbesserung der wirtschaftlichen Situation wurde jedoch besonders durch die starre und modernisierungsfeindliche Planungsbürokratie, den maroden Zustand des immer mehr veraltenden Produktionsapparates (Maschinenpark, Verkehrsinfrastruktur) und die völlig unzulängliche Kommunikationsinfrastruktur (z. B. Telefon) verhindert.

Aufgrund der vielfach willkürlich festgesetzten Preise und der unterschiedlichen begrifflichen Abgrenzung ist es nur schwer möglich, volkswirtschaftliche Kennziffern (wie Nationaleinkommen und Sozialprodukt) mit den entsprechenden Werten der BRD zu vergleichen. Als wichtiger Unterschied zur Entwicklung in der BRD, der sich eindeutig aus der Tabelle ergibt, ist jedoch das starke Übergewicht des industriellen Sektors gegenüber allen anderen Wirtschaftszweigen festzustellen.
Selbst Ende der 80er Jahre entfielen mehr als 70% des Wirtschaftsergebnisses auf die Industrieproduktion, ein vergleichsweise sehr hoher Anteil auf die Landwirtschaft (mehr als 11%) und nur sehr geringe Anteile auf den Dienstleistungssektor. Selbst wenn man berücksichtigt, daß viele Tätigkeiten, die in der Statistik der BRD den Dienstleistungen zugerechnet werden, im System der DDR zur Industrie oder zur Landwirtschaft zählten, ist der Unterschied zur Wirtschaftsstruktur der westeuropäischen Länder enorm. Die Tendenz zum absoluten und anteiligen Wachstum der Dienstleistungsbranchen, wie sie allen marktwirtschaftlich organisierten Industrieländern eigen ist, wurde durch die staatliche Planwirtschaft gebremst. Der für das Funktionieren der Wirtschaft und den Lebensstandard der Bevölkerung mitentscheidende Dienstleistungssektor blieb bis zuletzt stark unterentwickelt – ein wichtiger Grund für das Scheitern der Versuche, in der Wirtschaft und beim Lebensstandard westdeutsches oder westeuropäisches Niveau zu erreichen.

Kennzeichen des Wirtschaftssystems der DDR in den 80er Jahren

Die Wirtschaft der DDR war durch die Verfassung als **sozialistische Planwirtschaft** definiert. Ideologische Grundlage der Wirtschaft war die politische Ökonomie des Marxismus-Leninismus, materielle Grundlage war das zentralverwaltete Staatseigentum (sog. **Volkseigentum**) an den Produktionsmitteln. Selbständige privatwirtschaftliche Tätigkeit war nur in Ausnahmefällen erlaubt.
Die wichtigsten Prinzipien waren:

- gesellschaftliches Eigentum an den Produktionsmitteln unter der Leitung und der Verfügungsgewalt der entsprechenden Gremien der SED;
- alles umfassende Lenkungs- und Planungs-

funktionen des Staates, d. h. de facto der Partei in der Wirtschaft;

▸ zentrale Leitung und Planung der Produktion und der Distribution (des Handels) durch staatliche Organe;

▸ nur sehr stark eingeschränkte eigene Befugnisse der Betriebe und der Verwaltungen, strikte Bindung an von den Leistungsorganen vorgegebene Planziffern, die Art und Menge der Produktion festlegten;

▸ Vorrang des Exports vor der Versorgung der eigenen Bevölkerung wegen der Einbindung in das System des RGW und der Notwendigkeit, Devisen zu erwirtschaften;

▸ weitgehende Einheit von Wirtschafts- und Sozialpolitik, deren Inhalte durch jährliche Volkswirtschaftspläne gesetzlich festgelegt wurden.

Bis auf genau geregelte Fälle dominierte im Wirtschaftsleben der DDR das sog. sozialistische Eigentum. Folgende Eigentumsformen spielten eine Rolle, die in der Verfassung der DDR geregelt waren:

▸ **Sozialistisches Eigentum**, bei dem unterschieden wurde:

– gesamtgesellschaftliches Eigentum (z. B. Bodenschätze und ihre Nutzung, Verkehrswege und Transportmittel, Kommunikationsinfrastruktur, Banken, Versicherungen, »volkseigene« Güter und Betriebe;

– genossenschaftliches Gemeineigentum (z. B. landwirtschaftliche und gärtnerische Produktionsgenossenschaften, Konsumgenossenschaften, Arbeiterwohnungsbaugenossenschaften, Produktionsgenossenschaften des Handwerks);

– Eigentum gesellschaftlicher Organisationen, z. B. der FDJ oder des FDGB;

▸ **Persönliches Eigentum** (z. B. Gegenstände des persönlichen Bedarfs, Haushaltsausstattung, Ersparnisse, eigengenutzte Wohnhäuser und Grundstücke u. ä.);

▸ **Privateigentum** von Einzelhandwerkern und Gewerbetreibenden (kleine Handwerks- und Gewerbebetriebe).

Die Unflexibilität der bürokratisch verwalteten Staatswirtschaft und das Unterbinden jeglicher privatwirtschaftlicher Initiative in der Wirtschaft trugen wesentlich zum Zusammenbruch der DDR bei. Zur Aufrechterhaltung des Planungssystems war eine riesige unproduktive Bürokratie notwendig, durch die starre Planung wurden viele Ressourcen fehlgeleitet und es konnte nicht auf Veränderungen des Weltmarkts reagiert werden. Der Mangel an Kapital für Investitionen führte dazu, daß die DDR immer stärker von der Substanz lebte und der Industrie die Mittel für Modernisierungen fehlten. Ab Mitte der 80er Jahre überlebte die Wirtschaft hauptsächlich durch westliche Kredite, da die Staatsausgaben bei weitem die Einnahmen aus Steuern und Erträgen der Wirtschaft übertrafen.

Gesamtdeutschland

Die **Wiedervereinigung der beiden deutschen Staaten** am 3. 10. 1990 veränderte die Wirtschaftsstrukturen der DDR, der nun sog. neuen Bundesländer völlig, aber auch für die alten Bundesländer der bisherigen BRD verlief die Umwandlung des sozialistischen Planwirtschaftssystems in ein marktwirtschaftliches System nicht reibungslos. Zunächst brachten die **Währungs- Wirtschafts- und Sozialunion** am 1. 7. 1990 und die folgende staatliche Vereinigung den alten Bundesländern einen Wirtschaftsboom, der sowohl die Industrie und das Baugewerbe als auch viele Dienstleistungsbereiche, besonders den Handel, erfaßte. Das Bruttosozialprodukt erhöhte sich 1990 um 5,5% und 1991 um 4,9%. Damit unterschied sich die alte BRD erheblich von den übrigen OECD-Staaten, die von einer weltwirtschaftlichen Rezession betroffen waren.

Für die neuen Bundesländer ergab die Herauslösung aus dem planwirtschaftlich organisierten, sowjetisch beherrschten RGW-Block mit starker Spezialisierung auf die Bedürfnisse der anderen sozialistischen Staaten sowie überwiegendem Intra-Block-Handel und der Übergang zum System der sozialen Marktwirtschaft der BRD innerhalb der EU mit Einbindung in den Weltmarkt enorme Anpassungsprobleme. Sie verursachten massive Produktionsrückgänge, hohe Arbeitsplatzverluste und – durch die Währungsumstellung – den fast völligen Wegfall der bisherigen ausländischen Hauptabsatzmärkte. Hinzu kam als großes Problem die Tatsache, daß die Industrieanlagen (Gebäude, Maschinenpark), die Energieerzeugung, die Verkehrs- (Straßen, Fahrzeugbestand, Eisenbahnen) und Kommunikationsinfrastruktur (vor allem Telefon) und die wirtschaftsnahen Dienstleistungen ganz überwiegend in einem derart veralteten und reparaturbedürftigen Zustand waren, daß in den meisten Fällen nur noch Abbruch oder Stillegung bzw. moderner Wiederaufbau in Frage kam. Vom seinerzeitigen Stand der Technik und von internationalen Standards war die DDR-Wirtschaft weit entfernt, auch was die Berücksichtigung des Umweltschutzes betraf. Schwierig war weiterhin die notwendige **Privatisierung der verstaatlichten Unternehmen** in Industrie, Landwirtschaft, Handel, Verkehr und sonstigen Dienstleistungen. Diese Aufgabe wurde der neu gegründeten Treuhandanstalt übertragen, die sich bemühte, private Investoren zu finden, soweit Betriebe erhaltenswert waren, andernfalls eine sozialverträgliche »Abwicklung« zu ermöglichen. Diese Aufgabe war bis Ende 1994 weitgehend abgeschlossen.

Die Wiedervereinigungsboom flachte sich bereits 1992 deutlich ab, und Deutschland geriet mit zeitlicher Verzögerung in die weltwirtschaftliche Rezession (1993 Rückgang des BSP um 1,6%). Insbesondere der Export ging zurück und konnte durch die nachlassende Investitionsbereitschaft in den neuen Ländern und den stagnierenden Inlandsbedarf in Westdeutschland nicht ausgeglichen werden. Mitte bis Ende der 90er Jahre war es dann umgekehrt vor allem der Export, der angesichts eines neuen weltwirtschaftlichen Konjunkturaufschwungs stark zunahm und vor allem in der Industrie der alten Bundesländer zu einem erheblichen Produktionsanstieg führte, während die Binnenkonjunktur bei stagnierenden durchschnittlichen Realeinkommen der Bevölkerung weiterhin sehr schwach war. Das BSP nahm daher nur mäßig zu (→ Tabelle Sp. 1227).

In den meisten Jahren seit 1990 lag die Wachstumsrate der neuen Länder (z. T. aufgrund der niedrigeren Ausgangsbasis) wesentlich höher als die der alten Länder, allerdings mit abnehmendem Unterschied. So stieg das BIP 1994 um 8,9% (neue Länder) bzw. 2,3% (alte Länder) und 1996 um 2,0 bzw. 1,4%. Nach Deckung des dringendsten Nachholbedarfs (z. B. beim Wohnungs- und Straßenbau und bei der Versorgungsinfrastruktur) nahm die Wachstumsdynamik in den neuen Ländern stark ab, da es bis heute zu keinem »selbsttragenden« privat initiierten Wirtschaftsaufschwung kam. Der »Aufholprozeß« verlangsamte sich daher stark. Insgesamt konnten aber die neuen Länder in den 90er Jahren den Rückstand in der Wirtschaftsentwicklung verringern. Ostdeutschland konnte seinen Anteil an der realen Wertschöpfung Deutschlands (Bruttoinlandsprodukt) von 7,2% (1991) über 11,5% (1995) auf 11,6% (1997) steigern, fiel allerdings 1998 wieder auf 11,4% zurück. (In absoluten Zahlen: Vom Bruttoinlandsprodukt 1998 in Höhe von 3 758,100 Mrd. DM entfielen 3 329,000 Mrd. DM auf West- und 429,100 Mrd. DM auf Ostdeutschland.) Da von der gesamten Bevölkerung Deutschlands Anfang 1999 18,5% in den neuen Ländern lebten, wird deutlich, welch große Differenz noch aufzuholen ist, bis der Anteil der neuen Länder am Wirtschaftsergebnis dem Bevölkerungsanteil entspricht, d. h. bis die Wertschöpfung pro Einwohner und damit der Wohlstand in beiden Teilen Deutschlands ungefähr gleich groß ist.

Der Übergang der neuen Bundesländer zum marktwirtschaftlichen System und der Prozeß der Angleichung an das Niveau der alten Länder geschah mit Hilfe enormer **Transferzahlungen** aus der bisherigen BRD, sowohl seitens privater Investoren, vor allem aber durch den Staat. Insgesamt transferierten nach Berechnungen der Deutschen Bundesbank Bund, Länder, Gemeinden und Sozialversicherungsträger in den Jahren 1991–1997 brutto 1174 Mrd. DM in die neuen Länder, durchschnittlich 167,714 Mrd. DM pro Jahr. Von staatlicher Seite war dies nicht ohne eine erhebliche Neuverschuldung möglich; die Zunahme der Staatsschulden seit der Wiedervereinigung (→ Tabelle Sp. 1233) geht ganz überwiegend auf Leistungen zugunsten der neuen Länder zurück. Daher stieg auch die Staatsquote (Staatsausgaben in % des Bruttoinlandsprodukts) von 46,0 (1989) auf 50,6% (1995). Seither sinkt sie langsam wieder (1999: 48,0%).

Ein Problem, das seit der Wiedervereinigung in beiden Teilen Deutschlands nicht in den Griff zu bekommen ist, ist die hohe **Arbeitslosigkeit** (→ Kap. Erwerbstätigkeit). Neben die strukturelle Erwerbslosigkeit, die in den alten Bundesländern herrscht, trat bereits kurz nach der Wirtschafts- und Währungsunion in der ehem. DDR die umwandlungsbedingte Arbeitslosigkeit durch den Abbau uneffektiver Arbeitsplätze bzw. die Schließung vieler Betriebe wegen mangelnder Konkurrenzfähigkeit. Durch die viel zu geringe Schaffung neuer Arbeitsplätze in neu angesiedelten Betrieben oder im Dienstleistungsbereich konnten diese Arbeitsplatzverluste bisher nicht kompensiert werden. Die Arbeitslosenquote liegt daher seit der Wiedervereinigung in Ostdeutschland erheblich höher als in den alten Bundesländern. Bereits 1994 be-

Preisentwicklung in Deutschland 1991 – 1999
Ausgewählte Preisindizes (1995 = 100)

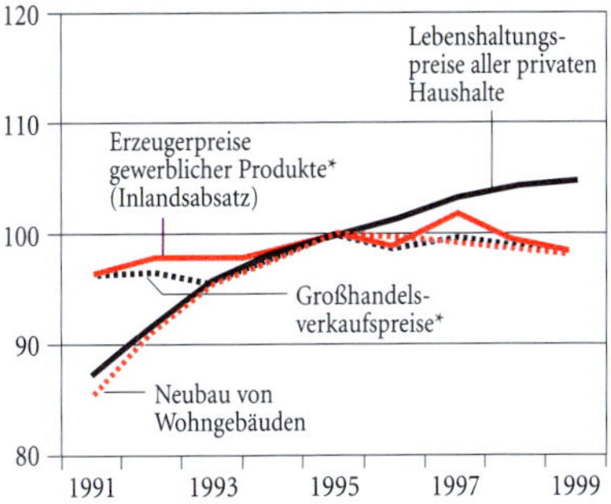

* ohne Umsatzsteuer

Quelle: Statistisches Jahrbuch für die Bundesrepublik Deutschland 2000

trug die Quote 16,0 % (Ost) gegenüber 9,2 % (West); 1999 war der Unterschied auf 19,0 % gegenüber 9,9 % angewachsen; und ohne die massiven staatlichen Arbeitsbeschaffungsmaßnahmen läge die Arbeitslosigkeit in der ehemaligen DDR noch wesentlich höher.
Positiv ist dagegen die **Preisentwicklung** seit der Wiedervereinigung zu bewerten. Nach anfänglichen starken Preissteigerungen in Ost-

deutschland glichen sich die Inflationsraten bereits nach wenigen Jahren einander an und verharren seit Mitte der 90er Jahre auf einem Niveau, das auch im internationalen Vergleich sehr niedrig ist. So ergab der Preisindex für die Lebenshaltungskosten der Privathaushalte 1995 eine Inflationsrate von 1,8 % für Deutschland; sie betrug bei getrennter Berechnung 1,7 % in West- und 2,1 % in Ostdeutschland. Die entsprechenden Zahlen für 1999 lagen bei 0,7 % (West) und 0,4 % (Ost); (→ auch Abb.).
Die Entwicklung der deutschen **Außenwirtschaft** wird durch die Tabelle Sp. 1247 f. der Leistungsbilanz 1950–1997 verdeutlicht.
Beispielhaft für die verschiedenen wirtschaftlichen Transaktionen zwischen der BRD und dem Ausland sind die wichtigsten Posten dargestellt, nämlich (jeweils per Saldo) der Außenhandel (Warenhandel), der Dienstleistungsverkehr (z. B. See- und Luftfrachtraten, Versicherungs- und Finanzdienstleistungen, An- und Verkauf von Patenten und Lizenzen usw.) und als dessen wichtigster Teil der Reiseverkehr, die laufenden Übertragungen (private und staatliche Finanztransaktionen einschließlich der deutschen Beiträge an internationale Organisationen) und als dessen größter Bestandteil die Zahlungen an bzw. Einnahmen von den

Preisentwicklung 1995–1999
Preisindex für die Lebenshaltung aller privaten Haushalte nach Verwendungszweck 1999 (1995 = 100)

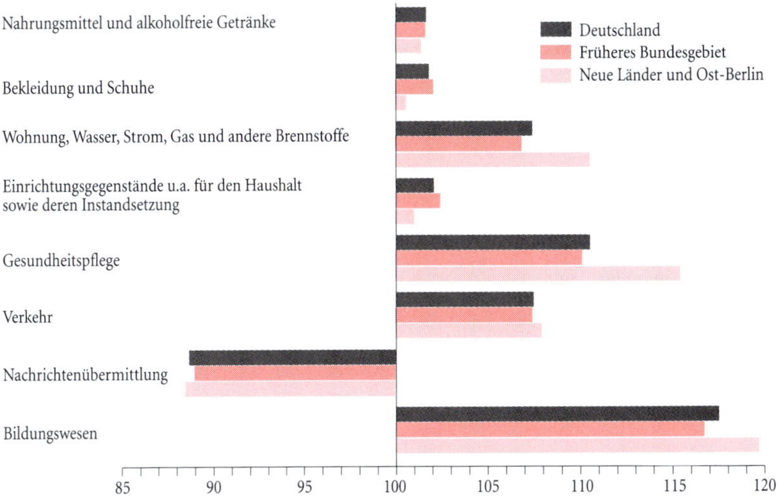

Europäischen Gemeinschaften. Nicht enthalten ist in der Tabelle die Kapitalbilanz (z. B. Direktinvestitionen, Wertpapieranlagen, Kreditverkehr u. ä.). Als Saldo aller genannten Finanztransaktionen mit dem Ausland ist die Leistungsbilanz dargestellt, die wiederum zusammen mit der hier nicht berücksichtigten Kapitalbilanz die gesamte Zahlungsbilanz ergibt. Die Tabelle zeigt, daß die BRD von Anfang an eine sehr leistungsfähige Außenwirtschaft aufzuweisen hat. Mit Ausnahme weniger Jahre wirtschaftlicher Rezession (Mitte der 60er Jahre, um 1980) zeigte die Leistungsbilanz bis zur Wiedervereinigung fast durchgehend beachtliche positive Werte. Sie gingen vor allem auf Überschüsse in der Außenhandelsbilanz zurück. Die Dienstleistungsbilanz war demgegenüber immer negativ, wiederum im wesentlichen aufgrund einer einzigen Teilbilanz, nämlich wegen des von Jahr zu Jahr wachsenden Defizits beim Reiseverkehr (höhere Ausgaben durch deutsche Touristen im Ausland gegenüber den Einnahmen durch ausländische Touristen in Deutschland). Auch die Bilanz der laufenden Übertragungen war von Anfang an negativ. Hier spielten in den ersten beiden Jahrzehnten Wiedergutmachungszahlungen an Israel und ähnliche Folgelasten der Nazi-Diktatur und des Zweiten Weltkrieges die wichtigste Rolle, später kamen die Überweisungen der Gastarbeiter in ihre Heimatländer hinzu sowie die zunehmenden deutschen Zahlungen an internationale Organisationen (wie UN und EWG/EG/EU).

Das letzte Jahr mit einem positiven Saldo der Leistungsbilanz war 1990. Seit der Wiedervereinigung zeigt die Bilanz negative Werte, für die vielerlei Gründe verantwortlich sind: stark gesunkene Exportüberschüsse Anfang der 90er Jahre, da die warenproduzierende Wirtschaft durch den Nachholbedarf der neuen Bundesländer stark ausgelastet war; weiterhin zunehmende negative Salden im Reiseverkehr durch den unvermindert anwachsenden Auslandsreiseverkehr bei stagnierendem Ausländerfremdenverkehr in Deutschland; stark angestiegene laufende Übertragungen in das Ausland und an internationale Organisationen. Hier sind die Zahlungen an Rußland infolge der Wiedervereinigung und des Truppenabzugs aus der ehemaligen DDR sowie die erhöhten Beiträge an UN und EU zu nennen, die das größer gewordene Deutschland leisten muß. Wenn seit Mitte der 90er Jahre das Leistungsbilanzdefizit wieder abnimmt, so ist dies ausschließlich den Exportanstrengungen der deutschen Wirtschaft zu verdanken (steigende Handelsbilanzüberschüsse). Die anderen Posten zeigten auch in den letzten Jahren noch zunehmend negative Werte.

Die Währungen der BRD und der DDR

Die Deutsche Mark: Am Ende des Zweiten Weltkriegs war nicht nur die deutsche Wirtschaft zerrüttet, sondern auch die Reichsmark-Währung. Die drei westlichen Besatzungsmächte begannen bereits Ende 1946 in ihren Zo-

Außenwirtschaftsbilanz 1950–2000
Leistungsbilanz in Mrd. DM

	Saldo der Leistungsbilanz	*davon Außenhandel*	*Dienstleistungen*	*davon Reiseverkehr*	*laufende Übertragungen*	*davon Europäische Gemeinschaften*
1950	0,144	–2,344	–0,279	–	–	–
1955	2,130	3,302	–0,357	0,282	–0,815	–
1960	4,545	8,580	–1,157	–0,788	–2,878	–0,033
1965	–6,427	5,110	–5,156	–2,566	–6,381	–0,019
1970	3,585	21,222	–7,878	–5,377	–9,759	–0,611
1975	10,647	37,276	–8,325	–13,926	–17,300	–3,819
1980	–24,250	8,947	–11,057	–25,482	–24,157	–4,541
1985	51,552	73,353	–1,345	–25,610	–31,681	–8,179
1990	79,475	105,382	–19,664	–33,437	–35,269	–11,635
1995	–29,671	85,303	–54,720	–49,981	–58,673	–29,961
2000	–45,000	109,295	–86,683	–62,587	–52,819	–30,132

Vor 1970 z. T. unterschiedliche Abgrenzungen der einzelnen Posten; 1950–1990 alte Bundesländer, ab 1991 Gesamtdeutschland
Quelle: Statist. Bundesamt / Deutsche Bundesbank

nen mit der Neuordnung des Geldwesens und der Sanierung der deutschen Währung, indem sie zunächst Landeszentralbanken gründeten. Nach dem Modell der US-amerikanischen Federal Reserve Bank gründeten dann Amerikaner und Briten in ihren Zonen am 1. 3. 1948 die Bank Deutscher Länder, eine den Landeszentralbanken untergeordnete Zentralbank. Diesem System schlossen sich wenig später auch die Zentralbanken der Länder der französischen Zone an. Gleichzeitig wurde mit strenger Geheimhaltung von den Besatzungsmächten eine Währungsreform vorbereitet, die am 21. 6. 1948 in Kraft trat, als die Reichsmark (RM) durch die Deutsche Mark (DM) ersetzt wurde. Als Umtauschverhältnis wurde 10:1 festgelegt; als Erstausstattung der privaten Haushalte erhielt jeder Einwohner 60,– DM gegen 60,– RM (davon 40,– DM sofort, 20,– DM später), als Geschäftsbetrag erhielt jeder Arbeitgeber 60,– DM pro Beschäftigten.
Der Bank Deutscher Länder wurde 1948 das Notenbankmonopol verliehen; die Geldumlaufmenge wurde zunächst auf 10 Mrd. DM beschränkt (gültig bis 1957). Durch das Bundesbankgesetz vom 26. 7. 1957 wurde die Bank Deutscher Länder in die den Landeszentralbanken übergeordnete Deutsche Bundesbank umgewandelt. Eine Deckung, etwa in Gold, war für die DM von Anfang an nicht vorgesehen. Die Deutsche Bundesbank bekam jedoch den gesetzlichen Auftrag, den Geldumlauf und die Kreditgewährung in der Wirtschaft dermaßen zu regulieren, daß die Währung gesichert blieb. Die anfänglich gültige Devisenbewirtschaftung wurde 1958 völlig aufgehoben. Die DM ist seitdem voll konvertibel, also frei in andere Währungen tauschbar.
Als Außenwert der DM wurde zunächst ein Umrechnungskurs von 1,00 DM = 0,30 US-$ festgelegt; ab 19. 9. 1949 galt 1,00 DM = 0,24 US-$ bzw. 1,00 $ = 4,20 DM. Dieser Kurs galt auch beim Beitritt der Bundesrepublik Deutschland zum Internationalen Währungsfonds (IWF bzw. engl. IMF) 1952. Wegen des angestiegenen Wertes der DM im Verhältnis zu den anderen Währungen wurde die DM in den 60er Jahren zweimal aufgewertet: Die erste Aufwertung erfolgte mit Wirkung vom 6. 3. 1961; der Kurs betrug nun 1,00 $ = 4,00 DM bzw. 1,00 DM = 0,25 $. Am 27. 9. 1969 erhöhte sich der Wert auf 3,66 DM pro US-$. Bereits am 19. 3. 1973 erfolgte jedoch – mit dem Ende des1944 geschaffenen

Systems von Bretton Woods – die Abkehr vom Konzept der festen und der Übergang zu **flexiblen Wechselkursen**, die sich an den Devisenmärkten frei bilden (»Floating«). Die DM hat seitdem kein festes Austauschverhältnis mehr gegenüber dem US-Dollar und anderen Währungen.
Seit der Freigabe der Wechselkurse 1973 gewann die DM weiter an Wert gegenüber anderen Währungen. Der Außenwert der DM gegenüber den Währungen der 18 wichtigsten Industrieländer lag 1997 um etwa zwei Drittel über dem Wert von 1973. Besonders gravierend war der Wertgewinn gegenüber dem US-Dollar, der zeitweise nur noch 1,43 DM wert war (Durchschnitt des Jahres 1995), um allerdings bis Mitte 2001 auf 2,25 DM anzusteigen.
In den 90er Jahren veränderte sich die Stellung der DM in zweifacher Weise grundlegend: durch die deutsche Währungsunion und den Beschluß zur Schaffung der gemeinsamen europäischen Währung (Euro). Der Vertrag über die Schaffung einer Währungs-, Wirtschafts- und Sozialunion zwischen der BRD und der DDR wurde – wenige Monate vor der staatsrechtlichen Vereinigung – am 21. 6. 1990 vom Deutschen Bundestag und der Volkskammer der DDR ratifiziert. Er trat am 1. 7. 1990 in Kraft und erweiterte das Währungsgebiet der DM um das Gebiet der DDR. Die Währungsumstellung wurde im Verhältnis 2 DDR-Mark = 1 DM vorgenommen, jedoch wurden private Guthaben von DDR-Bürgern bis zu gewissen Höchstsummen im Verhältnis 1:1 umgestellt. Auch für Verbindlichkeiten galt der Umstellungssatz 2:1, d. h. Schulden wurden halbiert.
Die nächste grundlegende Änderung erfolgte zum 1. 1. 1999 und bedeutete den Beginn der Übergangszeit zur Einführung der gemeinsamen europäischen Währung Euro, an dessen Ende die Existenz einer eigenständigen deutschen Währung endet. 2002 wird der Euro nach der Ausgabe entsprechender Banknoten und Münzen die DM und die übrigen nationalen Währungen der 12 Länder, die an der Währungsunion teilnehmen, ablösen.

Die Währung der DDR: Die unterschiedliche wirtschaftlich-politische Entwicklung der sowjetischen Besatzungszone äußerte sich bereits kurz nach Kriegsende auch im Bereich der Währungspolitik. Bereits 1945 waren in den damals noch bestehenden fünf Ländern Landes-

kreditbanken geschaffen worden; 1947 erfolgte die Gründung der Deutschen Emissions- und Girobank, die anläßlich der Währungsreform in der Sowjetzone am 23.6.1948 den Namen »Deutsche Notenbank« erhielt. Sie gab die »Deutsche Mark der Deutschen Notenbank« heraus. Die RM wurde zu unterschiedlichen Wechselkursen umgetauscht, von 1:1 für RM-Bestände privater Personen bis zur Höhe von 70 RM und für Guthaben »Volkseigener Betriebe« bis zu 10:1 für größere Sparguthaben. Das Geldvolumen wurde somit bei relativ stabilen Lohn- und Preisverhältnissen stark reduziert.
Die Bezeichnung der Währungseinheit wurde am 31.7. 1964 – bei gleichzeitigem Geldumtausch – in »Mark der Deutschen Notenbank« (MDN) und nochmals 1967 in »Mark der DDR« (abgekürzt M) geändert. Im Unterschied zur DM handelte es sich um eine reine Binnenwährung ohne Konvertibilität, d.h. sie konnte nicht als Zahlungsmittel im internationalen Handel und auf den Devisenmärkten benutzt werden. Ein- und Ausfuhr der M waren verboten, Kauf und Verkauf von Devisen (etwa bei Auslandsreisen von DDR-Bürgern) waren streng reglementiert. Diese strikte Abschottung gegenüber dem Währungsausland war jedoch nicht durchzuhalten und zu kontrollieren. In der Praxis etablierte sich mit den Jahren immer stärker die DM als »harte« Zweitwährung. Der Besitz von Devisen wurde am 1.2. 1974 legalisiert; sie konnten für Käufe westlicher Waren in sog. Intershops verwendet werden (seit 1979 nur noch nach Umtausch in »Mark-Wertschecks«).
Für den Außenhandel legte die DDR verschiedene Umrechnungskurse relativ willkürlich fest. Für den Handel mit den RGW-Partnerländern im Sowjetblock erfolgte die Abrechnung in sog. Transfer-Rubel, der Handel mit der BRD wurde bilateral in »Verrechnungseinheiten« abgerechnet (1 VE = 1 DM), mit den anderen westlichen Ländern in Devisen. Zur Umrechnung der im Ausland gezahlten bzw. erzielten Preise auf das inländische Preisniveau diente die sog. Valutamark (VM) als Verrechnungseinheit. Die Differenzen zwischen Außenhandels- und Binnenpreisen wurden über den Staatshaushalt ausgeglichen.
Innerhalb der DDR bestand ein Hauptproblem der Geldpolitik darin, das richtige Verhältnis zwischen Bargeldumlauf und Warenmenge herzustellen und dabei das angestrebte Ziel der Preisstabilität trotz sich wandelnder Weltmarktpreise aufrechtzuerhalten. Einer der Gründe für das Scheitern der staatlich gelenkten sozialistischen Planwirtschaft lag in der Unmöglichkeit, in einem sich verändernden weltwirtschaftlichen Umfeld (von dem eine vollständige Abkoppelung nicht möglich war) diese Ziele zu erreichen. So kam es einerseits zu immer größeren Kaufkraftstaus durch Ungleichgewichte zwischen angebotener Gütermenge und Geldeinkommen, andererseits zu nicht mehr tragbaren Belastungen für den Staatshaushalt durch das Bestreben, die Preise für gewisse Güter und Dienstleistungen durch staatliche Subventionen niedrig zu halten und die angestrebte Preisstabilität zu sichern.

Entwicklung der Agrarwirtschaft

Die **Land- bzw. Agrarwirtschaft** hat in den Jahrzehnten nach dem Zweiten Weltkrieg zweifellos die größten Wandlungen aller Wirtschaftszweige in Deutschland durchgemacht, vor allem weil nach vierzig Jahren völlig unterschiedlicher struktureller Entwicklung in BRD und DDR beide Systeme nach der Wiedervereinigung wieder zusammengeführt werden mußten.
Autarkie: Die nationalsozialistische Agrarpolitik, ausgerichtet am Streben nach Autarkie (Selbstversorgung mit Nahrungsmitteln und Rohstoffen) und an rückwärtsgerichteten agrargesellschaftlichen Strukturen, führte insgesamt zu einer verzögerten Anpassung an moderne Entwicklungen. Dies wirkte bis weit in die Zeit der Bundesrepublik nach. In der Ernährungssicherung der Bevölkerung wurden zweifellos Erfolge erzielt. Gegen Ende des Zweiten Weltkriegs verschlechterte sich die Ernährungslage beträchtlich aufgrund von Arbeitskräftemangel und zunehmenden Defiziten bei Saatgut, Dünger, Maschinen, fehlenden Lieferungen aus dem Ausland und gravierenden Problemen bei Transport und Verteilung der Lebensmittel. Die Lage verschärfte sich in den ersten Nachkriegsjahren dadurch, daß 1945–47 Millionen von Flüchtlingen und Heimatvertriebenen in das verbliebene »Restdeutschland« der vier Besatzungszonen strömten, die ebenso ernährt werden mußten wie auch die hunderttausende von Besatzungssoldaten. Trotz strenger Rationierung und ausländischer Hilfslieferungen

(CARE-Pakete) blieb die Ernährungslage zunächst in allen vier Besatzungszonen prekär. Während aber in den drei westlichen Zonen die Agrarpolitik bis zur Gründung der Bundesrepublik hauptsächlich pragmatisch – Sicherung der Ernährung und Wiederherstellung funktionierender Produktion unter Beibehaltung der bisherigen Strukturen – ausgerichtet war, verfolgte die sowjetische Besatzungsmacht ab 1945 einen gänzlich anderen Kurs, der zur kollektivierten Landwirtschaft der DDR führte.

Die Landwirtschaft in der BRD

In der **Bundesrepublik** setzte die nun verantwortliche deutsche Bundesregierung ab 1949 die Agrarpolitik fort, die unter der Verantwortung der westlichen Besatzungsmächte begonnen worden war: Priorität hatte die Überwindung der Not, die Sicherung der Ernährung und die Rekonstruktion der landwirtschaftlichen Produktionsstrukturen. Ausländische Hilfe spielte dabei eine große Rolle, insbesondere 1948–53 der Marshall-Plan. Etwa 12% der bereitgestellten Mittel (=524,256 Mio. DM) flossen in den Bereich Landwirtschaft und Nahrungsgüterwirtschaft, davon 77% als Kredite und 23% als Zuschüsse. Maßnahmen waren z. B. der Wiederaufbau kriegszerstörter Gehöfte, Molkereien und Zuckerfabriken, Kredite zur Beschaffung von Zuchtvieh, Maschinen und Geräten, aber auch Mittel für die Neuansiedlung von Flüchtlingsbauern. Zuschüsse wurden z. B. für Flurbereinigungsmaßnahmen, für die Wiederherstellung von Produktionsflächen, die durch

Bodenkämpfe völlig verwüstet worden waren, sowie für den Aufbau staatlicher Forschungs- und Beratungseinrichtungen gegeben.

Die fünfziger Jahre: Nach Einführung der Marktwirtschaft hatte sich die Ernährungslage rasch soweit normalisiert, daß 1949/50 schrittweise die Lebensmittelrationierung aufgehoben werden konnte. Die 50er Jahre waren gekennzeichnet durch den Erlaß umfangreicher gesetzlicher Vorschriften zur weiteren Steigerung der landwirtschaftlichen Produktion bei gleichzeitiger Sicherung der bäuerlichen Einkommen. Für viele Produktionsbereiche wurden die Regeln der »reinen« Marktwirtschaft außer Kraft gesetzt, um die in vielen Regionen vorhandenen naturbedingten Nachteile der Landwirtschaft auszugleichen, um die Veränderung der Agrarstruktur zu erleichtern (z. B. Vergrößerung nicht lebensfähiger kleiner Betriebe durch Landkauf oder Pacht), aber auch um das Ausscheiden von Arbeitskräften aus der Landwirtschaft sozial abzusichern. Von 1956–67 liefen die entsprechenden staatlichen Fördermaßnahmen unter der Bezeichnung »Grüner Plan«. Insgesamt wurden 1956–68 783,3 Mio. DM an staatlichen Anpassungshilfen für die Landwirtschaft gezahlt.

Der ursprüngliche Zweck der staatlichen Agrarförderung, die Sicherung der Ernährung der Bevölkerung, trat bald in den Hintergrund, da sie nicht mehr gefährdet war und alle nicht in Deutschland erzeugten Nahrungsmittel inzwischen problemlos importiert werden konnten. Hauptzweck wurde immer mehr die Verbesserung der Einkommenslage der bäuerlichen Be-

Struktur der Landwirtschaft in der BR Deutschland 1949–1999

	Zahl der landwirtschaftlichen Betriebe (ab 1 ha LF)	*Landwirtschaftlich genutzte Fläche (LF in 1000 ha)*	*Arbeitskräfte in der Landwirtschaft ständig beschäftigt in 1000: Familienarbeitskräfte*	*Familienfremde*
1949	1978090	13458,3	6761,3	1104,4
1955	1815930	13999,7	5106,1	556,0
1960	1385250	12934,8	4583,2	322,8
1965	1252397	12838,8	3331,3	239,6
1970	1083118	12644,7	2810,4	134,3
1975	904732	12462,1	2167,6	111,3
1980	797378	12172,4	1821,2	90,1
1985	720835	11932,5	1634,5	96,9
1990	629740	11773,4	1411,8	84,6
1995	555065	17231,1	1147,1	178,1
1999	428964	17132,5	940,3	195,1

Bis 1955 Betriebe ab 0,5 ha LF, ab 1960 einschl. Saarland, ab 1995 Gesamtdeutschland
Quelle: Statist. Bundesamt

völkerung, die landwirtschaftliche Sozialpolitik und die Verbesserung der Agrarstruktur, um im europäischen Wettbewerb bestehen zu können. Wichtiges Ergebnis war die seit den frühen 50er Jahren erfolgende Umstellung von einer arbeitsintensiven in eine kapitalintensive Landwirtschaft, d. h. der Ersatz menschlicher Arbeitskraft durch Maschinen (Traktoren, Erntegeräte usw.).

Die agrarwirtschaftliche **Einbindung der Bundesrepublik in die europäische und globale Agrarpolitik** begann sehr früh (1949 Mitgliedschaft im Internationalen Weizenabkommen, 1950 Aufnahme in die FAO [Ernährungs- und Landwirtschaftsorganisation der UN], 1951 Beitritt zum Allgemeinen Zoll- und Handelsabkommen GATT). Wichtigster Schritt war die **Mitgliedschaft in der EWG** 1958. Artikel 39 des EWG-Vertrags nennt die **Ziele der gemeinsamen Agrarpolitik:**

- Steigerung der Produktivität der Landwirtschaft durch den bestmöglichen Einsatz der Produktionsfaktoren;
- Gewährleistung eines angemessenen Einkommens für die in der Landwirtschaft Beschäftigten;
- Stabilisierung der Versorgung mit Nahrungsmitteln, und zwar zu angemessenen Preisen für die Verbraucher.

Zur Verwirklichung des gemeinsamen Agrarmarktes innerhalb einer Übergangszeit von zwölf Jahren wurden als Instrumente festgelegt: gemeinsame Wettbewerbsregeln, eine strikte Koordinierung der verschiedenen nationalen Marktordnungen und eine Europäische Marktordnung.

Als entscheidendes Element des europäischen Agrar-Marktordnungssystems werden seitdem im Rahmen eines komplizierten Preissystems jährlich **drei Preise für Agrarprodukte** festgelegt:

Der **Richtpreis** ist der politisch gewollte Zielpreis, den die Landwirte zur Erzielung angemessener Einkommen erhalten sollen. Der **Interventionspreis** als derjenige Preis, zu dem staatliche Ankaufs- bzw. Interventionsstellen die Waren garantiert abnehmen, tritt dann in Kraft, wenn der Marktpreis aufgrund zu großen Angebots den Richtpreis nicht erreicht. Der **Schwellenpreis** ist der Preis, zu dem Agrarprodukte aus Drittstaaten außerhalb der EWG/EG/EU importiert werden dürfen. Liegt der Weltmarktpreis unter ihm, wird das Produkt bei der Einfuhr durch sog. »Abschöpfungen« bis zum Schwellenpreis verteuert; bei Ausfuhren werden Produkte durch »Erstattungen« subventioniert, d. h. verbilligt, um trotzdem auf dem Weltmarkt verkäuflich zu sein.

Neben der rasch fortschreitenden europäischen Integration waren die 50er und 60er Jahre im Bereich der Landwirtschaft vor allem durch eine **schnelle Mechanisierung** und durch **starke Produktionssteigerungen** aufgrund vermehrter Düngergaben gekennzeichnet. Innerhalb von nur 10 Jahren verzehnfachte sich der Schlepperbestand in der Landwirtschaft, so daß Anfang bis Mitte der 60er Jahre eine Vollmechanisierung bei der Zugkraft erreicht war. Hohe Zuwachsraten, teilweise eine Verdoppelung des Verbrauchs, zeigte auch der Düngemitteleinsatz im Verlauf der ersten 20 Jahre der Bundesrepublik. Hier war Mitte der 70er Jahre ein Niveau erreicht, das seitdem nicht mehr gesteigert wurde, sondern teilweise wieder zurückgegangen ist.

Ein gewisser **Wendepunkt in der Entwicklung der Landwirtschaft** und der Agrarpolitik der Bundesrepublik war in den 70er Jahren zu verzeichnen, da sich verschiedene Rahmenbedingungen grundlegend änderten.

Wachsende Überproduktion: Verschiedene Faktoren führten dazu, daß sich eine Wandlung von der Unter- zur Überversorgung der Bevölkerung mit Nahrungsmitteln vollzog. Die Ausweitung und Intensivierung der Produktionsflächen durch Ödlandkultivierung, Trockenlegung, Flurbereinigung usw. sowie die Spezialisierung landwirtschaftlicher Betriebe auf die Erzeugung nur noch eines oder einiger weniger Produkte (z. B. Getreide, Milch, Schweine), zusammen mit der Intensivierung der entsprechenden Produktion (spezialisierter Maschineneinsatz, Dünger, Schädlingsbekämpfung) führte zu steigenden Flächenerträgen und Produktionsmengen bei der Pflanzenproduktion und zunehmenden Viehzahlen bei der tierischen Produktion (→ Tabellen).

Dazu bot die EG-Marktordnung mit ihren garantierten Abnahmepreisen Anreize, risikolos steigendes Einkommen durch erhöhte Produktion zu erwirtschaften, ohne sich um den Absatz kümmern zu müssen. Die Folge waren zunehmende Überschüsse über den deutschen bzw. EG-Bedarf hinaus, die wegen der weit über den Weltmarktpreisen liegenden EG-Preise nur zu »heruntersubventionierten« Preisen in Drittländer exportiert werden konnten. Man sprach

in den 80er Jahren vom »Butterberg« und vom »Milchsee«, deren Lagerung und subventionierter Verkauf Milliardenbeträge erforderten. EG-weit kostete 1984 allein die Milchmarktordnung 13,2 Mrd. DM. Ähnliche Überschüsse ergaben sich bei Rindfleisch, Zucker und Weizen, also bei den wichtigsten deutschen Agrarprodukten.
Zwei wichtige Möglichkeiten zur Lösung der Überschußprobleme wurden in den 80er Jahren ergriffen und gelten bis in die Gegenwart: **Kontingentierung der Abnahme** (für Milch z. B. seit 1984), d. h. die Abnahme- und Preisgarantie gilt nur noch für eine bestimmte Höchstmenge pro Erzeuger, und **Programme zur Flächenstillegung** sowie Extensivierung der Produktion. Am 25. 4. 1988 führte die EG Beihilfen für Flächenstillegungen ein. Danach können Betriebe Prämien erhalten, wenn sie – innerhalb bestimmter Mindest- und Höchstgrenzen – für mindestens 5 Jahre Flächen stillegen, auf denen vorher Marktordnungserzeugnisse angebaut wurden. Das Programm führte bis in die Gegenwart zum gewünschten Ziel einer Produktionsminderung, die allerdings oft durch Intensivierung der übrigen Flächen ausgeglichen wurde.
Geringere Entwicklung der landwirtschaftlichen Einkommen gegenüber anderen Berufen: Die Einkommen der landwirtschaftlichen Bevölkerung blieben aus zwei Gründen trotz zunehmender staatlicher Subventionen immer mehr hinter den Vergleichseinkommen anderer Berufsgruppen zurück: Personalüberbesatz (im Vergleich zum Produktionswert) und stagnierende Verkaufserlöse.
Die rasche Motorisierung und Rationalisierung der Landwirtschaft (z. B. Maschineneinsatz, Beschränkung auf wenige Produkte pro Hof, Rationalisierung von Arbeitsvorgängen durch die Flurbereinigung) führte dazu, daß viele Betriebe personell überbesetzt waren; vor allem bei Kleinbetrieben bestanden selbst bei nur einer einzigen Arbeitskraft oft unausgenutzte Arbeitskraftreserven. Die Betriebserlöse mußten also unter zu vielen Arbeitskräften aufgeteilt werden oder reichten nicht zum Lebensunterhalt, so daß eine weitere Erwerbstätigkeit notwendig wurde (Neben- und Zuerwerbsbetriebe). Die Verkaufserlöse stiegen oft jahrelang nicht an oder sanken sogar, da eine Mehrproduktion wegen der Bedarfsdeckung nicht abgesetzt werden konnte und da Preiserhöhungen angesichts der Weltmarktsituation nicht durchsetzbar waren. Besonders bei Massenprodukten

wie Getreide, Fleisch, Milcherzeugnissen und Zucker werden die Weltmarktpreise durch die großen billig produzierenden Erzeuger – USA, Kanada, Australien, aber auch Entwicklungsländer wie Brasilien und Argentinien – niedrig gehalten, so daß die EG bzw. EU selbst die derzeitigen Preise nur mühsam auf der gegenwärtigen Höhe halten kann. Die Tendenz geht, z. B. bei Getreide, eher zu weiteren Preissenkungen.
Das Resultat der mißlichen Einkommenssituation der Landwirtschaft zeigt die Tabelle über die Veränderung der Zahl der Betriebe und der Arbeitskräfte (→ Sp. 1253 f.). Vor allem durch die Aufgabe kleiner und mittlerer Höfe (meist Nebenerwerbsbetriebe) ist die Zahl der landwirtschaftlichen Betriebe von 1949–90 (alte Bundesländer) um rd. 70 % zurückgegangen, die Zahl der Beschäftigten in der Landwirtschaft sank in ähnlicher Weise.
Besonders Inhaber von Klein- und Mittelbetrieben verließen die Landwirtschaft und gaben die Selbständigkeit auf, ablesbar an der stetigen Zunahme der Betriebsgröße im statistischen Mittel. Während 1949 ein landwirtschaftlicher Betrieb im Durchschnitt auf 6,8 ha Größe kam, waren es 1990 18,7 ha, 1999 39,9 ha (einschließlich der neuen Länder).
Die landwirtschaftlich genutzte Fläche verminderte sich, verglichen mit der Zahl der Betriebe, nur wenig (→ Tabelle Sp. 1253 f.), da in den meisten Fällen die Flächen aufgegebener Betriebe von anderen zur Flächenaufstockung gekauft oder gepachtet wurden.
Zunehmende Berücksichtigung ökologischer Aspekte der Tier- und Pflanzenproduktion: In den 70er und 80er Jahren wuchs die Erkenntnis, daß die bisher betriebene Politik der Flächenausweitung und Intensivierung der Landwirtschaft nicht nur zu unerwünschten Überschüssen führte, sondern auch zu massiven Umweltproblemen. Von der Belastung der Böden und des Grundwassers durch überhöhte Dünger- und Pestizidgaben über Erosionsschäden bis zur Entsorgung der Exkremente bei Massentierhaltung reichen die Umweltprobleme, die eine hoch intensive Landwirtschaft verursachen kann. Unter diesem Aspekt haben die Flächenstillegungsprogramme der EU auch einen ökologischen Nutzen. Immer mehr Betriebe kehrten in den letzten Jahren zu einer extensiveren Wirtschaftsweise zurück (z. B. durch Verzicht auf Pestizide, Handarbeit statt Maschinen). Sie erbringt allerdings niedrigere Erträge

Anbaufläche und Ertrag ausgewählter Feldfrüchte in der BR Deutschland 1950–1999

Winterweizen

	Anbaufläche in 1000 ha	*Ernte in 1000 t*	*Ernte in dt/ha*
1950	932,9	2438,8	26,1
1960	1294,5	4631,4	35,8
1970	1333,1	5110,2	38,3
1980	1532,5	7611,7	49,7
1990	1622,1	10798,3	66,6
1999	2439,8	18649,9	76,4

Roggen

	Anbaufläche in 1000 ha	*Ernte in 1000 t*	*Ernte in dt/ha*
1950	1362,9	3020,8	22,2
1960	1316,4	3794,7	28,8
1970	865,0	2664,8	30,8
1980	546,0	2098,3	38,4
1990	412,5	1944,6	47,1
1999	748,2	4328,7	57,9

Kartoffeln

	Anbaufläche in 1000 ha	*Ernte in 1000 t*	*Ernte in dt/ha*
1950	1141,4	27958,7	244,9
1960	1041,1	21503,8	206,5
1970	596,8	16250,1	272,3
1980	258,0	6694,1	259,5
1990	211,3	7232,9	342,3
1999	290,2	11007,8	379,3

Silomais (Grünmais)

	Anbaufläche in 1000 ha	*Ernte in 1000 t*	*Ernte in dt/ha*
1950	47,1	1628,1	345,6
1960	49,9	1833,3	367,7
1970	190,6	8479,1	444,9
1980	694,6	29083,3	417,5
1990	893,8	39379,1	440,4
1999	1202,8	52433,7	435,0

Ab 1960 einschl. Saarland, ab 1995 Gesamtdeutschland; dt = Doppelzentner (Dezitonne)
Quelle: Statist. Bundesamt

pro Fläche und pro Arbeitskraft und erzeugt damit teurere Produkte. 1998 gab es 8184 anerkannt ökologisch wirtschaftende Betriebe, die 2,3 % der landwirtschaftlich genutzten Fläche in Deutschland bewirtschafteten.
Der Wandel der Landwirtschaft zeigte sich in den letzten Jahrzehnten nicht nur bei der Zahl und Struktur der Betriebe und den veränderten Zielen der Agrarpolitik, sondern auch bei der Art und Menge der Produkte. Generell ging die Tendenz bei der pflanzlichen Produktion zu einer beachtlichen Zunahme der Flächenerträge, zu einer Konzentration des Anbauspektrums und zu einer beschleunigten Anpassung an die Wünsche der Verbraucher bzw. an politische Vorgaben seitens der EU und der Bundesregierung (unter Umständen rasche Umstellung auf Produkte, die stärker nachgefragt bzw. die höher subventioniert werden).
Anhand von vier wichtigen **Anbauprodukten** (→ Tabellen und Abb.) wird der Wandel seit den 50er Jahren deutlich.
Bis um 1960 war Roggen das wichtigste Getreide in Deutschland; in der BRD stand es sowohl nach der Anbaufläche als auch nach der Erntemenge eindeutig vor Winterweizen. (Sommerweizen spielt demgegenüber seit jeher nur eine geringe Rolle.) 1960 lagen Roggen und Weizen

Tierhaltung in der Landwirtschaft 1950–1999

Anzahl der Tiere

	Rinder (davon Milchkühe) BRD		*DDR*		*Schweine BRD*	*DDR*	*Hühner BRD*	*DDR*
1950	11148,5	(5734,1)	3614,7	(1616,4)	11890,4	5704,8	48064,0	22725,6
1960	13125,9	(5763,1)	4675,3	(2175,1)	14378,2	8316,1	60033,7	36909,9
1970	14685,3	(5613,5)	5190,2	(2162,9)	19627,2	9683,6	98600,7	43033,7
1980	15657,9	(5454,5)	5723,3	(2138,0)	23632,7	12871,0	84259,6	51611,3
1990	14663,2	(4775,2)	5385,2	(1823,2)	22040,3	10305,7	74971,2	31083,2
1999	14858,7	(4761,3)	–	–	26027,3	–	107175,8	–

Angaben nach Viehzählungen in unterschiedlichen Monaten, ab 1960 einschl. Saarland, ab 1995 BRD mit neuen Ländern. Die Angaben für Hühner bei der DDR enthalten auch anderes Geflügel.
Quelle: Statist. Bundesamt

Entwicklung der Hackfruchtflächen in der BR Deutschland 1950–1988

in 1000 ha Anbaufläche

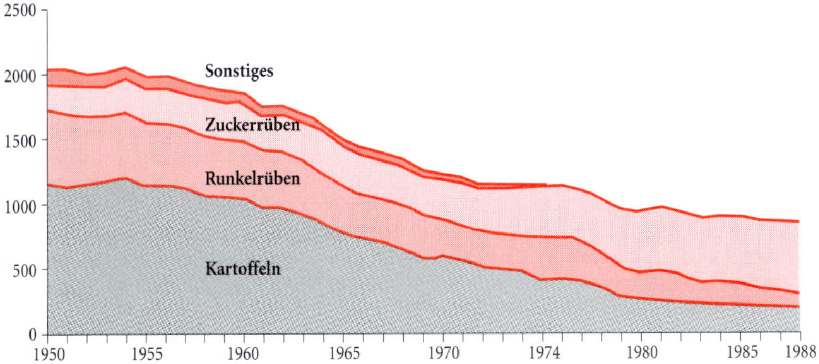

Quelle: Eckart, Agrargeographie Deutschlands, 1998

bei der Anbaufläche etwa gleichauf, bei der Erntemenge dominierte aufgrund höherer Hektarerträge bereits der Weizen. Seither ging die Roggenfläche stetig zurück, und heute ist Roggen von der einst bedeutendsten Getreideart zur menschlichen Ernährung zur unbedeutendsten geworden. Die Ursachen liegen vor allem im Geschmackswandel, d. h. der Anbau nahm parallel zum verringerten Verbrauch als Brotgetreide ab. Hinzu kamen betriebswirtschaftliche Gründe, wie geringere Flächenerträge und größere Empfindlichkeit gegenüber Krankheiten und Witterungseinflüssen, also ein höheres Risiko. Die bedeutendsten Getreidearten sind heute Weizen (Brotgetreide) und Gerste (Brau- und Futtergetreide), die dank neuer Züchtungen hohe Erträge bringen, geringere Krankheitsanfälligkeit zeigen, relativ unempfindlich gegenüber ungünstigen Boden- und Witterungsbedingungen sind und sich gut maschinell ernten lassen. Heute machen – mit geringen jährlichen Schwankungen – Weizen und Gerste je etwa ein Drittel der deutschen Getreidefläche aus.

Einen ähnlichen Bedeutungsrückgang wie der Roggen machte bei den Hackfrüchten die Kartoffel durch. In der BRD (alte Bundesländer) verringerte sich die Anbaufläche von 1,141 Mio. ha (1950) auf nur noch rd. 0,200 Mio. ha in der Gegenwart. Die Erntemenge sank von fast 28 Mio. t auf wenig über 7 Mio. t Ende der 90er Jahre. Kartoffeln erfuhren einen starken Bedeutungsrückgang für die menschliche Ernährung (Ersatz durch Getreide- und Fleischprodukte und Gemüse) und werden heute überwiegend als Fertigprodukte verkauft. In der Viehwirtschaft, wo sie bis in die 70er Jahre noch eine größere Rolle spielten, sind sie als wichtige Futterpflanze weitgehend durch Grünmais (Silomais) verdrängt worden, der pro Fläche wesentlich höhere Erträge an Stärke bringt. Während Mais bis in die 60er Jahr noch völlig unbedeutend und in manchen Gegenden Deutschlands kaum bekannt war, nahm die Anbaufläche ab Mitte der 60er Jahre sprunghaft zu. Heute macht Grünmais fast 80 % der Anbaufläche für Futterpflanzen aus.

Die Hauptursache für den Wandel von der Mangel- zur Überschußproduktion bei den meisten Pflanzen liegt in den gesteigerten Flächenerträgen. Durch Züchtung neuer Sorten, wirkungsvollere Düngemittel, flächenhaften Einsatz von Schädlingsbekämpfungsmitteln und verbesserte Erntemaschinen, die die Verluste gering halten, ergaben sich enorme Steigerungen der Erträge, so z. B. beim Winterweizen von 26,1 dt/ha (1950) auf 73,2 (1996) oder von 22,2 auf 52,1 dt/ha bei Roggen im gleichen Zeitraum.

Folge dieser Intensivierung und Ertragssteigerung sind allerdings Effekte wie der Verlust landwirtschaftlicher und biologischer Vielfalt (z. B. Verschwinden von Ackerrainen und Hecken, Begradigung von Fließgewässern, Aussterben von Ackerwildkräutern, Verringerung der am Boden lebenden Tierwelt u. a.). In Zukunft werden weitere Ertragssteigerungen vor allem mit Hilfe der Gentechnik angestrebt.

Bei der **Nutztierhaltung** ergaben sich 1950–97 ähnliche Ertragssteigerungen wie bei der Pflanzenproduktion. Beispielhaft zeigt die Tabelle Sp. 1259 f. die Bestandsveränderungen von Rindern, Schweinen, und Hühnern. Bei den Rindern hat der Bestand – nach anfänglichen Steigerungen in den ersten zwei Jahrzehnten der BRD – kaum mehr zu-, zuletzt sogar abgenommen. Die Ursache dieser auf den ersten Blick erstaunlichen Entwicklung zeigt sich bei der Betrachtung der Zahl der Milchkühe. Sie wurden – entsprechend den Vorgaben der EU-Milchmarktordnungen – reduziert, um die jahrelange Überproduktion von Milch einzudämmen. Bemerkenswert ist, daß die Steigerung der Milcherzeugung nicht auf eine Zunahme der Rinderzahl zurückging, sondern auf laufend gesteigerte Milchleistung pro Kuh. Durch Züchtung und verbesserte Fütterung konnte der durchschnittliche Milchertrag pro Kuh von 2474 (1950) auf 5513 kg (1996) erhöht werden.

Während bei Rindfleisch in den letzten Jahren Überschüsse für den Export erzielt wurden, reicht die Schweinefleischproduktion noch nicht zur Selbstversorgung aus, obwohl sich die Zahl der Schweine seit 1950 fast verdoppelte.

Die Entwicklung des Hühnerbestandes ist vor dem Hintergrund zu sehen, daß in den 50er und 60er Jahren Hühner noch ganz überwiegend in kleinen Beständen auf Bauernhöfen – primär zur Eierproduktion – gehalten wurden. Die Bestände nahmen kräftig zu, als im Verlauf der 60er Jahre die Nachfrage nach Hühnerfleisch stark anstieg, z. T. gefördert durch die Gastronomie und gleichzeitig die Käfighaltung von Hühnern in Großbetrieben weitgehend die bäuerliche Stallhaltung ablöste. Zuletzt ließ nachlassende Rentabilität aufgrund hoher ausländischer Billigimporte die Hühnerzahl wieder zurückgehen.

Milcherzeugung 1950–1999
Erzeugung von Kuhmilch insgesamt und pro Kuh

	BRD		DDR	
	in 1000 t	*in kg pro Kuh*	*in 1000 t*	*in kg pro Kuh*
1950 ……	13 861	2 474	2 877	1 891
1960 ……	19 250	3 395	5 730	2 646
1970 ……	21 856	3 800	7 091	3 314
1980 ……	24 779	4 548	8 321	3 923
1990 ……	23 672	4 857	8 316 (1989)	4 180
1995 ……	28 607	5 424	–	–
1999 ……	28 334	5 911	–	–

BRD ab 1960 einschl. Saarland, ab 1995 einschl. neue Länder
Milchmenge der DDR standardisiert (bis 1985 auf 3,5 % Fettgehalt, 1989 auf 4,0 % Fettgehalt umgerechnet)
Quelle: Statist. Bundesamt

Die Landwirtschaft in der DDR

In der **DDR** bzw. der **sowjetischen Besatzungszone** wurde die Entwicklung der Landwirtschaft sofort nach Kriegsende in eine völlig andere Richtung gedrängt als in den Westzonen. Die grundlegende Veränderung der Agrarstruktur nahm ihren Ausgang in der sog. **Bodenreform**, die wenige Wochen nach Kriegsende begann und Ende 1946 im wesentlichen abgeschlossen war. Die Ziele waren neben der Sicherstellung der Ernährung vor allem ideologischer Art (Veränderung der sozio-ökonomischen Struktur des ländlichen Raumes, »Brechung der Macht der Junker«, Stärkung des »Bündnisses zwischen städtischem Proletariat und Bauerntum«). Zu diesem Zweck wurden aller Grundbesitz über 100 ha (Güter) sowie alle bäuerlichen Betriebe von »Nazis und Kriegsverbrechern« (ohne Gerichtsurteil) entschädigungslos enteignet. Aus dem so gewonnenen Bodenfonds wurden Flächen zur Aufstockung kleinbäuerlicher Betriebe und zur Schaffung neuer landwirtschaftlicher Betriebe gegen geringes Entgelt verteilt (→ Tabelle Sp. 1265).

Insgesamt entstanden durch die Bodenreform 210 276 sog. Neubauernwirtschaften; 125 714 Kleinbetriebe wurden vergrößert. Etwa ein Drittel des Bodenreformlandes ging in Staatseigentum über als landeseigene Güter, die 1949 in »Volkseigene Güter« (VEG) umbenannt wurden. Insgesamt schuf die Bodenreform auf 35 % der landwirtschaftlichen Nutzfläche neue Eigentumsformen.

Die Bodenreform war nur ein Zwischenschritt, und die neu geschaffenen klein- bis mittelbäuerlichen Betriebe hatten nur wenige Jahre Bestand. Bereits 1952 wurde auf der Basis von SED-Parteitagsbeschlüssen die »freiwillige« Gründung »Landwirtschaftlicher Produktionsgenossenschaften« (LPG) verkündet mit dem Ziel, auch auf dem Land den »Aufbau des Sozialismus« durch Kollektivierung (Vergesellschaftung) der Landwirtschaft voranzutreiben. Als institutionelle Form der kollektivierten Landwirtschaft wurden **drei Typen von LPG** mit zunehmendem Grad der Vergesellschaftung eingerichtet:

LPG Typ I: Das eigene und gepachtete Acker-

Bodenreform in der DDR bzw. der SBZ
Bis 1. 1. 1950 in den Bodenfonds überführte Flächen

	Zahl der Objekte Anzahl	%	*Fläche* ha	%
Privatbesitz				
100 ha u. mehr ..	7160	50,8	2517357	76,3
unter 100 ha	4537	32,2	131742	4,0
Staatsbesitz	1288	9,1	337507	10,2
Staatswälder und Forsten	384	2,8	200247	6,1
Siedlungsgesellschaften und Institutionen	169	1,2	22764	0,7
Sonstiger Grundbesitz	551	3,9	88465	2,7
Insgesamt	14089	100,0	3298082	100,0

Quelle: Eckart, Agrargeographie Deutschlands, 1998

land der Mitgliedsbauern wurde gemeinsam bewirtschaftet, wobei die Bewertung der geleisteten Feldarbeit in sog. Arbeitseinheiten erfolgte. Die Bezahlung der Bauern erfolgte zu 80% nach Fläche und Wert des in die LPG eingebrachten Bodens und zu 20% nach den geleisteten Arbeitseinheiten.

LPG Typ II: Hier brachten die Mitglieder außer dem Boden auch die Maschinen und Geräte zur gemeinsamen Nutzung in die LPG ein. Dieser Typ erlangte nie größere Bedeutung.

LPG Typ III: Der gesamte Grund und Boden, also auch Grünland, Wald und sonstige Flächen, sowie alle Maschinen und Geräte, Wirtschaftsgebäude und das gesamte Vieh wurden in die LPG eingebracht. Das Eigentumsrecht an den eingebrachten Immobilien und sonstigen Werten blieb zwar formell erhalten, hatte jedoch keine praktische Bedeutung. Die Verteilung der Einkünfte der LPG und damit die Bezahlung der Arbeitskräfte erfolgte bei diesem Typ zu 20% nach den eingebrachten Bodenanteilen und zu 80% nach Arbeitseinheiten.

Da der freiwillige Zusammenschluß zu LPG nur sehr zögernd verlief und die Vergesellschaftung der landwirtschaftlichen Produktion auf große Widerstände stieß, wurde im Lauf der 50er Jahre der Druck immer mehr verstärkt, so daß es letztlich zu einer Zwangskollektivierung kam. Sie war Ende 1960 weitgehend abgeschlossen. Der sozialistische Sektor der Landwirtschaft bestand nun aus VEG und LPG, die 1961 zusammen einen Anteil von 92,7% an der landwirtschaftlichen Nutzfläche aufwiesen (1949 erst 5,1%). Daneben bestanden noch einige Kirchengüter und kleine Privatbetriebe in Splitterlagen, Gartenbau- und Obstbaubetriebe usw. Zur Eigenversorgung durften die Mitglieder der LPG Typ III sog. Persönliche Hauswirtschaften betreiben, in der Regel hofnahes Gartenland mit höchstens 0,5 ha Fläche mit genau festgelegten Höchstzahlen von Klein- und Großvieh. In der Praxis wurden die Erträge dieser privaten Hauswirtschaften nicht nur zur Eigenversorgung verwendet, sondern häufig auch verkauft zur Aufbesserung des Einkommens der Genossenschaftsbauern.

Die Lebensmittelversorgung der Bevölkerung war in den 50er Jahren durch die Umbrüche, die die Zwangskollektivierung mit sich brachte, nicht ausreichend, obwohl auch hier z. T. Zwangsmaßnahmen ergriffen wurden, mit denen die Ablieferung bestimmter Mengen an die staatlichen »Volkseigenen Erfassungs- und Aufkaufbetriebe« (VEAB) durchgesetzt wurde. Trotzdem mußte Ende der 50er Jahre vorübergehend die Rationierung einiger Lebensmittel wieder eingeführt werden.

Nach dem Ende der Kollektivierung ging die Entwicklung in Richtung größerer Einheiten durch Zusammenschlüsse von LPG. So stieg die Durchschnittsgröße einer LPG von ca. 300 (1961) auf 600 ha (1970) an.

Ab Ende der 60er Jahre folgte als dritte Stufe der Agrarreform eine Periode zunehmender Spezialisierung, um damit die Produktion steigern zu können und dem Ziel näherzukommen, auch in der Landwirtschaft industrieähnliche Betriebsstrukturen und Produktionsmethoden einzuführen. So wurden ZBE (»Zwischenbetriebliche Einrichtungen«) gegründet, die LPG-übergreifend die Spezialisierung auf Tier- oder Pflanzenproduktion fördern sollten. Es entstanden KAP (»Kooperative Abteilung Pflanzenproduktion«), indem aus mehreren LPG die Feldbear-

Durchschnittsgröße der sozialistischen Landwirtschaftsbetriebe in der DDR
in ha landwirtschaftlicher Nutzfläche

	1960	*1970*	*1982*
VEG insgesamt	591	866	910
VEG Pflanzenproduktion......	–	–	5276
LPG insgesamt	280	599	1354
LPG Pflanzenproduktion......	–	–	4722
KAP und ZBE Pflanzenproduktion	–	–	412
GPG	46	60	71

Quelle: Statistisches Jahrbuch der DDR 1983, S. 179, entnommen aus: Zimmermann (Hrsg.), DDR-Handbuch, 1985

Landwirtschaftliche Arbeitskräfte in der DDR 1965–1985

		1965	*1970*	*1975*	*1980*	*1985*
Berufstätige (ohne Lehrlinge) in der Land- und Forstwirtschaft ..	in 1000	1179	997	895	878	911
Berufstätige (ohne Lehrlinge) in der Landwirtschaft (einschl. agrochemische Zentren)	in 1000	1122	946	841	823	860
Ständig Berufstätige (ohne Lehrlinge) in der Landwirtschaft (ohne agrochemische Zentren)	in 1000	1042	908	808	794	836
Vollarbeitskräfte (AK)*	in 1000 AK	938	817	728	715	752
	je 100 ha LN	14,7	13,0	11,6	11,4	12,1
Mitglieder landw. Produktionsgenossenschaften insgesamt	in 1000	1004	938	877	827	886
darunter ständig mitarbeitend	in 1000	874	755	637	591	642

* Vollarbeitskräfte (AK) = Ständig Berufstätige in der Landwirtschaft multipliziert mit dem Konstantenfaktor 0,9
Quelle: Statistische Jahrbücher der DDR 1982 und 1986

beitung ausgegliedert und zu neueren organisatorischen Einheiten zusammengeführt wurde. Sie wurden in den 70er und 80er Jahren teilweise in selbständige LPG umgewandelt. Ähnlich verlief die Entwicklung zu großbetrieblichen KOE (T) (»Kooperative Einrichtung Tierproduktion«), die teils als organisatorische Zusammenfassung der entsprechenden Abteilungen von LPG, teils als selbständige Betriebe geführt wurden.
Mit teilweise mehrfach wechselnden Bezeichnungen wurde bis Ende der 80er Jahre mit den verschiedenen Formen einer industriemäßigen Agrarproduktion experimentiert (z. B. auch die Einführung von KIM, »Kombinat Industrielle Mast«), wobei vor allem die Aufteilung der Tier- und Pflanzenproduktion auf verschiedene Betriebe (z. B. LPG [T] und LPG [P], z. T. mit eigener Weiterverarbeitung), weitergeführt wurde. Das Grundübel konnte jedoch nie beseitigt werden, daß nämlich die sozialistischen Großbetriebe trotz hohen Maschinen- und Arbeitskräfteeinsatzes nie an die Flächenerträge der BRD herankamen und es dadurch immer wieder Engpässe bei einzelnen Nahrungsmitteln gab.
Neben den verheerenden ökologischen Folgen der großbetrieblichen Agrarproduktion werden als ökonomische Nachteile der industriemäßigen Landwirtschaft vor allem genannt:

- übermäßig lange Transportwege zwischen Betriebsgebäuden und Feldern;
- hohe Verderb- und Verlustrate der Ernteprodukte durch Probleme mit Ernte, Transport und Lagerung der riesigen Erntemengen pro Betrieb;

Landwirtschaftliche Betriebe[1] nach Rechtsformen in den neuen Ländern 1999

Rechtsform	*Betriebe*		*Fläche*		*Durchschnittliche Betriebsgröße*
	Anzahl	*Anteil in %*	*1000 ha LF*	*Anteil in %*	*ha LF*
Einzelunternehmen	23946	78,8	1317	23,5	55
Personengesellschaften	3199	10,5	1280	22,8	400
darunter					
Gesellschaften bürgerl. Rechts	2679	8,8	888	15,8	331
Kommanditgesellschaft[2]	429	1,4	389	6,9	906
Juristische Personen des privaten Rechts	3171	10,4	2997	53,5	945
darunter					
eingetr. Genossenschaft	1205	4,0	1702	30,4	1413
GmbH.	1755	5,8	1204	21,5	686
Betriebe insgesamt[3]	30393	100	5606	100	184

1 Betriebe ab 1 ha LF und mehr
2 Überwiegend GmbH & Co. KG, die strukturell LPG Nachfolgeunternehmen zuzuordnen sind.
3 einschl. juristischer Personen des öffentlichen Rechts
Quelle: Bundeslandwirtschaftsministerium

▸ vielfacher organisatorischer und personeller Leerlauf, unwirtschaftlicher Einsatz von Arbeitskräften und hoher Verwaltungsaufwand, mangelnde Flexibilität des Arbeitseinsatzes bei unsicherer Witterung;

▸ Verschwendung von Ressourcen durch zu niedrig angesetzte Preise für Saatgut, Düngemittel, Maschinen usw., die zur Vergeudung von Betriebsmitteln führten.

Die Ressourcenvergeudung sollte durch eine großangelegte Agrarpreisreform am 1.1. 1984 umgekehrt werden; andere systembedingte Nachteile konnten bis zum Ende der DDR nicht beseitigt werden und waren dafür verantwortlich, daß bis zum Schluß die Flächenerträge und die Produktivität der landwirtschaftlichen Arbeitskräfte wesentlich niedriger lagen als in der BRD.

Zur Zeit der politischen Wende 1989/90 verlief die Entwicklung der Landwirtschaft in der DDR teilweise chaotisch, da Absatzmärkte im Inland wie im sozialistischen Ausland wegbrachen und sich westdeutsche Handelsketten sehr rasch mit ihren Angeboten ausbreiteten. Um die Anpassung der LPG an die Bedingungen der Marktwirtschaft nach der Wiedervereinigung zu gewährleisten, das EU-Marktordnungssystem und das Agrarpreissystem der BRD einzuführen, wurden allein 1990/91 Liquiditätshilfen von 4,6 Mrd. DM für die Landwirtschaft der DDR bzw. der neuen Bundesländer zur Verfügung gestellt. Bereits im November 1990 wurde die Einbeziehung der ostdeutschen Landwirtschaft in die Bund-Länder-Gemeinschaftsaufgabe »Verbesserung der Agrarstruktur und des Küstenschutzes« eingeleitet, und Ende 1991 war die Umstrukturierung oder Auflösung aller LPG beendet. Die Zahl der Beschäftigten in der Landwirtschaft der neuen Bundesländer wurde sehr rasch abgebaut; sie sank von 850 000 in der DDR (1989) auf 208 000 (1992), vor allem durch Rationalisierungsmaßnahmen und Aufgabe unrentabler Betriebsteile. Die Produktionsstruktur wurde in den 90er Jahren auf EU-Standard umgestellt, das bedeutete vor allem eine Umorientierung von der vorher erwünschten Maximalproduktion auf marktgerechte und qualitativ hochwertige Agrarerzeugung. Die Zahl der landwirtschaftlichen Betriebe neuer Art stieg bis 1999 auf 30 393 (davon 10 300 mit einer Größe ab 100 ha); sie bewirtschafteten 5,606 Mio. ha, d. h. im Durchschnitt 178 ha.

Industrie – Entwicklung, Standorte, Branchen

Im Gegensatz zu den beiden anderen Wirtschaftssektoren – der kontinuierlich abnehmenden Landwirtschaft und dem ständig wachsenden Dienstleistungsbereich – zeigt der sekundäre Sektor der Wirtschaft, die Industrie, in der Bundesrepublik Deutschland eine wellenförmige Entwicklung: Zunahme nach dem Zweiten Weltkrieg bis zu einem Kulminationspunkt Mitte der 70er Jahre, seitdem Abnahme, die auch in der Gegenwart anhält. Die Entwicklungslinie ist sowohl an der Zahl und den Anteilen der Beschäftigten ablesbar als auch am Anteil des industriellen Sektors an der volkswirtschaftlichen Wertschöpfung (→ Abb. Sp. 1225 f.). So stieg der Anteil derjenigen Erwerbstätigen, die im sekundären Sektor der Wirtschaft arbeiten, von 42,6 (1950) bis auf 48,9% (1970) an, um seitdem bis auf 33,4% (1999) zurückzugehen. Bereits 1985 war mit 41,0% der Nachkriegsanteil zu Beginn der Bundesrepublik unterschritten. Ähnlich deutlich wird diese Tendenz bei der absoluten Zahl der industriell Beschäftigten, die – nach einem Höhepunkt Anfang der 70er Jahre – Ende der 90er Jahre im wiedervereinigten Deutschland niedriger liegt als Mitte der 50er Jahre in der »alten« Bundesrepublik.

Auch der Anteil des Produzierenden Gewerbes, das ungefähr mit der Industrie gleichgesetzt werden kann, am Bruttoinlandsprodukt ging 1999 bis auf 30,3% zurück, nachdem der Wert zunächst bis 1960 auf 53,2% angestiegen war. Wenn auch derartige Zahlenreihen aufgrund mehrfacher Änderungen in der statistischen Erhebungsmethodik nicht zu exakt vergleichbaren Ergebnissen führen, so zeigen sie doch deutlich die abnehmende Bedeutung der Industrie für die Beschäftigung und die Wertschöpfung in Deutschland.

Die Industrie in der BRD

In den **Anfangsjahren der Bundesrepublik Deutschland** war die Industrie das »Zugpferd« der wirtschaftlichen Dynamik; der wirtschaftliche Wiederaufbau nach den Zerstörungen des Zweiten Weltkriegs war zunächst zu wesentlichen Teilen ein industrieller Aufbau. Dieser Prozeß führte zunächst zu einer Verfestigung

Entwicklung der Industrie in der BR Deutschland 1950–1999

	Betriebe	*Beschäftigte in 1000*	*Umsatz in Mrd. DM*	*Exportquote (Auslandsumsatz)*
1950	47135	5058	80,395	8,3 %
1955	54457	6815	171,568	13,0 %
1960	56156	8081	266,373	15,3 %
1965	59168	8460	374,612	15,7 %
1970	56219	8603	528,867	19,3 %
1975	52756	7616	733,856	23,6 %
1980	48777	7660	1196,543	24,3 %
1985	44570	6942	1496,553	30,0 %
1990*	46674	7411	1823,282	29,2 %
1991	47226	7515	1949,555	26,8 %*
1991**	54338	9274	2046,172	26,2 %**
1995	47919	6778	2073,667	28,4 %
1999	48934	6368	2339,787	34,2 %

Industrie wird verstanden als Verarbeitendes Gewerbe mit Bergbau und Gewinnung von Steinen und Erden, aber ohne Energie- und Wasserversorgung und Baugewerbe. Die Zahlen bis 1975 sind untereinander, jedoch nicht mit denen ab 1980 vergleichbar (Bis 1975 Betriebe ab 10 Beschäftigte, ab 1980 Betriebe ab 20 Beschäftigte einschl. Handwerk). Vor 1960 Angaben ohne Saarland.
* Bis 1991 Angaben für die alten Bundesländer
** Ab 1991 Angaben für Gesamtdeutschland
Quelle: Statist. Bundesamt

der überkommenen räumlichen Strukturen und einer erneuten Stärkung derjenigen Industrieregionen und -standorte, die sich seit den Anfängen der raschen Industrialisierung Mitte des 19. Jahrhunderts entwickelt hatten: Bergbaureviere (Kohle- und Erzbergbau), große Verdichtungsräume, Standorte besonderer Verkehrsgunst (z. B. Hafenstädte). Vor dem Krieg waren durch die nationalsozialistische Industrie- und Autarkiepolitik einige weitere derartige Standorte hinzugekommen, wie Salzgitter (Eisenerzbergbau und -verhüttung) und Wolfsburg. Nach Kriegsende mündeten die Kriegszerstörungen zunächst in weitere Maßnahmen der Siegermächte, die einen raschen wirtschaftlichen Neubeginn in Deutschland verhindern, zumindest beschränken sollten: Demontagen von Werken der Rüstungs- und Schwerindustrie, Produktionsverbote für strategisch wichtige Güter (z. B. Flugzeuge, Schiffe, Waffen), Konzernentflechtungen (z. B. Banken, IG Farben), Patententeignungen u. ä. Hinzu kam die Abriegelung der Sowjetischen Besatzungszone. Die Grenze entwickelte sich rasch auch ökonomisch zum »Eisernen Vorhang« und zerschnitt für einen breiten angrenzenden Streifen der westlichen Besatzungszonen von der Ostsee bis nach Oberfranken ehemals einheitliche und arbeitsteilig organisierte Wirtschafts- und Industrieräume.

Die sich verschärfende Ost-West-Konfrontation veränderte jedoch die Situation rasch und brachte indirekt wichtige Impulse für den industriellen Aufbau der jungen Bundesrepublik. Sie sollte nun beschleunigt in das westliche marktwirtschaftliche System eingebunden werden. Besonders die Industrie profitierte von der US-amerikanischen Marshallplan-Hilfe (ab 1948) und von der weltwirtschaftlichen Hochkonjunktur im Gefolge des Koreakrieges. Neben dem Wiederaufbau und der Modernisierung der bestehenden Industriestandorte kam es zur Neuansiedlung von Branchen und zur Errichtung neuer Industriestandorte vor allem durch Aktivitäten von Flüchtlingen und Heimatvertriebenen, durch die Verlagerung von Betrieben aus Berlin in das Bundesgebiet (z. B. Verlegung des Firmensitzes von Siemens nach München) und durch die Neugründung in der Sowjetzone bzw. der DDR enteigneter Betriebe in den Westzonen (z. B. Jenaer Glas in Mainz, Carl Zeiss in Oberkochen/Württemberg). Hierdurch wurden besonders Standorte in bisher weniger stark industrialisierten Regionen aufgewertet. Industrieansiedlungen durch Vertriebene und Flüchtlinge entstanden häufig in ländlichen und vom Krieg weniger stark betroffenen Räumen und vielfach in ehemaligen Militäranlagen (Rüstungsfabriken), so z. B. in Espelkamp (Westfalen), in Neugablonz bei Kaufbeuren (Gablonzer Schmuck durch Sudetendeutsche) und in Geretsried bei München.

Begünstigt wurde der industrielle Aufbau

durch das Vorhandensein einer großen Zahl hochmotivierter, gut ausgebildeter und leistungsbereiter Arbeitskräfte, wobei das einheimische Potential zunächst durch Millionen von Flüchtlingen und Heimatvertriebenen aus dem Osten, seit Ende der 40er und während der 50er Jahre vor allem durch Zuwanderer aus der Sowjetzone bzw. der DDR verstärkt wurde. Seit Ende der 50er Jahre wurde der damaligen Arbeitskräfteknappheit in der Industrie zusätzlich durch die Anwerbung von »Gastarbeitern« aus Süd- und Südosteuropa und der Türkei begegnet.

Für **hohe Wachstumsraten** der Industrieproduktion sorgten ein rasant ansteigender Absatz sowohl von Investitionsgütern für den wirtschaftlichen Aufbau und die öffentliche Infrastruktur als auch zunehmend von Verbrauchsgütern. Denn die private Einkommensentwicklung verlief günstig und es bestand ein hoher Ersatz- und Nachholbedarf der privaten Haushalte nach der kriegs- und nachkriegsbedingten Mangelwirtschaft. Wichtig war auch, daß bald alle Beschränkungen für die Herstellung strategischer und kriegswichtiger Güter von den Alliierten aufgehoben wurden, so daß sich wieder eine starke Schiffbau-, Flugzeug- und Rüstungsindustrie entwickeln konnte. Im internationalen Maßstab ergab sich rasch eine sehr gute Konkurrenzfähigkeit mit günstigen Exportchancen aufgrund hoher Qualitätsstandards (Qualitätsprodukte »made in Germany« als Markenzeichen) und ebenfalls hoher Arbeitsproduktivität (d. h. günstige Preise). Vor allem die moderne Maschinenausrüstung der wieder aufgebauten Industrie spielte hier eine wichtige Rolle.

Wichtige Industriebranchen und -regionen waren in jener Zeit des industriellen Wiederaufbaus bis Anfang der 60er Jahre:

- Kohle- und Erzbergbau, Eisen- und Stahlindustrie (Montanindustrie) im Ruhrgebiet und am Niederrhein, im Siegerland, in Ostniedersachsen (Salzgitter) und in der Oberpfalz;
- Chemische Industrie im Rheinland (Düsseldorf, Leverkusen, Köln), im Rhein-Main-Gebiet (Frankfurt/Main), in der Pfalz (Ludwigshafen), in Hamburg und in Südostoberbayern;
- Maschinenbau im Ruhrgebiet, im Rheinland und in Nordwürttemberg (Region Stuttgart);
- Fahrzeugbau, insbesondere Kfz.-Produktion, im Rheinland (Köln, Düsseldorf), in Nordwürttemberg (Region Stuttgart), in Ostniedersachsen (Hannover, Wolfsburg), in Hamburg, Bremen, Kassel und Oberbayern (München, Ingolstadt);
- elektrotechnische Industrie im Raum Stuttgart, in Mittelfranken (Nürnberg/Fürth/Erlangen), in Oberbayern (München), im Rheinland und in Berlin;
- Textil- und Bekleidungsindustrie im Rheinland (einschl. Aachen und Niederrhein), in Berlin, in Nordwürttemberg, Südbaden, Oberfranken und Bayerisch-Schwaben (Augsburg, Kempten);
- Holz- und Papierindustrie in fast allen Gebirgsregionen, schwerpunktmäßig in Südbayern (Oberbayern, Augsburg, Allgäu), im Schwarzwald, im Sauer- und Siegerland und in Ostwestfalen;
- Nahrungs- und Genußmittelindustrie mit Schwerpunkten in den Verbrauchszenten (Großstadträume, z. B. Brauereien), in den wichtigen landwirtschaftlichen Produktionsgebieten (z. B. Zucker-, Obst- und Gemüsekonservenindustrie, Mühlen, Molkereien und Käsereien) und in den Hafenstädten zur Verarbeitung importierter Nahrungs- und Genußmittel.

Erste **Abschwächungen des industriellen Wachstums** zeigten sich Ende der 50er und Anfang der 60er Jahre. In vielen Branchen kam es zu einer Verlangsamung des Wachstums durch den zunehmenden Mangel an Arbeitskräften, der sich insbesondere durch die starken Arbeitszeitverkürzungen jener Jahre bemerkbar machte und der durch verstärkte Anwerbung ausländischer Arbeitskräfte gedeckt wurde. Hinzu kamen in manchen Branchen gewisse Sättigungseffekte, nachdem der erste Nachfrageschub der Privathaushalte gedeckt war.

Ein **starkes Wachstum** zeigten dagegen auch in den 60er und bis in die 70er Jahre die **Automobilindustrie** dank der rasant zunehmenden Motorisierung der Bevölkerung und die Bauwirtschaft (mit Zulieferbranchen, wie Beton- und Stahlindustrie, Elektrotechnik, Farben und Lacke) wegen der in dieser Zeit sehr starken Bautätigkeit. Die Bauwirtschaft expandierte nach Kriegsende zunächst durch den Wiederaufbau zerstörter Gebäude, Verkehrswege, Straßen und Brücken, der bis Anfang der 60er Jahre weitgehend abgeschlossen war, sodann durch den Wohnungsbedarf der zahlenmäßig stark wachsenden Bevölkerung, den Industriebau und den enorm gesteigerten Straßenbau.

Lediglich der **Steinkohlen- und Eisenerzberg-**

bau geriet bereits ab etwa 1960 in eine **ernste Krise**, die zur ersten Schließung von Bergwerken aus Absatzmangel führte und besonders im Ruhrgebiet wirtschaftliche Probleme zur Folge hatte. 1956 hatte die Kohleförderung mit 134,4 Mio. t den höchsten Stand der Nachkriegsgeschichte erreicht, dann folgten rapide Rückgänge durch den Ersatz der Kohle beim Hausbrand durch das damals wesentlich billigere und bequemere Heizöl und durch abnehmenden Verbrauch in der Stahlindustrie (1970 nur noch 111,3 Mio. t Förderung).

Zur starken Stütze der deutschen Industrie wurde zunehmend der **Export**, der aufgrund hoher Qualität und günstiger Preise für deutsche Waren stark expandierte. So erhöhte sich die Exportquote der bundesdeutschen Industrie (Anteil des Auslandsumsatzes, → Tabelle Sp. 1271 f.) von nur 8,3 % (1950) über 15,3 % (1960) auf 19,3 % (1970) und 23,6 % (1975).

Zu den räumlichen Auswirkungen der industriellen Entwicklung in den 60er und 70er Jahren gehörte vor allem die Gründung von Zweigwerken oder sogar die Neugründung von Betrieben in kleineren Städten des ländlichen Raumes, besonders wegen der dort oft noch vorhandenen Arbeitskraftreserven (Abwanderung aus der Landwirtschaft) und wegen des meist niedrigeren Lohnniveaus. Eine große Rolle bei solchen Neuansiedlungen von Industriebetrieben spielten auch die Förderprogramme des Bundes für strukturschwache Regionen, vor allem für das »Zonenrandgebiet«, einen 40 km breiten Streifen entlang der bundesdeutschen Ostgrenze zur DDR und zur Tschechoslowakei. 1955–69 kam es in allen Fördergebieten des Bundes zur Neuansiedlung von 2800 Betrieben mit 230 000 Beschäftigten, davon allein 120 000 im Zonenrandgebiet.

An der Küste wurden in diesen Jahren außenhandelsorientierte Industriestandorte erweitert oder neu errichtet. Hierzu gehören Verarbeitungsbetriebe für importierte landwirtschaftliche Rohstoffe in Hafenstandorten (z. B. Margarine-, Futtermittel- oder Zigarettenfabriken), Betriebe für die Verhüttung und Bearbeitung bergbaulicher Rohstoffe (Eisen- und Buntmetallhütten, Aluminiumwerke), aber auch Fertigungsstätten für Exportgüter (z. B. Fahrzeugindustrie). Andererseits führte die zunehmende Motorisierung mit ihrem Bedarf an Treibstoffen zur Neugründung von Erdölraffinerien – die bisher fast ausschließlich in Küstenstandorten gelegen hatten – nahe den Verbrauchszentren.

In den 70er Jahren begann eine nach Branchen differenzierte sehr unterschiedliche Entwicklung der bundesdeutschen Industrie, die bis heute anhält. Typisch hierfür sind **Krisen einzelner Industriezweige bei gleichzeitigem Wachstum anderer Branchen**, aber bei insgesamt abnehmender Zahl der Industriebeschäftigten.

Wichtige Daten für die Veränderung des wirtschaftlichen Umfeldes in den 70er Jahren waren die »Ölpreisschocks« von 1973 und 1979, die die bundesdeutsche Industrie in Form stark verteuerter Energiepreise, einer allgemeinen wirtschaftlichen Verunsicherung und einer weltwirtschaftlichen Rezession trafen (→ Kap. Wirtschaft). Die meisten Branchen konnten die Folgen überraschend schnell überwinden und teilweise sogar neue Exportmärkte gewinnen, da die erdölexportierenden Staaten mit ihren nun stark erhöhten Deviseneinnahmen wichtige Kunden auf den Weltmärkten für Maschinen, Fahrzeuge und andere Investitions- und Verbrauchsgüter wurden. Schwerwiegender war jedoch die Tatsache, daß ab Anfang der 70er Jahre die Industriekonjunktur immer weniger durch rein binnenwirtschaftliche Maßnahmen und Entwicklungen gesteuert wurde. Statt dessen spielten außenwirtschaftliche Einflüsse und Entwicklungen der Weltmärkte, auch der Weltfinanzmärkte, eine zunehmend wichtigere und letztendlich entscheidende Rolle. Es begannen damit die Entwicklungen, die später mit den Bezeichnungen »Internationalisierung« und »Globalisierung« belegt wurden.

Die ersten Branchen, die durch die zunehmende internationale Konkurrenz massiv beeinflußt und nach und nach zu immer umfangreicheren Kapazitätseinschränkungen, ja zur Aufgabe vieler Standorte gezwungen wurden, waren der **Eisenerzbergbau** (der 1960 noch 60 Gruben umfaßte, von denen 1987 die letzte geschlossen wurde), der **Steinkohlenbergbau** (von dessen 175 Bergwerken im Jahr 1956 bis 1999 nur noch 15 übrigblieben), die **Textilindustrie** (bei der die Zahl der Beschäftigten von fast 700 000 zu Beginn der 50er Jahre auf wenig über 200 000 um 1990 und auf rund 124 000 in Gesamtdeutschland 1999 zurückging), die **Bekleidungsindustrie**, die **Eisen- und Stahlindustrie**, der **Schiffbau**, die **Leder-** und **Schuhindustrie** und, als Teil der **Elektroindustrie**, die Erzeu-

Neuere Entwicklung ausgewählter Industriezweige in Deutschland 1991–1997

Umsatz und Beschäftigte 1991 und 1997

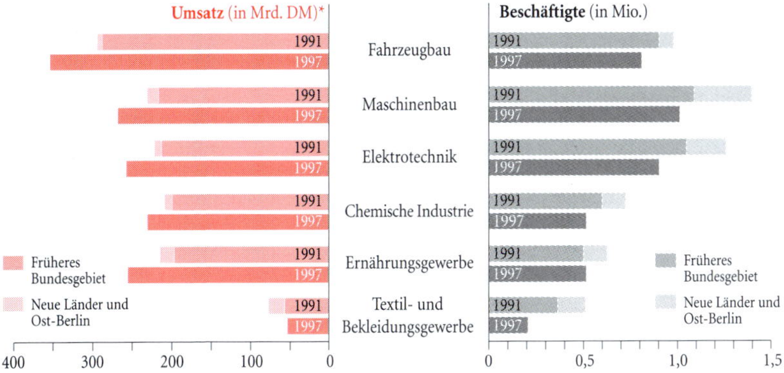

* Umsatz jeweils ohne Mehrwertsteuer

Quelle: Statist. Bundesamt

gung von unterhaltungselektronischen und Haushaltsgeräten (vom Radiogerät bis zum Kühlschrank).

Ursachen des Kapazitätsabbaus waren in einigen Fällen Absatzrückgänge aufgrund von Bedarfssättigung, z. B. bei elektrischen Haushaltsgeräten, wo fast generell vollständige Bedarfsdeckung gegeben ist und nur noch Ersatzbeschaffungen getätigt werden. Die Hauptursache der Strukturkrisen in wichtigen Industriezweigen, die sich meist in den 60er und 70er Jahren bereits ankündigten und in den 80er und 90er Jahren voll zum Ausbruch kamen, war jedoch in fast allen Fällen die preisgünstigere ausländische Konkurrenz, insbesondere aus den sog. Billiglohnländern. Die entsprechenden Importe konnten in den genannten Branchen nicht durch Exporte spezialisierter, hochwertigerer oder innovativerer Produkte kompensiert werden, so daß es zu Produktionsrückgängen und Arbeitsplatzabbau kam.

Entwicklung der Beschäftigtenzahlen in der Textil- und Elektroindustrie der BR Deutschland (alte Bundesländer) 1950–1997

in 1000

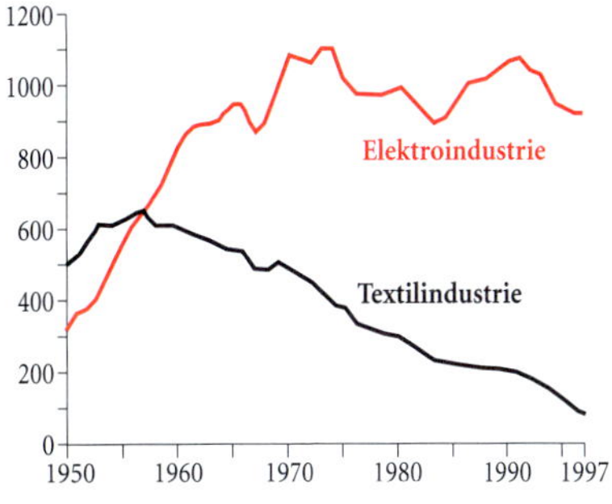

Quelle: Gaebe 1998; Statistisches Bundesamt

Die **ausländische Konkurrenz** machte sich – und macht sich bis in die Gegenwart – in zweifacher Weise bemerkbar, die beide zum Verlust industrieller Arbeitsplätze in Deutschland führten: durch Warenimporte und durch die Verlagerung von Fertigungskapazitäten in das Ausland. Der Verlust von Arbeitsplätzen durch billigere Importe betraf z. B. den Eisenerzbergbau, der wegen Unrentabilität in Deutschland völlig eingestellt wurde, aber auch Branchen wie die Textil- und Bekleidungsindustrie und die Elektrotechnik. Woll- und Baumwollstoffe, Wäsche und Oberbekleidung, Geräte der Unterhaltungselektronik (z. B. Fernsehgeräte, CD-Player u. ä.)werden heute ganz überwiegend zu niedrigen Preisen importiert, die in der BR Deutschland mit ihren hohen Löhnen, hohen Lohnnebenkosten und hohen Steuern und Abgaben nicht zu realisieren sind. Vielfach werden diese Importe in Werken produziert, die von deutschen Unternehmern im Ausland errichtet

wurden (oft als sog. joint-ventures, d.h. Betriebe mit einheimischen Partnern).
Als Standorte für Betriebsgründungen oder Beteiligungen im Ausland boten sich zunächst Länder an der Peripherie Westeuropas mit relativ niedrigem Lohnniveau an (Portugal, Irland), seit den frühen 80er Jahren auch verstärkt »Schwellenländer«, d. h. fortgeschrittenere Entwicklungsländer. Sie gründeten oft spezielle Freihandelszonen, Sonderwirtschaftsgebiete, Industrieparks u. a. zum Zwecke der Ansiedlung ausländischer Unternehmen. In den 90er Jahren kamen zusätzlich die ostmittel- und osteuropäischen Staaten als Standorte hinzu. Für alle diese Länder sind niedrige Löhne und Lohnnebenkosten, meist auch relativ niedrige Steuern und Abgaben und häufig geringe Umwelt- und Sozialstandards charakteristisch, so daß vergleichsweise geringe Produktionskosten anfallen. Da seit längerem auch die Transportkosten vom Produktions- zum Verbrauchsland fallende Tendenz zeigen und aufgrund der weltweiten Vernetzung im Telekommunikationsbereich die Entfernung zwischen Auftraggeber und Produzent kein Problem mehr ist, muß die deutsche Industrie gegen eine globale Konkurrenz antreten.
Im Gegensatz zu den genannten Branchen mit abnehmender Tendenz konnten sich einige andere Industriezweige bisher im weltweiten Konkurrenzkampf gut behaupten und entgegen dem Trend nicht nur ihre Stellung halten, sondern teilweise sogar neue Standorte gründen und neue Arbeitsplätze schaffen. Hierzu gehören insbesondere die Automobilindustrie, der Maschinenbau, Teile der Chemischen Industrie und der Elektrotechnischen Industrie (z. B. Nachrichten- und Energietechnik, Kommunikationstechnik u. a.).
Diesen Industrien gelang es, sich trotz gewisser konjunktureller Schwankungen auch unter den neuen Bedingungen der Globalisierung am Markt zu behaupten – durch hohe Qualität, innovative, oft hoch spezialisierte »high-tech«-Produkte und nicht zuletzt durch wirkungsvolle Marketingkonzepte. Die entsprechenden Branchen konnten vor allem ihre starke Stellung im Export in den letzten Jahren weiter ausbauen. Beim Maschinenbau, in der Automobilproduktion, in der Elektrotechnik, in der Chemie und in einigen anderen Branchen wuchs in den 80er und 90er Jahren der Auslands- wesentlich stärker als der Inlandsumsatz. So betrug z. B. 2000 die Exportquote (Anteil des Exports am Gesamtumsatz) der deutschen Kraftfahrzeugindustrie 58,3%, der Rundfunk-, Fernseh- und Nachrichtentechnik 53,6%, des Maschinenbaus 48,3%, der Chemischen Industrie 50,2% und der Medizin-, Meß-, Steuer- und Regelungstechnik sowie Optik 44,3%.
Doch selbst in Branchen, die allgemein als kriselnd angesehen werden, wurden beachtliche Exporterfolge erzielt. So stand die deutsche **Textilindustrie** 2000 mit einer Exportquote von 34,9% immerhin an vierter Stelle der weltweit wichtigsten Exporteure (nach der VR China, Hongkong und Italien). Importiert werden vor allem Gebrauchstextilien für Ober- und Unterbekleidung, Bett- und Tischwäsche und Wohnungsausstattung. Entsprechende Artikel werden kaum noch in Deutschland hergestellt. Exportiert werden dagegen besonders hochwertige Stoffe, technische Textilien, Kunstfasern für spezielle Anwendungen usw.
In der **Elektroindustrie** lag dagegen die Ausfuhrsumme immer über der Einfuhr, wenn auch beide Handelsströme seit Beginn der 70er Jahre sehr stark zugenommen haben. Auch hier sind es überwiegend ganz unterschiedliche Produkte, die über die deutschen Grenzen hinweg gehandelt werden. Importiert werden hauptsächlich Hausgeräte, Artikel der Unterhaltungselektronik und Personal-Computer, exportiert werden in der Regel »high-tech«-Produkte – vielfach technische Neuentwicklungen der letzten Jahre – aus den Bereichen Energie- und Nachrichtentechnik, Steuergeräte für Maschinen und Roboter, Fahrzeugelektronik für Autos, Bahn und Flugzeuge, medizinisch-technische Apparaturen, elektronische Bauelemente usw.
Entsprechend dieser Entwicklung hat sich auch die Produktpalette der deutschen Elektroindustrie gewandelt. So nahm seit Anfang der 50er Jahre zunächst die Erzeugung von Gebrauchsgütern, z. B. Musik- und elektrische Haushaltsgeräte, stark zu, um vor allem in den 70er und 80er Jahren wieder eine deutlich rückläufige Tendenz zu zeigen.
Das Produktionsspektrum der deutschen elektrotechnischen Industrie verschob sich zunächst stark in Richtung auf Investitionsgüter (z. B. Telekommunikation, Datenverarbeitungstechnik, Fahrzeugelektronik) und in den 90er Jahren hin zu höheren Anteilen von Vorerzeugnissen, im wesentlichen elektronischen Baule-

menten und Computerchips. In beiden Bereichen ist z. B. die Firma Siemens aktiv, der größte deutschen Elektrokonzern.
Wie die Tabelle der Branchenentwicklung zeigt, sind Produktionsrückgänge und -verlagerungen in das Ausland nicht die alleinige Ursache für zurückgehende Arbeitsplatzzahlen. Selbst

viele Branchen, die umsatzmäßig ein starkes Wachstum zeigen, haben in den 80er und 90er Jahren Personal abgebaut, z. B. die Automobilindustrie. Hier zeigen sich die Auswirkungen des seit den 70er Jahren stark zunehmenden Trends, Menschen durch Maschinen, Automaten und Roboter zu ersetzen und damit die

Entwicklung ausgewählter Industriebranchen in der BR Deutschland 1980–1997
Zahl der Betriebe und der Beschäftigten, Inlands- und Auslandsumsatz

	Betriebe	*Beschäftigte in 1000*	*Inlands-*	*Auslands-*	*Jahr*
			umsatz in Mrd. DM		
Bergbau	319	231	24,275	4,965	1980
	287	213	31,216	4,533	1985
	285	235	33,387	1,770	1992
	254	174	31,617	1,623	1994
	184	118	16,946	0,349	1997
Eisenschaffende Industrie	177	284	31,319	16,132	1980
	170	217	31,789	20,314	1985
	176	186	30,426	14,195	1992
	165	136	27,630	14,983	1994
	–	–	–	–	1997
Chemische Industrie	1627	568	79,299	47,175	1980
	1558	557	101,449	76,692	1985
	1846	655	128,318	81,584	1992
	1830	570	126,329	87,362	1994
	1709	501	125,203	105,890	1997
Ernährungsindustrie	4712	468	121,780	9,803	1980
	4370	427	139,304	15,227	1985
	5415	574	–	–	1992
	5199	532	197,248	20,419	1994
	4812	502	200,850	25,131	1997
Maschinenbau	5338	1024	69,867	52,914	1980
	5251	950	88,046	69,111	1985
	7162	1205	135,898	88,291	1992
	6754	967	118,813	88,675	1994
	6461	982	142,787	125,539	1997
Straßenfahrzeugbau, -reparatur	2799	802	75,752	51,172	1980
	2583	809	92,637	91,870	1985
	3030	919	172,096	119,592	1992
	3005	784	149,891	113,859	1994
	–	–	–	–	1997
Elektrotechnik	3284	976	81,290	31,472	1980
	3273	923	102,725	48,984	1985
	4607	1111	163,565	63,328	1992
	4537	948	154,299	70,457	1994
	5008	854	155,190	100,431	1997
Textil- u. Bekleidungsindustrie	5458	553	44,098	9,016	1980
	4235	419	45,082	13,755	1985
	3682	384	52,104	16,914	1992
	2969	311	45,159	14,988	1994
	2231	216	38,765	15,422	1997

Angaben 1980 und 1985 für die alten Bundesländer, 1992, 1994, 1997 für Gesamtdeutschland
– keine vergleichbaren Angaben wegen Änderung der Erfassungsmethode
Die Angaben für 1994 und 1997 sind nur bedingt vergleichbar, da das Statistische Bundesamt z. T. die Abgrenzung zwischen den Branchen geändert hat.
Alle Angaben für Betriebe ab 20 Beschäftigte (einschl. Handwerk)
Quelle: Statistisches Bundesamt

durchschnittliche Produktivität pro Arbeitskraft zu erhöhen (→ Kap. Erwerbstätigkeit). Vor allem die stark angestiegenen Lohn- und Lohnnebenkosten, in manchen Branchen auch verbunden mit einer Knappheit an qualifizierten Arbeitskräften, beschleunigte diese Tendenz, Arbeit durch Kapital zu ersetzen. Die Automobilindustrie ist ein Musterbeispiel für diese Entwicklung, da hier die früher übliche arbeitsintensive Fließbandfertigung in modernen Fabriken durch computergesteuerte Fertigung mit weitgehendem Einsatz von Robotern ersetzt wurde. Arbeitskräfte werden hauptsächlich nur noch zu deren Kontrolle und Wartung benötigt.

Die Wachstums- bzw. Schrumpfungstendenzen einzelner Branchen haben das räumliche Bild der bundesdeutschen Industrielandschaft und das Verteilungsmuster der Industriestandorte seit den 70er Jahren beträchtlich verändert. Hauptleidtragende der Veränderungen waren die altindustrialisierten Räume mit ihrem Übergewicht schrumpfender Industriezweige, wie z. B. Ruhrgebiet und Saarland (Kohlebergbau, Eisen- und Stahlindustrie), Küstenstandorte (z. B. Bremen) mit Werftindustrie, Nordostbayern (Textil-, Glas- und Porzellanindustrie) und kleinere Industriestandorte in Mittelgebirgslagen mit aufgegebenem Erzbergbau, mit alten Textil-, Leder- und Holzindustrien (z. B. Siegerland, Schwarzwald, Harz). In der Summe befanden sich derartige altindustrialisierte Räume mit Schrumpfungstendenzen häufiger in Nord- und Westdeutschland als in Süddeutschland, und es gelang vielfach nur mit Mühe – z. T. auch gar nicht – moderne Industrien oder Dienstleistungsbetriebe als Ersatz für die wegfallenden Arbeitsplätze anzusiedeln. So wurden zwar im Ruhrgebiet Ersatzarbeitsplätze geschaffen und der Dienstleistungssektor zuungunsten der Industrie gestärkt, doch bestehen nach wie vor in vielen Städten Arbeitsmarktprobleme.

In den 80er Jahren kam das Wort vom wirtschaftlichen **»Süd-Nord-Gefälle«** in der Bundesrepublik auf, da in Süddeutschland (Bayern, Baden-Württemberg, Südhessen) deutlich höhere Wachstumsraten und niedrigere Arbeitslosenquoten auftraten, gerade auch im Bereich des Industriesektors. Während in Nord- und Westdeutschland vielfach umfangreiche finanzielle Mittel zur Subventionierung unrentabler und bestandsgefährdeter Industriezweige ausgegeben wurden (Steinkohlebergbau, Stahlindustrie, Schiffbau), wurden in Süddeutschland gezielt Neuansiedlungen moderner High-Tech-Betriebe gefördert (Elektronik, Bio- und Gentechnologie, Pharmazie u. ä.).

Nicht nur im globalen und nationalen Maßstab veränderten sich **Industriestandorte**, sondern auch auf der regionalen und lokalen Ebene ergaben sich, vor allem seit den 70er Jahren, tiefgreifende Standortverschiebungen. Gemeint ist die Stadtrandwanderung von Industrie- und Gewerbebetrieben, deren Auswirkungen in der Fachliteratur als Industriesuburbanisierung bezeichnet werden, d. h. die zunehmende Ansiedlung von Betrieben in neuen Standorten am Großstadtrand bzw. in Gemeinden des Umlandes.

Die Auswirkungen der Industrie-Suburbanisierung sind in vielerlei Hinsicht sehr bedeutend. Sie reichen von einer überdurchschnittlichen Stärkung der Wirtschaftskraft und der Steuereinnahmen der Randgemeinden (mit entsprechender Schwächung der Städte) über die Entstehung neuer Arbeitspendlerströme (die nicht mehr fast ausschließlich zentripetal vom Umland zu den Stadtzentren gerichtet sind) und die Notwendigkeit, im Umland neue leistungsfähige Straßen, Verkehrssysteme und sonstige öffentliche Infrastrukturen zu schaffen, bis hin zu einer ökologisch vielfach sehr nachteiligen Zersiedelung ehemals freier Landschaft.

Die Industrie in der DDR

In der **DDR** entwickelte sich der Industriesektor von Anfang an völlig anders als in der Bundesrepublik. Schon die Voraussetzungen waren unterschiedlich: Während schon im Deutschen Reich auf dem Gebiet der späteren BRD der Steinkohlebergbau, die Schwerindustrie und der Maschinenbau konzentriert waren, dominierten auf dem Gebiet der Sowjetzone bzw. der späteren DDR die Branchen Textil, Optik sowie die Nahrungsmittelindustrie. Von den wichtigeren Industriezweigen waren lediglich die Chemie und der Braunkohlenbergbau ungefähr gleichmäßig auf Ost und West verteilt. Ein historisches Erbe war auch die extrem ungleichmäßige Verteilung der Industrie über das Gebiet der DDR; sie konzentrierte sich ganz überwiegend auf das südliche Drittel und den Raum Berlin, während der Norden (vor allem Mecklenburg-Vorpommern) fast rein agrarisch strukturiert war.

Der Krieg zerstörte auch in der späteren DDR

Branchenstruktur der Industrie der DDR 1950–1982

Anteile in %

Bereiche	*1950*	*1955*	*1960*	*1965*	*1970*	*1975*	*1982*
Energie- und Brennstoffindustrie	11,7	8,3	6,8	6,4	5,6	5,1	9,9
Chemische Industrie	11,2	12,0	12,1	13,5	14,5	15,1	20,5
Metallurgie	6,2	8,8	8,4	7,8	7,8	7,9	7,9
Baumaterialienindustrie	2,3	1,7	2,0	2,1	2,1	2,0	1,5
Maschinen- und Fahrzeugbau[1]	17,4	19,1	22,1	24,1	24,9	24,2	20,8
Elektrotechnik/Elektronik/Gerätebau[2]	4,4	5,1	6,8	8,2	9,5	11,2	8,9
Leichtindustrie[3]	14,7	12,4	12,0	11,3	11,2	11,3	9,7
Textilindustrie	10,2	9,6	8,8	7,6	7,0	6,6	6,1
Lebensmittelindustrie	21,9	23,0	21,0	19,0	17,4	16,6	14,1
Gesamte Industrie	100,0	100	100	100	100	100	100

Ohne Wasserwirtschaft. Berechnungsbasis sind bis 1975 die Bruttoproduktionswerte auf der Preisbasis von 1967, für 1982 industrielle Warenproduktion auf Basis effektiver Preise (mit Vorjahresangaben nicht vergleichbar).

1 Einschließlich Gießereien und Schmieden, Schiffbau sowie Metallwarenindustrie

2 Einschließlich Feinmechanische und Optische Industrie sowie Datenverarbeitung und Büromaschinenbau

3 Ohne Textilindustrie

Quelle: H. Zimmermann (Hrsg.), DDR-Handbuch, [3]1985

beträchtliche Teile der Industrie. Mindestens ebenso große Verluste erlitt die Wirtschaft aber nach dem Krieg durch Demontagen infolge von Reparationsleistungen an die Sowjetunion. In manchen Branchen betrugen die Demontageschäden mehr als 50% des Vorkriegsbestandes (z.B. Kautschukindustrie 80%, Feinmechanik und Optik 60%, Fahrzeugbau 55%). Insgesamt hatten die Kapazitätsverluste durch Demontagen etwa das doppelte Ausmaß der entsprechenden Verluste in den Westzonen.

Der industrielle Wiederaufbau begann in der Sowjetzone bzw. der DDR Ende der 40er Jahre streng nach den Vorgaben des sozialistischen Wirtschaftssystems der UdSSR (→ Kap. Wirtschaft), dem die Industrie der DDR nach Betriebs- und Eigentumsstruktur sowie Leitungssystem angeglichen wurde. Zu den wichtigsten Direktiven gehörten der absolute Vorrang der Grundstoffindustrie (Braunkohle, Energiewirtschaft, eisenschaffende und Chemische Industrie) und der Aufbau des bisher nicht vorhandenen Schwermaschinenbaus. Vernachlässigt wurde dagegen der Wiederaufbau bzw. Neubau von Industrien zur Produktion von Nahrungsmitteln und Verbrauchsgütern.

Die Branchenstruktur der DDR-Industrie veränderte sich dementsprechend: Anteilsmäßige Zunahmen an der gesamten Industrieproduktion zeigten seit 1950 vor allem der Maschinen- und Fahrzeugbau, die Elektrotechnik und die Chemische Industrie. Abnehmende Bedeutung hatten die Lebensmittel- und Textilindustrie und generell die Leichtindustrien, daneben auch die Energiewirtschaft (im wesentlichen Braunkohlentagebau).

Diese Veränderungen der Branchenstruktur ergaben sich nicht durch marktwirtschaftliche Entwicklungen wie in der Bundesrepublik, sondern waren staatlicherseits gewollt und geplant, da im industriellen Bereich von Anfang an kein Raum für privatwirtschaftliche Initiativen existierte.

Durch Befehl der sowjetischen Besatzungsmacht wurden bereits im Oktober 1945 alle größeren Industriebetriebe enteignet und verstaatlicht. Davon wurden 213 Betriebe durch Befehl vom Juni 1946 als sog. SAG-Betriebe (»Sowjetische Aktiengesellschaft«) in das Eigentum der Sowjetunion überführt und 1953 für rd. 2,6 Mrd. Mark von der DDR zurückgekauft. Kleinere gewerbliche Betriebe, vor allem Handwerksbetriebe, wurden von den Enteignungsaktionen 1945/46 vorläufig ausgenommen und erst in den 50er und 60er Jahren in »Volkseigentum« (»Volkseigene Betriebe«) oder Genossenschaftseigentum (»Produktionsgenossenschaften des Handwerks«) überführt, z. T. auf dem Weg über staatliche Beteiligungen. Bis 1974 war die Sozialisierung von Industrie und Handwerk abgeschlossen: rund 95% aller Betriebe waren »volkseigen«, der Rest genossenschaftlich.

Die rechtliche und betriebliche Organisation der Industrie- und Handwerksbetriebe und der Grad der Selbständigkeit der Einzelbetriebe wechselten mehrfach im Lauf der Jahre (→ Kap.

Wirtschaft), so beispielsweise zwischen stärkerer finanzwirtschaftlicher Eigenverantwortung der Betriebe im Rahmen des NÖS (»Neues Ökonomisches System«) ab 1963 und der Rezentralisierung von 1970/71 mit der Verlagerung von Zuständigkeiten und Verantwortlichkeiten auf höhere Leitungsebenen. Grundeinheiten der Industrie waren die VEB (»Volkseigene Betriebe«), die zeitweise direkt von den örtlichen Staats- bzw. Parteiorganen bzw. über diese von den Industrieministerien verwaltet und geleitet wurden, zeitweise den VVB unterstellt waren (VVB: bis 1957 »Verwaltung Volkseigener Betriebe«, später »Vereinigung Volkseigener Betriebe«). Letztere waren vor allem in den 60er Jahren die wirtschaftliche Leitungsinstanz mittlerer Ebene mit großer wirtschaftsorganisatorischer und -politischer Bedeutung. In den 70er und 80er Jahren verloren die VVB einen Teil ihrer Bedeutung durch die direkte Unterstellung von VEB und Kombinaten unter die Industrieministerien.

Kombinate bestanden aus mehreren Betrieben, die im technologischen und ökonomischen Verbund produzierten. Sie existierten hauptsächlich in den Grundstoffindustrien, in der Chemie und Elektrotechnik. Fast alle während der DDR-Zeit neu gegründeten Industriekomplexe wurden als Kombinate geführt, z. B. das Eisenhüttenkombinat Ost (EKO), das seit 1950 bei Fürstenberg an der Oder (heute Eisenhüttenstadt) errichtet wurde. 1982 waren 98% aller Beschäftigten der Zentralgeleiteten Industrie – Mittel- bis Großbetriebe, die von den Industrieministerien geleitet wurden – in 133 Kombinaten tätig. Die kleineren Betriebe gehörten zur Bezirksgeleiteten Industrie; es waren in den 80er Jahren 85% aller Betriebe, die aber nur 30% der Produktion erwirtschafteten. Unabhängig von der organisatorischen Lösung des »Durchgriffs« von oben (Staat) nach unten (Betrieb) wurde jedoch das Grundprinzip der Zentralverwaltungswirtschaft, nämlich die staatliche Planung und quantitative Festlegung der Produktion, nie in Frage gestellt.

In räumlicher Hinsicht gab es während der Zeit der DDR erstaunlich wenige Standortveränderungen im industriellen Sektor, erstaunlich daher, weil die staatliche Planwirtschaft die Möglichkeit gehabt hätte, die regionalen Disparitäten der Industrie ohne Rücksicht auf private Interessen zu verändern. Es war jedoch vor allem die Knappheit an finanziellen und materiellen Ressourcen, die den Ausschlag dafür gab, daß eher die bestehenden Industrieagglomerationen ausgebaut als neue geplant wurden. Ausnahmen sind einige neue Standorte der Eisen- und Stahlindustrie, wie das erwähnte EKO-Werk, der Ausbau der Werft- und Fischereiindustrie (Fischverarbeitung) im Raum Rostock sowie neue Produktionsstätten der Maschinenbau- und Nahrungsgüterindustrie in den nördlichen Bezirken. Trotzdem blieb in den vier industriellen Ballungsgebieten Ost-Berlin, Halle/Leipzig, Dresden und Karl-Marx-Stadt (Chemnitz) auch in den 80er Jahren auf weniger als 25% der Fläche der DDR rund 55% der Industrieproduktion konzentriert.

Nach der politischen Wende, der Wirtschafts- und Währungsunion und der folgenden **deutschen Wiedervereinigung** 1990 machte die Industrie der DDR im Rahmen der Anpasssung an marktwirtschaftliche Verhältnisse und der Einbindung in den gesamtdeutschen, europäischen und globalen Markt einen besonders tiefgreifenden Veränderungsprozeß durch, der innerhalb weniger Jahre zu einer **massiven Deindustrialisierung** führte. Das Hauptproblem der DDR-Industrie lag in der veralteten, unrationellen und ineffektiven Produktionsweise, die zudem noch sehr stark umweltbelastend war. Die Industrie war gekennzeichnet durch geringe Automatisierung, überalterten Maschinenpark aufgrund viel zu geringer Modernisierungsinvestitionen, Energie- und Ressourcenverschwendung und personellen Überbesatz wegen des fehlenden wirtschaftlichen Zwangs der Betriebe zur Einsparung von Produktionskosten. Die Erzeugnisse zeigten mangels Konkurrenz häufig nur geringe Rücksichtnahme auf Kundenwünsche. Die Exportindustrie war außerdem sehr stark auf die Sowjetunion und die anderen sozialistischen Staaten ausgerichtet und zeigte sich daher den wesentlich höheren Qualitätsansprüchen Westeuropas und des Weltmarktes nicht gewachsen.

Da die neuen Bundesländer nach der Wirtschafts- und Währungsunion dem ungehinderten Zutritt der westdeutschen Industrie geöffnet wurden, erlagen die meisten Betriebe Anfang bis Mitte der 90er Jahre dem Konkurrenzdruck. Sie konnten qualitätsmäßig und preislich dem Wettbewerb nicht standhalten, so daß die Masse der Betriebe geschlossen werden mußte. Die Industrieproduktion sank daher rapide, und ein Großteil der Beschäftigten wurde in die Arbeits-

losigkeit entlassen. Der Wegfall der bisherigen Exportmärkte in Osteuropa trug in hohem Maße zu diesem Niedergang der Industrie in der ehemaligen DDR bei.
Die »Volkseigenen Betriebe« wurden 1990 von der Treuhandanstalt übernommen. In den folgenden Jahren wurden sie nach Möglichkeit an private Investoren, meist westdeutsche oder westeuropäische Unternehmen, verkauft oder aber aufgelöst, wenn eine Sanierung nicht erfolgversprechend schien. Diese **Reprivatisierung** der Industrie war – abgesehen von Einzelfällen – 1995 abgeschlossen. Daneben konnte eine Reihe von Neuansiedlungen verbucht werden, vor allem Zweigwerke westdeutscher Betriebe, die aber bis Ende der 90er Jahre die starken Arbeitsplatzverluste nicht im entferntesten ausgleichen konnten. So ging die Zahl der Industriebeschäftigten in der ehemaligen DDR von 1,759 Mio. (1991) über 0,671 Mio. (1994) auf nur noch 0,563 Mio. (1997) zurück (ohne Baugewerbe).

Der Wandel der Energiewirtschaft

Zu den Industriezweigen, die seit Ende des Zweiten Weltkrieges den stärksten Wandel erlebten, gehört die **Energiewirtschaft**.
In der **BRD** stiegen Erzeugung und Verbrauch von Energie seit Ende der 40er Jahre ungefähr parallel zum Wirtschaftswachstum stark an. Lediglich 1974/75 gab es durch die »Ölkrisen« und die dadurch hervorgerufene wirtschaftliche Rezession einen Rückgang. 1979 war mit 408,2 Mio. t SKE (Steinkohleeinheiten) ein erster Maximalwert erreicht. Danach fiel der Energieverbrauch konjunkturbedingt und aufgrund beginnender Einsparungsmaßnahmen auf 361,5 Mio. t SKE (1982), um dann in mehreren Stufen wieder auf 392,2 Mio. t SKE (1990) anzusteigen. Seit Anfang der 80er Jahre ist ein »Abkoppeln« des Energieverbrauchs von der Wirtschaftsentwicklung festzustellen, d. h. der Energieverbrauch nahm wesentlich schwächer zu als das Wirtschaftswachstum. Ursachen dieser aus ökologischer Sicht erfreulichen Entwicklung waren bzw. sind verstärkte Anstrengungen zur Einführung energiesparender Technologien in der Industrie, zur Vermeidung von Energieverlusten, zur verbesserten Wärmedämmung und Heizungstechnik von Gebäuden, zu benzinsparenden Automotoren usw.
Im wiedervereinigten Deutschland lag der Energieverbrauch 1990 bei 504,5 Mio. t SKE. Er nahm bis 1994 auf 479,0 Mio. t SKE ab, vor allem wegen der Stillegung von Industriebetrieben in den neuen Ländern. Seitdem schwankt der Energieverbrauch innerhalb eines relativ engen Rahmens, wobei wegen des großen Einflusses der Wärmeerzeugung auf den Gesamtenergieverbrauch die Winterwitterung eine große Rolle spielt. Der Mehrverbrauch durch das Wirtschaftswachstum und die vergrößerte Zahl von Kraftfahrzeugen wurde in den letzten Jahren weitestgehend durch Einsparungen kompensiert. 2000 wurde der Energieverbrauch auf 483,6 Mio. t SKE berechnet.
An erster Stelle unter den **Primärenergieträgern** stand in der »alten« Bundesrepublik und steht in Gesamtdeutschland das **Mineralöl**. Sein Verbrauch steigerte sich bis Anfang der 70er Jahre durch die zunehmende Motorisierung und die Umstellung vieler Heizungen von Kohle auf

Primärenergieverbrauch nach Energieträgern in der BR Deutschland 1960–1999

	Gesamtverbrauch in Mio. t SKE	*davon in %*					
		Mineralöl	*Erdgas*	*Steinkohle*	*Braunkohle*	*Kernenergie*	*Sonstiges**
1960	214,2	20,7	0,4	59,9	14,5	–	4,5
1965	267,3	40,4	1,3	42,8	12,0	0,0	3,5
1970	336,8	53,1	5,4	28,7	9,1	0,6	3,1
1975	347,7	52,1	14,0	19,1	9,9	2,0	2,9
1980	390,2	47,6	16,3	19,8	10,0	3,7	2,6
1985	385,0	41,4	15,3	20,6	9,4	10,7	2,6
1990	504,5	35,3	15,5	15,6	21,6	9,8	2,2
1995	485,6	40,2	19,7	14,9	12,2	10,2	2,8
1999	484,5	39,4	21,3	13,4	10,3	13,1	2,5

* Wasserkraft, Wind- und Sonnenenergie, Holz- u. Biomasseverbrennung, Deponie- und Klärgas, Strom-Außenhandelsbilanz
1960–1985: alte Bundesländer, 1990–1997: Gesamtdeutschland
Quelle: Bundeswirtschaftsministerium und Arbeitsgemeinschaft Energiebilanzen

Primärenergieverbrauch in der DDR bzw. in den neuen Bundesländern 1960–1995

	Gesamtverbrauch in Mio. t SKE	Mineralöl	Erdgas	davon in % Steinkohle	Braunkohle	Sonstiges*
1960	–	3,0	0,0	14,6	82,3	0,1
1970	–	12,9	0,6	9,8	76,0	0,7
1980	121,6	21,1	8,6	6,4	59,2	4,7
1985	126,8	12,1	9,1	5,1	70,2	3,5
1990	112,3	17,1	8,6	3,1	68,6	2,6
1995	72,2	36,0	22,1	3,5	38,3	0,1

* Wasserkraft, Wind- und Sonnenenergie, Brennholz, Torf, Kernenergie, Strom-Außenhandelsbilanz
Quelle: Statistisches Jahrbuch der DDR, Arbeitsgemeinschaft Energiebilanzen

Heizöl sehr rasch, so daß es bereits Mitte der 60er Jahre die bis dahin wichtigste Energiequelle Steinkohle überholt hatte. Ein Ende der laufenden Verbrauchszunahmen brachten die starken Preiserhöhungen der 70er Jahre (»Ölpreisschocks«) und die mit zunehmendem Umweltbewußtsein spürbaren Einsparungen bzw. der Ersatz als bevorzugte Heizenergie durch Erdgas. Die Vorrangstellung von Mineralöl blieb jedoch erhalten, da es bislang keine verbreitete Alternative als Treibstoff für Kraftfahrzeuge gibt.

Erdgas, seit 1992 zweitwichtigster Energieträger in Deutschland, war bis etwa 1968 unbedeutend. Sein Siegeszug begann mit der Förderung in Deutschland und zunehmenden Importen aus den Niederlanden und der Sowjetunion. In den 80er und 90er Jahren steigerten sich Aufkommen und Verbrauch von Erdgas jährlich durch die Umstellung von Gebäudeheizungen nach dem Ausbau von Versorgungsleitungen in vielen Städten. Seit 1995 hat Erdgas das Heizöl als wichtigste Energiequelle zur Wohnungsheizung abgelöst, da es bequemer zu handhaben ist und als umweltfreundlicher gilt.

An dritter Stelle unter den Energieträgern steht heute in Deutschland die **Steinkohle**. 1955 deckte sie noch 72% des Energieverbrauchs der damaligen Bundesrepublik. Ihr Anteil ging dann rasch zurück durch die Motorisierung, die die Bedeutung des Mineralöls ansteigen ließ, durch die Umstellung der meisten Heizungen von Kohle und Koks auf das billigere und bequemere Heizöl und später auf Erdgas, außerdem durch den verminderten Bedarf der Eisen- und Stahlindustrie durch neue Reduktionsverfahren. Auch die »Ölkrisen« der 70er Jahre konnten der Steinkohle nur zu einem vorübergehenden Verbrauchszuwachs verhelfen. Die deutsche Steinkohle ist aufgrund der teuren Förderung nur mit hohen Subventionen und mit Hilfe von Einfuhrbeschränkungen für ausländische Kohle verkäuflich.

Die **Braunkohle** konnte in den alten Bundesländern seit den 50er Jahren ihre Bedeutung ungefähr bewahren, da sie eine wichtige Energiequelle für die Stromerzeugung im Grundlastbereich ist. Dagegen verlor sie ihre frühere Bedeutung für die Wohnungsheizung (Briketts) fast völlig. Nach der Wiedervereinigung stieg der Anteil der Braunkohle durch ihre überragende Bedeutung in den neuen Bundesländern zunächst stark an, um seitdem wieder zurückzugehen, da ihr Einsatz in alten Kraftwerken aus Umweltschutzgründen stark reduziert wurde.

Die Nutzung der **Kernenergie**, die noch vor der Braunkohle an vierter Stelle der deutschen Energieträger steht, begann 1968 mit dem ältesten noch in Betrieb befindlichen Kraftwerk Obrigheim. Ihr Anteil stieg in den 70er und 80er Jahren durch die Inbetriebnahme neuer Kernkraftwerke jährlich an. Seit 1988/89 ging kein weiteres Kernkraftwerk mehr in Betrieb, so daß die Stromerzeugung durch Kernenergie und ihr Anteil an der gesamten Energieversorgung seitdem nur noch leicht durch Leistungssteigerungen bestehender Kraftwerke gesteigert wurde.

Sonstige Energiequellen, insbesondere die **regenerativen Energien**, fallen in der Gesamtbilanz bisher kaum ins Gewicht. Trotz des starken Ausbaus der Wasserkraft (Hydroelektrizität) bereits in der Vorkriegszeit und in den ersten Jahrzehnten nach dem Zweiten Weltkrieg und der massiven Subventionierung von Sonnen- und Windenergieanlagen konnten alle regenerativen Energien zusammen bisher nur einen Anteil von 2,7% (2000) am kommerziellen Energieverbrauch erreichen.

Die Energieerzeugung in der BRD entwickelte

sich nach dem anfänglichen Übergewicht der Steinkohle in Richtung auf eine starke Diversifizierung. Dem stand die **DDR** mit einer völlig anderen Energieversorgungsstruktur gegenüber, bei der die **Braunkohle** von Anfang an stark dominierte. Als einzige heimische Energiequelle von Bedeutung wurde ihre Förderung ohne Rücksicht auf ökologische Schäden gesteigert, um Devisen für Energieimporte zu sparen. Sie bildete das Grundgerüst der Stromversorgung und der Gebäudeheizung in der DDR. An sonstigen Energieträgern spielten nur noch das Mineralöl für den Kraftfahrzeugverkehr und aus der UdSSR importiertes Erdgas eine Rolle. Noch 1991 deckte in den neuen Bundesländern die Braunkohle 61,7% des Energiebedarfs. Eine rasche Anpassung an westdeutsche Strukturen kam jedoch im Lauf der 90er Jahre zustande.

Der Dienstleistungssektor

Der tertiäre Sektor der Wirtschaft – Handel, Verkehr und sonstige öffentliche und private Dienstleistungen – hat als einziger Wirtschaftsbereich in Deutschland seit Ende des Zweiten Weltkrieges kontinuierlich an Bedeutung gewonnen. Sowohl bei den Erwerbstätigen (von 32,7 1950 auf 63,8% 1999) als auch bei der Wertschöpfung (von 40,9 1960 auf 68,5% des Bruttoinlandsprodukts 1999) wuchs sein Anteil in der BR Deutschland stark an.

Der Dienstleistungsbereich ist in sich sehr heterogen. Neben rasant wachsenden Teilbereichen, wie Telekommunikation, Datenverarbeitung oder Wirtschaftsdienste, gibt es durchaus auch schrumpfende Teilsektoren, wie einfachere Tätigkeiten in den Bereichen Handel, Transport und Reparatur. Es gibt also, bei insgesamt überdurchschnittlichem Wachstum – verglichen mit der gesamtwirtschaftlichen Entwicklung – innerhalb des Sektors laufende Verschiebungen. Im allgemeinen werden die Dienstleistungen in vier große Gruppen unterteilt: distributive Tätigkeiten (Handel, Transport, Verkehr), produktions- bzw. produzentenorientierte Tätigkeiten (Banken, Wirtschafts- und Steuerberatung, Datenverarbeitung, Werbewirtschaft u. ä.), soziale Tätigkeiten im weitesten Sinn (Bildungs- und Gesundheitswesen, Rechtswesen, öffentliche Verwaltung usw.) und schließlich persönliche Dienste, wie Gastronomie, Fremdenverkehr, Sport und Unterhaltung.

Die zunehmende Bedeutung des tertiären Sektors wird allgemein mit Ursachen erklärt, die auch auf die Entwicklung in der Bundesrepublik Deutschland seit den 50er Jahren bis in die Gegenwart zutreffen. Durch Maschinen- und Automateneinsatz sowie Rationalisierung von Arbeitsvorgängen und dadurch bedingte steigende Produktivität in Industrie, Handwerk und Landwirtschaft verringerte sich die Arbeitszeit und erhöhte sich gleichzeitig das Einkommen der Beschäftigten. Zunehmendes Einkommen und vermehrte Freizeit ließen neue Bedürfnisse entstehen und die Nachfrage nach Dienstleistungen expandieren; gleichzeitig setzten die anderen beiden Sektoren Arbeitskräfte frei, die diese geforderten Dienstleistungen erbringen konnten.

Als weitere Ursache kam die zunehmende Differenzierung der wirtschaftlichen Tätigkeiten hinzu, die neue unternehmensorientierte Dienstleistungen im Geld-, Kredit-, Versicherungs-, Beratungs- und Marketingbereich entstehen ließ. Der zunehmende Binnen- und Außenhandel – nicht nur zwischen Produzenten und Konsumenten, sondern auch zwischen den Produzenten von Vor-, Halbfertig- und Fertigprodukten und ihren jeweiligen Zulieferern – führte zu stark expandierenden Logistik-, Verkehrs- und Transportdienstleistungen. Auch die Tatsache, daß nicht nur Betriebe, sondern zunehmend auch Privathaushalte viele Dienste an Firmen vergeben, die früher im eigenen Betrieb bzw. im Haushalt erledigt wurden, ließ teilweise ganz neue Berufe entstehen und erhöhte allgemein die Zahl der Dienstleistungsbeschäftigten (z. B. Gebäudereinigung, Wäschereien, Hausmeisterarbeiten, Reparaturen). Schließlich führten zunehmende Bildungsansprüche, verlängerter Schulbesuch und stark vermehrter Hochschulbesuch zu einem raschen Anwachsen der Beschäftigung im Erziehungs-, Bildungs-, Wissenschafts- und Forschungsbereich, ebenso wie durch erhöhtes Bildungsniveau die Nachfrage nach Leistungen im Kunst- und Kulturbereich ausgedehnt wurde.

Bei der zahlenmäßigen Betrachtung des Dienstleistungssektors muß berücksichtigt werden, daß sich auch unter den Beschäftigten des sekundären, also des Industriesektors, viele Dienstleistungen verbergen. Der tatsächliche Anteil der tertiär Beschäftigten liegt also höher, als die Statistiken ausweisen.

In räumlicher Hinsicht unterscheiden sich

Dienstleistungstätigkeiten vor allem dadurch von der Produktion des Industrie- und des Agrarsektors, daß sie in der Regel in direktem Kontakt zum Kunden angeboten werden, da häufig unmittelbare Beziehungen zwischen Nachfrager und Anbieter bestehen bzw. notwendig sind. Viele Dienstleistungen werden daher vorzugsweise in großen Städten mit ihrer Wirtschaftskraft und ihrem großen Kundenpotential angeboten. Das Wachstum der Dienstleistungsbranchen war eine der Ursachen für das überproportionale wirtschaftliche Wachstum gerade der großstädtischen Ballungsgebiete auf Kosten dünn besiedelter ländlicher Räume. Diese sind heute vielfach selbst mit einfachen Dienstleistungen unterversorgt.

Die Entwicklung des Einzelhandels

Der Einzelhandel gehört zu denjenigen Wirtschaftsbereichen, die in der **BR Deutschland** in den vergangenen Jahrzehnten den stärksten Wandel erlebten. Die Veränderungen betrafen sowohl die Vertriebsstruktur und die Lage der Geschäfte als auch die Betriebsformen, die Eigentums- und die Beschäftigungsstrukturen.

Bei Kriegsende war auch ein großer Teil der Einzelhandelsgeschäfte in den städtischen Zentren funktionsunfähig. Die Kriegswirtschaft, die durch Verwaltung des Mangels und Rationierung lebenswichtiger Güter (Lebensmittel u. a.) gekennzeichnet war, setzte sich zunächst in eher noch verschlechterter Weise nach Kriegsende fort. Es herrschte absoluter Mangel an vielen Gütern. Insbesondere große Kaufhäuser waren vielfach noch zerstört oder noch nicht wieder in Betrieb, es dominierten in allen Branchen kleine Bedienungsgeschäfte, in der Regel Familienbetriebe mit wenigen Angestellten. Das Angebot vergrößerte sich nach Breite und Tiefe fast schlagartig nach der Währungsreform, der Einführung der Marktwirtschaft auch im Handel und dem Wegfall von Rationierungen und Preiskontrollen (→ Kap. Wirtschaft).

Relativ rasch wurden in den 50er Jahren in den Zentren der Städte die großen Kaufhäuser, meist im Besitz von Handelsketten und Filialunternehmen, wieder aufgebaut bzw. neu gebaut und modern erweitert. Vielfach war damit auch eine Umstellung auf Selbstbedienung verbunden, etwa in Abteilungen wie Lebensmittel und Haushaltswaren. Insgesamt dominierten noch bei weitem in ländlichen Gebieten, aber auch in den Wohngebieten der Städte, die kleinen privaten Läden sowohl im Lebensmittel- als auch im sog. »non-food«-Bereich (Haushaltswaren, Eisenwaren, Papier- und Büroartikel, Textilien, Bekleidung und Schuhe, Elektroartikel). In ländlichen Räumen hatte noch fast jedes Dorf einen oder mehrere sog. Gemischtwarenläden, die später im sentimentalen Rückblick als »Tante-Emma-Läden« bezeichnet wurden. Es begann aber bereits in den 50er und verstärkt in den 60er Jahren die bis heute anhaltende Strukturveränderung, die durch starken Konkurrenzdruck beschleunigt wurde: Vergrößerung der Verkaufsflächen, Umstellung auf Selbstbedienung, Verringerung des Personals, Aufgabe kleiner und umsatzschwacher Läden, Anschluß von Einzelbetrieben an Einkaufsgenossenschaften oder Handelsketten bis hin zur völligen Aufgabe der Selbständigkeit. Der Lebensmitteleinzelhandel hatte bei diesen Entwicklungen eine gewisse Vorreiterrolle.

Diese Entwicklungen setzten sich in den 70er und 80er Jahren fort und führten innerhalb weniger Jahrzehnte bis in die Gegenwart zu einem völligen Umbruch in der Einzelhandelsstruktur. Die quantitativ wichtigste Veränderung betraf Zahl und Größe der Ladengeschäfte. Im Lebensmitteleinzelhandel ging 1970–90 die Zahl der Geschäfte um 60,8% zurück, während sich gleichzeitig die Verkaufsfläche um 109,7% erhöhte. Zwar war nicht in allen Branchen die Konzentrationstendenz so stark, doch lief sie überall in die gleiche Richtung. Noch deutlicher wird diese Veränderung bei der durchschnittlichen Verkaufsfläche je Ladengeschäft – die im Lebensmitteleinzelhandel im erwähnten Zeitraum um 434,0% zunahm – und beim Umsatz pro Laden mit einer Steigerung von 568,6% (gerechnet in jeweiligen Preisen). Die Begründung für diese Veränderung zeigt die Abb. Sp. 1297: Die Zahl der kleinen Bedienungsläden ging sehr stark zurück und damit auch deren Anteil am Umsatz. Zuwächse hatten statt dessen zunächst die mittelgroßen SB-Läden (bis 400 m^2 Verkaufsfläche), ab Mitte der 70er Jahre stärker die Supermärkte (über 400 m^2) und die Verbrauchermärkte und SB-Warenhäuser (über 1500 m^2 Verkaufsfläche). Die kleinen Lebensmittelbedienungsläden in Familienbesitz sind inzwischen bis auf wenige Ausnahmen (z. B. Delikatessen-, Spezialitäten- oder Bioläden) verschwunden.

Eine ähnliche Entwicklung zeigten die Branchen Bau- und Heimwerkerbedarf, Raumausstattung und Möbel, Bekleidung und Schuhe, Elektrotechnik und Unterhaltungselektronik, Spielwaren, neuerdings auch Buchhandlungen. In allen diesen Branchen wurden bzw. werden noch traditionelle Fachgeschäfte mit Verkaufspersonal und Kundenberatung, aber auch entsprechende Fachabteilungen in Kaufhäusern, zunehmend ersetzt durch SB-Warenhäuser und Fachmärkte. Sie haben durch Selbstbedienung und weitgehenden Verzicht auf Beratung, durch geringen Aufwand für die Warenpräsentation und durch meist sehr einfache Ausstattung geringe Kosten und können daher durch niedrige Preise attraktive Angebote machen.

Die Kosten wurden vor allem durch den Verzicht auf Personal gesenkt. Wie die Tabelle (Sp. 1298) zeigt, ist zwar die Zahl der Einzelhandelsbeschäftigten auf den ersten Blick angestiegen, jedoch längst nicht so stark wie die Vergrößerung der Verkaufsflächen. Entscheidend ist jedoch der Ersatz fachlich ausgebildeter Vollzeitarbeitskräfte (1960 noch 90,6 %) durch Teilzeitbeschäftigte (1996 bereits 40 %), die in der Regel nur angelernt werden und in den meisten Fällen keine fachliche Ausbildung haben. Die Zahl der Arbeitsplätze im Einzelhandel hat dadurch zwar zugenommen, ihre Qualität dagegen stark abgenommen.

Auch in räumlicher Hinsicht hat sich die Umstrukturierung des Einzelhandels gravierend ausgewirkt. Die veränderten Einkaufsgewohn-

Umsatzentwicklung des Lebensmitteleinzelhandels in der BR Deutschland (alte Bundesländer) 1965–1995

Kumulativer Anteil am Umsatz der Branche in %

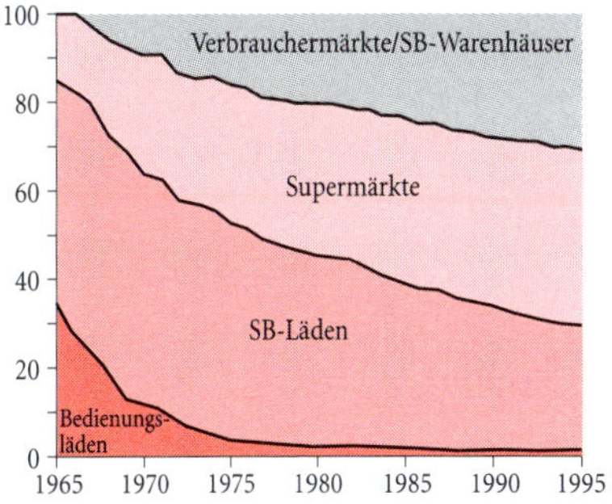

Quelle: Kulke 1998 u. a.

Beschäftigung im Einzelhandel der BR Deutschland 1950–1998

	Zahl der Beschäftigten in 1000	*Anteil der Vollbeschäftigten in %*
1950*	1 274	–
1960	2 130	90,6
1970	2 243	82,1
1980	2 480	72,7
1992	2 866	64,9
1996	3 119	ca. 60
1998	2 955	–

* ohne Saarland und Berlin (West), bis 1992 alte Bundesländer, ab 1996 Gesamtdeutschland

Quelle: Statist. Bundesamt und Kulke 1998

heiten der Verbraucher und die neuen Standortansprüche der Geschäfte führten zu einem gegenüber früher völlig veränderten Standortmuster. Die private Motorisierung, der Einkommensanstieg, die verlängerte Freizeit, differenzierte Konsumwünsche und die verbesserten Lagerungsmöglichkeiten im Haushalt (Kühlschrank, Tiefkühltruhe) verringerten die Notwendigkeit, täglich in der Nachbarschaft der Wohnung einkaufen zu können; immer mehr Konsumenten benutzten den PKW bei Fahrten zu selteneren, dafür aber umfangreicheren Einkäufen. Sie bevorzugten unter Umständen auch weiter entfernte Geschäfte, wenn sie besonders attraktiv, gut sortiert oder preisgünstig waren. Umgekehrt benötigten die vergrößerten Geschäfte mehr Grund und Boden, nicht nur für die Verkaufs- und Lagerflächen, sondern auch für Kundenparkplätze, und sie brauchten ein größeres Kundenpotential, einen weiteren Einzugsbereich als früher.

Unter diesen veränderten Bedingungen verloren zwei Gebiete massiv an Ladengeschäften: kleine ländliche Siedlungen, die heute fast völlig von Geschäften entleert sind, und die Stadtzentren. Vor allem die Citybereiche mittlerer und großer Städte büßten stark an Bedeutung im Versorgungssektor ein, da sie für die expandierenden Ladengeschäfte nicht genügend preisgünstige Flächen zur Verfügung haben und da sie in der Regel nicht beliebig mit PKW anfahrbar sind. Wo weder genügend Parkplätze noch ein attraktives und leistungsfähiges öffentliches Verkehrsmittel vorhanden sind, verließen immer mehr Kaufhäuser und großflächige Geschäfte die Stadtzentren. Gewinner dieser Entwicklung waren die Stadtränder, wo sich Verbraucher- und Fachmärkte und SB-Warenhäuser ansiedelten, meist in großflächigen Gewerbegebieten mit ausreichender Parkfläche für die motorisierte Kundschaft, die zu Großeinkäufen hierher kommt. In den Stadtzentren konzentrieren sich immer mehr spezialisierte Fachgeschäfte und Läden internationaler Ketten, die vor allem in gut ausgestatteten Fußgängerzonen »Einkaufserlebnisse« versprechen. Im ländlichen Raum profitierten die zentralen Klein- und Mittelstädte, meist Kreisstädte, vom Verschwinden der Läden in den Dörfern; auch hier entstanden häufig am Rande kleinerer Städte »auf der grünen Wiese« neue Einkaufszentren für motorisierte Kunden. Im ländlichen Raum wohnen auch die meisten Kunden des Versandhandels, der sich als Sonderform des Einzelhandels hauptsächlich dort großer Beliebtheit erfreut, wo entsprechende Geschäfte mit großer Auswahl nicht in erreichbarer Nähe vorhanden sind.

In der **Sowjetzone** bzw. der **DDR** nahm auch der Einzelhandel bald nach dem Ende des Zweiten Weltkriegs eine andere Entwicklung als in den Westzonen. Getreu der kommunistischen Doktrin vom Primat der Produktion wurde der Handel von Anfang an gegenüber dem Industriesektor stark vernachlässigt und benachteiligt, da ihm nur nachrangige Verteilungsfunktionen zugesprochen wurden. Vor allem in den 50er und 60er Jahren konnte er diese Aufgabe mangels genügender Belieferung mit Konsumgütern, wegen zu geringer Anzahl von Verkaufsstätten und fehlender Rücksichtnahme auf Kundenwünsche nur sehr unzureichend erfüllen. Es gab laufend Lieferengpässe. Nach dem Amtsantritt *Erich Honeckers* gab es zwar Verbesserungen, aber die unzureichende Qualität des – wie die übrige Wirtschaft – zentral geplanten sozialisierten Handels in Anzahl und Ausstattung der Läden sowie in Breite und Güte des Warenangebots blieb bis zum Ende der DDR ein Anlaß ständiger Kritik.
Um mit wachsendem Wohlstand der Bevölkerung auch den Wünschen nach qualitativ hochwertigen Waren entgegenzukommen, wurden Sonderläden eingerichtet, so seit 1962 die sog. »Exquisitläden« für den Bekleidungsbereich und seit 1976 »Delikatläden« für Nahrungs- und Genußmittel. Hier wurden Waren gehobener Qualität zu höheren Preisen verkauft. Sie waren vor allem für solche DDR-Bewohner gedacht, die nicht die Möglichkeit hatten, mit DM in den »Intershops« (Devisenläden) einzukaufen.
Auch im Handel wurden zunehmend sozialistische Eigentumsformen angestrebt. Während 1950 noch über die Hälfte des Umsatzes auf den privaten Handel entfiel, waren es Ende der 80er Jahre weniger als 10 %, und auch hiervon wurden über die Hälfte vom sog. Kommissionshandel (seit 1956) erwirtschaftet, bei dem der private Geschäftsinhaber de facto Angestellter einer sozialistischen Handelsorganisation war. Der Sozialisierungsprozeß im Einzelhandel wurde vor allem dadurch beschleunigt, daß die privaten Läden bei der Zuteilung von Waren und durch diskriminierende Besteuerung gezielt benachteiligt wurden. Die beiden Formen des sozialistischen Handels waren die »volkseigene«, d. h. staatliche »Handelsorganisation« (HO), die 1948 gegründet wurde und ihren Anteil am Einzelhandelsumsatz stetig erweiterte bis auf rd. 55 % zum Ende der DDR, und der Konsum. Vor allem in ländlichen Gebieten dominierten die Konsumgenossenschaften mit ihren Läden, die Ende der 80er Jahre auf mehr als ein Drittel des Handelsumsatzes kamen.

Umsatz des Einzelhandels (einschl. Gaststätten) in der DDR 1950–1989
Umsatz und Anteile nach Eigentumsformen

	Gesamtumsatz	*davon Sozialist. Handel*	*davon HO*	*Konsumgenossenschaften*	*Privater Handel**
in Mrd. Mark					
1950	17,3	8,2	5,2	3,0	9,1
1955	31,7	21,6	12,8	8,8	10,1
1960	45,0	34,8	19,8	15,0	10,2
1971	67,1	54,6	30,6	24,0	12,5
1977	90,5	79,4	47,2	32,2	11,1
1980	100,0	88,3	53,6	34,8	11,7
1982	103,5	91,5	55,5	35,9	12,0
1989	130,9	116,1	71,2	44,9	14,8
Anteile in %					
1950	100	47,4	30,1	17,3	52,6
1955	100	68,1	40,4	27,8	31,9
1960	100	77,3	43,9	33,3	22,7
1971	100	81,4	45,6	35,8	18,6
1977	100	87,7	52,1	35,6	12,3
1980	100	88,3	53,6	34,8	11,7
1982	100	88,4	53,6	34,7	11,6
1989	100	88,7	54,4	34,3	11,3

* Einschließlich Kommissionshandel
Quelle: Statistische Jahrbücher der DDR

Die Umstrukturierung bezüglich der Ladengröße und der Geschäftskonzentration verlief tendenziell ähnlich wie in der BRD, nur wesentlich langsamer und selbstverständlich ohne Beteiligung internationaler Handelsketten. Besonders durch das Verschwinden eines Großteils der ehemals kleinen privaten Läden erhöhte sich seit den 70er Jahren die Durchschnittsgröße der Geschäfte und dünnte das Netz der Verkaufsstellen aus. Es wurden vier Formen größerer sozialisierter Einkaufsstätten unterschieden: die sog. Kaufhallen, westlichen Supermärkten vergleichbar, mit mindestens 180 m² Verkaufsfläche, die in den 80er Jahren im Nahrungsmittelbereich etwa 40% des Umsatzes erwirtschafteten; die sog. Kaufhäuser mit mindestens 1000 m² Fläche, die auf einzelne Branchen, vor allem Textilien und Bekleidung, spezialisiert waren; die sog. Warenhäuser mit mindestens 2500 m² Fläche und einem umfassenden Warensortiment hauptsächlich in Großstädten; schließlich die ländlichen Einkaufszentren mit ähnlicher Konstruktion wie die Kaufhallen in den Städten.

Nach der deutschen Wiedervereinigung konnten sich die westdeutschen Supermarkt- und Handelsketten vor allem deshalb so rasch und flächendeckend ausbreiten, weil das bestehende Netz von Ladengeschäften nach Anzahl, Ausstattung und Warenangebot als absolut unzureichend empfunden wurde. Neben dem privaten Fachhandel, der teils bestehende Geschäfte übernahm, teils in den Stadtzentren neue Läden gründete, kam es vor allem zu einem Boom neuer großflächiger Einkaufsstätten »auf der grünen Wiese«. Die meisten Städte wiesen nach der politischen Wende Gewerbegebiete an den Stadträndern aus und holten damit innerhalb weniger Jahre die Entwicklung nach, die in Westdeutschland seit den 60er und 70er Jahren abgelaufen war.

Der Außenhandel

Für die **BR Deutschland** wurde auf die Bedeutung des Außenhandels im Rahmen der gesamtwirtschaftlichen Entwicklung und der Zahlungsbilanz bereits verwiesen (→ Kap. Wirtschaft). Im Kap. → Industrie wird die Bedeutung des Außenhandels für die wichtigsten Branchen auch zahlenmäßig nachgewiesen. Hier soll zusammenfassend die Entwicklung von Ein- und Ausfuhr und des Außenhandelssaldos sowie die Aufgliederung des Außenhandels nach Gütern und Regionen dargestellt werden.

Der Außenhandel der BR Deutschland 1950–2000

Einfuhr- und Ausfuhrwerte und Saldo in Mrd. DM zu jeweiligen Preisen

	Einfuhr	*Ausfuhr*	*Saldo*
alte Bundesländer:			
1950	11,374	8,362	–3,012
1955	24,472	25,717	1,244
1960	42,723	47,946	5,223
1965	70,448	71,651	1,203
1970	109,606	125,276	15,670
1975	184,313	221,589	37,276
1980	341,380	350,328	8,947
1985	463,811	537,164	73,353
1990	550,628	642,785	92,157
Gesamtdeutschland:			
1991	634,914	665,813	21,899
1995	664,234	749,537	85,303
1998	828,200	955,170	126,970
2000	1073,250	1167,294	94,044

Quelle: Statist. Bundesamt

Quantitativ hat der Außenhandel seit Bestehen der Bundesrepublik wesentlich stärker zugenommen als die gesamte Wirtschaftstätigkeit; der Beitrag der Außenwirtschaft zur gesamten Wertschöpfung und damit die Verflechtung mit der internationalen Wirtschaft nahm beträchtlich zu. So stieg der Wert der bundesdeutschen Importe von 11,374 Mrd. DM (1950) über 184,313 Mrd. DM (1975) auf 651,524 Mrd. DM (1995, alte Bundesländer) bzw. 1064,300 Mrd. DM (2000, Gesamtdeutschland, jeweils Marktpreise, d.h. ohne Abzug von Preissteigerungen). Noch extremer war die Zunahme bei den Exporten; sie erhöhten sich von 8,362 Mrd. DM (1950) über 221,589 Mrd. DM (1975) auf 735,459 Mrd. DM (1995, alte Bundesländer) bzw. 1167,300 Mrd. DM (2000, Gesamtdeutschland). Während das Bruttosozialprodukt der BR Deutschland 1950–99 um 3794% zunahm, erhöhte sich der Exportumsatz um 11 668% (in jeweiligen Preisen zum jeweiligen Gebietsstand).

Die Veränderungen sowohl der Einfuhr- als auch der Ausfuhrwerte unterlagen unterschiedlichen Faktoren, die sich teils verstärkten, in manchen Jahren auch gegenseitig aufhoben: deutsche Binnenkonjunktur, wirtschaftliche und konjunkturelle Entwicklung bei den wichtigsten Handelspartnern, Preisentwicklung für

Die wichtigsten Außenhandelspartner der BR Deutschland 1950, 1970 und 2000

Einfuhr 1950
Die wichtigsten Ursprungsländer

Ausfuhr 1950
Die wichtigsten Bestimmungsländer

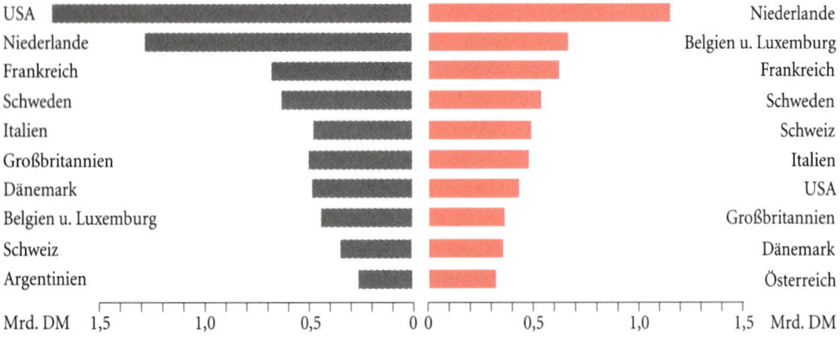

Einfuhr 1970
Die wichtigsten Ursprungsländer

Ausfuhr 1970
Die wichtigsten Bestimmungsländer

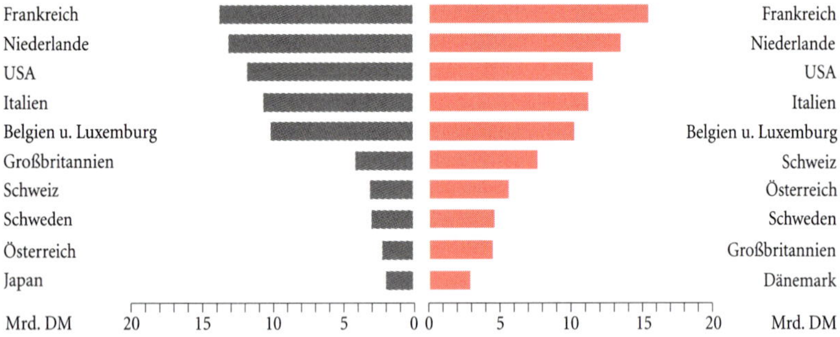

Einfuhr 2000*
Die wichtigsten Ursprungsländer

Ausfuhr 2000*
Die wichtigsten Bestimmungsländer

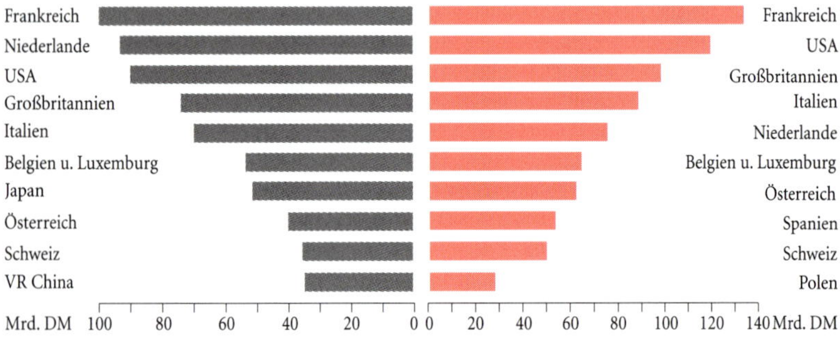

* alte und neue Bundesländer

Quelle: Statistisches Bundesamt

Rohstoffe und Industrieerzeugnisse, Verschiebungen im Wertgefüge der Währungen, internationale Konkurrenzverhältnisse usw. In den letzten zwei Jahrzehnten trug insbesondere die zunehmende Globalisierung der Produktion (→ Kap. Industrie) wesentlich zum Wachstum des Außenhandels bei.

Bemerkenswert sind die in fast allen Jahren hohen Außenhandelsüberschüsse. Mit Ausnahme der Jahre 1950 und 1951, die mit Einfuhrüberschüssen abschlossen, ergaben sich in allen Jahren seitdem ausnahmslos positive Salden (Ausfuhrüberschüsse), am höchsten 1989 mit 134,576 Mrd. DM. Geringere positive Ergebnisse traten in solchen Jahren auf, wo weltwirtschaftliche Konjunkturschwächen (mit geringeren Industriegüterausfuhren) mit relativ hohen Rohstoffpreisen (mit höheren Einfuhrwerten) zusammentrafen, wie etwa um 1980 (nur +8,947 Mrd. DM Saldo 1980). Insgesamt trug die günstige Außenhandelsbilanz in starkem Maße dazu bei, daß die bundesdeutsche Zahlungsbilanz bis zum Beginn der 90er Jahre, als außergewöhnliche Belastungen auftraten, fast jährlich positiv ausfiel (→ Kap. Wirtschaft).

Als wichtigste Außenhandelsgüter dominierten von Anfang an Fertigprodukte (von Maschinen und Fahrzeugen bis zu Elektrogeräten und Pharmazeutika) gegenüber Vorerzeugnissen und Halbfertigprodukten. Bei den Einfuhren sind in den letzten Jahren die früher dominierenden Rohstoffe stark zurückgefallen (besonders wegen des relativen Preisverfalls für Energierohstoffe und Bergbauerzeugnisse); auch hier machen inzwischen die Fertigprodukte wertmäßig den größten Anteil aus, was auf die intensive weltwirtschaftliche Verflechtung Deutschlands hinweist.

Bei den wichtigsten Außenhandelspartnern haben sich im Laufe der Entwicklung der Bundesrepublik Deutschland große Verschiebungen ergeben. In den 50er Jahren standen die westeuropäischen Nachbarländer neben den USA als wichtigste Handelspartner im Vordergrund; hinzu kamen bei den Einfuhren bedeutende Lieferanten von Nahrungs- und Genußmitteln und bergbaulichen Rohstoffen. In den 60er und 70er Jahren wuchs vor allem die Bedeutung der europäischen Partnerländer innerhalb der EWG im Handel mit Industrieprodukten, Japan kam mit seinen Lieferungen von Elektrogeräten und Kraftfahrzeugen hinzu. Mitte der 70er Jahre tauchten in der Liste der wichtigsten Handelspartner einige erdölexportierende Länder auf, und neben Japan erlangten weitere ostasiatische Staaten aus der Gruppe der sog. Schwellenländer als Lieferanten von Fertigprodukten größere Bedeutung. Schließlich gewannen nach der politischen Wende um 1990 die ostmitteleuropäischen Länder des ehemaligen Sowjetblocks rasch wieder Anschluß an ihre frühere Stellung als Handelspartner Deutschlands; besonders Polen, die Tschechische Republik und Ungarn wiesen hohe Steigerungsraten der Außenhandelsbeziehungen auf.

2000 waren die wichtigsten Außenhandelspartner Deutschlands – wie schon in den Vorjahren – mit weitem Abstand die übrigen westlichen Industriestaaten, und zwar sowohl als Einkaufs- wie als Käuferländer. Auf diese Gruppe entfielen 2000 insgesamt 75 % der deutschen Ausfuhren, und sie lieferten 74,5 % der Einfuhren. Allein die EU-Partner waren zu 56,5 % an den Exporten und zu 51,8 % an den Importen nach Deutschland beteiligt. Lediglich die USA (3. Stelle der Lieferanten, 2. Stelle der Bezieher deutscher Exporte) als wichtigster überseeischer Handelspartner standen neben den westlichen Nachbarländern und EU-Partnern in der Gruppe der bedeutendsten Import- und Exportländer. Bei den Lieferanten deutscher Importe folgen nach dieser »Spitzengruppe« Japan an 7., China an 10. und Rußland an 12. Stelle; bei den Empfängern von Exporten folgen als erste Länder außerhalb Westeuropas und der USA Polen (10.), Japan (12.) und die Tschechische Republik (13.).

Über den Außenhandel der **DDR** liegen nur wenige konkrete Zahlen vor, zumal jahrelang nur die Umsätze – nicht die Export- und Importwerte im einzelnen – veröffentlicht wurden. Diese Umsätze wurden in sog. Valuta-Mark angegeben, deren wechselndes Umrechnungsverhältnis zu den Binnenpreisen die DDR nicht bekanntgab.

Entscheidend ist, daß von Anfang an die sozialistischen Länder als Außenhandelspartner dominierten, wenn auch mit leicht abnehmenden Anteilen (von 75 % 1960 bis etwa 65 % Ende der 80er Jahre). Vor allem hochwertige Investitionsgüter, wie Maschinen und elektronische Geräte, mußten vielfach aus den kapitalistischen Ländern außerhalb des RGW-Blocks importiert werden, da diese einen technologischen Vorsprung besaßen. Hierunter zählt auch der Handel mit der BRD, der rund 10 % des Außenhandels ausmachte. In der bundesdeutschen Stati-

Entwicklung des Außenhandels der DDR nach Ländergruppen 1960–1989
Anteile am gesamten Außenhandelswert in %

	1960	*1965*	*1970*	*1975*	*1980*	*1985*	*1989*
sozialistische Länder	75	74	72	70	66	–	–
RGW-Länder	68	69	67	66	63	45	41
UdSSR	43	43	39	36	35	28	23
ČSSR	9	9	10	9	8	5	5
Polen	7	7	7	9	6	4	4
Ungarn	4	4	5	5	5	3	4
kapitalistische Länder	21	22	24	26	27	44	51
Bundesrepublik Deutschland	10	9	10	9	8	20	21
Entwicklungsländer	4	4	4	4	6	8	5

Quelle: Statistische Jahrbücher der DDR

stik wurde dieser Handel als innerdeutscher Handel nicht zum Außenhandel gezählt. Wichtigster Handelspartner der DDR war immer mit weitem Abstand die Sowjetunion. Sie hatte 1960 noch 43%, später leicht sinkende Anteile am DDR-Außenhandel. Für die DDR war die UdSSR vor allem als Rohstofflieferant wichtig, umgekehrt wurden hauptsächlich Maschinen, Fahrzeuge, optische Geräte, Textilien und Chemikalien geliefert.

Die Handelsbilanz der DDR war bis 1972 positiv, seitdem zeigte sie Jahr für Jahr zunehmende Passivierungstendenzen, und zwar in beiden Richtungen (Ost- und Westhandel). Sowohl im Handel mit der Sowjetunion (Einfuhren von Erdöl und -gas, Eisenerz, Stahl, Holz, Baumwolle und weiterer Rohstoffe) als auch mit der BR Deutschland (Einfuhren von Maschinen und Geräten) ergaben sich steigende Verbindlichkeiten. Sie machten mehrfach die Aufnahme von Krediten erforderlich, da die Lieferungen der DDR nicht zum Ausgleich ausreichten.

Die Entwicklung des Verkehrs in der BR Deutschland 1949–99

Der Verkehr betrifft, wirtschaftlich gesehen, die Industrie (Fahrzeugherstellung) und den Dienstleistungsbereich, der zu weiten Teilen – vom Handel bis zum Tourismus – auf Verkehrsvorgängen basiert. Daneben ist aber der Verkehr bzw. die Mobilität seit langem zunehmend ein bedeutendes Element des modernen Lebens. Wichtige Entwicklungslinien des Verkehrsgeschehens in der BR Deutschland sind:

▶ Sowohl Personen- als auch Güterverkehr haben in der zweiten Hälfte des 20. Jahrhunderts enorm zugenommen. Die Mobilität im Personen- und die Transportleistung im Güterverkehr sind um ein Vielfaches angestiegen.

▶ Die Verkehrszunahme geht hauptsächlich auf das Konto des Kraftfahrzeugverkehrs. Der Personenverkehr nahm fast ausschließlich durch die private Motorisierung zu, der Güterverkehr wuchs ganz wesentlich durch die Zunahme des LKW-Transports.

▶ Da sowohl im Personen- wie auch im Güterverkehr die Zunahme der Verkehrsleistungen ganz überwiegend auf der Erhöhung der Kraftfahrzeugzahl bzw. der zunehmenden Benutzung von PKW und LKW beruhte, bedingte diese Entwicklung einen umfangreichen Neubau von Straßen. Da jedoch die Straßenlänge wesentlich weniger stark zunahm als die Zahl der Kraftfahrzeuge (1960–95 um 68,5% gegenüber 490,5%), erhöhte sich die Verkehrsdichte auf den Straßen enorm.

▶ Im Gegensatz zur starken Erweiterung des Straßennetzes wurden im Schienenverkehr Nebenstrecken abgebaut, die Hauptstrecken dagegen durch Elektrifizierung und seit den 80er Jahren auch durch Neu- und Ausbauten leistungsfähiger gemacht.

▶ Im Schienenverkehr nahm die Zahl der beförderten Personen durchgehend ab (vor allem im Berufsverkehr in ländlichen Räumen); die Beförderungsleistung stieg seit den 80er Jahren wieder leicht an, besonders durch attraktivere Verkehrsbedingungen im Fernverkehr.

▶ Im Schienengüterverkehr ist die Beförderungsleistung stark durch konjunkturelle Schwankungen gekennzeichnet, zeigt aber insgesamt abnehmende Tendenz, vor allem wegen der Konkurrenz durch den LKW-Transport.

▶ Während der Schienenverkehr insgesamt in

Struktur des Straßenverkehrs in der BR Deutschland 1960–2000

	1960	1965	1970	1975	1980	1985	1990	1995*	2000*
Bestand an Kfz (1 000 Stück)									
Kfz insgesamt	8 004	12 168	16 783	21 011	26 938	30 191	35 554	47 486	51 365
Pkw/Kombi	4 490	9 267	13 941	17 898	23 192	25 845	30 685	40 404	42 840
Krafträder	1 892	717	229	250	572	993	1 233	2 267	3 338
Busse	33	39	47	60	70	69	70	86	86
Lkw	681	877	1 028	1 121	1 277	1 281	1 389	2 215	2 527
Streckenlängen (1 000 km)									
Straßen insgesamt (überörtlich)	135,7	155,6	162,4	168,2	171,5	173	174,0	228,6	230,7
Bundesautobahnen	2,6	3,2	4,1	5,7	7,3	8,2	8,8	11,1	11,5
Bundesstraßen	25,1	29,9	32,2	32,6	32,3	31,5	31,1	41,8	41,3
Landesstraßen	57,7	66,2	65,4	65,4	65,5	63,3	63,3	86,5	86,8
Kreisstraßen	50,1	56,3	60,7	64,4	66,4	70,1	70,7	89,2	91,1

* ab 1995 Gesamtdeutschland

Struktur des Schienenverkehrs in der BR Deutschland 1960–1999

	1960	1965	1970	1975	1980	1985	1990	1995*	1999*
Streckenlängen in 1000 km									
Strecken insgesamt	30,7	30,4	29,5	28,8	28,5	27,6	26,9	46,8	41,8
davon Hauptstrecken	18,6	18,6	18,5	18,4	18,4	18,1	18,2	–	–
mehrgleisige Strecken	12,7	12,4	12,2	12,2	12,2	12,2	12,3	14,5	18,4
elektrifizierte Strecken	3,7	6,5	4,5	10,0	11,2	11,4	11,7	18,5	18,8
Verkehrsaufkommen									
Beförderte Personen in Mio.	1 282	1 075	984	1 017	1 107	1 048	1 043	1 656	1 943
Personenkilometer in Mio.	39 769	39 686	38 483	37 175	40 499	42 707	43 560	63 624	73 586
Beförderte Güter in Mio. t	327	317	366	314	333	304	282	333	288
Tariftonnenkilometer in Mio.	56 154	60 210	72 795	60 633	65 919	64 531	62 581	70 864	71 500
Beschäftigte insgesamt in 1000	498	465	401	421	343	297	249	311	242

Bis 1985 nur Deutsche Bundesbahn
*1995 und 1999 alle Bahnen in Deutschland (West und Ost)

Struktur der Binnenschiffahrt in der BR Deutschland 1960–1999
(nur Güterverkehr auf deutschen Schiffen)

	1960	1965	1970	1975	1980	1985	1990	1995*	1999*
Beförderte Menge in Mio. t	103,4	116,7	137,4	122,4	126,4	105,3	102,7	99,9	91,8
Tonnenkilometer in Mrd.	27,7	30,4	35,5	34,2	35,7	30,9	31,9	31,6	23,2
Erwerbstätige in 1000	32,0	27,0	18,0	15,0	12,0	11,0	9,0	9,0	7,6

* ab 1995 Gesamtdeutschland

Leistungen des Flugverkehrs in der BR Deutschland 1960–2000
Gewerblicher Luftverkehr auf deutschen Flughäfen

	1960	1965	1970	1975	1980	1985	1990	1995*	2000*
Gestartete und gelandete Flugzeuge in 1000	364	499	806	809	822	1 545	2 173	2 610	2 097
Beförderte Personen in 1000 (Ein-, Aussteiger, Transit)	7 818	16 264	32 076	38 170	49 003	55 580	80 647	111 766	143 562
Beförderte Fracht in 1000 t (Ein-, Ausladung, Transit einschl. Post)	138,7	305,7	636,0	750,2	1 011,0	1 251,0	1 777,0	2 232,0	2 605,0

* ab 1995 Gesamtdeutschland
Quelle: Bundesverkehrsministerium, Statist. Bundesamt

Güterverkehrsleistung in der BR Deutschland 1950–1997

Beförderung von Gütern auf der Straße, auf der Schiene und mit Binnenschiffen in Mrd. t-km

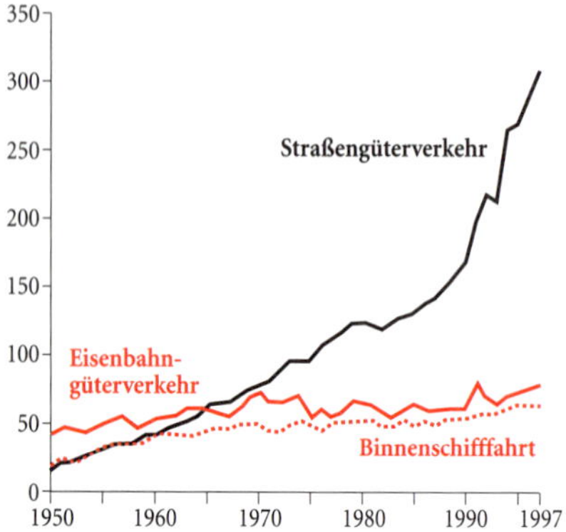

Personenverkehrsleistung im Straßenverkehr der BR Deutschland 1950–1995

Individualverkehr (IV) und öffentlicher Personennahverkehr (ÖPNV) in Mrd. Personen-km

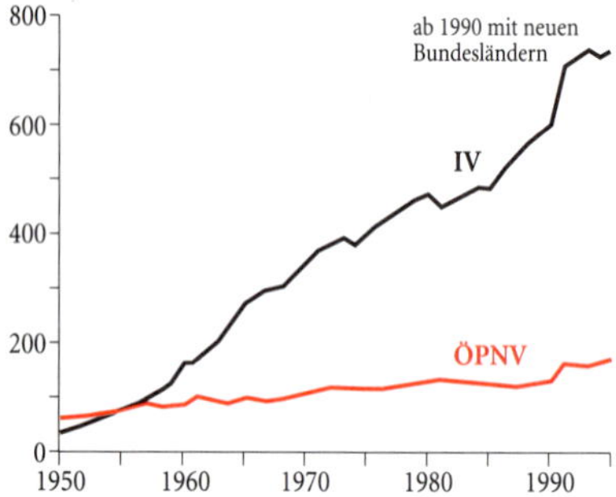

Quelle: Bundesverkehrsministerium, Statist. Bundesamt

absoluten Zahlen seine Bedeutung ungefähr halten konnte, nahm er anteilsmäßig laufend ab.

▸ Die Binnenschiffahrt zeigte nach anfänglichen Zunahmetendenzen in den letzten 20 Jahren eine absolute wie relative Abnahme ihrer Bedeutung.

▸ Der Luftverkehr war neben dem Straßenverkehr der einzige Verkehrssektor, der absolut wie relativ (anteilsmäßig) während des gesamten Zeitraums starke Zunahmen zu verzeichnen hatte, und zwar insbesondere beim Personen-, aber auch beim Luftfrachtverkehr.

▸ Der Rohrleitungstransport (Pipelines) hat im Güterverkehr durch die starke Motorisierung (Bedarf an Benzin) und die Verwendung von Heizöl seit den 60er Jahren bis in die jüngste Vergangenheit Zuwachsraten erzielt; neuerdings stagniert er.

▸ Unter den wichtigsten Funktionen des Personenverkehrs ist in den 90er Jahren die Freizeit einschließlich des Urlaubs an die erste Stelle getreten. Freizeitverkehr steht bedeutungsmäßig heute vor Berufs- und Einkaufsverkehr.

Fremdenverkehr (Tourismus)

Der Fremdenverkehr (Tourismus) als wichtiger Wirtschaftsfaktor und als gesellschaftliches Massenphänomen ist eindeutig eine Erscheinung der Nachkriegszeit. Zwar wurden auch vor dem Zweiten Weltkrieg schon touristische Reisen unternommen, aber sie waren in aller Regel auf Bevölkerungsminderheiten (meist soziale Oberschicht) bzw. weitgehend auf Ziele innerhalb Deutschlands beschränkt (z. B. Aufenthalte in Kurbädern, Reisen in »Sommerfrischen«). Ansätze für touristische Entwicklung gab es vor allem an Nord- und Ostsee, in den Alpen und in einigen Mittelgebirgen. Einen größeren Umfang erreichte der Fremdenverkehr erstmals im Dritten Reich durch die staatlich organisierten »KdF-Reisen« (»Kraft durch Freude«). 1938 nahmen 10,3 Mio. Personen an diesen Reisen zur Regeneration der Arbeitskraft teil.

Im Zweiten Weltkrieg und in den ersten Nachkriegsjahren existierte naturgemäß praktisch kein Tourismus. Ab 1948–50 entwickelte sich dann in den **westlichen Besatzungszonen** bzw. in der **BR Deutschland** – ähnlich wie in den anderen westeuropäischen Ländern – außerordentlich schnell der Fremdenverkehr in seiner heutigen Form als organisierter und institutionalisierter Massentourismus, an dem von Jahr zu Jahr größere Anteile der Bevölkerung teilnahmen. Die sog. Reiseintensität (Anteil der Einwohner, die mindestens einmal im Jahr eine Urlaubsreise unternehmen) erhöhte sich von weniger als 10% (um 1950) auf über 75% (Mitte der 90er Jahre).

Der Aufschwung des Fremdenverkehrs war in der BR Deutschland sehr eng mit dem wirtschaftlichen Aufschwung und der zunehmenden Freizügigkeit des Reisens in das westliche Ausland (Wegfall der Visapflicht und der Devisenbewirtschaftung) verbunden. Die wichtigsten Faktoren, die den Fremdenverkehr förderten, waren:

- die jährlich steigenden Durchschnittseinkommen,
- die seit den 50er Jahren rasant zunehmende private Motorisierung, aber auch
- die starke Kapazitätszunahme der Massenverkehrsmittel, wie Busse und Flugzeuge,
- die starke Verbilligung des Reisens im Verhältnis zur allgemeinen Einkommensentwicklung (abnehmende Anteile an den Lebenshaltungskosten),
- die Zunahme der Freizeit durch Verringerung der wöchentlichen und jährlichen Arbeitszeit und durch Verringerung der Lebensarbeitszeit (Senkung des Rentenalters) bei gleichzeitiger Erhöhung der durchschnittlichen Lebenserwartung,
- die Verbesserung der Kommunikationstechnologie (Buchungs- und Reservierungssysteme).

Einen besonders großen Einfluß hatte die Senkung der Wochenarbeitszeit von 48 Stunden (1950) auf 35–38 Stunden (2000) bei gleichzeitigen Übergang von der 6-Tage-Woche zur $4^1/_2$-5-Tage-Woche. Hierdurch erklärt sich der Boom der Wochenendreisen seit den 60er Jahren. Die »große« Urlaubsreise, insbesondere mehrwöchige Reisen und der Ferntourismus in andere Kontinente wurden vor allem durch die Verlängerung der Jahresurlaubszeit möglich. So stieg die durchschnittliche Zahl der Urlaubstage von 12 (1950) auf 31 (2000).

Die zeitliche Entwicklung des Fremdenverkehrs der Westdeutschen bzw. in der BR Deutschland zeigen die Tabellen über Reiseintensität, Gästebetten und Gästeübernachtungen und Ausgaben bzw. Einnahmen im grenzüberschreitenden Tourismus (Sp. 1315 f.).

1949/50 fanden Urlaubsreisen noch fast ausschließlich mit Bus oder Bahn statt; die Ziele lagen hauptsächlich in Deutschland (Bayerische Alpen, Mittelgebirge, Nordsee). Die Auswahl war in vielen Regionen stark begrenzt durch einen Mangel an Hotelbetten, die vielerorts durch Flüchtlinge und Heimatvertriebene und Angehörige der Besatzungstruppen belegt oder kriegszerstört waren, vor allem in den größeren Städten. Von den 485 000 Fremdenbetten (1939) auf dem Gebiet der späteren BR Deutschland waren Ende der 40er Jahre noch 388 000 vorhanden, aber nur etwa 150 000 standen für Touristen zur Verfügung. Die Zahl der Gästeübernachtungen erreichte 1949 nur ein Drittel des

Standes von 1937 (in Bayern allerdings schon die Hälfte des Vorkriegsstandes).

In der ersten Hälfte der 50er Jahre nahm die Reiseintensität stark zu, vor allem unter Angestellten und Selbständigen in den Städten, weniger bei Arbeitern und am wenigsten bei Landbewohnern. Bei der Beherbergungskapazität (Zahl der Gästezimmer und -betten) wurde 1953 der Vorkriegsstand überschritten, bei den Übernachtungszahlen 1955. Die wichtigsten Verkehrsmittel waren 1954 noch die Bahn (56%) und der Bus (24%); der PKW erreichte erst 19%, aber bereits 1960 lagen Bahn und PKW mit je 40% gleichauf. Neben die deutschen Reiseziele traten nun immer stärker Österreich und Italien, und 1955 begann mit der Gründung der ersten deutschen Charterfluggesellschaft (Deutsche Flugdienst GmbH) – nach der Wiedererlangung der Lufthoheit von den Besatzungsmächten – die Flugreisetätigkeit. 1956 flogen bereits 1800 Urlauber mit Touropa in die Ferien, davon 1600 nach Mallorca. Die Bahn versuchte 1956 mit dem ersten Autoreisezug ein Gegengewicht gegen die zunehmende Bedeutung des PKW zu schaffen.

Die 60er Jahre waren die eigentlichen Boomjahre des Massentourismus, der zu einer breiten, alle Bevölkerungsschichten umfassenden Bewegung wurde und 1970 bereits 46% der Bevölkerung umfaßte (»Reiseintensität« 1960 erst 28%). Symptomatisch hierfür ist der »Kaufhaustourismus«: 1962 Gründung von Quelle-Reisen, 1964 NUR (Neckermann und Reisen), 1967/68 Zusammenschluß mehrerer Reiseveranstalter zur TUI (Touristic Union International). Der Hauptzuwachs entfiel auf die stark zunehmende Auslandsreisetätigkeit: 1968 überwog erstmals die Zahl der Auslands- die der Inlandstouristen. Die Zahlen über Gästeübernachtungen und Geldausgaben belegen, daß 1960–70 der westdeutsche Inlandstourismus nur um 44,6% zunahm, während sich die Devisenausgaben für Reisen ins Ausland um 268% erhöhten. Wichtigen Anteil an dieser Entwicklung hatte – neben der zunehmenden Kaufkraft der D-Mark im Ausland – vor allem die private Motorisierung. 1970 fuhren bereits 61% der Urlauber mit dem eigenen PKW; der Anteil der Bahn sank auf 24%, der des Flugzeugs erhöhte sich auf 8% (1970). Die Zahl der Charterflugreisen nahm beispielsweise 1962–69 von 78 000 auf 1,250 Mio. zu.

Für die Tourismusentwicklung seit 1970 bis in

Fremdenverkehrskapazität in der BR Deutschland

Gästebetten in Beherbergungsbetrieben in 1000
1951–1999

1951	331,6	1975	1269,8
1955	489,0	1980	1450,3
1960	701,2	1985	1775,2
1965	828,9	1990	1817,1
1970	1004,5	1999	2476,9

Gezählt werden nur Gästebetten in gewerblichen Betrieben mit mindestens neun Betten, d. h. ohne Privatzimmer.
1996 einschl. der neuen Bundesländer
Quelle: Statist. Bundesamt

Fremdenverkehr in der BR Deutschland

Gästeübernachtungen in Beherbergungsbetrieben in 1000
1950–2000

	insges.	*davon Ausländer*
1950	37448,3	2135,7
1955	79302,1	7534,2
1960	126975,0	11687,1
1965	157545,3	13219,5
1970	182913,7	16194,5
1975	226232,6	16108,8
1980	248848,3	22744,5
1985	212339,2	27584,5
1990	255724,9	34841,5
1995	300621,1	32026,3
1996	299991,8	32251,6
2000	326300,0	39600,0

Die zeitliche Vergleichbarkeit ist durch mehrfachen Wechsel des Erhebungsmodus beeinträchtigt.
Gezählt werden nur Übernachtungen in gewerblichen Betrieben mit mindestens neun Betten. Ab 1995 einschl. der neuen Bundesländer.
Quelle: Statist. Bundesamt

Devisenbilanz der BR Deutschland im grenzüberschreitenden Reiseverkehr 1950–2000

in Mrd. DM, für 2000 in **Mrd. Euro**

	Einnahmen	*Ausgaben*	*Saldo*
1950	0,134	0,084	0,050
1955	1,159	0,877	0,282
1960	2,020	2,808	−0,788
1965	2,914	5,480	−2,566
1970	4,953	10,330	−5,377
1975	7,014	20,940	−13,926
1980	11,920	37,402	−25,482
1985	15,667	42,982	−27,315
1990	23,090	54,574	−31,484
1995	25,988	77,392	−51,404
1997	31,002	83,720	−52,718
2000	**37,415**	**100,002**	**−62,587**

Quelle: Deutsche Bundesbank / Statist. Bundesamt

Angebote im Inlandstourismus der DDR 1970–1987

Institutionell organisierter Urlaubsreiseverkehr in Mio Reisen

	1970	*1975*	*1980*	*1987*
FDGB-Feriendienst	1,18	1,70	1,96	2,09
Betrieblicher Feriendienst	–	1,50	3,18	4,15
Campingwesen	–	1,77	1,82	2,02
Reisebüro der DDR	0,20	0,14	0,10	0,08
Jugendtourist	–	0,04	0,18	0,28
Gesamt	–	5,15	7,24	8,62

Quelle: Freyer, Tourismus

Auslandstourismus in der DDR 1989

Ferienträger	*Auslandsreisen*
FDGB-Feriendienst	30000
Betrieblicher Feriendienst	200000
Reisebüro der DDR	1100000
Jugendtourist	400000
Gesamt	1730000

Quelle: Freyer, Tourismus

Gästeübernachtungen in der DDR 1988

(in 1000)

Ferienträger	*Übernachtungen*		
	DDR-Bürger	*Ausländer*	*Gesamt*
FDGB-Feriendienst	40381	–	40381
Betrieblicher Feriendienst	23534	–	23534
Staatliche Campingplätze	19010	1083	20093
Öffentl. Beherbergungsgewerbe	9774	5061	14835
davon: Jugenderholungseinr.	4338	1299	5637
Privatquartiere (Vermittl. durch Kurverw.)	3914	–	3914
Gesamt	96613	6144	102757

Quelle: Freyer, Tourismus

die Gegenwart ist eine Fortsetzung der geschilderten Trends mit Abschwächungen aufgrund von Sättigungserscheinungen bzw. mit Schwankungen entsprechend der Wirtschaftskonjunktur festzustellen. Die Reiseintensität erhöhte sich nach Einbeziehung der neuen Bundesländer noch einmal. Der Inlandstourismus zeigt nur noch eine geringe Schwankungsbreite, nachdem die deutsche Wiedervereinigung vielen Fremdenverkehrsorten vorübergehend einen Boom bescherte. In den letzten Jahren nahm vor allem der Städtetourismus zu, während Kurorte wegen der Gesundheitsreformen starke Rückgänge zu verzeichnen hatten. Der Ausländer- (=»Incoming«-)Tourismus stagniert nach stärkerer Zunahme in den 70er und 80er Jahren; der Auslands- (=»Outgoing«-)Tourismus hat nach kräftigen Steigerungen in den letzten zwei bis drei Jahren ebenfalls eine Sättigungsgrenze erreicht. Der Anteil der Auslandsreisen beträgt rund 65%. Veränderungen ergeben sich hauptsächlich bei den Anteilen einzelner Länder (z.B. prozentuale Verluste Österreichs und Italiens, anteilsmäßige Gewinne der Türkei und der außereuropäischen Länder). Bei den benutzten Verkehrsmitteln haben sich die Anteile Mitte bis Ende der 90er Jahre folgendermaßen eingependelt: 60% PKW, 20% Flugzeug, 8% Eisenbahn, 12% sonstige (Bus, Schiff, Rad). Aufgrund des international gesehen sehr hohen Anteils der Auslandsreisen weist der Saldo der Deviseneinnahmen und -ausgaben im Reiseverkehr seit Anfang der 60er Jahre einen hohen und immer noch steigenden Negativwert auf. Deutschland steht damit seit Jahren sowohl bezüglich der Devisenausgaben als auch beim Negativsaldo weltweit an der Spitze, noch vor den USA und Japan. Bis in die Gegenwart steigen die deutschen Ausgaben im Ausland schneller als die Einnahmen durch ausländische Touristen in Deutschland.

In der **sowjetischen Besatzungszone** bzw. der **DDR** wurde der Tourismus von Anfang an staatlicherseits völlig anders entwickelt, als dies unter marktwirtschaftlichen Vorzeichen in der Bundesrepublik geschah. Tourismus wurde hier nicht als Wirtschaftsfaktor oder als individuelle Aktivität verstanden, sondern als staatliche Versorgungsleistung für die »Werktätigen«, die sich zur »Reproduktion ihres gesellschaftlichen Arbeitsvermögens« erholen sollten. Die gängige Bezeichnung war daher nicht »Tourismus«, sondern »Erholung« bzw. »Rekreation«; entsprechende Reisen und Aufenthalte wurden wegen ihrer gesellschaftlichen Bedeutung hoch subventioniert. Da mit Westdeutschland vergleichbare statistische Ausgaben in der DDR nicht erhoben oder nicht veröffentlicht wurden, ist ein quantitativer Vergleich kaum möglich, jedoch zeigen einige Basisdaten, daß die Reiseintensität von Anfang an höher lag als in den Westzonen bzw. der späteren BR Deutschland, da die Zuteilung von Erholungsreisen als staatliche Sozialleistung gesehen wurde.

Das »sozialistische Erholungswesen« begann

1946/47 mit der Verstaatlichung bestehender Fremdenverkehrsbetriebe und dem Neubau entsprechender Einrichtungen. 1947 wurde der »Feriendienst« der Einheitsgewerkschaft FDGB gegründet, der vor allem in den 50er Jahren Kinderferienlager, einfache Campingplätze und Hüttensiedlungen an der Ostseeküste, in den Seenplatten und Mittelgebirgen baute. Bereits 1991 betrug die Bettenzahl 46000 und die Gästezahl 369000. Ihren Höhepunkt erreichte die Tätigkeit des »Feriendienstes« 1985 mit 137000 Betten und 1,9 Mio. Gästen, die in der Regel zwei Wochen blieben.

Eine größere Bedeutung für den Tourismus erlangten die Feriendienste der »Volkseigenen Betriebe« (VEB). Vor allem die größeren und kapitalkräftigeren Kombinate errichteten seit den 60er Jahren für ihre Betriebsangehörigen eigene Ferien- und Erholungsheime und Campingplätze (meist in einfacher und wenig komfortabler Ausführung) in landschaftlich reizvollen Gegenden der DDR. 1989 vergaben die Betriebe 3,3 Mio. Ferienaufenthalte (verglichen mit 1,8 Mio. des FDGB-Feriendienstes). Bei beiden Einrichtungen spielte der Campingurlaub eine größere Rolle als in der BRD. Ende der 80er Jahre gab es über 500 staatliche Campingplätze mit einer Kapazität von 400000 Plätzen und 2 Mio. Nutzern pro Jahr. An der Ostseeküste betrug der Anteil der Campingurlauber 40%.

Neben diesen Anbietern des Sozialtourismus stand das staatliche »Reisebüro der DDR« (seit 1957), das Einzel- und Gruppenreisen ins In- und Ausland anbot und auch Transport- und Beherbergungsleistungen vermittelte. Das Incoming-Geschäft richtete sich vor allem an Besucher aus dem westlichen Devisenausland, für die Unterkünfte in den wenigen (und teuren) »Interhotels« vermittelt wurden; DDR-Bürger konnten hauptsächlich Tages- und Kurzreisen sowie Auslandsaufenthalte buchen (1988 Vermittlung von 2,422 Mio. Tages- und Kurzreisen in der DDR, 0,565 Mio. ins Ausland; 0,091 Mio. Urlaubsreisen in der DDR, 0,500 Mio. ins Ausland). Mit ähnlicher Funktion im Sektor des Jugendtourismus bestand das Reisebüro der FDJ (»Jugendtourist«), das insbesondere für FDJ-Mitglieder tätig wurde (1988: Vermittlung von 1,3 Mio. Reisen im Inland und 395000 ins Ausland).

Die drei gravierendsten Unterschiede zwischen dem Tourismus in der DDR und in der Bundesrepublik waren bis zur Wiedervereinigung:

▶ Während in der BR Deutschland der Tourismus kommerzialisiert und nachfrageorientiert entwickelt wurde, war das Erholungswesen der DDR staatlich gelenkt und subventioniert, dabei aber angebotsorientiert, d. h. der Nachfrager befand sich häufig in der Rolle eine Bittstellers und mußte sich mit dem ihm zugeteilten Ferienaufenthalt zufriedengeben. Daraus folgt, daß in der DDR etwa 80% des Urlaubsreiseverkehrs zum Pauschaltourismus gehörten gegenüber nur 20% Individualreisen (in der BRD 65% individuell).

▶ Aufgrund der Struktur der Reisen und der geringeren Motorisierung wurden in der DDR andere Transportmittel benutzt. Mitte der 80er Jahre entfielen auf Bahn 42%, PKW 38%, Flugzeug 2%, sonstige (vor allem Bus) 18%.

▶ Im Gegensatz zur BRD dominierten Zielgebiete im Inland, d. h. in der DDR selbst, mit rund 85%. Aus politischen, ideologischen und finanziellen Gründen waren Urlaubsreisen ins westliche Ausland kaum möglich; Reisen in das sozialistische Ausland führten vor allem in die ostmitteleuropäischen Staaten (Polen, Ungarn, CSSR u. a.), waren aber zeitweise aus politischen und ökonomischen Gründen ebenfalls nur beschränkt möglich.

Personen- und Sachregister

Fettgedruckte Zahlen kennzeichnen Hauptfundstellen; *kursive* Zahlen stehen für Grafiken, Karten und Diagramme. ***Fettkursive*** Zahlen stehen für Beiträge in Kästen. Aus Platzgründen sind nicht alle in dieser Chronik vorkommenden Personen aufgeführt.